Madonna

Mary Gabriel

Madonna

UMA VIDA REBELDE

Tradução
Alessandra Bonrruquer
Luana Balthazar
Patricia Azeredo

1ª edição

BestSeller

Rio de Janeiro | 2024

TÍTULO ORIGINAL
Madonna: A Rebel Life

TRADUÇÃO
Alessandra Bonrruquer, Luana Balthazar e Patricia Azeredo

DIAGRAMAÇÃO
Abreu's System

CIP-BRASIL. CATALOGAÇÃO NA PUBLICAÇÃO
SINDICATO NACIONAL DOS EDITORES DE LIVROS, RJ

G113m

Gabriel, Mary, 1955-
Madonna : uma vida rebelde / Mary Gabriel ; tradução Alessandra Bonrruquer, Luana Balthazar, Patricia Azeredo. – 1. ed. – Rio de Janeiro BestSeller, 2024.

Tradução de: Madonna : a rebel life
ISBN 978-65-5712-341-6

1. Madonna, 1958-. 2. Cantoras - Estados Unidos - Biografia. I. Bonrruquer, Alessandra. II. Balthazar, Luana. III. Azeredo, Patricia. IV. Título.

24-88398
CDD: 782.42166092
CDU: 929:78 071.2(73)

Meri Gleice Rodrigues de Souza – Bibliotecária – CRB-7/6439

Texto revisado segundo o novo Acordo Ortográfico da Língua Portuguesa

Direitos exclusivos de publicação em língua portuguesa para o Brasil adquiridos pela
Editora Best Seller Ltda.
Rua Argentina, 171, parte, São Cristóvão
Rio de Janeiro, RJ — 20921-380
que se reserva a propriedade literária desta tradução.

Impresso no Brasil

ISBN 978-65-5712-341-6

Seja um leitor preferencial Record.
Cadastre-se e receba informações sobre nossos lançamentos e nossas promoções.

Atendimento e venda direta ao leitor:
sac@record.com.br

Por que temos que ser sexies? Não podemos ser apenas poderosas?[1]

— *Yesenia Ayala*

Sumário

PARTE III: LOS ANGELES, 1985-1991

PARTE IV: MIAMI, 1992-1999

PARTE V: LONDRES, 2000-2009

PARTE VI: LISBOA, 2010-2020

Nota da autora

Madonna: Uma vida rebelde é um livro que aparentemente trata de uma única pessoa. Contudo, ao longo dos mais de cinco anos que passei pesquisando e escrevendo esta obra, entendi que não era possível contar a história de Madonna em um vácuo da música pop. Ela não é apenas um ícone do entretenimento — é uma artista que impactou a história sociocultural em nível global. Portanto, para contar essa história, eu precisava contar *nossa* história entre o fim de um século e o início de outro, à medida que Madonna influenciava o mundo e era influenciada por ele.

Com isso, a quantidade de materiais para explorar aumentou exponencialmente e as referências anexadas ao texto passaram a ocupar centenas de páginas. Para este livro, decidiu-se por disponibilizar on-line essas informações importantes, porém volumosas. O QR Code a seguir vai direcionar você para todas as fontes mencionadas no texto, das referências individuais incluídas nas notas até as referências bibliográficas, que contêm as citações completas.

Prólogo

Londres, 28 de novembro de 2000

As pessoas reunidas na Brixton Academy estavam ansiosas e pareciam entediadas com o DJ convidado, incumbido da difícil tarefa de entretê-las enquanto aguardavam. Ele mal tinha terminado o set quando uma sequência familiar de batidas eletrônicas provocou um rugido seguido por uma onda de braços dançantes, gritos e lágrimas das quase 3 mil pessoas espremidas no local. Algumas até subiram nos ombros das outras, iniciando o que um crítico chamou de "momento pop transcendental".[1] A canção tinha sido lançada havia poucas semanas, mas parecia que todos na plateia a conheciam bem o suficiente a ponto de identificarem a abertura daquele eletropop maravilhosamente excêntrico e exuberante de Madonna chamado "Music". Na verdade, pareciam conhecê-la tão bem quanto a pergunta puramente retórica que marca o início da música: "Do you like to... boogie-woogie?" [Você gosta de... boogie-woogie?].

Por alguns instantes, uma montagem onírica com várias fotos e uma narração em off acalmou os ânimos na pista até uma imensa bandeira do Reino Unido surgir no alto do palco e depois ser puxada, revelando Madonna em uma jaqueta de couro que deixava a barriga à mostra, cinto de strass e calça de couro, cantando e dançando em uma caminhonete detonada com um grupo de rapazes sarados — uma versão própria da velha fantasia masculina que envolve uma carroceria repleta de mulheres gostosas.

A alegria dela era tão contagiante quanto havia sido 15 anos antes, durante a primeira turnê nos Estados Unidos, quando a gravadora testou a viabilidade daquela artista estranha, que fazia um misto de dance-pop e R&B. Naquela primeira turnê, ela mal parecia capaz de acreditar que estava no palco e que milhares de jovens na plateia, na maioria mulheres, gritando seu nome estavam lá para *vê-la*. Agora, anos depois, ela estava de volta, mostrando a mesma alegria ao receber o amor de fãs com um pouco mais de idade e muito mais gays. Ela retribuiu se jogando na plateia e caindo nos braços de quatro dançarinos que esperavam para segurá-la.

Madonna disse muitas vezes que o processo de criação é o que ela mais valoriza: compor a música, conceber e criar a turnê, sugerir ideias para o ensaio fotográfico ou clipe e, depois, dirigir os clipes.[2] Às vezes, porém, as apresentações se transformavam em obras das quais a plateia também participava. Aquela noite de novembro na Brixton Academy foi um desses momentos. A intensidade do show de 29 minutos se equiparava ao comprometimento da plateia.

Madonna não se apresentava no país fazia sete anos. O espaço limitado da Brixton Academy garantia um evento relativamente intimista para marcar o retorno da artista. Na área VIP, estavam Mick Jagger, George Michael, Ewan McGregor, o diretor Alan Parker, os estilistas Stella McCartney e Alexander McQueen e o diretor Guy Ritchie, com quem ela se casaria, entre outros. Na pista, milhares de meros mortais que tinham sido convidados, ganhado ingresso ou pago quantias exorbitantes só para estarem lá. Do lado de fora, onde o nome de Madonna tomava conta da fachada do prédio, grades controladas por batalhões da polícia mantinham afastados os sonhadores que ainda tinham esperança de entrar. Uma reportagem afirmava que, por meio século, Brixton não tinha visto uma operação de segurança de tamanha magnitude desde a visita de Nelson Mandela ao bairro, quatro anos antes.[3]

Sabendo que o local seria pequeno demais para satisfazer os fãs, Madonna procurou os responsáveis pela rede britânica da Microsoft, MSN.co.uk, para saber se havia interesse em transmitir o show pela internet. Eles toparam e fizeram o que seria a primeira transmissão on-line de uma apresentação ao vivo e gratuita. O show em Brixton foi transmitido em grandes telões ao ar livre em seis cidades, entre elas, Nova York e Paris, e para 9 milhões de computadores, de modo que pessoas de 33 países também puderam participar da festa.[4]

Houve problemas porque, no início do streaming, muitos computadores não estavam preparados para lidar com esse tipo de tecnologia, mas criou-se ali um precedente. As apresentações musicais tinham uma nova e imensa plataforma mundial. O MSN definiu o evento como "o mais ambicioso da história da internet". Em 2018, o *Guinness* considerou a apresentação o maior show pop da internet de todos os tempos.[5]

Ao fim de "Impressive Instant", a primeira música da noite, Madonna tinha desafiado as leis básicas do pop. Não só em termos comerciais, porque àquela altura ela já tinha vendido mais de 150 milhões de álbuns em todo o mundo e era a artista solo mais bem-sucedida de todos os tempos.[6] Também não só em termos artísticos: ela já havia, em larga escala, transformado o formato tradicional de show de pop-rock em uma experiência teatral, alçado os clipes de uma ferramenta para alavancar vendas em uma forma de arte e colocado uma mulher (ela mesma) no controle da própria música, da obra à distribuição, passando pelo desenvolvimento. A maior conquista de Madonna tinha sido social.

No início dos anos 1980, quando Madonna virou "Madonna", o cenário do pop e do rock era dominado por homens brancos, onipresentes em gravadoras, estações de rádio e nos palcos. Todos miravam em um só segmento da população: jovens homens brancos. A indústria foi construída para satisfazê-los. O rock celebrava o amor heterossexual, geralmente do ponto de vista masculino. Das mulheres na indústria musical esperava-se sensualidade, mas não sexualidade, com o objetivo de excitar uma plateia criada para observá-las, mas não ouvi-las. Elas até poderiam brincar de ser roqueiras se quisessem, mas teriam que rebolar um pouco para agradar aos rapazes e, talvez, fazer um ou dois favorezinhos íntimos para os chefões das gravadoras.

Se gays e lésbicas quisessem fazer música, tinham que seguir duas regras: não poderiam ser assumidos e as letras deviam ser tão complexas que nem pareceriam diferentes da produção heterossexual. Quanto a artistas negros, poucos conseguiram romper a barreira racial para conquistar o público branco e, consequentemente, o apoio financeiro da indústria, crucial para o sucesso. Na maioria das vezes, os artistas negros eram representados por gravadoras de nicho, tocavam em estações de rádio de nicho e recebiam valores bem diferentes dos brancos. Uma plateia branca prestigiando um artista negro no palco no início dos anos 1980 ainda era novidade, embora Michael Jackson, Prince e Tina Turner estivessem testando esses limites. Ver artistas brancos e negros juntos no palco era mais raro ainda.

Esse sistema opressor era considerado normal no início da carreira de Madonna. Longe de aceitá-lo, ela o contestou incansavelmente, muitas vezes de forma imprudente. Ela havia sido preparada para essa batalha durante a juventude, quando foi apresentada à harmonia racial na música e à animosidade racial nas ruas, à liberdade gay na pista de dança e à homofobia fora dela, ao poder da sexualidade feminina e ao machismo que tentava restringi-la. No geral, Madonna descobriu que religiões baseadas no amor serviam de disfarce para promulgar ódio. Essas lições influenciaram sua vida e arte.

Com a embalagem de uma artista pop, que deixou tais ideias ao mesmo tempo mais palatáveis e mais perigosas, ela decidiu arrombar cada porta e romper cada barreira racista e machista ao se lançar como atriz, agitadora e para-raios. Ela incomodou, algumas vezes até os próprios fãs. Madonna queria ser amada, só que desejava ainda mais ser escutada, pois tinha algo a dizer.

Jovens meninas foram as primeiras a ouvir a mensagem. Aquele vasto exército de adolescentes ignoradas e subestimadas pela sociedade ouviu o conselho dado de uma amiga para a outra: é melhor se libertar, ser você mesma e ousar *agir* como ela agia. No início, os pais e a imprensa se divertiram, mas logo depois se assustaram: as meninas tinham começado a se vestir como Madonna, usando leggings, renda e trapos amarrados em torno dos cabelos despenteados. O que de fato preocupava os adultos eram as mudanças superficiais, a maneira como as jovens estavam se vestindo. Aparentemente, eles não davam tanta importância para o que esse exército indignado pensava e faziam pouco-caso das meninas, tomando-as por meras imitadoras.

A autora feminista Courtney E. Martin, que se considerava parte desse grupo, disse: "Madonna não me ensinou a ser uma bruxa má ou uma puta [...]. Ela me ensinou a ser destemida, insolente e multidimensional [...]. Não tinha nada a ver com a minissaia, mas com a imaginação."[7] Assim como Martin, várias meninas que ouviam Madonna se transformaram em ativistas poderosas na geração seguinte, integrando o grupo das riot grrrls e do girl power, além das pós-feministas e feministas da terceira onda.

Em poucos anos, homens e mulheres, héteros e gays de todos os grupos etnorraciais mundo afora a tinham escutado e compreendido. Eles também viram os (muitos) ataques que ela sofreu por ter a coragem de fazer e dizer o que não podiam. Madonna não ficou calada no início da crise da aids, quando o governo dos Estados Unidos não ofereceu o financiamento necessário para o tratamento da doença, que naquele momento matava homens aos milhares, a maioria deles gay. Inclusive, ela perderia algumas das pessoas que mais amava para a aids.

Magoada e furiosa, ela usou o megafone da fama e o próprio dinheiro para tentar acabar com o estigma e o medo em torno do HIV, que afetava não só os portadores do vírus, como também todos os homens gays. O terror se aliou à vergonha nesse período da história. Ser gay significava não só ser um excluído, mas também um pária. O escritor Matt Cain se lembra do medo que sentiu no noroeste da Inglaterra quando teve questionamentos sobre a própria sexualidade aos 12 anos de idade.

> É impossível superestimar o impacto emocional que ela teve. Quando escondia meu "segredo sujo", de ser gay, e achava que todos iriam me odiar se me assumisse, eu ia para o quarto e ouvia Madonna, assistia aos clipes, lia as entrevistas e sentia que ela era a única pessoa que estava do meu lado e me defendia. Nesses momentos, tudo ficava um pouco melhor porque eu sentia que ela estava me ajudando [8]

Nos anos 1990, até acadêmicos e intelectuais começaram a reconhecer que essa cantora pop, ridicularizada por boa parte da imprensa, que a considerava no máximo uma especialista na arte da autopromoção, era um fenômeno cultural único que viera para ficar, além de uma artista multitalentosa. As universidades ofereciam cursos sobre Madonna, artigos e livros acadêmicos analisavam sua obra e seu impacto, e nomes famosos começaram a cortejá-la tanto na vida pessoal quanto na profissional.

Em 1994, o ícone da escola machista do novo jornalismo, Norman Mailer, a entrevistou após uma aparição desastrosa da popstar no programa *Late Show*, de David Letterman. Mailer chegou a duas conclusões. A declaração não publicada descrevia Madonna com admiração, como "uma carcamana baixinha cujo coração era feito de bolas de ferro de cem ancestrais camponeses".[9] Já a que foi publicada na revista *Esquire* a chamava de "nossa maior artista feminina viva".[10]

Quando subiu ao palco da Brixton Academy, Madonna já não era mais uma pessoa, e sim um conceito. O nome Madonna, que já fora associado a uma mulher sagrada e dócil, passara a significar um ser celestial da esfera do entretenimento que falava verdades e era brutalmente atacada e, ainda assim, se mantinha de pé. Lá estava ela, parecendo uma pessoa normal. Mais do que normal, ela era mãe.

Após a primeira música, Madonna tirou a jaqueta e continuou o show usando uma camiseta com o nome do filho recém-nascido, Rocco, estampado na frente, e o apelido da filha de 4 anos, Lola, nas costas. Esse gesto simples foi uma declaração e tanto. Afinal, mães não deveriam ser estrelas do rock ou do pop. Se fossem, não deveriam ostentar isso. Mas Madonna ostentava.

Naquele momento, ela virou a mais glamorosa das mães que trabalham: durona, musculosa, desafiadora, agressiva, girando como um pião e esbanjando sensualidade ao cantar a dançante "Runaway Lover", canção sobre um cafajeste que encontrou uma mulher do mesmo nível. As backing vocals, Donna De Lory e Niki Haris, cujos passos eram perfeitamente coreografados, dançaram essa música com animação e entrega.[11]

Profissionalmente, Madonna tinha muito a comemorar: era sua melhor fase desde o início da carreira. Nos cinco anos anteriores, ela correra grandes riscos artisticamente com *Evita*, versão cinematográfica do famoso musical composto por um dos mestres do gênero, Andrew Lloyd Webber — que não a queria no papel principal, e ela sabia disso. A atuação da cantora lhe rendeu um Globo de Ouro.

Após esse projeto desafiador e comercial, ela lançou dois álbuns que seguiam em uma direção inteiramente nova e experimental. *Ray of Light*, criado com o recluso compositor britânico William Orbit, lhe rendeu um Grammy, a materialização de um reconhecimento que inexplicavelmente lhe faltou nos primeiros 15 anos de carreira. *Music*, produzido com o compositor de eletrofunk Mirwais Ahmadzaï, afegão-italiano residente em Paris, trouxe uma mistura sonora e cultural que refletia o rumo que ela pretendia seguir. Com esses projetos, ela ganhou ainda mais relevância como artista

Na vida pessoal, estava felicíssima. Enquanto filmava *Evita*, engravidou do então companheiro, Carlos Leon. O nascimento da filha quase aplacou a dor que dominou Madonna após a morte da mãe e de todos os amigos que partiram, um a um, em decorrência da aids ao longo dos 15 anos anteriores. O nome Lourdes significava esperança, um futuro. Luz.[12]

A própria Madonna tinha renascido a ponto de se arriscar no complexo conceito de família. Ela então se casou com Guy Ritchie, pai do seu segundo filho, Rocco. O nascimento do bebê, em agosto de 2000, e os planos de casamento feitos pelo casal deixaram a cantora centrada e sossegada de um jeito jamais visto em 37 anos de vida. Era possível ter estabilidade na vida pessoal e ser ousada criativamente. Até os tabloides, normalmente brutais, deram a ela uma trégua (temporária).

Sentada ao lado de Mirwais no palco em Londres, usando um chapéu e botas de caubói ao cantar "Don't Tell Me", ela parecia tranquila e feliz. Madonna vivia a realidade que desejava, rompendo barreiras e cercada pelas pessoas que poderiam ajudá-la nisso. Até o palco colaborava para que ela contasse uma história.

Naquela noite, o Velho Oeste norte-americano era o cenário dessa narrativa, um olhar para um passado imaginário enquanto ela se mudava dos Estados Unidos para a Inglaterra. A fim de garantir que tudo fosse contado com humor e estilo, ela chamou os estilistas italianos Domenico Dolce e Stefano Gabbana para implementar a temática *western-spaghetti*: fardos de feno e chapéus de caubói dourados, muito strass e purpurina dourada.

Todos entenderam a piada. Enquanto Madonna dançava diante das imagens de uma pradaria com Donna, Niki e quatro homens vestidos de vaqueiro, tudo evocava a Nova York e São Francisco pré-aids, quando esse visual era figurinha fácil nas boates gays. "Vocês gostam disso?", perguntou Madonna à plateia delirante de Brixton sobre a coreografia. Depois, a velocidade da música diminuiu, resumindo-se à repetição do refrão: "Please don't, please don't tell me to stop" [Por favor, não, por favor, não me diga para parar]. Contudo, ela parou. Estava sem fôlego. Fazia apenas três meses desde o nascimento de Rocco. Naquele momento, o repertório do show ofereceu a ela uma folga com uma música mais lenta, "What It Feels Like for a Girl".

A palavra *girl* no título da música não se referia a uma menininha. Nas músicas de Madonna, uma garota era qualquer pessoa que se sentisse impotente ou sem voz, fosse por medo, fosse por tabus. De joelhos, ela abaixou a cabeça para se recompor antes de começar o que um fã chamou de "música boa pra caralho".[13] Era uma ode feminista tão ousada e sincera quanto "Express Yourself", embora mais melancólica, pois nos dez anos que se passaram entre as duas músicas não se viram muitos avanços efetivos na luta das mulheres

Havia um misto de força, suavidade e fadiga na voz de Madonna. A multidão também cantou, com direito a lágrimas de homens gays que reconheciam suas histórias naquele lamento. O que ninguém na plateia sabia era como o mundo ficaria pior em um futuro próximo, e Madonna não poderia ter previsto que sua vida perfeita naquele novembro de 2000 voltaria a ser destroçada; a busca por felicidade, frustrada; sua obra, ferozmente criticada; e que decisões pessoais, que costumavam gerar reações cruéis, provocariam a reação mais cruel de todas. Que ela precisaria recomeçar mais uma vez.

"What It Feels Like for a Girl" e o que ela prenunciava davam um tom sombrio demais para o fim do show. Por isso, a cantora subiu no teto da caminhonete para cantar uma música que apresentava desde 1983 e nunca havia perdido a força: "Holiday". Maddy Costa, do *Guardian*, disse que naquele momento "cada pessoa que estava ali se transformou em um adolescente cheio de empolgação".[14]

Para encerrar a apresentação, Madonna voltou à música que esquentou a plateia no início, "Music", perguntando com a voz distorcida: "Você gosta de boogie-woogie?" Não havia dúvida quanto à resposta. Por trás de Madonna e seus dançarinos passavam imagens das várias fases da carreira da cantora. Era uma ousadia lembrar às pessoas quem ela tinha sido, pois havia o risco de ser comparada negativamente com as versões mais novas que personificou. Madonna devia saber que *não havia* perigo algum nisso.

A mulher de 42 anos que estava no palco, surpreendentemente sem adereços e um pouco despenteada, estava tão linda, confiante e magnética quanto aquelas versões mais jovens. Isso fez a plateia se sentir bem. Afinal, eles também não tinham mais 20 anos e estavam ainda melhores do que naquela época.

PARTE I

Michigan

1958-1978

Capítulo 1

Pontiac, 1958-1963

Acho que ele não tinha palavras para expressar a própria dor.[1]

— *Madonna*

AS CASAS ERAM modestas e as famílias que viviam nelas, jovens e simples. No verão, parecia um bairro apenas de crianças, que se aventuravam em pequenos quintais com cercas de arame, trilhos de trem e um sistema de esgoto que viraria um novo local para brincadeiras quando eles crescessem o bastante para conseguir pular as cercas.[2] Para as crianças, os quintais são um mundo. E aquele era um mundo de movimento e barulho: gritos, risadas, o som de discos e do rádio, os ruídos e a tagarelice das mães cozinhando, limpando e pendurando roupas no varal, e os cumprimentos trocados aos gritos entre pais de manhã e à noite, ao saírem e ao voltarem do trabalho — a maioria em fábricas da GM. Só à noite, depois que as crianças iam dormir, é que as ruas ficavam tão silenciosas que era possível ouvir os risos gravados das séries de TV por uma janela aberta e o zumbido contínuo de uma torre de energia elétrica que pairava, imponente, sobre a vizinhança, enlouquecendo a todos.[3]

Herrington Hills, em Pontiac, como tantas comunidades nos Estados Unidos, era habitada por pessoas que estavam ocupadas reconstruindo a sociedade após a Segunda Guerra Mundial. Elas viviam a base do "american dream": fé, pátria e família. O que diferenciava Pontiac era o fato de os cidadãos da área serem de diversas etnias, todos recrutados nas décadas anteriores para trabalhar na indústria automobilística que crescia no norte de Michigan. Negros, mexicanos, europeus orientais, italianos, irlandeses, todos os tipos de pessoa de todo o país e do exterior que buscavam um emprego sindicalizado e um futuro tranquilo. No fim dos anos 1940 e início dos anos 1950, veteranos que voltavam da guerra se juntaram ao fluxo e bairros inteiros surgiram para acomodá-los e escolas foram construídas para educar as crianças.[4] Isso foi fundamental para o sonho. Após sobreviver à terrível experiência, eles desejavam um futuro melhor para os filhos. Encontraram isso em Pontiac, onde o distrito escolar se tornou o melhor do estado.[5]

Silvio "Tony" Ciccone, de 24 anos, e sua noiva, Madonna Fortin, de 22, passaram a integrar a população de Herrington Hills em 1955, quando se mudaram para uma casinha na rua Thors. Eles chegaram na segunda grande onda de migração para o bairro, preenchendo-o de pessoas da mesma idade e na mesma fase da vida.[6] Isso significava que, quando Madonna começou a ter filhos (de cinco em cinco anos, começando com Anthony em 1956 e Martin em 1957), ela estava cercada de mães fazendo o mesmo. A comunidade de desconhecidos virou uma família e isso uniu o casal no início de uma vida que eles esperavam que fosse longa e feliz juntos.

Tony Ciccone era o caçula de seis filhos de imigrantes italianos que vieram de Abruzzo, na região do mar Adriático, e se estabeleceram no oeste da Pensilvânia para trabalhar nas siderúrgicas. A família dele estava fisicamente nos Estados Unidos, mas em todos os outros aspectos continuava na Itália. Os Ciccone viviam entre italianos, falavam italiano em casa e na rua e enchiam o imóvel com as imagens católicas sombrias que faziam as igrejas do sul da Itália serem tão assustadoras.[7] Todos os rapazes trabalhavam nas siderúrgicas, menos Tony, que entrou para a Força Aérea e fez faculdade. Ele era a personificação do espírito da primeira geração de imigrantes: estava preparado para trabalhar com afinco, estudar muito, seguir as regras, tudo o que fosse necessário para ser norte-americano e criar filhos norte-americanos que aproveitariam oportunidades infinitamente superiores às que ele tivera.[8]

Madonna Louise Fortin o ajudaria a conseguir isso. Ela era uma jovem cheia de vigor, musical e esforçada de origem franco-canadense, com sete irmãos. A família dela vivia em Bay City, Michigan, onde o pai tinha sido bem-sucedido em uma das maiores indústrias da região: a madeireira. Eles eram considerados classe alta em uma cidade de "serrarias e construtores de navios". Os Fortin também eram muito religiosos, mas a versão deles do catolicismo era menos radical que a dos Ciccone.[9]

Tony e Madonna se conheceram em 1951, no casamento do irmão de Madonna, que havia servido com Tony em uma base aérea no Texas. Após um namoro de quatro anos mantido basicamente por cartas trocadas enquanto Tony estudava engenharia, eles se casaram em Bay City em julho de 1955 e se estabeleceram em Pontiac, que ficava nas proximidades.

Não foi a indústria automobilística que os atraiu. Tony tinha um emprego na divisão de defesa da Chrysler. Ele fazia parte da elite de cientistas e engenheiros convocada para desenvolver sistemas avançados com o intuito de combater tecnologia inimiga.[10] Era um emprego que ficou ainda mais importante depois que os soviéticos lançaram o primeiro satélite feito pelo ser humano, o *Sputnik* 1, em 1957. A tarefa era impedir a guerra por meio da produção de armas tão apavorantes que ninguém ousaria desafiá-las. Durante esse processo, eles produziram uma revolução tecnológica e industrial com a descoberta de novos materiais e métodos. Foi uma aventura emocionante para um jovem determinado a construir um futuro sólido.[11] Some-se a isso uma jovem família e uma esposa bonita, e ninguém poderia culpar Tony por se considerar um homem de sorte.

Em 16 de agosto de 1958, durante uma visita da família Fortin a Bay City, Madonna deu à luz a primeira filha do casal, Madonna Louise. Uma criança minúscula de cabelo escuro e olhos verdes, ela sempre seria especial no lar dos Ciccone por ter sido a primeira menina, por ser da natureza dela exigir atenção e por causa do nome. Era um nome estranho, repleto de significado religioso, e o mesmo da mãe, o que concedia autoridade à criança que o herdou.

Madonna (Nonni para o pai) não ocupou a cobiçada posição de caçula por muito tempo.[12] Outra filha, Paula, nasceu em agosto de 1959 e um terceiro filho, Christopher, em 1960. O lar dos Ciccone na rua Thors se tornou pequeno para todas essas crianças.

As lembranças mais antigas de Madonna quando bebê envolvem sair do quarto que dividia com os irmãos e a irmã para o conforto da cama dos pais. "Acho que devo ter ido muito para lá porque eles se sentavam na cama e diziam: 'Ah, não. De novo, não.'"[13] "Paraíso" era como ela descrevia o beijo que a mãe lhe dava na testa após ter subido na cama para sentir o calor noturno dos lençóis e a seda levemente fria da camisola materna.[14]

A casa era infinitamente mais barulhenta durante o dia. Na pequena sala de estar da família, uma vitrola tocava Johnny Mathis, Harry Belafonte, Sam Cooke e, o mais memorável, "The Twist", de Chubby Checker. Toda a família dançava ao som dessa música.[15] A maior parte dos dias, no entanto, consistia em crianças brincando, brigando e se machucando. "Me lembro da minha mãe na cozinha esfregando o chão. Ela fazia toda a limpeza da casa e sempre arrumava nossa bagunça. Nós éramos crianças terríveis, muito bagunceiras",[16] diz Madonna.

Especialmente os irmãos mais velhos. Desde jovens eles arrumavam confusão, iniciavam pequenos incêndios e jogavam pedras em janelas. "Acho que meus pais enfureceram muita gente porque tiveram muitos filhos e nunca gritavam com eles", lembra Madonna. "Meus irmãos eram muito indisciplinados [...] e meus pais nunca brigavam com eles. Eles só nos abraçavam e falavam baixo."[17] Talvez seja porque os garotos Fortin também eram arteiros em Bay City. Ou pode ser uma questão religiosa. Toda a vida familiar era regida pelos princípios cristãos, nos quais os pais de Madonna acreditavam.

A religião era fundamental para a vida em Pontiac, e, como a população era muito diversificada, as congregações seguiam o mesmo caminho: católicos, protestantes, batistas, católicos ortodoxos, judeus e metodistas episcopais africanos conviviam na região. Uma rua poderia ter uma igreja católica em uma esquina e uma sinagoga na outra.[18] As pessoas encaravam a vida como um ciclo de práticas religiosas a serem cumpridas. Para os Ciccone, a igreja era de fato o lugar mais importante depois da casa; era a criadora de leis de maior relevância, e os dogmas nunca eram questionados. Dentro de casa, a religião era personificada na figura de Jesus Cristo, a quem Madonna mãe tratava como uma presença viva: alguém a quem rezar, que protege e deve ser tratado com carinho [19] Justamente por isso, o que aconteceu foi tão cruel.

Tony e Madonna sempre haviam agido com integridade. Eram pessoas boas e generosas, que obedeciam aos ditames da Igreja e do Estado e se dedicavam à família. Então como isto pôde acontecer?

Quando Madonna mãe tinha 28 anos e estava grávida do sexto filho, descobriu que tinha um câncer de mama.[20] Quando jovem, ela havia trabalhado como técnica em radiologia na época em que não se tomavam precauções para proteger os profissionais de saúde dos efeitos da radiação.[21] Contudo, a causa não parecia importante; o que importava era o trágico resultado.

Madonna muitas vezes se lembrou do fanatismo religioso da mãe: "Ela se ajoelharia em grãos de arroz, rezaria durante a Quaresma inteira [...]. Era uma religiosa fervorosa mesmo."[22] É fácil imaginar que a ferocidade das preces e as negociações com Deus feitas por Madonna mãe se intensificaram após o diagnóstico da doença. As preces não melhoraram a saúde dela, mas lhe deram força para continuar a gravidez sem tratar o câncer e para esconder a angústia dos filhos. "Ela ficou doente por muito tempo", relembrou Madonna anos depois, "e nunca ficou se lamentando, sabe? Acho que ela nunca se permitiu afundar naquela fatalidade. Com essa atitude, acho que ela me ensinou algo incrível".[23] Quando criança, porém, Madonna ficava muito confusa.

Uma das histórias mais emocionantes que ela contou sobre esse período diz respeito a um dia em que pediu à mãe que brincasse com ela. A pequena Madonna sabia que a mãe estava fraca, mas não entendia o motivo.

> Eu lembro que ela estava muito doente, sentada no sofá, e fui até ela. Lembro de subir nas costas dela, pedindo que brincasse comigo. Ela não conseguiu, começou a chorar e eu fiquei com muita raiva. Eu me lembro de socar as costas dela, dizendo: "Por que você não brinca comigo?" Aí vi que ela estava chorando [...]. Lembro de me sentir mais forte do que ela. Eu era muito pequena e a abracei. Pude senti-la soluçando e percebi que era ela a criança. Parei de perturbá-la depois disso.
>
> Esse foi o ponto de virada, foi quando eu soube. Acho que aquilo me fez amadurecer rápido. Eu sabia que poderia ficar triste, fraca e não estar no controle ou poderia assumir o controle e dizer que a situação iria melhorar.[24]

Em algum momento após dar à luz outra filha, Melanie, em 1º de julho de 1962, Madonna mãe ficou tão doente que precisou ser hospitalizada. Ainda assim, fingia estar saudável quando Tony levava as crianças para visitá-la. "Ela era muito engraçada, então não era horrível visitá-la no hospital", disse Madonna.[25] Era lá onde a família se reunia, onde tentavam recriar o sentimento de lar enquanto falavam com a mãe deitada em uma cama de ferro e a observavam ficar mais magra a cada visita. "Minha mãe passou cerca de um ano no hospital, e também vi meu pai mudar. Ele ficou arrasado", conta Madonna.[26] Ele sabia o que os filhos não sabiam: que ela nunca mais voltaria para casa.

Os aniversários eram grandes acontecimentos para os Ciccone, mas naquele ano foram diferentes. Madonna fez 5 anos em 16 de agosto de 1963; Paula comemorou o quarto aniversário menos de uma semana depois e Christopher fez 3 anos em 22 de novembro, mesmo dia em que o presidente Kennedy foi assassinado. "Uma das poucas lembranças que tenho [da minha mãe]", contou Christopher, "é uma vaga memória de ser tirado dos braços dela no hospital e não querer ir embora. E meu pai confirmou isso. Ela morreu bem perto do meu aniversário".[27]

Eles receberam a notícia por telefone. Em 1º de dezembro, a família estava em Bay City porque a bebê Melanie estava sob os cuidados da avó. O telefone da cozinha tocou. Tony atendeu e, quando desligou, estava chorando. A mãe deles havia falecido, revelou. Às lágrimas, pediu aos filhos que não chorassem. "Acho que ele precisava fazer aquilo porque estava desmoronando", disse Madonna.[28] Tony nunca falou com os filhos sobre a morte da esposa. "Ele nunca me perguntou: 'Como você se sente?' Nós nunca tivemos... Meu pai é muito estoico e antiquado, e imagino que também estivesse arrasado. Acho que ele não tinha palavras para expressar a própria dor."[29]

Para Madonna, a notícia era como "ter o coração arrancado do peito [...]. O auge do abandono. Foi um grande mistério para mim, queria saber para onde ela foi, e havia uma parte de mim que ainda esperava que ela voltasse para casa".[30] Tony também ficou desolado. Aos 32 anos, ele era um pai solo com seis crianças menores de 8 anos, uma delas ainda bebê.

O velório de Madonna Louise Fortin Ciccone aconteceu na Our Lady of the Visitation, a mesma igreja de Bay City onde tinha se casado vestida de branco oito anos antes: ela estava deitada, sem vida, em um caixão aberto, com os lábios costurados.[31] Era evidente que ela estava morta. Era como se a luz tivesse ido embora junto com ela.

I know a place where no one ever goes
There's peace and quiet, beauty and repose
It's hidden in a valley, behind a mountain stream
*and lying there beside the stream I find that I can dream...**

Essa era a canção favorita de Madonna na infância. Ela a aprendeu com a mãe e, um dia, também a cantaria para os filhos.[32]

---

* Eu sei de um lugar aonde ninguém vai/ Há paz e tranquilidade, beleza e repouso/ Fica escondido em um vale, atrás de um rio nas montanhas/ e ao lado desse rio eu descubro que posso sonhar... *[N. da T.]*

Capítulo 2

Pontiac, 1964-1966

> Outro dia, achei uma fotografia minha aos 5 anos usando o vestido de casamento da mamãe. Foi muito estranho.[1]
>
> — *Madonna*

Por meses após a morte da esposa, Tony alternou as crianças entre as casas de parentes e vizinhos. "Meu pai precisou lidar com muita coisa. Eu morei com uma família no fim da rua por um tempo. A pobre vizinha precisava lidar com meus chiliques e ataques de fúria, além de ter uma filha com paralisia cerebral, na cadeira de rodas. Eu pensava que a menina tinha mais sorte do que eu por ter uma mãe",[2] disse Madonna.

Com o tempo, Tony contratou uma pessoa para manter a ordem e a família unida na rua Thors.[3] Mas ele não tinha se dado conta de um fato: as crianças, que já eram rebeldes quando a mãe estava viva, ficaram ainda mais após a morte dela. "Nós sempre trocávamos de empregada. Odiávamos todas", [4] contou Madonna.

Madonna via aquele entra e sai de governantas e virou a minichefe da casa, o que chamava de "mulher principal".[5] Era uma parceria: ela e o pai governavam o reino Ciccone. "Madonna meio que assumiu o papel de mãe" perante os irmãos mais novos, segundo Martin, o mais velho dos irmãos. "Ela alimentava os menores, os vestia e os arrumava para a escola."[6] Ela levava o trabalho a sério para agradar a Tony porque morria de medo de perdê-lo também.[7]

Um dos atributos que Tony instilou nas crianças, além de "honestidade, ética, disciplina, responsabilidade e honra", foi o estoicismo.[8] Madonna até tentou projetar isso, mas o corpo dela a entregava. "Naquela época, fiquei obcecada por doenças e sempre sentia algum sintoma." Às vezes, parecia que "formigas estavam andando no meu coração" e eu acreditava estar com câncer por causa disso.[9] Ela também desenvolveu fobia de sair de casa e vomitava se tivesse que dormir fora.[10] Mesmo em casa, não conseguia pegar no sono e, quando conseguia, tinha pesadelos com o sentimento de perda exacerbado pela culpa. "As crianças sempre pensam que fizeram algo errado quando os pais somem", explicou ela.[11]

Contudo, à medida que os anos passaram, Madonna foi ficando mais forte, movida pela disciplina da escola católica na qual ela e os irmãos estudavam e pela atenção de professores que sabiam que ela precisava de cuidados extras.[12] Em casa, havia uma estrutura quase militar quando o pai estava presente: "Ele não gostava que ficássemos à toa. Se não tivéssemos dever de casa, ele arranjava algo para fazermos. Ele acreditava que deveríamos ser sempre produtivos."[13] Até minutos antes de as crianças dormirem, Tony ficava em pé no corredor entre os quartos contando histórias para alimentar a imaginação delas.[14] Madonna foi a melhor aluna do pai. Ela absorveu todas as lições.

Tony fazia questão de apresentar outras culturas às crianças para que elas não tivessem "preconceitos" ou "ficassem nervosas com pessoas diferentes", disse Christopher. Os vizinhos mais próximos dos Ciccone eram uma família negra e uma hispânica. "Também fazíamos parte de uma [...] organização católico-judaica. Eu celebrei o Pessach a vida inteira sem saber que era Pessach. Eu achava que era a Páscoa", contou ele.[15]

Outra excentricidade na relação de Tony com os filhos foi o fato de ele não ter criado Madonna para ser uma menina. Muito provavelmente não foi uma decisão consciente, e sim o resultado de dois fatores: não havia um modelo de comportamento feminino com quem ela pudesse aprender a feminilidade tradicional (o que ela chamava de "boas maneiras, gentileza e [...] paciência")[16] e a própria ambição intelectual dela. "Meu pai nunca me criou para casar e ter filhos. Ele me criou para ser muito focada, pensar em objetivos, ser advogada ou médica e estudar, estudar, estudar".[17]

Todavia, a ausência de uma referência na arte da feminilidade gerou um efeito colateral: Madonna era considerada ousada demais, brusca demais, até vulgar. Ela imitava o comportamento dos irmãos. "Eu falava o que queria, arrotava quando tinha vontade. Quando gostava de um garoto no parquinho, eu corria atrás dele. Não havia ninguém para dizer: 'Não, meninas não fazem isso'."[18] Assim, ela se tornou "destemida".[19]

Madonna também se deu conta de que tinha um poder que faltava aos irmãos. Desde os 5 anos, ela percebeu que se agisse de modo feminino poderia conseguir o que quisesse, uma descoberta que admitiu "usar [...] em tudo o que pudesse".[20] Para ela, era mais do que conseguir algo. O encanto lhe rendia atenção, que era algo infinitamente mais valioso para uma criança que desejava ser notada entre muitas outras.[21]

Esse despertar sexual ingênuo ocorreu mais ou menos na mesma época em que ela começou a cantar e dançar. Os primeiros mentores estavam na TV: Shirley Temple, a quem tentava copiar, e os artistas do *Lawrence Welk Show*, um programa de variedade meio cafona com uma banda que simulava o glamour do show business com bolhas flutuantes, candelabros e dança de salão.[22] Entretanto, as primeiras e mais importantes lições musicais ocorreram no próprio bairro em que morava.

Em Pontiac, como a cidade vizinha ao sul, Detroit, havia muitos carros e música, e nada disso era uma questão de classe ou raça. Os imigrantes que lotavam as fábricas de automóveis trouxeram tradições musicais ricas, que iam do blues do Delta do Mississippi às polcas do Leste Europeu, entre vários outros gêneros. Alguns se mantiveram intactos, mas outros se misturaram, apresentando novos sons. As crianças eram apresentadas à música na igreja, antes mesmo de serem apresentadas a pop, rock, soul, jazz, R&B ou country.[23] Muitos dos mesmos cantores e músicos que tocavam nas igrejas de manhã se apresentavam nas boates à noite.[24] A música percorria a escala que ia da adoração à libertinagem em um único dia — sem contradições, era tudo uma questão de arrebatamento.

Tony insistiu para que todos os filhos começassem pelo básico e tivessem aulas de piano.[25] Contudo, Madonna estava mais interessada na música das ruas. Em 1963, o ano em que a mãe morreu, a fábrica musical de Berry Gordy Jr. chamada Motown virou o centro do universo pop do país. A gravadora tinha dez singles nos dez primeiros lugares da parada Billboard e mais oito entre as vinte melhores, representando uma onda sem precedentes de músicas feitas por artistas negros. Os Beatles chegaram aos Estados Unidos em 1964 para revolucionar o som branco, mas nem eles escaparam dessa influência. O primeiro álbum do grupo incluiu regravações de músicas da gravadora e eles fizeram turnê pelo Reino Unido naquele ano com Mary Wells, artista da Motown.

O número de artistas surgindo da Motown era tão grande que a lista de talentos de Detroit parecia não ter fim: Stevie Wonder, Martha and the Vandellas, Marvin Gaye, Smokey Robinson.[26] Para crianças como Madonna, a música e a história da gravadora representavam a realização de sonhos. "Música era a única expressão de autoconfiança ou fuga. A música da época era tudo para quase todos. Ouvir e dançar ou sonhar em ser isso ou aquilo era tudo que as pessoas queriam fazer",[27] relembra ela. Em Pontiac, as pessoas faziam "festas em casa com vitrolas, uma pilha de discos e todos simplesmente dançando na frente das casas e no quintal".[28]

De início, Madonna precisou brigar para entrar no círculo de amigos do bairro que tocavam esses discos nas festas. "Apanhei muitas vezes de meninas negras antes de ser aceita por elas. Até que um dia elas me bateram tanto com uma mangueira de jardim que eu fiquei deitada no chão, chorando. Depois disso, de repente as agressões pararam, e elas se tornaram minhas amigas e me deixaram entrar para o grupo."[29] Depois disso, durante as brincadeiras, elas fingiam que eram um grupo de mulheres artistas a caminho do estrelato.[30]

Durante essas primeiras apresentações de brincadeira, Madonna criou uma persona. Nos quintais de Pontiac, ela não queria simplesmente cantar e dançar, como faziam as amigas: a jovem aspirante a cantora precisava ter a aparência delas para fazer justiça à música. "Eu tinha uma inveja incrível de todas as minhas amigas negras porque elas podiam fazer tranças no cabelo que ficavam bem de qualquer jeito. Então, eu passava pela incrível provação de colocar arame no cabelo e fazer tranças para que o penteado ficasse no lugar",[31] explicou ela. Desde o início, o conceito envolvia música, dança e moda.

Até meados dos anos 1960, a vida de Madonna e dos irmãos seguia uma rotina apesar de todo o caos. Havia a escola e a igreja; atormentavam as empregadas; tentavam agradar ao pai; e embarcavam em aventuras com vários níveis de travessura (reveladas por Madonna, que tinha o apelido de "dedo-duro").[32] A agenda também incluía longas visitas aos parentes durante o verão: a família de Tony em Aliquippa, na Pensilvânia, e a avó materna em Bay City. Nas duas casas havia os tios, adorados pelas crianças, que achavam assustadora a escuridão da casa Ciccone.[33]

Segundo Christopher, como em outros lares de imigrantes, onde os bens conquistados com muito esforço eram valiosos, a casa dos avós italianos era cheia de móveis ainda cobertos com plástico.[34] A avó Ciccone, que se chamava Michelina, tinha decorado a casa com rosários, velas e imagens de Cristo. "Ao entrar no quarto da minha avó, eu a encontrava de joelhos, rezando para a Virgem Maria." O avô Gaetano era "corpulento, um senhorzinho corcunda que bebia demais". Christopher chegou a acreditar que as preces ardentes da avó eram para que o velho morresse. Após ter seis filhos com o marido, ela dormia em um quarto separado com sete cadeados na porta. Depois que o companheiro morreu, Michelina acreditava ser assombrada por ele, apesar dos cadeados.[35]

Em compensação, a residência da família Fortin em Bay City era um verdadeiro lar. A avó Elsie Mae Fortin era "uma segunda mãe para todos nós", de acordo com Christopher. Ela usava roupas femininas de estilo clássico e o perfume L'Air du Temps. Era elegante, "uma lady em todos os sentidos da palavra".[36] Apesar de o marido dela, avô das crianças, ter morrido em 1959, a casa ainda remetia ao amor que ele sentia por ela. Em um aniversário, sabendo que a cor favorita da esposa era rosa, ele a presenteou com "uma cozinha totalmente rosa, com forno, geladeira e lava-louça dessa cor". A atmosfera era calorosa, carinhosa e permissiva, do mesmo jeito que a mãe deles era. Para as crianças, a casa dos Fortin era um paraíso.[37]

Despachar os filhos para a casa dos avós durante o verão pode ter facilitado a vida de Tony, mas era só um alívio temporário enquanto ele conciliava o trabalho e as necessidades de seis crianças em fase de crescimento. Ele ainda era jovem. Em 1966, aos 35 anos, esperava-se que Tony tentasse encontrar uma nova companheira. Na verdade, houve várias candidatas. A família Fortin queria que ele se casasse com uma amiga da mãe de Madonna, uma mulher que lembrava Natalie Wood e as crianças achavam parecida com a mãe.[38] No entanto, ele surpreendeu a todos ao anunciar que se casaria com uma das empregadas que cuidavam das crianças, uma descendente de norte-europeus chamada Joan Gustafson.

A família Fortin ficou furiosa e sempre se referia a Joan como "a empregada".[39] As crianças reproduziam o desdém. "Ela era cheia de energia, mas muito rígida, uma verdadeira disciplinadora", disse Madonna.[40] Segundo Christopher, o casamento aconteceu pouco depois de o filme *A noviça rebelde* ter estreado. Para ele, Joan pensava que o clã Ciccone seria tão maleável quanto os filhos de Von Trapp, mas estava errada. As crianças estavam "determinadas a fazer da vida dela um inferno".[4]

Para Madonna, a entrada dessa mulher na vida de todos reabriu feridas que ainda não estavam cicatrizadas e criou outras. "Foi difícil aceitá-la como figura de autoridade [...]. Meu pai queria que a chamássemos de mãe em vez do primeiro nome dela. Eu me lembro de achar muito difícil falar a palavra mãe. Era muito doloroso."[42] Com a chegada de Joan, Madonna acreditava que também tinha perdido o pai.[43] "Senti que minha madrasta o havia roubado de mim. Me senti abandonada",[44] disse ela. "Eu era uma criancinha abandonada e furiosa."[45]

Madonna reagiu do mesmo jeito que a mãe fez com a doença e o pai fez com a perda: com uma determinação tranquila (e, ao contrário deles, se comportando mal). Reunindo toda a coragem que conseguiu arrumar, ela adotou a versão infantil da estratégia de sobrevivência adulta: "Não preciso de ninguém. Posso me virar sozinha e ser eu mesma, sem pertencer a ninguém."[46]

Madonna enfrentou a mágoa com desobediência e recebeu a ajuda de uma canção para isso. Em janeiro de 1966, "These Boots Are Made for Walkin'", de Nancy Sinatra, chegou ao primeiro lugar das paradas e chocou algumas regiões dos Estados Unidos com a declaração de independência feita por um novo tipo de mulher que causava escândalo: a de *Sex and the Single Girl*, livro que foi transformado no filme *Médica, bonita e solteira* (1964) — essa mulher não perderia tempo com um homem traidor. Ainda mais chocante era ver a filhinha de Frank Sinatra com o cabelo pintado de loiro e dançando com um minivestido de lantejoulas, meia-calça preta e botas pretas de salto alto.[47] Enquanto fazia isso, ela se mostrava satisfeita com o próprio poder e deixava evidente que, se algum coração fosse partido, não seria o dela. Madonna disse que Nancy Sinatra cantando aquela música "me deixou muito impressionada. Quando ela disse 'Are you ready, boots? Start walkin' [Vocês estão prontas, botas? Comecem a andar], pensei: 'É, também quero isso. Quero pisar em algumas pessoas'".[48]

Capítulo 3

Pontiac, 1967-1969

Não tenha medo de mim, sou só uma garotinha simpática.[1]

— *Patti Smith*

A CONSCIÊNCIA SOBRE as canções pop surge na jovem Madonna em um momento propício, não só para ela, como também para a cultura dos Estados Unidos. Vivia-se uma nova era para as mulheres na música. Nancy Sinatra foi só uma das muitas vozes cantando o que mulheres e meninas não ousavam dizer. Como outros aspectos do pop e do rock, essa tradição rebelde nasceu no blues com cantoras como Willie Mae "Big Mama" Thornton e Ida Cox, que falavam sobre ser independente de homens inúteis em suas vidas de um jeito irreverente e sexy. As letras eram tão sedutoras que as músicas não emplacavam entre os brancos, a menos que fizessem versões tão "limpas" que perdiam o sentido. A raiva crescente que Big Mama Thornton sentia de um gigolô em "Hound Dog" virou uma sensação sem sentido ao ser regravada por Elvis Presley.[2]

Em 1960, porém, algo começou a acontecer. Um novo tipo de cantora oferecia uma versão pop atualizada do velho sentimento lascivo do blues. Com "Will You Love me Tomorrow", que falava de uma jovem decidindo se ia transar ou não, as Shirelles fizeram sucesso. Era absolutamente revolucionário.[3]

Tendo Carole King como uma das compositoras, "Will You Love Me Tomorrow" foi lançada no ano em que surgiu a pílula anticoncepcional, quando as mulheres começaram a pensar em sexo sem a preocupação com o risco da gravidez. Sexo para as mulheres tornara-se *recreação*, como sempre foi para os homens. Ou quase. Culturalmente, o desejo do homem continuaria soberano, mas a pílula foi o primeiro grande passo rumo à liberdade sexual Ela lançou a possibilidade da escolha na vida pessoal de uma mulher, o que era uma grande ruptura.

A música foi a primeira de um grupo pop formado por mulheres a falar de sexo de uma maneira muito explícita e chegou ao primeiro lugar da parada Hot 100 da Billboard. Essa também foi uma conquista e tanto: nenhum grupo feminino tinha chegado ao topo das paradas até então, que dirá um grupo de garotas negras.[4] "Will You Love Me Tomorrow" e as Shirelles foram uma sensação cultural que transcendeu a bolha do público negro,[5] pois o sucesso delas gerou uma proliferação de grupos femininos.

A maioria era composta por adolescentes negras ou latinas da classe trabalhadora de Nova Jersey ou Nova York. Jovens como as irmãs Estelle e Veronica "Ronnie" Bennett e a prima Nedra Talley, que, adotando o nome Ronettes, viraram as "primeiras superestrelas femininas do rock". Após o sucesso do single "Be My Baby" e o primeiro álbum, elas fizeram turnê pela Inglaterra em 1964 com os Rolling Stones abrindo os shows *para elas*.[6]

Esses primeiros grupos femininos usavam roupas e penteados arrumados, discretos e recatados. Isso significava que as letras cantadas por elas, que falavam com as garotas de um jeito inédito sobre desejos mais profundos, escapavam do escrutínio indevido porque as jovens artistas pareciam "boazinhas".[7] Ninguém considerou prestar atenção ao que elas estavam dizendo.

Madonna começou a ouvir esses grupos femininos alguns anos depois, quando a Motown investiu em Detroit e transformou em estrelas nomes como Mary Wells, cujo primeiro grande sucesso foi "My Guy" em 1964, e Martha Reeves, que lançou "Dancing in the Street" com as Vandellas.[8] Mas o som e o estilo da Motown para jovens mulheres artistas alcançou o auge com as Supremes.

Formadas na "escola de aperfeiçoamento" da gravadora, como se chamava o departamento de desenvolvimento de artistas na época, elas aprenderam a andar, a falar, a se vestir (com chapéus e luvas) e a se comportar para serem "damas" no sentido mais branco da palavra.[9] O primeiro sucesso do grupo foi "Where Did Our Love Go", lançado em 1964. O ano terminou com aparições do grupo nos principais programas de TV dos Estados Unidos. Em 27 de dezembro de 1964, Diana Ross (então com 20 anos), Mary Wilson (20) e Florence Ballard (21) cantaram "Come See About Me" no *Ed Sullivan Show* e alçaram voo no estrelato pop.[10]

Na época em que as músicas da Motown inundavam as ruas, também surgiram grupos de garotas brancas, como as Shangri-Las. Não era preciso ensiná-las a serem "damas", pois, como eram brancas, todos achavam que haviam nascido para esse papel. As Shangri-Las, que eram travessas, provaram que a cor da pele não garantia o respeito do público. O primeiro sucesso delas a liderar as paradas foi a ode aos *bad boys* "Leader of the Pack", sobre um acidente fatal de motocicleta. A música foi considerada tão sombria e o som tão violento, que o grupo foi banido da Grã-Bretanha e por algumas estações de rádio nos Estados Unidos.[11]

As Shangri-Las não eram garotas boazinhas. Elas vestiam *calças* e usavam *botas*. Além disso, flertavam com o público e expressavam sexualidade de um modo que jamais seria feito pelos grupos de garotas negras para não desagradar ao público branco.[12] O visual e a ousadia das Shangri-Las, combinados às letras, eram poderosos e empolgantes de um jeito novo.

E, se todos esses novos sons e imagens não fossem suficientes para virar a cabeça de qualquer um, a Invasão Britânica de artistas do sexo feminino ocorreu em meados da década de 1960 nos Estados Unidos. Brancas, a maioria louras, com delineados marcantes nos olhos, usando blusas justas, minissaias e botas, eram mulheres como Lulu, Dusty Springfield, Sandie Shaw e, a partir de 1965, Marianne Faithfull — que só tinha 17 anos quando lançou a música composta por Mick Jagger e Keith Richards "As Tears Go By". As mulheres britânicas ofereciam vozes diferentes e o visual "mod".[13]

Madonna atingiu a maioridade na época que uma mulher se expressar não era excepcional, mas normal. Era um fato comum que mulheres e meninas tivessem vozes e ideias dignas sobre sonhos, desejos, amor e aquele assunto proibido, sexo, além de medo, raiva e até morte. As músicas, cantadas em vozes juvenis, tratavam de assuntos que outras meninas entendiam. Cada canção decorada era uma dose de empoderamento direto na alma de milhares de garotas,[14] e as mensagens ousadas transmitidas por essas jovens chegaram no momento em que Madonna mais precisava.

A aparição de Joan na rua Thors em seu novo papel de esposa e madrasta abalou o regime excêntrico da casa dos Ciccone. Ela tentou impor alguma ordem às crianças, o que lhes deu ainda mais motivos para se rebelarem. "Minha madrasta era muito jovem. Ela não estava pronta para tantas crianças que não queriam aceitá-la como figura de autoridade", explicou Madonna.[15] "Foi uma adaptação difícil para todos nós [...]. Tivemos momentos muito complicados, tenho que admitir."[16]

As crianças passaram a confiar mais umas nas outras, reunindo-se em um quarto para confabulações secretas. "As crianças procuram os pais quando têm problemas, certo? Lá em casa não era assim. Eles procuravam a mim ou aos irmãos mais velhos", disse Madonna.[17] Pode ter sido por isso que Joan contava com ela para ajudá-la com as crianças. Entretanto, com os pedidos da madrasta, Madonna, que antes se voluntariava e ajudava os irmãos mais novos, passou a considerar aquilo um fardo. Também reconhecia que aos irmãos eram concedidas liberdades que ela não tinha.[18] "Nessa época, eu me sentia como Cinderela com uma madrasta malvada. Estava doida para fugir", relembrou ela.[19]

Enquanto isso, Madonna desenvolvia habilidades de defesa: não tinha papas na língua, era afrontosa, sarcástica e até cruel. Ela se definiu nos anos após a chegada de Joan como "um demônio", fazendo de tudo para ter a atenção do pai e conseguir o que queria.[20] Madonna descrevia o convívio familiar "como viver em um zoológico".[21] Até as brincadeiras dela ficaram agressivas: "Eu brincava com minhas Barbies na época [...]. Elas eram malvadas. A minha Barbie era *cruel* [...], dizia para o Ken: 'Não vou ficar em casa e lavar a louça. Fique *você* em casa! Vou *sair* hoje à noite, vou jogar boliche, tá?' Ela era sexy e *durona*."[22]

O turbilhão no lar dos Ciccone ganhou ainda mais força naquele ano de 1967 pelo turbilhão nas ruas.

O primeiro marco do movimento pelos direitos civis nos Estados Unidos foi alcançado em 1963, quando Martin Luther King Jr. deu uma prévia do discurso "I Have a Dream" na Cobo Arena, em Detroit, e mostrou a versão final nove semanas depois, em Washington, D.C.[23] O discurso comoveu o mundo, mas as palavras não foram fortes o suficiente para expurgar o ódio racial entranhado na sociedade do país. Logo após a fala de King, 15 bananas de dinamite plantadas por racistas brancos explodiram em uma igreja batista no Alabama e mataram quatro meninas negras. O clamor de King por uma postura não violenta pereceu junto com elas.[24]

Ao longo de 1964 e 1965, o ano em que Malcolm X foi assassinado em Nova York, a violência racial cresceu em Miami, Cleveland, Nova York, Nova Jersey, Chicago, Filadélfia e Los Angeles. No verão de 1966, houve tantos casos de violência que os moradores das grandes cidades passaram a odiar a estação. Até que, em 1967, explodiram o que um historiador chamou de "as maiores revoltas urbanas da história dos Estados Unidos". Foram mais de 160 levantes, oito deles com maior destaque O pior foi em Detroit.[25]

Tudo começou na madrugada de domingo, 23 de julho, quando policiais brancos invadiram uma festa em uma casa noturna ilegal em um bairro negro.[26] Entre as 74 pessoas presas, estavam dois soldados negros que tinham acabado de voltar do Vietnã.[27] Após décadas de discriminação, aquela foi a gota d'água. Detroit e as cidades vizinhas, incluída Pontiac, viveram cinco dias de fúria. Madonna tinha 9 anos na época e se lembra de que "todas as famílias brancas se assustaram e se mudaram".[28]

Na época, o levante de Detroit foi o pior dos Estados Unidos desde as revoltas de 1863.[29] "A confusão, a desinformação, o preconceito e o medo estavam nas alturas", disse o historiador Mike McGuinness sobre o trauma de 1967. "O temor e as tensões raciais causaram várias mudanças nos locais em que as famílias escolhiam para morar. As revoltas levaram um grande número de famílias brancas a sair de Detroit e Pontiac."[30]

Anos depois, Madonna disse que se via como a personagem Scout de *O sol é para todos* "Uma garotinha cercada por toda aquela insanidade, de Boo Radley se escondendo atrás da porta até toda aquela tristeza e violência. Ela [a personagem] vivia fazendo perguntas ao pai. Eu queria que meu pai fosse Gregory Peck."[31] Tony Ciccone, porém, estava ocupado demais porque a família tinha começado a receber mais bebês. O primeiro após o casamento com Joan morreu, mas em 1968 ela deu à luz uma filha, Jennifer.[32]

Infelizmente, 1968 foi outro ano infeliz. Naquela primavera, a violência do verão anterior recomeçou em abril, depois que Martin Luther King Jr.

foi assassinado em Memphis. Mais uma vez, as cidades se rebelaram. Mais uma vez, pessoas foram mortas e saíram feridas, e bairros foram destruídos. Robert Kennedy tinha entrado na corrida presidencial como candidato antiguerra, oferecendo uma cura para a sociedade, em especial para as comunidades negras. Com o luto ainda recente pela morte do irmão, as palavras dele tinham um significado quase espiritual para quem vivia uma dor profunda. Até que, em junho, ele também foi morto. Outro corpo ensanguentado na televisão, mais sonhos destruídos.

O sofrimento parecia não ter fim e a esperança havia sumido. Naquele verão em Chicago, a convenção nacional do Partido Democrata, em que Kennedy teria aceitado a nomeação, virou um cenário de violência estarrecedor. A polícia de Chicago espancou os manifestantes enquanto as câmeras de TV transmitiam as imagens para o mundo. A democracia nos Estados Unidos tinha virado sinônimo de rebeliões, assassinatos e guerra. Cidadãos sedentos por ordem viram em Richard Nixon alguém capaz de reconstruir o país, e assim ele foi eleito presidente.

Madonna tinha 10 anos. Imagine as crianças dessa geração, que passaram a ter consciência de que faziam parte de uma sociedade e de um sistema político no meio desse turbilhão. Essa foi a herança imperfeita que receberam. O melhor que poderia se dizer sobre a situação era que os segredos sombrios que apodreciam havia décadas (no caso do racismo moderno, desde as mentiras da Reconstrução dos Estados Unidos um século antes) estavam sendo expostos à luz do dia.

Em 1969, Joan deu à luz mais uma vez: um menino chamado Mario. A família tinha ficado grande demais para a casa da rua Thors e não havia motivo para esperarem por mais problemas.[33] No mesmo ano, os Ciccone se reuniram ao fluxo de brancos que fugiam para um lugar mais seguro e se estabeleceram em Rochester Hills.

Capítulo 4

Rochester Hills, 1969-1972

> Quem penso que sou? Alguém que acredita ser mais do que disseram que eu poderia ser.[1]
>
> — *Mona Eltahawy*

"Foi a primeira vez que me senti deslocada. De repente, eu estava morando em um subúrbio de classe média branca e me dei conta das diferenças entre as pessoas", contou Madonna. Quando adulta, ela percebeu a ironia dessa descoberta — foi necessário se mudar de um lugar onde a diversidade étnica reinava para uma comunidade que ela chamava de conformistas brancos para perceber que as pessoas eram "diferentes".[2] Quando criança, porém, Madonna ficou desolada e com raiva da mudança, o que também é irônico. Para uma família norte-americana de 1969, se mudar de Pontiac para Rochester Hills deveria ser visto como um avanço importante.

Rochester, como os locais chamavam a cidade, fazia parte da expansão das construções nos anos 1960, nas quais áreas superlotadas e cidades perigosas foram derrubadas para dar lugar a subúrbios. Foi como o surgimento de casas idênticas que brotaram da noite para o dia, no pós-Segunda Guerra, com o intuito de abrigar jovens famílias. Os subúrbios do fim dos anos 1960 surgiram de maneira parecida onde campos antes renderam colheitas, mas eram diferentes dos conjuntos habitacionais anteriores por serem menos uniformes e mais espaçosos. Eram as comunidades para onde as jovens famílias se mudavam quando o chefe delas era promovido de vendedor para executivo. Em lugares como Rochester, não havia necessidade de almejar uma vida melhor, pois essa conquista já tinha sido realizada.

Em 1969, Rochester tinha um charmoso centro histórico, com algumas localidades remontando ao século XIX. Foi construído um amontoado de casas nos arredores, em uma área ainda considerada rural. Com estrutura de tijolos e alumínio, dois andares, cinco quartos e um ornamento de roda de carroça no quintal da frente — um totem popular do espírito pioneiro dos Estados Unidos. Comparada à antiga casa da família na rua Thors, a casa na Oklahoma Avenue era imensa, assim como o quintal: mais de 4 mil metros quadrados de terra com um riacho em vez de trilhos de trem e um sistema de esgoto nos fundos.[3]

Tudo o que deveria deixar a casa agradável era deprimente para Madonna. "Não havia mais festas na vizinhança, música alta tocando na casa ao lado", explicou ela,[4] que tinha saído de um bairro vibrante e densamente povoado para um fim de mundo onde não havia a diversidade cultural do antigo lar. "A escola era pequena. Rochester era branca. Os italianos eram as pessoas com um tom de pele mais escuro em Rochester",[5] explicou Mike McGuinness.

As crianças foram matriculadas na St. Andrew Catholic Elementary School. Uma educação religiosa e os rituais do catolicismo deveriam ter oferecido conforto para Madonna, por ser uma cultura que ela conhecia bem — mas naqueles dias estranhos até isso tinha mudado. O mistério da Igreja, com a missa em latim e o padre como figura de destaque posicionada entre Deus e os demais, acabaram com o fim do Concílio Vaticano II, em 1965. A intenção era boa: aproximar o catolicismo das pessoas, afastando-o um pouco da instituição "Igreja", mas o resultado dessa abordagem moderna transformou a hierarquia religiosa em humana, tornando a Igreja consideravelmente menos divina.

Quando Madonna chegou a St. Andrew, as contradições entre o cristianismo e o catolicismo moderno eram grandes demais para passarem despercebidas. Uma religião baseada na bondade estava obcecada pelo pecado; uma religião que celebrava a luz como metáfora para a revelação era, nas palavras de Madonna, "sombria, dolorosa e cheia de culpa". Uma das principais fontes de culpa era o sexo.[6] "Quando você é criada para acreditar que tudo relacionado a sexo é proibido e tabu, é óbvio que vai querer saber tudo sobre isso."[7]

Desde pequena, ela encontrou pistas de que esse negócio chamado sexo (que na adolescência se resumia a "garotos") poderia ser interessante. A avó italiana, trancada a cadeados, tinha "implorado" à neta ainda criança para "não sair com homens, amar Jesus e ser uma boa menina".[8] Tony Ciccone passava a mesma mensagem.[9]

Os parentes orientavam, mas a autoridade por trás deles era a Igreja. No momento em que uma criança começa a vivenciar, nos âmbitos biológico e emocional, um novo e maravilhoso tipo de atração por outra pessoa, os ensinamentos da Igreja mandavam ignorar esses sentimentos e fechar a porta para o desenvolvimento saudável e o prazer. Para piorar, nem a Igreja nem a família davam qualquer explicação sobre o assunto.

Madonna bombardeava o pai reticente com perguntas, muitas delas sobre as regras baseadas em gênero que, para uma mente jovem, eram absurdas. Por exemplo, por que razão, durante um inverno intenso em Michigan, as meninas e mulheres tinham que usar saias para ir à igreja.

> Eu perguntava para meu pai: "Jesus vai me amar menos se eu usar calça? Eu vou para o inferno?" Eu queria saber por que [...] as meninas tinham que agir de uma forma e os meninos de outra [...]. Toda a minha adolescência

foi cheia de perguntas não respondidas. Como minhas dúvidas nunca foram elucidadas, eu continuava causando incêndios por toda parte, metaforicamente falando."[10]

Sem abordar temas teológicos nessa etapa, Madonna passou a acreditar que a Igreja e a família eram muito mais rígidas com ela do que com os irmãos mais velhos. Se o catolicismo era uma religião de pecadores, parecia que mulheres e meninas eram consideradas mais perigosas porque as leis e os costumes feitos para controlá-las eram mais severos.[11]

A reação de Madonna foi se rebelar. "Eu queria fazer tudo o que as pessoas diziam que não poderia. Eu fazia *qualquer* coisa para me rebelar contra meu pai." Ela desobedecia às regras do pai e da escola católica ao encurtar a saia e trocar as meias por meia-calça assim que saía de casa.[12] "Acho que foi na mesma época que meus seios começaram a crescer. Bem na época em que comecei a pensar em sexo. Mais sobre a existência dele, não sobre o que eu ia fazer em relação a isso", explica ela.[13]

É interessante levar essa rebeldia da infância para o contexto da carreira que Madonna construiria. Apesar de nunca ter parado de se revoltar contra a Igreja, ela nunca perdeu o fascínio pela instituição, a ponto de ser impossível separar a artista do catolicismo.[14]

Madonna disse mais de uma vez que não seria a pessoa que é se a mãe tivesse sobrevivido. Essa perda a transformou de modo tão profundo que também influenciou suas realizações futuras. Outro pilar era a Igreja. O conflito não resolvido entre a beleza física e espiritual e as regras quase medievais que tentava governar todos os aspectos da vida dos fiéis a tornou a pessoa que é.

No entanto, Madonna só se libertou do fardo da educação católica graças ao estado de Michigan. Em 1970, o governo aprovou um referendo e baniu o subsídio estadual a escolas particulares.[15] Com oito filhos, os Ciccone não podiam pagar pelo ensino religioso,[16] então as crianças passaram a estudar na escola pública.

Na imaginação católica (e às vezes na realidade), as escolas públicas eram fábricas de hormônios em que garotos cheios de espinhas começavam a exercer um senso de dominância estimulado pela sociedade. Eram lugares em que meninas viravam objetos — primeiro de fascínio e depois de conquista —, onde uma grande quantidade de cigarros, álcool e drogas era consumida nas festas às sextas-feiras. Em geral, era o lugar em que delinquentes juvenis nasciam e cresciam.

Os irmãos mais velhos de Madonna, Anthony e Marty, já eram "os mais indisciplinados do bairro", de acordo com Christopher.[17] Sem a supervisão rígida de padres e freiras, Tony e Joan teriam razão em temer que os mais novos seguissem pelo mesmo caminho. Por isso, definiram regras ainda mais rígidas em casa. Madonna se lembra de ter se sentido tolhida na época. "A rotina era sair da escola para casa, depois fazer os trabalhos domésticos, ajudar com o jantar, fazer o dever de casa, limpar a casa, tomar conta das crianças menores."[18]

Se as crianças precisassem de disciplina, disse Christopher, Joan corria atrás deles com uma colher de madeira. Se fossem debochados ou falassem palavrão, Tony lavava a boca dos insolentes com sabão.[19] Se Madonna falasse demais ou muito alto (o apelido dela em casa era "Bocuda"),[20] levava bronca. "Eu me lembro de todos me mandando calar a boca. Em casa, na escola, em todo lugar."[21] Tony também restringia muito a vida social da filha. "Ele não me deixava fazer nada. Não podia sair quando todos os meus amigos estavam saindo. Não podia usar meia-calça, batom ou sutiã. Era uma tragédia para mim", contou ela.[22] Tony esperava ter a palavra final em tudo. "A resposta é não e ponto final." Fim da discussão.[23]

Se a mudança para Rochester fez Madonna tomar consciência da exclusividade branca, o primeiro ano na escola de ensino médio lhe abriu os olhos para a posição social da família. Na escola católica, ela e o irmão usavam uniformes, que colocavam os alunos em um mesmo nível. Na West Junior High School, não havia uniformes. Os filhos dos ricos estavam literalmente cobertos de privilégios, enquanto Madonna e as irmãs usavam vestidos costurados a mão com a mesma estampa. Ela sabia que a família "gastava mais do que ganhava". "Minhas roupas não eram tão legais ou tão boas quanto as dos outros alunos [...]. Quer dizer, eu usava as mesmas roupas todo dia [...]. Eu me sentia deslocada."[24]

Mesmo que os colegas não prestassem atenção ao que Madonna vestia, eles a achavam estranha por não se encaixar no modelo-padrão de garota. Ela flertava, mas não era submissa ou respeitadora com os meninos. "Eles viam minha agressividade como um convite. Eles não entendiam. Não sabiam o que estavam fazendo, se é que você me entende. Acho que eles precisavam falar certas coisas por esse ser o único jeito de me magoar."[25]

Sem alguém para ajudá-la a entender essas dinâmicas, Madonna se sentiu "esmagada [...]. Eu lidava com isso de várias formas: ou ficava mais arrogante [...] ou me aborrecia e chorava. Você pode ficar triste ou pode mostrar o dedo do meio para eles. Mas ainda dói."[26] Segundo ela, o fim do ensino fundamental marcou o início da fase em que sentiu mais raiva na vida [27] Foi quando ela aperfeiçoou as habilidades de contra-ataque que usaria ao longo da carreira, ao perceber que o bullying sofrido na escola continuaria na vida adulta. "É uma questão de insegurança", explicou ela.[28]

Em casa, foi decidido que Madonna tocaria um instrumento musical. "Meu pai fazia questão disso. Sempre houve música em casa, fosse alguém ensaiando, fosse alguém cantando na banheira, discos ou o rádio tocando [...]. Sempre havia um barulho", disse ela.[29] Tony queria que Madonna tivesse aulas de piano, que a filha odiava.[30] Ela o convenceu a deixá-la ter aulas de dança em uma escola que ensinava balé, sapateado e jazz. Chamava o lugar de refúgio para "jovens hiperativas".[31]

No início dos anos 1970, o rock e o pop viraram uma questão de performance, além de sonoridade. No universo do rock, havia as "óperas-rock" (*Tommy*, da banda The Who) e os "musicais de rock" (*Hair*). No mundo dos espetáculos, os eventos cresceram: Woodstock, Altamont, Monterey Pop. Todos esses festivais foram filmados para que os milhões de azarados que não viram os shows ao vivo pudessem assistir a Jimi Hendrix, Janis Joplin, Jim Morrison, Rolling Stones, Grace Slick e Jefferson Airplane, Bob Dylan, entre outros, virarem mais do que cantores, roqueiros, guitarristas e artistas folk. Eles se transformaram em ícones culturais que flertavam com a polêmica e se posicionavam publicamente.

Muitas de suas declarações públicas eram políticas. Em meio à impopular guerra no Vietnã, aos protestos pelos direitos civis e ao assassinato de estudantes pela Guarda Nacional em Kent State, não era mais possível apenas tocar músicas para o público bater o pé no ritmo — a música *séria* precisava ter algo a dizer. Os devotos dessa música ouviam as novas estações de rádio FM e seus DJs hipsters, que quebravam a tradição brincalhona dos DJs de rádio AM, que sussurravam nos microfones do estúdio como se quisessem se adequar à solenidade da mensagem do rock.[32] A cena musical era *intensa*, assim como os fãs.

Apesar da presença de talentos incríveis como Slick e Joplin, era um mundo majoritariamente masculino, cheio de símbolos fálicos e o ritmo de britadeira aludindo ao clímax sexual deles.[33] O abismo entre rock e pop virou uma separação irreconciliável. O rock era arte, assim acreditavam fãs e ouvintes, e o pop era... Bom, não era arte.

Na outra extremidade do espectro das apresentações musicais, estavam novos programas de TV atentos ao momento cultural, como os irreverentes programas de variedades *Rowan & Martin's Laugh-In* e *The Sonny and Cher Comedy Hour*.[34] Na NBC, *The Monkees* mostrava as aventuras e os percalços de uma boy band. A ABC, por sua vez, acrescentou algo à narrativa: *A Família Dó-Ré-Mi* mostrava uma mãe e os filhos tentando fazer sucesso como banda de rock. Muito antes dos clipes musicais, portanto, o pop-rock era uma experiência visual que ia do sublime ao absurdo.

O interesse musical de Madonna se expandiu desde Pontiac, mas continuou firmemente enraizado no pop e no soul.[35] Em 1970, o fenômeno dos grupos femininos tinha acabado,[36] e ela começou a ouvir grupos masculinos que surgiram na esteira dos Beatles: Box Tops, Turtles, Strawberry Alarm Clock, Gary Puckett and the Union Gap.[37] O fenômeno musical que mais a interessou nessa época, porém, foi o Jackson 5.

Em 1968, a Motown tinha assinado contrato com os irmãos que viviam em Indiana, e a família Jackson dominou as paradas. O som deles era contagiante e exuberante, na melhor tradição do pop, mas também tinha peso porque, ao contrário dos grupos masculinos brancos, faziam um som que atualizava o blues, o R&B e o soul tradicionais da Motown. Madonna ficou fascinada por Michael Jackson: como ele cantava, com os movimentos que ele fazia no palco, a naturalidade e a alegria com que se apresentava. "Passei por uma fase em que desejava ser Michael Jackson", disse ela, lembrando a sensação de "Posso fazer tudo o que ele faz, só que sou uma garota!".[38] A presença dele também era um aviso irritante de que era melhor ela começar a se mexer: os dois tinham a mesma idade, e Jackson já estava estabelecido no estrelato.

Madonna começou a se apresentar na West Junior High. "O show de talentos era a única noite do ano para mostrar quem eu era de verdade e o que poderia ser. Eu só queria tomar uma atitude afrontosa."[39] Um ano, vestida de espiã, ela dançou a música pseudonoir "Secret Agent Man", de Johnny Rivers.[40] Mas o maior sucesso aconteceu no último ano na escola.

Os irmãos de Madonna eram discípulos das FMs e ouviam músicas dos Rolling Stones, Bob Dylan, Led Zeppelin e The Who. A nova música do The Who, "Baba O'Riley", chamou a atenção de Madonna e ela decidiu usá-la na apresentação do oitavo ano.[41]

Na noite do show, o auditório da escola estava cheio de pessoas que esperavam, ansiosas, os filhos subirem ao palco. Os Ciccone estavam na segunda fila. Christopher disse que Tony até levou a câmera para imortalizar a grande noite da filha. As apresentações começaram com dançarinos de sapateado; um aluno tocou gaita; e outro recitou um poema.[42] O palco, então, ficou escuro. Uma luz negra foi acesa. Um globo espelhado surgiu. O ritmo da marimba de "Baba O'Riley" tomou conta do lugar. Enquanto isso, Madonna e a amiga Carol Belanger surgiram da escuridão cobertas de corações verdes e cor-de-rosa, além de flores que tinham desenhado com tinta corporal fluorescente. Quando soou o baixo e Roger Daltrey começou a cantar a ode do The Who à juventude libertina, os corações e flores no palco se mexiam em uma clara exaltação da sexualidade adolescente.[43]

Ninguém "conseguia tirar os olhos de Madonna", disse Christopher. "Ela estava usando short e um top também cobertos de tinta, mas, aos olhos do meu pai, ela praticamente estava nua. De acordo com o rígido código moral dele, aquela visão era inadequada para menores. Ele guardou a câmera, horrorizado."[44] Quase todos estavam chocados, enquanto Madonna e Carol dançavam ao som dos gritos de Daltrey e a música seguia rumo a um crescendo furioso, até aterrissar e finalmente chegar ao fim.

As luzes se acenderam, mas não houve os aplausos calorosos das apresentações anteriores. Christopher descreveu o público como "atônito". Aquela apresentação foi "a mais escandalosa que alguém já tinha visto naquela comunidade conservadora".[45] Ele comentou que, após o show, todos permaneceram mudos no carro e que, quando chegaram em casa, Tony levou a filha para a sala de jantar. Conhecida pela família como "sala formal", era onde as broncas sérias aconteciam. "Quando ela saiu da sala, o rosto estava encharcado de lágrimas. A apresentação nunca mais foi mencionada", contou o irmão. Mas, em Rochester, foi o assunto mais comentado por um mês. As crianças sussurravam para Christopher: "Sua irmã é uma vadia."[46]

O público da West Junior High tinha visto o embrião do futuro fenômeno "Madonna". Eles foram os primeiros a testemunhar a artista que passaria a carreira misturando cultura pop com formas de arte mais complexas. Nesse caso, o visual de um programa como *Laugh-In* com a canção do The Who e a mensagem politicamente provocadora da música. Música, dança, sexo, política e uma apresentação elaborada. É fácil ver a semente da turnê "Blond Ambition" naquela apresentação escolar.

Madonna ficou de castigo por duas semanas e, naquele verão, entre o oitavo e o nono ano, o pai a enviou para passar um tempo na casa da avó em Bay City. Ela "adorava ir lá". A criação dada pela avó era extremamente liberal. Madonna disse que podia sair com garotos, beber cerveja, "comer 12 sobremesas [...]. E voltar para casa depois das 22 horas".[47] Nanoo, como a avó era chamada, deixava os filhos, tios de Madonna, fumar maconha no porão e ensaiar com a banda de rock deles na garagem.[48]

"Eu achava que eles eram as pessoas mais descoladas do mundo", disse Madonna. "Eu me lembro daquele verão, de ver a banda de rock 'n' roll dos meus tios e usar jeans apertado pela primeira vez na vida. Fumei um cigarro [...]. Comecei a fazer a sobrancelha com pinça e a sentir que 'Sim, é isso. Sou descolada também'."[49] Ela contou que os tios foram as primeiras pessoas que a trataram como adulta. "Quando voltei para casa, minha madrasta ficou furiosa e me chamou de piranha."[50] Madonna ficou arrasada. "Achei que tinha amadurecido, mas descobri que era uma vagabunda."[51]

Ela reagiu do jeito de sempre quando diziam para não fazer algo: ela fazia mesmo assim e ainda exagerava. "Desde aquele dia, adotei o visual prostituta ao extremo", conta ela.[52] Sutiãs com enchimento, calças justas, maquiagem pesada e lápis de olho para realçar um sinal de nascença.[53] Foi dessa forma que Madonna começou o ensino médio.

Capítulo 5

Rochester Hills, 1972-1974

> Vai haver uma artista nos próximos três ou quatro anos que vai impressionar demais as pessoas. Vai haver uma garota que talvez esteja com 14 anos agora e vai deixar todo mundo de queixo caído. Mal posso esperar por isso.[1]
>
> — *Linda Ronstadt*

Em 1972, quando Madonna começou o ensino médio, parecia que tudo era possível para uma jovem. As vitórias conquistadas pelas feministas estampavam as primeiras páginas dos jornais. Após cinquenta anos de lobby feito por defensoras dos direitos das mulheres, a Câmara e o Senado dos Estados Unidos aprovaram a Emenda de Direitos Iguais que, no fim do mesmo ano, foi ratificada por 22 estados. O chamado Título IX, que ameaçava cortar os fundos federais se as escolas discriminassem meninas na educação ou nos esportes, foi transformado em lei. A *Ms.* virou a primeira revista feminista comercial — a primeira edição esgotou em oito dias.[2] A tenista Billie Jean King estampou a capa da *Sports Illustrated* pela capacidade atlética.[3] A congressista nova-iorquina Bella Abzug reconheceu o ano de 1972 como "divisor de águas" e fez a pergunta retórica: "Quem seria contra direitos iguais para as mulheres?"[4]

Foi um momento emocionante A realidade que as meninas da geração de Madonna herdaram era de mulheres fortes e independentes. Quando a música de Helen Reddy "I Am Woman" foi proibida de tocar no rádio, ao ser lançada em maio de 1972, Reddy não se acovardou e passou a cantá-la em qualquer oportunidade que surgisse. A música se tornou um hino nacional feminista nos Estados Unidos e alcançou o primeiro lugar na parada da Billboard em dezembro, rendendo a Reddy um Grammy. A respeito dos críticos, ela disse: "Para muitos homens, pensar no movimento feminino os faz proteger o próprio pau. O que posso dizer? Não falei que iria cortar o pinto deles fora ou algo assim, sabe?"[5]

O movimento era o feminismo, mas no idioma do dia a dia virou "liberação feminina" e foi bem-sucedido graças à combinação entre organização, política e muita dedicação, estimulado pelas propagandas que ganharam as manchetes. O primeiro evento desse tipo ocorreu em 1968 e foi histórico. A escritora e ativista Robin Morgan teve a ideia de protestar contra o concurso de beleza Miss América desfilando com ovelhas do mesmo jeito que as participantes desfilavam para o concurso e lançando uma "bomba de fedor" (que, na verdade, era um produto para cabelos feito por um patrocinador do concurso) dentro do Convention Hall, em Atlantic City. Mas a ação que realmente virou notícia foi a chamada queima de sutiãs.

A história dos sutiãs em chamas foi escrita e apresentada em uma reportagem antes do concurso. Na verdade, nenhum sutiã foi queimado. Nada foi lançado ao fogo, mas mulheres se reuniram em frente ao salão e colocaram de maneira cerimoniosa em uma "lata de lixo da liberdade" vários "aparelhos de tortura" ou artefatos da misoginia cultural, como blocos de anotação, rolinhos para cabelo, cílios postiços, perucas, sapatos de salto alto, cópias da revista *Playboy*, espartilhos e sutiãs, enquanto as câmeras dos telejornais filmavam e a polícia dispersava a manifestação.[6]

O protesto chamou mais atenção do que o concurso e foi uma ferramenta de recrutamento bem-sucedida. Mulheres em todo o país começaram a formar grupos feministas por conta própria. Em seguida, o movimento passou a atuar em dois níveis, como observou a colunista do *New York Times* Gail Collins: a National Organization for Women conquistava vitórias legislativas enquanto jovens ativistas iam para as ruas usando táticas de guerrilha e garantindo que as demandas das mulheres continuassem nas manchetes.[7]

É lógico que a retaliação contra essas mulheres "raivosas" foi quase imediata: em 1972, a ativista conservadora Phyllis Schlafly trabalhou para derrotar a Emenda de Direitos Iguais, e a mensagem cultural dominante ainda dizia que o papel da mulher era ter boa aparência e apoiar as ambições do homem. (A maior fonte de bolsas escolares para as mulheres eram concursos de beleza e o "esporte coletivo" mais popular entre as meninas era o de líderes de torcida.)[8] Entretanto, pela primeira vez desde o exército de *Rosie the Riveter* (inspirado no ícone cultural "Rosie, a rebitadeira") da Segunda Guerra Mundial, havia uma contranarrativa dizendo que as mulheres não precisavam abrir mão dos próprios sonhos — o que foi ótimo para Madonna, porque ela não tinha a menor intenção de fazer isso. As grandes questões eram: como se mostrar forte em uma comunidade conservadora que ainda não tinha ouvido essa mensagem? Como deveria ser essa demonstração de força?

A dramaturga Thulani Davis escreveu no jornal *Village Voice* em 1980 que uma cantora de blues é "a mulher que saiu de casa cedo, aos 14, 15, até 11 anos, e era mais excluída do que pária. Uma mulher que se foi, está distante e tem um desejo de se manter afastada da sociedade, uma fantasia. Bem ou mal, ela poderia ser o que quisesse sozinha".[9] Essa era Madonna aos 14 anos. Embora ainda não houvesse saído de casa, ela já estava distante. Assim que entrou no ensino médio, decidiu sair de Michigan.[10] "Eu queria ser alguém", relembrou ela.[11]

> Eu dançava na frente do espelho ao som de "That Lady", dos Isley Brothers. Me imaginava como uma mulher sexy. É óbvio que eu estava desesperada para que isso fosse verdade.[12]

Uma tática de sobrevivência adotada enquanto ela lutava para conceber a si mesma era levar uma vida dupla: uma era intensamente particular, triste, raivosa e insegura, enquanto a outra era uma performance corajosa e ousada para consumo público. O que Madonna chamava de "paradoxo"[13] público-privado ajudou a jovem a sobreviver ao ensino médio na Rochester Adams High School.

A Adams era uma das melhores escolas públicas do estado, com alunos ainda mais ricos do que os da West. "Eles tinham casas bonitas e muitos banheiros", relatou Madonna.

> Eu associava ter vários banheiros a ser incrivelmente rico, em vez de ter que dividir um banheiro com oito crianças. Era nítida a diferença entre a comida que tinha em nossa geladeira e o monte de marcas que eu via em outras casas. Sabe quando você compra tudo no atacado e não tem nem rótulo?[14]

Para aumentar a sensação de humilhação, ela trabalhava limpando casas, inclusive a de alguns dos colegas de escola. "Era nojento. Eu tinha que limpar o banheiro deles, que eram sócios de clubes de campo. Eu me sentia uma caipira e ficava indignada [...] porque sentia que as pessoas me julgavam o tempo todo", confessou ela.[15, 16]

Madonna não fazia parte da "tribo anglo-saxônica" que dominava a escola. "Era importante se vestir igual a todo mundo, ser como todo mundo, ter o corte de cabelo igual, usar maquiagem idêntica, namorar o cara popular. Eu não entendia isso, não gostava disso e me sentia deslocada."[17] Um colega de escola disse que, quando Madonna chegou ao nono ano, "ela era a garota mais bonita das festas".[18]

Madonna, a excluída, estava inserida naquele ambiente de modo tão convincente que logo passou para o centro da vida social na escola ao entrar para a equipe de líderes de torcida (que ficavam escandalizadas por ela usar meia-calça da cor da pele, dando a impressão de estar nua quando a saia levantava durante um salto).[19] Ela também entrou para a elite intelectual graças ao clube de francês, além de trabalhar como salva-vidas e instrutora de natação e cantar no coral da escola. E ainda era voluntária em um programa para crianças carentes.[20] Para completar, ela se inscrevia em muitas matérias e tirava notas altas. "Aquela garota nunca precisava estudar, cara, e só tirava A", contou o irmão mais velho, Marty. "Eu estudava o tempo todo [...]. Só porque era o que eu deveria fazer [...]. Ela estudava porque isso a faria avançar."[21]

Por fora, Madonna era o que o irmão Christopher chamava de "muito popular [...] e extrovertida",[22] mas o colega Wyn Cooper reconhecia a dicotomia da jovem: "Ela era fechada, mas também uma líder de torcida, então parecia ter dupla personalidade. Acho que ninguém a conhecia de verdade. Ela meio que era um enigma", explicou ele.[23] Cooper ficava intrigado. "Ela se levava mais a sério do que a maioria de nós naquela idade [...]. Lia mais do que um estudante comum de ensino médio."[24]

Quando Madonna ainda era caloura, Cooper disse que estava fazendo um filme e perguntou se ela queria participar. "Ela aceitou, sem problemas", contou ele, acrescentando que já naquela idade Madonna estava disposta a testar os próprios limites na frente da câmera. No filme de Cooper, isso significava comer um ovo cru.[25] O filme mudo em 8mm, chamado *The Egg*, seria o primeiro de Madonna e envolvia duas garotas, três ovos e um urinol.[26]

De um surrealismo gritante, como um embrião de Dalí ou Buñuel, o filme não falava de nada, segundo o próprio Cooper. Dele nasceu uma amizade entre o diretor (cujo poema "Fun" seria a base do sucesso de Sheryl Crow, "All I Wanna Do") e a estrela.[27] Era também um novo meio de expressão para Madonna. O cinema seria uma de suas maiores paixões

Madonna mergulhou na vida escolar não só porque tinha sede de conhecimento, mas também porque queria fugir de um lar onde não encontrava muita alegria.[28] Ela descrevia os irmãos mais velhos como pessoas que sempre arrumavam confusão e sofriam as consequências. "Eu tinha medo deles e, ao mesmo tempo, era completamente apaixonada por eles", disse ela.[29] Quanto às crianças mais novas, havia uma disputa constante por atenção.[30] A rigidez da família de Madonna era tão conhecida que um técnico da equipe de líderes de torcida, ao saber que ela gostaria de ir a um dos bailes que aconteciam às sextas à noite, resolveu ajudá-la e ligou para Joan dizendo que a presença era obrigatória para as líderes de torcida — o que não era verdade.[31]

De fora, os Ciccone pareciam uma família norte-americana média perfeita. A casa era repleta de artefatos cheios de personalidade e amor: "as cadeiras Windsor, a falsa roda de fiar em um canto, a caixa de madeira que guardava os discos [...]. Nós íamos muito à igreja, frequentamos a escola dominical, fizemos catecismo e, durante a Quaresma, íamos à igreja todos os dias",[32] disse Christopher. Contudo, em meio a toda essa retidão aconchegante, havia uma frieza. "Acho que nosso pai [...] passava a maior parte do tempo nos preparando para o resto de nossas vidas. O que aprendi com ele foram honra, lealdade e o valor da verdade. Aprendi tudo o que girava em torno das ideias de amor e carinho, mas não o amor e carinho em si. A preocupação dele era com nossa sobrevivência. Ele nos ensinou disciplina", concluiu Christopher.[33]

Christopher acreditava que todo o amor que o pai tinha foi para Madonna, que ocupava um lugar especial no coração dele por ter sido batizada com o nome da primeira esposa.[34] Madonna, porém, só se lembrava da desaprovação de Tony. "Meu pai estava sempre com raiva de mim. Ele queria que eu fosse mais humilde, mais modesta. Para ele, eu só deveria fazer a lição de casa, ler a Bíblia ou meditar."[35] Contudo, quando os irmãos não estavam em casa, ela ia para o quarto deles no porão e ouvia música. "Lay Lady Lay", de Bob Dylan, a fazia chorar. "Eu estava passando pela adolescência. Os hormônios estavam em ebulição", relembrou.[36] Todavia, foram as cantoras e compositoras que a inspiraram.

Quando Madonna estava no ensino médio, um novo tipo de artista feminina solo estava surgindo na cena do rock e do pop, embora fosse difícil categorizá-las como parte de algum gênero musical. As melhores eram poetas com violões e pianos cujas letras refletiam o ponto de vista feminino. Em sua maioria, as letras não eram abertamente feministas, mas a vida das artistas era. Mulheres como Joni Mitchell, Carole King, Judy Collins, Janis Ian e Laura Nyro eram exemplos do que uma artista feminina independente era capaz.[37]

Nesse período, outras duas mulheres de vozes singulares ficaram famosas de um modo um pouco diferente. Elas acrescentaram nas próprias obras uma dose de sexualidade. Nas canções de Mitchell, King e Collins, você tinha que procurar o sexo. Nas obras de Carly Simon (que compunha as próprias canções) e Linda Ronstadt (que costumava cantar músicas de outras pessoas), o sexo fazia parte do pacote — e era um novo tipo de sexo, no qual as mulheres estavam no comando. Era o sexo como forma de poder, como algo divertido e empolgante. E, no caso de Simon, era provocador e um tanto mordaz.

Madonna descobriu todas essas artistas. A mais importante para ela foi Joni Mitchell.[38] "Eu a venerava quando estava no ensino médio. *Blue* é incrível", comentou sobre o álbum mais pessoal de Mitchell até então. "Eu diria que, de todas as mulheres que ouvi, as composições dela foram as que mais me impactaram." Quando *Court and Spark* foi lançado, em 1974, Madonna disse que "ele foi minha bíblia por um ano inteiro. Eu decorei cada palavra de todas as canções daquele álbum".[39]

Durante essa mesma época do ensino médio, ela começou a "devorar" livros: F. Scott Fitzgerald, Ernest Hemingway, Flannery O'Connor, J. D. Salinger. Segundo ela, ler Salinger "me deu licença para agir de modo excêntrico [...] e me deixou confortável em ser precoce".[40] Ela também consumia poesia e, quanto mais trágica e confessional, melhor.[41] Madonna e a irmã mais nova, Paula, com quem estabeleceu um pacto de não fazer nada "convencional" na vida, trocavam livros de poesia no quarto que dividiam com as irmãs mais novas. Sempre havia três a quatro camas no local.[42]

Anne Sexton era a favorita delas. "Ela se parecia com a minha mãe e eu achava a linguagem, as ideias e as imagens que ela criava muito ousadas e extraordinárias. Era muito singular", comentou. Embora Sexton fosse "oprimida" e "encarcerada pelo mundo", para Madonna a poeta encontrou liberdade por meio da escrita.[43]

Madonna diria que Sexton foi uma das três artistas em cujo trabalho ela ouviu a mensagem: "Saia daí, há algo maior esperando por você e um lugar onde vai se sentir mais confortável."[44] As outras duas foram a dançarina Martha Graham e a artista plástica Frida Kahlo. Ela as conheceria por meio de um homem chamado Christopher Flynn.

Capítulo 6

Rochester Hills, 1974-1976

Eu disse: "Ah, meu Deus, encontrei meu lugar."[1]

— *Madonna*

Na época em que conheceu Christopher Flynn, as partes que se tornariam a artista Madonna se uniram: sexo, dança e performance musical. Em 1974, aos 15 anos, Madonna teve relações sexuais pela primeira vez, começou a estudar balé a sério e viu um show de David Bowie. Dos três, o sexo foi provavelmente o menos transformador, mas era uma das atividades que estava no topo da lista de coisas que um adolescente deveria fazer. As outras duas, as aulas de Flynn e a música de Bowie, mudaram totalmente a vida de Madonna. Flynn a colocaria no caminho que ela precisava seguir e Bowie seria a estrela-guia da jornada.

Flynn estava na casa dos 40 anos, mais ou menos a mesma idade do pai de Madonna, quando ela apareceu no estúdio de dança dele no centro de Rochester Hills, que era um lugar estranhamente calmo para ele. Nascido John William White na Nova Inglaterra, ele saiu de casa para prestar o serviço militar e voltou para estudar por meio da G.I. Bill, a chamada lei dos veteranos, um pacote de auxílios aos desmobilizados da Segunda Guerra Mundial. Flynn se matriculou em Harvard para cursar psicologia, mas seu coração pertencia à dança — ele tinha visto uma apresentação da companhia de Martha Graham antes de entrar para a Marinha.[2]

Para satisfazer a fome de palco enquanto estudava em Harvard, atuou e cantou em produções teatrais. Até que, um dia, um professor de inglês perguntou: "Por que você está aqui se o que quer de verdade é dançar?" Era o empurrãozinho que faltava. White começou a estudar balé em Boston. Foi lá que um integrante da renomada companhia American Ballet Theatre o viu e sugeriu que fosse para Nova York. A decisão de abandonar os estudos por um sonho foi fácil. Adotando o nome artístico de Christopher Flynn, ele disse: "Dane-se Harvard. E lá fui eu me tornar um dançarino."[3]

Flynn não entrou para a American Ballet Theatre, pois preferiu estudar com dançarinos russos que seguiam uma tradição mais rígida do balé, tanto no estilo quanto na cultura.[4] Apesar de ter absorvido essas lições e se tornado o disciplinador máximo com os próprios alunos, ele não estava atrás do balé russo. A dança moderna na década seguinte à Segunda Guerra

Mundial tinha explodido como forma de arte, além de afirmação política e social. Flynn queria fazer parte disso. Por sorte, ele conheceu Robert Joffrey, cuja companhia era tão nova que tinha apenas cinco dançarinos e viajava pelos Estados Unidos de van. Flynn entrou para a escola de Joffrey como aluno e depois virou um dos professores. Por fim, tornou-se assistente de Joffrey.[5]

Nos anos 1960, a ênfase de Flynn na dança mudou da apresentação para o ensino, e ele trocou Nova York pelo Meio-Oeste. Em Rochester, abriu a própria escola e companhia, a Christopher Ballet, no segundo andar de um antigo templo maçônico na Main Street.[6] Era um lugar discreto e poderia até ser considerado um espaço onde meninas (poucos meninos faziam balé naquela época) poderiam aprender a ser graciosas enquanto se tornavam mulheres. Mas Flynn não estava treinando debutantes, e sim profissionais.

"Acho que Christopher foi um professor de balé radical, pois ele usava [...] qualquer tipo de imagem que ajudasse um dançarino a pensar", contou Peter Sparling, dançarino que trabalharia com Flynn no departamento de dança na Universidade de Michigan.

> Ele desejava que um dançarino pensasse. Esperava muito intelecto e inteligência no processo de aprender a dança. Portanto, estava trabalhando fora das fronteiras comuns. Acho que ele também buscava expressividade. Tentava estimular esses jovens, em sua maioria mulheres, a sair da concha e encontrar formas de se expressar por meio do corpo sem se sentirem oprimidos ou assustados. Ele via a dança e a técnica como um veículo para virar um artista e se apresentar.[7]

Madonna o descobriu por meio de uma menina do segundo ano do ensino médio que considerava mais intelectual e mais "excêntrica" do que a maioria dos alunos. Ela também levava a dança a sério. "Ficamos amigas", disse Madonna.[8]

Ela fez várias aulas de dança e se apresentou em todos os shows de talentos, peças ou musicais produzidos na Adams High, e muitas vezes com sucesso.[9] O seu "evento bem-sucedido" foi um show de talentos na escola em que cantou e dançou ao som de "Turn Back, O Man", do musical pop *Godspell*. Madonna foi aplaudida de pé.[10] "Eu me lembro que quando a plateia ficou em pé para aplaudir, ela estava chorando", recordou a estudante Clara Bonell. "A sensação de aceitação, hoje eu acredito que isso era o que ela mais valorizava e desejava."[11]

Madonna *realmente* queria atenção e ser valorizada, mas desejava muito mais a chance de realizar os próprios sonhos. Ela também precisava de alguém que a ajudasse a fazer isso. "Todos diziam 'Você tem uma ótima voz' e tal", relembrou Madonna. "Mas eu ainda não poderia sair de Michigan [...]. Eu não conhecia ninguém em Nova York, não tinha parentes famosos nem dinheiro. Eu não sabia o que fazer."[12]

Foi quando surgiu Christopher Flynn. A amiga de Madonna a convidou para assistir a uma aula de dança. "Foi lindo", lembrou Madonna.[13] Flynn também era bonito, mas não no sentido convencional, e sim porque ele era abertamente artístico. Ele também era inteligente, espirituoso e tinha "a sabedoria do mundo", de acordo com Madonna.[14] O sotaque dele vinha mais da criação do que do local de origem. Quando andava em linha reta, pisando primeiro com o calcanhar e depois com o dedão do pé no estúdio, com o cigarro entre os dedos, ele exigia atenção. "Era sedutor, mas não de um jeito sexual", disse Peter Sparling. Ele era magnético. "Christopher conseguia atrair uma pessoa para a história dele."[15]

Madonna disse ao pai que gostaria de participar das aulas. Tony respondeu que, se era isso que ela queria, então deveria arrumar um emprego, porque ele não iria pagar.[16] Ela fez exatamente isso e apareceu no estúdio de Flynn pronta para começar. Segundo Flynn, a primeira impressão foi que ela era "muito jovem, mal tinha saído da adolescência, uma criancinha de cabelo louro. Nada de especial". Ela carregava uma boneca debaixo do braço "que tinha pouco mais de meio metro de altura, uma garotinha, com vestidinho e tal. Ela parecia a criança mais inocente do mundo".[17]

Madonna era uma adolescente. Havia enfrentado tempestades que a levaram a aceitar responsabilidades de adulto, tinha os interesses intelectuais de uma jovem mais madura e já tinha experiência sexual.[18] Em outras palavras, não era mais uma criança. Ainda assim, para Flynn foi como se ela tivesse aparecido no estúdio encarnando uma personagem: a criança abandonada e vulnerável.

O olhar da jovem passou a mensagem de que ela estava pronta para começar do zero, de que, antes de chegar ao estúdio, ela não tinha conquistado nada. Ela "era uma página em branco, pode acreditar [...] e queria desesperadamente ser preenchida", recordou-se Flynn. "Não sabia nada de arte, música clássica, escultura, moda, civilização [...] nada sobre a vida, na verdade [...]. Mas tinha um enorme desejo de aprender, aquela menina. Uma sede insaciável de conhecimento. Isso ninguém poderia negar."[19]

O irmão de Madonna, Christopher, não sabia que ela estava fazendo balé, mas percebeu as mudanças. "Madonna começou a sair todas as quintas-feiras à noite e voltar para casa exausta, porém feliz", relatou. "Logo depois, ela abandonou o grupo das líderes de torcida, perdeu peso e começou a usar calças pretas em vez das saias e blusas xadrez em tons de marrom e dourado."[20] O foco mudou para a dança. Ela seguia a vida na escola e em casa, mas a cabeça estava no estúdio de Flynn. Madonna disse:

> Era como se eu tivesse entrado em um mundo de fantasia.[21] Eu não sabia o que estava fazendo, na verdade. Eram dançarinos profissionais de balé [...]. Então, eu tinha que me dedicar o dobro e isso impressionou Christopher Flynn [...]. Eu o amava. Ele foi a primeira amostra do que significava ser uma pessoa artística.[22]

Ele também foi o primeiro gay assumido que ela conheceu. "Eu não entendia o conceito de gay naquela época [...]. Só sabia que meu professor de balé era diferente de todos. Ele era tão vivo, e tinha uma teatralidade."[23]

Flynn era uma novidade em todos os aspectos, mas apresentava algumas características importantes em comum com o pai dela. De acordo com Madonna, ele era "muito católico", extremamente disciplinado e exigia perfeição. "Era brutal, implacável. Andava com uma vareta e batia em você. Não tolerava preguiça ou reclamações [...]. Mas, quando você fazia algo certo, às vezes ele elogiava", relembrou Madonna.[24] Essa mistura de amor e rigidez era a mesma que Tony Ciccone oferecia. Anos depois, Madonna contou: "Eu diria que, depois do meu pai, a relação mais intensa e importante da minha vida foi a que mantive com Christopher Flynn."[25] Realmente, o fenômeno Madonna teve dois pais. Tony Ciccone trouxe a disciplina, a ética profissional e as experiências familiares, boas e ruins, que a inspiraram. Christopher Flynn trouxe a cultura e os meios para ela se expressar.

Flynn virou uma espécie de mago, revelando uma paisagem criativa mágica e vasta, além da rica tradição a ser encontrada nas artes, das pinturas de Frida Kahlo no Detroit Institute of Arts às danças de Martha Graham que ele tanto amava. Flynn fazia isso por reconhecer que Madonna desejava e precisava daquela educação. E por ter percebido que aquela garotinha era tão especial quanto ela acreditava ser.[26]

Madonna saía das aulas de Flynn reabastecida e desperta. Segundo ela, por meio da dança,

> eu poderia começar como uma argila sem forma e, ao longo do tempo, com muita dedicação e ajuda de outras pessoas, me transformar em algo diferente. Antes de começar a me dedicar à dança, eu não gostava muito de mim [...]. Eu passava muito tempo me desprezando [...]. Quando passei a sonhar, me dedicar àquele objetivo e ter uma noção de disciplina, passei a gostar de mim pela primeira vez.[27]

Flynn também teve papel direto ao ajudá-la a se ver de outro modo. Uma vez, quando ela estava no estúdio dele com uma toalha enrolada na cabeça, Flynn segurou o rosto dela entre as mãos e disse: "Sabe, você é bonita [...]. Seu rosto tem traços da Antiguidade. Como uma estátua romana." Madonna ficou atordoada porque nunca ninguém a havia elogiado de tal forma. "Eu sabia que era interessante e, lógico, voluptuosa para minha idade, mas nunca tive essa ideia de ser bonita até ele me dizer isso. O jeito que ele falou veio do âmago, muito profundo."[28] E acrescentou: "Ninguém tinha despertado aquela parte de mim."[29]

Madonna e o diretor do curta *The Egg*, Wyn Cooper, gostavam de percorrer as ruas de Rochester ouvindo música no Mercury Capri 1973 dele "enquanto fumavam um pouco de maconha", como ele descreveu. O álbum favorito deles naquele ano era *The Rise and Fall of Ziggy Stardust and the Spiders from Mars*.[30] Era uma ópera-rock de outro planeta. Era a poesia do desespero. Era uma celebração da androginia e da travestilidade. Era uma negação da estrutura de classes e uma defesa da aristocracia artística. Era uma homenagem ao rock 'n' roll e um deboche da imensa autoestima dos roqueiros. Era música de primeira qualidade com origem no R&B e no soul que Wyn e Madonna conheciam tão bem. A próxima turnê de Bowie para promover seu álbum *Diamond Dogs* o levaria à Cobo Arena de Detroit em junho de 1974, e Madonna queria estar lá. Seria o primeiro show a que iria.

Na semana anterior à apresentação, após planejar vê-lo por meses, ela perguntou ao pai se poderia ir. "Ele respondeu: 'Só por cima do meu cadáver.'" Madonna e um amigo foram mesmo assim, saindo de casa às escondidas e pegando carona até Detroit.[31]

A turnê de Bowie era uma extravagância pós-apocalíptica. O cenário parecia uma pintura construtivista, uma Gotham City composta de arranha-céus arrojados que ganhavam vida com várias partes em movimento. Uma passarela descia das arquibancadas da arena enquanto Bowie cantava "Sweet Thing". Uma grua o levantava 12 metros acima da plateia enquanto recitava, em um telefone vermelho, o verso pungente "ground control to Major Tom" ("controle de terra para major Tom", em tradução livre) de sua famosa música "Space Oddity". O próprio Bowie chamou a apresentação de "primeiro show de rock 'n' roll teatral, verdadeiro e que fazia algum sentido".[32]

Na plateia, Madonna assistia a tudo extasiada. "Eu me lembro de congelar. Ficar paralisada olhando para aquela criatura e pensando: 'Ah, meu Deus, ele é tudo. Ele é homem e mulher, lindo e elegante, poético e engraçado, irônico e [...] de outro mundo [...].' E eu me reconhecia nele de alguma forma. Ele me deu licença para sonhar um futuro diferente para mim."[33] *Ela* poderia ser aquele homem no palco que levou milhares de desconhecidos para dentro da própria imaginação. Quanto ao pai, Tony a colocou de castigo quando descobriu o que a filha havia feito, mas ela disse que valeu a pena. Aquela experiência valeu muito a pena.[34]

⋆ ⋆ ⋆

Madonna voltou para a escola após as férias de verão e não queria mais fazer parte daquela vida social. "Eu pertencia a um mundo *especial*", pensava ela.[35] "Quando engrenei na dança, eu estava com pessoas mais velhas e sofisticadas. Me sentia mesmo superior."[36] Ela disse que "odiava a mentalidade de todos os atletas [...]. Por outro lado, odiava a preguiça e [...] o alheamento de todos que gostavam de ficar chapados com maconha ou ácido". Madonna também não tinha tempo para namorados. Se ela saísse com alguém, não duraria mais do que algumas semanas. "Os caras realmente não me entendiam", afirmou.[37]

Contudo, continuou motivada nos estudos: adorava as aulas de francês, história russa e inglês. Os professores dessas disciplinas viraram figuras queridas.[38] Ela também continuou envolvida nos projetos teatrais da escola, fundando a Sociedade Teatral da Adams High School, mas todas essas atividades estavam a serviço de um objetivo: o que o irmão Marty chamava de "próxima fase". Ela disse: "Eu não tinha muitos amigos. Talvez não tivesse *nenhum* amigo. Mas tudo acabou dando certo no fim das contas porque, quando você não é popular e não tem vida social, tem mais tempo para se concentrar no seu futuro."[39]

Os colegas de turma comentavam que ela parecia diferente. Ela não ligava para maquiagem, usava o cabelo curto e bagunçado, vestia roupas estranhas e parou de depilar as pernas e as axilas. As pessoas se perguntavam: "O que aconteceu com *ela*?"[40] Mas alguns professores entenderam e aplaudiram a mudança. "Ela estava fazendo aulas de dança depois da escola enquanto muitos jovens ficavam por aí bebendo refrigerante, comendo hambúrguer e se divertindo", disse a orientadora vocacional Nancy Ryan-Mitchell.[41] Segundo a professora de francês Carol Lintz,

> algo aconteceu com Madonna nessa época e a fez não pensar mais na dança como ato social, e sim como algo artístico. Ela ficava no meio desses bailes de adolescentes dançando sozinha. As pessoas me perguntavam com quem ela estava dançando. Consigo mesma. Ela dançava consigo mesma, só pela experiência.[42]

Em 1975, Madonna não percorria mais as ruas de Rochester em uma bicicleta Schwinn.[43] Havia passado no teste de direção e o pai a presenteou com um Mustang vermelho 1966. (Christopher disse que naquela época a entrada da casa da família tinha tantos carros que "parecia um estacionamento".)[44] Ela estava livre, independente e confiante, às vezes até demais. "Eu literalmente tapava a boca de Madonna com a mão para que parasse de falar", relembrou a amiga Carol Belanger.[45]

Uma tarde, quando Madonna e Carol foram de carro até uma pedreira para nadar, um grupo de ciclistas começou a jogar bombinhas nelas. "Madonna gritou para que parassem com aquilo", disse Carol. "Quando percebi, uma das garotas de bicicleta desceu e começou a bater nela. Nós conseguimos fugir, mas Madonna ficou com um olho roxo e o rosto machucado."[46] Christopher relembrou o dia em que a irmã entrou em casa machucada, mas agindo como se nada tivesse acontecido. "Eu nunca tinha visto aquilo", diria ele anos depois. "A resiliência dela me marcou. Nunca mais fui o mesmo."[47]

A nova assertividade de Madonna também afetou as interações com a madrasta. O nome de Madonna não constava mais na lista de tarefas domésticas que Joan escrevia todas as manhãs. Segundo Christopher, Joan tinha medo dela. Ele relatou que uma vez, quando a irmã chegou tarde em casa, a madrasta deu um tapa nela, que respondeu fazendo o impensável: devolvendo o tapa. Tony confiscou as chaves do carro dela por uma semana e a deixou de castigo.[48] O incidente, porém, não deixava dúvidas: aos 16 anos, Madonna tinha conquistado o mesmo status dos irmãos mais velhos e estava oficialmente fora do controle de Joan. O que a madrasta e ninguém da família sabia era que Madonna tinha entrado para uma nova família que a estimulava e fortalecia seu lado mais audacioso.

Como parte da educação e porque era um ótimo lugar para dançar, Flynn levou Madonna a uma nova boate em Detroit, na Six Mile Road, fora da cidade e da divisão racial que existia.[49] A Menjo foi a primeira discoteca de Detroit a ter um DJ que fazia mixagens ao vivo. Uma estrutura industrial invadida que ficava no meio de um bairro de casas pequenas, prédios de apartamento *art déco* e residências no estilo Tudor, algumas em ruínas após os moradores terem abandonado a cidade por causa dos protestos. A comunidade gay adotou a área. "Não é como o distrito Castro em São Francisco, mas era o melhor que você podia conseguir em Detroit naquela época",[50] disse Mike McGuinness. O historiador Dave Decker disse que a Menjo "se tornou o epicentro da vida gay".[51]

Quando entrou na boate, Madonna ficou impressionada com o que viu. Ao som arrebatador de "Turn the Beat Around", de Vicki Sue Robinson, e "You Sexy Thing", de Hot Chocolate, "os homens usavam *poppers* e enlouqueciam", comentou ela, ao se lembrar da droga recreacional da época. "Estavam todos muito bem-vestidos e mais livres do que os jogadores de futebol americano idiotas que conheci na escola."[52] Em meio à escuridão, entre as luzes refletidas pelo globo espelhado, ela via pessoas de todas as cores, idades e orientações sexuais dançando juntas no que parecia ser um grande abraço ondulante. "Eu disse: 'Ah, meu Deus, encontrei meu lugar.'"[53]

Boates como a Menjo eram santuários distantes das leis, regras e reprovações. Era um mundo confinado entre quatro paredes, mas lá dentro não havia limites. Nas boates gays dos anos 1970, *todos* eram estrelas na pista de dança. Cada pessoa exibia um visual que mostrava um desejo ou contava uma história. Cada noite era uma festa. Todas as noites eram vividas como se fossem a primeira e a última. Era exigido apenas o pagamento da entrada de 3 dólares e a disposição de se deixar levar.

"Eu nunca tinha ido a uma boate", contou Madonna. "Só a bailes do ensino médio, e nenhum garoto me chamava para dançar porque me achavam maluca." Ela continuou:

> Eu me sentia muito deslocada e esquisita, uma verdadeira pária. De repente, quando fui à boate gay, não me senti mais assim. Eu estava em casa. Tinha toda uma nova noção de mim mesma [...]. Até aquele momento, eu me via pelos olhos machistas dos heterossexuais [...]. Quando Christopher me apresentou àquela vida, pensei: "Aquele não é o único jeito de existir."[54]

Madonna não tinha o menor pudor com o fascínio pela Menjo. "Havia garotos no cantinho fazendo de *tudo*. Ela ia na direção deles e ficava encarando",[55] recordou Flynn. Ela ainda não tinha entendido por que Flynn era tão diferente dos outros homens que conhecia. Só sabia que se sentia confortável na companhia dele, gostava daquele estilo de vida e amava o jeito que ele a tratava. Naquele momento, ela encontrou uma boate cheia de homens como ele, e a alegria que sentia na companhia de Christopher se multiplicou.

> Comecei a passar muito tempo com dançarinos e quase todos que conheci eram gays. Então, arranjei outro problema porque ficava o tempo todo me apaixonando por homens gays. Eu sofria muito por não ser um homem.[56]

Foi naquele momento, aos 16 anos, que Madonna começou seu longo caso de amor com dançarinos gays que a acompanhariam por toda a carreira. Foi quando eles começaram a amá-la. "Ela abria espaço na pista e nós começávamos a dançar como se não houvesse amanhã. Nossa, ela era muito sexy [...]. Era divertida de um jeito afrontoso. Os garotos se estapeavam para dançar com ela [...]. Ela era extravagante e isso os empolgava", relembra Flynn.[57, 58]

A alegria que Madonna testemunhava na Menjo era o resultado de uma revolução. Após quase um século de abuso, vergonha e discriminação contra gays, algumas proteções foram transformadas em lei. Em 1973, a Sociedade de Psiquiatria dos Estados Unidos tirou a homossexualidade da lista de doenças mentais. Em 1975, o governo federal tornou ilegal negar cargos públicos a qualquer pessoa com base na orientação sexual. Também em 1975, a Califórnia derrubou a lei contra a sodomia. (Embora atos sexuais entre gays ainda fossem considerados crime na maioria dos estados.)[59] Em 1976, houve a National Gay Task Force, uma Lambda Legal Defense and Education Fund (conhecida também como Lambda Legal) e um Gay Rights National Lobby. É provável que nada disso tivesse ocorrido se não fosse uma revolta que aconteceu nas primeiras horas do dia 28 de junho de 1969, no Greenwich Village.

Um segurança da boate gay de propriedade da máfia Stonewall Inn, situada na Christopher Street, olhou pelo identificador da porta e viu três policiais preparados para uma batida de rotina. Geralmente, a polícia verificava identidades, analisava as roupas em busca de "trajes incomuns" e agredia verbalmente os clientes. Entretanto, a corrida eleitoral para prefeito estava em andamento e um novo chefe de polícia queria mostrar serviço contra os homossexuais. Stonewall, com drag queens, garotos negros e latinos e a falta de licença para vender álcool, foi um alvo fácil.[60]

Naquela noite de junho, enquanto o último dos vários clientes que consideraram ter descumprido a lei foi colocado em um camburão, a polícia levou uma lésbica algemada na direção de uma viatura. Não importa quais fossem as intenções dos policiais naquela noite, uma viagem em uma viatura comum em vez de um camburão poderia significar uma ida a um beco para ser abusada sexualmente pelos policiais. Naquele dia de junho, a mulher que estava no carro reagiu e tentou fugir. Após três tentativas malsucedidas, ela gritou para a multidão em frente ao bar: "Por que vocês não fazem algo?" E a revolta explodiu.[61]

Algumas pessoas procurando motivos além dos sentimentos intensos naquela noite apontavam para a lua cheia, outros citaram a morte de Judy Garland. A verdade é que, como em toda rebelião, não houve exatamente um estopim. As pessoas gays, lésbicas e trans no West Village estavam cansadas de serem assediadas e presas por causa da orientação sexual. Um cliente de Stonewall disse: "Ser gay significava se sentir caçado." Naquela noite, eles se posicionaram e o momento entrou para a história.[62] Uma voz gritou "É a revolução!" enquanto pedras, latas de cerveja, garrafas e até sacos de laranja da loja Orange Julius eram arremessados contra os policiais.[63]

No domingo à noite, após dois dias de caos, uma trégua tênue foi alcançada. A batalha de Stonewall foi vencida. "A sensação de não aturar mais aquela situação de merda foi muito boa", disse Miss Major Griffin-Gracy, uma mulher trans que foi presa na primeira noite do protesto. "Não vamos a lugar algum, não existem mais armários para nos esconder. Nós queimamos a casa." *Gay power*, direitos gays, amor gay.[64] As primeiras marchas do Orgulho Gay aconteceram no ano seguinte. A de Nova York começou na Christopher Street e, dessa vez, a polícia estava lá para proteger os frequentadores.[65]

Nada mais doce do que a liberdade vivenciada por quem foi privado dela por muito tempo. Foi esse o cenário em que Madonna surgiu. Mike McGuinness, que anos depois frequentaria a Menjo, disse: "Há certa magia no momento em que a ficha cai, quando você pensa: 'Este é o meu lugar.' Na vida, estamos sempre tentando repetir esse momento."[66] Madonna passaria a carreira revivendo a emoção que sentiu quando foi apresentada àquele cenário e faria de tudo para levar o público junto com ela.

Consciente de que havia começado a aprender balé tarde, Madonna tentou compensar o tempo perdido fazendo aulas em uma faculdade de Detroit que permitia aos alunos do ensino médio estudar dança e ensaiar com alunos mais velhos. Durante o último ano na Adams, ela estudava de manhã e ia a Detroit à tarde.[67]

Madonna estava tão ansiosa para sair do ensino médio que terminou os estudos um semestre mais cedo, em dezembro de 1975, e dançou em tempo integral durante o inverno em Detroit, no estúdio de Flynn. Isso, porém, estava prestes a mudar porque Christopher Flynn tinha sido contratado para dar aulas no novo departamento de dança da Universidade de Michigan.[68] Flynn e a orientadora vocacional de Madonna, Nancy Ryan-Mitchell, queriam que ela fizesse teste para estudar na mesma universidade.[69]

Era inevitável que Tony Ciccone conhecesse Flynn porque este estava interferindo na vida da filha dele. Tony também estava preocupado porque a filha queria que o irmão Christopher também estudasse dança com Flynn. "Eu me lembro do meu pai conhecendo Flynn, percebendo logo de cara que ele era gay e reagindo mal. Me lembro de ele ter ficado um pouco espantado, como quem diz 'Não o deixe se aproximar [do seu irmão]'",[70] relembrou Madonna.

Christopher Ciccone era dois anos mais novo que Madonna, artístico e sensível. "Àquela altura, eu tocava violino no ensino médio e estava tentando ser um artista. Eu não me via como artista, era mais uma necessidade criativa", conta ele.[71] Christopher também não se via como dançarino, mas Madonna o incentivou. O irmão diz que ter sido apresentado à escola de Flynn foi "o maior presente que Madonna me deu".[72]

Madonna, de fato, tinha sentido que o irmão caçula era especial. "Ele era tão lindo [...]. Eu sabia que havia algo diferente nele, mas não estava nítido para mim", disse ela, que só entendeu quando apresentou o irmão a Flynn. "Eu vi algo entre eles [...]. Aí pensei: 'Entendi. É, ele também gosta de homens.' Foi uma revelação incrível, mas eu não disse nada. Nem sei se ele mesmo sabia [...]. Ele ainda era um bebê."[73]

Christopher Ciccone não sabia. Ele disse que "não fazia a menor ideia do mundo da homossexualidade ou do que era ser gay", mas *estava* interessado em dança, embora tivesse medo da reação de Tony. "Meu pai queria que eu fosse engenheiro, médico, padre, tudo menos dançarino", relatou. Madonna prometeu resolver a questão com o pai. Enquanto isso, Christopher a acompanhava toda semana para "observar" as aulas.[74] Esse tipo de travessura adolescente era o começo de uma ligação entre os irmãos que produziria uma longa e rica colaboração artística ao longo de várias décadas.

Após se formar na Adams High em 1976, com o prêmio de teatro da escola e um lugar no quadro de honra, Madonna recebeu uma bolsa de quatro anos para estudar dança na Universidade de Michigan.[75] Ela foi a primeira da família a fazer faculdade.[76] O pai de Madonna ficou "orgulhoso pra caramba", disse Marty, mas ele não sabia se a irmã tinha percebido. Os dois brigavam muito e ela sentia muita raiva dele. Ainda segundo Marty, pai e filha estavam prontos para se separar por um tempo e a universidade proporcionaria essa distância. A família esperava muito de Madonna quando ela saiu para estudar em Ann Arbor. "Sabíamos que ela iria se encontrar."[77] A própria Madonna acreditava nisso mais do que todos.

Capítulo 7

Ann Arbor, 1976-1978

> Por trás de um grande homem existe uma grande mulher, e por trás de uma grande mulher existe um gay.[1]
>
> — *Madonna*

Ann Arbor ficava apenas a uma hora de distância de Rochester, mas poderia muito bem ser outro planeta. Enquanto Rochester se orgulhava de ser um bastião conservador do país, Ann Arbor ostentava a reputação de ser uma das cidades mais liberais dos Estados Unidos. Também era o lar de uma das universidades mais politicamente radicais, o lugar onde nasceram os protestos estudantis dos anos 1960.[2] Enquanto Rochester se protegia do que existia além da própria pequena fronteira, Ann Arbor fazia parte de um submundo subversivo, que ia de feministas a ativistas antiguerra, passando pelos heróis dos direitos civis, que viajavam pelo país ministrando palestras, organizando e instaurando o caos. Embora as ofertas culturais de Rochester fossem respeitadas, a maioria eram produções já testadas e aprovadas com talentos locais. Por sua vez, Ann Arbor e a Universidade de Michigan eram umas das paradas favoritas de grandes personalidades internacionais da cultura de todo o espectro artístico, simplesmente um oásis intelectual em meio à neve.

Madonna chegou lá no outono de 1976 e se estabeleceu em um dos dormitórios femininos. "Esse tinha sido o acordo feito pelo pai: se ela quisesse ir para Michigan, teria que morar em um dormitório exclusivamente feminino", disse uma amiga da cantora, Linda Alaniz, fotógrafa, que chegou a Ann Arbor no mesmo ano para estudar dança.[3] O dançarino Peter Kentes se lembrou de passar pelos dormitórios e ver Madonna à janela, gritando cumprimentos para os caras na rua, provocando, rindo da reação deles e flertando quando paravam para conversar. Ela não estava procurando sexo ou um namorado.[4] Era só uma expressão de pura alegria, de ter sido "atirada de um canhão", como ela dizia.[5] Sem pai, madrasta, irmãos, igreja ou colegas de turma para limitar ações e desejos, ela poderia fazer o que quisesse, vestir-se como quisesse, ser quem ela quisesse. Kentes dizia que ela era uma "criança extremamente livre".[6]

Madonna amava Ann Arbor e queria fazer parte de tudo: da academia, da arte, das performances, dos saraus de poesia, do ativismo político e da vida noturna. Ela disse que foi graças à Universidade de Michigan que descobriu uma paixão que duraria a vida inteira: os filmes estrangeiros.[7] "Eu me apaixonei por pessoas como Resnais, filmes como *Hiroshima, meu amor* [...] as obras de Pasolini. Eu vi todos os filmes de Visconti, Buñuel [...] e De Sica."[8] Àquela altura, a universidade oferecia a ela o melhor de todos os mundos possíveis. O ambiente continha todos os ingredientes necessários para satisfazer o apetite insaciável de conhecimento e o igualmente insaciável apetite por diversão.

A universidade tinha um programa de dança havia muitos anos, mas só em 1974 estabeleceu um departamento. Quando Madonna chegou, dois anos depois, o departamento tinha menos de cem alunos e o prédio oficial não estava pronto, então os alunos trabalhavam em um antigo ginásio, tão decrépito que os camundongos tomavam conta do lugar. Mas, no início de 1977, o novo prédio foi inaugurado e virou um ecossistema criativo acolhedor e protetor dentro da universidade. "Os alunos moravam aqui", disse o professor de dança Peter Sparling.[9]

O prédio parecia uma pequena escola de ensino médio, com dois andares e quatro estúdios de dança grandes. Todos os alunos, graduandos e pós-graduandos, ficavam amontoados nos salões, vestiários, escritórios e saguão, onde Kentes viu Madonna pela primeira vez. Ele era um aluno da pós-graduação de 25 anos que morava em Los Angeles e tentava ganhar a vida como dançarino. Ela era uma caloura de 18 anos que tinha acabado de sair de casa. Apesar das diferenças, os dois viraram amigos porque eram os favoritos de Flynn. Kentes disse que Flynn a amava e a usava para demonstrar como gostaria que uma dança fosse apresentada.[10]

Diariamente, Madonna tinha duas aulas de dança de uma hora e meia (balé e dança moderna), além de composição coreográfica, história da dança, estudo do movimento e história da arte. Para que um dançarino conquistasse o diploma, um quarto da carga horária precisava ser acadêmica.[11] O foco da vida de Madonna, no entanto, eram as aulas de Flynn. Ele criou uma base na qual ela confiaria e à qual retornaria mais tarde.

Flynn era um tirano em relação à técnica e ensinava o básico até que fosse dominado e se tornasse natural. Ainda assim, ele dizia que o principal objetivo era "fazer as pessoas pararem de apostar na segurança".[12] Madonna também se tornaria tão meticulosa a ponto de parecer obcecada por ensaios, de trabalhar cada detalhe de uma apresentação antecipadamente. Esse cuidado rigoroso, porém, uma espécie de apólice de seguro criativa, estava sempre a serviço do risco, *permitindo* que ela se arriscasse. Nesses primeiros dias em Michigan, contudo, esses riscos eram mais uma brincadeira do que arte.

Madonna, que alguns alunos chamavam de Maddie, se definia como excessivamente teatral. "Eu fazia de tudo para conseguir atenção e ser o oposto de todo mundo", contou. Entre dançarinas treinadas na rígida tradição do balé, de collant, meias-calças impecáveis e cabelos presos em um coque, ela rasgava os collants, usava o cabelo cortado de forma irregular e bagunçado, arrotava alto durante os *pliés* e, quando estava quente, questionava por que não podia dançar de sutiã.[13]

"Ela era linda e tinha uma energia que dizia 'Olhe para mim'", relembrou Alaniz.

> Um dia, nosso instrutor de dança africana pediu aos dançarinos que se apresentassem em uma igreja. Durante os ensaios, a primeira atitude de Madonna foi andar até o púlpito, pegar o microfone e começar a cantar a plenos pulmões "Good Golly, Miss Molly, Sure Like to Ball" [Minha nossa, como a Senhora Molly gosta de dançar]. Todos nós rimos e o professor brigou: "Desça daí agora, isso é sacrilégio." Ela adorava ser o centro das atenções. Havia muitos lados que Madonna gostaria de mostrar e já naquela época ela se reinventava todos os dias.[14]

Kentes dizia que Madonna era incomum e singular. Uma vez, a família a visitou na escola vestindo suas melhores roupas e Kentes pôde ver que ela não era nada parecida com eles. Contudo, percebeu que "ela também não era como nós". Como hobby, ele gostava de estudar mapas astrais e se ofereceu para fazer o de Madonna. O que surgiu foi algo que ele nunca tinha visto nos mais de cem mapas que já tinha elaborado: os astros apontavam de modo inequívoco para fama e fortuna. Quando contou isso a Madonna, ela respondeu sem pestanejar: "Eu sei."[15]

Madonna não demorou a se achar em Ann Arbor. Ela teve vários empregos e passou a conhecer a vida na cidade. Uma das descobertas mais importantes foi uma boate gay. Localizada do outro lado dos trilhos, o Rubaiyat, que os locais chamavam de Ruby, era longe o bastante do campus para parecer um território ilegal.

Naquele ano de 1977, a disco music estava no auge da heterossexualidade. O sucesso de bilheteria de *Os embalos de sábado à noite* popularizou as discotecas, só que isso não significava que as boates não fossem mais transgressivas. O Ruby era, e Madonna sempre estava por lá. "Nós dançávamos umas oito horas por dia na faculdade, comíamos, tirávamos um cochilo, íamos ao Rubaiyat e ficávamos até fechar", contou Alaniz. "Era um lugar seguro porque a gente podia só dançar. Não precisava se preocupar com caras esquisitos dando em cima da gente, porque era uma boate gay."[16]

Madonna nunca tinha dinheiro e estava sempre procurando comida, de acordo com Kentes. Ela era baixinha e muito magra, seguindo as diretrizes de Flynn.[17] Mas a impressão geral era de que tinha uma força vigorosa: braços e pernas musculosos e uma vontade de ferro que parecia quase tangível. "Ela era muito dedicada ao trabalho, mas ia para a farra com a mesma disposição", disse Kentes.[18]

O departamento de dança de Michigan era o celeiro para companhias de Nova York. O sonho de Madonna era dançar com Alvin Ailey, e naquele ano isso parecia menos impossível: ela descobriu que Ailey tinha um programa de verão de seis semanas. Com o apoio de Flynn, ela se candidatou a uma bolsa. Só havia um pequeno problema: precisava fazer o teste em Nova York. Mas tudo foi resolvido com a ajuda de um cabeleireiro local e futuro aluno de dança chamado Mark Dolengowski, com quem Madonna tinha feito amizade enquanto trabalhava em uma pizzaria. Dolengowski concordou em levá-la, e os dois partiram no carro do pai dele em uma jornada vertiginosa por quase mil quilômetros, em pleno inverno de fevereiro, e tudo em um único fim de semana, para que ela pudesse voltar à escola na segunda-feira. "Eu lembro que era uma viagem de 16 horas. Eu dirigi o tempo todo", contou ele.[19]

Madonna foi aceita no curso de Ailey.[20] "Então, eu só precisava arranjar um emprego para conseguir pagar o aluguel", disse ela. "Morar com dançarinos significa conviver com dez pessoas em um apartamento minúsculo pagando uns 25 dólares de aluguel por mês."[21] Ela encontrou um lugar no Upper East Side que lhe atendia às necessidades e se preparou para passar um verão na única cidade que importava para uma artista.[22] No entanto, a cidade que a Madonna Ciccone de 18 anos descobriu em junho de 1977 era um pesadelo distópico.

Na segunda metade dos anos 1970, Nova York era cenário de tantos crimes horrendos que a polícia distribuía panfletos aos turistas recomendando que não saíssem durante a noite. Os folhetos eram parte de uma ação do sindicato dos policiais feita para ganhar subsídios, mas as mensagens eram verdadeiras.[23] Durante o verão de 1977, a cidade estava mais assustadora do que jamais fora.

Aquele foi o verão dos assassinatos cometidos pelo "Filho de Sam", que aterrorizava a cidade atacando casais aleatórios, especialmente os que incluíam mulheres jovens de cabelos castanhos.[24] "Todos ficaram com medo e eu estava preocupado com ela", disse Dolengowski.[25] Também foi o verão em que nacionalistas porto-riquenhos explodiram bombas na região de Midtown.[26] Além disso, havia tiroteios, ataques a faca, dezenas de milhares de roubos e mais de quinhentos estupros registrados naquele ano. Diante de uma crise fiscal paralisante e uma polícia sobrecarregada pelo caso do Filho de Sam, um escritor disse que "o centro da cidade praticamente não era policiado".[27]

Até que às 21h36 do dia 13 de julho, Nova York ficou às escuras. Um raio causou uma série de quedas de energia que mergulhou a cidade na escuridão total. Sem luz por 25 horas, as ruas entraram em uma onda de incêndios e saques que resultaram na maior prisão em massa da história de Nova York: quase quatrocentas pessoas foram presas.[28]

Se Madonna estava assustada com o caos, o medo não lhe diminuiu a ambição. Ela trabalhava em meio ao ruído e ao crime a ponto de levar a si mesma à exaustão no estúdio de dança.[29] Saiu da cidade no fim do curso determinada a voltar e se tornar a dançarina principal. "Depois que senti o gostinho de Nova York, eu sabia que precisava estar lá", contou.[30] Antes disso, porém, precisava aperfeiçoar as habilidades.[31] Ao voltar para Ann Arbor, ela também precisava de um lugar para morar.

Whitley Setrakian era uma verdadeira nova-iorquina. Ela havia passado a infância em um apartamento de um quarto na First Avenue, na região de Midtown. O pai, o ator Ed Setrakian, saiu de casa quando ela era criança e ela morou com a mãe, uma atriz que virou professora. Aos 18 anos, a jovem foi estudar em uma faculdade em Brockport e ter aulas de dança. Dois anos depois, ela e dois amigos dançarinos se transferiram para a Universidade de Michigan, um "lugar de verdade" que produzia dançarinos de verdade.[32]

Eles encontraram um apartamento de dois quartos no décimo andar, cujo aluguel seria acessível se conseguissem achar uma quarta pessoa para dividir. O University Towers era uma caixa de concreto de 19 andares em uma rua cheia de lojas, restaurantes e bares, não muito longe do prédio do departamento de dança.[33] (O único motivo para o Towers ser famoso, além da desolação acadêmica, era o fato de Iggy Pop ter morado lá em 1970 para ficar mais perto de seu fornecedor de heroína.)[34] Whit chamava o lugar de "uma afronta a Deus", mas foi morar lá mesmo assim e começou a procurar uma quarta "vítima" para dividir o espaço.[35]

"Alguém disse: 'Ah, tem uma garota da dança que também está querendo dividir apartamento.' Eu lembro que ela me intimidou um pouco da primeira vez que a vi", revelou Setrakian. "Madonna usava uma camiseta toda picotada, como se ela tivesse pegado uma tesoura e cortado de propósito. Ela se sentou no sofá na minha frente e meio que tomou conta do lugar." Setrakian ficou impressionada com os grandes olhos verdes e a beleza da jovem. Aqueles olhos lhe pareceram assustadores, e ela não sabia se conseguiria morar com aquela garota, mas foi vencida. Madonna se mudou no dia 9 de setembro de 1977, no início do segundo ano de faculdade.[36]

Madonna passou para Ann Arbor um ano antes de Setrakian, e por isso pôde lhe mostrar os segredos ocultos da cidade. Aos poucos, as duas jovens viraram amigas íntimas, quase irmãs. Setrakian sentia que eram "aliadas". Elas fumavam maconha juntas em uma área que servia de estoque do prédio de dança, que elas batizaram de Zeet Lounge. Trabalhavam na Miller's Ice Cream (com a exigência de que usassem sutiãs). "A comida era guardada no porão da Miller's. Nós descíamos, pegávamos peixe congelado e latas de sopa... E era assim que vivíamos", contou Setrakian. Quando ela conseguiu um emprego de modelo para aulas do curso de desenho, Madonna fez o mesmo porque pagava muito bem.[37]

É óbvio que Madonna levou a amiga ao Ruby, e foi a primeira vez em que ela esteve em uma boate gay na vida. Chegando lá, Madonna queria dançar, e toda a boate parou para ver as duas. "Madonna se transformou no vórtex do lugar apenas dançando. O que ela estava fazendo era totalmente diferente", contou Setrakian. "É como ela faz, é a intenção, é a carga emocional [...]. Madonna é uma pessoa complicada [...]. E sua dança reflete isso."[38]

Os colegas de apartamento também eram aliados em momentos mais calmos. Setrakian passou a acreditar que a amiga "talvez fosse a pessoa mais inteligente que eu conhecia", em parte por ser uma ótima ouvinte. As duas conversavam sobre tudo: a cidade em que Setrakian nasceu, Nova York; a situação do mundo; a escola... Em resumo, a vida de ambas, incluindo questões mais íntimas.

Setrakian, por exemplo, apresentou a amiga à masturbação, que Madonna experimentou e adorou.[39] "Eu tinha transado antes de entender" a masturbação, disse ela anos depois.[40] Elas chamavam, brincando, de "ritual noturno" e conversavam sobre o assunto por horas.[41] Elas também falavam de sexo com mulheres: Madonna contou que tinha beijado uma menina linda de mãos calejadas que tocava percussão na aula. Também falavam de homens porque as duas eram, de acordo com Setrakian, "novatas" no sexo, apesar de "falarem muito disso e adotarem um comportamento livre". Havia muito a conversar sobre um assunto tão confuso.[42]

Apesar do senso comum, a liberação sexual dos anos 1960 e do início dos anos 1970 não era a liberação sexual da mulher, porque a emancipação feminina sempre era ditada pelos homens. Como os homens estavam felizes com o cenário sexual menos restrito dos novos tempos e continuavam controlando as pautas sociais e culturais, a narrativa fictícia de que as mulheres eram tão livres quanto eles para ter a vida sexual que desejavam era bem aceita.

Na verdade, essa história era uma mentira perniciosa que corria o risco de destruir todas as outras conquistas das mulheres, pois, se uma mulher não tinha o direito sobre o próprio corpo, de dizer sim ou não, então o que tinha, afinal? A feminista Robin Morgan fez uma ótima descrição da situação da mulher após a liberação sexual:

> A invenção da pílula anticoncepcional rendeu milhões às indústrias farmacêuticas, nos transformou em cobaias e deixou todas nós mais "disponíveis" como objetos sexuais. Agora, se uma mulher não quiser ir para a cama com

> um homem, é considerada esquisita. É inconcebível que ela não possa gostar do homem interessado nela, da pílula ou até de sexo. Nós sabemos que a "cultura moderna" e o "estilo de vida radical", seja lá o que isso signifique, foram modernos e radicais para os homens, mas mantiveram as mesmas obrigações, assédios e internalização da raiva para as mulheres.[43]

A geração de Madonna amadureceu em uma época em que as mulheres eram independentes, fortes e capazes de cogitar um futuro para si mesmas. Mas ninguém deu as más notícias a essas jovens: os desejos sexuais delas ainda eram considerados menos importantes do que os dos homens. Elas teriam de descobrir isso diante de um dilema da vida real: a decisão de transar ou não.

Setrakian disse que ela e Madonna passavam "boa parte do tempo" falando daquela angústia que você sente na boca do estômago quando sabe que algum cara *espera* que você queira transar com ele.

> Mesmo que você também queira, o fato de ele achar logo de cara que vai acontecer te leva à irmandade universal de relutância feminina. As mulheres nos campos de arroz, na Amazônia, na Sibéria, eu e Maddie no departamento de dança. Todas somos uma só nesses momentos, talvez até gostando do flerte e das preliminares, mas sem tanta certeza em relação à troca de fluidos, o corpo dolorido, a incompetência deles e o risco de engravidar.[44]

A conclusão de Setrakian foi: "É tudo muito complicado." Já Madonna foi menos otimista e definiu a situação como "uma merda".[45]

A amiga viajou para as festas de fim de ano e Madonna foi para o estúdio de dança todos os dias, exceto no Natal — ela voltou para casa "tensa e cheia de ansiedade" para visitar a família. Após o verão em Nova York e movida pelo sonho de voltar à cidade, ela raramente tirava um dia de folga, nem mesmo em meio a tempestades de neve. Ao longo do semestre, se ficasse fora de casa até as 2 horas da madrugada, acordava às 8 horas e estava "na aula antes de todo mundo, aquecendo", contou Whit.[46] Ela se dedicava com tanto afinco que machucou a coluna de tanto fazer abdominais, além de ter lesionado o quadril várias vezes e dançado mesmo com dor.[47]

Antes das festas de fim de ano, Madonna começou a falar de um cara chamado Stephen Bray, que era barman do Blue Frogge, na esquina do University Towers.[48] Ele tinha 21 anos, era de Detroit e planejava estudar na renomada Berklee College of Music, em Boston. "Ele era uma gracinha. Todo cheio de sentimentos e estava sempre na moda, era impossível passar despercebido", disse Madonna.[49] Bray também havia notado Madonna. Segundo ele, o Blue Frogge "estava seguindo a moda disco de *Os embalos de sábado à noite* e ela vinha dançar com alguns amigos".[50] "Encontrei uma força da natureza", foi a primeira impressão dele.[51] "Ela se destacava e tinha uma energia contagiante. Como Madonna direcionaria essa energia ainda não estava definido, mas ela já existia."[52]

Na versão de Madonna desse primeiro contato, ela conta que ofereceu uma bebida para Bray, o que ele contesta: "Foi o contrário."[53] Seja lá quem tenha pagado a bebida, Bray foi o primeiro colaborador musical importante de Madonna. Em alguns anos, ele a encontraria em Nova York e os dois criariam várias das primeiras canções que, para algumas pessoas, ainda definem "Madonna".

Usando a identidade de Setrakian para entrar na boate, Madonna ficava perto do bar enquanto Bray trabalhava. Ela também ia ver a banda dele tocar pela cidade. Não era uma banda de covers: o Cost of Living tocava canções originais. Madonna contou à amiga com grande empolgação que todas as músicas mereciam ser gravadas.[54] Bray também gostava dela. Segundo ele, Madonna ia aos shows deles, "dançava como uma tempestade e com certeza criava tempestades também. Na verdade, me pergunto se algumas pessoas iam aos nossos shows só para vê-la dançar".[55]

A amizade se transformou em romance em uma época em que namoros inter-raciais ainda eram raros, mesmo em um campus progressista como Ann Arbor.[56] Para Madonna e Bray, isso nunca foi problema. O que acontecia era a velha questão do controle da natalidade, que nesses tempos "liberais" cabia à mulher. Só que Madonna não tinha dinheiro. O aluguel e a conta de luz estavam atrasados, seus colegas de apartamento estavam fora da cidade e ela precisava de 35 dólares para conseguir um diafragma na Planned Parenthood, uma espécie de Clínica da Família nos Estados Unidos. Ela decidiu ignorar as contas e foi até a clínica com todo o dinheiro que tinha, andando quase 5 quilômetros em uma nevasca, com "os pés parecendo merda congelada, lágrimas escorrendo pelo rosto e três horas de espera ansiosa". Uma vez inserido, o método contraceptivo trazia um novo tipo de preocupação: Madonna passou a integrar a irmandade das mulheres relutantes.[57]

"Agora que eu tinha o meu diafragma, nós poderíamos transar o tempo todo. Eu não tinha a menor desculpa para não fazer isso. Mas será que eu quero transar o tempo todo? Olha, esse assunto me causa uma crise de ansiedade", escreveu Madonna para Setrakian. Quando acontecia, o sexo era "muito melhor do que eu tinha imaginado", escreveu. Mas não queria "transar o tempo todo, como todas as outras pessoas aparentemente normais". Madonna admitia que gostava de Bray "mais e mais a cada dia" e, na cabeça dela, isso não combinava com um relacionamento sexual ativo.[58] Ela parecia temer que, se o relacionamento se tornasse sexual, não seria nada além disso, e se tornaria terrivelmente unidimensional.

Bray, por sua vez, agia com cautela em relação ao romance. Para ele, Madonna o considerava uma novidade, e imaginava que ela pensaria: "Ele é interessante, é músico, isso é diferente. Estou acostumada com dançarinos, estudantes de poesia e tal, mas ele é de outra área. Curti." Segundo Bray, "tínhamos uma amizade e, de repente, ela foi embora".[59]

Quando Setrakian voltou a Ann Arbor, ela e Madonna foram escolhidas para a apresentação de fim de ano da universidade, no teatro Power Center. Foi um afago no ego de Madonna, além de uma grande emoção devido à intensidade dos preparativos feitos à noite, em que trabalhavam com a iluminação, cenários e som, "ensaiando naquele espaço imenso para garantir que podíamos dançar sob as luzes brilhantes e não cair no poço da orquestra", relembrou a amiga.[60]

Esse tipo de colaboração, que seria crucial para o futuro trabalho de Madonna, fez parte do treinamento dela em Michigan. O professor de dança Sparling disse:

> Madonna foi criada na tradição em que dançarinos também precisavam coreografar ou trabalhar com os coreógrafos, figurinistas, cenógrafos, músicos, iluminadores... Esse pensamento foi instigado nela aqui.[61]

Apesar de toda essa atividade, por mais empolgante que fosse, Madonna ficou ansiosa. Ela considerava Ann Arbor "um lar fora de casa".[62] Apesar disso, não era independente o bastante para desenvolver a força mental, espiritual e a maturidade de que precisava para assumir o controle da própria vida.[63] "Foram bons tempos, mas eu sabia que minha estada em Michigan tinha um prazo curto de validade. Ali eu estava só aperfeiçoando minha técnica",[64] explicou.

Flynn também reconheceu que a aluna dele já estava pronta para um novo desafio em outro lugar.[65] Recomendou que ela largasse a faculdade e fosse para Nova York.[66] "Ele me motivava a me esforçar", disse Madonna. "Sempre falava de Nova York. Eu tinha minhas dúvidas, meu pai e todo mundo eram contra, mas ele disse: 'Vai fundo.'"[67]

Tony Ciccone era totalmente contra a ideia. "Eu me lembro de cenas horríveis", contou o irmão mais velho, Marty. A ideia de largar uma bolsa e ir para Nova York (fazer o quê, afinal?) era impensável. Ele até disse em um determinado momento: "Se você largar a faculdade, não vai mais ser minha filha." Ao que Madonna respondeu: "Tudo bem. Quando eu for famosa, vou ser sua filha de novo?" Ele não ficou em silêncio. "A gente pensa nisso quando chegar lá... *Se* chegarmos lá!" "Ah, mas vamos chegar, não tenha dúvida", retrucou ela.[68] Segundo Madonna, a última coisa que o pai lhe disse foi: "Bom, você não tem a minha bênção e não vou financiar essa loucura, então está por sua própria conta e risco."[69]

Enquanto decidia qual seria o próximo passo, ela pensava nos pessimistas da família, na faculdade e também na urgência dos próprios sonhos movidos pela arte, mas não havia o que pensar. As meninas geralmente são aconselhadas *a não fazer* algo para se proteger e os meninos ouvem o que *precisam fazer* para avançar. Madonna nunca aceitou o caminho das meninas. Em todo caso, se ela quisesse ser alguém, precisava arriscar e dar um salto rumo ao desconhecido, e rápido! Kentes disse que, em geral, ela não perdia tempo.[70]

Na primavera, Setrakian disse a Madonna que estava pensando em ir até o Oregon no verão para entrar na "onda dos cabelos compridos". Foi quando Madonna lançou a bomba: iria trocar Michigan por Nova York. Ela vinha economizando e escondia o dinheiro em um livro de fotos do Balé da Cidade de Nova York. Segundo a amiga, Madonna declarou: "Tenho quase o bastante para a passagem e acho que posso arranjar alguém para me emprestar o resto. Então, vou para lá e vou fazer todas as matérias que puder." Ela não tinha certeza se iria voltar, mas achava que não.[71]

As duas saíram juntas pela última vez em junho, antes de deixarem a cidade. Elas foram de bicicleta até uma piscina natural. Madonna seguiu na frente, descendo a ladeira sem as mãos no guidão ao longo do rio Huron. Chegando lá, fumaram baseados, tiraram as roupas e passaram um dia divertido na água. De volta a Ann Arbor, subiram uma escada de incêndio até a cobertura de um prédio nas proximidades para curtir a vista.

Enquanto o sol se punha, elas se abraçaram e fizeram coreografias bem doidas para comemorar o fim das aulas. Antes de irem, Setrakian se lembrou de um ritual da infância. Quando ela e a mãe estavam na cobertura do prédio em que moravam, ela deixava cair uma moeda de um centavo em um cano para dar sorte. As duas amigas fizeram isso naquele dia. E assim foi. A vida universitária delas em dupla tinha acabado. "Se esse é o último dia que passamos juntas, tudo bem. Foi bem legal", pensou a amiga.[72] Na verdade, até foi o último dia delas em Michigan, mas não o último dia delas juntas, pois se reencontrariam em Nova York.

Madonna pediu carona a Kentes, que tinha um carro, até o aeroporto. Ele e Flynn foram ao prédio da dança, onde a encontraram esperando em pé com uma bolsa, uma pequena mala e uma boneca grande. "Ela estava um pouco nervosa, dava para ver", comentou Kentes. Ninguém da família estava no aeroporto para se despedir antes que ela embarcasse em uma nova aventura. Mas Flynn estava. Segundo Linda Alaniz, o professor acreditava que ela iria "estourar", o que de certa forma significava que ele também iria. Flynn vivia de forma indireta por meio de Madonna. Naquele dia, no carro, ele virou para Kentes e disse, com uma mistura de esperança, tristeza e admiração: "Lá vai nossa pequena Madonna."[73] E ela foi embora.

PARTE II

NOVA YORK

1978-1984

Capítulo 8

Nova York, Paris, 1978-1979

> Olhem o que é possível neste país, alguns diriam. Uma menina pobre passa 19 anos em uma cidade no meio do nada [...] e acaba em Nova York, guiando a cidade como se fosse seu carro.[1]
>
> — *Sylvia Plath, em* A redoma de vidro*

IMAGINE MADONNA AOS 19 anos parada na calçada do aeroporto LaGuardia: baixinha, magra como um palito, empolgada, desnorteada e um pouco mais que assustada, vestindo um casaco pesado mesmo com o calor do verão e carregando uma boneca grande e uma mala pequena. Imagine o motorista de táxi que já viu de tudo na vida ligando o taxímetro para a corrida após ouvi-la dizer que gostaria de ir "para o centro de tudo".[2] Sem dúvida, ele já tinha visto outras garotas como ela, vindas do meio do nada com o sonho de chegar a algum lugar e que acabaram no submundo de Nova York. Tudo indicava que Madonna seria só mais uma delas. Na verdade, tudo levava a acreditar que aquele era o *único* lugar para onde ela poderia ir. Ela era jovem, ingênua e ansiosa demais. Seria devorada viva. Então, ele levou aquela garotinha perdida à Times Square, para onde acabaria indo, de qualquer forma. A rua 42: a "capital da pornografia nos Estados Unidos", como o ex-prefeito da cidade Abe Beame a chamava.[3]

Pecado. Sexo. Garotas, garotas, garotas. Nuas. Cabines privativas. Serviços sexuais. Vermelho. À noite, tudo era vermelho: as placas, as luzes piscantes, as silhuetas dos corpos nus femininos, as mulheres e a figura do malandro em pé diante das portas naquele brilho infernal, todos falando a linguagem da sedução. E filmes. Depois do lançamento de *Garganta profunda*, o cinema pornô se popularizou e rendia filmes mais lucrativos do que muitas produções de Hollywood. Todos os letreiros dos cinemas prometiam filmes para maiores de 18 anos — e com cenas ainda mais fortes para uma plateia que estivesse interessada.[4]

Até sob a luz do dia, quando a Times Square estava imunda e sem brilho, Madonna teria reconhecido o lugar pelo que era: o inferno, ou algo bem perto disso. Ela havia acabado de fazer a primeira viagem de avião e

* PLATH, Sylvia. *A redoma de vidro.* Trad Ana Guadalupe. Rio de Janeiro: Biblioteca Azul, 2023. *[N. da E.]*

a primeira corrida de táxi, que a levaram até ali. "Quando penso naquela época, não acredito em como eu estava apavorada", disse ela.[5]

> A imensidão de Nova York me deixou sem fôlego [...]. Eu me sentia como uma guerreira abrindo caminho entre a multidão para sobreviver [...]. Estava preparada para sobreviver [...]. Mas também estava morrendo de medo e apavorada com o cheiro de mijo e vômito em toda parte.[6]

Livre e desimpedida como estava, só havia uma coisa a fazer. "Eu andei. Ergui o olhar e andei", disse ela.[7] Com os 35 dólares que sobraram (cerca de 140 dólares em 2023) do dinheiro que tinha economizado, ela caminhou a esmo na direção leste pela rua 42 até a avenida Lexington, onde acabou parando em uma feira bastante movimentada em uma tarde ensolarada de verão. "Tenho certeza de que eu parecia uma caipira", comentou ao se lembrar da cena.[8]

Logo ela notou que atraíra uma sombra. Um homem a seguia. "Eu o cumprimentei e ele perguntou: 'Por que você está andando por aí com esse casaco e uma mala?' Eu respondi: 'Acabei de descer do avião.'" Ele perguntou por que ela não tinha deixado tudo em casa em vez de carregar a bagagem na rua, e Madonna disse que não tinha onde morar.[9]

"Anjos estavam me protegendo", disse Madonna a Howard Stern anos depois sobre o que aconteceu a seguir.[10] O desconhecido, que ela imaginou ter quase 30 anos, ofereceu um lugar para ela dormir no apartamento dele enquanto se estabelecia em Nova York. Madonna aceitou. Ela morou com o homem, por um período que às vezes diz ter sido de cinco dias e, em outras ocasiões, duas semanas.[11] "Depois percebi que não deveria ter sido tão inocente assim, mas foi muita sorte ter encontrado um cara legal. Ele não encostou a mão em mim." Assim que encontrou alunos de dança para dividir um apartamento, ela foi morar com eles.[12]

Madonna estava de volta à Alvin Ailey American Dance Theater, criada em 1958 por Ailey como uma pequena trupe de bailarinos negros que faziam dança moderna. Quando celebrou o 20º aniversário, em 1978, a empresa tinha saído da obscuridade para o reconhecimento internacional.[13] Madonna não sobreviveu à primeira rodada de audições, mas acabou ganhando uma bolsa de estudos e trabalho para entrar no terceiro escalão da companhia, ou, como alguém definiu, o equivalente a um "time subjúnior de uma universidade".[14] Era um começo. "Eu sabia que tinha que me esforçar e me dedicar. Essa dedicação, ambição e coragem iriam me levar à próxima etapa", explicou ela.[15]

Os cursos da Ailey só começavam no outono, então Christopher Flynn a aconselhou a ir ao American Dance Festival, que naquele ano seria realizado em Durham, na Carolina do Norte. Madonna fez um teste e ganhou uma bolsa para participar[16]

O ADF era um curso intensivo de verão dedicado à dança moderna e com duração de seis semanas, no qual os alunos interagiam com os melhores dançarinos do mundo durante o dia e viam apresentações de grandes companhias à noite.[17] Era um lugar para aprender e fazer contatos, e Madonna se dedicou a isso. Naquele verão, ela teve aulas com Pearl Lang.[18]

Não era o primeiro encontro delas. Elas se conheceram em Michigan, onde a bailarina mais velha tinha sido artista residente. Lang se lembrava dela naquela época como "uma menina bem magra, com a pele bronzeada e muito esforçada, se dedicando de verdade aos treinos".[19] Madonna fez o mesmo em Durham. No fim do verão, ela disse a Lang: "Você acha que vai precisar de dançarinos em Nova York?"[20] Surpreendida pela pergunta tão direta, Lang respondeu que sempre precisava de substitutos. Madonna demonstrou interesse, mas Lang voltou para casa e se esqueceu dela.[21]

Madonna também retornou para Nova York, onde se iniciou um período de quatro anos de instabilidade, durante o qual, cada um ou dois meses, ela se mudava de um lugar alugado ou invadido para outro. A maioria deles era um quarto em apartamentos de outras pessoas; alguns eram apenas partes de um quarto, um colchão no chão. E todos seguiam o jeito peculiar da Nova York da época: com o fedor das ruas, dos cigarros e dos inquilinos anteriores, cheios de mofo, fuligem, cobertos de sujeira e repletos de baratas.

Madonna passou o início dessa jornada principalmente no West Side, em lugares como West Harlem e Hell's Kitchen.[22] O lugar onde ela dormia não era importante, pois seu lar era o estúdio de dança que frequentava. No início do outono de 1978, era a Ailey School. "Pensei que estava na produção de *Fame*. Todos eram hispânicos ou negros, e todo mundo queria ser uma estrela", contou.[23]

O estado de espírito dela alternava entre euforia e depressão. "O lugar me intimidava bastante", revelou.

> Eu ia ao Lincoln Center, me sentava perto do chafariz e chorava. Escrevia em meu diário e rezava para fazer pelo menos um amigo. Até na escola de dança, a maioria dos jovens com bolsa de estudos eram pessoas da região mais negligenciada da cidade, com um temperamento muito diferente. Eu ficava meio isolada em um canto. Estava acostumada a ser um peixe grande em um laguinho [em Michigan], e de repente eu não era ninguém. Senti falta de como as coisas costumavam ser e desejava mais que tudo estar no centro das atenções.[24]

Havia duas maneiras de se consolar: com a dança e com a leitura. A vida social, naquela época, girava em torno de concertos de música clássica e apresentações no Lincoln Center. "Eu não sabia nada sobre a cultura pop de Nova York", contou ela sobre esse primeiro momento.[25] Apesar de tudo, no entanto, Madonna ainda acreditava que "algo iria acontecer. Eu não sabia muito bem como seria".[26] O objetivo era "conquistar" a cidade.[27]

Quando estava na Ailey School, Madonna diz ter ouvido que "se eu quisesse dominar a técnica de Ailey, deveria mesmo era estudar na Graham School [...]. Nem preciso dizer que cheguei lá 24 horas depois de receber essa informação". Ela fez as aulas para iniciantes e foi "arrebatada" pelo que encontrou. Era o oposto da atmosfera da Ailey, em que alunos com sede de sucesso sonhavam com holofotes e aplausos. Na Martha Graham School, Madonna encontrou um ambiente que parecia um convento. "Os estúdios eram espartanos, minimalistas. Todos sussurravam, então só se ouviam a música e os instrutores, e eles só falavam com algum aluno quando ele fazia alguma merda." Embora a técnica fosse "fisicamente exaustiva", Madonna ficou empolgada com o desafio. "Eu estava aprendendo algo novo a cada dia. Estava no caminho certo."[28]

Ela estava doida para conhecer Graham pessoalmente. Havia rumores de que a lenda de 84 anos, que ainda criava coreografias, perambulava pelo prédio e às vezes assistia a algumas aulas. Madonna costumava ficar nos lugares onde um encontro por acaso entre as duas tinha a maior chance de acontecer, mas não dava sorte. Uma manhã, porém, esbarrou em Graham ao sair da aula para ir ao banheiro. "Eu fiz força para abrir a porta pesada até o corredor, botei o pé fora da sala de aula e lá estava ela, bem na minha frente, me encarando."[29]

Madonna tinha violado o que ela chamava de "regra fundamental [...]. Ninguém *jamais* sai das salas que parecem túmulos até as aulas acabarem! [Graham] parou imediatamente para ver quem era a infratora. Eu fiquei paralisada". Ela havia ensaiado o que iria dizer se encontrasse Graham com o intuito de "conquistá-la", mas, ao vê-la em carne e osso, a garota que era chamada pela família de "Bocuda" ficou sem palavras. "Esse foi o meu primeiro encontro com uma deusa de verdade, uma guerreira, uma sobrevivente. Alguém que não deve ser importunada. Antes que eu pudesse dizer um 'a', ela já tinha ido embora [...]. Eu fiquei ali, de collant, tremendo."[30]

Como outras jovens dançarinas, Madonna tinha aulas com o máximo de professores diferentes que podia. Um deles era Marcus Schulkind, dançarino e coreógrafo treinado sob a tutela de Graham. Ele aprendeu a técnica durante o verão em Durham. O estúdio de Schulkind na época ficava na rua Great Jones, no NoHo, na época uma região central dominada pelas drogas, mas que também era berço de alguns dos trabalhos mais inovadores e underground das artes. Sobre Madonna, Schulkind disse:

> Ela era uma dançarina brilhante. Essa é a pura verdade. Era musical, tinha uma ótima noção de grupo, uma técnica muito forte [...] transbordava potencial. Se você a visse, perceberia isso [...]. Depois que você começava a ter contato com ela, simplesmente pensava: "Uau!"[31]

Ele já considerava Madonna "semiprofissional. Então o que a atrapalhava era o mau comportamento [...]. A língua ferina e as respostas que ela dava às pessoas que estavam em posição de poder". Schulkind disse que os estúdios naquela época ainda funcionavam como no tempo de Balanchine. "O coreógrafo é Deus e você deve ficar feliz e se curvar perante ele, e não havia nem um pouco dessa postura em Madonna."[32]

Desde que chegou a Nova York naquele mês de julho, Madonna esperava progredir no mundo da dança de outra forma que não fosse a de aluna.[33] Contudo, a competição era feroz e ela estava em desvantagem, não só por causa da forma como se comportava, mas também porque os outros alunos eram apenas adolescentes. Em agosto, ela completou 20 anos, praticamente uma anciã na turma de iniciantes na Graham School e na terceira divisão da Ailey. Ela não tinha tempo a perder. O contato mais importante até então tinha sido com Lang, então Madonna a procurou para saber se poderia fazer parte da companhia dela.

O *Village Voice* descreveu Lang como "uma das poucas dançarinas que merecem o título de 'grande'". Ela era filha de imigrantes judeus que tinham fugido da perseguição após a Revolução Russa e se estabelecido em Chicago. Em 1941, Lang começou a estudar com Martha Graham em Nova York e, em 1942, entrou para a companhia de dança da coreógrafa.[34]

Embora Lang tenha continuado a dançar com Graham por décadas, ela formou a própria companhia em 1952 e coreografou os próprios trabalhos. A maioria das danças que criou explorava o universo judaico. Muitas derivavam da literatura iídiche, que expressava com uma gama emocional variando do desespero abjeto ao êxtase religioso. Lang descrevia a essência do próprio trabalho como a busca por Deus.[35] A intelectualidade, espiritualidade e paixão das danças de Lang, além do rigor de sua obra, fascinavam a jovem Madonna.

Em um dia de novembro, enquanto Lang dava uma aula, Madonna apareceu de repente.[36] Ela a recebeu como aluna, mas logo reconheceu que a jovem era "excepcional" e começou a incorporá-la nas produções. Foi o primeiro trabalho pago de Madonna como dançarina em Nova York. Lang disse:

> Ela era muito talentosa. Bem frágil, mas tenaz. Muitas pessoas podem fazer as acrobacias exigidas, mas havia algo de poético nela [...]. [Tinha] a força, a intensidade para ir além do mero desempenho físico rumo a algo mais empolgante.[37]

Para complementar a renda de Madonna com a dança, Lang lhe arrumou um trabalho na chapelaria do Russian Tea Room, onde poderia ganhar alguns trocados e ainda conseguir uma refeição.[38] "Tenho certeza que essa era a única refeição decente que ela fazia no dia."[39] Madonna, porém, logo perdeu esse emprego por causa das roupas que usava. "Fui demitida por usar meias arrastão", explicou ela.[40] Em vez de ficar decepcionada, Lang achou divertido. "Eu gostava daquela arrogância, ambição e ousadia. Nada a abalava. Ela iria fazer algo e nada entraria em seu caminho."[41]

No fim do outono, Madonna foi a uma festa no apartamento do Upper West Side que Lang dividia com o marido, o ator Joseph Wiseman. O lugar estava cheio de dançarinos e amigos de dançarinos. Um deles era um jovem chamado Norris Burroughs. Ele assistia a Madonna dançar no apartamento de Lang ao som de "Y.M.C.A.", do Village People. Era impossível ignorá-la, mesmo em uma sala cheia de exibicionistas. A certa altura, ela fez um *grand jeté* (salto no ar com as pernas abertas), caiu de quatro e esticou o corpo como se fosse uma gata. "Foi um movimento de uma sexualidade sutil que eu nunca tinha visto antes", disse ele. Madonna também chamava a atenção por causa da roupa: um pulôver turquesa e meia-calça laranja com estampa de oncinha.[42]

Mais tarde, na cozinha, assim que ela e Burroughs se apresentaram, uma pessoa entreouviu o nome dela e disse: "Tipo a Lady Madonna?" Ao que Madonna falou: "Sai daqui! Odeio essa merda! Todo idiota fala isso!" Então, ela se virou para Burroughs e disse: "E você? Tem algo original para dizer?" Ele ficou chocado e empolgado com a audácia, e mais ainda quando ela ligou para ele no dia seguinte. Madonna e Burroughs viraram um casal.[43]

Quando Burroughs a conheceu, Madonna não era mais uma refugiada apavorada que tinha acabado de chegar a Nova York. Em poucos meses, tinha criado um círculo de amigos em estúdios de dança pela cidade e se adaptado ao ritmo e ao estilo do lugar. Tinha virado uma nova-iorquina. A intensidade da cidade combinava com a dela; as oportunidades eram ofertadas em quantidade suficiente para satisfazer até os sonhos mais loucos que acalentava. Depois do choque inicial, a cidade até se tornou familiar. A escritora Giuliana Muscio descreveu Nova York como "a maior 'cidade italiana' do mundo".[44] E Madonna era uma garota italiana, no sentido mais estrito da palavra. Ela se sentia — e estava — em casa em Nova York.

Whitley Setrakian voltou à cidade no início daquele outono para visitar a família e viu como Madonna estava adaptada. Ela teria ouvido da amiga que "Meu lugar é aqui, porra". "Todos os dias que passo nesta cidade eu só consigo pensar nos dias em que não estive aqui. Sinto que estou em uma corrida e todo mundo largou na frente." Quando surgiu o assunto de voltar a Michigan, Madonna retrucou: "De jeito nenhum." Fisicamente, ela também era uma nova Madonna O cabelo curto e repicado estava mais longo, vestia uma camiseta masculina branca e grande com bermuda, um cinto justo, tênis Adidas desgastados e óculos escuros "Nunca tinha visto ela tão feliz e confiante", admitiu Setrakian.[45]

Na noite em que as amigas se reencontraram, o pai de Whit convidou as duas e uma das antigas colegas de quarto delas em Ann Arbor para encontrá-lo no local favorito dos atores, o restaurante Joe Allen, quase saindo da Broadway. Ed Setrakian era figurinha carimbada da cena artística nova-iorquina. Ele fez filmes e atuou em peças, além de ter escrito e dirigido algumas. Três anos antes, conseguiu um papel no suspense *Três dias do condor*, com Robert Redford e Faye Dunaway. Conhecia todo mundo e sabia tudo sobre a indústria do entretenimento.[46]

À mesa no restaurante, com Madonna fazendo bolinhas de cuspe com o guardanapo e chamando o sr. Setrakian de Ed, apesar de ter acabado de conhecê-lo, Setrakian notou que ele observava a porta, como se esperasse por alguém. Então, ela viu quem era a pessoa. Um velho amigo de seu pai, Al Pacino, foi ao Joe Allen e seguiu direto para a mesa deles. "Achei que seria uma boa ideia que Al nos encontrasse lá. Ele gosta de fazer coisas assim", disse Ed Setrakian, relembrando a noite.[47]

Até Madonna ficou aturdida e por um momento parou de se comportar mal. Sentado à mesa com eles estava Al Pacino, já conhecido por *Serpico*, *Um dia de cão*, *O poderoso chefão* e *O poderoso chefão II*. Ele não era apenas um ator. Ele era *o* ator. Segundo Setrakian, quando Madonna o cumprimentou, suavizou a pronúncia da letra *a* e arrastou a letra *l* do nome dele, dizendo intencionalmente "Olá, Alllllll". Em seguida, ela abriu um chiclete e o mastigou bem devagar, em pedaços pequenos. "Acho que a ideia dela era chamar atenção para a boca", comentou a amiga.[48]

Depois, quando o grupo saiu do Joe Allen, Madonna retirou um recipiente de plástico rosa da bolsa de dança e começou a soprar bolhas de sabão. Àquela altura, ela já tinha absorvido o pai da amiga e Al Pacino para o círculo de amigos dela e os convidou, empolgada, para uma festa em uma boate na terça-feira seguinte. A noite acabou assim, com Ed Setrakian se oferecendo para levar todos em casa em seu velho Toyota conversível.[49]

Madonna foi a primeira a descer do carro, em um prédio na Riverside Drive. Ela beijou as amigas, abraçou Ed Setrakian e encostou a cabeça em Al Pacino para dizer que gostou de conhecê-lo. Uma hora depois, rindo tanto que mal podia terminar as frases, Setrakian ligou para a filha e contou o que o ator tinha falado: "Aquela amiga da sua filha meteu a língua no meu ouvido! Quando estávamos voltando para casa, ela se inclinou e enfiou a língua!" Como já tinha visto comportamentos muito piores do que aquele, Ed Setrakian falou o seguinte sobre Madonna: "Eu a achei encantadora."[50]

* * *

O apartamento em que Madonna foi deixada após a noite no Joe Allen era um espaço compartilhado de cinco ou seis quartos em um belo edifício construído antes da Segunda Guerra Mundial, mas ela disse a Norris Burroughs que desejava se mudar porque um colega de quarto a estava pressionando para transar. A próxima moradia, para onde foi em dezembro de 1978, era outro apartamento compartilhado, na rua 125, perto do metrô, no lado oeste do Harlem. Ficou lá por aproximadamente um mês, até se mudar para um prédio da Universidade de Nova York. Mais uma vez, a estada foi curta, e Madonna saiu de um prédio com uma escultura de Picasso no quintal para um apartamento em Hell's Kitchen.[51] Madonna descreveu o lugar como "insalubre. Eu sempre era confundida com uma prostituta".[52]

Assim como morava em qualquer lugar que podia, Madonna trabalhava em qualquer emprego horroroso que aparecia. Mas uma fonte constante de renda era posar para artistas. Burroughs disse que ela sempre posava em uma aula aberta de desenho na rua Greene, no SoHo, e ele foi a algumas sessões. "Fiquei com a impressão de que ela recebia muitas cantadas de artistas com tesão e muitas ofertas para posar em um lugar mais íntimo."[53] O pintor Anthony Panzera virou um dos clientes particulares de Madonna. "Esse era o sustento dela, que rendia uns 10 dólares por hora."[54] Para ele, Madonna não parecia ter casa, apenas uma série de números de telefone pelos quais era possível falar com ela. Ele a chamava de "malandra".[55]

Só depois de alguns meses em Nova York foi que o pai de Madonna ligou para dizer que queria visitá-la.[56] Pelas conversas, estava óbvio que ele ainda não entendia o que ela estava fazendo. "Primeiro, eu era dançarina e ligava para ele, dizendo 'Bom, estou dançando'. Ele é um cara racional, então o que significava dançar para ele? Ele não conseguia conceber que era possível ter esse trabalho e ganhar a vida assim, ter orgulho disso ou considerar esse emprego uma conquista. Ele nunca conseguiria apoiá-la nisso."[57]

Madonna não pensou que ele seria mais compreensivo se visse como e onde ela vivia. "O apartamento estava cheio de baratas, havia bêbados no corredor e o lugar todo cheirava a cerveja choca", contou ela. Madonna não queria que o pai a visitasse. Ele foi mesmo assim e a levou para jantar em um restaurante italiano, com o objetivo de convencê-la a voltar para casa e terminar a faculdade. "O que vai acontecer se esse sonho maluco não der certo?", perguntou ele. Ela disse que iria ficar e pediu que a deixasse em paz. Ele atendeu ao pedido, ainda que contra a vontade.[58]

O trabalho de Madonna com Lang se intensificou nos primeiros meses de 1979, mas ela estava começando a sentir que tinha aprendido tudo o que podia com a mestra.[59] Na verdade, até começou a questionar se queria mesmo ser dançarina.[60]

> Eu tinha que me desafiar a cada dia para continuar [...]. Me perguntei se tudo aquilo valia a pena, mas aí eu sacudia a poeira, olhava um cartão--postal da Frida Kahlo pregado na minha parede e a visão do bigode dela me consolava.[61]

Na primavera de 1979, ela decidiu tentar um novo rumo e começou a ler publicações especializadas em busca de algum emprego no teatro ou no cinema.[62] Em uma cidade cheia de pessoas batalhando e vivendo a queda após o sonho, ela entrou para a grande fila de testes para papéis que não lhe interessavam tanto, mas que tentava mesmo assim porque nunca se sabe: uma artista precisa abrir espaço para as possibilidades. Em todo caso, tudo aquilo fazia parte do processo de aprendizado.

"A maioria das pessoas que faziam os testes era muito mais profissional do que eu", recordou-se Madonna. "Eles traziam partituras e entregavam ao pianista, e eu só improvisava e cantava canções que conhecia do rádio, como uma da Aretha Franklin."[63] Sem retorno e sem trabalho, Madonna resumiu aquele período com uma palavra: "desanimador".[64]

Enquanto isso, a tensão no estúdio só aumentava quando ficou nítido que o interesse de Madonna pela dança tinha minguado. Ela faltava às aulas para fazer testes e se enfurecia com as orientações de Lang, que retaliava o desrespeito da jovem ao criticá-la mais e obrigá-la a repetir os passos várias vezes. Até que, em uma das vezes, Madonna bateu a cabeça na parede e gritou: "Assim está melhor?"[65]

No fim de abril, após não se verem por vários meses, Madonna esbarrou em Norris Burroughs na rua 34 e ele a convidou para uma festa em Tribeca, para comemorar o Primeiro de Maio. Um dos anfitriões era um amigo dele chamado Dan Gilroy. "Parece legal", respondeu Madonna.[66]

Gilroy era um artista que trabalhava com Burroughs em uma loja de camisetas na St. Mark's Place, mas amava mesmo a música. Ele e o irmão Ed alugaram uma sinagoga abandonada no Queens e se apresentavam como Acme Band. Eles também tinham um pequeno espetáculo musical satírico para dois atores, o "Bil and Gil Show".[67] Alto, magro e despretensioso, Gilroy vivia para criar, mas não estava necessariamente buscando um grande reconhecimento. O que importava era produzir algo. Se alguém gostasse, melhor ainda.

Madonna foi à festa e Burroughs a apresentou. A "atração entre Dan e Madonna foi instantânea", diz Burroughs. "O senso de humor tranquilo de Dan chamou a atenção dela." No meio da festa, Burroughs viu os dois se beijando em um canto.[68] Segundo Madonna, "Eu me apaixonei por ele, que era guitarrista de uma banda. Aí eu disse: 'Você precisa me ensinar a tocar um instrumento.'"[69] Em troca, ela se ofereceu para ser modelo das pinturas dele.[70] Em pouco tempo, ela fez a primeira viagem a Flushing Meadows, no Queens.

A sinagoga, ou "Gog", como os Gilroy a chamavam, era uma casa de tijolos no fim de uma rua de casas geminadas em um bairro majoritariamente italiano, cheio de varandas, cercas de arame, quintais minúsculos com enfeites de jardim imensos e carros polidos que ficavam estacionados um bem próximo do outro na rua. "Um rabino tinha morrido e a irmã dele alugou a sinagoga. Não foram os quartos, e sim a sinagoga inteira", disse Madonna. Os irmãos moravam em cima e criaram um estúdio no porão.[71] O bairro estava a anos-luz da sofisticação e do ritmo de Manhattan, mas Madonna gostou, achava que lembrava Pontiac.[72]

Enquanto isso, Gilroy cumpriu a parte que lhe cabia no trato: colocou uma guitarra na mão de Madonna, afinou para um acorde aberto e ensinou-lhe as progressões básicas de acordes. "Aquilo ativou algo em meu cérebro", comentou ela.[73] Em busca de um novo rumo, ela o encontrou naquela guitarra. Quanto a Gilroy, Madonna disse: "Ele foi um professor generoso e paciente. Foi a melhor coisa que poderia ter me acontecido àquela altura da vida."[74]

Naquela primavera, os produtores belgas Jan Vanloo e Jean-Claude Pellerin viram uma apresentação do show *Voideville* dos irmãos, no Theater for the New City, na Segunda Avenida. Durante uma conversa com os Gilroy, os belgas mencionaram que estavam abrindo audições de balé de apoio para uma turnê com Patrick Hernandez, um cantor francês empresariado por eles.[75] A música de Hernandez "Born to Be Alive" foi composta em 1976, mas ficou no limbo até 1978, quando Vanloo e Pellerin a descobriram. Ela fazia um sucesso imenso em 1979, e os empresários estavam organizando shows para promovê-la e expandir o repertório do cantor.[76]

O timing foi crucial. No fim dos anos 1970, os produtores europeus estavam fazendo muito sucesso, especialmente nos Estados Unidos. Em 1976, o parisiense Marc Cerrone fez um grande sucesso com "Love in C Minor". O italiano Giorgio Moroder, que em 1975 foi um dos compositores do hino orgástico de 17 minutos "Love to Love You Baby", voltou em 1977 com a inquietante "I Feel Love", com Summer. No entanto, foram os "garotos-prodígios franceses" Henri Belolo e Jacques Morali que tiveram o maior impacto imediato na cultura pop ao criar uma canção, um som e um grupo marcante: o Village People.[77]

Belolo contou que ele e Morali andavam pela rua Christopher em 1977 quando Morali "ficou a fim de uma bartender porto-riquenha vestida de indígena". Eles a seguiram até uma boate gay, a Anvil. Belolo relembrou que, ao ver um cliente entrar vestido de caubói, "Morali virou para mim e disse: 'Ah, meu Deus, você está pensando o mesmo que eu?'". O conceito do

Village People tinha nascido. Em seguida, os dois compuseram "Y.M.C.A.", que, apesar de sua celebração explícita do amor gay, era viciante e virou sucesso mundial, sendo tocada em jogos de beisebol e até comícios nos Estados Unidos.[78]

Na primavera de 1979, os dois estavam em Nova York, de olho no próximo grande sucesso. Após saber das audições para Hernandez por Gilroy, Madonna fez o teste para o show.[79] Os produtores precisavam de 35 artistas para preencher vários papéis e quase dez vezes mais pessoas apareceram para o teste. Madonna se destacou imediatamente. "É difícil explicar, mas sabíamos logo de cara que a aura dela era específica", disse Hernandez.[80]

Os produtores a separaram do restante do grupo para falarem a sós. Eles queriam ver que outros talentos ela possuía além da dança. "Embora dançasse maravilhosamente bem, ela disse que não sabia cantar e, para provar isso, cantarolou Jingle Bells. Mas já estávamos seduzidos",[81] contou Hernandez. Eles a convidaram para jantar no Pierre, um hotel com vista para o Central Park, e falaram que queriam levá-la para Paris e fazer um álbum na gravadora deles, Aquarius.[82]

"Eu mal podia acreditar. Tentei manter a calma quando falaram o que estavam pensando, mas por dentro eu estava nas nuvens", disse Madonna.[83] "Fiquei pensando: 'Não acredito. Alguém me enxergou.'"[84] Embora tenha conseguido essa grande oportunidade, Madonna só aceitou com uma condição. Por ter virado o que chamou de "uma garota muito esperta", ela verificou tudo bem direitinho. "Chamei um advogado [...]. Quer dizer, não entrei naquilo às cegas." Madonna viu que "o que eles estavam fazendo era correto".[85]

O primeiro gostinho da vida de estrela pop que Madonna sentiu foi de um luxo tão absurdo que chegava a ser risível. Saindo de uma realidade em que pegava o perigoso metrô de Nova York e morava em um buraco fedido no Hell's Kitchen, ela voou de Concorde até Paris, onde foi hospedada em um apartamento de dez quartos com vista para o Parc Monceau, perto do Arco do Triunfo. O lugar naquele distrito sério e conservador era o lar de Vanloo e a esposa, e também era a residência de Hernandez enquanto o grupo preparava a turnê.[86]

"Eles eram muito ricos e me acomodaram. Quer dizer, eu tinha um motorista e uma empregada, eu tinha tudo", relembrou. Conforme prometido, ela recebeu aulas de canto, mas só encontrou o professor algumas vezes. "Eu o odiei, então não queria mais fazer aquilo."[87] Durante o dia, ela fazia aulas de dança e, à noite, ela, Hernandez e o círculo mais amplo dos produtores viviam o mundo chique de Paris: os restaurantes, as boates e as festas frequentadas pelo *jet set* internacional.[88]

Madonna estava infeliz. Hernandez disse que os problemas com os produtores começaram assim que ela chegou à cidade.[89] Ela sentiu que foi colocada em uma redoma de vidro e recebia tarefas insignificantes para se manter ocupada, como fazer sobreposição de vocais em canções de música disco já gravadas e aprender coreografias para o show de Hernandez. Mas não fazia nada original, ainda que o objetivo da viagem fosse moldar a carreira dela.[90]

Apesar da posição de absoluta impotência (afinal, ela era uma ninguém de 24 anos que não tinha nada), Madonna deixou bem clara a insatisfação que sentia. Ela queria intensidade criativa no trabalho.[91] Vanloo oferecia o que as garotinhas rabugentas sempre recebiam: *les petits bonbons*. "Era como se eu fosse uma pobre menina rica", definiu ela.[92]

> Sempre que eu reclamava, eles me davam mais dinheiro. Bom, não sou uma pessoa materialista, não ligo pra dinheiro. Minha ideia de sucesso [...] é sentir que conquistei algum objetivo pessoal [...]. Eu estava muito frustrada porque tinha saído de Nova York ansiosa por sucesso, disposta a trabalhar sem descanso para chegar a algum lugar e mergulhar nesse estilo de vida agitado pelo qual Nova York é tão conhecida. As pessoas em Paris fazem pausas o dia inteiro, bebem vinho o dia inteiro... Eu não conseguia gostar daquele estilo de vida.[93]

Vanloo e Pellerin não faziam ideia de que Madonna jamais aceitaria ser jogada de um lado para outro como uma jovenzinha ingênua em um drama no estilo *Pigmaleão*. Em uma entrevista em 1984, ela comentou que "ficavam me apresentando para todo mundo e diziam: 'Olha o que achamos em Nova York. Ela não é maravilhosa? Vamos transformá-la em uma estrela'".[94]

Hernandez atribuiu um pouco da culpa pela situação desastrosa em Paris a Madonna "porque ela recusava todas as canções que eram propostas. Ela sabia o que queria fazer e não estava disposta a ceder. Ela já era uma diva".[95]

Se os produtores escolheram transformar a vida de Madonna em um inferno, ela decidiu retribuir o favor. "Eu virei uma garotinha rebelde", contou ela.[96] "Eles me apresentavam a uns garotos franceses horríveis e eu dava uns chiliques."[97] Madonna começou a andar com um garoto vietnamita que tinha uma moto e com qualquer norte-americano que encontrasse, recusando-se a interagir com as pessoas ricas que os produtores adulavam. "Eu me lembro do escândalo que ela fez durante uma noite em um restaurante quando exigiu morangos", disse Hernandez.[98] Quando a equipe "fez uma turnê" em um único país, a Tunísia, Madonna escandalizou a população local "nadando de maiô".[99] Segundo ela, "mais uma vez, fui obrigada a fazer o papel de *enfant terrible* ('criança terrível', em francês). Eu só queria arrumar confusão porque eles me colocaram em um ambiente que não me permitia ser livre".[100]

Solitária e talvez buscando conforto ou afirmação, Madonna ligou para o pai e disse que estava na França, mas aquela foi uma conversa como as que eles tinham em Rochester, Ann Arbor ou Nova York. Ele não entendia o que tinha acontecido com a filha, então não conseguia ajudá-la.[101] Apesar disso, as lições que ele lhe ensinou quando criança ajudaram. Ele uma vez dissera que, se ela não estivesse sofrendo, não estava se esforçando como deveria. Então falou: "Você precisa trabalhar por algo e não pode receber nada de ninguém. O que os outros dão não dura para sempre."[102] Madonna não estava sofrendo da maneira correta em Paris. Ela não trabalhou pelo que estava recebendo e, por isso, sabia que precisava ir embora.

Nesse meio-tempo, Madonna e Gilroy estavam trocando cartas. As dela expressavam frustração ao dizer que desejava "trabalho árduo e suor" em vez de ser tratada como um pet.[103] As dele eram engraçadas e imploravam para que ela voltasse ao Queens. "Ele foi minha tábua de salvação", definiu Madonna,[104] convicta de que o lugar dela era Nova York.

No fim daquele verão, Madonna ficou doente e disse que queria ir aos Estados Unidos para passar as férias. Os produtores pagaram a passagem de ida e volta de Concorde, e ela deixou as roupas em Paris, como se planejasse voltar [105] Mas não voltou.

Vanloo e Pellerin ficaram furiosos, mas Hernandez a considerou corajosa ao trocar uma carreira oferecida em uma bandeja de prata por uma vida de insegurança e sufoco nas ruas. Ela acreditava que tinha mais chance de vencer sozinha. "Uma vez ela me disse: 'O sucesso hoje é seu, mas amanhã será meu.' Estava blefando ou acreditava no que estava dizendo? Em Paris, Madonna era bem insignificante, mas resoluta. Na mente dela, o sucesso era uma certeza",[106] relatou Hernandez.

Capítulo 9

Nova York, 1979-1980

> Muitas vezes, quando você tenta se reinventar, existem pontos intermediários na reinvenção. Você pensa que é um lugar de chegada, mas, na verdade, acaba sendo um lugar de partida.[1]
>
> — *Édouard Louis*

DURANTE A ESTADA em Paris, Madonna estava tão tomada pela raiva e pela frustração que talvez tenha sido capaz de reconhecer as lições valiosas que *realmente* recebeu. Os produtores de Hernandez não fizeram dela uma cantora, mas lhe deram uma introdução inestimável, talvez até um curso rápido, ao mundo da música pop, desde a produção de álbuns até uma turnê.

Durante o show em si, foi pedido a Madonna que fizesse novos movimentos com o corpo. Ela não era mais uma bailarina clássica ou moderna, mas parte do grupo de balé de um show pop, dançando no ritmo acelerado de uma canção de três minutos. Na apresentação de "Born to Be Alive", ela era a dançarina principal. A coreografia era simples e frenética como uma aula de aeróbica, mas a apresentou ao relacionamento entre canto e dança e sugeriu a ideia de que a performance mais imaginativa de uma dança pode ser usada para melhorar e dramatizar uma música.

Todos esses ingredientes seriam fundamentais para a carreira de Madonna e foram repassados para ela em Paris. Ela também fez algumas descobertas pessoais importantíssimas que a guiariam no futuro. Mesmo naquele estágio embrionário, percebeu que só ela poderia decidir quem seria como artista e que não poderia cumprir um papel imposto. Também passou a acreditar que *poderia* ser uma cantora e possivelmente musicista.[2] Fez algumas composições em Paris, não canções em si, mas poemas e passagens que poderiam se transformar em letras.[3] Ela havia esperado um tipo de aprendizado na França e acabou recebendo outro. A partir disso, começaria a construir uma carreira do jeito que ela quisesse.

Madonna voltou a Nova York em agosto de 1979, em uma situação financeira não muito melhor da que tinha antes de partir, mas com a mente expandida por novas experiências e uma imaginação repleta de novos objetivos. Ela era extremamente pragmática. Ao se perguntar "Quem eu quero ser? Como consigo isso?", decidiu responder de um jeito bem cauteloso. Ela continuou a dançar, mas reduziu o número de aulas.[4] Embora tivesse voltado a viver em Manhattan, pegava o metrô para o Queens o máximo que podia para satisfazer duas necessidades: a companhia de Dan, que estava lá, e estar no lugar que lhe oferecia as ferramentas de que precisava para fazer parte da cena musical nova-iorquina em um momento de grandes mudanças e oportunidades.

Da metade para o fim dos anos 1970, o mundo da música popular era dominado pelo punk e pelo disco. No outono de 1979, ambos foram declarados oficialmente mortos. Embora a disco music ainda prosperasse na Europa naquele ano, em julho não interessava a mais ninguém nos Estados Unidos, entre duas partidas do Chicago White Sox, quando um DJ local, junto com o filho do dono do time, ofereceu ingressos com desconto aos torcedores se levassem algum vinil do gênero para ser destruído. No intervalo da dupla rodada, 59 mil discos (e o campo) foram incendiados em um ato de aniquilação cultural que mirava em um tipo de música e nas pessoas que gostavam dele: gays, pessoas negras e as "elites". Os homens brancos e heterossexuais que controlavam as rádios queriam ouvir rock em vez de Village People, Donna Summer ou os chamados "white Negroes" (pessoas brancas que fazem algum tipo de apropriação cultural da cultura negra), como os Bee Gees.[5]

A campanha "disco sucks" [disco é um lixo] fez barulho, ganhou público e acabou vencendo. Quando o auto de fé da queima de discos aconteceu em Chicago, seis músicas disco estavam entre as dez melhores da Billboard. Ao final de setembro, não havia nenhuma.[6] Após o fim da música disco, os homens brancos e heterossexuais podiam voltar a balançar a cabeça no ritmo das músicas que gostavam sem medo de alguém pedir que mexessem os pés. Para os cidadãos do underground urbano, no entanto, o gênero estava vivo e ia muito bem, obrigado. Na verdade, fora dos holofotes comerciais, ele triunfava.[7]

O punk, por sua vez, se matou. Foi um triste fim.

Muito antes de ser chamada de punk, a cena existia em Nova York como pura rebelião criativa que envolvia arte e atitude. Os pais musicais do movimento foram o Velvet Underground, com uma sexualidade ambígua nos anos 1960, composto por Lou Reed, John Cale, Sterling Morrison, Maureen "Moe" Tucker na bateria e a cantora Nico. A banda fazia parte do círculo de Andy Warhol e foi fundamental para a arte dele. Depois veio Iggy Pop, o excêntrico de Michigan, que em seu primeiro show, em 1968, usou uma camisola branca que ia até o tornozelo, pintura facial branca e uma peruca afro feita de folhas de alumínio retorcidas.[8]

Em 1970, apareceram os New York Dolls, uma contradição alegre, delirante e pura. Eram quatro homens brancos e heterossexuais que andavam despenteados e se vestiam com tafetá e sapatos de salto alto.[9] Depois dos

Dolls, qualquer pessoa poderia fazer música em qualquer lugar. A habilidade musical e até saber tocar um instrumento não eram tão importantes quanto a performance. Virou mesmo arte performática disfarçada de rock. "A apresentação física na performance é mais importante do que a mensagem", disse Patti Smith, a poeta-mãe do punk. "Se a qualidade intelectual é alta, o amor pelo público é evidente e isso se transforma em uma forte presença de palco, e você pode fazer tudo."[10]

Em março de 1975, o Patti Smith Group fez um show com a banda de Tom Verlaine, Television, no Bowery. O dono do bar, que Debbie Harry dizia ser "um grande hippie que fala devagar", se chamava Hilly Kristal. No auge da loucura beatnik e folk em 1959, ele foi empresário do Village Vanguard. Dez anos depois, mudou o negócio para o número 315 da Bowery e o chamou de "Hilly's on the Bowery". A clientela era formada por pessoas do bairro: bêbados e desgarrados. Em 1973, ele queria voltar à música e rebatizou o bar de "Country, Bluegrass, Blues, and Other Music for Uplifting Gourmandizers". Para facilitar, virou CBGB & OMFUG, depois CBGB e em seguida apenas CB's.[11]

Um ano depois de Kristal ter rebatizado o lugar, os integrantes de Television o convenceram a deixá-los tocar nas noites de domingo, mesmo que o som deles não fosse o que o local estivesse procurando. Pensando que "esses garotos têm algo a dizer e devemos escutar", Kristal lhes ofereceu um palco. Foi quando o verdadeiro punk nasceu. A atitude era artística, irônica e individualista.[12]

O CBGB virou o centro da nova cena musical, onde Television e o Patti Smith Group faziam oito shows por semana. No fim da sétima semana de apresentações, as filas para entrar davam a volta no quarteirão. O Blondie tocou lá pouco depois, com Harry interpretando uma Marilyn Monroe das ruas. Em junho, o Talking Heads, nascido em uma escola de arte, estreou com visual de falso mauricinho, excentricidade extrema e Tina Weymouth no baixo. Ela era um meio-termo entre o que alguém definiu como "uma extremamente masculina Patti Smith e a incrivelmente feminina Debbie Harry".[13]

O punk era sinônimo de liberdade, era um movimento das ruas, anticapitalista e sexualmente fluido.[14] No entanto era, na essência, divertido. Afinal, a diversão era um antídoto para a realidade sombria de Richard Nixon, Watergate, guerra no Vietnã, degradação ambiental, decadência urbana, crime, racismo, vício em drogas, machismo e homofobia. Apesar de todo esse cenário sociopolítico, o punk de Nova York não era raivoso. Foi só depois de ser apresentado ao público britânico por Patti Smith e pelos Ramones, em 1976, que virou niilista.[15]

A escritora e cineasta Mary Harron ajudou a lançar a revista *Punk* e disse que o que começou como uma brincadeira em Nova York se radicalizou e perdeu o humor no Reino Unido. Harron se lembrava de ver garotos nos bastidores "parecendo saídos de pesadelos [...], pequenos fantasmas com cabelos pintados de vermelho berrante e rostos brancos. Todos usavam correntes, suásticas e coisas grudadas na cabeça".[16] O pai daquela cena foi Malcolm McLaren.

Um dos donos da loja londrina chamada Sex, McLaren havia empresariado os Dolls antes do fim da banda e por isso sabia o que estava acontecendo em Nova York.[17] De volta à Inglaterra, ainda inspirado pela experiência, ele criou um grupo com alguns garotos que frequentavam a loja e os batizou de Sex Pistols. Uma pessoa escreveu que eles começaram como "cabides" para as criações influenciadas por uma estética S&M e também por uma moda biker da parceira de McLaren, Vivienne Westwood.[18]

Os Sex Pistols foram uma invenção brilhante. A imagem deles era tão forte e assustadora que o grupo instantaneamente personificou o punk dos dois lados do Atlântico.[19] Quando a banda se separou, depois de apenas dois anos, a cena punk também começou a morrer. O fim dos Pistols deixou um vazio porque muitos dos artistas que cresceram tocando em bares punk não queriam parar.

Seymour Stein, da gravadora Sire Records, que tinha um ótimo faro para descobrir talentos e era um defensor apaixonado do punk desde o início (ele assinou contrato com os Ramones, Talking Heads e Pretenders), disse que as bandas precisavam aceitar que o momento daquela cena musical tinha passado. A inventividade do "faça você mesmo" continuaria e evoluiria para a new wave. Mas, para ele, o futuro era o pop.[20] Foram palavras proféticas. Dali a três anos, Stein assinaria contrato com Madonna.

Madonna estava imersa em música desde criança, embora não fossem os mesmos gêneros musicais produzidos no centro de Manhattan. Para entender aquele mundo complexo e assustador, ela precisaria de mentores. Felizmente, em 1979 havia mulheres artistas novas e empolgantes a quem ela poderia recorrer.[21] As bandas de new wave, que mesclavam pintura, cinema e literatura às próprias obras e centravam a mensagem na ironia, estavam afastadas do machismo associado ao rock e ao punk. Isso significava que as mulheres não precisavam assumir um papel de deusa/vadia e poderiam simplesmente fazer música.[22] Após Smith declarar "Eu não nasci para ser espectadora" e provar isso, os críticos questionavam a habilidade de uma mulher no palco.[23]

Madonna tinha visto Chrissie Hynde, ex-estudante de arte e jornalista de música vinda do Meio-Oeste, com o restante dos Pretenders no Central Park. Com o cabelo castanho-escuro desarrumado, roupas pretas e calça de couro, o visual dela era forte e andrógino e a voz, encorpada. Hynde não era uma "garota que canta", e sim uma artista potente. Tinha uma presença de palco sutil e determinada como uma vocalista de jazz e usava a voz como instrumento, cantando a plenos pulmões enquanto entregava poesia seguindo um tempo 4/4.[24] "Ela era incrível. A única mulher que vi se apresentar e pensei: 'Nossa, ela tem coragem, é fantástica.' Ela não me deu licença para pensar que poderia fazer aquilo, mas me trouxe coragem e inspiração ver uma mulher com toda aquela confiança em um mundo tão masculino",[25] disse Madonna.

Ela também amava Rickie Lee Jones, que quanto ao estilo era o oposto de Hynde e havia lançado o primeiro álbum em 1979, com grande sucesso de crítica.[26] Em uma época em que artistas romantizavam o desamparo, Jones não precisava se fazer de pobre porque ela *era* pobre: tinha morado nas ruas de Los Angeles. Ainda assim, suas músicas e letras eram alegres, demonstrando até certa doçura em seu cinismo. De meia arrastão, boina, cartola e penas, ela era uma não roqueira, uma artista feliz por existir longe dos gêneros, tocando no Carnegie Hall e estampando uma capa da *Rolling Stone* sem perder a dignidade ou negar a própria arte.[27]

Madonna acrescentou Harry à lista de artistas mulheres que admirava porque, como Hynde e Jones, ela mesma fazia as composições e estava "no controle" da própria vida.[28] Entretanto, dessas três artistas, Harry tinha outra qualidade que Madonna pensava em desenvolver. Segundo Dan Gilroy, "alguém com quem [Madonna] falou disse: 'A câmera ama Debbie Harry.' Isso lhe chamou bastante a atenção e acho que ela pensou: 'É, a câmera também me ama.' Aquilo virou uma chave".[29]

Contudo, a primeira coisa que Madonna deveria fazer era acumular as horas de dedicação que essas mulheres já tinham nas costas. "Eu decidi que, se seria cantora, teria que conquistar isso. Eu tinha que aprender a tocar um instrumento",[30] explicou. Enquanto os irmãos Gilroy trabalhavam durante o dia, Madonna praticava bateria sem parar ouvindo os álbuns de Elvis Costello.[31] Após quatro horas de ensaio, trocava para a guitarra e depois para o teclado.[32] "Eu tinha muita energia acumulada de tanto ficar sentada em Paris sendo uma pirralha francesa mimada."[33]

Trabalhar na Gog com o equipamento dos Gilroy a poupou da humilhação enfrentada por muitas mulheres dispostas a fazer música. As lojas de discos e instrumentos musicais eram redutos masculinos. Joan Jett se lembrava de ter comprado a primeira guitarra aos 13 anos e pedido a um cara em uma loja de instrumentos musicais que a ensinasse a "tocar rock 'n' roll [...]. Eu queria muito aquilo e ele me olhou como se eu estivesse maluca ou delirando". Quando ele ensinou os acordes de "On Top of Old Smokey" na primeira aula, ela desistiu e foi aprender sozinha.[34] Madonna, por sua vez, teve acesso a um ambiente favorável para um "treinamento musical intensivo". Lembrando-se daquele tempo, ela afirmou: "Foi uma das épocas mais felizes da minha vida. Eu realmente me senti amada."[35]

Whitley Setrakian esteve em Durham no American Dance Festival e voltou a Nova York no fim do verão para tentar participar do show anual de coreografia que acontecia no Dance Theater Workshop. Ela havia criado uma peça que gostaria de apresentar na audição. Depois de ligar para vários números de telefone, conseguiu localizar Madonna e pediu à amiga que participasse da apresentação. Ela concordou e as duas começaram a ensaiar com um terceiro dançarino em um loft no SoHo que Setrakian dividia com alguns colegas. Madonna perguntou à amiga se ela também poderia morar lá, dizendo que odiava o lugar em que vivia. Os outros colegas ficaram animados com a ideia, mas Setrakian vetou.[36]

Madonna a convidou para visitar sua então casa, provavelmente para fazê-la mudar de ideia ao ver como o lugar era horrível. Não funcionou, mas a amiga ficou horrorizada com o que chamou de "apartamento pavoroso na West, número 40". A escada e os saguões eram tão imundos que dava medo de tocar em algo. O apartamento era composto por alguns quartos sujos e móveis quebrados.[37] Sentada na área que designou para si ao pendurar miçangas, Madonna contou a Setrakian a história paradoxal da vida de luxo em Paris e da pobreza em Nova York. Depois, após rir bastante do "ritual noturno", contou que tinha sido estuprada[38] no centro da cidade, durante um dia perfeitamente normal.

No SoHo, no NoHo e no East Village, a cena artística e musical era vibrante porque os artistas conseguiam viver e trabalhar sem serem impedidos por algum tipo de autoridade. A região era tão negligenciada que a polícia nem se dava ao trabalho de ir além da rua 10.[39] O tráfico de heroína na Alphabet City ali nas redondezas era tão escancarado e conhecido quanto o tráfico de diamantes no Diamond District. As pessoas que decidiam andar por aquelas ruas assumiam um risco e os artistas não viam o menor problema nisso, mas muitas vezes eles eram vítimas de crimes. Os artistas jovens eram alvos fáceis. Madonna foi um deles.

Ela contou a história do estupro algumas vezes ao longo dos anos. A primeira vez que o revelou ao público foi em 1995, sem entrar em detalhes porque não queria ser vista como uma pessoa digna de pena. Madonna disse que tudo aconteceu em um dia quente de verão naquele primeiro ano em Nova York. Ela estava a caminho da aula de dança, usando uma camiseta masculina grande e short largo. Encontrou a porta da sala trancada e, como precisava de dinheiro para ligar e falar com alguém que liberasse a entrada, pediu uma moeda a um desconhecido. Ele deu a moeda e se ofereceu para acompanhá-la até a cabine telefônica. Ninguém atendeu, então ele ofereceu o telefone do apartamento dele, do outro lado da rua. "Eu pensei: 'Nossa, ele é mesmo muito legal.' Eu confiava em todo mundo", contou Madonna.[40] Mas o homem não a levou a um apartamento. Ele colocou uma faca nas costas dela e a obrigou a ir até o terraço do prédio, onde tudo aconteceu.[41]

As reações ao estupro são tão numerosas quanto as mulheres que sofreram essa violência. Algumas ficam "transtornadas, outras mantêm a calma e há quem fique em estado de choque, mas a vida de todas as vítimas é transformada em quatro âmbitos: físico, emocional, social e sexual", de acordo com um especialista.[42] A maioria delas lida com esse trauma sozinha. Madonna relata:

> Eu não ousaria ligar para o meu pai porque ele teria me perguntado: "O que você estava vestindo?" Você não quer contar a ninguém que foi estuprada. Sente vergonha. Se sente mal e pensa: "Alguém vai pensar que fiz algo errado."
>
> Mas quando a vida te dá um limão, você precisa fazer uma limonada. Eu preferia não ser uma vítima. Preferia aprender com tudo o que me aconteceu. É como todas as outras experiências, as boas e as ruins. Elas fizeram de mim a pessoa que sou hoje.[43]

Madonna manteve o estupro em segredo e lidou com aquilo sozinha, como uma sobrevivente, nas palavras dela. "E é *tudo* o que tenho a dizer."[44]

Ninguém na Gog tinha dinheiro. Dan se lembra de andar agachado pela região procurando moedinhas para comprar comida.[45] Madonna tinha um emprego fixo como modelo para Anthony Panzera e começou a trabalhar em meio período com Gilroy e Norris Burroughs pintando seda na empresa de design têxtil Gossamer Wing. "Madonna era divertida, sabe? Ela trabalhava nesse negócio de design, que eu estava fazendo, e começava a dançar do nada. Ela chamava a atenção de todos de um jeito incrível",[46] contou Gilroy. No intervalo do almoço, ela e Burroughs praticavam violão e, na empresa, a equipe da Gossamer trabalhava ao som dos últimos sucessos: The Police, Blondie, Prince, Joe Jackson e alguns dos grupos femininos dos anos 1960, como Shangri-Las e Ronettes. Burroughs disse que a equipe "falava de música o tempo todo".[47]

Contudo, o assunto não eram as músicas novas, e sim os novos sons. Cada grupo de artistas era tão idiossincrático que era como se a música fosse reinventada o tempo todo. Uma lista parcial dos sucessos de 1979 mostra uma série de clássicos: "Heart of Glass", do Blondie; "Roxanne", do The Police; "My Sharona", do Knack; "London Calling", do The Clash; "Take Me to the River", do Talking Heads; "Sultans of Swing", do Dire Straits; e "Rapper's Delight", do The Sugarhill Gang. Isso só para citar algumas canções. Era um momento empolgante para ouvir e pensar em fazer música.

A Acme Band, dos Gilroy, ensaiava à noite. "Eles conseguiam shows em locais como o CBGB, Max's Kansas City e uns bares no centro", disse Madonna. "Um dia, o baterista dele foi embora e falei: 'Eu sei tocar bateria.' Eles disseram: 'Não sabe, não.' Mas eu estava praticando, então toquei ali na hora [e] me deixaram ser a baterista da banda. Então comecei a fazer shows com eles."[48]

Quando Madonna dominou a bateria, ela também ganhou confiança para tocar guitarra e tentar compor uma música. Um dia, ela se surpreendeu ao conseguir.

> As palavras simplesmente saíram de mim. Eu pensei: "Quem está escrevendo isso?" O nome era "Tell the Truth". Tinha uns quatro acordes, mas havia versos, uma ponte e um refrão. Foi uma experiência religiosa. Eu me lembro daquele momento como se tivesse sido ontem, do meu braço ficando arrepiado. Parecia que eu tinha sido possuída por alguma magia.[49, 50]

A partir dali, segundo Madonna, "virei uma compositora prolífica. As canções jorravam de mim. A dor, a solidão, o amor, tudo que eu sentia. Quer dizer, toda minha experiência de deixar minha família e ir para Nova York foi muito traumática".[51] Como a poesia de Anne Sexton, as letras de Madonna falavam das experiências dela. "Ela falava de perda, problemas de autoestima, o que estava dentro dela por sabe-se lá quanto tempo. Ela tinha estabilidade, segurança e um ambiente positivo para pensar em tudo e tentar se expressar [...]. Não havia motivos para reter nada daquilo. Estava tudo lá", pontuou Ed Gilroy.[52]

A música era o foco de Madonna, mas ela ponderou todas as apostas ao continuar procurando emprego no palco ou no cinema. No fim de agosto de 1979, viu um anúncio na *Back Stage* convocando uma "mulher dominante que saiba atuar e dançar" para interpretar uma "espécie de dominatrix" em um filme de baixo orçamento. Madonna leu o anúncio e pensou: "Ah, ótimo. Vou virar uma estrela de cinema."[53]

Havia câmeras por toda parte naquela época porque Nova York lançara uma imensa campanha com o intuito de se promover como locação para projetos de Hollywood.[54] Aspirantes a cineastas empunhando câmeras Super-8 queriam ser o próximo Martin Scorsese após o sucesso de *Caminhos perigosos* e *Taxi Driver*. Outros só estavam fazendo experimentos no mundo dos filmes B, com "tramas inspiradas na literatura pulp e emoções ultraviolentas", desejando ser os herdeiros afrontosos de filmes de terror como *Carrie, a estranha* e *O massacre da serra elétrica*.[55] O filme sobre o qual Madonna tinha lido na *Back Stage* parecia ser um desses, e ela não via problema naquilo. Afinal, Sissy Spacek não tinha se tornado uma estrela depois de *Carrie, a estranha*?

Madonna enviou ao diretor Stephen Jon Lewicki fotos tiradas pelo namorado nos bastidores de um show do *Voideville* e uma carta de duas páginas escrita à mão na qual se descrevia. Ela terminou a carta com a pergunta "É só isso?" e uma lista de informações úteis: altura, peso, cor do cabelo, cor dos olhos e número de telefone.[56]

Lewicki disse que tinha recebido várias correspondências de mulheres interessadas no papel. Ao examinar a pilha, a foto de Madonna caiu no chão.[57]

> A foto em que ela está passando batom chamou minha atenção [...]. Aí eu li a carta e foi a comunicação mais cheia de personalidade que recebi. Ela contou a história da própria vida em duas páginas escritas a mão, o que é incrível! Parecia coisa do destino.[58]

Madonna e Lewicki marcaram um encontro no Washington Square Park. Usando uma minissaia vermelha, ao vê-lo ela anunciou com um jeito durão: "Olha, vou fazer o filme, mas nada de sexo." Lewicki retrucou: "Quem falou em sexo?" Ela pegou um espelho, começou a passar batom com o dedo mindinho e repetiu: "Só para deixar claro que você e eu não vamos trepar. Entendeu?" Lewicki percebeu que aquela era a audição. "Eu sabia que ela era perfeita para o papel, pois estava *interpretando* o papel ali mesmo."[59] Madonna foi contratada, junto com a amiga dançarina Angie Smit, que tocava baixo.[60]

Um certo sacrifício era uma combinação de *A maldição da serpente*, de Ken Russell, e *Taxi Driver*. Madonna foi escalada para interpretar uma dominatrix, mas o roteiro a mostrava como vítima, primeiro de um ataque perpetrado por alguns "escravos do sexo" que eram clientes dela e depois de um estupro (não mostrado na tela) por um psicopata em um restaurante.

A produção com uma hora de duração tinha momentos interessantes, mas Madonna não estava na maioria deles. Não foi culpa dela. *Um certo sacrifício* era a fantasia de um jovem e ela interpretava um clichê: uma cúmplice impotente mas disposta a tudo que mostrava os seios em momentos cruciais. No meio das filmagens, Lewicki ficou sem dinheiro e deixou o projeto em aberto, o que significava que ele reuniria o elenco quando conseguisse a grana.[61]

Após ensaiar a noite inteira, os irmãos Gilroy, Madonna, Angie Smit e outros músicos que estivessem por perto sempre acabavam na International House of Pancakes, também conhecida apenas como IHOP, no parque Flushing Meadows. Segundo Dan, no fim de uma sessão no estúdio, eles diziam: "Querem ir ao clube do café da manhã?" "A expressão soava tão bem que decidimos usá-la como nome de banda."[62] Assim nasceu o Breakfast Club. O visual era new wave. Smit preenchia o posto de *femme fatale*, enquanto Madonna era a garota das ruas, moderna e ainda assim inocente. O som referenciava tanto o punk quanto a new wave, podendo ser alto, rápido e agressivo ou *funky*, espirituoso e envolvente.

Madonna trabalhou para promover a banda. "Ela acordava cedo, tomava café rápido e logo depois pegava o telefone e ligou para todo mundo. *Todo mundo* mesmo", lembrou Dan.[63] O objetivo era conseguir shows, mas ela já estava pensando também em contratos de gravadora.[64] "Eu ligava para várias empresas que gerenciavam a carreira de artistas, agências, pessoas do setor de A&R (artístico e repertório), donos de boates, tudo o que você possa imaginar, mas ninguém retornava minhas ligações. Se alguém retornava, na maioria dos casos era algum velho tarado que estava encarregado de ouvir as fitas e, quando ouvia minha voz, queria que eu fosse lá para dar em cima de mim",[65] contou ela.

O primeiro show do Breakfast Club foi no UK Club de Manhattan, com Madonna na bateria, Smit no baixo e Ed e Dan Gilroy nos vocais e na guitarra principal. Só os amigos apareceram, e deve ser por isso que os Gilroy deixaram Madonna cantar. Ela vinha tentando ficar atrás do microfone fazia um tempo, então eles cederam uma música.[66]

"Eu me levantei, cantei uma música e a banda foi aplaudida de pé. Foi a melhor resposta que poderíamos ter", disse ela. "A canção se chamava 'I Was Born To Be a Dancer'. Então, depois que tive esse gostinho de tocar guitarra, dançar por aí e cantar, eu disse: 'Mas não volto a tocar bateria de jeito nenhum. Quero ser a vocalista principal.'"[67] Segundo ela, "aquela posição atrás do microfone estava ficando cada vez mais convidativa".[68]

Embora Madonna ensaiasse na Gog todos os dias e ficasse lá a maioria das noites, ela ainda não tinha se mudado para o local. Entretanto, ao fazer parte da banda, ela finalmente conseguiu. "Era um lugar confortável para ela. Aquela garota desempregada estava sempre de bobeira por aqui, sem saber para onde ir. Era um lugar com espaço suficiente para dançar. Tinha uma máquina de lavar e uma secadora. Além do mais, era um bairro italiano. O que mais ela poderia querer?",[69] explicou Gilroy. Madonna queria *tudo*, mas aceitaria só estar no centro do palco naquele momento

Ela admitiu que Dan tinha "criado um monstro. Eu estava sempre pensando 'Também quero cantar nesse grupo', mas eles não precisavam de outro vocalista. Na verdade, eles *não queriam* outro vocalista".[70] O novo objetivo de Madonna complicou as relações entre os membros da banda, pois Dan se dividia entre ser leal ao irmão e satisfazer a namorada irreprimível.[71] Por algum tempo, ele conseguiu equilibrar as necessidades conflitantes e todos ficaram felizes juntos.

Madonna preencheu a atmosfera da Gog com criatividade, ambição, amor, luxúria, alegria, turbulência, tragédia, chiliques e brincadeiras.[72] "Era divertido. Foi um ano bom", disse Dan.[73] "Eu amo pessoas apaixonadas pelo que fazem. Ela era empolgada, intensa em relação a trabalhar e se preparar para tudo, fosse ioga, corrida, música fosse dança." Ed tinha composto uma música chamada "Cold Wind", que apresentava em um dueto com Madonna. "Ela trabalhou muito na minha música, me ofereceu todo seu tempo e esforço."[74]

Madonna estava em um ciclo de aprendizado, e a Gog era a escola. "Fazer parte de uma banda ensina musicalidade. É o melhor jeito de aprender a fazer arranjos, criar uma música e apresentá-la. Aqueles primeiros dias foram essenciais para me construir como artista."[75]

Em algumas músicas daquela época a voz de Madonna era tímida e experimental. Parecia mais com a voz natural dela e tinha o som mais original. Acontece que ela não estava preparada para estabelecer essa assinatura vocal antes de experimentar uma série de estilos diferentes. Procurou influências diversas nas musicas que compôs: de Patti Smith em "Trouble" e Rickie Lee Jones em "Oh! Oh!" até o som dos grupos femininos dos anos 1960 em "Baby Come Home". Contudo, a voz-padrão era no estilo de Chrissie Hynde. O baixista Gary Burke, que tocava na banda, disse que Madonna "venerava" a líder dos Pretenders.[76]

No início de janeiro de 1980, os amigos de Michigan ligaram para Setrakian e disseram que viram Madonna e os Gilroy tocando em uma casa de shows e que ela tinha convidado todos para ver um ensaio na Gog. Como Linda Alaniz estava junto, ela também concordou em ir ao Queens.[77]

Enquanto Madonna tocava bateria e a banda "mandava ver" no santuário da Gog, Setrakian apenas tolerou a sessão. Ela se sentia desconfortável por estar lá e o som da banda não a convencia nem um pouco. Contudo, anos depois, admitiu que o desconforto não era tédio nem desaprovação. "Não há dúvida do que eu estava sentido: a mais pura, total e completa inveja. Diante do poder, da disposição de errar a serviço do objetivo maior, da beleza óbvia e da disposição de tocar o foda-se", explicou.[78]

Alaniz também ficou impressionada "com quanto Madonna estava crescendo rápido", mas notou a insatisfação da nova cantora naquele dia no Queens.

> Estávamos conversando e perguntei se ela estava feliz. Madonna disse: "Como assim?" Eu respondi: "Está feliz com o que está fazendo?" Porque sempre me lembro de Madonna insatisfeita. Ela sempre parecia impaciente para dar o próximo passo.[79]

O que Alaniz percebeu era, na verdade, impaciência. Gilroy disse que a banda conseguia um ou dois shows remunerados por mês e ganhava 80 dólares, que eram divididos entre os integrantes.[80] "Nós fizemos todo o circuito de boates ruins. Tocávamos em noites de audição e nas noites em que você não recebe e era a décima banda a tocar, preparando o equipamento às

3 horas da madrugada com dez pessoas na plateia, que ainda jogavam coisas em você. Eu passei por tudo isso",[81] relembrou Madonna.

Às vezes, a banda tinha uma folga: um show no CBGB. A Acme Band tinha tocado lá, mas era a primeira vez do Breakfast Club e seria uma das grandes primeiras provas de fogo de Madonna como cantora, pois alguns dos artistas que ela e a banda admiravam certamente estariam na plateia.[82] Também havia a possibilidade de algum produtor estar lá. O bar tinha virado um celeiro de novos talentos.

No dia em que o Breakfast Club iria se apresentar, Norris Burroughs disse que Madonna parecia nervosa. Como sempre acontecia quando se sentia insegura, ela se comportou mal. Naquela noite, arrotou alto no meio da música. Enquanto isso, Smit, que segundo Burroughs não era uma baixista muito boa, "estava tentando compensar a incompetência no instrumento usando lingerie no palco, o que desviava a atenção do que Madonna considerava a atração principal do grupo: ela mesma". Para complicar, um cara de moicano azul perto do palco ficou "assoviando e passando cantadas" em Smit durante a canção de Madonna, que saiu do palco cuspindo marimbondos, mas não desanimou.[83] Ela só tinha que se dedicar ainda mais para virar a artista que gostaria de ser, e isso significava mudar de papel no Breakfast Club.

"Quanto mais canções eu compunha, mais queria ser a vocalista principal", confessou Madonna.[84] O baixista Gary Burke disse que os Gilroy não estavam interessados em ser vocais de apoio no show dela.[85] Mas os eventos trabalharam a favor da cantora iniciante. O músico a quem ela havia substituído na bateria, Mike Monahan, voltou e a liberou da função.[86] Ela passou para o teclado, que a deixava mais perto dos holofotes.

Com a ascensão dela, Ed Gilroy teve medo de virar um mero auxiliar na empreitada de Madonna e Dan.[87] Também surgiu uma tensão com os outros integrantes da banda: Smit saiu, Burke e Monahan estavam a fim de Madonna, o que deixava mais fácil recrutá-los para o lado dela em qualquer eventual disputa.[88] Assim, a cantora virou o foco da direção musical da banda e a principal fonte de turbulência. O Breakfast Club estava se deteriorando.

Naquela primavera, o grupo faria um show na rua 24, no Bo's Space. Havia uma diferença notável entre a resposta que os Gilroy recebiam pelos sets que faziam e o aplauso da plateia para Madonna depois que ela cantava. "A plateia enlouquecia com aquelas duas músicas", admitiu o então namorado de Madonna.

> No show do Bo's Space, acho que foi a primeira vez que ela sentiu: "Opa, tem algo acontecendo comigo no microfone que não acontece quando estou atrás do teclado com outra pessoa cantando." Aquela noite, na cama, senti um distanciamento que nunca havia sentido antes. Ela começou a pensar que talvez não quisesse estar em uma banda ou que queria ser a líder.[89]

Ele estava certo: ela queria mesmo um novo papel na banda, mas o distanciamento que sentiu naquele dia era resultado de algo bem maís profundo. Naquela noite no Bo's Space, Madonna experienciou a adulação de uma plateia, um despejo em massa de afeto que, embora temporário, era grande e poderoso o suficiente para satisfazer a sede de amor que ela mostrava ter. Em comparação, um homem não chegava nem perto. Era o amor naquela escala e intensidade que ela tanto desejava.

Logo depois, com o apoio de Burke e Monahan, Madonna apresentou para os Gilroy uma ideia que melhoraria a banda: ela seria a vocalista principal. Até onde os irmãos sabiam, eles compunham a maioria das músicas, não precisavam de uma vocalista principal e não queriam ser coadjuvantes no show dela. Então disseram que não.[90] Ela saiu do Breakfast Club.

Madonna sempre detestou se despedir, e evitava, sempre que possível, fazer isso, mas Dan tinha sido parte fundamental em um momento difícil e merecia ao menos ouvir que ela estava indo embora. Madonna falou que pretendia começar a própria banda. "Foi triste, doce e comovente", relembrou ele.

> Ela se saiu muito bem e fiquei feliz com isso. Sempre houve uma sensação de que ela estava ali só de passagem. Com aquele tipo de ambição e dedicação para avançar, eu sabia que algo tinha que acontecer. Então, só resta aproveitar a presença dela o máximo possível.[91, 92, 93]

Enquanto isso, Madonna estava de volta à estaca zero, um estágio que lhe era familiar.[94] Burke saiu do Breakfast Club e juntou-se a ela, assim como o baterista Monahan. Por um breve período, os três formaram uma banda chamada Madonna and the Sky, até que Monahan saiu para se concentrar no emprego de vendedor de seguros. Isso significava que ela estava sem casa, sem emprego *e* sem banda. Christopher Flynn disse uma vez que Madonna tinha um jeito de tirar algo bom de algo ruim, "bastava ter sorte".[95] Em 1980, naquele momento ruim e incerto, a sorte apareceu na forma de um velho amigo: Steve Bray voltou à cena

Capítulo 10

Nova York, 1980-1981

> Eu tinha essa mania de olhar todo mundo nos olhos, porque eu seria alguém importante e eles se lembrariam de mim.[1]
>
> — *Madonna*

O RELACIONAMENTO ENTRE Bray e Madonna em Michigan acabou abruptamente e sem muita explicação quando ela trocou Ann Arbor por Nova York, dois anos antes.[2] Apesar disso, se houve alguma mágoa, havia desaparecido em 1980, quando ele a procurou do nada. "Liguei para Madonna e disse: 'Oi, estou indo para Nova York.' Ela estava em uma banda e respondeu: 'Bom, eu preciso de um baterista. Tenho um set cheio de músicas e até um show marcado.' Eu duvido que ela *realmente* tivesse um show na época", comentou Bray, mas ele falou que estaria em Nova York na semana seguinte.[3]

Desde que Madonna o vira pela última vez, Bray havia estudado no Berklee College of Music em Boston, por onde passaram alguns dos maiores músicos do mundo, como Quincy Jones, Keith Jarrett e Branford Marsalis.[4] A energia e a perspectiva dele eram exatamente o que ela precisava, tanto na música quanto na vida. Madonna o chamou de "um verdadeiro mago da música".[5] Dan Gilroy complementou: "Steve manjava muito."[6] E havia o conforto extra por já conhecê-lo.

Apenas dois anos mais velho que Madonna, Bray teve as mesmas influências musicais que ela na infância. Ele foi imbuído do som e da atitude de Detroit. Embora os dois tenham vivenciado o turbilhão social da cidade de perspectivas diferentes, ele como uma criança negra moradora de Detroit e ela como uma criança branca que morava em um local mais afastado, ambos viveram aquilo. Eles tinham uma história em comum que envolvia rebelião, justiça social e o poder curativo da música. Isso significava que, quando começassem a trabalhar juntos, poderiam pular a longa e às vezes constrangedora fase inicial da construção de confiança e ir direto para a criação.

Bray não pisava em Nova York desde os 7 anos. Quando chegou lá em 1980, ele disse: "Eu vivia sem grana porque tinha vindo sem nada, mas estava apaixonado pela ideia de virar um nova-iorquino."[7] Ele concordou em encontrar Madonna na esquina da rua 38 com a Oitava Avenida. "Havia um prédio que foi convertido em estúdios para ensaio", comentou ele. Era o Music Building, onde Madonna estava mais ou menos instalada, trabalhando com Gary Burke. "Nós nos encontramos e ela tocou para mim as músicas que tinha", contou Bray. "Nós meio que fizemos uma *jam session* no primeiro dia. Fiquei empolgado quando vi que ela havia composto canções ótimas."[8] Madonna tinha umas 14 músicas àquela altura e, segundo Bray, "para mim, aquilo foi impressionante porque eu estudei muito, mas até então não tinha criado nenhuma canção, então achei aquilo ótimo. Se uma pessoa pode sair da escola de dança, decidir virar compositora e conseguir compor por pura força de vontade, então achei que eu também era capaz".[9]

Pouco tempo depois do reencontro, Madonna foi obrigada a fugir de um apartamento invadido no Garment District, quando um dos aquecedores elétricos que usava queimou um pedaço do carpete em que dormia. "Eu acordei no meio da noite cercada por um anel de fogo. Minha camisola queimou, então vesti outra roupa, peguei algumas coisas, calcinhas e tal, porque todos os meus pertences importantes, como fitas e instrumentos já estavam no Music Building, a três quarteirões dali. Depois, fui para lá e passei a dormir ali mesmo."[10] Bray não tinha onde morar, então ficou lá com ela.[11]

O lugar tinha sido inaugurado no ano anterior, com 69 estúdios de ensaios.[12] "Ninguém deveria morar lá, o ambiente não estava preparado para isso. Havia um banheiro no corredor com um vaso sanitário e uma pia", disse Madonna.[13] A pia era pequena, com uma torneira que só tinha água fria. Para usá-la, era preciso mantê-la aberta com uma das mãos e se lavar com a outra.[14] "Tentar fazer isso funcionar e me sentir limpa era um pesadelo", contou. Para ela, o pior sufoco por causa da pobreza nesse período era "ter que sair para jantar com idiotas para poder usar o banheiro da casa deles".[15] "Eu mal podia esperar para viver em uma casa e tomar um banho. Veja bem, um banho de banheira era algo glorioso naquela época. Eu usava a mesma roupa todos os dias. Tínhamos um espelhinho rachado no banheiro. Eu nem sabia muito bem como era a minha aparência."[16]

Para dormir, eles usavam pedaços de espuma de borracha, que colocavam no chão entre um conjunto de bateria que servia de cabeceira e amplificadores como estribo. "Não havia aquecimento no inverno, era quente no verão, e as bandas tocavam literalmente 24 horas por dia, então nunca havia silêncio", relembrou Madonna. "Você ouvia as pessoas ensaiarem as piores músicas do mundo. Elas repetiam a mesma coisa várias vezes e nunca melhoravam."[17] Ela acreditava que só alguns dos músicos no prédio fariam sucesso,[18] e sabia que estaria entre os bem-sucedidos.[19]

Apesar da pobreza e da barulheira causada pelos outros ocupantes, os dois amavam o lugar. "Só estar naquela atmosfera era inebriante. Dava para sentir a criatividade",[20] comentou Bray. Madonna completou: "Nós tocávamos o dia inteiro. Eu me lembro de me levantar com Steve e [...] ele praticava bateria, eu fazia minha ioga, depois tocava guitarra e compunha uma canção, ele tocava algo que havia composto e eu fazia a letra."[21]

Parte da alegria daquele período era que ambos tinham liberdade para experimentar e cometer os erros necessários porque ninguém ligava para o que estavam fazendo. "Isso foi importante porque permitiu que eu me desenvolvesse como artista e me mantivesse pura, afastada de qualquer influência", concluiu Madonna.[22] Durante esse período, ela vivia a música e vivia *para* a música. Era simples assim.

O aluguel pago por ela e Steve era muito baixo, pois era dividido entre todos os músicos que usavam o espaço para ensaios. No entanto, mesmo que as contas variassem entre mínimas e inexistentes, o dinheiro era tão curto que eles só se permitiam viver com 1 dólar por dia. Steve descreveu essa época como "um período de vacas magras e desesperadas. Nós comíamos iogurte e [perguntávamos]: 'Será que devemos colocar os amendoins no iogurte ou comê-los como aperitivo?'".[23]

As *delicatéssens* locais vendiam fiado, mas Madonna admitiu que também "roubava muita comida".[24] "Quando ficávamos sem dinheiro, eu olhava a lata de lixo no saguão do Music Building e, se algo cheirasse muito bem, como uma sacola do Burger King que alguém havia acabado de jogar fora, eu abria e às vezes tinha a sorte de encontrar sobras de batatas fritas."[25]

Para ganhar o pouco que eles tinham, Bray trabalhava meio período em uma loja de discos e Madonna tinha o que ele chamava de benfeitores. "Eu não sei bem do que se tratava, mas não era nada terrível porque, se fosse, ela ganharia mais dinheiro."[26] Madonna explicou: "Eu pegava dinheiro emprestado com as pessoas. Deixava um idiota me levar para jantar e falava: 'Você me empresta 100 dólares?' Eu estava sempre pegando 25, 50, 100 dólares de alguém."[27] Trabalhar como modelo-vivo também ajudava. "Eu ia até a New School, tirava as roupas, posava por três horas, ganhava algum dinheiro para a comida e depois voltava [ao Music Building] para ensaiar."[28]

Por pior que fosse a situação, no entanto, ela não queria pedir ajuda ao pai. "Eu tinha largado uma bolsa na Universidade de Michigan para fazer isso, então não esperava que alguém sentisse pena de mim."[29] Além disso, ela estava passando por dificuldades, o que, de acordo com as regras paternas, significava que estava avançando no caminho de seu objetivo. Segundo Madonna,

> a dor faz você crescer. Te torna diferente das pessoas que tiveram uma vida fácil. Você fica mais introspectivo porque precisa ir a um lugar bem profundo dentro de si para superar a dor e se torna alguém diferente. Dá para ver nos olhos da pessoa. Você não consegue? Eu sempre vejo.[30]

Quanto ao relacionamento de Madonna e Bray, evoluiu do romance em Michigan para algo que seria mais duradouro. Na época, porém, aquela relação foi confusa. "Ser namorado da Madonna é um trabalho difícil", contou ele.

> Algumas pessoas são muito diretas e outras são do tipo "Você vai acabar descobrindo que não é meu namorado porque estou saindo com mais umas dez pessoas". Essa é mais a abordagem dela. Eu aprendi que seria melhor não contar com ela nessa área.[31]

Então, em vez de namorados, eles viraram uma equipe musical que se ajudaria a caminho da grandeza.

Depois que a formação da banda se firmou em Madonna, Bray, Burke e um rodízio de guitarristas, surgiu a questão do nome. Madonna queria que o grupo tivesse o nome dela. Bray ameaçou ir embora. "Para começo de conversa, era católico demais, e talvez existisse uma questão de ego. Dava vontade de perguntar: 'Mas e o resto de nós?'"[32] Então, alguém sugeriu No Name escrito ao contrário. Foneticamente, soava um pouco como Emmy. Madonna alegou que esse tinha sido um apelido dela.[33] Então, ficou Emmy. Às vezes era Emmy & the Emmys. Bray chamava o grupo de "um bando de ciganos".[34]

No telefone público do saguão do Music Building, Madonna fazia ligações diárias tentando conseguir lugares para tocar.[35] Eles tocavam em todos os lugares que podiam e se consolavam com o pensamento de que pelo menos estavam no caminho, talvez até no caminho certo porque tinham shows. "Se você definir show como pegar o metrô até o local levando a própria bateria e receber uns 7 dólares como pagamento, então, sim, estávamos fazendo shows", disse Steve depois à vocalista do Culture Club e cineasta Helen Terry no documentário *Naked Ambition*.[36] Eles tocaram em Long Island, em Nova Jersey e no que Madonna chamava de "boates muito ruins do Upper West Side".[37] E a Emmy era ruim? "Nós éramos meio fracos. Quer dizer, não chegávamos a ser *horríveis*, mas não éramos tão bons", admitiu Bray. "Depois de um final estridente e estrondoso, costumava haver três ou quatro pessoas batendo palmas",[38] observou ele.

Madonna descreveu a música deles como "punk desarranjado com uma pitada de funk".[39] Ao contrário da Madonna do Breakfast Club, a do início da Emmy era radical. O novo visual lembrava Manhattan, o Music Building e a rua. O estilo dela sempre refletiu *onde* ela estava e *quem* ela era. Nos anos seguintes, quando foi criticada pelas "reinvenções" (como se a evolução artística fosse algo ruim), a raiz da crítica muitas vezes era que ela havia "virado" Hollywood ou "virado" britânica. O fato é que ela fez mesmo isso. A obra de Madonna, das letras à música, passando pelo visual, refletia o local onde ela vivia e trabalhava.

A Madonna do Music Building se apresentava como mais forte e andrógina do que a do Breakfast Club. Por um tempo, até foi totalmente punk no palco. "Ela cantava alto, gritava mesmo", disse Bray.[40] "Também dançava em cima da mesa e quebrava coisas. Ela não quebrava a guitarra, não chegava a esse ponto, mas despejou champanhe em si mesma e na guitarra em um réveillon."[41]

Apesar de toda a bagunça, a performance de Madonna ainda parecia um trabalho, como se ela estivesse tentando *acertar* esse negócio de rock. Muitos anos depois, ela diria o seguinte sobre se apresentar: "Estamos em um mundo no qual criamos ilusões e damos às pessoas a habilidade de sonhar e ficar inspirada ou comovida. Você não quer que as pessoas vejam o trabalho por trás disso."[42] Na Emmy, ela ainda não era capaz de invocar esse tipo de mágica.

Madonna tocava guitarra, um instrumento que não dominava, e isso era frustrante porque, em vez de se entregar à performance, ela estava preocupada em "tocar os acordes certos". A banda decidiu contratar um guitarrista principal para liberá-la dessa função.[43] "Se tivéssemos encontrado a pessoa certa para tocar guitarra, acho que a banda teria decolado. Mas existem muitos guitarristas horríveis em Nova York e parecíamos atrair todos eles",[44] relembrou Bray.

Só havia uma empresa de gerenciamento de artistas no Music Building quando Madonna morava e trabalhava lá, a Gotham Sound, que ocupava todo o segundo andar do prédio.[45] A dona era uma das poucas mulheres na indústria, Camille Barbone, de 29 anos, cuja graduação, como ela descrevia, consistia nos dez anos passados na PolyGram, na Columbia Records, na Epic Records, na Buddah Records e na Arista, trabalhando em todas as áreas da indústria, desde administrar departamentos até buscar novos talentos. Essa era a parte que ela mais gostava: trabalhar com os artistas. Barbone achou que o melhor jeito de fazer isso seria abrindo a própria agência.[46]

Ela era pequena, sombria, durona, magra e forte. Filha de um lar italiano composto por um pai policial nova-iorquino e uma mãe dona de casa, ela não pretendia ser bem-sucedida no mundo masculino da música para provar algo, mas porque lá era o lugar dela. Após conhecer os dois lados da indústria musical, ela passou a ter noção do assédio e desrespeito que enfrentaria sendo uma "mulher", mas era casca-grossa e estava preparada para isso. Era bem parecida com Madonna (as duas até nasceram no mesmo dia, 16 de agosto), pois ambas viam obstáculos como inconveniências temporárias.[47]

Adam Alter, o agente da Gotham, se lembrou de estar no Music Building um dia quando Madonna passou por lá e comentou que ele parecia John

Lennon. "Eu pensei na hora: 'O que ela quer de mim?'" O que ela queria era ajuda com a carreira e deixou isso bem evidente. Alter gostou do jeito dela, mas não viu nada de mais na banda. Ele respondeu com um "talvez" sem compromisso, no entanto ficou interessado o suficiente para mencionar Madonna para a sócia, Barbone.[48]

A primeira reunião de Madonna com Barbone não foi muito diferente de quando ela conheceu o cineasta Stephen Jon Lewicki. Ela interpretou uma personagem, como se estivesse fazendo um teste. Madonna "sabia que eu sou lésbica. E usou isso", disse a empresária.[49] A primeira conversa delas foi cheia de insinuações sexuais. Ao encontrá-la no elevador, Madonna a encarou. "Ela perguntou: 'Você já fez?' Por um momento, fiquei atônita", confessou Barbone, "mas respondi: 'Se eu já fiz? Não, ainda não.' E isso virou uma piada frequente entre elas".[50]

Gary Burke tinha trabalhado muito a fim de conseguir um show para a Emmy no Max's Kansas City, e Madonna convidou Barbone para vê-la.[51] Mas ela não apareceu.

> Na manhã seguinte, Madonna chegou invadindo meu escritório, batendo nas coisas. Eu fiquei intrigada e respondi: "Desculpe, eu estava com dor de cabeça e não pude ir ao seu show." Ela disparou: "É a minha vida, como você pôde fazer isso? Preparei aquele show só para você." Ela desabafou, eu gostei e, naquele momento, achei que ela era uma estrela.[52]

Barbone prometeu que veria a próxima apresentação e começou a anotar a data na agenda, mas Madonna pegou a agenda, jogou-a no peito de Barbone e disse: "Se você achar importante mesmo, vai se lembrar."[53] E se lembraria.

A Madonna que ela viu no palco do Max's usava cueca boxer, a camisa de um pijama masculino, sapatos e meias. "Eu me lembro de ter tirado os sapatos e as meias e jogado na plateia", comentou Madonna. "Eu era bem doida, mas me divertia bastante."[54] A empresária ficou chocada. Não pelo grupo meio new wave ou pela rebeldia, e sim com Madonna. "Ela ficou no palco por um minuto e meio com uma banda ruim, mas tinha algo de sensacional nela", observou.[55] "Ela brilhava de um jeito diferente."[56]

Barbone já tinha visto aquilo nos palcos de Nova York, mas Madonna exibia uma qualidade única que a destacava de outras mulheres punks e pós-new wave que se apresentavam nesse circuito, especialmente as que vinham do Reino Unido, como as Slits, Poly Styrene, Siouxsie Sioux e as Raincoats, que confrontavam, quase atacando a plateia com o som e a persona. "Quando Madonna estava no palco, ela dava à plateia a sensação de conhecê-la e saber o que ela sentia. É uma qualidade rara", apontou

Barbone.[57] "Se é possível ser destemida e frágil ao mesmo tempo, ela era. Isso a deixava imbatível. Era muito impactante."[58]

Ela voltou do show pronta para fazer uma oferta a Madonna: "Eu disse 'Você gostaria de ter uma empresária?' Ela gritou 'Siiiiiim', pulando e meio que me abraçando."[59] Bray disse que as duas falavam a mesma língua: "Era 'Eu vou fazer de você uma estrela' e a outra dizendo 'Vou ser uma estrela'."[60] Madonna assinou um contrato com a Gotham em março de 1981.[61] Ela estava com 22 anos.

Ser representada por uma das poucas mulheres empresárias no início da carreira salvou Madonna do assédio sexual que era aceito e ignorado por "fazer parte da indústria musical" e por "sempre ter sido assim". "Os homens a viam como alguém que queriam levar para a cama em vez de contratá-la", disse Barbone. "Eu a levei até a grande indústria da música sem que ela precisasse trepar com alguém para isso."[62]

Como empresária, ela estava encarregada de duas tarefas imediatas: assumir o controle da carreira de Madonna e ajudá-la a tomar um rumo na vida. "Ela era uma garota com muito jogo de cintura que, se estivesse com fome, arranjava alguém para levá-la para comer e ia para a casa da pessoa", comentou Barbone. Ela sentia que Madonna estava "ferida" e precisava de proteção.[63] Então, prometeu 100 dólares por semana, espaço para ensaiar, shows remunerados e ainda prometeu consertar a bicicleta dela.[64] Bray disse que, após tanto sofrimento, Madonna via a empresária como uma espécie de salvadora.[65]

Barbone também tirou a jovem cantora do Music Building e a colocou no que seriam acomodações melhores. O ironicamente batizado de Star Motel, em frente ao Madison Square Garden, foi o primeiro. "Eu dividia um banheiro com dois colombianos gordos e um velho irlandês bêbado que tinha acabado de sair do manicômio", relembrou Madonna. O irlandês gemia a noite inteira. "Era bem assustador." O lugar era tão ruim que Bray se recusou a visitá-la. Ela morou no Star até ser roubada. Depois disso, Barbone a hospedou na rua 70 Oeste. Depois de este segundo lugar ser invadido, Barbone se mudou para um apartamento na Riverside Drive que pertencia a um amigo de Adam Alter.[66]

Apesar das circunstâncias angustiantes, Alter disse que Madonna não era muito diferente de qualquer criança mimada. Ela batia o pé e dizia "'Eu quero, eu quero, eu quero'. E nós queríamos dar as coisas para ela. Era como ver uma criança brincar".[67]

Nessa época, Madonna ligou para o irmão de 22 anos, Christopher. A vida desde que colocara o pé na aula de Christopher Flynn não estava sendo fácil. Ele havia trocado a Western Michigan pela Oakland University, estudado dança e antropologia, tocado violino e lido intensamente.[68] Era o típico homem solitário em busca de algo. "Naquela época, eu não era gay assumido. Eu não era nada, só parecia meio excêntrico", explicou.[69]

Ele tinha começado a dançar para uma companhia em Detroit quando Madonna o convocou. "Ela me ligou e disse: 'Venha para Nova York. Você é um dançarino, não vai conseguir trabalho em Detroit. Isso é não ter noção. Venha para Nova York, vou ajudar você.' Levou isso aqui para eu decidir", disse Christopher estalando os dedos. "Eu não tive medo. Desconfiei que ela precisava de mim, pensei que lá era onde eu deveria estar, então eu fui. Esse foi o primeiro empurrão que ela me deu."[70]

Quando chegou a Riverside Drive, Madonna o recebeu à porta, disse que ele não poderia morar lá e deu ao irmão um comprimido de ecstasy para suavizar a má notícia. O quarto dela tinha um colchão no chão, uma pia no canto, um bocal sem lâmpada no teto e um pôster de Sid Vicious na parede. "Eu liguei a luz e o chão inteiro se mexeu", disse ele. "Aquilo era novidade para mim. Eu nunca tinha visto uma barata."[71]

Madonna encontrou um lugar para o irmão morar com uma amiga dançarina, Janice Galloway. Dali em diante, ele não viu muito a irmã. Christopher acabou deixando Nova York após dois meses para aceitar um emprego de dançarino com um grupo em Ottawa. Um ano depois, seria convocado de volta. E dessa vez seria para ficar.[72]

Desde o início, estava óbvio que a Gotham Sound não estava interessada nos outros integrantes da Emmy. Barbone disse que a banda não era "do calibre da indústria fonográfica".[73] Mas Madonna precisava de uma banda. "Peguei todos os meus contatos e os ofereci para ela", contou a empresária.[74]

Barbone e Alter permitiriam que Madonna escolhesse um dos músicos, Bray.[75] Ele entrou para a banda depois que ela quebrou a principal regra de sua empresária: nada de sexo entre os integrantes. Madonna dormiu com o baterista anterior, Bob Riley, para que ele fosse demitido e substituído por Bray. "Eu não consegui acreditar que ela pudesse ser tão ardilosa, tão má", comentou Barbone, lembrando-se de ter ficado espantada. "O sexo para ela era só um meio para chegar a um fim, nada mais. Até fiquei com um pouco de medo quando ela fez isso com Bob."[76]

Em junho de 1981, Madonna e os músicos se reuniram e começaram a gravar uma demo no Media Sound, que ficava em uma antiga igreja na rua 57.[77] Jon Gordon tocava a guitarra principal e atuava como produtor durante as sessões de gravação. Segundo ele, já naquela época Madonna fazia a maior parte das melodias, das letras e dos acordes e tinha muito controle sobre tudo. "Todos nós seguíamos as orientações dela, que era aberta a sugestões, mas não hesitava em interromper o trabalho se não gostava do rumo que estávamos tomando."[78]

Em um primeiro momento, Barbone e Alter desconfiavam de Bray porque ele era desconhecido e já tinha um passado com Madonna.[79] No entanto, qualquer hesitação logo desapareceu porque, ao trabalhar com ele, Madonna conseguia transformar rascunhos de canções em demos que poderiam ser apresentadas às gravadoras. "Eles tinham uma conexão pessoal e emocional", relatou Alter. "Nós tivemos interesse nela desde o primeiro instante."[80]

O segredo para vender Madonna era ela própria. Barbone sabia que a demo seria apenas mais uma fita que poderia ser dispensada se o executivo da gravadora que a recebesse estivesse de ressaca, deprimido ou brigado com a esposa ou a amante. Contudo, a demo e Madonna juntas tornariam a música inesquecível. A cantora passou a participar das reuniões. "Depois de conhecê-la, ou você a ama ou a odeia, mas percebe na hora que ela é fascinante", comentou Barbone.[81]

Às vezes, Madonna interrompia as reuniões com arrotos ou risos inapropriados, seja para esconder a própria insegurança, seja porque os executivos à mesa a aborreciam. Outras vezes, ela ficava charmosa e fazia "os homens comerem na mão dela". "Uma simples palavra como 'Oi' dita por ela fazia os homens gaguejarem. Ela fazia os caras emprestarem dinheiro e músicos trabalharem de graça durante os ensaios, sem precisar dormir com nenhum deles."[82] A empresária, porém, temia que a indústria musical, marcada pela exploração sexual, usasse essa sensualidade contra a própria artista, que não seria forte o bastante para resistir à pressão de vender sexo em vez de talento.

A preocupação era justificável, mas Madonna jamais deixaria qualquer outra pessoa, incluída a empresária, usar a sensualidade dela para alavancar a própria carreira. Na época em que a Gotham começou a promovê-la, Barbone recomendou esquecer o visual que ela usava e tentar algo no estilo Pat Benatar, que Bray descrevia como "collants e polainas".[83]

Cinco anos mais velha que Madonna, Benatar havia encontrado uma mina de ouro em 1979 depois de muito trabalhar em bares e boates de Nova York. Com 1,54 metro de altura, cabelos negros bagunçados e um corpo esbelto, ela era um novo tipo de artista que combinava a dureza do rock com uma sensualidade pop que a indústria musical adorava. O que Barbone temia que iria acontecer com Madonna *aconteceu* com Benatar.

Naquela época, quando a TV exibia imagens mais apelativas de seios e bumbum "balançando" e *As Panteras*, ela recebia pedidos para mexer o corpo de "um jeito sensual" e ser "gostosa". Benatar disse que deixou de ser musicista "para ser essa merda de deusa do sexo".[84] Era o que vendia. Em um ano, ela chegou ao top 10 com a música cheia de insinuações "Hit Me With Your Best Shot" (que não foi composta por Benatar). Personificava a fantasia masculina do que deveria ser uma roqueira, e era esse o modelo que Barbone queria para Madonna, apesar de toda a preocupação com a exploração sexual.

No início, Madonna jogou esse jogo e deixou o som mais genérico. Pode-se dizer que algumas letras descreviam sua vida, se o ouvinte conhecesse a história dela, mas elas estavam presas em arranjos pop-rock tão convencionais que a realidade instigante contada naquelas músicas se perdia. O único aspecto interessante da futura Madonna a surgir desse episódio foi a voz. Ao contrário das performances da Emmy, nas quais Madonna cantava como Chrissie Hynde ou Patti Smith, as fitas da Gotham mostravam a voz natural dela. Era o som mais afeminado usado por ela em algumas músicas gravadas na Gog.

O visual criado era uma mistura de new wave com roqueira gostosa. À primeira vista, ele parecia não fazer muito sentido, e era indício de uma luta mais ampla na alma artística de Madonna. A parte new wave era meio masculina e envolvia grandes camisetas brancas, bermudas e uma jaqueta de smoking cropped à moda de Bowie usada por cima de uma camiseta esportiva estampada com a letra M. O visual roqueiro era bizarro: uma capa feita com uma espécie de capim, uma minissaia de couro, um top cropped de couro que deixava os ombros à mostra e uma tira de couro usada na cabeça. Barbone achava que funcionava.

Em 8 de outubro de 1981, no Chase Park, situado na parte mais baixa da Broadway, ela fez a primeira apresentação na cidade de Nova York como "Madonna". Uma semana depois, em um bar de motoqueiros chamado Uncle Sam's Blues, em Long Island, ela causaria ainda mais.

Barbone tinha pedido a Bill Lomuscio, cuja banda costumava tocar no Uncle Sam's, para ouvir a fita de Madonna. "Não foi nada impressionante", disse Lomuscio, mas concordou em deixá-la fazer o show de abertura da banda dele.[85] Para gerar burburinho, a empresária contratou groupies.[86] Ela também pediu a George DuBose, o fotógrafo da revista *Interview*, que fizesse os retratos, com instruções específicas de enquadrar apenas a "estrela", não a banda.[87]

Madonna trocou de roupa três vezes para a apresentação, o que era incomum para a artista do show de abertura. Mas ela seria a única de quem as pessoas se lembrariam naquela noite. A única pessoa a quem a multidão de baderneiros reagiu foi Madonna travestida de animal sexual. Ela apareceu no palco coberta com a famosa capa e começou a cantar, até que, no meio da apresentação, tirou a capa e terminou a música deitada no palco, vestida com tiras de couro e meia arrastão.[88] Lomuscio contou:

> Veja bem, minha banda era a atração da casa e éramos bem populares. Até que surge Madonna com a banda e três dançarinos de break recrutados por Camille na Times Square e consegue ofuscar minha banda [...]. Ela era mesmo fenomenal. Um talento. Dava para ver. Depois de três canções, as pessoas estavam pedindo bis e a minha banda não conseguia entrar no palco.[89]

Lomuscio se rendeu e começou a trabalhar com a Gotham para promover a jovem cantora. Barbone marcou shows em boates fora da cidade de Nova York para ajudar a espalhar o nome dela por outros lugares. Deu certo, e Madonna começou a atrair fãs.[90] Justamente naquele momento, porém, ela hesitou. "Eu tinha combinado com minha empresária que iria fazer rock, mas meu coração não estava naquilo", explicou.[91]

> Quando comecei a trabalhar com minha empresária, eu estava compondo rock e todos os músicos com quem trabalhei vinham do rock 'n' roll. Com o tempo, meu som começou a mudar de estilo para algo mais R&B e voltado para a sonoridade da música negra, para o que eu amava lá na infância, que é a Motown e tudo o que eu ouvia em Detroit.[92]

A nova atitude de Madonna poderia ser atribuída em parte a Bray. Ele havia feito um acordo com os músicos do Music Building em que teria as chaves dos estúdios se tocasse bateria para eles.[93] "Madonna e Camille trabalhavam lá embaixo com rock 'n' roll", disse Bray, "enquanto eu trabalhava em músicas mais voltadas para a pista de dança no andar de cima". Ele pediu a ajuda de Madonna com os vocais, e ela topou.[94] "Levou um tempo", disse Madonna. "Foram muitas noites trabalhando da meia-noite às 8 da manhã", até que começassem a produzir músicas de que gostassem.[95]

Outra grande influência de Madonna na época foi um jovem com quem começou a sair, muito inteirado da vida noturna da cidade. "Ele me apresentou a um estilo de vida totalmente diferente", contou Madonna. "Eu não sabia do Studio 54, do Xenon's... Não ficava em boates porque não conhecia aquela vida. Ele começou a me levar a todas elas e passei a frequentar as cabines dos DJs."[96]

No processo, Madonna descobriu que o pessoal de A&R das gravadoras não necessariamente assistiam a uma banda ao vivo: eles iam às boates ver o que os DJs estavam tocando para saber o que deixava as pessoas empolgadas. Era *ali* que eles encontravam músicas novas.[97] Então, ela passou a partir em missões de reconhecimento para acompanhar esse lado da indústria musical, e assim encontrou o caminho de volta para a pista de dança, que tanto amava. Segundo Madonna,

> só aquela sensação de grupo, de comunidade... A batida grave, as pessoas dançando e se movendo em sincronia. Há algo primitivo e inexplicável ali. Acho que está na nossa natureza querer se unir e se mexer ao som de uma batida. Pensei: "Por que não posso fazer isso?" Eu queria produzir música que me fizesse dançar.[98, 99]

Mas isso gerou problemas porque Barbone tinha investido tempo e dinheiro promovendo-a como roqueira. Anos depois, a empresária diria que vislumbrar uma carreira artística trilhada no rock para Madonna era algo óbvio, pois ela apresentava esse estilo quando as duas se conheceram. Para Madonna, porém, isso foi uma espécie de cegueira. "Acho que ela não entendeu meu caminho como artista", explicou.

> Ela queria me levar para um estilo Pat Benatar porque achou que minha imagem era mais de roqueira branca. Eu cantava músicas funk e ela achava que aquilo não se encaixava na minha imagem. Pensei: "Por que não posso começar um novo gênero musical?"[100]

Bray disse que o confronto era inevitável porque, enquanto Barbone vendia Madonna como estrela do rock, Madonna estava nas boates explorando a dance music.[101]

Alguém pode pensar que por ter vivido basicamente como sem-teto alguns meses antes, Madonna deveria ter feito concessões artísticas, pelo menos por um tempo, para reestabelecer a própria saúde e o bem-estar físico. Contudo, para ela, a saúde criativa era tudo o que importava. Como fizera ao sair de casa, ao largar a Universidade de Michigan, ao abandonar Pearl Lang, ao partir de Paris e ao deixar Dan Gilroy para trás, ela estava preparada para abrir mão da proteção de Camille Barbone porque os anseios artísticos e espirituais que lhe importavam não estavam sendo atendidos.[102]

Barbone acreditava que tinha feito de tudo para ajudá-la. "Madonna me levou ao limite financeiro, ao limite da minha lealdade e da minha paciência", disse.[103] "Eu sabia que ela estava me usando, mas o que eu poderia esperar?"[104]

Ela recorreu ao álcool em busca de conforto, e a relação com Madonna ficou mais turbulenta. Elas brigavam com frequência e em voz alta. Madonna jogava sujo: telefonava a qualquer hora, chamando-a para ir ao cinema, a provocava ao dar uns amassos em uma amiga no banco de trás enquanto Barbone dirigia. Ela até pintou as palavras "sexo" e "foda" nos poodles da mulher.[105] Durante uma das discussões, a empresária estava com tanta raiva que socou a parede e quebrou a mão. "Sou uma péssima bêbada, e a maioria das brigas e da insanidade começava quando eu já estava alta", contou Barbone. "Tive que admitir que ela não precisava mais de mim."[106]

No réveillon de 1981, Madonna abriu a noite para David Johansen, ex-vocalista do New York Dolls, no My Father's Place, em Long Island Famoso entre aspirantes a artistas, o local já tinha recebido todo mundo: Bruce Springsteen, Linda Ronstadt, Blondie e Bob Marley e Peter Tosh quando foram da Jamaica para os Estados Unidos nos anos 1970. Johansen tinha começado uma carreira solo após os Dolls e feito algumas gravações na Gotham, daí o show de Madonna com ele.[107] Depois das apresentações, eles ficaram amigos. Johansen a colocou em uma limusine e a levou para um evento chamado "New Year's Eve Rock 'n' Roll Party", uma festa de réveillon cuja temática era rock, em um hotel perto da Times Square, onde ele também se apresentaria.[108]

Um novo canal de TV a cabo que havia começado a transmitir naquele mês de agosto era o responsável pela festa e se chamava MTV. Johansen e Madonna driblaram a multidão que fazia fila no quarteirão para entrar e passaram por um túnel erguido dentro do hotel que levava a um elevador. Nas primeiras horas do ano de 1982, um ícone do passado musical de Nova York apresentou o futuro musical da cidade.[109]

Capítulo 11

Nova York, 1982

> Em um nível cultural, rock para mim significa "música da terra dos brancos". A dance music é democrática e etnicamente misturada.[1]
>
> — *François Kevorkian*

Em fevereiro, um advogado convocou Camille Barbone e Bill Lomuscio para uma reunião sobre Madonna. Não era qualquer advogado. Era o mega-advogado do mundo do entretenimento Jay Kramer, cujos clientes incluíam o astro da música Billy Joel e o escritor best-seller Stephen King. Enquanto se ajeitava para falar, Barbone achou que o convite de Kramer era uma sessão estratégica para, como ele disse, discutir "como vocês estão trabalhando juntos e o que o futuro reserva". A empresária deve ter percebido pela posição de Madonna no recinto que o futuro seria conflituoso; ela estava em um sofá, longe da linha de fogo.[2]

Barbone sabia que outras pessoas andavam entrando em contato com Madonna. "Eu não tinha poder suficiente para levá-la adiante", admitia. "Eu estava devastada com essa situação, porque sabia que ela iria chegar ao topo. E isso me afetou."[3] Em tais circunstâncias, talvez não tenha sido uma surpresa quando Kramer disse que ela não faria parte do futuro de Madonna.[4]

Ela e Lomuscio argumentaram que a Gotham tinha um contrato com Madonna. Kramer, um tubarão jurídico, basicamente respondeu: "Que pena."[5] "Gastei tudo o que tinha na carreira dela. Eu fali por causa dela", revelou Barbone. O fim do relacionamento também a destruiu pessoalmente. "Éramos uma equipe, tínhamos um casamento que, em uma situação melhor, teria prosperado." Ela ficou tão arrasada que abandonou os negócios com a música e passou um ano trabalhando em uma casa de repouso. "Eu precisava ouvir as pessoas me agradecendo."[6]

Muitos anos depois — após o processo que a Gotham abriu contra Madonna ter sido resolvido com um acordo, depois que Madonna ofereceu, e Barbone recusou um convite para integrar a nova equipe, e após a empresária ter voltado aos negócios na indústria musical —, ela disse sobre a cantora: "Ela não foi intencionalmente maliciosa, mas era incapaz de se colocar no lugar de qualquer outra pessoa. Se você não desse o que ela queria, ela te abandonava."[7]

Já a Madonna se achava no direito de tomar aquela decisão. Se um homem na mesma idade e posição demitisse o próprio empresário, não seria acusado de falta de empatia, mas seria elogiado pela capacidade de decisão. Além disso, ela havia lutado por tanto tempo apenas na base da força de vontade e de muita disposição, que não iria entregar seus sonhos a outra pessoa. Não era uma questão de capricho, mas, sim, uma necessidade artística.

Com essa decisão, Madonna ficou sem nada. "Perdi o espaço para ensaios e a banda. Ela estava pagando meu aluguel, então tive que me virar de novo."[8] Ela mostrava ter apenas aspirações, talento e motivação, além de Bray. "Steve sempre ficou do meu lado, e dissemos: 'Esquece esse negócio de banda, isso é ridículo. Nós podemos compor canções e tocar instrumentos. Vamos fazer uma fita e mandar para as gravadoras.'"[9]

Eles resolveram ignorar os canais comumente usados e ir direto aos DJs e às pistas de dança. Ao fazer isso, entenderam a cena artística da região central de Nova York, em que artistas visuais driblavam as galerias tradicionais e levavam suas obras direto para o público. Artistas como Keith Haring; Jean-Michel Basquiat; Jenny Holzer, que publicou os primeiros *Truísmos* como panfletos gratuitos; e grafiteiros como o brilhante Fred Brathwaite, conhecido como Fab 5 Freddy, que "expunha" nas paredes e no metrô.

Talvez fosse a impaciência juvenil, mas parecia algo maior: a rejeição do elitismo cultural e do sistema de castas vigente poderiam levar à aceitação, mas nem isso era garantido. Parecia que os jovens artistas estavam assumindo o controle de suas produções criativas ao construírem uma infraestrutura artística própria para apoiá-la. Segundo Glenn O'Brien, editor da *Interview*, apresentador do programa de TV a cabo *TV Party* e futuro editor do livro *Sex*, de Madonna,

> foi um desses momentos em que o *establishment* estava muito distante do que acontecia nas ruas e com os jovens. As pessoas abriam novos locais [para ouvir e tocar música] porque os antigos fecharam. Elas começaram novas gravadoras porque as existentes eram inacessíveis... Um mundo alternativo foi criado.[10]

O objetivo de Madonna naquele mundo era até relativamente modesto. "Eu só queria que uma das minhas músicas tocasse no rádio. Era para isso que eu estava rezando. Uma música",[11] disse ela.

Enquanto isso, a cantora voltou a Riverside Drive, para um apartamento que era do pai de um amigo,[12] enquanto ela e Bray continuavam trabalhando no Music Building, entrando às escondidas no estúdio para usar os equipamentos. "Eu ia às boates e prestava atenção ao que me fazia dançar", relembrou Madonna. "Fui influenciada por Debbie Harry, Talking Heads, os B-52's. Então, para mim, as fronteiras entre o que eu estava trabalhando e o que eu estava dançando se misturavam."[13] No fim das contas, eles produziram uma demo com quatro canções: "Everybody", "Stay", "Don't You Know" e "Ain't No Big Deal".[14]

Os arranjos eram surpreendentemente sofisticados, confiando na inventividade do "faça você mesmo" para compensar a falta de músicos de estúdio. Em um determinado momento de "Ain't No Big Deal", Madonna e Bray imitaram o som de um *vocoder*, um sintetizador usado para distorcer vocais, apertando o nariz ao cantar o refrão. A batida era irresistível, leve e boa de dançar. Os vocais de Madonna foram dispostos em camadas em uma produção de incrível bom gosto.

Madonna e Bray reuniram tudo o que tinham na demo: os sons de Detroit, a disciplina dos estudos musicais de Bray, a música que fazia as pessoas dançarem nas boates e a própria vida e arte deles, que estavam perfeitamente sincronizadas.[15] As faixas tinham vivacidade, eram novas, intensas e empolgantes. Não havia comparação entre elas e a música lerda e previsível das fitas da Gotham. Não havia um único momento de desânimo na nova demo. Era uma alegria ouvi-la porque tinha sido uma alegria criá-la. Era o som que eles estavam procurando e um vislumbre do futuro. "Foi a primeira vez que fiz uma fita [...] que me deixou realmente feliz", disse Madonna. "Eu queria jogá-la no mundo para que fosse ouvida."[16]

Enquanto promovia a demo, Madonna ficou cara a cara com o lado sombrio da indústria musical do qual Barbone tentou protegê-la. "Eu era uma artista iniciante implorando por ajuda e procurando pessoas que gerenciavam gravadoras ou DJs influentes, dizendo: 'Você pode me ajudar? Pode ouvir esta música? Pode me contratar?' Muita gente respondia: 'Sim, se você fizer isso...' Geralmente era algum favor sexual."[17] Essa espécie de negociação era normal na indústria. "Todo mundo tinha ouvido falar do 'teste do sofá', mas as pessoas não fazem a menor ideia de que o assédio sexual é cinco vezes pior na indústria da música",[18] disse um executivo de gravadora.

Em uma ocasião, um desses executivos convidou Madonna para o apartamento dele no Upper East Side. Depois das apresentações calorosas, ele deixou bem explícito qual era a proposta: um boquete em troca de um contrato com a gravadora. Madonna pediu licença e foi ao banheiro.[19] Certa vez, um homem tinha enfiado o pênis na boca dela no terraço de um prédio — o que se chamava de estupro. Agora, um homem rico queria fazer o mesmo no apartamento elegante dele e chamava de negociação.

Madonna disse que estava "tão sem grana e cansada de estar daquele jeito que pensei: 'Calma, será que eu conseguiria fazer isso?'". A resposta foi não. "Eu não conseguiria me olhar no espelho depois."[20] Horrorizada pela escolha que estava sendo obrigada a fazer e pelas legiões de mulheres que passaram pela mesma situação, ela foi embora.[21] "Só continuei fazendo o que já fazia: sendo uma artista sedenta à espera de uma chance."[22]

Em 1982, havia um mundo no centro de Nova York em que Madonna estava segura. Era um mundo à parte, povoado por jovens e artistas que tinham rejeitado a sociedade e as pessoas que a controlavam. A eleição de Ronald Reagan para a presidência dois anos antes gerou uma campanha poderosa contra os avanços "radicais" dos anos 1960 e 1970, mais especificamente o movimento pelos direitos civis, o feminismo e os direitos dos gays, enquanto imaginava um futuro idealizado à moda dos anos 1950: branco, patriarcal e religioso.[23] A crítica feminista Ellen Willis descreveu o comercial de campanha "Morning in America" de Reagan como "um convite para acordar gritando".[24]

Quando John Lennon foi assassinado em frente ao prédio que morava em Nova York um mês depois da eleição de Reagan, os gritos se transformaram em angústia. "Alguns artistas se tornaram extremamente políticos, outros intensamente apolíticos e quase todos ficaram mais hedonistas", comentou a artista performática Ann Magnuson. "Nosso inconsciente coletivo sabia que o tempo era limitado, então nós o aproveitamos ao máximo."[25]

A arena para o hedonismo e para a vida naquela estética underground era a boate. O historiador e crítico musical Jeff Chang disse que as boates viraram "um espaço comunal sagrado, uma chance de fugir da opressão sufocante daquela época".[26] Os frequentadores podem não ter percebido, mas estavam dando continuidade à tradição da pista de dança como refúgio político e da dança como desobediência política que começou nos tempos modernos, quarenta anos antes.

As primeiras "discotecas" surgiram como atos de rebelião na Alemanha em 1939, quando jovens sexualmente liberados de ambos os gêneros desafiavam o nacionalismo cultural de Hitler se transformando nos *Swingjugend*, os garotos do swing. As reuniões tinham disc jockeys que tocavam vinis proibidos de jazz norte-americano em locais secretos. À medida que o nazismo se alastrava, o mesmo acontecia com esse movimento rebelde. Em Viena, Praga, Amsterdã, Bruxelas e Paris, onde *les Zazous* ansiavam por *le jazz hot*.[27]

Esse espírito impossível de reprimir sobreviveu à guerra. Quando o Whisky à Go Go foi aberto em Paris, no ano de 1947, virou o "ideal da discoteca moderna". *Les Zazous* e os garotos do swing poderiam se acabar de dançar legalmente, mas o Whisky e as boates que proliferaram em seguida mantiveram o apelo insurgente porque essa era a herança delas.[28]

As mais conhecidas dessas primeiras discotecas, na Europa e depois em Nova York, se tornaram lar do *jet set* internacional, que não estava interessado em desafiar o poder político, e sim a moral conservadora do pós-guerra. Elas viraram palácios da promiscuidade. E também lugares em que os ricos e famosos dividiam o mesmo espaço com um vasto número de "anônimos".[29]

Contudo, por mais extravagantes que esses cenários fossem, era nas boates gays de Nova York pós-Stonewall que a chama da rebelião queimava com mais intensidade. As boates gays tinham "a música dançante mais quente, sexy, redentora e profundamente amorosa que já existiu", de acordo com Bill Brewster e Frank Broughton, responsáveis pelo livro *Last Night a DJ Saved My Life* e a história dos grandes nomes dos toca-discos e mixagens. "E ela sempre transbordava funk."[30] As boates gays eram underground e também ilegais, onde pessoas não heterossexuais podiam ser elas mesmas, livres para demonstrar amor em um mundo intolerante.

Uma dessas discotecas surgiu no espaço do SoHo em que David Mancuso, o "pai fundador" da discoteca moderna, recebia amigos enquanto a eclética coleção de discos dele era tocada. Essas reuniões atraíam tantos convidados que o espaço virou um clube particular. Na Segunda Avenida, um público majoritariamente composto por homens gays ia aos bandos para o "Vaticano da discoteca", o Saint, onde até 5 mil pessoas dançavam, se drogavam e transavam em uma varanda que chamavam de paraíso.[31]

Mas o verdadeiro "Paradise" ficava em um antigo estacionamento na região oeste do SoHo. Em 1978, quando o Paradise Garage foi inaugurado, Nova York via disc jockeys lendários testarem os limites da tecnologia e do som, além das habilidades e resistência dos dançarinos. Muitos DJs eram admirados como artistas, mas o do Garage, Larry Levan, era considerado um gênio e "quase universalmente reverenciado como o maior DJ de todos os tempos".[32]

Ele não tocava apenas música: ele criava na cabine acima da pista de dança, levando os milhares de homens e jovens, na maioria negros e latinos, em uma jornada coreografada que virava a noite. Levan controlava os pés, o coração e a mente dessas pessoas.[33] Produtores musicais, DJs de boates e de rádio e músicos faziam a peregrinação à King Street para aprender novas formas de fazer música e descobrir o que fazia sucesso. Se Levan tocava uma música, as lojas de discos notavam. No dia seguinte, a demanda ia às alturas. Os executivos de gravadoras também notavam.[34]

A noite de sábado era *a* melhor noite do Paradise Garage. Por isso, nas sextas à noite, muitos jovens frequentavam a pista de dança montada em um antigo rinque de patinação em Chelsea chamado Roxy. A partir de junho de 1982, das 23 horas às 6 horas de sextas, uma jovem recém-chegada de Londres chamada Ruza Blue (também conhecida como Kool Lady Blue) unia a cena hip-hop do Bronx e o punk e o new wave do centro para o que chamava de noites Wheels of Steel.[35]

Fab 5 Freddy, famoso na época pela fabulosa pintura de latas de sopa Cambpell em um vagão do metrô nova-iorquino, tinha conhecido as cenas musical e artística dos dois lados da cidade por uma década e aconselhou Blue. "Elas nunca se misturaram", disse ele anos depois. "Quando você ia às boates, a cena do centro da cidade era predominantemente branca e a da região mais afastada era negra e hispânica. Eu não conseguia imaginar que aquilo poderia dar certo. Só pensava nos caras do Bronx enchendo aqueles punks esquisitos de porrada."[36]

Em vez de briga, os dançarinos de break, chamados b-boys e b-girls (alguns tão jovens que eram acompanhados pelas próprias mães), iam ao Roxy e começavam a se mexer. "Era o clima certo. A partir dali você tinha uma mistura incrível, com os punks de moicano lado a lado com os b-boys",[37] acrescentou Freddy. "Sem dúvida, aquele foi o começo da revolução cultural urbana."[38]

A mistura funcionou porque 1982 foi um ano mágico para o rap e o hip-hop. Embora o rap estivesse abalando o sul do Bronx desde 1974 e o primeiro disco do gênero tivesse saído em 1979, foi só em 1982 que os pilares foram criados, por dois mestres: Grandmaster Flash e Afrika Bambaataa. Grandmaster Flash and the Furious Five gravaram o primeiro rap político do hip-hop, "The Message", sobre a trajetória de um jovem da periferia. A música era tão poderosa que um escritor a chamou de "Strange Fruit" da década, em referência à canção escrita por Billie Holiday em 1939 sobre linchamentos de pessoas negras.[39] "The Message" virou o som das ruas naquele verão, estimulando jovens que desejavam ser vistos pelo que eram: fortes e empoderados.

Depois, Afrika Bambaataa lançou "Planet Rock" e ateou fogo na pista de dança. O objetivo era fazer com um álbum o que Blue tinha feito com a boate. "Eu estava tentando atingir o mercado do público negro e o do punk rock", disse Bambaataa. "Queria unir os dois." O método foi produzir "um som com muito funk bem doido, sem banda, só com instrumentos eletrônicos".[40] O resultado foi "o nascimento do electro-funk".[41]

O DJ e empresário François Kevorkian disse que "Planet Rock" "foi além dos limites. Era um negócio doido, um ciborgue descontrolado. Era uma música impressionante, com os graves e a bateria escancarados na sua cara, mais pesados do que tudo que já foi tocado". A produção do disco custou 800 dólares e a primeira prensagem de 50 mil cópias esgotou em uma semana.[42] "Planet Rock" e "The Message" viraram hinos do Roxy.[43]

O som que surgiu com a união das cenas musicais nova-iorquinas era uma mistura espetacular de rap, reggae, jazz fusion, R&B, niilismo punk, ironia new wave, som eletrônico inspirado no Kraftwerk, disco music inspirada em Giorgio Moroder, country à moda de Elvis e funk, com muita militância e amor em iguais medidas. Esse processo ainda gerou o "renascimento da dança" como forma de comunicação, para transmitir uma mensagem e, na tradição dos garotos do swing alemães, como declaração de independência dizia "NÃO".[44]

Madonna passou a praticamente morar nas boates. A favorita era o Roxy. Ela absorvia a cultura e a música, é lógico, mas também os novos estilos de dança e o visual, embora não fosse algo imediato. É compreensível que tenha levado um tempo para processar esse espetáculo revolucionário. Um novo namorado a ajudou a entrar nessa. Leonard McGurr, conhecido como Futura 2000, era um grafiteiro em quem, segundo um amigo em comum, Madonna "mirou como um míssil. Futura não tinha a menor chance. Ele era o tipo dela: um homem negro de pele clara, criativo e rebelde, mas não intimidador. Eles tiveram um lance bem quente por um tempo. Ele só ficou com ela nesse período".[45]

Madonna se mostrou uma aluna que aprende rápido. Além disso, a cena do Roxy não era muito diferente do que ela viu em Pontiac. Os jovens locais tinham apenas crescido, o som tinha ficado mais complexo e radical e a festa, aumentado de tamanho. Era uma celebração e tanto, digna das origens caribenhas do hip-hop. Madonna se encontrou na pista daquela boate, onde a dança da moda no momento era o "webo", gíria em espanhol para "sacudir as bolas". "Webo envolvia dançar com uma mulher realmente partindo para cima dela", explica Freddy. "Era uma dança bem doida, bem sexy. Muitas vezes, quando Madonna estava dançando, vinham dois ou três caras para sensualizar com ela."[46]

Depois de frequentar a boate por um tempo e arrumar um grupo de amigas para dançar, Madonna incorporou essa agressividade sexual. Segundo Freddy,

> eu me lembro de estar na boate dançando com uma garota, e aí [Madonna] vinha por trás de mim de modo sensual e eu falava "E aí, gata, o que está rolando?". Ela tentava virar o jogo. Você poderia dizer que ela era uma vadia, mas a questão não era essa. Ela não era uma mulher branca qualquer que dormia com qualquer cara. Era mais esperta do que isso. [Ela era] uma mulher forte com senso de humor.[47, 48]

Madonna disse que ela e as amigas eram "as únicas brancas que podiam dançar webo no Roxy". Kano, um grafiteiro que fazia pôsteres para a boate, homenageou o grupo pintando a frase "Webo Girls" nas jaquetas que elas vestiam. Ela traduziu a frase como "garotas com colhões".[49] Nessa mesma época, adotou o nome de grafiteira Boy Toy, que ela acreditava ter sido inventado por Futura. "Eu gostava de flertar, brincava com os caras", explicou ela.[50] O gerente do Roxy, Vito Bruno, disse: "Madonna e as amigas eram o tipo de mulheres que você queria na sua boate. Ela se destacava."[51]

Era isso que Madonna fazia nas noites de sexta-feira. Nas outras noites, ia a um clube mais moderno e frequentado pela galera da arte chamado Danceteria. O objetivo lá era prazer e negócios. Depois de um mês indo àquela boate, criou coragem para dizer ao DJ Mark Kamins que tinha uma demo. "Eu sabia que se ganhasse o respeito dele e o fizesse escutar minha fita... Mark tinha vários amigos em gravadoras. Sabia que ele tinha muitos contatos, então planejei tudo."[52]

Três anos mais velho que Madonna, Kamins nasceu e cresceu em Nova York e havia trabalhado em boates de Manchester, Londres e Atenas.[53] Após fazer uma imersão no punk, na new wave e no soul do norte da Inglaterra, além da eurodisco carregada na eletrônica da Grécia, ele voltou a Nova York, onde as boates tocavam esses sons e mais o R&B e a trilha sonora da juventude dele: o jazz. Kamins trabalhou em algumas boates antes de chegar à Danceteria, situada em um prédio que pertencia à máfia na rua 37. "A Danceteria era o centro do universo, o lugar em que todos acreditavam em mágica", disse um dos criadores da boate, Jim Fouratt, que também ajudou a fundar o grupo radical Yippies e o Gay Liberation Front pós-Stonewall. "Quem estivesse na vanguarda da música, da arte, do audiovisual ou até da atitude, estava lá."[54]

A boate, que era ilegal, fechou após uma batida policial encontrar a pista de dança coberta "por quase 3 centímetros de comprimidos e papelotes".[55] Em 1982, o empreendimento ressuscitou na rua 21 com a equipe basicamente intacta: LL Cool J (ascensorista), os Beastie Boys (manutenção), Karen Finley e Sade (bartenders).[56] Era um templo de quatro andares frequentados por uma congregação de artistas que vinham de todos os cantos do mundo para Nova York. O famoso elevador da Danceteria, conhecido por ser um lugar para dançar, usar drogas e amar, levava a clientela pelas quatro dimensões da boate: primeiro andar, apresentações ao vivo; segundo andar, DJs e dançarinos; terceiro andar, instalações em vídeo; e quarto andar, lounge. Para Kamins, o lugar não era uma boate, era uma "nação. Um novo país e um novo mundo". Ele continua:

> A Danceteria foi um desses momentos na história em que todos estavam no mesmo lugar na hora certa e se complementavam. Era tudo o que tínhamos. Vivíamos para a boate e dela. Lá era possível comer, beber, conversar, fazer farra [...]. Ninguém era um gênio, ninguém tinha um plano para o sucesso. Era só a pura evolução criativa, um caldeirão de culturas, uma placa de Petri.[57]

A boate abria às 20 horas e fechava às 8 horas do dia seguinte. Kamins fazia seu turno de 12 horas no segundo andar, com 3 mil discos na cabine para manter o movimento na pista.[58]

Madonna chamou a atenção de Kamins.[59] Embora fosse "jovem e um pouco ingênua, ela sempre soube o que queria e tinha um tremendo desejo de se apresentar. Quando começava a dançar, juntavam vinte pessoas para dançar com ela".[60] Com o tempo, ela acabou indo para a cabine do DJ e se apresentou.[61] Viramos bons amigos, começamos a sair e ela trouxe a demo para mim",[62] contou ele.

Há vários relatos de como e quando Kamins tocou a fita demo de Madonna. Não importa qual seja a versão, o resultado de todas é o mesmo: a pista de dança gostou.[63] Ele e Madonna também gostaram um do outro. Em pouco tempo, os dois se mudaram para um lugarzinho no Upper East Side — quando ela "ia morar" com um cara, ela só ficava metade do tempo lá.[64] Madonna quase sempre tinha uma residência em outro lugar. Mesmo com Kamins, que poderia ter grande importância na carreira dela, Madonna não ia fazer o papel de parceira que concorda com tudo só para mantê-lo ao lado profissionalmente. A independência dela era preciosa demais.

Enquanto isso, Kamins tentava fazer as gravadoras se interessarem pela demo. Ele era do setor de A&R da Island Records (e tinha apresentado o U2 ao selo), então levou a música de Madonna e Steve Bray, "Everybody", para Chris Blackwell — que recusou. "Ele não gostou de Madonna e disse: 'Não vou assinar contrato com a namorada do meu A&R.'"[65] A demo também foi rejeitada pela Geffen Records. As pessoas não confiavam na fé de Kamins em Madonna por achar que ele estava apaixonado por ela.[66]

A próxima tentativa foi com Michael Rosenblatt, um jovem que gerenciava o setor de A&R da Sire Records. Kamins descobriu que ele estava procurando "artistas animados que faziam música para dançar".[67] Em 1982, as Go-Gos chegaram ao topo da parada de álbuns com *Beauty and the Beat*. O visual era de garota comum com um toque diferente. O som era excêntrico, borbulhante e divertido. Com notas sombrias, a música de Madonna era mais complexa, mas, se necessário, ela poderia se encaixar em um gênero musical que vinha do underground e se chamava new pop.[68] Kamins convidou o jovem para a Danceteria.[69]

Rosenblatt tinha 25 anos e vinha passando por vários cargos na empresa fazia cinco anos, mas o verdadeiro emprego dele era percorrer as boates em busca de talentos. A primeira descoberta feita por ele foi o B-52's no CBGB. O chefe dele, Seymour Stein, assinou contrato com a banda e deu mais responsabilidade a Rosenblatt, que descreveu a função como "ser pago para fumar maconha e ouvir música".[70] A próxima grande descoberta foi o duo britânico Soft Cell, cuja "Tainted Love" vendeu alguns milhões de cópias. "Quando 'Tainted Love' ainda era um grande sucesso, descobri Madonna", disse.[71] Um amigo dele tinha assinado contrato com uma nova dupla pop inglesa chamada Wham! e o amigo pediu a Rosenblatt para lhes mostrar Nova York.

> Eu levava os dois às boates nas noites de sábado. Estou na Danceteria, no bar do segundo andar, com George Michael e Andrew Ridgeley e vejo uma mulher andar pela pista de dança até chegar à cabine do DJ para falar com Mark. Imaginei que era a que tinha a demo, então fui até lá, me apresentei e começamos a conversar.[72]

Alguns dias depois, Kamins e Madonna foram ao escritório de Rosenblatt. Ele ouviu a demo de quatro músicas. Ouviu mais uma vez. "Não tinha nada de mais. Mas a mulher sentada no meu escritório irradiava luz como uma estrela", comentou.[73] "Eu sabia que tinha potencial." Rosenblatt perguntou o que Madonna queria fazer. Ela respondeu: "Quero gravar discos."[74]

"A resposta errada é: 'Expressar minha arte'", disse Rosenblatt. "Você procura um artista capaz de entender que isso é um negócio. Não tem nada de hippie. Eu vou gastar milhões. Você tem que estar preparado para vender até sua mãe."[75] Aparentemente, ele se convenceu de que Madonna entendia isso e apenas respondeu: "Muito bem, vamos lá."[76]

Eles apertaram as mãos e Rosenblatt escreveu um contrato em um bloco de papel. Madonna receberia um adiantamento de 5 mil dólares por dois singles de 12 polegadas, mais royalties e taxas de publicação de mil dólares para cada canção que compusesse. Depois, ele ligou para Stein com o propósito de conversar sobre o contrato e receber a aprovação dele.[77]

Seymour Stein tinha criado a Sire Records em 1966 e logo conquistou o universo do rock. As festas organizadas por ele eram um desfile de talentos, nas quais compareciam de Iggy Pop a John Lennon, passando por Elton John.[78] O foco do trabalho, no entanto, eram as pessoas atípicas, os artistas que as grandes gravadoras não queriam e as estações de rádio não tocavam. Em meados dos anos 1970, ele procurava bandas na região da Baixa Manhattan, como os Ramones, Talking Heads e suas contrapartes na Grã-Bretanha. Foi lá que ele assinou com Chrissie Hynde, que trabalhava como jornalista musical em Londres, e a banda dela, Pretenders.[79]

Em 1981, "a Sire tinha virado a gravadora mais moderna de Nova York", acompanhando a trajetória dos clubes da região central ao combinar os remanescentes do punk e da disco com new wave e rap.[80] Mas ser a melhor não bastava. Em 1977, a Sire passou a fazer parte da Warner Bros., que queria mais sucessos sem gastar mais dinheiro. Stein rodava o mundo para encontrar talentos que não quebrariam a banca. "Eu estava trabalhando direto, sem descanso", disse ele. Em 1982, aos 40 anos, começou a sentir dores no peito e recebeu a notícia de que precisava fazer uma cirurgia cardíaca. Foi ali, deitado em uma cama de hospital e sentindo pena de si mesmo, que ele encontrou sua "Florence Nightingale".[81]

Rosenblatt tinha enviado a fita demo para o hospital. Stein a botou para tocar em seu Sony Walkman. "Enquanto a penicilina ia para meu coração, fiquei lá deitado e ouvi. Gostei do refrão, da voz, da sensação e do nome, *Madonna*. Gostei de tudo e botei para tocar de novo." Ele queria que Madonna e Kamins fossem vê-lo no hospital.[82] Enquanto isso, Rosenblatt se preparou para a reunião ligando para um cabeleireiro. "Eu só usava aquelas roupas de hospital constrangedoras, parecia alguém lobotomizado de *Um estranho no ninho*."[83]

Ao se encontrarem, Madonna e Stein formavam uma dupla estranha. Stein disse que ela vestia "roupas punk baratas, o tipo de jovem que vivia em boates e parecia deslocada na ala cardiológica de um hospital", mas enxergou além do visual que ela apresentava ao mundo e reconheceu a ambição dela.

> Dava para ver que ela não ligaria se eu estivesse como Sarah Bernhardt, deitado em um caixão. Para ela, a única coisa que importava era que eu conseguisse mexer um dos braços para assinar o contrato. Percebi que havia algo mais importante do que a única canção que eu tinha ouvido. Vi uma jovem que estava determinada a ser uma estrela.[84]

Ele acreditava que ela poderia chegar lá, mas nunca imaginou que estava "olhando para a versão feminina do Elvis".[85]

Stein gostou de Madonna de cara, mas teve que brigar com o chefe da Warner, Mo Ostin, para assinar o contrato, porque Ostin não queria gastar alguns milhares de dólares com uma desconhecida. Como o restante da indústria musical, a Warner estava em recessão, reavaliando as operações.[86] Stein garantiu que valeria aquele investimento insignificante porque Madonna iria estourar, mas o outro se manteve irredutível. Sem se abalar, Stein passou por cima dele e fez uma proposta ao chefe da divisão internacional da Warner, Nesuhi Ertegun. Após uma boa dose de bajulação, Ertegun concordou em apoiar o contrato. Isso significava que o contrato inicial de Madonna era com a Sire e a Warner Music International.[87]

Ao assinar com a Sire, Madonna não conseguiu apenas um contrato com uma gravadora. Ela também ganhou legitimidade artística. O selo tinha uma aura vanguardista. Contratava artistas performáticos em vez de provedores de entretenimento. E a empresa-mãe, a Warner Bros. Records, "talvez fosse a gravadora mais admirada do mundo", contratou artistas como George

Harrison, Miles Davis, Paul Simon, Elvis Costello e Quincy Jones.[88] Era exatamente o que Madonna queria ser, e ela creditou a boa sorte que teve a Stein.[89] "Ele foi o único que me permitiu ir direto para o estúdio. A Epic, a Geffen, a Atlantic, todos disseram que queriam mais demos", relembrou a cantora.[90] Ela imaginou que, como Stein era gay, ele não perdeu o foco por causa da sexualidade dela nem se sentiu ameaçado por sua força.[91]

Madonna planejava gravar o single "Everybody" durante o verão. Tanto Kamins quanto Bray achavam que tinham o direito de produzi-la. Kamins argumentou que foi ele quem havia levado Madonna para a Sire.[92] Bray retrucou dizendo possuir os direitos de produção por ter coproduzido a demo e ajudado na composição da música. "Eu estava apavorada. Achei que tinha recebido uma grande oportunidade", disse Madonna. "Foi horrível, mas eu não acreditava" que Bray faria um bom trabalho.[93] "Procurei Steve e falei: 'Que tal produzi-la *com* Mark?' Ele se recusou e então falei: 'Você está fora.'"[94]

Embora pudesse se arrepender, Madonna calculou (talvez com um estímulo da Sire) que Kamins era mais experiente e mais conhecido. Por isso, ela o escolheu para produzir seu primeiro single, em vez do homem que a inspirou, apoiou e viveu na extrema pobreza com ela. Segundo Bray, quando Madonna "conseguiu contrato para um single, fiquei muito animado porque pensei: 'Muito bem, devo receber mais que 6 dólares'". Estava errado.[95] Madonna o tinha deixado em Michigan uma vez. Naquele momento, *ele* a deixou, dizendo: "Foda-se. Ou eu produzo ou vou embora." Ele ficou sem falar com ela por dois anos.[96]

Muito tempo depois, após terem composto mais músicas juntos, ele filosofou sobre o rompimento e explicou: "O relacionamento era antigo demais para deixar que algo assim atrapalhasse."

> Explorado? Algumas pessoas dizem que sim, mas é só o ressentimento falando por elas. Parece que você está deixando pessoas para trás ou está pisando nelas, mas a verdade é que você está avançando e elas, não. Ela não tenta ser educada e não liga se vai acabar deixando alguém chateado.[97]

Ele entendeu isso depois, mas na época disse que "foi muito difícil aceitar" ser deixado de lado.[98]

Em outubro de 1982, o primeiro single de Madonna foi lançado. "Everybody" saiu com uma faixa em cada lado do disco, sendo o lado B uma versão mais longa e com mais graves, feita para as boates. Embora seja difícil imaginar uma situação dessas hoje, o som era tão inclassificável na época que a Warner não sabia se o promovia para o público branco ou negro. Por incrível que pareça, não se considerava a possibilidade de a música ser oferecida aos dois. Para evitar o dilema, a capa do álbum não mostrava o rosto de Madonna e nenhuma foto promocional foi disponibilizada para que a aparência dela continuasse um mistério. Com uma extraordinária presença física, Madonna começou a carreira profissional na gravadora como uma voz sem corpo.[99]

Sem deixar nada nas mãos do acaso, Kamins levou "Everybody" para Larry Levan no Paradise Garage. Ele nunca tinha encontrado Levan, mas sabia do status mítico do DJ e que, se você queria um sucesso na estação de rádio mais popular de Nova York, a WBLS, precisava do apoio dele. Levan botou a versão de nove minutos para tocar e "adorou", relembrou Kamins. "Acho que foi o primeiro disco de uma branca que ele tocou." Larry, por sua vez, tocou "Everybody" para Frankie Crocker, DJ da WBLS, que a botou para tocar no rádio.[100]

Em um mês, a música chegou ao primeiro lugar na WBLS e terceiro lugar na parada Dance Club da Billboard. De repente, "Everybody" estava em todo lugar.

Camille Barbone a ouviu. "Eu estava em uma casa de repouso, visitando a mãe de um amigo. Os idosos estavam fazendo ginástica ao som do rádio, sintonizado na WBLS de Nova York. Estava tocando Madonna. Eu fiquei paralisada, sem acreditar no que estava ouvindo. Atravessei o saguão da casa de repouso, fiquei o mais perto que pude do rádio e não acreditava no que estava ouvindo."[101]

Fab 5 Freddy também ouviu. "Eu estava andando pela avenida A e, a uns vinte passos na minha frente, havia três jovens porto-riquenhas muito gatas e sensuais. Eu as vi caminhar pela rua com uma pequena caixa de som. Eu me lembro de observá-las e pensar: 'Não sei que música é essa, mas elas estão curtindo mesmo.' Elas estavam cantando e desfilando pela rua. Quando cheguei mais perto, percebi que era a música da Madonna."[102]

Madonna também ouviu. "Por volta das 19 horas, eu estava com o rádio ligado no meu quarto, sintonizado na [estação de música latina de Nova York] KTU e ouvi 'Everybody'. Falei: 'Ai, meu Deus, sou eu saindo dessa caixa.' Foi uma sensação incrível."[103] Ela começou a chorar. Finalmente tinha acontecido. Uma música dela estava tocando no rádio. Ela conseguiu.[104]

Capítulo 12

Nova York, 1982

Boom for real.[1]

*— Jean-Michel Basquiat**

MADONNA FOI OBRIGADA a sair do apartamento na Riverside Drive onde estava morando porque Futura, incapaz de resistir a uma parede limpa, grafitou o quarto dela.[2] Contudo, esse final desagradável foi a oportunidade para um recomeço. Graças ao contrato pelo single e após anos compartilhando e transitando por vários espaços, Madonna tinha dinheiro para alugar um apartamento de dois quartos na rua 4, entre as avenidas A e B, com um futon, um aparelho de som na janela, um sintetizador Roland apoiado em um suporte, um aquecedor chiando na parede e um banheiro só para ela.[3] Um palácio. Do lado de fora, porém, a vida não era tão boa assim.

O apartamento era em Alphabet City, uma área tão degradada (havia quase quatrocentos prédios abandonados e trezentos lotes vagos) e perigosa que nem os nova-iorquinos mais cascas-grossas se aventuravam por lá, a menos que estivessem em busca de heroína.[4] Sem se abalar, Madonna reuniu um grupo de jovens adolescentes — vigias dos traficantes — para atuar como guarda pretoriana e acompanhá-la na rua.[5] Ela adorou esse acordo e a nova casa nas fronteiras longínquas da civilização. "Foi ali que comecei a me divertir e ter um círculo de amigos. Tudo parecia estar dando certo", observou ela.[6]

O "círculo" era composto pela nova geração de pessoas criativas que chegaram ao centro de Nova York mais ou menos na mesma época que ela, no fim de 1970. A primeira geração na música, as Debbie Harrys, Tina Weymouths e Patti Smiths, estava na cena havia muitos anos (Patti Smith já tinha até saído dela) quando Madonna e seus amigos começaram a frequentar as boates. Por mais que esses artistas um pouco mais velhos fossem reverenciados, eles representavam outra realidade artística porque a música deles era baseada no rock. A geração mais jovem se inspirava nos DJs e na pista de dança e também era menos branca, mais fluida em relação ao gênero e, por algum tempo, menos angustiada.

---

* Uma explosão de verdade, em tradução livre. *[N da E.]*

Entre a galera mais jovem do início dos anos 1980, Madonna encontrou seu grupo. Debi Mazar foi uma das primeiras integrantes — ela se tornaria atriz e seria uma amiga para toda a vida. "Eu estava na Danceteria, trabalhando no elevador, quando ela entrou. Estava tocando uma música ótima e Madonna disse: 'Ei, quer dançar?' Eu respondi: 'Quero!' Então, parei o elevador e dançamos muito juntas."[7] Segundo ela, "Eu era boa dançarina porque sempre convivi com drag queens negras e porto-riquenhas, que eram fabulosas. Fiquei empolgada porque ela era uma garota branca que sabia dançar, como eu, e dançava muito bem."[8]

Mazar, que tinha 18 anos quando conheceu Madonna, vinha vagando pelas ruas de Nova York desde criança. Por volta dos 15 anos, com uma identidade falsa em mãos, descobriu as boates. Aos 16, foi promovida à chapelaria do famoso Mudd Club, que por um tempo foi o ponto de encontro de artistas, DJs e celebridades do underground e do meio comercial. O dono, Steve Mass, promoveu a jovem como piada e ela se tornou atendente da porta VIP da boate. "Eu não conhecia os VIPs. Se David Bowie entrasse, tudo bem, eu sabia quem ele era. É óbvio que Debbie Harry também, mas apareciam pessoas como David Byrne, do Talking Heads, que eram famosas no centro da cidade", relembrou ela. Em pouco tempo, Mazar estava tratando os VIPs pelo primeiro nome e virou a queridinha de todos.[9]

Além da vida noturna, o desejo dela na adolescência era ser maquiadora. "Eu levava minha caixinha de maquiagem do Brooklyn até a cidade", contou. Também começou a se concentrar no próprio estilo, basicamente de brechó e com uma pegada vintage porque não tinha dinheiro para comprar roupas novas.[10] Então, quando Madonna apareceu naquele elevador, a jovem usou seu conhecimento de especialista em moda e a avaliou como "uma garota do Meio-Oeste que curtia punk rock" e estava no elevador "fazendo seus corres". "Ela era muito direta, muito sexual e olhava diretamente nos olhos das pessoas. Tinha estilo próprio e era muito descolada. Tinha um cabelo bagunçado e meio sujo, mas era lindo. Além das sobrancelhas grossas e de milhões de pulseiras."[11]

Como forma de se apresentar, Madonna disse a ela: "Vou ser uma estrela. Vou gravar umas músicas e você vai fazer minha maquiagem."[12] Mazar já tinha ouvido pessoas dizerem coisas muito mais estranhas, então nem se abalou. "Ela foi uma das minhas primeiras amigas", relembrou Mazar.[13] "Mesmo não frequentando as ruas de Nova York, ela passava uma energia e nós nos divertíamos muito passeando por aí."[14]

Outra amiga que apareceu na vida de Madonna naquele ano e que seria uma companhia dentro e fora dos palcos era uma estudante de sociologia da Universidade de Nova York chamada Erika Belle, que veio de Long Island.[15] "A primeira vez que a vi foi em uma boate", contou Belle. "Acho que a terceira frase que ela disse foi: 'Vou ser a mulher mais famosa do mundo.' Eu só pensei: 'Quem *é* essa garota?'" As duas falavam de música, dança e moda. "Saíamos todas as noites."[16]

Belle disse que as boates começavam a ficar animadas mesmo por volta da meia-noite, e o agito durava até as 4 horas da madrugada.

> Nós tentávamos chegar até a pista, ocupar o máximo de espaço e dançar o máximo possível [...]. Rolavam muitos flertes, muita diversão. Claro que aquela era a época em que as garotas faziam sexo na pista de dança, mas Madonna nunca quis ter essa fama. Ela sempre foi muito consciente e controlada.[17]

Muitos que conheceram Madonna disseram que ela agia como um homem quando o assunto era sexo e relacionamentos.[18] O fotógrafo Marcus Leatherdale foi mais específico e comentou que ela agia como um homem *gay* em relação ao sexo. "Ela gosta de sexo e não vê o menor problema nisso. Acho que ela é só uma mulher livre e sem amarras. Foi uma das primeiras mulheres que conheci que curtiam o sexo por esporte."[19]

Curiosamente, o jeito de Madonna lidar com os relacionamentos refletia o ambiente masculino no qual foi criada. Quando criança, ela corria atrás dos meninos no playground, sem saber que esse tipo de comportamento era considerado inadequado. Adulta, ela até sabia que a sociedade não gostava de mulheres sexualmente assertivas, mas não se importava.

Os que a conheciam entendiam, mas quem não era próximo de Madonna dizia em tom de reprovação que ela usava o sexo para avançar na carreira, graças a uma série de seduções estratégicas. Quando Seymour Stein ouviu esse tipo de comentário, contou que chegou "a ficar com urticária".

> Acredite em mim, nenhum chefão a pegou e a transformou em uma estrela. Ela só é uma jovem muito passional, vivendo a própria vida [...]. É engraçado como a gente não fala nada quando um roqueiro de 24 anos usa uma penca de mulheres bonitas para criar músicas de sucesso. Uma garota estava ficando com um monte de caras bonitos e talentosos. Você tem ideia de quanto eu teria amado fazer isso na idade dela? O único cara em quem ela confiou nos primeiros anos e que nunca é mencionado foi Martin Burgoyne.[20]

Martin Burgoyne é um dos heróis que não receberam o devido reconhecimento na história de Madonna. O impacto que ele teve na vida da cantora foi imenso. No início de uma carreira que em dois anos a tiraria da miséria de Alphabet City e a levaria para o luxo de Hollywood Hills, Burgoyne forneceu o apoio, a proteção e a amizade de que ela precisava para sobreviver àquela ascensão que poderia ser desestabilizadora. O amor dele por ela era inequívoco e recíproco. Stein disse que Madonna e Burgoyne eram "inseparáveis".[21]

O fato de ele ser o novo vizinho dela foi uma coincidência feliz. Naquele inferno urbano, ele parecia ser um querubim de 19 anos caído do céu. Segundo Madonna,

> [ele] era uma criatura etérea que tinha a capacidade de trazer à tona o melhor de qualquer um. Ele era de outro mundo porque, enquanto todos estavam lutando para vencer na vida, ser alguém e chegar a algum lugar, Martin não se preocupava com isso. Ele vivia um dia de cada vez e estava sempre se divertindo.[22]

Um amigo disse que Burgoyne "era um duplo de Madonna. A alegria, o amor pela música e pelo mundo da arte [...]. Ele poderia ter sido uma versão melhor de Madonna, pensando bem".[23] Tudo era uma questão de aventura para ele. A coragem estava no topo da lista das muitas qualidades que tinha em comum com Madonna.[24]

Nascido na Inglaterra, mas criado perto de Orlando, na Flórida, Burgoyne se mudou para Nova York a fim de estudar arte no Pratt Institute.[25] Ele logo se encaixou no grupo do centro da cidade. "Você nunca vai encontrar uma pessoa que não gostasse de Martin", disse Marcus Leatherdale. "Ele era uma gracinha, adorável e tinha uma sexualidade muito fluida, então todos podiam curtir. Era o ursinho de todo mundo."[26] De acordo com o amigo Jordan Levin, ele era muito "desejado, um jovem que emitia luz até na boate mais escura".[27]

Burgoyne tinha 1,75 metro de altura e cachos louros que coroavam um rosto juvenil. O estilo dele era eclético: coturnos, piercings, chapéus que não necessariamente eram adequados ao clima e, muitas vezes, um suspensório de couro que lhe dava a aparência de um jovem bávaro. Ele também escrevia poesia pornográfica, que anotava em um caderno e recitava para os amigos. "Era o jeito dele, e ainda assim parecia um anjinho lindo. Você nunca iria imaginar que era um tremendo safado desbocado", contou Leatherdale.[28]

Como Puck em *Sonho de uma noite de verão*, de Shakespeare, Burgoyne criava o tipo certo de agitação e apoiava os semelhantes. A fotógrafa australiana Catherine Underhill foi uma das que se beneficiaram. Ela o conheceu aos 23 anos e estava sofrendo com a perda do namorado, que havia morrido após passar muito tempo doente. "Ninguém na época havia perdido alguém, então éramos péssimos nisso", comentou Underhill. Em meio à dor, Burgoyne passou a aparecer no loft que ela dividia com o porteiro da Danceteria e showman Haoui Montaug.

[Martin] me deixava louca. Eu estava muito deprimida e arrasada na época e ele era como um pica-pau, ficava "Olá, olá, olá, toma jeito. Vamos lá, vamos nos divertir". Com o tempo, acabei cedendo e talvez tenha me divertido um pouquinho. Ele só queria fazer as coisas com alegria.[29]

Madonna já andava pelas boates, mas estar com Burgoyne a fez ser aceita pelos frequentadores mais assíduos da Danceteria, que a viam com desconfiança por ser muito focada na carreira e um tanto simplória.[30] "A liberdade artística de Nova York me intimidou um pouco no começo", admitiu ela. "É tudo muito intenso e muito fechado, como um mundo dentro da cidade. Levei um pouco de tempo para entrar nele."[31] Leatherdale disse que Burgoyne foi "o ingresso de Madonna. Ela estava com alguém que todo mundo amava. Ela era uma pessoa forte e enérgica, mas não necessariamente amável na época, ainda mais quando comparada a Martin".[32]

Naquela época, Madonna até começou a se vestir como o amigo. Ela adotou um visual andrógino que a fazia parecer um garotinho: cabelo cortado bem curto, jaqueta masculina, bermuda na altura dos joelhos, camisa branca, meias escuras e sapatos confortáveis.[33] "Ele influenciou e inspirou muito o jeito que ela se vestia", disse Christopher, irmão de Madonna.[34]

Burgoyne também foi crucial para os primórdios do show itinerante conhecido como "Madonna". Ele a acompanhou aos shows, ao estúdio, às reuniões com a gravadora. "Na Sire, brincávamos que antes de Madonna ter um empresário, era seguida por um séquito de valetes e menestréis por toda parte", relembrou Stein. Burgoyne era o principal deles. Ela "trabalhou todas as primeiras canções, visuais e movimentos com o feedback de Martin, que era sincero", disse Stein.[35]

Entre as pessoas que Madonna conheceu por meio do amigo, uma das mais importantes foi Maripol, uma designer de joias de 26 anos, nascida em Marrocos e criada na França. Era diretora de arte do famoso empório fashion da rua 59 chamado Fiorucci, frequentado pelos jovens que iam a boates no centro e acordavam à tarde. O artista Kenny Scharf chamava o lugar de "boate diurna".[36]

O milanês Elio Fiorucci, fundador da marca, acreditava que "menos é mais" [leia-se: quanto menos roupa, melhor]. A linha feminina da Fiorucci tinha blusas cropped, corpetes e sutiãs com mamilos expostos. Outra filosofia era "sem limites", significando que a moda estava na mesma esfera criativa de todas as artes. Por fim, o fundador, que considerava a moda irônica, tinha como objetivo "redescobrir, reciclar, redefinir". Em outras palavras, reinventar — e isso se estendia à própria loja. A cada três meses, o tema e o visual mudavam. "Todos achavam que era um lugar muito bacana porque tudo estava conectado, sabe? A arte, a música e as roupas",[37] disse Maripol.

A designer começou a trabalhar na loja após ser vista em uma boate por um dos integrantes da equipe da Fiorucci, que perguntou quem tinha feito os brincos que ela usava. Maripol respondeu que ela mesma os criou, e o funcionário lhe disse: "Quero trezentos pares." Com isso, ela lançou a primeira linha de joias.[38] Quando foi apresentada a Madonna, seis anos depois, Maripol *era* a personalidade da Fiorucci, e os designs dela reciclavam itens que não tinham nada a ver com moda. Os mais famosos foram as pulseiras de borracha feitas para Grace Jones em 1977.[39] Em 1982, Maripol abriu a própria loja, chamada Maripolitan, e começou a vender as próprias joias enquanto ainda trabalhava como diretora de arte da Fiorucci. Segundo ela, a pulseira de borracha ficou tão popular que era usada como moeda na Danceteria, onde valia drinques.[40]

Maripol conheceu Madonna por acaso em uma noite no Roxy. Fab 5 Freddy queria algumas "garotas bonitas" para dançar no palco de sutiã e pediu a Maripol que as encontrasse. "Eu me virei e vi Madonna", contou ela. "Perguntei se ela estava usando um sutiã bonito e ela me achou doida!"[41] A segunda vez que elas se encontraram foi quando Burgoyne levou Madonna ao loft de Maripol. "Foi uma amizade instantânea", disse a designer.[42] E também virou uma colaboração. Maripol tinha descoberto a pessoa que melhor usaria suas criações, e Madonna encontrou a pessoa que a ajudaria no desenvolvimento da imagem naquele início da carreira, hoje icônica. "A influência de Maripol na imagem de Madonna foi imensa", disse Christopher. "Ela é a responsável pelo visual punk com renda."[43]

Underhill trabalhou com Belle e Burgoyne em um bar sem alvará chamado Lucky Strike e deu a Madonna alguns turnos de bartender quando a amiga estava sem grana.[44] Naquelas noites, disse Madonna, ela e Burgoyne roubavam dinheiro do caixa para pagar contas e financiar uma viagem à Inglaterra. "Martin era amigo de Marc Almond [do Soft Cell], então ficamos no apartamento dele em Earl's Court", contou ela.[45]

A viagem foi para Madonna um curso rápido sobre a Grã-Bretanha pós-punk. As lembranças que ela teve do evento envolviam mais moda do que música. Todos que ela admirava no mundinho fashion de Nova York (e àquela altura eram poucas pessoas, incluídos Maripol e a equipe da Fiorucci) vieram de Londres. A herança fashion King's Road-Carnaby Street daquela cidade tinha criado uma cultura de fazer das roupas um espetáculo. As pessoas não se vestiam para ficar atraentes, confortáveis ou na moda, mas para fazer uma afirmação artística. "Eu não podia acreditar em como as pessoas levavam a sério os visuais, a moda e tal. Era tudo fascinante e, sim, me influenciou de certo modo", admitiu a cantora.[46]

Após o lançamento de "Everybody", Madonna começou a receber convites para se apresentar em boates e clubes, trabalhos de meio período que envolviam cantar cinco músicas ao vivo sobre uma base pré-gravada. Os shows eram conhecidos como "track dates". Ela ficou chocada com a quantidade de dinheiro que conseguia ganhar em apenas um deles. O profissionalismo de Tony Ciccone e a desconfiança que ele sentia sobre o que é obtido sem esforço fizeram Madonna se preocupar com o dinheiro que faturaria. Ela precisava fazer algo para merecê-lo.

"Eu me recusei a apenas ficar em pé lá e cantar", disse. "Então, fiz testes para alguns dançarinos e coreografei apresentações de dança para cada uma das canções em vez de ter uma banda."[47] Os primeiros dançarinos a serem recrutados foram Belle, a amiga de Erika, Bags Rilez, e Burgoyne, que topou por um tempo, mas estava mais interessado em administrar o show do que dançar nele. Madonna precisava de um substituto e ligou para Christopher.

"Mais uma vez, recebi um telefonema. 'Venha para Nova York. Gravei um disco. Quero que você seja dançarino de apoio.' Eu fui. Bastava ela chamar que eu ia correndo", contou ele. "É lógico que, quando cheguei lá, não tinha trabalho nenhum." Madonna disse ao irmão que, no meio--tempo entre o telefonema e a chegada de Christopher a Nova York, ela havia contratado outra pessoa para substituir Martin. "Fiquei puto porque eu ganhava 300 dólares por semana dançando em Ottawa, algo raro. Era muito dinheiro. Larguei tudo, fui para Nova York e pensei: 'Mas que porra é essa? Deixei um emprego de verdade por você.'"[48]

Foi a segunda vez que Madonna o convocou e o decepcionou. Dessa vez, pelo menos, eles puderam morar juntos. "Nós estávamos no Village, tinha ratos por toda parte, traficantes na rua, pessoas se aquecendo diante de latas de lixo em chamas, gente arrombando apartamentos", contou ele. "Biscoitos e atum, nós vivíamos disso. Não tínhamos nada!" Christopher tinha trocado a vida estável em uma companhia de dança no Canadá por morar em Nova York sem uma rede de segurança.

Enquanto esperava para ver o que o destino lhe reservava, Madonna começou a dar lições de sobrevivência ao irmão. "Não olhe ninguém nos olhos e, o mais importante, ande como se fosse daqui. Essa é a sua rua." Bom conselho, mas não era fácil. "Havia muitos estímulos, para usar uma palavra simpática. Tinha algo rolando em todo lugar", explicou ele. "Especialmente naquela parte da cidade na época. Era um caos e um circo. Parecia um cenário de *Blade Runner*."[49]

Madonna não tinha medo. "Ela ia conseguir. Até disse em voz alta: 'Isso vai ser meu um dia.' Eu falei: 'Tá bom'", contou ele, rindo da lembrança. "Quem diz algo assim?" Com o tempo, Christopher foi perdendo o medo. Ele se acostumou tanto ao local e suas excentricidades que também virou parte do circo.[50]

* * *

Em novembro de 1982, o primeiro clipe de Madonna, para a música "Everybody", foi filmado e seria distribuído internamente aos chefões céticos da Warner, em Los Angeles.[51] A ideia era reproduzir uma noite em uma boate. Ed Steinberg foi contratado para dirigir. Madonna convenceu Larry Levan a deixá-la usar o Paradise Garage e chamou amigos para encher a pista de dança.[52]

Levan amou tanto "Everybody" e a apresentação dela que contratou Madonna para se apresentar regularmente no Garage. "Eles não costumavam ter artistas brancos no palco, mas Madonna conseguiu", disse o produtor musical Danny Tenaglia. "Isso é que era ótimo no Paradise Garage: se eles colocaram uma garota branca no palco, ela estava lá por algum motivo. A multidão a acolheu."[53]

Durante o show, um assistente da boate colocou a fita errada enquanto Madonna estava cantando. Ela fingiu que nada tinha acontecido e continuou se apresentando. "Eu senti que ela já era uma sensação", disse o DJ francês François Kevorkian. "Era preciso ter nervos de aço para fazer isso na primeira apresentação ao vivo. Dava para ver que nada iria abalá-la."[54]

No fim de 1982, Madonna começou a namorar Jean-Michel Basquiat, que conheceu por meio de Steinberg. Sobre Basquiat, a escritora Lucy Sante disse que ele lembrava Arthur Rimbaud, poeta romântico francês, pois vivia em "uma realidade paralela, absorto na própria arte e suas demandas".[55] Dois anos mais novo que Madonna, Basquiat parecia um garoto, mas em certos aspectos parecia já mais velho, pois dava a impressão de que carregava o peso do mundo nas costas. Não que ele quisesse, mas parecia que tudo dava errado para ele, não importava quanto tentasse escapar.[56]

Ele surgiu na cena artística da região central de Nova York como a assinatura de um grafite antes de aparecer como pessoa. O nome SAMO©, que significa "*same old shit*" [a mesma merda de sempre], estava em toda parte da cidade no fim dos anos 1970. Embora não fosse a intenção, o nome surtiu o efeito de uma campanha publicitária, criando expectativa em relação ao artista por trás dele. Quando finalmente apareceu nas boates e galerias, as pessoas que o conheceram não ficaram decepcionadas. Ele parecia ser incapaz de cometer uma banalidade. Para a primeira exposição em grupo que foi convidado a participar, chegou com um desenho amassado no bolso e o pregou na parede. Em outro evento, expôs um cabide com os macacões que tinha usado para pintar em vez das pinturas em si.[57]

Tudo o que ele fazia tinha peso. Usando elementos visuais como pistas, conduziu um comentário cultural sobre os Estados Unidos na época de Reagan, a vida como homem negro naquela sociedade e o mundo das galerias, que Fab 5 Freddy descreveu como "paredes brancas, vinho branco e gente branca".[58] Basquiat desafiou aquele mundo com sua obra e com a própria presença: o artista o entendia, mas a compreensão não era recíproca.

"Eu me lembro de estar em uma festa chique com Jean e algum cara rico vir até nós, perguntando: 'O que vocês fazem?' Jean respondeu com sinceridade [embora fosse mentira]: 'Sou gerente de um McDonald's'", lembrou Glenn O'Brien. "O cara deu meia-volta e foi embora." Em outra ocasião, segundo O'Brien, um porteiro impediu a entrada de Basquiat no Mudd Club, alegando que "negros não eram permitidos naquela noite. Eles estavam tentando afastar os traficantes".[59] Muito pior do que tais ataques dirigidos a ele enquanto homem negro foi o racismo que vivenciou como artista plástico negro.

No ano de 1981, em uma galeria de Modena, na Itália, aconteceu a primeira exposição solo de Basquiat. Ele ganhou 30 mil dólares. O dinheiro não significava nada para o artista, que andava com notas de 100 dólares enfiadas nos bolsos como se fossem lenços de papel, mas era tudo para os donos de galeria. Logo, o interesse em Basquiat cresceu. Em setembro de 1982, ele estava em Zurique para uma exposição na galeria de Bruno Bischofberger. A experiência foi parecida com a de Madonna em Paris, em que ela foi apresentada como uma criança selvagem das ruas nova-iorquinas. No caso de Basquiat foi pior. Ele se sentiu tratado como um animal de zoológico. Após ser recebido no aeroporto, o artista disse que Bischofberger deu a ele umas telas e convidou pessoas para vê-lo pintar. Sem dúvida, o marchand estava empolgado para ver o processo, mas o artista se sentiu exposto como uma espécie exótica, e isso o afetou. De volta a Nova York, ele contou o episódio entre lágrimas para a dona da Fun Gallery, Patti Astor.[60]

Foi nessa época que Madonna o conheceu. Basquiat era o homem mais complicado, perturbado e brilhante que ela já tinha conhecido. A cantora também nunca tinha se envolvido com alguém que sofria tanto pela própria arte. Armon Stewart, amigo do artista, disse que Basquiat amava a independência de Madonna e "que ela parecia estar a caminho da grandeza sem puxar o saco de ninguém".[61]

Após a experiência em Zurique, Basquiat se trancou na Fun Gallery a fim de se preparar para uma exposição.[62] Na noite de abertura, em 4 de novembro de 1982, com centenas de pessoas do lado de fora, ele estava sofrendo de "paranoia induzida pela cocaína", segundo Astor.[63] Estava com a aparência de alguém que enfiou a cabeça em um cesto de lixo. (Para O'Brien, ele "ficou com um visual muito bom".)[64] Dentro da galeria, as paredes estavam cobertas com os poemas pintados de Basquiat, uma obra chamada *A Panel of Experts* que incluía a notação "Madonna©". Enquanto isso, ele e a verdadeira Madonna tinham se posicionado em um canto para discutir.[65]

Pode-se perdoar muita coisa de alguém tão talentoso. Madonna sabia quem era Basquiat, como o talento dele era raro e a alma, frágil. "Eu me lembro de acordar no meio da noite e não encontrá-lo deitado a meu lado. Ele estava em pé, pintando às 4 horas da madrugada, pertíssimo da tela, em transe",[66] contou a cantora. Às vezes, ela o observava enquanto as ferramentas dele marcavam a tela, sem querer falar por medo de se intrometer naquele lugar para onde a mente do artista tinha viajado.[67]

Madonna tinha uma apresentação na Danceteria para o teatro de revista de Haoui Montaug, chamado "No Entiendes". O evento acontecia uma vez por mês e, nas semanas entre as apresentações, Montaug atendia aos pedidos de pessoas que queriam estar no show. "Era uma escalação muito igualitária", contou Underhill. "Madonna estava sempre por perto. Ela era a melhor amiga de Martin, então teria um papel no espetáculo."[68]

A presença da cantora, em 16 de dezembro de 1982, foi divulgada como "a estreia mundial da artista contratada da Sire, Madonna", e, embora não fosse verdade (ela já havia se apresentado no Garage), parecia ser. Afinal, ela estaria no palco diante de uma plateia de esnobes que precisavam ser convencidos de que valia a pena ouvi-la.[69] "Todos sabiam que Madonna era muito ambiciosa, era o jeito dela", disse Underhill. "Sabíamos que isso poderia ser o início de algo grande. A Danceteria era um espaço seguro para que [Madonna e seus dançarinos] testassem a apresentação da música."[70]

Vestido como se fosse Halloween, com smoking e uma garrafa de champanhe na mão, Montaug era o anfitrião perfeito para levantar o astral daquela multidão meio mal-humorada. "Acordem, porra. Belisquem-se. Belisque a bunda da pessoa ao lado... *Acordem todos!*" As cortinas foram abertas. Madonna e três dançarinos, Belle, Burgoyne e Rilez, estavam sentados no palco, no escuro. Uma voz gritou da plateia: "Vai lá, garota!" Com esse chamamento, a carreira performática de Madonna foi iniciada.[71]

"Quando ela começou, tenho que dizer que fiquei surpreso porque era um *arraso*. Quer dizer, para um show na Danceteria foi 'Uau, essa garota ensaiou'", disse Johnny Dynell, DJ e promoter, que era o mais bem informado entre os informados. "Mark [disse]: 'É, ela vai estourar, ela vai estourar.' Eu pensei: '*Meu Deus*, talvez estoure mesmo.'"[72]

Enquanto isso, Basquiat estava hospedado na casa do negociante de arte Larry Gagosian, em Venice Beach, Los Angeles, enquanto se preparava para uma exposição em março — na galeria de Gagosian —, na West Hollywood. O negociante recordou que Basquiat avisou que a namorada dele iria para lá também." Gagosian respondeu: "Bom, quem é ela? Como ela se chama?" "Madonna." "Eu falei: 'Madonna? Que nome é esse?' Nunca vou esquecer. Basquiat retrucou assim: 'Ela vai ser a maior estrela pop do mundo.'"[73] Gagosian topou, então Madonna pegou o avião até a Califórnia para passar o réveillon lá.

Era a segunda viagem dela à Califórnia. A primeira foi aos 14 anos. O pai e Joan tinham decidido levar as crianças em uma viagem pelo país. Cada criança tinha direito a encher uma caixa da cerveja Rolling Rock como bagagem. Aquela viagem terminou na praia em Santa Monica, com a van atolada na areia, lotada com a família Ciccone, que estava agitada.[74] A segunda ida de Madonna para lá, em 1982, dez anos depois, parecia mais promissora. Com Basquiat trabalhando no estúdio, ela poderia promover "Everybody" na Costa Oeste e os dois poderiam curtir a cidade juntos.

Fred Hoffman, que estava ajudando o artista a criar uma série de ilustrações grandes, disse: "Eles procuravam diversão e foi decidido que iriam almoçar no restaurante do estúdio da Twentieth Century Fox." Com a reserva garantida, os três dirigiram até o estúdio, no limite de Beverly Hills. O restaurante espaçoso estava cheio de celebridades. Madonna e Basquiat deram uma olhada na multidão, sussurrando um para o outro como crianças. "O que eles falaram comigo eu nunca esqueci", contou Hoffman. "Eles me garantiram que um dia seriam famosos e todos naquele restaurante conheceriam aqueles dois jovens aspirantes a artistas."[75]

Basquiat trabalhou furiosamente, documentando a exploração dos astros negros que iam de boxeadores a músicos, passando por atores de Hollywood. Sentiu o dever de pintar o que testemunhara porque, segundo ele, os artistas criam "verdadeiros documentos históricos".[76] Era uma realidade cruel, até sob o sol da Califórnia. Deve ter sido por isso que ele fez uma pausa nas pinturas e mergulhou no que poderia ser chamado de seu segundo passatempo favorito: as drogas

Um dia, Madonna o encontrou na casa de Gagosian (sem o dono da casa) com um grupo de mulheres e uma montanha de cocaína. Ela colocou as mulheres para fora e se hospedou em um hotel sozinha. Basquiat entrou no modo adicto, culpando as drogas, alegando que forças além do controle dele o faziam agir daquela forma deplorável, mas Madonna não caiu nessa. Ela não tolerava o que considerava uma fraqueza, especialmente de um artista com talento tão raro. Ela o deixou em Los Angeles e voltou para Nova York.[77]

Para tentar decifrar o enigma chamado Madonna, basta olhar para 1982 e buscar as pistas. As experiências de vida até ali influenciaram não apenas o conteúdo da obra que ela produziu, mas também os meios de expressá-las — o talento artístico, o humor, o estilo —, e o rumo que tomaria começou a ser definido naquele ano. Agora que não estava mais frustrada, nem passando por dificuldades financeiras, havia entrado no mundo da arte radical. O'Brien chamava de "mundo da arte júnior", uma "cena musical rebelde".

> De repente, os jovens que viviam à noite em uma pobreza elegante criaram uma cultura própria. As motivações por trás de cada ato artístico eram o próprio entretenimento e a comunidade. Houve uma epidemia de diversão contagiante e genialidade impulsiva.[78]

Até surgir o que Susan Sontag chamou de "censura da vida e da esperança".[79] No fim de 1982, ela passou a ter um nome.

Capítulo 13

Nova York, Londres, Los Angeles, 1983

Eu não quero morrer. Só posso supor que você não queira morrer. Podemos lutar juntos?[1]

— *Larry Kramer*

A ÚNICA CERTEZA era que homens gays estavam morrendo. Tudo o mais a respeito da síndrome da imunodeficiência adquirida era um mistério para a medicina. Ela começou quando sintomas confusos apareceram em alguns pacientes gays em abril de 1981 e recebeu a atenção da imprensa em junho e julho do mesmo ano, que a tratou como uma curiosidade. A cobertura feita pela mídia, porém, desapareceu depois que a aids foi rotulada como doença de nicho, uma "peste gay". Mesmo quando começou a se manifestar além desse grupo, em usuários de drogas intravenosas e seus filhos, quase não foi noticiada. Era uma doença que atacava dois grupos marginalizados: gays e adictos.[2]

As falas moralistas que invocavam a "ira de Deus" começaram cedo, mas era óbvio para muitas pessoas da comunidade científica que estava se aproximando um tsunami capaz de engolir muitas vidas além desses grupos demográficos. No início de 1983, acreditava-se que a aids tinha uma taxa de mortalidade de aproximadamente 50% e os cientistas não sabiam o que a causava, como controlá-la ou quanto ela já havia se espalhado.[3]

O esforço para entender e conter a doença foi complicado pela política. Estimulados por uma direita religiosa emergente que via a homossexualidade como abominação, os eleitores em 1980 elegeram o primeiro Senado controlado por republicanos desde 1954. A Casa Branca e o Senado não estavam dispostos a gastar dólares de impostos em uma doença que acreditavam ter origem no pecado. Eles nem queriam mencioná-la porque, para falar sobre aids, era preciso falar sobre sexo gay, e essa não era uma conversa possível nos Estados Unidos de Ronald Reagan.[4]

Enquanto isso, na comunidade gay, o medo era generalizado. No entanto, tão poderosa e disseminada quanto o medo era a negação. A alegria de viver a liberação pós-Stonewall foi difícil de abandonar, mesmo com a dor da morte.[5] Alguns homens se recusavam a acreditar que o sexo estava matando e se convenciam de que o medo da aids era uma trama criada por conservadores para negar o prazer aos homens gays. Outros, com medo *e* em negação, fugiram dos epicentros da doença (Nova York, São Francisco e Los Angeles) para o que acreditavam ser um porto seguro em outras cidades do país e até na Europa.[6] Poucos, porém, encontraram segurança e menos ainda aceitação.

Susan Sontag disse que a aids trouxe para muitos "uma morte social que antecedia a morte física".[7] Um dos primeiros aspectos da doença, e também um dos mais cruéis, foi a rejeição das famílias, da sociedade, dos senhorios e empregadores, até das equipes médicas e dos necrotérios. Como pouco se sabia a respeito da transmissão do HIV, as pessoas que estavam contaminadas se tornaram párias. O calor humano que poderia tê-los confortado foi negado, e assim o medo da morte se somou à probabilidade de morrer na solidão.

Em março de 1983, uma das vozes mais eloquentes, organizadas e eficazes na comunidade de ativistas engajados na questão da aids, Larry Kramer, jogou o que o historiador Randy Shilts chamou de "uma granada de mão na toca da negação" ao escrever um artigo no principal jornal gay de Nova York, o *New York Native*. Nas palavras de Kramer: "Se este artigo não apavorar você, temos um grande problema." Ele explicou a gravidade da crise em números e com uma linguagem bem direta.[8]

Shilts disse que, após o artigo de Kramer, o ativismo relacionado à aids virou um movimento político que chamou a atenção para a causa recorrendo a muitas das táticas usadas nos anos 1960 e 1970, tendo como alvos políticos a Igreja Católica e qualquer pessoa ou grupo que poderia se opor. Coincidentemente, os governos estadual e federal da época lançaram um financiamento, embora escasso, para pesquisas sobre a aids e a Food and Drug Administration (FDA), a agência federal de saúde dos Estados Unidos, começou a buscar tratamentos. Contudo, chegara tarde demais para muitas pessoas.[9]

Entre o momento em que os primeiros casos de aids foram detectados, em 1981, e a primavera de 1983, dezenas de milhares de pessoas foram infectadas. Jovens no auge da vida se preparavam para morrer, alguns de forma mais noticiada do que outros. O pintor do East Village David Wojnarowicz usava uma jaqueta jeans com a seguinte mensagem: SE EU MORRER DE AIDS, ESQUEÇAM O ENTERRO. APENAS JOGUEM MEU CORPO NA ESCADARIA DA FDA.[10]

O humor amargo se juntou à raiva como antídoto para a melancolia daquela época. O mesmo aconteceu na música e na dança. Nas boates, os homens a quem eram negados um toque humano ainda podiam apreciar a comunhão extática e o fizeram, indo aos milhares para as pistas.[11] "Sexual Healing", de Marvin Gaye; "It's Raining Men", das Weather Girls; e o hino da música disco "I Will Survive", de Gloria Gaynor, ganharam um novo significado.

Enquanto "Everybody" ainda gerava burburinho, Madonna começou a trabalhar no segundo single. Para ajudar a criá-lo, a Sire chamou um produtor peso-pesado de R&B que tinha um histórico de sucessos com vocalistas femininas: Reggie Lucas havia coproduzido músicas com Roberta Flack ("The Closer I Get to You") e Stephanie Mills ("Never Knew Love Like This Before", que ganhou o Grammy).[12]

A diferença entre um produtor iniciante como Mark Kamins e um profissional experiente como Lucas era gritante. Madonna tinha muito a aprender sobre produção musical, e Lucas poderia ser a pessoa que iria ensiná-la e também ajudá-la a se desenvolver como artista. "Eu precisava de direção musical. Precisava de alguém que já tivesse trabalhado com vocalistas negras. Precisava de alguém para me dar um empurrão", disse ela. "Reggie era a escolha óbvia. Senti que a combinação do conhecimento musical dele com meu sangue novo daria certo."[13]

> Quando a Warner Brothers me ligou e pediu que eu trabalhasse com Madonna, meu nome era muito conhecido na indústria musical. Agora isso parece ridículo, mas eu era um profissional estabelecido no mercado e ela não era ninguém. No mundo corporativo, a maioria das pessoas que a conheciam não a entendia e boa parte não gostava dela. Dava para ver como ficavam horrorizadas com o jeito boêmio daquela nova artista.[14]

Ao contrário de "Everybody", o segundo single de Madonna tinha duas músicas, "Burning Up", composta por ela, no lado A e "Physical Attraction", composta por Lucas, no lado B. A capa do single foi feita por Martin Burgoyne com uma série de retratos desenhados da cantora. As inspirações foram Andy Warhol, a capa do álbum *Some Girls*, do Rolling Stones, de 1978, e quadrinhos antigos. O interessante é que, ao mostrar as várias faces de Madonna, a imagem parecia antecipar as mudanças de visual de toda a carreira dela.

O disco não foi o sucesso que todos esperavam, então Madonna foi promovê-lo. Em Nova York, ela virou a sombra do promoter de dance music da Warner, Bobby Shaw, que fazia sessões semanais com DJs para apresentá-los aos lançamentos e ouvir as músicas que os outros selos estavam oferecendo. Eram reuniões informais que aconteciam nas noites de sexta-feira. Os artistas não costumavam comparecer a essas reuniões, mas Madonna queria saber mais sobre todos os aspectos da indústria musical. "Ela era muito agressiva e queria aprender", disse Shaw. "Ela se sentava no meu escritório e ficava me observando *trabalhar*."[15]

Fora da cidade, Shaw marcava apresentações para Madonna, que levava a equipe dela: Burgoyne, Erika Belle, às vezes Bags e às vezes Christopher. Usando o carro de Michael Rosenblatt ou uma limusine contratada por Burgoyne, eles podiam ir a três boates por noite. "Algumas músicas, alguns dólares", comentou Rosenblatt.[16] Christopher disse que o trabalho de Burgoyne era coletar o dinheiro, enquanto ele, Belle e Madonna saíam para ensaiar a coreografia em um "camarim acabado" — que poderia ser o escritório do dono da boate.[17]

No Uncle Sam's Blues, em Long Island, a plateia, perplexa, só tinha olhos para eles. Em um bar pomposo de Sag Harbor, Madonna ficou tão revoltada com a indiferença do público que interrompeu o show, gritou "Fodam-se" e saiu do palco. "Long Island não gostou da gente como Manhattan. E Manhattan também não gostou muito de nós",[18] disse Christopher. Em busca de plateias mais receptivas, eles foram mais longe, mas não tiveram sucesso. Em Fort Lauderdale, o grupo entrou no palco depois de uma pantomima com cavalo. Eles se apresentaram no Casanovas, em Hialeah, no Copa, em Miami, e no outro Copa, em Key West, e em todos esses lugares foram recepcionados com frieza.[19]

Travessuras ajudaram um pouco. Para dar vida a uma excursão entediante, todo dia eles pintavam o cabelo de uma cor diferente.[20] Nem essas brincadeiras, porém, animavam o grupo durante aquela primeira viagem a trabalho.

No fim de fevereiro de 1983, foram à Inglaterra para duas semanas de apresentações. No geral, foi uma viagem de baixo orçamento e poucas expectativas: Madonna não era uma prioridade para a gravadora. "Eu estava hospedada em um verdadeiro muquifo", relembrou ela. "Nas primeiras vezes em que fiquei na Inglaterra, tive que tomar banho no corredor e pensei: 'Tudo bem, aqui é assim mesmo.' Nem passou pela minha cabeça que as pessoas tinham banheiro dentro de casa." Embora tivesse achado a cidade sombria e surpreendentemente sem vida, ela topava tudo, como sempre.[21]

Vestida com a jaqueta na qual estava escrito "Webo Girl" e as pulseiras de borracha de Maripol, Madonna encantou uma série de jornalistas homens de publicações musicais que tiveram dificuldade para decifrar o que ou quem ela era: uma branca que soava como negra e exalava sexo, mas se vestia como um homem... Quanto à música, um opinou que "Everybody" "é o som dos jovens grafiteiros de Nova York" e a descreveu como discípula de Afrika Bambaataa.[22]

Ela abriu a "turnê no Reino Unido" em uma boate do Soho londrino chamada Le Beat Route, que era frequentada por George Michael e Boy George, e foi brevemente conhecida como "a boate mais popular do mundo".[23] Aquele público também ficou confuso com o que viu. A revista musical *Black Echoes* disse que Madonna e seus dançarinos "mexiam as pernas como um trenzinho de samba" e batiam os quadris na virilha um do outro. "Esta coreografia explícita fez os frequentadores, normalmente imperturbáveis, abaixarem os copos e observarem tudo aquilo boquiabertos."[24] No Hacienda, em Manchester, Christopher disse que o público "jogou coisas em nós". Àquela altura, ele tinha decidido: "Ok, isso não vai durar muito."[25]

Contudo, de volta a Nova York, Stein, Shaw, Rosenblatt e todos que trabalhavam com Madonna continuaram convencidos do talento e do potencial dela. Rosenblatt fez a famosa previsão de que ela seria "maior que Olivia Newton-John". Entretanto, segundo ele, "ninguém na Warner Bros. ligava. Madonna era só uma dançarinazinha".[26] Mesmo assim, a companhia deu sinal verde para um álbum e a Sire novamente chamou Lucas para produzir.

Jean-Michel Basquiat voltava e partia de Nova York na primeira metade de 1983, por isso Madonna usou o apartamento dele para trabalhar no álbum com Lucas. Trabalharam cercados pela arte do dono do imóvel e sem a interferência dos executivos da gravadora. Madonna compôs seis músicas e Lucas, duas: "Borderline" e a já citada "Physical Attraction". Quando chegou a hora de gravá-las, a maior parte do trabalho foi feita no Sigma Sound Studios, no teatro Ed Sullivan, na Broadway.[27]

Carregando biografias de antigas estrelas de cinema, que ela lia vorazmente naquele período, Madonna chegava ao estúdio preparada para absorver tudo o que podia e colaborar o máximo possível.[28] Contudo, enquanto trabalhavam juntos, ela passou a suspeitar que Lucas queria transformar a "garota nova" em algo que ela não era: o tipo de cantora com a qual ele já tinha trabalhado.

Camille Barbone queria que ela fosse Pat Benatar. Lucas queria que ela fosse Roberta Flack. Madonna também começou a não gostar das decisões de produção dele, achando que muitos instrumentos foram usados.[29] "Comecei a voltar atrás e fazer uma limpeza nas músicas, deixando-as mais minimalistas", disse, após gravar mais da metade do álbum.[30] Para ela, o simples era melhor.[31]

O disco também precisava de outra música. Ela esperava que fosse "Ain't No Big Deal", da demo que fez com Steve Bray, mas ele a tinha vendido para outro artista. Isso deixou o álbum de Madonna sem uma faixa 8. Stein pediu a Rosenblatt que levasse Madonna a Los Angeles para conhecer executivos da Warner e conseguir financiamento para a gravação de uma música nova.[32]

Até aquela reunião de março de 1983, os executivos da Warner ainda estavam confusos em relação à música de Madonna. "Como ela demonstrou interesse em música negra, eles disseram: 'Ah! Então você vai vendê-la para os negros.' Era assim que eles a viam", explicou Lucas. Mesmo naquele momento, com o sucesso de Michael Jackson e Prince, que ocupavam o topo das paradas, os homens brancos da Warner Bros. não conseguiam compreender as mudanças no mundo em que viviam.

Madonna também estava contra uma indústria que entendia o poder dos artistas do sexo masculino, mas não estava disposta a fazer o mesmo investimento em mulheres. Naquele ano, ela disse ao escritor Simon Hills:

> A Warner Brothers é uma hierarquia de velhos e um ambiente de trabalho chauvinista, porque sou tratada como uma garotinha sexy [...]. Tive que provar que eles estavam errados. É o que acontece quando você é mulher. Prince ou Michael Jackson não teriam passado pela mesma situação.[33]

Madonna fez o que precisava fazer. Ela convenceu os executivos, desde o presidente Mo Ostin até as castas mais baixas, que valia mais alguns milhares de dólares.

Após essa experiência em Los Angeles, ficou óbvio que ela precisava de um empresário para representá-la em futuras negociações.[34] Stein tinha uma pessoa em mente. Ele conhecia Freddy DeMann havia anos, então ligou para o escritório do executivo em Los Angeles e perguntou se ele queria conhecê-la. Ele disse que sim, pensando que "Madonna" era o nome de uma banda. Quando Stein respondeu que a "banda" era uma mulher, ele perdeu um pouco do interesse, mas aceitou mesmo assim.[35]

Em 1983, DeMann era um empresário muito procurado — alguns dizem que era o mais requisitado na indústria musical.[36] Ele trabalhou com Michael Jackson quando a carreira do ex-astro infantil tinha "esfriado" e o guiou para o superestrelato. Enquanto Madonna e Rosenblatt eram levados ao escritório de DeMann, com vista para a Sunset Boulevard, Jackson estava emplacando um sucesso atrás do outro com o álbum *Thriller*, que vendeu 20 milhões de cópias só nos Estados Unidos. Madonna adorava Jackson quando era criança. Naquele momento, ela estava naquele escritório, esperando ser uma das artistas representadas pelo mesmo empresário de um dos ídolos da sua infância.[37]

DeMann também ficou impressionado com Madonna. "Quando ela entrou no escritório, fiquei de queixo caído. Eu nunca tinha visto um ser humano com tanta presença em minha vida."[38] Durante a reunião, DeMann recebeu uma ligação e disse que precisava atender. Deve ter sido uma interrupção estratégica, porque ele botou um clipe de Michael Jackson no videocassete e falou para Rosenblatt e Madonna assistirem, pois estaria na MTV em duas semanas. A ideia do empresário era lembrá-los de que ele defendia ferozmente os próprios clientes.[39] DeMann tinha feito parte da batalha épica para levar Jackson à MTV, que na época não exibia clipes de artistas negros. A MTV acabou cedendo e tocou "Billie Jean", levando Jackson ao estrelato mundial.[40]

Com este pano de fundo, Madonna assistiu a "Beat It", uma briga de gangues coreografada e filmada nas ruas de Los Angeles com gângsteres de verdade. Música, dança, paixão e pauta social: todos os ingredientes que ela desejava estavam lá. Rosenblatt olhou para ela e disse: "Esse cara tem que ser seu empresário, porra." Ela concordou.[41] Nenhum compromisso foi selado naquele dia, porém, apenas a promessa de continuarem conversando. DeMann tinha um sócio, Ron Weisner, que ela também precisava conhecer. Madonna estava com uma apresentação marcada no Studio 54 para o 15º aniversário da Fiorucci, em 19 de maio, e DeMann e Weisner concordaram em assistir ao show.

Linda Alaniz, amiga de Madonna em Michigan, tinha se mudado para Nova York com o intuito de ser fotógrafa e manteve contato. "Toda vez que tinha um show, ela me convidava", disse Alaniz. "Fui ao Cat Club, ao CBGB. Até que ela me liga para dizer· 'Você não vai acreditar, mas vou me apresentar no Studio 54!'"[42]

Coube a Maripol organizar a festa. "Eu tinha um grande orçamento e disse ao meu chefe: 'Quero esta cantora.' Todo mundo ficou: 'Não, não, não. Quem é ela? Quem é Madonna?'" Elio Fiorucci queria que fosse Jennifer Beals, de *Flashdance: Em ritmo de embalo*. O filme sobre uma mulher do Meio-Oeste que sonha em ser dançarina profissional era a terceira maior bilheteria de 1983, e a trilha sonora era assinada por Giorgio Moroder. Maripol se recusou. Por que chamar alguém que *interpretou* uma aspirante a dançarina se você pode contratar uma de verdade? "Por fim, eu venci", disse ela.[43]

Maripol tinha um bolo de borracha imenso com 15 velas, de onde Madonna sairia.[44] Com o planejamento terminado, os convites foram distribuídos. A festa começava às 23 horas, com "Madonna e dançarinos" aparecendo por último.[45]

O Studio 54 estava na segunda encarnação após os primeiros donos, Steve Rubell e Ian Schrager, terem ido para a cadeia por evasão fiscal. E naquela noite o elenco original de personagens da boate estava presente: Bianca Jagger, Michael Jackson, Liza Minnelli, Halston e até Henry Kissinger (que dançou com Brooke Shields, com 17 anos na época). Em meio à multidão, Madonna se concentrou em apenas um convidado: DeMann. "Eu estava muito nervosa porque Michael Jackson era incrível ao vivo e pensei: 'Se [Freddy] acha que Prince é terrível, e ele achava isso de verdade, imagina o que pensaria de mim?'"[46]

Ela só precisava aparecer no palco. Catherine Underhill disse que Madonna "era absurdamente linda".[47] Ela havia começado a pintar o cabelo de loiro e a abandonar o visual garotinho, favorecendo uma feminilidade diferente, que Erika Belle ajudou a criar, com trapos amarrados no cabelo, camisetas cortadas para mostrar a barriga, minissaias com bermudas de ciclista e toneladas de bijuterias de Maripol.[48]

Alaniz chegou ao Studio 54 com o ex-namorado, o velho amigo de Madonna e ator David Alan Grier. "Nós dançamos um pouco e depois apareceu um grande bolo branco. De repente, Madonna sai do topo, meio que tropeça, se levanta e começa a cantar 'Everybody get up and dance and sing' [Todo mundo, levantem-se, dancem e cantem]. A multidão foi à loucura." Alaniz disse não se lembrar de ter visto Madonna tão feliz como naquela noite.[49] Uma foto Polaroid que Maripol tirou de Madonna, Belle, Bags e um dançarino chamado David mostra a cantora radiante.

A apresentação foi um sucesso. A Fiorucci queria até mandá-la a Paris para se apresentar na Fashion Week. O mais importante, no entanto, é que DeMann "gostou do show".[50]

Talvez ele tenha ficado mais disposto a trabalhar com Madonna porque, nos meses entre a reunião deles em Los Angeles e a festa da Fiorucci, Michael Jackson havia deixado de ser cliente.[51] Stein temia que Madonna mudasse de ideia em relação A DeMann quando soubesse que Jackson estava fora, mas ela ficou feliz da vida. "Agora ele está livre para dedicar todo o tempo a mim", disse ela.[52] Depois da festa da Fiorucci, a cantora foi para a Weisner-DeMann Entertainment falar de negócios.

Os dois homens tinham conferido as boates para ver se Madonna era popular. A resposta foi sim. Os executivos da Warner disseram a Weisner que estavam preparados para "investir pesado em promovê-la".[53] Apesar dessas garantias e de sua intuição, Weisner precisou ser persuadido a aceitá-la como cliente porque não gostava dela. "Tudo bem ser gananciosa e agressiva, mas chegou a um ponto que não era legal", comentou ele. Para Weisner, *ele* estava entrevistando Madonna — e ela pensou o contrário: era ela quem estava contratando a Weisner-DeMann.

Weisner deve ter se admirado com o fato de alguém, ainda mais uma jovem que só tinha a credibilidade das ruas, pensar que estava na frente nas negociações. Mas Madonna teve que deixar, desde o início, evidente para ele e DeMann que *ela* estava no comando e que eles precisavam ouvi-la e respeitá-la. Segundo ela,

> às vezes pensam que, por ser uma mulher, você é manipulável e podem se aproveitar disso e colocar uma venda em seus olhos. Acham que você não vai conseguir o que quer, exigir o que pediu, com tanta firmeza quanto um homem. Mas eu os surpreendo e eles percebem que estão errados.[54]

Depois de duas horas, Weisner se comprometeria. Ele disse que sabia que Madonna seria uma estrela, pois ela representava uma nova tendência na música. Ela era o que ele chamava de "artista do térreo. Alguém que estava lá primeiro. Quando surge a oportunidade de trabalhar com alguém que está fazendo algo inédito e vendável, você aproveita".[55]

Nos momentos após o aperto de mãos que selou o acordo, DeMann, que era o "batedor" de Madonna na Weisner-DeMann, teve um gostinho de como seria a vida com a jovem cantora.

> Naquele dia, ela tinha três problemas imensos que a aborreciam muito. Eu falei: "Olha, vou cuidar deles agora mesmo e fazer umas ligações." Ela disse: "Você vai fazer isso?" Fiz três ligações e cuidei daquelas questões. Ela ficou tão impressionada que, no dia seguinte, me ligou com cinco problemas. No terceiro dia, ligou de novo, com sete problemas. No dia seguinte, ligou com dez problemas. Eu perguntei: "Como alguém pode..." Ao que ela respondeu: "É verdade, eu tenho."[56]

A primeira providência a ser tomada era colocá-la na MTV. Com apenas dois anos de existência, o canal tinha mais de 25 milhões de espectadores. A indústria musical viu o fenômeno pelo que ele era: uma nova e imensa plataforma de vendas. Contudo, o impacto cultural mais amplo foi muito além de dólares e centavos. A MTV mudou a experiência das pessoas com a música. Após séculos somente *ouvindo* música, todos passaram a querer *vê-la na TV.*

Por mais simples que pareça, isso foi revolucionário. Também significava que, para serem populares, artistas musicais tiveram que virar atores. Alguns músicos já estabelecidos não conseguiram fazer essa transição e outros nem tinham interesse em tentar. Em contrapartida, alguns artistas *novos*, que talvez não tivessem estourado em um mundo restrito ao rádio e aos discos, foram incrivelmente bem-sucedidos. A câmera mais do que compensava qualquer déficit de talento musical. O fenômeno do clipe também deu à luz uma nova geração de cineastas que poderiam ser experimentais, pois as regras ainda não haviam sido definidas. Todos os envolvidos estavam inventando ao longo do caminho. Era um ótimo lugar para se estar.[57]

O primeiro clipe oficial de Madonna foi "Burning Up". Para dirigi-lo, a Warner Bros. recorreu a Steve Barron, que rompeu barreiras para Michael Jackson, "Billie Jean". As filmagens aconteceriam em Los Angeles.[58]

"Burning Up" seria uma anomalia entre os clipes de Madonna, sendo o único contado do ponto de vista masculino: ele fala de uma garota, um garoto e um carro. Na canção, Madonna expressa os próprios desejos com urgência e intensidade, é uma busca ativa. O clipe, no entanto, virou uma amostra de passividade feminina.

Nele, Madonna rola e se contorce na estrada como se, ao desejar o homem da canção, estivesse pronta para ser atropelada em sacrifício. Ela agarra o próprio vestido branco, pronta para tirá-lo se isso for necessário para atrair o rapaz que dirigia um conversível azul. Intercalado com essas imagens, Barron inseriu alguns toques surrealistas aleatórios.[59]

O que não aparece no clipe é o verdadeiro drama das filmagens. A certa altura, Barron fez Madonna se deitar em um barco a remo em um lago para filmá-la de uma grua posicionada a quase 10 metros de altura. Enquanto instruía o operador da grua a descer para filmar mais de perto, Barron viu, horrorizado, que duas das quatro rodas da grua estavam fora do chão e a máquina de 8 toneladas estava balançando na direção da cantora.[60] O operador da grua retraiu lentamente o braço do equipamento. Ninguém disse nada a Madonna. Em vez disso, um trêmulo Barron pediu uma pausa para o jantar a fim de acalmar os nervos.[61]

"Burning Up" apresentou Madonna ao público da MTV, mas não era *ela* quem estava em oferta. Era um clichê da mulher submissa — logo o público, formado majoritariamente por jovens brancos do sexo masculino, amou.[62] Contudo, o clipe não gerou vendas de discos. Os jovens não estavam atrás da música, e sim de Madonna.

No outono anterior, durante a promoção de "Everybody", Bobby Shaw a levou a uma boate de Nova York chamada Funhouse para conhecer o DJ John "Jellybean" Benitez. Jellybean era um dos DJs de boate mais importantes da cidade, tanto que passou a ser objeto de culto.[63] As celebridades na indústria musical o amavam, tanto produtores quanto artistas.[64] As ruas também. Ele era tão importante para a multidão de latinos que iam à Funhouse quanto Mark Kamins era para os hipsters da Danceteria.

Embora ele fosse o tipo de Madonna, ela não se sentiu atraída logo de cara.

> Ele tinha um cabelo bem comprido e costumava vestir um short curto. No início, achei que fosse uma mulher. Aí esbarrei nele de novo em um show no Ritz [boate de hip-hop] e vi que não era. Ele começou a me arrastar para toda parte e a me apresentar para todo mundo da indústria musical. Gostei do jeito que ele segurou minha mão. Aquilo me fez mudar de ideia. Ele não era mais um fraco.[65]

Jellybean e Madonna viraram amantes, parceiros criativos e muito bons amigos naquele momento em que a carreira de ambos estava decolando como um foguete. "Para nós dois, houve muitas mudanças naquela época e encontramos consolo um no outro", contou ele.[66] "Por cerca de um ano e meio, eu a amei muito. Ela era tudo para mim: minha companheira, minha artista favorita, a mulher mais sacana, inteligente e engraçada que já havia conhecido."[67]

Àquela altura no mundo da música, além de Bray, Jellybean era a pessoa que melhor havia entendido Madonna. Ele tinha tanta fome de sucesso e era tão pragmático para obtê-lo quanto ela.[68] Ele também contribuiu com um novo elemento crucial para o trabalho dela, que chamou de "percussão latina".[69]

Um ano mais velho que Madonna, Jellybean foi criado no sul do Bronx pela mãe, que emigrou de Porto Rico no início dos anos 1950. Após abandonar a escola, ele arrumou bicos antes de conseguir o emprego dos sonhos como DJ de uma boate de salsa no Bronx. Tocava salsa para agradar à multidão, mas R&B e disco também faziam parte da lista dele de músicas. À medida que o repertório musical se expandia, o mesmo acontecia com o mundo de Jellybean.[70]

Viajando do circuito de boates do Bronx até Manhattan, ele trabalhou na famosa Xenon antes de ser DJ da Funhouse, em 1981. A casa noturna tinha sido inaugurada em 1979 como boate gay e estava em dificuldades antes de ele começar a tocar lá e ajudá-la a dar a volta por cima, revivendo a cena da música latina. Durante o processo, ele virou o "primeiro DJ porto-riquenho a ser um mega-herói".[71]

A boate, na rua 26 oeste, abria às 22 horas de sábado e permanecia aberta até as 10 horas de domingo. Durante todo esse tempo, música e dançarinos não paravam. "Era uma longa festa", disse Jellybean.[72] "Para muitos daqueles jovens, era uma válvula de escape. Eles só tinham aquela noite na semana para se divertir. Eu me lembro de vê-los chegando. A entrada era 12 dólares, mas eles tinham 8 dólares em notas de 1 e o resto era em trocados."[73]

Jovens negros, porto-riquenhos e italianos se arrumavam para ir dançar ao som da música que vinha da cabine do DJ, situada na boca aberta de um rosto de palhaço com 3,5 metros de altura.[74] Eles vestiam camisetas cortadas, moletons e bandanas amarradas na testa. A dança era livre e a música seguia vários gêneros: hip-hop, electro, salsa, new wave, disco, tudo para manter pés e quadris se mexendo e a multidão feliz. Jellybean sabia logo de cara qual era o clima da pista, porque as pessoas latiam se gostassem de uma música e vaiavam, caso não.[75]

O álbum de Madonna estava quase terminado, mas ela precisava de três músicas remixadas, então pediu a Jellybean que fizesse isso. Ele remixava músicas para artistas desde 1979, entre elas, uma versão de 7 polegadas de "Planet Rock", do Afrika Bambaataa. Ela e a equipe da Sire foram jantar com o DJ para conversar sobre o projeto.[76] Com o acordo feito, Rosenblatt propôs a ele o mesmo desafio que deu a Lucas: encontre uma canção para ser a faixa 8 do álbum.

Jellybean tinha uma música que havia oferecido a outros cantores, mas nenhum deles havia aceitado. Chamada "Holiday", tinha sido composta por

Curtis Hudson e Lisa Stevens, da banda de boate chamada Pure Energy.[77] Hudson disse que fez a letra em resposta ao estado do mundo no início dos anos 1980: as guerras, a economia, a aids, as drogas e o crime.

> Era preocupante ver tanta turbulência e confusão, então a ideia veio. Se tivéssemos apenas um dia em que pudéssemos parar tudo no mundo inteiro, seria ótimo. Então veio a letra "If we took a holiday...".[78]

A Pure Energy queria gravá-la, mas a gravadora não teve interesse. Eles acabaram recorrendo a Jellybean para ver se ele podia vendê-la. Então, ele os convidou para ir à Funhouse e conhecer Madonna.

"Quando a vi pela primeira vez, ela estava com uns trapos amarrados no vestido e vários acessórios", lembrou-se Hudson. "Eu pensei: 'O que ela está *vestindo*?'"[79] E "ela nos disse que amou a música e basicamente perguntou se poderia gravá-la". A Pure Energy, composta por Stevens, Hudson e o irmão dele, Raymond, decidiu confabular. Eles pensaram: "Talvez exista algo entre essa música e essa artista... Pode ser mágico."[80]

"Holiday" seria a última faixa do álbum de Madonna, com produção de Jellybean. Ele tinha uma semana e um orçamento de 5 mil dólares. Embora já tivesse feito remixes, nunca havia produzido algo do zero. "Eu trabalhei 24 horas por dia para terminá-la", disse ele.[81] "Criei tudo na minha cabeça, reuni alguns músicos que conhecia e cantarolei as partes para eles."[82]

Curtis e Raymond Hudson estavam entre os músicos presentes no estúdio de gravação. Madonna interrompeu Curtis Hudson durante uma sessão de ensaio para perguntar se ele tinha que tocar a guitarra como tinha composto "tão funk" . Ele contou que primeiro ficou chateado, mas teve que admitir que estava impressionado. "Quantos artistas prestam atenção nisso?", perguntou ele. (No fim das contas, Jellybean ficou do lado de Hudson e a guitarra foi gravada do jeito que foi composta.) Madonna também queria colocar a própria marca nos vocais.

Quando chegou a hora de gravá-los, ela pediu para ficar sozinha no estúdio. Hudson nunca tinha ouvido ninguém além de Stevens cantar aquela letra e estava curioso para ouvir a versão de Madonna. De primeira, não gostou porque não era tão soul quanto a de Stevens, mas ao ouvir pela segunda vez, começou a compreender. Ele pensou: "Nossa, isso está bom." Ela trouxe "uma espécie de inocência" para a letra, segundo ele. Era a magia que Hudson esperava.[83] Nesse meio-tempo, Jellybean se interessou por outro tipo de magia. Ele estava testando a versão de Madonna durante as horas mais tranquilas na Funhouse, tocando no sistema de som para ver se a música abalaria a pista de dança, e voltou feliz após ver o resultado.[84]

* * *

Enquanto o primeiro álbum de Madonna ficava pronto, a equipe dela começou a tomar forma. Jellybean recomendou o próprio contador, Bert Padell, cuja empresa havia trabalhado com uma série de celebridades que ia dos Beatles a Robert De Niro, e também um advogado especializado em entretenimento, Paul Schindler, cujo sócio era Alan Grubman, o mais temido advogado de entretenimento de Nova York, segundo Stein.[85] Todos esses homens seriam úteis, mas foi a Warner Bros. quem lhe apresentou o contato mais importante, a mulher que a acompanharia por décadas: a assessora de imprensa Liz Rosenberg.

A equipe masculina de Madonna era formada por um painel de especialistas que lidava com qualquer crise dentro das jurisdições que lhes dizia respeito. No entanto (e por ser mulher), Rosenberg lidava com toda a legião de pessoas. Era ela quem, com um sorriso no rosto e uma boa dose de sarcasmo, rebatia os ataques contínuos, gerenciava a enxurrada de pedidos, respondia aos rumores nas manchetes e elaborava estratégias. A partir de 1983, ninguém chegava em Madonna para tratar de questões profissionais sem antes passar por Rosenberg.

Nascida em Long Island, Rosenberg tinha estudado enfermagem, que por acaso foi o estudo perfeito para uma assessora de imprensa. O amor pela música a levou a essa indústria, na qual trabalhou como secretária, office girl de bicicleta e assistente do diretor da assessoria de imprensa da Warner Bros. Nesse emprego, ela também tinha permissão para ser agente. Foi quando descobriu Van Morrison.[86] Ela assessorava muitos outros clientes — Cher, Prince, Rod Stewart e Van Halen, por exemplo —, mas pode-se dizer que nenhum deles exigia tanto tempo e esforço quanto aquela jovem de Michigan.[87]

Rosenberg começava o dia com uma ligação para Madonna, que passou a usar o escritório da assessora para tratar dos próprios assuntos. Era uma segunda casa ocupada por uma amiga. Como Rosenberg era dez anos mais velha, virou uma figura materna entre os quarentões de terno que ficavam ao redor da cantora.[88]

Todas essas figuras estavam presentes para o lançamento do álbum *Madonna*, em 27 de julho de 1983, poucas semanas antes do aniversário de 25 anos dela. Graças à foto na capa do álbum, não havia mais qualquer dúvida quanto a quem ou o que Madonna era: uma mulher branca, jovem, durona e taciturna. Com um visual que refletia os dois mundos, um monte de pulseiras de borracha de Maripol em um braço e as pulseiras enfeitadas e correntes da Funhouse no outro, ela estava linda e com um ar de mistério. Madonna dedicou o álbum ao pai e agradeceu, entre outros, a "meu querido Martin".[89]

O álbum incluía oito canções, e três delas tinham sido lançadas naquele mesmo ano: "Everybody", "Physical Attraction" e "Burning Up". Para atrair o interesse dos DJs, foi produzido um single promocional com "Lucky Star" no lado A e "Holiday" no lado B. A Warner Bros. esperava que "Lucky Star" fosse a faixa de sucesso, mas os DJs amaram "Holiday" e a música começou a subir nas paradas.[90]

Embora "Holiday" fosse um sucesso da música dance, *Madonna* não alcançava bons resultados nas paradas de álbum pop. Segundo Stein, era uma questão de competição acirrada devido a uma nova leva de artistas britânicos. Mas ainda era uma questão de raça. "Girls Just Want to Have Fun", de Cyndi Lauper, tinha sido lançada um dia antes de "Holiday" e chegou ao segundo lugar na parada Hot 100 da Billboard. Lauper era a estrela para a plateia das rádios brancas.[91] Madonna era uma estrela nas rádios negras. O diretor de programação da KJLH FM, Jim Maddox, cuja estação de Los Angeles tocava R&B e soul, chegou a dizer: "As estações negras eram as únicas que tocavam Madonna."[92]

Madonna se via como um catalisador para a mudança. "Sou uma artista branca fazendo música R&B em estações pop. Acho que isso está abrindo um espaço no público negro e branco também."[93] Se a música e o som não existiam dentro de limites restritos, então por que os artistas deveriam ser assim? Os fãs entenderam. A pergunta era: por que a indústria musical não entendia? "Eu sei que essa música é boa", disse Madonna, "e um dia a Warner Bros. e todos os outros vão descobrir isso".[94]

Capítulo 14

Nova York, Spokane, Manchester, Paris, Los Angeles, 1983-1984

Jeanne Wolf: Qual é a sua categoria? Onde você se encaixa?
Madonna: Você quer o nome da categoria? Nova. Essa é a categoria. Nova.
Jeanne Wolf: O que tem de novo nela?
Madonna: Eu.[1]

— Entertainment Tonight, *12 de fevereiro de 1984*

MADONNA COMEMOROU o lançamento do álbum com um grupo de artistas visuais, sendo que alguns estavam no mesmo ponto empolgante da carreira. Ela virou uma das "crianças artistas" de Warhol, jovens que usavam imagens, ideias e técnicas do pop para transmitir mensagens que às vezes eram pessoais, outras vezes, políticas. A nova arte era seriíssima e ao mesmo tempo imensamente divertida.[2]

Um desses artistas era Keith Haring, que se tornaria um dos melhores amigos de Madonna. "Nós dois meio que viemos do mesmo lugar", disse ela.

> Quer dizer, eu sou de Michigan e ele é da Pensilvânia [...]. As primeiras pessoas que estavam interessadas na arte dele eram as mesmas que estavam interessadas em mim: a comunidade negra [e] hispânica [...]. Somos uns bichos meio esquisitos [...]. Ele era atraído e inspirado pelo mesmo mundo que eu.[3]

Criado no que descreveu como a parte leste conservadora da Pensilvânia, Haring foi um outsider na juventude, como Madonna. Quando era aluno na escola de artes plásticas em Pittsburgh, assistiu a uma palestra do artista Christo, conhecido pelos imensos projetos públicos que chamavam a atenção para espaços e lugares geralmente ignorados. Ele saiu da palestra inspirado pela ideia de levar a arte diretamente ao público.[4] Esse despertar artístico ocorreu na mesma época do despertar sexual. "Óbvio que o único destino possível era Nova York", disse ele.[5]

De certa forma, era mais fácil se virar sozinho em Nova York em 1978 sendo um jovem gay do que uma jovem mulher heterossexual, o caso de

Madonna. Magro, de óculos e de braços longos como uma marionete, Haring se mudou para a rua Bleecker, no West Village, e se viu literalmente abraçado por desconhecidos. "A questão gay estava em toda parte", comentou com o biógrafo John Gruen. "Era quase um exagero. Não dava para ir ao correio sem pegar alguém."[6]

Na Escola de Artes Visuais, ele logo encontrou um círculo de amigos. Um deles era um surfista da Califórnia chamado Kenny Scharf. Embora Jean-Michel Basquiat não estudasse na escola, Haring conheceu a pichação assinada por SAMO© lá.[7] Segundo ele, as palavras que compunham a sigla "faziam você parar e pensar. Desde o momento em que vi os desenhos de Jean-Michel e o que ele fazia nas ruas, soube que era um grande artista".[8]

Haring, Scharf, Basquiat e um aluno da Escola de Artes Visuais de cabelo louro chamado John Sex começaram a usar uma nova tecnologia para fazer arte: a xerox colorida. Haring ficou intrigado com a possibilidade de usá-la do mesmo modo que Barbara Kruger fazia com "paste-ups" e Jenny Holzer com os *Truísmos*. As duas mulheres usavam palavras e frases, e, no caso de Kruger, imagens tão comuns que ficavam perturbadoramente *extraordinárias*.[9]

Em 1980, Haring começou a brincar com jogos de palavras, fazendo colagens e espalhando manchetes falsas do *New York Post* pela cidade: REAGAN MORTO POR POLICIAL HERÓI ou RONALD REAGAN ACUSADO DE MATAR ESTRELA DA TV: MATOU & COMEU AMANTE. Ele tirou centenas de cópias e colou em postes pela cidade.[10] Daí, começou a criar hieróglifos grafitados: discos voadores, cães, bebês, pênis. Como fez Christopher Flynn, que estimulou Madonna a largar a faculdade e ir para Nova York, um professor da Escola de Artes Visuais disse que Haring não precisava mais daquela instituição: ele já era um artista.[11]

A escola, então, passou a ser a rua, onde entrou para a cena estabelecida do grafite com Fab 5 Freddy e Lee Quiñones, a quem chamava de "reis do mundo do grafite". Freddy disse que a "turma" era composta por ele, Quiñones, Haring, Scharf, Basquiat e Futura.[12]

Madonna já tinha visto o trabalho dele bem antes de Martin Burgoyne apresentá-los na Funhouse, segundo ela.[13] Era impossível não ver. A "galeria" dele era o metrô de Nova York. Haring fazia trinta ou quarenta desenhos por dia usando giz branco nos espaços pretos vazios em que os anúncios eram colados. O curador Jeffrey Deitch disse que ele trouxe a arte para um dos "ambientes mais hostis de Nova York", nos quais nem policiais armados estavam seguros [...]. Os desenhos dele causavam um impacto naquele lugar".[14]

Depois, Haring imprimiu suas artes do "bebê radiante" em broches, que distribuía de graça. Em uma época em que logotipos transformavam pessoas em outdoors ambulantes, os nova-iorquinos "andavam pelas ruas usando pequenos distintivos estampados com o bebê engatinhando e raios brilhando em torno dele", disse Haring. "Os broches começaram a se popularizar, e as pessoas que os usavam puxavam assunto entre si."[15]

No início dos anos 1980, Haring estava em todo lugar. Ele criou um pôster antiapartheid com os dizeres "Libertem a África do Sul". Em um protesto a favor do desarmamento nuclear no Central Park em 1982, ele distribuiu a quem passava 20 mil pôsteres antinucleares que havia criado. Também fez do preconceito de natureza sexual um tema de sua arte, especialmente o que envolvia o sexo gay. Seguindo o estilo meio *naïf*, fazia o que seria considerado pornográfico parecer inofensivo. Haring enviava uma mensagem antes que o espectador tivesse tempo de se ofender. "Acho que tem muita inocência no trabalho dele, junto com uma consciência brutal do mundo",[16] definiu Madonna.

Depois de ter feito tantas declarações públicas, ele apareceu em uma galeria. Isso foi em 1982, o mesmo ano em que Madonna assinou contrato com a Sire.[17] Na época, ele morava na rua Broome, no SoHo, e se envolveu com as boates frequentadas por artistas no East Village. "As pessoas eram muito abertas em relação ao sexo", disse, "porque, àquela altura, todos eram basicamente bissexuais".[18] Entretanto foi Freddy que o apresentou a duas boates que mudaram a vida e a arte do artista: o Roxy — depois que Freddy o levou lá, Haring começou a usar imagens de hip-hop na própria arte — e Paradise Garage.[19] "Eu nunca mais fui o mesmo desde que entrei naquela boate", afirmou Haring. Segundo ele, dançar lá era "alcançar outro estado de consciência".[20]

Do mesmo modo que Madonna e quase todos os artistas e personagens que povoavam o centro de Nova York no fim dos anos 1970 e no início dos anos 1980, Haring era um pós-modernista. Ele e todos os outros rejeitavam as noções modernistas de pureza, solenidade, elitismo na arte e a rigidez dos gêneros artísticos, substituindo tudo pela arte de rua, arte da palavra, arte gráfica e o "self" como arte. Não havia distinção entre baixa e alta cultura, arte comercial e belas-artes. A arte poderia ser tudo, e tudo poderia ser usado a serviço dela.

A apropriação e a replicação não eram roubo e cópia, mas, sim, ferramentas e homenagens. A ironia e o deboche eram cruciais para a transmissão da mensagem. Os artistas pós-modernos viviam neste mundo e também fora dele como observadores e tradutores, e levavam o que descobriam para as pessoas por meio das obras que produziam.[21] Quem exemplificou essa filosofia para os jovens artistas foi Andy Warhol.

No verão de 1983, Haring conheceu Warhol, que tinha 55 anos na época. Embora a revista *Forbes* daquele ano o tivesse mostrado em uma matéria sobre artistas milionários, Warhol não se sentia respeitado pelo mundo da arte canônico. "Era muito doloroso para ele. Por isso, Andy adorou quando conseguiu se conectar com essa geração mais jovem e virou *o* herói para eles", disse Deitch.[22] Haring passou a fazer parte do círculo de Warhol. "Madonna estava lá e todos nós meio que crescemos juntos nesse turbilhão louco de atividades", comentou ele.[23] Deitch chamava o grupo de "os filhos de Warhol".[24]

Mas Madonna não conheceu Warhol por meio de Haring. Quem a apresentou ao artista foi Marcus Leatherdale, durante o jantar do aniversário de 23 anos ao fotógrafo em um lugar chique na região mais afastada do centro, chamado Club A.[25] "Eu a coloquei perto de Andy e ele perguntou: 'Quem é essa?'", lembrou Leatherdale. "Madonna ficou muito quieta e foi muito educada. Ela até saiu cedo. Parecia um pouco desconfortável com o calibre... com as pessoas." Era um grupo intimidante: Andrée Putman, uma das maiores designers de Paris; as modelos Tina Chow e Iman; Dianne Brill, a quem Warhol chamava de "a rainha da noite"; e Robert Mapplethorpe (que a "assustou pra caralho", admitiria Madonna depois),[26] entre outros. Em comparação, observou Leatherdale, Madonna era "um pouco imatura e nova na cidade".[27]

Embora dali a poucos anos esse fosse exatamente o tipo de reunião que Madonna iria abraçar, na época ela ainda estava se encontrando e se sentia mais à vontade com Haring, Burgoyne, Scharf, Freddy, Debi Mazar, Erika Belle, Maripol, Jellybean e, é lógico, Christopher. Em resumo: o grupinho dela. Madonna ficou maravilhada com o fato de o destino tê-los unido. "Eu era atraída por pessoas criativas", disse ela.

> De alguma forma, nós nos encontramos em Manhattan. Isso é o mais doido. Nós nos encontramos, nos demos bem e andamos pela cidade juntos. Eles apoiavam meus shows, eu apoiava os shows deles. Éramos uma equipe. Nem sei como aconteceu. Simplesmente aconteceu.[28]

No fim de 1983, embora não estivessem mais em um relacionamento, Basquiat também fazia parte do círculo de Madonna. Ele tinha voltado de Los Angeles com uma jaqueta de *Cantando na chuva* que o ator Gene Kelly tinha lhe dado e um estoque ainda maior de maus hábitos.[29] Basquiat havia prometido que abandonaria a heroína, mas, dias depois de ter feito essa promessa, Madonna o encontrou inconsciente no apartamento dele. Ela o arrastou para o banheiro, ligou o chuveiro na temperatura fria e depois disse ao amigo dele Armon Stewart: "Ele está pouco se fodendo para mim, para si mesmo, para a própria arte, ele não se importa com nada... Não consigo ficar perto disso." De uma distância mais segura, ela o veria criar obras-primas como artista e se autodestruir como homem.[30]

★ ★ ★

Naquele ano, Madonna começou a passar boa parte do tempo longe de Nova York. Ela foi convidada para um papel no filme *Em busca da vitória*. O produtor Jon Peters herdou o projeto sobre um atleta de ensino médio que se apaixona por uma mulher mais velha. Peters chamou Madonna para basicamente interpretar a si mesma, uma cantora de boate. Se ela concordasse, as filmagens começariam em setembro em Spokane, Washington.[31]

O poder da MTV tinha afetado a indústria cinematográfica. Um filme que esperava atrair um público de 13 aos 35 anos precisava seguir o estilo do canal a cabo e ter uma trilha sonora pronta para o rádio e a MTV. E isso significava Madonna. Ela compôs duas músicas para o filme: uma era "Warning Signs", com Steve Bray, com quem havia se reconciliado. Essa acabou ficando de fora da trilha sonora, mas a outra música, "Gambler", entrou.[32] Ela também cantou "Crazy For You", composta por John Bettis e Jon Lind.

O produtor musical do filme, Phil Ramone, disse que parte do trabalho era evitar que a cantora roubasse todas as cenas. Ele não conseguiu, mas não teve culpa. Quando ela cantou "Crazy For You" durante a cena na boate, foi eletrizante.

Jellybean ia até Spokane várias vezes para produzir as músicas do filme junto com Ramone. Madonna aproveitou uma pausa nas filmagens para levá-lo a Michigan e apresentá-lo à família no Dia de Ação de Graças.[33] Ela não visitava a antiga casa há anos e falava com o pai apenas esporadicamente. Mas naquele momento achava que podia voltar, porque tinha um álbum que justificava o fato de ela ter ido embora.

Por mais que tenha rejeitado a vida que levava em Rochester, era a aprovação do pai o que ela mais desejava. Foram as lições dele que a ajudaram nos momentos mais difíceis. Foi o profissionalismo dele que a ajudou a se destacar dos incontáveis outros aspirantes que não corriam atrás dos próprios sonhos. Ele tinha ensinado a todos os filhos que, se eles queriam algo, não poderiam esperar alguém fazer isso para eles. Madonna aprendeu muito bem essa lição.

Isso não significava, porém, que *ele a* entendia. "Eu voltei para casa vestindo calça e camiseta preta, nenhuma joia, e com o cabelo meio despenteado, um visual bem conservador", disse ela. "Meu pai passou a maior parte do tempo me olhando e dizendo: 'Você sempre se veste assim? É uma fantasia?'"[34]

Em 1984, havia dois programas de TV aberta considerados obrigatórios no caminho para o estrelato pop: *American Bandstand*, nos Estados Unidos, e *Top of the Pops*, na Grã-Bretanha. Madonna foi a ambos em janeiro daquele ano. *American Bandstand* já estava no ar quando Madonna nem era nascida, e com o mesmo apresentador: o sempre alegre Dick Clark. Bonitão à moda dos anos 1950 e com voz de locutor de rádio, ele não envelhecia. Embora tivesse mais de 27 anos de estrada, Clark parecia muito feliz por apresentar novos talentos à imensa audiência do horário noturno.[35]

Madonna chegou ao programa de Clark como uma alienígena do planeta Funhouse. Quando ela cantou "Holiday", vestida com uma mistura de "pseudolouca porto-riquenha do punk rock" e "garota motoqueira", segundo ela mesma, a primeira parte do corpo que ela mexeu foi a zona proibida dos quadris.[36] Dava para sentir a descarga elétrica que ela enviou à plateia.

Os jovens que a cercavam a uma distância comportada pareciam ter saído de um folheto de uma faculdade cristã, com suéteres, saias pregueadas, calças sociais e sapatos confortáveis. Enquanto ela abria caminho com movimentos de dança do ventre, um frenesi percorreu a plateia, levando aquela massa de hormônios inibidos a se revoltar. A cena, muito tranquila para os padrões de hoje, era o máximo que os censores da emissora do programa permitiam. A alegria de Madonna era contagiante.

Para os adolescentes norte-americanos médios que estavam assistindo, Madonna era o epítome da pessoa descolada, além de generosa ao dar a impressão de que eles também poderiam ser assim. Era isso que a tornava genial: ela lidava com o público do mesmo jeito que DJs de boate faziam. Madonna não se apresentava para eles, mas os transportava. No fim da música e antes de mandar beijos para todos, a plateia do estúdio do *Bandstand* era dela, as garotas e os garotos nas salas de estar em casa eram dela, até Clark era dela. Tanto que, quando disse a famosa frase de ter o sonho de "governar o mundo", ele nem piscou. Não soou tão louco assim.[37]

Enquanto isso, "Holiday" tinha seguido, aos pouquinhos, o caminho das estações de rádio negras até o da cultura mais ampla e seu subconsciente. Para o crítico de rock Dave Marsh,

> por alguns meses de 1984, parecia impossível escapar desse álbum. Você podia fazer trilha em Vancouver, caçar cangurus na Austrália, surfar no Pacífico ou se misturar à multidão em Mumbai, e ainda ouviria Madonna gritar "It would be so nice!".[38]

Em janeiro de 1984, a canção entrou para o top 20 da Billboard, algo inédito para Madonna. Ela também ficou entre as quarenta mais ouvidas no Reino Unido, que seria a próxima parada.[39]

Um produtor de um novo programa chamado *The Tube*, do canal inglês Channel 4, descobriu Madonna durante uma viagem aos Estados Unidos no fim de 1983. "Quando cheguei a Nova York e comecei a falar com as pessoas, ficou óbvio que ela era um estouro, então fui a uma boate minúscula para vê-la", disse Malcolm Gerrie. Ele achou o show de Madonna "uma das coisas mais tesudas que já vi" e a cantora "muito assustadora". Gerrie voltou para casa com a intenção de persuadir o dono do Hacienda, em Manchester, a fazer uma edição especial ao vivo de *The Tube* com Madonna. A resposta foi um "sim" entusiasmado.[40] Mas antes veio o *Top of the Pops.*

Esse programa musical era apresentado na BBC1 desde 1964. Todos que eram importantes na era pós-Beatles passaram por aquele palco. Na verdade, na mesma noite agendada para a apresentação de Madonna, Cyndi Lauper também estava no programa, dublando "Girls Just Wanna Have Fun". Lauper pulou pelo palco, subiu e desceu a escada do cenário e "tocou" as grades da varanda com baquetas. A apresentação dela foi no estilo "tia maluca".[41]

Madonna apareceu com Christopher e Belle, os três vestindo roupas de boate confortáveis e dançando "Holiday". Ela cantou por cima de uma base pré-gravada. Um escritor disse que a apresentação de Madonna foi "a personificação do estilo". A multidão em torno do palco dançava ombro a ombro, acenando e mexendo o corpo, a poucos segundos de uma explosão total da pista de dança. Quando a música acabou, os gritos da plateia foram ensurdecedores.[42]

No dia seguinte, Madonna apareceu no Hacienda para o *The Tube* após pegar o trem saindo de Londres. Fãs que a viram na BBC fizeram fila do lado de fora na noite úmida e fria da cidade inglesa. Ela chegou para o show em uma limusine comprida como uma rua, de acordo com um engolidor de fogo chamado Bob que estava lá para entreter a fila. A equipe dela incluía Christopher, Belle, Burgoyne, três executivos de gravadora e um motorista.[43]

Considerando a movimentação fora da boate, era de esperar que dentro dela estivesse agitado, mas Manchester era um público difícil com uma profunda tradição roqueira. Enquanto Madonna apresentava "Holiday", a plateia parecia morta.[44]

Ela fervia por dentro e falou com um entrevistador após o show: "Há muito mais sobre mim do que se pode ver logo de cara."[45] Johnny Black escreveu na revista britânica Q que o empresário e o baixista da banda New Order foram ao camarim dela após o show e ofereceu "50 paus" para uma dança particular, fazendo Madonna deixar a fachada de moça educada de lado e "mandar a dupla se foder".[46]

A apatia daquela plateia diante da apresentação não refletia o sentimento da maioria. Gerrie disse que no dia seguinte o programa foi "bombardeado com ligações. A mesa telefônica piscava com tantas pessoas querendo saber mais sobre Madonna".[47] No entanto, ela não estava lá para ouvir isso. Com um "Vamos sair dessa merda", ela e a equipe deixaram Manchester de trem, reclamando "da Inglaterra e dos ingleses", segundo Christopher.[48]

A turnê que Freddy DeMann tinha planejado não acabou na Inglaterra e não melhorou. Uma viagem de barco e de trem em um dia gelado os levou a Paris. O papel de Burgoyne era de gerente de turnê, mas o trabalho real era manter a animação do grupo. Foi um tremendo desperdício de esforço.[49]

Segundo Christopher, o grupo deveria se apresentar na festa de inauguração da Fiorucci de Paris, realizada em uma boate chamada La Piscine, porque tinha uma piscina vazia. "Nos colocaram no fundo da piscina para fazer o show, com todo mundo em pé lá em cima assistindo", relembrou ele. "Nós basicamente nos apresentamos para uma parede, foi ridículo. No meio da segunda música, alguém jogou gás lacrimogêneo. Nós corremos para a saída mais próxima, as lágrimas escorrendo pelo rosto. Foi uma confusão, todo mundo correndo para todos os lados." Após lavar os olhos, eles tentaram salvar a noite indo para uma boate, mas foram barrados. Madonna e o grupo saíram da Europa com raiva e sem ânimo.[50]

Àquela altura, Madonna era uma pequena celebridade em Nova York, ainda podia andar de bicicleta pela cidade, comer em restaurantes do East Village com amigos e pegar o metrô. "Tenho muitas fãs jovens e elas começam a gritar nos vagões", contou a um entrevistador em maio de 1984. "As pessoas chegam e dizem: 'Você é igualzinha a Madonna.' Eu respondo: 'Obrigada.' Ou então perguntam: 'Você é a Madonna?' Eu respondo: 'Sim.' Aí eles dizem: 'Não, não pode ser!' E eu respondo: 'Tudo bem, então não sou.'"[51] Essa era a parte divertida. Madonna conseguia observar o mundo que a observava. Ela era uma mosca na parede na própria vida, mas isso começaria a mudar após o lançamento do clipe seguinte, "Borderline".[52]

A diretora, Mary Lambert, era do Arkansas e havia se mudado para Los Angeles após se formar na Rhode Island School of Design, no fim dos anos 1970. Arrumou emprego dirigindo efeitos especiais para comerciais e conseguiu um trabalho não remunerado fazendo o que chamava de "filmes esquisitos". Em 1982, após ver o clipe da canção "Chuck E.'s in Love", de Rickie Lee Jones, achou que poderia fazer aquilo e ligou para os amigos Tina Weymouth e Chris Frantz, dos Talking Heads, se oferecendo para dirigir um clipe da banda nova deles, Tom Tom Club. Depois, Lambert levou a versão final do clipe para Jeff Ayeroff, chefe de assuntos criativos na Warner Bros.[53]

Ele gostou, mas não estava interessado em promover a Tom Tom Club. Então, comprou uma passagem de avião para Nova York e a designou para outro trabalho: dirigir um clipe para uma nova artista chamada Madonna.[54]

Elas se conheceram no apartamento de Madonna, no Upper East Side — tão minimalista que Lambert não acreditou que alguém morasse ali. "Nós nos demos bem. Afinal, tínhamos em comum o fato de sermos mulheres", contou Lambert, que era baixinha, de cabelo loiro e liso, olhos azuis e tinha um sotaque do sul dos Estados Unidos. Mas ela era tão durona quanto Madonna.[55] "Saí pensando que [Madonna] ia dar trabalho e que seria divertido", relembrou ela.

> Ela namorou uns quatro ou cinco caras diferentes na época. Um deles era o produtor musical Jellybean Benitez, mas ele sentia muito ciúme de *tudo* e de todos. Tinha certeza de que ela estava saindo com outros caras e que não seria capaz de controlá-la. Ele estava certo sobre as duas coisas.[56]

Madonna iria para Los Angeles, e então elas decidiram gravar o clipe lá. "Eu conhecia muito bem a região central da cidade porque havia muitos bares de artistas por lá", comentou Lambert.[57] "Não havia uma receita de bolo. Estávamos inventando tudo em tempo real."[58] O resultado foi um clipe tão poderoso que a música acabou ficando em segundo plano.

Madonna escalou um jovem hispânico bonitão para interpretar o namorado no clipe, e o roteiro dava a ela outro interesse amoroso, um fotógrafo de moda branco e mais velho, que dirigia um conversível. O clipe a mostrava vivendo um dilema do tipo "siga seu coração ou vá atrás do dinheiro": amor no terraço de um prédio no bairro latino ou amor no estúdio de um fotógrafo; bater papo com as amigas na esquina ou aceitar a inevitável solidão ao ser a posse valiosa de um homem rico?

Era uma alegoria sobre a escolha entre liberdade e segurança que as jovens fazem. Infelizmente, elas quase nunca conseguem os dois. Lambert distinguiu as duas escolhas ao filmar as cenas do bairro hispânico (liberdade) em cores e as do estúdio (segurança) em preto e branco. O clipe tinha uma relação tênue com a letra da música, mas isso não diminuiu o impacto.

O clipe de "Borderline" foi o primeiro no qual Madonna interpretou uma personagem que não era só namorada de um homem, mas também a *amiga* de uma garota, e isso permitia que o público feminino se identificasse com o clipe de um jeito que não conseguia com "Burning Up". Além disso, ao contrário do clipe anterior, a personagem de Madonna não existia na órbita dos homens. Ela era o planeta em torno do qual *eles* giravam. A cantora saía do clipe como forte e vulnerável, linda e comum, sexy e casta. Ela era algo que uma mulher raramente conseguia ser na tela: uma pessoa completa e cheia de contradições.

Lambert levou o clipe para Freddy DeMann. "Ele teve um treco por eu ter misturado imagens em preto e branco e coloridas", relembrou ela. "Me fez mostrar o clipe para todas as secretárias do escritório porque queria ver a reação delas. Ele achava que eu tinha ultrapassado um limite que não deveria ser ultrapassado." A opinião das secretárias deve ter sido positiva porque o clipe foi aprovado. "A MTV o exibiu, e foi isso. Vamos em frente",[59] disse Ayeroff. "Borderline" foi o primeiro single de Madonna a entrar para as dez mais da Billboard.[60] O clipe dessa música também marcou o momento em que as jovens começaram a se vestir como Madonna.

* * *

No início de 1984, era público e notório que ela era branca e seguia a new wave, sendo mais um exemplo da nova geração de artistas do sexo feminino que desafiavam os limites do decoro e da moda no palco. Cyndi Lauper existia em um lado desse espectro, com o cabelo vermelho berrante e um visual excêntrico que lembrava um pouco uma sem-teto. As Slits estavam no mercado havia anos, usando lingerie por cima das roupas, dreadlocks e uma série de peças que não combinavam. Lydia Lunch seguia a mesma linha das Slits, mas usava roupas, o cabelo, um visual mais sombrio. Exene Cervenka, da banda X, parecia uma versão punk de Louise Brooks. E também havia Annie Lennox. Após o sucesso do Eurythmics com "Sweet Dreams (Are Made of This)", ela virou uma sensação com sua androginia technicolor que desafiava os gêneros.[61]

Entretanto, por mais singular que fosse o estilo dessas mulheres, elas eram radicais e representavam, por um lado, um passo que a maioria das meninas e jovens da época não estava preparada para dar. Por outro, o visual de Madonna era marcante o suficiente para passar uma mensagem e gerar discussões em família do tipo "Você não vai sair de casa vestida assim!", mas não tão radical a ponto de assustar essas jovens. Além disso, Madonna estava *bonita*. Os trapos no cabelo, os brincos que não combinavam, os crucifixos, as blusas cropped, as minissaias com bermuda de ciclista, as rasteiras e as meias esportivas eram *ótimas*. E confortáveis.

Quando as filhas da segunda onda do feminismo começaram a perceber que não estavam tão em pé de igualdade com os irmãos quanto pensavam, elas descobriram Madonna. O visual dela ofereceu uma atitude rebelde de expressar essa insatisfação latente e marcou uma postura desafiadora que começava a surgir. "Girls Just Want to Have Fun", de Lauper, anunciava um novo feminismo. A mensagem não era mais aquela dos anos 1970, que dizia "Eu sou mulher"; era um "Eu sou livre", marcando os anos 1980. E qual era o visual dessa liberdade? Era o de Madonna.[62]

Madonna vinha compondo durante as viagens e estava ansiosa para trabalhar no segundo álbum. As experiências dos meses anteriores a deixaram mais confiante em relação às próprias habilidades no estúdio e com uma visão mais nítida do rumo que pretendia seguir.[63] "A produção não vai ser tão limpinha", disse ela a um entrevistador no Reino Unido. "Quero um som que seja meu. Vai ter uma abordagem mais diversa."[64] Ela também já tinha escolhido o produtor. Madonna perguntou aos executivos da Warner se poderia trabalhar com Nile Rodgers. Foi um pedido audacioso, pois ele tinha acabado de trabalhar com David Bowie no álbum mais vendido da carreira do artista, *Let's Dance*.[65]

Ela queria Rodgers não só por causa de Bowie, a quem adorava, mas porque ele fazia música para dançar. Reggie Lucas produziu músicas que as pessoas podiam ouvir ou cantar junto. Rodgers produzia músicas que faziam as pessoas se mexerem. Todo tipo de pessoas: negras, latinas, brancas, e de todo o espectro sexual.[66] "Nile trabalhou com vários tipos de músico e todo álbum que ele produziu é ótimo", disse ela. "Eu também me identifiquei com ele, que é um cara das ruas. Nós íamos às mesmas boates. Mesmo antes de eu começar a entrevistar produtores, decidi que gostaria de trabalhar com ele."[67]

Rodgers era capaz de tirar qualquer som de uma guitarra. Após ter conhecido o baixista Bernard Edwards no fim dos anos 1970, ele passou a se concentrar na disco music. Reconhecia a herança rebelde da música e acreditava que, depois que a poeira dos protestos políticos tivesse baixado e o país, superado a vergonha pelo primeiro presidente criminoso, Richard Nixon, seria a hora de dançar.[68] Segundo ele, a disco era mais política e comunal do que a mentalidade hippie dos anos 1960, quando "falávamos de liberdade e individualidade e era tudo bobagem". Com a disco, as pessoas "se uniam por meio dos corpos. A dança havia se tornado primitiva e onipresente, uma ferramenta poderosa de comunicação, tão motivadora quanto um discurso de Angela Davis", disse ele.[69]

O primeiro grande sucesso de Rodgers, "Dance, Dance, Dance", foi lançado durante o verão de 1977, quando os ataques do psicopata David Berkowitz, conhecido como Filho de Sam, aconteceram e quando Madonna chegou a Nova York para o curso com Alvin Ailey. Rodgers e Edwards tinham acabado de formar a banda Chic e gravariam uma série de sucessos que venderiam dezenas de milhões de discos.[70] O fato de Rodgers estar no auge provava uma capacidade de sobrevivência. Segundo o próprio produtor, ele era "usuário diário de drogas pesadas e álcool". Cocaína e vodca. Uma carreira e um gole.[71]

Não foram os hábitos dele, porém, que encerraram a carreira da Chic na disco music, foram as rádios brancas. Depois disso, Rodgers e Edwards se concentraram em incentivar a carreira de outros artistas, produzindo nomes como Diana Ross, Debbie Harry e Bowie. Alguns anos e vários grandes álbuns depois, Madonna decidiu trabalhar com ele.[72] Rodgers tinha ouvido Jellybean falar delas, mas eles nunca tinham se encontrado, então foi ao Roxy para conferir uma apresentação. Ele esperava ver uma jovem porto-riquenha, mas acabou ficando "aturdido" com o que presenciou.

> Uma branca gostosa fazendo *stepping*. Era o que bandas de R&B como o Jackson 5 faziam até que nomes como Prince mudaram a cena para uma performance mais rock. Ali estava uma garota branca fazendo uma coreografia complexa enquanto cantava "Holidayee, Celebra-eete" [...]. Ela parecia uma Gladys Knight branca, jovem e sexualmente agressiva.[73]

Ele foi aos bastidores para conhecer Madonna e a achou "bonitinha, mas direta e com uma tenacidade impressionante, mesmo para um nova-iorquino da gema como eu", disse ele. "Ela parecia estar levando uma vida difícil." Rodgers ficou intrigado, confuso e ainda não tinha se convencido.[74]

Enquanto isso, Madonna tinha ido a Los Angeles conversar com a Warner Bros. sobre o álbum. O filho de Mo Ostin, Michael, fazia parte do setor de A&R da Warner e tinha encontrado uma música perfeita para ela. O nome era "Like a Virgin". Billy Steinberg, que fez a letra, disse que era baseada na experiência dele.[75] "Eu não estava apenas tentando colocar a palavra 'virgem' em uma letra", explicou o compositor.

> Eu estava dizendo que me sentia derrotado emocionalmente e na vida romântica, mas estava começando um novo relacionamento. Foi uma sensação tão boa que estava curando todas as minhas feridas e me fez sentir como se eu nunca tivesse feito aquilo antes.[76]

"Virgem" não era uma palavra *ouvida* no rádio em 1984. Os compositores Steinberg e Tom Kelly ouviram opiniões como "ninguém vai cantar uma música com esse título".[77] Michael Ostin, porém, suspeitava que Madonna cantaria e, por sorte, teria uma reunião com ela no dia seguinte. "Quando toquei a música para Madonna, ela pirou",[78] relembrou Ostin.

> Assim que ouvi "Like a Virgin", eu sabia que seria o título do meu álbum, só para provocar as pessoas. Era uma afirmação pesada que com certeza seria mal interpretada. Todos acharam que eu só queria fazer sexo, quando na verdade a letra significava o oposto: ela celebra a ideia de se sentir pura e intocada. Era bom ser uma das poucas pessoas a saber que ela dizia algo bom.[79]

Foi quando os executivos da Warner chamaram Rodgers para falar do álbum. "Após algumas reuniões em que estive com a agora lendária ambição loura, eu sabia que poderia fazê-la ir além. Com aquela garota carismática que conquistava todo mundo em qualquer lugar aonde íamos, eu tinha certeza de que poderia fazer um bom trabalho",[80] contou ele.

Então, Rodgers e Madonna foram trabalhar. A cantora mostrou cinco músicas que havia escrito (quatro delas com Steve Bray) e quatro que gostaria de incluir no álbum, mas que foram compostas por outras pessoas.[81] Após ouvir as demos, Madonna virou para ele e disse: "Se você não amar todas essas músicas, não poderemos trabalhar juntos." Ele ficou chocado com o ultimato. "Bom, para ser sincero, não amei *todas* essas músicas, mas posso prometer o seguinte: quando terminarmos de trabalhá-las, vou amar cada uma", respondeu.[82] Essa confiança deixou Madonna satisfeita.

Eles trabalhavam no loft que ela dividia com Jellybean na esquina da rua Broome com a West Broadway, no SoHo. A vida de Jellybean tinha mudado: ele havia deixado de ser DJ para trabalhar como produtor, o que o levava a Nova York com frequência.[83] A vida de Madonna também tinha virado uma série de viagens constantes para promover o próprio trabalho. Quando chegou ao loft, Rodgers se deparou com um lugar sem nenhum móvel, apenas um colchão no chão e uma TV em cores que, segundo Madonna, era o pertence mais extravagante da casa. Ele mandou buscar um sofá do próprio escritório e passou a se sentar nele.[84]

"Nos meses seguintes, fiquei o mais próximo de Madonna que já consegui ficar de uma mulher sem me envolver em um romance. Nós passamos todos os momentos possíveis juntos até o álbum ser lançado",[85] contou. De acordo com o relato de Madonna, "ele me deu a sensação de que estávamos colaborando e me senti livre para dizer o que queria".[86] A colaboração foi tão grande que Madonna seria creditada como produtora no álbum.

A relação deles seria um modelo para o trabalho com futuros produtores.[87] Para ele, aquela parceria era "a união perfeita [...]. Era sexual, passional, criativa".[88] Lembrava um pouco um casamento. E, como todo casamento, tinha conflitos. O deles começou com o título do álbum. *Like a Virgin* não havia convencido Rodgers. "Eu falei: 'Você está maluca?' Eu não queria matar a carreira dela com aquele título", contou. Madonna argumentou que as garotas iriam se identificar porque elas só falavam em perder a virgindade o tempo todo.[89] À medida que foi gostando da música, ele admitiu que não conseguia tirá-la da cabeça, então finalmente cedeu e disse: "Vamos lá."[90]

Eles também brigaram pela ordem de lançamento das músicas no álbum. Ela queria "Like a Virgin" como primeiro single, mas ele achou que "Material Girl" seria uma opção melhor. Após gravarem "Material Girl", Madonna, Rodgers, todos os músicos e vocalistas de apoio se reuniram para ouvir a versão final. "Ela estava ótima, sabe, todo mundo amou", disse o vocalista de apoio Frank Simms. "Nós ríamos sem parar. Madonna riu até não poder mais. Era algo do tipo 'Ai, nossa, isso é ridículo. As pessoas vão amar essa música'." Contudo, mesmo acreditando que seria um sucesso, ela não mudou de opinião. "É engraçado: trabalhei com vários superastros e estrelas internacionais, mas nunca vi uma pessoa tão obstinada como ela. Madonna ganhou e 'Like a Virgin' foi o primeiro single", explicou Rodgers.[91]

Embora o relacionamento entre produtor e cantora fosse bom, Madonna às vezes era grosseira com os músicos, a maioria vinda do Chic, porque esperava que todos tivessem o mesmo profissionalismo obsessivo dela. Chegou a tratar tão mal um músico que tinha ousado fazer uma pausa para ir ao banheiro sem permissão, que Rodgers ameaçou se demitir. Ele foi até o elevador, onde Madonna o encontrou e disse como forma de se desculpar: "Nile! Isso significa que você não me ama mais?" "Como eu podia continuar com raiva depois dessa?", comentou Rodgers Eles começaram a rir e voltaram ao estúdio.[92]

No fim de maio, após seis semanas de trabalho, *Like a Virgin* estava pronto, mas a Warner não queria lançar porque o single "Borderline" estava "decolando como um foguete" após o lançamento do clipe, segundo Rodgers. A gravadora planejava aproveitar o sucesso da música e aumentar as vendas do primeiro álbum, talvez relançando "Lucky Star", que tinha sido ofuscada no ano anterior por "Holiday". "Cara, a gente ficou com o *Like a Virgin* pronto para ser lançado durante uma eternidade, e isso deixou Madonna louca",[93] contou Rodgers. Além de não estar satisfeita com o álbum *Madonna*, do ponto de vista artístico ele já fazia parte do passado, porque ela não era mais aquela mulher. Madonna era *Like a Virgin* e queria que as pessoas ouvissem *aquela* pessoa no rádio.[94]

Na rua em frente ao Paradise Garage, policiais de capacete colocavam grades para conter a multidão.[95] "Havia jovens lá fora vendendo ingressos, embora fosse uma festa gratuita",[96] disse Warhol. A data era 16 de maio de 1984, o evento era a primeira Party of Life, pensada por Haring. Era uma ideia ousada, que celebraria a vida nos tempos da aids, e ainda mais audaciosa por insinuar que haveria outras. "Primeira" sugeria "segunda", mas as pistas de dança da cidade estavam cada vez mais vazias porque os homens que as frequentavam estavam morrendo. Haring decidiu desafiar a doença e celebrar seus 26 anos de idade dando uma grande festa. "Àquela altura, eu tinha ganhado dinheiro suficiente para me sentir culpado e queria dividi-lo com meus amigos", explicou o artista.[97]

Ele alugou o Garage em uma noite de quarta-feira, quando estaria fechado, e mandou convites impressos em lenços. "Não avisei que Madonna iria se apresentar porque isso aconteceu meio que de última hora", disse ele. Contudo, falaram que Larry Levan seria o DJ.[98] Isso, somado ao anfitrião, foi o bastante para atrair amigos, jovens da área, celebridades e frequentadores assíduos do Garage para o que, sem dúvida, era a festa mais badalada de Nova York.[99]

Haring garantiu a presença de Madonna negociando. Ele prometeu uma jaqueta de couro pintada especialmente para ela em troca de uma apresentação, e ela concordou. Afinal, seria uma chance de apresentar músicas do novo álbum. "Eu gostei de duas músicas, 'Dress You Up' e 'Like a Virgin', então decidimos que ela as cantaria",[100] contou ele. Seria a primeira vez que ela as apresentaria para uma plateia, e fazia todo o sentido que fosse no Garage, onde a cantora tinha estreado o primeiro single da carreira, "Everybody".

Para o show, Madonna queria cantar em uma cama de metal coberta com lençol de renda branca e rosas da mesma cor. A nova assistente de Haring, Julia Gruen, foi encarregada da missão de encontrar a cama, a renda e as flores.[101] Enquanto isso, Haring e o grafiteiro LA II decoravam o Garage com as pinturas do aniversariante e faixas de algodão e pintavam todo o resto em cores fluorescentes. Haring também fez camisetas para serem distribuídas aos convidados como lembrança da festa.[102] O Paradise Garage virou uma grande instalação de Haring. Entrar na boate era como mergulhar na mente dele.

Na noite da festa, ele recebeu a multidão envergando um smoking de veludo amarelo fluorescente criado por outro filho artístico de Warhol, Stephen Sprouse. Os designs chamativos de Sprouse com os hieróglifos de Haring estavam por toda parte quando 3 mil pessoas, algumas usando colares fosforescentes, subiram a rampa do Garage para se espremer na pista de dança com capacidade para 2 mil.[103]

Com um smoking apertado demais e um penteado imponente, John Sex foi o primeiro a entrar no palco com as Bodacious TaTas — quatro mulheres maravilhosas que pareciam Jayne Mansfield.[104] "Em seguida, o palco escureceu e lá estava Madonna em uma grande cama de metal", disse Courtney Harmel, contratado por Haring para gravar o evento. "Ela cantou 'Like a Virgin'." A assistente não tinha encontrado rosas brancas, então substituiu por lírios brancos, mas a cama estava coberta com renda virginal, conforme solicitado.[105]

Para essa música, Madonna usou um vestido largo e transparente criado por Maripol com um top e uma calça azul, além de camadas de pérolas no pescoço. Depois de "Like a Virgin", o palco escureceu e a voz açucarada de Madonna desejou a Haring um feliz aniversário no estilo Marilyn Monroe. Então, as luzes se acenderam e ela reapareceu, impressionante, em um segundo figurino: um terno rosa fluorescentes feito por Stephen Sprouse e coberto com os desenhos do aniversariante. Como uma Jackie Kennedy da new wave, Madonna começou "Dress You Up", cantando na cama e ao redor dela.[106]

Foi uma apresentação importante em vários aspectos, mas, na época, a resposta foi morna. "Isso foi antes de 'Like a Virgin' e 'Dress You Up' terem saído, então as pessoas não conheciam as músicas. Era a primeira vez que estavam ouvindo. Seis meses depois, quando essas músicas tocavam seis vezes por dia no rádio, teria sido algo completamente diferente", observou Haring.[107] De fato, seis meses depois, uma apresentação de "Like a Virgin" feita por Madonna mudaria a história da cultura pop.

Capítulo 15

Nova York, Veneza, Los Angeles, 1984

> Se Sissy Spacek pode ser uma cantora country, por que eu não posso ser atriz?[1]
>
> — *Madonna*

NAQUELA PRIMAVERA, FREDDY DeMann organizou uma turnê a Paris, Munique, Bremen e Marrocos para promover o primeiro álbum de Madonna.[2] Enquanto isso, Jeff Ayeroff, da Warner, planejava o futuro. Ele entrou em contato com Mary Lambert para fazer um clipe de "Like a Virgin". "Queremos que você faça algo ousado", pediu a ela. Raramente uma diretora recebe tanta liberdade, então Lambert disse: "'Vamos filmar em Veneza!' Madonna cantando em uma gôndola foi a ideia mais ousada que me ocorreu. Madonna topou porque ela tem toda essa ligação com a Igreja Católica e ascendência italiana."[3] A cidade dos santos e pecadores, da arte e do artifício, da decadência e da descoberta seria o pano de fundo perfeito para a canção.

> Existe o famoso Carnaval de Veneza, em que todos usam máscaras elaboradas. Eu amei essa ideia, de nada ser o que parece. O cara em quem Madonna está interessada no clipe usa máscara de leão e isso me deu a ideia de conseguir um de verdade. Ninguém gostou do leão, mas Madonna topou.[4]

Ayeroff concordou e um leão foi enviado de Roma.[5]

O clipe em si parece um conto de fadas sobre uma mulher que se entrega a um homem. Ele começa com Madonna, uma hipster de Nova York olhando para o rio Hudson. Em um instante, a vemos em Veneza seguindo um leão que perambula por um *palazzo*. "Queríamos que eu fosse exatamente como eu sou: a pessoa moderna e com a sabedoria do mundo", explicou Madonna. "Mas depois queríamos que eu voltasse no tempo e fosse uma virgem de outra época. Fizemos isso, indo e voltando."[6]

A Madonna contemporânea usa roupas do East Village, incluindo o cinto Boy Toy e colares de contas, além do cabelo penteado como uma juba e os olhos verdes quase leoninos com a maquiagem. Ela canta ao cruzar os canais de Veneza dançando em uma gôndola. A Madonna "antiga", que representa a virgem da música, existe dentro do palácio, vestida de noiva e coberta de pérolas e tecidos translúcidos. Guardando-se para o amor, ela tira os tecidos que cobrem a mobília, mas mantém as roupas.

Enquanto isso, o amante aparece como uma mera sugestão. Ele usa máscara de leão na tradição do *Carnevale*, ou é uma sombra passando pelo recinto em que Madonna canta vestida de noiva. Então, chega o momento que ele a carrega no melhor estilo *A Bela e a Fera*, presumivelmente para uma noite digna dos romances literários.

Do mesmo jeito que a música, o clipe é cheio de perguntas sem resposta. Ele é um monstro ou um cavalheiro? Ela é uma mulher independente ou uma noiva virginal? Ou eles são ambos? Tudo isso não foi apenas por diversão, no fim das contas? Essa era a intenção, mas a reação que o clipe provocou em algumas pessoas foi de fúria.

No clipe de "Like a Virgin", Madonna apresentou a dualidade sexual/virginal, menina boa/menina má pela primeira vez. Isso a colocou na mira da direita religiosa, que havia acabado de garantir a Reagan um segundo mandato. Também a tornou alvo de feministas, envolvidas em um debate furioso sobre quanto a sexualidade de uma mulher deveria ser expressa em público, ou até se isso deveria acontecer.[7] A obra de Madonna se mostraria explicitamente política, mas a artista, naquele início de carreira, parecia ter apenas esbarrado em uma polêmica.

A Madonna que surgiu visualmente em 1984 teve a ajuda de duas mulheres que a filmaram em um longa. Uma foi Lambert e a outra, Susan Seidelman, que a dirigiria em seu filme de estreia, *Procura-se Susan desesperadamente*.

O roteiro foi escrito por Leora Barish, uma saxofonista do East Village que havia se mudado para a Califórnia a fim de tentar viver da escrita. Ela levou o texto para a amiga e produtora Sarah Pillsbury, que tinha uma empresa com Midge Sanford chamada Sanford/Pillsbury Productions. "As únicas pessoas que gostaram do roteiro foram mulheres e homens gays", contou Pillsbury. "E nenhum deles poderia dar o sinal verde para que o filme fosse feito."[8] Elas precisavam do apoio de um homem branco e heterossexual para emplacar o projeto. Mike Medavoy, da Orion Pictures, ofereceu modestos 4,5 milhões de dólares, que Sanford e Pillsbury aceitaram felizes. Elas já tinham uma diretora em mente.[9]

Dez anos antes, Seidelman havia começado a estudar na escola de cinema da Universidade de Nova York. Naquela época, uma mulher pensar em ser diretora de cinema "era uma fantasia, não um objetivo concreto",[10] comentou Seidelman. Ela quis tentar mesmo assim e se concentrar em filmes com protagonistas femininas fortes. "Para mim, foi uma decisão natural", disse. "Eu não queria trabalhar no território que homens já tinham explorado."[11]

Seu primeiro filme, *Smithereens*, era sobre uma groupie punk que usava as habilidades que aprendeu nas ruas para sobreviver na região da Baixa Manhattan. Em 1982, a película fez um sucesso surpreendente em Cannes. Seidelman foi a única diretora no festival daquele ano concorrendo à Palma de Ouro, e seu filme era o único longa independente norte-americano na competição.[12] Depois de Cannes, ela foi bastante procurada, mas apenas para o tipo de filme errado, que ela mesma descrevia como "roteiros bobos sobre líderes de torcida ou irmandades". Quando *Procura-se Susan desesperadamente* caiu na mesa de Seidelman, ela gostou do fato de a roteirista e as produtoras serem mulheres. Gostou também da história porque abordava "a ideia de reinvenção, de alguém que vem para Nova York a fim de ser a pessoa que desejava".[13] Rosanna Arquette, na época uma atriz em ascensão, já tinha aceitado fazer o projeto. Seidelman concordou em dirigi-lo.

Em 1984, ter tantas mulheres na frente e por trás das câmeras em um filme era inédito (e continuaria a ser raro por décadas). Seidelman o viu como um marco cultural feminista, embora sutil. "Não é um filme extremamente feminista do tipo 'precisamos passar uma mensagem sobre a luta das mulheres'. É mais divertido", disse ela. "A melhor forma de passar uma mensagem é com humor e ironia, no fim das contas."[14]

O filme fala de uma dona de casa suburbana e certinha de Nova Jersey chamada Roberta (Rosanna Arquette) que fantasia sobre uma "garota má" de espírito livre do East Village chamada Susan, procurada por meio de anúncios publicados pelo namorado nos classificados. Vários interlúdios cômicos e uma batida na cabeça depois, Roberta acredita ser Susan. De certa forma, ela é mesmo, presa no subúrbio, buscando se libertar. Seidelman disse que a história pretendia integrar esses dois aspectos de Roberta para que ela pudesse ser uma pessoa completa.[15]

Seidelman morava perto de Madonna no SoHo e a conhecia da Danceteria e do Paradise Garage. "Eu sabia quem ela era", disse a diretora.[16] "Madonna tem um rosto incrível, quase como o de estrelas do cinema antigo, como Garbo e Dietrich. Um rosto que você gostaria de ver na telona."[17] Seymour Stein disse a Seidelman que a cantora estava interessada no papel de Susan, e a diretora aceitou que ela fizesse um teste para o papel.[18]

Duzentas atrizes também fizeram o teste e, para a Orion, Ellen Barkin deveria interpretar a personagem, mas Seidelman queria ver o teste de Madonna antes de tomar a decisão final.[19] Se ainda houvesse alguma objeção, o fato de Madonna obviamente ser adequada para o papel tirou qualquer dúvida. "Ela saiu do táxi, mas não tinha dinheiro suficiente para pagar. Lá estava ela encontrando um monte de pessoas do cinema para um trabalho e a primeira coisa que fez foi pedir o dinheiro do táxi para nós. Era exatamente o que Susan teria feito!",[20] contou Seidelman.

> Mesmo durante os testes com outras atrizes, como Melanie Griffith e Kelly McGillis, eu não conseguia tirar Madonna da cabeça. Ela era a pessoa mais confiante que eu já tinha conhecido. Ela acreditava ser especial e fazia você se sentir especial. A personagem Susan precisava ser tão magnética a ponto de ser inevitável que as pessoas se sentissem atraídas por ela. Madonna tinha essa qualidade, que saltava aos olhos.[21]

Ao mesmo tempo, Madonna "estava nervosa e frágil e não foi arrogante. Foi doce, inteligente, eloquente e engraçada. Então comecei a vê-la como Susan".[22] Pillsbury fez o mesmo. "Ela tinha aquele ar bem insolente, atrevido e sexy, meio Mae West."[23] Madonna foi contratada em julho para nove semanas e meia de filmagens, começando em setembro. Receberia 80 mil dólares de cachê: um bom dinheiro, mas um quinto do que a estrela do filme, Rosanna Arquette, ganhou.[24]

Para Madonna, isso não importava. O papel não era pelo dinheiro, e sim pelo próprio futuro. Ela disse na época que pretendia "ter uma carreira como atriz junto com a de cantora, e eu precisava começar por algum lugar. Esse é um ótimo projeto de estreia, por isso é tão importante para mim. E esse é o momento certo".[25] Além disso, ela gostou do roteiro. Era uma versão moderna dos filmes clássicos que amava: "Comédias sobre roubo feitas por Claudette Colbert e Carole Lombard nos anos 1930. Elas tinham um gostinho de vida real, um pouco de pungência, e deixavam você feliz no final. Não era aquela besteira de fantasia adolescente", explicou ela.[26]

Se o filme parecia autêntico ao descrever o centro de Nova York, era porque Seidelman conhecia a região e escalou pessoas do bairro para atuar. Ela espalhava o anúncio em cartazes no East Village para recrutar pessoas que atuariam nas cenas nas ruas ou nas boates. Para papéis coadjuvantes, escolhia personalidades locais, como o amigo de Keith Haring chamado Richard Hell. Rockets Redglare, famoso guarda-costas de Sid Vicious, interpretou um motorista de táxi. A artista performática Ann Magnuson apareceu no filme, assim como o músico John Lurie e um novo ator chamado John Turturro. "A ideia de misturar atores de Hollywood com pessoas reais me agradava", disse a diretora. "O filme é sobre mundos que se encontram, e achei que isso também deveria acontecer na tela."[27]

As roupas de Madonna pareciam mais seu visual do dia a dia do que figurinos. Ela chegou a receber roupas para o filme de uma diretora de arte, mas disse que nem ela nem a personagem as usariam. "Eram de brechó, como os vestidos da Cyndi Lauper. Eu odiei! Tinha até saltos *stiletto*", disse Madonna. Por isso, ela criou o próprio visual. "Um dos figurinos era minha camiseta e a saia deles ou minhas meias e os sapatos deles. Foi uma combinação",[28] explicou.

O desempenho de Madonna em *Procura se Susan desesperadamente* é considerado um de seus melhores. Buscando um motivo para desacreditar a atuação da cantora, os críticos disseram que ela só interpretou a si mesma — o que é uma bobagem. Mesmo que ela *fosse* a personagem que interpretava, poderia ter se dado mal de infinitas formas. Seidelman sugeriu que havia dois fatores por trás do sucesso de Madonna no filme. Primeiro, porque a diretora era mulher, então ela e a estrela tinham "um relacionamento mais pé no chão porque não tem toda a política e os jogos sexuais". O outro argumento era que Madonna sabia atuar e fez isso muito bem.

> Ela dizia falas roteirizadas, tinha marcações para seguir e precisava fazer tudo isso de modo que parecesse natural, o que não é fácil. Madonna pôde trazer muito de sua persona para o papel e foi uma mistura perfeita de quem era na época e a personagem que interpretava. Tinha ótimas ideias. Uma das pequenas intervenções que fez no filme foi quando usou o secador de mãos do banheiro da Port Authority. Ela ligou o aparelho e secou as axilas. Isso foi muito Susan e muito Madonna. Foi perfeito.[29]

Embora Seidelman tenha dito que a cantora não estava nervosa, Madonna afirmou o contrário: "Teve cenas em que eu estava me cagando toda. Algumas vezes, estava tão nervosa que abria a boca e não saía nada. Mas acho que surpreendi todo mundo ao ser uma das pessoas mais calmas no set. Talvez porque eu estivesse maravilhada e quisesse absorver tudo."[30] Ela também surpreendeu Seidelman com sua disciplina. As filmagens às vezes iam até a meia-noite, com a primeira chamada por volta das 6h30. Madonna acordava às 4 horas da madrugada para nadar cem voltas na piscina da YMCA. Todos os dias.[31]

A natação fazia parte do esforço constante para melhorar porque, não importava quanto as pessoas falassem que ela era bonita, Madonna se preocupava com o peso e não se achava alta. "Venho de um estilo de vida sedentário de classe média e não nasci com um corpo perfeito", disse ela.[32] Com 1,62 metro de altura, ela se sentia "insignificante. Tudo em mim é mediano. O que está dentro de mim é que me faz não ser mediana".[33] Por isso, trabalhou para ter o corpo que refletisse essa força interior.

Durante as filmagens, Seidelman precisava de uma música para uma cena de boate na Danceteria e perguntou se Madonna poderia levar uma fita. Ela e Bray tinham acabado de compor "Into the Groove" e gravaram uma demo no apartamento dele, com cachorros latindo e pessoas gritando ao fundo. Madonna escolheu essa.

> Eu queria testá-la com os figurantes [..] para ver se a música era boa [...]. Então, nós a tocamos e precisamos refazer a cena várias vezes. Em pouco tempo, todo mundo estava gostando e perguntando: "Que música é essa, de onde veio?" Não entrei no filme achando que ia conseguir uma música de sucesso ou um clipe na MTV. Não mesmo![34]

Enquanto as filmagens continuavam, Seidelman procurou outra música para a cena da boate, mas não conseguiu encontrar nada melhor. Então, Pillsbury procurou Freddy DeMann para pedir permissão de usá-la, mas ele nunca tinha ouvido falar da música.[35] A Warner Bros. também estava relutante. "Eles queriam que usássemos 'Material Girl' ou 'Holiday'", contou Madonna. A produção do filme insistiu na música nova. "Acabamos usando a demo original que Stephen e eu fizemos."[36]

Erika Belle estava lá quando Bray e Madonna trabalharam na música. A certa altura, ele achou a ponte problemática e Madonna veio com "Live out your fantasy here with me", disse Belle.* "A letra parecia sair dela. Fiquei de queixo caído."[37] Aquela ponte era exatamente o filme.

No ano entre as gravações do primeiro e o segundo álbuns de Madonna, a vida tinha mudado imensamente e a aparência dela refletia isso. Antes de *Like a Virgin*, a maior revelação foi uma alça de sutiã aqui e ali e o umbigo, que levou homens (e jornalistas) jovens, acostumados à *Playboy*, a atacá-la como se nunca tivessem visto algo mais proibido. Mas no início da fase *Like a Virgin*, a sexualidade da cantora começou a ficar mais explícita. "Acho que a música que comecei a compor era mais sedutora e eu inconscientemente incorporei isso. Também tinha a ver com o fato de estar fazendo mais ensaios fotográficos. Estilistas estavam me vestindo. Antes disso, eu fazia tudo sozinha", analisa ela.[38]

Uma das pessoas responsáveis pela mudança na aparência de Madonna foi Steven Meisel, de 30 anos, que a fotografou para a capa do álbum *Like a Virgin* e continuaria tirando fotos dela por várias décadas.[39]

Meisel era chamado de "melhor fotógrafo comercial do nosso tempo".[40] A palavra *comercial*, porém, não é a mais adequada. Sim, as fotografias dele apareciam principalmente em revistas, mas, assim como a obra de Warhol, Haring e Madonna, não eram menos artísticas por estarem acessíveis. O comércio apenas forneceu uma oportunidade para criar e uma plataforma para expor.

O fotógrafo era da região da Gog de Madonna: Flushing Meadows, Queens. Ele, entretanto, teria sido um alienígena na cena de Dan e Ed Gilroy.[41] O melhor amigo dele no Queens era o pianista de Patti Smith,

---

* Em tradução livre, "Viva sua fantasia aqui comigo". *[N. da E.]*

Richard Sohl, cujo apelido era DNV, sigla para *Death in Venice* [morte em Veneza]. Eles circulavam pelos bares gay e punk desde os tempos de escola.[42] "Fui a todas as boates, aos bares e lugares que vendiam drogas depois que todos os outros estavam fechados", contou Meisel. "Não havia nada que eu não tivesse feito nem um lugar a que não tivesse ido."[43]

Um ex-editor de moda disse que o grupo de Meisel era "o mais descolado entre os descolados. De um jeito ameaçador. Eles andavam por aí como se fossem o pesadelo de todas as mães". Meisel vestia preto da cabeça aos pés, inclusive os olhos, delineados com kohl por baixo dos óculos escuros.[44] A ousadia no visual e no comportamento disfarçava a extrema timidez. Ele quase nunca falava, tudo o que tinha a dizer estava nas fotos. A imagem de Madonna virou um grande meio de expressão para ambos.[45] Sobre o ensaio que gerou a capa de *Like a Virgin*, ela disse que, "antes de trabalhar com Steven...

> eu aparecia com as roupas que já estava usando, ficava na frente das luzes e deixava que tirassem as fotos. Com Steven, uma equipe se aproximava de mim e começava a me despir. Uma pessoa ficava responsável pelo meu cabelo, outra pelo rosto, uma terceira me ajudava a experimentar várias roupas e todos pareciam falar uma linguagem que eu não entendia, o idioma de Steve Meisel".[46]

Meisel trabalhou com Madonna como um pintor da Renascença faria com uma modelo. Ao contrário dos renascentistas, no entanto, ele a tratava como uma colaboradora. "Ele realmente apreciava a beleza e sabia como fotografar uma mulher forte. Meisel também é uma diva", disse Madonna.[47]

> Ele me fez sentir como se eu fosse parte de algo importante. Tratou de cada sessão de fotos como se fosse um curta-metragem e insistia para que criássemos um personagem cada vez que trabalhávamos juntos, mas depois fazia piada dos arquétipos que criávamos. Ele foi a primeira pessoa a me apresentar à ideia de reinvenção.[48]

Maripol foi contratada como estilista de Madonna para o ensaio da capa do álbum *Like a Virgin*, que aconteceu no hotel St. Regis, em Nova York. No início, uma diretora de arte envolvida no projeto "teve a ideia de fazer uma virgem do tipo Black Sabbath. Sabe como é, batom preto, preto aqui, preto ali. Eu ficava falando para ela: 'É melhor ser realista, não é mesmo?'", relembrou Maripol. Madonna concordou.[49] Na capa do álbum, ela está em uma cama com o vestido de noiva criado por Maripol e cinto Boy Toy, não convidando um amante para se deitar com ela, mas o desafiando a isso.[50] Na contracapa, o ato foi consumado É a manhã seguinte e Madonna aparece desarrumada em uma cama, não como uma ex-virgem em êxtase, mas, sim, como uma mulher satisfeita.

Naquele mesmo ano, Madonna, Christopher e Belle, acompanhados de Martin Burgoyne, tinham sido convocados por Ayeroff para os antigos estúdios de Charlie Chaplin em Los Angeles a fim de gravar o clipe de "Lucky Star". Foi basicamente uma recriação das antigas apresentações deles com bases pré-gravadas.[51] "Eu fiz 'Lucky Star' por 14 mil dólares com um amigo de Bolinas, Califórnia, que plantava maconha", disse Ayeroff, referindo-se a Arthur Pierson, que foi chamado para dirigir. Depois de finalizado, o clipe foi guardado para o caso de "Lucky Star" ser relançada como single.[52]

Em agosto de 1984, antes de começarem as filmagens de *Procura-se Susan desesperadamente*, a Warner estava pronta e a gravadora usou bem as cartas que tinha. Eles exibiram o clipe na MTV para lotar de pedidos as linhas telefônicas das rádios e, assim, garantir o sucesso quando o single fosse relançado. Deu certo: "Lucky Star" foi a primeira música de Madonna a ficar entre as cinco melhores da Hot 100 da Billboard, chegando ao quarto lugar.[53]

Esse fenômeno deveria ter convencido os negacionistas do poder da nova mídia do clipe, mas os céticos não mudaram de ideia. Madonna foi convidada para o quinto New Music Seminar, apresentado por Haoui Montaug em Nova York, a fim de defender o clipe como nova forma de alcançar o público.[54] Os outros participantes do painel eram Lou Reed, Afrika Bambaataa, George Clinton, John Oates, do Hall & Oates, Fred Schneider, do B-52's, e o "padrinho do soul", James Brown.[55]

Sentada entre esses veteranos da música vestindo bermuda de ciclista na altura do joelho e luvas sem dedos, ela argumentou: "Os jovens adoram a televisão, então acho que é uma ótima forma de alcançá-los." Ela também disse que um artista era um artista, mesmo se não houver uma câmera apontada na direção dele. Mas John Oates não se convenceu. Adotando a linha do roqueiro purista, ele disse que deveria bastar ser músico sem precisar ser ator.[56] Ele dividiria o palco com Madonna mais uma vez no mês seguinte, no Video Music Awards (VMA) da MTV, quando aquela câmera dispensada por Oates fez dela uma estrela.

Capítulo 16

Nova York, 1984

Caramba, há um ano Madonna era apenas uma garçonete no Lucky Strike.[1]

— *Andy Warhol*

Um escritor comparou a performance de Madonna no VMA em setembro de 1984 a momentos icônicos da música, como Elvis Presley deixando todos nas salas de estar dos Estados Unidos de queixo caído com os "movimentos pélvicos" no *Milton Berle Show*, em 1956, e os poucos minutos dos Beatles no *Ed Sullivan Show*, em fevereiro de 1964, que criou o padrão para os próximos vinte anos do pop rock.[2] Outro observador chamou de "o equivalente das premiações ao discurso de Gettysburg feito por Abraham Lincoln, o parâmetro para avaliar todos os que vieram depois dele".[3] Em outras palavras, foi inesquecível.

O palco daquela noite no Radio City Music Hall estava cheio de estrelas que foram bajuladas para ajudar a lançar o show. Era a primeira premiação da MTV e, se tivesse sucesso, os executivos do canal acreditavam que poderia se tornar a cerimônia do Oscar/Grammy da nascente indústria do clipe. Bette Midler e Dan Aykroyd concordaram em se apresentar. Para cantar durante a premiação, a MTV chamou Rod Stewart (o decano dos clipes por ter feito vários), ZZ Top, Hall & Oates, Tina Turner, Ray Parker Jr., Huey Lewis and the News e a garota nova, Madonna.[4]

Em vez de uma das faixas do primeiro álbum, ela queria cantar o single ainda não lançado, "Like a Virgin". A primeira ideia foi se apresentar com um tigre-de-bengala (aparentemente, ela havia se cansado dos leões). Como isso não foi permitido por motivos óbvios, ela sugeriu sair de um bolo de casamento, como fez na festa da Fiorucci, cantando "Everybody".[5] A produção concordou.

Antes do show, Madonna e Christopher foram à loja de Maripol, onde a cantora se vestiu com o traje de casamento feito pela amiga e estilista para a capa do álbum. Christopher disse que eles não estavam sozinhos. Cher estava sentada em um canto como se fosse uma dama de honra observando Madonna se arrumar para a grande noite.[6] Maripol disse que Madonna estava muito nervosa porque havia na plateia um monte de artistas e gente da indústria musical. Ela acreditava que era "o sucesso ou nada"[7]

* * *

De longe, Madonna parecia uma noiva muito adequada em cima do bolo, cantando uma música que ninguém conhecia, a não ser quem esteve no Paradise Garage naquele ano. Era uma música sobre uma virgem, cantada por uma mulher em um vestido de noiva com bustiê e tule e um cinto que a identificava como "Boy Toy". Enquanto o bolo cenográfico descia, o inimaginável se tornou inegável quando ela começou a se desfazer do traje nupcial: primeiro os sapatos, depois o véu. Por fim, soltou o cabelo como se estivesse no próprio quarto. Madonna gosta de dizer que o momento famoso no qual ela rolou pelo palco, expondo saia, calcinha e liga para todo o mundo, foi uma tentativa de recuperar um sapato perdido.[8]

Essa foi a história oficial, que pode tanto ser a forma como ela se lembra do episódio quanto uma tentativa de conter os danos, pois a equipe da cantora achou que aquela performance havia passado dos limites. Esse comportamento, que poderia ser perfeitamente aceitável, e até nada de mais, na Danceteria, no Garage ou no Studio 54, foi considerado escandaloso no VMA. A história do sapato perdido foi uma boa desculpa, mas não foi o que aconteceu.

Madonna foi ao chão duas vezes. Na primeira, para recuperar os dois sapatos que tinha chutado para facilitar a descida do bolo. A segunda, aparentemente, porque ela quis. Ela girou, engatinhou e rolou no chão com uma boa dose de luxúria, simulando masturbação enquanto usava o símbolo máximo de pureza, um vestido branco de noiva, com os dois sapatos presos firmemente nos pés. Foi nesse momento que a plateia recebeu de presente uma vista completa do *derrière* da cantora.

Christopher viu tudo do camarim do Radio City, pensando no pai e na avó que, como milhões de outros espectadores, veriam o show em casa e ficariam aturdidos pelo que parecia ser o roubo de uma noiva — por ela mesma![9]

Ao debochar da convenção social que tradicionalmente codificava o status de uma mulher como inferior, ela declarou independência não na linguagem da política feminista, e sim no idioma do sexo. Com o vestido de noiva, Madonna clamava o poder para si. No ano anterior, a revista *Time* havia declarado o fim da revolução sexual.[10] Madonna mostrou que, para mulheres da mesma geração que ela, a revolução nem havia começado.

Na transcrição completa e não publicada de uma entrevista que Edwin Miller fez com Madonna para a revista *Seventeen* pouco depois do show no VMA, ela descreveu o que deve ter pensado naquela noite, em uma visão interessante sobre a ideia de que a promessa e a realidade do casamento são duas coisas bem diferentes. Ela disse que se imaginou no alto do bolo "sentada no topo do mundo", mas "terminou no chão, arrasada".[11]

Seja lá qual tenha sido o plano, Madonna foi ridicularizada na imprensa e por alguns dos artistas presentes no evento. Annie Lennox disse que a performance havia sido "muito, *muito* indecente [...]. Foi como se ela estivesse fodendo a indústria musical. Pode ter sido uma paródia da parte dela, mas achei vulgar".[12] Madonna contou que, quando se encontrou com Freddy DeMann depois do acontecido, ele estava "branco como um fantasma. Ele me olhou e disse: 'Você sabe o que acabou de fazer?' [...] 'Sua carreira está acabada' [...] Eu estava só começando e pensei: 'Ah, tudo bem.' Não pedi desculpas. Apenas pensei: 'Bom, foda-se. Eu cometi um erro.'"[13]

A polêmica do VMA apresentou Madonna ao vasto abismo cultural existente entre o centro de Nova York que ela habitava e o mundo comercial no qual estava prestes a entrar. Ela percebeu que tinha saído do "pequeno casulo gay [...]. Do mundo da dança para o da música, meu estrato social era basicamente de homens gays. Era esse meu público, com quem eu convivia e que me inspirou. Eu saí daquele mundo e entrei no mundo comercial. De repente, começaram a me julgar".[14]

Cyndi Lauper, que estava na plateia e conhecia os dois mundos, compreendeu a performance de Madonna. "Eu amei. Foi arte performática", comentou.[15] Lauper tinha razão. Madonna não era apenas uma cantora pop: ela também fazia parte de uma rica tradição de mulheres criativas que jogavam tudo na arte e simplesmente *eram* a arte que faziam.[16] A apresentação sobre mulheres, casamento e sexualidade veio desse meio, mas a maioria das pessoas não entendeu.

O VMA seria o primeiro de vários episódios em que Madonna recorreu aos métodos habituais no cenário artístico de Nova York para se expressar e acabou sofrendo a ira da opinião pública. O veredito seria que ela foi longe demais e que a carreira dela tinha acabado. Em todas as vezes, o júri se mostraria errado. As ações de Madonna sem dúvida geraram detratores, mas também renderam a ela fãs leais e cada vez mais atenção.

Maripol, que havia assistido à apresentação detrás de uma cortina no palco, disse:

> Naquele dia, eu sabia que ela havia conseguido. Todos os jornalistas passaram apressados, falando: "Nossa, quem é essa garota com vestido branco rolando e engatinhando no chão, com brincos de cruz? O nome dela é Madonna?"[17]
>
> Quando saímos, os jovens a esperavam na rua, vibrando. Quando entramos na limusine, eu a observei. Reparei que ela olhava para todas aquelas pessoas e se perguntava por que estava *ali dentro*. Madonna queria estar *lá* na rua com eles, gritando. Olhei para o rosto dela e vi a mais pura inocência e alegria.[18]

Um jovem estilista francês que estava na plateia também se empolgou com a performance. Jean Paul Gaultier disse que estava cercado "de executivos, que ficaram horrorizados. Apenas os poucos fãs presentes e eu amamos tudo. Nesse momento, percebi que Madonna não se importava com o que pensavam dela e vi como ela era poderosa".[19]

Nile Rodgers também sabia que Madonna tinha chegado com tudo. Ele viu a apresentação junto com Mick Jagger e outro amigo no saguão de um estúdio, dando uma pausa nas gravações do primeiro álbum solo do vocalista do Rolling Stones. O amigo achou que Madonna tinha mais estilo do que substância, mas Rodgers retrucou: "Eu queria engarrafar o que ela tem e fazer você beber. Aí eu poderia produzir você e nós dois teríamos muito mais dinheiro."[20]

Madonna estava no VMA porque tinha sido indicada a Melhor Clipe de Artista Revelação por "Borderline". Ela perdeu para Annie Lennox e os Eurythmics, mas roubou o show.[21] Olhando a uma distância de trinta anos, Jocelyn Vena, da MTV, disse: "Aqueles três minutos em 1984 foram o momento em que Madonna virou uma superestrela."[22] Também foi quando o VMA da MTV passou a ser uma atração imperdível na TV. Segundo Bob Pittman, um dos fundadores do canal: "No primeiro ano fizemos de tudo para preencher os lugares com artistas. No *segundo* ano, todos eles queriam se apresentar na premiação."[23]

Like a Virgin foi lançado em 12 de novembro de 1984 e o clipe da faixa--título, no dia seguinte. No geral, as críticas foram cruéis. O *Los Angeles Times* disse que Madonna parecia uma "ovelha com dores". No Reino Unido, o *NME* fez pouco-caso dela, dizendo que "não é musicista e não quer ser cantora. Ela só está ganhando a vida como vendedora". O que ela estava vendendo? "Puro consumismo no estilo *Cosmopolitan*."[24] Na *Rolling Stone*, Kurt Loder, que depois trabalharia na *MTV* e cortejaria Madonna o tempo todo, de um jeito até meio servil, considerou a cantora um "Sonho molhado da revista *Interview* sobre o que está na moda e acontecendo na glamorosa Manhattan". E continuou:

> Madonna de barriga de fora, como se dissesse "acaricie meus seios por cima do sutiã", é a imagem da loura gostosa e burra, e é lógico que isso vende [...]. Parece feita para chocar feministas dos dois gêneros, bem como qualquer pessoa com o mínimo interesse em rock, funk, soul etc. Se você tirar toda a história da prostituta arrasada, não sobrará nada para se falar dela.[25]

O interessante é que todos os críticos eram homens cujos comentários venenosos refletiam a crença geral de que toda música feita para a plateia feminina era inerentemente sem valor. Em contrapartida, Debby Bull, que escreveu na *Rolling Stone* após o texto de Loder, deu três estrelas e meia de cinco para o álbum de Madonna e disse que a música "Like a Virgin" era maravilhosa.[26] Os fãs concordaram.

"Like a Virgin" chegou ao primeiro lugar na Austrália, no Canadá e nos Estados Unidos (e continuou lá por seis semanas). Da mesma forma, o álbum chegou ao primeiro lugar nos Estados Unidos e, em fevereiro, ganharia platina tripla, com mais de 3 milhões de cópias vendidas.[27]

Os executivos da Warner viram esses números chegarem a 6 milhões naquele ano com muita empolgação e também com arrependimento. Durante a primeira fase de negociações com Rodgers, eles tinham oferecido royalties de 3% sobre o álbum, que ele recusou. O produtor queria 2% "sobre os primeiros 2 milhões de cópias e 6% retroativos depois disso". Stein disse que os executivos da Warner ficaram chocados. O primeiro álbum de Madonna tinha vendido apenas 300 mil cópias e Rodgers estava praticamente apostando o próprio pagamento. A Warner aceitou o acordo.[28]

Vendo que Rodgers havia sido mais esperto que eles, Stein disse que os executivos da Warner estavam furiosos e queriam que Madonna pagasse o percentual combinado. Por isso, ela recrutou o advogado especializado em entretenimento Alan Grubman para defendê-la. "Ele era um peso-pesado da área, um judeu do Brooklyn que xingava e desferia insultos pessoais a cada ataque jurídico", disse Stein. Grubman foi à Califórnia se encontrar com o presidente da Warner, Mo Ostin, que tentou "passar um papo" nele. "Nem fodendo!", gritou o advogado. "Os artistas fizeram o trabalho deles. Vocês é que cagaram no pau."[29]

"Toda vez que Mo abria a boca era *bam*!", relembrou Stein.

> Como Mo foi incapaz de resistir [...] todos sabiam o resultado. Dali em diante, a Warner aceitaria tudo o que Madonna pedisse. Ela estava no comando [...]. Todas as futuras negociações seriam realizadas como uma reunião especial do Conselho de Segurança da ONU.[30]

Stein disse: "Aquela lourinha sem grana que tinha entrado saltitando em nossos escritórios havia um ano agora tinha a maior gravadora do mundo na palma da mão."[31]

Vários anos depois, após acompanhar a carreira de Madonna, a indústria musical reconheceu a importância do que um crítico tinha chamado de "uma dose tolerável de erro". Howard Johnson escreveu na *Q* que, com *Like a Virgin*, "nasceram os conceitos de Madonna como superestrela e ícone cultural".[32]

Danny Weizmann, na *LA Weekly*, destacou em um texto posterior que quando *Like a Virgin* foi lançado, as artistas que mais vendiam (com exceção de Cyndi Lauper) eram negras: Tina Turner, Sade e Chaka Khan. Segundo ele, o disco de Madonna foi o primeiro álbum em muito tempo que era puro entretenimento e tinha sido composto e gravado por uma mulher branca. Também foi o primeiro de uma mulher branca a fazer dance music com uma batida eletrônica como os negros faziam. Cada música do álbum era um sucesso de rádio, e até os jovens que debochavam dela, debochavam muito. Ou seja, ela estava na cabeça deles.

É difícil imaginar a loucura que foi esse álbum, mas, em 1984, a positividade sexy de canções como "Dress You Up" estava em um nível tão alto que quase chegava a ser constrangedor. E foi a partir desse constrangimento que toda uma geração de meninas e meninos encontrou seu jeito de ser.[33]

Com o sucesso do álbum, Madonna entrou para a trindade do pop. Em 1984, ela, Prince e Michael Jackson lideraram as paradas da Billboard por mais de oito meses com *Like a Virgin*, *Purple Rain* e *Thriller*, respectivamente. Esses três artistas, todos nascidos no vasto território dos Estados Unidos em 1958, recuperariam a indústria musical, redefiniriam o futuro dela e ajudariam a reescrever o que se falava sobre raça e gênero.

Em novembro, Madonna saiu na capa da *Rolling Stone*, mas o texto no interior da revista era uma crítica. Em "Madonna Goes All the Way" [Madonna faz de tudo], Christopher Connelly a considerou uma artista que funcionava em clipes e recorria ao sexo em vez da habilidade musical para fazer sucesso.[34] Também lançou a ideia de que ela usava os namorados para avançar na carreira. Connelly pediu a Dan Gilroy e Steve Bray que confirmassem aquela opinião, mas ambos disseram que não era verdade. Contudo, uma vez dita, a frase foi repetida e usada durante décadas por pessoas que buscavam desvalorizar a obra e as conquistas de Madonna.[35]

Nem Madonna nem a assessora de imprensa Liz Rosenberg temiam a polêmica. Rosenberg disse: "Ela prefere isso à apatia."[36] Entretanto, para acabar com o boato após várias matérias a terem acusado de "usar" os homens, Madonna declarou à jornalista musical Laura Fissinger: "Eu nunca trepei com alguém para conseguir algo. Nunca."[37] Stein sabia que isso era verdade. Anos depois, ele escreveu:

> Eu acredito até hoje que ela teria virado uma estrela sem qualquer um [dos homens ao redor dela]. [...] Madonna era muito mais poderosa do que qualquer um de nós. Se havia um rastro de homens reclamando e magoados no caminho dela até o topo, isso só aconteceu porque vários caras tentaram controlá-la e logo descobriram que ela não precisava de nenhum deles.[38]

A apresentação no VMA, o segundo álbum de Madonna e a capa da *Rolling Stone* aconteceram durante as nove semanas e meia em que *Procura-se*

Susan desesperadamente estava sendo filmado. Subitamente, uma multidão de fãs apareceu perguntando: "Esse é o filme da Madonna?" Seidelman disse que ninguém envolvido no filme estava preparado para tamanho assédio, nem Madonna e muito menos Rosanna Arquette, que estava "sendo ofuscada por uma novata".[39]

Madonna tinha aprendido muito sobre fazer álbuns, clipes, cinema, sobre o ato de se apresentar, a indústria musical e as exigências de ser uma celebridade. Antes daquele ano, ela poderia dizer o que quisesse a quem desejasse sem se preocupar se aquilo voltaria para assombrá-la. Afinal, ela era uma pessoa como outra qualquer. Entretanto, no fim de 1984, isso mudou.[40]

Uma pessoa que a ajudou durante a transição de cantora de boate para superestrela internacional foi o fotógrafo Herb Ritts. Madonna chegaria a considerá-lo "um irmão mais velho, muito carinhoso", mas, ao conhecê-lo, teria achado Ritts "um esquisitão".[41]

Eles se conheceram quando Ritts foi contratado para filmar um anúncio para *Procura-se Susan desesperadamente.* "Ela chegou cedo e dirigiu-se ao estúdio com o cinto 'Boy Toy' e a renda preta, muito decidida", lembrou o fotógrafo. "Ela disse: 'Vi todo o seu trabalho na revista *Lei.* Você é bom.' Simplesmente. Madonna sabia quem eu era, embora eu fotografasse havia poucos anos."[42]

O editor de moda da *Tatler,* Michael Roberts, lembrou aquele dia de um jeito um pouco diferente. Segundo ele, Ritts foi contratado pela *Tatler* com o propósito de fotografar Arquette para uma matéria sobre *Procura-se Susan desesperadamente.* Durante o ensaio, Ritts disse a Roberts: "Ah, tem essa outra garota na sala ao lado. Ela vai ser uma estrela e interpreta a cantora nesse filme." Roberts, que também estava atuando como estilista, respondeu que não tinha tempo de arrumar um visual para ela porque o foco era Arquette. Ritts insistiu: "Ela está desesperada para que você vista algo nela e eu possa fotografá-la também."[43]

Tudo o que Roberts tinha à mão era "um monte de shorts de boxeador coloridos" para um ensaio de roupa masculina. "Então, fui até o pequeno camarim de Madonna e coloquei o short de boxeador na cabeça dela, que ficou muito chocada e levemente ofendida. Mesmo assim, Herb tirou fotos e, sabe-se lá como, elas são boas até hoje."[44] Elas não pareciam boas, mas Madonna, sim. Pelas lentes de Ritts, ela parecia fantástica mesmo com o equivalente a um chapéu de burro na cabeça.

Esse foi o início da parceria com o homem que, de acordo com Christopher, foi um dos colaboradores mais importantes da carreira da irmã. O rosto fotográfico de Madonna, especialmente nos anos 1990, foi definido pela câmera de Ritts em várias capas de revista e álbuns. Ele diria que a cantora foi a modelo mais frequente da carreira dele.[45] Ritts também seria um amigo próximo, em quem ela confiava bastante.

Como Martin Burgoyne, Ritts era gentil, divertido, generoso e travesso, sempre atento, ligado e inocente,[46] e não se isolava. Os imóveis que ele tinha na Califórnia, seja a casa de praia meio decadente em Malibu, seja a casa em Hillside, eram ímãs para um amplo e louco círculo de amigos. As festas dele na praia eram abertas a qualquer um que estivesse disposto a tomar ácido, dançar sem roupa e celebrar a beleza da vida, servindo de ponto de encontro para a juventude gay de Los Angeles.[47] Em outras palavras, ele tinha uma vida social que era uma versão ensolarada do que Madonna viveu em Nova York.

O mais importante, porém, é que a sensibilidade artística de Ritts se alinhava com a de Madonna. Ambos eram artistas que trabalhavam na seara comercial (no caso da cantora, o pop).[48] Ambos eram pragmáticos nos negócios e celebravam a beleza, o amor e a sexualidade na arte que produziam.[49]

O momento do primeiro encontro entre eles não poderia ser melhor Ele a acolheria enquanto ela entrava na paisagem alienígena de Hollywood, em que nada parecia real e tudo e todos estavam à venda. "Ele me colocou embaixo da asa, me levou às melhores festas, me apresentou a todas as pessoas certas e até a boa parte das pessoas erradas", lembrou ela. Herb Ritts seria o responsável por registrar o próximo capítulo da vida de Madonna Ela mesma se disse "herbificada".[50]

PARTE III

LOS ANGELES

1985-1991

Capítulo 17

Los Angeles, 1985

Magnata do cinema: Ela é fantástica. Eu sabia que seria uma estrela.
George: Ela poderia ser. Ela poderia ser excelente. Ela poderia ser uma grande estrela.
Magnata do cinema: Ela é uma estrela, George.
George: A maior estrela do universo nesse exato momento.[1]

— *Clipe de "Material Girl"*

NO RÉVEILLON DE 1985, a Warner Bros. aprovou a ideia de Madonna para o clipe de "Material Girl". Ela queria recriar a performance de Marilyn Monroe cantando "Diamonds Are a Girl's Best Friend" em *Os homens preferem as louras*, filme lançado em 1953. Seria um tributo a Marilyn, uma crítica ao materialismo da era Reagan e o início da era hollywoodiana da cantora. Ela já havia gravado clipes e feito reuniões de negócios em Los Angeles, mas naquele mês de janeiro transferiria a vida para lá. Qual é a maneira mais divertida de anunciar a própria chegada do que relembrando o glamour do maior ícone do cinema?[2]

Mary Lambert voltou ao posto de diretora e escreveu o roteiro, no qual vinte homens de terno tentam conquistar Madonna com presentes caros e dinheiro. Cantando "Material Girl" e dançando entre eles, ela recusa a bajulação, mas aceita os luxuosos presentes. Enquanto isso, um magnata do cinema interpretado por Keith Carradine assiste ao filme e fica hipnotizado com Madonna. Ao contrário dos pretendentes de terno, ele é esperto o bastante para perceber que ela não quer presentes, e sim amor. Na cena final, ele conquista o coração da estrela com um buquê de margaridas e uma caminhonete velha. O clipe é uma comédia musical na antiga tradição de Hollywood, um tributo ao glamour de meados do século XX em cor-de-rosa e coberto de strass.

Madonna estava maravilhosa no clipe. Após *Procura-se Susan desespera damente*, ela passou a se sentir confortável com a câmera e em um papel de atriz de comédia. Mais uma vez, personificava a mocinha-vilã, neste caso a estrela procurando por amor verdadeiro fora do set de filmagens enquanto interpretava a materialista manipuladora em cena.[3] Segundo Lambert, "Madonna sempre teve uma ambiguidade. Boa parte de seus primeiros clipes [...] basicamente a mostra entre dois mundos diferentes".[4]

Em vários momentos do clipe, o magnata do cinema interpretado por Carradine anda pelo set de filmagens com uma jaqueta de couro, observando discretamente a amada. Em um caso de vida imitando a arte, um dia, durante as filmagens, outro jovem de jaqueta de couro se escondia nas sombras observando a srta. Ciccone. Ele tinha 24 anos e, após seis filmes, era considerado por alguns o ator mais talentoso da geração — e também um dos mais difíceis de lidar.[5] O nome dele é Sean Penn, que seria o amor da vida de Madonna.

Penn nasceu insatisfeito, com alma de justiceiro e espírito de guerreiro, em parte porque a história da família dele foi construída na injustiça.

O pai, Leo, era de uma família de imigrantes judeus russos e lituanos que foram de ônibus da Costa Leste para a Califórnia trabalhar nos laranjais. Após a Depressão, eles juntaram dinheiro para abrir uma padaria na região leste de Los Angeles. Leo Penn queria ser ator e tinha avançado nesse mercado, mas, com o início da Segunda Guerra Mundial, foi convocado pelo serviço militar. Ele se alistou e sobreviveu ao que um amigo chamou de "situações inacreditáveis" em missões aéreas como artilheiro de aviação na Alemanha.[6]

Então, voltou para os Estados Unidos com uma medalha e um contrato com a Paramount. Passou a viver da atuação, começando de baixo e sonhando em alcançar o topo. Contudo, assim que começou a filmar a produção que faria a carreira dele decolar, ao lado de Gregory Peck em *O matador*, descobriu que estava em uma lista restrita. Como tantos outros antes da guerra, ele havia participado de encontros do Partido Comunista e feito parte do Teatro de Laboratório do Ator, que o FBI, seguindo uma linha de atuação excessivamente controladora, considerava uma célula comunista.[7]

Em 1957, após o fim da caça aos "vermelhos", pôde voltar a trabalhar, mas a carreira como ator no cinema estava acabada. Então, passou a escrever roteiros, dirigir e atuar na TV e no teatro. Foi no Circle in the Square, em Nova York, enquanto interpretava o protagonista de *The Iceman Cometh*, que encontrou o amor na colega de cena, Eileen Ryan. Nascida Eileen Annucci, ela era meio irlandesa, meio italiana, mas independente e objetiva.[8] Eles se casaram, voltaram para a Califórnia e tiveram três filhos: Michael, Sean e Christopher.[9]

Os Penn eram uma família muito unida, formando um ecossistema protetor e amoroso dentro de um ambiente potencialmente hostil. Na vida adulta, Penn se manteve na defensiva, como quem está sempre pronto para a batalha. O diretor Art Wolff disse que o fato de o pai ter sido colocado em uma lista restrita teve um "forte efeito" no jovem Penn. Era "parte da razão para Sean desejar tanto entrar em Hollywood [...] por causa do jeito que o pai foi tratado e como depois fingiram que nada aconteceu".[10]

A família se mudou para Malibu em 1969, que ainda não era uma cidade influente e descolada. Eles foram para uma casa que precisava de reformas perto da praia onde o jovem Penn levava uma vida que descreveu como "*As aventuras de Huckleberry Finn* com uma prancha de surfe".[11] O ensino médio girava em torno de surfe, tênis, política e direito. Eileen disse que ele lia o *Black's Law Dictionary* noite adentro e sonhava em ser advogado. Ao terminar o ensino médio, porém, ele decidiu ser ator. Por dois anos, estudou o método de interpretação com Peggy Feury no Loft Studio. Para conseguir dinheiro, trabalhava no porto como estivador e em restaurantes, onde lavava pratos e era manobrista.[12]

Aos 19 anos, recebeu o cartão do Sindicato dos Atores e trocou Los Angeles por Nova York para trabalhar no teatro. Pouco tempo depois, em novembro de 1980, Wolff o escalou para um papel na peça *Heartland*. Graças a essa atuação, foi chamado para *Toque de recolher*, um filme dramático intenso no qual trabalhou ao lado de outros jovens atores, como Timothy Hutton e Tom Cruise.[13]

Penn deveria ter ficado feliz, mas, ao contrário, teve pensamentos suicidas. Ele achava que seguia um estilo de atuação que não tinha lugar no cinema e brigou com o diretor de *Toque de recolher*, Harold Becker. "Existe uma raiva e uma dor em Sean. Evidentemente, elas vêm do mesmo lugar que alimenta o talento dele", definiu Becker.[14] Após *Toque de recolher*, Penn foi convidado para um projeto com uma diretora, um roteiro e um personagem que o empolgaram. O filme era *Picardias estudantis*. A diretora, Amy Heckerling, tinha 28 anos e era formada pela Universidade de Nova York. O roteiro era do jornalista da revista *Rolling Stone* Cameron Crowe e o personagem, Jeff Spicoli, era um surfista maconheiro.[15]

Penn se transformou em Spicoli. Ele descobriu que se adotasse o jeito de o personagem se vestir, de se mover e falar, ele poderia se transmutar emocionalmente nele. Era preciso incorporá-lo para descobrir a alma dele, processo que o ator chamava de encontrar "a música do personagem".

O filme, lançado em agosto de 1982, tornou Penn um astro.[16] A imagem de Spicoli era tão forte e o personagem, tão popular, que Penn corria o risco de ser sempre escalado para esse tipo de papel, a menos que rompesse o ciclo, o que fez no filme seguinte, *Juventude em fúria*. Ele saiu de um surfista tranquilão para um jovem violento em um reformatório. Segundo o diretor, Richard Rosenthal, "Sean era o único ator da geração dele que podia se transformar em outra pessoa para cada filme".[17]

Embora tivesse apenas 22 anos, Penn acreditava que estava pronto para se casar. Ele procurava alguém que seria sua Eileen Annucci, parceira na arte e na vida, uma âncora para a realidade enquanto ele se entregava a vários papéis, uma pessoa para acalmar a raiva que sentia. No set de *Picardias estudantis*, conheceu a irmã de Bruce Springsteen, Pamela, que tinha um pequeno papel no filme. Em Chicago, no set de filmagem de *Juventude em fúria*, ele a pediu em casamento.[18]

Enquanto isso, a carreira de Penn alternava entre cinema e teatro. A cada produção, a fama de ator difícil que não tinha interesse em fazer o jogo de Hollywood aumentava. Ele achou uma invasão de privacidade quando a *Rolling Stone* estampou na capa a notícia do relacionamento com Pam Springsteen, que acabou pouco tempo depois da reportagem.[19] Ele se recusou a fazer uma matéria de capa com a *People* porque a revista queria mostrá-lo com a nova namorada, Elizabeth McGovern.[20] Eles também terminaram. (Ela disse que "precisava de uma vida mais tranquila".)[21]

"Com dor de cotovelo", segundo ele próprio, Penn começou uma odisseia pela Europa com Harry Dean Stanton, Joe Pesci e Robert De Niro.[22] Na volta para Los Angeles, conheceu James Foley. O ex-estudante de cinema nascido no Brooklyn tinha dirigido um drama romântico chamado *Jovens sem rumo*, que o roteirista considerava tão ruim que chorou depois da primeira exibição de teste e renegou a própria obra.[23]

Penn ligou para Foley e disse que também não tinha gostado do filme, mas viu algo na obra do diretor que lhe agradou, e pediu a ele que olhasse um roteiro em que estava cotado para trabalhar desde 1983, chamado *Caminhos violentos*. "Na fase de pré-produção, Sean estava ficando lá em casa, e então o novo relacionamento dele aconteceu", disse Foley.[24]

Quando as pessoas que estavam trabalhando no clipe de "Material Girl" descobriram que Penn ia assistir às filmagens, a produtora Sharon Oreck disse: "O set se encheu de rumores de que esse casal perfeito se apaixonaria, casaria e teria dez filhos famosos."[25] Embora Penn e Madonna nunca tivessem se encontrado, ele já tinha um interesse.

A assistente de Penn, Meegan Ochs, que o levava pela cidade porque o carro dele estava com defeito, tinha uma fita do álbum *Like a Virgin*. Ela a colocou para tocar quando Penn lhe perguntou: "'Então com quem *você* acha que devo me casar?' Por fim, respondi: 'Bom, acho que deveria se casar com a Madonna.' Ele retrucou: 'Quem?' 'A cantora que estamos ouvindo.' Então isso virou uma piada interna nossa. Toda vez que entrávamos no carro e queríamos escutar alguma música, Sean dizia: 'Ok, toque a música da minha esposa.'"[26]

Ochs foi contratada para trabalhar nas filmagens do clipe de "Material Girl" e ligou para o ator. "Adivinha só! Vou trabalhar com sua esposa."[27] Pouco tempo depois, Penn e Foley estavam assistindo à MTV e o clipe de "Like a Virgin" foi exibido. Foley morava ali perto, então eles decidiram visitar as filmagens e "dar uma olhada nessa garota".[28]

Nos ensaios, o produtor do clipe disse a Madonna pelo walkie-talkie: "Sean Penn quer visitar o set." Ela respondeu alto o suficiente para que todos no estúdio ouvissem. "Só se ele sair comigo depois!" Ochs disse: "Sean e Jamie Foley apareceram lá e passaram o dia inteiro brincando comigo e me carregando nas costas, sem falar uma palavra sequer com Madonna."[29]

Mas a cantora havia reparado em Penn.

> Eu estava esperando em pé no topo dos degraus porque estavam ajustando a iluminação. Então olhei para baixo e vi um cara de jaqueta de couro e óculos escuros parado no canto me observando. Percebi que era Sean Penn e na mesma hora fantasiei que iríamos nos conhecer, nos apaixonar e nos casar.[30]

As filmagens duraram várias horas, e Penn continuou lá.

> Fui lá fora falar com ele. Havia pessoas por toda parte, então foi difícil ter uma conversa, mas fizemos perguntas um para o outro em tom de provocação. Eu tinha distribuído flores a todo mundo do elenco e da equipe do clipe e havia sobrado uma. Quando Sean estava saindo, falei: "Espere aí, tenho algo para você." Corri escada acima e levei uma rosa para ele.[31]

"Depois disso, eu estava na casa de um amigo que tinha um livro de citações", comentou Penn. "Ele pegou o livro, abriu em uma página aleatória e leu: 'Ela tinha a inocência de uma criança e a esperteza de um homem.' Eu olhei para ele, que só respondeu: 'Vá atrás dela.'"[32]

Entretanto, Penn teria que esperar. Madonna havia trocado Los Angeles pelo Havaí para fazer o primeiro ensaio fotográfico com Herb Ritts.[33]

O clipe de "Material Girl" foi lançado no início de fevereiro. Madonna virou (e continuou sendo, para muita gente) uma nova e despudorada versão de Marilyn. Debbie Harry, que também tinha adotado um visual Marilyn em homenagem ao ícone do cinema, chamou o clipe de "drag para moças" e o considerou um "ato de transgressão".[34] Poucas pessoas da grande imprensa, porém, entenderam a piada ou a crítica cultural feita no clipe. As manchetes que acompanhavam o lançamento davam a entender o seguinte: quando você pensa que não há como Madonna ser mais ousada, a "virgem vadia" se revela uma interesseira.

As fãs no geral entenderam a paródia e a intenção do clipe de ser divertido, mas a imprensa não captou a ideia ou escolheu não entender por que garotas más vendiam. Os caras que ocupavam os altos cargos na área de mídia também não perceberam a ironia nada sutil de "Material Girl". Na cabeça deles, Madonna tinha fechado a porta de um período entediante de feminismo para abrir uma nova, possibilitando às mulheres voltarem a ser objetos sexuais e colírios nada inteligentes.

Consequentemente, e para tristeza dela, Madonna foi rotulada como materialista, interesseira.[35] A imagem apareceu quando o mundo despertava para a cantora e antes que ela tivesse chance de se apresentar propriamente. Ela não estava interessada em dinheiro nem em presentes caros.

> Sei que meu empresário às vezes me olha com receio quando, ao me contar que vendi 6 milhões de álbuns ou esgotei um show em 17 minutos, eu só respondo: "Legal." Fico feliz por não me preocupar com isso [...]. Eu nunca tive dinheiro até agora, e nunca senti falta dele.[36] Sempre disse que queria ser famosa. Nunca disse que queria ser rica.[37]

A riqueza poderia ter sido o caminho mais fácil para a fama. Naquele ano, com a imagem dançando por um mar de smokings aparecendo em milhões de aparelhos de TV, a fama a cobriu como uma avalanche e foi totalmente diferente do que ela imaginava.

Jellybean voltou para Nova York, enquanto Madonna ficou em Los Angeles. O relacionamento de um ano e meio estava chegando ao fim.[38] "Achávamos que iríamos nos casar, mas, quando você para e pensa, vê que não tinha como isso acontecer",[39] disse o DJ e produtor. Sem citar o nome dele, Madonna disse na edição inaugural da revista *Spin*, naquele mesmo ano, que os namorados reclamavam que ela não passava tempo suficiente com eles e isso levava ao fim dos relacionamentos. Ela respondeu: "Eu discordo. Tenho muito o que fazer agora, mas sempre digo que o importante é a qualidade do tempo, não a quantidade."[40]

Quando a notícia do término se espalhou, a imprensa sondou o mercado em busca de um novo homem para Madonna. Como se fosse combinado, Prince surgiu no horizonte. Após ter lançado cinco álbuns como uma figura relativamente cultuada por um grupo de fãs leais, ele estava investindo no R&B mesclado ao funk, e o sexto álbum, *Purple Rain*, foi um fenômeno. A turnê o levou a Los Angeles para fazer seis apresentações no Forum, cujos ingressos se esgotaram.

Na noite do terceiro show, Prince mandou uma limusine buscar Madonna. Eles tinham se conhecido no mês anterior, na cerimônia de premiação do American Music Awards, quando ele ganhou três prêmios por *Purple Rain*, um deles anunciado por Madonna. O par era provavelmente obra do departamento de publicidade da Warner Bros., cujo lucro anual havia aumentado em 51% no ano anterior graças aos dois artistas. Madonna começou o ano de 1985 em primeiro lugar com o álbum *Like a Virgin*, que já tinha vendido mais de 3 milhões de cópias. Já *Purple Rain*, de Prince, foi o álbum mais vendido de 1984, com 9 milhões de cópias.[41]

O comparecimento dos dois ao American Music Awards gerou burburinhos sobre um possível romance. Do ponto de vista de Madonna, no entanto, qualquer relacionamento com Prince seria baseado em arte, admiração e negócios. Aquele era o momento de criar expectativa para a turnê dela. A Warner queria levar a popularidade do álbum para as salas das casas em todo o país, e Madonna tinha algo a aprender com a turnê de Prince enquanto planejava a própria.

Em suas primeiras apresentações como "Madonna", ela não queria apenas ficar em pé e cantar, mas também fazer um show e tanto. No começo, isso significava alguns passos de dança coreografados e uma iluminação teatral. Àquela altura, porém, ela precisava de mais.

O show de Prince no Forum mostrou o que seria esse algo mais, da iluminação que lembrava vaga-lumes às imagens impressionantes exibidas no telão e até um diálogo com Deus, que ele fazia quase na penumbra e dentro de uma banheira. O palco em si era essencial para a performance. Como o cenário de Bowie em Detroit, o de Prince foi construído como se fosse para uma produção teatral, com escadas e plataformas.[42]

Perto do fim do show, Madonna apareceu no palco para encerrar o espetáculo com uma versão de "Purple Rain" ao lado do próprio Prince e de Bruce Springsteen.[43] Mas foi a festa pós-show que deu aos fotógrafos o que eles queriam: imagens do que um tabloide musical chamou de "Rei e Rainha do Rock". O artigo anunciava o iminente "casamento real" e o nascimento do filho de Prince e Madonna.[44]

A cobertura louca e um tanto *kitsch* foi uma ótima propaganda para a Warner Bros., mas Prince parece ter levado a sério. Cinco dias depois do show no Forum, ele e Madonna jantaram em um restaurante japonês em Hollywood Hills depois do Grammy.[45]

Prince alugou o local por três horas para o jantar, no qual ele, com uma delicadeza infinita e discrição incomparável, não comeu e quase não falou.[46] Segundo Madonna, "ele só ficou bebendo chá, muito chique. Eu estava me empanturrando e perguntei: 'Você não vai comer?' Ele sussurrou: 'Não.' E eu pensei: 'Ah, não. Eu tenho uma teoria sobre gente que não come. Elas me aborrecem pra caralho.'"[47] Na cabeça de Prince, a noite deve ter sido um sucesso porque mais tarde, em uma boate, perguntou se Madonna queria ser a "garota" dele. Ela não respondeu na hora. O escritor J. Randy Taraborrelli disse que ela estava "esperando o gancho" do que acreditava ser uma piada. Quando o gancho não veio, ela quebrou o silêncio. "Hummm... Isso *alimenta* muitos pensamentos, não é?"[48]

Por incrível que pareça, o verdadeiro romance de Madonna tinha sido ignorado pelos tabloides. No início de fevereiro, Penn convidou algumas pessoas para a casa de Warren Beatty com o intuito de assistir ao filme de um amigo e levou Madonna.[49] (Ela disse que a noite foi "auspiciosa" porque conheceu tanto Beatty quanto Sandra Bernhard, duas pessoas que teriam papel importante no término do relacionamento com Penn.)[50]

Pouco tempo depois da festa de Beatty, Penn a levou ao cemitério de Westwood para visitar o túmulo de Marilyn Monroe. Havia uma rosa lá, que Madonna disse ter sido deixada por Joe DiMaggio. "Ele a amava de verdade", acrescentou ela.[51] E Penn amava *muito* Madonna. Foley disse que ela se transformou no centro da vida dele.[52] O amigo de infância do ator, Charlie Sheen, concordou: "Sean sempre foi incompreendido. Especialmente sobre quanto adora Madonna."[53] "Eu era louca por ele desde o início. Senti que ele já era da minha família", [54] declarou a cantora.

Logo os tabloides sentiram o clima. Madonna e Penn saíram diretamente da era de ouro de Hollywood, quando grandes celebridades namoravam, se casavam e se divorciavam na frente das câmeras. Marilyn Monroe e Joe DiMaggio. Elizabeth Taylor e Richard Burton. O cantor Eddie Fisher e aparentemente todas as atrizes de Hollywood. Essas histórias vendiam muitas revistas porque eram novelas da vida real, com altos e baixos, heróis e vilões. Penn foi escalado quase de imediato para o papel de vilão.

Uma das primeiras matérias a respeito do casal a saírem nos tabloides envolvia um soco que Penn deu em uma parede, supostamente durante uma briga por causa de Prince.[55] A matéria com a reconciliação veio logo em seguida. No fim de março, a *Rolling Stone* publicou uma nota que dizia: "Madonna e seu novo amor, Sean Penn, foram oficialmente declarados um casal após serem vistos se beijando no canto em uma festa em homenagem à comediante Whoopi Goldberg em Manhattan."[56]

Penn começou a inseri-la no mundo dele. Ela conheceu os pais e irmãos dele, os amigos atores e roteiristas, os personagens excêntricos que havia encontrado na periferia do mundo do entretenimento e até músicos. "Ele levou Madonna ao nosso show", disse Bono, do U2. "Ela era uma gracinha naquela época. Acho que as pessoas não percebiam como ela era inteligente. Não sei nem se *eu* percebi, para dizer a verdade. Mas ele percebeu e, como gostava desse tipo de companhia, não ficaria entediado."[57]

Além disso, Penn satisfazia as necessidades dela.

Martin Burgoyne, que esteve nas gravações do clipe de "Material Girl" e acompanhou o romance desde o começo, disse que "os outros relacionamentos de Madonna não deram certo porque ela nunca estava em pé de igualdade com o parceiro. Neste, está. Nenhum dos dois está no controle, ela pode aprender com ele, e vice-versa".[58]

A geografia se tornou um problema quando eles se envolveram em projetos em lugares diferentes. Mas problema maior era o deslocamento emocional que seria marca registrada do casal, já que o trabalho os conduzia a trajetórias inteiramente diferentes. Em 1985, Madonna estava prestes a iniciar um intenso período de viagens com a primeira turnê, enquanto

Penn tinha se comprometido a filmar *Caminhos violentos* com James Foley. Ambientado na zona rural do Tennessee, o roteiro sombrio era baseado em uma história real, com Penn no papel de um caipira confuso que acreditava que a violência é o meio de se resolverem conflitos.

No início do relacionamento, os dois achavam que poderiam superar qualquer obstáculo, mas as pessoas próximas não tinham a mesma certeza. Christopher, irmão de Madonna, disse que entendia a atração dela pelo ator "Ele é igualzinho ao nosso pai quando jovem. É de classe média, como a gente era, mas se apresenta como bad boy e é rebelde, como nossos irmãos." Christopher chamou isso de "receita para o desastre".[59] Meegan Ochs também vislumbrou esse desastre, do ponto de vista do ator. "Ela estava correndo para os holofotes e ele estava fugindo deles. Nossa, era um grande conflito."[60]

Procura-se Susan desesperadamente estreou no dia 29 de março de 1985 e Madonna, a estrela do pop, se transformou em uma estrela de cinema. Houve um momento em que não havia certeza se o filme faria sucesso. As exibições de teste não foram conclusivas e, de acordo com o *Boston Globe*, "entre os exibidores corriam rumores de que não era bom". Alguns cinemas locais nem planejavam exibi-lo.[61]

Até que a cena com "Into the Groove" na Danceteria foi parar na MTV. Sarah Pillsbury disse: "Era tão popular que os DJs estavam tocando 'Into The Groove' no rádio com a gravação feita da MTV."[62] A música chegou ao primeiro lugar das paradas. Somado a ótimas resenhas dos críticos nova-iorquinos, o boca a boca dos espectadores salvou o filme.[63] Estreando inicialmente em quase trezentas salas, em menos de duas semanas o filme chegou a setecentas e se pagou — rendendo uma margem de lucro — nos primeiros três dias de exibição.[64]

Para a première em Los Angeles, Madonna usou uma estola branca de pele falsa, um colar e brincos de cruz, um vestido branco justo e luvas da mesma cor na altura do cotovelo. Ela estava em êxtase. "Eu me senti como uma garotinha. Todas as câmeras, os flashes, a multidão aplaudindo, foi ótimo",[65] disse ela. Depois da estreia, à porta do cinema, Madonna ainda estava exultante e carregando um balde imenso de pipoca como se fosse uma mera espectadora e não o centro de toda a atenção naquele tapete vermelho.

As críticas, no geral, foram muito positivas. A *Variety* apontou o filme como um avanço importante.

> O filme como um todo reflete o fato de ninguém na produção, na direção ou no roteiro se chamar Joe ou Sam. Susan é totalmente livre, como poucas personagens femininas conseguiram ser até hoje.[66]

Pauline Kael, da *New Yorker*, disse que Madonna "tem um ar de realeza, uma deusa indolente com um quê de piranha [...]. Ela tem uma autoconfiança espantosa".[67] O filme teve uma ótima recepção até em Cannes, onde foi exibido fora de competição na última noite do festival. Sarah Pillsbury lembra que o burburinho em torno do filme foi tão grande antes da estreia que parte do público brigou por ingressos. "Quando a sessão terminou e saímos, demos de cara com uma multidão", disse ela.[68]

O mais importante é o que as plateias adoraram. A Susan de Madonna era uma das raras mulheres no cinema cujo destino não dependia de um homem e cuja liberdade não tinha um preço.[69] Ela era esperta, durona, confiante, linda e divertida. Para as meninas e jovens mulheres, ela era o que James Dean e Marlon Brando foram para os garotos e rapazes presos na camisa de força social dos anos 1950.

Mas isso foi só um dos vários projetos a render muito para Madonna naquela primavera. A artista tinha seis músicas, cinco clipes e dois filmes (*Em busca da vitória* tinha sido lançado em fevereiro) em circulação.[70] Eufórico, o chefe do marketing da Warner Bros. disse que era um cenário "quase sem precedentes".[71] Ela estava em toda parte. Revistas, TV, filmes, pôsteres, rádios, lojas de discos, shopping centers.[72] Estávamos todos cercados por Madonna.

Freddy DeMann se preocupava com uma superexposição. Ela era conhecida por algumas pessoas da indústria como "McDonna. Serviu mais de 1 milhão". Embora seus álbuns vendessem milhões, ela era diminuída quando comparada a Cyndi Lauper, que foi chamada de "artista" por um executivo da indústria, deixando implícito que esse não era o caso de Madonna. Um editor da revista *Billboard* chamado Paul Grein fez a famosa afirmação: "Lauper vai ter uma longa carreira. Madonna vai ser esquecida em seis meses."[73]

Diante dos holofotes e sendo objeto de amor e desprezo, ela ignorou as polêmicas, como faria por décadas, e começou a montar o balé e a equipe da primeira turnê da carreira.

Capítulo 18

Los Angeles, Seattle, Detroit, Nova York, 1985

> Sim, Madonna, você virou um adjetivo. De todas as Madonnas da história, você é a mais Madonna de todas.[1]
>
> — *Barry Walters*

Agora que a Warner Bros. estava lucrando com Madonna, a gravadora queria artistas e uma equipe com experiência em turnês para ajudá-la. Os dançarinos que trabalharam em Nova York — Belle, Bags e Christopher — não participariam da primeira grande turnê da cantora, nem os integrantes da banda daquele mesmo período. Até Maripol foi demitida. Madonna precisaria de uma nova estilista. Forçada a começar praticamente do zero, ela estabeleceu uma base em Los Angeles, tendo Christopher como assistente, e começou a montar um corpo de dançarinos, músicos, designers, coreógrafos e equipe de apoio. Seria a primeira de 12 turnês que ela organizaria nos próximos 35 anos.

Madonna selecionou talentos nos shows dos colegas Prince e Michael Jackson. Contratou o designer de cenários da turnê Purple Rain de Prince, Ian Knight. Da bem-sucedida turnê Victory, dos Jackson, que tinha terminado em dezembro do ano anterior, ela quis o baterista Jonathan P. Moffett e o tecladista Patrick Leonard. Moffett seria o baterista fiel pela década seguinte, enquanto Leonard seria um dos colaboradores mais importantes da carreira da cantora.[2]

Isso, no entanto, quase não aconteceu. Depois de cumprir os compromissos da turnê com os Jackson, Leonard queria sair da estrada e entrar em estúdio. Mas Freddy DeMann ligou para o empresário dele e disse que Madonna gostaria que Leonard fosse o diretor musical da turnê dela "Minha primeira resposta foi: 'A garota com calcinha e sutiã de fora? Não, não, não.' Eles disseram: 'Você toparia conversar com ela?'"[3]

Leonard veio de uma família de músicos, com pai saxofonista de jazz e irmã que optou pela música clássica, e dizia, brincando, que tocava piano desde que usava fraldas. (O primeiro "show" que ele fez foi na escola, aos 5 anos de idade.) Aos 16 anos, quando foi expulso da escola, a música passou a ser a vida dele. Foi aí que a história dos dois convergiu. Tanto Madonna quanto Leonard viviam para criar sons e ver onde essa mágica os levaria.[4]

Os dois se encontraram em uma festa na casa dele em Los Angeles e foram ao estúdio para ouvir algumas músicas de Pat. Ela gostou do que ouviu. "Na verdade, Madonna criou uma letra ali na hora", disse o músico. Era para "Love Makes the World Go Round".[5] Ela ligou logo depois e pediu que ele reconsiderasse a oferta de participar da turnê. De acordo com as memórias dele, "Madonna falou: 'Eu nunca fiz isso, mas você tem toda a liberdade. O show é seu. Você escolhe os músicos e está no comando.' Então eu não pude resistir". Ele aceitou.[6]

Leonard seria um dos poucos homens brancos, heterossexuais e casados com filhos na vida de Madonna.[7] Além de um dos defensores mais convictos dela.

> Quando comecei a trabalhar com Madonna, eu ficava ofendido, sentia muita raiva quando as pessoas perguntavam: "Como consegue trabalhar com ela?" Eu dizia: "Do que você está falando?" [...] Ela é uma boa pessoa. É gentil, dedicada, talentosa pra caralho. Não é a pessoa que todo mundo imagina.[8]
>
> Ouvi o papo de que Madonna não sabe cantar e posso dizer que isso é mentira. Ela é uma cantora por natureza, intuitiva, com ótima entonação, e transmite uma fragilidade que não se pode copiar. Eu sei porque já vi pessoas tentando fazer o mesmo.[9]

Com Moffett e Leonard participando da turnê, Madonna não demorou para formar a banda.[10] A maioria era de novatos, mas um deles, o guitarrista Paul Pesco, era um amigo nova-iorquino do tempo das audições para Patrick Hernandez.[11] A familiaridade entre eles ficaria bem explícita durante a turnê. Pesco tinha um papel importante em duas das partes mais sensuais do show.

Madonna deixou a coordenação musical da primeira turnê para Leonard "Ela não precisava controlar tudo", disse ele.

> Ela era muito profissional. Nosso relacionamento sempre foi muito aberto e simples: você faz o seu trabalho, eu faço o meu e tudo certo. Ela sabia largar de mão o que não compreendia.[12]

Madonna estava concentrada nas danças do show, mas não queria coreografá-lo.[13] Ela ofereceu esse trabalho crucial a Brad Jeffries, de 24 anos. Os dois se conheceram no American Music Awards, onde ele se apresentou com Lionel Richie.[14] Dois dias depois, ela ligou e o convidou para jantar. Três minutos após o início da refeição, Madonna perguntou se ele teria interesse em coreografar a turnê. Sem hesitar, ele topou na hora.

Eles ficaram amigos e, quando Madonna decidiu se mudar do hotel para um apartamento, escolheu o Chateau Beachwood, onde Jeffries morava. "Ela era incrivelmente sexy e sedutora. Se eu não fosse gay, tenho certeza de que teria sido mordido, sugado até a morte e abandonado em um casulo seco assim que ela acabasse comigo."[15]

Em seguida, ela escolheu dois dançarinos que também seriam cantores de apoio: Lyndon B. Johnson, que tinha participado da série de TV *Balada de Hill Street*, e Mykal Perea, que fez turnê com Cher e Lionel Richie.[16] Com eles, o elenco de artistas para o show estava completo. O visual de todos no palco, porém, era extremamente importante. Para supervisionar esse aspecto da produção, Madonna recorreu à designer Marlene Stewart, de Los Angeles.[17]

Stewart se especializou na criação de personagens. Um editor de moda disse que as roupas dela iam de "estranhas a exuberantes", inspiradas por "dançarinos latinos, hippies viajantes e donzelas medievais".[18] Maripol viu os designs de Stewart para a turnê e achou que eram muito "Prince, muito *Purple Rain*". Ela acabou combinando-os com o visual dela e de Maripol: jaquetas brocadas, blusas cropped de renda, sutiã roxo, minissaias com bermuda de ciclista, roupas de roqueira com franjas pretas e vestido de noiva branco.[19]

Com a equipe formada, os ensaios começaram, com foco na dança pela manhã e na banda à noite. Jeffries e Madonna vinham juntos de carro. "Nossa rotina era a seguinte: eu dirigia até o apartamento dela, que tinha uma decoração espartana composta por um tapete turco, e a buscava para começarmos o dia."[20]

Segundo Jeffries, em uma manhã "estávamos em pé na cozinha comendo pizza vegetariana fria quando o telefone tocou. Madonna atendeu e disse 'Alô?'. Ficou escutando a pessoa do outro lado da linha durante pouco mais de um minuto, depois disse, indiferente: 'Sério?' Escutou mais um pouco, falou 'Legal' e desligou". Jeffries perguntou quem era. "Ela respondeu como se fosse a coisa mais natural do mundo: 'Era meu empresário em Nova York, dizendo que acabei de ganhar meu primeiro milhão de dólares. Você vai querer mais dessa pizza?'"[21] Jeffries atribuiu aquela tranquilidade toda à certeza de que esse seria apenas o primeiro de "muitos outros milhões que viriam".[22] Contudo, não era só isso. Ela não ligava para o dinheiro, pois tinha algo mais importante em mente.

O anúncio da turnê veio em março. Ela começaria em Seattle em abril e terminaria em Nova York, 27 cidades e dois meses depois. Apesar da popularidade, os executivos da Warner estavam muito ansiosos. Não dava para saber se ela aguentaria a turnê, cantando e dançando 12 músicas por 75 minutos ao longo de 38 shows.[23] A Warner também não tinha certeza quanto à venda de ingressos. Como Madonna era uma nova artista e mulher, foi alocada em lugares bem pequenos, mas os ingressos foram vendidos quase imediatamente, o que causou uma procura insana por lugares maiores para os shows. As primeiras matérias na imprensa descreviam Madonna como a "bad girl dos sonhos de todo garoto", porém logo ficou evidente que ela era a bad girl dos sonhos de toda garota.[24]

Duas semanas após a estreia de *Procura-se Susan desesperadamente*, a turnê de Madonna começou em 10 de abril no Paramount Theatre, em Seattle, local com 2.800 lugares. "Quando estava perto da entrada principal do teatro, vi um carro atrás do outro estacionar e deixar várias jovens, todas vestidas como Madonna", lembrou Ron Weisner. "Eu estimaria que 75% do público tinha menos de 15 anos. Quando o show começou, todo mundo foi à loucura."[25] Aquele primeiro show "tirou meu fôlego", contou a cantora.

> Literalmente sugou toda a vida de mim e fiquei sem ar quando entrei no palco. Eu meio que tive uma experiência fora do corpo. Não foi uma sensação ruim, não senti que ia perder o controle, mas era uma sensação de outro mundo, uma coisa que você nunca se imaginaria vivendo.[26]

Para abrir os shows, Madonna recrutou o Beastie Boys, composto por três jovens dos tempos de Danceteria que tinham ganhado fama como artistas brancos de hip-hop. Era uma escolha polêmica porque não havia nada de pop neles.[27] Adam "Ad-Rock" Horovitz relataria que o trabalho fora "mais difícil do que eu tinha imaginado". Os fãs de Madonna não estavam interessados em rappers, e a banda teve dificuldade para conquistá-los.[28] Na noite de abertura, foram vaiados praticamente do início ao fim do show. "Freddy DeMann disse: 'Esses caras são péssimos. Precisam ir embora.' Madonna respondeu: 'Eles ficam.' Ela bateu o pé", lembrou Horovitz.[29]

Quando Madonna entrou no palco, as vaias e o Beastie Boys já tinham sido esquecidos.

Desde os dias de Sinatra, Elvis e Beatles, imagens de jovens mulheres e meninas gritando por artistas do sexo masculino eram tão comuns que viraram clichê. Parecia que as mulheres só formavam multidões quando queriam expressar desejo por homens. Em Seattle, porém, a multidão gritava por uma *mulher* e pelo que ela representava. Elas viam o sucesso de Madonna como o delas. Viam na força dela o próprio futuro. Elas se viam fazendo o que quisessem fazer porque aquela artista havia aberto um caminho.

Uma fã de 16 anos que foi ao show disse ao *Los Angeles Times*: "Ela está vivendo nossos sonhos."[30] Uma, de 17 anos, que esteve na apresentação de Houston disse à revista *Time*: "Gosto da atitude dela, tipo 'me aceite do jeito que sou'. Ela é sexy, mas não precisa de homens. Ela conseguiu chegar lá sozinha." Outra adolescente no mesmo show disse: "Ela nos inspira. É a liberação feminina, não ter medo do que os caras vão pensar."[31]

O show começou com as palavras "Don't be afraid, it's gonna be all right" [Não tenha medo, vai ficar tudo bem], enquanto o telão mostrava Madonna narrando a própria história de conto de fadas.

> Fui para Nova York. Eu tinha um sonho. Queria ser uma grande estrela. Eu não conhecia ninguém. Queria dançar, cantar, fazer tudo. Queria fazer as pessoas felizes. Trabalhei sem parar e meu sonho se realizou.[32]

Aquelas palavras tranquilizadoras deixaram a plateia à vontade. Em um lugar cheio de aspirantes a algo, ela revelava ter sido uma deles, integrante daquela multidão vasta, impotente, sem voz e negligenciada que vivia de sonhos.

Ao longo do show, Madonna ria com o público, provocava, fazia confidências e o aceitava de um jeito estranhamente intimista para um ambiente tão grande. Após uma abertura frenética com "Dress You Up", "Holiday" e "Into the Groove", ela se transformava na melhor amiga mais experiente sentada em uma caixa de som e falando com a multidão que gostaria de apresentá-los à amiga especial, "a caixa. Todo mundo tem uma, não é? Mas, olha só, a minha é diferente. Ela faz música, mas só se você ligá-la do jeito certo".[33]

A plateia ia ao delírio. Era uma piada mais pesada contada por uma jovem mulher para uma audiência de jovens adolescentes, que só ouviram falar de "órgãos reprodutivos" nas aulas de educação sexual da escola. Madonna reconhecia a vulva pelo que ela era, uma fonte de prazer, e começava os primeiros segundos de "Everybody" com movimentos simulando masturbação. *Masturbação? Como assim?* As adolescentes nem deveriam *saber* disso. Enquanto a plateia jovem gritava em êxtase, os adultos ficaram horrorizados.[34] "Nós a aconselhamos a 'pegar leve' no palco, mas é óbvio que Madonna fez o contrário", contou Ron Weisner. "Ao saírem do show, todas as mães estavam chocadas com o que tinham visto."[35]

Madonna pegou mais leve na música seguinte, "Angel". Centenas de balões contendo a mensagem *SONHOS SE REALIZAM* caíram do teto do teatro. O show virou uma grande festa de aniversário, com as bolas de gás sendo jogados de um lado para outro na plateia. Enquanto as pessoas brincavam, Madonna desaparecia para a primeira das três trocas de figurino.

Christopher acompanhou a irmã na turnê, embora não subisse mais ao palco com ela. "Aquilo que leva as pessoas a se apresentarem na frente de uma plateia não estava no meu DNA", explicou ele.[36] O papel oficial dele era de "vestidor" de Madonna, ou seja, ele era responsável pelos figurinos e por garantir que ela os trocasse em menos de um minuto e meio a cada quatro músicas.[37]

Por mais estressante que fosse, o trabalho não oficial de ser "o irmão com quem ela podia ser a Madonna da rua Thors e da Oklahoma Avenue" era muito mais exigente. *Aquela* Madonna descontava toda a ansiedade acumulada nele, jorrando uma sequência de palavrões a plenos pulmões e o mais rápido que conseguia.[38]

Chegando ao camarim suada, ela se jogava na direção dele para ser despida, ter o suor enxugado e ser vestida novamente, das roupas íntimas até as luvas, sempre gritando: "Porra, Christopher, você não colocou o dedo mindinho! Vai se foder, seu merda. Anda, caralho, ou vou demitir você agora mesmo." Depois ela estava de volta ao palco, "cantando e dançando como se não houvesse amanhã", enquanto ele ficava à beira das lágrimas ouvindo os aplausos da plateia. Quatro músicas depois, ela voltava ao camarim para fazer tudo de novo.[39]

A setlist de Madonna continuava com "The Gambler", da trilha de *Em busca da vitória*, apresentada com uma agressividade incomum em uma versão rock, seguida por "Borderline", "Lucky Star", "Crazy for You", "Over and Over" e "Burning Up", cuja apresentação era chocante: a coreografia mostrava Madonna simulando sexo a três com seus dançarinos, mas, quando eles a rejeitavam, ela se voltava para Paul Pesco, que tocava guitarra por perto. No final da canção, ela estava ajoelhada na frente dele, fazendo uma inconfundível simulação de sexo oral.

Ultrapassando a imagem primária, a cena era cheia de simbolismo porque ela estava na verdade simulando o ato com a guitarra, o todo-poderoso símbolo fálico do rock 'n' roll, e não com o guitarrista.[40] Era a versão groupie de Madonna, uma devota no altar do rock, do mesmo modo que ela havia sido Madonna, "boy toy" e a "garota materialista". Era uma paródia que tinha como alvo a misoginia generalizada. Naquela primavera, Grace Slick comentou: "Madonna tem consciência do que está fazendo e, mais do que zombar de mulheres, ela zomba da idiotice dos homens ao dizer: 'Deixe-me subverter isso.'"[41] Com aquela imagem implantada no cérebro do público, a cantora dizia bruscamente para a plateia: "Muito obrigada e boa noite."

Mas é lógico que aquele não era o fim do show. Madonna ainda precisava ser uma noiva. Ela voltava ao palco para o bis com "Like a Virgin" e a multidão ganhava vida outra vez aos berros. Em seguida, ela cantava "Material Girl", lançando notas falsas de 100 dólares com as palavras *VIVENDO EM UM MUNDO MATERIALISTA* e *ESTADOS ALTERADOS DE MADONNA*. Era tudo diversão e brincadeira, mas Madonna e tudo que ela representava eram reais. Esse era o segredo.

Todas as noites, o show terminava com a gravação da voz de um homem, imitando o pai de Madonna, que dizia "Saia deste palco agora!", ao que Madonna dava a resposta pré-gravada: "Paiê, tenho mesmo que sair?" As garotas na plateia iam ao delírio. Era *o pai delas* falando com *elas* naquela noite. *Aquilo tinha mesmo que acabar?* Sim, tinha. Os pais estavam esperando nos carros para levá-las de volta para casa e para a vida estruturada, mas tudo havia mudado desde o momento em que elas entraram no local do show e a hora da saída, menos de duas horas depois. A antiga estrutura não existia mais.[42]

Madonna plantou a semente da rebeldia em Seattle, como faria em todas as cidades que visitou na turnê. Ela era a bad girl, ou garota má, porém descolada, que convidava a plateia a curtir a noite juntas; era a irmã mais velha e mais esperta disposta a ajudar aquelas jovens, que passavam por um momento delicado de transição, a resolver a vida.

Muitas fãs estavam se transformando em jovens mulheres. Era um momento confuso, em que até o corpo parecia conspirar contra elas ao obrigá-las a enfrentar um período menstrual doloroso e que consideravam vergonhoso. Na encruzilhada da adolescência feminina, no ponto de interseção entre menina e mulher, um caminho levava à submissão e outro à realização pessoal. E o segundo caminho era perigoso porque as forças sociais estavam contra ele.[43]

Madonna tinha percorrido aquela estrada perigosa antes, removendo as minas terrestres e levando tiros na linha de frente. Ser incompreendida, demonizada, considerada vulgar e sem talento, uma caçadora de fama, ou então ter de "aguentar toda aquela merda", como ela costumava dizer, virou parte do que significava ser Madonna. Tudo aquilo começou para valer naquela primavera.

As matérias na imprensa durante a turnê a chamavam de ameaça sexual. Madonna era "provocadora, vadia, vagabunda, devassa e despudorada".[44] Era "a maior expoente do rock das gostosas burras"'.[45] Falando por muitos colegas críticos, Michael Goldberg escreveu sobre a turnê para a *Rolling Stone*:

> Madonna era uma *pin-up*, uma vedete voluptuosa que ganhou vida. Ela mostrava a barriga e rebolava a bunda [. .]. Rolava pelo palco e ficava de joelhos diante do guitarrista. Quando ela levantava os braços, a blusa transparente também subia, revelando o sutiã roxo [...]. Na verdade, Madonna vende sexo, e isso nunca faltou.[46]

Os homens na indústria musical, e sem dúvida os homens em geral, viam o show como uma performance sexual. Eles não conseguiam conceber que Madonna não oferecia sexo à plateia, e sim poder. Não o poder machista que algumas mulheres no rock imitavam, e sim o de uma mulher. Não um falso pênis, e sim um corpo inteiro de mulher. A resposta mais efusiva da noite sempre vinha quando Madonna começava a dançar, porque ela *se mexia* e se expressava sem qualquer moderação. Mostrava às meninas e jovens mulheres da plateia que elas também poderiam fazer aquilo. *Sejam donas do corpo de vocês, façam o que quiserem com ele, mexam-se como acharem melhor.*

A performance de Madonna no palco era leve quando comparada à forma pela qual o sexo era retratado em filmes e clipes de rock. Era leve até quando comparada a algumas mulheres que a antecederam: Joan Jett e as Runaways se apresentavam usando espartilhos, cinta-liga, biquínis e saltos em 1977. E era pudica comparada a Prince. Madonna podia mostrar um sutiã e expor a barriga, mas o exibicionismo parava por aí. Prince, por sua vez, preferia usar calcinha de biquíni preta ou fio dental e polainas em vez de calças.[47] Madonna disse:

> Eu tento não me deixar abalar, mas de vez em quando leio algo a meu respeito tão calunioso, moralista e que não tem nada a ver com minha música. Publicaram uma crítica com as mesmas palavras que eu ouvia dos garotos da escola quando eu estava na sétima série: "vadia", "vagabunda barata", uma garota que pulava para bancos de trás dos carros em cinemas drive-in. Eu me lembro dos caras me falando esse tipo de coisa quando eu era bem jovem. De repente, vi toda aquela experiência se repetindo.[48]

A questão para os críticos de Madonna não era a performance sexualizada em si. À medida que a turnê avançava, ficou nítido que homens heterossexuais não eram o público-alvo. Como o pobre noivo deixado no topo do bolo em "Like a Virgin" no VMA, homens eram supérfluos na criação da artista. "Eu faço isso porque *me* excita", disse a cantora a um entrevistador.[49] E essa era a mensagem que ela passava para as mulheres e meninas da plateia.

O que Madonna oferecia à sua jovem audiência era a versão de 1985 das sessões de "conscientização" realizadas no início da segunda onda do feminismo, uma década antes. Aquelas mulheres fizeram algo muito radical: *elas conversavam entre si*. Contudo, em meados dos anos 1980, esse diálogo tinha regredido para brigas, deixando espaço para que detratores as chamassem de lésbicas "radicais, amargas, separatistas que odiavam homens".[50]

Madonna apresentou aquele público a um novo tipo de feminismo, uma liberação realmente *vivida*. Era louca, sensual e sexual, sincera e política, criativa e carinhosa. Ela também apresentou um novo tipo de *feminilidade*.[51] Longe de ser suave e fraca, Madonna mostrava que uma mulher feminina sarrava uma caixa de som, rolava no chão, suava em abundância (o suor de uma atleta) e continuava linda durante o processo não por ser "bonita", mas porque era livre.

Os alarmes que soavam na imprensa se transformaram em trombetas nas comunidades conservadoras. "As ideias dela só vão gerar revolta em nossas adolescentes impressionáveis", escreveu um leitor preocupado à revista *People*.[52] O grupo californiano United Parents Under God disse que a cantora "deveria ser banida para salvar nossas crianças da ruína!".[53]

Em setembro, Madonna tinha cinco músicas em uma lista de "rock pornô" compilada por um grupo de Washington, D.C., composto por mulheres que levavam o protesto contra o sexo e a violência na música para o Congresso do país "Dress You Up" ficou em oitavo lugar na lista das 15 músicas mais vulgares do pop.[54] A letra ofensiva era "Gonna dress you up in my love/ All over your body". [Vou vestir você com meu amor/ Por todo o seu corpo].

Cinco dias depois de a turnê começar em Seattle, Madonna chegou a Portland, no Oregon, e encontrou manifestantes de uma direita religiosa protestando na frente do Arlene Schnitzer Concert Hall com cartazes chamando-a de filha de Satã. DeMann disse a Christopher que ela havia recebido ameaças de morte, mas ninguém contou a Madonna. "A partir daquele momento, fiquei consciente do que estava acontecendo ao redor dela, e comecei a ser extremamente protetor e até paranoico", disse Christopher.[55]

À medida que a turnê seguiu para Califórnia, Texas, Flórida, Atlanta, Cleveland, Cincinatti, Chicago, St. Paul e Toronto, a multidão dentro e fora dos auditórios crescia.[56] Warren Beatty disse que Madonna não queria viver longe das câmeras. Christopher respondeu que, na verdade, ela não queria viver longe dos *palcos*.[57] Ela concordava: "Adoro ir até as pessoas, adoro a expressão nos olhos delas, além do êxtase e da emoção."[58]

A turnê foi o primeiro contato com a adulação em grande escala e Madonna continuaria a desejá-la, não importava quanto esse processo fosse extenuante para obtê-la. Christopher contou que a irmã ficava sem fôlego depois da terceira música todas as noites. Durante aquela primeira turnê, Madonna percebeu que precisava treinar por pelo menos cinco meses antes de pensar em outra.[59] Assim, ela iniciou um regime de exercícios físicos que continuaria por toda a vida.[60] Não era nem uma questão de se livrar dos quilinhos a mais na barriga que a imprensa adorava mencionar, mas para aumentar a resistência.

No fim de maio, Madonna fez um show para a plateia mais familiar até então na Arena Cobo, em Detroit. Sean Penn tinha levado os pais dele ao show em Los Angeles, e estava em Detroit para conhecer a família de Madonna e ajudá-la na emocionante volta para casa. Na plateia, estavam a avó e o pai dela, Joan, Christopher Flynn, todos os irmãos e irmãs, a maioria das tias, tios e primos, além de professores e amigos que estudaram com ela na Adams.[61] "Eu fiquei perplexo. Ainda via aquela garotinha de 14 anos segurando a boneca", comentou Flynn. "Ela conquistou tudo o que sempre quis."[62]

Ao abrir o show com "Dress You Up", Madonna parecia nervosa. O sorriso era hesitante e os movimentos, rígidos. Mas na segunda música, "Holiday", ela já estava entregue ao momento. Ao pedir que a plateia se levantasse, gritou: "Você também, vovó!"[63]

Ela parou essa música no meio para falar com o público, relembrando a infância em Michigan, agradecendo à família e aos professores — as pessoas que ela amava, mas que precisou abandonar para correr atrás do sonho que tinha. "Preciso falar rápido porque posso acabar chorando", disse ela Madonna tentou se recompor, mas não conseguiu. Ela tremia e chorava. "Ela estava aos prantos e a banda começava a sentir um aperto no peito", relembrou Pat Leonard.[64] Quando finalmente terminou "Holiday", as lágrimas de Madonna passaram a ser de alegria. Ela rodopiava sozinha no palco, dançando e jogando beijos para a multidão.

O show foi uma versão levemente reduzida das apresentações que ela tinha feito até então, e as palavras e coreografias foram amenizadas em respeito à avó. A parte de sarrar a caixa de som em "Everybody", por exemplo, foi mais curta e menos vigorosa, e ela não apresentou a música mais sexual da setlist, "Burning Up". Apesar disso, as emoções à flor da pele naquela noite compensaram a falta de performances chocantes, especialmente quando ela cantou "Crazy for You".

Houve momentos na carreira de Madonna em que ela transcendeu a canção durante os shows. Essa música nessa noite foi um deles. Ela foi humilde e solene ao expressar o que só podia ser interpretado como uma declaração de amor a Penn. Ele representava o futuro enquanto estava sentado entre as pessoas que faziam parte do passado dela. Tudo o que ela desejava para alcançar a felicidade tinha se realizado — *mais* do que ela esperava —, tudo menos uma coisa: o amor duradouro. Madonna acreditava que o havia encontrado com ele.

Ao cantar o refrão, ela colocou uma das mãos sobre o rosto para esconder novas lágrimas. Em seguida, a mulher a quem os detratores chamavam de predadora sexual assumiu uma posição de total fragilidade: jogou a cabeça para trás, expondo e estendendo o pescoço. Foi visceral, animalesco, poético.

Madonna encerrou o show como sempre, com "Material Girl". Em Detroit, porém, em vez de uma voz masculina gravada que a mandava sair do palco, Tony Ciccone apareceu e a tirou de lá. Madonna tinha dito ao pai que "se lembrasse daqueles dias em que você estava com muita raiva de mim", como a noite em que ela apresentou "Baba O'Riley" no ensino fundamental

> Eu falei: "Pense em como você queria me tirar do palco naquele dia." E ele foi lá e fez. Nossa, meu pai quase arrancou meu braço. Quando saí de lá, eu estava tão histérica que me joguei no chão e ri. Aquilo foi uma libertação total porque senti que meu pai finalmente estava vendo o que eu fazia para ganhar a vida.[65]

A turnê de Michigan seguiu na direção leste até chegar a Nova York para cinco shows em junho — três no Radio City Music Hall, com 6 mil lugares, onde os shows esgotaram os 18 mil ingressos no tempo recorde de 34 minutos, e dois no Madison Square Garden, o qual acomodaria os fãs que não conseguiram nem sequer um ingresso para os primeiros três shows.

Os quase 20 mil ingressos do Garden se esgotaram em todas as noites. Era algo inédito para a primeira turnê de uma artista do gênero feminino.[66]

Até aí pode se entender, uma vez que a cidade de Nova York era o lar de Madonna e a entendia muito bem, não só os fãs que moravam lá, como também a imprensa da cidade, que apreciava as raízes artísticas dela e não ficava escandalizada com a mensagem que ela transmitia. Barry Walters escreveu no *Village Voice* sobre as pessoas afastadas do centro urbano que chamavam Madonna de vadia:

> Não consigo deixar de pensar que é uma atitude um tanto misógina. Talvez Madonna seja uma vadia na privacidade do quarto dela. Talvez ela seja uma vadia na privacidade dos quartos de outras pessoas. Por mim, tanto faz. Porque, se Madonna é uma vadia, ela é a vadia mais inspiradora, inteligente, tola, eufórica, divertida e libertadora do momento.
>
> Por baixo de todos os artifícios, Madonna é genuinamente erótica, mas toda a bagagem iconográfica conflitante que ela carrega coloca a sexualidade dela entre aspas. Igualmente "doce" e "vulgar", ela faz o espectador ter consciência de que tal "doçura" e "vulgaridade" são o que uma sociedade regida pelo discurso masculino exige dos símbolos sexuais femininos.[67]

A plateia na noite de abertura no Radio City contava com a família artística de Madonna: Andy Warhol, Keith Haring, Kenny Scharf, Jean-Michel Basquiat, Futura, Fab 5 Freddy, Martin Burgoyne, Maripol, Debi Mazar e Erika Belle. "O show foi ótimo. Muito simples e sexy, e Madonna estava linda. Depois fizemos uma festa particular", escreveu Warhol no próprio diário.[68] Haring assistiu a todos os shows, alugando uma limusine e levando pessoas diferentes a cada noite. "Depois das apresentações, saíamos para comer. Uma noite, fomos ao Mr. Chow e ela veio conosco. A imprensa a seguia por toda parte, era enlouquecedor",[69] disse ele.

Madonna era notícia não só por causa da turnê: ela fazia muito dinheiro.[70] Ao longo das performances da cantora, os produtos oficiais desapareciam dos pontos de venda tão rápido quanto os ingressos sumiam das bilheterias. Um funcionário da turnê disse que ela vendeu mais camisetas e produtos de merchandising do que Bruce Springsteen, os Rolling Stones e o Duran Duran. No show de São Francisco, camisetas de 20 dólares foram vendidas "uma a cada seis segundos".[71]

Tudo fazia parte de uma tendência mais ampla na indústria musical que explodiu no início dos anos 1980. Madonna tinha virado uma parte importante do fluxo de receita do entretenimento.[72] Ela ajudou a levar essa tendência a outro patamar, assinando um acordo de merchandising para criar roupas com a marca Boy Toy, que seriam vendidas em shoppings e lojas de departamentos por todo o país [73]

As garotas amavam as roupas e os acessórios. O estilo de Madonna as fazia se sentirem fortes porque, pelo menos enquanto o visual não foi cooptado por completo, transmitia um espírito rebelde de um jeito que a moda para garotas raramente fazia. A altura, o peso e a forma da jovem que vestia as roupas da Boy Toy também não importavam. Esse era outro aspecto do apelo de Madonna e por que tantas garotas ousavam "ser" como ela.[74]

Para capitalizar em cima do frenesi e da proximidade com Madonna, a loja da Macy's na Herald Square fez um concurso de sósias da cantora no dia 6 de junho, tendo Warhol e Maripol como jurados. O evento coincidiu com o primeiro show da turnê no Radio City e o lançamento do departamento Madonnaland na Macy's.[75] Cerca de cem garotas entraram na competição.[76] Desde o clipe de "Borderline", Maripol tinha visto a loja ser invadida pelo que chamava de "Madonninhas".[77] Ela, contudo, achou o evento da Macy's perturbador porque foi o início da comercialização da imagem de Madonna.[78]

Na noite do último show em Nova York, o *ABC World News Tonight*, ancorado por Peter Jennings, exibiu um segmento sobre a turnê e o poder que a artista tinha sobre jovens mulheres.[79] Comentaristas analisavam a "Madonnamania", com a balança tendendo para a desaprovação. Coube à feminista pioneira Betty Friedan oferecer o único apoio adulto à cantora: "Ela é corajosa e tem brio [...] e acho que seu apelo é por ser feminina, por ser ela mesma. Ela é sexual, mas *forte*."[80]

Quanto à nova geração entrevistada para a matéria da ABC, garotas de todos os tipos e tamanhos, algumas usando aparelhos ortodônticos, luvas de renda sem dedos, cruzes e óculos da "Susan", nitidamente adoravam Madonna. A repórter Betsy Aaron perguntou a uma jovem fã, que não devia ter mais de 11 anos: "Como você se sente quando se veste assim?" A criança respondeu com alegria e confiança impressionantes: "Eu me sinto *maravilhosa*."[81]

Garotas de todo o mundo sentiam o mesmo. Entre todos os lugares possíveis, a escritora Soniah Kamal foi apresentada à música de Madonna em Jedá, na Arábia Saudita. Uma amiga da escola internacional em que ela estudava tocou "Lucky Star" para ela e outra garota. "Quando nos demos conta, estávamos pulando na cama ao som de 'Holiday' e 'Everybody', gritando as partes do refrão que conseguimos entender", relembrou Kamal. A amiga tinha uma fita VHS com a apresentação de Madonna na turnê Virgin em Detroit e as três a assistiam escondidas.

> Eu fiquei hipnotizada [...]. Madonna era mágica. Era uma loucura. O show terminava com um homem, o pai de Madonna, entrando no palco para tirá-la dali como se ela fosse uma garota malcriada. Naquele momento, me identifiquei com ela. *Eu era Madonna*. Ela entendia minha vida, então lhe entreguei minha alma.[82]

Quando o show terminou, as três amigas se entreolharam, rebobinaram e viram a fita de novo por três vezes seguidas, até serem flagradas pela mãe de Soniah.

Ao pensar em seu passado, a escritora afirma acreditar que Madonna representava "a liberação sexual crua, pura e total" e esperança. "Esperança de que garotas sexy não tivessem mortes horríveis, que pudessem viver para contar suas histórias e dominar o mundo. Isso era possível." Porque Madonna o fez.[83]

Capítulo 19

Nashville, Filadélfia, Malibu, 1985

Parece que eles odeiam me amar

— *Madonna*

No fim de junho, com *Like a Virgin* vendendo 80 mil cópias por dia e a turnê encerrada, Madonna viajou até o Tennessee, onde Sean Penn estava filmando *Caminhos violentos*.[2] Seria a primeira vez que eles estariam juntos sem os fãs gritando, sem a equipe entrando e saindo da suíte no hotel em que ela estava hospedada, sem os milhares de problemas que poderiam acontecer no palco rodando a cabeça da cantora. Era um raro momento de descanso.

Para Penn, nem tanto. Ele estava trabalhando, mergulhado no personagem Brad Whitewood Jr., um cara de cidade pequena, confuso, perspicaz e de temperamento explosivo. O elenco e a equipe também viviam intensamente o filme. O ator R. D. Call disse: "Nós estávamos isolados nas montanhas [de Franklin], no Tennessee, um mundo dentro de outro mundo dentro de outro mundo."[3]

Até que surge Madonna. "Eu me lembro do pandemônio no aeroporto de Nashville quando ela chegou", comentou o diretor James Foley. "Uma horda de *paparazzi* a seguia, mas ela não vinha ao set de filmagens para deixá-los longe de nós. Ela demonstrava muito respeito pelo processo."[4] Os fotógrafos e jornalistas que a seguiam não tinham, pois se hospedaram no hotel Maxwell House, onde estavam a equipe e o elenco do filme. "Houve momentos estranhos e inadequados", disse Meegan Ochs, que estava envolvida nas filmagens.

> Alguém pensou que Madonna estava grávida e tinha feito um aborto, então mandou um grande buquê de balões pretos. Por mais que se possa dizer que Sean deveria ter imaginado que algo poderia acontecer, acho que ele não esperava tanta maldade. Ele ficou muito surpreso com aquilo e sentiu muita vontade de protegê-la. Aquela foi a primeira vez em que ele bateu em alguém.[5]

O incidente em questão ocorreu em Nashville, logo depois que Penn e Madonna ficaram noivos. O pedido não foi do tipo "ficar de joelhos e mostrar o anel de diamante". Foi tão inocente e infantil quanto eles próprios.

Madonna relembrou a cena ainda na época, durante uma entrevista com o ator Harry Dean Stanton.

> Sean me pediu em casamento, mas não disse em voz alta, eu li a mente dele. Era uma manhã de domingo e eu estava pulando na cama, fazendo um dos meus rituais matinais, e, do nada, ele estava com um olhar diferente. Senti que sabia o que ele estava pensando e falei: "Vai, diga. Eu sei o que você está pensando." Não! O que eu disse foi: "Seja lá o que for que esteja pensando, eu digo sim." Aquela foi a chance dele, então ele me pediu. Depois nós fomos à 7-Eleven e compramos um monte de balas para comemorar.[6]

No entanto, durante a estada em Nashville, até as saídas mais corriqueiras estavam cercadas de perigo por causa dos paparazzi. "Eu estava muito envolvido com eles, naquela época e depois em Nova York, e compreendia como é ter pessoas que confrontam você fisicamente com pedaços pesados de metal, às vezes até batendo na sua cabeça com eles. Isso é agressão",[7] disse Foley.

No domingo, 30 de junho, o repórter Ian Markham-Smith e o fotógrafo Laurence Cottrell, do tabloide britânico *Sun*, de Rupert Murdoch, estavam parados no estacionamento buscando um furo de reportagem sobre o casal. Enquanto Madonna e Penn andavam de mãos dadas, Markham-Smith gritou perguntas e Cottrell tentou tirar uma foto. Penn, meio noivo protetor, meio o personagem esquentado do filme, avisou para não fazer isso, e, quando Cottrell insistiu, o ator jogou uma pedra nele, arrancou a câmera do pescoço do fotógrafo e o agrediu com o aparelho. Markham-Smith tentou intervir e levou um soco no olho, momento que Cottrell fotografou.[8]

"Seja lá o que tenha acontecido levou uns cinco segundos, mas, se alguém tira uma foto, de repente a imagem corre o mundo e nunca mais some", disse Christopher Walken, também no elenco de *Caminhos violentos*. Penn foi acusado de agressão e liberado para voltar ao trabalho.[9]

A produtora foi envolvida naquele mesmo mês, quando Cottrell processou o ator, Madonna e a Orion Pictures em 1 milhão de dólares, dizendo que a agressão foi "instigada e executada com a aprovação de Madonna". A Orion foi citada porque o fotógrafo alegou que o ataque foi forjado a fim de gerar publicidade para o filme.[10] Esse confronto logo após o noivado daria o tom do casamento deles, que seria caracterizado por um amor profundo e muito sofrimento, boa parte dele causado pelos paparazzi.

Antigamente, os estúdios gerenciavam o acesso aos atores. No entanto, nos anos 1950, após a guerra, fotógrafos italianos em busca de dinheiro para sobreviver descobriram que, se ficassem em frente ao famoso estúdio de cinema Cinecittà ou na Via Veneto, por onde astros e estrelas passavam, eles podiam tirar fotos de celebridades e vendê-las. Esses profissionais ficaram conhecidos como paparazzi por causa do personagem chamado Paparazzo no filme *A doce vida*, de Federico Fellini, que era uma verdadeira peste tirando fotos não autorizadas de famosos. Os paparazzi da metade do século XX eram pequenas pragas, na melhor das hipóteses, mas alguns estavam no limite da criminalidade. Eles chegavam a forjar confrontos a fim de provocar um soco de uma celebridade e conseguir uma foto.[11]

Nos anos 1980, os famosos começaram a chamá-los de "stalkerazzi" [um trocadilho com a palavra *stalker*, ou perseguidor em inglês]. Em Los Angeles, eles dirigiam carros. Em Nova York, trabalhavam a pé. Nos dois casos, buscavam dois tipos de foto: as "fotos de circuito", que mostravam celebridades vivendo a vida normalmente, e as "exclusivas", que poderiam exigir indiscrição por parte do fotógrafo (apontar uma lente com zoom para a casa ou o quintal de alguém, por exemplo) e muita invasão de domicílio.[12]

Durante a era Reagan, notícias de celebridades viraram uma indústria em ascensão. Os leitores tinham uma relação de amor e ódio com os ricos e estavam ansiosos para gastar alguns trocados e ler sobre os últimos romances, escândalos, fins de relacionamentos e problemas de saúde dessas pessoas. Os quatro grandes tabloides vendidos em supermercados — *Star*, *Globe*, *National Enquirer* e *National Examiner* — foram responsáveis pelo maior crescimento na circulação de revistas nos Estados Unidos. Além disso, as revistas semanais de celebridades como *People* e *Us* e as mais chiques e mensais como a *Vanity Fair*, comandada pela nova editora Tina Brown, faziam o apetite por fotos e fofocas de celebridades não ter mais fim.[13]

Esse era o cenário no início do romance de Madonna e Penn. Ela era a artista feminina mais sexy e popular do planeta e ele era o ator mais sexy de Hollywood. Os dois eram perseguidos o tempo todo e nenhum segredo deles estava seguro. O casal tinha decidido não contar a ninguém sobre o noivado, exceto para amigos e funcionários de maior confiança. Penn contou a Jamie Foley e Meegan Ochs. Madonna contou a Liz Rosenberg e Rosanna Arquette, que, segundo Ochs, "contou a alguém que contou a *todo mundo*. E foi isso".[14]

A fiança de Penn foi definida no dia 2 de julho, no valor de 500 dólares, e isso significava que ele podia sair do estado do Tennessee.[15] Madonna precisava ir à Filadélfia, onde se apresentaria no dia 13 de julho no maior evento de sua carreira diante do maior público reunido para um show: mais de 1 bilhão de pessoas. O evento se chamava Live Aid e tinha sido organizado pelo compositor irlandês e ex-vocalista do Boomtown Rats, Bob Geldof, para arrecadar fundos e ajudar a mitigar a fome na Etiópia, que acabaria matando mais de 1 milhão de pessoas.

O Live Aid foi um evento sem precedentes, com 21 horas de transmissão ao vivo de shows diretamente do estádio JFK, na Filadélfia, e do estádio de Wembley, em Londres, com alguns dos maiores talentos da música ocidental: Bob Dylan, Mick Jagger, Tina Turner, Elton John, Run-DMC, David Bowie, Sting, Black Sabbath, Sade, U2, The Who, Eric Clapton, Queen, Paul McCartney, Neil Young, Pretenders, Patti LaBelle e Madonna, entre outros.[16]

Geldof também usou a força da nova tecnologia da televisão via satélite para criar o primeiro espetáculo mundial: o show seria exibido em 110 países. Só nos Estados Unidos, a audiência mostrava que mais da metade das TVs estava sintonizada no Live Aid. Como disse um jornalista, a atenção do mundo não estava tão concentrada em um único evento desde a chegada do homem à Lua.[17]

Os ensaios para o show foram longos e empolgantes, com lendas da música andando pelo palco durante o dia e bebendo nos bares de hotéis à noite. Madonna reencontrou integrantes da banda de sua turnê, entre eles, Pat Leonard, Jonathan Moffett e Paul Pesco, além de colegas do estúdio de gravação, como Nile Rodgers, que fazia parte da banda do Live Aid.

Um ano antes disso, em julho de 1984, Madonna filmou o clipe de "Like a Virgin" em Veneza. Ela ainda não tinha começado a trabalhar em *Procura-se Susan desesperadamente* e era desconhecida. Desde então, a cantora saiu da obscuridade e entrou para a história da música.[18] Steve Bray disse: "A pessoa que eu conheci em 1977 passou a dominar o planeta."[19] Até a pessoa que ela foi naqueles primeiros anos reaparecer e ameaçar destruir tudo o que ela havia conquistado.

No dia 7 de julho, enquanto Madonna ensaiava sua apresentação no Live Aid, a *Penthouse* anunciou que tinha fotos dela nua e planejava publicá-las em 14 páginas. No ano anterior, a revista tinha humilhado Vanessa Williams, a primeira mulher negra a ganhar o concurso de Miss América, publicando fotos dela nua e levando Williams a renunciar à coroa. Agora, a revista que transformou a objetificação feminina em um grande negócio queria derrubar Madonna publicando fotos dos dias mais difíceis que ela viveu em Nova York.

No dia 8 de julho, a *Playboy* superou a *Penthouse*, anunciando que publicaria 17 páginas da jovem Madonna nua. As duas estavam marcadas para a edição de setembro, mas o interesse foi tão grande e a competição tão acirrada que eles não podiam esperar. A *Playboy* adiantou a publicação para 10 de julho, com a *Penthouse* imprimindo 5 milhões de exemplares logo em seguida, 15% a mais que a tiragem inicial.[20] Para manter o assunto badalado, as revistas ofereceram mais de 1 milhão de dólares para que Madonna tirasse a roupa novamente diante das câmeras.[21]

Todos os críticos que chamaram Madonna de vadia e disseram que ela "devorava namorados como se fossem aperitivos de festa" e todas as organizações religiosas e de pais se sentiram vingados.[22] Não há nada mais estimulante para uma sociedade machista do que diminuir uma mulher de sucesso. Isso não só humilharia a mulher, como também serviria de aviso para quem tentasse imitá-la: não faça isso, você vai fracassar. Quanto maior é a altura, maior é a queda.

Sem minimizar o estupro de Madonna, é fácil imaginar que a publicação daquelas fotos a levaria a se sentir violentada de modo similar, em escala ainda maior. A oferta de 1 milhão de dólares lembrava o executivo do Upper East Side prometendo trocar um contrato por um boquete. Madonna tinha sobrevivido ao primeiro, rejeitado o segundo e faria isso de novo naquele mês de julho com uma réplica pública no *New York Post*. Rosenberg tratou disso. Ela garantiu a Madonna, que temia pela própria carreira quando saiu a notícia: "Isso não é importante. Não vamos deixar que isso se torne algo importante."[23]

A resposta clássica de Madonna — *MADONNA NUA: E DAÍ?* — foi publicada na primeira página do *Post* em letras maiores que as do logotipo do jornal. A edição metropolitana dizia *MADONNA: "NÃO SINTO VERGONHA"*. "Aquela foi a primeira vez em que tive consciência de que estava dizendo um 'foda-se' com minha atitude", relembrou a cantora depois. "Vocês estão tentando me derrubar por causa disso? Não vou deixar que a opinião pública diga o que sinto em relação a mim mesma. Não vou me desculpar por nada do que fiz."[24]

O crítico musical Greil Marcus disse que o escândalo em torno das fotos foi apenas a versão atualizada do tipo de assédio que há muito tempo afligia mulheres no *show business*. "Aconteceu com Louise Brooks e Marilyn Monroe. Sempre foi um escândalo e as pessoas tentam esconder as fotos e dizer: 'Ah, mas eu era tão pobre.' [...] Madonna disse: 'O que há de errado nisso?'"[25] Ao tomar essa atitude, ela redirecionou a humilhação para o lugar certo: os homens por trás de tudo.

Esse foi o posicionamento público. Em particular, Madonna sofreu por causa da exposição e do impacto na família. A avó em Michigan chorou quando soube das fotos ao assistir a um programa de entrevistas à tarde na TV. E ainda tinha a questão da reação de Penn logo depois do noivado deles.[26] "Não posso dizer que não fiquei arrasada", contou Madonna à *Rolling Stone* no ano seguinte.

> Sean ficava dizendo "Olha, tudo isso vai passar", mas ninguém quer ver os próprios segredos [estampados no jornal]. O que mais me aborreceu não foi nem o fato de serem fotos nuas, mas não poder controlar isso. Pela primeira vez em vários anos de planejamento cuidadoso, fui pega de surpresa.[27]

"Aquela semana inteira estava cheia de ensaios, ficamos andando por aí e curtindo, além de fazer a preparação para o show. Ela só disse uma frase em relação àquelas fotos", comentou Pat Leonard. "Quando saímos para jantar na Filadélfia, eu estava zombando dela em relação a algo, e Madonna falou: 'Ah, Lenny, larga do meu pé. Eu tive uma semana difícil.' E foi só isso."[28]

Três dias após a publicação das fotos na *Playboy*, a princesa Diana e o príncipe Charles começaram a transmissão do Live Aid em Londres ao som de "God Save the Queen". Duas horas depois, Joan Baez abriu o show na Filadélfia com um discurso e uma versão de "Amazing Grace".[29] Christopher estava nos bastidores com Madonna, assim como Penn, que parecia o personagem que interpretava em *Caminhos violentos*: camisa xadrez, óculos escuros espelhados de aviador e uma lata de cerveja na mão. Ele estava lá para proteger e tranquilizar, mas também para curtir o momento. Graças à futura esposa, ele estava cercado pelos gênios da música que tanto admirava e alguns dos colegas atores de Los Angeles.[30]

A apresentação de Madonna aconteceria oito horas após o início do show, entre o Kool & The Gang e Tom Petty and the Heartbreakers. Isso significava que ela dispunha de muito tempo para ficar apreensiva. Todos nos bastidores e todo mundo que ela encontrou naquele dia a tinham visto nua. Provavelmente boa parte da plateia também. Ou pelo menos era o que ela imaginava. "Achei que não ia conseguir fazer o show", afirmou Madonna.[31]

> Foi a primeira vez que eu fazia uma aparição pública desde que as fotos saíram. Uma parte de mim se sentia deste tamanho [ela fez um gesto para indicar uns 2 centímetros] e a outra parte dizia: "Não vou deixar que me coloquem para baixo. Vou entrar lá e arrasar, tirar essa nuvem cinzenta de cima da minha cabeça."[32]
>
> Eu decidi ser uma guerreira e deu certo. Aquela foi a primeira vez que realmente entendi o meu poder.[33]

O calor era intenso e Madonna estava usando várias camadas de roupas, muito mais do que costumava vestir, e uma jaqueta por cima de tudo. Após ser apresentada por Bette Midler, ela entrou no palco e cantou uma versão de seis minutos de "Holiday". O mar de pessoas diante dela era imenso. Os espectadores no fundo da plateia pareciam meros pontos no horizonte. Lyndon B. Johnson e Mykal Perea se juntaram a ela de novo como dançarinos e vocalistas de apoio. Como tinha feito durante a turnê, ela parou de cantar no meio de "Holiday" para falar com a multidão e tinha um olhar de pura alegria no rosto.

Assistindo dos bastidores, Penn também. "Quando ela estava no palco, ele não tirava o sorrisão do rosto", contou Ochs. Ele viu o triunfo e o amor que vinha da multidão. Aquela plateia não estava nem aí para fotos. Tudo o que eles queriam era Madonna. Aquele foi o auge da validação.[34]

Madonna manteve o clima com "Into the Groove". No fim da segunda música, ela estava se movendo por 12 minutos seguidos. Nile Rodgers disse que o calor estava "escaldante". Ela estava suando e com falta de ar. Entretanto, antes de começar a última música, Madonna disse à multidão que ficaria com a jaqueta em solidariedade a eles porque a plateia também estava com calor. Alguém na multidão gritou "Tira logo!" e outros se juntaram ao coro. Madonna respondeu com um sorriso largo e sem pudor: "Eu não vou tirar merda nenhuma hoje porque vocês podem usar isso contra mim daqui a dez anos." A plateia urrou em aprovação.[35]

Enquanto isso, os censores da TV não tinham sido rápidos o bastante para colocar um bipe naquele palavrão, então o mundo inteiro a ouviu rir do escândalo das revistas com uma atitude desafiadora e vulgar. Enquanto os censores faziam o possível para resolver a situação, os Thompson Twins e Rodgers se juntaram a Madonna para cantar "Love Makes the World Go Round", a música que ela começou a compor quando conheceu Pat Leonard.[36]

A imprensa, porém, não estava pronta para deixar o assunto morrer. O escrutínio usual dos meios de comunicação virou uma tentativa de agressão quando jornalistas tentaram confrontá-la com as fotos assim que ela saiu do palco. Madonna não deu entrevistas nem permitiu fotos, exceto as tiradas por Keith Haring, que a fotografou ao lado de Penn com uma Polaroid.[37]

A foto oficial daquele evento foi de solidariedade: Madonna com Bob Dylan de um lado e Mick Jagger do outro, os braços por cima dos ombros dela, como irmãos mais velhos. Tina Turner, que também teve uma cota de escândalos, estava do outro lado do abraço de Jagger. As apresentações naquele dia arrecadaram 120 milhões de dólares para a África Oriental, que sofria com a fome.[38]

Madonna guardou aquela experiência com a *Playboy* e a *Penthouse* no compartimento mental de onde tirava inspiração. Era um mecanismo de proteção e criação. Proteção no sentido de que lhe permitia isolar lembranças dolorosas e criação no sentido de que todas as experiências, boas e más, serviam de material para sua obra. Christopher disse que, após o escândalo, Madonna "não tinha mais nada a perder nem a esconder. Dali em diante, ela estava livre para chocar quanto quisesse".[39]

Pode não ter parecido naqueles primeiros dias de julho, quando a história vazou, só que Madonna saiu do episódio mais forte, assim como as mulheres costumam sair. A garotinha de Pontiac enfrentou os gigantes da indústria pornográfica e fez diretores misóginos parecerem valentões de escola.

* * *

Após enfrentar contratempos com a lei (da parte dele) e a luta contra a *Playboy* e a *Penthouse* (da parte dela), Penn e Madonna alugaram um bangalô em Beachwood Canyon e começaram a planejar o casamento.[40] Eles faziam aniversários em datas próximas, nos dias 16 e 17 de agosto (o dela vinha primeiro), então queriam fazer a cerimônia à meia-noite. A logística seria complicada, e decidiram usar o aniversário de Madonna para a ocasião.

O cenário seria um penhasco com vista para o Pacífico na casa de Malibu de Elda e Dan Unger, amigos dos pais do ator. O local foi escolhido pela proximidade com a casa do noivo, onde ele e Madonna ficariam na noite anterior, e pela suposta privacidade.[41] O casal pediu a Wolfgang Puck para cuidar do bufê; o juiz John Merrick, que assinou o mandado que autorizou a prisão de Charles Manson, para oficializar o casamento; o DJ Terence Toy para cuidar do som; e Herb Ritts para fazer as fotos.[42] O irmão de Penn, Michael, fez os convites cor-de-rosa com uma versão da pintura *American Gothic*, de Grant Wood, à moda de Edward Gorey, com Madonna usando um cinto escrito "Sean Toy" [brinquedo do Sean]. Uma parte dele dizia:

A celebração começará às 18 horas.
Por favor, seja pontual ou perderá a cerimônia de casamento.
A necessidade de privacidade e o desejo de deixar vocês curiosos
impedem que o local em Los Angeles seja anunciado
até a véspera do evento.

A lista de convidados era uma mistura eclética de figuras do mundo da arte do centro de Nova York e o que o *Los Angeles Times* chamou de "lista de atores, roteiristas e diretores mais badalados de Hollywood".[43] Como a expectativa da imprensa chegou ao exagero, os repórteres procuravam freneticamente as pessoas que poderiam estar na lista de convidados para saber mais detalhes e conseguir um furo.[44] Andy Warhol disse que Martin Burgoyne era levado para jantar com direito a vinho pelos tabloides e que a *People* pedia a ele que revelasse segredos sobre a melhor amiga. Ele foi esperto, divulgando poucas informações enquanto recebia toda a atenção e as refeições grátis.[45]

Entre os nova-iorquinos que receberam os envelopes rosa e viajaram juntos para Los Angeles estavam Keith Haring, Debi Mazar, Maripol, Diane Keaton, o dono de boate Steve Rubell, Martin e Warhol. Burgoyne tinha convidado Warhol para ir com ele porque o artista mais velho tinha se apaixonado por Los Angeles. Ele sentia que Hollywood oferecia um novo nível de inspiração *kitsch* e por isso estava feliz da vida em fazer parte do circo do casamento.[46] Como presentes, ele e Haring colaboraram em pinturas comemorando o que Madonna chamou de "divisor de águas", quando ela enfrentou a *Playboy* e a *Penthouse* no *New York Post*.[47]

O grupo planejou a viagem como se fossem adolescentes prestes a ficar longe dos pais pela primeira vez. Warhol disse que o hotel foi escolhido não pelo conforto ou pela proximidade com o local do casamento, mas por ser mais fácil de entrar com os acompanhantes que poderiam encontrar em Los Angeles.[48] Um contingente de pessoas sexualmente livres de Nova York indo para uma Hollywood que ainda estava no armário era como um entusiasta do álcool entrando em uma cidade onde reinava a lei seca: era importante encontrar um lugar para esconder as garrafas porque você sabia que elas estariam lá.

Andy anotou esses preparativos no diário dele em 29 de julho, quatro dias depois que Rock Hudson, ídolo das matinês e astro da maior série da televisão, *Dinastia*, deu ao assessor de imprensa permissão para anunciar que tinha aids. A história correu o mundo como um foguete. A imprensa, que evitava o assunto, subitamente só sabia falar da doença.[49]

O anúncio de Hudson trouxe a atenção muito necessária para a aids, mas gerou uma onda de paranoia em Hollywood. A comunidade do cinema e da TV entrou em pânico diante da ideia de que outros homens gays que faziam papéis de heterossexuais poderiam ter aids e transmitir o vírus para colegas em cenas mais apaixonadas. Organizações como o Sindicato dos Atores e o Sindicato dos Diretores dos Estados Unidos começaram a discutir se pessoas que vivem com aids deveriam ser obrigadas a revelar o diagnóstico.

Os atores gays escutavam essa conversa e temiam que fosse o início de outra lista restritiva, a qual impedia homens homossexuais de trabalhar do mesmo jeito que a lista do Perigo Vermelho baniu os atores considerados comunistas. O armário em Hollywood antes da aids era imenso, cheio de gays e lésbicas com temor de que a descoberta fosse acabar com carreiras. Mas o armário depois do anúncio de Hudson ficou do tamanho de um estádio. As pessoas ficaram apavoradas com uma possível retaliação.[50]

Os nova-iorquinos esperavam um clima de medo e sigilo quando fizeram os planos de ir a Los Angeles. Uma conduta mais aberta seria muito melhor, mas a tragédia associada à aids atingiu tanto a comunidade gay assumida quanto a que estava no armário. Três de cada quatro homens que saíram de Nova York para o casamento de Madonna morreriam nos próximos cinco anos. Steve Rubell descobriu que era HIV positivo naquele ano.

Após uma noite no hotel Beverly Hills, o pessoal de Nova York foi de limusine para Malibu, vestindo o que mais pareciam fantasias do que roupas de casamento (Haring usava um "terno cintilante" no estilo de Las Vegas e Burgoyne fez o cabelo no salão do hotel naquela manhã). Burgoyne fez o papel de porteiro não oficial, ficando em pé ao lado dos cavalheiros de paletó azul, verificando identidades e conferindo nomes na lista de convidados de duzentas pessoas, porque havia tanta gente que não estava nela e foi convidada que era preciso alguém de dentro para liberar a entrada dessas pessoas.[51]

Penn e Madonna fizeram um esforço extraordinário para manter tudo em segredo. Ochs teve a ideia de ligar para cada convidado e passar os detalhes.[52] Os caminhões de entrega, serviços de bufê e floristas também receberam informações limitadas até o último minuto. Contudo, longe de isolar o evento de olhos intrometidos, todo o segredo tornou o casamento uma das histórias mais desejadas por repórteres de todo o mundo.[53]

Seguranças com binóculos de visão noturna verificavam o perímetro em busca de invasores e encontraram alguns. Um fotógrafo italiano de roupa camuflada e maquiagem preta no rosto foi expulso do local entre os arbustos em que estava espionando desde a meia-noite. Penn também despachou um paparazzo escondido. O problema, no entanto, não eram os repórteres e paparazzi escondidos, mas os que estavam bem visíveis.[54]

Oito helicópteros voava em círculos sobre a propriedade dos Unger a cada três minutos. Para colocar a cena em perspectiva, pense que o número de helicópteros sobrevoando o casamento e os convidados era metade do número que sobrevoou os 90 mil espectadores do Live Aid, na Filadélfia.[55] O céu de Malibu estava repleto de metal e hélices que voavam "perigosamente perto uns dos outros e perto demais de nós", contou Joseph Vitarelli, amigo de escola de Penn. "Se um daqueles negócios caísse, dizimaria metade de Hollywood."[56] "Era como *Apocalypse Now*", escreveu Warhol em seu diário sobre os helicópteros. "Foi o fim de semana mais empolgante da minha vida."[57]

O barulho das aeronaves era tão alto que as pessoas precisavam gritar para serem ouvidas. "Primeiro, fiquei indignada, depois eu ri. Ninguém escreveria isso em um roteiro porque ninguém acreditaria", contou Madonna.[58] Penn atirou com uma pistola calibre 45 nos helicópteros, apesar da súplica da noiva para que não fizesse aquilo. Ele também escreveu *FODAM-SE* em letras de 4 metros na praia que ficava perto da casa dos Unger, tentando afugentar os fotógrafos, já que os editores não permitiriam publicá-las com o palavrão. Mas a mensagem não adiantou muito, pois é fácil cortar partes de uma foto.[59]

Do ponto de vista de um artista do East Village, Haring considerou a loucura "bastante divertida" e "um casamento com toda a família muito normal".[60] Christopher Walken deu o veredito para a Costa Oeste, ao dizer que o casamento parecia um filme de Fellini. "Havia pessoas pulando dos arbustos com câmeras e helicópteros sobrevoando o local como grandes libélulas."[61] Assim começou o dia do casamento de Madonna Louise Ciccone e Sean Justin Penn. Era o 27º aniversário de Madonna e a véspera do 25º aniversário de Sean.

* * *

A noiva usou um vestido sem alças de Marlene Stewart com uma cauda de 3 metros e uma faixa rosa, como uma escoteira ou miss. Debaixo do véu, ela usou um chapéu-coco. "Eu não sei o que isso deveria significar", comentou Warhol, desconcertado.[62] Ela usou joias muito especiais: Maripol fez um brinco para ela, uma estrelinha com uma corrente de ouro e pérolas. "Eu só fiz uma peça, exclusiva para Madonna e mais ninguém", conta Maripol [63] O noivo usou um terno Versace com duas fileiras de botões.

Os convidados do casamento representavam uma amostra dos respectivos mundos dos noivos. O lado de Madonna incluía a família, Christopher Flynn, os amigos loucos do centro de Nova York, a equipe da Warner Bros. (inclusive o presidente, Mo Ostin), o magnata da música David Geffen, as colegas de *Procura-se Susan desesperadamente* Susan Seidelman e Rosanna Arquette e pessoas do mundo do entretenimento que ela conhecia, entre elas Cher (que usou uma imensa peruca roxa).[64]

Entre os convidados de Penn estavam a família dele e um grupo de jovens talentos de Hollywood: Carrie Fisher, Charlie Sheen, Judd Nelson, Rob Lowe, Timothy Hutton e o roteirista de *Picardias estudantis*, Cameron Crowe. Também compareceram alguns veteranos (era assim que eles se chamavam), como Harry Dean Stanton e Robert Duvall.[65] Warhol ficou zonzo olhando a multidão e fazendo anotações em seu diário: "Todos esses jovens atores pareciam que usavam os ternos dos pais, como Emilio Estevez e Tom Cruise. Havia vários meninos que eram astros do cinema, tinham pernas fortes e mais ou menos 1,80 metro de altura. Acho que esse é o novo visual de Hollywood."[66]

Celebrada pelo juiz Merrick, com James Foley como padrinho e a irmã de Madonna, Paula, como madrinha, a cerimônia durou menos de dez minutos em meio ao ruído ensurdecedor dos helicópteros. "Nós três conseguíamos nos ouvir, mas as outras pessoas não, por causa do barulho", disse Merrick.[67] O tema do filme *Carruagens de fogo* foi a trilha sonora para o primeiro beijo do casal após os votos. O buquê foi jogado, assim como a cinta-liga. Uma versão eletrônica de "Madame Butterfly", composta pelo pai dos Sex Pistols, Malcolm McLaren, tocava enquanto os convidados bebiam champanhe Cristal antes da refeição.[68]

Maripol se sentou à mesa principal com os recém-casados, que ficavam zanzando pela festa com Herb Ritts (ele foi a única pessoa no casamento que recebeu permissão para usar uma câmera). "Eu falei com Madonna que não tinha ninguém a meu lado, então ela foi até Sean e sussurrou algo no ouvido dele. Sean voltou com Tom Cruise!", recordou Maripol, rindo. "Nós conversamos o jantar inteiro. Ele foi uma gracinha, muito inteligente e educado."[69]

Madonna tinha escolhido as músicas. "Eu queria que fossem muito românticas", disse ela. A seleção incluía clássicos dos repertórios de Bing

Crosby, Ella Fitzgerald, Cole Porter e Sarah Vaughan.[70] A arte da própria noiva foi representada por "Into the Groove", o que a deixou emocionada. Ela contou a um entrevistador que a música representava o início de sua vida e carreira. "Também significava muito para mim que o cara com quem eu a compus e produziu a música comigo, Steve Bray, era uma pessoa que eu conhecia desde a infância."[71]

Por volta das 22 horas, a festa começou a dar uma desacelerada.[72] Warhol disse que Rubell estava "chapado, provavelmente de Quaaludes. Acho que vi Madonna enxotá-lo de perto dela".[73] Mazar tinha torrado uma grana em um par de Manolo Blahnik para o evento, que acabaram destruídos. "Eu fiquei praticamente sem luz elétrica para pagar aqueles sapatos, e Rubell vomitou neles", disse ela.[74] Era hora de ir embora.

Tom Cruise perguntou a Maripol se poderia ir de carona no carro dela para evitar os paparazzi e se jogou no banco de trás da limusine junto com Burgoyne, Haring, Rubell e Warhol. Maripol se sentou no colo dele. Warhol voltou a ficar maravilhado com os acontecimentos do dia, e escreveu: "Eu não podia acreditar no que estava vendo."[75]

Madonna e Penn foram para a lua de mel em Carmel, enquanto o pessoal de Nova York passou o restante do tempo em Los Angeles, visitando celebridades como Dolly Parton e Cher e dirigindo por ruas incrivelmente limpas e ladeadas por palmeiras sob um céu azul brilhante.[76]

De volta à suja e cinzenta Nova York, Warhol ficou desanimado. Enquanto andava pela rua 66 após chegar do aeroporto, uma mulher gritou: "Andy!" Ele continua: "Quando não virei para responder, ela gritou de novo: 'Sua mãe é uma vadia!'"[77] Ele tinha oficialmente saído da terra da fantasia que era Hollywood.

Penn surpreendeu Madonna com um Thunderbird conversível 1957 como presente de casamento e também de aniversário. Ela amou tanto que o mesmo modelo apareceu em um clipe do novo álbum. A música e o álbum se chamavam *True Blue*, que o ator dizia soar bem 1950. No começo, os recém-casados pareciam viver em um mundo dos anos 1950 ou início dos anos 1960: ela, a atriz e cantora; ele, o galã sensível do cinema. Ambos convivendo em círculos intelectuais e artísticos. Quando estavam juntos, eles podiam viver esse sonho. Contudo, caso a realidade ameaçasse surgir, a casa que compraram em Malibu, com 200 mil metros quadrados e vista para o mar, era cercada por um muro de arame farpado (Penn disse que tinha pensado em guaritas).[78]

Os dois iam muito a Nova York a trabalho, então fazia sentido ter um apartamento na cidade. O momento deixou a tarefa bem difícil porque o escândalo da *Playboy-Penthouse* ainda estava fresco na cabeça das pessoas. Eles tentaram comprar um apartamento no Sanremo, em Central Park

West, mas foram rejeitados pela associação do condomínio (apenas Diane Keaton apoiou o pedido deles). Os moradores temiam ser vizinhos de alvos dos tabloides.[79] Madonna e Penn encontraram um lugar em Harperley Hall, perto do Lincoln Center, onde a oferta de compra foi aceita.

Enquanto isso, em outubro, o ator voltou ao Tennessee para responder às acusações de agressão, pelas quais ele recebeu uma sentença suspensa de noventa dias e uma multa.[80] Naquele mesmo mês, o passado de Madonna voltou a causar problemas quando o diretor Stephen Jon Lewicki lançou *Um certo sacrifício*. Embora o filme fosse moderado até para os padrões de 1985, a imprensa caiu em cima dele como fez com as fotos da *Playboy* e da *Penthouse* porque os seios de Madonna ficavam visíveis por um instante e ela supostamente interpretava uma dominatrix.[81]

Esse episódio foi mais um aborrecimento do que qualquer outra coisa. Madonna queria lançar uma carreira séria no cinema após o sucesso de *Procura-se Susan desesperadamente* e não achava o filme de Lewicki muito bom.[82] Ela tentou impedir o lançamento e, como não conseguiu, fez de tudo para ignorá-lo. Mas a imprensa publicou o que queria, mesmo que as histórias fossem inventadas. Cada boato sobre projetos de filme, briga com o marido, gravidez (e quando a gravidez imaginada não produzia uma barriga, cada boato de aborto) virava manchete. Os repórteres de tabloides perseguiram até o pai de Madonna, obrigando o sr. Ciccone a mudar de número de telefone diversas vezes.[83]

Em meio a toda essa exposição absurda, Yoko Ono convidou Madonna para um pequeno jantar em homenagem a Bob Dylan no apartamento dela em Nova York, em novembro. A Columbia Records tinha dado uma festa para ele no Whitney Museum of American Art na noite anterior e Ono decidiu reunir alguns dos frequentadores em um ambiente mais intimista: a própria cozinha. Dylan, David Bowie, Iggy Pop, Warhol, Haring, Burgoyne e Madonna, entre outros, ficaram lá em um círculo comendo frango de padaria.[84]

De certa forma era poético que ela terminasse um ano que se dividiu entre adulações e ataques na casa de Ono, que era uma artista inovadora que tinha sido insultada por décadas. Era vista como uma mulher má, manipuladora, feminista e estrangeira ainda por cima, além de ser considerada responsável pelo fim da fantasia de rock personificada pelos Beatles. Pior de tudo, ela se recusava a fazer o papel de esposa de um gênio do rock e tinha a ousadia de também querer ser ouvida.

Naquele ano, ela havia lançado o sétimo álbum, *Starpeace* (uma crítica ao programa Guerra nas Estrelas, de Reagan), que foi severamente criticado fora de Nova York. Ignorando a busca dos críticos por defeitos, ela se dedicava a planejar uma turnê pela Europa.[85]

Essa mulher forte continuou a criar, apesar das trágicas vicissitudes da vida, e a se arriscar artisticamente mesmo quando era objeto de desprezo. Ela era uma sobrevivente, tinha integridade e era firme. Penn diria que ela era "*true blue*".

Em dezembro, Madonna e Penn imitaram Lennon e Ono, que eram conhecidos por visitar hospitais e necessitados sem alarde, realizando atos de caridade para espalhar o amor. No primeiro Natal dos Penn em família, eles visitaram o Centro Médico Weill Cornell para distribuir presentes às crianças que precisaram passar o período de festas de fim de ano no hospital. Não foi permitida a presença de fotógrafos.[86]

Capítulo 20

Hong Kong, Los Angeles, 1986

> Nada que eu disse até agora, nada que eu pudesse sequer inventar, é tão importante quanto ela. Nenhum filme, nada é tão importante quanto ela.[1]
>
> — *Sean Penn*

EM 7 DE NOVEMBRO de 1985, os jornais anunciaram que Madonna e Sean Penn tinham assinado contrato para atuar juntos no filme *Surpresa de Shanghai*. O produtor John Kohn, que já tinha trabalhado com Penn, enviou para Madonna um roteiro que ajudou a escrever baseado no livro *Faraday's Flowers*, de Tony Kenrick. Era uma comédia romântica ambientada em Xangai quando os japoneses se preparavam para invadir a cidade às vésperas da Segunda Guerra Mundial. Madonna interpretaria uma freira missionária e Penn faria o papel de um vendedor suspeito que usava gravatas fosforescentes. Com gângsteres, ópio, choques de cultura coloniais e o amor surgido entre a santa e o cafajeste, o filme parecia uma aventura romântica à moda dos anos 1930 com um cenário exótico como pano de fundo.[2]

Como estava procurando uma comédia para fazer junto, o casal se encontrou com Kohn em um restaurante de Los Angeles para discutir o projeto. Pouco tempo depois de se sentarem à mesa, o coprodutor aparece: é o ex-Beatle George Harrison. "Eles quase caíram da cadeira com o susto", comentou Kohn, e aceitaram fazer o filme.[3] "Achei o roteiro ótimo e fiquei animada com a ideia de ir a Xangai. A possibilidade de trabalhar com meu marido também me empolgou porque ele é um ótimo ator", disse Madonna.[4]

Contudo, todo esse entusiasmo foi afetado por um caso de nervosismo pré-projeto. Amigos disseram que trabalhar em um filme com o marido era o caminho mais rápido para acabar com o casamento, que mal havia começado. Madonna também temia que ele não a respeitasse como atriz.[5] Penn tinha as próprias ressalvas, mas por motivos diferentes: *Surpresa de Shanghai* não era o tipo de filme que ele faria.[6] "Por que eu fiz? Por amor e dinheiro", respondeu quando perguntado por um entrevistador sobre a participação que teve no filme.

> Bom, vamos colocar desta forma: eu estava casado com alguém que tinha muito dinheiro [...]. E queria participar de tudo. Mas essa era a questão número dois. A primeira era que eu tinha acabado de me casar e ela me pediu que atuasse nele.[7]

O casal foi para a Ásia no início de janeiro. De acordo com o planejamento, as quatro semanas de filmagens começariam no dia 20 desse mês, em Hong Kong e Macau, seguidas por mais quatro semanas em Londres.[8] Penn queria conhecer Xangai e pesquisar o cenário real da história, visto que o governo chinês não permitiu que as filmagens fossem feitas lá. Acompanhado por três funcionários do governo, o ator, Madonna e o irmão dela, Christopher, visitaram a cidade.[9]

"Nós deveríamos dormir, mas não conseguíamos", contou ela. "Então, andamos pela cidade em uma manhã muito fria. Ainda estava escuro e as ruas estavam cheias de pessoas fazendo tai chi. Parecia um sonho, você via todas aquelas mãos se mexendo." Ninguém sabia quem era Madonna, mas o cabelo loiro dela chamava atenção. "Para eles, eu pareço vir de outro planeta. Uma marciana. Adorei isso", confessou.[10] Em Hong Kong, ela voltou à Terra.

Madonna foi recebida por uma multidão no aeroporto.[11] Penn definiu a situação como "insana". No segundo dia de filmagens, a imprensa foi tão invasiva que o ator exigiu que o assessor de imprensa que acompanhava as filmagens fosse demitido por não ser capaz de afastar os repórteres enquanto eles trabalhavam.[12] Outro assessor foi contratado, mas os paparazzi ficaram ainda mais agressivos.[13]

No set de filmagens, Christopher disse que a equipe britânica "detestou os dois logo de cara" porque os consideravam "dois pirralhos problemáticos".[14] Quanto às filmagens, Madonna enumerou uma série de problemas. Ela disse que a locação era controlada pelo governo chinês, que precisava ser pago para que a equipe de filmagens pudesse trabalhar.

> Em uma ocasião, estávamos em um vilarejo a cerca de uma hora da cidade, com uma única estradinha para entrar e sair. Eles bloquearam a estrada e exigiram 50 mil dólares para nos deixar ir embora.[15] Eram 2 horas da madrugada, estávamos cansados, com frio, tínhamos de acordar às 6 horas e não conseguíamos sair de lá porque tinha um cara estacionado pedindo essa quantia insana. Isso acontecia todos os dias.[16]

Além disso, como a história era ambientada no verão, mas filmada no inverno, Madonna congelava nos vestidos leves que usava durante as cenas externas.[17] Havia também ratos, quedas de energia e uma suspeita cada vez maior de que o diretor não sabia o que estava fazendo. "Estávamos em um navio sem capitão. Sofremos tanto durante o trabalho que tenho certeza de que isso transpareceu na tela", contou Madonna.[18]

Madonna e Penn se alternavam no papel da pessoa que se mantia forte diante de uma situação péssima.[19] Em outros momentos, a pressão era tão grande que eles descontavam a frustração um no outro. Christopher comentou que acordou às 3 horas com gritos e o barulho de móveis sendo quebrados na suíte do casal. "Embora estivesse quase dormindo, eu conseguia entender algumas coisas: 'Eu sou o ator aqui, não você. Você devia esquecer isso de atuar' e 'Você não sabe merda nenhuma sobre lidar com a imprensa, seu paranoico com mania de controle'."[20]

Depois que Christopher ouviu o que parecia ser um soco na parede, ele tentou arrombar a porta, mas ela não estava trancada. Madonna correu para o quarto do irmão, com Penn logo atrás. Christopher o trancou do lado de fora. "Sean ficou batendo na porta, aos gritos", disse Christopher. "'Abre a porra da porta, Madonna. Abre a porra da porta!'" Até que ele desistiu, e Madonna parou de chorar. Ela dormiu no quarto do irmão.[21]

Na manhã seguinte, ela estava de volta ao set de filmagens, cheia de profissionalismo e confiança, como se nada tivesse acontecido.[22] Penn admitiu que bebia para conseguir atuar nas gravações. "Eu estava pouco me fodendo para aquilo."[23]

Em seguida, eles foram filmar em Macau, antigo protetorado português e paraíso do jogo no sudeste da China, perto de Hong Kong. Buscando um pouco de paz, o hotel Oriental, onde ficariam hospedados, garantiu que tinha se livrado da imprensa e dos intrusos. Penn chegou ao hotel com um professor de kickboxing que atuava como assistente e guarda-costas e foi escoltado para o quarto por dois seguranças do hotel. "Quando me aproximei do quarto, os seguranças se afastaram. Havia uma porta do lado esquerdo do corredor, e, quando entramos no quarto, alguém pulou de lá. Não estávamos preparados para isso", contou Penn.[24]

Os relatos sobre o que veio a acontecer em seguida variam. O ator disse que ele e o professor de kickboxing "pegaram o cara, o empurraram pelo quarto até a varanda e o deixaram pendurado, mas não tinham a intenção de jogá-lo de lá". Enquanto isso, os seguranças do hotel reconheceram o invasor como um fotógrafo. "Os seguranças nos pediram para içá-lo de volta e foi o que fizemos. Não foi violento, mas fomos presos por tentativa de assassinato."[25]

Penn e o assistente foram interrogados por duas horas pela polícia. Depois, ficaram detidos em uma prisão. "Olhávamos um para o outro nos perguntando 'O que vamos fazer?'", lembrou Sean. "A porta da cela estava escancarada. Saímos e conseguimos fazer uma ligação para o escritório da produção."[26] Após uma série de ligações entre várias pessoas, inclusive a máfia que governava Macau, foi feito um acordo que permitiu ao ator voltar ao trabalho durante a investigação. O assistente dele também foi liberado.[27]

Com as filmagens na Ásia terminadas, Madonna e Penn foram a Berlim para a estreia de *Caminhos violentos* no festival de cinema da cidade. Penn ficou na Alemanha por alguns dias enquanto Madonna foi para Londres com um guarda-costas e um personal trainer para continuar filmando *Surpresa de Shanghai*. Como a história do incidente em Macau e os problemas da produção já tinham se espalhado, a imprensa a esperava no Reino Unido, ávida por respostas.[28]

Christopher tinha chegado ao país antes da irmã e a encontrou no aeroporto de Heathrow. Ao sair do avião e passar pela alfândega, tudo estava calmo, mas, quando as portas do setor de desembarque se abriram, "foi um inferno. O saguão estava iluminado pelas luzes das câmeras de TV", contou ele. Ao entrar no saguão, Christopher estimou que havia por volta de trezentas pessoas ali. Ele, o guarda-costas e o personal trainer cercaram Madonna para protegê-la e abriram caminho empurrando a multidão por uns 15 minutos até chegar ao carro que os esperava do lado de fora.[29]

De dentro do aeroporto era impossível ver as janelas do carro porque havia várias pessoas pressionadas contra elas. Houve um ruído no teto do carro, depois um paparazzo pulou no capô. Era como um ataque zumbi em um filme de terror. Madonna gritou: "Me tirem daqui!" Contudo, o motorista não conseguia sair porque o carro estava cercado. Ele moveu lentamente o veículo, então eles sentiram um solavanco: um fotógrafo tinha caído. Os paparazzi ficaram alvoroçados porque tinham conseguido a exclusiva. A manchete já estava pronta: LIMUSINE DE MADONNA ATROPELA FOTÓGRAFO.[30]

O motorista de Madonna aproveitou que a imprensa estava distraída e saiu com o carro. Christopher virou e viu os paparazzi fotografando o homem no chão. Quando ele começou a se levantar, um dos colegas lhe pediu que se deitasse de novo porque não havia tirado a foto. Por mais que Christopher detestasse Penn pela briga com a irmã em Hong Kong, a experiência com os paparazzi naquele dia o fez sentir "um pouco de empatia por ele. Afinal, só tive que suportar o ataque intenso dos fotógrafos por algumas horas, mas ele estava condenado a aguentar aquilo enquanto estivesse casado com Madonna".[31]

O produtor George Harrison culpou indiretamente o casal pelos problemas com a imprensa, resmungando que eles não lidavam com ela como os Beatles faziam e não levavam a situação na esportiva.[32] Harrison não entendeu que a relação entre a indústria midiática e as celebridades tinha mudado desde que ele estava no auge, duas décadas antes. Ele também não percebeu a misoginia que rodeava a cobertura da vida de Madonna, mas pôde sentir um gostinho dela durante uma entrevista coletiva que esperava que fosse tranquila.[33]

Dava para sentir de longe a hostilidade no lugar. Como Penn ainda estava na Alemanha, coube a Harrison e Madonna responderem a 75 repórteres que gritavam perguntas. Harrison, supostamente um veterano de entrevistas coletivas, ficou irritado com perguntas tão hostis. "Vocês inventam uma confusão e depois escrevem que nós a criamos para promover o filme", reclamou. Um dos repórteres perguntou o que Harrison esperava da imprensa, ao que o ex-Beatle respondeu: "Esperávamos que não fossem animais."[34]

Já Madonna enfrentou a entrevista com calma e bom humor. Vestida como a personagem de *Surpresa de Shanghai*, ela agiu com profissionalismo e cortesia diante das exigências para que se desculpasse por supostamente ter maltratado a imprensa. Recusou-se a fazer isso, mas de um jeito que, ao final da entrevista coletiva, o clima já estava bem mais ameno.

Apesar desse esforço, algumas matérias, que devem ter sido escritas antecipadamente, foram publicadas expondo-a como uma escrota arrogante. O repórter do *NME*, contudo, disse que Madonna foi "tão perspicaz, controlada e linda como eu esperava". De qualquer modo, seja como boazinha, seja como malvada, ela não se deixou abalar pelos comentários. "Sou durona, ambiciosa e sei o que quero. Se isso faz de mim uma escrota, então tudo bem", disse ela.[35]

Ao voltar para Los Angeles, Madonna foi direto a um território conhecido: o estúdio. Ela queria criar um som de grupo feminino como as Shirelles ou Ronettes para o novo álbum, chamado *True Blue*. Para ajudar no projeto, recrutou Steve Bray e Pat Leonard. "Madonna e eu adoramos esse pop clássico e esse foi o principal motivo de termos nos dado tão bem", contou Bray.[36] As letras também ganharam importância para ela. As novas músicas eram boas para dançar — marca registrada dela —, mas as palavras não eram mais usadas apenas para servir de base para o ritmo. Isso aconteceu porque a vida emocional da cantora se tornou mais densa, além da mudança na atmosfera das boates.

Em meados dos anos 1980, a maioria dos homens gays finalmente aceitou que a aids era transmitida pelo sexo sem proteção e estava disposta a trocar uma parte da liberdade que tanto valorizavam por um novo estilo de vida: monogamia em vez de diversos parceiros, academias de ginástica em vez de saunas e vitaminas em vez de *poppers*.[37] A dança e a música ainda faziam parte da vida, mas o volume tinha diminuído, assim como o hedonismo na pista das boates. O álbum de Madonna refletiria isso. Ela, a criança selvagem, havia sido o epítome de uma era de liberdade absoluta, mas, no papel de senhora casada, representava uma nova realidade em que a luxúria ficou em segundo plano, dando lugar ao amor.

Ela estava mesmo apaixonada e disse que Penn era "meu herói e meu melhor amigo".[38] Admitiu no segundo semestre de 1985:

> Eu me sinto mais calma do que nunca. Isso significa que posso me concentrar no que é importante. É engraçado. Agora que estou apaixonada, todas as músicas que componho parecem ser para ele. Eu as faço para mim, mas também são para ele. Quando estou escrevendo as letras, criando a música ou produzindo algo criativo, penso: "Será que ele vai gostar?"[39]

Ali por perto, "ele" foi ao estúdio na casa de Pat Leonard em Los Angeles, onde Madonna gravaria cinco músicas. Penn "queria tirá-la de lá o mais rápido possível. Eles estavam muito apaixonados", disse Bruce Gaitsch, que tocou guitarra no álbum.[40] Em Nova York, Madonna gravou outras quatro músicas, incluindo "Papa Don't Preach", com Steve Bray em um estúdio montado no apartamento dele, no Brooklyn.[41]

Pode-se dizer que *True Blue* foi o primeiro álbum realmente de Madonna. Com certeza foi o primeiro em que ela não era uma novata trabalhando com um produtor veterano e o primeiro que pôde interferir em todos os aspectos do álbum. Ela assinou a produção com Leonard e Bray, que nunca tinham produzido um álbum. "Nós discutíamos muito, mas um dia [na etapa final do projeto] ela segurou a capa do álbum *True Blue* e disse: 'De quem é essa foto?'", contou Leonard. "As conversas mais agressivas pararam na mesma hora!"[42]

Leonard também afirmou que Madonna estava no estúdio em "cada nota", perguntando e questionando tudo. Ele propôs que seguissem o que chamou de "regras do pop", e ela queria saber por que eles não podiam descumpri-las. "Depois da primeira música, descobri que, ouvindo o que ela diz, instantaneamente teremos um álbum da 'Madonna'. A intuição dela transforma o álbum, seja qual for o produtor com quem esteja trabalhando."[43] Bray descreveu a composição e a gravação como "uma fantasia".

> Estávamos trabalhando para uma grande gravadora [...] e Madonna chegou a um ponto em que não precisava mais justificar as ideias dela para eles, então tínhamos liberdade total para produzir o álbum. Fazer o que quiser e deixá-los entrar no estúdio só depois de terminar tudo foi ótimo.[44]

Enquanto Madonna estava no estúdio, Penn ficou obcecado pelo escritor Charles Bukowski. Ele tinha recebido o livro de poesia do autor chamado *War All the Time* como presente de casamento e, no segundo semestre de 1985, decidiu conhecê-lo pessoalmente. Não se decepcionou. No mundo artificial que era a Los Angeles da indústria do entretenimento, a sinceridade era o que tornava Bukowski tão atraente. Ele escrevia ou dizia tudo, sem reservas. A expressão "sem filtro" era insuficiente para descrevê-lo e "boca-suja" seria educada demais. A violência dele não era estilizada, e sim visceralmente feia. O próprio Bukowski era um homem difícil, o que transparecia na expressão dura dele.[45] Foi preciso um verdadeiro romântico como Penn para ver beleza no poeta.

Na época, o escritor de 65 anos estava casado com a segunda esposa, Linda, e morava em San Pedro, Califórnia. Ele andava distante das pensões em que viveu e dos bares, mas não perdeu o hábito de beber, muito menos a personalidade. Nada disso importava para Penn. Na verdade, deixava Hank (como o poeta era chamado) ainda mais intrigante. O ator o amou.[46] Bukowski virou uma das maiores influências dele durante o primeiro ano de casamento, mas também lhe despertou o lado autodestrutivo.[47]

Penn sempre gostou de beber, mas naquela primavera ele foi consumido pelo álcool.[48] O bar favorito dele era o Helena's, em um clube exclusivo no distrito de Silver Lake, na região leste de Los Angeles, administrado por uma mulher generosa chamada Helena Kallianiotes.[49] As regras eram poucas e só uma era rigorosamente aplicada: nada de fotos. A própria Helena cuidava da entrada, onde recebia nomes como Jack Nicholson, Anjelica Huston, Susan Sarandon, Rob Lowe, Sarah Jessica Parker, Elton John, Rod Stewart e Marlon Brando.[50]

Pouco depois da meia-noite de 12 de abril de 1986, Penn e Madonna estavam tendo uma ceia tranquila. Como sempre, existem várias versões do que aconteceu. Na mais recorrente, David Wolinski, que Madonna conheceu em Nova York, passou pela mesa do casal para dar um oi e deu um beijo na bochecha da cantora. Dizem que Penn, enciumado, o socou, chutou e agrediu com uma cadeira. Contido por outros convidados, o ator foi obrigado a sair.[51]

A versão da história contada por Penn contextualizou a ação. Segundo ele, Wolinski tinha dado em cima de Madonna no ano anterior e só não apanhou na época porque ela interveio.[52] Quando o encontraram no Helena's, Penn ainda não tinha esquecido o soco que não foi dado. Então, quando estava saindo do bar junto com a esposa, Wolinski parou para dar um oi. Penn o acusou de ter flertado com Madonna no ano anterior e surtou quando Wolinski negou.

> Fui idiota e bati nele [...]. *Depois* cometi o erro. Ele era maior do que eu, então eu não queria que se levantasse. Peguei uma cadeira, sem pensar que com isso, em vez de lesão corporal, eu seria acusado de agressão com uma arma mortal, um crime mais grave [...]. Foi mais para ameaçar do que qualquer outra coisa, mas o acertei mesmo assim. Queria ter de fato agredido esse cara pra caralho porque fui preso como se tivesse feito isso.[53]

Wolinski teve lesões no rosto, nas pernas e nas costas. O Ministério Público de Los Angeles fez uma denúncia contra Penn. Foi o terceiro episódio violento dele em menos de um ano. Os motivos eram simples: um pavio curtíssimo e uma reação exagerada a ameaças misturada, no caso de Wolinski, com um coquetel perigoso de álcool e ciúmes.[54]

O histórico de ciúmes do ator era bem conhecido. Ainda no tempo de *Picardias estudantis*, ele tinha ficado atrás de Amy Heckerling enquanto ela gravava uma cena com a namorada dele na época, Pam Springsteen. Ao fim da cena, Pam saía andando, e ele queria garantir que a câmera não ficaria muito tempo focada na bunda da atriz.[55] Durante as gravações de *Adeus à inocência*, com Elizabeth McGovern, disseram que ele surtou quando descobriu que a atriz estava sozinha no trailer com um repórter. Penn saiu correndo e balançou o trailer com eles lá dentro.[56]

Com Madonna, ele não apenas tinha ciúmes, como também se considerava "protetor". "Sean era como meu pai, de certa forma. Ele controlava o que eu vestia, vivia dizendo 'Você não vai usar esse vestido. Dá para ver tudo'. Mas pelo menos ele prestava atenção em mim. Pelo menos ele tinha coragem."[57] No começo, ela considerava esse comportamento um sinal de amor, mas, como aconteceu com o pai, ela não conseguiu suportar os excessos.

Caminhos violentos estreou em Los Angeles no dia 18 de abril, seis dias depois do incidente com Wolinski. A festa do filme foi no Helena's. Apesar da confusão, a dona do bar ainda gostava de Penn.[58] O filme recebeu críticas positivas, embora alguns críticos tenham acusado James Foley de embelezar a dura realidade da história. Qualquer discussão sobre as supostas falhas do filme, contudo, foi ofuscada pelo sucesso da música que Madonna compôs para a produção.[59]

Madonna e Leonard tinham composto "Live to Tell" no ano anterior para outro filme. "Pedi que Madonna me fizesse o favor de criar uma letra para a canção", contou Leonard. Ele tinha composto a música, mas, enquanto Madonna ainda estava trabalhando na letra, o estúdio ligou para dizer que não queria mais a canção. "Ela disse: 'Bom, vou ouvir porque Sean está trabalhando em um filme novo.'" Ela cantou aproveitando o instrumental do amigo, e então mostrou a música a Penn.[60]

Tanto ele quanto Foley amaram a música e a queriam no filme, mas Madonna perguntou: "'Quem vai cantá-la?' Todos nós respondemos: 'Você.'"[61] Leonard acrescentou: "Ela achava que a música precisava ser cantada por um homem porque tinha um tom grave e era diferente de tudo o que ela já tinha feito." Madonna, entretanto, acabou concordando.[62] Foley também pediu a Leonard para compor a trilha do filme. "Resumindo: fui demitido, compus aquela música e fui contratado para fazer outro filme, tudo no mesmo dia", comentou Pat.[63]

Madonna disse que "Live to Tell" falava sobre "ser muito jovem e precisar crescer rápido por já ter tido algumas experiências na vida".[64] Ela deu o crédito a Leonard por encorajá-la a "mergulhar fundo e explorar partes da minha vida emocional que eu ainda não tinha abordado. Pat tem um lado sombrio, e isso meio que trouxe à tona o meu".[65]

A música usada no filme era a demo que ela havia gravado com Leonard.[66] Madonna disse à Warner Bros. que gostaria de lançá-la como primeiro single do próximo álbum, mas a empresa temia que uma balada comovente acabasse com o embalo da carreira dela como estrela pop que cantava músicas agitadas. "Eles disseram: 'Acabou. Você vai se dar mal. Está lançando uma música de sete minutos que para três vezes e tem um clima estranho e sombrio'", contou Leonard.[67] Madonna autorizou o lançamento da música mesmo assim, acompanhado de um clipe.

O clipe deu ainda mais azia nos executivos da Warner. Além das cenas de *Caminhos violentos*, mostrava Madonna cantando em um palco simples, com apenas uma cadeira no cenário. Os clipes dela não eram para ser lúgubres, mas a artista reconheceu que "Live to Tell" era uma música melancólica para um momento melancólico. A canção alcançou o primeiro lugar nas paradas e o clipe passava direto na MTV. Para quem duvidava do talento da cantora, Leonard deu o argumento definitivo: "Quantos cantores você conhece que podem gravar um vocal cru de uma música que compôs há duas horas e vender 1 milhão de cópias dela?"[68]

Após cumprir com seus deveres envolvendo *Surpresa de Shanghai*, Madonna abandonou o cabelo no estilo de 1930, cortou-o bem curto e pintou de louro platinado. Ela disse que a ideia era para trocar de pele.[69] Aquele visual elegante, lembrando o início da carreira de Kim Novak, foi capturado por Herb Ritts para a capa de *True Blue*. As fotos nos dois primeiros álbuns tinham a aparência de Nova York: sombria, dura e melancólica, enquanto a Madonna de *True Blue* estava banhada pelo sol da Califórnia contra um pano de fundo intenso e azul como o oceano pintado a mão.

Aquela nova imagem deu o que falar. O jeito como a mudança foi tratada pela mídia deu a entender que havia um sentimento de traição no ar. Apesar de muitos jornalistas criticarem ou zombarem do visual do início da carreira, ainda não estavam preparados para abrir mão dele. Entretanto, uma transformação era essencial para Madonna. Assim como acontecia com o mentor dela, David Bowie, cada projeto exigia a presença de um novo personagem que existia em um espectro de mídias: música, clipes, apresentações ao vivo, filmes e até entrevistas. Ela podia habitar aquele personagem por um ano ou três, dependendo da necessidade do trabalho.[70] Cada visual envolvia uma renovação dos pés à cabeça. A mudança radical do estilo boy toy dos primeiros dois álbuns para o de cantora de grupo feminino dos anos 1960 de *True Blue* foi o primeiro exemplo real disso.[71]

* * *

Em junho, *True Blue* foi lançado e elogiado pela crítica.[72] Também fez um imenso sucesso comercial, ainda maior do que *Like a Virgin*, indo direto para o topo das paradas em 28 países. Segundo um crítico, o álbum foi tão bem-sucedido por ter sido o primeiro trabalho de Madonna "a convidar os ouvintes para ir além das aparências". As letras davam pistas irresistíveis sobre a vida da cantora.[73] Foi uma música que ela não compôs, porém, que rendeu mais manchetes.

"Papa Don't Preach" foi escrita por Brian Elliot e levada para Madonna por Michael Ostin, o mesmo executivo da Warner Bros. que encontrou "Like a Virgin" para ela.[74] As músicas faziam um par. "Like a Virgin" fala da glória do amor e do despertar sexual, enquanto "Papa Don't Preach" fala das consequências. A música também se encaixa perfeitamente com as outras do álbum porque era uma versão atualizada das canções dos anos 1960 que traziam uma narrativa. "Nós achamos que a música era uma espécie de 'Harper Valley P.T.A.' [música de Jeannie C. Riley] e gostamos disso", contou Bray. "Acho que ela não tinha noção de que ia abalar o Vaticano."[75]

Nos anos 1970, no auge da liberação feminina e depois da decisão da Suprema Corte no processo *Roe* versus *Wade*,* o tema do aborto dizia respeito ao direito de uma mulher escolher ter um bebê ou não. Nos anos 1980, o debate foi sequestrado pela direita religiosa, que mudou o foco para os direitos do *feto*, transformando a mulher que carrega a criança na parte problemática da situação.[76] A música de Madonna levou a mulher de volta ao centro da questão ao falar do que *ela* queria. A música "se encaixava perfeitamente no meu *Zeitgeist* pessoal de afrontar as autoridades masculinas, seja o papa, a Igreja Católica, seja meu pai com o jeito dele conservador e patriarcal", explicou a cantora.[77]

Não foi assim que os vários participantes do debate sobre o aborto viram a música. Como a jovem da canção decide ter o bebê, a direita considerou que "Papa Don't Preach" tinha uma posição antiaborto, embora os mais conservadores se preocupassem com a parte do sexo antes do casamento. Já as feministas denunciaram a música como "uma propaganda de gravidez na adolescência".[78] A filial nova-iorquina da Planned Parenthood chegou a enviar um "memorando crítico" às estações de rádio e TV, aconselhando a

* Em 1969, uma mulher solteira sob o pseudônimo "Jane Roe" desafiou as leis sobre aborto do Texas, que o tornavam inconstitucional — a não ser que a gestante corresse risco de morte. Roe, que se chamava na verdade Norma McCorvey, estava grávida do terceiro filho quando entrou com a ação, alegando ter sido estuprada. No entanto, o pleito não foi atendido e ela foi forçada a dar à luz. Em 1973, o recurso chegou à Suprema Corte, que acatou o argumento de que as leis texanas infringiam o direito da mulher à privacidade, previsto na Constituição dos Estados Unidos. Em 2022, a Suprema Corte anulou formalmente a decisão que tinha tomado antes, após um litígio de 2018, no Mississippi. *[N. da E.]*

"pensar com calma" antes de tocar a música. O diretor-executivo da filial, Alfred Moran, disse ao *New York Times*: "Todos com quem falei acreditam que ela tem mais impacto sobre os adolescentes do que qualquer outro artista desde os Beatles. Por isso essa música é tão destrutiva."[79]

Contudo, muito mais importantes eram as discussões que a música provocava. Escrevendo para o *Boston Phoenix*, a crítica cultural Joyce Millman disse:

> "Papa Don't Preach" são os melhores três minutos de Madonna, não só porque fala da gravidez na adolescência, mas também por sugerir que uma parte da culpa está na relutância dos pais em conversar sobre sexo sem dar broncas. A música abre as portas para uma discussão há muito tempo necessária. A adolescência das mulheres nunca mais será a mesma.[80]

Madonna sabia que a música seria polêmica. Ela a definiu como "uma canção com uma mensagem que todo mundo vai entender errado". E continuou:

> Quando ouvi a música pela primeira vez, achei boba. Mas depois pensei: "Espere aí, ela fala de uma garota que está tomando uma decisão na vida." Ela tem um relacionamento muito próximo com o pai e quer manter essa proximidade. Para mim, é uma celebração da vida. Ela diz: "Eu te amo, pai, e amo este homem e esta criança que está crescendo dentro de mim." Ninguém sabe como essa história vai terminar, mas pelo menos começa de forma positiva.[81]

"Papa Don't Preach" foi a segunda colaboração de Madonna e James Foley depois de "Live to Tell", e o clipe estreou em junho. Filmado em Staten Island, tem como cenário um lugar que poderia ser qualquer bairro de classe média baixa em que os dramas familiares acontecem, ao som de música pop.[82]

No caso, Madonna, que parecia um menino com a calça jeans, a jaqueta de couro e o cabelo louro curtinho usados no clipe, interpretava uma adolescente apaixonada por um mecânico bonitão, interpretado por um jovem ator chamado Alex McArthur.[83] Danny Aiello, um veterano da escola de cinema ítalo-americana de Nova York, fez o pai durão porém amoroso.

Madonna apareceu como duas personagens: a observadora onisciente e a mulher enfrentando as consequências do amor jovem. A Madonna observadora é filmada sozinha em um palco vazio, como em "Live to Tell", mas em "Papa Don't Preach" ela dança.

O clipe de cinco minutos é emocionante. As amigas da vida real Erika Belle e Debi Mazar aparecem na cena de abertura em que Madonna está na rua usando uma camiseta escrito ITALIANS DO IT BETTER [Italianos são os melhores] e vê o futuro namorado pela primeira vez. Quando encontrou a camiseta, Madonna perguntou a Foley se poderia usá-la, e ele achou aquela ideia um "golpe de mestre".[84] A camiseta não só deixava a personagem mais autêntica, como também a palavra *Italians* transmitia instantaneamente tudo o que ela enfrentaria: uma família religiosa e um pai rígido.

O clipe tem a mesma tensão dramática da música, com amor, desejo, empolgação, confusão, isolamento e medo, mas nunca fala em vergonha. Isso foi um avanço. Na gravidez na adolescência da vida real, as jovens são "pecadoras" que literalmente carregam a vergonha com elas. A adolescente grávida de Madonna está longe disso.

Penn mandou Martin Burgoyne e Erika até Los Angeles para a estreia do clipe. Stephen Holden, do *New York Times*, descreveu a atuação de Madonna no clipe de "virtuosa. Como 'Billie Jean', de Michael Jackson, a música e o clipe têm uma semelhança iconográfica que pode elevar a carreira de Madonna a um patamar ainda mais alto".[85] Uma porta-voz da MTV disse que o clipe "teve uma recepção inacreditável".[86]

Madonna começou a ser comparada a Bruce Springsteen por supostamente falar com as mulheres e jovens da classe média baixa do mesmo jeito que ele falava com homens e meninos dessa mesma classe social. A *Rolling Stone* a batizou de "poetisa pop da América da classe média baixa".[87]

Capítulo 21

Los Angeles, Nova York, 1986

Eu o amava, aparentemente seria para sempre, e nada de novo poderia acontecer àquele amor. Eu tinha me esquecido da morte.[1]

— *Marguerite Duras*

CHRISTOPHER FLYNN, o antigo professor de dança de Madonna, esteve em Los Angeles para o casamento dela e saiu de lá pensando em se mudar para aquela cidade. Ele não conseguiu seguir na Universidade de Michigan porque não tinha pós-graduação, e isso o irritou. Esperava iniciar uma nova carreira como professor fora da academia, talvez começar outro Christopher Ballet. Madonna o estimulou a ir para Los Angeles e correr atrás desses projetos.[2]

Aos 55 anos, ele sabia que não seria uma mudança fácil, mas não se achava velho demais para tentar.[3] Em agosto, ele e o namorado, Earl GeBott, encontraram um apartamento em Silver Lake. Flynn arrumou um emprego freelancer de professor, e Madonna o apresentou à cena teatral da cidade, muito mais aberta aos gays do que o mundo do cinema.[4]

Em uma matéria sobre a mudança de Flynn, o *Ann Arbor News* publicou: "A pupila finalmente está tendo a chance de retribuir ao professor. É como uma história de O. Henry esperando que o fim seja escrito." Contudo, quando a matéria saiu, o final já tinha sido escrito.[5] Flynn foi diagnosticado com o vírus da aids antes de se mudar para Los Angeles. "Ele deu algumas aulas, mas já não gostava mais daquilo", disse GeBott. O casal entrou para um grupo que ajudava outras pessoas com a doença nas necessidades materiais da vida.[6]

Madonna ainda estava digerindo a notícia do diagnóstico de Flynn quando soube de Martin Burgoyne.

Ele estava doente, mas se recusava a reconhecer a causa. Em julho, Burgoyne disse a Keith Haring que tinha feito o teste de HIV e dado negativo. Haring sabia que não era verdade. "Quando olhei para ele, vi a morte", disse ele.[7] Burgoyne "ficava dizendo a todo mundo que tinha sarampo, mas sabíamos que não era isso", contou Catherine Underhill. Para outros, ele dizia que estava com gripe. Ninguém sabia ao certo porque ele se recusava a sair do apartamento. Segundo Underhill, "um de nós ia lá e batia na porta, levava comida ou tentava fazê-lo entender o que estava acontecendo".[8]

No início de agosto, os repórteres dos tabloides que seguiam Madonna escreveram que ela foi vista na avenida Columbus comprando livros para um "amigo doente". Pouco tempo depois, Burgoyne pegou um avião até a Flórida para ficar com a família. No meio do mês, estava de volta a Nova York e diagnosticado como soropositivo, mas não tinha doenças associadas à aids. Era um estado de limbo que não oferecia muito consolo. Burgoyne tinha 23 anos.[9]

Ele contou a Madonna sobre o diagnóstico. Era a segunda vez em um mês que ela ouvia um homem que amava dizer aquilo. A situação de Burgoyne, porém, era diferente. Flynn pelo menos já havia vivido bastante, mas Burgoyne ainda era muito jovem. "Aquilo a deixou devastada", contou a assistente de Freddy DeMann, Melinda Cooper.[10] Mesmo a distância, Burgoyne era uma constante na vida de Madonna, os dois sempre mantiveram contato por telefone. Às vezes ele ia a Los Angeles. Muitas vezes ela ia a Nova York. Por estar casada, eles não ficavam mais tanto tempo juntos, mas o amor que ela sentia por Burgoyne não havia diminuído com a entrada de Penn na equação, muito menos o de Burgoyne por ela.

Depois de parar de trabalhar com Madonna, quando a cantora se mudou para Los Angeles, Burgoyne passou a ganhar a vida criando capas de álbuns para vários artistas nos Estados Unidos e no Reino Unido. Underhill disse:

> Martin estava em busca de dinheiro para abrir uma gráfica e procurou Madonna, que pediu que o amigo fizesse um plano de negócios primeiro. Ele ficou meio ofendido por ela não querer dar o dinheiro logo de cara. Achei isso muito inteligente porque o faria pensar no que realmente queria. Mas aí ele ficou doente.[11]

Madonna entrou em modo de resgate. Alugou um apartamento para ele na rua 12, em um prédio com poucos andares e perto do St. Vincent Hospital, que tinha virado o principal centro de saúde para pessoas com HIV/aids em Nova York. Ela também se dispôs a pagar todo o tratamento dele. "Ela o sustentou. Isso permitiu que ele não se preocupasse com dinheiro e tivesse o melhor atendimento médico", contou Underhill. Três amigas de Burgoyne — Underhill, Erika Belle e Claudia Summers — atuavam como enfermeiras. "He did not go gently into that good night",* disse Underhill. "Não era justo e ele nunca chegou a ponto de achar que estava tudo bem."[12]

---

* "Ele não entrou nessa noite acolhedora com doçura". Referência direta a um poema de Dylan Thomas, "Do Not Go Gentle Into That Good Night", que fala sobre a morte. *[N. da E.]*

Madonna ligava para Burgoyne todos os dias quando não estava em Nova York e o via várias vezes por semana quando estava na cidade. Virou especialista em tratamentos experimentais, incluindo os fármacos ribavirina e isoprinosina, que não estavam disponíveis nos Estados Unidos para pacientes soropositivos, mas eram vendidos no México. Ela pediu que Penn fosse até lá e comprasse porque não havia tempo a perder.[13]

O momento foi trágico em vários aspectos, mas talvez a parte mais triste era que naquele ano, quando Madonna se acertava com Penn, Burgoyne também tinha se apaixonado. O homem era um ator de 22 anos chamado Lawrence Monoson. "Até onde eu sei", disse Marcus Leatherdale, "ele foi a única pessoa com quem Martin teve um relacionamento a ponto de falar 'Este é meu namorado'".[14]

Monoson estava em Nova York para os ensaios de um filme chamado *Gaby: Uma história verdadeira*, estrelado por Liv Ullmann. "Eu não me lembro de como o encontrei. Mas ficamos absolutamente *vidrados* um pelo outro", disse Monoson.

> Posso dizer com toda a sinceridade que ele era um homem mágico. Estar com Martin era como andar por Nova York em um carro conversível. Ele era a pessoa mais adorada com quem já convivi em toda a minha vida. Tinha uma alma maravilhosa, uma suavidade e gentileza [...]. Estar com ele dava uma sensação de que tudo era possível. Foi realmente um romance louco digno de um livro e cheio de reviravoltas.[15]

Contudo, o pano de fundo para o romance deles era a morte. Monoson observou isso porque Nova York era muito diferente de Los Angeles, onde, segundo ele, "a aids não fazia parte do vocabulário. Não era real. Ela existia em uma matéria de jornal. Já em Nova York era algo visceral. As pessoas apenas sumiam. Isso acontecia toda semana. 'Onde está Fulano?' 'Onde está Ciclano?' Havia uma histeria. Tudo aconteceu tão rápido. Foi devastador".[16]

Talvez fosse por causa da doença e da terrível inevitabilidade que Burgoyne e Monoson tenham engatado um romance tão rápido e se amado de modo tão intenso. Contudo, em pouco tempo, Monoson precisou voltar para a Costa Oeste. Estava quase na hora de voltar para a Cidade do México, onde *Gaby: Uma história verdadeira* seria filmado.[17]

Quando eles se conheceram, Burgoyne ainda morava na rua 4, em um apartamento com uma vasta e eclética coleção de lembranças. "Havia uma fita cassete dos melhores sucessos da Família Dó-Ré-Mi", disse Monoson. Ele perguntou se poderia ficar com ela e Burgoyne respondeu: "Lógico." Pouco tempo depois, Burgoyne ficou doente e "desapareceu naquele apartamento. Eu ligava para ele o tempo todo Fui até lá para levar sopa porque ele estava gripado, mas Martin não me deixou entrar. Eu deixei a sopa no chão em frente à porta e voltei para Los Angeles".[18]

Enquanto fazia as malas, Monoson encontrou a fita da Família Dó-Ré-Mi e decidiu levá-la. "Eu não faço ideia do motivo de ter pedido aquela fita ou por que a levei comigo na viagem." Um dia, durante os ensaios, ele tocou a música da Família Dó-Ré-Mi chamada "I Think I Love You". O diretor, Luis Mandoki, gostou e quis usá-la no filme, o que deixou Monoson muito feliz porque Burgoyne tinha virado parte do projeto. Ele não percebeu na época, mas aquela música no filme e as lembranças que tinha seriam tudo o que restaria. Monoson nunca mais o viu.[19]

O trabalho manteve Madonna em Nova York por boa parte daquele verão e do outono. A imersão de Penn na literatura, pelo contato com Bukowski, o levou a tentar escrever. O ator chegou a fazer poesias e até escreveu um roteiro — e queria a ajuda de David Rabe, dramaturgo ganhador do Tony Awards, para terminá-lo. Penn o conheceu em Nova York em 1983 e achou que ele era "o melhor dramaturgo dos Estados Unidos, sem dúvida" Rabe era da geração de artistas que tinham servido no Vietnã e, ao voltar para os Estados Unidos, tentaram elaborar o horror que testemunharam por meio da arte.[20]

O dramaturgo estava ocupado demais para olhar o roteiro de Penn, mas tinha uma peça que gostaria de mostrar ao ator, *Goose and Tomtom*. Ele disse que era ambientada em um "apartamento no submundo, uma referência tanto ao submundo criminal quanto ao submundo mítico, o Hades, que é onde a peça *realmente* acontece".[21]

A obra falava de uma dupla de ladrões durões que colaboravam com uma gostosona também durona chamada Lorraine para pegar um tesouro cheio de joias que havia sido roubado por uma gangue rival. Penn amou a peça e perguntou se poderia mostrá-la a Madonna.[22] Ele queria interpretar Tomtom com Madonna sendo Lorraine.[23]

Rabe não estava convencido de que aquilo daria certo, mas concordou, pensando: "Isso vai ser divertido e, sem dúvida alguma, interessante." Ele tinha um acordo com o teatro Mitzi E. Newhouse, no Lincoln Center, que lhe permitia produzir uma obra inacabada sem qualquer obrigação de mostrá-la ao público. Foi graças a esse acordo que ele pôde trabalhar na peça.[24]

Em pouco tempo, Barry Miller, que havia trabalhado principalmente na TV, e Harvey Keitel entraram para o elenco. Quando Rabe disse a Keitel que precisava de outra mulher na peça, o ator sugeriu a namorada na época, Lorraine Bracco. Ela não era atriz, mas Rabe gostou tanto dela que lhe deu o papel. "Você pode imaginar como foi aquilo para uma novata como eu", comentou ela sobre o primeiro ensaio. No entanto, os atores se ajudaram e o nervosismo de Bracco desapareceu. "Não havia tensão alguma. Não estávamos lá pelo dinheiro", disse ela.[25]

Os ensaios duraram três semanas e foram tão bons que Rabe decidiu mostrar a produção para o público. Como Madonna tinha outras obrigações profissionais, a quantidade de apresentações teria que ser limitada a quatro, no fim de semana do Dia do Trabalho. Haveria apenas convidados na plateia, o que se tornou um pretexto para a imprensa atacar com força, divulgando a notícia como um sinal de que *Goose and Tomtom* não era boa. Considerando o acordo de Rabe com o teatro, ele não precisava apresentar a peça a ninguém, muito menos a uma plateia de colegas da indústria do entretenimento que seriam hipercríticos. Mas a lógica raramente se fazia presente na cobertura midiática de Sean Penn e Madonna, então a narrativa era de que os Penn tinham sido responsáveis por outro projeto fracassado.

Na verdade, o Lincoln Center tratou o workshop como uma peça real, injetando dinheiro que normalmente não gastaria em uma produção tão curta. Rabe suspeitava que o pessoal de criação de lá, entre eles o diretor do espaço, Gregory Mosher, estava testando o casal famoso para projetos futuros. E Madonna foi aprovada. Depois, quando Mosher dirigiu *Speed-the-Plow*, de David Mamet, ele a escolheu como protagonista feminina. Rabe também ficou impressionado com a atuação dela. Depois de ver *Goose and Tomtom* ser encenada muitas vezes em vários lugares, relatou: "Madonna foi a melhor Lorraine que já vi. A verdade é que, se aquela tivesse sido a produção em que ela foi vista pela primeira vez, todo mundo teria dito que ela era uma atriz maravilhosa em vez das críticas tão negativas que recebeu."[26]

A natureza igualitária e não comercial da produção estava explícita no programa da peça. Os atores estavam listados em ordem alfabética, com a novata Lorraine Bracco em primeiro e Sean Penn por último. A plateia, contudo, estava repleta de estrelas. Na noite da estreia, Madonna olhou para o público e, segundo a produtora Barbara Ligeti, teria dito: "Ei, o que você fez? Olhei pela coxia e vi Warren Beatty sentado ao lado de Cher, que estava ao lado de Al Pacino."[27] Cerca de mil pessoas veriam a apresentação, a maioria celebridades e pessoas da indústria do entretenimento, mas também amigos. Por exemplo, Tom Cruise, da parte de Penn; Keith Haring, Andy Warhol e Burgoyne, da parte de Madonna.

A cantora fazia questão de incluir este último em tudo e tratá-lo como sempre o tratou. Ela não deixaria que ele se transformasse na doença.[28] Na estreia da peça, Warhol disse:

> Martin me encontrou nos bastidores e havia uma imensa barra de chocolate feita pela [chocolateria] Krön, que todos estavam comendo. Foi tão triste, ele estava cheio de lesões no rosto, mas foi ótimo ver Madonna comendo o mesmo chocolate que ele, sem se importar se poderia contrair algo. Martin dava uma mordida e Madonna dava outra.[29]

Quando o grupo saiu naquela noite para uma festa do elenco no Sardi's, Warhol e Burgoyne foram na mesma limusine de Penn e Madonna. "Os guarda-costas parrudos estavam com eles e disseram aos fotógrafos: 'Se tirar uma foto, vamos matar vocês'", contou Warhol. Pela primeira vez, a ameaça deu certo. Ou talvez os paparazzi tenham ficado tão horrorizados com a visão do rosto destruído de Martin que não tiveram coragem de fotografá-lo. Era um choque de realidade muito grande para estampar nas revistas anunciadas ao longo da fila do caixa do supermercado.[30]

Apesar do breve alívio, a cobertura da imprensa dos "Poison Penn" [Os Penn venenosos] foi implacável na época.[31] A mídia já não gostava de Penn e Madonna individualmente; como um casal, então, eles eram odiados. O *Daily News* de Nova York os chamava de "as pessoas mais desprezíveis do planeta".[32] O casal era perseguido pelos paparazzi, que tentavam transformar uma foto normal dos dois andando pela rua em uma "exclusiva" ao provocar o ator, chamando-o para a briga.

Lorraine Bracco disse que não tinha como sair durante os ensaios. "Você saía e havia um muro de trezentos paparazzi gritando ofensas horríveis só para deixar Sean nervoso."[33] Rabe lembra que um coprodutor que foi a pé para casa com eles uma noite estava "pálido quando voltou no dia seguinte, chocado com o que tinha visto". Segundo ele,

> Os paparazzi agem como se andassem por aí perguntando: "Posso tirar uma foto sua, por gentileza?" Mas, na verdade, os xingavam, chamando Madonna disso e daquilo e perguntando a Sean: "Com quem você acha que ela estava trepando ontem?" Eu nunca li *isso* em lugar algum. Fiquei sabendo que havia uma recompensa, que se eles conseguissem uma imagem que mostrasse Sean os atacando, era uma grana extra garantida.[34]

No dia 29 de agosto, segunda noite de *Goose and Tomtom*, *Surpresa de Shanghai* estreou em cinemas selecionados e recebeu críticas terríveis. Um grupo de cinco paparazzi seguia Madonna e Penn do jantar até a entrada do prédio onde os dois moravam. O ator disse para eles irem embora, pois estavam em propriedade privada.[35] Uma guerra de gritos virou briga de socos, tudo devidamente registrado pelas câmeras. Madonna pediu a Vinnie Zuffante, um fotógrafo conhecido dela, que falasse para os colegas pararem com aquilo. Zuffante disse que não podia fazer isso porque Penn era "um louco" e "isso é notícia". No mesmo momento, o ator acertou um soco no olho de Zuffante. *Clique*.[36]

Era só mais uma noite normal para os paparazzi e, infelizmente, para os Penn. Desde que a turnê havia terminado, Madonna disse que não teve um minuto de paz por parte da imprensa. Não é nem questão de tirar as fotos que me aborrece, é o elemento surpresa. Toda vez que vou correr em torno do reservatório no Central Park, passo por ali ouvindo música e, de repente, eles pulam de trás de uma árvore. Estão sempre me assustando, então preciso lidar com esse medo constante. Sinto que poderiam muito bem pegar uma arma e atirar em mim porque levo pelo menos uma hora para me recuperar do choque.[37]

Para os paparazzi, não havia o menor problema em fotografar celebridades, afinal, elas pertencem aos fãs, são ricas e merecem ser postas no devido lugar. Eles parecem não ter o menor respeito pelos problemas que seus alvos estão enfrentando na vida pessoal. Na noite em que Madonna e Penn foram perseguidos até o prédio, ela havia recebido a notícia de que estava perdendo duas das pessoas mais importantes na vida.[38]

Para a maioria das pessoas no início dos anos 1980, a aids era uma abstração, um acrônimo que significava morte. Para milhões de outras, porém, essas quatro letras representavam um rosto, um coração, um corpo, uma alma ou um ser amado que foi embora cedo demais. A aids parecia um assalto cometido em plena luz do dia e, apesar de as vítimas pedirem ajuda, só a receberam vários anos depois, quando toda uma geração promissora havia sido dizimada. A crueldade dessa negligência foi exacerbada pelos homofóbicos, que se sentiram incentivados a destilar ódio.

O mesmo movimento "pró-família" que lançou uma batalha contra os direitos da mulher montou uma campanha contra os direitos dos gays, usando a aids como prova do julgamento divino. Na época, um em cada cinco residentes dos Estados Unidos se considerava cristão "renascido". Para essa multidão, os pastores da mídia eram como astros de rock. Treze mil estações de rádio transmitiam programação cristã. Só o reverendo Jerry Falwell, da Moral Majority, pregava diariamente em mais de trezentas estações de TV e 280 estações de rádio em 31 estados do país.[39] A mensagem em todas essas plataformas era antifeminista e antigay.

Na verdade, a maré tinha virado tanto que em alguns estados ser tocado por uma pessoa gay era uma defesa válida contra uma acusação de tentativa de assassinato. Em 1986, a Suprema Corte aprovou uma lei antissodomia na Geórgia (25 estados tinham leis semelhantes) devido a um caso em que dois homens haviam sido presos pela polícia na privacidade do quarto.[40] Até que o Vaticano resolveu se posicionar. O cardeal Joseph Ratzinger, que se tornaria papa, enviou uma carta para os bispos católicos em 1º de outubro de 1986, na qual dizia que a homossexualidade é "intrinsecamente doente" e afirmava que aqueles que se envolverem no "mal moral intrínseco" dos atos homossexuais "não entrarão no Reino de Deus".[41]

Os ativistas gays em Nova York, entre eles muitos que tinham plena consciência que existiam padres pedófilos protegidos pela Igreja, ficaram indignados com a crueldade, a hipocrisia e a falta de misericórdia e reagiram lançando grandes atos de desobediência civil.[42]

A hora da aquiescência silenciosa diante do desrespeito oficial e do desdém assassino tinha acabado. Em meados de setembro, ainda que as mortes chegassem aos milhares e os Centros de Controle e Prevenção de Doenças estimassem que 1 milhão de norte-americanos estavam infectados pelo vírus, Ronald Reagan só mencionou a aids publicamente uma vez, e para responder a uma pergunta de um repórter sobre o também ator Rock Hudson. Os ativistas em Nova York disseram que o governador Mario Cuomo e o prefeito Ed Koch também não estavam fazendo absolutamente nada para ajudar e adotaram o lema SILÊNCIO = MORTE.[43]

Enquanto isso, os tabloides que perseguiam Madonna e Penn não resistiram e acrescentaram Burgoyne à história. Em 21 de outubro, o *National Enquirer* publicou na primeira página uma foto de Penn e Madonna com a manchete: ANTIGO COLEGA DE APARTAMENTO DE MADONNA TEM AIDS — SEAN ESTÁ APAVORADO E FURIOSO. É O QUE ESTÁ ACABANDO COM O CASAMENTO DELES. Dentro do tabloide, entre fotos de Burgoyne, Madonna e Penn, a matéria alegava que o ator temia que Madonna também tivesse a doença.[44]

O impacto dessa matéria cruel em Burgoyne ficou evidente para todos que o conheciam.[45] Um amigo, Jordan Levin, o visitou logo depois dessa publicação e o encontrou alternando entre o nervosismo e as lágrimas. De acordo com Levin, Burgoyne disse: "'Como podem falar isso? Sean não está com raiva de mim. Eu os vi semana passada e ele me abraçou.'" Levin relembrou o momento: "Eu nunca vi uma dor tão grande na minha vida e não soube como responder a ele."[46]

No início de novembro, "Open Your Heart" foi lançada e virou o terceiro single de *True Blue* a liderar as paradas. Uma música pop animada que poderia ter passado despercebida como mais um sucesso de Madonna se não fosse pelo clipe. A música fala de uma sedução inocente, mas o clipe se passa em uma boate erótica. Ele mostra a performance da sedução, uma mulher se exibindo para que desconhecidos possam imaginar que a possuem.

Nas cabines da boate estão um jornalista de tabloide, um empresário desmazelado, um cavalheiro "elegante" e um jovem com os hormônios à flor da pele, além de dois marinheiros gays abraçados e uma lésbica desviando o olhar do único show na cidade: Madonna. Tudo parece sórdido e triste, como um bar lotado quando as luzes são acesas na hora de fechar.

A esperança e a felicidade do clipe estão na criança do lado de fora da boate, fantasiando sobre o que acontece lá dentro. Enquanto as pessoas que assistem a Madonna estão sentadas e imóveis diante dela, o menino dança, fingindo *ser* ela.

O clipe seria dirigido por Penn, mas o fotógrafo de moda e cineasta francês Jean-Baptiste Mondino, que se tornaria um dos colaboradores mais importantes nos clipes de Madonna, acabou assumindo o posto. Filmado em dois dias em uma zona decadente de Los Angeles, o clipe gerou um novo tipo de polêmica porque Madonna se retratava como uma trabalhadora sexual e também porque alguns dos clientes que assistiam a ela eram homossexuais. "Open Your Heart" incluía as primeiras referências diretas à homossexualidade na obra da cantora.[47]

O clipe obrigou o espectador a reconhecer que o desejo se manifesta de várias formas. Nesse contexto, o menino do lado de fora da boate talvez não seja um jovem heterossexual destinado a desejar a mulher que está no teatro. Ele poderia ser uma criança gay ou trans tentando entender a própria sexualidade ao imitar a dança de Madonna.

Essa possibilidade não passou despercebida para crianças gays, lésbicas e trans, que existiam em um mundo que as considerava más e anormais, e dizia que o amor que sentiam era errado.[48] Para o escritor britânico Matt Cain, que tinha 11 anos quando assistiu a "Open Your Heart", "ninguém se disporia a falar por nós, mas Madonna celebrava quem éramos e nos defendeu, gritando essa mensagem de um jeito alegre, em alto e bom som".[49]

Muitos especularam sobre o significado da cena final do clipe, quando Madonna e o menino correm juntos. Um crítico estranhamente chamou a cena de "lasciva".[50] Madonna disse que era uma questão de "inocência *versus* decadência e, no fim das contas, eu escolhi a inocência".[51] Diante do medo que ela demonstrava de perder Burgoyne, porém, aquela fuga assume outro significado e fica mais pungente. O clipe parece uma carta de amor de Madonna para ele.

Quando começaram a se apresentar juntos em Nova York, os dois usavam shorts, chapéus e jaquetas iguais, roupas de menino como as usadas no fim do clipe. Eram tempos mais fáceis. Eles eram jovens e tinham sonhos. Uma noite, quando ainda trabalhavam no Lucky Strike e guardavam dinheiro para a viagem à Inglaterra, um amigo de Burgoyne, Ward Capeci, veio mostrar uma tatuagem nova.

> Madonna quis uma também e correu para pegar uma caneta hidrográfica. Ela pediu que eu desenhasse um coração no braço dela que "parecesse molhado" Martin pegou a caneta e escreveu as palavras "pink-moist-love" [amor-úmido-rosa] e depois desenhou um bolinho no próprio braço. Ele escolheu o nome Bolinho para si. Martin uma vez disse que, se tivesse uma filha, colocaria o nome dela de Cinnamon [Canela].[52]

E Burgoyne estava morrendo. Mesmo que ele partisse, o "pink-moist--love" continuaria com Madonna para sempre. Ao fugir na direção do pôr do sol de mãos dadas com o menino em "Open Your Heart", ela segue para um futuro repleto de doces lembranças.

Madonna estava em Los Angeles quando soube que Burgoyne teria pouco tempo de vida. Ela ligou para Monoson, que estava no México filmando *Gaby: Uma história verdadeira*, e o avisou: "Se quiser vê-lo, é melhor pegar um avião para Nova York." Monoson lembrou depois: "É claro que perguntei aos produtores: 'Posso ir para Nova York?' Eles responderam: 'Não, de jeito nenhum. Estamos no meio das filmagens.'"

> Foi um momento torturante e horrendo porque fiquei chateado. Eu era um ator muito jovem na época e apaixonado por um homem que estava morrendo. Além disso, Madonna estava com raiva de mim dizendo que eu deveria ir para Nova York. Eu tinha 22 anos, não sabia o que fazer e acabei não indo. Essa é uma dor que sempre vou levar no coração.[53]

Se Monoson tivesse admitido o verdadeiro motivo da viagem e ido, é muito provável que fosse o fim da carreira dele, não por ter abandonado um set de filmagens por motivos pessoais, mas porque teria saído do armário. "Me lembro de uma empresária muito famosa dizer: 'Você quer ser um astro de cinema? Então fique no armário.' É o que muita gente fez e ainda faz. É uma imensa dor e um arrependimento que carrego na vida. Eu faria diferente se fosse hoje",[54] lamentou ele.

Enquanto isso, Madonna e Penn embarcaram em um avião e foram para Nova York. "Martin estava em casa", disse Underhill. "Nós sabíamos que ele estava morrendo. Os pais dele estavam lá. Ele tinha líquido nos pulmões e não conseguia mais falar, mas percebemos que estava esperando Madonna. Era evidente que ele não iria embora sem vê-la antes."[55]

Eles o sentaram para que pudesse respirar. Tentaram deixá-lo confortável enquanto esperava. Às 3 horas, Madonna e Penn chegaram. "Madonna fez questão de que Martin soubesse que ela estava ali", contou Underhill. "Ele não podia falar, então ela disse o que ele precisava ouvir, depois o tocou e o abraçou." Burgoyne morreu logo depois de Penn e Madonna irem embora.[56] "Eles compartilhavam um amor muito profundo", lembrou Erika Belle. "Quando ele a ouviu entrar no quarto, sabia que podia morrer."[57] A data era 30 de novembro, véspera do aniversário da morte da mãe de Madonna.

Muitos amigos viveram o luto por Burgoyne, mas tentaram não passar por essa experiência com tristeza. Underhill disse: "Eu me lembro de que demos uma festa ótima. Não fizemos um velório triste." Burgoyne tinha ajudado a trazê-la de volta à vida cinco anos antes, quando o marido dela faleceu Desde então, ela havia se tornado a outra melhor amiga dele. Eles tinham até planejado ter filhos juntos, se nenhum dos dois conseguisse um parceiro permanente. Quando fizeram esses planos felizes, não poderiam imaginar que a morte logo chegaria.[58]

Madonna organizou um velório para Burgoyne no dia 2 de dezembro. Centenas de pessoas estavam lá e muitos homens ali presentes já tinham o que Burgoyne chamou de "a maldição", ou seriam diagnosticados com ela. A amiga e vizinha de Burgoyne, Karen Bahari, cantou "Over the Rainbow" e todos que estavam tentando ser fortes caíram em lágrimas. Marcus Leatherdale, Steve Rubell e Stephen Sprouse deram um abraço coletivo. "Eu fui o único sobrevivente. Eles também partiram", comentou Leatherdale muitos anos depois.[59]

Madonna não compareceu, pois tinha voltado para Los Angeles. Ela disse uma vez: "Quando você sabe que alguém está morrendo, precisa aceitar isso antes de a pessoa partir." Essa foi uma das primeiras lições que ela aprendeu na vida e foi o que tentou fazer com o amigo.[60] No entanto, não haveria paz após a morte dele. Com o diagnóstico de Flynn e a perda de Burgoyne em meio ao número cada vez maior de homens mortos em decorrência da aids e a opressão poderosa e homofóbica, Madonna virou uma ativista feroz e inabalável dos direitos dos gays.[61]

O diretor Joel Schumacher se lembra muito bem do comprometimento dela. Ele tinha escrito um roteiro sobre uma mulher cujo irmão gay tinha aids.

> Umas trinta atrizes das mais famosas de Hollywood, que adoram estar ligadas às causas certas, recusaram na hora. Muitas delas foram reconhecidas primeiro pelo público gay nas respectivas carreiras. Fiquei chocado com esta atitude, mas Madonna leu o roteiro e me ligou para lutar pelo papel. Ela não tinha medo de se envolver com o tema. Infelizmente, era nova demais para o papel de irmã, mas sempre vou me comover com a paixão dela pela causa.[62]

Lembrando-se dessa época muitos anos depois, Madonna disse à jornalista de música Charlotte Gunn: "Eu abracei a comunidade LGBTQ.* Enquanto todos estavam fugindo deles, eu ia na direção deles."[63]

---

* A editora optou por respeitar os termos originalmente usados pela autora para designar orientações sexuais e identidades de gênero da comunidade LGBTQIAPN+. [*N. da E.*]

Capítulo 22

Nova York, Los Angeles, Osaka, Tóquio, Miami, 1986-1987

> Quando a situação está ruim, as pessoas querem dançar para esquecer os problemas.[1]
>
> — *Robert "Kool" Bell*

O LANÇAMENTO DE *Surpresa de Shanghai* foi catastrófico. As matérias antes do lançamento foram tão ruins, com tantas recriminações voando por todos os lados, que o fracasso era garantido. A manchete da *Rolling Stone* dizia: "PRIMEIRO FRACASSO DE MADONNA: *SURPRESA DE SHANGHAI* É UM DESASTRE". Já o *Boston Globe*: "Nossa, eles erraram feio nesse."[2]

É bem provável que se o burburinho inicial sobre o filme e os astros não tivesse sido tão ruim, a produção pudesse ter ido bem. Deve-se dizer que Sean Penn estava terrível em um nível sem precedentes. Ele não confiou no diretor, não queria ver o próprio casamento virar tema do romance na tela e admitiu que estava bêbado durante a maior parte das filmagens.[3]

Madonna, por sua vez, era convincente como atriz de comédia. Por causa dela, o filme era fácil de assistir e por vezes até encantador. A recepção ruim foi um caso de autossabotagem da parte da equipe de produção (incluindo George Harrison), do estúdio (que não fez sessão para os críticos) e de Penn e Madonna (que deixaram explícita a insatisfação que sentiam). O que é uma pena porque, por ser o segundo filme de Madonna, fez a estreia em *Procura-se Susan desesperadamente* parecer um golpe de sorte e deu o tom para a cobertura dos futuros projetos da cantora no cinema.[4]

Madonna foi inundada de roteiros, mas não estava interessada na maioria deles. Ela se recusou a fazer algo que exigisse nudez ou envolvesse violência. Em meio a tanta tristeza, disse: "Tudo o que faço precisa ser uma celebração da vida. Amo filmes em que a mulher consegue se sair bem de qualquer situação usando o próprio sorriso, e você acaba se apaixonando por ela."[5] "Eu queria muito fazer uma comédia-pastelão, então quando Jamie trouxe isso, foi uma recompensa para mim." Jamie era o diretor James Foley e o filme em questão se chamaria *Quem é essa garota?*.[6]

Madonna concordou em interpretar uma loura irresponsável injustamente acusada de assassinar o namorado. Ao sair da prisão, um jovem advogado que dirigia um Rolls-Royce, interpretado por Griffin Dunne, recebe a ordem do sogro (o verdadeiro assassino) para acompanhá-la até a estação de ônibus e garantir que ela saia da cidade. A piada recorrente envolve Madonna, Dunne e um puma de 70 quilos chamado Murray. No final, o amor verdadeiro prevalece e os verdadeiros criminosos são presos.[7]

Foley e Madonna gostaram do conceito, mas ele precisava ser trabalhado e isso exigia tempo, algo que eles não tinham. A Warner Bros. tinha dado o sinal verde para o projeto em cima da hora, então os elementos de pré-produção acabaram não sendo concluídos adequadamente antes de as filmagens começarem, em outubro. Na véspera das filmagens, Foley percebeu que também havia problemas no roteiro, que era "de má qualidade", mas já era tarde demais para tentar mudar.[8] Os problemas continuariam no set. As gravações foram impactadas pelo mau tempo e, durante as cenas de rua em Manhattan, hordas de paparazzi e turistas se acotovelavam para ver Madonna, gritando o nome dela.[9]

A polícia foi chamada para controlar a multidão e garantir a segurança, o que incluía quatro atiradores de elite com fuzis de longo alcance para o caso de os quatro pumas que interpretavam Murray corressem na direção da multidão. Segundo o produtor Bernie Williams, "por instinto, pumas atacam a espécie mais fraca quando estão com fome, e eles estão sempre com fome porque não jantaram na noite anterior". Madonna tinha que ficar no banco de trás do Rolls-Royce com o felino faminto.[10] "Sempre que o puma está por perto, meu trabalho passa a ser duas vezes mais difícil, mas fica lindo na tela, então vale a pena", disse ela na época.[11]

Foley disse que a atitude de Madonna tranquilizava a equipe.[12] Um repórter da *American Film* em visita ao set disse que a cantora tratava todos como "quase irmãos".[13] Repórteres que *não* estavam no set, porém, diziam que ela brigava com os colegas de cena, pediu o divórcio e teve um caso com um modelo. Ah, e que a carreira dela estava acabada.[14]

Uma das músicas mais alegres de *True Blue* se chama "Where's the Party". Madonna disse que era a "declaração final dela a respeito de estar no meio dessa situação toda com a imprensa, com todo mundo atrás de mim e meu mundo prestes a desmoronar. Sempre que me sinto assim, e isso acontece às vezes, digo: 'Espere aí, eu deveria estar me divertindo aqui, então onde é a festa?' Não precisa ser assim. Eu ainda posso curtir a vida".[15]

Ela precisava de uma festa, o mundo precisava de uma festa, a comunidade gay em especial precisava de um pouco de alegria em meio a tanta tristeza e medo. Então, Madonna decidiu sair em turnê.

A turnê Virgin, feita dois anos antes, havia lotado teatros, auditórios e outros locais relativamente pequenos. Em 1987, os lugares onde se apresentaria precisavam ser muito maiores. Só que o promotor da turnê temia que Madonna ainda fosse muito nova (além do fato de ser mulher) para lotar arenas onde homens (Michael Jackson, Prince, Bruce Springsteen, U2) se apresentavam para dezenas de milhares de fãs. Pat Leonard, que mais uma vez assinaria a direção musical da turnê, também tinha medo de espaços maiores. Como ele iria encher um local voltado para esportes com música de boate?[16]

Madonna se empolgou com o desafio, que ela descreveu como não apenas um show grandioso, mas pessoal e interessante. Eu queria fazer com que fosse muito pessoal, mesmo que o público estivesse sentado bem longe de mim".[17] Esse tipo de conexão com o público era o motivo de Madonna subir ao palco, e por isso os fãs dela a amavam.

> Quando se é atriz, você faz seu trabalho, vai para casa e as pessoas lidam com o que está na tela. Quando se é cantora, tudo gira ao seu redor. Música é assim. É muito mais acessível. Você está dizendo "Esta sou eu", então as pessoas conhecem você intimamente. O público vê você no palco, fragilizada, suando, cantando, chorando, dançando, tudo isso. Ou apenas em pé. Mas é uma declaração: "Esta sou eu. E estou aqui para todos vocês."[18]

A segunda turnê de Madonna seria uma produção grandiosa, uma cacofonia visual em constante movimento. Havia sete trocas de figurino para ela, dois telões imensos, três dançarinos, três backing vocals e uma banda.[19]

A turnê se chamava Who's That Girl, exatamente como o título original do filme *Quem é essa garota?*, porque, segundo Madonna, o público parecia preocupado em descobrir qual daquelas várias personas era *ela*. "Não sou nenhuma delas. Eu sou todas elas sem ser nenhuma."[20]

Um ingrediente que tornaria o show interessante para a própria Madonna era retrabalhar a produção das músicas e oferecer novas interpretações com a performance dela. Havia o risco de isso decepcionar o público porque, como toda equipe de planejamento de shows sabia, os fãs querem ouvir as músicas como elas são no álbum. Madonna, contudo, assumiu o risco.[21]

A música era a base do show, mas a dança transformava tudo em uma performance. Para a coreografia, Madonna recorreu a um homem de 32 anos chamado Shabba-Doo, cujo nome verdadeiro era Adolfo Quiñones, que tinha "saído dançando" do mal-afamado conjunto habitacional Cabrini--Green, ao norte de Chicago. Madonna tinha visto o trabalho no filme *Breakin'* (1984), sobre B-boys. Ela gostou das ideias e dos passos de dança dele. "E assim fui escolhido como coreógrafo", disse Quiñones.[22]

Além de Shabba-Doo, estavam no palco com Madonna dois dançarinos: Angel Ferreira, um nativo de Los Angeles que tinha estudado balé, descoberto o hip-hop quando trabalhou como figurante no filme *A loucura do ritmo* e apareceu no filme *Chorus Line: Em busca da fama.*[23] O terceiro dançarino era Chris Finch, de 13 anos. Madonna queria um personagem no show como o menino no clipe de "Open Your Heart". Finch virou mais do que um dançarino da turnê; passou a ser um irmão mais novo. Madonna o chamava de "o homem ideal. Ele faz tudo o que eu peço e nunca reclama".[24]

Durante a turnê Virgin, Madonna era a única mulher no palco. Entretanto, como a turnê Who's That Girl tinha material do álbum *True Blue*, ela decidiu usar backing vocals para ajudar a recriar o som dos grupos femininos dos anos 1960. Debra Parsons só participaria dessa turnê, mas as outras duas, Niki Haris e Donna De Lory, formariam uma irmandade feminina inspiradora nos palcos com a cantora por quase duas décadas.[25]

De Lory, de 22 anos, nasceu na indústria musical. O pai era um produtor e empresário que trabalhava em Los Angeles. A mãe tinha sido cantora e dançarina, mas, como a mãe de Madonna, morreu de câncer de mama quando Donna era criança. Ela chegou a Madonna por meio de Pat Leonard ao cantar a demo original de "Open Your Heart".[26] Leonard gostou tanto da voz que a avisou sobre os testes para a turnê — não que fosse um segredo. Segundo De Lory, quando chegou aos estúdios de ensaio SIR, "vi todas as cantoras de Los Angeles por lá!".[27]

Ela não sabia o que esperar de Madonna.

> Desde o início, os rumores da indústria desmereciam o sucesso dela, como se Madonna não pudesse ter conquistado tudo aquilo. Então, quando a conheci, pensei na mesma hora: "Nossa, não mesmo. Ela é muito inteligente e talentosa. Toda a visão artística vem dela."[28]

As mulheres que fizeram o teste precisaram cantar em grupos de três junto com Madonna. "As mulheres que estavam cantando comigo não harmonizavam muito bem, então achei que tinha perdido minha chance", contou De Lory. Leonard, então, pediu que ela cantasse a ponte de "La Isla Bonita" com Madonna. Segundo a vocalista, "ela ficou de costas para mim quando estávamos cantando. Então parou e disse: 'Por que você não está cantando?' Pat falou por mim e disse que eu estava cantando e que nossas vozes harmonizavam perfeitamente". De Lory conseguiu o trabalho.[29]

Já Niki Haris, de 24 anos, nasceu em Michigan. O pai era pianista de jazz. Ela queria ser professora de história e via a música apenas como um meio de sustento, até ela logo se tornar uma carreira. Haris tinha trabalhado com nomes como Whitney Houston e Righteous Brothers, entre outros.

Quando ela estava em Las Vegas com esse grupo, Freddy DeMann ligou com um pedido urgente: "Você pode aprender 17 músicas e 17 coreografias em cinco dias?" Uma vocalista de apoio contratada para a turnê não atendeu às expectativas e Madonna precisava de uma substituta.[30]

Haris disse que havia duzentas mulheres no teste. Ela não achou que tivesse chance e, como queria voltar logo para Las Vegas, pediu a Madonna que fosse a primeira e foi atendida. "Então ela disse: 'Todo mundo pode ir para casa, já achei o que preciso.'"[31] Haris estava no banco de trás da limusine com Madonna quando ligou para Bill Medley, do Righteous Brothers, e perguntou se deveria voltar a Las Vegas para um último show ou encontrar alguém para substituí-la. Ele quis saber quanto Madonna estava pagando. Depois que Haris lhe contou o valor, Medley disse: "Fique aí e ganhe esse dinheiro."[32]

Enquanto isso, Christopher seria mais uma vez o assistente de Madonna enquanto ela estava preparando a turnê ou na estrada e assumiria de novo o papel do responsável por vesti-la. Debi Mazar seria a maquiadora, assim como as duas tinham imaginado nos tempos da Danceteria. O irmão mais novo de Madonna, Mario, de 17 anos, recebeu um emprego menor, basicamente para que pudesse vivenciar o show. Com isso, a equipe e o elenco estavam reunidos e começaram as semanas de ensaio.

Madonna ensaiava setenta horas por semana.[33] "Cada movimento que ela fazia no palco era avaliado, encenado e meticulosamente executado", disse Jeffrey Hornaday, diretor de palco da turnê.[34] Ela fazia, ainda, uma nova série de exercícios com o personal trainer Rob Parr, que a ajudava a construir um corpo capaz de suportar o rigor de uma turnê. Fazia musculação, nadava, pedalava 40 quilômetros algumas vezes por semana e subia centenas de degraus na Pepperdine University.[35]

Madonna estava trabalhando com afinco em várias frentes. Enquanto se envolvia nos preparativos da turnê, recebia ofertas de filmes. Havia também pedidos de capas de revista, convites para fazer comerciais na Ásia e causas sociais atrás do apoio dela. *Além* de tudo isso, era uma mulher casada equilibrando as exigências da carreira com as necessidades do marido.

Ela era a garota-propaganda das mulheres que podem fazer e ter tudo, que em meados dos anos 1980 eram atacadas por psicólogos pop e pela direita política e religiosa. Best-sellers diziam que as mulheres se arriscavam a ser inférteis se tivessem carreiras e um livro alegava que, se algo não fosse feito para impedir as mulheres ambiciosas, os Estados Unidos viveriam um apocalipse demográfico.[36]

A mensagem não era transmitida de modo sutil. Vozes poderosas queriam retornar ao estágio anterior à liberação feminina. Madonna, porém, declarava por meio do exemplo: esqueça isso. Você pode fazer tudo. Você pode estudar, ter uma carreira e uma vida doméstica.[37] É óbvio que era mais fácil para ela do que para a maioria das mulheres, como ela mesma admitia, porque tinha dinheiro para contratar pessoas que a ajudassem, se precisasse. Durante o casamento com Penn, porém, ela tentou manter os pés no chão. Em uma entrevista com Vicki Woods para a *Vogue*, revista que mostrava as mulheres em uma perfeição esculpida no Photoshop, disse:

> Você sabe esse jeans rasgado que eu uso? Sean aparecia com alguém lá em casa quando eu estava lavando roupa com um jeans assim, o cabelo todo bagunçado, parecendo uma bruxa. Aí ele levava um amigo e me arrastava até ele, dizendo: "Olhe para ela, é uma das mulheres mais ricas dos Estados Unidos!"[38]

Na verdade, a vida do casal era surpreendentemente normal. Eles visitavam os pais de Penn uma vez por semana. Os irmãos dos dois estavam sempre por perto. Ela deu de presente ao marido um filhote da raça Akita que logo virou um cão assustador batizado de Hank em homenagem a Bukowski. Aliás, o próprio Bukowski frequentava a casa deles, bêbado e doente, de acordo com Christopher. "Assim que ele aparecia, minha irmã ia para o quarto, enojada. Uma das coisas que ela mais detesta é um bêbado desleixado."[39]

Em casa ou na estrada, Madonna lia bastante: James Joyce, Henry James, Thomas Mann, Honoré de Balzac, Guy de Maupassant, Françoise Sagan, Marguerite Duras, V. S. Naipaul e Alice Walker, só para citar alguns. Antes de se mudar para a casa de Malibu que dividia com Penn, ela sonhava com uma sala repleta de livros do jeito que outras jovens noivas sonhavam com a cozinha perfeita.[40]

Ela também assistia a filmes. Christopher a acompanhava quando Penn estava fora, mas deixava o casal a sós em frente à TV quando as agendas coincidiam.[41] Nesses momentos, eles não eram o ator bad boy Sean Penn e a superestrela Madonna, e sim apenas um jovem casal abraçadinho no sofá. Esses momentos valiam a pena.

Penn estava em Los Angeles gravando *As cores da violência*, um filme dirigido por Dennis Hopper sobre policiais e gangues de traficantes.[42] "Muita merda estava acontecendo [na cidade], mas ninguém falava sobre isso porque tudo acontecia do outro lado da Harbor Freeway",[43] explicou o ator. Essa é a estrada que dividia a devastada South Central da região rica e branca de Westside e as montanhas de Santa Monica, área com "uma das maiores concentrações de riqueza do mundo".[44]

South Central tinha sido um centro de riqueza cultural e comunitária que se igualava aos dias de glória do Harlem, mas se tornou uma zona de guerra, contabilizando muitos gângsteres e pessoas comuns mortas todos os dias. A polícia só piorava a situação. O antagonismo entre os homens que vestiam as cores das gangues e os que envergavam os uniformes das forças da lei era visceral e mortal.[45]

As pessoas brancas de Los Angeles por trás dos muros altos e das placas de REAÇÃO ARMADA! não queriam ler a história de South Central, que dirá assistir a ela em uma tela de cinema.[46] A indústria cinematográfica em geral não reconhecia "filmes negros" como um gênero viável. Além de produções dos anos 1970 como *Sweet Sweetback's Baadasssss Song*, de Melvin Van Peebles, e *Shaft*, de Gordon Parks, filmes sobre a vida urbana negra moderna não existiam. Ainda levaria muitos anos até que *Faça a coisa certa*, de Spike Lee, e *Os donos da rua*, de John Singleton, chegassem aos cinemas.

Essa era a cultura que Penn e Hopper encontraram ao começar a gravar o filme. Eles queriam fazer uma produção em uma zona de guerra onde não eram bem-vindos sobre um assunto que as pessoas preferiam ignorar. Por incrível que pareça, a Orion Pictures aprovou o projeto — sem dúvida, o fato de a história mostrar dois policiais brancos enfrentando gangues, tendo a South Central como um simples pano de fundo, ajudou na argumentação. Penn era o novato de cabeça quente e Robert Duvall, o veterano sábio.

Como sempre, Penn se preparou intensamente para o papel e passou a andar com um policial da divisão de combate às gangues de Los Angeles chamado Dennis Fanning, pois ouviu que deveria acompanhá-lo se quisesse ver um pouco de ação. "Dennis era fortão. Era o cara", comentou o ator. Juntos em patrulha, Fanning e Penn viraram o que o policial chamava de "ímã de merdas. Tiroteios, carros roubados, todo tipo de merda acontecia. Nós fizemos rondas juntos várias vezes ao longo de três meses. Quanto mais rodássemos por aí, mais merdas enfrentávamos, e mais Sean entrava no personagem".[47]

Madonna não estava mais casada com o caipira de *Caminhos violentos*, e sim com um caubói nervoso que era policial em Los Angeles. Desde o início, ela sabia o que o "estágio" com Fanning iria significar. Ela chamou o policial e disse: "Sean é muito impressionável, então tenha muito cuidado com o que vai ensinar ao meu marido." Só que era tarde demais, segundo Fanning.

> Sean pensava que era a porra de um policial. Ele andava como policial, falava como policial, ele convivia com a gente, bebia pra caralho e ia pra farra, cara. Atirava, perseguia bandidos, pegava o carro, estacionava numa esquina e ficava lá vendo quantos crimes diferentes ele conseguia flagrar, fiscalizando quem estava vendendo drogas, quem estava roubando carros, quem estava fazendo o quê, só pela diversão.[48]

O incidente no Helena's em que Sean atacou David Wolinski, completava quase um ano, mas o caso ainda não tinha sido julgado. No fim de fevereiro de 1987, isso finalmente aconteceu. Sean foi acusado de agressão e penalizado com uma multa de 1.700 dólares e um ano de condicional.[49] Então em abril, no set de *As cores da violência*, ele notou um homem de skate tirando fotos e o confrontou. Os dois trocaram xingamentos e cuspes. Penn bateu nele duas vezes.[50] No dia 1º de maio, o ator se entregou por violar a condicional, tendo que voltar ao tribunal para uma audiência em junho.[51]

Enquanto esperava a acusação formal, Penn saiu no domingo do Memorial Day, feriado nos Estados Unidos em homenagem aos militares que morreram em combate, para a casa de Bukowski, onde o álcool era uma parte importante do entretenimento noturno. Voltando para Malibu às 2 horas, ele dirigia a 80 quilômetros por hora em uma área em que o limite era de 55 quilômetros por hora e ultrapassou um sinal vermelho. Um policial viu e o seguiu.[52]

"Eu avancei e, em poucos minutos, parecia que era dia por causa das luzes dos helicópteros sobrevoando o local. Então, estacionei e fui preso por dirigir embriagado", contou Penn, que foi solto sob fiança na manhã seguinte. Naquele momento, a polícia não estava ciente da violação de condicional. O ator sabia que, assim que descobrissem, ele iria para a cadeia. O homem que interpretaria um policial tinha virado um criminoso.[53]

Esse episódio aconteceu quando Madonna finalizava os planos de sair em turnê. A dissonância entre a vida pessoal e profissional da cantora nunca foi tão grande. O marido estava prestes a encarar uma cela de prisão, enquanto ela estava prestes a conquistar o mundo.[54]

A turnê Who's That Girl estreou no Japão com cinco shows e ingressos esgotados. Os Beatles tinham sido os últimos a causar um *frisson* desse porte no país. Milhares de fãs foram recebê-la no aeroporto, com mil policiais a postos para controlá-los. Fora do estádio em Osaka, onde ela faria dois shows, outros milhares que não conseguiram ingressos se espremiam na esperança de entrar. A parada seguinte seria Tóquio, quando um minitufão fez o primeiro dos três shows no estádio Korakuen ser cancelado. Segundo Mikal Gilmore, que cobria a turnê para a *Rolling Stone*, os fãs japoneses, geralmente bem-comportados, quase causaram um tumulto.[55]

No dia seguinte, o tempo colaborou e o show aconteceu.[56] A primeira visão que o público teve de Madonna foi pelo telão. Bastou aquela silhueta para gerar uma gritaria imensa que persistiu por uma hora e meia, entre altos e baixos. Madonna ficou no palco o tempo todo, exceto pelos poucos minutos necessários para as trocas de roupa. Ela não parou nem com o suor pingando do rosto e das costas e lidou com o estádio do mesmo jeito que lidava com as boates, determinada a manter aquela plateia imensa sob comando.

Escrevendo na *Rolling Stone*, Gilmore disse: "Embora possa parecer uma grande surpresa para muitos críticos, provavelmente nunca houve uma amostra mais imaginativa ou poderosa de sensibilidade feminina no pop do que a atual turnê de Madonna." Segundo ele, a artista era a primeira mulher a estrelar um show daquela escala, uma "fusão de coreografias no estilo da Broadway com músicas e danças pós-disco que superam a coletânea de sucessos fornecida por grandes nomes dos shows ao vivo como Prince e Michael Jackson".[57]

Madonna começava o show com "Open Your Heart", que anunciava a intenção dela: até o final da noite, ela faria a plateia amá-la. Usando um corpete preto com discos dourados e franjas nos mamilos, ela dançava ao lado do parceiro de 13 anos, Chris Finch. Ela cantava mais uma música nesse figurino, "Lucky Star", antes de trocar para um vestido azul com babados de Debbie Reynolds, que parecia saído de um filme dos anos 1950, e dava início a uma série de músicas de *True Blue*.[58]

Após terem assumido posições atrás de Madonna com roupas semelhantes, Niki Haris, Donna De Lory e Debra Parsons cantavam os vocais de apoio enquanto faziam os gestos com as mãos que ficaram famosos nas apresentações dos primeiros grupos femininos do pop. Quando Shabba-Doo aparecia como um homem que tentava conquistar o coração de Madonna durante a música "True Blue", as imagens eram um tributo perfeito àquela era musical. Era também um lembrete pungente do drama que acontecia nos bastidores da vida de Madonna.[59]

Ela havia composto a música para Penn depois do casamento, durante uma época de pura felicidade. Naquele momento, ela a apresentava em um momento de tristeza enquanto ele se preparava para enfrentar o tribunal. No palco, ela gritava a ponte da música, direcionando-a para ele.

O romance dessa apresentação se transformava em revolta na seguinte. Madonna vestiu uma jaqueta de couro por cima do vestido azul-bebê, ficando durona e feminina para cantar "Papa Don't Preach". Nos primeiros acordes da canção, a plateia, majoritariamente feminina, gritou de alegria. A música falava diretamente com as garotas japonesas presas em um sistema patriarcal que mal as reconhecia.[60]

Gravada, a música era lamuriosa. Ao vivo, fazia exigências. Madonna batia o pé repetidamente em um exemplo brilhante de coreografia (e percussão). "Eu me jogo de cabeça", comentou Madonna uma vez sobre as danças feitas nos shows. "Estou fazendo pirraça e pisando em cada homem que me disse para fazer algo que eu não queria."[61]

As imagens projetadas no telão atrás dela mostravam uma galeria de opressores: a Igreja, o papa, Ronald Reagan, Richard Nixon e a obra-

-prima do patriarcado científico — a bomba atômica. Intercaladas com essas imagens, várias vítimas desses homens e do sistema que eles criaram: Malcolm X, Martin Luther King Jr., Robert Kennedy, crianças famintas, estudantes protestando. "Papa Don't Preach" terminava com as palavras SEXO SEGURO congeladas no telão. Ela fez questão de espalhar essas palavras para o mundo.[62]

Para Madonna, no show não poderiam faltar músicas dos álbuns anteriores, mas não com o mesmo figurino. Entrando em uma cabine telefônica, ela trocava de roupa e saía com um vestido e cabelo que lhe davam a aparência de uma Minnie Pearl punk, coberta com objetos de lojas de 1 dólar: dados, bonecas de plástico de bebês e uma lagosta falsa. O chapéu rosa estava repleto de uvas, uma flor, uma pequena cadeira e uma pena. Para completar o visual, ela usava óculos de gatinho.[63]

Nesse figurino, ela começou uma sequência com "Dress You Up" e continuou com uma versão pastelão de "Material Girl". Shabba-Doo e Angel Ferreira entravam no palco também usando figurinos cômicos. Projetados no telão, viam-se símbolos do materialismo que eram considerados virtudes: cifrões, a abreviação IRS (sigla da Receita Federal dos Estados Unidos) e as palavras BANK OF AMERICA e HOLLYWOOD. Para a próxima música, "Like a Virgin", ela invertia a tradição matrimonial e atacava o noivo, Chris Finch. Madonna diria ao crítico Gene Siskel que esse medley de três músicas era a parte favorita dela.[64]

Em seguida, ao sair do tema do casamento, a cantora fazia um comentário visual sobre os paparazzi. Na vida real dela, um veio logo após o outro. Contra uma projeção da manchete do *New York Post* que dizia MADONNA: "EU NÃO TENHO VERGONHA", sobre o episódio das fotos nuas, ela dançava em silhueta com dois dançarinos interpretando paparazzi. Cada fotografia tirada soava como um tiro. Esse trecho teatral era a introdução de uma das músicas mais pop da noite, "Where's the Party". Depois, vinha a balada "Live to Tell".[65]

Para essa música, Madonna ficava em pé sozinha sob o holofote com uma imagem de si mesma como Marilyn Monroe projetada no telão atrás dela. A cantora ficava diminuta com o peso daquela imagem, que a perseguiu desde o momento em que pintou o cabelo de louro. Enquanto cantava "Live to Tell", ela demonstrava por que a comparação era falsa. Marilyn era desejável em vida porque era frágil e virou mito após a morte por ser trágica. Madonna até podia ser frágil, mas nunca seria trágica.[66]

Ao dramatizar "Live to Tell" no palco usando apenas a voz e pouquíssimos movimentos, ela seguiu aquele caminho maryliniano até o momento em que também parecia morta. Parou, ficou curvada no chão por um período dolorosamente longo (que na verdade durava menos de um minuto) até renascer, forte e rebelde. Gilmore disse que, durante a apresentação em

Tóquio, quando ela "se levanta do chão e fica em pé de cabeça erguida, um grito decididamente feminino, que foi o mais alto da noite, recebe o movimento. É uma aclamação que seria repetida em várias outras noites nas semanas seguintes".[67]

O renascimento de Madonna se completava na música seguinte, "Into the Groove". Era uma despedida vigorosa para um fim de show, enquanto ela e a turma saíam do palco. Contudo, como aconteceu na turnê Virgin, Madonna voltava não com o bis de praxe, e sim com um novo ato do show. Vestida de vermelho, ela e Angel Ferreira dançavam flamenco em "La Isla Bonita".[68]

Em seguida, vinha a música-tema do filme *Quem é essa garota?*. Madonna ficava em pé sozinha no palco, cantando repetidamente "Who's that girl? Who's that girl?" até que fosse impossível não pensar no significado da frase. Em seguida, saía do palco, deixando a pergunta sem resposta. O escritor Vince Aletti chamou essa parte do espetáculo de brilhante.[69]

Logo depois, ela voltava com "Holiday", que finalmente encerrava o show. Por mais sombria que Madonna pudesse ficar e a vida pudesse ser, ela nunca terminava para baixo e sempre deixava a plateia feliz.[70]

Após o show, ainda com dezenas de milhares de vozes gritando nos ouvidos dela e cheia daquela energia do público, Madonna, a artista mais polêmica do entretenimento, tomava um banho, comia sorbet e encerrava a noite com um livro.[71] Ela também era assim.

Madonna deixou o Japão em 23 de junho, mesmo dia em que Penn foi ao Tribunal Municipal de Los Angeles. Usando um terno e óculos escuros de aviador, ele ficou diante da mesma Juleann Cathey, que tinha sido generosa e lhe dado a condicional no caso Wolinski. Dessa vez, ela não foi tão leniente e decidiu que ele tinha violado a condicional com duas acusações: direção perigosa e agressão ao skatista no set de *As cores da violência*. O ator prometeu a Cathey que iria obedecer à lei "a partir de agora", mas essa garantia não foi o suficiente para livrá-lo da cadeia.

A juíza o sentenciou a sessenta dias de prisão. Ele também foi multado, teria que fazer tratamento psicológico de seis meses para lidar com o comportamento violento e o alcoolismo e teve a condicional estendida para dois anos. Penn deveria se entregar às autoridades no dia 7 de julho "com uma escova de dentes e roupas para uma noite". Até lá, poderia viajar a Berlim para atuar em um filme que retratava a Guerra Fria, dirigido pelo pai dele, chamado *Julgamento em Berlim* e ver a esposa em Miami.[72]

No dia 27 de junho, Madonna lançou a turnê nos Estados Unidos com um show no Orange Bowl, de Miami, diante de uma plateia de mais de 60 mil pessoas. Os ingressos estavam esgotados. Antes de chegar, Penn alugara uma cobertura no Turnberry Isle Country Club e a encheu de lírios e orquídeas brancas.[73] Ele tinha visto os ensaios da turnê e conversou com Madonna sobre o show, mas Miami seria a primeira vez que a veria se apresentar diante de um público.[74] Embora houvesse resenhas negativas, alguns dos críticos mais importantes demonstraram muito entusiasmo com a turnê. Como o veterano da música J. D. Considine, que disse·

> Já vi a turnê de estádios de Springsteen, já vi Dylan, Grateful Dead, e também estive no Live Aid. De todos esses shows, Madonna é a única que eu gostaria de ver de novo. Para se apresentar em um estádio, é necessário um show grandioso, e ela faz isso.[75]

Madonna finalmente tinha conseguido superar a complacência reservada ao pop. Sempre haveria jornalistas que a criticariam usando os mesmos termos de 1983, como se a obra dela nunca tivesse evoluído e ela, amadurecido. A cobertura, porém, havia passado a ser respeitosa e Penn estava presente para ver isso acontecer

Seguindo os termos da sentença, o ator começaria a cumprir a pena no dia 7 de julho, mas o período de licença foi estendido porque as cenas principais do filme só começariam a ser filmadas no dia 15 de julho.[76] A extensão foi obtida apenas com base nisso. O ator iria à Alemanha, trabalharia com o pai e voltaria à Califórnia para cumprir a sentença. No entanto, não foi exatamente isso o que aconteceu. Antes de ir à Alemanha, ele fez uma parada em Nova York para o show de Madonna no Madison Square Garden. Era uma apresentação beneficente em prol da pesquisa da aids e um tributo a Martin Burgoyne.[77]

Capítulo 23

Nova York, Leeds, Paris, Turim, Los Angeles, 1987

> Algum dia essa praga vai terminar e nós vamos sobreviver para contar a história. Não se esqueça de dizer quanto honramos a vida. Não se esqueça de dizer quantos de nós lutamos por ela.[1]
>
> — *Connie Norman*

Nova York havia mudado drasticamente nos poucos meses após a morte de Martin Burgoyne. As pessoas notaram que Andy Warhol estava com algum problema quando ele não compareceu à missa de domingo. Warhol faleceria em fevereiro, após passar por uma operação na vesícula biliar. Foi um fim muito banal de um homem fundamental para mudar a forma de criar e perceber a arte. "Era difícil imaginar o que seria de Nova York sem Andy", escreveu Keith Haring em seu diário. "Como as pessoas vão saber para onde ir ou o que é 'bacana'?"[2]

A cena noturna da cidade também tinha mudado. A Danceteria e o Funhouse fecharam. O Paradise Garage encerraria as atividades naquele ano. A heroína levou Larry Levan, cuja pista de dança foi dizimada pela aids. No Vaticano das boates gays, o Saint, tantas cartas de renovação da assinatura voltaram com as palavras *endereço desconhecido* e *destinatário falecido* que mulheres começaram a ser convidadas para o clube. Entretanto, elas não conseguiram salvar o empreendimento, que acabaria fechando as portas.[3] A Manhattan pré-aids estava morta. As boates fechadas existiam como lamentáveis lembranças do passado.

Quando a turnê de Madonna chegou à cidade de Nova York em julho, ela usou a única aparição por lá, um show no Madison Square Garden no dia 13, para arrecadar dinheiro em prol da luta contra a doença. Ao fazer isso, ela virou "a primeira grande estrela do pop a fazer um evento de arrecadação de fundos tão grande" voltado para a luta contra a aids. Os artistas pop em geral tinham medo de se envolver com algo tão "sujo" e bandas de rock temiam macular a imagem fálica que divulgavam ao serem associadas a uma doença sexualmente transmissível.[4] Madonna não tinha medo. Ela achava que era uma obrigação.

Outros fizeram o mesmo. Nomes como Burt Lancaster, Angela Lansbury, Joan Rivers e Elizabeth Taylor arrecadaram dinheiro para a pesquisa da aids e promoviam o sexo seguro.[5] Eles, contudo, não influenciavam o público jovem como Madonna. Segundo Matt Cain, "Elizabeth Taylor era mais velha que minha avó. Já Madonna falava como uma mulher que fazia sexo, então ela era como nós. Parecia muito sincero e ela fazia aquilo de coração. Então, a atitude dela realmente teve um impacto".[6]

Madonna adotou uma atitude mais incisiva e explícita em relação à aids em 1987 porque não tinha tempo a perder. A doença precisava ser enfrentada na linguagem mais ousada e contundente possível. Essa era a mensagem dos ativistas ligados à aids em novos grupos como ACT UP — AIDS Coalition to Unleash Power [Coalizão contra a Aids para Liberar o Poder] —, que tinha ampla plataforma e lançou uma grande campanha de desobediência civil porque, como disse a historiadora Lillian Faderman, muitos integrantes viviam com aids e não tinham mais nada a temer — fosse a prisão, fosse a desonra.[7]

Uma das contribuições de Madonna foi usar mensagens explícitas sobre a aids nos shows. Durante "Papa Don't Preach", aparecia SEXO SEGURO escrito no telão.[8] Foi uma mensagem estranha para o povo japonês, mas ainda era considerada uma frase polêmica até nos Estados Unidos, onde era mais conhecida, porque poderia ser vista como um incentivo ao sexo na adolescência, extraconjugal, para fins diferentes da procriação e aquele imenso pesadelo, a homossexualidade.

Além disso, era desanimador porque a mensagem não era apenas "sexo gay seguro" era "sexo seguro", ponto final. O que dava a entender que os heterossexuais estavam em risco. A mensagem para héteros até então tinha sido basicamente "não se preocupem". Por exemplo, a revista *Cosmopolitan*, que se autodeclarava autoridade em sexualidade feminina, informava às leitoras que "a maioria dos heterossexuais não corre risco" de desenvolver aids porque o HIV não podia ser transmitido na "posição papai e mamãe".[9]

Em meio a tanto medo, confusão e desinformação, alguém precisava mostrar os fatos sem rodeios. Ao contrário da mensagem da *revista*, Madonna dizia "Preocupem-se" e repetia isso várias vezes durante o show.[10] Caso os fãs não tivessem entendido, ela ainda distribuía um panfleto. No estilo dos quadrinhos e em termos bem objetivos, ele descrevia como o HIV era transmitido e como preveni-lo. Madonna também incluía uma nota pessoal escrita a mão.

> Neste momento, não há cura para a aids, mas existe um jeito de impedir que ela se espalhe. Não deixe o medo te afastar dos fatos.
>
> Leia este livreto e depois o repasse para quem você ama. Isso pode salvar a vida dele ou dela. Pode salvar sua vida. Com amor, Madonna.[11]

O governo dos Estados Unidos só faria um panfleto sobre o assunto no ano seguinte.[12] "As vidas gays não eram vistas como valiosas", explicou o ativista britânico da causa da aids Matthew Hodson, que seria diagnosticado com HIV no ano seguinte. "Por isso o que Madonna fez foi tão fundamental. Ela estava dizendo que vidas gays importam. Àquela altura, dizer isso era radical."[13]

Ela levou o tema para o lado pessoal no Madison Square Garden ao dedicar "Live to Tell" a Burgoyne. Durante a música, a casa de espetáculos ficou em silêncio.[14] Muitas pessoas no Garden naquela noite conheciam alguém com a doença e muitos homens presentes estavam com HIV/aids ou temiam estar. No diário, Haring escreveu: "Meus amigos estão morrendo como moscas e sei no meu coração que apenas a INTERVENÇÃO DIVINA me manteve vivo esse tempo todo."[15]

A música de Madonna era eloquente sobre aquela realidade sombria e as pessoas enlutadas que sobreviveriam para contar a história, mas também falava de esperança — naquela primavera, ela começou a despontar. A Food And Drug Administration (FDA) tinha aprovado um fármaco, o AZT, que não matava o vírus, mas supostamente estendia a expectativa de vida das pessoas soropositivas. Era um remédio caríssimo e inacessível para a maioria das pessoas que haviam contraído a doença, mas era uma luz, uma primeira possibilidade.[16]

Em meio a tantas emoções intensas, enquanto Madonna cantava em memória do querido amigo falecido, muitas das quase 17 mil pessoas que a ouviam reagiram com lágrimas de luto e agradecimento. Por isso, as críticas negativas daquele show no *New York Times* foram tão dolorosas. Jon Pareles disse que o show "não era exatamente comovente", mas podia ser apreciado como "entretenimento pop raso e brega".[17] Algum tempo depois, Madonna comentou, resignada: "Ainda existem pessoas que sempre vão pensar em mim como a piranha da discoteca, não importa o que eu faça."[18]

Enquanto isso, o show arrecadou 400 mil dólares em prol da American Foundation for AIDS Research, a amfAR. Liz Rosenberg disse que o grupo tinha ajudado Burgoyne, e Madonna tinha "jurado que faria um show beneficente assim que saísse em turnê".[19]

Sean Penn partiu de Nova York para a Alemanha, onde encontrou os pais no dia 21 de julho, e começou a gravar.[20] No fim do mês, voltou à Califórnia. A próxima parada seria a prisão.[21]

A primeira cela em que ele foi detido ficava em uma área particular da Prisão Municipal Mono em Bridgeport, que os tabloides chamavam de "spa". Ele não podia ser escalado para o papel de covarde mimado nessa narrativa, então chamou o advogado e pediu a transferência para a Prisão Municipal de Los Angeles.[22] As histórias de tratamento preferencial continuaram mesmo depois da transferência. "A imprensa está dizendo que estou jantando sushi. Mentira. Na Prisão Municipal de Los Angeles, eles enfiam um dedo no cu da pessoa e dizem: 'Muito bem, você não está armado.' Não tem um lençol naquele lugar que não tenha manchas de merda."[23]

Penn foi colocado em custódia protetiva, onde ficava sozinho na cela o dia inteiro, exceto por trinta minutos, nos quais poderia fazer uma ligação telefônica de dez minutos e receber uma visita de vinte minutos. Ele não podia sair da cela sem uma corrente ao redor da cintura e algemas nos tornozelos. "Não há nada como estar na cadeia e ouvir os gritos de alguém que vai passar o resto da vida lá", disse ele. "À noite você está tentando dormir e ouve aqueles gritos primitivos."[24]

O ocupante da cela ao lado tinha proporcionado manchetes ainda mais chamativas do que as de Penn. Richard Ramirez, o assassino e estuprador em série conhecido como Night Stalker, tinha matado pelo menos 13 pessoas. "Ramirez e eu temos algo em comum: somos dois insones. Eu olhava para ele e ele olhava para mim, do outro lado do corredor", contou Penn. Eles também tomavam banho no mesmo horário porque eram presos importantes e tinham recebido ameaças. Ramirez pediu o autógrafo do ator e eles concordaram em trocar assinaturas. Ramirez escreveu: "Continue durão e acerte eles com força de novo. Richard Ramirez, 666." Ele desenhou um pentagrama e o diabo. Penn escreveu:

> *Caro Richard: é impossível estar encarcerado e não sentir afinidade com os companheiros detentos. Bom, eu consegui o impossível. Não sinto afinidade alguma com você.*[25]

Penn achou que viveria como um monge em uma cela e teria muito tempo para ler — e teve mesmo: os ensaios de Montaigne, um romance de William Burroughs, contos de Raymond Carver e a obra completa de James Thurber. Ele terminou as obras mais difíceis (Montaigne e Thurber) em dois dias.[26] Isso o deixou com muito tempo livre e nada para fazer além de escrever. Enquanto estava preso, começou a escrever uma peça de um ato chamada *The Kindness of Women*. A trama envolvia um casamento problemático, casos extraconjugais e álcool.[27]

Enquanto a primeira semana de Penn na cadeia chegava ao fim, o filme de Madonna com James Foley, *Quem é essa garota?*, estreou em 6 de agosto. Dez mil pessoas apareceram na Times Square para vê-la antes da sessão no cinema National. Ela parecia uma estrela de cinema e uma garota fantasiada de estrela ao mesmo tempo. Esse era o charme de Madonna: ainda parecer acessível.

Infelizmente, a presença dela seria o único destaque daquela estreia. O crítico do *New York Times* Vincent Canby disse que o filme era tão ruim "que até dá para suspeitar que havia um 'informante' de Cyndi Lauper entre os conselheiros de Madonna, alguém com a missão de acabar com uma carreira antes que ela tenha um início decente". Em contrapartida, os clipes dela, especialmente "Open Your Heart", que Canby dizia ser "um pequeno clássico cômico e sexy", mostravam o potencial da artista. "Em Madonna, Hollywood tem uma verdadeira fonte de potência. Mas, até agora, ela é mantida na contagem regressiva."[28]

James Foley culpou a si mesmo e ao roteiro pela péssima recepção ao filme dizendo: "Ela confiou em mim e eu estraguei tudo."[29]

Madonna conseguiu deixar o filme para trás porque logo em seguida a turnê saiu dos Estados Unidos para lotar estádios europeus. A primeira parada era Leeds, na região norte da Inglaterra, onde ela se apresentou para 73 mil fãs extasiados — curiosamente, a primeira aparição dela lá havia gerado pouco interesse. Quando a turnê passou para o estádio de Wembley, em Londres, a expectativa para o show era tanta que os fãs quase causaram um tumulto. Ela fez três apresentações lá para mais de 200 mil pessoas.[30]

A aparição de Madonna na França só ocorreu após uma intervenção poderosa. Ela queria se apresentar no Parc de Sceaux, um belo jardim no estilo de Versalhes em torno de um castelo do século XVII que era usado para eventos culturais. Mas as autoridades locais estavam hesitantes, pois achavam que o show seria grandioso e barulhento demais e Madonna, sensual demais.

Foi Claude Chirac, a filha de 24 anos do então primeiro-ministro francês, Jacques Chirac, quem convenceu o pai a deixar a cantora se apresentar no local. "Eu chamei papai e mostrei meus álbuns e os clipes", disse ela. Depois que o primeiro-ministro e o prefeito de Sceaux foram convencidos, Madonna se apresentou para 130 mil pessoas, a maior plateia já reunida na França para um show de um artista pop.[31]

Chirac, um conservador de carteirinha, também ofereceu uma festa para Madonna em sua residência particular no Hôtel de Ville, em Paris. A imprensa francesa fotografou à vontade Chirac a abraçando e ela entregando a ele um cheque de 500 mil francos, o equivalente a 85 mil dólares, para organizações de caridade na luta contra a aids.[32] Não foi um gesto simbólico, e sim um reconhecimento pelo trabalho dos pesquisadores franceses. Foi o Institut Pasteur quem descobriu o vírus causador da doença.[33]

Madonna encerrou a turnê com dois shows na Itália. O primeiro foi em Turim, onde foi recebida como filha, irmã e amante. Antes do show, 12 pessoas foram pisoteadas quando uma multidão majoritariamente masculina empurrou as grades colocadas pela polícia para chegar mais perto da cantora. "Eram muitos homens heterossexuais e tudo girava em torno da sexualidade", disse Pat Leonard. A polícia teve que organizar bloqueios em torno do hotel para afastá-los.[34]

A alegria de Madonna na Itália era evidente. Sem dúvida, ela estava feliz por aquela turnê cansativa estar quase acabando, mas também era como estar em casa. O frenesi da multidão e a exibição exagerada de machismo eram muito familiares. Ela até conheceu alguns parentes distantes da região de Abruzzo. Dois dias depois, em 6 de setembro, a turnê acabou em Florença em meio a uma multidão tão grande que um pequeno hospital foi montado para tratar quem se machucava.[35]

Madonna voltou triunfante aos Estados Unidos. Um milhão e meio de pessoas em três países viram a apresentação dela, rendendo-lhe muito mais dinheiro por show do que qualquer artista na história.[36] Como primeira artista feminina a ser atração principal de uma turnê em estádios, ela derrubou uma barreira do entretenimento em relação a mulheres.[37] Em um mês, a revista *Forbes* a colocou em 7º lugar na lista de artistas que mais faturavam. Entre as mulheres, ela era a primeira. Em uma época em que o valor da arte mais do que nunca se baseava no dinheiro, Madonna era uma obra-prima. Em uma época em que a indústria do entretenimento se concentrava em grandes atrações, ela definitivamente era uma delas.[38]

Penn saiu da prisão no dia 17 de setembro, após cumprir 47 dos 60 dias da sentença. Esperando por ele estava um presente da *Penthouse*: uma edição comemorativa da infame revista com as fotos de Madonna nua, publicada em 1985. A versão de 1987 (e a matéria de capa) tinha mais fotos antigas e um texto atualizado feito para irritá-lo o máximo possível.[39]

A reportagem o descrevia como um "jovem ator que fazia uso do Método, petulante e belicoso, dois anos mais novo do que Madonna e coadjuvante no sustento da casa, que se destacava por interpretar um babaca contumaz tanto na tela quanto na vida real". Madonna também não se salvou. Após começar elogiando a cantora por personificar as fantasias de "homem no mundo inteiro", o texto dava a entender que esses dias de glória estavam contados.

> Já existem rumores de que o cabelo dela começou a cair por causa do excesso de tintura nos últimos anos. Outros mencionam os três furos feios e flácidos em cada lóbulo da orelha que começaram a se abrir devido ao uso contínuo de joias espalhafatosas pesadas e os pequenos pés de galinha que surgem ao redor dos olhos.

A revista disse que Madonna estava à beira da irrelevância para uma mulher que (de acordo com a própria *Penthouse*) construiu uma carreira com base na aparência: no ano seguinte, ela faria trinta anos.[40]

Dois amigos buscaram Penn na prisão com uma pizza, que ele comeu no caminho até Malibu, onde veria a esposa. Anos depois, quando perguntaram se ela estava feliz ao revê-lo, o ator disse: "Não muito. Veja bem, isso não é um comentário sobre ela, e sim sobre o estado do casamento na época. Ir para a cadeia não é bom para o casamento de ninguém."[41]

Novamente reunidos, os dois brigavam, e muito. David Baerwald, amigo do ator, morava na casa de Malibu enquanto Madonna estava em turnê e assistia a tudo de camarote. Ele disse que, embora as brigas fossem terríveis, eram fascinantes por serem feitas em código. "Você estava no carro com eles e um dos dois dizia 'Bom, número três!' e o outro respondia com 'Sim, mas você fez o número quatro no meu número dois!'"[42]

O código foi criado para frustrar os fofoqueiros. "Boa parte das vezes a imprensa inventava coisas horríveis que nunca fizemos", comentou Madonna. "Então, às vezes tínhamos uma briga e líamos sobre ela, e era quase sempre assustador, como se tivessem previsto ou grampeado nossos telefones. Pode ser terrível se você se deixa abalar por isso."[43]

Os rumores de divórcio circulavam praticamente desde o casamento. Depois que a tenda da cerimônia foi desmontada, a felicidade nunca apareceu em nenhuma manchete ligada a eles.[44] Na versão dos tabloides, Penn e Madonna foram "escalados" para o papel de pirralhos ricos e arrogantes que desejavam aproveitar a glória sem pagar o "imposto" dos famosos.[45] A exposição ficou insuportável. A maneira de Madonna lidar com a situação era mergulhar no trabalho e de Penn, beber ainda mais.

Depois que ele saiu da cadeia, a imprensa virou um bode expiatório conveniente quando o casal discutia em público os problemas do casamento. Estava nítido, contudo, que havia questões mais profundas prejudicando a relação. Nos três anos desde que se conheceram, Madonna deixou de ser uma estrela em ascensão e se transformou na artista feminina mais rica do mundo. Teria sido quase impossível surfar essa onda e manter o equilíbrio.

Na época, as expectativas para o relacionamento também eram diferentes. Ela queria que fosse um casamento entre iguais. Penn acreditava no conceito, mas carregava um forte conservadorismo que exigia que ele fosse "o homem da casa".

"Sean causa dor nos outros para poder curá-la", comentou a mãe dele. "Se não há dor nem necessidade de cura, ele não pode ser o herói."[46] Com Madonna, ele tentou fazer isso protegendo-a dos paparazzi. No entanto, ela nunca precisou ser protegida. Madonna entendia a imprensa e sabia lidar com ela. Penn, com aquele suposto cavalheirismo, tinha criado um problema e deve ter acreditado que poderia resolvê-lo, mas não conseguiu — o que era, para ele, um fracasso intolerável. Ele disse que se sentia "diminuído" pela situação.[47]

No fim de novembro, começou o desfecho mais esperado pelos tabloides. A coluna de Liz Smith no *Daily News* de Nova York publicou a seguinte fala de Madonna: "Nós não estamos mais nos comunicando." A gota d'água, de acordo com o texto, foi o misterioso desaparecimento de Penn por quatro dias antes do Dia de Ação de Graças. Pouco depois, Liz Rosenberg publicou uma declaração a qual dizia que o casamento tinha acabado.[48] A assessora de imprensa do ator, Lois Smith, confirmou: "Os dois terminaram o casamento [...]. É horrível porque eles se amam."[49]

Os advogados de Madonna entraram com o pedido de divórcio em Santa Monica no dia 4 de dezembro, alegando diferenças irreconciliáveis. Ela ficou em Nova York, cercada pela família. A irmã dela, Melanie, ficou no Brooklyn e Christopher, no apartamento de Madonna com ela. (Os tabloides, espreitando o prédio, disseram que ele era um novo namorado.) Penn voltou para Los Angeles e, segundo relatos, foi direto ao Helena's, onde ficou bêbado, foi grosseiro com as pessoas lá dentro e urinou na fachada do prédio.[50]

Com a missão cumprida, a imprensa fez hora extra para publicar a matéria. DIÁRIO DE UM CASAMENTO LOUCO: CIÚMES, BEBIDA E BRIGAS AFUNDAM O CASAL MAIS ESCANDALOSO DE HOLLYWOOD, dizia a capa da edição de 14 de dezembro de 1987 da revista *People*.[51] Até que, quatro dias depois, um boletim da Associated Press anunciou que Madonna tinha cancelado o pedido de divórcio. Eles continuariam juntos.[52] A correria e o frenesi para publicar a novidade foi uma verdadeira caça ao tesouro para os tabloides. *O que aconteceu para ela mudar de ideia?*

A resposta era óbvia. Eles ainda se amavam. Madonna e Penn podiam ser rebeldes, mas ambos levavam o casamento muito a sério. Nenhum dos dois era de desistir. Além disso, um divórcio é sofrido.[53] Eles também tinham um medo. Segundo o biógrafo J. Randy Taraborrelli, depois que Madonna pediu o divórcio, ela descobriu um nódulo no seio. A cantora tinha 29 anos, mesma idade da mãe quando enfrentou um câncer de mama. Ela ligou para Penn, que a acompanhou na ida ao médico. Lá descobriram que o nódulo era benigno. "Nada deixa um homem mais sóbrio do que saber que a esposa pode ter câncer", comentou Penn. "Entendi que preciso levar minha vida, a vida de Madonna e nosso casamento a sério."[54]

Após um trauma, as celebridades pedem privacidade à imprensa por meio da assessoria para reorganizar a vida. Às vezes, a imprensa atende, ainda que por pouco tempo. Tal luxo não foi concedido a Madonna e Penn; pelo contrário, a perseguição até piorou. Com sangue na água, os tubarões dos tabloides rondavam as vítimas.[55]

Madonna escolheu ignorá-los o máximo possível.[56] Até tentou aceitá-los. Um amigo lembrou que esperou para atravessar a rua com ela em Nova York enquanto a cantora era cercada por paparazzi. "'Certo, pessoal, acho que tiveram o bastante. O que acham?'", perguntou Madonna. "Um deles virou para o colega e disse: 'Ela pediu com educação, vamos embora.' O outro respondeu 'Foda-se ela!' e continuou tirando fotos."[57]

Um novo problema eram os fãs lunáticos, que aumentaram após a turnê e a extensa cobertura da vida pessoal da cantora pela mídia.[58] Em janeiro de 1988, um homem bateu a própria caminhonete contra o portão da casa de Malibu e chegou a andar pela propriedade. Pouco depois, o irmão de Madonna, Mario, e Penn descobriram dois adolescentes e um homem de 21 anos rondando a propriedade. O ator deu voz de prisão no primeiro caso e, no segundo, jogou uma garrafa de molho para salada na cabeça do invasor mais velho — Penn estava voltando do mercado — e também deu voz de prisão a eles.[59]

Madonna reconheceu que o perigo havia aumentado, mas tentou ignorá-lo e seguir a vida. "Fiquei muito mais tolerante com as pessoas e com os erros humanos", declarou ela à jornalista Kristine McKenna. "Ao ser constantemente analisada e criticada, você tem que ser tolerante e até um pouco passiva, acho. Ou isso ou você passa o tempo todo mandando as pessoas se foder. É um hábito fácil de adquirir."[60]

Em janeiro, em meio a portões quebrados e mais paparazzi, Madonna pegou um voo comercial para Nova York, sozinha. "Havia muito tempo que eu não fazia isso", disse.

> Eu não viajo com uma grande comitiva, geralmente só com minha assistente ou algum tipo de segurança, e foi muito difícil me obrigar a viajar sozinha. Eu estava com tanto medo [...]. Tenho amigos famosos que levam vidas muito solitárias e não vão a lugar algum sem guarda-costas, mas viver assim me deixaria louca.[61]

Além de segurança e sanidade, era uma questão artística. Ela viu artistas contemporâneos como Prince e Michael Jackson ficarem distantes por se isolarem do mundo. "Acho que você tem que enfrentar a tentação de se esconder e de se cercar de pessoas que te protejam, *afastando a vida de você*", declarou. "Não lutei para sair de Michigan e me esconder em um buraco."[62]

Madonna foi a Nova York porque estava envolvida em um filme chamado *Doce inocência*. Era uma produção baseada em histórias publicadas pelo jornalista Damon Runyon no fim de 1930. Embora fosse um filme menor comparado a alguns dos projetos que lhe foram oferecidos, Madonna aceitou porque sentiu que aquele personagem era para ela.[63]

O diretor, Howard Brookner, era da casa artística de Madonna, que sentia falta daquele ambiente livre e carinhoso. Antigo frequentador do Paradise Garage, fez parte do círculo de Warhol e ficou amigo de grandes nomes do submundo dos escritores gays da cidade. O decano dessa escola era William Burroughs, de quem Brookner copiou o vício em heroína e sobre o qual fez seu primeiro documentário, que Madonna adorou.[64]

Brookner começou a trabalhar no novo filme em 1987, que unia quatro histórias de Runyon ambientadas em boates e restaurantes na Broadway durante o réveillon de 1928, o último da era do jazz e pouco antes de o mundo afundar na Grande Depressão.[65]

Quando escolheu essas histórias e essa época para o filme, Brookner estava à beira do próprio cataclismo. Na primavera, foi diagnosticado como HIV positivo e só contou ao parceiro de longa data, Brad Gooch. Como estava assintomático, conseguia ser considerado saudável, assim como era capaz de se passar por heterossexual quando lidava com a indústria do entretenimento. No verão, ele foi a Los Angeles se encontrar com o presidente da Columbia Pictures, David Puttnam, entre outros. Brookner voltou com pífios 4 milhões de dólares, que seriam o bastante. Era literalmente uma tábua de salvação.[66]

Na época em que ele vendeu a ideia, os executivos dos estúdios não sabiam quem ele tinha em mente para interpretar a corista Hortense Hathaway. Karen Allen tinha sido escalada, mas acabou deixando o elenco para trabalhar em outro projeto. Brookner soube que Madonna estava interessada e ligou para ela, que topou.[67] Enquanto isso, Matt Dillon, Jennifer Grey, Randy Quaid, Steve Buscemi e William Burroughs entraram para o elenco. As filmagens estavam marcadas para começar no West Village e em Nova Jersey no início de outubro e se estenderiam até o réveillon.[68]

O projeto foi divertido para todos os envolvidos porque não havia estrelas nem muito dinheiro em jogo. As filmagens de Nova Jersey aconteceram em Union City, em um saguão dos Cavaleiros de Colombo. "Enquanto filmávamos, estavam lá os integrantes dessa organização católica jogando cartas no nosso camarim", disse o produtor associado e roteirista Colman deKay ao escritor Matthew Rettenmund.[69] Os camarins eram separados por cortinas para banheiro.[70] Ele disse que Madonna "não teve o menor problema quanto a isso".[71]

O filme começou, mas a saúde de Brookner estava piorando. Ele tinha começado a tomar AZT, mas sentia que o remédio lhe afetava o raciocínio. Para ele, o filme era mais importante do que a própria saúde, e então parou de tomá-lo. "Ele não pensou duas vezes. Essa escolha era a cara dele", disse Brad Gooch. "Irresponsável, mas incrivelmente comprometido."[72] No início de janeiro, Brookner não conseguia enxergar direito e tinha problemas para andar e levantar um dos braços.[73]

Madonna notou que o diretor não estava se alimentando direito e, quando ele começou a perguntar sobre a morte de Burgoyne, não teve dúvidas. "Mas eu não ia pressioná-lo. Ele tinha direito à privacidade", contou a cantora. "Depois, Howard ligou e disse: 'Preciso conversar com você.' Entretanto, não conseguiu falar. Eu só respondi: 'Eu já sei.' Acho que foi um alívio para ele perceber que o que eu sentia por ele não iria mudar."[74] Dali em diante, Madonna ofereceu a Brookner amor e apoio. "Howard tinha uma conexão emocional com Madonna que ultrapassou as barreiras da fama", disse Brad.[75]

Capítulo 24

Nova York, 1988

> Era uma questão entre mim e Deus. Eu teria que viver a vida que ele me deu. Eu disse a ele havia muito tempo que nós dois estaríamos no propiciatório. Ele não faria todas as perguntas.[1]
>
> — *James Baldwin*

As filmagens de *Doce inocência* terminaram em fevereiro de 1988, bem a tempo de Madonna se dedicar a um projeto diferente, não só em termos de estilo, como também de personalidades e riscos: começou a ensaiar a peça de David Mamet, *Speed-the-Plow.* Segundo o crítico David Ansen, Madonna tinha três obstáculos formidáveis para superar: ela era uma "estrela do pop invadindo o reino sagrado do teatro, uma relativa novata entre profissionais da atuação e uma mulher invadindo o mundo masculino de Mamet". Ela entendeu o desafio: "Eu sabia que havia muitos fatores contra mim. Venho de um mundo que eles não respeitam. Foi uma experiência muito boa provar minha capacidade naquele contexto."[2]

O primeiro filme que Mamet escreveu e dirigiu, *O jogo de emoções*, foi lançado no outono de 1987. Madonna ficou tão impressionada que mandou para ele uma carta como fã.[3] Durante o almoço com o diretor Mike Nichols, ela mencionou o filme e Nichols comentou que Mamet tinha uma nova peça com um ótimo papel feminino e que ela deveria entrar em contato. Madonna perguntou quem era e ouviu que a peça era dirigida por Gregory Mosher.[4]

Madonna o conhecia do Lincoln Center, quando atuou com Sean Penn em *Goose and Tomtom.* Ligou para Mosher e perguntou se poderia fazer um teste para a peça de Mamet.[5] "Eu estava com uma motivação incontrolável de atuar nela. As coisas aparecem na minha vida e sinto que preciso fazê--las [...]. Não acredito em coincidências, tudo acontece por um motivo",[6] disse ela.

A motivação ao longo da vida de Madonna foi o desejo de aprender e trabalhar. O medo existia, mas ela dizia que ele atuava como catalisador. Além disso, ela desejava respeito e amor. Em *Speed-the-Plow*, iria trabalhar, aprender e se testar em um grande palco sob a análise de um gigante literário assustador. Se ela fosse boa, receberia o amor da plateia e o respeito como artista. Madonna queria muito o papel e correu atrás dele "como uma filha da puta", segundo ela mesma.[7]

Em meados dos anos 1980, o teatro de Nova York era como os filmes de Hollywood: só queria saber de grandes produções. Andrew Lloyd Webber tinha transformado o palco com "megamusicais" como *Jesus Cristo Superstar*, *Evita*, *Cats* e *O Fantasma da Ópera*. Depois dessas experiências, as plateias da Broadway não aceitavam nada menos que grandiosidade espalhafatosa.

O drama ficou restrito à off-Broadway, assistido por plateias muito menores. Até os grandes escritores tinham poucas oportunidades de ver a própria obra encenada, indício de que a arte da dramaturgia estava longe de viver um dos seus melhores momentos. Em 1988, David Mamet, além de August Wilson e David Rabe, era um dos poucos dramaturgos norte-americanos famosos que trabalhavam ativamente.[8]

Mamet era um homem baixo e sólido como granito. Com um corte de cabelo no estilo militar e econômico em expressões, era uma mistura de machista e intelectual que intimidava todos ao redor. Ele já foi descrito como uma "cobra pronta para o bote" e também como tolo, imprevisível e contraditório.[9]

Todas essas características se refletiam na obra dele, que foi escrita em um estilo muito idiossincrático desde o primeiro sucesso, *Búfalo americano*, de 1975. O ator em uma peça de Mamet tem pouco espaço para interpretação. O dramaturgo quer o diálogo falado *como está escrito*, no ritmo que ele escolheu. Era Mamet, o autor, que estava falando. Os atores não estavam lá para interpretar.[10]

Speed-the-Plow seria a primeira grande peça dele após a produção de 1984 que lhe rendeu o prêmio Pulitzer, *O sucesso a qualquer preço*. Além da peça, ele escreveu roteiros para alguns dos maiores filmes de Hollywood, de *O destino bate à sua porta* até *Os intocáveis*, mas não gostou da experiência.[11] *Speed-the-Plow* é uma crítica a Hollywood que foi escrita nos anos 1960, mas o que ele descobriu trabalhando no cinema não o fez mudar de opinião. Usando uma linguagem implacável para descrever um episódio trivial envolvendo três personagens, Mamet expunha a artificialidade e o engodo no coração de Hollywood.[12]

Se Madonna quisesse apenas deixar uma marca no teatro, logicamente aceitaria um papel em um grande musical que faria sucesso e ainda seria bom para a carreira. Ela, porém, não buscava o que era lógico, e sim o que era necessário para crescer como artista. Nesse caso, decidiu participar de um dos projetos mais assustadores do teatro, trabalhando com um dos escritores mais difíceis sob os holofotes mais intensos de todos. No mundo do teatro, uma nova peça de Mamet era um evento porque era algo raro. Madonna disse: "Eu sabia que estava me jogando numa fogueira." Entretanto, ela amava o trabalho do dramaturgo e queria o papel. "É simples assim."[13]

A personagem que Madonna desejava interpretar era Karen, uma funcionária aparentemente certinha e ingênua que é seduzida por um produtor de Hollywood por causa de uma aposta que ele fez com um amigo. No entanto, Karen não é ingênua, ela é tão maquiavélica quanto os homens e é o eixo em torno do qual a obra gira. Na peça, ela representa a Arte, um anátema para os executivos da indústria cinematográfica, e também a Mulher, como a sedutora cuja simples presença complica e até destrói a vida e o trabalho dos homens.[14]

O ator Joe Mantegna, figurinha fácil nas peças de Mamet, e o veterano dos palcos Ron Silver foram escalados para interpretar os protagonistas masculinos. Trinta mulheres fizeram teste para o papel de Karen. O diretor, Gregory Mosher, ficou com a atuação de Madonna em *Goose and Tomtom* dois anos antes, mas não tinha certeza se ela ficaria bem como Karen.[15] "É um papel que não tem nada a ver com ser atrevida, mas a personagem precisa da força necessária para ser pura, e a força que Madonna passa ao entrar em um lugar deixa qualquer um aturdido", explicou.[16]

A Madonna que apareceu para o teste tinha os cabelos castanhos. Após a turnê, ela abandonou a persona meio andrógina de *True Blue*, dizendo que se sentia mais séria, madura e italiana com o cabelo naquele tom mais escuro.[17] Mosher e Mamet a obrigaram a fazer diversos testes para o papel em vários lugares[18] e ficaram surpresos com o que viram. Mamet se disse "impressionado".[19] Mosher completou: "Ela foi hipnotizante. Foi totalmente diferente do que é nos filmes. Nós não contratamos uma estrela do pop, contratamos uma atriz. Ela merece isso."[20] Madonna conseguiu o papel.

Os colegas de cena ficaram amigos dela e a convidavam para jantares em casa. Davam conselhos, mas não a mimavam. "Eles me ajudavam, mas nunca se intrometiam, a menos que eu pedisse. Não me deram as rodinhas da bicicleta."[21] Tanto Silver quanto Mantegna tinham consciência da enormidade da fama daquela diva do pop. Ela ocupava o palco como uma quarta personagem, que Mantegna chamava de Godzilla, o que dificultava o trabalho dela.[22] "Ela é muito talentosa, mas, por ser uma grande estrela, não pode se dar ao luxo de começar de baixo e ir construindo uma base como atriz. Todos os erros dela estão sob o escrutínio do público",[23] comentou ele.

Os ensaios duraram seis semanas, sem que Mamet trocasse muitas ideias com os artistas sobre os personagens.[24] Essa foi a percepção de Madonna, pelo menos.[25] Durante os ensaios, ela notou que percebia Karen de um jeito diferente de Mamet e Mosher: "Eu a via como um anjo, uma inocente. Eles queriam que ela fosse uma mulher difícil."[26]

> David ficava mudando minhas falas para me deixar cada vez mais arrogante. Então, no meio do processo, eu estava arrasada porque minha ideia da personagem não correspondia ao que ela era. Foi uma experiência muito perturbadora. Era como ser pisoteada a cada noite.[27]

Apesar de tudo, Madonna decidiu que "faria isso dar certo mesmo que me matasse por dentro".[28]

A peça foi planejada para um teatro de trezentos lugares no Lincoln Center, mas, quando a notícia de que Madonna estaria nela se espalhou, os ingressos esgotaram. Com isso, produtores decidiram mudá-la para a Broadway, no teatro Royale, com mais de mil lugares. Na noite de estreia, mais de 1 milhão de dólares em ingressos foram vendidos com antecedência para a estreia de Madonna Ciccone na Broadway.[29]

Enquanto isso, no Orpheum Theater, no East Village, a atriz e comediante Sandra Bernhard estrelava o show de uma mulher só chamado *Without You I'm Nothing.* Era uma apresentação sobre fama, música, sexualidade, obsessão e sinceridade, na qual ela tirava a roupa, xingava, gritava, agredia e adulava a plateia, além de agredir e adular a si mesma. Parecia o trabalho de Madonna porque ela se transformava em vários personagens, navegava pela ironia e provocava o público de todas as formas possíveis para causar escândalo.[30]

Bernhard tinha convidado Madonna para assistir e ela foi, no dia 3 de abril, domingo de Páscoa. "Eu a conheci em Los Angeles por meio de amigos em comum, nada de mais, mas só nos demos bem quando ela veio ver meu show em Nova York", disse a comediante.[31]

> Madonna foi muito gentil e estava empolgada, e aí fui ver o show dela e começamos a conviver mais. Parece que nos conhecemos na hora certa. Foi um momento muito importante porque ela ainda não estava solteira, mas a relação com Sean ia de mal a pior. Acho que ela não tinha muitos amigos naquele mundo que pudessem entender o sucesso dela e não se sentir intimidados, nem serem competitivos.[32]

Bernhard era falante, irreverente, inteligente, gentil *e* generosa. Também era *mais ou menos* de Hollywood, mas não "Hollywood". Ela trabalhou como manicure em Beverly Hills enquanto percorria o circuito dos clubes de comédia de Los Angeles até ser escalada aos 28 anos para interpretar uma fã perturbada no filme de Martin Scorsese de 1982, *O rei da comédia.* Foi um papel de destaque que deveria tê-la levado a algo maior, mas isso não aconteceu.[33]

Parecia que a indústria não sabia o que fazer com uma comediante durona, sarcástica e sexualmente ambígua que não estava nem aí para o que os executivos da indústria pensavam dela. Como não surgiram boas oportunidades no cinema, Bernhard voltou ao circuito de stand-up, apresentando shows que ela mesma criava.[34]

Madonna aceitou aquela amizade fácil. "Eu tinha muitas noites livres, então começamos a conviver mais. Ela era exatamente o que eu precisava e viramos boas amigas",[35] disse a cantora. Bernhard a definiu como "uma amizade marcante em minha vida [...]. Acho que éramos um ótimo exemplo de amizade entre duas mulheres".[36]

As amizades femininas em Hollywood raramente eram reconhecidas. Nos anos 1940 e 1950, muitos casos amorosos entre mulheres eram mantidos em segredo sob o rótulo de "amigas do peito". Trinta anos depois, por incrível que pareça, duas mulheres na indústria não conseguiam ter uma amizade sem a suspeita de que fossem amantes.

As duas fizeram de tudo para *não* desmentir os boatos porque a natureza do relacionamento delas não era da conta de ninguém. Em uma entrevista de 1991, Madonna disse: "Acho que no comecinho havia um flerte, mas percebi que Sandra poderia ser uma ótima amiga e quis manter a amizade."[37]

Enquanto se preparava para estrear na Broadway cercada de homens em uma peça na qual se sentia uma vítima, Madonna se refugiou na amizade feminina. Ela começou a andar por Nova York com Bernhard e a colega de elenco de *Doce inocência* Jennifer Grey. Depois que os tabloides se cansaram dos rumores de Bernhard-Madonna, eles apostaram as fichas em Grey. "Não podia ter uma mulher a meu lado, alguém que fosse sem rodeios (como Jennifer), que todos diziam que eu estava dormindo com ela", explicou Madonna.[38]

Speed-the-Plow foi encenada para a imprensa em abril e estreou para o público no dia 3 de maio. Madonna enviou flores a toda a equipe para desejar boa sorte, desde as pessoas que vestiam os atores até o porteiro do teatro.[39] O evento marcou a primeira vez que David Mamet não foi o único astro do próprio show. Pela cidade, a produção era conhecida como "a peça da Madonna", e o nome dela, além do dele, era sussurrado em tom de expectativa pelas pessoas que esperavam em frente ao teatro, na rua 45.[40]

Durante o período em que a peça esteve em cartaz, o Royale era o melhor lugar de Nova York para ver famosos. O teatro ficava lotado de celebridades.[41] Contudo, muitos que compraram ingressos para a peça eram jovens fãs de Madonna "que nunca tinham pisado em um teatro".[42] Foi uma tomada da Bastilha que, sem dúvida, mudou vidas do jeito que uma primeira visita a um museu de arte faz para as crianças que nunca viram uma pintura. Esse fenômeno cultural, porém, passou despercebido na correria para cobrir as celebridades e no frenesi da crítica para encontrar falhas em Madonna.

O *Entertainment Tonight* encerrou com alegria o segmento sobre a estreia da peça dizendo que os críticos tiveram "opiniões desfavoráveis sobre a atuação de Madonna". A chamada do *Daily News* dizia NÃO, ELA NÃO SABE ATUAR. A WCBS-TV alegou que a "inaptidão" dela era "escandalosamente minuciosa".[43] Outros críticos mal-humorados alegaram que Madonna parecia rígida e inexpressiva. Em outras palavras, que ela agiu exatamente do jeito que David Mamet queria.[44]

Chamou atenção o principal crítico teatral do *New York Times*, Frank Rich, conhecido como "o açougueiro da Broadway", ter amado a peça. Segundo ele, *Speed-the-Plow* era "hilariante e assustadora, tensa do início ao fim". Rich disse que Madonna "trabalhou na peça do Sr. Mamet do mesmo modo que no filme de Susan Seidelman, *Procura-se Susan desesperadamente*, com atuação cômica escrupulosamente disciplinada e inteligente".[45]

Madonna não ficou chateada com as críticas negativas, que, como os paparazzi, pareciam ser um mal necessário. "Eu já as esperava porque recebo isso em tudo o que faço", disse ao *New York Times*. "Existem pessoas que se opõem com muita veemência ao fato de eu existir."[46] Ao falar com o escritor Harry Crews durante a temporada da peça, ela disse: "Para ser aceita como atriz, vou ter que trabalhar bastante, fazer tudo o que for necessário. É assim que funciona. É assim que sempre funcionou."[47]

Jackie Onassis foi uma das celebridades presentes na plateia, uma aparição que deixou algumas pessoas desconfiadas por causa dos rumores de Madonna estar envolvida com o filho dela, John F. Kennedy Jr. A perspectiva reacendeu todo tipo de fantasias envolvendo Marilyn Monroe no mundo dos tabloides.[48]

JFK Jr. rondava a vida de Madonna desde a turnê Virgin, quando ele esteve nos bastidores do Madison Square Garden e depois na apresentação da Who's That Girl por lá. A ligação entre os dois cresceu por causa de Herb Ritts, que se envolveu com os Kennedy após tirar fotografias para as Olimpíadas Especiais a pedido do senador Ted Kennedy, em 1987.[49]

Ritts fez amizade com a geração mais nova dos Kennedy e, como as pessoas no círculo do fotógrafo acabam chegando ao de Madonna, ela foi convocada para ajudar. No outono de 1987, ela gravou "Santa Baby", que seria incluída no álbum *A Very Special Christmas*, o primeiro feito para as Olimpíadas Especiais.[50]

No fim do ano, quando estava separada de Penn, Madonna esbarrou em JFK Jr. e começou um relacionamento com ele. Relatos publicados dizem que um conversava sobre o outro com amigos: Madonna ficou confusa com a possibilidade de romance e Kennedy ficou confuso com o que sentia por ela. Ele disse a um amigo que estava "um pouco obcecado por ela". Para outro, admitiu que estava apaixonado. Contudo, o caso amoroso parece ter sido breve e discreto, o que é comprovado pela falta de cobertura dos tabloides durante um período em que a imprensa estava ávida por informações sobre o estado do casamento da artista.[51]

* * *

As cores da violência estreou no dia 15 de abril, gerando uma imensa reação do público e críticas que variaram de mistas a positivas. Em Los Angeles, as filas nas portas dos cinemas davam volta no quarteirão. O filme faturou 45 milhões de dólares, um valor que representava apenas um terço do que alguns dos filmes mais assistidos tinham faturado naquele ano, mas, para um projeto tão arriscado, esse número significou um estouro de bilheteria. *As cores da violência* foi o único sucesso de Penn durante o casamento com Madonna. Sendo assim, foi bom por passar uma mensagem. Confiante no resultado da produção, ele saiu dos Estados Unidos e foi para a Tailândia ser um dos protagonistas de um roteiro escrito por David Rabe e dirigido por Brian De Palma chamado *Pecados de guerra*.[52]

O filme era baseado na história real de cinco soldados norte-americanos em missão de reconhecimento no Vietnã que sequestraram, estupraram, esfaquearam várias vezes e depois mataram com um tiro uma jovem vietnamita. O sargento Tony Meserve, que liderava a patrulha, disse que o sequestro — que chamou de "repouso e relaxamento portátil" — "levantou o moral" do esquadrão. Um dos integrantes do esquadrão se recusou a participar do ataque e acabou testemunhando contra os outros quatro, que foram levados à corte marcial.[53]

Penn queria interpretar o quinto soldado, o que estava em conflito, mas o papel foi para Michael J. Fox. O marido de Madonna foi escalado para interpretar "o pária" e psicopata Meserve. Anos depois, Penn não conseguiu se ver na tela porque tinha interpretado o personagem, que era perturbador, de modo muito convincente, com toda aquela raiva assassina e misoginia patológica.[54]

As filmagens foram longas e envolveram duas semanas de treinamento local com dois militares. Depois disso, vieram meses na selva, vivendo o horror daquela história um dia após outro. A desumanidade e brutalidade da trama eram excruciantes. No ano seguinte, durante uma exibição de teste para pessoas da indústria cinematográfica, seis pessoas abandonaram a sala no meio da sessão, e as que continuaram permaneceram caladas até o fim do filme.[55]

Para os atores envolvidos, o projeto era perturbador. Segundo Fox, "nós estávamos no inferno. Você fica fisicamente exausto e emocionalmente abalado por causa do material". Ele também disse que pequenos detalhes o mantinham com os pés na realidade, como ver De Palma sair do carro, um Volvo, todos os dias. Era difícil manter a sanidade enquanto filmavam o que o crítico Hal Hinson chamou de "um dos filmes mais devastadores e moralmente complexos sobre homens na guerra que já foi feito".[56]

Penn voltou para os Estados Unidos no fim de junho. David Baerwald disse que não sabia que o ator tinha voltado até acordar um dia na casa de Malibu e vê-lo na cozinha. Só que não era Penn, e sim Meserve. "Ele ficava andando pela casa, furioso", comentou Baerwald.[57] Penn não conseguia se desligar daquele personagem transtornado depois de tê-lo interpretado por tanto tempo. Como um veterano que volta da guerra, ele era um estrangeiro no lugar onde costumava habitar.

Quando junho se transformou em julho, Madonna se sentiu oprimida pelo papel em *Speed-the-Plow*.

> Eu estava deprimida o tempo todo durante a temporada da peça porque Ron [Silver] e Joe [Mantegna] tinham os papéis bons. Eles saíam vitoriosos, enquanto eu me sentia uma perdedora no final de cada noite.[58]
>
> Era cansativo. Noite após noite aquela personagem fracassava no contexto da peça. Continuar fracassando todas as noites e sair do palco em lágrimas. Isso acabou me afetando depois de um tempo. Eu estava sofrendo tanto quanto a personagem que interpretava.[59]

Madonna também sentiu o tédio de ficar em um só lugar por vários meses durante a temporada da peça.[60] Ela disse que "olhava pela janela do teatro e via várias pessoas lá fora me esperando todas as noites. Às vezes eu sentia inveja ao observar uma mulher anônima carregar uma sacola de compras, andar pela rua devagar vendo as vitrines, sem ser incomodada".[61]

O fato de Madonna ter sobrevivido a isso foi atribuído em parte a Sandra Bernhard e Jennifer Grey. Elas faziam a cantora voltar à realidade sendo boas amigas. As três podiam falar bobagem e ser irresponsáveis, exatamente o que Bernhard e Madonna foram quando apareceram no programa *Late Night*, de David Letterman, no dia 1º de julho.[62]

Bernhard era a convidada, mas Madonna apareceu vestida com uma roupa idêntica: bermuda jeans, camisa branca, meias brancas e sapatos pretos.[63] "Sandy começou a fingir que éramos namoradas e pensei: 'Ótimo. Tudo bem, vou acompanhar'", disse Madonna.

> Porque você sabe que eu gosto de foder com a cabeça das pessoas. Do mesmo jeito que existe o preconceito contra homens gays, também existe contra mulheres gays. Então, se eu pudesse ser algum tipo de detonador para essa bomba, eu estava disposta a isso.[64]

A piada virou notícia quando a imprensa divulgou que Madonna e Bernhard tinham confirmado serem namoradas. Era um escândalo novo e delicioso, que não incomodou a cantora.

> O fato é que ela é uma grande amiga. Se eu sou gay ou não é irrelevante. Se as pessoas se sentem melhor pensando que eu dormi com ela, que pensem. Se ficam mais seguras pensando que eu não dormi, está tudo bem também.[65]

A performance foi típica de uma aparição de Bernhard no *Letterman*. De tanto comparecer ao programa, ela desenvolveu o truque de ser o mais provocadora possível quando o assunto é sexo.[66] O episódio Madonna-Bernhard foi mais do mesmo, com a diferença de que aludia ao lesbianismo. As referências foram sutis, apenas algumas falas jogadas a esmo em um segmento de mais de 11 minutos, mas virou manchete e uma nova abordagem para as reportagens sobre as dificuldades no casamento de Penn e Madonna. Os tabloides correram para insinuar que ela estava trocando o jovem durão por uma mulher.[67]

Naquele verão, Howard Brookner estava na ala de aids do St. Vincent Hospital. Ele havia terminado o processo de montagem inicial de *Doce inocência* bem a tempo. A doença tinha lhe afetado o cérebro, ele estava parcialmente cego e em cadeira de rodas.[68] Uma tarde, Madonna apareceu no hospital para vê-lo e "causou um tumulto" no que era essencialmente uma casa da morte cheia de jovens apavorados ligados a todo tipo de tubos e monitores.[69]

Após subir na cama de Brookner e cumprimentá-lo com um beijo na boca, Madonna visitou outros pacientes, indo de uma cama para outra, deitando-se na cama com alguns deles, oferecendo um toque, uma piada, o que a pessoa permitisse e aguentasse.[70] "Era como Judy Garland visitando outro tipo de Oz", disse Brad Gooch.[71]

Ela participou de uma campanha com a gravação de uma mensagem que iria ao ar em agosto. O objetivo era tentar acabar com os mitos sobre a aids e oferecer dicas de sexo seguro que se resumiam ao essencial: use camisinha.[72] Naquele verão, Keith Haring foi além. "Eu nem queria mais transar", disse ele.[73]

No mês anterior à exibição da mensagem de Madonna, Haring passou a ter dificuldade para respirar. Ele desenvolveu pontos de sarcoma de Kaposi na perna e no braço. Um médico de Nova York confirmou o diagnóstico: aids.[74] "Eu fui ao East River, me sentei e chorei muito. Mas é aquilo: você tem que seguir em frente. Tem que descobrir como vai lidar com isso", comentou Haring.[75]

Haring podia pagar o AZT, mas sabia das limitações do medicamento e que poderia morrer não por causa da doença, e sim devido aos efeitos colaterais. Enquanto isso, as lesões se espalharam e uma delas apareceu no meio da testa dele.[76]

Ele extravasou a própria dor por meio da arte, que ficou muito mais política e raivosa.[77] Não estava magoado e com raiva apenas da própria situação; estava em luto pela perda da Nova York que ele conhecia, que tinha dividido com Madonna, uma cidade em que as pessoas viviam, falavam e faziam arte.

Em meados dos anos 1980, o *establishment* da arte, que nunca entendeu completamente a cena, desprezou os movimentos orgânicos surgidos nas ruas em favor da arte que refletia a filosofia do "ganância é bom" e "eu não crio nada, eu compro", que ficou famosa no filme de sucesso de Oliver Stone *Wall Street: Poder e cobiça*. No mundo da arte, isso se manifestava no que Haring chamava de falsa intelectualidade da arte conceitual feita pelos marchands.

Haring não se encaixava naquilo. Nem as pessoas que ele conhecia e respeitava, como Jean-Michel Basquiat, que tinha saído de moda, acusado de usar artifícios. Sem ter ideia de quem Basquiat era, do que sofreu ou da importância histórica que tinha, o crítico supostamente venerável da revista *Time*, Robert Hughes, o considerou "o Eddie Murphy do mundo da arte". Haring disse que a frase era "racista e ridícula".[78] E magoou profundamente Basquiat.

Após a morte de Warhol, o vício de heroína de Basquiat saiu de controle. Segundo Glenn O'Brien, "ele tinha um vício tão grande que podia ser integrante dos Rolling Stones".[79] Haring o viu no início do verão de 1988. Basquiat lhe disse que tinha largado a heroína "definitivamente" e o amigo, por sua vez, contou que tinha aids, mas estava se sentindo ótimo.[80] Os dois amigos estavam mentindo. Aquele foi o último momento desses dois artistas juntos. Jean-Michel morreu de overdose no próprio estúdio no dia 12 de agosto, aos 27 anos.[81]

Basquiat criticou a ganância do mundo da arte com humor e a angústia do racismo com genialidade,[82] e aí estava o problema: ele não se curvava diante de ninguém, e o *establishment* o odiava por isso.

Capítulo 25

Los Angeles, 1988-1989

Music is healing. Some secrets r so dark they have 2 b turned in2 song 1st b4 one can even begin 2 unpack them.*

— *Prince*[1]

O COMPROMISSO DE Madonna com *Speed-the-Plow* terminou em 28 de agosto de 1988 e ela voltou para Los Angeles. Após um período de esgotamento emocional e de tantos meses interpretando Karen, ela precisava de um lugar para se recuperar e criar em vez de interpretar a arte de outra pessoa. No entanto, esse lugar não era Malibu. Enquanto ela esteve fora, a casa tinha virado um território de livre circulação de testosterona. Sean Penn não tinha se livrado da persona de *Pecados de guerra* e se cercou de amigos tão pilhados quanto ele. O ator disse que a situação com Madonna começou a degringolar.[2] Ela teve de encarar esse triste fato diariamente.

Madonna completou 30 anos naquele verão, quatro dias após a morte de Basquiat. No mês seguinte, ela começou a trabalhar em um novo álbum que refletiria a realidade dela de mulher mais madura e com mais conflitos. "Eu diria que meus primeiros álbuns vieram da garotinha que existe em mim, que está interessada apenas em pessoas como eu, em ser divertida, encantadora, frívola e doce. O álbum mais recente é meu lado adulto, que está preocupado em ser brutalmente sincero", disse sobre o álbum que se chamaria *Like a Prayer.*[3]

Ao voltar da turnê que fez ao longo do outono, Madonna se lembra de estar "esgotada [...]. Disse a mim mesma: 'Olha, não quero ouvir minhas músicas nunca mais e nem sei se algum dia vou voltar a compor'". Pat Leonard, porém, a convidou para ver o estúdio novo que tinha montado. "Em uma hora, fizemos uma música incrível", lembrou ela.[4] Além disso, enquanto estava na Broadway, ela compôs outra. "Por causa do estado mental em que eu estava", explica,

* A música é uma forma de cura. Alguns segredos são tão sombrios que devem ser transformados em música para que seja possível dar conta deles. *[N. da T.]*

> eu lidei com muitas tristezas de um jeito que não fazia havia tempo, como a morte da minha mãe e certos relacionamentos. Comecei a elaborar tudo aquilo nas noites durante a peça. Especialmente na última cena, quando precisava entrar no palco bastante perturbada e assustada. Eu ficava sentada no camarim com as luzes apagadas, esperando aquela cena, e me obrigava a pensar em algo doloroso. Fazia isso todas as noites e me purguei dessa forma. Foi algo que me impus e me obrigou a encarar esses medos.[5]

Nesse mergulho profundo dentro de si mesma para revisitar o passado, Madonna teve ajuda do pai. Naquele ano, Tony tinha dado aos filhos mais velhos cópias das cartas que a mãe escreveu quando ele estava na Aeronáutica, antes de os dois se casarem. Christopher disse que só leu uma delas porque a mãe era tão devota que ficava "difícil de entender" e que a carta era "cheia de amor e carinho [...]. Falava que Deus mantinha vivo o amor dela pelo meu pai. Era Deus pra lá e Deus pra cá". Madonna nunca conversou com o irmão sobre as cartas e não as mencionou em entrevistas na época.[6] Elas, entretanto, provavelmente a afetaram durante aquele período angustiante.

A mãe de Madonna era muito importante na vida da cantora, que nunca parou de sentir saudades dela. Quando começou a criar o novo álbum, que dedicaria à mãe, essas cartas podem ter funcionado como um bálsamo enquanto ela lutava para manter o casamento. Também não deve ser coincidência que *Like a Prayer* tenha sido a primeira incursão musical de Madonna no imaginário católico que a mãe tanto amava, ou ainda que conectasse crença e paixão à família.[7]

Em *True Blue*, Madonna voltou às boas lembranças da infância com os grupos femininos, a alegria da música e a segurança do amor. Em *Like a Prayer*, ela mergulharia no lado sombrio daquela era, quando o mundo dela desabou e parecia prestes a desabar novamente. Ela escreveria todas as letras do novo álbum sozinha. Para a parte musical, a cantora recorreu mais uma vez a seus dois colaboradores mais confiáveis, Pat Leonard e Steve Bray.[8]

Madonna trabalhou no álbum ao longo de cinco meses, na maior parte em Burbank, dentro do estúdio de Leonard, chamado Johnny Yuma. "Nós o batizamos de álbum do divórcio", disse o músico.[9] Algumas vezes, Madonna "ficava de óculos escuros o dia inteiro dentro do estúdio. Ela estava passando por um momento muito difícil".[10]

Das 11 músicas do álbum, duas foram compostas com Bray, oito com Leonard e uma com Prince. Leonard disse que, em boa parte do disco, entrava no estúdio às 8 horas e Madonna chegava umas três horas depois para ouvir a canção na qual ele estava trabalhando. "Eu colocava a música, as mudanças de acorde, algum tipo de batida, linha de baixo, algo simples, e dizia: 'A ideia que tenho para hoje é essa aqui'", contou ele.

> Ela escutava e depois conversávamos um pouco. Muitas vezes eu dizia: "Esse é o verso e aqui está o refrão." Ela retrucava: "Não, é o contrário. Inverte isso." Aí eu invertia [...]. Madonna começava a fazer as letras e muitas vezes havia uma melodia implícita. Ela começava a partir dali ou, se houvesse apenas uma mudança de acorde, criava uma melodia.[11]

Madonna comentou sobre a produção com Leonard: "Acho que ele nunca fez uma melodia que eu *peguei* e disse: 'Muito bem, está pronta. Agora vou jogar algumas palavras por cima.' Sempre precisamos trabalhá-las."[12]

A inspiração para criar as letras veio da arte e da própria vida. Só no ano anterior, ela teve experiências suficientes para uma existência inteira: o casamento problemático, a Broadway, a doença de Howard Brookner, os novos amigos e a morte dos antigos, a fama capaz de iludir e a intensa reação a ela, além da evolução pessoal de menina a mulher. No início de 1988, Madonna disse: "Existe um lado meu que estou cada vez mais à vontade para expressar, que tem a ver com uma dor e uma tristeza reais que sinto."[13]

Se as palavras não vinham, ela parava. "Não dá para forçar. Mas existe uma disciplina necessária. Quando tenho que fazer um álbum, eu me sento e digo: 'Vamos lá.' Me dou um tempo, mas de vez em quando fica difícil de verdade."[14]

Não foi difícil em *Like a Prayer.* As letras simplesmente brotaram. Leonard disse que Madonna fazia os versos, o refrão e a ponte de cada música em cerca de uma hora. "E depois ela cantava, nós fazíamos algumas harmonias [...] e geralmente lá para as 15 ou 16 horas, ela ia embora."[15] Quando compuseram o single "Like a Prayer", ele disse "que parecia que estávamos em chamas".[16]

> Em determinado momento, percebemos que aquela seria a faixa-título e o primeiro single, e que seria uma música poderosa. Ficou óbvio que havia algo singular ali [...]. Existe um clima diferente quando você compõe algo e sabe que não consegue estragá-lo nem arruiná-lo, pois já está perfeito.[17]

Madonna descreveu a música como a voz de uma jovem perdidamente apaixonada por Deus.[18] Para comunicar isso, ela queria fazer algo "bastante voltado para o gospel e *a cappella*, praticamente sem instrumentação, só minha voz e um órgão [...]. Depois, criamos a ponte juntos e tivemos a ideia de colocar um coral".[19]

O início com um coral, com a diversidade de vozes, elevou a mensagem da canção, o que santo Agostinho chamava de expressão de não só um, mas de vários corações.[20]

Para "Like a Prayer", Madonna chamou Andraé Crouch e o Los Angeles Church of God Choir. O coral cantou em "Man in the Mirror", de Michael

Jackson, lançada naquele mesmo ano. Ao trabalhar com Madonna, Crouch virou um fenômeno "pop/rock gospel". Ele foi criticado por alguns puristas da cena gospel, mas não hesitou em trabalhar com Jackson ou Madonna. "Eu canto o que Deus me dá para cantar", disse.[21]

Segundo ele, Madonna queria algo "com cara de igreja, então tentei incrementar o que ela fez e deixar o mais poderoso possível". Esse virou o tema do single: incrementar. O baixista Guy Pratt definiu o processo de gravação da música como "uma experiência extracorpórea [...]. Quando eu estava tocando, Madonna dizia: 'Mais, Guy! Mais!'". Ele chamou o resultado de "a performance de baixo mais insana de todos os tempos em um disco de pop" e a melhor que já fez.[22]

Ainda segundo Pratt, Madonna era "formidável [...]. Todos os grandes músicos de estúdio de Los Angeles que estavam lá ficavam calados e a respeitavam". Madonna conquistou esse respeito. Enquanto gravava "Oh Father" com seis músicos, ele disse:

> Acho que fizemos um ensaio e não estávamos gravando. Até que Madonna entrou na sala de controle e cantou, sendo que ela nunca tinha cantado essa música. Ao final da gravação, ela fez observações, que foram aceitas por toda a banda. Ela não dizia algo como "quero mais roxo". Eram instruções compreensíveis como "Guy, pegue mais leve...". Ela cantou a música pela primeira vez, acertou em cheio e corrigiu o que todos estavam fazendo.[23]

Madonna começou a compor "Oh Father" enquanto ainda estava na Broadway "em um estado de espírito muito sombrio". Ela considerou a música o "trabalho mais autobiográfico que já havia feito, com um pouco de drama a mais porque ser *completamente* autobiográfica é muito chato",[24] e afirmou que o tema não era apenas o pai dela. Era "eu lidando com todas as figuras de autoridade que passaram pela minha vida".[25]

Essa música foi a única feita por Leonard e Madonna para *Like a Prayer* que não foi composta durante a maratona de duas semanas.[26] Segundo a cantora, "ele veio para Nova York e nós nos reunimos em um estúdio lúgubre e horrível no Garment District [...]. Foi isso que saiu de mim".[27]

Leonard sentiu que "Oh Father" era a música mais "real" que eles compuseram juntos.[28] Os dois pensaram em acertar os vocais, "mas aí ouvimos de novo e pensamos: 'Por quê? Eles estão bons'", lembrou Madonna. "Então decidi não limpá-los. Existem sons estranhos que a garganta faz quando você canta, os Ps estouram no microfone, os Ss saem sibilados [...] e não consertei nada disso [...]. Porque esses sons também transmitem emoções."[29]

Uma das músicas mais curiosas do álbum foi a que Madonna gravou com Prince. Em algum momento, ela o encontrou em Minnesota para trabalhar no que eles acreditavam que se tornaria um musical. Quando o plano não se concretizou, eles continuaram a trocar ideias, e tudo indicava que algo poderia acontecer.[30] Até que Prince foi vê-la durante *Speed-the-Plow*.

Ele fez uma fita com trechos das músicas que os dois tinham feito juntos. "Love Song" era uma delas. Madonna a considerou "ótima" e a queria em seu novo álbum. "Ela combinava com todas as outras canções porque fala de uma relação de amor e ódio."[31]

Prince concordou e eles começaram a trocar fitas, criando com base na música e nas letras de Madonna.[32] "Foi divertido porque nessa canção temos apenas a minha bagagem musical e a dele. Eu não tive a ajuda de Pat nem de Steve. Toquei teclado sozinha e, como não sei tocar muito bem, ela saiu estranha e interessante."[33]

Prince também tocou guitarra em outras faixas do álbum: "Like a Prayer", "Act of Contrition" e "Keep it Together".[34] Esta música, segundo Bray, mostrava a cantora lidando com o impacto que o sucesso teve na família dela.[35] Outras faixas no álbum também surgiram de questões familiares, como "Promise to Try".[36]

"Eu toquei piano e ela cantou", disse Leonard sobre "Promise to Try". "Ela estava bem ao meu lado, perto do piano e sem fones de ouvido."[37] Segundo Madonna, a música não tratava de "uma coisa só. É meu pai falando comigo, sou eu falando comigo".[38] A letra também falava da mãe de Madonna, "um desejo de tê-la em minha vida, mas também aceitar o fato de que ela não está aqui [...]. Eu sempre falo com ela. Quer dizer, sempre falei. Não sei se ela pode me ouvir, mas conto o que uma garota só pode dizer para a própria mãe. Assuntos pessoais".[39]

Diante do que Madonna chamou de casamento montanha-russa, a quarta música "sobre família" do álbum, "Till Death Do Us Part", só pode ser entendida como um vislumbre do casamento com Penn. Madonna disse que a música falava de "um relacionamento destrutivo que é poderoso e doloroso. Contudo, nesta música é um ciclo do qual você só consegue sair se morrer [...]. Aí é onde a verdade termina porque eu jamais gostaria de continuar em um relacionamento terrível até o dia da minha morte".[40]

Como ela disse, a música era "brutalmente honesta" ao descrever violência doméstica. Outras cantoras e compositoras na época também abordavam temas difíceis. Em 1987, Suzanne Vega fez sucesso com o single "Luka", que falava de abuso infantil, e MC Lyte lançou "I Cram to Understand U (Sam)", sobre vício em crack (que ela compôs aos 12 anos). Em 1988, Tracy Chapman fez sucesso com a bela e sombria "Fast Car", que falava de um tormento doméstico do qual era impossível escapar. No caso de "Till Death Do Us Part", a história mais geral e a crítica social foram praticamente deixadas de lado pelos críticos em nome das pistas fascinantes que a canção parecia fornecer sobre a vida de Madonna.

Contudo, se os críticos não captaram a mensagem da música sobre relacionamentos abusivos, as mulheres que eram vítimas dessa violência entenderam. Madonna fez uma descrição perspicaz e fria da vida que elas levavam e do medo que enfrentavam — sem julgá-las. Ela apenas apontava os fatos, e neles havia uma escolha implícita: ficar ou ir embora. Cabia à mulher decidir. Se a música parecia chocante por ser tão real e intimista foi porque Madonna estava no processo de tomar essa decisão.

A ideia da música não era oferecer um conselho. Madonna decidiu fazer isso na sua primeira faixa verdadeiramente feminista: "Express Yourself". "A mensagem da música é que as pessoas sempre devem dizer o que querem", explicou. "Às vezes sentimos que, se pedimos muito ou pedimos algo que não deveríamos pedir de alguém com quem nos importamos, a pessoa não vai gostar de nós. Então nos censuramos."[41]

"Express Yourself" transformou o íntimo em político ao tomar o poder e dá-lo às mulheres e ao desafiar qualquer um a tentar retirá-lo.[42] "Não inventamos o feminismo", disse Bray, que compôs a faixa com ela, "mas esse foi um chamado à ação [...]. Tenho muito orgulho de ser coautor de uma música que fala sobre expressar a própria verdade e exigir ser tratada como igual e como parceira".[43]

Madonna procurou os colaboradores musicais que conhecia mais confiáveis para criar o álbum e recorreu a Herb Ritts para fotografar a capa, que foi a terceira assinada por ele. Em 1986, ele a fotografou para *True Blue* e, em 1987, assinou as fotos da capa do primeiro álbum de remixes da cantora, a coletânea *You Can Dance*. Os dois álbuns mostravam o rosto de Madonna. Para *Like a Prayer*, ele preferiu se concentrar na famosa cintura da cantora.

A foto da capa, com uma imagem sugestiva de quadris vestindo jeans, foi um tributo e uma apropriação das imagens usadas pelos Rolling Stones na capa de *Sticky Fingers* e por Bruce Springsteen no álbum *Born in the U.S.A*. Na contracapa, Ritts homenageou a beleza feminina que aqueles garotos não poderiam tocar e fotografou Madonna rezando com o vestido de seda que ficaria famoso no clipe de "Like a Prayer".

Entre as surpresas para os que compraram o álbum estavam o aroma de óleo de patchouli que saía da embalagem, como se fosse incenso em uma igreja, e um folheto intitulado "The Facts About AIDS" [Verdades sobre a aids]. Após uma breve introdução denunciando o preconceito contra os gays e a violência contra pessoas com a doença, havia uma descrição em linguagem objetiva do comportamento arriscado que espalhava a doença.

> Você pode pegar aids fazendo sexo vaginal ou anal com um parceiro infectado.
>
> Você pode pegar aids compartilhando agulhas para injetar drogas com uma pessoa infectada.
>
> Você pode pegar aids nascendo de uma mãe infectada.[44]

Em 1988, a referência a sexo anal causava espanto. Para os Estados Unidos convencional, aquilo extrapolava os limites. Para os jovens que navegavam nas águas perigosas do despertar sexual, era uma tábua de salvação. Savas Abadsidis, o futuro editor das revistas *HIV Plus* e *The Advocate*, tinha 15 anos quando Madonna lançou o álbum com o encarte. Ele disse que o leu "de cabo a rabo [...]. No fim das contas, Madonna me ensinou mais sobre sexo do que a escola".[45]

Like a Prayer mostrou um som totalmente novo de Madonna. Segundo Bray, foi a primeira vez que as letras e a experimentação musical foram mais importantes do que a batida.[46] Foi o que a tinha levado a "Live to Tell", que ficava bem longe das pistas de dança. Entretanto, o álbum era arriscado em termos comerciais porque a dance music dominava as rádios. Em boa parte, graças à própria Madonna, além de Michael Jackson e Prince, nasceu um novo formato de pop chamado "crossover urbano", que rompeu as barreiras étnicas do mercado e "o apartheid das rádios" que impediam jovens brancos de ouvir música negra e jovens negros de ouvir música branca.[47]

E, em parte, por causa de Madonna, uma nova geração de jovens cantoras pop estava subindo nas paradas, como Paula Abdul, Debbie Gibson, Shanice Wilson, Alisha e Tiffany, enquanto Janet Jackson fazia um sucesso *imenso*. Também havia Whitney Houston, cujo álbum de estreia lançado em 1985 ficou em primeiro lugar por 14 semanas. Com 21 anos, ela era a dona das rádios na época.[48] A indústria musical despertou para o fato de que os homens não eram as únicas pessoas a comprar discos e que havia um vasto público feminino que os executivos de gravadoras não podiam mais se dar ao luxo de ignorar.

Madonna enfrentava um novo tipo de pressão. Leonard sentia que estava "na berlinda" enquanto produzia *Like a Prayer*. "Os empresários ficavam ligando para saber como as gravações estavam indo e a gravadora pedindo para ouvir algo." Se a gravadora se preocupava com o risco de lançar um álbum tão inovador e fora de sincronia com o mercado como *Like a Prayer*, Madonna não ligava. "Eu não mudei nada, nem o deixei mais palatável para o consumo de massa. Eu compus o que sentia."[49] Ela nunca pegou o caminho mais fácil. Depois de *Like a Prayer*, Madonna ocupou um espaço próprio na música.

No outono de 1988, a cantora encontrou Warren Beatty para falar sobre o filme dele, *Dick Tracy*. Ele precisava de um sucesso porque o filme anterior com Dustin Hoffman lançado um ano antes, fora um fracasso e boatos afirmavam que *Ishtar* tinha sido um desastre de 51 milhões de dólares.[50] *Dick Tracy* poderia ser o filme que ressuscitaria a carreira dele. Escalar Madonna como protagonista feminina lhe daria credibilidade com os jovens, que não se interessavam por um homem de 51 anos[51]

A situação era incômoda porque, desde *Clamor do sexo* (1961), primeiro grande filme de Beatty, ele tinha se tornado o príncipe de Hollywood, um Casanova norte-americano. (O biógrafo Peter Biskind estimou que, no fim dos anos 1980, Beatty tinha feito sexo com quase 13 mil mulheres, sem contar "rapidinhas" e "boquetes no carro".) Ele era o epítome da revolução sexual unilateral dos anos 1960, seduzindo quem surgisse no caminho e no círculo profissional dele.[52] No entanto, isso já não funcionava mais. Ele precisava ressuscitar a própria fórmula.

Desde o início da carreira, com *Clamor do sexo* e a colega de cena, Natalie Wood, o ator estabeleceu um padrão fora das telas que funcionava muito bem: Beatty e a protagonista se apaixonavam. A imprensa cobria o romance, que geralmente era tumultuoso, às vezes envolvia um marido rejeitado, brigas públicas e quase sempre uma conquista para Beatty quando a mulher sucumbia ao charme dele. O filme ganharia com a divulgação e, quando saísse de cartaz, o relacionamento também terminaria.[53]

A pergunta que não quer calar é: por que Madonna iria querer isso? Porque ele era destemido e brilhante como artista. Não como ator, mas como um visionário que impulsionava o cinema a novas dimensões estéticas e políticas.

Se a carreira de Beatty começou em 1961 com *Clamor do sexo*, sua força na indústria do cinema se consolidou em 1967, com *Bonnie e Clyde*, do diretor Arthur Penn. É difícil descrever como aquele filme foi revolucionário na época. Os foras da lei do título eram retratados como populistas, roubando dos ricos que roubaram do povo. Lançado em meio à guerra do Vietnã e aos protestos pelos direitos civis, *Bonnie e Clyde* não só foi visto como glamourizando a rebelião, como também justificando a violência. O próprio Beatty disse que a mensagem do filme era: "É melhor dar dinheiro a quem não tem, ou eles vão atirar em você."[54]

Bonnie e Clyde se transformou em um grande sucesso apesar das resenhas mornas dos críticos, aparentemente com medo de endossá-lo. Pauline Kael, porém, decidiu seguir um caminho diferente. Na *New Yorker*, ela o descreveu como melhor filme norte-americano desde *Sob o domínio do mal*, de 1962. Roger Ebert o chamou de "um marco na história do cinema norte-americano, uma obra verdadeira e brilhante".[55] Após *Bonnie e Clyde*, uma "nova onda" de filmes no mesmo estilo, que tinham como alvo uma plateia mais jovem e popular, tomou conta de Hollywood.[56]

Beatty não era apenas um ator nessa obra. Ele também foi o produtor, saindo desse projeto multimilionário e um dos homens mais poderosos da indústria cinematográfica.[57] Ele também fez *Reds*, sobre o jornalista norte-americano radical John Reed, que cobriu a Revolução Russa e virou ativista e simpatizante do comunismo. *Reds* era o projeto queridinho de Beatty, que o estrelou, produziu e dirigiu. Os críticos se dividiram nas opiniões, mas ele recebeu 12 indicações ao Oscar em fevereiro de 1982 e ganhou o prêmio de Melhor Diretor.[58] Então, em 1987, veio o malfadado *Ishtar*.

Beatty conhecia todo mundo no mercado dos filmes, a velha e a nova Hollywood. Ele experienciou a indústria cinematográfica como vencedor e perdedor. Se Madonna queria fazer sucesso nos cinemas, tinha em Warren Beatty o professor perfeito. Embora não falasse nada de si mesmo (um dos amigos mais próximos disse que ele nunca se abriu em 45 anos de amizade), o ator adorava falar de cinema.[59]

Em 1987, Beatty fez 50 anos. O pai dele tinha acabado de morrer, e outros no círculo de amigos estavam exaltando as virtudes do casamento ou da paternidade e uma mulher (mais ou menos) estável. Havia também o fantasma da aids, que fez os mulherengos de Hollywood darem uma pausa. Com esse cenário, ele voltou a atenção profissional para *Dick Tracy*.[60]

Quando o roteiro do filme se desenvolveu, passou a ser sobre um mocinho lutando contra um sistema corrupto e um homem de meia-idade dividido entre o apelo da esposa e do filho e a tentação de uma sedutora. Em outras palavras, era uma versão em quadrinhos do estado mental de Beatty.[61]

Ele driblou o problema de contratar um diretor e um protagonista assumindo as duas funções. Para as protagonistas femininas, recorreu à instigante atriz Sean Young, de *Blade Runner: O caçador de androides*, para interpretar a mocinha Tess Truehart. Para a sedutora Breathless Mahoney, passou por uma lista de louras antes de chegar em Madonna.[62]

Madonna queria o papel. Ela não via Breathless Mahoney como uma força sombria e manipuladora no mundo certinho de Tracy, e sim como "uma mulher que tem medo. É uma mulher sedutora que sofre muito".[63] "Acho que estive me preparando para esse papel a vida inteira."[64] "Todos disseram que eu seria perfeita para o papel."[65]

Fica a dúvida se Sean Penn estava entre "todo mundo" que achava uma boa ideia. Ele fazia parte do "Clube do Bolinha" de Hollywood e sabia o que aconteceria se Madonna conseguisse o papel, porque *todos* em Hollywood sabiam. Era um jogo para os espectadores: quanto tempo levaria para que Madonna engrossasse a lista de conquistas de Warren? Penn teria dito: "Faça o que quiser, mas nunca faça um filme com Warren Beatty."[66]

Freddy DeMann também achava que ela não deveria fazer o filme, mas Madonna aceitou o papel. Com Al Pacino, Dustin Hoffman, James Caan, Paul Sorvino e Mandy Patinkin no elenco, a Disney deu a bênção à produção. As filmagens começariam em fevereiro de 1989.[67]

Morando na cidade há apenas três anos, Madonna entrou para o primeiro escalão de Hollywood. Ela já estava no nível das estrelas de filmes de grande orçamento e conhecia os maiores atores, produtores e diretores da indústria pelo primeiro nome. No grande mundo do entretenimento, ela se tornou incomparável, mesmo se o critério fosse apenas financeiro. Entrou na lista dos dez artistas mais bem pagos da revista *Forbes* pelo segundo ano consecutivo. Mais uma vez, foi a mulher com maior rendimento da lista.[68]

Penn iria estrear em 16 de novembro no Westwood Playhouse, em Los Angeles, a peça *Hurlyburly*, de David Rabe, definida pela produtora do espetáculo, Barbara Ligeti, como "uma acusação mordaz a Hollywood".[69] A história é contada pela perspectiva de dois agentes de seleção de elenco que habitam um mundo em que tudo é negociável e todos estão à venda. As mulheres na peça são consideradas pelos homens vagabundas dispensáveis. A cocaína é parte importante da vida desses homens, assim como a mentira, a traição e a violência. Por mais detestáveis que sejam, esses personagens são apenas figurantes no jogo mais corrupto de todos: a indústria do cinema em si. Na peça de Rabe, a indústria é a vilã e os homens são tão vítimas quanto as mulheres.[70]

Uma peça anti-Hollywood tinha seus riscos, especialmente por ser apresentada no olho do furacão (boatos diziam que foi um pedido de Penn, para que pudesse ficar perto de Madonna). Ligeti e Rabe, contudo, alegaram que a indústria amava uma história sobre si mesma, e parecia que eles estavam certos. Os ingressos venderam bem, ainda que Los Angeles não fosse uma cidade com uma cultura do teatro.[71]

Penn tinha orgulho de seu papel naquela peça. Ele acreditava que foi o momento em que o ofício e a habilidade que ele tinha de se expressar se uniram.[72] Pode ser por isso que ele ficou com tanta raiva de Madonna.

Ela esteve presente durante os ensaios do espetáculo. Na noite de estreia, porém, alguns relatos dizem que ela chegou atrasada acompanhada de Sandra Bernhard. Durante uma festa na boate 20/20, em Century City, Penn estava visivelmente chateado com o que tinha acontecido. Segundo os boatos, ele a xingou e perguntou: "Como você pôde fazer isso comigo?" Os frequentadores ouviram a comoção que vinha de uma sala reservada, com Madonna gritando em resposta.[73]

Aquela briga foi singular por ter sido pública, mas foi só mais um episódio dramático ocorrido nos últimos meses de 1988, enquanto o casamento se desgastava. "Eles tinham momentos tumultuados e depois, calmos e felizes", disse Rabe. Durante o período de *Hurlyburly*, ele se lembra de ter ido a uma festa na residência do casal. "Madonna tocou as primeiras fitas de *Like a Prayer* para nós. Foi muito empolgante [...]. Em muitos momentos, eles me pareceram felizes e muito apaixonados. Até que, bem..."[74]

Ao longo das festas de fim de ano, Madonna aparecia no teatro para ver a peça em que Penn atuava e levá-lo para casa.[75] Enquanto ela trabalhava em

Like a Prayer, o ator estava presente, ouvindo-a e apoiando-a a ser tão ousada e sincera quanto fosse necessário. Madonna disse que ele amou até a música sobre violência doméstica, "Till Death Do Us Part".[76] Entretanto, depois que ela aceitou o papel em *Dick Tracy*, Penn desconfiou de que Madonna tivesse ficado atraída pelo brilho e glamour da indústria e estaria disposta a trocar a integridade artística por uma oportunidade de entrar naquele mundo.[77]

Não era o caso, porém. A Hollywood mainstream era um passo necessário para virar a artista que ela achava que poderia ser. Após ser desrespeitada por seu trabalho no cinema por tanto tempo, talvez ela tenha achado que o prestígio de Beatty e da Disney a protegeriam das críticas. Só que o mais importante era o simples fato de que ela amava o cinema, especialmente aqueles filmes alto-astral feitos durante a era de ouro de Hollywood.

Penn, entretanto, enxergou apenas traição. Em um determinado momento, ele voltou para a casa dos pais. Dizem que bebia e ligava várias vezes, deixando recados furiosos. O biógrafo do início da carreira de Madonna, Mark Bego, citou uma pessoa com acesso às gravações que disse: "Já perto do fim do casamento, ele deixou uma mensagem para ela que dizia: 'Você pode continuar a chupar o pau enorme de Hollywood se quiser, mas não conte comigo!'"[78]

Foi um momento extremamente difícil para os dois. Penn tinha ficado amigo do recluso Hal Ashby, diretor de alguns dos filmes mais marcantes da Hollywood dos anos 1970, como *Ensina-me a viver* e *Muito além do jardim*.[79] O diretor de 59 anos e o ator de 28 jogavam sinuca na casa do casal quando Madonna estava fora.[80]

Para um homem jovem, havia muito o que aprender com Ashby sobre cinema e muito mais sobre a vida. Por um breve período, parecia que eles colaborariam em algum projeto. O diretor, porém, morreu em 27 de dezembro de 1988, em virtude de um câncer no pâncreas que durou três meses. Penn, que conviveu com ele boa parte desse período, ficou arrasado.[81]

Pouco tempo depois, algo aconteceu em Malibu. De acordo com o biógrafo de Penn, Richard T. Kelly, na manhã depois da morte de Ashby, Penn e Madonna tiveram uma briga durante o café da manhã em que ele pediu que ela saísse de casa. Madonna disse que voltaria para buscar os pertences dela, mas o ator ameaçou cortar o cabelo da cantora se tentasse.[82] Segundo ele, Madonna "levou a ameaça muito a sério" e procurou a polícia. "Uma equipe da SWAT cercou minha casa e entraram por todas as portas [...]. Ela achou necessário informar que havia armas de fogo no local." Sean disse que estava comendo cereal quando a polícia chegou. Ele não foi preso.[83]

A história veiculada na imprensa descrevia um episódio violento na noite anterior, que parecia se basear na matéria de um tabloide britânico publicada em janeiro de 1989 que outros leram e reproduziram. Até a colunista de fofoca Liz Smith repetiu a história, admitindo que "não tinha provas de que o fato acontecera". Outros justificaram a publicação dizendo: "Quando existem tantas matérias publicadas na imprensa, tem que haver algo."[84]

Em 1989, Madonna negou os relatos, mas, como não deu detalhes, as negativas não foram levadas a sério. Quando a queixa à polícia foi retirada, dizia-se à boca pequena que ela só queria evitar a prisão de Penn. Desde então, ambos negaram as histórias. Em 2015, ele processou um diretor por repeti-las. Com os registros policiais apagados durante um procedimento de rotina em 1992, é impossível confirmar detalhes sobre aquela noite ou até mesmo divulgar o que foi publicado pela imprensa na época, por causa do processo do ator.[85] Independentemente do que ocorreu, aquele foi o fim do casamento.

Liz Rosenberg procurou Christopher em Nova York e pediu que ele fosse a Los Angeles ajudar a irmã. "Eu liguei para Madonna e perguntei como ela estava", contou Christopher. "Ela falou que estava bem, só que com a voz embargada, então eu sabia que não estava." Madonna disse também que precisava encontrar um lugar para morar e que estava hospedada na casa de Freddy DeMann em Beverly Hills. Após afirmar que estaria lá pela manhã, Christopher fez as malas e foi para a Califórnia. Ao longo da década seguinte, ele estaria do lado da irmã quase o tempo todo.[86] Certa vez disse: "Eu nasci filho da minha mãe, mas vou morrer irmão da minha irmã."[87]

Madonna buscou Christopher no Hotel Bel Age num Mercedes 560 SL conversível, que teria por dez anos sem jamais abaixar a capota. Ela parecia frágil e cansada, mas não queria falar "daquilo", isto é, de Penn, porque estava concentrada em procurar uma casa. Ela precisava se mudar em breve, e deixou a busca e a decoração com Christopher. Madonna disse a André Leon Talley, da *Vogue*, que o irmão caçula "tem o gosto mais impecável de todas as pessoas que conheço". "Ela tem a própria maneira de ver o mundo. Eu ofereço formas diferentes de olhar para tudo. Outras pessoas também fazem isso, mas conosco é diferente. Nós brigamos muito, às vezes ela ganha, às vezes eu ganho, mas não damos trégua. Nenhum de nós tem medo de ser direto", comentou Christopher.[88]

Ele visitou 25 casas até encontrar uma em Oriole Way, no alto de Hollywood Hills. "A casa parece uma grande cobertura nova-iorquina, exceto pelo fato de ter piscina e uma vista melhor", contou.[89] Desacostumado a tais ambientes, um jornalista britânico descreveu a vista da casa como "de tirar o fôlego" e o bairro no qual "a segunda profissão mais comum é jardineiro e a primeira é celebridade pangaláctica".[90]

O imóvel da Oriole Way não precisava de reforma, então Christopher se ocupou decorando a casa, das antiguidades mais elaboradas aos utensílios de cozinha mais básicos. Ele nunca tinha feito compras nessa escala, mas foi fácil. Assim que anunciava estar comprando em nome de Madonna, "todas as portas se abriam". A irmã tinha apenas um pedido. "Ela exigiu bons lençóis", contou ele.[91] Os dois concordaram que a cozinha era o cômodo mais importante. "Em uma casa italiana, a socialização sempre gira em torno da cozinha." Quando percorreu as lojas da avenida Melrose em busca de antiguidades, escolheu móveis italianos, os quais ele e a irmã preferiam. "É grandioso sem ser espalhafatoso, como os móveis franceses", explicou Christopher.[92]

Contudo, mais importante do que lençóis, cadeiras do século XVIII e coadores, era a arte. A obra mais impressionante era uma pintura imensa de Jérôme-Martin Langlois, do início do século XIX, uma cena mitológica com figuras nuas que tinha sido encomendada para Versalhes. Christopher a pendurou no teto da sala de estar principal.[93] Além disso, Madonna tinha a própria coleção de arte, que começou a construir com o primeiro cheque da Sire.[94] "Era uma coleção muito pessoal e particular", disse o curador e crítico de fotografia Vince Aletti. "Não importa quanto ela pagasse de consultoria, os resultados na parede nunca eram previsíveis. Tinha um Dalí pequeno e extraordinário que é um dos mais lindos que já vi."[95]

Em 1989, a casa tinha peças dignas de museu que foram dadas de presente por nomes como Keith Haring e Andy Warhol, e outras que Madonna tinha comprado sem pensar no valor monetário futuro, apenas porque se identificava com elas. Entre essas obras estavam pinturas de Fernand Léger, Frida Kahlo, Diego Rivera, Tamara de Lempicka e Picasso, além de fotos de Tina Modotti, Edward Weston, Irving Penn, Man Ray, Weegee e Herb Ritts. Ao longo da vida, a arte seria o único prazer material de Madonna, que afirmou que colecionar era "como uma doença".[96]

Um destaque da coleção era *Meu nascimento*, de Frida Kahlo, pintada quando a artista vivia em Detroit, em 1932. Na obra, a adulta Kahlo surgia da vagina da mãe. "Para mim, essa ideia de nascer inteira e já adulta é algo crucial para o que significa ser Madonna", disse o jornalista musical Greil Marcus. "Obviamente, se você pode se criar, pode se recriar o tempo todo."[97]

Christopher deixou a casa pronta em duas semanas, o que permitiu a Madonna se mudar antes da finalização do divórcio.[98] Os termos eram simples: Madonna tiraria o sobrenome de Penn para voltar a ser Ciccone, ficaria com todo o dinheiro dela e o apartamento de Nova York. Penn ficaria com o dinheiro dele e a casa em Malibu.[99] As residências eram "os únicos bens para os quais os dois tinham contribuído com dinheiro. Todo o resto ficou e se manteve separado", contou o ator.[100] Ele se recusou a assinar um acordo pré-nupcial, que chamou de "sentença de morte para um casamento. Nem sob as piores circunstâncias vou tirar um centavo sequer do dinheiro de outra pessoa".[101]

Enquanto os advogados preenchiam os papéis, começava o verdadeiro trabalho de reconstruir uma vida. Madonna disse que, após o divórcio, se sentiu um "fracasso total como qualquer boa católica". Levaria alguns anos até que a sensação de fracasso se transformasse em uma tristeza persistente e o reconhecimento terrível de que perdera o amor de sua vida se transformasse em arrependimento. No primeiro ano, Madonna disse: "Toda vez que você liga o rádio, vê uma cor ou sente um cheiro, lembra [...] e desaba." Para ela, aquilo era "como a morte".[102]

Tanto ela quanto Penn fizeram declarações públicas após o fim do relacionamento e ambos aceitaram a responsabilidade que tinham no término. O ator descreveu o casamento com Madonna como

> um período de paz insuficiente [...]. Você tem que entender. Quando Madonna e eu ficamos juntos, [...] ela ainda não tinha saído em turnê [...]. Minha compreensão do rumo que Madonna estava escolhendo foi um mal-entendido. E o grau do que ela escolhia e para o qual seria escolhida foi [...] uma surpresa. Uma grande surpresa [...].
>
> Comecei a ter uma noção logo após ficarmos juntos, mas na época estávamos envolvidos. Você não vai embora só porque algo é um pouco difícil.

Penn disse que no começo nem estava explícito se a carreira de Madonna iria perdurar, mas os holofotes sobre ela foram ficando cada vez mais intensos. "Acho que não há outra pessoa que carregue por aí uma persona do tamanho dos Beatles, do Elvis Presley."[103] Para lidar com a fama da esposa, Penn bebia. "Eu era bem jovem quando tudo isso aconteceu", comentou anos depois. "Acho que me anestesiei muito bem."[104] Ao ser perguntado se o casamento tinha chance de sobreviver, Penn afirmou: "Nem pensar. Com tudo que estava acontecendo? Não tinha como."[105]

> Eu só queria fazer meus filmes e me esconder [...]. Eu era um jovem com muita raiva, que tinha alguns demônios, não sei quem teria vivido comigo naquela época. Eu me comportava muito mal, e ela também. Alguém disse: "Homens são fúteis, especialmente homens jovens." Eu era assim.[106]

Segundo ele, o casamento não acabou "sem que nós dois fizéssemos, da melhor forma possível, uma tentativa para que tudo desse certo".[107]

Já Madonna disse anos depois que não estava pronta para se casar. "Eu estava obcecada pela carreira e não estava pronta para ser generosa de forma alguma."[108] "Penn queria muito uma esposa, alguém que fosse uma cuidadora, algo que eu não estava preparada para ser. Eu lutava contra a ideia convencional de como uma mulher deveria se comportar."[109]

Ela também se culpou por ser ingênua em relação à imprensa e por não ter previsto quanto eles seriam perseguidos de forma patológica. "Quando comecei a sair com Sean, transmiti em larga escala nosso relacionamento."[110]

> Eu queria que o mundo inteiro soubesse que aquele era o homem que eu amava mais que tudo, mas há um preço a pagar por isso [...]. Se você tem uma vida pública e todos descobrem o relacionamento, ele não é mais só seu. Comecei a perceber quanto é importante manter a privacidade e guardar tudo para si o máximo possível [...]. Então, caso você pergunte se compliquei tudo ao tornar público meus sentimentos, a resposta é "Sim, compliquei".[111]

Madonna assinou a escritura da casa nova em 18 de janeiro e reencontrou o cenário do dia do casamento, com helicópteros sobrevoando o local e tirando fotos do imóvel.[112] Ela não se importou porque tinha uma vida para viver. "Foi um momento incrivelmente traumático", disse Bernhard, mas Madonna "tem uma habilidade excepcional de dar a volta por cima. Ela é incrivelmente forte".[113]

Greil Marcus explicou:

> Após alguns anos de carreira, ela devia ser a mulher mais famosa do mundo. Madonna não teve um colapso nervoso (e se teve ninguém ficou sabendo), não teve problemas com vícios. Ela se casou. Quem enlouqueceu? O marido. *Não ela.* Ela parece ter nascido para lidar com a fama e com essa pressão que costuma destruir pessoas.[114]

Capítulo 26

Los Angeles, 1989

Se arte como essa é um crime, então que Deus me perdoe.[1]

— *Lee Quiñones*

O DIVÓRCIO FOI finalizado oficialmente em 25 de janeiro de 1989, mesmo dia em que a Pepsi anunciou um acordo inédito com Madonna. Ela lançaria seu single "Like a Prayer" durante um comercial do refrigerante em troca de 5 milhões de dólares e do patrocínio para a turnê seguinte. O anúncio marcava duas coisas inéditas: uma música ser lançada em um comercial e um comercial para TV ter lançamento mundial. A Pepsi afirmou que ele seria visto em quarenta países ou "em todos os aparelhos de TV no planeta Terra", com uma audiência estimada de 250 milhões de pessoas. Para Freddy DeMann, a campanha de marketing e o comercial com a música eram "o equivalente do mundo pop" a um novo filme de Star Wars.[2]

Em 1989, comerciais e anúncios com celebridades e suas obras tinham virado eventos culturais. Andy Warhol e Keith Haring ilustraram anúncios para a vodca Absolut, Spike Lee criou um comercial para a Nike estrelado por Michael Jordan. Miles Davis e Lou Reed apareceram em comerciais de scooter da Honda. Nenhuma indústria, contudo, usou mais pessoas famosas do que a de refrigerantes. Em um país onde o consumo de bebidas gaseificadas é maior do que o de água, as celebridades eram necessárias para fidelizar os clientes às marcas, em especial no mercado adolescente, que crescia na faixa de bilhões de dólares por ano. A Pepsi e a Coca-Cola estavam envolvidas em uma grande "guerra das colas", cujas bebidas disputavam o mercado com orçamentos e anúncios. Isso levou à necessidade de atrair nomes cada vez mais célebres.[3]

Desde 1984, a Pepsi usava artistas em seus comerciais, como Michael Jackson, Tina Turner, David Bowie, Lionel Richie e a Miami Sound Machine. A empresa tinha até pensado em Madonna em 1985, mas surgiu o escândalo das fotos nuas e ela foi considerada polêmica demais.[4] No fim de 1988, a controvérsia (aparentemente) ficou para trás, e a Pepsi a considerou indispensável. Como a rival Coca-Cola tinha contratado George Michael para anunciar a Diet Coke, dirigido por Stephen Frears, a Pepsi reagiu assinando com Madonna.[5]

Lançar a música nova durante um comercial era arriscado em vários aspectos, especialmente porque passava por cima das rádios, um mercado crucial na época. "Me questionei se era mesmo ela por trás dessa ideia", disse Tom Ruffino, da Warner. "Mas nunca conheci uma artista tão sintonizada com a própria carreira quanto ela, que planeja tudo com muito cuidado. Percebi que seria um ótimo jeito de fazer com que milhões de pessoas conhecessem a música de uma vez."[6]

"Até onde sei, fazer um clipe também é um comercial [... e] gravadoras não têm dinheiro para financiar esse tipo de publicidade",[7] argumentou Madonna. Além do mais, a própria alegou que gostava da ideia de fundir arte e comércio, pois deixava a arte muito mais acessível e elevava o comércio.[8]

O comercial da Pepsi seria dirigido por Joe Pytka. Ele era mais conhecido no fim dos anos 1980 pela campanha governamental chamada "This is Your Brain on Drugs" [Esse é o seu Cérebro sob o Efeito de Drogas], que mostrava um ovo, uma frigideira e um chiado assustador. O trabalho para Madonna surgiu após ele ter filmado o clipe para "The Way You Make Me Feel", de Michael Jackson, e um comercial com o cantor, também para a Pepsi. Contudo, Madonna não sabia se queria trabalhar com Pytka, pelo menos não até ele trazer o coreógrafo Vincent Paterson para o projeto.

Segundo Pytka, ela disse que não cantaria nem dançaria no comercial da Pepsi.

> O contrato não exigia isso, mas eu queria que Vince trabalhasse com o elenco do comercial só para dar um pouco de energia. Madonna entrou no set de filmagem enquanto ele estava ensaiando com os dançarinos e me pediu que a apresentasse. Quando me dei conta, ela já estava lá no meio dançando.[9]

Para a carreira de Madonna, conhecer o coreógrafo foi a parte mais importante do comercial. Paterson seria o responsável pela dança de algumas das apresentações mais marcantes da artista, desde a turnê Blond Ambition até partes do filme *Evita*.[10]

Como aconteceu com Pat Leonard e Steve Bray, um dos motivos da compatibilidade entre Madonna e Paterson era a história de vida de ambos. Ele também foi criado em um lar conservador e católico, o que considerava tê-lo apresentado à ideia de teatralidade. Embora fosse branco, cresceu na Filadélfia em um bairro com pessoas de vários grupos etnorraciais e lá aprendeu a dançar na rua. E, assim como Madonna, ajudou a criar os irmãos depois que o pai abandonou a mãe com oito filhos.[11]

Os dois também eram semelhantes em termos artísticos. O primeiro amor de Paterson foi o teatro. Consequentemente, os dançarinos dele se apresentavam como personagens que se expressavam por meio dos movimentos. Por fim, ele se inspirava na mesma fonte de Madonna: filmes antigos, moda e fotografia. Além disso, trabalhava muito bem em equipe.[12] "Ela foi a primeira pessoa que me completou como artista", contou ele.[13]

A história contada no comercial da Pepsi é uma mistura inteligente de passado e presente: uma mulher assombrada pelo passado e uma menina sonhando com o futuro. O segmento começa com imagens de Madonna quando criança (interpretada pela atriz Heidi Marshall, de 8 anos) em preto e branco no estilo dos filmes caseiros enquanto ouviam-se os primeiros versos de "Like a Prayer".[14]

Na tela, o passado se transforma no presente com a jovem Madonna de boca aberta vendo a Madonna mais velha na TV, dançando na rua, em um restaurante e dentro de uma boate. A Madonna mais velha também dança com crianças em uma escola católica e em uma igreja lotada, onde uma congregação e um coral cantam a música. Pytka termina o comercial com a Madonna adulta segurando uma lata de Pepsi e a jovem versão da cantora segurando uma garrafa antiga do refrigerante. A mais velha diz: "Vá em frente, faça um desejo."[15] É Madonna dizendo à sua versão mais jovem para ser corajosa.

Embora Madonna fosse a estrela, Paterson a colocou em meio à multidão com quem ela dançava de modo tão perfeito que o comercial ficou parecendo uma celebração generosa de todos os participantes. Ele disse que seguiu a dica de Madonna nesse sentido.

> Eu trabalhei com muita gente nessa indústria e ela apresentava a melhor compreensão do próprio sucesso que já [encontrei]. Notei isso pela primeira vez quando filmamos esse comercial para a Pepsi. Fizemos uma cena no corredor de uma escola católica que a mostrava em meio a umas vinte alunas que tinham entre 7 e 13 anos de idade. Quando houve um intervalo, em vez de ir para o trailer e descansar, ela disse: "Será que vocês podem abrir uma dessas salas de aula?" Eles abriram e ela levou todas as garotas lá para dentro para que elas pudessem se sentar e conversar por meia hora.[16]

O comercial era bonito e inspirador. Os executivos da Pepsi estavam tão empolgados que compraram antecipadamente 10 milhões de dólares em tempo de exibição.[17] No entanto, havia um problema sobre o qual eles não estavam cientes. Madonna já tinha filmado um clipe para "Like a Prayer" que seria exibido na MTV. Ele também era lindo e inspirador, e seria o clipe mais polêmico da artista até então. Se a propaganda da Pepsi foi um marco comercial, o clipe da música foi um marco cultural.

Em dezembro do ano anterior, Madonna jantou com Mary Lambert e pediu que ela dirigisse o clipe de "Like a Prayer". Desde 1986, quando trabalharam juntas pela última vez em "La Isla Bonita", de *True Blue*, Mary tinha abandonado os clipes para se concentrar em filmes. Ela passou boa parte do ano de 1988 no Maine dirigindo uma adaptação de *Cemitério maldito*, de Stephen King. Terror não foi sua primeira escolha — ela queria fazer um filme com protagonista feminina, mas no fim dos anos 1980 era difícil vender esse tipo de ideia. Parecia que uma mulher só poderia contar a história de outra mulher em um clipe de uma música feita por uma terceira mulher.[18]

Mary concordou em retomar a parceria criativa com Madonna. "Naquela época, éramos boas amigas e confiávamos muito uma na outra", disse Lambert. Após o jantar, "entramos no Mercedes dela e ficamos rodando por Hollywood. Fomos até Mulholland e ouvimos ['Like a Prayer'] a todo o volume no som do carro".[19]

O clipe que as duas fizeram para "La Isla Bonita" três anos antes precisou de três cenários, quinhentos figurantes e quatro dias de filmagens no centro de Los Angeles.[20] Nele, uma Madonna virtuosa era mostrada no quarto desejando fazer parte de uma vida vibrante nas ruas. Era como a história que tinham feito tão bem antes. Contudo, "Like a Prayer" seria diferente.

Ele trataria de uma escolha, embora dessa vez fosse entre o certo e o errado. Além disso, diria respeito ao êxtase sexual e religioso e à ideia de que não era preciso escolher entre eles porque uma pessoa poderia se entregar a ambos. Falaria, ainda, do patriarcado e da escolha que uma mulher precisa fazer entre se submeter a ele ou desafiá-lo. "Tudo isso fazia parte do diálogo", contou Lambert. "Queríamos pegar determinadas ideias convencionais e dizer: por que não pode ser desse jeito? [...] Eu sabia que haveria polêmica, mas não estava preparada para o tamanho da repercussão."[21]

A música "Like a Prayer" poderia ter sido filmada de muitas formas, mas Madonna quis dar o clima e o visual da tradição cinematográfica e literária *noir* de Los Angeles, bem como usar imagens religiosas para falar de racismo e preconceito.[22] As tensões sociais da época estampavam as manchetes dos jornais.

Naquele mês de abril, em South Central, a ação antidrogas da polícia de Los Angeles, que já era agressiva, adotou uma campanha de terra arrasada no estilo militar que não diferenciava traficantes de civis na hora de fazer prisões, atirar em "suspeitos" ou reduzir lares a ruínas.[23] Enquanto isso, em Nova York, havia tantos casos de violência policial contra pessoas negras que o reverendo Lawrence Lucas, do Harlem, chamou a cidade de "mais polarizada" e "racista" dos Estados Unidos.[24]

A questão era tão importante em todo o país que entrou na campanha presidencial de 1988. A infame propaganda com Willie Horton, mostrando o estuprador negro que fugiu de uma prisão de Massachusetts, ajudou George H. W. Bush a derrotar o concorrente democrata, o governador daquele estado, Michael Dukakis, retratado como leniente no combate ao crime.

Além de Madonna, outros artistas começaram a abordar questões raciais em suas obras. No verão de 1988, Spike Lee estava em Bedford-Stuyvesant filmando sua primeira produção política, *Faça a coisa certa*, sobre um bairro que explodiu com o peso do racismo. Tanto "Like a Prayer" quanto o filme de Lee trouxeram à tona questões perturbadoras e se concentravam na responsabilidade individual de confrontar o racismo onde quer que ele aparecesse.

Para ajudar a contar a história, os dois usaram a música: Madonna escolheu a que ela mesma compôs, enquanto Lee usou "Fight the Power", do Public Enemy. Na época, o Public Enemy era chamado de "banda mais perigosa do mundo".[25] Madonna disse: "Acho que os caras do Public Enemy são heróis. Eles não têm medo de abordar determinados assuntos." Ela também considerava Spike Lee um herói.[26] Esse era o clima enquanto ela filmava "Like a Prayer".

O clipe narrava uma história simples sobre o despertar moral vir por meio do despertar espiritual. Madonna interpreta uma mulher que vê uma gangue de homens brancos agredirem uma mulher branca. Escondida e com medo de se envolver, ela vê um homem negro ajudar a mulher. Como "recompensa", ele foi preso pela polícia, acusado pelo crime. Abrigada em uma igreja, Madonna reza para a estátua de um santo negro que se parece com o bom samaritano que ela acabou de ver sendo preso. Em seguida, o santo chora.

Madonna continua a descrição. "Ela se deita em um banco da igreja e sonha que está caindo sem ninguém para impedir a queda", mas é amparada por uma mulher forte que a envia de volta às nuvens e diz a ela para fazer o que sabe ser o certo. A personagem de Madonna ainda está sonhando quando os sentimentos religiosos e eróticos dela se unem, e a estátua do santo se transforma em um homem. Ela corta a própria mão com uma faca. "Essa é a culpa dentro do catolicismo dizendo que se você fez algo e se sentiu bem com aquilo, você será punida", explica ela.[27]

A canção de um coral toma conta de Madonna enquanto o êxtase religioso se une ao sexual e ela acorda sabendo que tem a força para fazer o certo: falar o que viu e libertar o homem inocente. Segundo Madonna, todo o elenco agradece os aplausos no final porque a história não é de um personagem, e sim da sociedade.[28] Todo mundo tem um papel para garantir que o bem e o amor triunfem sobre o mal e o ódio.[29] Essa era a mensagem escandalosa de Madonna.

As imagens do clipe foram consideradas chocantes, inclua de Madonna dançando usando em frente a cruzes em chamas. "Eu cresci no Arkansas em uma época de muita tensão e violência racial, que era muito ofensiva para mim", disse Mary. "Um dos motivos pelos quais usei uma cruz em chamas em 'Like a Prayer' foi obrigar as pessoas a lidar com a imagem com a qual eu cresci."[30] Havia também a cena de Madonna beijando os pés da estátua e o santo devolvendo o beijo ao ganhar vida no sonho. Embora isso raramente fique explícito, a hostilidade dos críticos foi potencializada pelo fato de o santo ser negro. Lambert disse várias vezes após o lançamento do clipe:

> As uniões inter-raciais ainda são polêmicas neste país, especialmente para o público mais amplo da MTV e dos canais abertos nacionais. Em "Like a Prayer", não é apenas Madonna tendo um caso com um homem negro. O imaginário religioso deixa tudo ainda mais complexo.[31]

Greil Marcus chamou o clipe de "blasfêmia em dez níveis ao mesmo tempo, perturbador como história e como obra pública como se pode ver em qualquer lugar. Tem sexo inter-racial, sexo entre um ser humano (a mulher interpretada por Madonna no clipe) e um santo, um santo negro, que talvez nem seja um santo e pode ser Jesus. E isso é só para começar".[32] O fato de Madonna abordar a cultura negra e repercutir questões étnicas não foi polêmico apenas para pessoas brancas. Madonna foi atacada por figuras negras importantes, como a feminista bell hooks, que a criticou pelo que chamou de apropriação e mercantilização da cultura negra. Segundo ela, Madonna explorou pessoas negras no clipe, pois a mulher que aparou a queda de Madonna era uma "*mammy* moderna" e o coral era como "os escravizados negros cantando nos filmes com cenas nas *plantations*". Entretanto, hooks admitiu que falava da perspectiva de uma geração mais velha, e que as jovens negras eram fãs "ardorosas" de Madonna.[33]

Para essas mulheres mais jovens, Madonna era uma inspiração. A escritora Joshunda Sanders disse que no clipe de "Like a Prayer" a cantora

> tinha poder e influência de sobra. Ela escolheu subverter a ideia de que a negritude era algo do qual as mulheres brancas deveriam ficar o mais longe possível [...]. Ela apoiava a causa sem forçar a barra. Era uma irmã com a pele de uma branca [...]. Prestei atenção nela devido às interações com pessoas não brancas em seus clipes e shows [...]. Madonna foi a primeira artista não negra da minha geração a se colocar no centro da negritude e da arte negra sem debochar dela ou tentar superá-la. Ela até dançava um pouco como uma mulher negra...
>
> Como artista branca que não tem medo de expressar sua afinidade com a cultura negra em uma época em que isso não era bem-visto, Madonna abriu caminho para uma nova geração de mulheres, sejam celebridades, sejam pessoas comuns, poderem se expressar além das classificações raciais.[34]

A religião foi outro ponto polêmico do clipe, mas o interesse de Madonna pelo assunto era real e profundo. "Minha criação católica provavelmente é a base de tudo o que faço", disse ela na época.[35] Madonna criticava a Igreja, mas eram críticas de uma católica. Ela disse que rezava "constantemente [...]. Eu rezo quando estou com problemas ou quando estou feliz".[36]

Também foi na igreja que Madonna acredita ter tido as primeiras experiências de sexualidade e erotismo. Foi onde ela teve contato com a arte pela primeira vez.[37] Todos esses elementos pessoais se uniram naquele clipe. Até na aparência dela. A mulher com cabelos castanhos que aparecia na tela era a mulher Madonna Ciccone, não a estrela Madonna.

Se o clipe era cheio de profundidade e significado, a produção foi cômica, caótica e às vezes assustadora desde o momento da escalação do elenco. A empresa O Pictures, de Sharon Oreck, produziu o clipe de seis minutos, o maior e mais caro que a produtora já fez. Preocupados, os executivos da Warner ligavam vinte vezes por dia para se informar.[38]

Enquanto isso, o ambiente na O Pictures era caótico. Oreck se lembra de um dia chegar ao trabalho e encontrar o lugar cheio de homens altos, negros e musculosos vestidos como mártires cristãos fazendo teste para interpretar o santo. Coube a Lambert explicar a eles o papel. Em seu livro, *Video Slut*, Oreck descreveu a cena:

> — Muito bem, você é uma estátua de gesso de um santo... E Madonna, que está confusa e em conflito moral, chega e reza pedindo sua ajuda — explicou Mary.
>
> — Entendi — respondeu o ator com quem ela falava.
>
> — Depois ela beija seus pés.
>
> — Entendi.
>
> — Muito bem, e depois você muda de uma estátua de gesso para um ser humano real! — acrescentou um assistente de elenco chamado Luke. — E você a acompanha até o altar!
>
> — Isso é legal — respondeu o ator.
>
> — Depois você acaricia a cabeça dela e então deita por cima dela... E depois... Vocês fazem sexo! — disse Mary.
>
> — Opa! Certo, espere um minuto... Então eu sou um santo de gesso em uma igreja, aí eu ganho vida pra eu poder.... trepar com a Madonna?
>
> — Isso, exatamente! — respondeu Mary.

O ator olhou pela sala para ver se alguém estava rindo, mas todos estavam sérios. Então ele respondeu, assumindo a pose de estátua: "Tudo bem." Lambert gritou: "Ação!"[39] (O ator Leon Robinson acabou escolhido para interpretar o homem preso e o santo.)

Os figurinos para o clipe foram muito menos complicados do que o normal porque Madonna precisou de apenas dois: um casaco e uma combinação. Marlene Stewart deu a ela um de seus casacos e encontrou na Western Costume Company uma combinação marrom que tinha sido criada nos anos 1950 para Natalie Wood vestir. A peça ainda tinha o nome dela em uma etiqueta.[40]

O interior da igreja e a cena de agressão foram filmados no Raleigh Studios, em Los Angeles, mas a cena de Madonna entre as dunas no início do clipe e a sequência com as cruzes queimando foram filmadas à noite em Fort MacArthur, que faz parte da Base Aérea de Los Angeles.[41] As cruzes queimando exigiram negociações delicadas para garantir que a base soubesse o que a equipe do clipe estava fazendo e para que a equipe soubesse se algo explosivo tinha sido enterrado perto das cruzes de 8 metros de altura que seriam incendiadas.[42]

Também havia a questão de pormenores sociais. O forte MacArthur ficava a 20 quilômetros de South Central, e a visão e o cheiro das cruzes queimando sem dúvida causariam alarme e talvez até raiva. Antes de começar, a equipe mimeografou panfletos e os grampeou em postes telefônicos na vizinhança explicando a natureza das filmagens.[43]

Mesmo assim, a polícia apareceu. Às 4 horas, durante a cena da queima das cruzes, um comboio de veículos policiais com luzes piscando apareceu no set. Sharon Oreck os recebeu para explicar o que estava acontecendo, quem estava envolvido e garantir aos policiais que tudo estava sob controle — mas não estava. Vazava combustível de uma das cruzes e todos no elenco e na equipe estavam congelando. Além disso, a neblina estava chegando, e Madonna tinha pisado em um cacto enquanto dançava descalça na frente das cruzes. Ela continuou dançando até a música terminar e Lambert gritar "Corta!". Depois, se abaixou e gritou de dor. Oreck disse que o pé da cantora parecia "trigo triturado".[44]

A outra cena filmada antes do amanhecer os levou a outra locação, uma piscina da Universidade do Sul da Califórnia na qual Madonna pularia de um trampolim a 12 metros de altura para fazer a "sequência de sonho em que ela 'mergulha para a graça'". O técnico de nadadores olímpicos contratado para ensinar o salto a Madonna garantiu de forma nada convincente que "ela não vai morrer". Madonna abraçou a equipe, que estava às lágrimas, antes de subir a escada de três andares até o trampolim. O primeiro pensamento ao chegar lá foi: "Ah, meu Deus, é muito alto." O segundo foi: "Que porra é essa?"[45]

Ainda usando a combinação marrom, ela ficou na ponta do trampolim com os punhos cerrados ouvindo Mary Lambert gritar instruções por um megafone: "Lembre-se: você está em êxtase, jubilosa e serena!" Depois, Lambert disse: "Câmera... Ação!" Madonna ficou imóvel na ponta do trampolim. Lambert gritou: "Estamos filmando. *Pule!*" A cantora não se mexeu. A diretora gritou no megafone: "Madonna! A porra da câmera está rodando! Pule e você pode ir para casa!" Funcionou. Madonna estava na ponta do trampolim e depois não estava mais.[46]

A equipe de filmagem ouviu o barulho de algo caindo na água e esperou uma eternidade até vê-la saindo da piscina, com a roupa marrom embolada na cintura, engatinhando e hiperventilando até se deitar em posição fetal. Oreck começou a perguntar a Lambert se ela precisava de outra tomada, mas Madonna a interrompeu. Ainda deitada no chão, ela disse: "Não vai ter outra tomada!"[47]

Dois dias depois, Oreck e Lambert assistiram ao que filmaram na piscina. Nada. O filme da câmera tinha acabado e não havia registro do salto. Oreck disse que uma segunda câmera até filmou, mas o ângulo mostrava Madonna caindo assustada, exausta e xingando. Lambert ficou muda por alguns segundos, e depois disse calmamente: "Não precisamos disso." O clipe não teria aquela sequência.[48]

A produção levou quatro dias para filmar e uma semana para editar. "Depois disso, deixamos passar um tempo para garantir que tínhamos feito as escolhas certas na edição", contou Lambert.[49]

Enquanto isso, a Pepsi criou expectativa para o comercial de Madonna. Durante o Grammy, em 22 de fevereiro, houve um comercial para o comercial, que dizia: "Não importa onde você esteja no mundo no dia 2 de março, procure uma TV e veja a Pepsi apresentar Madonna." O single de Madonna e o clipe de Mary Lambert seriam lançados um dia depois da estreia da propaganda.[50]

O primeiro sinal de problema viria da MTV. Quando o clipe chegou ao escritório do canal, o vice-presidente sênior de música e talento, Abbey Konowitch, disse: "Eu não sei o que vamos fazer com isso." O problema eram as cruzes queimando.[51] Os executivos da Pepsi ouviram boatos de um possível contratempo e convocaram Freddy DeMann, que fez o que estava sendo pago para fazer em momentos de crise: confundir. "Eles disseram: 'Mande o clipe para nós!' Eu não queria fazer aquilo", recordou-se DeMann. "E não fiz. O comercial passou e a MTV estreou 'Like a Prayer' no dia seguinte. É lógico que a Pepsi tirou o comercial do ar", inicialmente apenas da MTV.[52]

A empresa temia que os consumidores confundissem o clipe com o comercial e associassem a marca Pepsi àquelas imagens polêmicas — o que de fato aconteceu devido às provocações de alguns religiosos.[53]

O clipe de Madonna foi denunciado pelo reverendo Donald Wildmon, cuja organização, chamada Associação da Família Americana e localizada no Mississippi, liderou um boicote ao filme de Martin Scorsese *A última tentação de Cristo* no ano anterior. Em uma interpretação errônea e bizarra do clipe, Wildmon o considerou "repugnante" para os cristãos porque "Madonna, que representa Cristo, aparece em uma cena sugerindo que fez sexo com um padre, obviamente para libertá-lo da repressão sexual".[54]

Enquanto isso, um conhecido defensor da causa antiaborto do Texas, o bispo católico René Gracida, concordou com a objeção de Wildmon, e o papa acusou Madonna de ser "anticristã". A declaração vinda de Roma teve o impacto mais imediato: a Warner Bros. tirou o clipe da TV italiana depois que um grupo católico ameaçou entrar com um processo. "Eu sabia que iríamos incomodar gente grande", disse Lambert, "mas subestimei a influência e o preconceito do fundamentalismo religioso e do racismo neste país e no mundo".[55]

Madonna e Lambert deram a líderes políticos e religiosos de direita o presente que eles tanto queriam para unir os fiéis em um momento em que a maioria dos norte-americanos (65%) tinha uma visão negativa dos pastores televisivos que passaram a década anterior pregando o Evangelho em troca de bilhões de dólares em doações. Uma série de escândalos envolvendo evasão fiscal, pagamento de propina, fraude com os fiéis e contratação de prostitutas abalou o mundo dos homens e mulheres que apresentavam esses programas religiosos na TV. Lutando pela vida, a direita religiosa fez questão de se reagrupar em torno de assuntos mais sérios e devotos.[56]

No ano em que Madonna fez esse clipe, a poderosa Coalizão Cristã deu as boas-vindas a um novo líder: um homem de 28 anos e aparência extremamente limpa chamado Ralph Reed. Em defesa da família e da Bíblia, ele usava o que chamava de "táticas de guerrilha" contra a pornografia, a obscenidade e os ataques à religião. Criticar obras de arte consideradas culpadas de qualquer um desses "crimes" se mostrou fácil e lucrativo.[57] A primeira coisa a ser atacada nessa nova guerra cultural foram as pessoas que recebiam financiamento federal para as artes. Robert Mapplethorpe era um deles.

Mapplethorpe morreu em decorrência da aids no início de 1989 e uma exposição de sua obra parcialmente financiada pelo National Endowment for the Arts visitaria seis cidades. Os ataques de Reed davam motivação à direita política e religiosa. Horrorizados, eles apontavam a parte da exposição que incluía fotografias homoeróticas de homens negros nus e imagens sadomasoquistas. A revolta deles chegou às primeiras páginas quando o senador republicano Jesse Helms fez questão de exibir as imagens "sujas" no chão do Senado. A Coalizão Cristã pagou anúncios de página inteira no *Washington Post*, no *New York Times* e no *USA Today* pedindo ao Congresso "para não financiar pornografia, obscenidades e ataques à religião".[58]

Mesmo sem financiamento federal, o clipe de Madonna mantinha viva a polêmica sobre arte, sexo, grupos etnorraciais e religião. As forças do "bem" não poderiam impedir que o clipe fosse exibido porque era uma questão de liberdade de expressão. Contudo, podiam ir atrás do comercial e ameaçar a

Pepsi porque era uma questão de negócios. O reverendo Wildmon liderou um boicote contra a empresa, enquanto o bispo Gracida foi além e ameaçou boicotar a marca de refrigerantes e outras empresas do grupo: Taco Bell, Pizza Hut e KFC.[59] A Pepsi tinha sido jogada em uma guerra religiosa e acabou se rendendo. No dia 4 de abril, um mês após o lançamento do comercial, a empresa anunciou que o tiraria do ar nos Estados Unidos e não patrocinaria mais a turnê de Madonna.[60]

A direita religiosa (ou "nova direita", como queriam ser chamados) saiu renovada após essa vitória contra uma das empresas mais ricas dos Estados Unidos e uma das maiores estrelas do mundo.[61]

Madonna, no entanto, também saiu do embate como vencedora. Outros nomes surgiram para patrocinar a turnê, e o clipe de "Like a Prayer" chegou ao primeiro lugar em trinta países, incluindo a Itália (apesar do papa).[62] Quando o álbum foi lançado, conquistou elogios inéditos para Madonna até então.[63] O autodeclarado decano dos críticos de rock, Robert Christgau, chamou o álbum de "eletrizante".[64] Em crítica para a *Rolling Stone*, J. D. Considine disse:

> O que você ouve [...] é o mais próximo da arte que a música pop vai chegar [...]. *Like a Prayer* não só prova que Madonna deve ser levada a sério como artista, como também atesta que a voz dela é uma das mais cativantes dos anos 1980.[65]

No início da primavera de 1989, *Doce inocência*, o filme que Howard Brookner considerava mais importante do que a própria saúde, foi tirado dele. A Columbia Pictures vendeu a produção para a Vestron Pictures, que informou ao diretor, então acamado por conta da aids, que ele não teria direito ao corte final. A notícia foi a gota d'água. "Howard se entregou", contou Brad Gooch. "Foi uma decisão muito óbvia. De repente, o filme não era mais o que ele queria continuar vivo para ver."[66]

Gooch considerou um péssimo sinal quando Brookner parou de atender a telefonemas, inclusive de Madonna, que tinha ajudado o diretor a pagar as despesas hospitalares.[67] Até que um dia naquela primavera os dois brigaram e Gooch ficou feliz porque era um sinal de que ele ainda era capaz de ser passional, o que significava que ainda queria viver.

Madonna mandou a Brookner uma cópia antecipada de "Like a Prayer". "Howard ficava dizendo a Tony [enfermeiro dele] para aumentar cada vez mais o volume", contou Gooch, "até que todo o apartamento foi preenchido pelo som avassalador". Gooch estava escrevendo com um prazo apertado e pediu a Brookner para desligar, mas ele se recusou e disse: "Eu a amoooooo. Eu amooooo esse álbum. É exatamente como ela." Mesmo com Gooch ameaçando ir embora, ele não abaixava o volume. "Saaaaaaaia!", gritava, alegre. Ele tinha feito uma escolha: Madonna.[68]

Brookner morreu em 27 de abril e foi enterrado três dias depois, quando faria 35 anos. O *New York Times* registrou o falecimento em um obituário o qual dizia corajosamente que ele tinha morrido em decorrência da aids,[69] em uma época em que tantas famílias de homens gays temiam a vergonha e escolhiam omitir esse dado. Brookner deixou colada na geladeira uma despedida cheia de melancolia, mas sem uma gota de arrependimento.

> Existe tanta beleza no mundo. Acho que foi isso que me arrumou tantos problemas, para começo de conversa.[70]

Capítulo 27

Los Angeles, Nova York, 1989

Acho que não existe excesso de liberdade, apenas falta de audácia.[1]

— *Ellen Willis*

MADONNA SAIU DOS primeiros meses de 1989 fortalecida e até poderosa. A hipocrisia das críticas ao clipe de "Like a Prayer" foi tão grande que era quase sufocante. Os ataques ao clipe e à arte que desafiava a sociedade da época não diziam respeito à arte. Eram ataques à liberdade, ao "outro" e às crenças que não se encaixavam em um conceito fundamentalista e limitado do que é virtude. Mais incrível que esses ataques era o fato essa intolerância tão grande ter vencido. Entretanto, isso só ocorreu porque *permitiram*.

A escolha do segundo single para o novo álbum de Madonna foi feita muito antes do escândalo causado por "Like a Prayer", mas parece ter sido inspirada por isso. "Express Yourself" era uma advertência para que as mulheres falassem o que pensavam e reivindicassem seu poder. O clipe da música transformou essa ideia em uma declaração geral sobre rebeldia. Filmado em abril de 1989 em Los Angeles, foi dirigido por um jovem de 26 anos chamado David Fincher.

Desde "Beat it", de Michael Jackson, exibido pela primeira vez na MTV em 1983, os clipes musicais viraram um refúgio para aspirantes a cineastas, mas raramente os clipes se elevavam ao nível de arte. Os diretores capazes de reivindicar esse lugar de destaque eram bem conhecidos — e talvez o mais conhecido fosse Fincher. Quando começou a trabalhar com Madonna, ele tinha dirigido dezenas de clipes e era considerado um gênio desse meio.

Fincher foi apresentado profissionalmente ao cinema como aprendiz na empresa de efeitos visuais Industrial Light & Magic, de George Lucas, onde aprendeu a operar a câmera em maquetes de sets de filmagens. Ele foi promovido a assistente de produção no filme *O retorno de Jedi*, de 1983.[2] Foi aos 22 anos que ganhou fama com um anúncio de trinta segundos para a American Cancer Society, conhecido na indústria como o comercial do "feto fumante". Como a propaganda "Esse é o seu Cérebro sob o Efeito de Drogas", de Joe Pytka, o comercial de Fincher foi tão eficaz que deu a ele credibilidade instantânea como diretor.

Foi nessa época que a MTV nasceu, e, como tantos jovens amantes do cinema, Fincher sabia que conseguiria fazer um clipe.

> Eu fazia filmes em 16mm desde a terceira série. Todo ano na aula de cinema (e todo mundo fazia aula de cinema), eles davam a você uma música, uma câmera 45 e diziam: "Façam um filme para esta música." Então, quando a MTV surgiu, as pessoas disseram "Queremos que você faça um filme para esta música", e pensei: "Eu sei fazer isso. Na verdade, deve ser a única coisa que eu sei fazer."[3]

David logo se juntou a cinco outros jovens e abriu uma empresa chamada Propaganda Films, que se especializaria em clipes e comerciais. A Propaganda mudou o cenário dos clipes por ser a primeira "marca" de clipes e lar dos artistas de vanguarda. Todos os diretores faziam parte da geração MTV. Eles entendiam a breve história desse meio de comunicação e seu vasto potencial, que não era vender músicas, mas despertar a reflexão.[4]

Junto com Mary Lambert, James Foley e Jean-Baptiste Mondino, Fincher seria importantíssimo para os primeiros clipes de Madonna, ocupando um lugar especial na equipe. Em um determinado momento, ela o considerou seu colaborador mais importante. Quando fez a transição para trabalhos mais maduros, Fincher seria para ela o que Josef von Sternberg foi para Marlene Dietrich, um diretor que entendia tanto o lado sombrio quanto a inocência dela e usava os dois elementos no filme; um diretor que unia o trabalho dela ao dele de modo tão perfeito que, juntos, eles criavam um tipo de arte que não poderiam ter feito separados.[5]

Segundo Madonna, quando ela e Fincher se encontraram para falar sobre "Express Yourself", trocaram ideias, imagens e tudo "o que podíamos conceber".[6] Imediatamente ficou nítido que eles falavam a mesma língua. Do mesmo modo que Madonna, a sensibilidade de Fincher tem origem em fotografias, pinturas e filmes clássicos: quanto mais grandioso, misterioso e cheio de nuances, melhor. Portanto, ele não hesitou quando Madonna pediu que o visual do clipe fosse baseado em duas obras de arte.[7]

A primeira era uma fotografia em preto e branco de 1921 feita pelo reformista social Lewis Hine chamada "Power House Mechanic" [Mecânico da Casa de Força]. Ela mostrava um homem fazendo força ao mexer nos parafusos de uma máquina, e demonstrando a intransigência do aço.[8] A segunda era um filme mudo da mesma década: *Metrópolis*, de Fritz Lang, lançado em 1927. "Eu queria que tivesse essa influência, esse visual. Todos os homens trabalhando de modo metódico e diligente",[9] explicou Madonna.

O filme de Lang descrevia em imagens um mundo de extrema riqueza e a desumanidade esmagadora em relação ao trabalho que possibilitava essa riqueza. Era o mundo do capitalismo industrial. Os personagens também eram arquétipos, entre eles um cientista louco e uma mulher que interpretava dois personagens, um representando a santidade da condição feminina e outro a devassidão. Abaixo deles estava o trabalhador, o gigante adormecido que representava a força muscular reprimida, mas não *domada*. O potencial dele para a rebelião era palpável e parecia só uma questão de tempo até ser libertado.

Metrópolis era anticapitalista e antiautoritário, atitudes que ressoavam em 1989. Era um momento de rebelião mundial, com a queda do Muro de Berlim, o desmonte do vasto império soviético e o atropelamento de estudantes que protestavam na praça da Paz Celestial, em Pequim. Nos Estados Unidos, o ano de 1989 marcou o nascimento do 1%, a nata da riqueza que surgiu da desregulamentação e do capitalismo desenfreado enquanto o salário dos trabalhadores estagnava. O clipe de Madonna e Fincher fazia referência direta a Lang e a essas realidades modernas, acrescentando uma perspectiva feminista. A revolução que derrubaria impérios malignos também libertaria a mulher, não como ato de benevolência, e sim porque ela exigia isso.[10]

Fincher disse que a abordagem que fizera para as filmagens veio de "um lugar voyeurístico". Ele gostava de posicionar a câmera o mais longe possível da ação, para que o espectador não sentisse a presença do diretor, e queria que o público se sentisse espiando de uma esquina nas sombras. A clareza não era o objetivo porque ele não queria tranquilizar. "Algumas pessoas vão ao cinema para serem lembradas de que está tudo bem. Eu não faço esse tipo de filme. Para mim, isso é uma mentira. Nada está bem", disse o diretor. Essa sensação de desconforto em tempos perturbadores estava no cerne do clipe com Madonna.[11]

Como coprodutora do clipe, ela supervisionou os detalhes, desde a construção do cenário até os figurinos. "Eu tinha reuniões com a equipe de cabeleireiros, maquiadores, o diretor de fotografia, bom, com todo mundo [...]. A respeito de todos os aspectos", explica a cantora. Fincher era igualmente detalhista: o profissionalismo e a necessidade de controle, da parte dele, também eram radicais.[12] Enquanto filmava, ele era firme e tranquilo. Não havia atitude teatral.[13] Contudo, Madonna se lembrou de uma discussão com ele durante o projeto.

Foi ideia de Fincher que ela engatinhasse como um gato, lambesse uma tigela de leite e despejasse o líquido em si mesma. Madonna achou a ideia adolescente demais. "Mas fico feliz por ter cedido", admite.[14] A sequência ajudou a descrever o tema feminista do clipe, que ela resumiu como "a boceta domina o mundo".[15]

Madonna não poupou dinheiro. Com orçamento de 5 milhões de dólares, o clipe de cinco minutos foi o mais caro feito até então.[16] Fincher trouxe o diretor de fotografia Mark Plummer, que trabalhara com ele e Mondino. Para coreografar, Madonna chamou o colega da Pepsi, Vincent Paterson.[17] Depois, ela fez testes com dezenas de atores e modelos masculinos para interpretar os trabalhadores no submundo industrial.

Essa cena poderia ter sido um ensaio fotográfico de Herb Ritts, que estava no set de filmagens. Os homens no clipe estão molhados e são musculosos, escravos subterrâneos da mesma máquina e dos mesmos desejos aos quais ela serve ao vaguear pelo mundo acima da superfície com um vestido impecável e luxúria sem paixão. Com o visual de uma deusa loura do cinema de 1930, nessas tomadas do clipe Madonna parece uma figura em uma pintura de Tamara de Lempicka.[18]

Na superfície, os homens são masculinos por excelência, assim como a mulher é feminina por excelência, e todos existem dentro de uma estrutura social institucionalizada e aparentemente imutável. No entanto, nas mãos de Fincher e Madonna, esse mundo vira um amontado de hipóteses e especulações. Ela usa um terno masculino e fica corajosamente no topo do poder, os trabalhadores exibem uma sensualidade homoerótica e o dono da indústria termina frágil e sozinho.[19]

Entre as cenas que Paterson coreografou estava um segmento em que Madonna ficaria com os seios nus, mas no clipe estaria coberta com um lençol. Ele contou que a cantora ficou "muito tensa" em relação a isso no primeiro dia de filmagens, mas no segundo dia relaxou.[20]

> Isso que é bonito nela e é por isso que amo trabalhar com ela. Madonna não tem medo de se posicionar. Ela não teme fazer comentários sobre situações políticas, troca de papéis sexuais, vestir-se como o sexo oposto ou fantasias. Na verdade, quanto mais longe você vai, mais ela quer te acompanhar.[21]

Um dos momentos mais marcantes do clipe foi um exemplo dessa audácia: Madonna agarrou a própria virilha na cena que marca a derrocada de um dono de indústria. Ela fez um gesto similar durante a turnê Who's That Girl, mas foi um movimento bem rápido, se a pessoa piscasse não veria. Em "Express Yourself", era impossível não ver.

Ela brincou com Paterson em relação ao gesto de Michael Jackson agarrar a virilha e em algum momento durante os ensaios, enquanto estava no alto dos degraus, ela gritou para Paterson: "Ei, Vincent, o que faço com a minha mão esquerda?" Ele gritou em resposta: "Por que não agarra seu saco? Você tem mais colhões do que todo mundo aqui." Ela topou.[22]

Naquele instante, a mensagem ficou explícita e inequívoca. Com um sorriso vitorioso, Madonna reivindicou a propriedade para si, para as mulheres, os despossuídos e vítimas de abuso, retomando o poder que tinha sido misticamente atribuído ao órgão masculino para justificar eras de dominação cultural, social, política e religiosa. O gesto colocou o pênis todo-poderoso em seu devido lugar. Era apenas um pau.

* * *

Warren Beatty rondava as gravações do clipe de "Express Yourself" como Penn fez em "Material Girl".[23] A grande produção cinematográfica dele, *Dick Tracy*, começou a ser filmada em fevereiro e coincidiu com a briga entre Madonna e a direita religiosa sobre "Like a Prayer". É provável que os executivos da Disney temessem o resultado do trabalho da cantora com Fincher e a possível presença dos críticos religiosos em Burbank para protestar contra a participação dela em um filme da empresa.

Entretanto, escolher Madonna teria sido um risco em qualquer momento, e não só porque ela era envolta em controvérsias. Era preciso saber se ela conseguia atuar. Barry Diller, presidente e CEO da Fox, não tinha dúvida quanto a isso.

> Madonna é uma estrela de cinema sem um filme. Você quer saber por que ela é uma estrela de cinema? Porque é incapaz de fazer algo que não seja interessante. Se ela está em uma fotografia, é interessante. Se ela canta uma música, é interessante. Os clipes? Todos interessantes.[24]

Diller previu que em dez anos, ou já no ano 2000, ela "encontraria o filme certo para provar isso".[25] Madonna, porém, não tinha esse tempo todo. Ela queria provar isso o quanto antes. E foi sincera em uma entrevista naquela primavera: "Eu quero ser reconhecida como atriz. Aprendi que se você se cerca de grandes roteiristas, atores, um grande diretor e um grande figurinista, é bem difícil errar."[26]

Ela achou que tinha feito isso em *Dick Tracy* quando entrou no projeto. Embora tivesse aceitado o trabalho pelo valor do sindicato (1.400 dólares por semana), ela convenceu a Disney a ceder uma porcentagem da receita bruta, além de uma porcentagem das vendas para clipe e merchandising. Ela também ganharia dinheiro com a trilha sonora e os álbuns de coletânea. Tudo isso renderia milhões.[27] Com isso, ela embarcou no novo papel: estrela de cinema de Hollywood e amante de Warren Beatty.

Em 1º de julho de 1989, a *Rolling Stone* anunciou na seção "Random Notes" [notas aleatórias] que "o nome de Madonna já pode ser acrescentado à lista de Warren Beatty".[28] A revelação foi surpreendentemente tardia porque o caso amoroso tinha começado havia meses, pouco depois do divórcio dela. Penn considerou o relacionamento como o auge do "clichê" [29] Era exatamente isso que atraía a imprensa.

O jornalismo de entretenimento falou do caso com um deleite de *fanzine*, do jeito que a rainha da fofoca Louella Parsons teria feito nos anos 1930. "Como os truques de Tracy comprovam, Warren Beatty ainda tem o poder da conquista", escreveu a *People*. Chamando Madonna de "famosa princesa pop", a revista dizia que os dois fizeram "demonstrações muito públicas de afeto no set de filmagens, indo juntos a restaurantes de Los Angeles e trocando carícias em eventos de Hollywood".[30] Madonna e Beatty tinham dado apelidos "fofos" um para o outro, que também foram parar na imprensa: ele era Old Man [Velho]; ela era Buzzbomb [Bomba voadora].[31]

Contudo, apesar da forma divertida de abordar o relacionamento, a *People* e outras publicações, além dos que eram mais próximos do casal, viam o namoro como uma questão de oportunidade em que ambos tinham algo a ganhar profissionalmente.[32] Madonna disse que passava algumas horas do dia aprendendo com Beatty. "Ele não fala muito, mas, quando fala, vem em parágrafos", disse.[33] "Ele tem conhecimento infinito sobre o que faz um filme ser bom, um diretor ser bom."[34] A narrativa na imprensa sobre o que Beatty ganhou envolvia um homem que já foi poderoso buscando reavivar a carreira. "Um romance com a maior estrela feminina do universo, mais de vinte anos mais nova do que ele, é uma jogada sagaz", comentou Christopher, que gostava de Beatty, mas conseguia ver a situação por inteiro.[35] "Não tinha como ser mais óbvio: ele buscava relevância e ela, prestígio."[36]

Carreiras à parte, havia sentimentos genuínos entre eles. Após a relação tempestuosa com Penn, Beatty era um porto seguro. "Ele é muito protetor", disse ela.

> Ele também não se choca com facilidade com tudo o que já aconteceu comigo, o que é ótimo. Warren já viveu tanta coisa que, de certa forma, é reconfortante.[37] Alguém que não vivenciou algo do tipo se sentiria mais ameaçado pela minha fama do que ele. Você não consegue entender o que é ser incrivelmente famoso até acontecer, e aí é tarde demais para decidir se quer isso ou não. Warren é um símbolo sexual há tanto tempo que não se surpreende com mais nada.[38]

Quando criança, Madonna tinha um pôster de Beatty no quarto e sabia dos relacionamentos dele com algumas das mulheres mais famosas do mundo. Essa parte da história do ator a intrigava. "Todas elas são bem-sucedidas, talentosas, mulheres incríveis", disse.[39] Apesar disso, Madonna admitiu se sentir intimidada pelo passado dele. "Quer dizer, como eu posso ser tão fabulosa quanto Brigitte Bardot aos 25 anos? Ou qualquer uma dessas mulheres?", questionou. "E aí tem esse outro lado meu dizendo que sou melhor do que todas elas."[40]

Madonna e Beatty vêm de mundos diferentes. Era como se ela tivesse voltado no tempo para os anos 1960 que Helen Gurley Brown descreveu no livro *Sex and the Single Girl* [Sexo e a mulher solteira]. Certa vez, Madonna voltou para casa e descobriu que Beatty tinha mandado entregar uma série de presentes para ela: lingerie, perfume, maquiagem, vestidos, sapatos e sutiãs. Ele mal a conhecia, mas sabia as medidas dela da cabeça aos pés. O cartão dizia simplesmente "do warren".[41]

O que Madonna não sabia era que essa generosidade fazia parte do *modus operandi* dele. Leslie Caron, que largou o marido pelo ator, disse que Beatty gostava de assumir o controle da vida de uma mulher. "Ele queria controlar tudo: as roupas, a maquiagem, o trabalho", afirmou.[42] Talvez Madonna tenha percebido a intenção dele porque a primeira reação que teve foi ficar irritada. "Não sou uma vedete principiante para você encher de presentes e controlar. Sou uma pessoa muito rica. Posso comprar minhas próprias calcinhas." A segunda reação foi ver o gesto como generoso, ainda que exagerado e datado, como uma antiga revista *Playboy*.[43]

As filmagens de *Dick Tracy* aconteceram em um galpão no centro de Los Angeles e nos estúdios da Universal. A ideia de Beatty para o visual do filme era surpreendente e estonteante: a produção parecia um desenho animado ou uma pintura de Red Grooms. A paleta de cores era básica, como se o cenógrafo tivesse usado apenas sete lápis de cor. Até os tons de preto e branco, normalmente cruciais para o cinema, foram usados com parcimônia. O resultado era a simplicidade máxima. Cada *frame* da câmera parecia uma tira em quadrinhos, e todos eram magníficos.

Se o cenário era simples, os personagens e figurinos eram definitivamente barrocos. Os vilões Pruneface, Rodent, Little Face e Brow eram maravilhas criativas feitas pelo departamento de maquiagem. O rosto do Flattop era composto por 14 próteses e levava até quatro horas para ficar pronto. Na verdade, quase todos os protagonistas masculinos foram transformados em criaturas de cartum e grotescas em vários níveis, exceto Beatty.

Ele escolheu não transformar o rosto em uma réplica de queixo quadrado de Dick Tracy. Antes que alguém pense que a decisão foi uma questão de vaidade, ele explicou que mascarar o rosto lhe dificultaria a leitura das emoções. (Curiosamente, a emoção mais consistente que ele registrava no filme era a perplexidade.) Dizem que ele se permitia ser filmado das 10 horas às 14 horas, horários em que pareceria mais bonito, segundo ele. A concessão ao gênero dos quadrinhos era o sobretudo amarelo berrante e um chapéu de feltro da mesma cor.[44]

A Breathless Mahoney de Madonna também não seria desfigurada por próteses (embora a outra personagem interpretada por ela, Blank, fosse). Ela seria a *bombshell* arquetípica, ocupando um lugar na escala sexual entre Mae West e Marilyn Monroe. Para isso, tinha que ser loura. "Eu implorei a Warren porque levei muito tempo para deixar o cabelo crescer e queria continuar morena", contou. "Mas fui obrigada a mudar, e então tive uma crise de identidade."[45]

Enquanto a história do filme se desenvolvia, o fato de Tracy ser um detetive era tangencial à trama. Beatty parecia atrelado àquela profissão apenas por lealdade ao desenho. O Dick Tracy dele não estava sempre à caça de criminosos, mas vivendo um dilema tradicionalmente feminino: ele deveria fazer sexo ou se guardar para o casamento? Beatty chamou o filme dele de um "triângulo amoroso" que envolvia Dick Tracy, Breathless Mahoney e Tess Truehart. "Meu filme fala de um cara dividido entre o amor e o dever. Meu Dick Tracy é humano. Nessa história, ele é enganado pela tentação", explica o ator e diretor.[46]

Com dois dias de filmagem, um terço do triângulo amoroso de Beatty na tela saiu do filme: Sean Young, que interpretava Tess. Alguns dizem que Beatty a demitiu porque o papel exigia que ela parecesse maternal em relação ao menino da história, o Kid, mas a atriz parecia odiar crianças.[47] Ela alegou que foi punida por não ceder às investidas de Beatty, uma acusação que ele negou. O diretor e o estúdio tiveram dificuldade para substituí-la, mas escolheram a elogiada atriz Glenne Headly. Com a mudança de elenco, os dois primeiros dias de filmagem teriam que ser refeitos.[48]

O método de Madonna para trabalhar nesses projetos era econômico. Ela usava a primeira melhor tomada da primeira melhor cena. O método de trabalho de Beatty era caracterizado pelo que ela descrevia como indecisão enlouquecedora. "Ele faz muitas tomadas e, quando consegue o que está no roteiro, diz: 'Muito bem, vamos improvisar. Façam o que quiserem.' Ele gosta de levar você ao limite, de esgotar tudo o que você gostaria de fazer e não fez."[49]

Mandy Patinkin, que interpretava um pianista de boate chamado 88 Keys, disse que em uma cena, ele, o personagem de Al Pacino e a personagem de Madonna estavam em uma briga verbal e física relacionada a uma música.

> Não havia motivo para pensar que a cena estava ruim. Todos estavam cansados e eu não conseguia dizer por que estávamos repetindo a cena. Por fim, Al começou a improvisar. Ele foi mais agressivo com Madonna e, ela teve um colapso. Foi diferente de todas as outras tomadas. Warren disse "Corta" e abraçou todos. Isso não teria acontecido se ele não tivesse dado tempo para acontecer.[50]

Madonna se lembrou de "ficar furiosa. Al ficou me dando tapas na barriga, sendo muito grosseiro. Ele me fez chorar e Warren não fez nada para impedi-lo".[51] Foi um exemplo do diretor Beatty aparentemente ignorando o bem-estar de sua protagonista e namorada. Houve outros, porém. Madonna disse ao jornalista Peter Biskind, em visita ao set de filmagens, que Beatty

> queria me moldar nos meus vestidos. Insistiu para que eu engordasse. Ganhei cinco quilos. Nós estávamos na Western Costume, e ele dizia: "Mais apertado, mais apertado, corta mais curto." Eu me sentia um manequim, um pedaço de carne. Ele andava ao meu redor como um abutre e eu me

sentia a pessoa mais feia do mundo. Era assim que eu era tratada no set, como o fator de luxúria.[52]

Madonna não estava preparada para esse tipo de descaso ou desrespeito. Todos os filmes em que ela esteve (exceto *Surpresa de Shanghai*) foram amigáveis e colaborativos. Trabalhar nesse ambiente hierárquico e patriarcal abriu os olhos dela para a misoginia constituinte de Hollywood.

Dick Tracy não era um musical, mas a música era uma parte importante do filme e de seu sucesso. A produção rendeu três álbuns: *Music from the Motion Picture Dick Tracy*; *Dick Tracy Original Score*, composto por Danny Elfman; e *I'm Breathless*, de Madonna.

Normalmente, ela considerava o ato de compor e performar as músicas para os filmes a parte menos difícil do trabalho no cinema. Só que esse caso foi diferente. Beatty queria que Breathless Mahoney apresentasse canções originais, e recorreu ao compositor e letrista ganhador do prêmio Tony, Stephen Sondheim, para criá-las. Sondheim compôs cinco músicas para o filme, e três delas seriam cantadas por Madonna.[53]

"Atônita" foi como a própria descreveu a reação que tivera ao estar ao lado de Sondheim enquanto ele tocava as músicas para ela. "Depois, nada de personalizá-las, de aprender a cantá-las, com as mudanças rítmicas e melódicas. Foi muito difícil." Madonna contou com um preparador vocal e uma pessoa para fazer o acompanhamento musical a fim de deixar as canções mais lentas, de modo que ela pudesse entendê-las. "Eu mal conseguia ouvir as notas, sabe? Então foi mesmo um desafio."[54]

As músicas não foram a única dificuldade que Madonna teve com Sondheim. Ela não estava acostumada com o método dele, que não queria ajuda para compor letras nem melodia. Tudo o que ele queria de Madonna era a voz. Ela esteve em situação similar com Mamet: não deveria interpretar, e sim obedecer. Por mais que isso fosse contra a natureza dela, Madonna aceitou porque tinha algo a aprender.

Sondheim foi o letrista de algumas das produções mais lendárias do teatro musical moderno, começando com *West Side Story*, também conhecido como *Amor, sublime amor*, em 1957.[55] Madonna disse que nunca prestou muita atenção ou apreciou o trabalho dele. Esse desprezo se transformou em "respeito e admiração" depois que ela aprendeu as canções. Madonna as definiu como "complexas [...]. Não havia uma repetição sequer".[56]

O álbum *I'm Breathless* incluía três músicas de Sondheim que apareciam no filme — "Sooner or Later", "More" e "What Can You Lose" —, além de composições inspiradas no longa-metragem. Madonna recorreu a Pat Leonard para ajudar nessa empreitada. Beatty queria que eles fizessem canções que soassem como se tivessem sido compostas antes de 1939. Para ilustrar essa ideia, ele deu a eles os nomes de artistas antigos e músicas de que gostava. Beatty até foi ao estúdio de Leonard e tocou piano para que eles pudessem ouvir o som que ele queria.[57]

Madonna e Leonard compuseram cinco canções originais e coproduziram oito faixas.[58] Entre elas, a cantora conseguiu encaixar algumas músicas subversivas, como "Hanky Panky". Exaltando com humor as virtudes de uma boa surra, ela surgiu da frase de Madonna no filme: "Você não sabe se quer me bater ou me beijar. Isso acontece muito comigo."[59]

As filmagens de *Dick Tracy* se encerraram em 28 de junho. Madonna estava livre para brincar. Ela e Sandra Bernhard, junto com outras amigas, formaram uma turma que chamava atenção por onde passava. Artistas do sexo feminino deveriam sair por aí em Los Angeles nos braços de homens. Os homens podiam andar em bandos, como o Rat Pack e o Brat Pack, mas as mulheres, não. À beira do estrelato cinematográfico, Madonna pareceu muito feliz em violar essa ordem social.

Com Bernhard e as outras amigas, que elas mesmas ou a imprensa cha maram de Snatch Batch [Bando Arrebatador], Madonna podia ser tão vulgar e escandalosa quanto desejasse. Podia ser uma *pessoa real*, sem pensar na indústria que monitorava a vida dos atores por medo de que certos comportamentos, geralmente do tipo gay ou lésbico, prejudicassem o investimento do estúdio. "Acho que é por isso que ela gosta tanto de Sandra", disse à *Vanity Fair* uma amiga que fez parte do grupo. "Ela pode ser atrevida, sem se preocupar em ser uma estrela [...]. Para ser bem sincera, às vezes elas são terríveis quando estão juntas."[60]

Beatty continuava no páreo romanticamente, mas não de forma confortável. Ele e Madonna brigavam muito e em público. Isso não era incomum para Beatty. Alguns dos casos amorosos mais longos dele foram os mais tempestuosos. Os amigos, entretanto, sentiram que Madonna não estava apaixonada. Christopher chegou a falar que o amor não "entrou na equação".[61] Segundo Bernhard, Madonna reclamava que ele era "um pé no saco [...]. Ela não o destruiu, mas achei que foi bem indiferente. Ela no geral é assim, durona. Sempre vai ser a pessoa mais durona no recinto".[62]

Se Beatty queria ser visto com ela, tinha que ir aonde ela estivesse. Entre os lugares favoritos de Madonna estava uma boate em South Central chamada Catch One. Era a discoteca mais antiga para homens negros e gays em Los Angeles e, na época, o maior santuário da dança para homens negros e gays do mundo. Um escritor disse que o lugar era considerado uma "das igrejas do país para devotos de dance music ambiciosa e da liberdade sexual".[63]

Beatty estava constrangido. Ele se recusou a dançar, e então Madonna fez isso com Bernhard, Christopher ou quem estivesse no recinto. Um diretor de fotografia que os viu na Catch One disse: "Eu nunca vi Warren daquele jeito, um homem grisalho sentado no canto. Ele não conseguia acompanhá-la."[64] Não era só nas boates. A produtora Julia Phillips se lembra de ver Madonna no aniversário de 50 anos de Freddy DeMann naquele ano e também ficou chocada. Phillips disse que a viu em pé com um homem "baixo, de óculos e cabelo bonito [...]. Levou um momento para eu reconhecer Warren. Ele é alto e domina o recinto, mas naquele dia ele era apenas uma lâmpada fraca na aura da supernova que é Madonna".[65]

Biskind, o jornalista que também era biógrafo de Beatty, disse que o ator "estava acostumado a ser idolatrado por mulheres, a estar no controle". Mas ele "andava em terreno perigoso com Madonna".[66] Enquanto ainda estava envolvido com ela, Beatty abriu o caderninho surrado e reacendeu o relacionamento com uma jovem que o adorava.[67]

O ego ferido de Beatty não importou muito para Madonna naquele verão. Herb Ritts descobriu que era soropositivo em julho. Richard Gere, amigo de longa data do fotógrafo, disse que foi a única vez que viu Ritts "fora do eixo [...]. Acho que foi a primeira vez que ele sentiu que não tinha como lidar com algo".[68]

Quando Ritts foi diagnosticado, dezenas de milhares de pessoas já tinham morrido em decorrência da aids, mas um número ainda maior continuava vivo e lutando contra a doença com as pouquíssimas opções de tratamento existentes. O AZT era uma delas, com efeitos colaterais que podiam ser fatais. Algumas pessoas depositavam esperança em fitoterápicos e fármacos experimentais, mas, mesmo que funcionassem no curto prazo, o prognóstico de longo prazo para a doença não tinha mudado. Na época, ser diagnosticado como HIV positivo parecia uma sentença de morte.

Em uma feliz coincidência, naquele mês Madonna propôs um projeto que poderia fazer Ritts pensar em algo além da própria saúde, ainda que por pouco tempo. A Warner queria lançar outro single de *Like a Prayer*, e Madonna tinha escolhido "Cherish", uma ode ao amor composta durante a boa fase da reconciliação com Penn.[69] Como a Warner queria um clipe para a canção, Madonna pediu a Ritts que o dirigisse. Seria a estreia dele na direção de clipes e, naquela circunstância, foi preciso convencê-lo a aceitar.

Não que ele não soubesse o que fazer. Esteve no set de quase todos os clipes importantes de Madonna desde *True Blue*. Ele sabia as manhas do negócio, mas nunca tinha segurado a câmera. "Ela ficou me pedindo e eu disse que não sabia o básico sobre imagens em movimento", relembrou. Havia também a questão se ele seria capaz em termos físicos e mentais de embarcar nesse projeto naquele momento terrível.[70]

Ritts saiu da cidade para fotografar a modelo Stephanie Seymour no Havaí. Ele era fascinado por sereias desde que viu o filme *Splash: Uma sereia em minha vida* e deu a Seymour uma cauda longa e iridescente feita pela estilista Sharon Simonaire.[71] Enquanto estava no local, ele praticou a captação de imagens em movimento com uma câmera Super-8. Duas semanas depois, de volta a Los Angeles, disse a Madonna que toparia dirigir o clipe. Depois, pediu a Simonaire que confeccionasse mais caudas.[72]

Ele as queria para homens que nadariam no oceano com as mesmas força e graça de peixes reais, sem ficar relaxando na areia, como fez Seymour. De acordo com Simonaire, as fantasias eram complicadas porque precisavam ser "dinâmicas". Contudo, Ritts "não pensava assim. Ele apenas viu as imagens de homens de caudas zanzando por aí".[73]

Em 22 de julho, Ritts reuniu o elenco e a equipe em uma de suas praias favoritas, Paradise Cove, em Malibu. O lugar era perfeito para filmagens em cores, com o mar, o som e a areia naturalmente belos. Mas Ritts decidiu filmar em preto e branco, o que fez de modo tão eficaz e com tanta riqueza e profundidade que o clipe *parece* colorido. Especialmente os tons quentes, que parecem dourados contra a pele de Madonna. Sem adornos, limpa, refrescada, estimulante e *belíssima*, a Madonna no clipe de Ritts é a mãe-terra (ou, no caso, mãe-água), ainda que tenha um quê de malícia.

A sensação do clipe é livre, leve e simples. Um dia na praia. Entretanto, diante da condição de Ritts, quando Madonna canta "Cherish the thought of always having you, here by my side" [Aprecio o pensamento de sempre ter você aqui do meu lado], vira algo doloroso. O que teria sido uma cantiga pop com uma brincadeira visual vira uma mensagem amorosa para um amigo que teme pela própria vida e um aviso para que ele siga em frente. Ela não poderia perdê-lo também. "You can't get away, I won't let you" [Você não pode fugir, não vou deixar].[74]

Ao longo do clipe, Madonna fica à beira d'água, enquanto três tritões nadam no mar com uma criança-sereia. Os homens representam a beleza masculina, perfeita como uma escultura renascentista ou imagem de Tom of Finland, além do encanto e da força da natureza. Na era da aids, eles são saudáveis. Em um momento de discriminação cruel, eles são livres. A única ligação entre eles e Madonna é a criança.

No meio do clipe, a criança-sereia, um menino, que estava tremendo na água, é transportada para os braços de Madonna. Ela o pega no colo, brinca com ele na praia e posa para a câmera de Ritts distraidamente, como uma jovem mãe faria em um filme caseiro.

A aparente ausência de esforço do clipe mascarava a dificuldade das filmagens. Os três tritões passaram horas vestindo quase 20 quilos de borracha da cintura para baixo e quase o dia todo debaixo d'água. Dois deles tiveram hipotermia porque Ritts se recusou a parar as filmagens. "Ele fazia com que todos nós continuássemos. Era pura determinação", disse Simonaire.[75] Não importava o que acontecesse, Ritts poderia fazer o que quisesse. "Madonna o amava", comentou Sharon Oreck, produtora do clipe. "E na época ela não parecia amar ninguém."[76]

Em um momento em que temia pelo próprio fim, as filmagens deram nova vida a Ritts. Ele ficou tão empolgado que dirigiria 13 clipes e mais de cinquenta comerciais.[77] Para a cultura em geral, o impacto do clipe foi apresentar um imaginário gay para a plateia da MTV que estava acostumada a mulheres de biquíni. "A mulher que apresentou Herb Ritts ao clipe definitivamente fez um favor aos homens gays", disse o jornalista Michael Musto.[78]

Keith Haring estava em Los Angeles no início de julho. A viagem foi um presente de aniversário para um amigo, Gil Vazquez, que nunca tinha ido à Califórnia, e então Haring seguiu o "estilo Hollywood" e visitou amigos famosos em um Jaguar conversível alugado. "Nós saímos muito com Pee-wee Herman e jantamos com Madonna, Sandra Bernhard e Warren Beatty na casa de Sandra", contou Haring. Eles passaram o feriado de 4 de Julho na casa de Dennis Hopper vendo o novo filme de Spike Lee, *Faça a coisa certa*. Depois, pararam na casa de Beatty, onde só ele próprio e Madonna permaneceram depois de um churrasco.[79]

Haring parecia tranquilo e livre, e estava mesmo. Ele tinha dado uma entrevista à *Rolling Stone* na qual contou ao mundo o que só os amigos sabiam na época. Uma década antes, ele havia repudiado a vergonha associada a ser gay e, naquele momento, rejeitava a vergonha associada a viver com aids. A primeira o completou e a segunda o libertou.

A matéria da *Rolling Stone* foi adequadamente chamada "Keith Haring: Just Say Know" [Keith Haring: Apenas diga saiba]. Na entrevista, ele descreveu a dor de perder amigos para a aids, o terror ao descobrir que era HIV positivo e o novo terror quando começou a desenvolver os sintomas.[80] Ele também colocou uma nova ideia em discussão, falando de aids em termos de vida. "Nada é trivial. Ela dá outro tipo de intensidade ao trabalho que faço agora, é uma das partes boas de estar doente."[81]

Haring sabia que falar da doença poderia prejudicar o trabalho dele, alguns dos quais envolviam crianças e espaços religiosos. Mas ele disse que era necessário fazer isso por causa das outras crianças, as crianças gays cujos medo e confusão sobre o despertar sexual ficaram ainda maiores por causa da aids. Segundo ele, "agora é *preciso* haver abertura sobre todos esses assuntos". Depois, ele declarou ter esperança de que, passada a crise da aids e com mais conversas honestas, os gays seriam vistos do jeito que realmente eram: normais.[82]

A matéria era espantosa por vir em uma época em que políticos, líderes religiosos, a justiça e grandes segmentos da sociedade desprezavam gays e não se preocupavam com a aids. A entrevista foi uma réplica poderosa. O mais marcante foi que ele articulou a mensagem de modo puro. Do início ao fim, a entrevista foi uma expressão de amor. Depois dela, Madonna o chamou de "um ser humano grandioso, corajoso e audaz".[83]

Esse tipo de sinceridade não existia na indústria cinematográfica. "Ninguém quer ofender ninguém", comentou Madonna sobre Hollywood. "Todos têm medo nessa cidade. Hollywood é cheia de pessoas egoístas e egocêntricas que ganham a vida fingindo que está tudo bem."[84]

Em dezembro, ela teve uma chance de falar o que pensava, assumindo uma posição e usando a Disney como veículo para isso. Beatty queria outra música original para *Dick Tracy*. Após passar o verão entre pessoas semelhantes a ela em meio à mudança de atitude na comunidade gay e longe da homofobia institucionalizada de Hollywood, Madonna criou sua primeira celebração musical indiscutível da cultura gay.[85]

Madonna disse que criou suas melhores canções em poucas horas. "Vogue" foi uma delas. Ela a compôs em um avião a caminho de Nova York. Beatty queria uma música que Breathless Mahoney poderia ter composto. "Ela estava obcecada por bares escondidos na época da Lei Seca, estrelas do cinema clássico etc.", disse Madonna sobre a própria personagem no filme. "A ideia para a letra veio por meio desse pedido. Coincidência ou não, eu estava indo à Sound Factory e via todos os dançarinos fazendo um novo estilo de dança chamado vogue."[86] "Achei aquilo muito bacana, uma dança ótima para apresentações, elegante e relacionada à vaidade."[87]

A Sound Factory tinha sido inaugurada naquele mês de março na rua 27 Oeste. Não era a Paradise Garage, mas fazia um grande esforço para ressuscitar o espírito daquela boate. Um dos donos da Garage estava por trás do espaço e Junior Vasquez, que tinha sido aluno de Larry Levan, comandava a cabine do DJ.[88] "Não há nada melhor do que ir à Factory em um sábado à noite", disse Madonna. "Eu gosto de me sentar em uma caixa de som e ver as pessoas pulsando como se fossem uma coisa só. É muito legal. É isso que me move. Esse é o tipo de música que quero fazer."[89]

O fenômeno do vogue nasceu na Flórida do século XIX, assim como o *cakewalk*, a dança em que pessoas escravizadas imitavam os maneirismos dos senhores das *plantations* com exagero e humor. Ela ficou associada à cultura gay nos anos 1920 e 1930 durante o renascimento do Harlem, quando cantoras de blues eram abertamente lésbicas e autores gays escreviam sobre amores proibidos em uma linguagem quase direta. Contudo, a maior e mais pública expressão dessa subcultura rica surgiu nos primeiros *drag balls*, ou bailes de drag.[90]

Começando nos anos 1960, quando pessoas negras estavam indo para as ruas e exigindo seus direitos, esses bailes deixaram de valorizar as máscaras e passaram a se concentrar na vida real. As pessoas que os frequentavam eram tão segregadas da sociedade branca e rica que aparecer "montado" poderia significar se vestir como um banqueiro de Wall Street, um universitário de classe alta ou uma dama da alta sociedade. Para os jovens pobres que frequentavam os bailes, aquele garbo equivalia a usar fantasias. Sem querer, os bailes tinham virado um teatro político.[91]

Nos anos 1980, outro tipo de performance que alimentava o vogue chegou às ruas por meio da prisão de Rikers Island, na cidade de Nova York. De acordo com o dançarino Benny Ninja, os homens eram proibidos de ter revistas "obscenas" nessas instalações e usavam revistas de moda para se excitar. "Uma das drag queens que estavam presas por prostituição disse: 'Vocês ficam olhando para ela, e eu posso *ser* ela.' E começou a posar como as mulheres [...]. Depois, [o ato de fazer poses] saiu da prisão, em Rikers Island, e chegou às ruas do Harlem. A geração mais nova viu e todo um novo mundo surgiu", contou Ninja.[92]

Os bailes de drag eram dominados por homens gays negros, latines e pessoas trans que se separavam em "casas" estruturadas como famílias, com "pais" e "filhos". As casas formavam refúgios criativos e protetores para jovens LGBTQ abandonados pelas famílias biológicas. De acordo com Jennie Livingston, que dirigiu o filme de 1990 sobre a cena chamado *Paris is Burning*, "as pessoas que filmo nos bailes poderiam ter ficado ressentidas ou furiosas, mas preferiam optar por uma vida incrivelmente criativa. Os bailes são uma resposta cheia de otimismo e ânimo à homofobia e ao racismo".[93]

Nos anos 1980, as casas começaram a competir em eventos, colocando os estilos uns contra os outros por meio de gestos elaborados que tinham visto na cultura antiga e popular: nas revistas de moda, na TV, até na arte egípcia. A cada nova influência, a performance ficava mais elaborada, até que, no fim dos anos 1980, ela incorporou poses das revistas de moda e movimentos estilizados dos B-boys.[94]

Junior Vasquez estava ligado à cena da cultura dos bailes do Harlem e, por meio dele, as casas de dançarinos de vogue foram para o centro. As pessoas que iam ao bar dos fundos da Sound Factory aos domingos de manhã podiam ver homens elegantemente vestidos se transformarem em integrantes da alta sociedade, fazendo as poses exageradas que tinham visto nas revistas de moda.[95]

Até que, em maio de 1989, a dona de loja no SoHo Susanne Bartsch apresentou os dançarinos de vogue a um público maior quando convidou integrantes das várias casas para se apresentar no primeiro Love Ball anual, realizado no salão de baile Roseland, em Nova York. O evento de arrecadação de fundos para a pesquisa da aids atraiu várias pessoas das artes e da moda. Para muitas delas, seria a primeira vez que veriam dançarinos de vogue se contorcer e formar molduras com os braços e as pernas.[96]

Após o baile no Roseland, o vogue virou moda. Malcolm McClaren lançou um single em julho chamado "Deep in Vogue". Keith Haring ficou tão inspirado pelo Love Ball que fez uma série sobre vogue no outono de 1989 e criou um pôster para o Chicago Voguers' Ball.[97] Seria, no entanto, Madonna quem apresentaria essa cena underground ao mundo.

O DJ Shep Pettibone foi recrutado para ajudá-la a compor "Vogue". Os dois eram amigos desde o início da carreira dela em Nova York. Pettibone tinha se aperfeiçoado na época em que o Bronx vibrava com os sons mágicos de Grandmaster Flash, Kool Herc e Afrika Bambaataa.[98] Como aqueles mestres e seus sons tão originais, ele remixou e recriou tanto que acabou fazendo uma obra de arte nova. Um crítico o chamou de "Charlie Parker do novo formato". O trabalho de Pettibone o levou às estações de rádio e boates que tocavam R&B e a chamada música urbana. Mais recentemente, ele tinha sido DJ da Sound Factory e trabalhado no álbum de remixes de Madonna, *You Can Dance*.[99]

Madonna e Pettibone trabalharam em um porão na rua 56 Oeste, onde alguém tinha criado um estúdio de gravação caseiro por meio da transformação de um armário em cabine de gravação de voz. Madonna chegou, entregou a letra e eles fizeram algumas mudanças na música para que se encaixasse nas palavras dela. Pettibone, porém, sentiu que faltava algo no meio da canção. Ele sugeriu um rap. "Falando dos astros e estrelas de cinema e tal, sabe?", comentou o DJ ao se lembrar do momento. Eles fizeram uma lista de nomes, Madonna fez um rap e deixou o amigo terminar a música em Nova York.[100]

Uma semana depois, ele mandou "Vogue" para a Warner. Ela virou a 12ª faixa de *I'm Breathless* e o primeiro single do álbum.[101] Pettibone achou a música boa, mas não pensou que seria um imenso sucesso, pelo menos não até que o DJ mais respeitado de Nova York, Frankie Crocker, da rádio WBLS, tivesse tocado e declarado no ar logo em seguida: "Bom, você nunca ouviu algo assim antes aqui na WBLS." Pettibone considerou esse "um momento marcante".[102] Contudo, a aprovação de Crocker só ocorreria em abril de 1990. Enquanto isso, Madonna tinha trabalho a fazer.

Capítulo 28

Los Angeles, 1990

Pergunta: Se você fosse um homem gay, seria ativo ou passivo?
Madonna: Eu sou um homem gay.[1]

Os PRIMEIROS DEZ anos de Madonna sob os holofotes foram um triunfo. Em dezembro de 1989, ela ganhou o prêmio da MTV de Artista da Década, a revista *People* a considerou um dos vinte indivíduos que definiram a década e o *Los Angeles Times* a considerou uma das vinte maiores artistas dos anos 1980.[2] Na verdade, se uma lista de figuras culturais importantes nessa década fosse feita, Madonna estaria nela. Gene Sculatti, que escrevia sobre música desde os anos 1960, disse que as músicas de Madonna "definiram" o som da década de 1980. "Tinha origem na música negra [... e] obrigou o rádio a desenvolver um novo formato para acomodá-la."[3] E esse formato vendia.

Madonna superou os Beatles em número de singles consecutivos entre as cinco mais tocadas, com 16, levando Mark Rowland a escrever na revista *Musician*:

> Com a década se encaminhando para o fim, os votos são tabulados e a vencedora é Madonna. Ela é a maior, não Bruce Springsteen. Ela é a mais poderosa, não Michael Jackson. Ela é a mais sacana, não Prince. Ela é a mais perspicaz, não a Pepsi-Cola. Ela conquistou nosso respeito, não o The Who [...]. Não dá para discutir o triunfo dela. É total. Mesmo quando os filmes não dão certo, o casamento termina ou os álbuns fracassam (o que nunca aconteceu), ela é a vencedora.[4]

De sua posição de poder e com poucos limites sobre o que dizer ou fazer, Madonna começou a elaborar uma turnê mundial de quatro meses.

Ela vinha trabalhando na turnê desde setembro de 1989. Começou com desenhos nos blocos de papel amarelo que dividia com Christopher na cozinha em Oriole Way. "Nós nos sentamos e começamos a falar sobre o show", lembrou ele. "Sobre o que fazer, a parte criativa. Temos essas músicas. Em que ordem devem ser apresentadas? O que você acha?"[5]

Após a última turnê, ele tinha decidido que não seria mais o responsável por vestir a irmã porque precisava de mais. Em Nova York, Christopher pintava e exibia as obras em uma galeria, levando uma vida criativa. "Ela não conseguia deixar de pensar em mim como artista", contou ele, que queria contribuir com arte para o show da irmã. "'Você sabe que posso fazer isso.' Ela respondeu: 'Bom, você conseguiu me dar um lugar para viver' [quando trabalhou como designer]. Foi uma análise bem clínica. [Ela disse] 'Certo, você pode ser diretor de arte.'" Na barganha, ela também queria que ele continuasse supervisionando os figurinos e a vestisse. Com o acordo fechado, Christopher se mudou para a casa de Madonna, onde passaram a trabalhar 14 horas por dia.[6]

Quando a Pepsi ainda estava envolvida no projeto, o nome da turnê era Like a Prayer World Tour.[7] Depois do encerramento do contrato, Madonna e Christopher decidiram chamá-la de Blond Ambition [Ambição Loura]. "Houve uma série de críticas na imprensa acusando-a de ambição cega" ["blind ambition", em inglês], disse ele. Os dois concordaram que o show não seria um concerto de rock ou pop, e sim uma peça teatral. "Eu vi peças de teatro e performances de dança suficientes na minha vida e sabia quais eram os princípios básicos", continuou. "De certa forma, o que estávamos fazendo era uma espécie de ópera, uma montanha-russa emocional. Era assim que eu via tudo aquilo."[8]

Nenhum Ciccone era capaz de pensar pequeno quando se tratava de arte, então eles não criaram um palco, e sim cinco *mundos* diferentes, "todos movidos por equipamentos hidráulicos", disse Madonna a Glenn O'Brien. "Um desce e outro sobe." Christopher disse que os homens de terno que supervisionavam o orçamento hesitaram diante do escopo do espetáculo, mas Madonna conseguiu o que queria.[9]

Um dos mundos imaginados pela dupla era uma continuação da visão do filme *Metrópolis,* como mostrado no clipe de "Express Yourself". "É muito bruto e metálico", disse ela. "Essa é a dance music pesada." Outro cenário era um ambiente religioso com colunas que se erguiam do chão, velas votivas, uma cruz iluminada e um vitral de igreja que descia do teto sobre o palco. O mundo seguinte pertencia a *Dick Tracy* e era vagamente *art déco.* "Depois, fizemos o que chamei de seção *camp*", disse ela. "Aí o show volta a ficar sério e entramos no cenário *Laranja mecânica-Cabaret.*"[10]

Chris Lamb, que veio da turnê de Jackson, foi contratado como gerente de produção da Blond Ambition e disse que a mudança do "jeans e vapor" da primeira parte para as "escadas e cultura grandiosas" das outras exigia coordenação e engenharia em uma escala que poucos shows conseguiram alcançar "antes ou depois".[11]

A primeira escolha de Madonna para assumir o cargo de coreógrafa da turnê foi uma conhecida de Nova York, a "bailarina punk" Karole Armitage. Em 1989, Armitage coreografou a versão para o cinema do show de Sandra

Bernhard, *Without You I'm Nothing.*[12] Para a direção musical, a escolha foi Jai Winding porque Pat Leonard não pôde acompanhar a turnê.[13] Winding tinha trabalhado de perto com Leonard e Madonna em *Like a Prayer* e na turnê Who's That Girl, então acabou sendo uma continuidade.[14]

Niki Haris e Donna De Lory voltaram como cantoras de apoio. Madonna queria oito dançarinos, mas não queria saber se eles tinham treinamento clássico ou aprenderam a dançar na rua.[15] "O importante para nós não era ser o dançarino perfeito", contou Christopher. "Cada um tinha que trazer personalidade para a apresentação."[16] Madonna anunciou a procura.

Turnê mundial de Madonna 1990
Karole Armitage, coreógrafa
Audição aberta para
Dançarinos PODEROSOS do sexo masculino
Que sabem o significado de
TROOP STYLE, BEAT BOY e VOGUE
Fracos e aspirantes não precisam se candidatar![17]

Madonna começou por Nova York.

Luis Camacho, um jovem de 19 anos do Lower East Side, tinha ouvido falar que Madonna procurava dançarinos de vogue e enviou uma fita.[18] Pouco tempo depois, ela o conheceu na Sound Factory junto com José Gutiérez. Os dois se conheciam da Fiorello H. LaGuardia High School, especializada em música, arte e artes performáticas, e eram grandes amigos. Madonna viu os dois dançarem na boate e os convidou para o teste em Manhattan para ver o que mais poderiam fazer. Ela descreveu a audição deles:

> Luis chegou com vontade de experimentar qualquer coisa. Ele não era excelente em tudo, mas estava disposto a tentar. Eu adorei isso. José não fazia nada, só ficava no fundo com as mãos na cintura, pensando: "Nem fodendo que vou fazer isso." Então é claro que também o adorei. Eu pensei: "Esse cara tem colhões."[19]

Segundo Camacho, "usávamos o exibicionismo como um aviso. Sim, nós usamos brincos e delineador, mas não confunda nada disso com fraqueza".[20]

Aquele orgulho arrogante chamou a atenção de Madonna, mas foi a habilidade deles que lhes rendeu o trabalho. "Ela não percebeu que os dois eram bailarinos treinados quando dançaram para ela na boate", disse o dançarino Kevin Stea. "Então quando aprenderam a coreografia no teste e demonstraram técnica, ela ficou de queixo caído, porque achou que eram dançarinos de rua. Eles já tinham sido escolhidos."[21] Gutiérez tinha 18 anos quando fez o teste e faria 19 na turnê. "Imagina só. Dançarinos trabalham a vida inteira e levam anos até conquistarem credibilidade suficiente e serem considerados para um trabalho assim",[22] disse ele.

Madonna também contratou Salim "Slam" Gauwloos no teste de Nova York pelo jeito que ele dançava e pela aparência. Ele podia ser o trabalhador sedutor interpretado por Cameron Alborzian no clipe de "Express Yourself" e um substituto para Warren Beatty durante o segmento *Dick Tracy* da turnê.[23]

Slam, que tinha estudado balé na Bélgica, vinha de um lar conservador na Antuérpia. Filho de pai marroquino muçulmano e mãe belga, estudou em escolas rígidas e precisou esconder o que era: um jovem gay que sonhava em se dedicar à arte. Em 1987, aos 17 anos, ele ganhou uma bolsa para dançar em Nova York.[24] Três anos depois, a vida dele deu outra guinada. "Estou trabalhando com Madonna, que é um ícone."[25]

Madonna convidou Slam, Gutiérez, Camacho e um quarto dançarino que durou apenas uma semana em Los Angeles, onde o restante da trupe estava se reunindo.[26]

Um teste de dança em Los Angeles atrairia as pessoas de sempre, mais ou menos os 150 dançarinos da cidade que eram considerados "profissionais". Era um grupo "*muito* branco", disse Stea, que destoava por ter ascendência chinesa. "O visual era louro e musculoso e havia um grupo limitado de pessoas."[27] Entretanto, para a turnê de Madonna, parecia que qualquer um que já tinha feito um passo de dança na vida se inscreveu. Centenas de homens de todos os tons de pele e tipos de corpo formaram fila na calçada em frente ao Landmark Studios.

Madonna e a equipe analisavam grupos de quarenta dançarinos por vez, que tinham apenas alguns minutos para causar uma boa impressão. Ela escolhia no mínimo uma, talvez duas pessoas, de cada grupo para uma segunda chamada; às vezes, não escolhia ninguém.[28]

Stea, de 20 anos, era aluno de cinema e administração na Universidade do Sul da Califórnia. Ele se intitulava "intelectualmente esperto, mas sem a esperteza das ruas" e tinha acabado de voltar de uma temporada de estudos em Singapura. Recorreu à dança por diversão após se dedicar à carreira acadêmica.[29]

"Eu me lembro de ver o anúncio [de Madonna] quando estava vivendo o verão mais difícil da minha vida. Eu não tinha dinheiro para comer nem para me locomover." Ele morava em uma casa vitoriana abandonada e sem piso na sala de jantar, sem água quente e com pessoas arrombando a porta para roubá-lo. Ao chegar ao Landmark Studios em busca de um salário e da possibilidade de viajar, Stea ficou chocado com o que encontrou. "Eu nunca tinha visto tanta gente em um teste. Era uma loucura."[30]

Niki Haris ensinou uma coreografia simples ao grupo dele. "Alguns passos de dança básicos de boate: Robo Cop, Running Man, Roger Rabbit", recordou ele. "Eu estava bem perto dela e, quando dancei, ela apontou para mim e disse: 'Olha, pessoal, é assim que se faz.' Acho que foi assim que fui notado." Naquele primeiro dia, Madonna reduziu o número de possíveis dançarinos a mais ou menos 160. "Nós tínhamos mais uns dias de teste em outro lugar", contou Stea. Os dançarinos foram eliminados até sobrarem trinta para a última leva.[31]

Stea era naturalmente competitivo e *queria* o trabalho. Madonna já tinha escolhido três dançarinos para a fase seguinte. Os remanescentes foram informados que poderiam dançar como quisessem naquela parte do teste. "Foi quando pensei: 'Esses caras já devem ter um emprego. Se é para sair, vou sair arrasando.'"[32] Ele decidiu fazer tudo o que sabia, apresentar todos os estilos e truques em que conseguiu pensar, um por cima do outro. "E ela nem estava assistindo", disse o dançarino. "Então, pensei: 'Tudo bem, dei tudo de mim.' [...] Quando saí, Niki e Chris estavam à porta, apontaram para mim e disseram: 'Ah, isso foi ótimo. Foi fantástico. Foi muito bom.'"[33]

Ele saiu desanimado, achando que não tinha conseguido o trabalho. Até que recebeu uma ligação de Christopher: "Oi, quero que você seja coreógrafo assistente. Aceita?" Stea não sabia muito bem o que fazer nessa função, mas imaginou que não faria a turnê e trabalharia em Los Angeles com Karole Armitage, cuja coreografia ele não entendia. "Eu não fiquei eufórico", mas contou ao agente dele, que se empolgou, e então Stea aceitou a oferta.[34]

Os três dançarinos em quem Madonna estava de olho durante o teste de Stea foram contratados para a turnê. Eles eram Carlton Wilborn, Oliver Crumes e Gabriel Trupin.

Com quase 26 anos, Wilborn era o mais velho do grupo e "não ligava para o trabalho" porque tinha recebido uma proposta para participar da turnê de Whitney Houston. Whitney, porém, a adiou, e então ele respondeu ao anúncio do teste de Madonna com uma jaqueta de motociclista, um caftã e muita atitude. "Fui ao teste com muita confiança porque um grande ícone já tinha me aceitado", contou ele a Heath Daniels em uma entrevista para a *Queerty* anos depois.[35] "Eu era um pouco diferente dos outros caras porque já tinha uma carreira. Eu vinha de uma companhia profissional, a Hubbard Street Dance Chicago, já fazia turnês e já tinha saído nos jornais."[36]

No entanto, mesmo com esse nível de experiência, ele ficou chocado e impressionado com Madonna. "Eu me lembro de voltar para casa e ter uma mensagem na secretária eletrônica, que dizia: 'Oi, estou tentando falar com o Carlton. Aqui é a Madonna.' Eu pensei: '*Que porra é essa?* Ela ligou para a minha casa!'" A cantora o convidou para ir ao Club Louie, uma boate gay. Alguns dos outros dançarinos também estariam lá.[37] Era uma chance de saber se ela gostaria de conviver com eles durante os vários meses que passariam juntos e se os dançarinos se dariam bem entre si. Foi naquele momento que Wilborn percebeu que seria um trabalho diferente.[38]

"Ela é uma artista underground que tinha muito dinheiro para financiar os próprios projetos. Por isso, aborda todos como se fosse um garoto de rua destemido, inexperiente e instigante fazendo sua arte", opinou o dançarino. Segundo ele, mesmo com "toneladas de dinheiro", Madonna não abandonou o jeito "ousado de agir".[39]

> Eu nem pensava no significado do que estávamos fazendo em nível social e o fato de que seria uma experiência perene [...]. Quando aceitei participar da turnê, não sabia que ela nos colocaria para nos posicionarmos em prol da comunidade gay [...]. Não sabia que o trabalho seria voltado para empoderar essa comunidade. Foi um lado positivo que eu não imaginei.[40]

Crumes foi o único dançarino heterossexual contratado para a turnê, e ainda por cima era declaradamente homofóbico. Com 17 anos e vindo de Compton, ele tinha dançado em um clipe e dava aulas de hip-hop. "Eu ouvi alguns alunos falando sobre o teste", contou o dançarino.[41] Crumes não tinha muita experiência na dança ou na vida, mas tinha estilo: piercing, cabelo louro oxigenado e pele negra clara. Além disso, ele sabia sobreviver, fazendo-se de durão e frio. Por dentro, porém, era um bebê. Quando descobriu que tinha conseguido o emprego, "voltei para casa e falei: 'Mãe, eu consegui.' Depois caí no chão de joelhos e comecei a chorar. Foi isso".[42]

Trupin, de 20 anos, era o "favorito não oficial" da turnê, segundo Stea. "Havia algo em relação a ele que era sempre tranquilo, com uma presença brilhante e calma." O que ninguém sabia era que ele era HIV positivo. "Gabriel era assumido para os amigos e para a maior parte da família, mas não era extrovertido por natureza", contou a mãe do dançarino, Sue Trupin. "Ele tinha vergonha por ter se infectado. Acho que se refugiou na dança como forma de se completar e de expressar sentimentos profundos, como qualquer artista."[43]

Ele não era o único dançarino da turnê com esse segredo. Wilborn e Slam também eram soropositivos e tinham medo de contar.[44] Wilborn disse: "Eu tinha sido diagnosticado em 1985 durante a turnê com o Hubbard Street Dance Chicago, no Havaí. Eu me mudei para Los Angeles em 1989, basicamente por causa do diagnóstico. Pensei: 'Se vou morrer em um ano, minha vida precisa ser a mais incrível possível.' Era assim que eu pensava."[45]

Esconder a condição durante a turnê Blond Ambition era uma fonte constante de pressão. Ele se olhava no espelho e dizia "Você sabe que é um mentiroso", e acrescentou: "Ninguém naquela equipe e naquele grupo sabia do meu segredo." Durante a turnê pelo Japão, ele quase foi descoberto. Sentindo cólica, o bailarino foi enviado ao médico, que notou algo errado e disse que precisaria contar a Madonna. "Eu falei: 'Mas *nem fodendo* você vai contar.' Eu fiquei *a-pa-vo-ra-do* depois disso. A tempestade interna consistia em tentar fingir para ser aceito. Fingir que você é forte, fingir que é confiante, fingir que acha que está bonito... Quase tudo fingimento."[46]

Slam disse que foi diagnosticado aos 18 anos, seis meses após ter chegado a Nova York, em 1987. Ele estava se sentindo mal e não tinha plano de saúde, então voltou à Bélgica para fazer tratamento. O médico tratou os sintomas e o mandou para casa, até que ele recebeu uma ligação para voltar ao hospital.

> Eu e minha mãe fomos lá e ele me disse: "Senhor, sinto informar que o senhor é HIV positivo." [...] Quando alguém fala: "Olha, você só tem de cinco a dez anos de vida..." Todos estavam morrendo, aos montes. Eu simplesmente apaguei aquela informação. Não queria falar com ninguém sobre aquilo [...]. Foi um momento muito sombrio da minha vida.[47]
>
> Fugir com a turnê era a forma perfeita de não lidar com isso. Madonna falava muito sobre HIV e aids. Sempre que ela mencionava a doença, eu desmoronava. Quando as pessoas falavam sobre quem morreu, eu me perguntava: "Será que vou ser o próximo?" Mas quando estava dançando, eu não pensava nisso.[48]

Se a turnê Blond Ambition tinha uma intensidade profunda e bruta era em parte porque, como Keith Haring, Herb Ritts e milhares de outras pessoas com aids, esses dançarinos estavam aproveitando ao máximo o tempo que tinham.

Madonna os ajudou ao criar uma pequena família. Pode chamar de *House of Madonna*. "Eu olhava os dançarinos e dizia: 'Eles são eu mesma.' Eu olho para eles e me vejo quando garotinha. Eu os vejo através dos sentimentos de ser abandonada e não receber amor nem apoio emocional. E digo: 'Agora vou ser a mãe que não tive para eles.'"[49] Stea considerava o elenco e a equipe da Blond Ambition sua "primeira família da dança". A mãe dele estava em outro estado criando o irmão, "então ter Madonna por perto preencheu aquele espaço para mim. Eu sabia que podia confiar nela".[50]

Entretanto, os dançarinos também a ajudaram. "Era Peter Pan e os Garotos Perdidos", disse Liz Rosenberg a Matthew Jacobs, da *Vulture*. "Embora ela falasse sobre ser maternal, ela também era um deles."[51]

A primeira apresentação dos dançarinos juntos foi no clipe de "Vogue", filmado nos dias 10 e 11 de fevereiro. Madonna pediu a David Fincher para dirigi-lo como penitência por um conselho dado por ele a respeito de uma música mais antiga.

Fincher disse ao *Guardian* que convenceu Madonna a lançar "Oh Father" como single no outono de 1989.[52] Como a música, o clipe é sombrio. Enquanto "Papa Don't Preach" fala do relacionamento difícil, mas amoroso, de uma jovem com o pai, "Oh Father" dá a entender que houve abuso e negligência após a morte da mãe da menina e quando ela tenta se transformar na mãe. Corta para a Madonna adulta no clipe, que é retratada em um relacionamento abusivo com um jovem alcoólatra. As imagens parecem dolorosamente autobiográficas. Fincher até permitiu que Madonna dirigisse uma parte do clipe: a sequência na neve com a versão dela mais jovem.[53]

O clipe de "Oh Father" era delicado. Fincher e Madonna ficaram felizes com o resultado.[54] O diretor, porém, disse que ninguém o viu porque a música não chegou às 10 mais tocadas. Foi o primeiro single de Madonna desde "Holiday" a não ficar entre as dez melhores da parada Billboard.

> Então ela me procurou e disse: "Você me ferrou. Você quis fazer o clipe dessa música, mas ninguém gostou dela. Eu defendi você e agora preciso fazer um clipe na terça-feira. Eu perguntei: "Como é o nome da música?" E ela respondeu: "'Vogue'." Então falei: "Tudo bem, vamos reunir tudo e faremos um clipe na terça."[55]

Fincher chegou "muito preparado", disse Stea. "Ele tinha um esquema bem rígido. O set de filmagens dele era muito simples pessoalmente, e depois você via como tudo ganhava vida na câmera, era brilhante." Fincher creditou o diretor de fotografia Pascal Lebègue por boa parte do sucesso. Segundo ele, Lebègue, que trabalhou com Madonna e Mondino em "Open Your Heart", "literalmente desceu do avião com o fotômetro, [...] chegou e disse: 'Isso, isso, isso, isso.' Depois filmamos o clipe por umas 16 horas e terminamos".[56]

O clipe tem duas partes: poses paradas e dançando. Madonna e Fincher escolheram as poses que ela e os dançarinos fariam com antecedência, pesquisando em livros cheios de marcadores colados que eles levavam para o set.[57] Os dois mostraram as imagens a todos e depois Fincher fez tomadas individuais dos dançarinos. "Foram todas em close-up", disse Slam.[58] Para Camacho, a experiência foi "incrível [...]. Eu era só um garoto de um bairro hispânico, e essa foi minha primeira incursão no mundo de Hollywood".[59]

Armitage coreografou o clipe com a ajuda de Stea, mas houve tensões criativas durante os ensaios entre ela, Gutiérez e Camacho e entre ela e Madonna. Em um determinado momento, Gutiérez se recusou a dançar. "Ele pegou um cigarro, ficou em pé diante da porta e disse: 'Karole, avise quando você terminar.' No dia seguinte, ela não apareceu mais", contou Stea.[60]

Em situação difícil, Madonna ligou para Vincent Paterson. Ele estava em Cuba trabalhando no filme de Sydney Pollack chamado *Havana*, com Robert Redford, e declinou, mas a cantora insistiu até ele concordar e pegar o avião para uma missão de resgate.[61]

Paterson queria que Gutiérez e Camacho imaginassem os passos de vogue mais simples, algo que o mundo inteiro poderia fazer. Eles fizeram o gesto de colocar o rosto em uma moldura. Paterson abriu o clipe com eles. "José e Luis continuaram fazendo os passos", disse Stea, que atuou como assistente de Paterson, "e Vincent continuou preparando e dizendo 'Isso é bom. Isso é ótimo'. E eles expandiram a partir dali. Vincent tinha uma visão nítida do que precisava ser criado para um clipe".[62]

No início dos ensaios, só Gutiérez e Camacho dançavam vogue. Quando as câmeras começaram a filmar, todos estavam dançando. Crumes recebeu permissão para acrescentar um pouco de sua especialidade, o hip-hop, em uma dança solo com Madonna.[63] Os movimentos dele injetaram o estilo de rua à performance sem sacrificar a deslumbrante homenagem ao passado, que é o coração do clipe.

Com gravatas, coletes, echarpes de seda e trajes de noite, os dançarinos personificavam a elegância de meados do século XX, posando em um estúdio antigo com câmeras de época e vários objetos de cena. De Lory andava pelo clipe com um espanador de penas e roupa de empregada quando ela e Haris não estavam fazendo os vocais de apoio. Enquanto isso, Madonna se transformava de Marilyn em Veronica Lake, depois para uma pintura viva de Tamara de Lempicka, até chegar a Lana Turner e Marlene Dietrich.

Fincher se sentia em casa ao fazer o clipe devido ao caso de amor dele com os filmes em preto e branco do estúdio da RKO, da Hollywood dos anos 1930 e 1940. Era uma inspiração que ele alimentaria por décadas: o artifício e o talento artístico que seduziam o público enquanto as maquinações da indústria do cinema por trás de tudo destruíam vidas. Era disso que a cultura de *ballroom*, ou dos salões de baile, também falava. A dança e as roupas eram a pele glamorosa que cobria a pobreza, o ostracismo, o desespero e a morte. Todavia, se a pessoa tivesse uma boa aparência e a música estivesse tocando, essa realidade sombria desaparecia, assim como a realidade sombria de Hollywood e da aids.

Enquanto o clipe era filmado, Madonna demitiu o quarto dançarino que tinha trazido de Nova York e decidiu contratar Stea para sair em turnê como chefe dos dançarinos e coreógrafo assistente. Ele tinha feito amizade com os outros bailarinos, especialmente o grupo de Nova York, porque eram muito diferentes de todos que ele conhecia. "O pessoal de Los Angeles era mais discreto em ser gay, em se expressar com exuberância, em tudo", disse ele. "Isso acontecia porque a comunidade da dança em Los Angeles era muito comercial."[64]

Quando Stea estava estudando em Singapura, "nem se *falava* em ser gay. Era algo retratado como errado e ilegal. E na Universidade do Sul da Califórnia tudo girava em torno das fraternidades, sua cultura e seus integrantes", contou o bailarino. Em contrapartida, Gutiérez, Camacho e Slam eram *assumidos*, "usando a sexualidade e a exuberância como escudo, armadura e espada. [Isso] era algo estranho e novo para mim".[65] Stea passava o máximo de tempo que podia com eles. Em outras palavras, o grupo tinha começado a se unir. "Acho que ela notou isso. Então no clipe de 'Vogue', entre uma cena e outra, Madonna, com rolinhos no cabelo, me chamou de lado e perguntou se eu queria sair em turnê com ela."[66]

> A verdade é que eu não sabia o tamanho do trabalho [...]. Eu quase recusei! Tinha outros compromissos. Ela perguntou: "E aí, você quer sair em turnê comigo?" Eu respondi: "Talvez. Preciso de um tempo para pensar." Ela ficou chocada! "Como assim? O que você tem em mente?" "Bom, estou trabalhando com uma coreógrafa de quem gosto muito chamada Marguerite", e Madonna retrucou com "Foda-se a Marguerite!".[67]

Kevin foi convencido.

Em 16 de fevereiro, alguns dias depois de Madonna terminar o clipe de "Vogue", Haring morreu em decorrência da aids. Ele tinha sido diagnosticado com linfoma e não conseguia mais falar. "Keith emitia sons ásperos e estridentes, mas não conseguia falar", contou a assistente Julia Gruen. "Foi doloroso."[68] Madonna ligou para ele da Califórnia. Essa foi a última ligação telefônica que ele pôde atender. "Ele disse que o que mais o magoava era as pessoas não quererem encostar na maçaneta que ele tinha tocado. O preconceito na época era um absurdo."[69]

Madonna se sentia ligada a Haring não só pelas experiências que viveram juntos, mas também porque, à medida que ficaram famosos, enfrentaram as mesmas críticas: as pessoas diziam que eles se venderam. "Eu vi Keith sair das ruas, de onde eu também vim", disse Madonna, "e conseguir tirar algo de [...] uma contracultura do submundo e elevá-la para a cultura pop e o consumo de massa. Eu também fiz isso".[70] Não era uma questão de se vender. Como artistas, eles queriam dividir o trabalho com o maior público possível e inspirar o máximo de pessoas que pudessem.[71]

Madonna afirmou que eles tinham muito em comum, o que era reconfortante. "Eu não posso me comparar com muitas pessoas [...]. E acho que poucas pessoas podem se identificar com a situação de onde eu vim e aonde cheguei. Então quando penso nele, na vida dele e no que ele conquistou, sinto que não estou sozinha."[72] Após as mortes de Burgoyne, Basquiat e Warhol, Haring era um dos últimos artistas do primeiro círculo de Madonna em Nova York que ainda restavam. Até que, aos 31 anos, ele também tinha morrido. Ela usaria a turnê para homenageá-lo.

Os ensaios continuavam na Califórnia. Contrariando a reputação de que Madonna seria intransigente, Wilborn disse, muitos anos depois, que era ótimo trabalhar com ela.

> Alguém [disse] "aposto que ficava uma loucura quando ela era muito intensa nos ensaios, deixando as pessoas mal". Mas ela não faz isso. Madonna tem [uma] personalidade que ela sabe que dá dinheiro: um pouco arrogante, petulante e direta, e tem a pessoa que realmente é: alguém tranquila e normal. Também foi um momento especial porque ela estava solteira, sem filhos e não tinha recebido nenhuma crítica muito pesada, então se sentia muito livre [73]

Se *houvesse* algum problema, o elenco e a equipe poderiam falar com Christopher. Ele era conhecido como "papa" no mundo de Madonna. Por ser irmão e próximo da cantora, ele era poderoso, tratado como conselheiro da turnê, resolvia disputas e mandava mensagens da equipe, que a temia.[74] "Christopher se sentia parte da equipe, da banda e de nós, embora o título oficial dele fosse diretor de arte. Ele nos dava muito apoio", contou Stea.[75]

Christopher era eficaz no papel porque ele entendia a irmã. "Quando estávamos trabalhando, nossas diferenças de opinião ou de criação se resolviam facilmente. É a pura verdade. Isso acontecia porque sei lidar com a situação e sei por experiência própria que a última pessoa que falasse com ela à noite venceria na manhã seguinte. Então criei a regra de ser a última pessoa a falar com ela à noite."[76]

Uma dessas situações envolveu uma grande mudança na equipe. A decisão de Madonna de retirar Armitage do clipe de "Vogue" significava que ela também sairia da turnê.[77] Por isso, Paterson foi, novamente, a salvação. Após coreografar a turnê Bad, de Michael Jackson, ele tinha experiência em produções da escala imaginada por Madonna e Christopher. Mas ela queria algo novo, não uma nova versão da turnê Bad.[78]

Segundo Paterson, as instruções dela foram: "Quero que você descumpra todas as regras em que conseguir pensar. Depois, crie mais algumas regras e as descumpra também.'" "Foi assim que entrei na turnê, com total liberdade artística para fazer o que eu quisesse."[79] O que Madonna queria era ser provocadora em relação à sexualidade e à religião e "mudar fundamentalmente o formato dos shows",[80] de acordo com Paterson.

Ele tinha três semanas para criar ou terminar 18 números de dança antes que a trupe começasse as três semanas de ensaio. As danças variavam do vogue ao hip-hop, passando pelo balé clássico. Algumas coreografias envolviam movimentos que Madonna nunca tinha apresentado em público. Segundo Paterson, eram "alguns movimentos de dança moderna, levantamentos".[81] "Quando trabalhamos na parte 'religiosa' do show, que incluía 'Like a Prayer', eu queria que os bailarinos a levantassem acima da cabeça", disse ele. Madonna retrucou: "'Eu não quero ser levantada como uma garota qualquer.'" Ao que ele respondeu: "'Não, Madonna, não é como uma garota qualquer, é como uma RAINHA.' Então ela disse: 'Muito bem, queridos, podem me levantar.'"[82]

Os ensaios de dança iam do meio-dia até as 20 horas, sem intervalo. Madonna vinha com as informações do que ela queria dizer em cada parte da apresentação e depois Paterson e um ou dois dançarinos trabalhariam na dança e a apresentavam para ela. Wilborn disse que a orientação era sempre a mesma: "Quero ver mais de você." Ela queria personalidades no palco, não manequins que se mexiam. "Todos nós temos histórias para contar", disse Crumes.[83]

Após oito horas de dança, Madonna ia para os ensaios musicais com Jai Winding e a banda. Essa agenda continuou por três semanas, até que a operação passou para um estúdio no complexo da Disney, que reunia o show e as pessoas que participavam dele. Paterson disse:

> Nós tínhamos o tipo de ensaio no qual eu colocava os dançarinos no palco, Madonna resolvia a mecânica das mudanças de figurino e depois tentava passar uma ou duas músicas. A ideia era criar um pouco mais a cada dia e repassar aquela parte, depois ir para a próxima e recomeçar as partes. Por fim, uma semana e meia depois, chegamos ao ponto em que era possível fazer o show.[84]

Segundo ele, na maior parte dos dias, eles repassavam o show de 1h40 duas vezes.[85] "Eu não fazia ideia de como o show era exaustivo até nós dois decidirmos que ela iria assistir ao show uma vez enquanto eu o repassava", disse Paterson. "E vou falar para você, cara, na quarta música eu não quis voltar. Eu estava morto. Aí ela disse que você pega um segundo impulso e vai."[86]

Madonna cantava e dançava praticamente o show inteiro, o que ficava mais fácil ao usar um microfone sem fio ligado a um fone de ouvido. A tecnologia já existia havia décadas e era usada por pilotos de avião, mas Kate Bush a levou para o palco em 1979, criando um suporte de cabeça para o microfone dela por meio de cabides de arame.[87] A ideia não pegou até que Madonna usasse uma versão mais sofisticada desse aparato na turnê Blond Ambition. Depois disso, o "microfone da Madonna" estava em toda parte.

Entre a turnê anterior, de 1987, e a Blond Ambition, Madonna tinha amadurecido como cantora graças ao trabalho com Sondheim. Ela mesma reconheceu a mudança na própria voz e no alcance. Madonna disse a Paterson que gostaria de cantar algumas músicas antigas da turnê porque finalmente poderia fazer justiça a elas. "Antes eu cantava, mas agora posso *apresentá-las* e *cantá-las* de verdade porque minha voz está muito mais forte."[88]

A primeira apresentação ininterrupta da Blond Ambition foi um show para "amigos e familiares", ou seja, pessoas da indústria musical e convidados selecionados. Naquele dia, sessenta pessoas a assistiram sentadas em pequenas cadeiras em um espaço vasto e vazio no estúdio da Disney. Na estrada, o elenco se apresentaria para dezenas de milhares de fãs, mas, para aquele show, o tamanho não importava. O importante era a reação. "Eles ficaram estupefatos" e "*impressionadííííssimos*", segundo Stea.[89]

Por ter sido desenvolvida nos anos 1990, a maioria dos shows de rock e de pop era repleta de luzes piscantes, jatos de fumaça estrategicamente lançados e explosões de cores. Os efeitos eram distrações para deixar os artistas mais estimulantes em termos visuais. Até que um grupo de artistas de rua de Québec revolucionou as apresentações ao vivo. Em 1987, a primeira turnê norte-americana do Cirque du Soleil estreou em Los Angeles e causou grande impressão porque libertou os artistas das limitações gravitacionais do palco e possibilitou um novo tipo de performance, que era visualmente impressionante sem precisar de truques tecnológicos.

O show de Madonna usava tanto os precedentes do pop quanto as inovações de outras formas de arte, como teatro, ópera, dança moderna, balé, burlesco, cinema, pintura, escultura e circo para criar uma produção teatral coesa com trocas de personagens, cenários e uma narrativa que se alternava entre emocionante, dramática, provocativa, divertida e eletrizante. Talvez o mais inovador e surpreendente de tudo era que, apesar da precisão de relógio suíço e da preparação feita com maestria, o show parecia um grupo de amigos se divertindo, o que significava que a plateia faria o mesmo.

"É difícil quantificar ou expressar a diferença entre as turnês antes e depois desse show", comentou Stea. "A plateia não saía apenas de queixo caído. Todos saíam comovidos, o que é uma prova da disposição de Madonna para demonstrar fragilidade."[90]

As pessoas no estúdio aquele dia viram o futuro da cultura pop. "Ela inspirou uma geração que agora está no comando e criando", explicou Stea décadas depois.[91] Para o *New York Times*, Madonna virou "a principal arquiteta do espetáculo pop contemporâneo"[92] com a Blond Ambition.

O fato de os ensaios de dança começarem ao meio-dia não significava que Madonna, Christopher e Paterson tinham o luxo de descansar. Todos eles tinham trabalho a fazer antes dos ensaios, especialmente Madonna, que também tinha empresas para administrar: Boy Toy para música, Siren para o cinema e Slutco para clipes. Ela empregava centenas de pessoas. Quem estava no topo, mais perto da cantora, eram majoritariamente mulheres a quem ela considerava amigas próximas.

"As pessoas perguntam: 'Tem noção de que todos os seus amigos são seus empregados?' E eu respondo: 'Nossa, eu não tinha pensado nisso, mas talvez você possa mudar a frase e pensar: 'Bom, talvez eu só trabalhe com quem eu realmente goste.'''[93] A fórmula baseada em confiança aparentemente deu certo. A *Forbes* estampou uma fotografia de Madonna na capa do mês de outubro, ao lado da manchete A MULHER DE NEGÓCIOS MAIS INTELIGENTE DA AMÉRICA.[94]

Madonna também usava o "tempo livre" da manhã para se exercitar. Segundo Paterson, "ela é incrível. Levanta de manhã e vai para a academia, faz uma série de bike indoor, corre 13 quilômetros, faz outra série de exercícios e depois vai pro ensaio. Ela está sarada".[95] Madonna descreve o esforço físico intenso como válvula de escape, como meditação. Ela sai dos exercícios se sentindo "mais no controle".[96]

Com o lançamento de "Vogue" em março de 1990, Madonna virou a mulher com mais singles que chegaram ao primeiro lugar na história da música.[97] O clipe da música ajudou a colocá-la no topo. Décadas depois, ela seria reconhecida por ter representado "uma mudança sísmica para a cultura queer no sentido mais amplo".[98] Na época, entretanto, foi chamada por alguns de imperialista cultural que impedia os menos poderosos de fazerem sua arte para ela enriquecer.[99]

As críticas à apropriação que Madonna fazia de outras formas de arte ressurgiriam ao longo da carreira da cantora, mas o fato de terem perdurado não lhes dava legitimidade. *Todos* os artistas se apropriam de algo. O nome disso é inspiração.[100] Os artistas precisam olhar além de si mesmos para encontrar ideias, ou a arte que produzem vai estagnar. Não há outra forma de fazer isso. No caso de Madonna, o que ela produzia sempre refletia o que ela lia, assistia, ouvia e via, além dos lugares onde ela morava e a atitude da sociedade em relação às questões sociais naquele momento.

A alegação de que Madonna não deu crédito aos homens que dançaram vogue no clipe da música de mesmo nome também era despropositada. Esses homens estavam no clipe dela, que também era o clipe deles. Afinal, os bailarinos ajudaram a coreografar. Ela tirou Gutiérez e Camacho das boates e lhes deu uma plataforma global. Não era roubo, era um tributo.

Como sempre, havia mais pessoas que apreciavam do que criticavam. "Vogue" fez um grande sucesso e o clipe foi uma sensação. A diretora de *Paris is Burning*, Jennie Livingston, disse:

> Eu me lembro de estar em uma farmácia e ver uma mulher branca com duas crianças. Uma delas disse: "Olha, mamãe! Johnny está dançando vogue!" Eu fiquei chocada, e tudo aquilo era por causa da Madonna [...]. O que me impressionou foi como muita gente do mundo dos bailes a amou e a aceitou.[101]

Para o escritor e produtor Louis Virtel, ela "conquistou algo impressionante com 'Vogue'. Popularizou uma forma de arte audaciosa e desavergonhadamente queer nos Estados Unidos".[102]

O álbum *I'm Breathless* foi lançado no dia 22 de maio e chegou ao segundo lugar das paradas, impulsionado em boa parte por "Vogue". Warren Beatty ficou tão feliz que pouco depois do lançamento deu uma festa em casa para comemorar o sucesso do álbum. Em um determinado momento, botou para tocar uma música composta por Madonna e Leonard chamada "Something to Remember". Pediu a todos na casa que parassem de falar e ouvissem. Até os garçons segurando as bandejas ficaram em pé em silêncio enquanto os convidados olhavam para Madonna, elegante e discreta em um vestido preto com as costas de fora e o cabelo preso em um coque.[103]

Quando a música terminou, Beatty caminhou até Madonna, sussurrou algo para ela e aplaudiu. Os convidados fizeram o mesmo. Aquele grupo seleto dos grandes nomes de atores e executivos de Hollywood acrescentou palavras parabenizando-a enquanto se reuniam ao redor dela. "Madonna ficou lá aceitando tudo com muito charme", descreveu Jack Nicholson. "Esta jovem linda, imprevisível, incrível, estava com lágrimas nos olhos, e pensei: 'Meu Deus! Ela é uma estrela.'"[104]

De certa forma, aquela noite e o clipe de "Vogue" sinalizavam o fim do romance de Madonna com Hollywood. Naquele ano, ela diria que não precisava mais do que Hollywood tinha a oferecer.

Capítulo 29

Los Angeles, Paris, Tóquio, 1990

> Quando você conhece o seu ídolo, pode se decepcionar. Quando eu a conheci, não me decepcionei.[1]
>
> — *Jean Paul Gaultier*

Ao longo da carreira, Madonna encontrou algumas pessoas cuja sensibilidade social e artística era tão próxima da dela que elas pareciam destinadas a trabalhar juntas. Uma delas nasceu em um subúrbio da classe trabalhadora ao sul de Paris, filho único de um contador e uma caixa de cantina de escola. A mágica entrou na vida dele por meio da avó, uma enfermeira que administrava um salão de beleza em casa, tinha interesse em misticismo e curas alternativas e era dona de um guarda-roupa cheio de espartilhos em vários tons de rosa-claro. Décadas depois, o menino transformaria esses espartilhos em ícones da moda enquanto trilhava o caminho para ser o estilista francês mais importante de sua geração. O nome dele? Jean Paul Gaultier.[2]

Ele e Madonna sabiam da existência um do outro muito antes de trabalharem juntos. A cantora usou roupas do estilista na estreia de *Procura-se Susan desesperadamente*, em 1985. Gaultier, por sua vez, ouvia as músicas de Madonna e acompanhava a carreira dela desde o início: ele a viu cantando "Holiday" na TV e estava na plateia quando ela rolou no palco durante a apresentação de "Like a Virgin" no VMA. Em 1987, os dois se encontraram rapidamente quando Madonna visitou a butique dele após o show da turnê Who's That Girl em Paris.[3] Em outras palavras, havia uma admiração mútua porque os dois eram experimentadores ávidos, rebeldes constantes e, talvez o mais importante, tinham senso de humor irreverente que transparecia no que produziam.[4] No entanto, só no fim de 1989 foi iniciada uma colaboração intensa, que duraria décadas.

Em outubro daquele ano, na véspera do desfile de verão de Gaultier em Paris, Herb Ritts ligou para perguntar se ele gostaria de criar as roupas para a próxima turnê de Madonna. Gaultier achou que era piada. "Eu continuei trabalhando como se nada tivesse acontecido." Entretanto, ao longo do desfile, enquanto dava o toque final nas roupas antes que as modelos entrassem na passarela, surgiu a dúvida. "E se não fosse uma piada?" Ele ligou para Ritts, que garantiu que era sério e lhe deu o número de telefone de Madonna em Los Angeles. Gaultier ligou.[5]

Madonna atendeu e disse que queria trabalhar com ele porque gostava das brincadeiras que o estilista fazia com os gêneros, misturando masculinidade e feminilidade. "Eu o achava muito provocador, acreditava que ele fazia uma declaração política com a moda como ninguém", disse ela. Mais ou menos uma semana depois, ela lhe enviou ideias de figurino. Em 23 de novembro, Gaultier estava em Nova York e encontrou Madonna e Christopher na cobertura do hotel Carlyle. "Eu toquei a campainha com o coração acelerado e 150 croquis embaixo do braço", contou ele. Madonna abriu a porta. Atrás dela, o filme *Cabaret* estava sendo exibido em uma tela grande e, em cima da mesa, estava a biografia de Louise Brooks, que ela lia no momento. Ambos davam pistas para o que ela pensava e inspirariam uma parte do show.[6]

Gaultier e Madonna se deram bem logo de cara. "Éramos como duas crianças brincando juntas!", contou a cantora.[7] "Era uma colaboração de verdade", acrescentou o estilista, "com amizade e cumplicidade. Ela não tinha medo de nada, e nossa visão estava em total harmonia e simbiose. Assim nasceu um caso de amor".[8]

Como Gaultier passaria alguns dias em Nova York, Madonna o convidou para o jantar de Ação de Graças na casa da irmã dela na cidade. Os dois também se encontraram para tratar de negócios e celebraram a nova união artística com uma noite na Sound Factory. Na verdade, o estilista estava presente quando Madonna viu Gutiérez e Camacho pela primeira vez. Aquele momento mágico — no qual o rosto da moda descolada de Paris conheceu os dançarinos de vogue de Nova York — era recorrente no mundo de Madonna. O notável se tornava garantido.[9]

Em 27 de novembro, Gaultier estava de volta a Paris "trabalhando direto" nos desenhos escolhidos por Madonna. Christopher disse que tudo precisava ser feito em três, com costuras duplas e reforçados para que as roupas não rasgassem durante as apresentações. Isso significava que o ateliê de Gaultier precisava produzir 358 figurinos para a Blond Ambition em quatro meses.[10]

Quando criança, enquanto vestia a ursinha de pelúcia chamada Nana com um pequeno sutiã de cone que tinha feito ("Eu imaginava que o ursinho era Marilyn Monroe"), Gaultier se via criando figurinos e cenários para o cabaré Folies Bergère. A moda, a música e a performance estavam ligadas desde o começo para ele. Roupas não eram uma armadura para cobrir um corpo rígido, e sim algo vivo e vibrante capaz de contar histórias e transmitir mensagens.[11]

Aos 17 anos, ele mandou alguns desenhos para Pierre Cardin. No ano seguinte, Cardin lhe ofereceu um emprego como assistente.[12] O ateliê era perfeito. Cardin, que tinha vestido os Beatles, disse ao novato que a moda precisava refletir a época em que era produzida e que "tudo era possível".

Dá para imaginar a emoção que o jovem sentiu ao ouvir aquela fórmula em um lugar tão reverenciado. Infelizmente, o sonho durou apenas oito meses. Quando Cardin fez cortes na equipe, Gaultier foi demitido.[13]

A parada profissional seguinte dele foi a tradicionalíssima House of Patou, em Paris, onde se sentiu reprimido.[14] Assim que pôde partir em liberdade, foi para Londres testemunhar o punk de perto. Gaultier se sentiu atraído pelas "alusões ao sexo, meias arrastão rasgadas, roupas pretas, kilts, faixas para BDSM, mistura de gêneros e materiais". Ele disse: "Eu me identifiquei muito mais com aquilo do que com algumas convenções arcaicas da alta-costura."[15] Contudo, a rebeldia raramente paga as contas, seja na moda, seja na política. Então Gaultier voltou a trabalhar para Cardin.[16]

Nessa época, ele conheceu o homem que se tornaria parceiro de negócios e amor da vida dele, Francis Menuge, que o estimulou a trabalhar por conta própria. Menuge criava joias e administrava a empresa, enquanto Gaultier fazia as roupas. "Era como um filho que tivemos juntos", comentou o estilista. Essa primeira coleção *prêt-à-porter* foi apresentada na passarela em 1976, quando o estilista tinha 24 anos.[17]

Gaultier descumpriu todas as regras da moda francesa desde o início, não só nas roupas, que incluíam bustiês cheios de joias, saias de balé, meias arrastão e tênis, como também nos materiais. As roupas dele eram feitas de jogos americanos, lonas, tecidos de estofado, telas e couro. Aquele primeiro desfile foi quase ignorado pela imprensa que cobria moda na França, mas as pessoas que o viram ficaram impressionadas. Lucinda Chambers escreveu para a *Vogue*: "Não dizia respeito às roupas, e sim a estar na cabeça de outra pessoa." Até a apresentação era revolucionária. Os modelos dele eram personagens, pessoas das boates e das ruas, como os dançarinos de Madonna.[18]

Levou dois anos para que as criações de Gaultier fossem levadas a sério e outros sete até ele abrir a primeira loja, em 1985. Àquela altura, já tinha feito afirmações importantes a respeito de vários assuntos polêmicos.

> Sobre gênero: homens usavam saias e mulheres usavam calças e paletós masculinos.
>
> Sobre grupos étnicos: em uma época em que as passarelas ainda eram ocupadas por mulheres brancas, ele contratou mulheres de outros grupos.
>
> Sobre etnias e culturas: as criações de Gaultier combinavam os estilos africano, asiático, caribenho, francês tradicional, as criações do povo inuíte e dos judeus hassídicos e a excentricidade da King's Road em Londres.
>
> Sobre imagem corporal: os modelos eram de todas as formas, tamanhos e idades.

Em palavras que poderiam ter sido ditas por Madonna, Gaultier falou: "Acho que nunca me preocupei em chocar as pessoas. Eu estava ciente de que poderia ser chocante? Sim. Mas eu só queria mostrar o que achava justo, normal ou lindo. Na verdade, eu é que fiquei chocado com certos tipos de intolerância."[19]

Dois fatos em 1989 mudaram a vida de Gaultier. Primeiro, Menuge foi diagnosticado com aids. No mesmo ano, a doença se desenvolveu e começou a destruí-lo. Menuge era a vida de Gaultier, que dizia "1 + 1 = 1; Francis *et* Jean Paul = Jean Paul Gaultier". Ele não sabia como seguiria em frente sem o companheiro.[20] O segundo acontecimento que mudou a vida do estilista foi a colaboração com Madonna. Gaultier a chamou de "meu ideal feminino".[21]

De acordo com a editora da *Vogue Paris*, Carine Roitfeld, uma "mulher de Gaultier" usava maquiagem e era feminina, mas também era "meio moleca [...]. Ela não tem medo de nada e se sente bem consigo mesma, com seus relacionamentos, sua sensualidade e sexualidade".[22] Ela era feminina *e* masculina.[23] Gaultier disse: "Madonna concretizou esse espírito da mulher moderna: forte e ao mesmo tempo frágil, porém mais macho do que muito homem."[24]

Seria natural pensar que a parceria entre eles o ajudaria a superar a preocupação com Menuge, mas Gaultier negou. Apesar disso, criar mantinha vivo um aspecto da parceria. Gaultier chegou à conclusão de que, na era da aids, "nada poderia ser pior do que acabar com o desejo [...]. Ele deve ser mencionado e mostrado". E ele faria exatamente isso nas criações para a Blond Ambition.[25]

A coleção de Gaultier era construída em torno do espartilho. O design icônico criado para Madonna transformou esses artigos de repressão em símbolos de força. Desde 1905, quando a estilista francesa Herminie Cadolle criou um sutiã de metal para Mata Hari, as roupas íntimas de uma mulher não tinham tanto poder.[26] "Em vez de simbolizar opressão, a peça viraria um sinal da liberação feminina, das mulheres reivindicando poder sobre o próprio corpo, incluindo o poder sexual", disse a historiadora de moda Valerie Steele. "Como estilista do sexo masculino, ele não poderia ter feito isso sozinho. A colaboração com Madonna foi crucial."[27]

No entanto, não foram apenas as roupas íntimas que Gaultier retrabalhou para um novo tipo de mulher. Ele também recriou o *power suit*, ou um terno com blazer em uma modelagem mais oversized e com ombros mais estruturados, um item da moda que tinha surgido com a segunda onda do feminismo. Esses ternos, com ombreiras de jogador de futebol americano (para mostrar que as mulheres eram duronas) por cima de blusas com laços (para mostrar que eram acessíveis), eram figurinos usados por mulheres do mesmo jeito que um menino usava o terno grande demais do pai. O visual era inspirador, uma questão de crescer até alcançar o poder.

No fim dos anos 1980, algumas mulheres decidiram que não precisavam ambicionar *ser* homens ou se portar como eles para ser poderosa. Nas

Olimpíadas de 1988, em Seul, as medalhistas de ouro Jackie Joyner-Kersee e Florence Griffith Joyner eram exemplos de atletas lindas e fortes que também eram femininas. Segundo Gaultier, "acho que a verdadeira moda sempre vem do que está acontecendo na sociedade".[28] Essa foi a direção que ele tomou.

Um dia, uma jovem que trabalhou com ele chegou ao ateliê com uma jaqueta Chanel aberta usando apenas um sutiã de renda por baixo.[29] Ali bateu a inspiração. Gaultier criou um terno que reconhecia a falsa masculinidade dos anos 1970 e início dos anos 1980 e reagia com a verdadeira feminilidade ao permitir que as roupas de baixo, como espartilho e cintas-ligas, ficassem visíveis. Quem olhava para as roupas dele não via mais o terno; o espartilho chamava toda a atenção. As pessoas olhavam além do "homem" para descobrir o poder e a beleza da mulher.

Em 29 de dezembro, a produção dos figurinos de Madonna tinha progredido bastante a ponto de ela ir a Paris para fazer a primeira prova. Gaultier chamou o dia de Dia D. Com "Vogue" no toca-fitas do estúdio, Madonna começou a dançar para ver se conseguia se mover livremente. Deu tudo certo.[30]

Entre os figurinos que experimentou naquele dia, estavam um terno listrado por cima de um espartilho salmão com sutiã de cone, um minivestido enfeitado com marabu (algo que um ajudante de Papai Noel usaria), um top preto e bermuda de ciclista com cinta-liga, um vestido longo sem alças com um diamante em cada mamilo, um espartilho de artista de circo enfeitado com lantejoulas e o famoso espartilho dourado que ela usaria em "Like a Virgin".[31]

Ao longo dos três meses seguintes, as provas de figurino para Madonna, Niki Haris, Donna De Lory e os dançarinos continuaram, com malas cheias de roupas viajando entre Los Angeles e Paris com Gaultier ou alguém da equipe dele acompanhando. Haris e De Lory tinham tantas trocas de roupa quanto Madonna, em estilos quase idênticos. Os sete dançarinos do sexo masculino também, e os figurinos iam de hábitos de padres e sobretudos amarelos a cuecas pretas com bolsos de cetim e chapéus-coco.[32] Os sutiãs cônicos que Gutiérez e Camacho usariam durante "Like a Virgin" tinham sido criados por Gaultier para a coleção norte-africana de 1984. "A ideia de colocá-los nos homens foi de Madonna", contou o estilista.[33]

Em 28 de fevereiro, menos de um mês antes da data de entrega dos figurinos em Los Angeles, Gaultier descobriu que um collant bordado a mão não servia mais em Madonna porque ela havia emagrecido os quase cinco quilos que ganhou para *Dick Tracy*. Todos os figurinos precisaram ser refeitos. O prazo, que já era apertado, ficou ainda mais complicado porque o estilista também estava preparando a coleção feminina para a passarela. O prazo para a entrega da coleção era 19 de março, enquanto a entrega dos figurinos da turnê estava marcada para 20 de março.[34] Gaultier disse que a pressão na equipe de oito pessoas era tão grande que os integrantes consumiram 350 aspirinas por dia junto com mais de setecentos tubos de vitamina C solúvel em água, quatrocentos maços de cigarro e incontáveis litros de café durante os meses de trabalho.[35]

Milagrosamente, os 150 quilos de figurinos ficaram prontos a tempo e foram entregues em Los Angeles com um bilhete que escondia o trabalho exaustivo por trás deles: "Amor e beijos, Jean Paul."[36] O singelo pedaço de papel também escondia a importância cultural do momento. Gaultier e Madonna estavam prestes a definir um novo padrão para artistas de pop e rock no palco. Para Steele, "desde então, ninguém consegue se vestir no palco sem citar pelo menos implicitamente a colaboração entre eles".[37]

Além disso, a colaboração levou a alta moda de Paris para o grande público e a cultura de rua de Nova York para o mundo. As passarelas de Paris, Milão e Nova York, antes distantes, ganharam popularidade para uma nova geração.[38] E o mundo da moda transformou Madonna em um objeto de idolatria. Segundo o estilista Karl Lagerfeld,

> quem pode alegar ter sido influente no reino da beleza feminina? Certamente nenhum estilista dos últimos anos. Todos contribuíram com ideias, mas, comparado a Madonna, isso não conta.[39]

Quando observadores que queriam ser generosos mas temiam ser considerados fãs ousavam elogiar Madonna, diziam que ela era um gênio por saber encontrar os colaboradores certos. Era o tipo de elogio que parece ofensa, dando a entender que ela, como outras mulheres inteligentes, apenas sabiam encontrar a ajuda adequada. A verdade era que Madonna realmente tinha um dom para descobrir talentos. O que elevava isso além da esperteza nas escolhas que fazia é que as pessoas que contratava trabalhavam *com* ela, não apenas *para* ela, e a parceria transformava os envolvidos em artistas melhores. Isso aconteceu na turnê Blond Ambition com a decisão de contratar um cineasta desconhecido para filmar o evento.

Madonna queria documentá-la porque, segundo ela, "estava muito orgulhosa do que tinha feito no palco e gostaria de capturar aquilo em filme".[40] Originalmente, seria um documentário para a HBO concentrado nas performances. Madonna pediu a David Fincher para dirigi-lo, mas no último minuto ele foi contratado para dirigir seu primeiro filme, *Alien* 3, com o impressionante orçamento de 50 milhões de dólares. Então, a artista o trocou por um novato desconhecido, Alek Keshishian, de 25 anos.[41]

Nascido em Beirute e criado na Nova Inglaterra, Keshishian dirigiu uma versão ópera pop de *O morro dos ventos uivantes* como monografia em

Harvard, com músicas de Madonna em alguns trechos. Após a formatura, ele se voltou para os clipes e sonhava em trabalhar com a mulher que o inspirou. Sabendo que isso era pouco provável de acontecer, ele disse a si mesmo: "Siga a vida, Alek." Até que, segundo ele, "do nada, o telefone toca em uma tarde no fim de março".[42]

Ele atendeu e ouviu uma voz dizendo "'Oi, Alek. É a Madonna.' Como se isso fosse normal", relembrou. Ela tinha visto o trabalho de conclusão de curso dele e gostou tanto que disse a seus agentes na CAA: "Quero ver tudo o que esse garoto fizer." Ela foi guardando os clipes dirigidos por ele, uma coleção pequena porque Keshishian não tinha dirigido muitos, e concluiu que ele filmava "movimentos de dança melhor do que ninguém". Quando o viu nas boates, o interesse por ele cresceu. "Gostei das pessoas com quem ele andava. Gostei da aparência dele, gostei do jeito que ele dançava. Eu sabia que ele teve uma educação formal e senti que tínhamos algo em comum."[43]

Quatro dias após aquela ligação, Keshishian estava sentado ao lado de Madonna em um voo de primeira classe para o Japão enquanto ela, basicamente, o testava com insultos e ataques verbais. Ele se sentiu no ônibus escolar com o valentão da turma e não soube como reagir. Então, pensou: "'Foda-se. Eu não tinha esse emprego há quatro dias.' Então, comecei a responder à altura e acho que isso nos uniu."[44] "Eu conseguia trocar insultos espirituosos com Madonna melhor do que todos na empresa dela. Parecia um filme antigo de Howard Hawks. Muito rápido."[45]

Ao chegar ao Japão, Keshishian viveu o que chamou de "os cinco dias mais insanos da minha vida". No terceiro dia, teve ataques de pânico. "Eu me perguntava o que estava fazendo ali."[46] Madonna o convidou para fazer um filme, mas brigava com ele sobre o que era permitido filmar. "Eu a filmei gritando comigo para não filmá-la", disse o diretor. "Eu achei que era melhor ser demitido por gravar o que eu queria do que ser um bajulador recebendo ordens de ligar e desligar a câmera o tempo todo."[47]

A única pessoa ao redor que parecia disposta a ajudá-lo era Christopher. Keshishian perguntou como lidar com Madonna e Christopher o aconselhou a conferir o humor dela assim como o tempo: "Se ela disser 'Oi, como vai?' é um sinal melhor do que se disser apenas 'Oi'. Se ela não olhar para você ou nem falar 'Oi', você sabe que não é um dia bom. Nunca a confronte. Faça com que ela sinta que as ideias vieram dela."[48] O irmão de Madonna completou: "Apenas siga a maré." E foi o que Keshishian fez.[49]

Ele começou tentando encontrar a história, o foco do filme, e conhecendo o grupo que seria o elenco. "[Os dançarinos] diziam: 'Que porra é essa?'", contou Keshishian. "Eu os entrevistava de manhã na cama porque era impossível falar com eles de outra forma, só que isso os tornou mais frágeis e fez com que se abrissem muito mais rapidamente."[50]

Keshishian disse que essas entrevistas foram o catalisador para o direcionamento do filme. "Eu pensei: 'Espera aí. Esses garotos são incríveis. De certa forma eles foram feridos, são desajustados, e Madonna é a figura materna deles.'"[51] Ele mostrou a Madonna o que tinha filmado, trinta horas de imagens no Japão, e ela concordou com a abordagem. "Eu estava pouco me fodendo para o show", lembrou-se ela de pensar. "Isso é a vida! É isso que quero documentar."[52] Ela disse a Keshishian: "Vamos nos concentrar nisso."[53]

Ele filmava as cenas de bastidores em preto e branco e em 16mm e as imagens dos shows em cores e em 35mm. A equipe do filme se resumia a duas pessoas com câmeras, duas pessoas para cuidar do som, dois técnicos para as imagens de bastidores e 22 câmeras para filmar diferentes ângulos. "Todo mundo em volta de Madonna dizia: 'Não seja louca. Veja o que aconteceu com *Rattle and Hum*'", disse Keshishian. O documentário do U2 prejudicou a reputação da banda por ser considerado um filme sobre egos inflados. "Ela decidiu ouvir minha opinião em vez da opinião alheia", lembrou ele, mesmo quando isso significou a saída da New Line Cinema do projeto porque o filme seria feito parcialmente em preto e branco.[54] Madonna decidiu bancar sozinha os 4 milhões de dólares necessários para gravá-lo.

Levou algum tempo para todos se acostumarem às intromissões das câmeras. No começo, enquanto ainda estava no Japão, Madonna bateu a porta na cara da equipe de Keshishian mais de uma vez. Se ela o mandasse parar de filmar, ele dizia aos câmeras para continuar filmando.[55] Em pouco tempo, ela considerou a câmera "uma espécie de terceiro olho" no recinto. Na última etapa da turnê, a Europa, Keshishian disse: "De certa forma, eu tinha carta branca. Foi muito corajoso da parte dela."[56]

O pessoal das câmeras e técnicos que trabalhavam com Keshishian vestiam preto para ser o mais discretos possível e não falavam com Madonna — ela também não falava com eles.[57] Entre as únicas regras estavam que ela não faria nada duas vezes. Em uma entrevista décadas depois para o jornalista da *Queerty* Jeremy Kinser, Keshishian disse: "Hoje em dia, com os reality shows, você passa o roteiro, depois eles filmam repetidamente para ter vários ângulos e então improvisam [...]. Se Madonna passou por uma porta e eu não filmei, sabia que não poderia pedir a ela que repetisse." Porque essa era outra regra: ela não "atuaria" para a câmera.[58] Mas Niki Haris disse que isso não valia para os outros do elenco e da equipe. "Coloque uma câmera diante das pessoas e elas irão querer mostrar o melhor lado, procurar o ângulo certo, ficar perto de Madonna para garantir que serão filmadas. Isso acontecia bastante."[59]

O filme não criou cenários, mas em alguns casos ficou à beira de inventar para dar contexto a um comentário ou uma cena. No caso da amiga de Madonna que apareceu em um show, Moira McFarland, Keshishian conseguiu esse encontro depois de Madonna mencioná-la em um comentário sobre os tempos de criança. Em outro caso, o diretor descobriu que o dançarino Oliver Crumes estava afastado do pai, e não só arranjou como também filmou o encontro "porque era um evento marcante carregado de emoção para ele". Quando Madonna falou com o próprio pai ao telefone, Tony Ciccone tinha concordado com a ligação com antecedência.[60]

No entanto, entre as centenas de horas de imagens filmadas, foram poucas intervenções desse tipo. A ficção não era necessária com uma realidade tão rica e cômica. Keshishian viu o filme como felliniano, uma mistura de personagens escandalosos e intrigantes em locações bizarras que faziam as ocorrências mais mundanas parecerem fascinantes.[61] Madonna viu o filme como warholiano. Nos anos 1960, Warhol estava obcecado por gravações que capturavam as atividades de uma pessoa durante o dia. Depois ele passou para filmes que mostravam a pessoa por várias horas seguidas fazendo absolutamente nada.[62]

Contudo, os verdadeiros antecedentes do filme da turnê Blond Ambition eram o primeiro reality show da televisão, *An American Family*, da PBS, que filmou a dissolução da família Loud na Califórnia durante sete meses em 1971, e o documentário *Don't Look Back*, de D. A. Pennebaker, sobre a turnê de Bob Dylan pela Inglaterra em 1965. Um dos homens mais reservados da música se permitiu ser filmado como petulante, arrogante e cruel enquanto poetas, músicos, jornalistas e mulheres alardeavam o brilhantismo dele. Foi um registro corajoso, que os fãs e os críticos de Dylan amaram devido à honestidade sem retoques.[63]

O filme da turnê de Madonna seria igualmente ousado, revelador e, portanto, perigoso. "Eu enfrentei muita resistência", disse Keshishian. "Os consultores diziam a ela: 'Por que você está ouvindo esse garoto?'"[64] Liz Rosenberg disse que era "contra porque acho que o mundo não precisa saber o que acontece nos bastidores. Eu sou antiquada por ser protetora e querer que todo mundo só veja o melhor de Madonna". Freddy DeMann temia a superexposição. "Mas ela não concordava, e, quando isso acontece, ela aperta um boneco nos lugares certos e eu sinto dor", brincou ele.[65]

Nem todos queriam ser filmados e algumas pessoas faziam de tudo para se esconder. O dançarino Carlton Wilborn era um dos hesitantes "porque tinha muitos segredos na época. Ninguém sabia o dilema que eu vivia" por ser HIV positivo.[66] Vincent Paterson também evitou a equipe de filmagem, assim como o gerente de produção Chris Lamb, que não queria ser filmado levando bronca de Madonna. "Quando ela tem algo a dizer, não usa meias-palavras", disse ele. "Às vezes você é atingido com bastante força."[67]

Os que não se esconderam, entretanto, viraram estrelas. Haris e Donna De Lory apareceram como se fossem amigas, expressando-se dentro e fora do palco com ousadia e alegria. Elas não levavam desaforo para casa e não ficavam nos bastidores. Era óbvio que Madonna não exigia isso delas porque sabia que não seria ofuscada ao dividir holofotes com duas mulheres fortes.

Os sete dançarinos homens tiveram um impacto ainda maior, sendo pioneiros de duas formas. Em uma época em que dançarinos eram basicamente manequins animados vendendo produtos ou, no caso das mulheres, objetos que serviam para vender sexo em clipes, os dançarinos de Madonna tinham personalidades singulares, poderosas e reconhecidas.[68] A plateia gritava quando ela aparecia, mas, após vários shows e depois que os fãs leram a cobertura da imprensa sobre os dançarinos, também gritavam por eles. Isso acontecia, em parte, por serem pioneiros também em outra área: não havia um branco anglo-saxônico sequer entre eles, e apenas um era heterossexual.

A turnê e o filme foram verdadeiras mensagens sobre a homossexualidade, mas sem fazer uma declaração formal, ou, como afirma Keshishian: "Nós fizemos um filme muito gay sem que o tema fosse a homossexualidade."[69] "A mensagem ousada e progressista era que você pode ser gay e humano", disse Kevin Stea.

> Até aquele ponto, ser gay era ser o outro, subversivo e perverso. De repente, havia uma afirmação grandiosa de que você pode ser gay, feliz, bem-sucedido, cheio de vida e jovem. Não precisava se esconder em um beco ou em um bar duvidoso, não era preciso ser casado e fingir ser hétero.[70]

Sobre a contribuição de Keshishian, Stea disse: "Ele ser gay e mostrar a humanidade de nossa comunidade foi o que fez o filme ser tão longevo, poderoso e marcante."[71]

O filme, que se chamaria *Truth or Dare* em algumas partes do mundo e *Na cama com Madonna* em outras, mostrava Madonna e a equipe trabalhando, brincando, descansando, alegres, melancólicos, carinhosos, vingativos, ameaçados, adorados, unidos, separados e, o mais importante de tudo, mudando a cultura contemporânea. Aquela equipe de homens e mulheres jovens inspirariam gerações de artistas, coreógrafos, músicos, cineastas e pessoas. Indivíduos que lutavam com a sexualidade, que se sentiam impotentes por causa do grupo étnico, que desejavam se ver representados e aceitos como integrantes da sociedade viam na turnê Blond Ambition e no filme que a documentava a história da realização dos próprios sonhos.

Capítulo 30

Tóquio, Houston, East Rutherford, Londres, Nice, 1990

Os papéis de gênero são minha paleta, não minhas algemas.[1]

— *Nadya Tolokonnikova*

EM 13 DE abril de 1990, a turnê Blond Ambition estreou para 35 mil pessoas no estádio Zozo Marine, em Tóquio. "Quando eu a ouvi cantando para um público pela primeira vez, pensei: 'Puta merda, ela está se apresentando com tudo'", contou Carlton Wilborn. O show tinha começado *para valer.* Mas assim como aconteceu na turnê Who's That Girl, caiu uma chuva fortíssima durante os três shows de Tóquio. Na terceira noite, com ventos fortes e a temperatura em torno de 7°C, Madonna recebeu a recomendação de cancelar o show, mas se recusou. "Quando vi algumas pessoas da plateia na grade ensopadas, decidi continuar."[2]

Jean Paul Gaultier estava presente só para ver os figurinos em ação e ficou decepcionado. A única concessão que Madonna fez aos deuses do clima foi fazer o show em roupas comuns: casacos da turnê, coturnos ou tênis e meias-calças. Do contrário, as preciosas roupas de Gaultier teriam ficado logo na primeira noite. Na terceira, estariam destruídas. A chuva era tão forte e a superfície tão lisa que Madonna poderia deslizar pelo palco. "Aposto que vocês não sabiam que iam ver um show de patinação no gelo, não é mesmo?", perguntou ela à multidão. A piada disfarçou a preocupação que sentia. "Eu só queria que todo mundo chegasse até o fim do show sem se machucar", explicou.[3]

Segundo Donna De Lory, eles só conseguiram porque Madonna se preparou para todas as eventualidades. Ela se lembra de pensar durante os ensaios: "Ai, meu Deus, precisamos repetir tudo isso três vezes por dia?" O motivo ficou nítido naquela noite em Tóquio. "Ela pensou em tudo o que poderia dar errado, e foi por isso que precisávamos estar no automático na hora da apresentação. Você precisa estar presente e ser capaz de tomar decisões rápidas. Como consertar uma coreografia quando uma pessoa está deslizando?" Outra preocupação era manter Madonna segura. "Niki e eu fazíamos de tudo para que ela ficasse bem",[4] contou a vocalista.

Os dançarinos, por sua vez, não se preocupavam com o clima. De acordo com Madonna, "eles estavam tão empolgados por se apresentarem para um público que o mundo poderia estar explodindo e eles não ligariam". A plateia também não se importou. Abrigada debaixo de guarda-chuvas e capas de chuva, gritava e aplaudia o show inteiro. Vincent Paterson disse que isso nunca tinha acontecido no Japão, mesmo quando Michael Jackson se apresentou por lá.[5]

Desde a abertura do show, enquanto luzes pulsavam como corações e equipamentos do tamanho de carros eram ligados para criar o ambiente industrial de "Express Yourself", a cena era eletrizante.[6] Aquela música anunciava o tom do show: liberdade. "Liberdade como artista, como ser humano e para sempre falar a verdade, sem medo", disse Luis Camacho.[7]

Na música "Express Yourself", alguns versos podiam ser interpretados como descrevendo a submissão feminina, mas, na apresentação, as expectativas de gênero foram invertidas. Eram as mulheres que ofereciam a "big strong hand" [mão grande e forte], com Madonna, Niki Haris e De Lory levantando os dançarinos homens. Elas eram as agressoras, ficando por cima nos atos sexuais simulados. Eram elas que representavam o poder, não os rapazes musculosos e sem camisa.[8] "Havia alguns passos de dança na abertura em que íamos até lá atrás e dançávamos", disse De Lory. "Eu me lembro da energia, da adrenalina, e me sentia muito poderosa."[9]

"Open Your Heart" vinha a seguir, com Madonna cantando e vestindo o espartilho de Gaultier por baixo do terno de "Express Yourself", e Oliver Crumes dividia sozinho o palco com ela. Era notável que Crumes, jovem e inexperiente, tivesse confiança suficiente para fazer uma coreografia solo difícil no maior palco do mundo na época. Se "Express Yourself" era um comando para que as mulheres assumissem o controle da própria vida e falassem o que quisessem, "Open Your Heart" suplicava aos homens que se libertassem da prisão dos padrões da masculinidade.[10]

O tema da música seguinte era o girl power, o poder feminino. Em jaquetas cropped com capuzes, Madonna e as backing vocals interpretavam lutadoras de rua enquanto cantavam "Causing a Commotion". Madonna perguntava à plateia: "O que vocês fazem quando as pessoas atacam vocês?" A resposta: "Você as coloca em seu devido lugar." Era outra lição de empoderamento dada por uma mulher durona, que emendava com a última canção da sequência de abertura, "Where's the Party".[11]

Essa música, composta por Madonna no auge dos problemas com os paparazzi, era um lembrete a si mesma para se divertir, manter a perspectiva e lutar pelo objetivo maior: a jornada de sua vida. Com isso, a narrativa no palco voltava ao lugar onde tudo começou: a infância — mais especificamente, o despertar sexual que a Igreja e o pai consideravam pecaminoso.

O segundo ato da Blond Ambition era o momento em que o show ficava teatral e diferente de qualquer outro espetáculo pop. Kevin Stea chamava de "o coração da turnê" porque era a essência de Madonna.[12]

O ato abria com "Like a Virgin" e uma das apresentações mais famosas de Madonna. Ao som de música norte-africana, ela surgia de trás do palco vestindo um espartilho dourado em uma cama de veludo vermelho, com os dançarinos José Gutiérez e Camacho usando os sutiãs de cone de Gaultier ao lado dela, como eunucos. "A primeira vez que vimos os figurinos, nós amamos!", disse Camacho. "O fato de serem exagerados e causarem [polêmica] é o que mais me atraía." Os dois coreografaram a parte deles do segmento, baseada em passos de vogue.[13]

Quando era uma jovem cantora na turnê Virgin, em 1985, Madonna simulou um ato de masturbação. Sendo uma mulher mais madura na turnê Blond Ambition, ela não deixou subentendido e foi direto ao assunto. Depois que os dançarinos a desciam até a cama, ela iniciava uma sequência de masturbação que durava um minuto e ficava mais frenética graças à decisão do diretor de iluminação, Peter Morse, de usar luzes estroboscópicas para dramatizar o clímax.[14]

Depois, Madonna explicou que na cena de masturbação estava se livrando da culpa que a Igreja Católica incutiu nela em relação ao sexo. Falando com Deus no palco logo depois, ela buscava compreensão, talvez até perdão, mas não conseguiu nenhum dos dois. Dançarinos vestidos como padres a obrigavam a se arrepender do pecado cometido. Usando um robe preto com capuz e uma cruz pesada, ela se contorcia de joelhos em outro tipo de emoção, o êxtase religioso de uma penitente. E com isso começava "Like a Prayer".[15]

De Lory e Haris, vestidas de freira, e os dançarinos-padres se juntavam a ela em uma formação, como devotos na igreja. Enquanto Madonna cantava, Wilborn era o parceiro de dança que em determinado momento a levantava no ar em uma extensão de braço quase completa.[16] Ele ficava tão nervoso com essa parte da coreografia que nunca participava dos jantares nem virava a noite nas boates se houvesse show no dia seguinte. "Eu estava tentando me manter concentrado para não perder o pique", explicou o bailarino. "Afinal, eu estava segurando uma marca multimilionária acima da minha cabeça. Eu a carregava por aí, então levei tudo muito a sério."[17]

O refrão da música era cantado por toda a trupe na parte mais comovente do show àquela altura, quando o grupo trabalhava unido, sem a hierarquia da celebridade de Madonna. Eles estavam tão sincronizados que Madonna, as backing vocals e os dançarinos pareciam um só corpo, uma só voz, um só espírito.[18]

Depois, o grupo deixava Madonna sozinha no palco para cantar "Live to Tell" diante de um vitral parecido com o de uma janela de catedral colocado no palco. Em seguida, vinha "Oh Father", com Wilborn agindo como o padre que puniu Madonna e depois a rejeitou. Após tentar agradar à Igreja sem sucesso, ela tirava o crucifixo e o deixava no chão para implorar pela aceitação do pai secular. A música que ela cantava era "Papa Don't Preach".

Sete dançarinos se juntavam à cantora no palco para essa performance, que misturava dança moderna e balé clássico. Quando Madonna os deixou, eles continuaram uma dança coreografada e apresentada no nível de uma companhia profissional. Ninguém esperava ver uma exibição de tamanho talento artístico e seriedade em um show de pop, e sem dúvida muitos na plateia de Madonna jamais tinham visto algo do tipo.[19]

É tentador considerar a terceira parte do show uma descida do sublime ao ridículo, mas Madonna, Christopher e Paterson tornaram a parte *Dick Tracy* do show em algo divertido e sagaz, e não só pela música "Hanky Panky".

Desde o início desse ato, o tema era a antiga Hollywood, os holofotes percorrendo o estádio como se fosse a estreia de um grande filme. Madonna entrava no palco e deitava em cima de um piano para cantar "Sooner or Later". Usando um vestido preto longo e transparente e um espartilho decorado com lantejoulas, ela assumiu com entusiasmo o papel de cantora sofrida dos anos 1940. Para "Hanky Panky", rasgava uma parte do vestido e virava uma irreverente estrela de burlesco.[20]

Slam Gauwloos apareceu no palco naquele momento como Dick Tracy. Como Warren Beatty, ele interpretava um Tracy confuso, mas, quando começava a dançar, exalava mais sensualidade em dois minutos do que o mulherengo profissional Beatty no filme inteiro. A coreografia girava em torno de piadas pastelão e provocações cômicas de modo unilateral, porque o personagem de Slam não falava, nem cantava. Quando ele e Madonna apresentavam "Now I'm Following You", ele dublava a parte de Beatty no dueto.[21]

Quando Madonna e Slam desapareciam para uma troca de figurinos, a ação nos bastidores ficava atrevida. Seis dançarinos vestidos com sobretudos amarelos entravam no palco para uma dança de cancã no estilo das Rockettes, levantando a possibilidade de não haver nada por baixo dos sobretudos. Quando abriam as capas, estavam apenas de cuecas samba-canção pretas com bolsinhos. Eles dançavam em duplas, com as capas de chuva amarelas se mexendo, os corpos nos braços uns dos outros tendo ao fundo uma gravação que repetia a palavra *dick* (que tanto pode ser o nome do detetive quanto "pênis", em inglês) e a voz de Madonna dizendo "Meu bumbum dói só de pensar".[22]

A cena a representava como um todo. Pegar o que seria aceitável, até considerado entretenimento sadio (uma promoção para todas as idades do filme *Dick Tracy*) e transformar em um evento cultural subversivo. Em 1990, não se ouvia falar de homens dançando de braços dados no palco, ainda mais homens gays de cueca. A cena era inesquecível e de cair o queixo, embora seja curioso que poucos críticos tenham notado porque a imprensa heterossexual estava fixada no que Madonna fazia na cama.

Com o teatro de *Dick Tracy* terminado, Madonna voltava ao palco para "Material Girl" (com as backing vocals com rolinhos no cabelo e roupões de banho com monogramas bordados, sentadas embaixo de secadores de salão), seguida de "Cherish" (que contava com Gutiérez, Stea e Camacho), e Madonna tocando harpa por alguns momentos.[23] Essa extravagância preparava a plateia para a próxima mensagem da noite.

Apresentada no estilo de *Amor, sublime amor*, a coreografia colocava a cantora e as backing vocals duronas em um ritual de corte com os caras durões interpretados por Gabriel Trupin, Slam e Wilborn. Elas avaliavam os homens, mas a cantora hesitava e dizia: "Sabe, você nunca conhece um cara até pedir que ele usasse camisinha."[24] A apresentação passava diretamente para "Into the Groove". No contexto da mensagem sobre sexo seguro, o verso "Boy you've got to prove your love for me" [Garoto, você precisa provar que me ama] não falava mais apenas sobre dança.[25]

"Into the Groove" foi seguida de "Vogue" e "Holiday". Estava chegando o momento do final espetacular.[26] Madonna aparecia sozinha no palco em um espartilho vazado e chapéu-coco, meio Liza Minnelli em *Cabaret*, meio Malcolm McDowell em *Laranja mecânica*, cantando os primeiros versos do sucesso de 1971 de Sly and the Family Stone, "Family Affair". Aos poucos, os dançarinos surgem de estruturas no chão carregando cadeiras de madeira e são recebidos pela cantora, que, com um sotaque do East End londrino, declarava que eles e as backing vocals eram uma família para ela. Assim começava "Keep it Together", uma música sobre a fuga de Madonna de Michigan e a percepção de que ela precisava e amava as pessoas que deixou para trás.

Visualmente, a apresentação era uma cacofonia. O figurino dos dançarinos era composto de faixas de couro em vez de camisas e, além disso, as cadeiras usadas como objetos de cena transformavam a dança em um quebra-cabeça em movimento de peças que se encaixavam e desencaixavam várias vezes. O número envolvia uma coreografia complexa que exigia um timing preciso e capacidades acrobáticas. O potencial de desastre se alguém errasse um passo assombrava essa parte do show. Mesmo assim, tudo correu bem.

Segundo De Lory, "passamos tanto tempo ensaiando a sequência da cadeira que parece que ela resume todo o sentimento da música, com todos nós ali juntos no final do show". Essa era a parte favorita de Stea. "A coreografia era fenomenal e parecia mesmo que éramos uma família no palco. Quando essa parte acabava, sabíamos que tudo tinha dado certo, então havia uma alegria catártica."[27]

Enquanto a canção terminava, todos desciam do palco menos Madonna, que cantava o verso "Keep, keep it together; keep people together forever and ever" [Mantenha, mantenha as pessoas unidas para todo o sempre] sozinha por cinco minutos. No final, o som das palavras ecoava como um canto gregoriano.[28]

Assim como o elenco sentia uma alegria catártica no final do show, o mesmo valia para a plateia ao sair do estádio com a cabeça cheia de imagens, sons e o mais importante: ideias. Os críticos se concentravam na controvérsia do sexo heterossexual da apresentação porque isso lhes permitia evitar os aspectos muito mais complexos e culturalmente radicais do show.

No palco por quase duas horas, mulheres e homens gays, héteros e bissexuais, afro-americanos, dominicanos, porto-riquenhos, norte-africanos, asiáticos e brancos, muitos de origem humilde, a maioria jovens que demoliam estereótipos, desafiavam o machismo e os preconceitos e reivindicavam poder e dignidade para eles próprios como artistas. Durante esses preciosos minutos, eles fizeram com que o público não os visse apenas como párias invisíveis da sociedade, e sim que deviam ser respeitados e admirados. A historiadora Cindy Patton disse que a turnê Blond Ambition "lançou" Madonna como "rainha da desordem de gênero e da desconstrução étnica".[29]

O que Madonna fez no show para as mulheres foi jogar uma granada de mão na fraude secular do patriarcado sobre a extensão e a natureza do poder de uma artista. As mulheres no palco eram temidas havia muito tempo por serem sedutoras desavergonhadas. (No século XVII, o papa baniu a educação musical para mulheres por ser moralmente perigoso *para os homens*.)[30] A Madonna da Blond Ambition deu aos homens um novo motivo para ter medo. Ela era feroz, não pedia permissão para fazer de si mesma um espetáculo e não se desculpava por essa audácia. Ela a abraçava com gosto.[31]

Após nove shows em três cidades japonesas, a turnê de Madonna voltou aos Estados Unidos no dia 4 de maio, em Houston. Era uma escolha ousada porque o Texas era o lar de alguns críticos religiosos ferrenhos.[32] Entretanto, também era onde estavam alguns dos fãs mais fervorosos. Stea descreveu como uma "insanidade [...]. Eles gritaram por dez minutos seguidos e não era possível ouvir a música para começar o show".[33]

Quando a apresentação começou, essa empolgação se multiplicou e se transformou em algo transcendente. "A força que eu senti no palco como equipe, grupo e unidade transmitindo a energia de volta para aquela plateia que nos dava tudo o que tinha e nos recarregava, é o motivo pelo qual ainda danço hoje", contou Stea mais de trinta anos depois. "Quero sentir aquilo de novo [...]. Foi uma epifania."[34]

Enquanto a turnê seguia pela América do Norte, a paixão das multidões aumentava, não só por Madonna, como também pelo elenco do show. Cartazes apareciam dentro e fora das casas de espetáculos com os dizeres NÓS AMAMOS MADONNA, NÓS AMAMOS LUIS, NÓS AMAMOS CARLTON, NÓS AMAMOS JOSÉ. "Era algo que eu sempre quis", contou Camacho.[35]

A atenção dada aos dançarinos mostrou a sede dos fãs de Madonna por uma narrativa sobre homens gays que não envolvesse morte. Ainda assim, ela lembrava as pessoas que, embora fosse bom celebrar a vida, elas não deveriam ignorar a realidade mais sombria.

Na última data da turnê nos Estados Unidos, em East Rutherford, Nova Jersey, perto da cidade de Nova York, Madonna dedicou o show a Keith Haring e doou os 300 mil dólares arrecadados naquela noite para a amfAR, uma fundação para a pesquisa da aids. Enquanto ela descrevia a morte de Haring e o elogiava por ser assumido e aberto em relação à doença, Slam e Wilborn ficavam atrás dela, ouvindo o que ela dizia: "Em memória de Keith, vamos dizer a verdade uns aos outros. Vamos enfrentar isso juntos." Eles dois, contudo, não poderiam fazer isso. Slam disse que se sentia morrendo por dentro.[36]

A parte europeia da turnê começou na Suécia e seguiu para Paris no início de julho, onde Gaultier esperava por ela. Para coincidir com a chegada da turnê, o estilista montou uma exposição das pinturas de Christopher na loja da própria grife, na rue du Faubourg Saint-Honoré. Segundo Frédérique Lorca, que trabalhava como diretor de comunicação de Gaultier,

> tínhamos planejado que Madonna entraria pelos fundos, mas a imprensa descobriu. Nunca vi uma cena tão insana. Fotógrafos e jornalistas estavam deitados no chão, empoleirados em plantas. Eles atropelavam tudo o que estava no caminho: lojas, estandes de livrarias, latas de lixo, até avós que faziam compras sem saber o que estava acontecendo.[37]

Os franceses só queriam saber de Madonna.[38] A recepção oficial da parada seguinte da turnê, na Itália, foi muito mais fria. Muito antes da Blond Ambition chegar lá, católicos proeminentes montaram uma campanha para impedir o show. Um grupo chamado Associazione Famiglia Domani queria que o cardeal de Roma proibisse a apresentação. Sindicatos ameaçaram entrar em greve se Madonna cantasse. Até o papa João Paulo II opinou, chamando a Blond Ambition de "um dos shows mais satânicos da história da humanidade".[39]

Madonna convidou o clero para assistir ao espetáculo e formar a própria opinião. A fusão de imagens religiosas e eróticas na arte italiana remonta ao Renascimento. O show era apenas uma versão do mesmo tema, apresentada no século XX. Segundo ela, "a moral da história é: seja forte, acredite na liberdade e em Deus, ame a si mesmo, entenda sua sexualidade, tenha senso de humor, masturbe-se, não julgue as pessoas por causa de religião, grupo étnico ou práticas sexuais, ame a vida e sua família".[40] Essa explicação causou um novo escândalo.

Madonna foi obrigada a cancelar o segundo show de Roma por causa da possível greve e do fracasso na venda de ingressos. Após receber ameaças de morte, ela também passou a se hospedar em uma mansão fora da cidade. No aeroporto de Ciampino, enquanto se preparava para ir de Roma a Turim, ela deu uma entrevista coletiva. Declarando-se ítalo-americana com orgulho, disse que "meu sangue ferve quando sou incompreendida ou julgada injustamente por minhas crenças...".

> Meu show não é um show de rock convencional, e sim uma apresentação teatral da minha música. Assim como o teatro, ele questiona, instiga o pensamento e leva o público a uma jornada emocional, retratando o bem e o mal, a luz e a escuridão, a alegria e a tristeza, a redenção e a salvação. Eu não endosso um modo de vida, apenas o descrevo. Cabe ao público decidir e fazer o próprio julgamento.[41]

Madonna também avisava aos críticos católicos que, quem não tiver pecado, que atire a primeira pedra. O lembrete veio logo depois que a Igreja condenou o uso de preservativos e o programa de troca de agulhas para usuários, medidas que poderiam salvar vidas e proteger as pessoas da aids em meio a acusações de abuso sexual de crianças por padres.[42]

Quando a turnê de Madonna chegou à Grã-Bretanha para três shows com ingressos esgotados no estádio de Wembley, outro debate social foi criado. O Reino Unido estava no meio do que um jornalista chamou de "pânico moral" em relação à homossexualidade. Dois anos antes, o governo Thatcher criou uma lei, a Cláusula 28, que "proibia a promoção da homossexualidade" e tinha por objetivo manter tudo relacionado à homossexualidade longe do currículo escolar, mas o efeito que teve na cultura foi assustador.[43]

"As pessoas esquecem quanto a sociedade era homofóbica na época", comentou Matthew Hodson, um dos ativistas gays mais influentes da Grã-Bretanha.

> O governo pensava que ser gay era uma escolha e que, portanto, as pessoas poderiam ser convencidas a se tornarem gays ao verem imagens positivas sobre a homossexualidade. Era isso que a Cláusula 28 queria: tentar nos apagar. O pensamento por trás dessa lei era: "Não podemos permitir que se fale algo de bom sobre os gays, porque senão as pessoas vão pensar que não há problema em ser gay."[44]

O que era considerado, diante dessa lei, era que o show de Madonna não só promovia a homossexualidade como a naturalizava. Um dos patrocinadores da turnê no Reino Unido, o banco Abbey National Building Society, foi criticado pela direita do país por financiar a transmissão do show via satélite.[45]

Na época, Madonna ficou tão indignada com as várias tentativas de censura que desafiou as regras britânicas de transmissão de TV dizendo *fuck* ("foda-se", "foder" ou "porra", dependendo do contexto em inglês) 14 vezes em um minuto durante a transmissão ao vivo feita pela BBC Radio 1. O erro da estação foi pedir com antecedência que ela não xingasse. Um porta-voz da BBC disse, com o estilo contido de sempre: "Nosso aviso teve o efeito contrário."[46]

Perto do fim das datas da turnê de Madonna em Los Angeles, em maio, Beatty tinha dado a ela um anel de safira e diamante de 30 mil dólares como parte de um "semipedido". Ela o colocou no dedo médio da mão esquerda. Havia uma óbvia falta de compromisso das duas partes envolvidas nesse gesto caro.[47] Madonna conversou sobre o assunto com o irmão despreocupadamente, como quem diz "Será que eu devo ou não me casar com ele?" sem a paixão e o interesse que se esperaria de uma decisão tão importante.[48] O momento também era curioso. Não apenas ambos estavam seguindo caminhos opostos, como também nem estavam se dando tão bem assim.

Stea se lembra de estar na casa de Beatty em março, junto com Madonna e os demais dançarinos da turnê, para celebrar o aniversário do ator. "Ele não nos queria lá. Madonna, que adorava provocá-lo, amou que ele estivesse descontente, como quem diz: 'Me ame, ame meus amigos, entre no meu mundo. Pare de ser um velho rabugento.'"[49] Depois, Beatty a enfureceu ao não comparecer à estreia da turnê em Houston, apesar de ela ter enviado um avião para buscá-lo. Quando apareceu no show de Los Angeles uma semana depois, o biógrafo de Beatty, Peter Biskind, disse que ela foi "abusiva". Ao encontrá-lo nos bastidores, Madonna gritou: "Não se esconda aí atrás, Warren. Venha aqui, seu covarde nojento."[50]

Uma pessoa cínica poderia pensar que Beatty ter dado o anel durante a parada na turnê tinha mais a ver com dinheiro do que com romance. *Dick Tracy* estava prestes a ser lançado nos cinemas. Uma pedra grande na mão de Madonna faria a imprensa publicar reportagens e garantiria a cooperação da cantora naquele período importante. A pressão sobre a Disney era enorme porque a concorrência na disputa para ser o sucesso de bilheteria daquele verão era forte: *48 horas – Parte 2*, *Duro de matar 2*, *Robocop 2*, *Dias de trovão* e *O vingador do futuro*.[51]

A campanha publicitária de *Dick Tracy* atingiu todos os públicos possíveis, inclusive crianças, graças a um acordo promocional com o McDonald's. No mundo das revistas, Madonna e Beatty apareciam juntos ou separados nas capas de *Vanity Fair, Cosmopolitan, Harper's, Entertainment Weekly, Us* (várias vezes), *Rolling Stone* e *Premiere*. Também houve uma entrevista televisiva (desastrosa) com Barbara Walters na qual Beatty se recusou a falar — era um segmento do *20/20* da ABC, um programa de TV que poderia ser distribuído para diversos canais. Além de tudo isso, a Disney montou uma grande campanha publicitária.[52]

Dick Tracy mais ou menos cumpriu o que prometeu. Faturou mais de 50 milhões de dólares na primeira semana, batendo o recorde de maior bilheteria em uma semana, que era da própria Disney. Isso, porém, foi apenas metade do que *Batman* tinha faturado no ano anterior e estava abaixo das expectativas dos analistas. A venda dos ingressos acabou somando mais de 100 milhões de dólares nos Estados Unidos e 60 milhões em outros países. Essa experiência fez o CEO da Disney, Jeffrey Katzenberg, questionar se esses filmes caros valiam a pena.[53]

Quase todas as resenhas sobre o filme elogiavam a direção de arte. Vincent Canby, do *New York Times*, e Sheila Benson, do *Los Angeles Times*, fizeram críticas elogiosas ao filme, ao elenco e à equipe.[54] Entretanto, Peter Travers, da *Rolling Stone*, escreveu que, comparado a *Batman*, o filme parecia "emocionalmente pobre", exceto por Madonna, que, segundo ele, era o único personagem a transmitir alguma emoção humana real. Ele também observou que Beatty "nunca permite que Madonna termine uma canção sem cortar para uma perseguição de carros ou um tiroteio".[55]

Madonna também teve problemas com o produto final. "Isso vai soar horrível, mas preciso admitir que nunca assisti ao filme", comentou ela. "Eu vi vários trechos, vi um corte inicial e vi metade dele em uma estreia em Washington, D.C., mas tive que ir embora mais cedo." Em uma entrevista ao *Los Angeles Times*, ela disse: "Pode-se dizer que tenho muitos sentimentos não resolvidos em relação ao filme. Eu me lembro de ficar muito chateada por todas as minhas grandes cenas musicais terem sido cortadas daquela forma. Aprendi muito sobre cinema com Warren, mas, obviamente, ele não me transformou em uma rainha da bilheteria, não é?"[56]

O último show da turnê Blond Ambition, realizado no dia 5 de agosto em Nice, foi exibido ao vivo pela HBO.[57] A apresentação seguiu o roteiro normal, mas Madonna saiu do roteiro o máximo possível em termos de linguagem. Em um determinado momento, ela apostou na liberdade de expressão ao dizer cinco vezes o palavrão *fuck* e homenagear Roseanne Barr, que tinha agarrado a própria virilha após cantar o hino dos Estados Unidos, "The Star Spangled Banner", em um jogo de beisebol — gesto que virou manchete em todo o país e quase acabou com a carreira da cantora.[58]

No entanto, o comportamento de bad girl de Madonna parecia simbólico. Naquela última noite havia uma doçura inédita. Como se tratava de encerramentos, ela trouxe todas as pessoas que tinham trabalhado na turnê, dentro e fora do palco, e agradeceu a cada um individualmente antes de saírem. Christopher, que estava no fim da fila, levantou Madonna e a girou enquanto ela disse: "Sem meu irmão, eu não sou *nada*!" E depois, virando para o grupo que já tinha saído do palco, ela gritou: "Sem *eles*, eu não sou nada!"[59]

Foi um reconhecimento raro e generoso de que um show não era feito por uma pessoa só, e sim por uma equipe. Então, quando todos foram embora, Madonna continuou no palco sozinha cantando *a cappella* as últimas palavras de uma turnê magnífica: "Mantenha as pessoas unidas para todo o sempre."[60] Paterson disse que a música "Keep It Together" representava tudo o que Madonna era como pessoa.

> Ela é voltada para a família e faz questão de ter aquelas pessoas ao redor dela [...]. São todos trabalhando juntos e se ajudando, acreditando uns nos outros e se importando uns com os outros [...]. Esse me pareceu ser o jeito que ela trabalha e o mais próximo do que ela é como pessoa.[61]

O especial da HBO *Madonna: Blond Ambition World Tour Live*, dirigido por David Mallet, seria o evento não esportivo mais assistido nos 18 anos do canal, com quase um quarto de todos os assinantes (mais de 4 milhões de lares) sintonizados.[62]

Para o pessoal da turnê, especialmente os dançarinos, a volta para a vida real foi um baque e tanto. "Eu queria que fosse para sempre. Quem gostaria de sair daquela viagem? Eu, não", disse Camacho.[63] "Ao sair do avião, não entrei em uma limusine Mercedes, e sim no Ford Reliance do meu pai."[64]

Stea tinha menos ainda.

Quando o avião pousou em Los Angeles, ele percebeu com um "Ai, merda!" que tinha gastado todo o dinheiro que ganhou com a turnê. "Todo", confirmou anos depois, quando já conseguia rir disso. "Para mim, ter *qualquer* dinheiro era um excesso. Imagina ter milhares e milhares entrando na conta [...]. É fácil gastar, se você gosta de roupas tanto quanto eu." Com apenas 800 dólares no bolso e uma bolsa cheia de pertences maravilhosos, ele se mudou para o carro, um Hyundai Excel, por dois ou três dias enquanto buscava um lugar para morar.[65]

Contudo, a maior perda para todos foi emocional. Slam recordou que ficou tão arrasado que chorou. Crumes, a quem os colegas dançarinos tinham criticado pela homofobia, saiu mudado daquela turnê. Ele pode ter começado falando mal dos gays, mas acabou amando os colegas de dança.

"Nós daríamos a vida uns pelos outros", disse ele. "Esse era o nosso nível de proximidade."[66]

Já Madonna ficou aliviada com o término porque estar em turnê era muito cansativo, mas estava triste por se despedir da família dos palcos. Ela contou que o instinto maternal foi despertado pelas interações com os dançarinos, especialmente quando eles a deixaram. Naquele momento, ela percebeu que desejava ter filhos porque, mesmo que saíssem de casa algum dia para começar a própria vida, eles ainda seriam dela.[67]

O ar estava repleto de finais naquele mês de agosto. O grande amor de Gaultier, Francis Menuge, morreu. Embora tenha vivido um sucesso imediato por causa da turnê, que o transformou no equivalente fashion de um astro do rock, o estilista teve dúvidas em relação à própria carreira. "Quando Francis morreu, achei que tinha feito tudo o que desejava, fui até além do que imaginava ser possível", disse Gaultier. "Depois de tudo, pensei: 'Por que seguir em frente? Talvez seja melhor parar agora.'" Mas, ao perceber "que é a única coisa que sei fazer", Gaultier escolheu continuar.[68]

Madonna também continuaria. Ela não era mais apenas uma estrela nem mesmo uma *superstar*. Ela terminou a turnê como um ícone. "Ela é o epítome de tudo que é considerado importante, nesse momento, na cultura popular", escreveu a jornalista Kristine McKenna naquele ano. "Acho que as sociedades precisam de deusas e figuras semelhantes a deuses, e ela é uma delas."[69] A professora de comunicação e ativista lésbica Lisa Henderson disse que para muitos da comunidade na época conhecida apenas como LGBTQ, especialmente as gerações mais jovens, Madonna virou "o emblema da resistência sexual, a personificação da mesma sexualidade livre evocada pelo slogan da Queer Nation [criado naquele ano]: "Estamos aqui, somos queer, acostumem-se com isso.""[70]

Ela também saiu da turnê como mais do que uma cantora ou mesmo cantora e compositora. Ela não era Celine Dion, Paula Abdul, Whitney Houston ou a então novata Mariah Carey. Segundo Paterson, "ela não é uma estrela musical, o que todas as outras são.

> Ela é uma artista e isso faz com que se destaque [...]. Ela se obriga a romper os próprios limites e provoca as outras pessoas [...]. Acho que não se preocupa em agradar e que o mais importante para ela é ser verdadeira consigo mesma e com o que acredita.[71]

Capítulo 31

Los Angeles, Paris, Nova York, 1990-1991

> Esse filme definitivamente vai ser um clássico, como *O Mágico de Oz*.[1]
>
> — *Madonna*

De volta a Los Angeles, Alek Keshishian passou seis semanas revendo as 250 horas de imagens filmadas para *Na cama com Madonna*, que ele reduziu a um corte inicial de três horas para mostrar à cantora. Ela queria mantê-las. Ao dizer "Isso aqui não é *E o vento levou...*, querida", Keshishian deixou explícito que aquilo era impossível.[2] Ele conseguiu cortar para menos de duas horas, mas Harvey Weinstein, cuja empresa Miramax seria a distribuidora do filme, disse que gostaria de diminuir mais 15 minutos. Em nome de Madonna, Keshishian não aceitou.[3] Na batalha entre dois titãs do entretenimento, Weinstein *versus* Madonna, o diretor apostou em Madonna.

Barry Alexander Brown, o editor de *Na cama com Madonna*, lembrou que Weinstein deu algumas ideias durante uma exibição de teste do filme. Madonna virou para ele e disse: "Olha, coloquei dinheiro nesse filme. Não me importo qual seja o seu ponto de vista. Não quero saber. Quem você pensa que é para me dizer que tipo de filme devo fazer?" Brown disse que Weinstein "murchou". Segundo Liz Rosenberg, "acho que [Weinstein] tinha um pouco de medo dela [...]. Ele entendeu que não estava em posição de criticá-la".[4]

Em contrapartida, a relação de Keshishian e Madonna era de parentes. Ele disse que "a buscava em meu Volkswagen com freio ruim e saíamos para jantar". Era uma relação empolgante no geral porque eles sabiam que estavam criando algo grandioso. "Você precisa entender: naquela época não havia Instagram nem Facebook", disse Keshishian anos depois. "Então, de certa forma, ela foi pioneira em dobro."

> Ela foi pioneira em termos do que acreditava, algo que ninguém estava dizendo ou divulgando. [E] estava [...] prevendo o que ia acontecer com as redes sociais [...]. Agora, as celebridades fazem curadoria de si mesmas e mostram imagens de bastidores, que é o que eles querem que você veja. Nisso, acho que ela foi mais corajosa. Ela disse: "Pode mostrar tudo."[5]

Madonna descreveu sua filosofia como "Se vou fazer um documentário e digo ao diretor que quero revelar verdades, então não vou dizer: "Esse é o meu limite"".[6] "Houve muitas cenas em que me senti desconfortável ou nervosa, mas elas estão no filme [...]. Talvez nem todos os momentos sejam necessariamente positivos, mas são os altos e baixos do filme."[7]

Os profissionais ao redor dela a pressionavam para cortar "quase tudo que fizesse o público se contorcer na cadeira".[8] Ela não os ouviu e também manteve as cenas que *a* deixavam desconfortável; afinal, se ela questionasse "É assim que eu sou? Que eu falo? Que eu ajo?", então sabia que a cena era boa.[9] O problema é que tal aceitação das próprias falhas envolvia outras pessoas que talvez não quisessem se expor tanto.

Os episódios que fizeram a equipe de Madonna ficar constrangida incluíam um em que ela insultou o grande nome de Hollywood, Kevin Costner, que tinha ido aos bastidores e dito que o show dela era "elegante". Ela respondeu fingindo vômito na frente da câmera. "Vir ao meu show, que acho muito perturbador e comovente, chegar nos bastidores e dizer que foi 'elegante'? Senti aquilo como um tapa na cara", explicou ela depois. "Então, eu bati de volta."[10] (Uma década depois, ela se desculpou publicamente com Costner durante um show em Los Angeles ao qual ele foi com as filhas. "Você não faz ideia de como aquilo significou para mim", disse Costner.)[11]

Outra cena considerada constrangedora foi quando uma amiga de infância pediu que Madonna fosse madrinha do filho dela, o que pegou a artista de surpresa.[12] Outro encontro perturbador envolvia a cabeleireira de Madonna, Sharon Gault, a qual acreditava que tinha sido drogada e talvez estuprada quando a turnê estava em Nova York. A reação de Madonna, que pareceu uma risada, indicou que ela não entendeu por completo o que aconteceu ou que *tinha* entendido e reagido com uma indiferença chocante.

Também houve uma cena difícil envolvendo o irmão mais velho de Madonna, Marty, que apareceu para visitá-la no hotel tão atrasado que ela se recusou a vê-lo. Ela suspeitou que ele tivesse perdido a hora porque estava no bar.[13] Por mais difícil que fosse a cena, ela mostrou que Madonna era como qualquer outra pessoa lidando com o vício de um membro da família. "Ele é alcoólatra e muito atormentado. Falei com ele, mas é difícil para mim porque eu julgo muito [...]. Nos Alcoólicos Anônimos, isso se chama codependência. Nós temos um relacionamento complicado. Eu sei que ele me ama e eu o amo, mas é difícil."[14]

Uma visita de Madonna e a equipe do documentário ao túmulo da mãe dela magoou e enfureceu Christopher, que a viu como profanação da memória da mãe.[15] Madonna defendeu a visita, dizendo que não ia ao túmulo da mãe havia décadas. "Esse era o objetivo do filme. Eu estava em uma missão para filmar minha vida. Então, tive a oportunidade de lidar com uma questão que evitei a minha vida inteira porque era muito doloroso."[16]

Contudo, a parte do filme que talvez fosse a mais polêmica e complicada envolvia o jogo de verdade ou consequência. "Tudo começou em um jantar com a equipe de gravação", contou Donna De Lory.

> Estávamos bebendo sangria e conversando. Todos entraram de cabeça no jogo. A parte da verdade foi bem divertida porque, depois de passar tanto tempo juntos, você consegue conhecer melhor [as pessoas]. [...] Todo mundo estava se beijando. Foi uma loucura.[17]

Tudo era permitido, mesmo com a gravação. Respondendo a um desafio para dizer a verdade, Madonna declarou para o mundo que Sean Penn era o amor de sua vida. Em uma consequência sugerida por De Lory, ela simulou sexo oral em uma garrafa de água mineral. Depois, quando Slam Gauwloos e Gabriel Trupin se beijaram em uma consequência, não foi um grande acontecimento. "Foi gostoso", disse Slam. "Depois que você vir esse beijo, vai querer beijar outro cara, mesmo se for hétero."[18]

Para Trupin, porém, embora o beijo em si não fosse um problema, filmá-lo era, e ele pediu que fosse cortado do filme. "Com seus 20 e poucos anos, ainda não estava pronto para isso", disse a mãe dele, Sue Trupin. "Ele não queria passar essa mensagem. A mensagem era dela."[19]

O beijo não foi cortado. Seria a primeira vez que milhões de pessoas veriam homens se beijando, e para homens e meninos gays era lindo. "Eu devo ter recebido 2 mil mensagens de pessoas de todo o mundo me dizendo como a vida delas tinha mudado ao ver um beijo gay no cinema", contou Slam. Décadas depois, ele ainda recebia mensagens.[20]

Para o ativista gay Matthew Hodson, que viu o filme três vezes no cinema, "além da pornografia, foi a primeira vez que vi homens bonitos se beijarem sem problemas [...]. [*Na cama com Madonna*] é incrivelmente positivo em relação a ser gay [...]. Eu queria ser amigo daquelas pessoas lindas".[21]

Quanto à decisão de Madonna de incluir a cena e mostrar a vida gay, Hodson disse:

> Há um longo histórico de mulheres famosas que foram aliadas dos gays. Elas tinham muitos amigos gays e os defenderam, e isso obviamente foi certo e importante. O que Madonna fez foi muito mais brutal e radical. Ela disse que não bastava ter amigos gays e apoiá-los. Era preciso mudar o mundo...
>
> Minha percepção é que o objetivo dela era: as pessoas não vão derrotar o HIV enquanto houver homofobia, e uma das formas de abordar a homofobia é levar a homossexualidade a todos os lares do país. Acho que foi isso que ela decidiu fazer. Acho que ela foi a aliada gay que definiu uma era.[22]

Matt Cain tinha 16 anos quando viu o filme e saiu do cinema como se tivesse "sido injetado com algum tipo de droga poderosa. Eu me sentia mais forte, mais confiante. Parecia que eu estava vestindo a mesma armadura que ela".[23]

Madonna deu a Keshishian o controle sobre o corte final.[24] Em agosto, quando chegou a hora de exibir o filme para ela, Warren Beatty, Freddy DeMann, os executivos da Warner e um pequeno grupo de amigos, havia uma sensação de *déjà vu*. Mais uma vez, Madonna tinha entrado em um território que poderia acabar com a carreira dela. Ela adorou o filme, mas a reação no recinto piorava a cada minuto. Beatty foi descrito como tendo um ataque de "fúria silenciosa".[25] Ele foi a única pessoa no filme que não tinha cedido o direito de editar as imagens nas quais aparecia em um acordo. Madonna disse:

> Houve conversas telefônicas que achei comoventes, tocantes e reveladoras, mas Warren não sabia que estávamos gravando. Não era justo. Além do mais, é um crime federal [...]. No fim das contas, acho que ele não me respeitava nem levava a sério o que eu fazia. Ele achava que eu estava brincando, fazendo um filme caseiro.[26]

No dia seguinte, Madonna recebeu uma carta dos advogados de Beatty ameaçando com um processo se algumas cenas não fossem editadas do filme. Elas foram cortadas, mas a carta marcou o fim do relacionamento entre eles.[27] A verdade é que aquele romance estava por um fio havia algum tempo. Segundo Christopher, assim que as filmagens de *Na cama com Madonna* começaram no início da turnê, o relacionamento começou a esfriar. Problemas que já existiam, como ciúme, por exemplo, foram exacerbados. Christopher disse que uma vez encontrou o ator no meio da noite revirando o cesto de lixo no escritório que ficava na casa de Madonna em busca de supostas provas de infidelidade.[28]

O biógrafo de Beatty disse que Madonna também estava convencida de que ele não tinha deixado de ser mulherengo. Ele negou os casos amorosos em uma conversa direta e depois insistiu para que ela fosse fiel a ele. Madonna respondeu com "vá para o inferno".[29] Ela disse: "Sean parecia competir comigo na carreira, e acho que Warren sentiu que minha imagem de símbolo sexual era motivo para competir. Não confiávamos um no outro. Esse é o fator preponderante."[30]

Beatty também não entendeu o documentário, o que ficou evidente nas cenas em que aparecia. A certa altura, Keshishian e a equipe dele filmavam Madonna sendo examinada por um médico na cozinha dela em Nova York. Beatty fica repetindo que aquilo era inadequado. Durante o monólogo resmungão, ele diz o que deve ser sua segunda frase mais famosa (a primeira era "O que há de novo, gatinha?", que ele usava para seduzir mulheres). Ao descrever Madonna, ele dizia: "Ela não quer viver longe das câmeras."[31]

Sem se abalar com a crítica, Madonna depois retrucaria que, se ele achava tão horrível viver diante de uma câmera, "talvez tenha muitos segredos. Estou pouco me fodendo para isso".[32] "Ele vem de outra escola de pensamento, a qual acha que se revelar muito sobre si mesmo, ninguém vai achá-lo interessante. Acho isso uma bobagem."[33] Ao ser perguntada por Patrick Goldstein, do *Los Angeles Times*, "Você acha que foi subestimada [por Beatty]?", Madonna respondeu: "Sim, mas ele sempre me subestimou."[34]

Pode chamar de vingança, mas Madonna não cortou a cena em que chamou Beatty de "covarde nojento". Não era uma referência às aventuras sexuais dele, e sim ao fato de ele ser "um banana".[35] Apesar disso, ela viu o papel dele no documentário como importante. Ele era o "contraponto objetivo", o homem comum fazendo as perguntas que o público poderia fazer: "Por que você está fazendo isso?" Ela explicou um dos motivos:

> O que eu queria em *Na cama com Madonna* é que houvesse filmes sobre a vida gay que não fossem filmes de arte como *Meu querido companheiro* [o primeiro longa-metragem sobre aids], que ninguém via [...]. Talvez eu seja muito idealista, mas espero que meu filme mude o rumo de Hollywood nesse sentido.[36]

Depois da turnê Blond Ambition, Madonna adotou a cultura gay de um jeito ainda mais aberto e radical. A primeira indicação disso ocorreu no dia 6 de setembro, quando ela fez a segunda aparição mais famosa no VMA. Acompanhada pelo elenco completo da Blond Ambition, todos vestidos no estilo do século XVIII, ela deu uma interpretação nova e inusitada para "Vogue".

Tudo naquela produção era inédito em uma premiação. Os figurinos elaborados de época, a apresentação teatral e a expressão alegre de arte e poder produzida por mulheres, homens gays e pessoas de todas as raças e etnias desafiaram a base que sustentava o império branco e masculino da MTV. "Nós chegamos lá e arrasamos", disse Wilborn.[37]

Desde a aparição de Madonna apresentando "Like a Virgin", em 1984, era esperado algum tipo de escândalo no VMA. O que ela e os dançarinos ofereceram foi talento artístico e atitude: nós somos assim, vocês que lutem. Os figurinos eram extraordinários, assim como a coreografia. Para isso, Madonna recorreu mais uma vez a Vincent Paterson, que criou o conceito de Madonna como Maria Antonieta cercada pela corte.[38]

A trupe ainda estava afinada. Eles se conheciam tão bem que trabalhavam como uma grande unidade de cetim, calças justas, nádegas empinadas e leques, posando e brincando, tendo Madonna no centro como *la reine*, ou a rainha. O fato de ser um reencontro foi empolgante tanto para os dançarinos quanto para o público. A escolha de "Vogue" era adequada porque foi com essa música que a jornada do grupo tinha começado há menos de um ano.

É óbvio que a coreografia era ousada, com os dançarinos acariciando os seios de Madonna. O efeito geral, porém, era divertido e fabuloso.[39] Não foram apenas os fãs gays que amaram. Na Base Aérea McGuire, em Nova Jersey, as tropas que se preparavam para embarcar rumo ao Oriente Médio para a Guerra do Golfo se reuniram em torno da TV em um salão repleto de latas de refrigerante, gritando e assoviando enquanto viam o show. "Madonna representa os anos 1990. Ela é o que estamos procurando", disse um soldado. "O jeito que ela se veste (ou não se veste) é incrível."[40]

No VMA daquele ano, Madonna tinha o maior número de indicações. Entretanto, como o *Los Angeles Times* publicou em um artigo desmancha--prazeres que chamava a apresentação de "Vogue" de "descarada", Madonna foi "esnobada". Ela perdeu os prêmios de Clipe do Ano e Melhor Clipe Feminino para Sinéad O'Connor, Melhor Clipe de Dança para MC Hammer, Melhor Coreografia para Janet Jackson e Melhor Direção de Arte para o B-52's. "Vogue" acabou levando prêmios apenas para um homem: Melhor Edição, Melhor Direção de Arte e Melhor Direção para David Fincher.[41]

Na noite seguinte, Madonna e os dançarinos repetiram a apresentação em um evento beneficente para o Aids Project Los Angeles, no teatro Wiltern, e foi aplaudida de pé por sete minutos.[42] A cantora foi uma das quatro pessoas homenageadas pela contribuição para causas relacionadas com a aids. Os outros foram o artista David Hockney, o congressista Henry Waxman e o ator Ian McKellen.

Em seu discurso, ela disse que se sentia honrada por estar ali, mas que sentiu que não o merecia porque "é fácil emprestar um nome para um evento de arrecadação de fundos se você é famoso e é muito fácil doar dinheiro para a pesquisa da aids se você é rico". Ela disse que quem merecia reconhecimento eram os que, diante da homofobia "assustadora", tinham a coragem de se assumir gays e os "guerreiros" bravos o bastante para dizer que viviam com aids. Ela dedicou a homenagem às pessoas que amava e perdeu para a doença, "aos milhares de quem ouvi falar e aos milhões que nunca vou conhecer".[43]

Uma das pessoas de quem ela estava falando era Christopher Flynn. Quase cego e destruído pela doença, ele morreu cerca de um mês depois. Eles tinham vivido um momento feliz no ano anterior, em uma maratona de dança do Aids Project Los Angeles que ele ajudou a organizar. Flynn começou os trabalhos dizendo: "Como o parceiro de boate mais velho e vivo no recinto, reivindico a primeira dança."[44] Madonna não foi ao funeral dele. Segundo o irmão dela, a cantora temia que virasse um circo. Por isso, preferiu emitir uma nota que dizia: "Christopher Flynn era meu mentor, é meu poder superior e sempre será uma inspiração para mim."[45]

Martin Burgoyne, Keith Haring e Flynn, os homens gays que ajudaram Madonna no início da carreira, estavam mortos. Em todos os aspectos, aquele ano parecia o fim de uma era e o começo de outra. Apropriadamente, ela se despediu da década com a primeira coletânea de sucessos chamada *The Immaculate Collection*. Com 16 de suas canções mais famosas, ela recapitulava a própria carreira, com o primeiro single do álbum, previa o futuro próximo.

"Justify My Love", composta por Ingrid Chavez com contribuições de Madonna e Lenny Kravitz, era a primeira incursão vocal de Madonna na sexualidade de uma mulher madura. É uma mulher falando com a pessoa que ama de modo tão íntimo que o ouvinte se sente bisbilhotando. A nova Madonna pós-Blond Ambition mergulhava fundo em território polêmico. Como um cartão de visita travesso, ela dedicou *The Immaculate Collection* ao papa. Ele ouviria falar dela de novo.[46]

Madonna foi a Paris em novembro para filmar o clipe de "Justify My Love". "Quando ela me ligou para falar sobre as filmagens", recordou o diretor Jean-Baptiste Mondino,

> eu disse: "Por que você não vem pra cá? Seria legal fazer algo simples." Nós nos trancamos no [hotel] Royal Monceau por dois dias e uma noite sem a menor ideia do que iríamos fazer. A única ideia que tive foi que ela viesse com uma mala...
>
> Nós reservamos o andar inteiro e [demos] um quarto para cada um: não havia cenário. É por isso que o clipe chocou as pessoas. Dava para ver que não era falso. Não pensamos em fazer algo louco. Nada do que você viu foi planejado, mas, quando comecei a editar, disse: "Isso nunca vai ao ar."[47]

O andar do hotel reservado para as filmagens logo se encheu de amigos e amigos de amigos. Jean Paul Gaultier fez os figurinos, do sobretudo de Madonna às roupas sadomasoquistas usadas por alguns personagens do clipe. Para o elenco, Mondino chamou os amigos do mundo fashion na cidade e pessoas de reputação duvidosa, entre elas a lendária musa e modelo Wallis Franken, a modelo andrógina de Gaultier, Amanda Cazalet, e a atriz e modelo brasileira Luciana Silva. Dos Estados Unidos, foram Debi Mazar, que tinha acabado de filmar *Os bons companheiros*, de Martin Scorsese; os dançarinos da Blond Ambition José Gutiérez e Luis Camacho; e o novo consorte de Madonna, Tony Ward.

Ela havia começado a namorar Tony em agosto, mais ou menos na época em que o relacionamento com Beatty terminou oficialmente. Aos 27 anos,

Ward era o oposto do ex dela.[48] Ele vinha trabalhando como modelo e muso de Herb Ritts há anos, ajudando o artista a encontrar uma "imagem mais vanguardista". O assistente de câmera de Ritts, Mark McKenna, o chamou de "poeta solitário e atormentado no estilo de James Dean".[49]

Madonna o conhecia desde as filmagens do clipe de "Cherish". Tony foi um dos tritões, mas o clima entre eles só esquentou quando ela fez 32 anos, durante uma comemoração em agosto daquele ano. Em um mês, ele se mudou para a casa dela e, pouco depois, eles foram a Paris.[50] Ward "não tinha problemas em posar nu, seja sozinho, seja com mulheres, seja com homens", contou McKenna. "A sexualidade dele não o impedia de fazer nada."[51]

"Justify My Love" documenta vários tipos de desejo. Madonna interpreta uma mulher que parece aborrecida, carregando uma mala e andando pelo corredor de um hotel, e encontra um homem, o personagem de Tony. Ao longo do corredor, em quartos de portas abertas, acontece um parque de diversões de práticas sexuais, todas subentendidas: o espectador tem permissão de olhar de relance para os cômodos, mas sem se demorar muito.

O encontro de Madonna com Tony no quarto é tórrido como qualquer filme envolvendo adultos que consentiram, exceto que o sutiã e a calcinha de Madonna são de qualidade melhor e Ward usa muito mais crucifixos do que qualquer cara normal disposto a transar. Os "comportamentos desviantes" no clipe que causariam pânico nos Estados Unidos ocorrem como uma fantasia: Madonna beija Amanda Cazalet na frente de Tony; Wallis Franken aparece como mulher masculinizada, usando suspensórios sem sutiã, lembrando sutilmente a Tony quem é que manda; e vários momentos com gays, lésbicas, pessoas andróginas e trans apenas existindo.

Aparentemente, isso foi escandaloso o bastante para os censores, pois o que mais havia para criticar ali? Nudez? Não muita. Sexo? Nem tanto. No entanto, nas imagens borradas em preto e branco havia muitos estímulos excitantes. E a voz de Madonna. A letra sussurrada era provavelmente a parte mais "suja" do clipe, instruindo Tony a "justificar meu amor" ("Justify my love", no original) para provar que *ele* era digno da atenção *dela*. O clipe era erótico na melhor tradição francesa e, ao contrário da pornografia, uma positiva afirmação da vida. Ele terminava com a mulher, Madonna, feliz. Nele, a sexualidade não era excludente, e sim inclusiva.[52] "Acho que todo mundo tem uma natureza bissexual. Essa é minha teoria. Mas posso estar errada."[53]

A expectativa cresceu antes que alguém pudesse ver o clipe graças às colunas de fofoca. A MTV estava ansiosa, pronta para receber o clipe... E arregou. O canal anunciou que o clipe era impróprio para ser exibido assim que os executivos assistiram.

A MTV estava para a misoginia como a ESPN estava para o futebol americano: era crucial para o sucesso do canal. Desde o início, os censores da

MTV defendiam imagens de jovens mulheres descartáveis e intercambiáveis que existiam apenas para serem usadas e abusadas pelos homens. Madonna viu esses clipes como "cruéis para as mulheres. É uma imagem com a qual eu cresci e que considero injusta". Em contrapartida, Tony Ward no clipe de "Justify My Love", segundo ela, "sabia o que estava acontecendo com ele, entendia e gostava daquilo".

> Toda a sexualidade nos meus clipes é consensual. Ninguém está tirando vantagem de ninguém. Imagino que as pessoas digam: "Você enfraquece os homens em sua obra." Bom, os homens heterossexuais precisam ser enfraquecidos. Sinto muito, mas eles precisam levar uns tapas. As mulheres foram comportadas demais por muito tempo. Todo cara hétero deveria ter a língua de um homem na boca pelo menos uma vez.[54]

Por incrível que pareça, o clipe não estreou na MTV, mas no sério noticiário *Nightline*, da ABC. Era um programa em que apareciam militares e funcionários do governo, no qual os problemas mais graves do mundo eram discutidos na voz de barítono do âncora Ted Koppel, que soava grave, independentemente do assunto.

Em 3 de dezembro de 1990, quando o clipe foi ao ar, à 1 hora da manhã, após o *Monday Night Football*, e com o ataque dos Estados Unidos ao Iraque prestes a acontecer, Koppel não estava na cadeira do âncora, e sim um colega, Forrest Sawyer. Apesar do horário, da guerra iminente e de um inquisidor substituto, a entrevista teria a segunda maior audiência nos dez anos do programa até então.

O programa apresentou "Justify My Love" completo, e Sawyer avisou antes da exibição que o clipe continha "um retrato vívido de sexualidade e nudez". Em seguida, Madonna defendeu sua obra. Vestida com sobriedade em uma jaqueta preta de gola alta, ela era meio sacerdotisa, meio diretora de escola. Era um lado dela que raramente aparecia.

Ela admitiu que pensou em "driblar as regras um pouco", já que a MTV em várias ocasiões permitiu que ela exibisse o que tinham rejeitado originalmente.

> Metade de mim pensou que eu conseguiria convencê-los a exibir o clipe. E a outra metade pensou: "Não, com a onda de censura e o conservadorismo que está varrendo o país, isso vai ser um problema."[55]

Uma das partes que confundiram Sawyer foi a aparente indiferença que ela demonstrava pelo status de estrela. Em vez de ser mais cuidadosa, ela ficou mais imprudente. Madonna tinha uma grande carreira a perder e não parecia se importar com isso.

Ela explicou que não era uma estrela em busca de holofotes cada vez maiores e mais luminosos, mas uma artista forçando os limites do aceitável.

> Acho que arte se trata disso: experimentar. É minha expressão artística e, para mim, um clipe é a expressão fílmica da música [...]. É necessário prestar atenção na letra da música. Ela mostra uma mulher que está conversando com o amante dela: "Tell me your dreams — am I in them? Tell me your fears — are you scared? Tell me your story — I'm not afraid of who you are" [Conte-me os seus sonhos — Eu estou neles? Conte-me os seus medos — Você está apavorado? Conte-me sua história — Não tenho medo de quem você é]. Estamos lidando com fantasias sexuais e sendo verdadeiros e sinceros com o parceiro.[56]

A simples ideia de que uma mulher tinha fantasias sexuais era desprezada por algumas pessoas na época. Na arena sexual, até isso pertencia apenas aos homens, de acordo com um best-seller que dizia que os homens tinham fantasias sexuais e mulheres tinham "fantasias de relacionamento".[57] No clipe, Madonna não só tinha as próprias fantasias sexuais, como também estimulava o companheiro a expandir as dele.

Então, Madonna usou o momento no *Nightline* para descrever o que chamava de hipocrisia da censura: imagens de "violência, humilhação e degradação" eram consideradas aceitáveis no entretenimento de massa — e que não apareciam no clipe. Afirmou acreditar na classificação etária e também concordava que nem todo material era adequado para crianças, mas reforçou que a sexualidade não deveria ser a única área a ser censurada e isolada. "Acho que a MTV deveria ter um horário adequado para expor violência e para degradar mulheres", comentou ela com ironia debochada.[58]

A aparição de Madonna e a exibição do clipe no *Nightline* gerou uma avalanche de comentários. Uma das várias declarações dadas na entrevista que agradaram à comunidade gay foi o modo como ela usou a palavra *heterossexual*. Madonna a disse do mesmo jeito que os héteros falavam "homossexual" e, ao fazer isso, fez da heterossexualidade apenas mais uma camada de cor no espectro sexual.[59]

Quanto ao clipe, Don Baird escreveu no *San Francisco Bay Times* que quando o assistiu,

> coloquei as mãos na cabeça, incrédulo [...]. Nunca uma estrela pop tinha forçado tantos elementos básicos e necessários da homossexualidade na cara desse país cada vez mais careta com tanta força e *finesse*. A mensagem é um explícito "superem isso", dita pela mulher mais popular do mundo, que está falando bem de nós.[60]

Para a ativista lésbica Lisa Henderson, "Madonna é uma de nós. Nem mesmo a heterossexualidade gritante dela pode mudar isso".[61] "Ela entra de mansinho na nossa imaginação e nos faz encarar o que não achávamos possível aprender com o pop."[62] O fato de o clipe de Madonna ter sido aceito tanto por homens gays quanto por lésbicas foi notável em si. Na *OutWeek*, Michael Musto escreveu que a artista era a primeira superestrela a agradar a esses dois públicos.[63]

Algumas mulheres elogiavam Madonna por levantar a importante questão do motivo pelo qual imagens degradantes e abusivas são consideradas "entretenimento". A professora Lynne Layton defendeu a artista no *Boston Globe*: "Estamos em uma cultura hipócrita, e a hipocrisia tem tudo a ver com as relações desiguais de gênero e com uma aversão declarada a qualquer versão de feminilidade que ameace não saber qual é o seu lugar."[64]

Entretanto, por mais que "Justify My Love" tenha sido elogiado, também foi criticado fervorosamente pela imprensa de massa, pela Igreja e pelos defensores da moral, *tanto* de esquerda *quanto* de direita.

Um leitor de direita da revista *People* escreveu:

> Então, Madonna "tem como limite a violência e a degradação de mulheres"? Bom, milhões de pessoas têm como limite a promiscuidade, o sexo grupal, a bissexualidade e a homossexualidade, e tudo isso foi mostrado no último clipe dela.[65]

Outro leitor, de esquerda, disse na mesma revista:

> Madonna fez o movimento feminista regredir pelo menos cem anos, de volta aos dias em que as únicas empresas gerenciadas por mulheres eram bordéis.[66]

Alguns gays e lésbicas a culparam por não ser suficientemente explícita. E outros a culparam por ser protagonista demais das ações, loura demais, perfeita demais.[67]

Houve também comentários negativos de todos os lados sobre Madonna entrar em questões "políticas". O subtexto dessas críticas era que ela era apenas uma "mulher" e, pior, uma corista que não parecia uma "mulher séria". Ainda assim, ela era profundamente política e tinha um histórico de atuação com organizações de caridade, além do trabalho criativo, os protestos dos quais participou e as pessoas que inspirou para provar.[68] Nessa época, Madonna disse:

> Ser uma pessoa política me excita. Eu fico furiosa com os preconceitos do mundo. Se eu puder usar minha fama para fazer as pessoas verem aquilo em que normalmente não prestariam atenção, então sinto que é um dever fazer isso. Mas quero me divertir nesse processo.[69]

Em novembro de 1990, a *Rolling Stone* a declarou como "a fogueira das vaidades de uma mulher só", chamando-a de "ativista contra a aids", "defensora da liberdade", além de "rebelde que desafia o conceito de gênero", "pós-feminista" e "amazona com rímel nos olhos".

> Madonna é mais do que a voz de bebê sem fôlego, a cintura que é sua marca registrada e as narinas de garanhão. Contudo, a aparência é um meio crucial para a mensagem dela. E qual é a mensagem ecoada infinitamente para o fã-clube mundial? Você precisa se expressar.[70]

Madonna acirrou paixões políticas, sociais e culturais. Virou objeto de idolatria e ódio. Artigos acadêmicos foram escritos sobre ela. Matérias com o nome dela foram ensinadas em Harvard, UCLA, Rutgers, Princeton e na Universidade do Texas. Foram publicadas análises que buscavam a fonte do fenômeno que ela era em Freud, Marx, no catolicismo e no feminismo.[71] A resposta, na verdade, estava em Michigan.

Em dezembro, Madonna voltou para casa a fim de passar o Natal. Lá, para as irmãs, ela não era "Madonna". Elas a chamavam de Louise.[72] Ela se lembrou da época como um dos momentos mais felizes daquele ano agitado.

> Ninguém menciona o fato de que sou uma estrela. Nem uma palavra sequer. Primeiro, pensei: "Como que não estou recebendo tratamento especial?" Mas, mesmo tendo que me acomodar em um saco de dormir no chão, a viagem deixou meu pai muito feliz.[73]
>
> Ele ainda não se deu conta de quem eu sou. Vive no próprio mundo e, em geral, o que acontece comigo passa batido. Acho que isso é bom porque significa que ele tem uma vida boa sem se chatear.[74]

De volta a Nova York, o período de festas continuava com uma festa de réveillon que não foi tão familiar nem tranquila como o Natal em casa. Uma quiromante disse que Madonna deveria esperar mais corações partidos, uma vida sem filhos e uma possível mudança de carreira porque o trabalho atual não lhe servia. Ela ficou "arrasada" e fez o que nunca tinha feito na vida: ficou bêbada, vomitou, passou mal e perdeu a própria festa.[75]

O trabalho então era um filme de Woody Allen chamado *Neblina e sombras*. Madonna tinha um papel minúsculo nesse filme pequeno com o elenco desproporcionalmente famoso que os filmes de Allen atraíam na época. Para ela, foi outra experiência de aprendizado. Allen conseguiu dirigir sem ser "um tirano".[76] Da parceira dele, Mia Farrow, que estava cercada de crianças, ela recebeu uma lição sobre família. Madonna concluiu: "A realização que você obtém de outro ser humano, especialmente de uma criança, sempre vai ofuscar o fato de as pessoas reconhecerem você na rua."[77]

Contudo, Madonna não estava pronta para ter filhos. Primeiro, ela não queria ter um filho sem um pai com quem contar.[78] Segundo, ainda não estava disposta a abrir mão da carreira, mesmo que em caráter temporário. Ela ainda tinha algo a provar, muito para si mesma. "Minha motivação na vida vem do medo horrível de ser medíocre", disse ela. "Essa luta não terminou e provavelmente nunca vai terminar."[79]

Naquele ano, Madonna marcaria presença em alguns dos maiores eventos do calendário da indústria do entretenimento.

Capítulo 32

Los Angeles, Cannes, Nova York, Evansville, 1991

> Só se vive uma vez, mas, se você fizer do jeito certo, uma vez basta.[1]
>
> — *Mae West*

MICHAEL JACKSON ENTROU em contato com o intuito de compor uma música com Madonna para o álbum dele, *Dangerous*. "Então nos encontramos e ele tocou um trecho da música para mim", disse a cantora.

> Era uma faixa inacabada e ele disse que gostaria de chamar a música de "In the Closet" [no armário]. Perguntei: "Sério? Quer mesmo chamar a música assim'?" Ele disse: "Quero." Eu retruquei: "Você sabe o que vão pensar, né?" Ele respondeu, rindo um pouco: "Sei." "Bom, você sabe que eu gosto de lidar com esse tipo de ironia e duplo sentido, então se deseja ir por esse lado..." E ele disse que sim.[2]

Madonna compôs algumas linhas e as entregou para Jackson. "Ele não gostou. Acho que só ficou interessado no título polêmico e, no fim das contas, não queria que o conteúdo tivesse algo a ver com o título."[3] Madonna perdeu o interesse. "Eu não vou fazer uma balada idiota ou um dueto romântico. Ninguém vai acreditar nisso."[4]

Enquanto isso, ela estava se preparando para a primeira apresentação no Oscar. Em março, ela cantaria "Sooner or Later", de Steven Sondheim para a trilha de *Dick Tracy*, indicada como Melhor Canção Original. Quando Jackson perguntou quem ela levaria para a cerimônia, Madonna disse que ninguém. "Ele respondeu: 'Bom, então eu vou com você.'"[5] Com aquela oferta simples nasceu um momento marcante da cultura pop.

Aos 32 anos, Jackson tinha sido ofuscado pela irmã mais nova, Janet, e o contrato recordista dela de 50 milhões de dólares com a Virgin Records. Não querendo ser superado poucos dias antes do Oscar, ele bateu o recorde dela assinando um contrato com a Sony Music que valia centenas de milhões de dólares. Uma aparição com Madonna mostraria ao mundo que ele estava de volta com força total. Da parte de Madonna, chegar com Jackson seria a melhor forma possível de tirar o tapete vermelho debaixo dos pés de qualquer outra celebridade e provar que ela não precisava de bilheteria para ser uma estrela de Hollywood.[6]

Por esse mesmo motivo, a Academia de Artes e Ciências Cinematográficas não permitiu que a dupla passasse pelo tapete vermelho. O par seria *a foto* da noite, e nenhum deles estava concorrendo a um prêmio. Por isso, mandaram que eles entrassem pela porta dos fundos do Shrine Auditorium. Com cheirinho de "entrada de serviço", essa ordem dada a um homem negro e a uma mulher que veio da classe trabalhadora poderia ter sido interpretada como uma ofensa. Na verdade, era o reconhecimento máximo do status de ambos: eles eram grandes demais para a caminhada da fama anual do Oscar. Os paparazzi viram os dois serem apressados pela segurança para entrar no prédio, com Madonna, de luvas brancas, segurando a mão de Michael, de luvas pretas.[7]

Eles estavam deslumbrantes. Um comentarista disse: "Era como olhar para o sol."[8] Um dos motivos de serem tão irresistíveis era que estavam gostando do espetáculo que criaram. Madonna disse que o relacionamento deles no geral dizia respeito "a se divertir com esse mundo louco no qual vivemos e trabalhamos".[9]

Naquela noite, Madonna personificou a Hollywood de meados do século XX. De cabelo longo, comprido e ondulado como o de Veronica Lake, ela usava um vestido sem alças branco e justíssimo de Bob Mackie "incrustado de pérolas", uma estola branca e diamantes Harry Winston no valor de 20 milhões de dólares. Jackson usava uma jaqueta off-white cujas lapelas eram enfeitadas com falsas pérolas, um broche de diamante no lugar da gravata e uma braçadeira cheia de cristais Swarovski pretos. Abaixo da cintura, ele seguiu o estilo country: calça de couro preta e botas de caubói com enfeites dourados.[10] Condizente com o status que tinham, eles foram colocados no lugar reservado para a realeza de Hollywood: primeira fila, no corredor.[11]

Essa era a parte fácil. Madonna também tinha um trabalho a fazer. Sob as luzes mais brilhantes, em frente a uma plateia de grandes nomes do entretenimento, ela entrou no palco sozinha para cantar "Sooner or Later". Nervosismo era pouco para descrever o que ela sentia. "Eu tinha quatro minutos para ser perfeita e 3 bilhões de pessoas estavam me vendo pela televisão. É uma situação que intimida qualquer um", declarou. Ela também sentiu que o público "não estava muito interessado em mim nem respeitava muito meu trabalho. Muitas coisas poderiam ter dado errado. Precisei subir em um elevador para chegar ao palco, estava com um vestido tão pesado que andar em linha reta era uma proeza e minha cabeça só pensava: 'Ai, meu Deus, eu preciso dar conta disso.'"[12]

As pessoas viram Marilyn em sua performance, mas Madonna tinha estudado os movimentos de Rita Hayworth, especialmente o da música "Put the Blame on Mame" em *Gilda*, no qual ela tirava a luva como se fizesse um strip-tease.[13] Subindo pelo palco de costas para a plateia, Madonna também tirou uma luva e a jogou longe, andando como uma *vamp* a caminho do microfone, quando virou as costas para o público novamente e começou a cantar.

O nervosismo era visível na mão trêmula após virar para encarar a multidão, mas ela recuperou a compostura durante a apresentação enquanto andava pelo palco. Por volta dos quatro minutos e meio, um movimento vigoroso soltou um dos brincos, que ficou pendurado no cabelo dela. Sem se deixar abalar, ela continuou. Quando a música terminou ao som de aplausos entusiasmados, ela soltou o brinco do cabelo e o jogou para a multidão. Confiante e ousada, caminhou cheia de glamour para fora do palco. Tinha conseguido.[14]

"Sooner or Later" conquistou um Oscar, mas era um dos poucos pontos positivos de *Dick Tracy* (que também ganhou os prêmios de Melhor Direção de Arte, Figurino e Melhor Maquiagem). Ironicamente, a noite foi do inimigo de *Na cama com Madonna*, Kevin Costner, cujo filme *Dança com lobos* ganhou sete prêmios, entre eles o de Melhor Filme e Melhor Diretor. A noite também foi de Whoopi Goldberg, a primeira mulher negra a ganhar um Oscar de atuação desde 1939. Ela ganhou a estatueta de Melhor Atriz Coadjuvante por *Ghost — Do outro lado da vida*.[15]

Madonna estava no Oscar pelo filme de outra pessoa. Contudo, no dia 13 de maio, ela apareceu em Cannes para promover o próprio documentário. *Na cama com Madonna* foi lançado na semana anterior nos Estados Unidos e ela escolheu estreá-lo na Europa, no festival de cinema mais famoso do mundo, ainda que fosse fora de competição. Entre os filmes de diretores norte-americanos concorrendo à Palma de Ouro daquele ano estavam *Barton Fink – Delírios de Hollywood*, dos irmãos Coen; *Febre da selva*, de Spike Lee; e *Homicídio*, de David Mamet. Exibidos fora da competição principal estavam o revolucionário *Os donos da rua*, drama de South Central dirigido por John Singleton, e a estreia de Sean Penn na direção, *Unidos pelo sangue*.

Entre as contribuições das pessoas que Madonna amava, respeitava ou com quem tinha trabalhado e as obras de diretores europeus a quem admirava, como Lars von Trier e Krzysztof Kieslowski, ela se sentia mais em casa em Cannes do que no Shrine Auditorium. Até aí, nada de novo, uma vez que Madonna sempre pareceu mais confortável como artista na Europa.

Lá a obra dela era aceita sem os comentários ferozes (com exceção dos ataques feitos pelo Vaticano) que recebia nos Estados Unidos, um país mais puritano. Além disso, a ironia era mais apreciada e ela era mais compreendida como mulher naquele continente. Não que a Europa fosse menos chauvinista; era apenas o fato de que uma mulher expressando a própria sexualidade não era novidade por lá. A França, por exemplo, nunca sofreu com uma era vitoriana de repressão sexual.[16] Por isso, a aparição de Madonna no festival foi tão marcante: com a ajuda de Jean Paul Gaultier, ela conseguiu chocar até aquela plateia sexualmente sofisticada.

A multidão que aguardava a chegada dela havia esperado o dia inteiro na Promenade de la Croisette, em frente ao Palais des Festivals. O documentário seria exibido à meia-noite. Dos dois lados do tapete vermelho, os guarda-costas estavam ombro a ombro. Um jornalista francês disse que o festival nunca tinha visto uma operação de segurança daquela escala. Atrás da linha de contenção humana, estavam centenas de fotógrafos e, atrás deles, fileiras e fileiras de fãs.[17]

Antes mesmo de vê-la, os fãs sabiam que ela havia chegado. A música "Crazy for You" foi tocada pelo sistema de alto-falantes fora do palácio. Até que a própria apareceu no tapete vermelho com Keshishian, Gaultier, Liz Rosenberg e uma tropa de seguranças. O frenesi em torno dela era intenso, mas Madonna parecia calma de braço dado com Keshishian, com um sorriso largo enquanto absorvia tudo e seguia pela escadaria do palácio, onde um batalhão de homens de ternos pretos a aguardava. Por um momento, ela foi engolida por eles, mas um cavalheiro esperto orientou os que cercavam Madonna a se afastar para que os fãs e os paparazzi pudessem vê-la. Foi quando aconteceu.[18]

Usando um longo quimono cor-de-rosa criado por Gaultier, com o cabelo louro do Oscar substituído por cachos escuros, que o crítico do *New York Times* Vincent Canby disse que pareciam rolos de filme 35mm, ela se voltou para a multidão e abriu o quimono. Por baixo havia apenas um sutiã e uma calcinha de cintura alta e que hoje nos lembraria uma bermuda de ciclista, a armadura das atrizes dos anos 1950 que tinham percorrido aqueles mesmos degraus.[19]

Cannes tinha praias em que as mulheres faziam topless e ruas em que vestiam o mínimo que a lei permitia, mas, com Madonna abrindo o quimono, foi possível ouvir a multidão suspirar como se nunca tivesse visto algo mais chocante. Ela ficou em pé debaixo dos flashes de centenas de câmeras usando uma roupa íntima Gaultier, dando o que eles queriam e até mais do que isso: dando ao mundo uma fotografia inesquecível que encapsulava o espírito do lado paparazzi do festival. Sexo, glamour e travessura, em sua maior parte envolvendo mulheres.

Enquanto a imagem se espalhava, o suspiro da multidão se transformou em um grito satisfeito de descrença. De acordo com um jornalista da BBC, uma mulher não causava tanta comoção no festival desde que a jovem Brigitte Bardot apareceu em Cannes.[20] Isso foi em 1953, quando Bardot, então com 18 anos, abriu o sobretudo, revelou um vestido considerado minúsculo na época e depois apareceu na praia com um biquíni ainda menor.

A exibição de Madonna fez com que a multidão, que Canby descreveu como "perigosamente grande" empurrasse os paparazzi, que empurraram a linha de seguranças. O empurra-empurra foi tão intenso que a cantora quase não conseguiu chegar à entrada do cinema. "Fui esmagada contra uma parede de vidro, com várias outras pessoas que estavam em torno de Madonna. Foi muito assustador", contou Rosenberg. O *Los Angeles Times* publicou que a polícia isolou o local, mas quem tinha ingresso e ainda não tinha conseguido entrar ficou do lado de fora.[21] Spike Lee disse: "Se a polícia não estivesse lá, haveria um motim."[22]

Madonna continuou no sul da França por cinco dias para o festival, e, aonde quer que fosse, o caos a acompanhava. Paparazzi em carros, lambretas, helicópteros e a pé causavam engarrafamento.[23] Era impossível ignorá-los, não só para Madonna, como também para as outras celebridades na cidade, a quem a imprensa achava menos interessantes. Uma delas era Penn. Depois de ter se separado de Madonna, os paparazzi que o perseguiam desapareceram. Na ausência deles, o ator reconstruiu a própria vida.[24]

Penn foi para Cannes depois de ter dirigido seu primeiro filme, *Unidos pelo sangue*: uma produção sombria que falava de laços familiares destruídos por infortúnios e violência. Ele também tinha se tornado pai. No mês antes do festival, a atriz Robin Wright deu à luz a filha deles, Dylan Frances.

Era inevitável que Madonna e Penn se reencontrassem em Cannes, o que aconteceu em uma festa para *Febre da selva*, de Spike Lee. Penn estava em uma área VIP quando Madonna apareceu. O produtor Don Phillips descreveu uma cena constrangedora na qual ela pareceu tentar pular no colo dele. "Ele meio que pulou fora, mas a cena parou o recinto."[25]

Penn descreveu o encontro como amigável, dizendo que, se as pessoas estavam tensas em relação ao momento, ele não estava. Ele tinha seguido em frente e falou em uma entrevista naquele ano que gostava de Madonna, eles só não conseguiram viver juntos.[26] Madonna também seguiu em frente, só que com mais tristeza. Ela declarou à *Vanity Fair* naquele mês de abril que assistia aos filmes de Penn "porque às vezes era o único jeito de conseguir vê-lo".[27]

Na cama com Madonna foi um imenso sucesso. Por 11 anos, manteve o título de documentário de maior bilheteria de todos os tempos, apesar de não ser censura livre (basicamente por causa dos palavrões). Trinta anos depois, continuou nesse ranking, em quinto lugar.[28] Na *Rolling Stone*, Peter Travers o chamou de "peça mais reveladora e escandalosamente engraçada de desmitologização do pop" desde o filme sobre o show de Bob Dylan, *Don't Look Back*, de 1965.[29] O crítico do *Village Voice* Robert Christgau se declarou um "convertido" por Madonna após vê-lo.[30] A crítica cultural Elayne Rapping escreveu:

> O senso de humor irreverente e vigoroso de Madonna celebra a libertação feminina da repressão sexual de todos os tipos. A bravata sexual dela não pode ser mal-entendida e interpretada como comportamento de um objeto sexual.[31]

Muitos outros críticos, porém, viram no documentário a história de um ego descontrolado, "uma vendedora de loja de departamentos rasa e cheia de luxúria" ou o que Jack Mathews no *Los Angeles Times* daquela primavera chamou de "a primeira vadia sábia da mídia". O conservador *National Review* disse que Madonna se cercava de "negros e homossexuais" e a colocou junto com "Marilyn Monroe e outras mulheres vulgares" como "chatas egoístas que falavam clichês sobre 'arte' e 'verdade' quando não estavam falando de si mesmas".[32]

Em outras palavras, o filme fez seu trabalho: levou as pessoas a falar e pensar em Madonna. E o mais importante: fez com que as pessoas falassem sobre o que a cantora tinha a dizer. Para Stephen Holden, do *New York Times*, o documentário "revela com mais objetividade do que qualquer uma de suas controvérsias anteriores as formas pelas quais ela usa a fama para fazer declarações políticas".[33]

O sucesso comercial de *Na cama com Madonna* chocou alguns dançarinos retratados nele. Kevin Stea e Oliver Crumes acreditavam que ela lhes devia dinheiro porque os contratos estipulavam que eles seriam pagos por um valor acordado mutuamente se a turnê rendesse um filme. Gabriel Trupin ficou insatisfeito porque o pedido de exclusão que fizera foi ignorado, e ele foi basicamente exposto contra a vontade.[34]

Os três dançarinos processaram a cantora e chegaram a um acordo. Trupin fez isso com pouco tempo de vida pela frente. Ele morreu em decorrência da aids em 1995, após completar 26 anos. "Se tivesse vivido mais, sei que ele teria feito as pazes com o documentário. Teria se divertido e até sentido orgulho daquele beijo lindo", comentou a mãe dele, Sue Trupin. "Inicialmente, sim, ele se sentiu 'traído e mal pago' (daí o processo), mas no final tinha superado a amargura e o arrependimento."[35] Foi um final triste para o trabalho que fizeram juntos porque eles se davam bem e também porque alimentava a narrativa promovida pelos críticos de que Madonna usava pessoas para os próprios propósitos.[36]

Mesmo antes do processo, um repórter do *Washington Post* pediu que ela respondesse às acusações de que "explorava" gays. Ela disse: "Em uma revolução, algumas pessoas precisam se ferir. Para fazer as pessoas mudarem, você precisa virar a mesa e alguns pratos se quebram. Essa é a única analogia em que consigo pensar. Os fins justificam os meios."[37] Na luta de Madonna contra a homofobia, o irmão Christopher seria um desses pratos quebrados.

O ator britânico Rupert Everett certa vez falou de Christopher: "Qualquer pessoa que entre em contato com Madonna precisa conhecê-lo para entendê-la. Um é incompreensível sem o outro. Ele era o lado sombrio dela, e vice-versa."[38] Madonna disse a um jornalista francês naquela primavera: "Meu irmão é meu melhor amigo e confidente [...]. Ele é tudo para mim [...]. Eu confio nele e respeito a opinião dele."[39] Entretanto, quando se tratou de expô-lo durante uma entrevista com a revista gay mais importante dos Estados Unidos, a *Advocate*, ela não perguntou o que ele achava da ideia.

Don Shewey, que fez a entrevista, escreveu a primeira crítica de um álbum de Madonna na *Rolling Stone*, em 1983. Naquela época, ele não era fã, mas ao longo dos anos houve marcos na carreira dela que o levaram a pensar que a cantora havia ido além do "disco pop animado" daquele primeiro álbum e entrou em território digno de respeito. "Live to Tell" era um deles. "Vogue" era outro. Enquanto isso, o parceiro de Shewey de longa data, Stephen Holden, tinha escrito sobre Madonna e virado amigo de Rosenberg. Quando o jornalista da *Advocate* que morava em Los Angeles perguntou à assessora se Madonna aceitaria dar uma entrevista, ela disse sim e pediu que Don a fizesse.[40]

Embora a *Advocate* fosse uma publicação nacional, Shewey disse que a circulação era pequena. Contudo, o agente dele vendeu a matéria "Madonna: A entrevista para maiores de 18 anos" ao Los Angeles Times Syndicate, que, por sua vez, enviou o texto a 19 países, onde foi traduzida para 11 idiomas. O interesse não veio apenas do fato de ser uma entrevista com Madonna, pois outras foram feitas naquela primavera. Ele veio porque a conversa foi sincera, em que ela falava de si mesma, da indústria do entretenimento, da cultura gay e de sua afinidade com tal cultura em termos raramente usados por uma celebridade.[41]

"Ela foi ótima e acessível", contou Shewey. Nenhum assunto foi proibido e ele não precisou enviar o texto para aprovação antes de publicar, embora ela tenha entrado em contato com o jornalista para falar sobre dois assuntos abordados na conversa. Um era Michael Jackson e a menção da música "In the Closet", que ela não gostaria de ver publicada. A outra foi o medo que ela expressou diante da possibilidade de Christopher contrair o vírus HIV e desenvolver aids. "Eles pediram que eu tirasse essa parte", diz Shewey, que concordou.[42]

O que não foi pedido para ser retirado foi a revelação de Madonna de que o irmão mais novo era gay. Ao ser perguntada como a família se sentia em relação à sexualidade de Christopher, Madonna diz que o pai "talvez não se sentisse confortável", mas que os irmãos e irmãs aceitavam.[43] Ao ler essas palavras, Christopher ficou "furioso". Anos depois, ele escreveu:

> Sem nem conversar comigo a respeito, ela decidiu me expor. Sei que nem por um instante ela cogitou se minha homossexualidade era de conhecimento público, mas a realidade é que nossa avó não sabia, nem todos da família [...]. Além disso, sempre foi minha escolha decidir quando, como, onde ou se eu sairia do armário, não dela.[44]

Quando conversaram sobre isso, Christopher diz que a irmã não entendeu por que ele estava tão aborrecido. No início dos anos 1990, havia uma pressão para que as pessoas se assumissem porque o segredo perpetuava a ideia de vergonha, e a vergonha alimentava o argumento homofóbico de que havia algo "errado" em ser gay ou lésbica. As discussões ficaram tão passionais que homossexuais importantes passaram a ser alvos de ameaças de exposição por parte de ativistas.[45] Madonna concordava com essa opinião e disse a Shewey: "Talvez todas essas monas que estão dominando a cidade devessem sair do armário para descobrir que não é algo tão horrível assim."[46]

Na cabeça de Madonna, Christopher não tinha motivo para esconder quem ele era. Em um mundo utópico, isso não seria mesmo um problema. Mas no mundo real era. Cerca de uma semana depois que o artigo da *Advocate* foi publicado, um repórter do *National Enquirer* ligou para Christopher e disse que o jornal planejava publicar uma reportagem dizendo que ele tinha aids. Ele sabia que não tinha, mas fez o teste. Quando o resultado deu negativo, a matéria sumiu, mas as insinuações ficaram. Madonna também virou alvo.[47] Como fizeram durante a doença de Martin Burgoyne, os tabloides escolheram publicar que *ela* estava com aids. Chateada e indignada, Madonna disse: "Se isso é o que eu preciso enfrentar pelo meu envolvimento na luta contra essa epidemia, tudo bem."[48] "Você tem que ser forte para estar nessa luta, é tudo o que posso dizer."[49]

Madonna se uniu a Steven Meisel em um ensaio fotográfico para a edição de abril da *Vanity Fair* inspirado nas famosas imagens de Marilyn Monroe feitas por Bert Stern. As imagens eram oniricamente sexies de um jeito que lembrava o início dos anos 1960. Para a *Rolling Stone*, eles uniram forças para fazer algo mais ousado: fotografias pictóricas publicadas em junho chamadas "Flesh and Fantasy" [carne e fantasia]. Usando as fotos da "Paris Secreta" de Brassaï das décadas de 1920 e 1930 como inspiração, a dupla recriou o submundo sexual da cidade, com cabarés, pontos de droga, bordéis e boates gays.[50] O ensaio incluía as fotos mais explícitas de Madonna publicadas desde o escândalo da *Playboy* e da *Penthouse*. Ela posou para as primeiras fotos para sobreviver. O ensaio da *Rolling Stone*, por outro lado, foi tão divertido que Madonna pensou em fazer um livro de fotos eróticas com Meisel.

Oito meses antes, a poderosa editora da Simon and Schuster, Judith Regan, tinha abordado Madonna para publicar um livro de fantasias eróticas. A Simon and Schuster tinha acabado de publicar um best-seller nos Estados Unidos chamado *Women on Top* [Mulheres por cima], de Nancy Friday, autora que se especializou em livros sobre as fantasias sexuais femininas. Madonna seria um best-seller mundial. As discussões chegaram a um ponto em que Regan pensou que tinha um acordo, mas isso não aconteceu. Madonna estava apenas ouvindo e pensando.[51]

Ela disse ter sido abordada por várias editoras com a ideia de escrever um livro de fantasias eróticas. Segundo ela, "não tinha nada a ver com fotografias e ilustrações. Então eu estava jogando essa ideia por aí porque me senti lisonjeada e parecia algo desafiador para fazer, chegar e escrever um monte de contos eróticos, meio que no estilo de Anaïs Nin, mas nos dias de hoje e com a minha linguagem".[52]

Coincidentemente, nessa época Madonna tinha tentado convencer Meisel a fazer um livro de fotos sozinho. "Ele perguntou: 'Por que você não faz um comigo?'" Então, ela decidiu unir a ideia da fantasia erótica à obra do amigo.[53]

Contudo, o livro era apenas um entre vários itens de uma ambiciosa lista de tarefas que Madonna fez naquela primavera em resposta a perguntas de um jornalista sobre os planos dela.

> Quero atuar mais, dirigir e produzir filmes [...]. Quero desenvolver roteiros para vários dos meus livros favoritos. Quero fazer filmes sobre pessoas que me inspiram, quero me envolver mais no teatro e na arte performática. Quero escrever um livro de contos eróticos. Quero fazer um monte de coisas. Quero ser empreendedora para encontrar artistas em dificuldade e ajudá-los. Eu gostaria de ter um filho, o que leva tempo, certo? Quer dizer, existe um monte de coisas para fazer.[54]

Era uma lista e tanto, e Madonna conseguiria realizar a maior parte dela, começando por atuar em outro filme. Ela sentia que podia ser uma atriz mais forte depois de *Na cama com Madonna* porque o filme a deixou mais confortável diante da câmera.[55]

Em maio, os tabloides relataram ter visto Jose Canseco, jogador de beisebol do Oakland A's saindo do apartamento de Madonna de manhã cedo. O *New York Post* publicou fotos e uma matéria dando a entender que o astro casado do beisebol era a mais nova conquista da artista. Contudo, o que Madonna queria dele eram dicas de beisebol[56] porque tinha aceitado atuar no filme de

Penny Marshall, *Uma equipe muito especial.* Como *Procura-se Susan desesperadamente*, seria uma oportunidade divertida de mostrar mulheres fortes na tela.

O filme se baseava na história real de jogadoras de beisebol recrutadas durante a Segunda Guerra Mundial para ocupar os campos que ficaram vazios quando os homens foram convocados. Um total de 545 mulheres jogaram na Girls Professional Baseball League, que existiu por 11 anos, entre 1943 e 1954. Embora precisassem estar arrumadas, maquiadas e usando saias durante os jogos, as mulheres demonstraram ser atletas formidáveis. A diretiva dos organizadores da liga era: "Pareçam com mulheres, joguem como homens."[57]

Marshall estava querendo fazer um filme sobre esportes quando descobriu a história incrível dessa liga feminina, mas disse que era difícil convencer um estúdio a apoiá-lo. "Um filme de beisebol, de época, protagonizado só por mulheres? Não mesmo", lembrou-se ela das respostas que recebeu. Em 1991, Marshall tinha um contrato de direção com a Columbia Pictures, que permitiu a ela fazer o filme.

O caminho de Marshall até a cadeira de diretora em uma época que essa era uma ocupação quase exclusivamente masculina foi quase tão implausível quanto uma mulher jogando beisebol. Ela foi uma das protagonistas da popular *sitcom* dos anos 1970 *Laverne & Shirley*, da qual tinha dirigido vários episódios. Entretanto, ela estava só começando a conhecer os filmes. Quando o diretor da comédia *Salve-me quem puder* (1986), com Whoopi Goldberg, foi embora, Marshall foi chamada para assumir o posto.[58]

Em pouco tempo, ela provou ao estúdio e a si mesma que a ascensão não fora um acaso feliz. Em 1988, o filme *Quero ser grande*, estrelado por Tom Hanks, faturou mais de 150 milhões de dólares de bilheteria. Marshall se tornou a primeira diretora a cruzar a barreira dos 100 milhões de dólares.

Hollywood a aceitou, apesar de ser mulher, porque ela era muito boa e porque o tema do filme (beisebol) era sobre mulheres que tiveram sucesso em um mundo e um jogo masculinos. Por isso, ela insistiu que as atrizes dominassem o esporte e fossem aprovadas por um técnico de beisebol. Só depois elas podiam fazer teste para o papel.[59]

Quando a atriz escolhida para interpretar Mae "All the Way Mae" Mordabito saiu do filme, Marshall entrou em contato com Madonna para falar do papel da corista que virou jogadora de beisebol. "Eu precisava de uma dançarina", disse a diretora, "então fui procurá-la". Elas não tinham muito tempo porque Madonna estava a caminho de Cannes. "Ela parou em Nova York e fomos à [Universidade] St. John, onde os técnicos a testaram e disseram que ela era 'treinável'. Então eu disse: 'O papel é seu.'"[60]

Outra contratação de Marshall foi Rosie O'Donnell, de 29 anos. Nascida em Long Island, ela era a mais velha de uma família de cinco filhos que perdeu a mãe (cujo nome ela carregava) para o câncer poucos dias antes do aniversário dela de 11 anos. Como Tony Ciccone, o pai de Rosie não falava da falecida esposa, e, como Madonna, Rose virou a pequena mãe da própria família. Os paralelos entre a infância dela e a de Madonna eram impressionantes, até a frase de Rosie poderia ter sido dita pela cantora: "Minha vida inteira gira em torno da morte da minha mãe. Isso transformou quem eu era como pessoa."[61]

Após trocar a faculdade pela comédia aos 20 anos, Rosie começou a se apresentar em público e logo foi para a televisão. Em 1986, ela conseguiu um papel em uma sitcom da NBC e, dois anos depois, tinha a própria série de comédia stand-up no VH1.[62] Quando Marshall começou a escalar o elenco para o filme de beisebol, Rosie queria um papel. Seria o primeiro filme dela.

Ela mostrou o braço poderoso durante os treinos na Universidade do Sul da Califórnia.[63] "Eu não sabia quem [Rosie] era, mas era ótima jogadora", disse Marshall. "Ela era multitalentosa."[64] A diretora acrescentou uma história ao roteiro que uniria ela, com quem o público teria mais facilidade de se identificar, à exuberante Madonna, pensando que elas se complementariam. "Eu falei: 'Vocês duas precisam virar grandes amigas.'"[65]

Rosie disse que ela e Madonna "viraram irmãs desde a primeira vez em que se viram",[66] Mo e Ro.[67] Contudo, antes de se conhecerem, Rosie ficou tão apavorada que sentiu até náuseas. Ela havia assistido a *Na cama com Madonna* e viu que a cantora tinha senso de humor, então, ao se apresentar, anunciou: "Eu tenho um vibrador." Madonna respondeu: "É da Panasonic?" A comediante contou que tinha perdido a mãe quando criança. Madonna apenas disse: "Eu entendo o que motiva você."[68] Para Madonna,

> Rosie e eu falamos o idioma das pessoas feridas [...]. Minha amizade com ela não tinha nada a ver com imagem. Eu não consigo explicar o mistério do que acontece quando você vira grande amiga de alguém. Só posso dizer que somos torturadas pelas mesmas coisas, rimos das mesmas coisas e eu sou louca por ela.[69]

Marshall escalou a vencedora do Oscar Geena Davis como protagonista. Seria o primeiro filme dela desde o trabalho no pioneiro e feminista *Thelma e Louise*, que estreou em maio daquele ano. Depois daquele filme, o critério de Davis para aceitar um papel era: "O que as mulheres do público vão dizer quando virem esse filme?" Falando com jornalistas sobre *Uma equipe muito especial*, ela o descreveu como outro "filme feminista", levando um repórter a perguntar: "Nós podemos *escrever* isso?", relembrou Davis. "Era uma loucura o tamanho da vergonha que envolvia [a palavra] na época."[70]

Ao contrário de *Thelma e Louise*, com uma rejeição flagrante ao *statu quo*, *Uma equipe muito especial* era um feminismo discreto. Isso o deixou até mais poderoso porque nada nele afastaria a plateia tímida que precisava desesperadamente ver e ouvir uma história positiva de empoderamento feminino. Para as mulheres que assistiam ao filme de Marshall, a vida no início dos anos 1990 era muito parecida com a das irmãs dela no início dos anos 1950, só que com ainda menos segurança.

Em 1991, a maioria das mulheres brancas que trabalhava ainda estava empregada em cargos administrativos ou no varejo, e as mulheres não brancas eram, na maioria das vezes, confinadas a postos que pagavam ainda menos. Enquanto isso, as mulheres que tinham carreiras eram estimuladas a largá-las e voltar a ser donas de casa como "nova tradicionalista", que a revista *Good Housekeeping* (em nome dos próprios interesses) chamava de "maior movimento social desde os anos 1960".[71]

A diferença entre aquela fantasia de tradicionalismo dos anos 1950 e a realidade dos anos 1990 era que os homens envolvidos não dividiam mais a responsabilidade pelo bem-estar de uma família. Nos "bons e velhos tempos", o contrato matrimonial padrão-ouro envolvia uma mãe dona de casa que administrava a casa e a família e um pai que trabalhava fora e pagava as contas. Isso, porém, mudou de maneira inesperada como resultado da agitação feita por grupos femininos nos anos 1970 para facilitar a obtenção do divórcio.

A ideia era dar às mulheres um caminho para sair de casamentos ruins e abusivos. Isso deu certo, mas também liberou os homens das obrigações familiares, até da obrigação tradicional do sustento financeiro, porque a pensão alimentícia dos filhos não era obrigatória naquela época. Isso significava que as mulheres ficavam sem tempo nem dinheiro para sustentar a família. Ainda assim, elas ouviam que "tinham tudo".[72]

As "pós-feministas" que seguiam a crença neoliberal de "Se eu estou bem, você está bem; se você não estiver bem, não é problema meu" diziam que as mulheres deveriam parar de fazer papel de vítimas e "bater na tecla" da opressão e desigualdade porque tais coisas não existiam.[73] Isso quando pouco mais de 16% de todos os lares dos Estados Unidos eram chefiados por uma mãe solo, sendo que essas casas somavam quase metade das famílias no país vivendo na linha da pobreza ou abaixo dela.[74]

Se as mulheres tivessem tempo e dinheiro para vê-lo, um filme como *Uma equipe muito especial* poderia ser ao mesmo tempo antídoto e inspiração. Ele mostrava a mulher mediana fazendo escolhas, correndo riscos e tendo sucesso. E, o melhor de tudo, a história era real.

O filme mostrava a formação dessa liga feminina, mas a narrativa se concentrava na competição entre as duas irmãs, interpretadas por Geena Davis e Lori Petty, e o técnico alcoólatra interpretado por Tom Hanks, que recebe a tarefa de transformar as Rockford Peaches em uma equipe profissional.

No filme, ele não é o salvador da equipe, mas um obstáculo para o sucesso delas. São as mulheres que se ajudam e se desafiam.

Cada uma das jogadoras tinha uma história: a Mae de Madonna é uma dançarina de Nova York. Rosie O'Donnell interpreta a futura melhor amiga de Mae, Doris Murphy. Há também uma ex-miss, uma dona de casa italiana e várias outras estrelas atípicas do beisebol que, no começo, só têm em comum a necessidade de fazer *algo* e um desejo de vencer.

O treinamento do elenco foi intenso: três meses, seis dias por semana, quatro horas por dia, com um técnico de beisebol da Universidade do Sul da Califórnia.[75] (A *Sports Illustrated* "elogiou" o elenco, dizendo que "ninguém em *Uma equipe muito especial* arremessa como uma garota".)[76] Quando começaram as filmagens, a exigência física do trabalho era grande. As atrizes faziam as próprias cenas de ação, desde as cusparadas de Davis ao fazer uma jogada crucial até o primeiro mergulho de Madonna em campo.[77] Havia ainda a temperatura em Evansville, Indiana, onde o filme estava sendo rodado. Com certo exagero, Rosie estimou que a temperatura era de "40°C, e 50°C no campo".[78]

Com as arquibancadas lotadas com 5 mil figurantes suando, Rosie assumiu a responsabilidade de entretê-los, fazendo números de comédia por meia hora, com algumas piadas envolvendo Madonna. Uma vez, quando a cantora estava reclamando do calor, Rosie virou uma mangueira de água na direção dela. Em outras ocasiões, cantava sua versão de "Like a Prayer".[79] Ela foi aceita pela comunidade, mas Madonna não. Os locais diziam que ela não era amigável, mas, como eram conservadores, tendiam a não gostar dela. Um pastor local publicou uma carta no *Evansville Courier* pedindo a Madonna, a quem chamava de pecadora mais famosa do mundo, para visitar a igreja dele.[80]

Isoladas no conservador estado de Indiana, onde outdoors pelas estradas locais exibiam versículos da Bíblia e as pessoas de fora eram tratadas com educação, mas muita desconfiança, as integrantes do elenco se divertiam entre si. "Havia um bar gay que virou nosso ponto de encontro", contou Hanks. "Foi Madonna que o encontrou."[81] Segundo Rosie, a artista celebrou o aniversário de 33 anos no bar.

> Havia um cara dublando Madonna em "Vogue". Ela subiu no palco com um maço de notas de 20 dólares e começou a dar dinheiro para ele. [O artista] começou a pegar o dinheiro e pensar: "Quem é essa mulher morena, me dando dinheiro?" Quando percebeu que era Madonna [o dançarino] começou a chorar.[82]

Foi em Indiana que Rosie contou seu segredo a Madonna. Ela estava saindo com um homem "adorável" chamado Michael, mas sabia que não se interessava por homens.

> Então lá estava eu, muito sapatão, saindo com um homem e fui pedir conselhos a Madonna [...]. Eu estava insegura e questionando tudo. Minha vida sapatônica estava florescendo, mas eu não sabia o que fazer. Ela me disse: "Rosie, basta seguir o seu coração." [...] Eu fiquei muito inspirada com o fato de aquela italiana, baixinha e musculosa, com aquelas sobrancelhas pudesse ser uma defensora tão poderosa das mulheres, da comunidade LGBTQ e, acima de tudo, de si mesma.[83]

Para se divertir longe da família cinematográfica, Madonna tinha a companhia de um novo namorado, o rapper Robert Van Winkle, mais conhecido como Vanilla Ice. No ano anterior, a música "Ice Baby" virou o primeiro single de rap a liderar a parada pop.[84] Embora o relacionamento tenha sido curto, como o breve caso com Ward, foi imortalizado pela arte. Vanilla Ice estava entre os que apareceram no livro de fantasia erótica que Madonna começou a planejar a sério durante as pausas nas filmagens. No livro, ela seria uma nova personagem, uma mulher que chamou de Dita.

Dita Parlo era uma atriz e anarquista alemã do início do século XX que estrelou o filme *O atalante* (1934), de Jean Vigo, e *A grande ilusão* (1937), de Jean Renoir. Ela seria a nova persona de Madonna, e de longe a mais polêmica, interpretada em vários momentos nos anos que viriam, quando a vida a levaria para longe do conservadorismo de Indiana, da tristeza da Hollywood que não se assumia e da atmosfera de arte como *commodity* de Nova York. Madonna, quer dizer, Dita, estava indo para Miami.[85]

PARTE IV

MIAMI

1992-1999

Capítulo 33

Washington, Olympia, Nova York, Miami, 1992

> Você pinta uma mulher nua porque gosta do que vê, mas coloca um espelho na mão dela e chama a pintura de *Vanity*, fazendo uma condenação moral daquela cuja nudez você retratou para o seu bel-prazer.[1]
>
> — *John Berger*

É IMPORTANTE COMPREENDER o amplo contexto social da época em que Madonna embarcou em uma nova aventura artística para ter uma noção do impacto causado. Embora tenha sido o projeto mais pessoal que ela desenvolveu — não tanto no que diz respeito a revelações, mas, sim, ao fato de tê-lo feito inteiramente sozinha —, o livro *Sex* se transformaria em um ponto de virada cultural. Madonna o lançou em uma época de grandes mudanças, quando a fachada de civilidade que caracterizava a sociedade democrática nos Estados Unidos tinha começado a ruir e entrar em colapso — as relações entre homens e mulheres estavam tensas devido a um ódio violento, além de a direita ter lançado uma batalha em diversas frentes, "pela alma da América" e em "defesa da família", durante a corrida presidencial de 1992.[2]

Sex caiu como uma bomba no meio dessa agitação, encantando e ensinando pessoas que tendiam a se ver livres e aterrorizando e incomodando outras. O segundo grupo era muito maior do que o primeiro, e não foi apenas a direita religiosa ou os conservadores que ficaram ofendidos. Mulheres, homens, gays, lésbicas, negros e brancos demonstraram espanto e confusão diante do livro. "O que ela está fazendo? Por que fazer isso? Ela quer mesmo dizer o que está dizendo?" Ou, pior ainda: "Ela sabe o que está dizendo?" Pela primeira vez, Madonna sairia prejudicada após aparecer no centro de uma polêmica. Ela havia ido longe demais, forçado demais a barra, desafiado demais. Embora costumasse estar sempre muito sintonizada com a própria época, parecia que tinha falhado em reconhecer a delicadeza do momento.

Talvez fosse o milênio chegando ao fim, o que era um marco assustador para alguns. Ou talvez as pessoas tivessem ficado com medo da nova tecnologia, uma vez que os computadores anunciavam um futuro de cognição mais rápida do que a do cérebro humano e informações mais abundantes do que a sociedade seria capaz de absorver. Ou talvez fosse o fato de, em meio a outra recessão e consequente perda de empregos, as pessoas terem ficado aborrecidas quando perceberam que a teoria do gotejamento, segundo a qual os mercados em alta faziam todos os barcos flutuarem, era uma farsa.

A grande maioria das pessoas aceitava o que a vida lhes trazia, como sempre. Contudo, no início dos anos 1990, sinais de descontentamento começaram a surgir de uma minoria ruidosa que se manifestava de um jeito novo e organizado.

Essa década viu a mobilização de homens brancos e furiosos, que acreditavam que o poder que detinham estava ameaçado por mulheres e minorias. Depois de a administração Reagan revogar a doutrina da justiça de 1949, a qual exigia equilíbrio político na TV, a raiva foi alimentada por um novo tipo de evangelizador: o apresentador de programas de entrevistas, que inundava as ondas do rádio com um evangelho de misoginia, racismo e homofobia. Rush Limbaugh foi o grande mestre dessa época. Um total de 20 milhões de pessoas ouvia as diatribes dele contra "feminazis", minorias etnorraciais e gays.[3]

Alinhados com essas personalidades radiofônicas rancorosas estavam os conservadores religiosos, que em 1991 migraram para a TV por assinatura. Três anos antes da Fox News, Paul Weyrich, o "Robespierre da direita" e responsável por cunhar a expressão "maioria moral", lançou a National Empowerment Television. A NET, como ficou conhecida no país, transmitia para milhões de assinantes histórias assustadoras de liberais destruindo o modo de vida cristão, durante 24 horas por dia.[4]

Inspirados por essas conversas ou apenas cativos dos próprios demônios, alguns homens expressavam essa raiva de modo aleatório e violento, enquanto outros formavam milícias a fim de se preparar para a "guerra do homem branco".[5] Entretanto, as mulheres também estavam com raiva. No fim de 1991, um exemplo após outro mostrava quanto elas *não* tinham ido longe, apesar dos discursos do pós-feminismo e da sociedade alegando e garantindo o contrário.[6]

Em outubro daquele ano, Anita Hill, uma advogada formada em Yale, sentou-se diante do Comitê Judiciário do Senado e descreveu em dolorosos detalhes quatro anos de assédios sexuais que teriam sido cometidos pelo ex-chefe, Clarence Thomas.[7] Ainda mais preocupante do que as palavras dela era a imagem de uma mulher negra, solitária e majestosa testemunhando perante um grupo de homens brancos que a acusava de mentir e de ser uma "mulher magoada", além de inspirada pelo filme *O exorcista*. Hill fez um teste no detector de mentiras e passou. Thomas se recusou a fazer o mesmo. As palavras dela foram ignoradas O nome dele foi confirmado para a Suprema Corte.[8]

Assim que o depoimento de Hill terminou, explodiu um escândalo sexual envolvendo militares dos Estados Unidos. Oitenta e três mulheres no total foram atacadas durante a convenção anual de aviadores navais de Tailhook, em Las Vegas. Entre elas, 26 militares mulheres foram agredidas, tiveram as roupas arrancadas e foram obrigadas a passar, em um corredor de hotel, por um grupo de duzentos fuzileiros navais e homens da Marinha.[9]

A Marinha dos Estados Unidos tolerava esse comportamento havia muito tempo, e naquele ano o episódio também teria sido ignorado caso a tenente Paula Coughlin não tivesse feito uma reclamação a seus superiores e caso um repórter de San Diego não tivesse descoberto o que aconteceu. O jornalista também conseguiu a cópia de uma carta na qual as altas patentes da Marinha discutiam o assunto. A história e a tentativa de acobertamento viraram manchete em todo o país.[10]

Em dezembro, houve uma nova onda de indignação. O sobrinho de Edward Kennedy (integrante do Comitê Judiciário do Senado) foi julgado por estupro. Uma história sensacionalista tinha surgido na primavera anterior, quando William Kennedy Smith foi acusado de estuprar uma mãe solo de 19 anos que tinha conhecido em um bar e convidado para o complexo dos Kennedy em Palm Beach, Flórida. Assim como aconteceu com Anita Hill, a acusadora foi tachada de não confiável e até de louca. Em resumo, foi tida como uma vagabunda que tentava derrubar um homem bom.

Muitas pessoas aceitaram esse argumento. Um artigo famoso no *New York Times*, escrito por uma mulher de 23 anos e publicado às vésperas do julgamento, defendia que o conceito de estupro em um encontro era uma "preocupação" feminista "neopuritana", uma "ficção", um "clichê" que "infantiliza as mulheres".[11] As pessoas que estavam doidas para manter o privilégio masculino sobre o corpo feminino e ansiosas para manter a ilusão de que mulheres tinham os mesmos direitos que homens aceitaram esse argumento, inclusive os jurados.[12] Smith foi inocentado.

Esse trio vergonhoso de acontecimentos foi apenas o começo de uma década de escândalos. As mulheres eram agredidas, independentemente de classe, idade, grupo étnico, escolaridade, emprego ou estado civil. O governo, a justiça, a polícia e os serviços sociais não as protegiam. As famílias não conseguiam protegê-las. Ficou claro nos anos 1990 que as mulheres precisavam proteger a si mesmas. Como consequência, houve três acontecimentos.

Primeiro: surgiu uma nova classe política, pois um número histórico de mulheres tinha conquistado cadeiras no Congresso, e vários cargos da nova administração Clinton foram preenchidos por mulheres, entre elas, Janet Reno, a primeira procuradora-geral, e Ruth Bader Ginsburg, a segunda mulher a trabalhar na Suprema Corte.[13]

Segundo: uma geração mais jovem de mulheres defendia abertamente seus direitos. Em 1991, dois livros viraram best-sellers: *O mito da beleza*, de Naomi Wolf, e *Backlash: The Undeclared War Against American Women* [Retaliação: a silenciosa guerra contra as mulheres nos Estados Unidos], de Susan Faludi. Ambos questionavam o panglossiano argumento pós-feminista de que as mulheres viviam no melhor dos mundos. Em seguida, no início de 1992, as ativistas Rebecca Walker e Shannon Liss lideraram um novo movimento feminista, a terceira onda.[14]

Ao contrário do pós-feminismo, ou até do feminismo da segunda onda, a terceira onda era um movimento inclusivo, que defendia todas as identidades sexuais, classes sociais e grupos étnicos do mundo.[15] As feministas da terceira onda também enfatizavam que o corpo e a sexualidade das mulheres são fundamentais para a humanização das próprias.[16]

Com essa dose de energia, o feminismo voltava à vida após ter ficado adormecido por boa parte dos anos 1980. Em abril de 1992, a National Organization for Women (cuja sigla NOW significa Organização Nacional para as Mulheres) liderou uma marcha pró-escolha em Washington, porque os direitos reprodutivos estavam sendo atacados novamente. Centenas de milhares de mulheres responderam ao chamado da organização. Na época, foi o maior protesto realizado na capital do país.[17]

Pouco depois, um novo tipo de feminismo cultural também surgiu, e seria o terceiro desenvolvimento feminista. A primeira Convenção Nacional das Riot Grrrl aconteceu na capital, Washington, e, mesmo só atraindo duzentas pessoas, representava um passo revolucionário na forma pela qual as mulheres criavam e apresentavam músicas, expressavam emoções e interagiam entre si.[18]

As riot grrrls, assim como as feministas da terceira onda, surgiram em 1991, movidas pela raiva. O catalisador para esse movimento foi uma lista de predadores sexuais que estupravam mulheres em encontros, feita e publicada em um banheiro da Evergreen State College, em Olympia, Washington.[19] O movimento foi crescendo: começou com algumas meninas conversando entre si, passou para um grupo maior, que se comunicava por e-mail, e chegou a jovens empunhando guitarras e se expressando por meio da música.[20] A aparência e as letras eram diretas, sexuais, duronas, ironicamente femininas. Elas usavam o corpo como vitrine. Kathleen Hanna, do Bikini Kill, rabiscava a palavra SLUT [vadia] no abdômen, a fim de reivindicar o termo que era usado contra mulheres.[21]

Após a convenção na cidade de Washington, em julho de 1992, o girl power ganhou proporções globais,[22] com a mensagem "A revolução começa dentro de você. Você não precisa ouvir merda de ninguém. Seja quem quiser, diga o que quiser. Toda garota é uma riot grrrl".[23]

As feministas da terceira onda e as riot grrrls nasceram depois de meados dos anos 1960 e cresceram no mundo criado por Madonna. Muitas estavam na plateia dos shows, viram os clipes, compraram os álbuns e aprenderam as lições da cantora.[24] Mesmo que não gostassem da música, ou desconfiassem dela por causa do sucesso comercial, essas mulheres a ouviam, a assistiam e se desenvolveram sabendo que ser uma jovem, estar em uma banda e ser estrela pop não impedia ninguém de ser política, e das radicais, até. As jovens mulheres e grrrls tinham voz e a usavam.

Elas viraram parte do feroz burburinho no início dos anos 1990, que circulava entre divisões políticas, sociais, religiosas e de gênero. Embora as preocupações fossem muitas, o tema subjacente que unia as pessoas que as expressavam (exceto por homens gays ativistas) era mulheres e sexo, e principalmente os agentes de controle dos dois.

Eis que surge Madonna e seu livro. Como sempre, ela exaltaria os ânimos ao desafiar mulheres de todos os lados do debate feminista, testar gays e lésbicas que questionassem os motivos dela e mostrar a homens de esquerda e de direita que a sexualidade de uma mulher é uma questão que só interessa a ela, que pode expressá-la como achar melhor, não como eles esperam ou exigem. Inclusive, Madonna usaria a si própria para ilustrar esse tipo de mulher. Pode-se dizer que, ao fazer isso, ela deixou toda a situação bem mais confusa e tornou a própria vida bem mais difícil.

No outono de 1991, Madonna voltou a Nova York para fazer "uma reunião após outra" com Steven Meisel e falar do livro: o estilo, as locações para as fotos, as pessoas com quem queriam trabalhar. Contudo, Meisel precisava saber, principalmente, o que ela considerava ser erótico.[25] Não era uma pergunta simples de responder. Se pretendiam escavar as profundezas do que a excitava, precisavam explorar o subconsciente dela. Porque, ao contrário do sexo, o erotismo é mais uma questão de sentimento do que de ação e, como tal, exige descoberta. Aquele esforço transformaria o livro em arte. Seria a história de uma jornada, e Madonna esperava que isso ajudasse as pessoas a embarcar nas próprias trajetórias.

Quando Meisel concordou com o projeto, ele tinha fama de ser um dos fotógrafos mais provocadores do mundo. Naquele verão, o Departamento de Polícia da Cidade de Nova York mandou alguns agentes para o metrô, a fim de destruir pôsteres de sexo seguro que mostravam fotos de homens em poses eróticas, tiradas por ele.[26] Também era um dos fotógrafos mais respeitados do mundo, entre os poucos chamados regularmente de gênio.[27] Ele ficou conhecido como um dos mais difíceis também. Um editor da *Condé Nast* o havia chamado de "autodestrutivo". Um editor da *Vogue* declarou de modo mais gentil: "Ele estava à frente no tempo, e isso assustava as pessoas."[28]

No entanto, ele não assustava a adorada e lendária editora Franca Sozzani, da revista italiana *Lei*. Ela adorava Meisel e o trabalho dele. Quando foi para a *Vogue Itália* em 1988 para ser editora-chefe, fez todas as capas com ele pelos vinte anos seguintes.[29]

A sensibilidade do fotógrafo era o oposto da infusão de luz de Herb Ritts, que também trabalhava para Sozzani. Um ex-diretor de arte da *Vogue Itália* disse sobre Meisel: "Existe uma ideia de morte nas fotos dele, a vontade de recriar algo esquecido pelo tempo."[30] Esse lado sombrio atraiu Madonna no início dos anos 1990, depois que o período solar dela na Califórnia terminou em divórcio e em meio à tragédia da aids. Meisel conseguiu capturar a tristeza inata dela, mesmo quando a cantora estava sorrindo.

Contudo, uma qualidade que ele tinha em comum com Ritts — talvez uma qualidade que todos os grandes fotógrafos têm — é fazer as pessoas que fotografava se sentirem seguras, confortáveis, partes de uma colaboração. Madonna encontrou no estúdio branco de Meisel, na Park Avenue, o nível de confiança que exigia para fazer qualquer tipo de arte, fosse canção, fosse clipe, fosse filme.[31]

Ele era o parceiro perfeito para explorar fantasias. E estava pronto para um projeto como *Sex*. No fim de 1990, o próprio disse:

> Não estou me divertindo tanto quanto gostaria ou igual a antes. Estou em um período de transição, porque não saio, não uso drogas e não trepo mais a noite inteira, mas ainda não estou pronto para jantares em casa.[32]

Para fazer a direção de arte do livro, Madonna e Meisel recorreram a Fabien Baron, ex-diretor de arte de Sozzani na *Vogue Itália*.[33] Em 1990, Baron tinha aberto um estúdio de design em Nova York, onde criou campanhas publicitárias marcantes, incluído o infame ensaio "heroin chic" para o perfume CK One. Ele também ajudou a relançar a revista *Interview* e, em 1992, fez a nova identidade visual da *Harper's Bazaar*.[34] Quando Meisel perguntou se ele queria participar do livro de Madonna, Baron topou. Ele amava o trabalho do fotógrafo e também transitava pelo terreno das provocações.[35]

Para editar a obra, Madonna escolheu o velho amigo dos tempos de Warhol e Basquiat, Glenn O'Brien, que ajudou a definir a cena do centro de Nova York nas décadas de 1970 e 1980.[36] Como editor da *Interview* durante três períodos cruciais, ele estabeleceu o tom "bacana, travesso e com a sabedoria das ruas".[37] No início dos anos 1990, as antenadas credenciais dele continuavam impecáveis. O'Brien também era viciado em trabalho e talvez fosse "o mais grosseiro do mundo", de acordo com o romancista Jonathan Lethem.[38]

Na primavera de 1990, O'Brien reencontrou Madonna para uma matéria de capa da *Interview*. A fluidez e a profundidade da reportagem refletiam a habilidade dele para perguntar e a satisfação dela com o encontro. No ano seguinte, a cantora o chamou para editar o livro. Eles passaram uma semana juntos, depois passaram a se comunicar por fax, que O'Brien descreveu como enviar "tarefas" para Madonna "esclarecer os próprios sentimentos".[39]

Contratar esses três homens significava que, em seu primeiro livro, ela trabalharia com um dos melhores e mais vanguardistas fotógrafos do mundo, com um dos editores de arte mais modernos do mercado e com um escritor que ajudou a criar e definir a arte e a cultura em Nova York. O editor da *Interview*, Christopher Bollen, disse: "Glenn tinha uma característica encontrada em gênios: a confiança de achar que qualquer coisa na qual ele gastasse tempo trabalhando seria a melhor e mais maneira de todas."[40] Naquele momento, o livro de Madonna era exatamente isso.

Em tempos de acirrada guerra cultural fomentada pela direita religiosa, as empresas faziam de tudo para evitar o campo de batalha; por isso, a Warner Bros., que raramente estabelecia regras básicas para os projetos de Madonna, resolveu se arriscar e definir diretrizes. Madonna não poderia mostrar sexo com crianças ou animais nem profanar objetos religiosos. "Minhas fantasias sexuais não envolviam nada disso, então essas questões não foram um problema para mim", contou ela. "Não precisei censurar nada."[41]

Ela fez uma chamada de elenco para escolher quem "atuaria" naquele drama fotográfico. Os requisitos para o trabalho eram ficar nu e beijá-la. "A maioria das pessoas no livro eram amigas minhas ou de Steven", afirmou.[42] Meisel chamou, entre outras, Isabella Rossellini — que tinha sido fotografada por ele para uma capa da *Vogue Itália* — e Naomi Campbell, que não temia nenhum trabalho com o fotógrafo.

Madonna também convocou Tony Ward e Wallis Franken, participantes do clipe de "Justify My Love", e o ator alemão de 47 anos Udo Kier, que já tinha trabalhado com diretores de vanguarda que ela admirava. "Eu estava em Nova York quando meu agente disse: 'Tem algo secreto acontecendo. Steven Meisel quer ver você. Ele está fazendo um livro, é alguma coisa a ver com Madonna", contou Kier.

> Então lá fui eu... Vi uma mulher sentada sem maquiagem. Madonna. Eu não a reconheci logo de cara. Ela disse: "Gostei de você em *Garotos de programa*." Depois começamos a conversar um pouco. Logo entendi o que ela queria: que eu interpretasse um marido decadente... Voltei a Los Angeles, e o empresário dela me ligou e perguntou: "Você aceitaria sexo hardcore?"[43]

Outras pessoas que se reuniram em Nova York para as filmagens no fim de 1991 foram o astro pornô gay Joey Stefano e a estudante de psicologia da Universidade de Nova York Tatiana von Fürstenberg, de 20 anos, filha da estilista Diane von Fürstenberg. Uma vez convocados elenco e equipe, todos começaram a brincar, primeiro tirando fotos em Nova York, no clube de fetiche Vault, no teatro de burlesco gay Gaiety, no hotel Chelsea e no estúdio de Meisel.[44]

Sex seria outro exemplo de Madonna juntando ideias a partir de desajustados sociais (nesse caso, as "minorias eróticas") e levando-as para o grande público.[45] No livro, ela convidava leitores a examinar mais de perto áreas que já tinha abordado, como sexo gay masculino, sexo hétero, sexo grupal e masturbação, além de abrir a mente para novos temas, em especial o lesbianismo e os mistérios do sadomasoquismo, ambos incompreendidos.

A imagem da lésbica como masculina, feia e sem senso de humor era tão comum e destrutiva quanto a imagem do homem gay afeminado e extravagante. Esse clichê foi usado para assustar mulheres heterossexuais e afastá-las da segunda onda do feminismo. A campanha foi tão eficaz que acelerou o fracasso dessa fase do movimento.[46]

No início dos anos 1990, o clima social tinha mudado, especialmente no litoral. As jovens feministas se consideravam "pró-sexo", e isso significava "reivindicar sentimentos que ao longo da história elas ouviram que não tinham ou não deveriam ter".[47] Nessa atmosfera, nasceu a imagem da lésbica com trejeitos afeminados e, com ela, uma pujante cena de boates. "Nós saímos da era de Ártemis (uma espécie de deusa da loja de sapatos Birkenstock, digamos assim) para a era de Afrodite", afirmou Kay Turner, folclorista e, na época, professora do Wilson Center. "O discurso passou a falar de ser tocada, catalisado pela presença de Madonna em nossa cultura. Embora não seja tecnicamente lésbica, ela é a figura em torno da qual as lésbicas gravitam."[48]

Em boates como a Girl Bar, em Hollywood, ou a Clit Cub, em Nova York, as mulheres mergulhavam na investigação social e sexual. Para cada modelo de vestido e salto alto na pista de dança, havia também uma andrógina com roupa de motociclista. Para cada mulher buscando romance à luz de velas, havia uma usando couro, em busca de um encontro bondage. A questão era que a aparência e os desejos das mulheres lésbicas eram tão numerosos quanto os das irmãs heterossexuais delas. Essa complexidade, porém, não era reconhecida fora de um pequeno círculo de mulheres esclarecidas.

"Para a sociedade como um todo, tradicionalmente havia apenas duas imagens: as caminhoneiras que odeiam homens e o pornô feito por e para homens héteros", disse naquele ano Urvashi Vaid, diretora-executiva da National Gay and Lesbian Task Force [Força-Tarefa Nacional de Gays e Lésbicas].*

---

* Hoje a organização se chama National LGBTQ Task Force [Força-Tarefa Nacional LGBTQ], provavelmente para acompanhar os movimentos de constante ampliação da comunidade e abranger os diversos espectros de sexualidade presentes na sigla. *[N. da E.]*

> O curioso em relação a essas duas imagens é que aqui estamos nós, mulheres que amam outras mulheres, e tudo o que o resto do mundo vê é a ausência de um homem. Essas pessoas precisam inserir o homem como alguém necessário ou até alguém que supostamente odiamos, porque é a indiferença aos homens que as enlouquece... Em uma sociedade obcecada pelos relacionamentos entre homens, é como se as lésbicas fossem indivíduos falando uma língua estrangeira.[49]

Madonna se ofereceu como tradutora, usando o próprio corpo e a imaginação para apresentar aos leitores as várias facetas que existiam. O sadomasoquismo, também conhecido por BDSM, era uma delas, e seus praticantes, homens e mulheres, eram ainda mais incompreendidos.[50] As pessoas fora daquele mundo viam a prática como uma dinâmica de poder doentia entre os que administravam dor de forma cruel e os fracos que se submetiam a isso. Entre os adeptos, era tudo uma questão de consentimento, confiança e exploração dos próprios limites.[51]

Na era pós-Stonewall, o sadomasoquismo na comunidade gay envolvia a investigação sexual, bem como a autodescoberta. "O jogo sadomasoquista diz respeito a curar as feridas que nos impedem de ter uma vida plena; a intensidade dele cauteriza nossa dor e cura nossa vergonha", escreveu Mark Thompson no livro *Leatherfolk: Radical Sex, People, Politics, and Practice* [Comunidade leather: sexo radical, pessoas, política e prática], de 1991.[52] No fim dos anos 1980, as pessoas que o praticavam o chamavam de "magia sexual". Thompson falava que o ato era visto como uma "jornada xamânica para o 'outro mundo' [...]. É nesse lugar secreto que acontece a cura".[53]

Enquanto a sociedade heterossexual reagia ao sadomasoquismo de maneira confusa, se não com repulsa, o "estilo de vida leather" (referência ao couro, material muito utilizado nas práticas de BDSM) tinha surgido nas boates e para alguns era um ato político.[54] As lésbicas sadomasoquistas se viam como cruciais para a luta contra a repressão sexual. Wickie Stamps escreveu na *OutWeek* de 1991: "São as lésbicas sadomasoquistas (mulheres, queers, nas fronteiras sexuais) que sempre nos lembram de que estamos envolvidas em uma revolução 'sexual'."[55]

As fotografias tiradas no fim de 1991 por Meisel e Madonna em Nova York exploravam essas searas: Madonna sendo dominada, com mulheres desfeminilizadas fazendo amor com ela; Madonna participando de jogos sadomasoquistas em um clube de fetiche; Madonna transando com mulheres que pareciam homens e com homens que pareciam mulheres; Madonna como estudante, sendo estuprada por dois homens em um ginásio.

De todas as imagens do livro, seria esta última a que a artista seria obrigada a explicar com mais frequência, e ela o fez dizendo que era uma *fantasia* de estupro, a qual algumas mulheres inegavelmente têm, por motivos múltiplos e complicados. A diferença entre a fantasia de Madonna e o estupro de verdade é que ela estava rindo. "Eu estou interpretando a coquete, a virgem, ou seja lá o que for, e eles são rapazes malvados. Eles me pegam, mas só porque eu quis que me pegassem", afirmou ela,[56] que também explicou que nada era proibido no livro.

> Eu não acho que um pintor pensa "Até onde eu vou com isso?". Acho que você tem um sentimento, uma ideia, a expressão de algo, e vê aonde aquilo vai levá-lo. Eu não penso em limites, só penso na minha inspiração original e aonde quero ir. Meu limite é ser honesta, entregar algo real. Se deixa de ser o que eu acredito, então sei que passei do limite.[57]

No prefácio da obra, Madonna apresenta duas mensagens. "Tudo o que você está prestes a ver e ler é uma fantasia, um sonho, um fingimento... Nada neste livro é verdadeiro. Eu inventei tudo." Há também uma mensagem de sexo seguro, dizendo que, como o livro é fantasioso, ele é ambientado "em um mundo perfeito, sem aids". "No mundo real, usem camisinha", dizia.[58]

Essas foram as últimas palavras escritas por Madonna. O restante do livro é escrito pelas várias personagens interpretadas nas fotos. Os textos aparecem na forma de poemas, pensamentos aleatórios e "insights" de uma página inteira, que alguém pode se sentir tentado a chamar de "filosofia de Madonna sobre o sexo", a não ser pelo fato de que ela escreveu aquilo só de brincadeira.[59] Também existe uma série de cartas de Dita para "Johnny", sobre uma amante em comum chamada Ingrid.[60]

No dia 31 de dezembro de 1991, Madonna organizou uma bacanal na festa de réveillon no apartamento dela de Nova York, ocasião em que fez topless, vestindo nada mais do que duas faixas de couro — algo condizente com as explorações eróticas do livro.[61] Sandra Bernhard estava lá com a namorada de 27 anos, uma flexível cubano-americana de Miami chamada Ingrid Casares, que parecia um menino. Ela e Sandra começaram a namorar em junho daquele ano. "Mas, assim que Ingrid conheceu Madonna, Sandra virou passado", comentou Christopher.[62]

Ingrid era de uma das famílias cubanas mais proeminentes de Miami. O pai dela, Raul Casares, nasceu em Havana e foi um dos fundadores de uma empresa de janelas no fim dos anos 1970.[63] O momento não poderia ter sido melhor. No início dos anos 1980, Miami era a porta de entrada de um terço das drogas ilegais vendidas nos Estados Unidos. Era também a capital da lavagem de dinheiro do país, com bilhões de narcodólares despejados nos bancos locais. Um dos principais destinos para todo esse dinheiro sujo eram imóveis, e uma cidade de arranha-céus — monumentos ao tráfico de cocaína — surgiu no sul da Flórida.[64] Como vários outros negócios legítimos de Miami, a empresa de Raul Casares se expandiu junto com a cidade. Em 1990, ele fundou a própria firma, que virou uma das maiores fornecedoras de janelas do país.[65]

Ingrid era a segunda de três filhas. Quando adolescente, começou a usar cocaína e continuaria a cair na farra com tudo, como dizia, por uns 15 anos, até meados dos anos 1990. Com o pai extremamente rico, ela estudou inglês e relações públicas na Universidade de Maryland e teve vários empregos, até se mudar para Los Angeles, onde trabalhou como agente para a agência de modelos Wilhelmina. Em Miami, foi uma "subcelebridade", de acordo com Tom Austin, que cobria a vida noturna do lugar para o jornal alternativo *Miami New Times*. "Ela era mais uma na cidade."[66] Em Los Angeles, por meio de Bernhard, entrou para o cenário "lesbian chic" do local.[67]

O jornalista Jonathan Van Meter dizia que Ingrid ocupava "um lugar estranho e singular na cultura de celebridades dos Estados Unidos: melhor amiga de mulheres muito famosas e sexualmente ambíguas". Ela se descrevia como "viciada em excitação. Eu preciso de adrenalina o tempo todo". Segundo k.d. lang, sua ex, Ingrid também era uma autodeclarada "comedora de estrelas". "Para mim, isso é mais digno de respeito do que alguém que nega o fato", afirmou lang. Além disso, Ingrid era fiel, discreta e "confiável, na visão de pessoas que tinham perdido a capacidade de confiar, pessoas da vida pública", explicou.[68]

Madonna diz que, quando a conheceu, achou-a "gentil. Sandra estava prestes a terminar com ela, e senti pena. Ingrid gostava de malhar, como eu, então comecei a ligar para ela e nós saíamos para correr, coisas do tipo... Do jeito que saiu na imprensa, parecia que eu estava tentando roubar a namorada [de Sandra]". Bernhard também deve ter achado isso, porque, ao chegar na vida de Madonna, Ingrid abandonou a que tinha com ela.[69] Em uma entrevista de 1994 com Sheryl Garratt para *The Face*, Madonna disse: "Nunca tive um relacionamento sexual com Ingrid, por incrível que pareça. Mas ela é uma ótima amiga, e passei a amá-la. Então, é uma tragédia o que aconteceu entre mim e Sandra, mas ganhei uma boa amiga nisso tudo. Não dá para ganhar todas."[70]

Naquela altura, Christopher era a companhia mais constante de Madonna. Casares seria a outra. Na verdade, ela e a cantora se tornariam inseparáveis.

Ao buscar outras locações para *Sex* em janeiro de 1992, Madonna chegou à terra natal de Casares, Miami, e se apaixonou por uma casa na avenida Brickell. "Eu sabia que tinha que comprá-la", afirmou.[71] O local custava pouco menos de 5 milhões de dólares, e mais uma vez o irmão de Madonna foi incumbido da reforma. O trabalho de Christopher envolvia restaurar as características originais daquela casa de 1930 de estilo espanhol. Enquanto isso, a cantora mandou buscar diretamente de Los Angeles o Mercedes branco e conversível com interior em couro vermelho. E, para circular na água, comprou uma pequena lancha que chamou de *Lola, Lola* e a atracou em casa.[72]

O espaço de Los Angeles era a residência dela de trabalho. Miami era para descanso, declarou Christopher. "Todos se divertiam, recarregavam as energias. Foi antes de a cidade ficar superturística, então dava para andar em qualquer lugar sem que ninguém te incomodasse." Em comparação com a mudança de Nova York para Los Angeles no início dos anos 1980, ele disse que "a transição de Los Angeles para Miami foi muito mais fácil".[73] Com música latina nas ruas, boates no estilo cabaré cheias de pessoas de todos os grupos étnicos, origens e predileções sexuais, e o uso da moda como expressão artística, não como símbolo de riqueza, a cidade parecia um verdadeiro lar.

Miami — em especial Miami Beach, mas principalmente South Beach — era um lugar à parte. Se o restante do país já estava em polvorosa com relação a sexo e escândalos, Miami Beach se destacava por causa desses assuntos. "Sexo", contou o jornalista Steven Gaines, "é o passatempo favorito da cidade. Em South Beach, dois nunca são o bastante". Era um lugar sem julgamentos. Não havia necessidade de pedir permissão, porque tudo era permitido.[74]

Quando se espalhou o boato de que existia uma Shangri-La tropical a três horas de avião de Manhattan, homens gays, fugindo da sombra da aids, resgataram as apólices de seguro, juntaram as economias e se encheram de anabolizantes para viver ao máximo, enquanto ainda podiam. A partir dos anos 1980, Miami Beach virou o principal destino para homens gays com a doença, e toda uma cultura cresceu ao redor deles.[75]

Os artistas também foram para o sul. Sentindo que a Nova York que os criara tinha se transformado em um deserto criativo, foram para o distrito estilo *art déco* em South Beach. Artistas de todos os tipos interagiam entre si e com os moradores locais, para obter doses diárias de inspiração. "Aqui é o fim do mundo", comentou o escritor e artista Brian Antoni, que comprou uma casa na região. "Se conseguir alugar um espaço por 3 dólares o metro quadrado, você pode transformar seus sonhos em realidade."[76]

Aquele mundo criado por moradores judeus e idosos, bem como por artistas, gays, héteros e pessoas trans, era carinhoso e generoso, em parte porque a vida parecia muito efêmera. O bairro, que às vezes era chamado de "sala de espera de Deus" por causa do grande número de habitantes idosos e doentes, deu à luz uma nova cultura. Todos compravam nos mesmos brechós e desenvolveram um estilo excêntrico que acabaria sendo apropriado por estilistas.[77]

Essa parte da história de South Beach começou em meados dos anos 1980, com uma fotografia de modelos nus que Bruce Weber fez para uma propaganda do perfume Obsession, de Calvin Klein. Weber usou o teto do hotel Breakwater na Ocean Drive como cenário, posicionando os modelos feito esculturas, em uma luz de inverno quase tão brilhante quanto a encontrada no norte da África. "Aquela imagem capturava a imaginação da indústria aqui nos Estados Unidos", afirmou Louis Canales, renomado estilista de Nova York. Em busca da mesma claridade, os fotógrafos partiram em peso para a ilha. Laboratórios fotográficos, estilistas, assistentes e modelos foram logo em seguida.[78]

"O incrível era que, em 1 metro quadrado, havia 25 mil modelos morando, trabalhando e se divertindo durante todo o inverno", contou Canales. "Dava para sentir a energia."[79]

> Estava tudo armado [...] semelhante ao Studio 54, a ilha inteira. Tudo virou uma festa. Agora todos querem dinheiro, [mas] na época estavam bastante empolgados em transformar a praia em algo especial. Todos se sentiam parte daquilo. Você conhecia todo mundo, e todo mundo se ajudava. Isso era motivo de orgulho.[80]

Os hotéis *art déco* foram reformados para receber a multidão de novos visitantes, e restaurantes foram abertos para alimentá-los. O crucial, a cena noturna, explodiu. Algumas boates, como o cabaré gay Warsaw Ballroom, eram tão indecentes que seriam impensáveis em qualquer outro lugar.

Canales era o gênio criativo por trás do que mais parecia um circo de bacanal do que uma boate. Ele tinha construído plataformas no Warsaw para que "todas essas pessoas muito criativas pudessem se expressar". Entre elas, estava Kitten Natividad, atriz pornô dos anos 1970 que, de acordo com Canales, conseguia dobrar guardanapos com os seios. Outra era Lady Hennessey Brown: ela fingia puxar 6 metros de echarpe da própria vagina. Dançarinas e homens musculosos, alguns fantasiados, andavam pela pista de dança distribuindo camisinhas e vales para bebidas.[81]

"Eu fui a todas as boates do mundo", comentou Brian Antoni. "Acho que Warsaw é a melhor das que já fui na vida."

> Eu me lembro de uma noite ter saído de lá e estar muito cansado, então encostei no muro do lado de fora. Era como se a parede inteira estivesse pulsando, meio que suando. Eu sentia como se estivesse encostado em um organismo vivo, como um coração batendo [...]. Eu parecia capaz de capturar todos os sonhos, toda a tristeza, toda a felicidade, as pessoas dançando a última dança [...] Aquele lugar continha tudo. Por que a festa é boa? Você nunca sabe, mas, seja lá qual for a receita, você encontrava lá.[82]

Madonna descobriu Miami Beach no mesmo ano que o estilista Gianni Versace, de 45 anos. "A última vez em que estive aqui foi há uns cinco anos", contou ele a Tom Austin, em janeiro de 1992. "Tudo está diferente. Nesse momento, Miami é o paraíso para mim. Quero ficar aqui para sempre."[83]

Enquanto outros multimilionários se protegiam nos bairros de multimilionários, Versace escolheu morar no meio do tumulto de South Beach e da cultura de rua, que o inspirava. Na rua 11 com a Ocean Drive, ele encontrou uma mansão de 1930 abandonada. Era a única residência particular em meio a cafés, bares e restaurantes.[84]

A Casa Casuarina custou 8 milhões de dólares, mas o lar que ele vislumbrava, cheio de mármore e de mosaicos, exigiria 30 milhões em reformas e um ano para estar finalizado. Enquanto isso, as travestis expulsas do lugar pelo novo proprietário fizeram uma festa "foda-se Versace". Também era uma espécie de despedida, porque marcava o fim de uma era em Miami Beach e o começo de outra, repleta de estrelas.[85]

"Antes de Madonna e Versace, era só algo local, nada sério", afirmou Antoni. "Eram apenas pessoas. Poderia até ter sido sério, mas não era assim que o mundo nos via de verdade." Com a chegada das duas celebridades, tudo mudou. "Madonna era a sacerdotisa hétero e Versace era o sacerdote gay. Eles chegaram ao mesmo tempo, então foi como a chegada do rei e da rainha. O que mais poderíamos pedir? Eram a dupla sagrada."[86]

O ar em Miami fazia Versace se lembrar de casa. Ele nasceu em Reggio Calabria, outro fim de mundo, no dedão da bota da Itália. Descobriu o amor pela moda com a mãe, que era a melhor costureira de vestidos da província italiana. Por volta dos 20 anos, levou a tradição familiar para o Norte, para Milão, a fim de tentar entrar no ramo. Foi uma jogada audaciosa porque, como italiano do Sul, ele seria considerado pouco sofisticado e, como calabrês, suspeitariam de que tivesse ligação com a máfia. Nada disso era verdade. Versace era culto, elegante, e trinta anos de investigações nunca revelaram qualquer conexão dele com negócios escusos. Esses preconceitos, contudo, dificultaram muito o trabalho dele em uma cultura competitiva.[87]

Versace fazia parte de uma nova geração de estilistas italianos que desafiavam a predominância de Paris. O estilo italiano era mais simples, mais enxuto e mais sensual do que o francês, e nos anos 1970 o epítome disso eram as criações de Giorgio Armani. Versace dominou isso, trabalhando com vários estilistas de Milão, e depois deu um passo adiante. Assim como Gaultier, que estava em um caminho criativo praticamente paralelo em Paris, Versace se inspirou na cultura pop. As produções dele eram jovens, modernas, refletiam as mudanças sociais e o turbilhão político na Itália da época. Em 1975, a *Vogue Paris* intitulou as criações dele de vanguarda italiana.[88]

Em três anos, Versace estava pronto para abrir a própria empresa e chamou os irmãos para se juntar a ele em Milão. Uma das irmãs, Donatella, de 23 anos, abandonou o curso de letras na Universidade de Florença para ajudá-lo com os desfiles de moda e acessórios. O irmão mais velho, Santo, levou para a empresa da família Versace as habilidades que tinha como contador, tornando-se o consultor financeiro.[89]

O primeiro desfile de Versace, em 1979, foi criticado por ser "muito inovador", mas as roupas apareceram em revistas e chamaram a atenção. Em 1982, as lojas do estilista começaram a ser inauguradas em Sydney, Paris, Los Angeles e Nova York.[90] Em 1986, a empresa vendia 220 milhões de dólares em roupas e produtos por ano. Em 1987, começou a funcionar em uma mansão da família Rizzoli, comprada em Milão. O jovem da Calábria tinha se tornado a realeza da moda na cidade. Essa ascensão, porém, teve um preço.[91]

Quando apareceu em Miami no fim de 1991, para inaugurar uma nova butique, ele estava trabalhando sem parar havia mais de 15 anos, e estava exausto. Miami Beach o reviveu, com o calor, as pessoas bonitas, a música, a liberdade. Se Milão eram negócios; Paris, estilo; e Nova York, status, Miami Beach era sexo. Para Versace, South Beach seria tanto válvula de escape quanto inspiração, assim como foi para Madonna.

Os dois dariam uma turbinada na cena local. Os Versace e os Ciccone — Donatella e Gianni, Madonna e Christopher — começariam um relacionamento profissional e acabariam formando uma grande família.

Capítulo 34

Miami, Portland, Nova York, 1992

Prefiro atravessar o fogo a fugir dele.[1]

— *Madonna*

NÃO IMPORTAVA QUAIS intenções iniciais que Madonna e Steven Meisel tivessem para *Sex*, o fato é que tudo mudou sob as novas influências em Miami. A ideia do BDSM foi reforçada. "Era algo muito presente em South Beach, porque, quando se está doente [com aids], você vai atrás de fetiches", explicou Brian Antoni. "A dor ajuda a esquecer. Ajuda a sentir."[2] O clima do livro foi transformado por completo. Em Miami, as fotografias se tornaram iluminadas e desinibidas. Aquilo era sexo como brincadeira, aventura, farra. Era sexo de South Beach. "Era arte performática", dizia Madonna.[3]

> Estávamos fora de Nova York, longe do ambiente habitual [...]. Pela primeira vez, [Steven Meisel e eu] ficamos livres de restrições de iluminação e coisas assim. Basicamente andávamos de carro e, quando encontrávamos um bom lugar, uma pizzaria ou um clube burlesco, apenas descíamos.[4]
>
> Eu me sentia uma garotinha. Era excitante [...]. A ideia de tirar a roupa e correr nua pelas ruas é muito libertadora [...]. Acho que todo mundo deveria fazer isso ao menos uma vez [...]. Se fizer, é provável que você encontre muita graça em outras áreas da vida.[5]
>
> Eu me diverti muito e sei que Steven também. Livres de tudo. Podíamos fazer o que quiséssemos. Ninguém estava olhando [...]. Ninguém sabia quem eu era.[6]

Na Flórida, Madonna, a selvagem, trocou Dita por personalidades mais frívolas: uma Angie Dickinson loira da década de 1960 pedindo carona só de bolsa e salto alto. Uma socialite parando para comprar uma fatia de pizza, que ela comeu após deixar o casaco de pele deslizar e revelar seu corpo nu. "Os clientes não pareceram se importar com o fato de eu estar nua", afirmou a cantora, "mas a dona da pizzaria acionou um alarme para chamar a polícia, então fomos embora depressa".[7]

Na praia, virava uma desnuda Brigitte Bardot; na calçada, fazia topless e usava short dourado de lamê enquanto beijava o namorado tatuado,

Vanilla Ice; depois tirou o short e fez sexo a três no jardim, com Big Daddy Kane e Naomi Campbell. Também participou de outro *ménage à trois* na praia, com Isabella Rossellini e Ingrid Casares.

As fotos eram familiares por causa do mundo da moda. Décadas antes, os fotógrafos Guy Bourdin e Deborah Turbeville haviam criado imagens similarmente explícitas para uma campanha publicitária, e talvez as fotografias de Madonna na Flórida tenham ficado parecidas com as de Helmut Newton, o pai da "pornografia chique". Em uma sequência para a revista *Oui*, em meados da década de 1970, ele fotografou, entre outras, uma mulher seminua na estrada Route 1, na Flórida, e uma mulher nua em um drive-in de Palm Beach, com um hambúrguer na vagina.[8]

As fotografias de *Sex* também eram familiares porque em 1992 a nudez, o BDSM e a violência sexual eram as artimanhas da publicidade, sendo usadas para vender tudo, de perfumes e hidratantes a calças jeans e cigarros. Qualquer um, de qualquer idade e em qualquer lugar, podia vê-las ao abrir qualquer revista. As fotografias do próprio Meisel para a *Vogue Itália* incluíam muitas ideias presentes no livro de Madonna.[9]

Todavia, a despeito da ubiquidade desse tipo de imagem, as da cantora conseguiram chocar. O fato de uma mulher da magnitude dela retratar *a si mesma* em cenários eróticos era algo inédito. John Aizlewood, jornalista especializado em música, disse: "Não existe ninguém na posição de Madonna que tenha feito algo tão corajoso e ao mesmo tempo tão insano."[10] Só que esse não era o aspecto mais perturbador da obra. Era a mudança de ponto de vista que tornava as fotos tão chocantes. *Sex* pode ter sido o primeiro grande livro de imagens sexuais femininas que não foi criado para excitar homens heterossexuais.

As mulheres na pornografia — e provavelmente na publicidade — deveriam fazer de tudo, menos expressar os próprios desejos. Elas eram bonecas ou marionetes controladas por homens para retratar fantasias masculinas, as quais eram vendidas como *a* fantasia. A mulher era o foco, mas não participava de fato, apenas fazia o que os outros mandavam. A feminista Catharine MacKinnon descreveu essa narrativa como "homem fode mulher: sujeito, verbo, objeto". As imagens de Madonna e Meisel transformavam as mulheres em sujeitos. Eram a fantasia e o olhar delas, para a excitação delas.[11]

A historiadora cultural Susan Bordo comentou:

> Madonna apresentou a possibilidade de uma heterossexualidade feminina independente do controle patriarcal; uma sexualidade que mais desafiava do que rejeitava o olhar masculino, provocando-o com o olhar *dela*, deliberadamente baixo e vulgar, desafiando qualquer um a chamá-la de vadia e, no fim das contas, sem dar a mínima para os julgamentos que fossem feitos.[12]

Quando eles concluíram a última fotografia, Meisel declarou: "Acabamos. Fomos o mais longe que alguém poderia ir em público [...]. Acho que ninguém mais precisa fazer um ensaio fotográfico sobre erotismo, este será o último. *Basta!*"[13] Ele tirou 20 mil fotos. Madonna passou um mês examinando a coleção.[14]

O trabalho de Fabien Baron era usar essas imagens para produzir um livro que mantivesse o interesse em um só tema por 128 páginas. "Mesmo tema, mesma pessoa, e essa pessoa nua em todas as páginas!", disse ele. Assim como nos shows da cantora, a obra foi organizada em "atos": BDSM, pansexualidade, despertar sexual e masturbação, além de fantasias ao ar livre na Flórida, com um pouco de erotismo homossexual masculino em meio a passeios ensolarados.

Ela também desafiou Baron a transformar o livro em algo mais. Queria que o objeto fosse tanto uma metáfora física para o conteúdo quanto uma brincadeira. A ideia era fazê-lo com capas duras de metal e páginas macias.[15] Ele seria tátil e sensual, como uma pessoa, como Madonna: ultrapasse o exterior áspero e encontre o "amor rosado e úmido", nas palavras de Martin Burgoyne. Até a embalagem lacrada de poliéster teria significado. Baron dizia que o livro podia ser desembrulhado como "um acessório sexual". Alguns falavam que parecia uma embalagem de camisinha. Nicholas Callaway, editor da Callaway Editions, que publicou *Sex*, declarou: "Queríamos que houvesse um ato de entrada, de arrombamento, de invasão."[16]

Uma vez definido o projeto gráfico, Callaway se pôs a trabalhar. Sua tarefa: produzir 750 mil exemplares coloridos e em cinco idiomas, além de um caderno de fotonovela. As capas de metal foram criadas com 340 mil quilos de alumínio — quase meio quilo por livro —, e cada uma delas foi carimbada e numerada. Callaway disse que, para o tipo de livro que Madonna queria, normalmente seria lançada uma edição limitada de 250 exemplares. Ela queria centenas de milhares em quinze dias.[17]

Quando Madonna ainda estava no centro-oeste dos Estados Unidos, trabalhando em *Uma equipe muito especial*, Shep Pettibone a visitou e lhe entregou uma fita com algumas faixas. Ela gostou, e então ele fez outras. Após a colaboração em "Vogue", ele trabalhou com a cantora no bem-sucedido e cheio de sucessos *The Immaculate Collection*, mas os dois ainda não haviam criado um álbum original juntos.[18] Isso mudaria com o fim dos compromissos de filmagem em outubro. A cantora retornou a Nova York para compor as letras nas músicas de Pettibone no quinto álbum de estúdio, *Erotica*.[19]

Madonna queria se afastar o máximo possível de Los Angeles e da terra de Deus, Indiana. Dita procurava um som provocante, cru — mais "Justify My Love" que "Something to Remember". Musicalmente, queria ir para o Harlem, mas não para um clube, e sim para um beco de lá. Ela estava tão determinada que, em certo momento, quando Pettibone entregou o que achava ser uma excelente seleção, Madonna comentou: "Eu odiei [...]. Se quisesse esse som para o álbum, teria trabalhado com Patrick Leonard em Los Angeles." Ela falou para Pettibone recomeçar do zero.[20]

O álbum seria o primeiro gravado inteiramente em Nova York desde *Like a Virgin*. Embora ela trabalhasse nas letras havia mais de um ano, a maior parte da composição aconteceu na cobertura de Pettibone em Manhattan, onde ele tinha um estúdio. Ela chegava às 14 horas e ficava até umas 21 horas.[21] "Madonna compôs muitas letras deitada de bruços, com as pernas para cima, escrevendo em um caderno", contou ele.[22]

No início, Pettibone teve que se adaptar à agenda da cantora. "Trabalhávamos por uma semana, e então ela se ausentava por duas outras para trabalhar com Steve Meisel no livro", contou. As primeiras músicas que eles escreveram foram "Deeper and Deeper", "Erotica", "Rain" e "Thief of Hearts". Mas elas mudariam significativamente ao longo de nove meses, influenciadas pelos desdobramentos do livro, dos novos sons e das experiências na Flórida e pelos artistas que ela chamou para trabalhar no projeto.[23]

Alguns vinham do que parecia ser o passado distante, ao passo que outros eram membros de uma nova geração que podia ajudar Madonna a conseguir o som das ruas que ela buscava. "Não estou nem um pouco interessada em trabalhar com pessoas que fazem parte do establishment ou seguem padrões rígidos", declarou ela naquele ano. "Sou uma pioneira. Quero escavar novos terrenos, e não fazer somente o que é seguro — como artista, essa é a única coisa capaz de me deixar feliz."[24]

Uma das pessoas do passado que se uniu a ela em *Erotica* foi o baixista Doug Wimbish, da época dos clubes. Ele tinha tocado baixo em "The Message", de Grandmaster Flash, e fazia parte da banda da Sugar Hill Records, a gravadora que lançou o rap, em 1979. Quando chegou ao estúdio para gravar *Erotica*, Wimbish já havia trabalhado com grandes artistas de todo o mundo.[25]

Contudo, assim como ela, ele tinha raízes em Nova York, um ponto que os aproximava. O baixista disse que Madonna era essencialmente uma artista "underground" e isso estava nítido no novo álbum. "Uma galera muito interessante trabalhou no disco dela."[26]

Andre "Dre" Betts estava entre os mais notáveis e importantes. "Ela sabia que Dre tinha algo especial", comentou Wimbish.[27] Betts "às vezes parecia vir diretamente do gueto [...]. Ele era muito sincero, não fazia rodeios".[28]

Betts chamou a atenção de Madonna quando, juntamente com Lenny Kravitz, se reuniram em estúdio para gravar "Justify My Love". Em 1992, a cantora lhe telefonou para falar que estaria em Nova York e perguntar se ele queria colaborar com ela. "É claro", respondeu Betts. Ela então pediu a ele que encontrasse um estúdio "pequeno". Betts descreveu o lugar que achou na West 21st Street como "um muquifo" — com ratos de estimação.[29] Madonna chegou com "um casaco de peles que ia até os tornozelos", e os dois começaram a trabalhar. Foi nesse encontro que escreveram "Where Life Begins".

Já tendo conversado com os fãs sobre masturbação, Madonna usou a nova canção para apresentá-los ao cunilíngua. Quando sexo oral era mencionado naquela época, os heterossexuais entendiam que se tratava do ato realizado por uma mulher em um homem. A cantora decidiu que estava na hora de um pouco de educação sexual.

Em "Where Life Begins", ela oferece uma ao mesmo tempo doce e travessamente divertida introdução à prática. Betts se lembrou de observá-la compondo a letra. "Ela ficou vermelha, sorriu e soltou um: 'Nossa!' E eu fiquei olhando tipo 'O que você está escrevendo aí?'."[30]

Betts não se surpreendeu e descreveu a música como tendo

> uma sensação hipnótica, sexual [. .]. Eu tenho raízes profundas no hip-hop, mas hip-hop de rua, não o pop. Esse foi um problema que tive com minha música no início — muitas pessoas não a entendiam —, mas Madonna pareceu receptiva à ideia.[31]

Ele escreveria quatro faixas com Madonna, ao passo que Shep Pettibone e seu assistente, Tony Shimkin, colaborariam nas outras dez.

A cantora trabalhava rápido, e se a primeira versão fosse boa, ficava com ela. Segundo Pettibone, a música principal, "Erotica", foi uma exceção, pois se transformou em "quatro músicas diferentes ao longo do processo".[32] A que chegou ao álbum só surgiu durante o processo de mixagem. "Quando percebemos que aquela seria a primeira música e começamos a trabalhar na mixagem, ela assumiu um tom diferente, mais sombrio", disse Shimkin. "Foi quando a personagem, a Dita, emergiu, improvisando as partes faladas, e acabou assumindo o controle."[33]

"Erotica" apresenta o álbum da maneira que o mestre de cerimônias de um clube na República de Weimar (a Alemanha na época do Reich) prepararia a plateia para uma noite de depravação. Madonna, como Dita, expõe as regras e instrui os ouvintes a se livrarem de preconceitos e pudores. Ela recita a letra perto do microfone para que "pareça que estou falando no ouvido deles [...]. E uso microfones baratos para que o som saia sujo, rústico".[34]

"Deeper and Deeper" coloca Madonna nos clubes do fim da década de 1970, antes que a aids começasse a dizimar as pistas de dança. É uma versão atualizada da performance-disco de Giorgio Moroder e Donna Summer que faz todos se mexerem sincronizadamente. Nesse sentido, é nostálgica. Alegre também, em parte por causa da seção latina que se transforma em disco beat e em parte por causa da letra. Quando Madonna canta "But my love is alive/ and I'm never gonna hide it again" [Mas meu amor está vivo/ e jamais o esconderei novamente], as pistas gays explodem, a determinação se sedimenta, as portas do armário se dissolvem.[35]

O tom geral do álbum, no entanto, representa um novo tipo de blues. Trata-se do blues por um filtro de música pop e eletrônica conhecida em Chicago como "house". Paul Mathur, jornalista especializado no ramo musical, comenta, ao falar do disco: "Esse tipo de tristeza cativante é o forte de Madonna [...]. Não há 'Live to Tell' aqui, mas [...] 'Words', 'Rain' e 'Waiting' compensam isso."[36]

"Rain" é a canção de amor do álbum. Enganosamente pura e simples, descreve o despertar do amor e o paciente desejo por seu retorno. Na música, a cantora alterna vozes: canalizando a belamente trágica Karen Carpenter enquanto canta os versos e, no refrão, exibindo a Madonna inicial, com a voz fraca e desejosa.[37] Ambas as vozes parecem comuns, do tipo rádio AM, mas a música é sublime.

"Words" e "Rain" foram escritas por Madonna e Pettibone. Desde o início de "Waiting", no entanto, fica claro que a cantora trocou de parceiro e está trabalhando com Betts. Ao contrário das outras músicas, "Waiting" exibe a voz de uma mulher madura e cínica. Os arranjos de Betts atravessam os mundos do jazz, do ska, do R&B e do blues, e os vocais de Madonna acompanham. Tratava-se de uma mudança excitante e indicava para onde ela iria musicalmente na década seguinte.

Shimkin contou que, quando a produção do álbum ainda estava na metade, toda a equipe já se sentia exausta. Pettibone e ele fizeram uma pausa: ele foi para as ilhas Cayman e o outro, para a Jamaica. Ambos retornaram com a cabeça cheia de reggae. Foi quando escreveram "Why's It So Hard", que associa a mensagem política e social mais direta do álbum a uma batida de Trenchtown.[38] A letra abrange a temática de uma música anterior de Madonna sobre família, "Keep It Together", mas a família da nova música é maior — a humanidade — e a mensagem é de tolerância.

Naquele ano, Madonna disse ao apresentador britânico Jonathan Ross:

> Quando componho [...] passa um filminho em minha mente, e sempre vejo cenários e personagens. Claro que nem sempre é algo que vivi, mas sempre vejo em primeira pessoa, então parece pessoal [...]. Sempre tento escrever músicas que possam ser lidas em diferentes níveis, então é possível apreciá-las superficialmente, mas quem vai mais fundo vê algo diferente.[39]
>
> Por trás de tudo que faço, há um comentário atrevido sobre mim mesma ou uma mensagem mais séria, no sentido social.[40]

Foi o que ela fez em "Bad Girl". A música poderia falar dos relacionamentos fracassados de Madonna ou refletir a história moral que a sociedade conta em livros, filmes e séries sobre a mulher solteira e "má" que afoga as mágoas no álcool, acabada e sozinha. As pessoas que queriam que a cantora se desculpasse por seu suposto mau comportamento encontraram na música um traço de remorso. Entretanto, a mulher em questão não está arrependida, e sim cansada e confusa.[41]

A decisão de fazer um cover de "Fever", música de 1958 de Peggy Lee, foi tomada depois que outra música que eles haviam composto não deu certo. Após uma noite inteira no estúdio, Pettibone desenvolveu um novo arranjo para o baixo e Madonna começou a trabalhar na letra cantando "Fever". "Inicialmente pensamos: 'Isso é bom.' E era. Tão bom que decidimos dar um passo além e fazer um cover", afirmou Pettibone.[42]

Terminaram a música no 34º aniversário de Madonna, celebrado com festa em um barco que circulou a ilha de Manhattan. "Imagine cinquenta pessoas dançando em um barco, com música de discoteca explodindo das escotilhas, e você terá uma noção de como foi", contou Pettibone, que durante aquele tempo na água ficou pensando em como as pessoas reagiriam a *Erotica*. "Era um álbum diferente para ela."[43]

O processo de gravação e mixagem, realizado no estúdio Soundworks, levou três meses e meio, do começo de junho a setembro de 1992.[44] Madonna, que preocupava a gravadora por causa das letras, mais uma vez foi além, ao acrescentar de última hora uma faixa que faria o álbum ganhar o selo Parental Advisory, de alerta sobre a presença de conteúdo explícito e possivelmente inadequado para crianças.

Durante a última semana no Soundworks, Betts finalizou a mixagem de "Waiting" e quis que Madonna ouvisse. Os funcionários do estúdio estavam de olho nas interações entre a cantora e o produtor havia dias e tinham certeza de que os dois estavam tendo um caso. "Eles perguntaram: 'Você transou com ela?' Respondi: 'De jeito nenhum.' Mas achavam que eu estava mentindo." Então, enquanto esperava por ela, Betts pegou um microfone e, de improviso, cantou um rap que chamou de "Did You Do It?". A música contava uma fantasia sobre transar com Madonna em uma limusine, além de aventuras similares com outras mulheres.[45]

Quando voltou ao estúdio, a cantora estava acompanhada por "quatro caras de terno" da Warner. Ela queria ouvir "Waiting", mas a música de Betts estava pronta para tocar. Ele apertou o play. "Eu pensei: 'Não sei no que vai dar, mas não importa, já fui pago e esta é a última semana.' [...] Quando apertei o play, ela se aproximou de mim, com lágrimas nos olhos, e disse: 'Você é maluco.'" Ela ligou para ele mais tarde e falou que queria a música no álbum.[46]

Em 12 de setembro, Pettibone saiu do Soundworks com a cópia original de *Erotica*.[47] O álbum estava anos-luz à frente de *Like a Prayer* e era um grande passo na direção da experimentação musical. Também era a declaração feminista mais recente da cantora, que descreveu o disco como "do tipo 'mulher no comando' [...] uma mulher do mundo, real e atual; uma mulher da década de 1990 que é inteligente, tem a própria carreira e faz as coisas acontecerem".[48]

A própria Madonna tinha se tornado uma "mulher no comando". Em 1992, ela mandou imprimir seu primeiro cartão de visitas oficial.[49] Após um ano de negociações lideradas por Freddy DeMann, a cantora assinou um contrato com a Time Warner para criar uma empresa multimídia: música, textos sobre música, filmes, séries, livros e merchandising, que chamou de Maverick e à qual se referiu como "*think tank* artística" nos moldes da Bauhaus na Alemanha e da Factory de Andy Warhol em Nova York.[50]

> Há um grupo de escritores, fotógrafos, diretores e editores que conheci durante minha carreira e que quero levar comigo a todos os lugares aonde eu for. Quero incorporá-los a minha pequena fábrica de ideias. Também tive contato com muitos jovens talentos, que despertam meu lado empreendedor.[51]

Com um adiantamento declarado de 60 milhões de dólares (DeMann disse que valia "infinitamente" mais), o contrato foi o maior já assinado por uma cantora até aquela data, superando até mesmo o acordo recorde entre Michael Jackson e a Sony no ano anterior. Madonna também renegociou o contrato com a Time Warner. Ela receberia um adiantamento de 5 milhões de dólares por cada um dos próximos sete álbuns (antes, eram 3 milhões), além de 20% dos royalties (Michael Jackson recebia 22%).[52]

As empresas de entretenimento se tornavam cada vez mais parecidas com franquias esportivas, nas quais os executivos estão dispostos a gastar uma fortuna para garantir os serviços dos melhores jogadores. Tendo vendido mais de 1 bilhão de dólares em discos e clipes durante a primeira década de carreira, Madonna era um desses astros. O fato de os acordos serem tão generosos refletia a quantidade de dinheiro disponível depois que uma série de fusões havia criado conglomerados de entretenimento. A Warner Bros. se uniu à Time, Inc. em 1989 e passou a ser uma das maiores empresas de comunicação do mundo.[53]

Os filmes, programas de TV e livros da Maverick seriam uma empreitada conjunta entre Madonna (60%) e a Time Warner (40%), mas a gravadora seria somente dela.[54] DeMann seria o presidente, Veronica "Ronnie" Dashev, a diretora de operações, e Madonna supervisionaria todas as decisões cruciais. "Nada acontece sem eu saber", afirmou ela.[55]

> Não sou uma dessas artistas estúpidas que recebem uma gravadora para calar a boca [...]. Não serei invisível nem participarei apenas por telefone. Não há honra nem satisfação em delegar meu trabalho a outra pessoa.[56]
>
> Quero uma gravadora real, com artistas reais. Não quero ser Prince e exigir que todos sejam meus clones. O que ele tem não é uma gravadora, é um harém [...]! Quero artistas que tenham vida própria e pontos de vista individuais.[57]

Um dos funcionários da Maverick Records era um jovem de 20 anos nascido em Jerusalém, chamado Guy Oseary. Ele tinha estudado com a filha de Freddy DeMann no colégio Beverly Hills High. Aos 17 anos, começou a aprender sobre o negócio com DeMann. Quando a Maverick foi fundada, o rapaz assumiu a divisão de A&R. "Sou o cara mais sortudo do mundo", afirmou Oseary, na época.[58]

Ele seria fundamental para o sucesso da Maverick e ajudaria Madonna a encontrar e assinar contrato com alguns dos maiores nomes da gravadora, entre eles a banda britânica de rave e punk eletrônico Prodigy; a cantora e compositora Meshell Ndegeocello, que inspiraria o movimento neo soul; e uma jovem canadense chamada Alanis Morissette, que não conseguia encontrar uma empresa disposta a gravar seu álbum, *Jagged Little Pill*.[59] A Maverick topou. Lançado em 1995, o álbum venderia mais de 30 milhões de cópias e ganharia quatro Grammys.[60]

Após a fundação da Maverick, que tinha *Sex* como primeira publicação, Madonna foi para Portland, no Oregon, para trabalhar em um novo filme, *Corpo em evidência*. A iniciativa a atraiu por causa do diretor Uli Edel, a quem ela admirava desde *Eu, Christiane F., 13 anos, drogada e prostituída* e *Noites violentas no Brooklyn*, e por causa de Willem Dafoe, que seria um dos protagonistas. Madonna sentia que aquele era o melhor filme que já haviam lhe oferecido, porque se tratava de um drama. Quando lhe perguntaram se achava o roteiro misógino, ela respondeu: "Acho difícil encontrar um roteiro que não seja [...] para mim, isso é um reflexo da sociedade." O que mais a irritava era o fato de um dos personagens ter vergonha de ser gay.[61]

O filme fala da jovem e atraente dona de uma galeria que, ao virar a única beneficiária do testamento do amante mais velho, oferece mais cocaína do que o coração dele tolera e mais sexo do que o corpo dele pode suportar. Ele morre e ela é acusada de assassinato. Willem Dafoe interpreta um ansioso e apaixonado advogado e o coprotagonista de Madonna na peça *Speed-the-Plow*, Joe Mantegna, interpreta o promotor.

O filme era mais um em uma série que seguia o estilo "neo noir" — o que incluía *Corpos ardentes*, *Atração fatal* e *Instinto selvagem* —, no qual jovens profissionais, belas e ardilosas (em outras palavras, mulheres *que fogem da regra*), seduzem homens fracos, mas até corretos e na maioria das vezes casados, e destroem a vida deles. Alguém sempre acaba morto, em geral a mulher.[62]

O que distinguia *Corpo em evidência* dos filmes anteriores era que as plateias viam *Madonna* como vilã, e não a personagem dela. Isso era verdadeiro principalmente nas cenas de sexo, que, mesmo décadas depois, seriam consideradas explícitas.[63]

Madonna concordou em gravá-las porque as achava vitais para a história,[64] só que isso não as tornou mais fáceis de filmar. A cantora afirmou que havia "cinquenta caras em volta, com walkie-talkies e fones de ouvido, e pessoas que eu não conhecia". Durante duas cenas, ela pediu que Edel criasse um "ambiente confortável" com música. O diretor escolheu Led Zeppelin.[65]

> Acho que ninguém dirá que cenas de amor são fáceis de gravar, porque é difícil fingir fazer amor com alguém que você não conhece tão bem.[66] Willem e eu estávamos fingindo; não houve penetração nem nada assim. Mas, se está sentada no rosto de alguém, você está sentada no rosto de alguém. Não tem como fingir.[67] Após duas semanas nua, simulando sexo, eu só quero ir para casa e não tirar a roupa por uma semana.[68]

A maior parte das filmagens ocorreu em Portland, mas no fim de abril elas foram transferidas para Olympia, Washington, e para o Capitólio estadual. O secretário do estado de Washington tentou, sem sucesso, impedir as filmagens, porque *Corpo em evidência* estava "repleto de sexo e violência".[69] As objeções foram ignoradas, e as filmagens continuaram até serem interrompidas por um acontecimento muito mais significativo: estudantes da Evergreen State College protestando contra o veredito do caso Rodney King.[70]

O país inteiro parou quando o veredito foi anunciado. Um ano antes, King tinha sido espancado por três policiais brancos, após se recusar a encostar o carro. Pouco antes, ele estava assistindo a um jogo de basquete com amigos e temia ser preso se a polícia descobrisse que tinha bebido. King não resistiu à abordagem, mas os policiais o chutaram e o golpearam 56 vezes com cassetetes. A história poderia ter terminado aí, mas o ataque foi filmado e exibido em rede nacional.

Quatro policiais foram acusados: os três envolvidos no crime e o comandante, que estava no local. Em 29 de abril de 1992, após um julgamento transferido da racialmente diversa Los Angeles para a mais confiavelmente branca Simi Valley, o júri inocentou os policiais de todas as acusações. Os jurados não conseguiam se decidir sobre uma das acusações de agressão, e isso levava a um impasse. Quando a notícia chegou às ruas, o bairro de South Central explodiu, e a insurreição se espalhou para Long Beach, Pasadena e Hollywood. Em uma semana, 10 mil pessoas foram presas e outras 64 morreram.

Madonna estava em Los Angeles quando a violência começou. "Eu estava assustada, vidrada na televisão", disse ela. "De certa forma, aplaudi tudo aquilo. Não sou a favor da violência, nem nada assim." Acreditava, no entanto, que o racismo e a brutalidade da polícia de Los Angeles haviam chegado a um ponto no qual a revolta era "a única maneira de acordar as pessoas [...] de sacudir as pessoas brancas e ricas e dizer: 'Olha, essa merda está acontecendo bem do seu lado. Não dá para vocês fingirem que não existe'".[71]

Não era possível prender pessoas o suficiente para acalmar as tensões nos Estados Unidos. Um caminho muito mais fácil era cooptar o mensageiro. Em junho, Ice-T foi pressionado pela Time Warner a retirar a música "Cop Killer" do álbum que tinha lançado. O rapper previu que "eles" — a indústria de entretenimento, o governo, a polícia — tentariam silenciar todo o gênero, e havia evidências disso. Em *Can't Stop Won't Stop* [Não consigo parar, não vou parar], livro que conta a história de Jeff Chang com o rap e o hip-hop, o autor comentou que, após a rebelião em Los Angeles, as gravadoras abandonaram os rappers que transmitiam mensagens políticas com a mesma rapidez com que os haviam contratado. Elas encontraram uma alternativa mais lucrativa, que tornava o rap um gênero favorito também dos ouvintes brancos.[72]

As gravadoras começaram a promover cantores e produtores de rap que exaltavam as virtudes da riqueza. As cores das gangues foram substituídas por logos de Tommy Hilfiger. Contudo, para manter o apelo de fora da lei, as letras precisavam caluniar alguma coisa, e essa coisa era a mulher. Embora a misoginia fizesse parte do rap havia muito tempo, assim como durante anos fizera parte do rock, no fim de 1992 grana e mulheres se tornaram *a* mensagem, e grande parte dela era violenta.[73] Para os executivos, essa decisão era fácil. Na música, como nos filmes, mulheres eram descartáveis, e foi isso que aconteceu com o filme de Madonna.

Na última semana de filmagens, segundo ela, Edel mudou o final. No texto original, a personagem da cantora era inocentada, e mais tarde sua culpa se revelava. Edel aparentemente decidiu que deixar uma mulher se safar de assassinato não seria bem-visto pelo público, então a matou em uma cena de briga violenta na qual ela é jogada de um lado para outro feito uma boneca de pano e leva vários tiros antes de ser arremessada por uma janela, caindo na água. Pronto, a vadia estava morta. "Lutei contra isso com todas as forças", disse Madonna, referindo-se à mudança no enredo. "Mas eu não tinha controle dessa decisão. Mulheres que fazem sexo precisam morrer: essa é a mensagem do filme."[74]

O filme de beisebol que ela havia filmado no ano anterior teve um final mais feliz. *Uma equipe muito especial* foi lançado em junho e recebeu diferentes tipos de crítica, mas foi bem de bilheteria. No fim daquele verão, já tinha faturado mais de 100 milhões de dólares. Com Pettibone, Madonna participou da trilha sonora do filme: "This Used to Be My Playground".[75] A balada doce e melancólica chegou ao primeiro lugar das paradas nos Estados Unidos e ficou entre as dez mais tocadas em vinte outros países.[76]

Em maio, enquanto estava em Portland, Madonna soube que 44 fotos de *Sex* haviam sido roubadas. Embora a produção tivesse seguido medidas rígidas de segurança, as imagens estavam sendo oferecidas aos tabloides a partir de 100 mil dólares. Os advogados da artista entraram em contato com 18 publicações, ameaçando entrar com ações pesadas se elas ousassem divulgá-las. O FBI montou uma emboscada em um quarto de hotel, em Los Angeles. Um homem foi preso, mas ele não era o responsável pelo roubo. Tal pessoa, supostamente uma mulher que trabalhava em um laboratório fotográfico de Nova York, permaneceu à solta.[77]

Notícias sobre o roubo e a possibilidade de que mais fotografias surgissem só aumentaram o frenesi em torno do lançamento do álbum, do livro e do filme. "Ela é a única pessoa que conheço cuja publicidade recebe publicidade", disse a editora da Warner Books, Nancy Neiman.[78] Em todas as conversas, uma palavra era usada para descrever os três projetos: *sexo*. E duas perguntas: quanto e de que tipo?

Madonna deu uma resposta em 24 de setembro: sexo para ela era travesso *e* tinha um propósito. Jean Paul Gaultier estava em Los Angeles, no Shrine Auditorium, para um evento beneficente da amfAR, promovido pela cantora e por Herb Ritts. Seria o primeiro desfile dele na cidade, e cada uma das mais de 6 mil pessoas pagou 500 dólares para comparecer. Como se esperava de uma *extravaganza* à moda Gaultier, os modelos tinham todas as formas, tamanhos, cores e idades, da diminuta psicóloga televisiva Dra. Ruth (em uniforme de enfermeira, feito de látex preto) a Raquel Welch, além de prostitutas, ciclistas e Madonna.[79]

O cenário do desfile, com postes de luz e bancos, lembrava uma rua de Paris. Modelos usando 140 trajes desenhados por Gaultier desfilaram pela falsa avenida por uma hora e meia. Madonna foi a última a desfilar. "Era para eu usar top e jaqueta, como Jean Paul", declarou ela, "mas no último minuto decidi que era melhor fazer topless!". Vestindo jaqueta preta, saia slim justa, boné e o dente de ouro da Dita, uma Madonna sorridente caminhou ao lado de Gaultier até o fim da passarela. Parando diante da multidão a seus pés, ela deixou cair a jaqueta e revelou os seios nus, acentuados por suspensórios. A imagem apareceu simultaneamente em duas imensas telas posicionadas para atender àqueles que estavam sentados mais longe.[80]

O *Los Angeles Times* relatou que o presidente da Warner Bros., Bob Daly, estava entre os espectadores e "pareceu não gostar". Entretanto, ao que tudo indica, todos os demais gostaram. "A plateia ficou sem palavras", falou a modelo Tanel Bedrossiantz. "Quanto a nós, que observávamos dos bastidores [...] ficamos boquiabertos."[81] A performance de Madonna foi aplaudida de pé, e a imagem ultrajante repercutiu pelo mundo. O trabalho dela estava feito: a aids estava nas manchetes, assim como Gaultier.

O gesto chocante foi parte brincadeira, parte celebração. Após quase uma década de indiferença oficial em relação à aids, finalmente uma mudança de atitude estava começando. No ano anterior, em novembro de 1991, um dos mais amados jogadores da NBA, Magic Johnson, anunciou ser HIV positivo. Foi outro ponto de virada, *à la* Rock Hudson, na maneira como a doença era vista. No caso de Johnson, significava que não se tratava mais de "coisa de gay". Não era nem mesmo algo "sujo", porque ele era aparentemente saudável, um atleta que representava um modelo a ser seguido. Ele contraiu a doença fazendo o que os atletas faziam (tendo aprovação social): dormindo com várias mulheres.[82]

Em dezembro de 1991, a amfAR, com sede em Nova York, organizou um evento de arrecadação de fundos em Los Angeles, quando Madonna recebeu o primeiro prêmio da organização por Coragem. Após a declaração de Johnson, muito dinheiro começou a chegar, assim como celebridades dispostas a se engajar na causa,[83] que entrou de vez na moda: pequenas fitas vermelhas foram surgindo na lapela dos smokings durante as cerimônias de premiação daquele ano.[84] Os políticos notaram esse movimento e passaram a promover a pesquisa da aids e os direitos dos gays.

Uma década após a doença ter sido identificada, o novo prefeito de Nova York, David Dinkins, deu um passo que Ed Koch, o anterior, jamais ousou dar: nomeou um coordenador para questões relacionadas à aids. Bill Clinton, então candidato democrata à presidência, prometeu indicar em seu gabinete um coordenador nacional para o assunto e iniciar um grande esforço científico para encontrar um tratamento, ou mesmo uma cura, para a doença. Clinton discursou durante um evento de arrecadação de fundos organizado por seiscentos gays e lésbicas em Hollywood — algo sem precedentes para um candidato presidencial na época — e declarou: "Eu tenho uma visão de futuro, e vocês fazem parte dela."[85]

Com tanta cobertura política, a indústria de entretenimento finalmente começou a abrir as portas dos armários. O ex-presidente da Fox, Barry Diller, e o presidente da MCA, Sidney Sheinberg, formaram o Hollywood Supports, um grupo destinado a pôr fim à discriminação contra gays e pessoas com aids no ramo. Em breve, os estúdios passariam a oferecer benefícios a quem tivesse companheiros do mesmo sexo.[86] A maior declaração, porém, veio do magnata do entretenimento David Geffen. Em 18 de novembro de 1992, no Commitment to Life, evento beneficente anual do Aids Project Los Angeles, ele disse: "Na condição de gay..." Qualquer coisa que tenha sido falada em seguida não foi nem de perto tão impactante quanto essas palavras iniciais.[87]

Alguns questionaram o momento em que essa declaração ocorreu, pois o executivo tinha acabado de vender a Geffen Records por 750 milhões de dólares. "Ele podia dizer 'foda-se'", afirmou o jornalista Richard Natale. "Ele passou a ter os recursos necessários para permitir que sua consciência social se manifestasse."[88] Independentemente de quais fossem os motivos, o anúncio de Geffen, ao menos entre os não atores, deu coragem a outras pessoas de se assumirem. De departamentos de design a salas de roteiristas e escritórios de executivos, os segredos que todos sabiam mas não revelavam passaram a ser discutidos de forma aberta. Com exceção dos atores.

Àquela altura, os gays haviam começado a aparecer em filmes de Hollywood sem ser assassinos ou maníacos, apesar de ainda serem interpretados por heterossexuais. Tom Hanks, por exemplo, ganharia um Oscar interpretando um homem gay morrendo de aids no filme *Filadélfia*, de 1993. Se atores gays quisessem trabalhar, precisavam continuar mantendo segredo. Ainda demoraria vinte anos para que pudessem se assumir com segurança.[89]

Quatro dias após o desfile de Gaultier em Los Angeles, em meio a uma cultura que começava a reconhecer "estilos de vida" não heterossexuais, Madonna lançou a música "Erótica". Três dias depois foi a vez do clipe. A cantora estava prestes a testar até onde a sociedade estava disposta a ir para ampliar os horizontes sexuais.

Basicamente uma versão live-action do livro, o clipe foi filmado por Baron, com uma câmera Super-8 enquanto Meisel fotografava Madonna e amigos em Nova York e na Flórida. No clipe, Dita — com dente de ouro, máscara, cabelo preso em um coque e chicote na mão — cantava "Erotica", e imagens em preto e branco eram exibidas como se pertencessem a uma fita amadora ou a um dos primeiros filmes pornô. Nenhum frame ficava na tela tempo suficiente para que o espectador realmente o absorvesse, mas havia o bastante para causar alarde.[90] Se "Justify My Love" era o que acontecia em quartos de hotel bem iluminados, "Erotica" revelava os cantos escuros do sótão. A MTV exibiu o clipe, mas somente após a meia-noite e apenas três vezes.[91] Madonna não contestou a decisão.

> A MTV tem grande audiência, e muitos dos telespectadores são crianças. Vários temas que exploro não são para elas, então entendo e aceito que não seja possível exibi-los. Mas esse é o lugar onde estou em minha vida.[92]

Essa, no entanto, foi a última concessão que fez, como ficou evidente na festa que deu em 15 de outubro, uma semana antes da publicação de *Sex*. Realizado no quarto andar do Industria Superstudio, no West Village de Nova York, o evento incluía uma mulher nua fazendo papel de bandeja de sushi, cenas sadomasoquistas, sexo gay, sexo lésbico, sexo grupal e oitocentos convidados surpresos com a magnitude do espetáculo.[93]

Betts comentou que, ao chegar à festa, viu o lutador Hulk Hogan tentando entrar. "Eu achava que seria uma festa normal, sei lá", disse Betts. "A primeira coisa que vi foi uma pessoa sem roupa pendurada em correntes, e pensei: 'Fodeu.'" Em seguida, ele viu uma banheira cheia de pipoca com uma moça nua dentro e um monte de portas em volta. Um amigo de Betts abriu a primeira e viu uma mulher se masturbando. Atrás da segunda porta, um casal transava. Esse mesmo amigo foi para a terceira porta e encontrou uma cena similar, mas com dois homens. "Ele levou um puta susto e disse: 'Porra, nunca vi nada assim.' Havia duas outras portas, mas ele se recusou a abri-las: 'De jeito nenhum. Não quero nem pensar no que pode estar acontecendo atrás delas.'"[94]

Circulavam rumores de que Madonna chegaria nua. Entretanto, ela chegou como uma pastora da Bavária, com dente de ouro e uma ovelhinha. Betts disse que a cantora não "fez nada maluco naquela noite e estava tipo: 'Já fiz bastante coisa, agora quero relaxar'".[95]

Erotica foi lançado em 20 de outubro e *Sex*, no dia seguinte. Não havia como ser diferente: o livro superou o álbum. O lançamento de *Sex* não tinha precedentes: 750 mil exemplares foram colocados à venda ao mesmo tempo no Japão, na Grã-Bretanha, na França, na Alemanha e nos Estados Unidos, a 50 dólares cada.[96] Os esforços para impedir a comercialização começaram logo que os exemplares foram entregues.

Sex foi banido na Irlanda e em partes da Austrália. Na Índia, a polícia recolheu os exemplares já no aeroporto. A polícia francesa confiscou 25 mil livros para verificar se o conteúdo era pornográfico (a venda dele acabou sendo liberada). Do mesmo modo, na Grã-Bretanha (onde é possível ver mulheres nuas todos os dias na página 3 dos tabloides), a Promotoria da Coroa investigou se o livro violava as leis de obscenidade, ao passo que um parlamentar pediu que "o livro vil, obsceno e pornográfico" fosse banido instantaneamente.[97] Sem chance. O afã para comprá-lo era de tirar o fôlego.

Horas antes do lançamento, que seria à meia-noite em ponto, centenas de fãs permaneceram em pé durante a chuva em frente à Books Etc., em Charing Cross Road, Londres, esperando pela van prateada com a logomarca de *Sex*. O *Daily Mirror* relatou que, ao meio-dia, "executivos de rosto sério foram vistos saindo furtivamente da [livraria] WH Smith com grandes sacolas de plástico". Uma das lojas relatou ter vendido oitocentos exemplares em uma hora. No segundo dia, todos os 100 mil exemplares disponíveis na Grã-Bretanha haviam sido vendidos.[98]

Grandes lojas em Paris também venderam todo o estoque em algumas horas. O livro esgotou tão rapidamente no Canadá que os números entraram para a história do país. Nos Estados Unidos, meio milhão de exemplares foram vendidos em uma semana, colocando *Sex* no topo da lista de best-sellers de não ficção do *New York Times*. A Harvard Business School ficou tão impressionada com o feito editorial, que convidou Madonna para palestrar sobre o assunto, mas ela declinou.[99]

Liz Rosenberg temia, com razão, que *Sex* gerasse um novo grau de controvérsia. "Há muita coisa para odiar no livro", disse a Maureen Orth, jornalista da *Vanity Fair*. A assessora de Madonna também tinha receio das reações. "Os malucos podem achar que existe ali uma mensagem para eles." DeMann também estava preocupado. "A Warner Books estava se cagando de medo", afirmou ele.[100]

As críticas ao livro foram do esperado ultraje da imprensa ao desdém da galera "bacana demais para ficar chocada", o que incomodou a artista. Ela não se importava em ser odiada, mas detestava a indiferença, mesmo que fingida. A *Rolling Stone* chamou *Sex* de "anticlímax", reclamando que era desajeitado de usar (ou seja, difícil de virar as páginas), as fotos eram afetadas e o texto era "tão idiota [...] que faz o diálogo de um filme censurado de Ginger Lynn parecer Anaïs Nin vintage".[101] Martin Amis, ao que tudo indica irritado por Madonna ter se recusado a conceder uma entrevista para ele, disse: "Fica a sensação de que *Sex* é somente o ato desesperado de uma viciada em escândalos que sabe que está ficando velha."[102]

Algumas críticas da esquerda foram políticas, dizendo que as fotos com Naomi Campbell eram racistas, pois Madonna era muito branca. Outros alegaram que ela não tinha incluído quantidade suficiente de gays e lésbicas, que as cenas de sadomasoquismo não eram autênticas, ou que o papel dela era central demais — que absurdo uma mulher ser o centro das próprias fantasias! John Champagne, professor universitário da Penn State, achou que o livro era homofóbico porque mostrava somente um pênis, que não estava ereto.[103]

Os homens que compravam o livro em busca de excitação sexual se sentiam confusos, irritados, traídos e, em alguns casos, aterrorizados. A edição retratava um sexo que eles reconheciam, mas para o qual, estranhamente, não eram convidados a participar. Durante uma entrevista na TV, o falecido jornalista Richard Carleton, do *60 Minutes Australia*, disse a Madonna que ficou assustado porque nunca tinha visto nada igual.

> Madonna: Ah, por favor. Já viu, sim.
> Carleton: Não.
> Madonna: Você nunca leu *Playboy*, *Penthouse* ou alguma revista assim?
> Carleton: Já, mas é diferente nesse caso.
> Madonna: Por quê?
> Carleton: Bem, há uma foto na qual você se masturba com as pernas arreganhadas na frente do espelho. Achei horrível.

Madonna: Por quê?

Carleton: Simplesmente achei horrível.

Madonna: Acho que a reação das pessoas a situações específicas do livro reflete muito mais a mentalidade delas que a minha [...]. Quero dizer, você ficou incomodado com essa fotografia. O que isso significa? Se incomodou com uma mulher se excitando sozinha? Não gosta de uma mulher que não tem medo de ver a própria genitália no espelho?

Carleton: Um pouquinho, sim. É isso mesmo.[104]

O tipo de mulher que Carleton temia possuía a *vagina dentata* dos mitos e lendas: uma vagina com dentes. Acreditava-se que uma mulher com tal controle sobre o próprio sexo tinha o poder de devorar os homens vivos.[105]

Depois que o livro foi publicado, Madonna se juntou a Hillary Clinton como uma das mulheres mais caluniadas dos Estados Unidos. Uma falava de liberdade política, a outra de liberdade sexual, e ambas se expressavam sem pedir desculpas ou dar sinais de que planejavam parar, a despeito de críticas cáusticas e intimidadoras. A *National Review* chamou Hillary de "barracuda sorridente" — outro nome para *vagina dentata*.[106]

Igual ao que acontecia com as músicas, os clipes e as mensagens de sexo seguro, o livro de Madonna não incluía lições didáticas sobre política sexual. Em vez disso, provocava e persuadia as pessoas a pensar sobre coisas que, de outra maneira, não poderiam nem sequer considerar. "Ele *deve* ser divertido", disse a cantora à jornalista especializada em música Barbara Ellen.

> Acho de verdade que *Sex* deve ser encarado com humor [...]. Mas ninguém entendeu a sutileza, o humor [...]. Nunca pretendi que fosse uma obra de pornografia incrivelmente picante, excitante, erótica. Na verdade, eu estava tirando sarro dos preconceitos de todo mundo sobre a sexualidade alheia e a própria.[107]

Embora defendesse publicamente o livro, Madonna foi surpreendida com a reação que ele provocou. "As pessoas acham que as controvérsias e a imprensa não a afetam, mas estão erradas", disse Christopher. "Sem dúvida, há um custo."[108] Alguns anos depois, durante uma entrevista para o *60 Minutes*, Madonna contou a Charlie Rose que, após a polêmica gerada com *Sex*,

> perdi a fé na humanidade. Achei que as pessoas foram inacreditavelmente cruéis comigo, sem razão. E perdi a fé na [...] capacidade de esperar certo nível de comportamento. Certa decência. Quando perdi a fé nisso, comecei a perder a fé em mim mesma.[109]

O que aparecia no livro era uma parte tão grande do mundo de Madonna em Nova York e Miami, que ela achou que não era preciso contextualizá-la.[110] Mas era. Ela o fez em várias entrevistas após o lançamento. "A ideia não é que todo mundo transe mais", afirmava ela. "A ideia é que você se sinta confortável com quem é, seja gay, seja hétero, seja outra coisa."[111]

> Não fiz tudo isso para mudar a opinião das pessoas, mas para expressar meus pensamentos sobre sexualidade. Parece que isso se transformou em um tipo de missão ou cruzada, porque todos dizem que o que estou fazendo é ruim e errado, e eu respondo que não é, que não existe nada errado no que digo ou faço.[112] Todo mundo está com medo, e estou dizendo para não se sentirem assim.[113]

Para cada pessoa que criticava o livro, no entanto, havia legiões de outras que admiravam a coragem da artista. Carlton Wilborn, dançarino da turnê Blond Ambition, disse:

> No âmago do que ela representa, está o desejo secreto de todo ser humano: cada um de nós tem pensamentos silenciosos, sedentos, mas a maioria foi condicionada a achar que é inapropriado falar sobre eles. Quando surge o exemplo de alguém que vive a vida contra todos os constructos alardeados pelo mundo e pela mídia, isso é cativante.[114]

Capítulo 35

Nova York, Los Angeles, 1992-1993

> Desejar que uma mulher desapareça da face da Terra é somente outra maneira de admitir que ela governa o planeta.[1]
>
> — *Mim Udovitch*

MADONNA NÃO FOI a primeira mulher que sofreu por usar a arte para descrever o sexo do próprio ponto de vista. Em 1926, a gloriosa destruidora de normas Mae West escreveu uma peça chamada *Sex* sob o pseudônimo de Jane Mast (é interessante notar que ela não se escondeu atrás de um nome masculino). A obra falava sobre uma prostituta em Montreal e sobre a sociedade hipócrita que tolerava o comércio do corpo da mulher, mas não a própria mulher.[2]

Os jornais se recusaram a divulgar a peça por causa do título, e os críticos a denunciaram pelo conteúdo. Contudo, a inoportuna proteção à livre expressão implicou a lotação, por um ano, do teatro da Broadway onde ela foi encenada, até que a polícia encontrasse uma razão para invadi-lo e prender West e todo o elenco por indecência. Notando que a dramaturga se recusava a interromper a peça mesmo com a batida policial, o juiz a acusou de exibir desdém pelo tribunal. Ela respondeu: "Ao contrário, meritíssimo, eu estava fazendo todo o possível para escondê-lo."[3]

Uma vez libertada, West continuou a causar. A peça de 1927, *The Drag*, foi considerada a primeira sobre homossexualidade a mostrar homens gays de uma perspectiva positiva. *Pleasure Man*, encenada em 1928, incluía atores interpretando papéis femininos. A apresentação foi invadida — duas vezes. Quando a dramaturga e o restante do elenco foram presos novamente, muitos homens ainda estavam vestidos de mulher.[4]

Os filmes e as peças deixaram os líderes religiosos e políticos tão alarmados, que eles criaram um novo código de decência para o cinema, a fim de conter West e os artistas que pudessem querer emulá-la. A repressão funcionou. Em 1933, Mae West foi líder de bilheteria. Em 1934, Shirley Temple assumiu o lugar. A poderosa sexualidade de uma mulher foi substituída por uma criança sexualizada.[5]

Poucas mulheres além de Mae West tinham poder suficiente na indústria do entretenimento para levar a própria visão aos tablados ou às telas, e isso continuaria sendo a máxima até o fim da década de 1970. Entretanto, pintoras e fotógrafas tinham esse poder, em especial porque aquilo que criavam não exigia um expressivo suporte financeiro *e* podia ser ignorado com facilidade. O início e o meio do século XX produziram obras provocativas de Georgia O'Keeffe, Frida Kahlo e Helen Frankenthaler, entre muitas outras. E então, na década de 1960, algumas artistas começaram a ser mais explícitas. A pintora Betty Tompkins, de 24 anos, foi uma delas.

Em 1969, Tompkins estava entediada com o que via nas galerias de Nova York. Segundo ela, "tudo parecia um lugar-comum, repetitivo. Não havia nada novo, as ideias eram fáceis de contemplar. Você olhava para elas e não havia nada além para ver, nada além em que pensar". A obra dela envolvia apropriação: escolher uma coisa do "mundo real", transformá-la e mostrá-la de volta, de outra perspectiva.[6] Certo dia, em busca de inspiração, Tompkins analisou a coleção de pornografia do marido e percebeu que, se eliminasse cabeças, mãos e pés e se concentrasse no "principal", os genitais, eles se tornavam formas "esteticamente belas".[7]

As galerias não se interessaram. "Disseram: 'Volte em dez anos, quando tiver encontrado sua voz.' Eu respondi: 'Estou gritando aqui. Essa é a minha voz!' As coisas, porém, eram assim naquela época." Quando a artista enviou pinturas para uma exposição coletiva em Paris, os quadros foram confiscados no aeroporto. O mesmo ocorreu em Tóquio. As feministas do mundo da arte também rejeitaram as obras porque, embora abstratas, as representações foram consideradas sexuais demais, além de serem derivadas da pornografia. Passaram-se trinta anos entre o dia em que um negociante horrorizado saiu correndo do estúdio de Tompkins e o dia em que outro disse que queria o trabalho dela. Isso aconteceu em 2002, finalmente.[8]

Em 1979, a artista Judy Chicago exibiu a grandiosa e gloriosa instalação *The Dinner Party*. O objetivo da obra, que levou cinco anos para ser produzida e envolveu a contribuição de quatrocentas pessoas, deveria ter sido aclamada como a principal declaração artística da segunda onda do feminismo. Em pratos dispostos em uma imensa mesa triangular, ela homenageia 39 mulheres de importância histórica — entre elas, Safo de Lesbos, Christine de Pisan, Sojourner Truth, Emily Dickinson e Georgia O'Keeffe. Nos ladrilhos do piso e nas paredes em torno, 999 outras são mencionadas.[9]

A decisão de Chicago de representar as 39 mulheres principais em formas que parecem genitais femininos foi tão controversa que quase lhe custou a vida e fez com que a instalação inteira fosse escondida após a turnê inicial. Em 1990, após considerá-la "pornográfica", o Congresso se recusou a financiar a instalação da artista de modo permanente na Universidade do Distrito de Columbia. A obra ficou em um depósito — com exceção de uma exibição na Universidade da Califórnia (UCLA) — até o Museu do Brooklyn recebê-la em 2002. Cinco anos depois, ela foi colocada em exibição permanente.[10]

No fim da década de 1980, a artista Marilyn Minter procurava um tema que não fosse tradicionalmente "feminino" e, ao mesmo tempo, tentava dar "novo propósito" à própria e conturbada história.[11] Embora na época não conhecesse a arte de Tompkins, as duas chegaram a uma conclusão igual: as mulheres não pintavam pornografia (e muito menos pornografia hardcore) do ponto de vista feminino. "Ninguém tem fantasias politicamente corretas. E ninguém fala sobre elas", afirmou a pintora, que se perguntava se o sentido das imagens sexuais mudaria se fossem pintadas.[12]

Minter criou imagens exuberantes e foi imediatamente condenada ao ostracismo. A reação à primeira mostra de seu novo trabalho, em 1992 — quando Madonna estava terminando *Sex* —, foi de ultraje. "Minha exposição foi encerrada uma semana antes. Fui excluída de outras. Recebi críticas arrasadoras", comentou a artista visual,[13] que também recebeu telefonemas anônimos e cartas ameaçadoras por acreditarem que ela estava "de conluio com a indústria da pornografia".[14] "Eu fazia manifestações em defesa da Planned Parenthood [organização em prol de direitos e cuidados em relação à saúde reprodutiva] e, ao mesmo tempo, era chamada de traidora do feminismo", contou Minter.[15]

Em contrapartida, Cindy Sherman exibiu sua série Sex Pictures na mesma época e foi aclamada pela crítica. A obra era poderosa, mas mostrava o sexo como "deprimente" e fazia uma declaração sobre os privilégios masculinos. O trabalho de Minter não fazia isso. De modo assumido e sem ironia, ela celebrava o sexo, e foi ridicularizada.[16] Dezesseis anos depois, declarou:

> Achei que era saudável [...]. Eu não estava pensando em forçar a barra, estava apenas expondo minha visão [...]. Uma mulher assumindo a própria sexualidade é a coisa mais ameaçadora do mundo. É como se o mundo estivesse acabando [...]. Durante muito tempo, não consegui convencer ninguém a ir ao meu estúdio [...]. Então, chegou o dia no qual todo mundo que ia me oferecia uma exposição.[17]

Mas demorou vinte anos.[18]

Em outras palavras, Madonna não estava sozinha. A reação a ela, porém, foi *única*. Outras mulheres sofreram agressões como artistas. Madonna não foi tratada com a mesma dignidade. A cantora foi denunciada como exibicionista e devassa.[19]

Certa vez, quando o editor Richard Goldstein perguntou por que James Baldwin escrevera *O quarto de Giovanni*, um romance sobre homossexualidade publicado em 1956, o autor respondeu que quis "esclarecer algo para si mesmo" e que se não tivesse escrito o romance "é provável que teria parado de escrever".[20] Nas discussões sobre o livro de Madonna, raramente (ou nunca) alguém se perguntou se havia algo nele que, como artista, ela precisava esclarecer para si mesma.

Àquela altura, ela já tinha habitado todos os estereótipos criados pela sociedade patriarcal para as mulheres — filha obediente, *gamine*, loiraça, esposa devotada, megera —, enquanto buscava ser uma nova mulher, uma pessoa que exercesse o próprio poder livre, alegre e mesmo irresponsavelmente, se quisesse. O propósito dela era o que a filósofa francesa Hélène Cixous descreveu como busca por "um imaginário feminino [...] um ego não mais entregue a uma imagem definida pelo masculino".[21] *Sex* revelava isso. Em 128 páginas, Madonna devolveu o poder da sexualidade feminina à legítima dona.

Como todas as grandes declarações artísticas, o livro surgiu antes de a sociedade como um todo estar pronta para ele. O ativista britânico pelos direitos dos gays Matthew Hodson lembrou que leu *Sex* assim que foi publicado e pensou: "'Ah, querida, pare com isso [...]. Você está simplesmente vendendo seu corpo, e será que isso é útil para suas companheiras de luta?'"

> Hoje, penso: "Aqui está uma mulher com absoluto controle sobre o próprio corpo e a própria sexualidade, dizendo: 'Não vou fazer o que você quer que eu faça, o que espera que eu faça, o que acha educado que eu faça, o que imagina que uma mulher com meu poder e minha fama deveria fazer. Vou fazer o que me parece certo.'" Agora entendo o que ela estava fazendo, e acho incrível.[22]

Mas demorou trinta anos.

Em meio à enxurrada de matérias sobre o livro, *Erotica* se mostrou um pobre e quase esquecido filho adotivo. Quando o mencionavam, era para incluí-lo na condenação de *Sex*, como parte do mesmo pacote sujo. Algumas pessoas, contudo, conseguiram ver além da controvérsia do momento e reconhecer o álbum pelo que era. Escrevendo na *Rolling Stone*, Mim Udovitch chamou *Erotica* de "a melhor obra de Madonna gravada até hoje — um ato de fé, entre outras coisas, no poder da arte para promover mudança social. Sua paixão, sinceridade e escopo são praticamente sem precedentes".[23] No *Melody Maker*, Paul Mathur escreveu:

> *Erotica* é um dos melhores discos que você ouvirá este ano. Ela conseguiu [...]. Deveria ser seu maior orgulho. Deveria ser, mas o restante do território que [a cantora] escolheu defender continua se intrometendo, atrapalhando as coisas.[24]

Ao ser lançado, o álbum chegou ao segundo lugar das paradas de sucesso, mas não alcançaria os recordes anteriores batidos por Madonna. *Erotica* venderia 6 milhões de cópias, consideravelmente menos que os 19 milhões de

Like a Prayer.[25] "Ela assustou todo mundo", disse Doug Wimbish à escritora Lucy O'Brien muitos anos depois.

> Ela apresentou seu ponto de vista como mulher. E colocou isso em evidência, *para valer*, criando um modelo para Christina Aguilera, Britney Spears, Beyoncé.[26] Não teríamos algumas das músicas que temos hoje se ela não tivesse lançado aquele álbum. Isso é fato.[27]

Durante aquele período extremamente difícil, amigos criaram uma bolha protetora em torno de Madonna. Ingrid Casares, em especial, foi indispensável. Ela nunca questionava as ações da cantora, nunca discordava e, de acordo com Christopher, sempre dizia o que a amiga precisava ouvir. Casares lhe deu amor incondicional quando Madonna mais precisava, e isso estreitou o laço de amizade entre as duas.[28]

A família também a apoiou. Madonna foi para casa no Natal no fim de um ano traumático, tendo passado de saco de dormir para colchão de ar. O pai não criticou o trabalho, mas perguntou: "Por que sente necessidade de fazer isso?" Madonna não respondeu, porque fazê-lo seria admitir que tais ações eram, em parte, uma rebeldia contra a figura paterna representada por ele.[29] Talvez ele já soubesse disso e tivesse a esperança de que a filha houvesse superado. O presente de Natal que deu a ela foi uma imagem da Virgem Maria com o menino Jesus.[30]

A comunidade gay e lésbica também ficou do lado de Madonna. Embora alguns revivessem as acusações de turismo sexual e apropriação cultural, a maioria reconheceu a bravura de publicar um livro que celebrava a alegria do mundo queer e da alteridade.[31] "Ela sofreu *slut-shaming* antes mesmo de a expressão ser inventada, e reconhecemos isso", disse o escritor Matt Cain. "Então, a amamos ainda mais."[32]

Virginia Woolf certa vez descreveu Dame Ether Smyth, compositora e ativista dos direitos da mulher no século XIX, como "quebra-gelo, contrabandista de armas, destruidora de janelas. Um tanque blindado que percorreu um terreno acidentado e atraiu o fogo inimigo".[33] Esse era o papel de Madonna: dinamitar limites para que outros pudessem seguir. Ela disse a um entrevistador japonês em dezembro:

> A fúria impulsiona grande parte do que faço. Tenho raiva do sexismo no mundo. Tenho raiva do racismo. Tenho raiva da homofobia. Tenho raiva das injustiças da vida. Então, escrevo sobre elas e desafio as ideias que as pessoas têm sobre esses assuntos.[34]

Quando o entrevistador perguntou o que ela queria, Madonna respondeu: "Liberdade criativa para fazer o que quiser." Quando ele perguntou o que lhe faltava, ela disse: "Paz de espírito."[35]

* * *

Não houve paz.

Corpo em evidência foi lançado em 7 de janeiro de 1993. O filme recebeu a classificação "para maiores de 17 anos", mas, após a controvérsia acerca de *Sex*, os distribuidores e produtores fizeram com que as cenas eróticas fossem editadas, a fim de garantir uma classificação "para menores de 17 anos, desde que acompanhados dos pais" (nos Estados Unidos, classificação "R", de "restrito").[36] Entretanto, eliminar alguns trechos de corpos expostos não protegeria o filme do escândalo causado por *Sex*. As críticas foram mordazes.

Peter Travers, da *Rolling Stone*, classificou a produção como horrível. "Não há sinal do carisma de palco [de Madonna]. Sua personagem é [...] inexistente [...]. Willem Dafoe tem sua primeira interpretação digna de vaia [...]. Todos os atores deveriam demitir seus agentes."[37] Por pior que fosse, a crítica era surpreendentemente justa. Travers foi um dos poucos que distribuíram a culpa pelo fracasso do filme entre várias pessoas. Os outros a atribuíram apenas a Madonna. Ela chamou esses críticos de "cruéis e implacáveis".[38]

A crítica ao filme e ao papel de Madonna foi tão pesada, que era como se todo o ódio por ela, acumulado durante a década anterior, estivesse explodindo em uma fúria nua e crua. O público aplaudia quando a personagem dela morria no fim do longa.[39] Os críticos se acotovelavam para descrever quão ruim era a interpretação da artista quão insípidas eram as falas e quão artificiais eram as cenas de sexo.[40]

Steve Allen, que, como primeiro apresentador do *The Tonight Show*, tinha ajudado a criar o gênero talk show de fim de noite, ofereceu uma das mais severas, culturalmente reveladoras e francamente aterrorizantes críticas a Madonna após *Sex*, *Erotica* e *Corpo em evidência*. Escrevendo para o *Journal of Popular Culture* no verão de 1993, ele chamou a cantora de "a mais influente defensora atual" do Marquês de Sade.

> Os figurinos que ela usa dão esse indicativo. Não há neles nada de doce, feminino, nem mesmo nada no estilo Victoria's Secret, nada cujo propósito seja glorificar e acentuar a beleza feminina natural. O que vemos em Madonna, ao contrário, é muito uso de preto e couro, do tipo associado ao sadomasoquismo. Há os sutiãs absurdos de tão cônicos, com aparência de metal, um elemento desumanizante quando contrastado à beleza natural dos seios bem-formados com os quais a natureza presenteia algumas mulheres.

Citando o que chamou de "conto presciente" de James Thurber, Allen afirmava que a história era "instrutiva por ser baseada na grave compreensão de que o mundo realmente seria melhor se algumas pessoas não existissem, qualquer que seja o nível da momentânea popularidade que tem". A fim de não ser acusado de ameaçar Madonna, ele fez questão de acrescentar que Thurber não defendia o assassinato das pessoas que achava desagradáveis.[41] Entretanto, havia quem defendesse. Cartas de ódio e mensagens ameaçadoras chegavam aos montes para a cantora.[42]

Isso porque, no fim do século XX, o sexo não era um ato, mas a própria fundação do sistema econômico, político e social, de acordo com o filósofo francês Michel Foucault. Consequentemente, qualquer "transgressão desse sexo — heteromatrimonial — é uma transgressão contra o estado geral das coisas". Ao falar sobre sexo, a pessoa se coloca "fora do alcance do poder, perturbando a ordem estabelecida; ela, de algum modo, antecipa a futura liberdade".[43]

Madonna sabia que seria punida e que qualquer coisa que fizesse, em termos criativos, seria prejudicada, porque ela havia transgredido esse *statu quo* com *Sex*. A cantora não nadava publicamente no mar da autopiedade, que descrevia como: "Fui castigada. Buá, buá. Tragam os violinos."[44] No entanto declarou, em tom exausto: "Seria bom se as pessoas ouvissem minhas músicas, assistissem aos meus filmes e lessem meus livros e então os julgassem por si mesmas, sem que os outros dissessem como elas deveriam se sentir ou pensar."[45]

Essa era a corajosa face que ela oferecia ao público. No particular, a cantora se dizia "no fundo do poço [...]. Foi um período difícil. Tive que trabalhar duro para superá-lo e não levar tudo para o lado pessoal".[46] Segundo Christopher, "talvez tenha sido o ponto mais baixo da carreira dela".[47]

Apropriadamente e com humor ácido, Madonna começou o novo ano trabalhando no clipe para "Bad Girl". Seu velho amigo e alma gêmea criativa, David Fincher, concordou em dirigir o que seria o clipe da terceira música do álbum *Erotica*.

Em novembro, no clube Roxbury, em Los Angeles, Madonna reuniu um grupo de amigos — Debi Mazar, Ingrid Casares, Sofia Coppola, Udo Kier, Seymour Stein, Guy Oseary e Holly Woodlawn, o ator transgênero e aluno de Warhol, entre outros — para filmar o clipe de "Deeper and Deeper".[48] Ela queria combinar as sensibilidades do jazz da década de 1920 com o mundo das discotecas da década de 1970.[49] Ambas foram épocas de abandono e equivaliam às últimas danças antes da queda. Nas anotações para o clipe, ela o chamou de "viagem alucinógena pela estrada da memória" e "liberou geral pré-aids".[50]

No clipe, dirigido por Bobby Woods, a personagem de Madonna parece estranhamente fora de contexto ao entrar no mundo das bolas de espelhos e calças boca de sino. Ela é uma fusão entre um F. Scott Fitzgerald melindroso, uma musa de Warhol, Edie Sedgwick, e a atriz sueca Ingrid Thulin. A personagem está no centro das atenções — assim como Madonna na vida real —, mas também alheia a isso.

Uma segunda narrativa, ambientada em um apartamento, envolve Madonna com as amigas, comendo bananas enquanto observam um homem de cueca branca fazer poses musculosas na cama. Ela também aproveita esse cenário para estrear uma enorme peruca afro loira, do tipo que Marlene Dietrich usa em *A Vênus loira*. Esse item seria usado na próxima turnê.

Como *Na cama com Madonna*, o clipe foi filmado tanto em preto e branco quanto em cores: as cenas "reais" são em preto e branco e as cenas no clube, que representam "interpretação", são em cores. O clipe também conta com camadas de referências e sentidos mais profundos, incluindo menções a *Fausto*, de Goethe, a *Os deuses malditos*, de Visconti, a vários filmes de Warhol e ao clipe de "Vogue". Por causa da trilha contagiante e das cenas bizarras, é tão divertido de assistir quanto, sem dúvida, foi de produzir. Entretanto, no geral, a atitude da cantora, que demonstrava estar triste e um pouco perdida, se manteve no clipe de "Bad Girl".

Alien 3, que Fincher dirigiu em vez de filmar a turnê Blond Ambition, foi um desastre de crítica. Um escritor disse que, depois disso, o nome do diretor-prodígio estava "na lama". Desde então, Fincher só havia dirigido um clipe de Michael Jackson e um comercial da Nike, e não tinha certeza se queria dirigir outro filme.[51] Madonna passava pela própria crise em relação às críticas. Estando no mesmo ponto baixo das respectivas carreiras, com pouco a perder, eles decidiram trabalhar juntos.

O clipe de "Bad Girl" seria frouxamente baseado em *À procura de Mr. Goodbar*, um daqueles filmes de meados da década de 1970 nos quais uma mulher "solta na vida" terminava morta ao sair com o cara errado. Madonna interpreta a tensa editora de revista Louise Oriole, a qual, como a música revela, bebe desde as primeiras horas da manhã, fuma demais e busca conforto com estranhos.[52]

Em uma referência a "Express Yourself", a primeira colaboração entre Madonna e Fincher, há um gato. No novo clipe, entretanto, em vez de derramar o leite do bichano sobre si mesma, Madonna alimenta o gato laranja faminto e em seguida bebe uma taça de vinho branco. Em uma homenagem ao filme de 1987 de Wim Wenders, *Asas do desejo*, Christopher Walken interpreta um anjo que observa Louise com ares protetores e preocupados — até mesmo chorando, quando ela se entrega a costumes dissolutos.[53]

No entanto, a necessidade de autodestruição da personagem se mostra mais forte que o poder de proteção do anjo. Um assassino em série está à solta, e Louise tem o azar de escolhê-lo como parceiro sexual daquela noite. O clipe começa com o corpo de Louise na cama e termina com ele sendo retirado do apartamento. Liberada do fardo da vida, ela assume seu lugar de anjo ao lado de Walken, balançando alegremente as pernas enquanto a vida recomeça nas nuvens.[54]

* * *

Madonna promoveu a música "Bad Girl" no *Saturday Night Live* em 16 de janeiro. O entrevistador foi seu coprotagonista em *Goose and Tomtom*, Harvey Keitel. Na época, o departamento de filmes da empresa da cantora procurava material de vanguarda, e Keitel e o diretor Abel Ferrara ofereciam algo nesse sentido. Em 1992, a dupla produziu um filme ácido chamado *Vício frenético*. "Corrupto" é uma palavra polida demais para descrever o personagem interpretado por Keitel. A atuação dele, como sempre, foi assustadoramente boa, e o filme, mesmo sendo tão violento e feio a ponto de às vezes se tornar quase impossível de assistir, virou um favorito da crítica. Madonna também adorou.

Olhos de serpente, que Keitel e Ferrara esperavam produzir em seguida, seria um filme no interior de um filme: a história de produção de um longa e uma história paralela sobre a desintegração das pessoas envolvidas nela. O roteiro chegou à Maverick, e Madonna ficou interessada. Ela o achou parecido com *A noite americana*, o elogiadíssimo "filme no interior de um filme" dirigido por François Truffaut em 1973.[55] Ela queria não somente produzi-lo, mas também interpretar a personagem principal, uma mulher chamada Sarah, que se vê presa entre dois egos masculinos em conflito: o diretor, interpretado por Keitel, e um ator, interpretado por James Russo.

O projeto parecia bom. Tinha um diretor provocante, um astro talentoso (Keitel) e um tema desafiador. Na interpretação que Madonna fez do roteiro, a personagem destruía o elo Keitel-Russo, que representava o clube exclusivamente masculino do cinema, e emergia triunfante como "nova estrela". Ela chamou o papel de "grande declaração feminista [...]. Achei que poderia ir muito bem".[56] A cantora devia estar tão encantada com o roteiro, que se esqueceu de levar em conta o diretor. Se tivesse examinado a história de Abel Ferrara, teria visto os sinais de alerta. A própria esposa o chamou de "misógino" e disse que o marido "odiava" mulheres.[57]

Ferrara era parte da segunda onda de cineastas ítalo-americanos, homens como Quentin Tarantino.[58] O trabalho deles era durão, violento. Eles também pertenciam, assim como o mentor Martin Scorsese, ao "Clube do Bolinha". Os laços entre Scorsese e seus atores eram lendários. Eles representavam a mais antiga gangue italiana, os ragazzi — os garotos da vizinhança —, cuja lealdade pertencia primeiro e acima de tudo ao grupo.

Keitel, embora não fosse italiano, tinha esse tipo de relacionamento com Ferrara. E Ferrara com o restante da equipe, do roteirista Nicholas St. John ao cinegrafista Ken Kelsch. Também havia vários ex-militares na equipe.[59] Somados a toda essa testosterona, havia os demônios pessoais de Ferrara na época.

Ele se descreveu como "fora de controle [...] vivendo no limite". Ele bebia e se drogava havia tanto tempo, que não se considerava capaz de dirigir um filme sóbrio. As coisas ficaram piores quando as filmagens começaram em Los Angeles, porque ele odiava a cidade. "Em Los Angeles, filme é comércio", afirmava. "É uma cidade industrial."[60] Ferrara não estava disposto a se curvar às convenções de Hollywood.[61]

A personagem de Madonna, Sarah, estrela um filme sobre uma mulher que, após encontrar Deus, rejeita a vida de sexo, drogas e bebedeira que compartilhava com o marido, Frank (James Russo), que não tem vontade de mudar. Com cada vez mais violência, ele declara que precisa daquela vida da mesma maneira que a esposa precisa da religião. A trama secundária — sobre a produção do filme fictício — pertence ao diretor, interpretado por Keitel. Trata-se de uma história de mais sexo, drogas e bebedeira, da dissolução do casamento *dele* e dos esforços para convencer os atores a darem vida à visão que ele defende.

Madonna fez pesquisas para o papel visitando abrigos de vítimas de abuso doméstico, e Ferrara deu a ela e a James Russo cópias do roteiro, que eles memorizavam. "Eu sabia, e todo mundo sabia, com exceção dos dois [Madonna e Russo], que nenhuma daquelas falas chegaria ao filme", disse Kelsch.[62] A ideia de direção de Ferrara era dar espaço aos atores "para que pudessem se soltar [...] ligar a câmera e deixar tudo com eles". Esse foi o método adotado com Keitel em *Vício frenético*[63] e o caminho que seguiria na nova produção.

O longa-metragem, que começou como um filme no interior de um filme, tornou-se um filme no interior de um filme no interior de um filme. A terceira camada era sobre Madonna. "Eu a forcei a confrontar muitas questões da própria vida", disse Ferrara.[64] Grande parte do filme supostamente foi incluída sem conhecimento dela. O diretor usou uma câmera para filmar ensaios sem indicar que as cenas seriam incluídas na versão final. Ele acreditava que aquilo que conseguira de Madonna em tais momentos era "ótimo [...]. Ela está à vontade. Não sabe que a câmera está ligada. Está viva. A mulher está viva".[65] Viva, sim, mas um brinquedinho para os homens do filme, os quais se alternam para agredi-la emocional e fisicamente.

De maneira deliberada, Ferrara escolheu James Russo para contracenar com Madonna em um papel que exigia que ele gritasse com ela, batesse nela e, no fim, atirasse nela à queima-roupa. Ferrara sabia que a autenticidade que buscava seria intensificada porque Russo era amigo próximo de Sean Penn.[66]

Russo fez parte do grupo de jovens reunidos em torno de Penn em Malibu, após o dramático divórcio. Ele conhecia os detalhes das brigas do casal. A agressão que demonstrou contra a personagem de Madonna após Ferrara jogar o roteiro fora e o elenco começar a improvisar era de uma semelhança de embrulhar o estômago. Em certo momento, o personagem de Russo se aproxima de Madonna com uma tesoura, como se fosse cortar o cabelo dela, exatamente como Penn ameaçou fazer.

A direção de Ferrara, a direção encenada de Keitel e a atuação de Russo se combinaram no aparente propósito de aniquilar Madonna. No filme, Keitel a chama de péssima atriz e diz que ela só está no filme porque eles precisam do dinheiro. Russo a agride. "Ele deu uma bela porrada nela", disse Kelsch, descrevendo uma cena.[67] Ferrara também bateu em Madonna fora das câmeras, quando a cantora discutiu com ele sobre a direção, sobre os atores estarem bêbados no set e sobre a atmosfera geral de misoginia. "Eu a agredi no set, embora tivesse prometido a mim mesmo que jamais o faria", afirmou o diretor. "Ela fez parecer que quase a matei. Eu só a empurrei."[68]

Ele disse ao escritor Andrew Morton que também a violou quando usou "o mais feio e fedorento membro da equipe para simular sexo com ela em uma cena". A cena não entrou no filme. Certa vez, quando estava destruída durante um ensaio, Madonna confidenciou a Keitel que tinha sido estuprada num telhado, em 1979. (*Essa* cena foi para o filme.) Foi o único relato integral que ela fez em público sobre aquele dia terrível e aconteceu durante outro tipo de agressão: a agressão a ela como artista.[69]

Era tudo demais. O livro, as reações, os filmes. Madonna tinha perdido o controle de quem era e do que queria dizer. "Acho que ela percebeu que tinha chegado a hora de recuar e repensar o que estava acontecendo, as pessoas com as quais estava se envolvendo e o que todo mundo lhe dizia para fazer", disse Christopher. Madonna fez um "recesso" para decidir como "ressuscitar a carreira". O irmão a ajudou.[70]

A essa altura, Madonna confiava totalmente nele, na sensibilidade artística dele, no julgamento que ele fazia de seu trabalho e no fato de que ele se importava com o bem-estar dela de forma profunda. Ela disse à jornalista australiana Molly Meldrum que jamais atuaria em um filme que dirigisse, pois não seria capaz de se ver com clareza. "É aí que entra meu irmão", continuou. "Preciso de alguém que fique de fora e me diga o que funciona [...]. Raramente discordamos, mas quando isso acontece [...]. Se você acha que sou durona, precisa conhecer meu irmão. Mas damos um jeito."[71] Christopher era o conselheiro privado de Madonna havia muito tempo Em 1993, ele se tornaria seu conselheiro público, no grande palco global.

Capítulo 36

Los Angeles, Londres, Rio de Janeiro, Atlanta, 1993

> O que as pessoas não percebem é a coragem necessária para fazer o que fazemos, o que qualquer artista faz [...]. A coragem necessária para se expor e dizer: aqui está meu trabalho, aqui estão meu coração e minha alma.[1]
>
> — *Madonna*

Ao fim da turnê Blond Ambition, Madonna jurou que não faria outra. "Eu estava acabada. Exaurida. Não aguentava mais viajar. Queria estabilidade."[2] Mas a estabilidade não veio. Pelo contrário. Então, três anos depois, a cantora decidiu voltar à sorte na estrada. O palco era um ambiente que ela conseguia controlar; era onde comunicava a mensagem que *queria* enviar.

Christopher seria diretor-geral e diretor artístico do show. "Foi quando ela permitiu que eu cuidasse de tudo", contou ele. "Não foi fácil chegar a esse ponto. O empresário dela, Freddy, não queria. Ela não tinha muita certeza, e discutimos sobre grana. Eu me perguntei: 'Depois de vinte anos, ainda estamos discutindo por causa de dinheiro?'" Quando as disputas foram resolvidas, eles deram início ao trabalho.[3]

O título que escolheram, The Girlie Show, veio de uma pintura de Edward Hopper que retrata uma mulher nua no palco de um teatro burlesco. A outra inspiração foi mais contemporânea. Madonna disse que foi a um clube de strip-tease em Miami e viu uma dançarina tão talentosa e com "uma energia tão boa", que decidiu fazer uma performance parecida, como abertura do show.[4]

Ao contrário de Blond Ambition, The Girlie Show não teve uma mensagem social, com exceção do fato de que as três mulheres principais — Madonna, Niki Haris e Donna De Lory — exalavam poder feminino e estavam cercadas por um elenco multiétnico e sexualmente diversificado, o que, para alguns, já era uma declaração *radical*.[5] Era pura arte e entretenimento. Christopher chamou a turnê de "auge do nosso trabalho colaborativo. Era ópera, teatro e cabaré. A inspiração era Louise Brooks [...]. Eu morava com Madonna na época [...]. E estava reformando Castillo del Lago".[6]

Embora a vida de Madonna já não estivesse centrada em Los Angeles, ela comprou uma nova casa na cidade. A mansão de nove andares, construída no fim dos anos 1920 e situada em um terreno de 16 mil metros quadrados com vista para o reservatório Hollywood, já tinha sido do gângster Bugsy Siegel e usada como cassino na década de 1930. Com vários terraços, uma imensa sala de estar, nove quartos, uma biblioteca, uma adega, jardins de rosas, palmeiras, uma piscina e uma torre de 50 metros, era a maior casa da artista.[7]

O estilo arquitetônico de Castillo del Lago era colonial espanhol, mas Christopher gastou 3 milhões de dólares em reformas — chegando quase aos 5 milhões pagos pela propriedade — para transformá-la em *palazzo* italiano, a começar pela pintura. Inspirado por uma igreja que viu em Portofino, ele escolheu faixas horizontais de branco e terracota. Longe de se esconder no cenário, a mansão, localizada diretamente abaixo do famoso letreiro de Hollywood, parecia uma joia italiana da região da Ligúria, no centro das colinas.[8]

Em julho de 1993, na Sony Pictures Studios, em Culver City, Madonna e Christopher deram início a um trabalho de três meses visando à quarta turnê. Ela seria mais curta que Blond Ambition — 39 apresentações —, com somente cinco shows nos Estados Unidos, sendo três em Nova York. Entretanto, levaria Madonna e sua equipe para mais longe, a países onde ela nunca havia se apresentado, como Turquia, Israel, Austrália, Argentina e Brasil. A cantora queria entreter culturas com "diferentes expectativas e diferentes maneiras de expressar prazer e espanto". Também disse que não estava interessada em "pregar para convertidos; então irei aos lugares onde tenho o maior número de inimigos. É por isso que estrearei em Londres".[9] A turnê começaria na capital inglesa em 25 de setembro e terminaria na cidade de Tóquio, em dezembro. Desde os primeiros dias em Nova York, Madonna e Christopher passavam horas juntos, assistindo a filmes. Entre os favoritos, estavam musicais e comédias antigas. Foi nesse ambiente que começaram a procurar coreografias, figurinos e ideias cênicas, assim como temas para a turnê.[10]

Gene Kelly estava em alguns dos filmes a que haviam assistido, então Christopher sugeriu: "Por que não vamos diretamente à fonte?" A primeira reação de Madonna foi de incredulidade. Christopher, porém, insistiu. "Por que não? Tente encontrá-lo." Então Madonna foi atrás da lenda de Hollywood, então com 81 anos, e ele retornou o telefonema vinte minutos depois. Ela ficou "tão nervosa por conversar com ele", que mal conseguiu dizer o nome de Kelly. "Ge... Ge... Ge... Gene?"[11] O ator concordou em ir até o estúdio para ver o que os dois tinham até aquele momento. Segundo Madonna,

Foto de formatura de Madonna na Adams High School, em Rochester, Michigan, dezembro de 1975. (Fotógrafo desconhecido / Universal History Archive Universal Images Group via Getty Images)

Madonna como líder de torcida na Adams High School, por volta de 1972. (Michael Ochs Archives / Getty Images)

Christopher Flynn em Ann Arbor, Michigan, 1978. (Foto de Linda Alaniz / Copyright: Linda Alaniz)

Madonna no prédio da faculdade de dança da Universidade de Michigan, em Ann Arbor, 1977. (Foto de Peter Kentes / Copyright: Peter Kentes)

Madonna posa para foto na Universidade de Michigan, em Ann Arbor, 1978. (Foto de Linda Alaniz / Copyright: Linda Alaniz)

Madonna em Nova York, 1979. (Foto de Michael McDonnell / Hulton Archive via Getty Images)

Madonna em Nova York, 1983. (Foto de Amy Arbus / Copyright: Amy Arbus)

Da esquerda para a direita: Jean-Michel Basquiat, Andy Warhol e Fred Brathwaite (Fab 5 Freddy) em Nova York, janeiro de 1984. (Foto de Patrick McMullan via Getty Images)

A Panel of Experts, de Jean-Michel Basquiat, 1982. Acrílica, pastel oleoso e colagem sobre tela. (Foto do Montreal Museum of Fine Arts / Copyright: espólio de Jean-Michel Basquiat, ADAGP, Paris / IVARO, Dublin, 2022)

Keith Haring desenhando em uma estação de metrô em Nova York, 1983. (Foto de Tseng Kwong Chi / Copyright da foto: Muna Tseng Dance Projects, Inc. / Copyright da arte: Keith Haring Foundation)

Martin Burgoyne e Madonna em Nova York, 1983. (Foto de Marcus Leatherdale / Copyright: Marcus Leatherdale)

Da esquerda para a direita: David (sobrenome desconhecido), Erika Belle, Madonna e Bags Rilez no Studio 54, durante a festa de aniversário de 15 anos da loja Fiorucci, maio de 1983. (Foto de Maripol / Copyright: Maripol)

Debi Mazar em Nova York, maio de 1992. (Foto de Ron Galella / Ron Galella Collection via Getty Images)

Madonna e Jellybean Benitez em evento do álbum *Like a Virgin*, 1984. (Foto de Andy Warhol / Andy Warhol Museum © 2023 The Andy Warhol Foundation for the Visual Arts, Inc. / Licenciada pela Artists Rights Society [ARS], Nova York)

Madonna lança a música "Like a Virgin" durante a primeira Party of Life do artista Keith Haring, no Paradise Garage, em Nova York, 1984. (Foto de Tseng Kwong Chi / Copyright: Muna Tseng Dance Projects, Inc.)

Martin Burgoyne e Maripol na boate Private Eyes, em Nova York, setembro de 1985. (Foto de Patrick McMullan via Getty Images)

Sean Penn e Madonna no festival Live Aid, na Filadélfia, 1985. (Acetato de Andy Warhol com base em foto de Keith Haring / The Andy Warhol Museum © 2023 The Andy Warhol Foundation for the Visual Arts, Inc. / Licenciada pela Artists Rights Society [ARS], Nova York)

Obra sem título de Andy Warhol e Keith Haring, 1985. (Polímero sintético, Day-Glo e acrílica sobre tela / Imagem da Keith Haring Foundation © 2023 The Andy Warhol Foundation for the Visual Arts, Inc. / Licenciada pela Artists Rights Society [ARS], Nova York)

A banda The Breakfast Club, da esquerda para a direita: Ed Gilroy, Stephen Bray, Dan Gilroy e Gary Burke, 1987. (Foto de Jim Shea / Copyright: Jim Shea)

Christopher Ciccone, 1990.
(Foto de Morris Sipa / Shutterstock)

Herb Ritts, amigo, fotógrafo e cinegrafista de Madonna, em Los Angeles, maio de 1990. (Foto de Ron Galella / Ron Galella Collection via Getty Images)

Jean Paul Gaultier posa segurando uma boneca Madonna em um dos figurinos do videoclipe de "Express Yourself", em Paris, outubro de 1990. (Foto de Ian Cook / Getty Images)

Steven Meisel, um dos fotógrafos mais importantes para Madonna, em Nova York, abril de 1993. (Foto de Steve Eichner / Getty Images)

Elenco de *Na cama com Madonna*, deitado: Jose Gutierrez; no meio, da esquerda para a direita: Luis Camacho, Oliver Crumes, Carlton Wilborn, Madonna; no alto, da esquerda para a direita: Kevin Stea, Donna De Lory, Gabriel Trupin, Salim Gauwloos, janeiro de 1991. (Foto de Michael Ochs / Getty Images)

Madonna em performance de "Like a Virgin" na turnê Blond Ambition, no estádio de Wembley, em Londres, julho de 1990. (Foto de Duncan Raban Popperfoto / Getty Images)

Alek Keshishian e Madonna na exposição de Christopher Ciccone, na galeria Wessel O'Connor, em Nova York, novembro de 1991. (Foto de Ron Galella / Ron Galella Collection via Getty Images)

Dino De Laurentiis, Madonna e Alek Keshishian no Festival de Cannes, maio de 1991. (Foto de Jean-Claude Deutsch / Jacques Lange Paris Match via Getty Images)

Madonna e Rosie O'Donnell em *Uma equipe muito especial*, 1992. (Moviestore / Shutterstock)

Donna De Lory, Madonna e Niki Haris em apresentação durante a turnê The Girlie Show, em Nova York, outubro de 1993. (Foto de Steve Eichner / WireImage via Getty Images)

Madonna no videoclipe de "Erotica", 1993. (Foto de Araldo Di Crollalanza / Shutterstock)

Ingrid Casares em Nova York, 1999. (DMI The LIFE Picture Collection via Shutterstock)

Carlos Leon, Madonna e Spike Lee durante uma partida de basquete do Chicago Bulls, no Madison Square Garden, em Nova York, março de 1995. (Foto de Keith Torrie / New York Daily News Archive via Getty Images)

Madonna e Christopher Ciccone na 70ª edição da cerimônia do Oscar, em Los Angeles, 1997. (Foto de Kevin Mazur / WireImage via Getty Images)

Guy Ritchie e Madonna na festa de lançamento do álbum *Music*, em Los Angeles, setembro de 2000. (Foto de Ron Galella / Ron Galella Collection via Getty Images)

Madonna na Brixton Academy, em Londres, novembro de 2000. (Fotógrafo desconhecido / Shutterstock)

Madonna no palco durante a turnê Drowned World, em Los Angeles, setembro de 2001. (Foto de Jeffrey Mayer / WireImage via Getty Images)

Madonna durante performance na noite de abertura da turnê Re-Invention, na arena Forum, em Inglewood, Califórnia, maio de 2004. (Foto de Kevin Mazur / Getty Images)

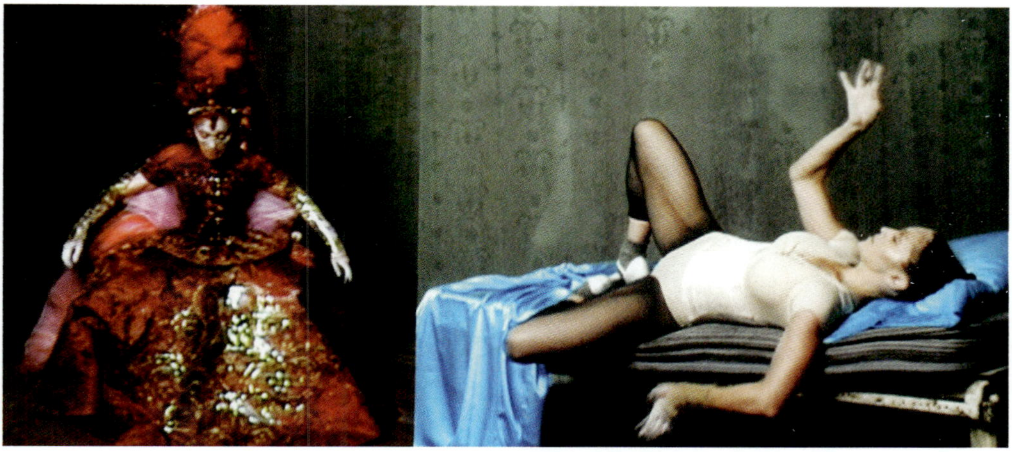

A colaboração entre Madonna e Steven Klein, X-STaTIC PRo=CeSS, em Nova York, março de 2003. (Foto de Stephen Lovekin / Deitch Gallery FilmMagic via Getty Images)

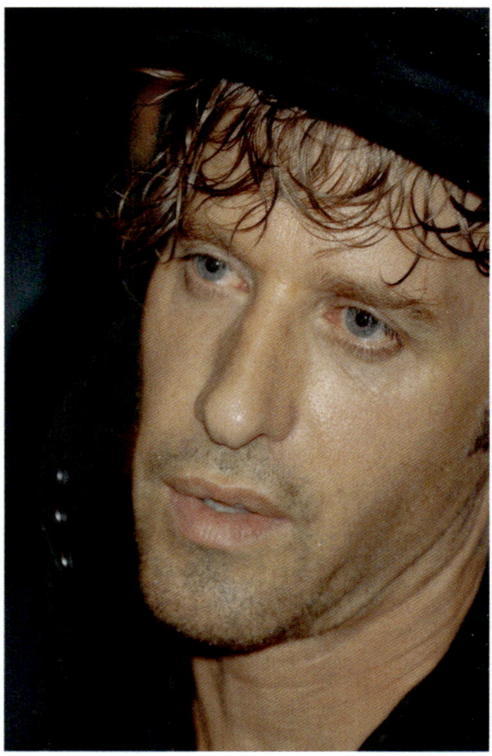

Steven Klein, amigo de longa data de Madonna e um dos fotógrafos mais importantes na carreira da cantora, em Tóquio, setembro de 2006. (Foto de Jun Sato / WireImage via Getty Images)

Mirwais Ahmadzaï e Madonna em apresentação da música "American Life", na Tower Records, em Nova York, abril de 2003. (Foto de Kevin Mazur / WireImage via Getty Images)

William Orbit, colaborador nos álbuns *Ray of Light* e *MDNA*, entre outros projetos musicais, março de 2010. (Foto de Laurie Mayer / Copyright: Laurie Mayer / Imagem fornecida por William Orbit)

Jonas Åkerlund, Madonna e Stuart Price na première do documentário *Madonna: I'm Going to Tell You a Secret*, em Nova York, outubro de 2005. (Foto de Kevin Mazur / Getty Images)

Turnê do álbum *Confessions on a Dance Floor* em Moscou, setembro de 2006. (Foto de Maxim Marmur / AFP via Getty Images)

Madonna na direção do filme *W.E. – O romance do século*, no Central Park, em Nova York, setembro de 2010. (Foto de Ray Tamarra / Getty Images)

Madonna na estreia da turnê MDNA, na Filadélfia, agosto de 2012. (Foto de Kevin Mazur / WireImage via Getty Images)

Maluma e Madonna no Billboard Music Awards, em Las Vegas, maio de 2019. (Foto de Kevin Winter / Getty Images)

Lourdes Leon e Mercy James em visita à Mkoko Primary School, no Maláui, abril de 2013. (Foto de Amos Gumulira / AFP via Getty Images)

Mercy James na inauguração do Mercy James Institute for Pediatric Surgery and Intensive Care, na cidade de Blantire, no Maláui, julho de 2017. (Foto de Amos Gumulira / AFP via Getty Images)

Rocco Ritchie em Londres, setembro de 2017. (Foto de Ray Crowder / Getty Images)

David Banda e Madonna na luta pelo Campeonato dos Pesos Leves da Associação Mundial de Boxe (WBA, na sigla em inglês), no Brooklyn, maio de 2022. (Foto de Cassy Athena / Getty Images)

> Ele me contou que tinha trabalhado com Marlene Dietrich, que pediu a Gene que organizasse um show, e ele respondeu: "Você precisa fazer um número vestida de homem, com paletó e cartola. Precisa fazer isso, porque é a única que consegue." Então tive a ideia, mas não me sentia segura, e ele me deu coragem para seguir em frente.[12]

No show, Madonna se tornaria Dietrich, em uma paródia de "Like a Virgin" que era bizarra e brilhante.

A busca da cantora por dançarinos para ajudá-la a criar o espetáculo foi pouco convencional. No início de julho, ela colocou cartazes em bares lésbicos de Manhattan, dizendo que queria "três mulheres muito especiais, andróginas e bastante molecas [...] que saibam dançar!".[13] Depois telefonou para Carlton Wilborn, dançarino de Blond Ambition. "Ela disse: 'Ei, estou planejando voltar. Farei testes em Los Angeles. Você por acaso conhece algum dançarino que eu precise ver?'", contou ele.[14]

Depois da turnê Blond Ambition, Wilborn trabalhou atuando, mas manteve contato com a comunidade da dança. Ele pensou um pouco, ofereceu algumas sugestões e desligou. "Ela ligou novamente dez minutos depois e disse: 'Ah, meu Deus, me esqueci de convidar você. Tem interesse em voltar?'" Wilborn tinha. Ela lhe pediu que supervisionasse os testes em Los Angeles. Ele concordou e coreografou as danças que fariam parte dos testes.[15]

O número de dançarinos fazendo testes para The Girlie Show foi ainda maior que para Blond Ambition. Em 1993, as pessoas sabiam o que significava fazer uma turnê com Madonna. Wilborn disse que o grupo era maior também porque Madonna recrutava homens *e* mulheres, e buscava qualidades diferentes.[16] Para The Girlie Show, ela queria dançarinos que soubessem interpretar personagens, e não somente mostrar seus egos maiores que o mundo, como era o caso dos famosos dançarinos de Blond Ambition.[17]

Ela ainda queria pessoas de personalidade forte. Os dançarinos precisavam ter "mente aberta" e estar "dispostos a correr riscos". Também precisavam de senso de humor: ela pedia que contassem uma história engraçada. "Se ficassem constrangidos e não conseguissem, eu não os escolhia", contou Madonna. Também tinham que concordar em raspar a cabeça — embora ela não planejasse exigir isso durante a turnê. "Eu só queria ver até onde estavam dispostos a ir por mim."[18]

Oito dançarinos, entre eles Wilborn, foram escolhidos em Nova York e Los Angeles — quatro homens e quatro mulheres. A despeito das diferenças, havia certa homogeneidade no grupo. De cabelo bem curto, eles pareciam uma unidade militar, que era a forma como operavam: com precisão e sem falhas, sacrificando a própria individualidade em prol do objetivo do grupo.

Christopher ligou para um jovem brasileiro chamado Alex Magno e falou para ele tentar a vaga de coreógrafo. Madonna tinha visto o trabalho dele nos clipes de uma companhia de dança de Los Angeles. O desafio de Magno era criar uma dança para "La Isla Bonita" e ensiná-la aos dançarinos no dia seguinte, com Madonna observando. O rapaz tinha, então, uma noite para preparar a apresentação que lhe mudaria a vida.[19]

Ele criou os passos e os ensinou à trupe de The Girlie Show. Quando o número terminou, Madonna o chamou e disse que tinha gostado do trabalho, mas queria deixar claro sobre a maneira como *ela* trabalhava. Se a cantora perguntasse por que os dançarinos estavam fazendo certos passos, era necessário ter uma justificativa. Magno se recordou dela falando:

> Sou uma artista que se baseia no caráter. Isso aqui é mais uma peça teatral do que uma apresentação de dança, então todo passo precisa ter uma razão. Então, se eu disser que não gosto de alguma coisa, não se ofenda [...]. Se estiver tudo bem para você, você está dentro.[20]

Ele disse que estava, com certeza. "Então fiquei com o trabalho."[21]

Só que não estaria sozinho. Além de Madonna, Christopher, Niki Haris e Carlton Wilborn, que contribuíram para as coreografias, Jeffrey Hornaday, coreógrafo da turnê Who's That Girl, voltou como diretor de palco. O show exigiria muitas mãos e muitos talentos, porque a cantora estava criando algo inteiramente novo.[22]

Madonna não tinha interesse em cantar as músicas da maneira como estavam no álbum. Por isso, disse a Jai Winding, que ocupava novamente a cadeira de diretor musical, que queria que a banda criasse novos ritmos a partir das antigas, a fim de reforçar a narrativa contada no palco. Foi o que eles fizeram, começando com "Erotica". "Achei incrível", comentou Madonna. "Então remodelei e editei [...] e basicamente foi o que fizemos com todas as músicas."[23] Quando a turnê começou, algumas estavam irreconhecíveis e repaginadas.

Para criar os 1.500 figurinos do show, Madonna e Christopher escolheram uma dupla italiana relativamente nova. O siciliano Domenico Dolce e o milanês Stefano Gabbana, parceiros nos negócios e no amor, tinham começado a trabalhar juntos como Dolce & Gabbana em 1985. Eles haviam produzido a primeira coleção *prêt-à-porter* três anos depois e criado um showroom na cidade de Nova York em 1990. Os dois já estavam no radar da moda, mas não no mesmo nível de Gaultier ou Versace.[24]

A associação com Madonna ocorreu por intermédio de Steven Meisel, que tinha fotografado a coleção da dupla. O interesse dela por eles se tornou público quando Madonna causou impacto ao comparecer ao desfile de primavera da dupla na cidade de Milão, em outubro de 1992.[25] No entanto, foi somente em agosto de 1993 que ela os escolheu para desenhar os figurinos.

A estética deles, que remetia muito aos filmes de meados do século XX, correspondia às necessidades da turnê. O fato de os desenhos serem menos provocativos que os de Gaultier também atraiu a artista, a qual queria trajes que contribuíssem para o show, não que se tornassem o show.[26]

De fato, a aparência da cantora em The Girlie Show não era nem um pouco ultrajante ou mesmo "sexy", no sentido tradicional das artistas. A nova Madonna era andrógina: magra, esguia, com cabelo loiro e curto como o de um menino. Ela minimizou a importância do visual, dizendo que o cabelo era mais uma necessidade do que uma escolha estilística, pois danificara os fios alternando-os entre rosa-choque e loiro em Miami.[27] Qualquer que fosse a razão, Dolce & Gabbana funcionou bem com a mais recente persona adotada por Madonna e com a estrutura do show.

Os desenhos da dupla iam da decadência à elegância: biquínis de lantejoula, paletós e cartolas, suéteres e jeans, saias longas com anquinhas e jaquetas militares com dragonas. Ao contrário dos figurinos de Gaultier, que eram obras de arte, os de Dolce & Gabbana eram *prêt-à-porter*. O show, por sua vez, deu-lhes o impulso profissional que vinham esperando. Após The Girlie Show, a marca se tornou famosa.[28]

A turnê começou em 25 de setembro de 1993 no estádio de Wembley, em Londres. "Nunca me esquecerei daquela noite", afirmou Christopher.

> Eu estava no fundo do palco [...] e havia 80 mil pessoas na plateia. A música começou, e uma onda de energia fluiu na direção do palco e me atingiu como uma porretada [...]. Quase me derrubou. Então Madonna surgiu sobre aquela pequena plataforma, e tudo ficou ainda mais intenso.
>
> Acho que foi quando me dei conta de quanto aquilo era viciante para a pessoa no palco, para ela. Para mim também, mas eles não estavam fazendo aquilo por mim [...]. Sempre tentei moderar o que sentia, porque sabia que não era por mim [...]. Mas foi inacreditável.[29]

Christopher saiu do palco e foi para a cabine de iluminação, onde escreveu um bilhete: "Você é incrível." Ele dobrou o papel e pediu a um membro da equipe para entregá-lo à irmã. "Eu sabia que ela sabia que o que estávamos fazendo era notável, jamais aconteceria novamente, jamais tinha sido visto. Eu não podia estar mais orgulhoso."[30]

O show começou com música de circo e luzes coloridas deslizando sobre a superfície da pesada cortina do palco. Acima, o nome iluminado da turnê, The Girlie Show, destacava-se na escuridão como um letreiro. A *extravaganza* apresentada era teatro, *commedia dell'arte*, cabaré, burlesco — um *spettacolo* italiano. Um mundo no qual a plateia foi convidada a entrar por intermédio de um Pierrô no palco e pela dançarina Carrie Ann Inaba, a qual usava somente fio-dental enquanto descia lentamente por um poste de dança de 6 metros, em um balé aéreo.[31]

Quando "Erotica" começou a tocar, o Pierrô saiu do palco e Inaba desapareceu nos bastidores. Nesse momento, Madonna saía do chão usando calcinha preta de lantejoula, colete de franjas também preto, botas de salto plataforma até os joelhos e luvas pretas até os cotovelos. Também carregava um chicote de montaria. A plateia só conseguia vê-la por trás de um halo de luz e névoa, mas foi suficiente. Os gritos continuaram mesmo depois que ela se virou para o público como Dita, cantando "Erotica", com os olhos cobertos por uma máscara preta.

Dita só aparecia na introdução. Tirando o colete e a máscara, Madonna marchou dramaticamente pelo palco, com um tambor marcando cada passo, até que parou, de biquíni preto de lantejoula, e sorriu pela primeira vez — um sorriso caloroso, generoso, belo. Com isso, começou a cantar "Fever" enquanto simulava um *ménage à trois* com os dançarinos Wilborn e Michael Gregory, pelo qual eles foram punidos, condenados a descer até as "chamas do inferno".

Foi durante o terceiro número que ficou clara a intenção de Madonna de dar nova vida a um material antigo. Ela ressurgiu com um elaborado adorno na cabeça, em companhia das backing vocals e de todos os dançarinos, para a clássica "Vogue". Só que, em The Girlie Show, essa música ganhou um tom oriental e deixou de ter qualquer relação com poses de moda ou mesmo "voguing" no sentido do Harlem. Ao trocar a cultura de Nova York pela indiana (ou tailandesa, ou balinesa; poderia ser qualquer uma delas), a dança mostrava que o conceito de "voguing" — a expressão da beleza estilizada — se manifestava em muitas culturas e de muitas maneiras, como sempre foi.

Ao contrário de Blond Ambition, The Girlie Show continha poucas referências claras a religiões — somente lembretes sutis de que elas faziam parte de quem Madonna era. Um exemplo disso ocorreu durante "Rain", cantada com Haris e De Lory. Banhado em luz azul, o trio surge com longas vestes pretas de coral. E, como nas apresentações desse tipo, o momento era de harmonia: a voz das três se sobrepondo perfeitamente e tecendo várias músicas: "Rain", "Here Comes the Sun" e "Just My Imagination". Era gospel. Era Beatles. Era soul da década de 1960. Era uma oração, a qual encerrou o que foi chamado, sem nenhuma explicação, de parte dominatrix do show. (Naquela parte, a única referência ao sadomasoquismo era o chicote de montaria, que Madonna só segurava.)

Durante o interlúdio entre "Rain" e a volta de Madonna, oito dançarinos se apresentaram com sombrinhas, em um número coreografado por Gene Kelly.[32] A apresentação terminou com Madonna gritando: "Vou levá-los a um lugar no qual vocês jamais estiveram." Com isso, o palco se transformou em uma discoteca, e Madonna, montada em uma gigantesca bola de espelhos, desceu do teto usando uma calcinha azul e uma peruca afro loira *à la* Marlene Dietrich.

Haris e De Lory se uniram a ela para cantar "Express Yourself", seguida por "Deeper and Deeper". No início desta, um homem correu até o palco e arrancou a camisa e a calça. Não ficava evidente se era um dançarino, até que, recebendo um boá colorido, o rapaz foi cercado pelos colegas — todos com acessórios similares. O palco se tornou uma bandeira do arco-íris do Orgulho Gay enquanto Madonna cantava com as backing vocals.

Após uma versão bem reggae de "Why's It So Hard", Madonna prestou homenagem às pessoas com aids e àquelas que ela mesma tinha perdido para a doença. Mais tarde, disse que se perguntou se os fãs de países não anglófonos entenderiam, mas decidiu seguir em frente "em respeito aos meus amigos e às pessoas com aids ou que morreram em decorrência dela [...]. Eu tinha que fazer isso".[33]

Durante a turnê Blond Ambition, as declarações de Madonna sobre o assunto haviam assombrado os dançarinos infectados pelo HIV. Durante The Girlie Show, foi Haris quem se comoveu. Uma das irmãs da vocalista, Tammy, estava morrendo e não havia nada que ela pudesse fazer para ajudá-la.[34] Ela não era a única. Quando Madonna cantou "In This Life", um melancólico tributo a Martin Burgoyne e Christopher Flynn, muitos na plateia que haviam perdido, ou estavam no processo de perder, pessoas para a doença começaram a chorar. Foi um momento "Live to Tell", e a ele se seguiu ainda mais drama.[35]

Enquanto Madonna trocava de roupa, sua voz recitou a letra da controversa remixagem de "Justify My Love". Escrita em 1990, ela se chamava "The Beast Within" e descrevia o triunfo do amor sobre o mal.[36] No palco, a cena se tornou uma dança dramática executada por Wilborn e Christopher Childers. Wilborn era a besta que, recorrendo à sedução e à agressão, tentava arruinar a bondade de Childers. O primeiro explicou que a besta é "a entidade sombria que existe no mundo [...]. O trabalho da besta, o trabalho do demônio, é matar, roubar e destruir. Essa é a tarefa dela". Ele disse que a mensagem da apresentação era um aviso: "Fique sempre alerta."[37]

Madonna voltou ao palco sob os acordes da música de Marlene Dietrich na década de 1930, "Falling in Love Again". De paletó e cartola, sentada sobre um baú em meio a candelabros, ela cantou com forte sotaque alemão uma melodia que a multidão conhecia de cor, mas talvez não tivesse reconhecido. Era "Like a Wurgin", como Marlene Dietrich talvez tivesse cantado em suas comédias.

O espetáculo burlesco continuou com "Bye Bye Baby" e "I'm Going Bananas", cantadas por Madonna e pelas backing vocals, e "La Isla Bonita", que envolvia toda a trupe dançando em uma passarela. Então, ao som de música marcial, os dançarinos retornaram usando longos casacos militares contra o pano de fundo da bandeira dos Estados Unidos. Madonna, como sargento e instrutora, flanqueada por Haris e De Lory, gritou "Atenção", e os dançarinos formaram fila para dançar "Holiday" enquanto flâmulas caíam do teto. A festa tinha chegado ao fim, mas Madonna se recusava a ir embora. Após uma disputa maluca digna das comédias de Buster Keaton ou dos Três Patetas, Haris finalmente a carregou para fora.

A plateia aplaudiu enquanto aguardava o bis. Os fãs sabiam que os últimos momentos dos shows de Madonna envolviam as maiores produções artísticas, e aquela noite não foi exceção. Ela apareceu usando blusa branca de pregas, colete bege e saia longa e preta com anquinhas para cantar "Justify My Love". Ela e a trupe, vestida de modo similar, então refizeram a cena de Royal Ascot, do filme *Minha bela dama*, de 1964 — até começarem a fazer uma coreografia bem específica, que misturava passos da dança twist, imitava modelos na passarela e movimentava os braços para cima e para baixo. Seria somente em 2001, com o musical de Baz Luhrmann, *Moulin Rouge!*, que um espetáculo pop voltaria a misturar culturas de modo tão atrevido. "Era visualmente espantoso", lembrou De Lory. "Quem já tinha feito isso?"[38]

No entanto, aquele tampouco foi o final. Madonna retornou de shorts e regata para cantar "Everybody Is a Star", de Sly & the Family Stone, seguida pela primeira música que tinha lançado, "Everybody". Aquele momento era a deixa para a cantora em seguida apresentar as backing vocals, a banda e os dançarinos. E *esse* foi o fim do espetáculo — mais ou menos.

Pierrô, que vagueou pelo palco durante a noite, reapareceu para se despedir. Dançando, mandando beijos e exigindo aplausos, enfim foi revelado que, na verdade, ele era Madonna. Sorrindo abertamente em sua fantasia de palhaço, ela cantou somente um verso, "Everybody is a star" [Todo mundo é um astro], acenou para a multidão, deu uma piscadela e desapareceu atrás da cortina.[39]

Aqueles que esperavam que The Girlie Show fosse uma encenação de *Sex* voltaram para casa desapontados. A Madonna em exibição era uma artista cômica, que estava extremamente feliz com aquele papel.

Ao fim da primeira apresentação, com o barulho da multidão ainda ressoando nos ouvidos, Madonna e Christopher se olharam e disseram: "Isso é incrível, maravilhoso." Eles estavam nos bastidores, cercados por atores e celebridades britânicas. "Era impossível negar quanto aquilo tinha sido bom", afirmou Christopher.[40] Haris comentou que o show era "alegria, alegria, alegria. Nós nos amávamos. Tudo ali girava em torno de algo sensacional".[41]

Alguns críticos britânicos, porém, foram brutais. Um deles, do *Melody Maker*, perguntou retoricamente se Madonna "dera mais um passo no caminho cuja placa diz: 'Sem saída: fim de carreira'".[42] Keith Cameron, da *NME*, comentou:

> O aspecto mais surpreendente é que Madonna tenha considerado tudo isso válido [...]. Trata-se do som sem alma, sem graça e quase sem propósito de uma mulher que está chegando ao limite [...]. Receio que, aos 35 anos, ela esteja velha demais para isso.[43]

Em *Feminine Endings* [Fins femininos], livro de 1991, a crítica musical e acadêmica feminista Susan McClary escreveu: "O que a maioria das reações a Madonna compartilha [...] é o fato de considerarem a música que ela faz irrelevante. É espantoso o desdém com que o ostensivo foco artístico dela tem sido banalizado."[44] Essa observação ainda seria válida vinte anos depois. Apesar disso, em 1993 alguns críticos viram The Girlie Show como era. Caroline Sullivan, do *Guardian*, chamou o show de "entretenimento brilhante".[45]

Enquanto a turnê viajava por cidades onde Madonna nunca tinha se apresentado, as paixões se exacerbavam e dividiam gerações. Os jovens consumiam avidamente a liberação que ela pregava. Os mais velhos se ressentiam do que ela representava: a invasão da cultura dos Estados Unidos.

Em 1993, havia mais de 1 bilhão de aparelhos de televisão em todo o mundo, nos quais os telespectadores assistiam a *Cheers*, *L.A. Law* e *Roseanne*, além de Vanna White, em *Wheel of Fortune*. Filmes norte-americanos dominavam as bilheterias. Best-sellers norte-americanos traduzidos enchiam as prateleiras das livrarias. E as marcas, de Nike e Levi's a McDonald's, eram onipresentes. Madonna era uma das maiores dessas "marcas".[46] Para alguns críticos, ela não era uma pessoa, mas uma corporação multinacional que vendia caos social. Quando a turnê partiu para novos países, as autoridades começaram a se preparar para o pior.

Em San Juan, Porto Rico, líderes católicos exortaram os fiéis a amarrar fitas pretas nas árvores, a fim de se "protegerem dos efeitos" da apresentação de Madonna, e na noite do show as igrejas permaneceram abertas, para que todos pudessem rezar e afastar a mulher demoníaca.[47] Antes do show em Tel-Aviv, ela precisou de escolta militar para visitar a Basílica da Natividade em Belém, porque alguns cristãos expressaram indignação pelo uso que ela fazia dos símbolos religiosos.[48] Na Argentina, um juiz negou pedidos para banir os shows, mas impôs restrições de idade.[49]

Em todas as cidades onde as autoridades temiam os efeitos malignos de Madonna, os fãs esperavam ansiosamente por ela. Recordes foram estabelecidos e quebrados: 360 mil ingressos vendidos na Austrália, 100 mil no Canadá, 120 mil na Argentina, quase 140 mil no México. No Rio de Janeiro, precisaram permitir que alguns dos 120 mil fãs entrassem mais cedo no Maracanã, pois estavam tão espremidos que os bombeiros temiam que fossem esmagados.[50] Era uma Madonnamania que só tinha sido vista durante os primeiros shows dela nos Estados Unidos.

* * *

Enquanto Madonna estava em turnê em novembro, *Olhos de serpente* foi lançado em Nova York. O filme recebeu boas críticas após o lançamento europeu no Festival Internacional de Veneza. De fato, entre os críticos que assistiram ao filme durante o evento, a interpretação de Madonna foi enaltecida pela autenticidade. O *Los Angeles Times* chamou a produção de possível "revelação".[51] A própria Madonna achou que tinha ido "bem", mas que o filme em si era "uma merda".[52] Tratava-se de uma repetição de *Corpo em evidência*, só que pior.

Embora a empresa de Madonna, a Maverick, tivesse produzido o filme, Ferrara editou a versão final e assassinou a personagem de Madonna, o que, de acordo com ela, não estava no roteiro. A cantora disse que o diretor também editou as reações verbais e físicas às violências sofridas, de modo que ela surgiu na versão final como clichê cinematográfico, silencioso e simplório de uma mulher agredida. "Quando vi a versão editada, chorei", afirmou Madonna.

> Foi como se eu tivesse levado um soco no estômago. Ferrara transformou o longa em *Vício frenético 2*. Ele puxa tanto o saco de Harvey Keitel, que criou um novo filme. Se eu soubesse que era aquilo que estávamos fazendo, jamais teria participado, e fui muito sincera com ele a respeito disso. Ele fodeu comigo. Então, *c'est la vie* [...]. Continuo chegando à mesma conclusão: preciso dirigir [uma obra audiovisual]. Sinto que sou constantemente traída.[53]

Olhos de serpente teve uma distribuição limitada, antes de desaparecer rapidamente. Ferrara culpou Madonna por detonar o filme.[54]

Assim chegou ao fim um ano de altos gloriosos e baixos esmagadores. Mesmo para os observadores, as oscilações de altitude sofridas por Madonna foram vertiginosas. O jogo favorito da imprensa de entretenimento não era prever *se*, mas *quando* ela seria destruída pela pressão.[55]

A cantora abominava a ideia de parecer trágica e abominava ainda mais a ideia de *ser* trágica. Em vez de reclamar, falou que tinha ficado "com a casca muito mais grossa" e se mostrou filosófica,[56] afirmando não sentir nenhuma vergonha da própria vida ou se arrepender das escolhas que fez. "Sejam quais forem os erros que eu tenha cometido, eles são ferimentos de guerra que exibo com orgulho, porque me moldaram mais que qualquer outra coisa."[57] Ela disse se lembrar de uma época na qual não tinha tantos inimigos.[58] Tampouco tantos fãs.

Naquele ano, 1993, a folclorista Kay Turner publicou um livro chamado *I Dream of Madonna: Women's Dreams of the Goddess of Pop* [Eu sonho com

Madonna: os devaneios que mulheres já tiveram com a deusa do pop]. Tratava-se de uma coleção de sonhos que mulheres entre 13 e 61 anos tiveram com a cantora, nos Estados Unidos, no Canadá, na Grã-Bretanha e na França. Nesses devaneios noturnos, elas a viram triste e feliz, como salvadora e vítima, mãe e filha, santa e pecadora. Elas a viram em diversos disfarces e manifestações. Madonna as ajudou, e elas, em suas fantasias, a ajudaram. A artista era objeto dos sonhos delas porque representava o "pior pesadelo" de Sigmund Freud, o avô da misoginia sancionada do ponto de vista teórico. Madonna representava uma saída da bagunça que ele tinha criado.[59]

Perto do fim da turnê, em dezembro de 1993, a cantora começou a trabalhar em outro álbum. *Erotica* tinha sido ofuscado por controvérsias, e ela se distraiu com vários outros projetos enquanto gravava. Esse não seria o caso do novo trabalho. Madonna estava mais reservada, mais introspectiva, em parte por causa das agressões que recebeu nos dois anos anteriores. Ela contou que, durante aquele período, se obrigou a se olhar longa e atentamente no espelho a fim de determinar o que era mais importante para si, como mulher e artista.[60]

A despeito dos elogios de milhões de fãs durante a turnê, as vozes que ressoavam mais alto e mais a distraíam eram as dos críticos. "Foi difícil ser compreendida tão mal e não me sentir destruída. Foi difícil voltar a trabalhar", afirmou. "Então eu diria que meu estado de espírito, o que escrevi, foi uma reação, uma reflexão ou uma resposta a tudo aquilo."[61]

O álbum, chamado *Bedtime Stories*, seria uma versão musical do ritual noturno de contar histórias. Ele representaria Madonna confortando a si própria enquanto tentava superar as ansiedades do dia. Como a turnê The Girlie Show, o novo disco não fazia declarações políticas. Ela disse que a chave para entendê-lo estava na primeira música, "Secret". A cantora descreveu o tema da canção como "amor-próprio e despertar espiritual. Eu via o mesmo verso repetidamente: 'A felicidade está nas suas mãos.' E isso foi algo que percebi nos últimos anos".[62]

Em termos de musicalidade, Madonna continuou na direção de *Erotica*, em especial no som criado com Andre Betts. Ela trabalhava somente com um ou dois produtores. Para *Bedtime Stories*, viu-se atraída por vários. A cena musical de música urbana e contemporânea, de R&B e de hip-hop — o new jack swing — produziu uma nova geração de talentos, que se mostrava rica naquele momento. Também estava intrigada com os compositores musicais por trás dos sons house que invadiam a Grã-Bretanha e os Estados Unidos, assim como pelo trip-hop, uma fusão entre música eletrônica e hip-hop, que todo mundo estava dançando. Ávida por inspiração e colaboração, Madonna queria experimentar tudo, e então elaborou uma lista de pessoas com as quais gostaria de trabalhar: Kenneth "Babyface" Edmonds, Dallas Austin, Dave "Jam" Hall e Nellee Hooper.[63]

Babyface e Dallas Austin eram parte do novo som que tinha nascido na Geórgia e dominava as paradas do pop e do R&B. "A cena de Atlanta é uma versão negra de Seattle", afirmou Jonathan Van Meter, na época o editor da revista *Vibe*, de R&B e hip-hop. "Uma bolha espirituosa e efervescente surgiu por lá."[64]

No fim da década de 1980 e início da década de 1990, o grunge, originado no noroeste do Pacífico, ofereceu uma alternativa ao rock corporativo de bandas de arena, ao produzir um novo tipo de música, que combinava bandas de garagem e tradições punk com heavy metal. Era a música da juventude branca e alienada.

A cena de Atlanta, em contrapartida, era negra, alegre e contagiante. Pessoas como Dallas Austin, Babyface, o grupo feminino TLC e a vencedora do Grammy Toni Braxton comandavam as rádios com um som novo e tão revigorante quanto o da Motown da década de 1960 e, às vezes, tão emocionante quanto a jovem Aretha. "As músicas que Babyface escrevia na época eram muito boas", disse Van Meter. "E de repente parecia que a beleza tinha permissão para retornar à música. Era algo criativo, sem vínculos com o fogo cruzado das guerras de hip-hop em Nova York. Não era música raivosa."[65]

Madonna estava interessada no som de Atlanta porque ele a levava de volta às raízes musicais em Detroit e a desafiava com uma nova maneira de interpretar seu amado R&B. Também permitia que fizesse experimentos com o hip-hop, que era, de muitas formas, para onde foi a mentalidade pós-moderna da alta e da baixa cultura — incluídos *sampling*, apropriação e conversão. O movimento começou nas ruas e retornou a elas por meio da música.[66]

Alguns atribuíram a decisão dos jovens músicos de trabalharem com Madonna ao apelo de um cheque generoso e um holofote mais brilhante. Essa pode ter sido a razão pela qual entraram no projeto, mas, quando passaram a trabalhar com ela de igual para igual, viram-se em uma situação de intensa criatividade e respeito mútuo.[67] "Na época, eu sentia que a maioria dos artistas negros, mesmo que não admitisse, admirava e pegava ideias de Madonna emprestadas", explicou Van Meter, o qual ia conhecendo os artistas conforme eles passavam pela *Vibe*.

> Sinto que as pessoas reconheciam a absoluta admiração, o interesse e a participação dela [no som de Atlanta]. Sei que existe uma coisa, tão antiga quanto o tempo, de artistas brancos fazerem música negra e ficarem com todo o crédito. Há um histórico disso neste país. Mas não senti isso com Madonna. Senti que Dallas Austin e os outros caras de Atlanta queriam trabalhar com ela. Estavam animadíssimos com isso.[68]

A estrela-guia de Madonna em *Bedtime Stories* seria a sinceridade: consigo mesma, com relacionamentos, com o mundo. Ela disse não ter se colocado em "uma camisa de força criativa".[69] O único tema proibido era a sexualidade. "O sexo é um tabu e uma distração tão grande, que preferi não incluí-lo", comentou.[70] "Eu não queria dar munição aos críticos [...]. Digamos apenas que parte de minha personalidade está hibernando [...] ao menos em nome do meu disco."[71]

O trabalho em *Bedtime Stories* era o mais complicado que a cantora já tinha feito, não somente por envolver tantos produtores, mas também porque eles estavam geograficamente dispersos: em Nova York, Los Angeles, Atlanta e Londres.[72] Também era desafiador, porque cada uma das pessoas com quem ela trabalhava habitava a própria órbita criativa e tinha um estilo próprio, único. "Foi difícil reunir todos os sons e fazer com que houvesse um único tema musical, do ponto de vista sonoro e lírico", disse ela.[73]

Madonna procurou a primeira pessoa da lista, Babyface, para o que ele chamou de "baladas exuberantes". Trabalhando em um pequeno estúdio construído pelo artista em sua casa de Beverly Hills, eles escreveram três músicas — e duas delas apareceram no álbum: "Forbidden Love" e "Take a Bow".[74]

Como o título sugeria, "Forbidden Love" tratava do desejo negado tanto por uma pessoa quanto pelas restrições sociais ou religiosas. Mas, em uma guinada interessante, não se lamentava por isso. A música incluía um verso sussurrado: "A rejeição é o maior afrodisíaco." Tinha-se a impressão de que o amor não tinha sido perdido, mas, sim, adiado, e com isso se tornado ainda mais delicioso. Era uma música que chegaria aos fãs gays da mesma maneira que "Deeper and Deeper", só que mais discretamente.

"Take a Bow", que virou um dos maiores sucessos de Madonna, continuava com o tema da rejeição, mas terminava de forma mais definitiva, se não trágica. Também era uma canção mais madura. Madonna disse, durante uma entrevista sobre o álbum:

> Tendo a colecionar pensamentos e [...] às vezes levo muito tempo para entender, digamos, um relacionamento que tive há muitos anos e para finalmente encontrar um modo de falar ou escrever sobre isso.[75]

Babyface contou que anotou algumas ideias para a música e as apresentou a Madonna com "uma batida e os arranjos".[76] Quando os dois entraram no estúdio em Nova York, as anotações do artista incluíam influências japonesas e, por sugestão da cantora, toda uma seção orquestral de cordas. O resultado seria romântico, belíssimo, terno.

Foi Babyface quem apresentou Madonna a outra pessoa com quem ela queria trabalhar: Dallas Austin, de 23 anos. Austin era mais ousado que Babyface, mas as quatro músicas que fez com Madonna — "Survival", "Secret", "Don't Stop" e "Sanctuary" (esta última, um *sampling* de Herbie

Hancock) — desmentiam a reputação "street" do jovem artista.[77] As canções eram doces e suaves, ecoando o som da década de 1980, de cantores como Womack & Womack.

Nas baladas com Babyface, Madonna abordou decepções pessoais. Já as músicas escritas com Austin tinham como tema *recuperar-se* da decepção. "Survival", que seria a primeira faixa, era uma das duas respostas do álbum às pessoas que, após o lançamento de *Sex,* perguntavam a Madonna: "Como você está?" A resposta era: "Estou levando." A voz cantando era baixa e jovem. No backing vocal, Donna De Lory e Niki Haris conferiam profundidade.

"Secret" era a alma do álbum, de acordo com Madonna. Musicalmente, combinava uma guitarra latina, uma seção orquestral de cordas e a percussão de Austin. Liricamente, oferecia uma nova visão sobre o amor: o amor-próprio é não somente aceitável, mas também necessário para amar outra pessoa.

A decisão de Madonna de incluir o compositor britânico Nellee Hooper em um álbum dominado pelo R&B norte-americano foi menos aberrante do que parecia. Ele era membro da banda Massive Attack, fundada em Bristol e pioneira do trip-hop, além de produtor da banda britânica de hip-hop Soul II Soul, que se adequava facilmente à cena de Atlanta. Ele também tinha experiência em trabalhar com mulheres poderosas, entre elas, Sinéad O'Connor, em "Nothing Compares 2 U", e Björk, no primeiro álbum dela, *Debut.* Na verdade, foi por causa desse álbum que Madonna se interessou por Hooper.[78]

Embora fosse participar de várias músicas de *Bedtime Stories* durante a remixagem, ele deixaria sua assinatura em "Bedtime Story". Madonna era fã de Björk e queria que ela escrevesse algo para o álbum. Quando Hooper transmitiu o recado, Björk hesitou. Ela *não* era fã de Madonna. "Eu não conseguia me ver escrevendo uma música adequada para o projeto. Mas, pensando melhor, decidi escrever as coisas que sempre quis ouvir e ela nunca disse."[79] A música viajada e quase alucinógena era diferente de tudo que Madonna já tinha feito. Juntamente com "Sanctuary", indicava a direção que a cantora tomaria no álbum seguinte, anos depois.

Foi Freddy DeMann quem recomendou Dave "Jam" Hall. As raízes deste eram a cena gospel em Nashville, mas ele foi criado em Nova Jersey e fora um dos pioneiros do hip-hop e do new jack swing no Bronx. O artista trabalhou com Mariah Carey no grande sucesso de 1993, "Dreamlover", e com a empolgada e recém-chegada Mary J. Blige em 1992, no álbum de estreia dela, *What's the 411?.*[80]

Madonna gravou quatro músicas com Hall. A primeira foi a romântica "Love Tried to Welcome Me". De todas, era a que mais soava como uma das canções gravadas com uma só tentativa. Os vocais sem efeitos, contrastando com os arranjos exuberantes, a percussão suave e a guitarra acústica, transformaram a música na mais sensual do álbum.

"Inside of Me" trazia a voz de garotinha de Madonna. Após *Erotica*, a introdução sussurrada e a respiração pesada poderiam ser interpretadas como sexuais, mas a cantora afirmou que a música era sobre a mãe dela.[81] A terceira música com Hall, "I'd Rather Be Your Lover", era a mais funk do álbum. Embora não necessariamente dançante, era direta e suja no melhor estilo do R&B, e era impossível ouvi-la e não se mexer. Também incluía um rap de Meshell Ndegeocello — iniciativa inédita para Madonna.

Ndegeocello assinou com a Maverick em 1993, após mais de dois anos sendo recusada por outras produtoras. "O pessoal das gravadoras dizia que minha música era muito eclética", contou a cantora, uma mulher negra e bissexual. "Falavam que não sabiam como me colocar no mercado, que minha música era sexy, mas que eu não era glamourosa ou sensual o bastante para vendê-la." Madonna a conheceu por intermédio de Betts e adorou o som dela, além de respeitá-la como artista.[82]

Embora a diva do pop dissesse que queria manter distância do sexo em *Bedtime Stories*, a quarta música gravada com Hall era um delicioso comentário sobre o tema que se tornaria um marco da carreira dela. A canção ganhou o título de "Human Nature".

> É minha declaração definitiva em relação à inacreditável resposta que recebi por ter a coragem de falar, no meu livro *Sex* e no meu disco [*Erotica*], sobre as coisas que fiz nos últimos anos. É para tirar isso do peito. É uma música defensiva, sim. Mas também é sarcástica, irônica. E não me arrependo. Não peço desculpas por nada.[83]

"Human Nature" era Madonna sendo atrevida, espirituosa, descarada e furiosa — em outras palavras, a Madonna que os fãs mais amavam. Era Madonna fazendo sátira social. Era Madonna como Mae West. Era a Madonna com quem era melhor não se meter.

Quando a cantora começou a trabalhar em *Bedtime Stories*, gravou a primeira versão de "I'd Rather Be Your Love" com Tupac Shakur, que não entrou no álbum, mas os dois começaram a namorar.[84] Tupac era considerado uma anomalia da comunidade do rap. Ele não aceitava o foco dado pela indústria musical pós-Rodney King ao rap que exaltava o dinheiro e não a mudança social.[85] Foi criado em Baltimore pela mãe, Afeni Shakur (integrante dos Panteras Negras), para ser o que ele chamava de "príncipe negro da revolução".[86]

Após o lançamento do primeiro e político álbum, *2pacalypse Now*, o cantor se mudou para Los Angeles e concentrou suas letras na vida das gangues.

Tupac tinha se tornado uma espécie de Charles Dickens, ao escrever crônicas de uma sociedade devorando a si mesma.[87] "Ele escrevia sobre nossa dor", disse o rapper Big Syke. Contudo, já não dava mais para continuar sendo um mero observador. Em South Central, era preciso assumir uma posição, escolher um lado, pegar em armas.[88]

Em 1993, ele ganhou credibilidade nas ruas ao ser preso em Atlanta por atirar em dois policiais de folga que, segundo o cantor, "assediavam um motorista negro". Tupac se livrou quando a investigação revelou que os oficiais estavam bêbados, tinham instigado a briga e, de acordo com uma testemunha, usado uma arma retirada do armário de evidências para ameaçar o rapper. O incidente consolidou a reputação dele na comunidade do rap e das gangues, mas também o colocou no radar das forças policiais de todo o país. Um dos advogados dele afirmava: "Não é que as pessoas nas forças de segurança não gostavam de Tupac; elas o desprezavam."[89]

Foi durante esse conflito com a polícia de Atlanta que ele e Madonna se conheceram. Tupac, com 22 anos, estava em Nova York, trabalhando em um filme no qual interpretava um gângster. O cantor usou um promotor musical haitiano chamado Jacques Agnant como inspiração para o papel. Madonna o conhecia — ele frequentava os estúdios musicais onde ela gravava seu novo álbum e os clubes onde ela dançava — e, por intermédio desse profissional, encontrou Tupac. Os dois desempenharam papéis opostos no declínio do rapper: Agnant participou do episódio que o derrubou e Madonna tentou amortecer a queda.[90]

O episódio teve início em meados de novembro, quando o promotor musical apresentou Tupac a uma jovem de 19 anos. O cantor e a jovem transaram e, quatro dias depois, ela voltou ao hotel alegando que Tupac, Agnant e um terceiro homem a violentaram. Todos foram presos e o rapper e o outro homem (mas não Agnant) foram acusados também de porte ilegal de armas. Tupac negou ter participado do estupro e passou a acreditar que Agnant era um informante que montou uma armadilha para ele.[91]

Enquanto esperava pelo julgamento — durante um ano —, o relacionamento com Madonna se aprofundou. O namoro não era exclusivo e para a cantora pode ter sido a tentativa de resgatar um homem que ela acreditava ter potencial, mas que testava a própria sorte tantas vezes, que mais cedo ou mais tarde estava fadado a se dar mal. O rapper era um pouco como Basquiat: talentoso, mas inadequado para o papel que interpretava, e era quase impossível imaginar que sobreviveria a isso.

Capítulo 37

Nova York, Miami, Los Angeles, Ronda, 1994

> Meu conforto é saber que, desde o início dos tempos, todos os grandes artistas foram incompreendidos e só passaram a ser apreciados depois da morte. Eles não entenderam Van Gogh e crucificaram Cristo [...]. É isso que me consola.[1]
>
> — *Madonna*

EM MEADOS DE março de 1994, foi lançada a primeira música de Madonna desde *Erotica*. Tratava-se de uma balada suave chamada "I'll Remember", escrita com Pat Leonard para *Com mérito*, o filme de romance universitário de Alek Keshishian. Para muitas pessoas, Madonna tinha reencontrado o caminho, e a recompensaram colocando a música no segundo lugar das paradas. Duas semanas depois, a cantora foi ao programa *Late Show*, de David Letterman, e a situação saiu de controle. O furacão de agressões sofridas após o livro *Sex* se transformou em tornado. Para muitos, ela era não somente uma vadia, mas também uma vadia louca.

Madonna não participava do programa de Letterman desde que acompanhou Sandra Bernhard, seis anos antes, e provocou os telespectadores com sugestões de ser lésbica. O apresentador a convidou muitas vezes. "Eu dizia: 'Não tenho nada para promover, então para quê?'", lembrou a cantora. "Um dia, ele retrucou: 'Venha até o programa para conversar, falar besteira e se divertir. Eu respondi: 'Bom, por que não?' Eu estava no clima."[2]

Antes de ir para o *The Late Show*, Madonna ficou gravando com Tupac. "Ele me deixou muito agitada com a vida em geral, então, quando fui ao programa, eu me sentia muito gângster", comentou a artista, que também fumou um baseado, o que tinha diminuído seu autocontrole.[3] Na sala verde, antes da entrevista, os roteiristas de Letterman discutiram o que deveria ser dito. Madonna se recordou das sugestões.

> Zombe de tal coisa, deboche do cabelo dele [...]. Eles me deram uma lista de insultos. Então, na minha cabeça, Letterman sabia qual era a estratégia: iríamos tirar sarro um do outro. Falei para alguns dos roteiristas que diria palavrões, e eles responderam: "Ótimo, faça isso. Vamos colocar aquele som de 'piii' para tapar, e será muito engraçado."[4]

Os monólogos de Letterman costumavam zombar da vida sexual de Madonna. Os comentários eram baixos, do tipo que se poderia ouvir em vestiários, embora fossem feitos com certa regularidade em rede nacional. Madonna decidiu aceitar o desafio. Se ele queria falar sobre sexo, teria que fazer isso do jeito dela, e frente a frente.[5]

Usando blusa transparente e saia longa, ambas pretas, com coturnos, Madonna entregou uma calcinha a Letterman e disse que estava usada. O apresentador rapidamente a colocou na mesa.[6] "Acho que ele não sabia onde estava se metendo", comentou a cantora. "Ele parece uma versão yuppie dos personagens da série Beavis e Butt-Head, sabe? Tipo 'Cara, que *nojento*!'."[7] Embora fosse amável com os convidados, Letterman logo começou a agir como um valentão.

Primeiro, ele a pressionou a beijar um homem da plateia, o que a cantora se recusou a fazer. Quando o apresentador insistiu, ela o chamou de "pervertido". Isso aconteceu menos de dois minutos após o início do programa. Então, *ela* assumiu a pose de valentona. "Você não consegue fazer um programa sem dizer meu nome ou pensar em mim", falou Madonna. "Está sempre fodendo comigo." Ela repetiu essa frase mais duas vezes.[8]

A câmera se virou para exibir a reação da plateia e ficou mais tempo em um casal de meia-idade de Appleton, Wisconsin, que se contorcia no lugar. Letterman repreendeu a cantora e disse: "Estamos na televisão [...] as pessoas não querem isso em suas casas às 23h30." A plateia concordou, celebrando e aplaudindo à custa de Madonna. "Calma", retrucou ela. "As pessoas não querem ouvir a palavra 'foder'?" Letterman fingiu sussurrar para os telespectadores que havia "algo errado com ela". A plateia no estúdio vaiou, demonstrando profunda aversão.[9]

Na maior parte do tempo, Letterman seguiu o roteiro, até que Madonna jogou fora a lista que deveria seguir e perguntou: "Por que não podemos simplesmente conversar? Por que temos que fazer toda essa merda ensaiada? Foda-se a fita, foda-se a lista, foda-se..." Letterman a interrompeu: "Parece que já sabemos quase tudo que há para saber sobre você." Madonna replicou: "Mesmo? Você não sabe de porcaria nenhuma."[10]

O comentário do apresentador liberou uma raiva suprimida que crescia dentro dela após anos do que parecia perseguição dos críticos e da mídia. "Eu estava furiosa naquela época [...] [estava furiosa] com tudo", disse depois do programa. "Eu me sentia uma vítima. Então atacava as pessoas."[11]

Letterman transformou a si mesmo em alvo fácil. A conversa desandou para outro lado, Madonna falando de fazer xixi no chuveiro. A câmera focou novamente o casal de Wisconsin, que parecia representar a consciência dos Estados Unidos. Eles não estavam achando graça. A participação de Madonna virou um justificado evento de "homem *versus* monstra". Era *Atração fatal* na telinha. Sempre que Letterman defendia a própria masculinidade ou a moralidade da pátria dos ataques de Madonna a plateia batia palmas desvairadas. Quando ela falava, a resposta não verbalizada era "Matem essa cadela". A hostilidade parecia assustadoramente real.[12]

Conforme a cantora relatou depois, àquela altura ela se distanciou de quem era no palco. "Não tenho controle sobre aquela pessoa."[13] Ela se recusou a ir embora para dar a vez ao próximo convidado ou permitir que Letterman chamasse os comerciais. Ele, em resposta, tornou-se mais agressivo, fazendo piada sobre a suposta predileção dela por jogadores da NBA. Quando ela disse estar interessada em alguém chamado Dave, Letterman perguntou: "David Dinkins?" A menção aleatória ao prefeito de Nova York, que era negro, podia ser interpretada como uma referência maliciosa ao fato de que Madonna namorava homens negros.[14]

O líder da banda, Paul Shaffer, talvez pressentindo o desastre, fez sinal para que os músicos iniciassem a música que anunciava o intervalo. Um membro da plateia gritou: "Dê o fora!" Madonna disparou que não iria a lugar nenhum. A banda de Shaffer então começou a tocar a trilha de *Psicose*, de Hitchcock. A produção cortou para os comerciais, e, quando o programa foi retomado, Madonna tinha ido embora.[15]

Durante a participação, ela disse a palavra "foder" 13 vezes — embora todas tenham sido censuradas com aquele clássico som de "piii". Shaffer comentou depois: "Ficamos pasmos. Foi chocante ouvir as palavras que ela disse em rede nacional." Letterman também expressou ultraje, mas só da boca para fora. Aquele corte estava gravado e, se a indignação e a necessidade de preservar a moralidade norte-americana fossem reais, não teria ido ao ar. Em vez disso, a CBS o exibiu e colheu os frutos, capturando um quarto de toda a audiência do disputado horário nobre.[16] Foi um pouco como o livro *Sex*, o qual, embora denunciado como repugnante, voou das prateleiras.

Madonna disse que se arrependeu imediatamente do modo como agiu. "Eu não conseguia acreditar como as pessoas ficaram perturbadas [...]. Você pode mostrar uma pessoa sendo chupada, mas não pode falar a palavra 'foder'? É muita hipocrisia." Mesmo assim, a reação a atingiu. "Não consigo dizer como isso tudo é intimidante. Se você não for um ser humano incrivelmente resiliente, pode se sentir massacrado."[17] "Desde o programa de David Letterman, estão noticiando por aí que perdi o juízo."[18]

Norman Mailer assistiu ao programa e achou que Madonna se comportou bem, mas Letterman — assim como a imprensa após a entrevista — agiu como o brutamontes da escola. "Novamente Madonna estava sendo chamada de doente, sórdida, depravada, desequilibrada, descontrolada, ofensiva, ultrajante e estúpida. Assim escreveram os bebuns, os cheiradores de cocaína e os suburbanos inveterados que escrevem colunas sobre TV." Quando migrou para as páginas de notícias, a cobertura permaneceu moralista. Mailer disse à *Esquire* que queria fazer uma matéria sobre Madonna. Ele a resgataria com as palavras dela mesma.[19]

Miami era a rota de fuga e o refúgio de Madonna. Certa vez, ela disse a um entrevistador: "Não sei relaxar [...]. Sou viciada em trabalho [...]. Sou perfeccionista, rígida em excesso e obstinada com as coisas,* [...]. Tenho insônia e necessidade de estar no controle."[20] Em Miami, ela (quase) não era assim. Segundo a cantora, logo que chegava à cidade, era "como tomar um calmante, tipo Valium".[21]

Madonna praticava o ritual diário de se cobrir de mel e pular na baía de Biscayne, onde boiava até o mel derreter e então fazia um pedido. Ela também encontrou uma figura materna descrita como "uma cubana mais velha [...]. Eu sentia um amor incondicional vindo dela. Chorava em seu ombro pelos homens, pelo trabalho em excesso, pelo desejo de ter filhos. Nunca recebi isso na vida". E ia à igreja.[22]

Embora discordasse de quase todas as políticas emanadas do Vaticano, Madonna tinha encontrado uma igreja católica na mesma rua de casa, a Igreja de São Judas Melquita, e a frequentava com a "mãe adotiva [...]. Ela adora o padre Gabriel, que me visita o tempo todo, e eles são pessoas muito fofas [...]. É muito reconfortante. Porque você passa a entender como as coisas costumavam ser. Um senso de comunidade".[23]

Em Miami, Madonna podia ter uma vida bastante normal. Ela podia ir ao shopping e até ao cinema sem guarda-costas. Certa vez, enquanto estava no cinema, três garotas perguntaram se alguém já tinha dito que ela se parecia com Madonna. Ela respondeu que sim, várias vezes. Então agradeceu, e todas voltaram a ver o filme.[24]

Além disso, ela podia ter vida social. "Se quisesse algo privado", comentou Christopher, "era só ficar em casa ou visitar Versace. Fora isso, as pessoas frequentavam os clubes da avenida Washington [...]. Andávamos com drag queens e viajávamos com pessoas que não eram tão descoladas. Não discriminávamos ninguém".[25]

Os clubes em Miami eram iguais aos favoritos de Madonna em Nova York. Eram até mesmo frequentados por muitas das mesmas pessoas. "Acho que aguento muita merda, assim como a comunidade gay e a comunidade da dança. Eu me sinto confortável lá", afirmou. "Não me sentiria confortável em um country club em Connecticut. Sou uma aberração para aquele povo.

* Em inglês, Madonna se descreve como "I'm anal-retentive". Essa expressão tem relação com a corrente freudiana na psicanálise. Segundo Freud, pessoas que tiveram experiências disfuncionais na fase anal (estágio de desenvolvimento psicossexual entre 1 e 3 anos de idade) desenvolvem uma personalidade "anal-retentiva" ou "anal-expulsiva". De modo geral, a primeira caracteriza-se por questões como rigidez e teimosia quando o assunto são finanças, além de obsessão com limpeza, pontualidade e respeito às autoridades. *[N. da E.]*

Quero ir aonde outras pessoas possam ir e sentir que somos diferentes, não aberrações. Somos apenas diferentes."[26]

As amizades de Madonna em Miami também haviam se solidificado, incluindo seu relacionamento com Donatella Versace. A cantora "saía com os principais fotógrafos da época, os mesmos com os quais eu trabalhava", disse Donatella. "Frequentávamos os mesmos círculos e nos encontrávamos em festas. Por algum tempo, foi somente *ciao, ciao*. Um dia, ela me telefonou e falou: 'Precisamos conversar.'" Foi no período após *Sex*, e, como parte da recuperação e da reabilitação, Madonna pediu à estilista que a ajudasse a criar uma nova imagem, porque queria se livrar de Dita. Donatella lhe ofereceu um visual Jean Harlow e apoio emocional durante aquela época conturbada.[27] Em troca, Madonna concordou em se tornar o rosto da Versace.

Naquele verão, ela foi fotografada por Steven Meisel para a coleção primavera-verão de 1995 e pelo fotógrafo peruano Mario Testino para a coleção outono-inverno. Testino chamou a sessão de fotos de ponto de virada da carreira dele, em parte porque as imagens foram publicadas na *Vanity Fair*, sob a chamada "Versace apresenta Madonna fotografada por Testino". "Pela primeira vez", disse ele, "fiz parte do grupo de fotógrafos conhecidos pelo sobrenome: [Richard] Avedon, [Helmut] Newton, [Irving] Penn".[28]

As imagens também foram um grande sucesso para a Versace, e as celebridades passaram a fazer fila para participar das campanhas da marca. Como agradecimento, Donatella encomendou para o aniversário de Madonna um bolo tão grande, que precisou ser içado até a piscina da Casa Casuarina. Enquanto o bolo boiava, homens de sunga Versace cortavam fatias e caminhavam dentro da água para distribuir os pedaços aos convidados.[29]

Assim, era muito natural que, após o feio episódio em *The Late Show*, Madonna fugisse para o sul, rumo à sua bolha social protetora e à sua bela casa. Fazia sentido que, zangada por ter sido usada e abusada por participar do jogo de Letterman, ela se sentisse atraída pelo cara mais durão da NBA. Foi logo após o programa que ela conheceu Dennis Rodman em Miami.

Jonathan Van Meter seguia o trabalho de Madonna desde que tinha visto um pôster do primeiro álbum dela em uma loja de discos em 1983, quando comprou a primeira edição de *Spin*, que trazia uma foto da cantora tirada por Herb Ritts. "Foi um fluxo constante a partir de então. Eu alimentava meu vício com frequência, como um esquisitão." Quando se tornou editor da *Vibe*, uma década depois, ele ainda era fã de Madonna e a queria na capa. Liz Rosenberg disse que a cantora não queria participar de outra entrevista, mas, se ele encontrasse algo interessante para ela fazer ou alguém interessante para *ela* entrevistar, concordaria com a reportagem.[30]

Assim como o amigo Spike Lee, Madonna era uma grande fã da NBA. Houve até mesmo rumores na imprensa de que ela pretendia comprar um time. E, é claro, também existiram boatos de que ela havia namorado vários jogadores. Durante um jogo entre o Knicks e o San Antonio Spurs em 1994, um repórter do *USA Today* perguntou o que ela achava do exuberante jogador do Spurs, Dennis Rodman. Ela respondeu: "Ele é a Madonna do basquete." Jonathan Van Meter leu essa citação e soube quem ele queria que a cantora entrevistasse. Assim, o editor telefonou para Rosenberg e contou sobre a ideia que tivera. Madonna concordou.[31]

Na primeira semana de abril, Van Meter e a fotógrafa Melodie McDaniel, que a artista escolheu para fotografar a capa, voaram para Miami e chegaram à casa dela na avenida Brickell, também conhecida como "rua dos milionários". Rememorando impressões, ele comentou:

> Foi a primeira vez que entrei em uma casa com uma imensa entrada circular para carros e uma grama perfeitamente aparada crescendo entre os paralelepípedos. Foi a primeira vez que via aquele estilo de vida decadente, do tipo "senhor do Universo". Fiquei maravilhado. A casa tinha uma grande porta de madeira e estava repleta de gardênias boiando em vasos com água. O perfume era inebriante. Eu me lembro de entrar quase que deslizando pela casa dela.[32]

Madonna estava na cozinha com seu *entourage* — o que incluía a assistente Caresse Henry e Ingrid Casares, além de Rosenberg — e contava sobre Letterman. "Ela subiu no balcão — era tão miudinha — e colocou os pés dentro da pia, e ali ficou enquanto falava sobre a reação de Letterman", disse Van Meter. "Ela estava muito na defensiva. Incrivelmente irritada."[33] Na verdade, a cantora insistiria no assunto durante semanas. Antes disso, no entanto, tinha um encontro com Dennis Rodman para a *Vibe*, que começaria com uma sessão de fotos.

Melodie McDaniel vasculhou vários lugares em Overtown, o Harlem de Miami. Ela queria um ar sujo, então escolheu uma velha oficina e a parede externa de uma mercearia. Madonna, Rodman, McDaniel, Van Meter e alguns outros foram para a sessão de fotos. Havia pouca segurança, que não estava à altura da multidão. Curiosamente, toda aquela animação era muito mais por Rodman do que por Madonna.[34]

"Em certo momento, o jogador começou a trocar de roupa na frente de todo mundo, ficando completamente nu à luz do dia, em público", contou Van Meter. Após o ultraje ao qual Madonna foi submetida no programa de Letterman, a atitude de "foda-se, faço o que eu quiser" de Rodman a atraiu. Havia "energia e tensão sexual entre os dois, era muito óbvio", comentou o editor. Ele se lembrou de pensar: "Ei, o que está acontecendo aqui?" Alguns dias após as fotos, Rodman foi à casa de Madonna para a entrevista. Van Meter entregou à cantora o gravador e uma lista de perguntas, e então a artista e o astro de basquete passaram algumas horas no gramado.[35] Esse foi o início de um relacionamento breve, mas tórrido.

Van Meter retornou à *Vibe* com uma transcrição da conversa e várias anotações de Madonna, juntamente com fotografias dos dois para a capa. Ele escreveu a introdução e a manchete: "Vencedores se reconhecem". "Estava tudo pronto para ser impresso. Estávamos entusiasmados", contou ele. Então, abruptamente, o editor-chefe da revista, o produtor Quincy Jones, decidiu não incluir a matéria. "Para ele, a ideia de um grande homem negro e uma pequena mulher branca na capa não caía bem", relatou Van Meter.[36]

A *Vibe* foi criada como uma "*Rolling Stone* negra", um lugar em que músicos negros e figuras culturais negras tinham o tipo de cobertura — incluindo capas — que não recebiam em publicações brancas. Àquela altura, a revista só tinha dez edições, mas a capa da edição anterior estampava os Beastie Boys. Jones não queria que a capa seguinte também contivesse uma pessoa branca. Ele também recebeu queixas vindas de Spike Lee e Eddie Murphy. Ambos faziam parte da mesma edição Madonna-Rodman e achavam que deveriam estar na capa. Segundo Van Meter, "havia sete contracorrentes diferentes ao mesmo tempo, e por fim Quincy disse: 'Não, não libero.' Nós brigamos e eu pedi demissão". A entrevista de Madonna com Rodman não foi publicada.[37]

Na sua casa, em Nova York, enquanto o ex-editor da *Vibe* "lambia as feridas", o namorado dele atendeu ao telefone e anunciou: "É a Madonna." Ela queria saber o que tinha acontecido. Estava zangada, mas não com Van Meter — até enviou flores brancas e um bilhete com os dizeres: "O que arriscamos revela o que valorizamos." A cantora se sentia grata por ele ter se sacrificado para defendê-la.[38]

Nesse ínterim, Norman Mailer teve o artigo sobre Madonna aprovado na *Esquire*, além de receber a cooperação da própria. Os dois se encontraram em Nova York. Como no caso de Rodman, o encontro começou com uma sessão de fotos — no loft do fotógrafo Wayne Maser, no SoHo. Mailer, de 71 anos, não se sentia à vontade sendo fotografado com uma mulher que tinha metade da idade dele. Ele estava consciente do que chamou de "encolhimento que acomete um cidadão sênior".[39]

O desconforto do jornalista aumentou quando foi colocado ao lado da cantora em frente a uma tela branca. Madonna usava um vestido de noite verde, e Mailer viu Maser puxar a alça do vestido e, sem cerimônia, expor um seio dela. Descrevendo-se como um "cavalheiro enrustido", Mailer ficou perturbado pela falta de respeito e por se ver ao lado da cantora naquele estado: "Agora vemos o corpulento Norman Mailer de pé ao lado da diminuta Madonna, de vestido verde, com um dos seios exposto e um pequeno piercing de argola na narina esquerda."[40]

O encontro continuou posteriormente naquela semana, no apartamento de Madonna. Os dois ícones representavam diferentes gerações e perspectivas, mas tiveram uma elucidativa conversa.[41] Eles trocaram ideias sobre trabalho, sexo, família, religião, política, fama, pornografia, direitos das mulheres e direitos humanos. Mailer perguntou se a cantora achava que falava por todas as mulheres. Ela respondeu que não.

> Fui acusada, durante anos e anos, principalmente no começo da carreira, de atrasar o movimento das mulheres por ser sexual de um jeito tradicional, com meus espartilhos, sutiãs levanta-tudo e cintas-ligas [...], e as feministas me encheram de porrada: "O que está fazendo? Você está enviando a mensagem errada para as jovens. Elas deveriam estar usando a cabeça, não os peitos e a bunda." Para mim, a questão é que você usa tudo o que tem, tudo: sua sexualidade, sua feminilidade, qualquer testosterona que possua, seu intelecto. Você usa tudo o que tem, e usa pedaços e partes disso sempre que parecer certo.[42]

Mailer a interrompeu. "Concordo", comentou, "mas em nome do quê?".

> Madonna: Em nome do quê?
>
> Mailer: Bem, você é uma revolucionária. Em nome do que será essa revolução?
>
> Madonna: Em nome de os seres humanos entenderem outros seres humanos. E se tratarem com compaixão.
>
> Mailer: E, para isso, você sente que as estereotipadas noções masculinas sobre como tratar as mulheres precisam ser revogadas.
>
> Madonna: Sim.
>
> Mailer: Destruídas.
>
> Madonna: Sim.
>
> Mailer: E quanto às atitudes das mulheres em relação aos homens?
>
> Madonna: Também.
>
> Mailer: Mas o movimento das mulheres não oferece quase nenhum compromisso com os homens.
>
> Madonna: Bem, isso é um problema, mas é preciso começar de algum lugar.[43]

Mailer disse que tinha embarcado na entrevista com Madonna para descobrir quem ela era. A conclusão pode ter sido uma surpresa até mesmo para ele. O jornalista a identificou como fruto cultural de Marilyn Monroe e Andy Warhol, só que maior (ou mais profunda) que ambos.

> Ela nos dá algo que Marilyn nunca conseguiu, algo menos atraente, mas igualmente valioso; ela nos escancara o perigo de qualquer verdade humana,

quando ousamos explorá-la; ela nos lembra de que as alegrias da vida repousam sobre um leito de cacos de vidro.

Quanto a Warhol, Mailer afirmou que Madonna, com seu trabalho, preencheu o "vazio" que o artista "conservou no gelo da técnica", transcendendo mídias artísticas e elevando-as a novos patamares. Especialmente o clipe. O jornalista chamou isso de talvez "a única nova forma de arte popular na vida norte-americana". E considerava Madonna uma mestra dessa forma.[44]

Ele terminou a sessão dizendo: "Quero que uma coisa fique clara para você. Cheguei à conclusão de que você é uma grande artista." Madonna arquejou. "Isso está gravado agora", continuou Mailer. "Este será o tema do artigo: o fato de termos entre nós a maior artista viva."[45]

Não era algo que a cantora, especialmente durante aquele período controverso, estivesse acostumada a ouvir. Na verdade, ela *jamais* tinha ouvido algo daquele tipo. O que falar quando alguém confirma suas suspeitas? Ela respondeu da única maneira que conseguiu. Disse simplesmente: "Obrigada."[46]

Em 1994, quando a reforma organizada por Christopher ficou pronta, Madonna vendeu a casa em Oriole Way e se mudou para Castillo del Lago. Los Angeles se tornaria um lugar de trabalho. "É uma cidade para fechar contratos", afirmou ela. "Tudo é feito aqui."[47] Como a cidade não a inspirava, a cantora passava muito tempo em casa.[48] Essa falta de distração tornou mais fácil se concentrar na tarefa em questão, o álbum *Bedtime Stories*.

Madonna trabalhou com Nellee Hooper e o colega dele, o programador e produtor britânico Marius de Vries, da Massive Attack, em Encino, no Chapel Studios. De Vries recordou que, no primeiro dia de trabalho, encontrou uma jovem que parecia uma funcionária. Ele a cumprimentou e continuou a arrumar o equipamento. Era Madonna. Longe de ficar ofendida, ela "gostou".[49] Marius seria um dos parceiros de estúdio de Madonna em vários projetos nas duas décadas seguintes, conforme ela se dirigia para uma música mais experimental.

Hooper e de Vries foram os últimos produtores com os quais Madonna trabalhou no álbum, e somente então ela entendeu "qual era o som do disco, então tive que voltar e refazer muitas coisas".[50] Mas isso só levou duas semanas e meia. De Vries disse que ela sabia o que queria.[51]

Em agosto, a cantora conseguiu fugir de Los Angeles e foi para a casa em Miami, onde Christopher tinha organizado uma festa. Aquele era o lugar onde eles celebravam as ocasiões especiais (com o irmão de Madonna como chef), tais como o aniversário da artista. Na verdade, entre o grupo na Flórida, os aniversários eram grandes eventos, cada um projetado para superar o anterior. Uma constante em quase todos era uma cantora cubana chamada Albita. Ela era tão adorada, que Gianni Versace fazia a moça cantar pelo telefone quando ele viajava.[52]

"Consegui que Albita cantasse na festa", disse Christopher. "Também convidei um grupo de drag queens." Madonna, por sua vez, convidou os amigos de Miami e os membros de seu círculo mais amplo, inclusive alguns jogadores da NBA. "Era uma mistura engraçada e esquisita de pessoas, que talvez nunca tivesse acontecido se não fosse o convite dela", reconheceu o irmão.[53]

Tudo correu bem durante as apresentações, e todo mundo parecia feliz, então Christopher foi para dentro de casa a fim de descansar um pouco. Quando voltou, todas as drag queens estavam na piscina.

> Aparentemente, os jogadores de basquete haviam se cansado delas e as atiraram na água. As perucas delas estavam boiando. Fiquei zangado. Aquilo não era nada engraçado, e [os jogadores] estavam meio que rindo [...]. Eu disse: "Madonna, tire esses babacas daqui. [...] Por que você os convidou, sabendo quem viria e como eles reagiriam?" Esse foi o fim da festa. Tive que entrar na água para pescar todos aqueles homens e lidar com... Não sei se você sabe o trabalho que uma drag queen tem para se vestir, se maquiar, arrumar o cabelo, vestir o espartilho e toda aquela merda.[54]

Os mundos de Madonna haviam se chocado, e em detrimento das drag queens. Pedidos de desculpas para os que haviam sido desrespeitados ou feridos foram feitos e aceitos. Na verdade, a reconciliação estava no ar naquele fim de verão.

Madonna foi convidada para apresentar o prêmio de Clipe do Ano em 8 de setembro, durante o VMA, no qual tipicamente roubava a cena com uma declaração ou apresentação chocante. Ela se perguntou quem deveria acompanhá-la.

> Achei que, se fosse estar ao lado de alguém, teria que haver certo simbolismo [...]. E que seria ótimo aparecer com David Letterman, porque todo mundo achava que estávamos em guerra. Então telefonei para ele e perguntei: "Dave, você está pronto para baixar as armas?" Ele respondeu: "Não existe arma alguma."[55]

O prêmio anunciado por Madonna foi o último da noite. Ela e Letterman subiram ao palco de braços dados, ele de terno e gravata, como sempre, ela como a persona Jean-Harlow-via-Versace de *Bedtime Stories*. "Ele estava muito nervoso", lembrou Madonna. "Foi muito fofa a maneira como agarrou meu braço quando subimos ao palco."[56] Quando chegaram ao pódio, Madonna disse à plateia: "E vocês achando que não iríamos durar." Segurando a mão de Madonna após ter realizado seus deveres naquela noite, Letterman se inclinou na direção dela e sussurrou: "Vou esperar no carro. Cuidado com a língua." Então, a beijou e foi embora.[57] "Tenho que confessar que adoro aquele cara", disse Madonna depois.[58]

O Aerosmith, aliás, foi o surpreendente vencedor da categoria Clipe do Ano. O líder da banda, Steven Tyler, possivelmente esperando reivindicar o absurdo manto de Madonna ou talvez "envergonhá-la", disse: "Madonna, querida! Vi seu livro *Erotica* [*sic*]." Erguendo dois dedos em um gesto claramente ensaiado, ele se virou para o guitarrista Joe Perry e perguntou: "Joe, por que Madonna usa esses dois dedos para se masturbar?" "Não sei, Steven. Por quê?", perguntou Perry. "Porque são meus", respondeu Tyler.

A cantora, que tinha se afastado, abriu caminho entre os membros da banda para responder. "Calma lá. Se eu usasse seus dedos, *não* seria masturbação." "E seria o quê, então?", perguntou Tyler, confuso. "Abuso sexual", respondeu ela. Tyler se afastou do microfone, sem jeito e também sem resposta. Madonna teve mais um momento VMA.[59]

No dia seguinte, ela começou a trabalhar no próprio clipe, que seria o primeiro do novo álbum. "Secret" foi filmado durante três dias no Harlem por McDaniel, que fotografou Madonna e Rodman para a *Vibe* e era uma das poucas mulheres não brancas a dirigir clipes naquela época. Foi o curta-metragem de McDaniel sobre um batismo vodu que a fez ser escolhida pela cantora para "Secret". McDaniel disse que a "crueza" do clipe da diva do pop a atraía.[60]

Madonna optou pelo Harlem para a gravação porque as pessoas que não o conheciam pensavam nele como "gueto onde todo mundo é triste, as pessoas estão tomadas pelo desespero e já não há esperança". Ela disse que, quando caminhava pelo bairro, via pessoas bonitas e crianças felizes. "Achei que, como a música falava em revelar um segredo, seria bom combinar essas duas coisas."[61]

McDaniel escolheu o Lenox Lounge como cenário da performance musical de Madonna. Ela também procurou vívidos personagens locais — homens idosos, crianças, mulheres, pessoas trans — para compor um pequeno elenco, que incluía o ator Michael K. Williams em um de seus primeiros papéis. Marc Jacobs desenhou os figurinos e Brigitte Echols, uma jovem com DNA punk, foi contratada como estilista.[62]

Durante a filmagem, um canto do Harlem foi transformado em "mundo da Madonna". A equipe instalou uma casa móvel e trailers. Os seguranças caminhavam pelo set, assim como o *entourage* da cantora, ampliado por amigos famosos. Donatella Versace apareceu lá para fazer uma visita.[63] Entretanto, a filmagem não começou bem. McDaniel não foi clara sobre o que esperava. Quando Madonna saiu do trailer, glamourosa e limpa, era o oposto do que a diretora queria. McDaniel reuniu coragem para explicar o que tinha pensado, e a artista gritou: "Porra, por que você não me disse? Perdi todo esse tempo!" Então voltou para o trailer e saiu de lá parecendo que tinha acabado de se arrastar para fora da cama após uma noitada no clube. Perfeita. "Eu a vi ser dura com as pessoas", contou McDaniel, "mas não cruel. Não havia espaço para vacilos".[64]

Echols, por sua vez, observava Madonna com fascinação e concluiu que o relacionamento-chave não era só com a diretora, mas também (e sobretudo) com o cinegrafista — no caso, Pascal Lebègue, que já tinha sido responsável pela direção de fotografia dos clipes de "Open Your Heart", "Vogue" e "Justify My Love". Echols disse que Madonna entendia a iluminação e os melhores ângulos para as cenas e sabia como interagir com a câmera de Lebègue.[65]

A personagem no clipe é uma cantora em um pequeno clube noturno, apresentando-se com um pequeno grupo para uma reduzida plateia. É uma cena simples, íntima. O clipe faz referência a produções anteriores: o salão de bilhar é uma lembrança de "Borderline"; Madonna subindo a escada cita "Papa Don't Preach"; "Like a Prayer" é evocada na cena em que a cantora, de vestido branco, passa por um batismo vodu e é erguida pelas mãos de uma figura religiosa. A novidade em "Secret" era a aura familiar. O clipe termina com Madonna encontrando a felicidade com um homem que pode ou não ser seu marido e uma criança que pode ou não ser sua.

Esse clipe foi um dos raros momentos da cultura pop da época em que uma pessoa branca estava em minoria e um dos *raríssimos* exemplos de uma mulher branca vivendo sem medo em uma comunidade negra. Era comovente porque um dos homens negros mais famosos dos Estados Unidos, O. J. Simpson, estava prestes a ser julgado pela morte da ex-esposa branca, Nicole Brown Simpson. Entre os muitos debates que o caso gerou, havia a discussão nos Estados Unidos sobre relacionamentos entre negros e brancos.[66]

Alguns anos antes, em 1991, uma pesquisa do National Opinion Research Center tinha revelado que uma em cada cinco pessoas brancas achava que um casamento assim deveria ser ilegal. O autor Earl Ofari Hutchinson escreveu um livro sobre o assunto e disse que o caso Simpson reforçou "antigos medos brancos de homens negros como hipersexuais e perigosos".[67] No clipe de Madonna, a cor da pele é irrelevante. Os personagens encontram amor em qualquer lugar.

"Secret" foi ao ar na MTV em 4 de outubro e ajudou a transformar a música, a primeira de *Bedtime Stories*, na quinta mais tocada em todo o mundo. Na Grã-Bretanha, Madonna entrou para a história: o clipe representou a 35ª vez consecutiva que uma música da mesma artista chegava à lista das dez mais tocadas. Nenhum outro teve tanto sucesso. A canção também gerou outro marco. Madonna se tornou a primeira a oferecer para download a música de um novo álbum. Ao fazer isso, incluiu uma presciente mensagem, à guisa de introdução:

> Olá, internautas! Bem-vindos à versão de intimidade da década de 1990. Vocês podem me ouvir, podem me ver, mas não podem me tocar.[68]

"Secret" foi um sucesso, mas o álbum *Bedtime Stories*, também lançado em outubro, não. No melhor estilo da "medida ideal", lição que aparece em Cachinhos Dourados, alguns críticos que haviam denunciado os excessos de *Erotica* diziam que o novo álbum era comportado demais, que Madonna não tinha arriscado o bastante.[69] Outros o elogiaram. Stephen Holden, no *New York Times*, chegou a ponto de chamá-lo de "o melhor álbum de Madonna".[70] Barbara O'Dair, na *Rolling Stone*, afirmou: "O disco brilha [...]. *Bedtime Stories* diz: 'Afastem-se, ainda não terminei'".[71] O álbum ficou em terceiro lugar nos Estados Unidos, mas vendeu somente um pouco mais que *Erotica*. Madonna ainda não tinha reconquistado o público.

Em novembro, Tupac Shakur foi a julgamento por acusações de agressão sexual e porte de armas. Em 30 de novembro, enquanto o júri deliberava, ele foi a um estúdio na Times Square onde contribuiria com um rap para o disco de outro artista. Três homens o seguiram até o prédio e atiraram cinco vezes nele — um tiro na cabeça —, mas ele não morreu.[72] Determinado a comparecer perante os jurados, Tupac foi ao tribunal na manhã seguinte envolto em ataduras e em uma cadeira de rodas. Foi inocentado de três acusações de sodomia e uma acusação de porte de armas, mas condenado por duas acusações de agressão sexual. O rapper afirmou não ser culpado, mas disse carregar a culpa de não ter evitado que a jovem fosse violada pelos outros dois.[73]

Em vez de pagar 3 milhões de dólares de fiança e se arriscar nas ruas, onde quem quer que tivesse tentado matá-lo poderia tentar de novo, Tupac permaneceu sob custódia e foi transferido para a prisão na ilha Rikers, onde aguardaria a sentença.[74] Ele aproveitou para refletir sobre a própria vida e tentou se redimir com as pessoas com quem tinha errado, inclusive Madonna. O rapper disse a Kevin Powell, que o entrevistou em Rikers para a *Vibe*:

> Estava deixando as pessoas ditarem quem podia ser meu amigo. Eu me sentia uma espécie de Pantera Negra [...]. Não podia ser amigo de Madonna. Então a afastei, embora ela só tivesse demonstrado amor. Eu me senti mal, porque, quando fui para a prisão, telefonei para ela e ela foi a única pessoa do meio com tamanha fama disposta a me ajudar.[75]

No dia em que se reuniu com Powell, Tupac também escreveu uma carta à cantora, na qual pedia que ela o visitasse e explicava as razões do rompimento. Endereçando as palavras a "M", ele disse que ser vista na companhia de um homem negro só fazia com que Madonna parecesse mais excitante, mas se o rapper aparecesse com uma mulher branca correria o risco de decepcionar "metade das pessoas que me fizeram o que eu pensava ser". Tupac disse que não teve intenção de magoá-la e queria se explicar enquanto ainda tinha a chance. "Por favor, tenha cuidado, Madonna. Nem todo mundo é tão honrado quanto parece. Há pessoas de cujo coração escorre inveja e maldade. Elas não hesitariam em prejudicar você."[76]

Em fevereiro de 1995, Tupac foi sentenciado à prisão de segurança máxima em Dannemora, Nova York, onde permaneceu por oito meses. Um ano depois, foi assassinado a tiros disparados de um carro em movimento, na cidade de Las Vegas. Ele tinha 25 anos.[77]

Mesmo antes da prisão, da tentativa de assassinato e da sentença de Tupac, Madonna já tinha começado a pensar em dar outro rumo à própria vida.[78] "Eu fiz minha rebelião sexual. E a levei o mais longe que consegui [...]. Fiquei nua em todo estado e país", disse ela. "Já não há mais nada! [...] Superei isso."[79] Ela começou a procurar "sentido e um senso real de propósito".[80] Em novembro de 1994, disse que queria ter um filho. "Não vejo a hora de fazer os sacrifícios necessários."[81]

No entanto, encontrar um homem para isso seria bem perigoso. Sempre que alguém entrava no círculo de amigos de Madonna, qualquer que fosse o pretexto, ela precisava avaliar as intenções da pessoa.

> Eu imediatamente me pergunto: "Ok, por que essa pessoa está se aproximando? O que ela pode ganhar com isso?" Tenho todo um sistema e estou sempre atenta. E mesmo assim às vezes sou enganada: acho que as pessoas têm as melhores intenções, e elas não têm [...]. Isso não me impede de ter amigos nem permitir que as pessoas se aproximem, mas acrescenta uma camada de ansiedade às camadas normais, sempre presentes quando você conhece alguém.[82]

Madonna pensou em ter filhos em algum momento da vida: chegou a discutir o assunto com o próprio guarda-costas, Jimmy Albright — os dois começaram a namorar após a publicação de *Sex*.[83] Os tabloides até sugeriram que a cantora queria ter um filho com Sean Penn. O ator e a diva do pop foram vistos de mãos dadas no set de *Corpo em evidência* quando o relacionamento dele com Robin Wright "passava por problemas".[84]

Então, em certo dia de setembro, enquanto corria no Central Park, Madonna conheceu um cubano-americano de 30 anos chamado Carlos Leon.

"Ela estava correndo e eu estava de bicicleta", contou ele. "Eu já a tinha visto algumas vezes antes." Ele parou para dizer olá, os dois conversaram e foi só isso. Até que Madonna telefonou. Leon ficou surpreso. "Não é inacreditável?", perguntou o rapaz aos amigos.[85]

Personal trainer fanático por andar de bicicleta, Carlos era um dos dois filhos de uma sólida família católica. Criado no West Side de Manhattan, aprendeu valores religiosos em casa e nas escolas paroquiais, e tinha uma ética de trabalho cubana. Como Madonna, não bebia nem usava drogas. Ao contrário dela, no entanto, não tinha fugido da família. Mesmo não morando mais com os pais, Leon os visitava diariamente.[86]

Quando ele contou que estava namorando a cantora, os pais acharam que o filho estava brincando. "Quando chegaram, pensamos que ela era um sósia ou algo assim", contou o pai dele, Armando. Logo, porém, Madonna se tornou parte da família, jantando com eles, ouvindo música cubana e conversando até tarde da noite. Em novembro, a artista passou o Dia de Ação de Graças com Leon na casa da tia-avó dele em Miami Beach. A conexão cubana em Miami pode ter fortalecido o relacionamento. Madonna disse durante uma entrevista naquele outono: "Eu fui espanhola em outra vida. Sou cubano-espanhola. Amo Cuba."[87]

Um pouco depois de conhecer Leon, Madonna declarou em outra entrevista: "Provavelmente nunca encontrarei alguém que tenha tudo, que seja uma combinação de cada romance incrível que já li e cada grande filme que já vi [...] mas quero chegar perto disso. E meus amigos poderão preencher o que faltar." Ela também percebeu que seria uma parceira difícil para qualquer homem.

> É mais ou menos assim: "Esteja lá quando eu quiser, mas saia de perto quando eu precisar de espaço." Não há muitas pessoas que consigam lidar com isso [...]. Tenho uma agenda maluca, estou sempre viajando, então preciso de alguém mais estável, mas fico irritada e zangada quando a pessoa não é tão ambiciosa quanto eu [...]. Quero alguém que esteja presente para mim. Só que, quando dizem que estarão, penso que são uns maricas [...]. Estou diante de uma pessoa legal, gentil, falando que vai me amar pelo resto da vida e eu fico pensando: "O que há de *errado* com você?"[88]

Leon, aparentemente, oferecia a combinação certa entre atento e arredio, satisfeito e motivado. Era "macho" como Penn, mas sem tanto drama. E tinha um "forte conceito sobre si mesmo", o que, segundo Madonna, era necessário para aguentar os comentários e ataques que inevitavelmente surgiriam por causa da associação com ela.[89] A cantora disse ao irmão que estava apaixonada. Depois de terem visto tudo sair de controle, os amigos saudaram com alívio a chegada do rapaz. Liz Rosenberg o chamou de "influência estabilizante".[90] O momento não poderia ser melhor. Madonna estava prestes a embarcar no maior projeto cinematográfico de sua vida.

Em 1987, ela se reuniu com diretores e produtores para discutir uma possível versão cinematográfica da peça musical *Evita*, de Andrew Lloyd Webber e Tim Rice, baseada na vida da falecida primeira-dama argentina Eva Perón.[91] Em 1994, o nome do diretor britânico Alan Parker foi associado ao projeto. Ele dirigiu mais de 12 filmes formidáveis, entre eles, *O expresso da meia-noite*, *The Commitments: Loucos pela fama* e *Mississippi em chamas*, e tinha a habilidade necessária para filmar a história de Eva Perón. Madonna sentia que retratá-la estava no próprio destino. "Eu sabia que ninguém entenderia tão bem quanto eu tudo que ela havia enfrentado", afirmou.

> Eu me identificava com o comprometimento, a disciplina e a ambição dela [e] com a bravura exigida de uma garota de 15 anos para sair dos *pueblos* e ir encontrar seu caminho em Buenos Aires, primeiro no entretenimento e mais tarde na política. O sofrimento dela durante a infância foi um catalisador para tentar ter uma vida melhor. Eu entendia isso. Por causa do enorme impacto que ela teve, os detratores tentaram destruí-la e profanar sua imagem. As pessoas tinham medo do poder que Eva tinha e diminuíam suas realizações chamando-a de puta. Com certeza me identifico com isso.[92]

Madonna foi para a Espanha em novembro a fim de gravar um clipe para "Take a Bow", que seria basicamente um teste para *Evita*. O diretor escolhido era novo, em certa medida: Michael Haussman.[93]

Em Paris para a Fashion Week, a cantora se encontrou com ele no hotel Ritz, para discutir o projeto. Ela ainda não tinha se decidido por uma única ideia, e então disse: "Ok, aqui está a música. É sobre uma garota apaixonada por uma figura pública. Desenvolva algo, mas nada sombrio." Durante o jantar, Madonna perguntou o que Haussman estava fazendo, e ele contou que tinha filmado *corridas* — touradas espanholas. "Então vi um brilho nos olhos dela e segui daí", contou o diretor, acrescentando que tinha "certeza de que a coisa toda seria escrita naquela noite".[94]

O tema era exatamente onde estavam a mente e o coração de Madonna na época. Ela estava apaixonada pela cultura hispânica por causa de Miami e de Carlos Leon.[95] O clipe também mostraria a Alan Parker como ela se sairia em uma peça de época ambientada em um país latino. Os detalhes ficaram a cargo de Haussman, que sabia quem queria chamar para interpretar o *matador*: o famoso toureiro Emilio Muñoz. Contudo, o diretor foi informado de que Muñoz jamais faria algo tão comercial. E, de fato, ele resistiu. Haussman esperou por quatro dias em Sevilha, até que Muñoz concordasse em conversar.[96]

Nesse meio-tempo, a organização não governamental People for the Ethical Treatment of Animals (Peta) soube que o clipe de Madonna incluiria uma tourada.[97] A questão se tornou tão controversa, que Haussman chamou a polícia para procurar cartas-bomba no escritório dele em Londres, e um dos produtores recebeu ameaça de morte.[98]

Diante desse tipo de oposição e estando com os censores da MTV em mente, Haussman aceitou o fato de que não exibiria uma tourada na qual o touro fosse morto. Ele descreveu o problema para Muñoz. A resposta do toureiro foi "Vou pensar nisso", e sumiu por dois dias, enquanto Madonna viajava para a Espanha. "O drama daquele momento era fantástico!", comentou Haussman. Finalmente, Muñoz ressurgiu e anunciou à imprensa espanhola: "Vou lutar contra esse touro, mas não vou furá-lo. Será a primeira vez que isso será feito." A declaração era a resposta de Muñoz ao convite de Haussman. Com isso, ele tinha aceitado participar do clipe.[99]

"Take a Bow" foi filmado durante cinco dias em Ronda, uma cidade do século XV na província espanhola de Málaga. A tourada aconteceu na cidade de Antequera, na Andaluzia. Ao contrário do clipe para "Bad Girl", que não tinha o formato de um clipe musical, e sim de um curta, "Take a Bow" misturava cenas dramáticas com tomadas de Madonna cantando. Assim, permaneceu firme no campo dos clipes, embora em um nível mais elevado.

Os figurinos, que intencionalmente evocavam Eva Perón, foram desenhados por John Galliano, Donatella Versace e pelo famoso designer de calçados franco-egípcio Christian Louboutin. *Todos* os detalhes no clipe precisavam ser perfeitos — e Madonna se assegurou disso. "Por me importar com algo e querer que seja feito direito, sou vista como uma megera", disse ela. "Mas [...] é o meu que está na reta. Serei julgada por aquilo, então preciso fazer o melhor que puder "[100]

A tourada exigiu cinco câmeras trabalhando em vários ângulos porque era impossível de ser ensaiada: o touro fazia o que bem queria.[101] Haussman conseguiu dez horas de filmagens, que então foram editadas e reduzidas a cinco minutos. "Take a Bow" era bom, talvez até excelente, mas não era uma obra de arte. O próximo clipe de Madonna seria.

Quando "Take a Bow" foi lançado, a cantora já trabalhava no clipe de "Bedtime Story". Para a direção, ela escolheu Mark Romanek, que fazia parte do mundo de Fincher na Propaganda Films. Romanek não queria fazer clipes musicais; ele queria fazer arte que incluísse música. Seus trabalhos eram basicamente poemas que ganhavam vida com cores, movimentos e sons, auxiliados por uma tecnologia que brincava com a realidade.[102]

Ele já tinha dirigido mais de 12 clipes no fim de 1992, quando Madonna o procurou pela primeira vez para dirigir "Bad Girl", do álbum *Erotica*. A cantora estava hospedada no Sherry-Netherland, em Nova York, porque o apartamento estava em obras. Romanek disse que ela não tinha nada pessoal no hotel, com exceção de uma pequena pintura. Era sem dúvida *Meu nascimento*, de Frida Kahlo, que ela sempre levava consigo quando viajava.[103]

O diretor achou a pintura sombria e perturbadora e, como não conhecia Madonna, ficou confuso e surpreso com o gosto artístico dela. "Posso até ter dito: 'Uau, seria ótimo se pudéssemos fazer um clipe assim algum dia.' Ela respondeu: 'Sim.'" Ele decidiu não participar do projeto "Bad Girl", e a cantora trabalhou com David Fincher. Entretanto, Romanek contou que não desistiu da ideia de recriar a pintura.[104]

Vários meses depois, Madonna o procurou novamente, querendo que ele dirigisse o clipe de outra música de *Erotica*, "Rain".[105] Ele concordou, desde que fosse "futurista".[106] Madonna permitiu que a imaginação dele corresse solta. O conceito escolhido era simples: Madonna filmando um clipe musical.

As influências de Romanek ao criar o visual foram estilistas japoneses como Yohji Yamamoto e Rei Kawakubo. Para a filmagem, ele pegou emprestada uma ideia de um comercial que Jean-Baptiste Mondino havia feito com Catherine Deneuve para a Yves Saint Laurent. "A maneira como ele coloriu o filme e expôs excessivamente o rosto dela [...] era de uma beleza de cair o queixo."[107]

Romanek tinha a proposta visual e a técnica. Só precisava de um cenário

> Com o processo bem avançado, resolvi dar a entender que tudo acontecia no Japão, porque achei interessante Madonna ser a única ocidental no clipe, o que a tornaria ainda mais uma *outsider* [...]. Então chegou a hora de decidir quem interpretaria o diretor.[108]

Inicialmente, eles pensaram em Jean-Luc Godard. "Ao trabalhar com alguém como Madonna, essa é uma possibilidade. Em outra situação, seria impossível." Godard, porém, não estava disponível. Em seguida, a cantora enviou um fax a Federico Fellini. Ele estava doente, mas respondeu com um bilhete manuscrito.[109] Parecia difícil encontrar um diretor para interpretar o papel, então eles decidiram procurar um ícone japonês e escolheram o compositor Ryuichi Sakamoto. "Ele é tão conhecido no Japão quanto Madonna é nos Estados Unidos e na Europa", afirmou Romanek. Sakamoto embarcou, saindo de Tóquio.[110]

No aeroporto de Santa Monica, na Califórnia, Romanek criou um estúdio e permitiu que as "entranhas" da filmagem — cabos, câmeras, luzes — ficassem expostas. O elenco japonês circulou em frente às câmeras e em torno de Madonna enquanto a artista cantava e aguardava, entre uma tomada e outra. "Era tudo muito zen, muito despojado", contou o diretor. "Ela estava acessível e vulnerável, cercada pelo high-tech e pelo global."[111]

Há muito pouca ação em "Rain". O que o torna tão cativante é o uso de cores claras e frias, inspiradas no comercial de Mondino para animar o árido set, além do rosto pálido e quase descolorido de Madonna. Ela é reduzida à própria essência: cabelo preto curto, lentes de contato intensamente azuis, lábios rosados, dentes separados.

Por ter sido o clipe mais experimental da cantora até aquele ponto, ela procurou Romanek de novo para dirigir o que acompanharia uma música ainda mais experimental. "Bedtime Story" era uma canção enigmática e precisava de alguém capaz de manter tal mistério. Dessa vez, o diretor aceitou prontamente. Ele ouviu na música as mesmas qualidades sombrias e surreais que tinha visto na pintura de Kahlo que acompanhava a cantora no hotel Sherry-Netherland.

> Eu sabia que Madonna tinha vasto conhecimento de arte e história da arte, e, pesquisando referências no surrealismo, enlouqueci, para falar a verdade [...]. Pesquisei, especificamente, muitas pintoras surrealistas porque esse era um grupo muito forte [...] Achei importante que o clipe tivesse uma atitude muito feminina em relação a essas imagens artísticas.[112]

Entre as influências da produção estavam as pintoras Leonora Carrington, Remedios Varo, Frida Kahlo e até o pintor René Magritte. Romanek também recorreu às obras do artista britânico Lucian Freud e do cineasta russo Andrei Tarkovsky.[113]

O diretor criou um grande livro de referências e começou a mostrar as imagens para empresas de efeitos especiais a fim de descobrir se o que queria era viável. Ouviu que sim, se um novo software fosse desenvolvido para transformar a visão dele em realidade. "Grande parte daquilo estava no limite do que era possível fazer", explicou.[114]

Trabalhando com o cinegrafista Harris Savides, que também filmou "Rain" e "Take a Bow", Romanek e Madonna criaram uma pintura surrealista com um toque de ficção científica no início e no fim, quando uma criatura no estilo de Prometeu, chamada Ciccone, M., nasce completamente pronta. A frieza do laboratório se dissipa quando o clipe se torna uma "pintura" de Madonna como girassol, intercalada com imagens de uma criança, um lutador de sumô e dervixes rodopiando. Graças a um pouco de magia tecnológica, usando espelhos duplicados, o rosto de Madonna surge sem o corpo, e em certo momento os olhos se tornam bocas cantantes e a boca, um olho. Uma das imagens mais belas do clipe mostra Madonna grávida dando à luz uma revoada de pombas; outra ocorre mais adiante, quando ela voa por um corredor, para espanto de uma criança.

O clipe de "Bedtime Story" levou seis dias para ser filmado, mas precisou de meses para ser planejado e depois editado. Ele é perturbador, maravilhoso e inesquecível. Foi reconhecido mais como uma obra de arte do que um mero clipe ao se tornar parte da coleção permanente do Museu de Arte Moderna em Nova York e do Museu da Imagem em Movimento em Londres.[115]

Madonna escolheu aquele ano para retornar à criatividade pura, sem o drama e a distração da controvérsia. A polêmica a encontrou mesmo assim, mas não a paralisou. Ao contrário, ela se pôs em movimento, percorrendo um caminho de experimentação que a manteria ocupada durante décadas — após um breve desvio. Primeiro, ela precisava produzir um musical e ter um bebê.

Capítulo 38

Londres, Nova York, Los Angeles, Sanremo, Miami, 1995

> Os objetivos do feminismo jamais serão atingidos por meio da evolução, somente da revolução. O poder, como quer que tenha evoluído e quaisquer que sejam suas origens, jamais será deslocado sem conflito.[1]
>
> — *Shulamith Firestone*

O DIRETOR ALAN PARKER estava na Inglaterra para o Natal, em dezembro de 1994, tendo ficado um tempo em Hollywood a fim de encontrar um elenco e uma equipe para seu próximo filme, *Evita*. Michelle Pfeiffer pensou em ser a protagonista, e Parker queria que ela ficasse com o papel. Entretanto, quando os dois se encontraram, a atriz tinha acabado de dar à luz e não poderia embarcar nos meses de viagem exigidos pelo filme. Em outras palavras, enquanto Parker saboreava a refeição, ele não tinha uma estrela para interpretar a personagem que era o coração e a alma do filme.[2]

Foi então que recebeu, "do nada", uma carta de Madonna e uma cópia do clipe de "Take a Bow". Parker já tinha trabalhado com ela, no que possivelmente foi uma refilmagem de *O anjo azul*, de Marlene Dietrich, mas o longa, como tantos outros projetos de Hollywood, não foi lançado. Embora o nome da cantora estivesse associado a projetos anteriores de *Evita*, Parker não sabia que ela estaria interessada. A carta mostrou, em quatro páginas manuscritas, que sim, ela estava. O diretor a achou "extraordinariamente passional e sincera. Na opinião de Madonna, ninguém poderia interpretar Evita tão bem quanto ela, e disse que estava disposta a cantar, dançar e interpretar até o limite, colocando *todo o restante* em espera, a fim de dedicar todo o tempo que tivesse ao filme, caso eu me decidisse por ela".[3]

Em 1994, *Evita* era sinônimo de sucesso musical nos teatros, mas as origens da peça eram tão humildes quanto as de Eva Perón. O letrista Tim Rice ouviu sobre essa figura argentina no rádio do carro, em 1973. Ele e o colega e parceiro de trabalho, o compositor também inglês Andrew Lloyd Webber, fizeram enorme sucesso com o musical *Jesus Cristo Superstar* e procuravam um novo projeto. Rice escutou novamente a transmissão de rádio e achou que esse projeto poderia ser Eva — "Evita".[4]

Maria Eva Duarte de Perón era uma filha das províncias argentinas cuja vida pouco auspiciosa tinha começado com rejeição. Ela era filha ilegítima de uma empregada doméstica, Juana Ibarguren, e de um empresário burguês, Juan Duarte. Quando o empresário morreu, Eva e a mãe foram expulsas da casa. A filha não teve direito ao sobrenome do pai, mas o adotou mesmo assim, quando saiu da casa da mãe aos 15 anos para tentar a sorte em Buenos Aires. Usando tudo que tinha — inteligência, charme e determinação —, ela viveu com vários homens e construiu uma carreira relativamente bem-sucedida como atriz. Aos 24 anos conheceu uma das mais poderosas figuras da Argentina, o coronel viúvo Juan Perón, então com 48 anos. Eva se tornou amante dele.[5]

Ainda jovem, ela se viu no centro da agitação política do país. Durante o primeiro ano em que viveu com Perón, o militar foi preso pela junta governante do país, libertado por uma rebelião e eleito presidente. Ao se casar com ele, a jovem Eva se tornou uma primeira-dama surpreendentemente formidável. Por um lado, era uma glamourosa embaixadora; por outro, era a salvadora dos pobres, fundando escolas, hospitais e abrigos para os idosos, os desvalidos e os vulneráveis. Por ter sido pobre, ela sabia do que as pessoas mais precisavam: sapatos, panelas, máquinas de costura.

Algumas das maiores batalhas que travou foram em prol das mulheres, e a luta ocorreu em duas frentes: a pessoal e a política. Com a ajuda de Eva, as mulheres argentinas passaram a ter acesso a contraceptivos e ao direito de se divorciar. Também obtiveram o direito de votar. A primeira-dama conseguiu realizar tudo isso em um país rigidamente católico e com fortes trincheiras de tradições patriarcais. Eva provou ser uma política tão habilidosa, que aos 32 anos, em 1951, grupos trabalhistas quiseram que ela se tornasse vice-presidente. Entretanto, ela não pôde aceitar a posição, porque teve câncer e morreu no ano seguinte, aos 33 anos. Na morte, polarizou tantas opiniões quanto em vida. O amor dos apoiadores se transformou em veneração, ao passo que inimigos tentaram destruir seu legado.[6]

Em 1976, Rice e Lloyd Webber iniciaram o primeiro projeto *Evita*, um álbum conceitual. Quando "Don't Cry for Me Argentina" foi lançada na Grã-Bretanha, ela chegou ao primeiro lugar das paradas de sucesso. Parker ouviu a música e reconheceu o potencial cinematográfico da história. Entretanto, Rice e Lloyd Webber queriam produzi-la primeiro no palco. Assim, *Evita* estreou no West End, em Londres, em 1978, onde permaneceu por oito anos e teve mais de 3 mil apresentações. Em 1979, a peça foi para a Broadway e lá continuou por mais de 1.500 apresentações, ganhando sete prêmios Tony.

Durante esses anos, enquanto o público lotava os teatros, os diretores tentavam levar a história de Eva para as telonas. Contudo, sempre que estavam prestes a receber sinal verde, o projeto fracassava.[7] Na verdade, a história cinematográfica de *Evita* parecia até amaldiçoada. A cada tentativa, Eva Perón se tornava mais caricatura que pessoa real: uma "mulher ambiciosa" e temida. Madonna disse que Eva se tornou somente outra mulher cuja vida era contada pela perspectiva masculina, sendo bastante distorcida.

> Eles estavam aterrorizados com o poder que ela tinha. É sempre mais fácil, a saída mais óbvia e previsível, chamar uma mulher de puta e insinuar que ela não tem moral, integridade nem talento [...]. É o truque mais velho da história, e Sir Andrew Lloyd Webber e Sir Tim Rice caíram nessa armadilha [...]. Era uma história extremamente popular.[8]

Na verdade, Eva deveria ter sido um ícone feminista. Quaisquer que fossem suas falhas, intenções ou tendências políticas fascistas do marido, ela modificou fundamentalmente a vida das mulheres, com o próprio exemplo, na Argentina e em toda a América Latina e talvez no mundo. Em parte, foi isso que tinha despertado o interesse de Madonna pelo projeto.[9] Só que a cantora estava ainda mais interessada em restaurar a personalidade de Eva, queria se livrar do mito e contar a história de uma mulher que realizou tanto. "É lógico que não a vejo como santa. O que tentei mostrar foi sua humanidade, sua tristeza e sua dor."[10]

A despeito de estar fascinada pelo papel há uma década, Madonna não mergulhou de cabeça no projeto. Antes de escrever para Parker, ela fez uma reflexão profunda. "Foi muito difícil me decidir", disse. "Tive que desistir de várias coisas."[11] Também havia dúvidas sobre Madonna entre os executivos da Disney, que seria a distribuidora do filme, e da Cinergi Pictures, que o financiaria.[12] Além disso, as figuras criativas do projeto tinham opiniões ambíguas sobre a participação dela. Rice disse que a apoiou.

> Eu queria alguém acostumado a transformar histórias e emoções em música. Madonna interpreta através da música de forma muito bela. Atrizes melhores, como Meryl Streep, não dariam certo porque não eram cantoras. Elas podiam manter o tom, mas não eram intérpretes musicais brilhantes.[13]

Entretanto, segundo ele, Lloyd Webber, que tinha direito de veto sobre o elenco, argumentou contra. "Ele a achava rude, e houve um confronto entre dois egos gigantescos", contou Rice. "Ele também estava preocupado, porque achava que ela não conseguiria fazer a interpretação musical correta." Alan Parker também hesitou, a despeito da carta apaixonada de Madonna.[14] Após várias reuniões descritas pela cantora como "angustiantes", todas as partes envolvidas fizeram uma pausa para pensar. Parker tinha um roteiro para escrever e Madonna mergulhou em livros e filmes sobre Eva Perón e a Argentina, enquanto promovia o álbum *Bedtime Stories*.[15]

* * *

Em 30 de janeiro de 1995, Madonna foi com Babyface ao American Music Awards para cantar "Take a Bow". Nenhuma das músicas de *Bedtime Stories* foi indicada ao prêmio, mas a performance era uma oportunidade de reapresentar a canção lançada em dezembro.

Uma orquestra de cordas os acompanhou, cada um na respectiva plataforma elevada. Usando um *qipao* vermelho de estilo manchu, Madonna fez uma de suas apresentações mais sutis, porém comoventes. Após a apresentação, "Take a Bow" foi para o primeiro lugar da lista Billboard Hot 100, onde permaneceu por sete semanas, ainda mais tempo que o recorde anterior, "Like a Virgin".[16] Com o sucesso, Madonna superou Carole King como compositora com o maior número de músicas no primeiro lugar, uma posição que King manteve por trinta anos, ou quase toda a vida de Madonna. O clipe de "Take a Bow", aliás, daria à cantora o prêmio MTV, que ela não ganhava desde 1987: Melhor Clipe Feminino.

Madonna e Babyface puseram o show na estrada em fevereiro, indo para o Festival Anual de Música em Sanremo, na Itália. No palco, os organizadores do evento colocaram Babyface atrás da cantora, que o chamou para mais perto e o transformou em parceiro da apresentação. O empresário dele, Ramon Hertz, disse à compositora Lucy O'Brien que o tipo de respeito que a cantora demonstrava com outros artistas era raro na indústria.[17]

A próxima parada de Madonna foi o BRIT Awards, para cantar "Bedtime Story", que definhava nas listas das mais tocadas pelas rádios norte-americanas e era a música da cantora com o pior resultado desde 1983. No entanto, as plateias britânicas imersas na cultura rave foram mais receptivas àqueles sons etéreos. De todas as novas músicas, "Bedtime Story" era a mais difícil de apresentar. Na Grã-Bretanha, a artista usou um remix, criado por Junior Vasquez, da Sound Factory, que a transformou em um número de boate.[18]

Madonna cantou entre duas máquinas de vento e sob luzes que transformaram os longos apliques loiros em chamas e o diáfano vestido Versace em paraquedas. Atrás dela, havia dois dançarinos aparentemente idênticos. A multidão também dançou, e, quando a música terminou, os aplausos foram ensurdecedores. "Bedtime Story" foi para o quarto lugar das paradas britânicas, onde permaneceu por 13 semanas.[19]

O clipe de Mark Romanek para "Bedtime Story" foi lançado em cinemas selecionados em 10 de março. Oito dias depois, foi exibido na MTV para coincidir com a festa do pijama que Madonna organizou no clube noturno Webster Hall, em Nova York. No evento, ela dançou de camisola com os fãs e leu o livro infantil *Miss Spider's Tea Party* [O chá da Sra. Aranha] para uma plateia de 1.500 pessoas de pijama. O escritor Michael Musto chamou a noite de "momento nova-iorquino maluco e empolgante", mais divertido que a festa de lançamento do livro *Sex*, três anos antes.[20]

Os quarenta minutos no Webster Hall e as apresentações na Europa seriam a "turnê" de Madonna. Na noite da festa do pijama, ela disse a Freddy DeMann que não iria para a estrada promover *Bedtime Stories*, mesmo que a turnê rendesse dezenas de milhões de dólares. A cantora tinha que manter o foco em *Evita*. Finalmente haviam lhe oferecido o papel, e ela o aceitou.[21]

De imediato, as especulações da imprensa começaram. Será que Madonna daria conta de um filme de 60 milhões de dólares?[22] Ela mesma abordou a questão de maneira bem objetiva.

> Estive em quatro filmes muito bem-sucedidos: *Procura-se Susan desesperadamente*, *Dick Tracy*, *Uma equipe muito especial* e *Na cama com Madonna*. Também participei de quatro ou cinco fracassos. Alguns não eram filmes *meus*, embora fossem promovidos assim. Óbvio que eu não estava na minha melhor forma nesses longas, mas vou dizer uma coisa: meu interesse não é eu me tornar uma grande estrela do cinema. Estou interessada em me tornar uma *boa atriz*. Se uma coisa levar à outra, ótimo.[23]

Algumas pessoas poderiam pensar que Madonna evitaria fazer qualquer coisa que pudesse pôr seu papel em xeque e deixar os trêmulos produtores de *Evita* ainda mais agitados. Entretanto, quando o assunto era criatividade, ela nunca permitia que o autocontrole interferisse em um projeto, e, em sua dualidade, a parte travessa quase sempre acompanhava o lado comportado. Em abril, ela atuou em um filme de Spike Lee chamado *Girl 6*, no qual interpretava uma stripper que dirigia um serviço de sexo pelo telefone. E, em maio, fez um clipe para a música "Human Nature", que incluía um retorno à terra do sadomasoquismo. O clipe foi um último "Eu sou quem sou, aceitem" de Madonna antes de se tornar a *Señora* Perón.

Para gravá-lo, ela trabalhou com os confiáveis parceiros Jean-Baptiste Mondino e Harris Savides. O coreógrafo, no entanto, foi um recém-chegado de 23 anos, chamado Jamie King. Madonna reparou nele durante o show AMA, no qual ele montou a apresentação e dançou durante vinte minutos, em tributo a Prince. A performance incluía perfeitas trocas de roupa no palco, músicos voadores e o próprio King como sósia do músico homenageado.[24]

A energia de King era inegável, e a produção dele era mais um espetáculo da Broadway que uma cerimônia de premiação de rotina. Era *grandioso*. Após o AMA, Madonna o chamou e perguntou se ele estaria interessado em um trabalho: o próximo clipe dela. Um mês depois, eles estavam estudando as ilustrações em quadrinhos sobre BDSM de Eric Stanton, um artista que só fez um show na vida: em 1984, na Danceteria. A cantora queria que o trabalho de Stanton fosse a inspiração visual de "Human Nature". Para além disso, disse King, ela "me deixou livre para enlouquecer, e foi o que fiz".[25]

A ascensão de King foi meteórica, sem nenhum exagero. Nascido em 1972 em Verona, Wisconsin, ele foi uma criança miscigenada e gay em uma cidade conservadora e majoritariamente branca, conhecida em vários momentos da história como colônia de leprosos, fazenda para necessitados e sede do hospital psiquiátrico do condado.[26] "A vida na escola foi difícil, porque as pessoas nem sempre entendiam minha etnia e a mistura", comentou ele. "Os papéis já estavam determinados: eu era um pária. Sempre me senti diferente, mas também sempre senti que tudo era possível."[27]

A MTV o salvou. Aos 10 anos, King começou a assistir aos clipes do canal e viu neles uma saída de Verona. No quarto, cercado por fotografias da "turma" de 1958 — Michael Jackson, Prince e Madonna —, ele sonhava acordado e, no porão, assistia aos clipes e copiava os passos. "Depois, eu mudava toda a coreografia. Pegava o que tinha aprendido e transformava em algo meu." Aos 16 anos, matriculou-se em uma escola de dança e, posteriormente, ganhou uma bolsa para o Edge Dance Studio, em Los Angeles.[28]

Aos 20 anos, aceitou um trabalho que mudaria tudo: dançar com Michael Jackson durante a turnê Dangerous. "Os shows que dirijo e os espetáculos que crio são 100% influenciados por Michael", afirmou o coreógrafo. "Aprendi com ele que precisamos dar tudo que temos; é necessário se entregar no palco. É assim que a plateia se apaixona por você."[29]

Após dois anos com Jackson, King recebeu um telefonema de Prince, que queria que o jovem reformulasse as danças de suas apresentações. Eles começaram devagar, com King sendo o responsável pelas coreografias de Prince em um clube de Los Angeles, o Glam Slam West. Foi lá que o dançarino aprendeu como a música era feita e como a dança criava uma ponte entre som e movimento. E isso *acendeu* nele a chama da criatividade. Ele encontrou o que queria fazer na vida.[30]

O primeiro grande trabalho que Prince lhe ofereceu fora do clube foi coreografar o tributo durante o AMA, quando Madonna o notou. Por incrível que pareça, a última das três megaestrelas que estavam nos pôsteres do quarto de King também queria trabalhar com ele. O rapaz merecia. Segundo a cantora, "ninguém sabe mais sobre música e movimento que Jamie King".[31]

Ele permaneceu com Madonna pelos vinte anos seguintes, como diretor de criação de sete turnês e alma gêmea criativa em outros espetáculos importantes. Também trabalharia com outros talentos pop e, no processo, se tornaria a principal força criativa das turnês musicais.[32] O primeiro projeto com Madonna foi o clipe de "Human Nature".

Embora a cantora tivesse retornado ao território de *Sex*, o visual dela estava completamente diferente. Em *Sex*, a despeito das roupas de couro, ela era suave e feminina. Em "Human Nature", surge feroz, com o cabelo trançado e o corpo envolto em trajes justos de couro. O assistente de Mondino, Dustin Robertson, comentou que a viu sair do trailer de roupa de couro e botas de salto alto e andar com confiança pelo palco coberto de equipamentos. "O silêncio tomou conta do set inteiro", contou Robertson. "Ela estava *espetacular*."[33]

A influência de Stanton no clipe se restringiu aos figurinos (couro e látex), à introdução de elementos do BDSM (corrente, equipamento de suspensão corporal, capuz, corda e chicote) e à presença de cubos brancos. Em vários momentos, Madonna e os dançarinos aparecem no interior desses cubos, como se estivessem em quadros de gibis. O set era todo branco, com somente uma cadeira, os cubos e um espelho. A simplicidade foca a ação toda nos corpos de Madonna e dos dançarinos, que faziam formas angulares e tinham tamanha expressão que às vezes pareciam formar palavras ou criar caleidoscópios. Assim como "Bedtime Story" é uma pintura em movimento, "Human Nature" é uma ilustração em movimento.

O clipe opera em dois níveis: um no qual Madonna canta e outro no qual faz um monólogo em *sotto voce*. Tanto música como clipe são divertidos, com ela fazendo caretas para a câmera enquanto descreve a estridente, hipócrita e moralista reação da sociedade a ela. Os cubos brancos são pequenos demais para conter Madonna e os dançarinos, mas a sociedade, mesmo assim, tenta forçá-los a ficar dentro deles.

"Human Nature" mostra a cantora no auge do poder. Ela havia extrapolado o assunto sexualidade, e naquele momento tinha e exibia pura força. É a Madonna de Blond Ambition afiada pela raiva. Enquanto seu eu mais jovem testou limites, seu eu mais velho os dinamitou, tendo as cicatrizes para provar e sobrevivendo com o humor intacto. No processo, a artista não recuou, não se desculpou e não tentou ser aceita. "Sua recusa em baixar a cabeça e aceitar um destino trágico como preço pela própria sexualidade [...] a tornou, ao menos para alguns, uma mulher muito assustadora", escreveu Mim Udovitch para a *Rolling Stone*.[34] Para outros, Madonna se tornou uma obsessão.

No início de 1995, Christopher notou que um tapete persa tinha desaparecido de Castillo del Lago e uma porta sido arrombada. Madonna atribuiu o roubo a um fantasma, porque os locais acreditavam que a casa era assombrada.[35] Então, em abril, um homem de 37 anos chamado Robert Hoskins escalou o muro e ficou perambulando pela propriedade até ser expulso pelo segurança de Madonna, Basil Stephens. No dia seguinte, o estranho retornou e tocou a campainha. Quando Caresse Henry, assistente da cantora, atendeu, ele ameaçou matá-la, matar Madonna e todas as pessoas na casa.[36]

Stephens chegou ao portão e o confrontou depois que o homem deixou, um bilhete para Madonna, escrito em um panfleto religioso, que dizia:

"Eu amo você. Vamos nos casar." O segurança disse para Hoskins pegar o bilhete e ir embora. "Ele respondeu: 'Entregue o bilhete ou vou matar você.'" Passado um tempo, o segurança testemunhou no tribunal. "Fui até ele, que falou: 'Diga a Madonna que vou me casar com ela ou matá-la [...]. Vou cortar a garganta dela de uma ponta à outra.'"[37]

A polícia foi chamada. Stephens sacou a arma e perseguiu o homem, que fugiu, mas não antes de Madonna, voltando de um passeio de bicicleta, dar de cara com ele. Ela nunca o tinha visto, mas o homem lhe chamou a atenção porque "tinha um olhar insano e me encarava de um jeito bem estranho".[38] Segundo o segurança da cantora, "muitas pessoas haviam entrado [na propriedade] [...], mas nenhuma tinha representado uma ameaça tão iminente como aquela".[39]

Após a publicação de *Sex*, Madonna fez piadas sobre atrair predadores. "Há tantos psicopatas me incomodando, o que são mais cinco?"[40] Contudo, desde então as invasões tinham se tornado mais frequentes e perigosas, e não somente para ela. A riot grrrl Mia Zapata, da banda punk Gits, foi estuprada e assassinada em 1993.[41] Um mês antes da invasão de Hoskins, a estrela da música tejana Selena, de 23 anos, foi baleada no Texas pela presidente do fã-clube e sócia, que a estava roubando. A notícia do assassinato dela gerou horas de discussões na mídia sobre os perigos muito reais enfrentados pelas celebridades.[42]

Após o incidente com Hoskins e embora morasse ali fazia pouco tempo, Madonna colocou a casa à venda, por acreditar que atraía "energias negativas"[43] e contratou mais seguranças.[44] Dois meses depois, o perseguidor reapareceu. Mais uma vez, escalou o muro de 2,5 metros e invadiu a propriedade. Quando Stephens o confrontou, Hoskins atacou. O segurança atirou duas vezes, atingindo-o no braço e no abdômen.[45]

Antes de ser levado de maca para o Centro Médico Cedars-Sinai, o homem disse aos policiais na cena que era marido de Madonna e tinha "o direito de estar lá". Ele estava na posse de um coração de madeira que dizia: "Com amor para a minha esposa, Madnna [*sic*]."[46] Hoskins foi acusado de perseguição, ameaça terrorista e agressão. Depois de receber alta, foi detido até o julgamento.[47]

Enquanto isso, a cantora chamou o amigo dançarino Carlton Wilborn para morar em Castillo del Lago ao saber que ele estava desempregado e precisando de um lugar para ficar. "Ela me deixou morar lá", contou ele, "e abriu para mim uma conta na mercearia da esquina". O convite, que tinha tempo indeterminado, só durou três meses. Ele se mudou ao conseguir o primeiro papel recorrente em uma série de TV.[48] Assim, a fabulosa mansão sob a placa de Hollywood ficou vazia. A vida de Madonna nos Estados Unidos a mantinha em Nova York e Miami. *Evita* a levaria a Londres.

* * *

O elenco de *Evita* foi contratado rapidamente. Havia muito tempo que Parker queria que o ator espanhol Antonio Banderas interpretasse um narrador "comum" chamado Che.[49] Com a contratação do ator galês Jonathan Pryce como Juan Perón, Parker já tinha seus protagonistas quando finalizou a primeira versão do roteiro, em maio. Havia 146 mudanças em relação à trilha sonora da versão teatral de *Evita*.[50]

Parker também queria uma música nova. O diretor achava que o complicado diálogo cantado entre Eva e Juan quando ela descobre que tem câncer não funcionaria na tela. "Então decidi simplificar e escolhi outra música, o que também nos daria a chance de ganhar um Oscar, já que você só pode ser indicado com uma canção inédita", comentou Tim Rice. O resultado foi "You Must Love Me", que se tornou, juntamente com "Don't Cry for Me Argentina", a marca registrada do filme.[51]

Madonna, por sua vez, iniciou três meses de treinamento no apartamento da preparadora vocal Joan Lader, em Manhattan. Uma característica de *Evita* seria fácil para a cantora. Tendo feito vários clipes musicais, ela sabia fazer sincronia labial, o que seria necessário no filme, já que toda a trilha sonora seria gravada antecipadamente. A dificuldade estava em estender a amplitude da voz. Madonna precisava de novos alcances, por longos períodos de tempo e sob completo controle, porque a obra *Evita* era "operística". A artista ficou tão chocada com o registro mais alto obtido como resultado do treinamento, que não reconheceu a própria voz. Ela perguntou a Lader: "De onde veio isso?" "De Deus", respondeu a preparadora. Madonna telefonou animada para os amigos e cantou para eles.[52]

A diva do pop chegou a Londres em setembro a fim de iniciar os ensaios para *Evita*. "Estou começando a ficar nervosa", revelou ela a um colunista da *Cosmopolitan*, antes de partir.[53] Tempos depois, admitiu: "Eu não tinha ideia de onde estava me metendo quando pedi para trabalhar no filme."[54] Não havia falas — todos os diálogos eram cantados —, então não se tratava meramente de aprender algumas músicas difíceis. Ela precisava aprender algumas músicas difíceis *e* um longo e difícil roteiro musical. O desafio ficou claro em 2 de outubro, quando o elenco começou a gravar a trilha sonora. Parker chamou o dia de "segunda-feira sombria".[55]

O supervisor musical David Caddick decidiu começar com "Don't Cry for Me Argentina", a qual exigia que Madonna cantasse com uma orquestra de 84 instrumentos. Lloyd Webber estava no local e, segundo Parker, mostrava-se "enfurecido com tudo [que estava acontecendo]".[56] Madonna estava esgotada. "Eu estava no estúdio de gravação com produtores e escritores estranhos, uma orquestra imensa e expectativas muito altas", disse ela.[57] "Estava muito nervosa, porque sabia que Andrew não me queria no papel e eu lá, prestes a cantar a música mais difícil do filme."[58] Parker viu que ela estava quase chorando e percebeu que "mundos colidiam naquele momento [...] música e teatro, pop e cinema".[59]

Naquela noite, ele e Lloyd Webber se reuniram para jantar e discutir a situação. Os dois acharam melhor incluir Madonna na conversa. No hotel em que ela estava hospedada, os três decidiram que, a pedido de Lloyd Webber, o maestro seria trocado e, a pedido de Madonna, ela gravaria os vocais em outro estúdio, mais parecido com os que estava acostumada a trabalhar. O trio concordou que a artista cantaria à tarde e em dias alternados, para poupar a voz. "Durante quatro meses, trabalhando sete dias por semana, fizemos mais de quatrocentas horas de gravação, como preparação para as 49 seções musicais necessárias para o playback no set", contou Parker.[60] Ao fim desse processo, ele concluiu que Madonna cantou "muito melhor" que Patti LuPone e Elaine Paige, as Evitas originais, dos palcos.[61]

Embora o trabalho produzisse resultados melhores do que o esperado, a vida pessoal da diva pop estava cheia de problemas.[62] Carlos Leon foi vê-la em Londres, mas os dois brigaram e ele foi embora. Quando voltou a Nova York, Madonna confidenciou a Christopher que o namorado não a respeitava. Ela disse ao irmão que jamais deu a alguém todo o amor que deu a Leon, mas ele era como uma criança mimada.[63] A cantora também o achava ciumento.

> Quando estou folheando uma revista, preciso ter o cuidado de não comentar nenhuma foto com homens atraentes. Entendo isso. Os homens que estão comigo precisam lidar com minha imagem [...]. Então, sempre os tranquilizo, dizendo: "Você é o cara. Estou aqui com *você*." É claro que ele olha para outras mulheres o tempo todo. Então me pergunto por que me censuro por ele.[64]

Ela estava tão furiosa após a briga em Londres, que mudou a fechadura do apartamento e devolveu as coisas de Leon.[65] Durante uma pausa nas gravações de *Evita*, foi para Miami. Ingrid Casares era a produtora de eventos de um novo clube em South Beach chamado Liquid, que seria inaugurado.

O dono do clube era um nova-iorquino chamado Chris Paciello, que tinha chegado à Flórida um ano antes, no fim de semana do Dia do Trabalho. "Quando o fim de semana terminou, o jovem desempregado de 23 anos fez um acordo para comprar um clube noturno", escreveu Steven Gaines, historiador de South Beach. Em qualquer outra cidade, uma transação em dinheiro para a compra de um bar que possuía relações com a máfia ligaria as antenas das pessoas. Mas não em Miami Beach. O crime organizado era parte da cultura local desde a concepção da cidade como balneário.[66]

Dois meses depois, Paciello reabriu o bar como um pequeno clube noturno chamado Risk. O local continuou a ser um "ponto de encontro da máfia", nas palavras de Tom Austin, em sua coluna para o *Miami New Times*.[67] Para a inauguração, um contingente de "mafiosos jovens" chegou de Nova York.[68] Comparada aos traficantes multimilionários do outro lado da ponte, no entanto, a brigada do Brooklyn parecia pitoresca, como um filme de Scorsese. Paciello era um astro jovem e magnético. O que ninguém sabia era que ele estava fugindo de uma acusação de homicídio.[69]

Paciello, cujo nome real era Christian Ludwigsen, fazia parte de uma gangue de adolescentes associada à família criminosa Bonanno, de Bensonhurst, no Brooklyn, mas também trabalhava como "freelancer" para várias famílias, de acordo com Frank Owen, um especialista em máfia e Miami Beach. Após uma série de pequenos trabalhos, brincadeiras de criança, a gangue invadiu um banco em 1992 e roubou 300 mil dólares. Em 1993 assaltaram uma casa porque achavam que havia um cofre cheio de dinheiro. O plano deu errado, e a dona da casa, Judith Shemtov, foi morta. Os promotores do caso alegaram que Paciello tinha planejado o assalto e dirigido o carro da fuga.[70]

O assassinato de uma civil dentro da própria casa fez com que a polícia perseguisse a gangue, e foi aí que Paciello apareceu na Flórida com dinheiro e estilo suficientes para abrir a Risk e atrair frequentadores de South Beach, incluindo Ingrid Casares. Os dois se conheceram na boate e se deram bem. Segundo ele, tinham muito em comum: ambos gostavam de "dinheiro e mulheres".[71]

Em abril de 1995, após somente alguns meses de operação, a Risk foi destruída depois de um incêndio que os investigadores suspeitavam ser criminoso, embora isso nunca tenha sido comprovado. Paciello recebeu 250 mil dólares do seguro, valor usado para abrir o Liquid. "A grande pergunta em South Beach naquela época era: 'Como faço para ter Madonna como sócia do meu clube?'", escreveu Gaines. "Todo mundo a queria como investidora, não por causa do dinheiro, mas por causa da fama [...]. Foi o que fez Paciello. Ele foi esperto, porque transformou Casares em sócia e assim conseguiu Madonna."[72]

Madonna não tinha participação financeira no Liquid, mas frequentá-lo por causa de Casares foi suficiente para lotá-lo, mesmo que o local não tivesse muitos atrativos (para os padrões de South Beach). Segundo o autor e artista Brian Antoni, Madonna era "uma sala VIP ambulante".[73]

Paciello trabalhou durante oito meses para reformar e preparar o Liquid. Casares o apresentou a todas as pessoas certas.[74] Havia rumores de que ele estaria romanticamente ligado a Madonna, embora Christopher não saiba dizer se a irmã tinha se envolvido daquela maneira: "Ele era um cara bonito. Eu flertei com ele; todo mundo flertou com ele."[75]

> Na época, ninguém conhecia a história de Paciello. Eu não conhecia. Madonna não conhecia. Ingrid parecia não conhecer, e ninguém parecia se importar. Miami era meio que uma cidade corrupta naquele tempo, então dava para viver lá sem ser tocado por nada do passado.[76]

A inauguração do Liquid se deu com a festa de 35 anos de Christopher Ciccone. Casares e Paciello enviaram 10 mil convites e alertaram a mídia nacional.[77] Se uma bomba fosse lançada sobre South Beach naquela noite, grande parte dos mundos do entretenimento e da moda dos Estados Unidos, da Grã-Bretanha e da Itália seria varrida do mapa. A concentração de celebridades em frente à loja de calçados Payless, na rua 14 com a avenida Washington, se equiparava a uma festa do Oscar.[78]

Calvin Klein, Shakira, Michael Caine, Barry Diller, o diretor britânico John Schlesinger e as supermodelos Naomi Campbell e Kate Moss estavam presentes. Tom Austin chamou o evento de "divisor de águas", a primeira vez em que celebridades internacionais se reuniram no mesmo lugar da cidade. Esse foi o início da estratificação social nos clubes locais, quando dinheiro e fama, mas principalmente fama, tornaram-se o critério de admissão.[79]

Casares tinha roubado Junior Vasquez da Sound Factory em Nova York para atuar como DJ, e Paciello contratou os melhores bartenders, os melhores garçons e os melhores porteiros: Gilbert Stafford, o veterano de Nova York, e Louis Canales, o veterano de South Beach. Se qualquer grã-fino aparecesse, os dois o reconheceriam.[80] Para os meros mortais esperando na entrada, a cena era apocalíptica. "Foi a entrada mais difícil de minha vida", comentou Brian Antoni.

> Era como o último helicóptero saindo de Saigon. Agarramos os braços uns dos outros, porque não conseguíamos atravessar a multidão. Um cara estava encarregado de nos levar para dentro. Ele organizou uma fila de seguranças e uma garota me agarrou, desesperada [para entrar]. Quando ela me agarrou, suas unhas se soltaram nas minhas mãos. Foi ruim nesse nível.[81]

Gaines afirmou: "Por um momento, o Liquid se tornou o centro internacional das celebridades, o mais perto que Miami Beach já chegou de ter o próprio Studio 54."[82]

Assim como no Studio 54, as drogas impulsionavam a vida noturna. Christopher disse que essa realidade em Miami Beach era "muito maior" que em Nova York ou Los Angeles. "Era cocaína. Vinha diretamente da Colômbia, de altíssima qualidade." Ele fazia uso recreativo da substância. "Se eu saísse e voltasse para casa às 4 horas da madrugada, [Madonna] vinha atrás de mim: 'Onde você estava?'" A cantora tinha pouca paciência com pessoas que usavam drogas, inclusive Christopher e a amiga, Casares.[83]

Antes da inauguração do clube, Madonna e Paciello fizeram uma intervenção para que Casares procurasse reabilitação. Segundo a amiga da cantora, "Madonna não toleraria que eu me autodestruísse e só voltou a falar comigo quando eu estava pronta para pedir ajuda". Paciello disse a Casares que, se ela ficasse sóbria, poderia ser o rosto oficial do clube, a pessoa que atraía celebridades e talentos. As novas drogas da produtora de eventos passaram a ser o trabalho e o clube.[84]

A casa em Miami era o lugar onde Madonna se divertia. O lugar onde se sentia *segura* era a casa da irmã Melanie Henry, em Los Angeles. A artista contou a Forrest Sawyer, durante uma participação em *Nightline*, da ABC, em dezembro daquele ano:

> Quando estou desesperada, corro para lá, porque representa afeto familiar e não está conectada à indústria. Posso ir até a casa dela, me deitar no sofá, assistir a filmes estúpidos com o filho dela — tipo, filmes de dinossauros — e me sentir segura e longe de tudo.[85]

Quando Sawyer perguntou se Sean Penn ainda era seu verdadeiro amor, ela disse que sim. Alguém chegava perto? "Não." Alguém *poderia* chegar perto? "Por que não?" O problema não era conhecer homens, mas "conhecer um que não seja babaca". A principal questão era que Madonna queria ter um filho. Ela acreditava estar "*na hora* [...]. Mas agora tenho que fazer um filme. Depois disso, vou colocar um anúncio no *New York Times*, no *Village Voice* [...] e ver quem se candidata ao cargo paterno".[86] Na verdade, ela fez as pazes com Leon. A publicação nos classificados não seria necessária.

Capítulo 39

Los Angeles, Buenos Aires, Budapeste, Londres, 1996-1997

> Se você realmente quiser algo, o mundo inteiro conspirará para ajudá-lo a conseguir.[1]
>
> — *Madonna*

MADONNA INICIOU UM dos anos mais cruciais de sua vida no banco de testemunhas. O homem preso por ameaçá-la, Robert Hoskins, estava sendo julgado em Los Angeles, e tanto a acusação quanto a defesa insistiam para que ela testemunhasse. A cantora não tinha o menor desejo de estar na mesma sala que seu perseguidor e não compareceu ao tribunal, alegando estar exausta e doente após filmar *Evita* em Londres. Furiosa com o que acreditava ser a invocação de privilégio de uma celebridade, a vice-promotora Rhonda Saunders queria prendê-la, pedindo uma fiança de 500 mil dólares (três vezes mais que a exigida do réu). O juiz do caso deu até 2 de janeiro para a artista comparecer ao tribunal. Se não o fizesse, seria presa, com uma fiança de 5 milhões de dólares.[2]

Hoskins observou atentamente enquanto Madonna caminhava a passos largos até o banco das testemunhas, cumprindo a ordem judicial. A defesa argumentava que ele era inofensivo e deveria ser julgado pelo que acontecera, não pelo que poderia ter acontecido, e que, se fosse culpado de algo, seria apenas de invasão. Madonna não pensava nele como simples invasor. "Estou com o estômago embrulhado. Me sinto extremamente angustiada com o fato de o homem que ameaçou minha vida estar sentado diante de mim e, de certo modo, ter transformado suas fantasias em realidade", disse ao tribunal. "Estou aqui, e era isso que ele queria." Madonna desviava o olhar e fechava os olhos para não fazer contato visual com ele enquanto, durante uma hora, respondia às perguntas dos advogados sobre a própria vida o que vinha fazendo — para saberem, em resumo, se de alguma maneira o tinha provocado.[3]

Basil Stephens e Caresse Henry também testemunharam. Hoskins, não. Em 9 de janeiro, ele foi considerado culpado de todas as acusações. Uma das quatro mulheres do júri disse que elas "não tinham dúvida" sobre a culpa de quem estava sendo julgado naquele caso, mas que os jurados precisavam "de um pouco mais de provas para se convencerem do que poderia ou não assustar" uma vítima de perseguição. O depoimento de Madonna foi persuasivo o suficiente para convencê-los. "Todos nós vimos como ela estava assustada", disse o representante dos jurados, John J. Utech.[4]

Madonna trocou Los Angeles por Nova York imediatamente após o veredito e, ao que tudo indica, passou o dia e a noite seguintes com Sean Penn, no hotel Carlyle. Eles haviam comparecido juntos ao VH1 Fashion and Music Awards em dezembro. O ator a surpreendeu ao lhe entregar o prêmio de Artista Mais Elegante de 1995. Os sorrisos que trocaram eram calorosos e genuínos. Eles se abraçaram com o que parecia ser alívio e permaneceram assim por um longo momento. Penn tinha acabado as filmagens de um de seus filmes emocionalmente mais difíceis (*Os últimos passos de um homem*), estava separado de Robin Wright e vivendo longe dos dois filhos.[5]

Após o encontro do ex-casal no Carlyle, a imprensa especulou que Madonna queria ter um filho com Penn e tentou persuadi-lo da ideia. Poderia até ser verdade, mas eles estariam juntos em todas as crises que enfrentariam no futuro. O ator era extremamente protetor com Madonna, e ela pode ter sentido a necessidade desse tipo de segurança naquele momento de forte angústia — causada pela perseguição de Hoskins e pelo que estava prestes a enfrentar. Três dias depois, ela partiu para Buenos Aires.[6]

As paixões que Madonna e o filme haviam suscitado na Argentina ficaram evidentes antes mesmo de ela chegar ao hotel. Os muros ao longo da rota entre o aeroporto e a cidade tinham grafites que diziam "¡Viva Evita! ¡Fuera Madonna!". Um grupo muito estridente de peronistas estava horrorizado com a ideia de a diva do pop interpretar a santificada Evita. Uma ex-assessora idosa de Eva Perón ameaçou matar a cantora.[7]

Quando a artista chegou ao hotel, no entanto, os fãs se mostraram ainda mais estridentes que os detratores. Centenas deles acamparam do lado de fora do prédio durante todo o dia, tornando a saída quase impossível. Madonna precisou de sete seguranças para protegê-la e bloquear os fãs mais afoitos, que saíam da multidão e tentavam tocá-la ou rasgar pedaços de suas roupas. Durante a noite, as "crianças", como ela os chamava, gritavam pedindo que aparecesse na sacada do segundo andar. Quando ela atendeu ao pedido, disse ao grupo: "Se realmente gostam de mim, me deixem dormir." Eles não entenderam a mensagem.[8]

A imprensa também se aglomerou. Madonna suspeitava de que a equipe do hotel tinha sido subornada para fornecer informações e os moradores locais, pagos para forjar algumas situações — fingindo ser atropelados pelo carro dela, em um dos casos —, a fim de gerar matérias. Alan Parker disse que os paparazzi em helicópteros "formavam um exército". O objetivo era flagrar o romance entre Madonna e Antonio Banderas. Quando isso não aconteceu, as manchetes de Buenos Aires noticiaram que o povo argentino não queria o filme nem a participação da cantora. Nos Estados Unidos, Freddy DeMann ouviu relatos de que a artista recebera ameaças de morte. Ele mandou que ela voltasse para casa. A diva do pop respondeu que, no sexto dia, as coisas estavam melhorando. Ela até conseguia dormir, com a ajuda de tampões de ouvido e a troca para um andar mais alto do hotel.[9]

Madonna se sentia muito pressionada e acreditava que toda a produção dependia de sua atuação. Antes do início das filmagens, em fevereiro, ela pediu a um jornalista argentino que agendasse entrevistas com pessoas que haviam conhecido Eva Perón. A cantora tinha lido o máximo possível, mas queria ouvir histórias tanto das pessoas que amavam Evita quanto as da que a desprezavam.[10] Assim, os dias foram tomados por reuniões com peronistas, artistas e historiadores, na esperança de entender melhor a personagem e de um deles ajudá-la a conseguir a reunião mais importante de todas — com o presidente da Argentina, Carlos Menem.[11]

Se a equipe quisesse usar o equivalente à Casa Branca — a Casa Rosada — para filmar a famosa cena na sacada enquanto Madonna cantava "Don't Cry for Me Argentina", a aprovação do chefe do Executivo seria necessária. Até aquele momento, a despeito das intervenções de Parker, dos produtores e da embaixada britânica, a autorização ainda não tinha sido concedida.[12] Por intermédio de um peronista idoso, Madonna tentou conseguir uma reunião com Menem a fim de persuadi-lo.

Em 4 de fevereiro, ela soube que o encontraria discretamente em uma ilha no delta do rio Paraná. Ele não podia ser visto conversando com a inimiga após ter sido citado na imprensa por dizer que não conseguia imaginar Madonna como Evita e que achava que o povo argentino não a aceitaria no papel.[13]

Menem adorava celebridades. Um playboy bastante conhecido, ele se sentia à vontade no mundo dos grandes nomes e dos beijinhos falsos de cumprimento nas bochechas. Maureen Orth, que o entrevistou, descreveu-o como "galã idoso dos clubes noturnos das províncias [...]. Mas as mulheres adoram cada centímetro dos seus 1,64 metro". Ele, por sua vez, adorava mulheres.[14] E foi assim que o solteirão de 65 anos se preparou para receber a maior estrela pop do mundo.[15] Em vez disso, encontrou Eva Perón.

Madonna se preparou para o encontro vestindo-se como a falecida primeira-dama argentina. Ela exalava o estilo do fim da década de 1940, usando vestido de seda até o joelho e sapatos bicolores de couro, com o cabelo preso em um coque e coberto por um chapéu preto de crina com renda cinza. Menem ficou completamente desarmado com o que viu. Afirmou se tratar da cópia exata de Evita.[16]

O encontro, presenciado por alguns membros do gabinete, começou no início da noite, no jardim de uma propriedade cedida ao presidente. Madonna falou — sobre a paixão que sentia por Eva Perón — enquanto

Menem a observava. Segundo a cantora, ele não conseguia tirar os olhos dela. Ou talvez não estivesse vendo Madonna, mas Evita sentada ao lado. Os insetos os obrigaram a entrar, e foi então que a artista tocou "You Must Love Me", a nova canção do filme. Enquanto ouvia, Menem deixou cair uma lágrima, contou Madonna.[17]

A conversa se afastou do filme e passou para religião, desejo, morte e até mesmo magia — e foi quando Madonna perguntou se ele mudaria de ideia e permitiria que a cena fosse gravada na famosa sacada. Houve um silêncio, e então Menem respondeu: "Tudo é possível." Ela foi embora às 23 horas, ainda sem saber se tinha sido bem-sucedida.[18]

Mais tarde, no mesmo mês depois de as filmagens começarem, Madonna foi convocada para uma segunda reunião com Menem. Parker, Banderas e Jonathan Pryce a acompanharam. "Após muito bate-papo e jogo de cintura", comentou Parker, "Madonna disse ao presidente: 'Vamos direto ao ponto. Teremos ou não a sacada?' Menem sorriu e assentiu. 'Vocês podem, sim, usá-la'".[19] A cena seria o momento crucial do filme.[20]

Em 10 de março, Madonna ficou em pé na sacada da Casa Rosada, no mesmo lugar de onde Evita tantas vezes falara a seu povo. Entretanto, em vez de falar, a cantora fez a sincronia labial de "Don't Cry for Me Argentina" enquanto a trilha sonora do filme explodia sobre a multidão. Parker disse que, quando ela apareceu na varanda e a música começou a tocar, "o público enlouqueceu, assim como a equipe".[21]

Os 4 mil figurantes viajaram no tempo, até 1951, para experimentar o que a geração da época que conheceu Eva Perón tinha sentido: amor e perda em igual medida. As lágrimas dos atores eram reais. Madonna disse que estava tão feliz que não conseguia nem falar; sentia como se Evita estivesse dentro dela.[22]

Após uma segunda filmagem noturna na sacada, Parker relatou:

> Era impossível não ficar comovido [...]. De repente, não se tratava apenas da ilusão e da replicação de um filme. Era estranhamente real. Filmamos a noite toda e, quando o sol nasceu, nos abraçamos em silêncio. Acho que todos sentimos que, naquelas cinco semanas, havíamos feito tudo que pretendíamos e mais.[23]

Cinco dias depois, com o fim das filmagens em Buenos Aires, a cantora foi a Nova York e Miami antes de voar para Budapeste, onde continuariam a filmar. Quando partiu para a Hungria, ela escreveu em seu diário no dia 19 de março: "A única coisa que importa está crescendo dentro de mim."[24] Madonna estava grávida.

Ela fez um ultrassom em Nova York, que mostrou o que a artista descreveu como uma criaturinha "sapateando e girando em meu útero [...]. Ouvi as batidas do coração e me apaixonei imediatamente". As únicas pessoas a quem contou foram Leon; sua assistente, Caresse Henry; e seu treinador, porque a rotina de exercícios talvez precisasse ser alterada. Também contou a Parker. "Você está sentado, Alan?", perguntou durante um telefonema para Budapeste. "Estou grávida."

"De quanto tempo?", questionou ele, em resposta. "É para quando?"

Os diretores esperavam que ela pudesse terminar o filme sem que a gestação se tornasse um problema. Parker analisou o cronograma e o comparou à data provável do parto, em outubro. A última cena seria gravada no fim de junho. Talvez desse certo.[25]

Madonna chegou a Budapeste no fim de março, trocando o calor brutal por um frio brutal. Como a cidade húngara era uma substituta arquitetônica da Argentina de meados do século XX, Madonna tinha que usar roupas leves como se estivesse na América do Sul durante longas cenas externas. Além disso, houve problemas com as locações. Parker queria que o funeral de Eva fosse filmado no interior de uma basílica, mas o bispo local não admitia que Madonna, "a vadia", entrasse na casa de Deus. "O bispo pode beijar meu rabo", escreveu ela no diário. "Não vou rastejar diante de mais ninguém em nome desse filme. Meus joelhos já estão esfolados."[26]

Madonna carregava a memória da mãe como um talismã. Certa vez, disse que a figura materna tinha se tornado quase mítica para ela, parecida com Cristo. A gestação, entretanto, a tornou ainda mais real, o que fez com que filmar as cenas da morte de Evita no início de abril fosse ainda mais doloroso. Madonna precisou experimentar, como atriz, o sofrimento de uma pessoa com câncer. "Eu ficava pensando no que minha mãe sentiu quando meu pai contou que ela estava morrendo e como ela permaneceu alegre até o fim, sem jamais se entregar à tristeza."[27]

No início de abril, ela estava no terceiro mês de gestação, e os figurinos começavam a ficar justos. Parker precisou contar o segredo a alguns membros da equipe, porque o cronograma seria modificado. A responsabilidade que a cantora sentia em relação ao filme aumentou. Todo mundo estava se dedicando ao máximo e ela temia destruir tudo.[28]

Leon, por sua vez, foi a Budapeste para dar apoio físico e emocional a Madonna, que também contou ao pai sobre a gravidez em uma ligação telefônica. Àquela altura, a imprensa mundial já sabia. Houve julgamento de todos os lados, com a balança pendendo sobretudo para o criticismo: a gravidez era uma jogada para impulsionar a carreira; ela queria chocar; Leon era um mero doador de esperma. Piadas foram feitas e questões, suscitadas, sobre a adequação de Madonna ao papel de mãe.[29]

Na raiz dessa crueldade, vinda da esquerda e da direita, não estava somente a reputação de "mulher lasciva", mas também o fato de Madonna escolher ser mãe solo, com Leon no papel de parceiro e pai, mas não de marido. “Acredito que a maioria das pessoas se sentiria mais confortável se eu me casasse e o casamento fracassasse. Acredito que o divórcio seja mais socialmente aceito que a maternidade solo”, afirmou a cantora.[30]

Como sempre fazia, ela entrou em um campo de batalha político. Dessa vez, sobre o casamento. Em 1993, a Suprema Corte do Havaí decidiu que negar o casamento entre pessoas do mesmo sexo “provavelmente” era discriminação. Essa decisão causou esperança entre gays e lésbicas e despertou terror nos corações da direita religiosa e dos conservadores sociais. Em 1996, o Congresso dos Estados Unidos aprovou e o presidente Bill Clinton sancionou a Lei de Defesa do Casamento, que estabelecia o casamento como união entre um homem e uma mulher.[31]

Depois disso, qualquer um que desafiasse os “valores familiares” era considerado perigoso, especialmente se fosse um exemplo social ou um aliado dos gays, como Madonna. Não se tratava apenas do fato de que ela seria mãe solo. Milhões de mulheres criavam os filhos sozinhas, afinal. Contudo, os defensores dos valores familiares se consolavam com a ideia de que elas escolheriam o casamento, se tivessem a oportunidade. O mesmo não poderia ser dito no caso de Madonna, que não estava interessada em ter um marido naquele momento. No ano seguinte, a feminista Joanna Russ escreveu:

> Como o homem sem mestre da Europa medieval, que não devia lealdade a nenhum senhor e, portanto, representava um perigo para a hierarquia feudal, a mulher sem homem — ou seja, a mulher que não está comprometida com homem algum — é um perigo para a hierarquia patriarcal e passa a ser considerada e tratada como inimiga.[32]

Foi o que aconteceu com Madonna.

Em maio, as filmagens foram transferidas para o Shepperton Studios, perto de Londres. Embora as acomodações e o ambiente de trabalho fossem mais favoráveis do que na Hungria, as cenas demandavam muito preparo físico. Os números de dança da jovem Eva haviam sido deixados para o fim. O maior medo de Madonna era que toda aquela atividade prejudicasse a criança que ela carregava no ventre.[33] Ela se consolava pensando: “Se continuar assim, nada vai atrapalhar. O bebê vai chegar, não importa quantas horas eu passe em pé.”[34]

Madonna disse que não conseguiria se concentrar totalmente no filho até se livrar de Eva. No entanto, ele sabia exigir atenção. Enquanto filmava uma cena durante a qual Eva faz um discurso para um grupo de líderes trabalhistas, Madonna sentiu o primeiro chute. Teve que se controlar para não rir. Em 20 de maio, ela soube que o pequeno chutador era uma menina.[35]

Nove dias depois, às 4 horas da madrugada, as filmagens terminaram. Foram 84 dias. Três países. Mais de seiscentos funcionários na equipe e 40 mil figurantes. Madonna podia tirar as lentes de contato castanhas e os dentes falsos, além de não precisar mais usar 42 penteados diferentes. Havia mais trabalho a fazer — para o álbum com a trilha sonora, por exemplo —, mas ela já não precisava *ser* Eva Perón.[36] Madonna achou o timing "incrivelmente poético [...]. Esperei tanto tempo por esse filme, e ele enfim aconteceu. Queria tanto ter um filho, e engravidei enquanto filmava. De repente, Deus me deu dois presentes muito importantes".[37]

A gravidez foi tranquila, e Madonna continuou com a rotina de exercícios para se manter em forma.[38] Enquanto se preparava para a maternidade com uma exploração mais intensa da espiritualidade do que já realizara até então, ela também praticava ioga, uma ponte entre corpo e mente. As crenças religiosas faziam parte da autoeducação dela havia muito tempo. A cantora havia estudado os gnósticos e os primeiros cristãos, bem como o budismo e o hinduísmo. "Embora seja católica até os ossos, estou procurando por outra coisa em meu sangue", disse a um jornalista italiano.[39]

A infância da cantora foi repleta de perguntas não respondidas, porque ela não tinha a quem perguntar. Depois de jurar que seria a mãe que nunca teve, Madonna precisaria de respostas para as perguntas da própria filha. Quando estava grávida de seis meses e meio, sentou-se ao lado da produtora Susan Becker durante um jantar em Los Angeles e explicou o dilema. Becker mencionou que estava tendo aulas com um rabino. "Ela disse que era muito inspirador e que eu devia tentar", lembrou Madonna. "Eu perguntei do que se tratava as aulas e ela respondeu: 'Da vida.' Perguntei qual era o nome e ela disse: 'Cabala.'"[40]

A palavra "cabala" vem do hebraico e se traduz por "tradição recebida", referindo-se a um sistema de crenças místicas de 5 mil anos de idade, compilado em um livro de 23 volumes escrito em aramaico no século XIII e chamado *Zohar* ou *Livro do Esplendor*.[41] Mais do que uma religião, trata-se sobretudo de uma filosofia de vida baseada em princípios simples: toda causa tem um efeito; todo mundo carrega um propósito e deve trabalhar para encontrá-lo; as pessoas devem amar os próximos como a si mesmas. Aquele que seguir esses princípios estará mais perto de Deus.

Por tradição, os ensinamentos eram reservados aos judeus ortodoxos com mais de 40 anos, que se preparavam por muito tempo para receber tal sabedoria. Entretanto, na época que Madonna ouviu falar no assunto pela primeira vez, havia um posto avançado de cabala em Los Angeles, administrado por um rabino chamado Philip Berg e a esposa, Karen. Esse centro ensinava pessoas de todas as fés, idades e gêneros.[42]

Madonna participou de uma aula, atraída pelas ideias e pelo fato de estar em uma sala de aula na qual podia se sentar discreta e anonimamente nos fundos e aprender.[43] O professor naquele dia era um rabino israelita chamado Eitan Yardeni. "Eu soube que minha vida jamais seria a mesma", contou ela.[44]

A cantora começou a frequentar o curso, fazendo muitas anotações enquanto ouvia respostas às perguntas que tantas vezes fazia a si mesma. "A vida já não parecia uma série de eventos aleatórios. Comecei a ver padrões em minha vida. Acordei. Comecei a ter consciência do resultado de minhas palavras e ações."[45] Ela também se sentiu inspirada pela ênfase que a cabala coloca no serviço. "O que você está fazendo para ajudar? Para tornar o mundo um lugar melhor?"[46] Antes da cabala, ela habitava um

> universo "eu, eu, eu", sem pensar antes de falar, sem pensar antes de agir, [...] sem pensar, ponto. Eu achava que era durona, uma rebelde que estava acima de tudo [...]. Não me importava com ninguém além de mim mesma. Eu não era uma cretina ou algo assim. Acho que era um ser humano decente, mas não pensava no panorama como um todo. Minha vida era muito restrita.[47]

Ela acreditava que a cabala era exatamente do que precisava para se preparar para o novo papel como mãe.

Do lado de fora do Hospital Good Samaritan em Los Angeles, os veículos da imprensa formavam um verdadeiro acampamento enquanto os jornalistas vigiavam as portas e tentavam se infiltrar no local ou subornar funcionários. Do lado de dentro, em uma suíte no oitavo andar, Madonna estava em trabalho de parto. Cinco pessoas foram autorizadas a ficar no quarto: Leon; Melanie e Christopher, dois dos irmãos da cantora; Liz Rosenberg; e a assistente de Madonna, Caresse Henry.[48]

O trabalho de parto começou às 3h30 de 14 de outubro de 1996. Leon e Melanie ficaram ao lado dela o tempo todo. Embora a cantora tivesse optado pelo parto natural, às 15h30 os médicos recomendaram uma cesariana, e ela concordou. A bebê nasceu às 16h01. Lourdes Maria Ciccone Leon. Madonna disse que, quando a própria mãe estava doente, ela "queria ir a Lourdes, [...] mas não conseguiu. Então, por razões sentimentais, escolhi esse nome para minha filha".[49]

A cantora falava que a criança era "o maior milagre da minha vida". Leon estava fora de si, andando pelo hospital com uma camiseta que dizia "Ganhei meu primeiro abraço no Hospital Good Samaritan".[50] A notícia percorreu o mundo. Os jornalistas da Agência France Presse estavam em greve e, mesmo assim, escreveram uma matéria sobre o nascimento.[51]

Madonna e Leon levaram Lourdes — que chamavam de Lola — para uma casinha em estilo espanhol que a cantora tinha comprado no bairro familiar Los Feliz.[52]

A diva do pop estava tranquila, um estado emocional que lhe era pouco comum. Tinha finalizado o maior e mais difícil projeto profissional de sua vida e gerado sua mais bela obra, a filha. Ambos envolviam viver fora de si mesma. No caso de *Evita*, ela se tornou outra pessoa. No caso da maternidade, Lourdes passou a ser a pessoa mais importante de todas. "É incrível ter em minha vida alguém que é parte de mim de uma forma que nenhuma outra pessoa pode ser, por mais amada que seja. Também há uma sensação de responsabilidade que é diferente de qualquer outro amor." [53] Madonna amou muitas pessoas, mas Lourdes era a primeira pela qual vivia.[54]

Enquanto isso, a especulação na imprensa era de que a artista poderia se aposentar, ao menos por um tempo, para incorporar a nova persona de "mãe em tempo integral".[55] No entanto, como era uma "mãe artista", isso não seria possível. Após o ano que tivera, ela tinha algo a dizer.[56]

Em 19 de dezembro, Madonna soube que havia sido indicada ao Globo de Ouro pela atuação em *Evita*. Ela concorria com as lendas da interpretação Glenn Close, Debbie Reynolds e Barbra Streisand, além da relativa recém--chegada Frances McDormand, na categoria Melhor Atriz. *Evita* também foi indicado a Melhor Filme de Comédia ou Musical, Melhor Diretor (Alan Parker), Melhor Ator (Antonio Banderas) e Melhor Canção Original por "You Must Love Me" (de Andrew Lloyd Webber e Tim Rice). Era o reconhecimento que Madonna e seus colegas esperavam. Também era importante por preparar *Evita* para o Oscar, já que o Globo de Ouro com frequência é um arauto do cobiçado prêmio. Após a indicação, a tranquilidade da cantora desapareceu. Ela se sentia "uma pilha de nervos".[57]

O filme foi lançado estrategicamente, começando com a trilha sonora, em novembro. O álbum ficaria entre os dez mais tocados em 15 países, chegando ao segundo lugar nos Estados Unidos e ao primeiro lugar na Grã-Bretanha. No início de dezembro, as lojas Bloomingdale's abriram "butiques Evita", em que vendiam de tudo, de redes para cabelo a estolas. A Estée Lauder promoveu a maquiagem Face of Evita, com batom e esmalte vermelho-fogo. Então, em 14 de dezembro, o filme foi lançado em Los Angeles, no Shrine Auditorium.[58]

Trajada como Eva Perón em um vestido de veludo vermelho da Givenchy, casaco e chapéu com véu, Madonna chegou à première com Leon e sua assessora, Rosenberg. Outros amigos e familiares estavam entre as 2 mil pessoas no salão. Do lado de fora, milhares de fãs se espremiam nos degraus de ambos os lados do tapete vermelho e nas ruas. As celebridades convidadas disseram aos repórteres que nunca tinham visto uma noite de estreia como aquela. A atenção da imprensa e a animação dos fãs faziam com que o evento parecesse mais uma premiação do que um lançamento.[59]

O entusiasmo não diminuiu após a exibição.[60] Na festa que se seguiu, todas as conversas foram sobre o Oscar. O consenso era que, no mínimo, Madonna seria indicada.[61] Quando Matt Lauer, do programa *Today*, da NBC, perguntou se a cantora ficaria "desapontada" se não o fosse, ela respondeu com franqueza: "Sim."[62]

O filme começou a ser exibido no dia de Natal, em cinemas selecionados. *Evita* não foi poupado da passional resposta de amor ou ódio a tudo que Madonna fazia. Críticos importantes elogiaram o filme, mas os comentários não se limitaram às resenhas. Artigos o analisaram no contexto dos musicais, da vida de Eva Perón e da voz, do talento interpretativo e da aparência de Madonna. A cobertura foi extraordinária.[63]

Então, em 19 de janeiro, no Globo de Ouro, *Evita* venceu na categoria Melhor Filme de Comédia ou Musical; "You Must Love Me", em Melhor Canção Original; Madonna, em Melhor Atriz.[64] Emocionada e segurando a estatueta com força, ela disse: "Fui extremamente abençoada nesse último ano e tenho muito pelo que ser grata."[65]

Subir ao palco como vencedora de um prêmio era uma ocorrência rara. Apesar de ter sido responsável por clipes icônicos que ajudaram a transformar a mídia em uma forma de arte, a cantora ainda não tinha recebido o prêmio de Clipe do Ano. Apesar de ter mais primeiros lugares nas paradas que qualquer outra mulher na história, conseguido mais sucessos consecutivos que os Beatles e vendido (na época) mais de 100 milhões de discos em todo o mundo, ainda não tinha recebido um Grammy. O reconhecimento era algo que recebia dos fãs, não da indústria. Entretanto, os prêmios Globo de Ouro não eram concedidos pela indústria, e sim pela Hollywood Foreign Press Association. De fato, quando chegou a hora de a indústria dar um veredito sobre *Evita* e Madonna, ambos foram ignorados.

Em 11 de fevereiro, foram anunciadas as indicações ao Oscar. O filme foi indicado para as categorias de Melhor Canção Original, Melhor Som, Melhor Design de Produção (antigo Melhor Direção de Arte), Melhor Edição e Melhor Fotografia. Não conseguiu nenhuma indicação nos prêmios principais. Era a maldição de Madonna: mesmo quando era boa, *realmente* boa, não era boa o suficiente. Ou então era a maldição das mulheres poderosas: em 1992, o filme de Barbra Streisand, *O príncipe das marés*, foi considerado digno de sete indicações ao Oscar, mas ela não recebeu indicação como melhor diretora. Às vezes, as atitudes de desprezo do clube masculino e majoritariamente branco que era a Academia de Artes e Ciências Cinematográficas pareciam muito mesquinhas.

Madonna estava em um momento pessoal bom o bastante e profissionalmente se sentia segura também o bastante para ignorar tal desrespeito. Ela disse aos organizadores que gostaria de cantar "You Must Love Me" durante o evento. Em 24 de março, foi isso o que aconteceu. Quando subiu ao palco para cantar ao vivo com uma orquestra completa (o que a deixara tão nervosa em Londres), perante um auditório lotado de astros (o que a deixara tão nervosa na hora de "Sooner or Later"), parecia confiante, equilibrada, séria. Era uma nova Madonna. Ela parecia resplandecer quando cantou para a academia que a rejeitou.[66]

Rice e Lloyd Webber venceram o Oscar de Melhor Canção. Seria o único de *Evita*. E, com isso e algumas estreias internacionais, a cantora deixou o filme para trás. O projeto tinha sido "gratificante em todos os níveis", mas ela estava pronta para retornar à "gratificação instantânea" de compor e gravar as próprias canções.[67]

Madonna retornou ao estúdio com as prioridades realinhadas. "Comecei a olhar para a vida de uma maneira diferente. Meu foco estava, mais que qualquer outra coisa, em viver o momento."[68] Estavam no passado a raiva, a rediscussão de erros e decepções e a tendência, se não necessidade, de provocar. Ela estava feliz.[69] Tinha ficado assim ao trabalhar em outros álbuns também — *True Blue*, por exemplo —, mas aquela felicidade tinha vindo de um homem. Naquele momento, porém, finalmente estava feliz consigo mesma. O amor sobre o qual queria cantar era maior que o amor romântico. Era tão grande quanto o mundo e tão pequeno quanto a filha. Madonna precisava encontrar pessoas que a ajudassem a expressar isso.

Inicialmente, voltou a trabalhar com o parceiro de *Bedtime Stories*, Babyface, porque havia naquele álbum anterior uma essência que ela ainda queria expandir. No entanto, Madonna não conseguiu levar essa essência longe o bastante com ele e não usou as músicas que compuseram juntos.[70] Então se voltou para um antigo colaborador, Pat Leonard. Os dois se reuniram na Flórida para criar quatro músicas: "Sky Fits Heaven", "Nothing Really Matters", "Skin" e "Frozen".

"Frozen" seria o primeiro single do álbum ainda sem título. Ele foi retirado das experiências de Madonna, mas as imagens que evocava eram inspiradas no filme *O paciente inglês* — especificamente na cena em que o personagem interpretado por Ralph Fiennes atravessa o deserto com o propósito de buscar ajuda para a amante moribunda. "Ah, ser amada dessa maneira...", suspirou Madonna. "Ou amar alguém assim."[71]

Essas foram as músicas com Leonard. Para as outras, a cantora buscou novos parceiros de trabalho. Rick Nowels foi um deles.[72] Ele tinha trabalhado em *Falling into You*, um dos álbuns de Celine Dion indicados ao Grammy. Na loja da Barneys New York, enquanto comprava uma gravata para a cerimônia de premiação, Nowels viu Madonna. "Reuni coragem para me apresentar", contou ele. "Foi bem apavorante [...]. Eu disse que ela era uma grande compositora, e ela se mostrou muito agradável e agradecida."[73] Duas semanas depois, os dois estavam trabalhando juntos em Los Angeles.[74]

Toda tarde, Madonna ia de carro até o estúdio do produtor, em Hollywood Hills. A artista dizia que só morava em Los Angeles por conseguir dirigir.[75] Era no casulo do veículo que Madonna ouvia as próprias músicas como um fã as ouviria, no trânsito. Era lá que podia descobrir se ainda precisavam de algo.

Nowels e Madonna escreveram nove músicas em dez dias, e três delas apareceriam no álbum.

"To Have and Not to Hold", uma canção sobre amor proibido, tinha uma forte batida de bossa nova, e o apelo estava todo no ritmo, ao passo que o foco de "The Power of Goodbye" eram as palavras. "Era profunda, poética e inteligente", afirmou Nowels. "Em seus melhores momentos, ela está à altura de Joni Mitchell ou Paul Simon."[76] "Little Star", uma canção sobre Lola, foi escrita no fim de um dia frustrante. "Eu estava meio em pânico", comentou o músico à escritora Lucy O'Brien. Ele tocou três acordes, e Madonna começou a cantar. Uma hora depois, os dois tinham uma canção. No dia seguinte, a caminho do estúdio, ele a tocou no carro. "Comecei a chorar. Era muito linda."[77]

Com as contribuições de Nowels, a artista tinha sete músicas, mas precisava de mais, e precisava também de alguém que a ajudasse a dar forma ao álbum como um todo, e então convidou os produtores britânicos Goldie e Tricky, assim como a banda Prodigy. "Eles empinaram aqueles narizes elitistas e disseram: 'Ah, não podemos trabalhar com você. Você é uma grande estrela pop.'" Então, um britânico de 40 anos chamado William Orbit chamou a atenção dela.[78]

Nascido William Wainwright, Orbit foi criado em Londres, onde, ainda criança, tocava os discos de Jimi Hendrix na metade da velocidade, a fim de decifrá-lo. Como jovem adulto na década de 1970, viveu em prédios invadidos, sobrevivendo com uma dieta à base de barras de chocolate e um quadradinho diário de ácido enquanto tentava construir uma carreira musical. Na década de 1980, seguiu por dois caminhos: ele fazia a remixagem do trabalho de outros artistas, entre eles Madonna, e criava as próprias músicas, gravando três álbuns pioneiros do estilo "ambient soul fusion". Os títulos da tríade são uma variação de *Strange Cargo*.[79]

No processo, ele se tornou uma lenda do meio underground britânico das raves. A música eletrônica para aquele cenário fluido nasceu em clubes gays de Chicago no início da década de 1980 e floresceu tempos depois na Europa, onde cada país produziu a própria versão. Era o som da era espacial — ou a nova era da internet —, baseada em funk, soul e disco music. Também era a trilha sonora de uma subcultura de reuniões espontâneas tão grandes e contraculturais, que os governos britânico e francês as tornaram ilegais.[80]

Orbit conversou com Guy Oseary, que lhe contou que Madonna estava à procura de materiais novos e sugeriu que o compositor enviasse algumas fitas. "Não levei muito a sério e não enviei nada", afirmou Orbit. "Mas ele me ligou de novo."[81] Orbit colocou em uma fita cassete eletrônica 13 faixas do que chamou de "ideias quase prontas" e enviou a Madonna. Estava sentado no jardim quando ela telefonou, cinco dias depois. Ao fim da conversa, a cantora o convidou para ir a Nova York.[82]

Alto, desengonçado e com um sorriso de dentes separados, Orbit chegou ao apartamento dela no início de junho, durante uma tempestade, todo molhado e carregando uma sacola plástica com amostras de áudio. "Eu tinha ficado isolado no estúdio durante muito tempo. Fiquei animado por estar do lado de fora, ainda mais em Nova York, com Madonna."[83] A cantora disse ao escritor Johnny Black que Orbit parecia "um cão sem dono. Frágil de verdade. Era muito humilde, modesto e encantador, como um garotinho. Gostei dele assim que o conheci".[84]

Ela ouviu as amostras e ficou impressionada.[85] Ele, por sua vez, ouviu versões iniciais das músicas que Madonna queria no álbum. "Eu pensei: 'Nossa, isso é forte. Tem tudo para ser um projeto muito interessante'", lembrou Orbit.[86] Os dois reservaram um tempo no estúdio Hit Factory, onde focaram os vocais. "Foi muito empolgante", comentou ele, "porque foi a primeira vez que a ouvi cantar os trechos dela".[87] No fim dos encontros, Madonna estava convencida de que Orbit era a pessoa certa para ajudá-la a guiar o álbum. "Gosto de trabalhar com quem corre riscos. Normalmente essas pessoas ainda não foram descobertas, porque, quando são bem-sucedidas, não costumam querer se arriscar."[88]

Madonna chamou Orbit de "gênio maluco".[89] "William é despretensioso e não se importa se as pessoas o acham descolado ou não."[90] "Quando entro no estúdio com ele, sinto como se fosse lançada de um canhão. Tenho muitas ideias."[91] Por sua vez, Orbit falava: "Entrei no mundo de Madonna e voltei à superfície cinco meses depois, maravilhado."[92] O álbum que eles criariam juntos se chamaria *Ray of Light*.

A partir de meados de junho, Madonna e Orbit trabalharam juntos no Larrabee Studios, em North Hollywood, construindo, destruindo e reconstruindo as faixas desenvolvidas com Nowels e Leonard, além de criarem novas.[93] "Jogamos as regras pela janela", disse a cantora.[94] "Pela primeira vez, eu estava em queda livre."[95] Contudo, chegar a esse estado não foi fácil.

Orbit nunca tinha trabalhado com equipamento de última geração. Ele comentou que a experiência "não foi uma curva de aprendizado, foi um penhasco".[96] Ela descreveu isso como um choque cultural.

> Tivemos muitos problemas. A situação estava bem conturbada, e todo mundo ficava frustrado, porque trabalhávamos com amostras, sons sintetizados

e Pro Tools, não com músicos ao vivo. As coisas paravam de funcionar, e ninguém sabia consertar.[97]

Orbit também nunca tinha trabalhado com alguém como Madonna. Em uma conversa com Johnny Black, jornalista especializado em música, contou: "No primeiro dia, fiquei paralisado, porque estava acostumado a trabalhar sozinho, mas ela disse: 'Não sou o tipo de mulher que deixa um cara trabalhar sozinho. Aceite isso.' Levei um tempo para me acostumar a ter alguém olhando por cima do meu ombro."[98] Quando isso aconteceu, a experiência se tornou

muito pura; tudo girava em torno de fazer aquele disco, e nada mais [. .]. No momento em que a vi mergulhando nas faixas de maneira tão artística, soube que seria ótimo. Madonna é uma pessoa e uma produtora incrível, e fizemos uma colaboração real. É importante que isso fique claro: não gosto quando as pessoas presumem que eu era o cara esperto fazendo todo o trabalho.[99]

Não foi por vaidade que Madonna colocou o nome dela na obra. Ela estava lá comigo, e nada teria acontecido se não tivéssemos trabalhado juntos [100]

O objetivo musical do álbum era levar a música eletrônica a um novo nível, "ao revesti-la de emoção".[101] Isso significava deixá-la em estado bruto. A tendência das pessoas trabalhando com computadores, comentou Orbit, é "aperfeiçoar tudo, porque conseguem fazer isso". O mantra de Madonna era "não enfeitar, deixar cru, não deixar tudo perfeito demais [...] você pode perder o caráter da música, e ela sempre pensou isso".[102]

O estúdio era tão pequeno e lotado de equipamentos quanto a cabine de uma espaçonave — se a espaçonave estivesse no porão de um clube. Orbit e Madonna eram os capitães de uma tripulação talentosa, que incluía o engenheiro Pat McCarthy, a quem a cantora deu o crédito por manter todo mundo calmo, e Marius de Vries, que tinha trabalhado em *Bedtime Stories*.[103] Orbit era a "banda". "Toda guitarra que você ouve sou eu. Em muitas faixas, fiz tudo."[104]

Leonard também ajudou a produzir. Parte do trabalho envolvia dar uma sensibilidade clássica ao álbum, em especial com seções de cordas e madeiras — vinte violinos, seis violas de arco, seis violoncelos, quatro contrabaixos, duas flautas e um oboé —, conduzidas pela violoncelista Suzie Katayama em "Frozen" e "The Power of Goodbye".[105] Eles tinham a contribuição diária de Lourdes, que, segundo Orbit, "ia direto para os botões. Olhávamos para o lado, e todo o som mudava".[106]

Oseary aparecia ocasionalmente para salvá-los de "algumas ideias bobas", comentou Madonna, e forçá-los a ir mais longe em músicas que eles acreditavam estar prontas.[107] Somente uma vez alguém da Warner Bros. Records foi até lá enquanto trabalhavam. Orbit contou que se lembrava "de Madonna dizendo à pessoa [Oseary]: 'Isso é arte. É assim que fazemos arte. Deixaremos você ouvir quando terminarmos'".[108]

Embora o álbum fosse inspirado pelo nascimento — o renascimento de Madonna após a difícil década de 1990, a experiência com *Evita* e a chegada de Lourdes —, o tema de muitas faixas era a morte e como superá-la. "The Power of Goodbye" era uma delas. "Mer Girl" era outra.[109] Madonna começou a escrever as letras durante uma viagem a Michigan, por ocasião do aniversário da avó. Ela havia saído para correr e caiu uma chuva no exato momento em que passava por um cemitério. "Era o céu mais escuro que já vi na vida. Resisti ao instinto de ir embora e fiquei lá parada enquanto a chuva molhava as folhas e tudo ficava pesado e coberto de lama."[110]

Quando voltou da corrida, a casa estava vazia, e ela escreveu seis versos do que se tornaria "Mer Girl". De volta a Los Angeles, ouviu o arranjo proposto por Orbit para esses versos. Deitada na cama, escreveu e reescreveu a letra. "Então fui para o estúdio e gravei."[111]

A cabine vocal no Larrabee não era uma cabine de verdade, e sim uma saleta aconchegante com uma poltrona, um tapete persa, uma mesinha lateral com flores novas e um microfone.[112] Madonna entrou na saleta e gravou a música quase sussurrada em uma única tomada. "Ela saiu [...] e todo mundo estava imóvel", declarou Orbit ao jornalista especialista em música Danny Eccleston. "Foi um momento sinistro."[113] "Mer Girl" era a obra mais perturbadora de Madonna até então. O produtor disse que, embora houvesse "pressão externa", ela se recusou a modificá-la.[114]

A artista explicou que, ao compor, perguntava-se: "Essa é minha verdade, ela vem do coração?" Em seguida: as pessoas serão emocionalmente tocadas por ela?[115] "Estou tentando afetar os outros de uma maneira mais calma", comentou Madonna a respeito do álbum. "Minha intenção é ser sincera sobre onde estou nesse momento."[116] "Shanti/Ashtangi" era um exemplo disso. A canção incluía a oração que Madonna fazia diariamente antes de praticar ioga, a qual tinha aprendido ao estudar sânscrito.[117]

"Drowned World/Substitute for Love", outra parceria Madonna-Orbit, fala do relacionamento da cantora com a fama e do fato "de lidar com a ideia de que houve um tempo em minha vida no qual eu achava que a fama me daria tudo de que eu precisava". Desde então, ela percebeu que, "embora seja incrível e eu tenha tido grandes experiências [...] isso não substitui o amor verdadeiro".[118] A versão da música que chegou ao álbum era uma demonstração. Como "Mer Girl", não foi modificada.[119]

Susannah Melvoin, parceira musical de Prince na década de 1980, partilhava os créditos de "Candy Perfume Girl". Antes de *Ray of Light*, Orbit tinha entregado a ela algumas faixas e lhe pediu para compor. "Candy Perfume Girl" era uma delas, escrita enquanto a compositora estava de luto pela morte de um dos irmãos, por overdose de heroína.[120]

O single "Ray of Light", que Madonna chamou de "canção sobre celebração" e "um olhar para o mundo com real esperança, pela primeira vez", também traz as marcas de outros artistas.[121] A letra foi baseada nos versos escritos na década de 1970 por Clive Maldoon e Dave Curtiss e cantada pela sobrinha de Maldoon, Christine Leach, para uma melodia composta por Orbit. "Ray of Light" apareceu no álbum de Madonna com créditos para Maldoon, Curtiss e Leach.[122]

Uma das críticas que perseguiu a cantora durante toda a carreira foi a de que ela usava material alheio, fazia pequenas mudanças e dizia que era tudo dela. Leonard disse a Barry Walters que isso era besteira.

> A sensibilidade dela para a linha melódica — do início ao fim de cada verso e para o modo como verso e coro se influenciam mutuamente — é muito profunda. Isso não é comum. É só você ouvir "Live to Tell", por exemplo, nosso primeiro grande single. As melodias que escrevi ainda estão lá, e ela as canta, na maior parte, mas é quando se afasta que elas se transformam em canção. Muitas vezes, Madonna canta notas nas quais ninguém teria pensado. Parte disso pode ser percebido como ingenuidade, porque ela escolhe notas que eu não escolheria. Mas quem precisa da nota "correta"? É preciso ter a nota certa, que é a que conta a história, e ela é ótima nisso. Ela sem dúvida melhorou o que eu fiz. Tudo que preciso fazer para saber disso é olhar para outras pessoas com as quais trabalharei ao longo dos anos e comparar os resultados.[123]

Orbit concordou. Ele chamou a cantora de "exímia compositora".[124]

Quando o álbum foi finalizado, Madonna convidou os executivos da Warner para ouvi-lo. Segundo Orbit,

> enquanto esperávamos do lado de fora, em uma saleta, comendo morangos e roendo as unhas, percebi que Madonna não tinha ideia de como eles reagiriam. Ela estava nervosa! Eu não esperava que se sentisse assim porque ela nunca demonstrava. Mas todo mundo adorou.[125]

Essa era "outra coisa sobre Madonna. Nunca conheci ninguém com maior capacidade de fazer as coisas acontecerem [...] somente com a força de vontade", afirmou ele.[126]

Capítulo 40

Washington, Los Angeles, Miami, Milão, Londres, 1997-1998

Eu gostaria de viver para sempre. Se há algo que temo, é perder o que acontecerá amanhã.[1]

— *Gianni Versace*

Os jornalistas gostam de colar rótulos úteis nas décadas. É uma forma de manter uma organização para quem for tentar entender o passado. Em 1995, um repórter do *Chicago Tribune* chamado Steve Johnson fez exatamente isso. No artigo intitulado "Entendendo os anos 1990", ele comentou que Tom Wolfe tinha chamado a década de 1970 de "década do eu", ao passo que a de 1980 ficou conhecida como "década yuppie, ou década da cobiça". Johnson chamou os anos 1990 de "década dos tabloides".[2] Em um momento no qual a sociedade poderia pôr foco em um futuro dominado por tecnologias que poucos entendiam e no agourento ano 2000 se aproximando como um meteorito, o público e a imprensa eram consumidos por escândalos. Em vez de refletir sobre o Universo, eles reviravam a lama.

Isso acontecia porque tais "notícias" estavam por toda parte. Em 1997, as histórias e os detalhes sórdidos que cinco anos antes somente tabloides teriam divulgado passaram a estampar as primeiras páginas dos jornais. Grande parte emanava de Washington. Em 1994, os republicanos voltaram a controlar o Congresso após quarenta anos e iniciaram 37 investigações sobre a Casa Branca de Clinton. Havia escândalos contábeis, o suicídio de um advogado da sede do Poder Executivo dos Estados Unidos e o suposto ocultamento de uma suposta fraude supostamente envolvendo Hillary Clinton. Por fim, havia o impeachment de Bill Clinton por ter mentido, ao que parece, sobre o caso extraconjugal com uma estagiária da Casa Branca.[3]

Desde John F. Kennedy não existiam tantos rumores sobre escapadas sexuais do presidente, que quase não eram relatadas enquanto Kennedy estava vivo. No caso de Clinton, os escândalos, envolvendo várias mulheres, estavam por toda parte: na TV, nos jornais, na internet.[4] A esposa do ex-presidente atribuía as histórias a uma "ampla conspiração da direita" — que de fato alimentou e financiou o incêndio. Entretanto, o problema real era o próprio presidente. Ele era o sonho dos tabloides.

Nesse cenário, a cobertura das celebridades se tornou mais agressiva. Elas eram perseguidas, postas em emboscadas e agredidas por paparazzi e "videógrafos" que nutriam o insaciável apetite público. Em 1995, Brad Pitt e Gwyneth Paltrow, então com 23 anos, que haviam se conhecido no mesmo ano no set do filme *Se7en: Os sete crimes capitais*, de David Fincher, foram pegos tomando sol nus em St. Barts por um paparazzo com uma câmera de lentes teleobjetivas. Madonna entrou em contato e ofereceu apoio a Paltrow, e as duas se tornaram amigas. "Ela está experimentando pela primeira vez os altos e baixos de ser famosa", disse Madonna. "É muita coisa para aguentar [...] então fico feliz em ajudá-la." (Era seu segundo gesto de irmã mais velha. Quando Paltrow tinha 12 anos, Madonna escreveu uma carta a pedido do pai de Sean Penn, na qual falava para ela parar de fumar.)[5]

Em 1996, George Clooney, que na época estava entre os maiores nomes da indústria de entretenimento, iniciou uma ofensiva depois que fotografias dele e da namorada foram exibidas no programa de TV *Hard Copy*. Ele disse que boicotaria *Hard Copy*, *Entertainment Tonight* e, por tabela, qualquer organização que violasse sua privacidade. Madonna se uniu a esse esforço após um bônus de 350 mil dólares ser oferecido ao paparazzo que conseguisse imagens de Lola. "Por causa da bebê de Madonna e também por causa de George, mais atores estão aderindo a essa causa", comentou um assessor de imprensa de Clooney. "Trata-se de uma iniciativa digna de entrar para a história."[6]

Algumas organizações recuaram, ao menos por um tempo, principalmente em relação às crianças. Mas a necessidade de vender jornais e de manter os olhos do público grudados na tela significava que precisavam de um novo alvo: a comunidade gay e lésbica. A vida dessas pessoas mudou drasticamente desde 1995. Naquele ano, a Food and Drug Administration (FDA) aprovou uma nova classe de medicamentos chamados inibidores de protease, os quais, quando ingeridos em combinação com outras substâncias, tornavam o vírus do HIV e, consequentemente, a aids uma doença suportável para aqueles que podiam arcar com os custos. Ao mesmo tempo, gays e lésbicas se uniram em um bloco político para pôr fim às restrições legais que os impediam de viver como cidadãos completos.[7]

Como em todos os avanços culturais, eles encontraram resistência. A administração Clinton prometeu ajudar, mas, enfrentando a amarga oposição da direita, acabou recuando. A resposta da Casa Branca à discriminação entre os militares foi uma política chamada "não pergunte, não conte", que basicamente significava que os gays podiam ser parte das Forças Armadas, desde que permanecessem no armário. Clinton chamou esse feito de "compromisso honrado". Ao mesmo tempo, a retórica e a violência homofóbicas aumentaram. As estatísticas do FBI mostravam que, entre 1996 e 1997, embora o crime em geral tivesse caído 2%, os crimes de ódio contra homossexuais haviam crescido 10%.[8] Na vida pública, as celebridades que se assumiam se tornavam o assunto favorito dos tabloides.

Matérias do tipo "Será que ela é?" sobre Rosie O'Donnell encheram as páginas dos jornais no fim da década de 1990.[9] Também havia rumores sobre Jodie Foster ser lésbica. Ambas eram mães solos que horrorizavam os adeptos dos valores familiares tradicionais.[10] Então Ellen DeGeneres, cujo programa era um dos mais populares do horário nobre da televisão, tornou-se *a* matéria. Em 1996, os tabloides começaram a relatar que a personagem dela se revelaria no programa, o que significava que DeGeneres, a atriz, faria o mesmo.[11] "Eu nunca recebi tanta atenção da mídia antes", lembrou a apresentadora. "Foi muito assustador."[12]

Em meio à controvérsia, Madonna telefonou para ela "do nada. Não nos conhecíamos. Um dia, recebi um telefonema: 'Oi, é a Madonna, e só queria dizer que estou com você, que eu a apoio'". As duas conversaram sobre o porquê de ser tão difícil se assumir e sobre o fato de que, em uma indústria alicerçada na habilidade do artista de conquistar o amor do público, elas corriam o risco de serem rejeitadas por ser quem eram. Madonna disse a DeGeneres: "As coisas acontecem quando você para de se importar e precisar de validação." A apresentadora disse que esse conselho lhe deu coragem.[13]

Em 14 de abril de 1997, a capa da revista *Time* apresentou uma foto de DeGeneres e a manchete "Sim, sou gay". Seis dias depois, a apresentadora repetiu isso no próprio programa, quando a personagem dela se assumiu diante de 42 milhões de telespectadores. Os anunciantes desapareceram, as mensagens de ódio se acumularam e a ABC incluiu um selo Parental Advisory a um programa totalmente adequado para menores. Mesmo assim, malfeito feito. DeGeneres se assumiu e, ao fazer isso, mudou a indústria de entretenimento. Outros atores, porém, não saíram do armário com ela. A ousadia da apresentadora lhe custou caro. No ano seguinte, o programa, vencedor de um Emmy, foi cancelado.[14]

Havia um lugar nos Estados Unidos para além de Nova York e São Francisco, onde gays, lésbicas e pessoas trans podiam viver e amar sem serem punidos. Esse lugar era o sul da Flórida. Por incrível que pareça, a despeito da concentração de estrelas e de poder em Miami Beach, os paparazzi não tinham invadido o local nem a polícia da moralidade tentado destruí-lo.[15]

Gianni Versace era o rei daquela cena, e a Casa Casuarina, na Ocean Drive, era onde as celebridades internacionais se misturavam nos espaços mais interessantes. Aquela era, de todas as maneiras, uma corte que seguia as melhores tradições europeias: uma corte gay, tomada pela moda, pela arte, pelo amor, pela sensualidade e pela sexualidade. As festas em volta da piscina de ladrilhos incrustados de ouro eram verdadeiras orgias. Quando a celebração não era na casa dele, era em um clube. Para Versace, isso significava quase exclusivamente o Warsaw Ballroom.[16] Já Donatella fazia parte da cena do Liquid, com Ingrid Casares, Naomi Campbell, Kate Moss, Gwyneth Paltrow, Madonna e Christopher. Um amigo disse que a irmã do estilista "vivia como uma estrela do rock. Ela estava em todas". Donatella era acompanhada por guarda-costas em Miami Beach, diferentemente do irmão. Aquele era o reino dele. As pessoas o amavam.[17]

Em 1994, Versace tinha sido diagnosticado com câncer no ouvido interno, mas em 1996 a doença estava em remissão. "Percebi que eu podia simplesmente... partir sem ter chegado aos 50 anos", disse ele à escritora da *New Yorker* Andrea Lee, em 1997. "Então pensei: 'De agora em diante, todo dia será uma festa.'"[18] Nesse mesmo ano, as vendas da empresa chegaram a 1 bilhão de dólares, e o irmão quis abrir o capital. Versace tinha percorrido um longo caminho desde a Calábria. Às vezes, parecia longo demais. Miami Beach o ajudou a redescobrir quem ele era. Depois de ter estado em Paris no dia 6 de julho a fim de apresentar a última coleção em um desfile no Ritz, Versace voou para Miami, onde desfrutaria duas semanas de descanso.[19]

Às 8h15 de 15 de julho, como fazia quase todos os dias, Versace foi até o News Cafe na esquina para comprar café e revistas. Ele disse ao amante, Antonio D'Amico, que voltaria logo. Às 8h40, estava no portão da frente quando um homem de boné de beisebol atravessou a rua, subiu os degraus, pressionou uma arma contra a nuca dele e puxou o gatilho. Duas vezes. Versace morreu na escada da própria casa, de camiseta preta e shorts. O atirador fugiu a pé.[20]

O homem de boné de beisebol era um californiano chamado Andrew Cunanan. Ele havia iniciado uma onda de homicídios em abril, matando quatro homens (três conhecidos e um estranho que matou para roubar a caminhonete) em três estados antes de chegar a Miami, onde se hospedou em um hotel barato usando um nome falso. Ele esteve no Liquid uma noite antes de assassinar Versace.[21]

Cunanan era um vigarista profissional que vivia à custa de gays mais velhos. Ele disse a amigos na Califórnia que já havia encontrado Versace, mas nunca foi comprovado se isso era verdade. Na vida de Cunanan, a linha entre fantasia e realidade não existia. As pessoas que conheciam o estilista duvidavam de que tivesse ocorrido alguma conexão entre os dois antes do encontro fatal.[22]

Madonna estava no estúdio em Los Angeles, trabalhando na faixa "Swim", quando Donatella telefonou de Roma, "aflita", para contar sobre o irmão. William Orbit disse que a cantora desligou o telefone, terminou de gravar o vocal — "provavelmente é por isso que ele tem tanto impacto emocional" — e foi embora.[23] Donatella estava voando da Itália para Miami, e Madonna foi até lá para encontrá-la. A artista estava na casa de Versace, lugar que àquela altura já era cena de crime, quando a irmã dele chegou.[24]

A última vez em que a diva do pop vira o amigo foi pouco antes da Páscoa, quando ela fez uma visita à Casa Casuarina com alguns amigos e Lola. "Ele tinha vencido o câncer e estava com orgulho da recente coleção, feliz com a própria vida", disse ela. Madonna tentou persuadi-lo a fazer ioga. Ele não começou de imediato, mas tinha passado a impressão de ter se interessado. Então morreu.[25]

Donatella pousou em Miami às 3h30, identificou o corpo do irmão e chegou à Casa Casuarina um pouco antes do alvorecer. "Madonna estava esperando por mim", contou a estilista.

> Nunca me esquecerei de como ela tentou me consolar durante aqueles momentos. Havia agentes do FBI por toda parte. Eles nos interrogaram e abriram todas as gavetas, foi um pesadelo. Meu irmão tinha sido assassinado, e fomos tratados como suspeitos. Mas deve ser isso que os agentes do FBI têm que fazer.[26]

Madonna convidou Donatella para ficar na casa dela, mas a amiga disse que permaneceria na casa de Versace, cercada pela polícia, pela imprensa internacional e pelos fãs. Enquanto isso, o assassino do estilista ainda estava à solta.[27] Cartazes de "Procura-se" foram espalhados por South Beach enquanto a polícia o caçava. Oito dias após o homicídio de Versace, o autor do crime foi encontrado morto em uma casa-barco na praia. Ele encerrou a onda de assassinatos com o suicídio.

Os dois projéteis que tiraram a vida de Versace não mataram apenas um homem. Também mataram Miami Beach. "Assim que as celebridades perceberam que não podiam caminhar por South Beach, acabou. Acho que, por algum tempo, elas pensaram que aquele lugar era como um Jardim do Éden", comentou Brian Antoni.[28] Após a morte de Versace, Madonna disse sentir "uma grande vulnerabilidade. Eu me tornei extremamente paranoica". Foi quando ela percebeu que não havia "guarda-costas suficientes no mundo para me proteger [...]. Se alguém quiser me matar, vai tentar. E, se for minha hora, vai conseguir. Minha melhor proteção é um carma bom".[29]

A família cremou os restos mortais de Versace em Miami e enterrou as cinzas na casa dela no lago de Como, mas Donatella queria que o funeral acontecesse em Milão, na terceira maior igreja católica do mundo, a Duomo di Milano. Segundo Deborah Ball no livro *House of Versace: The Untold Story of Genius, Murder, and Survival* [A casa de Versace: A história não contada do gênio, do assassinato e da sobrevivência], a alta sociedade milanesa fez pouco caso da ideia de que o pobre alfaiate do sul da Itália fosse velado lá. A igreja temia um "espetáculo do orgulho gay", mas acabou concordando.[30]

O funeral foi o último grande desfile de Gianni Versace. Em 22 de julho, começaram a chegar à catedral Mercedes pretos, carregando a realeza da cultura pop.[31] O estilista sonhava em ser um príncipe Medici.[32] Na verdade, foi um Caravaggio moderno — rude, sexual e até mesmo vulgar, quando comparado aos rivais italianos mais polidos. Ele, contudo, melhor que ninguém, refletiu a própria época. Capturou as ruas como Caravaggio tinha feito durante a Renascença. Elas o inspiraram e ele as transformou em arte.

Os tabloides, enquanto isso, deleitaram-se com a história da morte de Versace, um conto de homossexualidade, violência, decadência e riqueza. Em comparação, os casos de Bill Clinton pareciam tediosos. A imprensa, porém, não abandonou o estilista nem mesmo quando uma história maior explodiu. Madonna estava na festa de aniversário de Gloria Estefan em Miami, no dia 31 de agosto, quando soube que a princesa Diana, o namorado dela, Dodi Al-Fayed, e um motorista do Ritz chamado Henri Paul haviam morrido num acidente automobilístico em um túnel de Paris, enquanto eram perseguidos pelos paparazzi.[33] Diana, mãe de dois meninos, tinha 36 anos.

Diana Spencer havia sido encurralada pela imprensa durante 15 anos. Os tabloides britânicos se mostravam incansáveis porque ela cometeu o erro de viver como um ser humano, em vez de membro da realeza. Podia não ser a intenção, mas a vida de Diana — ir à academia, brincar com os filhos, ter namorados após o fim do casamento com o príncipe Charles — desafiava não somente a monarquia, mas também a imprensa. Tradicionalmente, era trabalho dos tabloides expor pessoas consideradas extraordinárias como se fossem comuns. Como Madonna, Diana tinha exposto *a si mesma*, e os tabloides jamais a perdoaram. Madonna disse que planejava se encontrar com a princesa para lhe dar dicas de como sobreviver à cobertura cruel. Mas não teve essa chance.[34]

Em 4 de setembro, uma Madonna excepcionalmente séria usou o VMA para celebrar Diana. Ela não recriminou os paparazzi nem os editores dos tabloides; em vez disso, pediu às pessoas na plateia que examinassem o papel que tiveram na tragédia. A fome do público por fofocas e escândalos mantinha os paparazzi e os tabloides ocupados. "Até que modifiquemos nossos comportamentos negativos, tragédias como essa continuarão a acontecer", afirmou.[35]

Quatro dias depois, ela foi com o irmão ao memorial de Versace no Metropolitan Museum of Arts, em Nova York. Madonna leu o poema que havia escrito e Elton John e Whitney Houston cantaram. A mais comovente, porém, foi Donatella, que fez os primeiros comentários públicos desde a morte do irmão. Lembrando-se das próprias aventuras como irmã mais nova, contou: "Todas as vezes que Gianni me pedia algo que parecia impossível, eu dizia que não conseguiria. Mas ele insistia, e eu fazia." Christopher se recordou de pensar que era assim que se sentia a respeito de Madonna.[36]

Donatella convidou um pequeno grupo presente na cerimônia para ir à casa de Versace na Fifth Avenue: Madonna, Christopher, Lisa Marie Presley, Luciano Pavarotti e Courtney Love, entre outros. Madonna foi embora cedo, e Christopher disse que ele, Love e Donatella foram até a saleta da estilista para cheirar cocaína. "Donatella ficava repetindo: 'Christopher, Christopher, toque 'Candle in the Wind' para mim.'" Era a famosa música que Elton John tinha cantado no funeral de Diana.[37]

Durante a Fashion Week em Milão várias semanas depois, Donatella quis ouvir "Candy Perfume Girl". A canção — escrita por Susannah Melvoin enquanto lamentava a morte do próprio irmão — ainda não tinha sido lançada, mas Donatella fez com que ela estourasse nos alto-falantes enquanto Naomi Campbell e Kate Moss entravam na passarela para o primeiro desfile Versace sem o estilista que dera vida a tudo aquilo. Após o evento, Donatella chorou descontroladamente, lamentando a perda. Para a multidão, no entanto, a canção e a ocasião anunciavam o futuro.[38]

Madonna voltou a Miami para passar o Dia de Ação de Graças com Rosie O'Donnell e a família e para ser uma das anfitriãs do segundo aniversário do Liquid.[39] Ela decidiu fazer um teste com *Ray of Light*. "Era meia-noite", contou Casares.

> Havia um grande bolo e engolidores de fogo, drag queens, artistas com pernas de pau, de tudo um pouco. A multidão era muito diversificada: héteros, gays, latinos, cubanos, negros, brancos. Subitamente, ouvimos o início de "Ray of Light". Quando as pessoas perceberam que era ela, enlouqueceram. Até mesmo o prefeito de Miami começou a dançar. Às 6 horas, eu ainda estava convencendo as pessoas a ir embora.[40]

O som apresentou uma nova Madonna, assim como o visual. O cabelo estava longo, ondulado e despenteado: uma Alanis Morissette ou Fiona Apple com hena. Ao contrário das duas, no entanto, Madonna parecia mais etérea do que prática. Ela disse estar "obcecada pela Índia" naquele momento.[41] A inspiração podia ser o estudo do hinduísmo e da ioga, que ela praticava com a obsessão de sempre, ou *O Deus das pequenas coisas*, livro de Arundhati Roy que havia sido um grande sucesso naquele ano. A influência de Roy como artista brilhante e ativista indiana tinha alcançado toda a cultura pop, inclusive a moda.[42]

Tal fase de Madonna se mostrava radiante, fosse o impulso de se livrar das camadas de disfarce externo, interno ou até ambos. "Desde que minha filha nasceu", disse ela, "sinto a efemeridade do tempo. Não quero desperdiçá-lo escolhendo a cor perfeita de batom".[43]

Foi essa versão de Madonna que se reuniu com Mario Testino em Miami, após o Dia de Ação de Graças, para fotografar a capa de *Ray of Light*. Aquela seria a segunda capa deles juntos, depois da coleção de baladas de 1995, *Something to Remember*.[44]

Havia um toque natural nas imagens de Testino: como as de um fotojornalista, elas capturavam um momento efêmero. De fato, a mais recente grande sessão de fotos que ele fez tinha sido com a princesa Diana. Publicadas na edição de julho de 1997 da *Vanity Fair*, um mês antes da morte dela, as fotografias a mostravam como Diana Spencer, despida dos adornos da realeza. Vista através das lentes de Testino, ela parecia mais humana e adorável que nunca. Ele faria o mesmo com Madonna em *Ray of Light*.[45]

As imagens da cantora nas fotografias de Testino estavam tão infundidas de dourado quanto as imagens de Herb Ritts para *True Blue* estavam infundidas de branco frio. A história era a luz, o que tornou tão curiosa a decisão de usar cores escuras para o primeiro clipe do novo álbum. Ou talvez não, após os acontecimentos do verão anterior.

Madonna virou uma mulher enlutada, uma aparição gótica em um deserto muito seco, que só podia parir ossos. Ela logo encontrou um diretor que transformaria essa visão em realidade.

Ela tinha visto um clipe obscuro da música "Come to Daddy", de Aphex Twin. Dirigido por Chris Cunningham, a obra é hipnotizante em seu niilismo. Trata-se de uma mistura de *Laranja mecânica*, *Colheita maldita* e a pintura *O grito*, de Edvard Munch, que de forma macabra ganha vida em uma televisão abandonada nas ruínas de um conjunto habitacional britânico. O resultado é visualmente cacofônico, pós-apocalíptico e aterrorizante, refletindo a música com perfeição — *tornando-se* a música —, de uma maneira que clipes musicais raramente fazem.

Madonna queria que Cunningham dirigisse o clipe de "Frozen", que seria o primeiro single do álbum. Aos 27 anos, o diretor a conhecia como uma cantora que a irmã mais nova ouvia e ficou surpreso com o fato de a artista querer se encontrar com ele em Londres. "Mas ela foi muito gentil, e dei sorte novamente, porque a faixa era bastante cinematográfica, e eu sabia que poderia fazer algo com ela."[46]

Os dois começaram com o figurino. Jean Paul Gaultier tinha desenhado uma linha gótica inspirada em Marilyn Manson e Frida Kahlo — e Madonna queria usar isso no projeto.[47] Ela via nas roupas a estética de Martha Graham; sua dança no clipe, assim como a de Graham no palco, existiria no interior dos movimentos do tecido.[48]

A cantora imaginava sua personagem uma "criatura mística no deserto [...] a materialização da angústia feminina".[49] Para dar vida a essa imagem, Cunningham fez grandes planos. Ele usaria helicópteros para filmar um deserto cheio de corpos — todos de Madonna — que se transformariam em corvos e cães. O mau tempo, contudo, o obrigou a reduzir tais aspirações.[50]

O deserto de Mojave, onde a equipe se reuniu em janeiro, mostrou-se inclemente. Chovia torrencialmente, fazia um frio congelante, e Madonna ficava descalça durante toda a filmagem.[51]

Em "Frozen", a cantora passou a primeira noite longe da filha, o que a deixou ainda mais ansiosa. "Mas então pensei: 'Darei muita coisa a ela ao ser uma pessoa criativa e estar feliz com o que realizei.' Muitos de nossos pais são amargos por causa de tudo aquilo do qual eles precisaram desistir para nos criar."[52]

A ironia era que o clipe poderia ter sido filmado em qualquer lugar, já que a cereja do bolo estava nos efeitos especiais: Madonna, de cabelo preto e tatuagens de hena nas mãos e nos punhos, flutua como a figura de uma pintura surrealista: o longo vestido dá origem a corvos, um cachorro saltitante e réplicas de si mesma.

O clipe foi ao ar na MTV em 16 de fevereiro. Seis dias depois, a Warner Bros. lançou *Ray of Light* no Japão e, em 3 de março, nos Estados Unidos e na Europa. Após cantar as músicas de Andrew Lloyd Webber em *Evita*, Madonna retornou com um álbum que ninguém esperava. De novo, ela escolheu um fenômeno relativamente underground — a música eletrônica e de ambiente — e o transformou em mainstream. No processo, refletiu o *Zeitgeist* do milênio e a ênfase na espiritualidade como contrapeso à tecnologia que dominava a vida das pessoas.

Um divisor de águas, *Ray of Light* rendeu elogios pela ousadia. Era a versão de Madonna de *Sgt. Pepper's Lonely Hearts Club Band* (quando os Beatles ficaram psicodélicos), de *Bringing It All Back Home* (quando Bob Dylan trocou a guitarra acústica pela elétrica), de *Private Dancer* (quando Tina Turner mostrou ao mundo quem era sem a sombra malévola de Ike). Como tais obras, o álbum de Madonna não representava somente uma nova direção para a artista, e sim novos e amplos caminhos musicais.

Kurt Loder, da MTV, disse que o álbum constituía "um novo vocabulário sonoro na música popular".[53] Stuart Maconie, escrevendo na Q, afirmou: "Madonna sempre teve a coragem de correr riscos [...]. Comparada à produção de seus pares [...] ela merece imenso crédito e [...] continua sendo uma aristocrata do pop que presta atenção aos novos sons."[54] Na *Rolling Stone*, Rob Sheffield escreveu de início que o álbum às vezes era "lento".[55] Então, admitindo que a obra precisava ser ouvida e digerida adequadamente, publicou uma nova análise: "Mesmo os que se devotaram a idolatrar Madonna não estavam preparados para um álbum tão incrível."[56] Escrevendo sobre *Ray of Light* na *Q* anos depois, Dan Gennoe comentou: "Em um único ato habilidoso, ela garantiu o próprio legado."[57]

Os críticos receberam com fervor o álbum de Madonna, obviamente porque ele representava uma ruptura. A cantora, no entanto, já tivera momentos assim e ganhou menos aclamações por isso (como *Erotica*). O que tornava *Ray of Light* fácil de defender era o fato de ser um álbum menos político, mesmo quando comparado ao primeiro, que mostrava o poder sexual de uma jovem mulher. Não havia declarações em *Ray of Light* sobre direitos das mulheres, grupo étnico, gênero ou homossexualidade. Até as referências religiosas eram benignas.

Em sua nova persona como deusa dourada, Madonna não era diferente das cantoras de folk do fim da década de 1960 e do início da década de 1970. Por mais transformado que fosse, era um arquétipo que homens de toda parte, dos escritórios corporativos às redações dos jornais, podiam celebrar, pois se tratava de uma mulher que já lhes era familiar. E ela parecia gostar deles.

Madonna estava pronta caso os críticos odiassem *Ray of Light*. Quando foi surpreendida com todo aquele entusiasmo, a cantora aceitou os elogios com serenidade. "Se acreditamos nas coisas boas [que os críticos dizem], acabamos feridos pelas coisas ruins", disse ela. "Estou grata, muito obrigada, só que estou mais interessada no que os fãs têm a dizer."[58]

Os fãs amaram. No lançamento, *Ray of Light* foi o álbum mais tocado no Reino Unido, na Alemanha, na Itália, na Bélgica, em Israel e na Finlândia — 17 países no total. Nos Estados Unidos, foi privado do primeiro lugar pela trilha sonora do filme *Titanic* — e mesmo assim Madonna conseguiu bater o recorde de álbum de uma artista mulher mais vendido em uma única semana ao ultrapassar a marca dos 370 mil. Era o álbum mais bem-sucedido da cantora desde *Like a Prayer*, lançado uma década antes.

Já os singles não se saíram tão bem, porque foram muito pouco tocados nas rádios,[59] que eram dominadas, em 1997, por duas empresas: Clear Channel e Infinity Broadcasting. Ambas monopolizavam as decisões sobre a programação, ditando o que seria ouvido em centenas de mercados. Um executivo da Clear Channel disse que as playlists focavam os grandes sucessos, e alguns deles eram tocados até 16 vezes ao dia. Os DJs como Frankie Crocker, em Nova York, que apresentavam músicas novas e eram capazes de mudar o mundo dos ouvintes, eram coisa do passado. As rádios se tornaram corporativas, homogêneas. Nem sequer estava claro se as pessoas que tomavam as decisões *gostavam* de música.[60]

As demandas profissionais de Madonna aumentaram após o lançamento do álbum. Entretanto, com Lola, a cantora respondeu de modo diferente. Ela disse a Robert Hilburn, do *Los Angeles Times*, naquele ano: "Quando meu assessor de imprensa diz que preciso fazer isso e aquilo, respondo que não, não preciso [...]. Antes de tomar qualquer decisão, sempre considero onde estarei e quanto tempo terei com Lola antes de tomar qualquer decisão."[61]

Mesmo após reduzir as atividades ao essencial, Madonna comentou com a jornalista Ingrid Sischy que estava sobrecarregada.

> Pareço uma barata tonta. Estou gravando meu disco, planejando clipes, fazendo sessões de fotos, dando entrevistas, tomando conta da minha filha, lendo roteiros, e Guy me telefona para dizer: "Você precisa ouvir isso e tomar uma decisão até amanhã." Não tenho tempo livre.[62]

Para conseguir fazer tudo, Madonna ficou ainda mais obcecada com a própria agenda. "Às vezes, na função de amigo", afirmou Alek Keshishian, "tenho vontade de sacudi-la e dizer: 'Pare de montar listas. Ninguém vai ligar se, entre 14h e 15h, você precisa dar 12 telefonemas.'" Ele admitiu, porém, que essa "configuração das coisas" era o que a mantinha sã. "É a maneira dela de não terminar em um lugar sombrio e negativo."[63]

Ela também repaginou a Maverick. Freddy DeMann tinha sido a pessoa com experiência e conexões necessárias na década de 1980. Mas em 1997 o mundo do entretenimento estava diferente, assim como os participantes. A geração de DeMann havia saído da linha de frente para ocupar posições eméritas em escritórios luxuosos. Ele próprio ainda não tinha feito essa transição, mas Madonna decidiu que estava na hora. A partida dele ocorreu depois de bastante ensaio e planejamento.

DeMann foi nomeado diretor-executivo da Maverick Records e Guy Oseary foi promovido a sócio minoritário.[64] Além disso, após 15 anos como empresário de Madonna, DeMann foi substituído no cargo pela assistente, Caresse Henry. No ano seguinte, ele já estaria fora. Madonna comprou a parte dele na Maverick por 25 milhões de dólares, separando-se da figura paterna na indústria.[65]

Desse momento em diante, a Maverick se tornou Madonna e Oseary. Ele era uma conexão vital com os últimos acontecimentos na música, nos filmes e nos clipes. A gravadora, fundada seis anos antes com 10 milhões de dólares provenientes de um adiantamento da Warner, gerou mais de 750 milhões de dólares em vendas. Isso talvez não tivesse acontecido sem o faro de Oseary para identificar talentos.[66]

Quando fundou a Maverick, Madonna a descreveu como um criativo laboratório de ideias, e ainda era assim. Ela influenciou os artistas que contratou e foi influenciada por eles. Foi por meio de uma banda contratada pela Maverick naquele ano, a Prodigy, que ela conheceu o diretor com quem trabalharia pelas duas décadas seguintes.

Jonas Åkerlund, de 32 anos, dirigiu o controverso clipe da Prodigy para a igualmente controversa música "Smack My Bitch Up". O clipe começa com algo recorrente em Åkerlund: brincar com o ângulo da câmera e, em consequência disso, com a perspectiva do espectador. Ele filmava cenas de baixo ou de cima, mas nesse caso filmou para fora — significando que apresenta a ação como se o espectador fosse o personagem principal. E o "espectador" é alguém desprezível.

O clipe mostra uma noitada de bebedeira, chapação, apalpadelas sem consentimento, brigas, vômito e comportamentos "malcriados" em geral, o que culmina na contratação de uma prostituta. Dados os minutos precedentes e a tradição de agressão às mulheres em músicas e clipes musicais, a probabilidade de um cenário do tipo *Psicopata americano* parece alta. A guinada brilhante de Åkerlund é revelar que o antagonista é uma mulher e terminar o clipe sem violência.

A decisão do diretor de inserir uma mulher em um papel masculino, para mostrar aos homens como eles se comportam durante uma noite de devassidão, foi considerada *ultrajante*. Algumas mulheres, sem dúvida reagindo mais ao título do que ao conteúdo, denunciaram a produção como misógina. Alguns países europeus o baniram por causa do consumo de drogas. A MTV o exibiu somente no fim da noite e, após o alvoroço popular, parou de exibi-lo de vez. Åkerlund disse:

> Eu me lembro de vir para cá [Los Angeles], e Jay Leno, que apresentava um daqueles programas do tipo *Tonight* ou algo assim, fez piadas do tipo "Smack My Bitch Up" por cinco noites seguidas. Eu não conseguia acreditar que um clipe de música tivesse tanto impacto.[67]

Madonna achou a produção "brilhante".[68] Ela telefonou para Åkerlund e ofereceu a direção do clipe de "Ray of Light". Seis meses e cinco tentativas depois, eles conseguiram. O clipe retrataria um único dia enquanto o mundo avançava na direção do novo milênio.[69]

Freneticamente, ele exibe o ritmo assustador da sobrevivência no mundo moderno: metrôs lotados, rodovias com engarrafamento, ruas aglomeradas, bolsas de valores alvoroçadas e salas de aula abarrotadas. Nada é saboreado, porque ninguém tem tempo. Sobreposta a essa cena está Madonna — com o famoso umbigo de novo à mostra (mesmo na "meia-idade" e depois de um bebê). No clipe, ela existe acima e além da louca realidade cotidiana, mas mesmo assim é atingida por sua velocidade. Sem encontrar paz no Universo, dá um grito horripilante na pista de dança.

Åkerlund certa vez chamou o próprio estilo de "tapa na cara". Ele se descreveu como "vampiro" e disse que encontrava "paz de espírito [...] em ambientes sombrios".[70] Dizia aos clientes potenciais que, se quisessem algo normal, "não sou o que vocês procuram".[71] A obra dele provocava uma esmagadora sensação de assombro. E esse assombro estava no cerne de "Ray of Light".[72] "Repensando", comentou ele, esse clipe "mudou minha vida".[73]

A vida artística de Madonna pendia para o lado da Europa. Ela estava empolgada com o trabalho visual conquistado com Chris Cunningham e Åkerlund e com o trabalho musical feito com William Orbit e Marius de

Vries. Também ouvia novos sons da Grã-Bretanha e da França. Certa vez, a cantora disse a Kurt Loder, da MTV, que onde não havia novos sons era nos Estados Unidos, pois "existe incentivo à criatividade na Europa. O incentivo aqui é baseado nas vendas; nos Estados Unidos, a competição é para *vender.* Na Europa, especialmente na Inglaterra, a competição é para ser criativo. Acho que isso dá muito mais liberdade às pessoas".[74]

A vida pessoal da cantora também a atraía para o outro lado do Atlântico. Madonna tinha gostado de Londres quando trabalhou em *Evita.*[75] Durante os meses em estúdio com Orbit, ela se apaixonou pelo humor autodepreciativo dele, pelas piadas inteligentes sobre tudo, da astronomia à literatura, e pela total ausência de atitudes "de macho". Quando lhe pediram, por volta daquela época, que descrevessem o homem ideal, ela disse que seria como Oscar Wilde: "Um dândi de terno e cabelo comprido, espirituoso demais para meu gosto, incrivelmente esperto, engraçado de um jeito mordaz, essas coisas."[76]

No outono de 1997, o relacionamento romântico entre Madonna e Leon chegou ao fim, embora eles continuassem próximos por causa de Lola. "É importante que ela nos veja como amigos que se respeitam", afirmou a cantora.[77] Quando perguntaram se ele e Madonna tinham um "acordo contratual", Leon vociferou: "Nós nos amamos. Confiamos um no outro. Mais pessoas deveriam tentar fazer isso."[78] O pai via Lola três ou quatro vezes por semana em Nova York e telefonava para ela todas as noites se Madonna estivesse em Los Angeles ou Miami. Embora não morassem na mesma casa, eles eram, para todos os efeitos, uma família normal, com avós amorosos, primos, tios e tias de ambos os lados.[79]

Com isso resolvido, Madonna estava pronta para voltar a namorar, e Keshishian tinha alguém em mente: um inglês ex-estudante de arte, de 32 anos. Andy Bird era parecido com o dândi da imaginação de Madonna e estava a caminho de Los Angeles para tentar vender o roteiro cômico que tinha escrito. Antes de partir, o rapaz foi a Paris para uma reunião com Keshishian. "Quando cheguei, ele estava ao telefone e, de repente, disse: 'Andrew, diga oi para a Madonna.' [...] Peguei o telefone e disse: 'Olá.' Ouvi risadinhas do outro lado da linha." Bird não tinha certeza de que *era* Madonna, mas quem quer que fosse parecia agradável. Ele anotou o telefone e disse que ligaria mais tarde.[80]

Quando chegou a Los Angeles, eles já haviam se falado muitas vezes. "Conversávamos o dia inteiro", comentou ele. "Já havia certo grau de intimidade a essa altura. No fim, dizíamos 'senti saudades' quando não nos falávamos durante algumas horas."[81]

O primeiro encontro ocorreu em uma sessão de fotos para a *Rolling Stone* em outubro de 1997, na qual Madonna, Tina Turner e Courtney Love posaram como três gerações de mulheres do rock. "Tive que esperar do lado de fora porque era proibido fumar no estúdio", disse Bird. "Estava usando um casaco de pele falsa de um colega." Saindo com ele do estúdio para jantar, Madonna bateu em um muro ao dar ré. O rapaz estava nervoso e ficou aliviado ao notar que ela também.[82] O nervosismo, porém, não durou. "Para nós dois, havia uma sensação real de familiaridade", contou ele. "Você sabe, quando sente que já conhecia a pessoa."[83]

O relacionamento entre Madonna e Bird ficou mais sério, e em novembro de 1997 os dois foram para Londres, onde a cantora visitou algumas casas, conheceu os pais do namorado e procurou escolas para Lola.[84] Ela alugou uma casa em South Kensington e teve alguns dias idílicos, até que os paparazzi a descobriram.[85] "Achei que, após aquele lance com a princesa Diana [...] eles me deixariam em paz", comentou. Em vez disso, "foi um pesadelo [...]. Eu adoraria morar em Londres, mas acho que não conseguiria lidar com a imprensa. É tudo muito intenso. É mais intenso até que em Nova York, onde a atenção meio que flutua. Em Londres, é constante."[86]

Bird não tinha ideia de como lidar com o massacre. Ele era seguido pelos paparazzi. A casa dos pais dele chegou à capa de um tabloide após uma visita de Madonna. Os jornais publicaram números para os quais as pessoas que o conheciam podiam telefonar a fim de repassar informações sobre ele. Um programa de rádio tinha uma linha telefônica especial destinada aos comentários públicos sobre "o último namorado de Madonna". Por incrível que pareça, Bird entrou no relacionamento achando que os dois seriam um casal comum.[87]

Bird alegou ter ficado paranoico e retraído. "Eu tinha medo de atender ao telefone. Gostávamos muito um do outro, mas me dei conta de como seria difícil a vida com ela."[88] O clipe de "Drowned World/Substitute for Love", dirigido por Walter Stern em Londres, ilustrava a dificuldade que já existia.[89]

O clipe mostra Madonna sendo caçada por paparazzi, fãs e até hipsters em clubes. A cena em que a limusine dela é cercada por paparazzi de motocicleta causou consternação na Grã-Bretanha, onde ela foi acusada de monetizar a memória de Diana. A cantora, contudo, não estava descrevendo o passado de alguém. Estava descrevendo o próprio e sitiado presente.

Em 21 de junho, cinco dias antes do início das filmagens com Stern, Sting e a esposa produtora, Trudie Styler, convidaram Madonna e Andy Bird para almoçar na casa de campo deles. Bird estava à ponta da mesa, "emburrado", ao passo que, ao lado de Madonna, sentava-se um jovem diretor chamado Guy Ritchie.[90] Ele não era parecido com Oscar Wilde. Muito pelo contrário: parecia um valentão de Londres, a começar pela cicatriz na bochecha. "Não sei dizer no que eu estava pensando", disse ela.

> Sabe quando as pessoas dizem "Ele virou meu mundo de ponta-cabeça"? Meu mundo não só virou de ponta-cabeça, como minha cabeça também

> ficou girando em torno do meu corpo! [...] No meu ramo, conheço pessoas incríveis, pessoas fascinantes, pessoas glamourosas, pessoas sexies e pessoas intelectuais [...]. Elas são interessantes, mas não há muitas que sejam de parar o trânsito [...]. Tive uma premonição sobre meu futuro Isso só tinha acontecido comigo uma vez antes.[91]

Tinha ocorrido no set de "Material Girl", quando ela se imaginou casando-se com Sean Penn. O ponto decisivo foi que Ritchie a fez rir "imediatamente. Ele é muito engraçado".[92] E confiante, "muito, muito confiante. Arrogante, mas de um jeito autoconsciente".[93]

Ritchie, dez anos mais jovem que Madonna, tinha finalizado seu primeiro longa-metragem, escrito e dirigido por ele e pelo qual ganhou o apelido de "Tarantino britânico". *Jogos, trapaças e dois canos fumegantes* é uma comédia sobre uma gangue do East End que passa de um golpe fracassado a outro, deixando uma pilha de corpos para trás. O filme era um antídoto para as comédias românticas e filmes de época então produzidos na Grã-Bretanha. Também deu aos gurus de relações-públicas de Tony Blair, que havia batizado o lugar de "Cool Britannia" [Grã-Bretanha descolada], algo de que se gabar. Com uma cativante trilha sonora de rock e um elenco jovem e moderno, o filme de Ritchie era descolado e modificou a cultura cinematográfica britânica. Nas palavras do diretor, "eu queria fazer algo um pouco mais contemporâneo que a porra do Shakespeare".[94]

O jovem também usou a licença poética em relação ao próprio passado, talvez para ajudar a vender o filme. Ritchie disse a um repórter em 1999: "Morei no East End por trinta anos [...]. Vi muita confusão [...]. Fui pobre a vida inteira."[95] Na realidade, o pai dele, o capitão John Vivian Ritchie, era publicitário e a mãe, Amber Parkinson, ex-modelo. Quando Ritchie tinha 5 anos, os pais haviam se divorciado e se casado novamente, com aristocratas. Guy foi criado na casa do marido da mãe, Sir Michael Leighton, em uma propriedade perto de Shrewsbury. Toda a educação que ele recebeu foi em internatos.[96]

Foi por meio das conexões do pai em Londres que ele conseguiu um emprego em um estúdio no Soho, trabalhando como faz-tudo e então passando para a produção de clipes de música.[97] O que ele realmente queria era fazer um filme. "Eu tinha lido que Steven Spielberg fez o primeiro filme aos 26 anos", comentou Ritchie. "Então eu queria filmar uma narrativa até essa idade. E de certo modo consegui: fiz um curta chamado *The Hard Case*."[98] O filme de vinte minutos, lançado em 1995, seria uma prévia do primeiro grande filme de Ritchie, três anos depois.

Trudie Styler, que conhecia o pai publicitário de Ritchie, viu *The Hard Case* e ficou impressionada o bastante para ajudar a financiar o primeiro longa-metragem. "Quando ela topou", disse o jovem diretor, "todos os outros investidores também toparam".[99] Foi também por causa de Styler que Ritchie compareceu ao almoço com Madonna. "Eu estava muito próximo de Trudie àquela altura, porque havíamos acabado de fazer o filme."

> A caminho da estação de trem, telefonei para ela e perguntei: "Quem mais estará lá?" Ela respondeu: "Só umas pessoas." Eu: "Ok, quem?" E ela: "Madonna." Confesso que isso me pegou um pouco de surpresa.[100]

Ele confirmou o que Madonna tinha dito: os dois se deram bem imediatamente. E, assim como a cantora, ele também gostou dela por causa do humor. "Ela é seca e divertida."[101] E só ficaria nisso mesmo, ao menos por algum tempo. Ambos estavam envolvidos com outras pessoas, e cada um seguiu seu caminho.

Em setembro, o VMA finalmente entregou a Madonna o prêmio principal, de Clipe do Ano, por "Ray of Light". Na verdade, ela dominou a noite — e a Maverick também. O clipe foi indicado a oito prêmios e venceu também as categorias de Melhor Clipe Feminino, Melhor Direção (Jonas Åkerlund), Melhor Coreografia e Melhor Edição. Já o clipe de "Frozen", dirigido por Chris Cunningham, venceu na categoria Efeitos Especiais. Madonna nunca havia ganhado tantos prêmios. Ela podia se dar ao luxo de ser benevolente.[102]

Os discursos de agradecimento foram graciosos. A apresentação de "Shanti/Ashtangi" mostrou respeito ao hinduísmo, embora tenha enfurecido um grupo de hindus. Eles publicaram uma declaração acusando-a de poluir a religião mais antiga do mundo. "Ao usar marcas sagradas com roupas que deixavam os mamilos visíveis e rodopiar com o guitarrista de maneira sugestiva, Madonna ofendeu hindus de todo o mundo."[103]

Embora fosse uma versão mais gentil e suave de si mesma, Madonna ainda denunciava a hipocrisia quando a via. Em resposta às críticas, disse: "Se eles são tão puros, por que estão assistindo à MTV?"[104]

Capítulo 41

Los Angeles, Miami, 1999

> Madonna está nessa jornada e, se for esperto, você vai embarcando também. Mas, você embarcando ou não, ela chegará lá.[1]
>
> — *William Orbit*

MADONNA CHEGOU À cerimônia do Grammy em fevereiro de 1999 indicada em seis categorias. Durante os 16 anos de carreira da cantora, a National Academy of Recording Arts and Sciences não lhe concedeu um prêmio sequer. Naquela noite, quando ela subiu ao palco, parecia que isso iria mudar. Para a ocasião, Madonna estava cercada por pessoas que amava. Rosie O'Donnell apresentava o show. Christopher estava nos bastidores ajudando a organizar a performance da irmã. William Orbit estava a seu lado no palco, assim como Niki Haris e Donna De Lory. Era a primeira vez que as três apareciam juntas em público desde The Girlie Show, seis anos antes. O novo "amigo", Guy Ritchie, também estava lá.[2]

O filme de Ritchie, *Jogos, trapaças e dois canos fumegantes*, ganhou aclamação geral, incluindo elogios da Academia Britânica de Artes do Cinema e da Televisão, que o indicou ao prêmio BAFTA de Melhor Filme Britânico.[3] Paparazzi de ambos os lados do Atlântico tinham razões para celebrar a noite de Madonna e Ritchie sob os holofotes do Grammy. Ele era o mais badalado cineasta britânico do momento e ela estava no auge da carreira.

Madonna cantou "Nothing Really Matters". Nos poucos meses desde que tinha comparecido ao VMA vestindo trajes indianos, ela adotou um novo visual após a leitura de um livro: *Memórias de uma gueixa*, de Arthur Golden. A cantora ficou obcecada pela cultura dessas mulheres japonesas. "Toda a ideia de ser gueixa é uma grande metáfora para ser artista, porque, por um lado, você é uma privilegiada, mas por outro é uma prisioneira."[4] Ela compareceu à cerimônia do Grammy como gueixa moderna, usando um quimono vermelho desenhado por Gaultier com uma faixa de PVC e sapatos com plataformas de 30 centímetros.

Depois da apresentação, começaram as premiações. *Ray of Light* ganhou quatro prêmios: Melhor Álbum Vocal de Pop, Melhor Gravação de Música Eletrônica e de Dança para a canção-título, Melhor Clipe e Melhor Pacote de Gravação. Madonna, ainda vestida de gueixa, subiu ao palco com Orbit para receber o prêmio principal. A surpresa e o deleite da cantora pareciam genuínos, assim como os do amigo produtor, que timidamente admitiu que "ansiava" pelo gramofone dourado.[5]

E com esses louvores, em meio à ascensão de uma nova geração de astros pop, Madonna deixou aquele mundo. Pode-se dizer que tinha feito o mesmo em 1989, com *Like a Prayer*, mas nunca protestou por ter sido incluída na categoria. Em 1999, ela fez isso. Disse odiar ser chamada de estrela pop. Ela era uma artista performática.[6]

Madonna analisou muitos papéis desde *Evita*, mas o primeiro que aceitou foi oferecido pelo amigo Rupert Everett. *Sobrou pra você* fala de uma mulher heterossexual e solteira que engravida do melhor amigo gay após uma noite de sexo e embriaguez. O filme desafia a noção do que constitui uma família ao exibir um homem e uma mulher não casados criando um filho e ao mostrar um gay como pai exemplar. Logo, trata-se de uma declaração política disfarçada de comédia romântica e lembra as mensagens sociais das músicas mais dançantes de Madonna.[7]

Madonna e Everett se conheciam desde 1985, quando ele parou ao lado de Sean Penn em um semáforo da Sunset Boulevard. Com os vidros baixados, os dois atores se cumprimentaram e trocaram telefones. Três dias depois, Penn telefonou para dizer que a namorada queria conhecê-lo, e eles marcaram um jantar. O protagonista de *Sobrou pra você* se julgava acima da tietagem, mas aquela noite provou que estava errado.

> Aos 17 anos, eu me sentei com David Bowie no Embassy Club. Aos 18, jantei no La Coupole, em Paris, com Andy Warhol e Bianca Jagger [...]. Mas nada disso chegou perto do impacto de Madonna [...]. Havia um campo de energia em torno dela, como uma onda, que derrubava todo mundo ao passar por uma sala.[8]

Ele não a achou convencionalmente bonita. No entanto, ela demonstrava uma

> ternura e uma simpatia arrepiantes [...]. Ela era estridente, mas equilibrada; elegante, mas comum [...]. Era hipnotizante. Exalava sexo e exigia uma resposta sexual de todo mundo. Não importava se você era gay [...]. Ao fim do jantar, eu estava apaixonado.[9]

Everett tinha ficado fora da cidade por vários anos para trabalhar na Europa, mas retornou a Los Angeles em 1989, acompanhado de um cachorro chamado Mo, e começou a procurar um filme para estrelar. Foi então que se reconectou com a recém-divorciada Madonna e se tornou um dos pouquíssimos atores a se assumir gay na época.[10]

Foi uma decisão perigosa e até irresponsável, o que, por muito tempo, atrapalhou a carreira dele. Contudo, o fato de ser inglês ajudou, porque todos os norte-americanos "acham que todos os ingleses são gays [...]. É só mais um viadinho inglês, vamos dar uma chance a ele".[11] Em 1994, Robert Altman fez isso, escalando Everett para sua bem-sucedida comédia sobre a indústria da moda, *Ready to Wear* — ou, como foi chamado fora dos Estados Unidos, *Prêt-à-porter*. A carreira de Everett estava nos trilhos novamente. Em 1997, ele se tornou um ídolo moderno das matinês ao contracenar com Julia Roberts em *O casamento do meu melhor amigo*, que faturou quase 300 milhões de dólares.

Everett era o Rock Hudson de uma nova geração. Havia se assumido, mas o principal relacionamento na tela ainda era com uma mulher. O filme se tornou um modelo para diretores que queriam reconhecer a homossexualidade sem *realmente* reconhecê-la. Apesar disso, foi um passo adiante, representando uma nova frente na revolução gay. Os homens gays se tornaram parte de uma narrativa positiva da cultura pop. Em 1998, foi ao ar a série *Will e Grace*, que apresentava o primeiro protagonista gay (interpretado por um ator heterossexual) do horário nobre — embora novamente como melhor amigo de uma mulher heterossexual em um mundo fictício branco, rico e urbano.[12]

A realidade de viver como gay, lésbica ou trans era muito mais sombria. No mesmo ano, foi lançado o filme *Meninos não choram*, de Kimberly Peirce, sobre o estupro e o assassinato, em 1993, de um homem trans de 21 anos nascido no Nebraska chamado Brandon Teena. O filme retratava de modo comovente o perigo que os jovens fora da regra heterossexual enfrentavam ao ousar cometer o simples e belíssimo ato de se apaixonar.

No entanto, a ideia de que a violência era apenas ficcional foi por chão: cinco anos depois do filme, um jovem de 21 anos, Matthew Shepard, morreu em 1998 após ser espancado e amarrado a uma cerca em um campo do Wyoming sob uma temperatura quase congelante. A hedionda brutalidade do caso e o número cada vez maior de ataques a gays, lésbicas e pessoas trans desencadearam pedidos para que o Congresso dos Estados Unidos os incluísse na legislação de crimes de ódio. A medida não foi adotada. Basicamente, o Congresso disse à comunidade para se virar sozinha, como fez durante a primeira década da crise da aids.[13]

Em setembro de 1998, Madonna discursou durante o 14º Aids Walk Los Angeles. Ela alertou a multidão de 28 mil pessoas contra a complacência, dizendo que, embora os novos medicamentos fossem bem-vindos, eles não solucionavam a crise de saúde que já tinha matado quase 500 mil pessoas somente nos Estados Unidos, a imensa maioria gays. Dezenas de milhares de pessoas viviam com essa enfermidade, e os 30 mil dólares anuais necessários para a compra dos novos tratamentos medicamentosos estavam fora do alcance de muita gente. Isso significava que a doença ainda era uma ameaça. A cantora pediu atenção aos jovens que, mais uma vez, estavam fazendo sexo sem proteção; pediu que o Congresso oferecesse agulhas descartáveis para diminuir o risco de aids entre usuários de drogas intravenosas; e pediu que as pessoas se importassem.[14]

Em meio ao renovado foco na aids e à contínua e perigosa discriminação contra os gays, Madonna aceitou trabalhar no filme com Everett. Ele participou de outro filme de 300 milhões de dólares, *Shakespeare apaixonado*, pelo qual Gwyneth Paltrow ganharia um Oscar. Com a série de sucessos de Everett, a participação de Madonna em *Evita* e o renomado diretor britânico John Schlesinger (de *Perdidos na noite* e *Maratona da morte*) no leme, *Sobrou pra você* entrou em produção com a expectativa de que também seria um vencedor. Em abril de 1999, começaram as filmagens, que durariam quatro meses, na cidade de Los Angeles. Everett comentou que já no primeiro dia era perceptível que "estávamos a bordo de um navio afundando".[15]

O sexo era um problema. O produtor se recusou a incluir uma cena de sexo gay e Madonna se recusou a fazer uma cena de sexo hétero. Até mesmo para beijar o par romântico no filme, Benjamin Bratt, ela precisou de um drinque, e depois dois, a fim de entrar na personagem. De acordo com Everett, ela começou a "improvisar" depois de beber, até que Schlesinger gritou: "Alguém jogue um balde d'água nessa vadia!" Ele também disse que a cantora e o diretor "estavam em pé de guerra [...]. Ele a pressionava demais e não percebia quando ela estava atuando bem". Então Everett acidentalmente derrubou o diretor de 73 anos, fazendo com que ele sofresse uma microfratura no cóccix. Depois de um tempo, Schlesinger ficou tão desinteressado pelo filme, que passou a dormir durante as filmagens.[16]

O filme que saiu de tudo isso tinha uma mensagem que precisava ser entregue, mas era um desperdício de talento. Havia momentos de intenso drama e sinceridade, mas pouco humor e, dado o tema, pouquíssimo conforto.

Sobrou pra você não foi uma perda total, apesar disso. Everett pediu a Madonna que fizesse um cover de "American Pie", um clássico de Don McLean, para a trilha sonora. Ela resistiu por um tempo, mas cedeu — e ficou feliz por tê-lo feito: "Em certa medida, conforme nos aproximamos do século XXI, estamos nos despedindo de muitas coisas, da maneira como as coisas costumavam ser. Para mim, foi uma espécie de canção de pesar."[17]

O iminente milênio finalmente chegou. Ele foi recebido com receio: governos e indústrias de todo o mundo se prepararam para o que temiam ser um cataclísmico defeito tecnológico quando as datas nos sistemas computadorizados passassem de 1999 para 2000. Os alarmistas previram aviões caindo dos céus, tumultos nas ruas e escassez de alimentos. Em resumo, o Apocalipse.[18]

Em South Beach, o fim do século já havia chegado. Ele se aproximou com o assassinato de Versace e terminou com a prisão de Chris Paciello, em dezembro de 1999, por acusações de homicídio, assalto e participação no crime organizado.[19] "Ele era o garoto dourado, o leão dos clubes de South Beach", lembrou Brian Antoni. "Nosso deus gay foi morto, e descobrimos que Paciello estava envolvido em homicídio. Acabou. O paraíso fechou. É o fim."[20]

Paciello foi alvo de uma investigação de dois anos do FBI, do DEA, do IRS, da promotoria do Brooklyn, da promotoria da Flórida e da polícia de Miami.[21] As acusações em Nova York envolviam, entre outras, o latrocínio que vitimou Judith Shemtov. As autoridades locais e federais em Miami estavam interessadas no incêndio do primeiro clube, o Risk, e nas alegações de que ele lavava dinheiro para a máfia no Liquid.[22]

Após a prisão, Paciello alegou inocência, dizendo ser somente um homem criado em uma vizinhança ruim. A comunidade pareceu concordar. Em 15 de dezembro, setenta celebridades de Miami Beach chegaram de limusine para apoiá-lo durante a audiência de custódia. Foi como um episódio da nova série de sucesso *Família Soprano*.[23] Amigos prometeram milhões de dólares para pagar a fiança, mas aos poucos, diante do peso das evidências contra ele, as ofertas diminuíram até desaparecerem. A discussão era vã, de qualquer maneira, porque Paciello aguardou julgamento preso preventivamente, em Nova York.[24]

Um ano depois, ele se declararia culpado do assalto ao banco e da participação na morte de Shemtov. Ao que parece, recebeu sentença reduzida de sete anos por fornecer evidências contra os mafiosos de Nova York. Para pagar aos advogados, vendeu partes do império criado com Casares, incluindo um clube chamado Bar Room e uma filial do Liquid em West Palm Beach. O Liquid original, em South Beach, permaneceu aberto, mas a sala VIP se tornou menos ilustre. A entrada mais difícil do mundo tornou-se acessível a todos.[25]

Nesse meio-tempo, a multidão que tinha tornado famoso o clube de Paciello se preparava para uma última festa ao fim de uma década desvairada. Donatella e o irmão Santo haviam colocado a mansão de Versace à venda durante o verão, mas antes disso ela decidiu dar uma festa de ano-novo. Everett a chamou de "última festa do século".[26]

Donatella convidou 75 pessoas do mundo da moda e do entretenimento para jantar no pátio. Lonas foram penduradas nas árvores para proteger os convidados de paparazzi e de turistas na Ocean Drive, onde o barulho era ensurdecedor. As agências de notícias estavam prontas para relatar o caos que seria causado quando os computadores travassem ao passar de 1999 para 2000. A versão de um pregoeiro público em South Beach não podia esperar tanto tempo. Um homem que percorria a Ocean Drive de patins tinha escrito no peito, com tinta amarela, a própria previsão para o futuro: "Estamos fodidos."[27]

Ritchie, Oseary e Paltrow (que estavam hospedados na casa de Madonna) e a própria cantora chegaram de barco a South Beach e, para evitar o trânsito até a casa de Donatella, entraram em um carro com escolta policial. Ao chegarem, foram conduzidos à porta dos fundos — a mesma porta pela qual Madonna tinha passado na manhã do assassinato de Versace.[28] A morte do estilista assombrou as festividades, assim como a consciência de que a vida que eles compartilhavam em South Beach acabara.[29]

Quando chegou, Everett — que havia entrado no grupo Madonna-Versace após alugar um apartamento na Ocean Drive — encontrou Donatella sozinha no jardim. Ela admitiu que estava deprimida. Ritchie, que parecia desconfortável naquele lugar com drag queens e homens sem camisa dançando em plataformas, também parecia estar assim.[30]

Casares, sem o sócio Paciello, estava mais angustiada do que deprimida com a ideia de também perder Madonna. A cantora tinha começado a se distanciar depois que a verdade sobre Paciello surgiu. "Não era uma questão de deslealdade nem nada assim", disse Christopher. "Era uma questão de autopreservação, porque só Deus sabia o que mais podia acontecer [...]. Graças a Deus, Madonna nunca se envolveu financeiramente [com o clube]."[31] Everett disse que Ritchie era outra fonte de ansiedade para Casares. Naquela noite, ela "se agarrou com força ao laço esfarrapado no pescoço de Madonna".[32]

Também havia evidente tensão entre Christopher e Ritchie. Era a primeira vez que os dois se encontravam. "Achei que ele era uma versão light de Sean", comentou o irmão de Madonna.[33] "Era um cara decente. Eu o achei meio idiota, mas tudo bem. Era um valentão inglês e me lembrava Sean, com toda aquela merda falsa de parecer durão. Eu percebi isso de cara."[34] Everett disse: "Guy e Chris eram de planetas diferentes, e de certa maneira o sucesso de um dependia de o outro não estar presente."[35]

O banquete de Donatella levaria à dança, e depois da meia-noite o grupo foi ao Bar Room. Antes de chegarem lá, alguns tomaram ecstasy.[36] Às 4 horas, a festa estava animada. Madonna e Paltrow dançaram sobre uma mesa; Christopher e Paltrow foram para a pista; e Madonna foi vista abraçada a um estranho de 19 anos. Aquilo foi demais para Ritchie. Ele atravessou a pista, deu um chute na perna do adolescente e tentou atingi-lo com um soco. Christopher interveio. "Do nada, Guy ficou brincalhão", contou Christopher. "Acho que estava tentando me conquistar." Ritchie se aproximou e começou a erguer o irmão de Madonna.

> Eu perguntei: "Cara, que merda é essa? Me ponha no chão. Não estamos dançando, mas, se você quiser, podemos." Eu o empurrei contra a parede

> e comecei a me esfregar nele, o que o deixou apavorado [...]. Acho que ele estava tentando se impor, porque sabia como eu e Madonna éramos próximos.[37]

Madonna foi a única — e talvez Paltrow — que pareceu aproveitar a noite. A cantora a chamou de melhor festa de ano-novo de todos os tempos.[38]

Em 1º de janeiro, conforme os turistas se reuniam para fotografar o lugar onde Gianni Versace fora assassinado, Donatella trancou a Casa Casuarina e nunca mais voltou.[39] Dois meses depois, Madonna venderia a casa que tinha em Miami.

"*La belle époque* tinha chegado oficialmente ao fim", disse Everett.[40] Um século chegou ao fim, outro começou. Madonna iniciaria aquela nova fase em outro país.

PARTE V

LONDRES

2000-2009

Capítulo 42

Londres, Los Angeles, Nova York, Dornoch, 2000

> Mães de 40 e poucos anos ainda têm o divino direito de se divertir? (A resposta é sim.)[1]
>
> — *Dimitri Ehrlich*

MADONNA INICIOU A vida na Inglaterra adotando a iconografia norte-americana como nunca antes. Em 11 de fevereiro, foi ao ar na MTV o clipe gravado em um estúdio londrino com um diretor alemão, Philipp Stölzl. Após as recentes incursões no hinduísmo e no mundo das gueixas japonesas, ela reapareceu de jeans, regata e tiara como Madonna, a cantora folclórica, a rainha de festival do interior. Sem um traço de ironia ao literalmente se enrolar na bandeira dos Estados Unidos, aquela era a Madonna de "American Pie".

Rupert Everett a convenceu a fazer um cover da canção clássica de Don McLean para o filme que fizeram juntos, e a cantora incluiu William Orbit na produção e o próprio Everett nos vocais de apoio.[2] Foi uma ideia maluca, surgida durante um álbum mais experimental e enquanto ela se afastava profissionalmente de sons e colaboradores conterrâneos. Após o lançamento, a canção poderia ter permanecido na terra da nostalgia radiofônica, se não fosse pelo clipe, que contava como estavam as pessoas dos Estados Unidos no início do novo século: cansadas, mas esperançosas.

"American Pie" se tornou um sucesso improvável, chegando ao primeiro lugar da lista de dance music mais tocada nos Estados Unidos e das listas de single pop mais tocados em oito países, o que incluía Inglaterra e Alemanha. Quando perguntaram o que McLean achava de Madonna ter regravado uma música dele, ele respondeu: "Recebi muitos presentes de Deus, mas essa é a primeira vez que recebo um presente de uma deusa."[3]

A canção seria uma das inspirações de Madonna ao fazer a transição entre os Estados Unidos e a Inglaterra e embarcar no próximo álbum. Chamado *Music*, era um afastamento do pop ainda mais radical que *Ray of Light* havia sido. *Music* era também o primeiro álbum criado fora dos Estados Unidos, exclusivamente com produtores europeus. Foi isso que tornou a próxima persona da cantora tão interessante, e até mesmo doce. A Madonna de *Music* era uma cowgirl.

Em setembro de 1999, Madonna e Orbit trabalhavam no oitavo álbum de estúdio dela. A associação entre os dois era comprovadamente vencedora. Após a fartura de prêmios Grammy por *Ray of Light*, eles se associaram de novo em "Beautiful Stranger", o single que escreveram juntos para a comédia de espionagem de Mike Myers, *Austin Powers: O agente Bond cama*.[4]

Após ter composto nove músicas para o novo álbum, Madonna achou que estava muito parecido com o anterior e disse a um entrevistador australiano: "Estou interessada em me divertir enquanto divirto as pessoas [...]. Acho que este é o segredo da longevidade: permanecer curiosa e empolgada com meu trabalho."[5] Após reparar na semelhança entre os álbuns, contudo, ela não se sentiu assim e decidiu recomeçar com outro artista. O nome dele era Mirwais Ahmadzaï.[6]

Ahmadzaï tinha procurado uma gravadora nos Estados Unidos e ficado impressionado com o que a Maverick fez pela Prodigy. Então pediu a um amigo que entregasse a Guy Oseary uma cópia do bem-sucedido single "Disco Science", de 2000.[7] Oseary o mostrou a Madonna.

> Eu disse: "Meu Deus, é isso que eu quero. É esse o som." [...] Então, pedi: "Descubra [...] se ele quer trabalhar comigo, colaborar, tentar uma música em parceria." Tentamos, e eu quis mais. Criamos duas músicas, e eu quis mais. Então criamos três. E foi isso.[8]

As sensibilidades — artísticas e políticas — de Madonna e Ahmadzaï eram iguais, assim como o objetivo de ambos: usar a música para modificar a cultura. Nascido em 1961 na Suíça, de mãe italiana e pai afegão, o produtor foi para Paris aos 6 anos, com a família. Musicalmente, percorreu um caminho similar ao de Orbit, passando pelos Rolling Stones, pelo Kraftwerk e pelo gênero punk. Aos 20 anos, fazia parte de uma banda chamada Taxi Girl, que o escritor Martin James, em sua história da música francesa, chamou de "uma das mais influentes que surgiram da era do synthpop e do eletropop". Em 1987, a banda acabou, destruída pela heroína. Ahmadzaï comentou que foi tudo "muito trágico".[9]

Após um breve desvio para a música folclórica acústica, o produtor musical retornou ao estilo eletrônico e, no início de 2000, logo antes de conhecer Madonna, entrou nas paradas de sucesso com "Disco Science", que ele disse possuir raízes na tradição disco francesa e ter sido influenciada por Giorgio Moroder.[10] Três semanas após ouvir o single, Madonna começou a trabalhar com ele.[11]

Mas havia um problema. Os dois não conseguiam conversar, já que ela não falava francês e ele não falava inglês. "Eu tinha vontade de arrancar os cabelos", comentou Madonna. Com o empresário de Ahmadzaï fazendo as vezes de tradutor, o produtor e a artista pop se esforçaram para fazer com que a parceria funcionasse. Madonna estava *determinada* a garantir isso, porque via Ahmadzaï como "um gênio".[12]

Para além dos problemas de comunicação, ela descreveu o desafio artístico de casar as próprias músicas, que chamou de estruturalmente "conservadoras", com os métodos "pouco convencionais" do produtor.[13] O desafio começou com a primeira música que criaram, "Impressive Instant". "Foi a demo mais completa que enviei", contou Ahmadzaï.

> Ela disse que tinha uma ideia para a letra. Quando chegamos a Londres, pedi que Madonna cantasse [...]. Ela havia melhorado a faixa! Fiquei maravilhado.[14] Normalmente, são necessários entre seis meses e um ano para que as pessoas com as quais trabalho entendam minhas ideias. Madonna adorou da primeira vez que ouviu. Ela teve uma reação química.[15]

Algumas das ideias radicais dele incluíam desumanizar a voz de Madonna, através do software Auto-Tune ou de um instrumento chamado "vocoder". Na época, nenhum deles era usado em músicas mainstream para distorcer vocais. Madonna aumentou as apostas durante a ponte musical, com jogos de palavras absurdos. Nas palavras dela: "Eu pensei: 'Foda-se, vamos nos divertir.'" A *Billboard* chamaria "Impressive Instant" de "a mais estranha excursão sonora" da cantora.[16]

Nas outras músicas do álbum, todos os efeitos foram eliminados. "Não há reverberação, não há delay [...], é algo seco, óbvio e escancarado, e isso é algo que não faço desde meu primeiro disco."[17]

Caroline Sullivan, jornalista especializada em música, disse que, para uma cantora pop, deixar os vocais sem retoque era "como se desnudar por completo".[18] Madonna afirmou que somente Ahmadzaï poderia tê-la persuadido a fazer isso, pois confiava nele. "Eu ouço o que ele faz e penso: 'Esse é o futuro da música.'"[19]

A confiança de Madonna no produtor foi um elemento do sucesso que ela teve, de modo geral. Tendo surgido na cena artística nova-iorquina, em que a colaboração era essencial, a cantora sabia que um artista, mesmo dos grandes, precisava da participação de outras pessoas. Sempre há exceções, mas o meio no qual os talentos dela haviam se desenvolvido enfatizava a arte como empreitada comunitária. "Eu nunca penso que posso fazer o que quiser", falou a artista. "Eu penso: 'Esse é o meu sonho. Vou reunir as pessoas que mais o apoiam e ver o que acontece.'"[20]

Foi o que ela fez em *Music*. Madonna procurou Orbit e comentou sobre Ahmadzaï, avisando que seguiria com o novo produtor. Orbit não ficou ofendido por ser deixado de lado em favor de outro som. "Não, de jeito nenhum. Desde que ela trabalhe com gente boa." Na opinião dele, Ahmadzaï era uma dessas pessoas.[21]

Trabalhando principalmente no SARM Studios, em Londres, Madonna e Ahmadzaï decidiram começar com três músicas que, segundo ela, "fazem você se sentir como se estivesse decolando em um foguete".[22] "Music", "Impressive Instant" e "Runaway Lover" informavam ao ouvinte que ele havia deixado o eremitério hindu de *Ray of Light* e estava de volta à pista de dança.[23]

A letra do single "Music" ocorreu a Madonna durante um show de Sting, ao ver a plateia vibrar quando o artista começou a cantar músicas da época dele com o The Police. "A energia mudou. A sala pegou fogo", disse ela. Pessoas estranhas cantaram juntas e celebraram uma história compartilhada. "Aquilo me comoveu. Pensei: 'É isso que canções fazem com as pessoas.' Elas as unem e apagam muita coisa. Foi assim que tive a ideia."[24]

Nas três faixas seguintes, que Madonna chamou de canções "eu te amo, mas foda-se", o ritmo do álbum abranda. Elas são a ascendente colaboração de Orbit, "Amazing"; a pesarosa "Nobody's Perfect"; e "I Deserve It".[25] Esta última mostra a voz mais nua de Madonna e a produção mais minimalista de Ahmadzaï. Instrumentalmente, reduz-se a uma guitarra dedilhada e, vocalmente, a uma Madonna quieta e vulnerável, intocada pela tecnologia. Ela soa como uma mulher cantando para si mesma no quarto.[26]

O próximo grupo de canções expressa rebelião pessoal e/ou revelação: "Don't Tell Me", "Paradise (Not for Me)", "Gone" e "What It Feels Like for a Girl". Ao se deparar com o título, o ouvinte poderia pensar que a última música fala de sexo. Na verdade, fala da dificuldade de uma mulher (ou de um indivíduo sem poder) de ser reconhecida como pessoa — fala de como é *ser* uma mulher — e seria uma das mais poderosas declarações feministas de Madonna.

A música teve duas fontes: uma externa e uma interna. A externa foi um fundo musical enviado por um compositor e parceiro de Madonna, Guy Sigsworth, que continha diálogos do filme *O jardim de cimento*, no qual a personagem da atriz Charlotte Gainsbourg explica a diferença na maneira como homens e mulheres são percebidos. Ela diz que, secretamente, mulheres desejam *ser* homens — ter o poder e mesmo a aparência deles —, mas, no caso deles, ter o desejo de parecer ou agir como uma mulher é considerado degradante. Essas palavras fizeram Madonna pensar na farsa que é a vida de uma mulher, durante a qual ela finge ser uma coisa — limitada, frágil, aquiescente — enquanto abriga um espírito elevado, uma mente faminta e um corpo que pode ser feroz, se tiver permissão.[27]

Aspectos dessa farsa estavam presentes na vida da própria cantora naquele ano. Em fevereiro, ela descobriu estar grávida, o que levou a discussões com Guy Ritchie sobre como proceder, separados ou juntos, e, caso optassem em fazer aquilo juntos, se seria na Inglaterra ou nos Estados Unidos. A vida de Madonna ainda se dividia entre os dois países. "É claro que, sendo a mulher, eu cedi primeiro. É uma coisa que só nós temos, [...] um cromossomo extra para ceder. Peguei minha vida e minha filha [e me mudei para a Inglaterra] [...]. Foi um grande sacrifício."[28] Não obstante, era algo esperado dela.

Madonna disse que a geração dela foi ensinada "a agarrar a vida pelas bolas, ser superindependente, ter uma excelente educação, seguir os próprios sonhos, arrasar, todas essas coisas".[29] Mas os homens e a sociedade em geral pareciam não saber disso. Para serem desejáveis, as mulheres, por mais bem-sucedidas que fossem, ainda precisavam ser menos. "A música é, na verdade, uma revelação sobre a política dos sexos. É uma queixa. Também fala do comportamento feminino tradicional, esse tipo de coisa", afirmou ela, enrolando uma mecha de cabelo no dedo e olhando de modo coquete. Para se dar bem, as mulheres tinham que dançar conforme a música.[30] Madonna disse que perceber isso foi como engolir uma "pílula amarga" e acabou inspirando a música.[31]

Depois que Sigsworth enviou a Madonna o "esboço" para o fundo musical, ele foi ao estúdio a fim de ouvir a letra que ela escreveu: "Assim que ela começou a cantar [...] soube que faríamos algo artisticamente grandioso."[32] Madonna afirmou, com mais humildade: "Eu sabia que tinha algo verdadeiro naquilo."[33]

A música "Express Yourself" foi um hino feminista escrito pelo eu dela mais jovem e durão. Já "What It Feels Like for a Girl" foi escrita por um eu um pouco mais velho, que percebeu a profundidade das raízes da misoginia e a dimensão dos obstáculos que as mulheres precisavam enfrentar. A cantora não desistiu, longe disso. Só havia se tornado um pouco mais cética do que a jovem que outrora tinha agarrado, com alegria, a própria genitália e chamado aquilo de poder. A *maneira* de Madonna cantar reflete essa mudança. "Express Yourself" é enfática. "What It Feels Like for a Girl" é cantada com a voz de uma mulher que mal ousa falar. Segundo Sigsworth,

> a maioria dos cantores quer se ouvir o mais alto possível, até que a voz fique quase perturbadora na mixagem. Madonna não é assim. Ela gosta de se ouvir *na* música, não acima da música [...]. Ela é muito consciente do contexto musical.[34]

Para testar se havia atingido o alvo que desejava, Madonna tocou a música no carro para o que ela chamou de um "bando de mulheres": a babá da filha, a assistente pessoal e as amigas. Sigsworth comentou:[35]

> Na prática, tudo se reduz a ela ou um pequeno grupo de amigos gostarem. É isso. Ela nunca pergunta se a gravadora curtiu. O que os executivos da gravadora poderiam dizer? Ela sabe mais que eles.[36]

Madonna comprou uma casa em Londres, mas a vendeu quase imediatamente, devido a preocupações com a segurança. O lar seguinte foi uma casa alugada em Notting Hill que se tornaria o centro de comando da Madonna, Inc. Quando ela viajava, o *entourage* dela viajava junto. Ela disse que, àquela altura, não ficava sozinha havia vinte anos. A casa, que parecia um pequeno hotel, era grande o bastante para acomodar todo o clã.[37]

Os paparazzi acompanhavam de perto, elogiando a cantora por caminhar pelas ruas sem guarda-costas, doar roupas para algum bazar local, lavar o carro de Ritchie na frente da casa dele e viver como uma mãe solo normal. "Ela é maravilhosamente comum", comentou uma vizinha, em tom de admiração. O *Daily Mirror* declarou, em junho: "No Reino Unido, tudo que queremos é que nossas estrelas sejam pessoas comuns [...]. Queremos entregar a ela o passaporte britânico de uma vez."[38] Aquele período representou a lua de mel entre Madonna e a imprensa e o público britânicos. Ela até mesmo ganhou um apelido, Madge, que podia ser um reconhecimento das atitudes de mulher comum ou, como Ritchie tentou convencê-la, um diminutivo de "Her Majesty" [Sua Majestade].[39]

Enquanto Madonna estava ocupada com o álbum, Ritchie estava ocupado com um novo filme, *Snatch – Porcos e diamantes*, protagonizado por Brad Pitt.[40] A Sony Pictures Entertainment dera a Ritchie e ao sócio dele Matthew Vaughn 10 milhões de dólares para a produção. Não era uma fortuna, mas significava dez vezes mais que o orçamento de *Jogos, trapaças e dois canos fumegantes*. Ritchie sentia considerável pressão, pois acreditava que as pessoas estavam "afiando as facas", esperando que o segundo filme dele fosse um fracasso.[41] Essa era uma pressão que Madonna entendia. "Guy é tão dedicado quanto Madonna", contou Everett, o que se assemelhava bastante ao que Martin Burgoyne tinha dito durante o relacionamento dela com Sean Penn. "E isso é bom para ela [...]. Ele tem uma carreira séria e os próprios problemas para resolver."[42]

A própria Madonna reconheceu que o respeito pelo talento de Ritchie era parte da atração que sentia por ele Vê-lo trabalhar a deixava "muito orgulhosa".[43]

> Acho que a receita para um bom relacionamento/casamento é as duas pessoas realmente gostarem da vida que levam e do que fazem [...]. Se ambos estão ocupados trabalhando, passam algum tempo separados e, quando se reúnem, têm novas experiências para compartilhar.[44]

A carreira cinematográfica de Ritchie corria às mil maravilhas, enquanto a de Madonna cambaleava — novamente. *Sobrou pra você* estreou em Los Angeles em 3 de março, com quase tanto alarde quanto *Evita*. Em 2000, fãs e paparazzi queriam um vislumbre de Madonna com o novo namorado. Mas a première acabou sendo o ponto alto do filme.[45]

As resenhas foram terríveis. Os críticos pareciam deliciados em anunciar que o desempenho de Madonna em *Evita* havia sido um golpe de sorte. Na opinião deles, *Sobrou pra você* provava que ela *era* uma péssima atriz. Everett disse nunca ter lido "críticas tão ruins na vida". Segundo ele, muitas atrizes haviam recebido *prêmios* por atuações muito piores.[46]

O filme também prejudicou o diretor John Schlesinger, o qual disse que as exigências "ultrajantes" de Madonna — entre elas a de não querer "o traseiro dela nu à mostra" — haviam contribuído para o infarto que ele sofreu após as filmagens.[47] A situação também prejudicou Everett: "Detonou minha carreira."[48] Até mesmo os papéis de melhor amigo gay desapareceram.[49]

Everett deixou Los Angeles e foi para a favela de Quibera, em Nairóbi, produzir um filme para a Oxfam. A viagem colocou as dificuldades profissionais em perspectiva. "Fiquei em negação por um ano. Então, no início de 2001, acordei e escrevi uma carta para todas as pessoas ricas que conhecia. Sem muito esforço, arrecadei uma quantia considerável." Madonna, Elton John e George Michael foram os mais generosos. Everett, o melhor amigo gay, assumiu um novo papel como ativista da ajuda internacional e contra a aids.[50]

Madonna pareceu receber as críticas ruins com serenidade. Afinal, àquela altura elas eram esperadas, e a cantora tinha outras coisas na cabeça: o bebê, a filha, o namorado e o álbum. Ela decidiu lançar "Music" como primeiro single. Jonas Åkerlund foi chamado para dirigir o clipe. O objetivo era satirizar os clipes de ostentação e mulheres atraentes produzidos por artistas como Snoop Dogg, então os dois encheram uma limusine de garotas e partiram para uma noitada. O fato de Madonna estar grávida de quatro meses só tornou a piada ainda melhor.[51]

O elenco original incluía as modelos de pernas longas que poderiam participar de clipes masculinos somente para preencher espaço. Para interpretar o motorista da limusine, Madonna queria chamar Chris Rock, mas Åkerlund a aconselhou a dar uma olhada em Sacha Baron Cohen. Ele ainda não era conhecido nos Estados Unidos, mas tinha feito sucesso na Inglaterra com um personagem chamado Ali G. A cantora o adorou, e Cohen foi contratado para ser o motorista da noite, usando boné Tommy Hilfiger e moletom vermelho com "Tupac" escrito em letras douradas e dirigindo uma limusine.[52]

Quando as filmagens começaram em Los Angeles, Madonna não gostou. "As modelos eram lindas, mas nenhuma delas tinha desenvoltura e muito menos personalidade", explicou. "Então decidi chamar minhas amigas."

"Ela me telefonou no último minuto e pediu um favor", lembrou Niki Haris. "Ela estava grávida, então respondi: 'Sem problemas. Pode contar comigo.'" Debi Mazar também concordou.[53]

No clipe, as três amigas, cobertas de peles e joias — e Madonna usando o chapéu de caubói de *Music* — fazem um tour pelos clubes, com momentos em cartoons criados por Åkerlund, retratando a cantora como super-heroína das ruas. No clube de strip, ela assume essa persona ao libertar as dançarinas, que vão com o trio original para a limusine.[54] As risadas no banco de trás são reais. Os improvisos do personagem de Sacha Baron Cohen "nos faziam rolar de rir sempre que filmávamos", comentou Madonna.[55]

Antes de música e clipe serem lançados, a música vazou e ficou disponível no Napster. O programa de compartilhamento de arquivos, criado por um aluno universitário de 18 anos chamado Shawn Fanning, permitia que os fãs baixassem músicas de graça. Em julho, o serviço tinha quase 20 milhões de usuários. Logo seriam 60 milhões. Um executivo do Warner Music Group chamou o programa de "fim do mundo". Para ele e outros executivos, possivelmente era. Se continuasse a crescer, o Napster destruiria o modelo de negócios que tinha sustentado impérios musicais por mais de um século; impérios que, em 2000, eram dominados por somente cinco grupos globais. Era de fato um caso de Davi contra Golias.[56]

Depois que o programa vazava materiais, os artistas e as empresas iniciavam ações legais quase que imediatas contra Fanning e seus apoiadores financeiros. Enquanto isso, companhias de entretenimento como a Maverick tentavam se posicionar naquele admirável mundo novo.

Oseary convidou um executivo do Napster para se reunir com ele e Madonna e discutir um possível investimento milionário.[57] A cantora considerava serviços como o Napster "inevitáveis" e, potencialmente, "uma excelente maneira de levar minha música a pessoas que não ouvem rádio".[58] Mas as conversas Maverick-Napster foram interrompidas por causa das muitas ações judiciais contra o programa de compartilhamento e pela pressão da indústria fonográfica.[59]

O vazamento não prejudicou as vendas, no fim das contas. No que Ahmadzaï chamou de "pequena vitória para a música underground", "Music" se tornou o primeiro single de Madonna a ficar como número 1 da lista de mais tocados desde "Take a Bow", de 1994.[60]

Em junho, Madonna colocou a casa em Los Feliz à venda e comprou uma nova — a casa de Diane Keaton na Roxbury Drive, em Beverly Hills, o que marcou a entrada da cantora no coração da renomada Hollywood histórica. Roxbury Drive era onde os astros de meados do século XX haviam vivido: Jimmy Stewart, Jack Benny, Lucille Ball, Rosemary Clooney, Hedy Lamarr. Madonna novamente pediu que Christopher cuidasse da reforma. Só que o relacionamento com o irmão estava desgastado por causa de dinheiro (ele dizia que ela não tinha pagado pelo trabalho na casa de Miami) e do estilo de vida dele.[61]

O destino de Christopher estivera interligado ao de Madonna desde que os dois passaram a morar juntos em Nova York, quinze anos antes. Ele esteve ao lado dela como conselheiro, protetor, amigo, parente, diretor de turnê e designer de interiores, e no processo ficou tão ocupado que não investiu na própria carreira. "As pessoas não sabiam de tudo o que eu fazia por ela", disse ele. "Ela nunca falou sobre mim, com exceção da vez em que me expôs na revista *Advocate*."[62]

Em meados da década de 1990, após a turnê The Girlie Show, Christopher começou a diversificar os ramos de atuação, produzindo vídeos musicais, aceitando trabalhos de design e criando o próprio círculo social. Disse que a irmã achava que ele tinha problema com drogas. Comunicando-se por fax porque a cantora não gostava de confrontos, os dois resolveram as questões, mas o relacionamento tinha mudado. A confiança entre eles desenvolvera fissuras.[63]

Em 2000, Christopher vendeu o apartamento em Nova York, mudou-se para Los Angeles e, embora estivesse projetando um restaurante, estava falido. Quando os irmãos chegaram a um consenso, sobre os termos do projeto Roxbury, ele aceitou o trabalho. Era para ter sido fácil. Afinal, ele já havia projetado oito residências para ela. Mas o trabalho em Roxbury não era somente com ela. Ritchie também tinha voz ativa, o que complicou tudo.

Christopher comentou que todas as decisões tinham que passar pelo cunhado. Para cada conjunto de cadeiras, cor de parede ou tecido, Madonna insistia que o irmão apresentasse várias possibilidades para Ritchie aprovar. As mais difíceis eram as partes da casa que Ritchie considerava dele. Falando com Christopher sobre um closet, a orientação foi: "Nada afeminado, colega. Nada meiguinho." Foi uma palavra que ele usou "repetidas vezes, então captei a mensagem".[64] "Quando comecei a interagir com Guy mais 'diretamente', e estou usando essa expressão entre aspas, percebi quanto ele me odiava." Após uma pausa, acrescentou: "Acho que o problema era mais com ela do que com o fato de eu ser gay."[65]

Christopher era oito anos mais velho que Ritchie, além de genuinamente sagaz, mordaz e, por mais distante que estivesse, leal ao extremo a Madonna. Ele acreditava que o namorado da cantora queria controlá-la — ou melhor, achava que *poderia* controlá-la —, e, por isso, o via como uma pedra no sapato.

> Realmente acho que ele pensava: "Vou treinar e retreinar Madonna para ser minha." [...] Por um bom tempo, ela cedeu. Ela sentia que precisava [renunciar a] parte do poder que tinha para deixá-lo feliz [...]. Eu entendia, então nunca falei mal de Guy para ela. Jamais faria isso.[66]

Assim, os dois tiveram contratempos que Madonna não testemunhou e sobre os quais não ficou sabendo, pelo menos não por Christopher.[67] Um ocorreu na casa. O irmão da cantora estava na calçada quando Ritchie chegou de carro.

> Havia muito espaço, mas [...] ele virou as rodas na minha direção [...]. Eu não me mexi. Ele parou bem na minha frente, abaixou o vidro e perguntou: "Qual é seu problema, porra?" Eu respondi: "Qual é o *seu* problema? [...] Você acha que, porque sou viado, vou sair correndo do seu caminho, dando gritinhos?" Era assim que eu me sentia àquela altura. Ele estava sempre me desafiando.[68]

Curiosamente, Ritchie parecia não ter problemas com Carlos Leon, que também fazia parte da vida de Madonna. "Estou chocada com a forma civilizada com que eles se tratam", comentou a cantora. Isso era importante. Madonna adorava Leon. Ela o considerava um de seus melhores amigos e alguém com quem podia contar. Em certo momento daquele ano, a artista precisou viajar para Nova York, e Leon voou até Londres para cuidar de Lourdes, cuja agenda aos 3 anos já não era tão flexível desde que foi matriculada em uma escola francesa.[69]

Em agosto, Madonna, com a gravidez muito avançada, disse que se sentia como "uma fornalha ambulante".[70] Com o próprio álbum e o filme de Ritchie prestes a serem lançados, nove meses de gestação se mostravam um fardo mais pesado do que normalmente seriam. Contudo, como no caso do nascimento de Lourdes e de *Evita*, as coisas boas vinham em dobro, e Madonna não queria reclamar de ninharias diante de tanta sorte. "Um bebê sempre interromperá *algo*", disse ela.[71] Falando do bebê e do álbum, acrescentou: "Vejamos quem aparece primeiro."[72]

Rocco venceu. No sétimo mês, os médicos descobriram que Madonna sofria de uma condição chamada placenta prévia, que podia causar hemorragias na mãe e interromper o fluxo sanguíneo do bebê. O parto seria extremamente arriscado, o que fez com que Madonna agendasse uma cesariana para duas semanas antes da data provável, em setembro. Até lá, recebeu instruções de abandonar a ioga e quaisquer outros exercícios: "Eu ficava em casa e não fazia nada além de falar ao telefone e ler, o que foi como uma sentença de morte para mim."[73]

No início do oitavo mês, em 10 de agosto, a cantora começou a sangrar e foi levada às pressas para o Cedars-Sinai Medical Center. Ritchie, que estava em uma exibição de *Snatch – Porcos e diamantes*, encontrou-se com ela no hospital.[74] Rocco nasceu no dia seguinte, de cesariana.[75]

Madonna e Ritchie queriam dar ao bebê um nome italiano porque ele teria sobrenome inglês. "Fizemos uma lista de meus parentes italianos", comentou a cantora, "e ele gostou de Rocco", que era o nome de um dos tios de Madonna. A escolha foi feita quando os dois assistiram a *Rocco e seus irmãos*, um filme de 1960, de Visconti. "Era um excelente nome, e combinava com Ritchie", disse Madonna.[76] Rocco John Ritchie: o nome do meio era em homenagem ao avô paterno da criança.

Rocco permaneceu no hospital por cinco dias. "Eu ficava sentada em um quartinho perto da UTI, lendo e correndo até lá a cada três horas", contou a cantora.[77] No dia em que o bebê foi para casa, dia do aniversário de Madonna, ela encontrou uma sacola de papel amassada perto da bomba extratora de leite e quase jogou a embalagem fora antes de perceber que havia uma caixinha e um cartão no interior. "Era uma carta muito doce que [Guy] tinha escrito, sobre tudo que passamos, meu aniversário, o bebê e como se sentia feliz." Ela abriu a caixinha e encontrou um anel de diamantes. "Não gosto de pedras grandes no dedo", disse Madonna a um jornalista, naquele outono "Mas agora gosto!"[78]

Mais ou menos um mês depois, em 19 de setembro, a Warner e a revista *Us* convidaram seiscentas pessoas para o clube gay Catch One, em South Central, para o lançamento do álbum *Music*. O local foi escolha de Madonna.[79] O público era eclético. Na calçada, Divine parou para as câmeras, assim como Hugh Hefner (com um grupo de coelhinhas da Playboy) e o cantor George Clinton, com dreadlocks nas cores do arco-íris. Ele disse que tiraria a roupa quando chegasse lá dentro.[80]

Madonna e Ritchie também compareceram, usando camisetas que promoviam os projetos um do outro: ele de regata vermelha do álbum *Music*, ela de regata preta com o título *Snatch*. No entanto, o que chamou atenção foram as joias que ela usava: um colar de diamantes com a palavra "Baby" e um anel que sugeria "esposa". "Não diria que é um anel de noivado", afirmou a cantora. "Conversamos sobre casamento, mas não conseguimos decidir se é algo necessário."[81]

A festa foi um sucesso, assim como o álbum. Mostrando Madonna como cowgirl em fotos de Jean-Baptiste Mondino, ele ficou em primeiro lugar nos Estados Unidos, vendendo mais de 400 mil cópias na primeira semana.[82]

Na Europa, o álbum incluía uma faixa bônus, "American Pie". Na Ásia, incluía "Cyber-Raga", uma oração escrita por Madonna com Talvin Singh, um músico underground nascido na Inglaterra. Na edição mexicana do álbum, havia uma versão em espanhol de "What It Feels Like for a Girl". A revista *Billboard* chamou *Music* de "versão globalista e *à la* Warhol de música *americana*".[83] Andrew Harrison, escrevendo na *Mixmag* naquela primavera, disse:

> A coisa mais estranha a respeito dessa mulher também é a mais óbvia. É algo que ainda não conseguimos aceitar, embora faça isso há 16 anos, tenha vendido milhões de discos e ainda se atenha a padrões há muito abandonados por seus contemporâneos na estratosfera pop. É o seguinte: ela está nisso pela música.[84]

E, de fato, estava. Com o álbum, ela esperava despertar a indústria para o que chamava de "marasmo". As listas de sucessos eram dominadas pelo pop adolescente e pelo rap e hip-hop comerciais. "É assustador", comentou Madonna. Com exceção de poucos artistas, "ninguém está fazendo algo interessante ou ousado [...]. Se esse disco fizer sucesso, pode significar que as pessoas estão prontas para algo diferente".[85]

A cantora não esperava conquistar a geração de Britney Spears. "Não sou adolescente e não fingirei ser para vender discos." Mas o mundo era grande, e ela acreditava haver nele pessoas que estariam interessadas em música como arte e declaração, se conseguisse alcançá-las.[86]

Music seria o terceiro álbum de estúdio sem turnê. Estava na hora de voltar. "Preciso viajar pelo mundo, cantar um pouco", comentou Madonna. Para testar o terreno onde estava pisando, ela agendou duas pequenas apresentações em novembro: uma no Roseland Ballroom, em Nova York, e outra na Brixton Academy, em Londres.[87]

Madonna pediu a ajuda do coreógrafo de "Human Nature", Jamie King. Ele foi bem-sucedido desde o clipe que os dois produziam juntos em 1995, e mais notadamente durante a primeira turnê internacional de Ricky Martin, em 1999.[88] Contudo, antes de pensar grande ou mesmo médio, a cantora precisava pensar muito pequeno — do tamanho de uma televisão —, então levou a nova música para o programa *Late Show*, de David Letterman.

Em 3 de novembro, Madonna foi convidada para participar do programa pela primeira vez desde o desastroso festival da palavra "foder", de 1994, quando surgiu como uma gângster chique. Em 2000, usou roupas de rodeio, não proferiu esse termo nenhuma vez e disse "merda" somente duas (desculpando-se em seguida). Mesmo quando Letterman tentou provocá-la, brincando, a artista não mordeu a isca. Estava nervosa. Esperava-se que cantasse e tocasse guitarra apenas com o professor dela de 24 anos, Monte Pittman, que estava no palco para apoiá-la.

Seria a primeira vez para ambos. Há pouco tempo, Pittman trocara o Texas por Los Angeles, tentando entrar no ramo da música. Havia arrumado emprego em uma loja, vendendo guitarras e varrendo o chão. Achava que seria mais feliz dando aulas, então fez um cartão de visita, pediu demissão da loja e esperou por alunos. A terceira pessoa a telefonar foi Guy Ritchie. "Eu não sabia quem ele era. Descobri que era o namorado da Madonna." Ritchie estava de cama por causa de uma cirurgia no joelho, e a cantora tinha comprado uma guitarra para que ele se distraísse durante a recuperação. "Ele começou a ter aulas", disse Pittman, "e passou a tocar muito bem". Em agosto de 2000, logo antes do nascimento de Rocco, Ritchie retribuiu o presente e lhe deu uma guitarra, e Pittman a incluiu nas aulas.[89]

Um mês após o início das aulas, a cantora telefonou para o professor e perguntou se ele queria acompanhá-la no programa de Letterman. "Achei que era brincadeira, mas ela estava falando sério."[90] Com Pittman ao lado, perante uma plateia de milhões de pessoas, ela tocou cuidadosamente — como a aprendiz que era — a melodia de "Don't Tell Me". Com a testa franzida, concentrou-se tanto na guitarra que a voz pareceu desconectada da música. "Não consigo acreditar que tive coragem de fazer aquilo", disse ela alguns anos depois. "Eu tocava muito mal [...]. Muitas vezes, você só precisa enfrentar seu medo."[91]

A música que Madonna tocou naquela noite viera de uma demo gravada pelo cunhado, o cantor e compositor Joe Henry. Henry fazia parte da vida de Madonna mesmo antes de ele se casar com uma das irmãs dela, Melanie: os dois eram amigos de colégio. Christopher disse que ele era um dos mais importantes colaboradores de Madonna, embora também permanecesse nos bastidores, mesmo depois que a cantora começou a gravar músicas compostas por ele.

Os interesses de Henry o haviam levado para os lados da música indie country, ao passo que os dela a haviam conduzido ao pop. Em "Don't Tell Me", esses dois mundos convergiram em uma canção que Madonna adorava por causa da rebeldia.[92] Seria o segundo single de *Music* e o tema de um dos clipes mais inteligentes, divertidos e revigorantes da cantora.

Exagerado no sentido mais gay do termo, norte-americano no sentido mais icônico, o clipe era alegremente subversivo em todos os níveis. Reunindo a equipe de "Human Nature" — Mondino, King e Madonna —, era, nas palavras do coreógrafo, uma "bela colaboração".[93] Ahmadzaï o chamou de "[estilo] caubói eletrônico".[94]

O clipe começou indo direto ao ponto: Madonna, de chapéu de vaqueiro, camisa xadrez, jeans, cinto de strass e botas com biqueiras prateadas, caminha por uma estrada na vastidão do deserto do Meio-Oeste dos Estados Unidos enquanto, atrás dela, em uma tela, um caubói monta um cavalo selvagem. Só que ela não está em uma estrada e ele não está no deserto. A câmera recua para mostrar Madonna na esteira de um palco, o cenário como uma projeção. O caubói no cavalo bravio? Um outdoor. Tendo retratado os artifícios e a mitologia dos filmes de faroeste, Mondino, Madonna e King começam a se divertir.[95]

Gradualmente, quatro vaqueiros aparecem no outdoor dançando sobre areia e arbustos, até que Madonna se une a eles — ela no palco, eles no outdoor. Realidade e fantasia se misturam, e eles executam uma dança saída do West Village. O clipe termina com Madonna de volta à estrada imaginária e o caubói do outdoor ainda tentando controlar a montaria.[96]

A jornalista da *Vogue* Liana Satenstein lembrou-se de ter assistido ao clipe de "Don't Tell Me" quando tinha 11 anos. "Foi inacreditável, [...] a música country nunca tinha me chamado atenção. Para mim, era só Garth Brooks cantando sobre dirigir um caminhão com motor potente e tomar uma cerveja quente à beira de um lago. Mas Madonna virou o gênero de ponta-cabeça." Satenstein deu à cantora o crédito por lançar o estilo "giddy-up pop"* do fim da década de 2000.[97] A ponte que Madonna construiu entre a música country e a música pop permitiu que Taylor Swift fizesse uma transição mais fácil na década seguinte.

Depois do clipe e da participação no programa de Letterman, Madonna estava se aquecendo para o retorno aos palcos. Em 5 de novembro, o Roseland Ballroom foi tomado por uma multidão de 3 mil pessoas em pé. Muitas haviam ganhado ingressos em sorteios de rádio, mas o salão também estava lotado de celebridades convidadas pela cantora e a equipe dela: Gwyneth Paltrow, Rupert Everett, Rosie O'Donnell, Donatella Versace, Ben Stiller, Adam Sandler, Guy Oseary e, é claro, Ritchie.[98]

Lourdes e Rocco estavam no camarim enquanto Madonna se preparava para o show. "Não é assim que costumo fazer as coisas", pensou ela. "Eu estava me preparando para sair e ser a Mulher-Maravilha quando, na verdade, eu me sentia mãe! [...] É estranho balançar uma criança nos joelhos usando roupa de strass."[99] O que aumentava a estranheza era o medo que sentia. A cantora sempre ficava nervosa antes de uma apresentação, mas aquela noite era diferente. Fazia muito tempo que não subia ao palco, e todos os aspectos de sua vida haviam mudado. No entanto, "se estou com medo de alguma coisa, tenho que fazer". E ela fez.[100]

Os fãs reunidos no interior do Roseland estavam *prontos*. King coreografou a apresentação elaborando o tema de cowgirl do clipe de "Don't Tell Me". Dolce & Gabbana criaram o cenário: um caminhão coberto por uma bandeira dos Estados Unidos, fardos dourados de feno, ferraduras

* *Giddy-up*, em inglês, é uma expressão usada para exortar o cavalo a trotar mais rapidamente. No contexto empregado por Satenstein, o sentido nos sugere a referência a um estilo híbrido entre pop e country, um pop com elementos e características desse outro gênero musical. [*N. da E.*]

iluminadas e cactos prateados.[101] Madonna saiu de uma caminhonete com quatro homens sem camisa. Ahmadzaï, Donna De Lory e Niki Haris logo se uniram a ela no palco.

Haris tinha passado por anos difíceis. O avô morrera em 1996 e a irmã, em 1998. "Achei que minha mãe jamais sorriria novamente", disse ela. Além disso, a artista quebrou a perna e ficou presa a uma cadeira de rodas por quase um ano. Quando subiu ao palco do Roseland, comentou: "Eu estava feliz por poder me mover [...] e feliz por poder cantar."[102]

A plateia enlouqueceu. A produção parecia pequena, e a voz de Madonna estava hesitante, mas não importava. O que importava era que ela estava de volta dançando, assim como a multidão. Durante 25 minutos e cinco canções, ninguém ficou parado.

Para a apresentação, Madonna usou uma regata com "Britney Spears" escrito com strass e, na festa que se seguiu, uma camiseta com a imagem de Spears. Antes de ela retornar ao palco, haviam surgido perguntas sobre o lugar que Madonna teria naquele novo universo, centrado na jovem cantora. Os jornalistas da coluna de entretenimento haviam inventado uma bizarra competição entre a jovem de 18 anos, que em dois breves anos tinha se tornado a cantora pop mais tocada dos Estados Unidos, e Madonna, então com 42 anos, que havia pavimentado o caminho.

Mas Spears não competia com Madonna: para o melhor ou para o pior, era uma cria dela — assim como as Spice Girls, defendidas pela cantora: "Eu adoro as Spice Girls [...]. Eu era uma Spice Girl quando comecei. Deem uma chance a elas e vejam como se desenvolvem."[103] Ao contrário de Spears, as Spice Girls encontravam segurança por serem cinco. Madonna se preocupava ao observar os paparazzi cercarem a jovem cantora e a narrativa passar do deleite ao desrespeito, rumo à espoliação.[104] Madonna disse aos repórteres que lhe perguntaram sobre Spears: "Acho muito irritante que todo mundo insista em falar de Britney Spears. Apenas quero apoiá-la, elogiá-la e desejar o melhor para ela."[105]

A parada seguinte de Madonna era a Brixton Academy de Londres, em 28 de novembro. O evento seria maior, com 3.500 pessoas na plateia e 9 milhões de espectadores on-line em todo o mundo. A produção foi adequada à plataforma. O palco era maior, os cenários mais limpos e glamourosos (mais de 1 milhão de dólares em glamour de Dolce & Gabbana), a apresentação mais complexa. Uma ala de cordas com 12 instrumentos acompanharia Madonna e Ahmadzaï em "Don't Tell Me".[106] "Brixton foi pura alegria, porque ela estava alegre", disse Haris. "Ela estava apaixonada. Tudo estava bem. A vida estava boa."[107]

Madonna trocou a camiseta de Britney por uma com os nomes dos filhos: Rocco na frente e Lola nas costas. Com os movimentos, a energia e uma aparência gloriosamente desleixada, a cantora abriu um buraco do tamanho de um meteoro nos clichês sobre a maternidade roubar todo o tempo e a sensualidade de uma mulher. Ela estava fantástica, e sabia disso. "Não quero parecer insolente, mas acho que não deixei de ser sexy depois de ter filhos. Não há nada mais sexy que uma mãe. Susan Sarandon, Michelle Pfeiffer... Essas são mulheres sexies. Se você é assim, então é assim, quer não tenha filhos, quer tenha cinco."[108]

Maddy Costa, que estava na plateia para o *Guardian*, escreveu que Madonna não parecia "uma mulher de 42 anos, mãe de dois filhos, que qualquer pessoa normal conhece". Nem agia como uma. "Ela é a Madonna descarada que conhecemos e amamos, com ginga nos quadris, sussurrando lascivamente 'beije-me' enquanto caras musculosos usando calças de gosto duvidoso a lambem. Faz sete anos desde que Madonna tocou neste país [...], você imediatamente se lembra de por que ela é tão comentada e amada."[109]

Os fãs saindo do concerto concordaram. A personalidade da TV britânica Tara Palmer-Tomkinson chamou o evento de "melhor show que já vi". Ela disse se sentir como se tivesse ganhado "um ingresso dourado de Willy Wonka". Um vencedor da competição de uma rádio descreveu aquele dia como "incrível. Sensacional. Fantástico [...]. Não consigo me recuperar".[110] A mãe de Ritchie e ativista do Partido Conservador, Shireen, saiu do evento imaginando Madonna como modelo para as futuras líderes do partido.[111]

Madonna e sua caravana cigana de empresários, assessores de imprensa, assistentes, babás, filhos e namorado não se demoraram em Londres. *Snatch – Porcos e diamantes* foi lançado em Los Angeles em 6 de dezembro, com o tapete vermelho cheio de atores britânicos durões e hipsters de Hollywood.

O filme recebeu as críticas mistas que se esperava no caso de um novo diretor cuja primeira aparição foi recebida com surpresa e elogios de ambos os lados do Atlântico. Muitos disseram que Ritchie não tinha evoluído em relação ao filme anterior. Esses comentários, contudo, pareciam reclamar apenas por reclamar. *Snatch – Porcos e diamantes* era mais inventivo que *Jogos, trapaças e dois canos fumegantes*. Tinha um tema singular e um estilo que transcendia as influências iniciais de Ritchie: os filmes de Quentin Tarantino e os longas sobre a "tríade de Hong Kong" (designação dada às tradicionais máfias de crime organizado que atuam na Ásia). No importantíssimo quesito "bilheteria", saiu-se muito bem: tendo custado 10 milhões de dólares, faturou mais de 80 milhões. Naquele momento, Ritchie tinha a atenção de Hollywood, e ela não tinha nada a ver com Madonna.[112]

Madonna teve um ano de conto de fadas: com intensa criatividade, um novo romance, o nascimento do segundo filho e uma chocante ausência de controvérsias. Todo mundo parecia adorá-la, até mesmo os raivosos tabloides britânicos. Ela se comportou bem na festa do príncipe Charles em Highgrove House. Afirmou, com frequência e genuíno entusiasmo, adorar os pubs ingleses. Usou expressões idiomáticas britânicas, com sotaque britânico (àquela altura, tinha recebido elogios apenas por tentar).[113] E, quando souberam que a cantora planejava se casar com Ritchie em uma propriedade na Escócia, a imprensa do Reino Unido passou a *idolatrá-la*. Aquela era uma versão da vida real dos então populares filmes de "mulher rebelde cai em si e finalmente se casa". Era um acontecimento perfeito para a imprensa, mesmo que grande parte dos relatos fosse baseada em rumores.

As especulações sobre uma união se intensificaram após o nascimento de Rocco, quando a imprensa viu o anel na mão esquerda de Madonna. Os boatos se tornaram frenéticos diante das repetidas negativas do casal. Em 7 de dezembro, essas especulações chegaram ao fim. No minúsculo vilarejo de Dornoch, nas Terras Altas escocesas, foi publicado o anúncio. "Entrada número 2000/34 Guy Stuart Ritchie/Madonna Louise Ciccone. Data proposta do casamento: 22/12/2000." A notícia publicada no humilde vilarejo de Dornoch se transformou em manchetes no mundo todo.[114]

Após considerar outras locações, eles se decidiram pela Escócia porque o avô de Ritchie serviu no regimento Seaforth Highlanders. Os eventos começariam com o batizado de Rocco em 21 de dezembro, na catedral da Igreja da Escócia em Dornoch, seguido, no dia seguinte, pelo casamento dos pais da criança, no castelo Skibo. O local era perfeito para casamentos de celebridades não somente por causa da beleza, mas também porque os 3 mil hectares da propriedade protegiam os convidados de olhares curiosos e os 51 quartos podiam acomodar familiares e amigos.[115] Madonna disse que ela e Ritchie queriam "criar um ambiente isolado do mundo".[116]

Os convidados permaneceriam em Skibo por cinco dias, durante os quais as mulheres participariam de almoços temáticos e aproveitariam os serviços oferecidos pelo spa local, enquanto Ritchie e os colegas brincariam de aristocratas rurais, caçando tetrazes e faisões na propriedade. As noites seriam dedicadas a jantares formais e drinques em salas cavernosas aquecidas por grandes lareiras. O evento seria, de todas as maneiras, o tipo de casamento rural da classe alta britânica que as plateias dos cinemas amavam, incluídos vários convidados excêntricos do mundo de Madonna, a fim de apimentar as coisas.[117]

A cantora chamou os amigos talentosos para ajudar nos preparativos. Sting cantaria no batizado de Rocco. Mondino seria o fotógrafo oficial durante toda a semana. Stella McCartney, de 29 anos, criaria o vestido da noiva, além de ser dama de honra. Na época, McCartney já atuava como estilista, apesar de ainda ser mais conhecida como filha do ex-Beatle. O sucesso dela era visto com suspeita, por causa do sobrenome da realeza do rock. Os céticos sugeriam que ela não era uma designer séria.[118] Essa narrativa estava longe de ser verdade. O que atraiu Madonna foi o fato de a estilista ter trabalhado duro para criar algo próprio — e conseguiu.

As duas haviam se conhecido em 1995, logo depois que McCartney se formou na Central Saint Martins College of Art and Design, em Londres.[119] Ela descreveu o encontro:

> Eu estava enchendo a banheira, despreparada. Pensei: "Meu Deus, ela está aqui." Entrei em pânico e corri até o andar de baixo, para deixá-la entrar. Havia paparazzi por toda parte, tentando fotografá-la, o que me deixou agitada. Quando voltei para o andar de cima, a banheira tinha enchido e transbordou. Foi um pesadelo![120]

Sem se deixar perturbar pelo desastre aquático, Madonna foi embora achando que McCartney era "genial".[121] Em 1997, ela foi nomeada designer-chefe da marca parisiense Chloé e se tornou uma das primeiras estilistas de uma grande marca a não usar materiais derivados de animais. Ela não estava interessada em vestir mulheres com camisas de cabelo para fazer uma declaração sobre meio ambiente, crueldade contra os animais e sustentabilidade. Ela queria fazer roupas lindas *e* responsáveis durante o processo.[122]

Em 20 de dezembro, sessenta e poucos convidados para o batizado e o casamento começaram a chegar à Escócia, no aeroporto de Inverness ou na base da Força Aérea Real, um pouco mais longe. Os paparazzi enfrentaram a chuva e a névoa para fotografar os familiares do casal e as celebridades do cinema, da moda e das finanças que desembarcavam de aviões particulares e eram levados em Range Rovers pretas até o castelo.

A lista incluía pessoas que haviam comparecido ao primeiro casamento de Madonna, entre elas o pai; a madrasta, Joan; as irmãs, Paula e Melanie; o irmão Christopher; o cunhado Joe Henry; Liz Rosenberg; e Mazar. Entre os amigos que não haviam estado presentes em 1985 contavam-se, além de Paltrow, Donatella e Everett, Ingrid Casares, Jean Paul Gaultier e Alek Keshishian.[123] Os convidados de Ritchie incluíam a mãe; o pai; a madrasta; o meio-irmão, Oliver Williams; Trudie Styler e Sting; os atores Jason Statham e Jason Flemyng; e os dois padrinhos, o dono de clube londrino Piers Adams e o produtor Matthew Vaughn.

A pedido de Madonna, a celebrante do casamento e do batizado de Rocco seria a reverenda Susan Brown. Primeira mulher do Reino Unido a ser encarregada de uma catedral, ela era dona de um modo de pensar tão "para a frente" que a imprensa a transformou em Spice Girl honorária: Holy Spice. Ela também era conhecida por se locomover pelo vilarejo usando patins. Antes das cerimônias, Brown recebeu cartas de ódio e telefonemas agressivos do que um jornal chamou de "extremistas religiosos" "Ainda há muitas pessoas que são contra mulheres na igreja", explicou a reverenda.[124]

No dia do batismo de Rocco, a frota de Range Rovers que tinha apanhado os convidados no aeroporto levou quarenta deles à igreja. No terreno do castelo, jornalistas e fãs que haviam esperado dia e noite no úmido e intenso frio de dezembro entraram em ação e seguiram o comboio até a catedral de Dornoch, onde novamente foram obrigados a ficar do lado de fora, esperando por um olhar de relance ou algum aceno de mãos vestindo luvas.

Dentro da igreja, que Christopher disse estar aquecida em função da quantidade de velas, os padrinhos Trudie Styler e Oseary observavam enquanto a reverenda Brown batizava o bebê, que estava resplandecente em um robe de seda branca com bordados dourados, desenhado por Donatella. Sting cantou "Ave-Maria".[125]

A despeito dos extraordinários esforços da polícia local e da presença de setenta seguranças de uma empresa privada, dois intrusos conseguiram chegar à catedral. Um homem foi preso durante a cerimônia ao ser encontrado dentro da igreja ele se escondeu lá por 24 horas. Um segundo homem foi preso do lado de fora, após a cerimônia, carregando uma sacola de dejetos. Ele se escondeu na igreja durante *três dias*, a fim de filmar o batizado.[126]

As imagens dos dois não chegaram a aparecer para contar a história, mas fotografias de Madonna e Ritchie saindo da catedral com Rocco surgiram nos jornais de todo o mundo. Por volta de quinhentos jornalistas e fotógrafos haviam esperado por essas fotos, além de mil fãs e moradores locais. Por um momento, Madonna pareceu reincorporar a personagem de *Evita*, ao acenar majestosa e alegremente para as câmeras e para a multidão.

No dia seguinte, 22 de dezembro, por volta das 18h30, os convidados foram instruídos a ficar aos pés da escadaria do grande salão do castelo Skibo. Um músico se apresentou com gaita de foles enquanto os convidados se reuniam, mas, quando a cerimônia começou, a pianista francesa Katia Labèque começou a tocar. Lourdes, de 4 anos, foi a primeira a aparecer. Usando um vestido desenhado por Stella McCartney, a menina atirou pétalas de rosas vermelhas pelo caminho.[127]

Então, Ritchie entrou, usando um blazer azul-petróleo, o kilt xadrez da família (Rocco usava um kilt igual sobre a fralda), a algibeira militar do avô na cintura e antigas abotoaduras de diamante, que foram presentes de Madonna. Os padrinhos o seguiram, e McCartney entrou em seguida, usando calça e top de seda. Tendo assumido os respectivos lugares perto de um vitral na escadaria, eles e a reverenda Brown esperaram por Madonna.[128]

Ela surgiu em um vestido de cetim marfim sem alças, um espartilho do século XVIII e um véu de renda antiga cobrindo o rosto. Sobre o véu, havia uma tiara com 767 diamantes emprestada pela Asprey & Garrard. Nos pulsos, braceletes de 8 centímetros de espessura, feitos de pérolas e diamantes, da Adler de Londres, e no pescoço uma cruz de diamantes, de 37 quilates, feita sob encomenda pela Harry Winston de Nova York. Compreensivelmente, os convidados perderam o fôlego quando a viram.[129]

A despeito da rebelde reputação de patinadora, a reverenda Brown conduziu a cerimônia com solenidade, orientando o casal durante as preces, a declaração de matrimônio e os votos. Ela concluiu incentivando Madonna e Ritchie a "valorizarem, honrarem e aproveitarem a família, e contarem um com o outro".[130]

"Quem teria imaginado?", perguntou Madonna ao escritor Hamish Bowles, referindo-se ao casamento. "A última coisa que achei que faria seria me casar com um caçador, frequentador de pubs e amante da natureza, e a última coisa que ele achou que faria seria se casar com uma mulher atrevida do Meio-Oeste americano, que não aceitava não como resposta!"[131] No momento em que os dois disseram "aceito", Madonna acreditava que essas diferenças não tinham importância. Ela chamava Ritchie de "alma gêmea".[132]

Após a cerimônia, o grupo celebrou com champanhe antes de passar para o salão de jantar, onde uma banda escocesa tocava músicas tradicionais. Os homens brindaram a Ritchie durante a refeição, exibiram slides e leram um contrariado telegrama do ator Vinnie Jones, que não pôde comparecer.[133]

Durante a semana, contou Christopher, os brindes haviam incluído humor homofóbico, o que o irritou. E se os convidados negros à mesa fossem confrontados com piadas racistas? Se isso não era permitido, por que piadas com gays eram? Ele ficou chocado com o fato de esse suposto humor ser tratado com tanta complacência pela irmã defensora dos direitos gays, que parecia preparada para aceitar a exibição de preconceito como parte da nova vida com o marido. Christopher olhou para Madonna e pensou: "Quem é essa pessoa?"[134]

Durante um dos jantares, ele chegou ao limite. "Eu tenho casca grossa. Não ligo se as pessoas me chamam de viado. Não dou a mínima. Mas eles eram incansáveis. Eu me levantei, saí da mesa e fui para o corredor, a fim de lidar com o calor e com meus sentimentos." Styler foi atrás dele e disse entender como ele estava se sentindo. "Em contrapartida, Rupert Everett, que é um simpatizante, estava rindo", lembrou Christopher. "Eu pensei: 'Você está ouvindo o que estão dizendo?' Pelo amor de Deus!"[135]

Ele conseguiu se vingar ao fazer um brinde durante o jantar de casamento, a pedido da irmã. "Você não quer isso", respondeu ele. A cantora insistiu. O irmão da noiva se levantou e disse: "Eu gostaria de brindar a esse feliz momento que só ocorre *duas* vezes na vida de uma pessoa [...]. E, se alguém quiser foder Guy, ele estará em meu quarto mais tarde." As únicas pessoas que não riram foram o noivo e a noiva.[136] "O casamento foi um sinal do que viria", disse Christopher. "Foi quando percebi que não seria uma coisa boa para mim."[137]

Depois dos vinhos e das sobremesas, o grupo foi até a discoteca montada no porão do castelo. Tracy Young, a DJ favorita de Madonna em Miami, além de remixadora frequente da cantora, cuidou da música. Young era uma das poucas mulheres no topo do circuito de DJs e uma das únicas a trabalhar com grandes talentos.[138]

Os cinco dias na Escócia custaram a Madonna cerca de 1,5 milhão de dólares.[139] O dinheiro não importava. Com exceção do brinde do irmão, ela descreveu a semana como "uma experiência religiosa verdadeiramente mágica [...], foi como um acampamento de verão, ninguém queria ir embora, ninguém queria se despedir".[140]

A cantora emergiu com uma nova persona. Tornou-se alguém chamada sra. Ritchie e fazia questão de ser chamada assim. Ela e o marido passaram a lua de mel na propriedade rural de Sting e Trudie Styler em Wiltshire, e lá permaneceram durante o Natal. Christopher chegou de Londres para participar da celebração, assim como Elton John e David Furnish. O irmão de Madonna conhecia os dois havia anos, mas, com Ritchie presente, sentia-se "um estranho". Ele percebeu que algo estava chegando ao fim: o relacionamento com a irmã.[141]

Enquanto isso, agenciadores recebiam apostas sobre a longevidade do casamento de Madonna e Ritchie. Uma em cada três dizia que duraria cinco anos.[42]

Capítulo 43

Los Angeles, Barcelona, Londres, Nova York, 2000-2001

> Aquele que transgride não se limita a quebrar uma regra. Ele vai aonde outros não vão e sabe o que outros não sabem.[1]
>
> — *Susan Sontag*

NO MÊS ANTERIOR, entre as apresentações no Roseland e na Brixton, os Estados Unidos haviam entrado em uma crise política sem precedentes. A eleição presidencial de 7 de novembro de 2000, disputada pelo republicano George W. Bush e pelo democrata Al Gore, não levou a um vencedor claro. A eleição foi decidida por algumas centenas de votos na Flórida, onde o irmão de Bush era governador.

Na história moderna do país, as tensões políticas que envolviam uma eleição — não a campanha em si, mas a própria eleição — nunca foram tão acirradas. Quando Madonna se preparou para subir ao palco vestida de cowgirl, exibindo suas raízes, o experimento democrático do país estava em perigo. O que ninguém poderia ter previsto era que a eleição seria o início de profundas crises sociais e políticas. A brincalhona excursão de Madonna pelo interior dos Estados Unidos tinha começado, mas já parecia nostálgica.

No fim, o destino da eleição coube a nove pessoas: os juízes da Suprema Corte, que foram convocados a decidir se a recontagem de votos na Flórida devia continuar. Em 12 de dezembro, a maioria dos juízes — todos nomeados por republicanos — concordou que não. Bush venceu. A direita religiosa ficou maravilhada. Após trabalhar durante vinte anos para eleger um defensor de seus valores, ela finalmente conseguiu.[2] Gore aceitou a decisão, mas seus zangados apoiadores, não.

Em 20 de janeiro de 2001, Bush usou o discurso de posse para tentar unir o país. Entretanto, os milhares de manifestantes na rota do desfile de posse mostraram que não seria fácil. Em determinado momento, eles fizeram tanto barulho que se sobrepuseram às bandas marciais. Os cidadãos que testemunhavam uma transferência de poder nos Estados Unidos não viam algo assim desde 1969, quando manifestantes contrários à guerra no Vietnã arruinaram a posse de Richard Nixon. Nuvens escuras fechavam o alvorecer do novo século.[3]

Esse foi o clima de tumulto social e político para o qual Madonna e a família retornaram em janeiro de 2001, quando chegaram a Los Angeles após o casamento e as festas de fim de ano na Grã-Bretanha. O trabalho dela nos dois anos seguintes refletiria esse caos. Seriam as criações mais políticas e furiosas da cantora até então, e também algumas das mais controversas. A reação que ela encontraria seria a mais feroz desde as declarações sexuais no início da década de 1990.

A política e a fúria seriam dela, mas a forma de expressá-las viria de Ritchie. A influência dele permeava o trabalho da cantora do mesmo modo que a influência de Sean Penn tinha permeado *True Blue*. Era uma combinação fácil, porque ela também era assim. A persona "atire neles, acabe com eles" do East End londrino de Ritchie era mais exagerada. Mesmo assim, Madonna a assumiu de forma resoluta, adotando a aparência e a atitude da zangada classe trabalhadora britânica. Isso refletia a inquietude da época, e para a cantora era interessante por ser algo novo e, por consequência, digno de exploração. Entretanto, acima de tudo, era uma maneira de agradar a Ritchie. Ela estava perdidamente apaixonada. Conversando com um jornalista australiano em janeiro de 2001, Madonna disse que sentia falta dele mesmo que só ficassem separados por algumas horas.[4]

Snatch – Porcos e diamantes foi recebido nos Estados Unidos com críticas e bilheterias respeitáveis, e choviam roteiros para que Ritchie analisasse. Até escolher, ele encontrou um projeto no qual trabalhar com "a patroa".[5] Ele queria dirigir o clipe de "What It Feels Like for a Girl". Ela contou que essa era a música do álbum à qual o diretor respondeu mais intensamente.[6]

Em vez da versão do álbum, no entanto, Ritchie usou uma remixagem que excluía a letra, com exceção da narração de Charlotte Gainsbourg e de alguns versos do coro.[7] Apagou Madonna descrevendo a frustração de uma mulher que abre caminhos pelos limites impostos a ela. Em vez disso, ele ofereceu a perspectiva masculina sobre a raiva de uma mulher.

O resultado foi interessante. Era raro que, naquela época, filmes ou clipes mostrassem a raiva feminina fora do contexto da rejeição masculina ou de um cenário futurista ou aterrorizante. No clipe de Ritchie, Madonna, convincentemente e com prazer, interpreta uma mulher decidida a causar o caos pelo caos. Adotando acessórios "masculinos" — tatuagens, carros velozes, armas —, ela assalta, ameaça, abate e imola opressores arquetípicos: ricaços, gângsteres, atletas famosos, policiais.[8]

Mas, sem a letra, não há contexto e, por consequência, tampouco sentido na raiva de Madonna. Ela se torna um aguerrido conduíte das fantasias de violência de um homem. E, por isso, precisa morrer. Como ela mesma disse, as mulheres más sempre morrem nos filmes. No clipe, ela bate em um poste, matando a si própria e uma mulher idosa que resgatara do asilo.

O clipe também contém floreios que se alternam entre tolos e ofensivos. No lado tolo, o quarto de Madonna no hotel, número 666, alerta os espectadores sobre a mulher demoníaca que está ali dentro. No lado ofensivo, está a decisão de Ritchie de pendurar uma placa com os dizeres "Ol' Kuntz Guest Home"* no edifício onde Madonna apanha a frágil idosa para um passeio até a morte. Naquele contexto, com aquela senhora, a placa era de cair o queixo.

A MTV baniu o clipe, citando violência, armas (embora a arma em questão seja uma pistola d'água) e sugestão de suicídio. A despeito de controvérsias anteriores terem ajudado a vender discos, "What It Feels Like for a Girl" afundou como uma pedra na água.

Uma fonte próxima a Madonna disse a um jornal britânico que o casal se divertiu produzindo o clipe, que havia decidido trabalhar em parceria de novo.[9] A BMW estava contratando diretores famosos para oito vídeos publicitários de seus carros.[10] Em todos eles, Clive Owen interpretava um motorista que transportava passageiros por Los Angeles, sendo refém dos próprios caprichos e de circunstâncias assustadoras. A produtora de David Fincher organizou o projeto e escolheu os diretores, entre os quais Ritchie. Madonna foi contratada como passageira. Ela supostamente teria recebido mais de 1 milhão de dólares, dez vezes mais que o marido teria recebido para dirigir o comercial.[11]

A vingança foi doce — não que essa fosse a intenção de Ritchie, mas o comercial mostrava uma estrela insuportável colocada no devido lugar por Owen. O trabalho do ator, de acordo com a BMW, era "assustá-la tanto, que ela deixasse de ser esnobe".[12] Durante sete dos nove minutos do anúncio, Madonna é sacudida de um lado para o outro no banco traseiro enquanto Owen corre pelo centro de Los Angeles como se a BMW fosse o Batmóvel dele. Quando finalmente chega ao destino e aos paparazzi que esperam por Madonna, ele guina o carro com tanta violência que a cantora sai voando pela porta do passageiro e cai no tapete vermelho. Vendo-a caída de barriga para cima no chão, os paparazzi conseguem uma foto pela qual não esperavam. A traumatizada estrela urinou na própria calça.[13] No primeiro projeto de Ritchie, Madonna morre; no segundo, é humilhada. Após assistir ao comercial da BMW, Liz Rosenberg contou ao escritor Matthew Rettenmund que se lembrava de ter pensado: "Esse homem a odeia."[14]

No verão anterior, quando estava grávida e confinada em casa, Madonna pensou: "Não há nada descolado ou de vanguarda sobre mim nesse momento."

* A tradução literal do inglês "guest home" seria "lar de convidados". Essa placa, localizada no edifício em que a senhora que acompanha a personagem de Madonna ao longo do clipe estava, sugere um irônico trocadilho com "rest home", que significa casa de repouso ou lar de idosos. [*N. da E.*]

Ela disse a Jancee Dunn, da *Rolling Stone*: "Aquela foi uma posição engraçada para alguém que pensa em si mesma como um espírito revolucionário." As apresentações em Nova York e na Brixton haviam ajudado a restaurar parte do antigo eu de Madonna. A cantora, contudo, precisava de mais.[15]

Havia tanto tempo que não pegava a estrada, que Madonna já tinha um enorme arquivo mental de ideias e imagens.[16] Entre elas, duas se destacavam: o filme de 2000 de Ang Lee, *O tigre e o dragão*, e o punk rock. A artista queria voar como os personagens do filme de Lee e adentrar o subterrâneo para ressuscitar a cena inicial do punk britânico. "Guy me deixou empolgada com todos aqueles antigos documentários sobre os Sex Pistols", afirmou ela.

> É um visual bem descolado. Eu adoro aquela atitude. Ela é muita divertida e revigorante, em especial quando você pensa no que anda acontecendo no ramo musical ultimamente [...]. E gosto da ideia de ir até lá e detonar na guitarra elétrica.[17]

A turnê que a cantora tinha em mente incluía quatro atos: punk, *O tigre e o dragão*, cowgirl e latina. O bis seria uma versão incrementada de "Holiday" e uma versão completa de "Music".

Da concepção à execução, o show levaria três meses e meio para ser criado. Parte desse tempo seria usada para montar uma nova equipe. Madonna havia mudado. Os tempos e a tecnologia também. A artista decidiu que precisava de um grupo diferente para ajudá-la nessa transição.[18]

Ela trocou ideias preliminares com Christopher, como fazia desde a turnê Virgin. No entanto, quando começou a trabalhar na Drowned World, decidiu que ele não participaria.[19] Sim, com a chegada de Ritchie, o irmão da cantora já tinha sentido um distanciamento pessoal crescendo entre eles. Mas o primeiro indício de que essa distância também era criativa foi dado quando Madonna pediu ao amigo David Collins para redecorar o apartamento dela em Nova York, que tinha sido a primeira de suas casas decoradas pelo irmão — e à qual ele se sentia mais ligado. "Entrei lá e vi o que [Collins] fez", comentou Christopher. "Foi como uma facada no peito. Realmente machucou [...]. Foi outro sinal de que ela tinha perdido o respeito por mim."[20]

Em seguida, veio a notícia de que ele não teria nenhum papel na turnê. "Entendi que ela queria trabalhar com outra pessoa", afirmou Christopher.

> Trabalhávamos juntos desde sempre, então por que não trazer alguém novo? Mas ela nunca me disse nada, tive que descobrir através de um amigo.[21]
>
> Quando lhe perguntei sobre isso, ela se mostrou muito na defensiva. Começou a dizer: "Eu fiz você, você tem a vida que tem por minha causa." Eu respondi: "Não devo nada a você." Eu não merecia ser cortado como

> todos os outros. Eu a vi cortar pessoas superimportantes de seu mundo, sem nem olhar para trás, e não achei que isso aconteceria comigo. Mas aconteceu. Sou como todos os outros, nada especial.[22]

Acontece que ele não era como todos os outros: era o irmão de Madonna e alguém com quem ela se importava e se preocupava. No entanto, a cantora decidiu confiar a turnê a Jamie King, de 29 anos. Escolher King como coreógrafo e parceiro criativo foi fácil, não somente por causa da qualidade do trabalho dele, mas também por causa da *forma* como ele trabalhava, que era muito conveniente para a cantora, que equilibrava as demandas da carreira e da família. "Ele sempre pensa no artista primeiro, de uma maneira que ninguém mais pensa", disse Kevin Stea, ex-dançarino de Madonna e amigo de King.

> Então, quando o artista entra no palco, ou mesmo durante o ensaio, tudo está magicamente perfeito, funcionando com perfeição, no lugar certo, e todo mundo está pronto [...], o artista se sente confortável, tranquilo e bem cuidado. Isso atrai qualquer um.[23]

Era exatamente do que Madonna precisava para embarcar em uma turnê mundial. "Acho que ela estava cansada [...] não dos conflitos, mas de eu questionar as decisões criativas dela", afirmou Christopher. "Garanto que [King] nunca disse nada. E era isso que ela procurava. Ela queria alguém que dissesse sim e a deixasse em paz."[24]

Também haveria um novo homem no papel de diretor musical, um nativo de Paris criado em Reading, na Inglaterra, chamado Stuart Price, de 23 anos.[25] Usando o nome artístico Jacques Lu Cont, Price era um músico eletrônico underground que também se aventurava pelo dance e pelo rock. Ele tinha algo que Madonna adorava: energia de DJ. Enquanto o diretor estava na Alemanha em fevereiro, no que chamou de "um dos piores hotéis em que já me hospedei", Madonna telefonou e ofereceu um trabalho como tecladista da turnê.[26]

Seria um afastamento das raízes musicais dele. Os pais pianistas o haviam ensinado a tocar música clássica. O pop e o rock chegaram por intermédio do Pet Shop Boys e do Erasure. Price só passou a prestar atenção em Madonna no período "Justify My Love", quando ficou claro que ela estava "usando bons produtores e criando músicas únicas".[27]

O salto de ouvir as músicas de Madonna de vez em quando para trabalhar intensamente com ela foi dado graças a algumas remixagens que ele fizera com Ahmadzaï. "Quando Madonna começou a procurar um tecladista para tocar ao vivo, Mirwais me recomendou", contou o jovem.[28] Em seguida, ele foi promovido a diretor musical da turnê. "Madonna estava procurando uma direção e me encarregou de fazer com que a canção fosse descolada", comentou Price com Lucy O'Brien, jornalista especializada no ramo musical.

> Para mim, foi uma oportunidade única — nenhum outro artista daquele nível se arriscaria a ter alguém como eu, não muito conhecido, no controle da música. Eu não queria ser diretor musical, mas foi diferente com ela. O estilo de trabalho dela era muito diferente.[29]

Por exemplo, na música "Holiday" Price sugeriu que Madonna inserisse um trecho de uma música pirateada da banda francesa Stardust. "Ela disse: 'Foda-se, vamos em frente.' Você não vê Whitney nem Tina Turner fazendo isso", comentou o diretor musical.[30]

Ele seria um dos mais próximos e cruciais colaboradores musicais de Madonna durante os cinco anos seguintes, tanto no estúdio quanto no palco, assim como o professor de guitarra dela, Monte Pittman — que faria isso não por meia década, e sim por duas.[31] Durante a turnê Drowned World, Pittman seria o mais importante parceiro da cantora no palco, atuando com ela da maneira como dançarinos e backing vocals haviam feito em turnês anteriores.

Depois de contratar o trio de jovens de 20 e poucos anos — King, Price e Pittman —, Madonna chamou Haris e De Lory para voltarem à estrada. Ambas haviam trabalhado em músicas próprias durante aquele meio-tempo. De Lory tinha uma banda, então sabia, de uma perspectiva diferente, como era difícil organizar uma turnê, ser a chefe, depender das pessoas.

> Eu sentia ainda mais respeito por Madonna, e a respeitava por ser mãe e fazer tudo aquilo [...]. Ela é como todos os seres humanos, todas as mulheres. Nós sentimos medo [...]. Mas ela tem muita coragem. E determinação. Ela tem uma missão e, quando está alinhada com essa missão, você sente esse propósito.[32]

Haris não estava tão ansiosa para voltar a viajar. As cirurgias pelas quais ela passou fizeram com que uma perna ficasse um pouco mais curta que a outra. "Eu sabia que as coisas estavam chegando ao fim para mim."

> Sempre digo que Drowned World foi minha turnê Muhammad Ali, porque você vê os filmes do lutador e pensa: "Ele não deveria estar lutando." E foi isso que senti naquele momento. Eu tinha 40 anos, estava passando por um período fisicamente delicado, e tentava dançar ao lado de jovens de 18, 19 anos. Eu ainda conseguia cantar, mas meu corpo estava levando uma surra.[33]

Mesmo assim, àquela altura Madonna era da família, e, apesar das dúvidas, Haris aceitou.[34]

A *aparência* das pessoas no palco era quase tão importante quanto a música que produziam. Por isso Madonna procurou a estilista Arianne Phillips. Drowned World seria a primeira de muitas parcerias entre elas, além de incontáveis outros projetos, de clipes a apresentações ao vivo. Elas se conheceram em 1997, durante a sessão de fotos para a capa Mulheres do Rock, da *Rolling Stone*. Phillips estava lá como estilista de Courtney Love, e Madonna a convidou para trabalhar no clipe de "Frozen".[35]

Em 2000, a designer de moda criou os figurinos para "Ray of Light", "Don't Tell Me" e "Music". Então, em 2001, ela atendeu ao telefone e ouviu: "Ei, Ari, vamos fazer uma turnê."[36] Seria um trabalho imenso antes, durante e depois. "Trabalhei com uma grande equipe. Só a preparação já costuma exigir 25 pessoas." Phillips também vestiu os dançarinos, as backing vocals e a banda. Para Drowned World, significou 265 trajes.[37]

Jean Paul Gaultier foi chamado com a finalidade de criar designs para os três segmentos do show. Para o ato de abertura, ele retornou às raízes no punk: kilts e faixas de bondage. Para o ato latino, desenhou um fabuloso vestido frente única que era uma mistura entre os figurinos desenhados para *O quinto elemento*, filme de Luc Besson, e para *O cozinheiro, o ladrão, sua mulher e o amante*, de Peter Greenaway. Gaultier então passou aos designs de gueixa para a parte do show que fazia referência a *O tigre e o dragão*. Isso exigiu que criasse um quimono com mangas de 8 metros.[38]

Dean e Dan Caten, os irmãos canadenses que moravam em Milão e eram os idealizadores por trás da marca Dsquared2, recriaram o visual que haviam projetado para o clipe de "Don't Tell Me", especificamente para a parte country da apresentação. Isso se tornou um feito do design. "Ela calcula quanto pode erguer a perna com base no peso da calça", disse Dean Caten.[39]

As roupas, porém, eram somente parte do trabalho. O cabelo contava outra parte da história, e, para a parte punk, Madonna queria que aqueles que ainda não haviam raspado a cabeça usassem moicanos. Haris disse não: "Pessoas negras não usavam moicanos. Os únicos moicanos que eu via eram usados pela juventude ariana. Eu resisti muito."[40]

Não era a primeira vez que Madonna pedia que Haris se tornasse algo que não era: nos primeiros anos, a cantora queria que ela a complementasse fisicamente no palco, então exigiu que perdesse peso, em especial nos quadris, e a pressionou a fazer exercícios "para transformar meu corpo em algo que não era e não deveria ser. Sou uma mulher negra, bela e curvilínea. Quando penso no que a jovem dentro de mim sofreu durante aqueles anos, parece cruel". O episódio moicano foi uma espécie de "gatilho" para aquela dor.[41]

"Foi muito tenso por algum tempo", continuou Haris. "Ela achou que eu estava brigando e perguntou como eu podia fazer isso, já que era sua amiga. Eu disse: 'Ok, Madonna, se você vai ficar feliz, então eu topo.'"[42] Quando Madonna pediu a De Lory para raspar a cabeça, Niki interveio. "Donna estava chorando pra caramba no camarim. Eu fiz alguns nós bantus no cabelo dela. Ela ficou parecendo uma garota africana. Madonna adorou. Escapamos por pouco."[43]

Os ensaios começaram no Sony Pictures Studios, em Los Angeles, no fim de março. Sob direção de King, o show era mais uma *extravaganza* multimídia que um espetáculo teatral. Ele gostava de usar vídeos como acessórios das atividades no palco. A iluminação também era mais dinâmica do que já tinha sido em apresentações anteriores.[44] Todos esses elementos exigiam uma preparação infinitamente mais complicada.[45]

Em abril, os ensaios foram transferidos para a arena Forum, também em Los Angeles, onde dançarinos, músicos e tecnologia enfim se uniram. Foi quando Madonna anunciou o roteiro da turnê: Europa e Estados Unidos, seis países no total, com longas permanências em cada um.[46] "Na Europa, o ideal era ficar na mesma cidade por uma semana, a fim de que as crianças não precisassem voar demais", contou Caresse Henry, assistente da cantora. "Madonna organiza *tudo* em função da família."[47]

Ao contrário do íntimo The Girlie Show, Drowned World parecia, e era, grande. Dois Boeings 747 foram fretados para transportar centenas de toneladas de equipamento, 1.500 baús e o palco de 455 metros quadrados. Quase duzentas pessoas, algumas delas no local, mas a maioria em trânsito, estavam envolvidas.[48] Em turnês anteriores, Madonna tinha viajado com o elenco e a equipe. Para Drowned World, ela voou em um avião particular com a família e se hospedou em hotéis separados.[49]

A nova turnê deveria ser lançada em Colônia, na Alemanha, mas o lançamento foi cancelado no último minuto por causa de problemas técnicos. Em vez disso, estreou no estádio Palau Sant Jordi, em Barcelona, quatro dias depois, aos gritos de "*torero, torero*" da plateia de 18 mil pessoas. A última vez em que Madonna tinha se apresentado na Espanha foi para um clipe no qual ela se esforçava para conquistar um toureiro. Em 2001, *ela* era o toureiro.[50]

Tamanha era a empolgação com a primeira turnê de Madonna em oito anos, que os ingressos se esgotaram quase imediatamente em todas as paradas da rota. No entanto, os fãs que esperavam se reunir com a cantora das décadas de 1980 e 1990 — a alegria desenfreada, o sexo, o amor — ficaram desapontados. A Madonna de Drowned World era sombria (o nome da turnê e a música-título do álbum *Ray of Light* derivavam de um romance de ficção científica de J. G. Ballard, escrito em 1962, sobre um planeta devastado pelo aquecimento global) e hétero (apesar de andróginos, os dançarinos não fizeram uma declaração gay, pois eram alienígenas demais para isso). E, como mulher, Madonna estava furiosa. Tinha abandonado a ideia de convencer o mundo a reconhecer o poder de uma mulher. Em Drowned World, estava disposta a matar por isso.

Vislumbres da antiga Madonna surgiram brevemente. Contudo, no novo show, ela era uma guitarrista roqueira, distante da multidão, das backing vocals e dos dançarinos. Pela primeira vez na carreira, a cantora surgiu no palco parecendo solitária e até triste. Ao fim da turnê, em setembro, os temas de violência, desespero e caos pareciam antecipar o porvir. No início, porém, soaram apenas confusos.

Christopher compareceu à prévia para "amigos e familiares" em Los Angeles, antes de o show ir para a estrada, e disse: "Tive que sair. Não consegui assistir. Fiquei pensando: 'Que é isso? É tão sombrio e esquisito...'"[51] Haris temia ser vaiada: "Ruído e música são coisas diferentes, e havia muito [ruído]." Madonna disse à amiga para confiar.[52] Essa também foi a mensagem aos fãs: eles deviam confiar que a cantora os levaria a um lugar — mais um — para o qual ela achava que precisavam ir.

O concerto começava em um palco futurista do tipo *Mad Max 3: Além da cúpula do trovão*, com valentões interpretados por Stuart Price, as backing vocals, Monte Pittman e alguns dançarinos cuspindo e rosnando em trajes punks. Madonna surgia como guerreira, de kilt, blusa transparente rasgada e coleira, cantando "Drowned World/Substitute for Love". Ela não se movia. Não dançava. Não havia firulas na canção. Ela cantava de modo direto e sem artifícios. Mostrou-se forte e desafiadora, mas, ao mesmo tempo, vulnerável e até pequena. Foi diferente de qualquer outra abertura que já havia feito. O sorriso também estava ausente. Aquela era a Madonna que viu o futuro, e ele não era belo.[53]

Quando a canção seguinte, "Impressive Instant", começou, a cantora estava cercada por dançarinos usando máscaras de gás e lanternas de cabeça. Eles a retiraram da plataforma e a carregaram até o palco. A longa disputa entre Madonna e os dançarinos terminou em um impasse, mas não antes de ela receber um pênis honorário de um deles, que colocou um cano entre as pernas da artista e deixou que a névoa se espalhasse sobre a multidão.[54]

Nesse momento, o show se tornou um concerto de rock e uma homenagem à guitarra — que Donna Gaines, escrevendo na *Rolling Stone*, chamou de "ato de masturbação".[55] A plateia ouviu Madonna antes de vê-la tocando uma Les Paul preta. Ao tocar aquele instrumento, a cantora reivindicava o maior símbolo do rock masculino.

Madonna transformou "Candy Perfume Girl" em algo que o The Doors poderia ter tocado. Era alucinógeno, mas, em vez de aparecer no palco como uma hippie doidona, a dançarina Tamara Levinson realizou um depravado contorcionismo distópico usando moicano. Madonna terminou a canção com a guitarra e um grito: "Vão se foder, seus filhos da puta."[56]

A apresentação ficou mais leve com uma divertida execução de "Beautiful Stranger", que Madonna cantou com as backing vocals. Esse foi um dos três momentos nos quais elas recriaram a eletrizante irmandade que tinham. Em The Girlie Show, explicou De Lory, Christopher "adorava que estivéssemos juntas". Em Drowned World, King estava mais interessado em dançarinos acrobáticos e telões. "Toda aquela coisa com nós três", contou Niki, "ele não deixaria acontecer". Durante a maior parte do concerto, enquanto cantavam, De Lory e Haris ficaram fora de vista, longe de Madonna, acima ou atrás da banda.[57]

O segmento punk terminou com uma execução frenética de "Ray of Light" e, depois disso, uma gravação de "Paradise (Not for Me)" encheu a arena enquanto, no telão, surgiam as silhuetas de samurais contra o pano de fundo de uma bandeira japonesa se movendo lentamente e Madonna se transformando em gueixa para a batalha na parte seguinte do concerto.[58]

No palco, a cantora apareceu com o famoso quimono preto, erguida por dois homens que mantinham as mangas esticadas, enquanto o diretor de iluminação, Peter Morse, as iluminava com caracteres kanji. "Foi um momento mágico", disse ele. Também foi um imenso desafio técnico.[59]

Cantando "Frozen", Madonna permaneceu imóvel enquanto o tecido ondulava e a luz dançava sobre ela, até que as mangas lhe foram arrancadas dos ombros e levadas embora como bandeiras de batalha. Uma vez liberta, a cantora e os dançarinos começaram uma apresentação híbrida de artes marciais e dança gueixa jiuta-mai.[60] Os conceitos de dominância e submissão estavam prestes a ser desafiados.

A gueixa Madonna cantou, usando o vocoder, a pesarosa "Nobody's Perfect" para um samurai que portava uma espada e parecia desinteressado. Quase no fim da canção, ele cortou o rabo de cavalo dela com a espada e o segurou como se fosse um escalpo. Após sair correndo do palco, Madonna reapareceu de quimono vermelho e cantou sua música de fuga, "Mer Girl".[61]

"Mer Girl" foi seguida por "Sky Fits Heaven", e a cantora saiu voando. Presa a cabos, ela subiu a mais de 6 metros do chão e se tornou uma lutadora de artes marciais em uma espetacular dança aérea. Ela e duas dançarinas enfrentaram três samurais nas alturas. Depois que elas venceram a batalha, Madonna retornou ao chão e a "Mer Girl".[62]

Enquanto isso, a tela exibia imagens difíceis de assistir. As fotos mostravam a gueixa Madonna sendo espancada. Com os olhos roxos e o nariz sangrando, ela dava um meio-sorriso. Sim, havia apanhado, mas isso não a matara. Ao fim dessa música, ela arrancou a peruca preta, sacudiu o cabelo loiro, pegou uma metralhadora e matou um samurai. Balançava a arma sobre a cabeça enquanto descia pelo alçapão do palco, como Charlton Heston em uma convenção da Associação Nacional de Rifles.[63]

O anime em estilo japonês que encerrou o segmento gueixa começou com a narração de Charlotte Gainsbourg em "What It Feels Like for a Girl", enquanto a plateia via na tela mais cenas de violência contra mulheres, dessa vez com a inclusão de um estupro.

Para a indústria de entretenimento, esse tipo de violência é aceitável, porque não é "real", mesmo que as atrizes estejam sendo sujeitadas a agressão. O fim do anime defendeu esse argumento. Ouve-se o diretor do desenho interrompendo a gravação para ajustar a câmera. O homem que violentava a mulher aproveita a oportunidade para pedir desculpas pelo que o trabalho dele o obriga a fazer. Ela responde com um efusivo "Não, não, tudo bem". É isso que as garotas fazem — desculpam o indesculpável — porque Hollywood é assim, porque a vida é assim.[64]

Madonna retornou ao palco para o segmento vaqueira, que não continha violência. Tendo matado o dragão e apresentado seu argumento feminista, ela subiu em um fardo de feno e se divertiu com "I Deserve It", "Don't Tell Me", "Secret" e "Gone". Tocou guitarra, montou um touro mecânico e liderou uma dança. A esse tributo ao selvagem Meio-Oeste dos Estados Unidos, seguiu-se uma homenagem à América do Sul.[65]

A cantora incluía elementos latinos em seus concertos desde a primeira turnê, pois adorava o som. Em 2001, isso também era comercialmente inteligente. A indústria musical experimentava uma explosão latina que começou em meados da década de 1990 com Selena [Quintanilla] e cresceu, após o assassinato dela, com a emergência de artistas como Ricky Martin, Gloria Estefan e Shakira, além do álbum de 1997 e do filme de 1999 celebrando a música cubana, *Buena Vista Social Club*. Em 2000, a gravadora de Madonna fundou uma divisão latina, a Maverick Música.[66]

O segmento latino começou com a artista do pop cantando "What It Feels Like for a Girl" em espanhol, seguida por "La Isla Bonita". Para esta última, ela tocou uma guitarra espanhola e foi acompanhada no palco por músicos e dançarinos em uma performance eufórica. As turnês anteriores pareciam um grupo de amigos se apresentando para outros amigos: a plateia. Esse não foi o caso de Drowned World até "La Isla Bonita".[67]

O retorno de Madonna aos palcos tradicionalmente incluía alguns dos momentos mais memoráveis dela, e a nova turnê não foi exceção. As backing vocals haviam pedido para encerrar o show com "Holiday", e ela concordou.[68]

Vestidas de modo idêntico (com exceção do casaco de pele Versace de Madonna), cantando em perfeita harmonia e se movendo em sincronia como sempre haviam feito, as três exibiram uma pureza de som e uma generosidade de espírito diferentes de tudo que tinha acontecido naquela noite. A plateia enlouqueceu não somente porque a música era nostálgica, mas também porque ainda era excelente.[69]

Mas não acabou aí. Madonna reservou "Music" para o bis. A apresentação terminou com uma sessão de agachamentos feitos pela cantora, as backing vocals e os dançarinos.[70] Quando a performance foi coreografada, Madonna sabia que Haris estava machucada — encomendou até mesmo sapatos especiais para que as pernas dela ficassem na mesma altura —, e mesmo assim a incluiu naquele número exaustivo. Haris disse ter entrado "num transe e pedi ajuda a Deus".[71]

Madonna costumava se demorar no palco, despedindo-se da plateia. Mas, durante Drowned World, isso não aconteceu. O momento final foi uma gravação de Sacha Baron Cohen como Ali G, que surgia na tela depois da cantora partir, perguntando: "O que vocês ainda 'tão fazendo aqui? Vão embora, caiam fora. Ela não vai voltar." O show tinha terminado.[72]

A turnê partiu de Barcelona para o restante da Europa e, em meados de junho, estava em Berlim. Há menos de um mês na estrada, Madonna já estava exausta e com dores na garganta. Stella McCartney, Ingrid Casares e Gwyneth Paltrow foram à Alemanha para oferecer apoio e escolheram passar o dia de folga de Madonna de maneira comovente. Em 24 de junho, todas viajaram para Oranienburg a fim de conhecer o campo de concentração nazista de Sachsenhausen. "Ela não disse nada, só rezou", relatou o *Bild Zeitung*, em uma matéria de primeira página sobre a visitação.[73]

A cantora ficou mais animada em Paris, onde encontrou seu grupo criativo francês — Ahmadzaï, Gaultier e Jean-Baptiste Mondino —, que cumprimentou do palco. Então partiu para Londres, onde o clima voltou a azedar e os nervos dela ficaram em frangalhos. Durante uma apresentação, um bêbado subiu ao palco e chegou a centímetros dela, antes de ser derrubado pelo gerente da turnê e um guarda-costas.[74] Os colunistas britânicos de música e entretenimento em geral escreveram de maneira positiva sobre o concerto, mas os tabloides o ridicularizaram e se mostraram obcecados pelo drama que se desenrolava fora dos palcos.[75]

A imprensa começou a relatar as brigas de Madonna e Ritchie. Na véspera do retorno aos Estados Unidos e após um difícil cronograma de 28 apresentações em vinte cidades, eles discutiram durante o jantar em um restaurante do West End londrino. Um colunista não estava errado ao especular que "a mulher mais famosa do mundo" jamais seria feliz "brincando de casinha por muito tempo". Ritchie "não será feliz sendo o Sr. Madonna [...], nenhum machão concordaria com isso".[76]

O marido da cantora compareceu a quase todos os shows da turnê. Foi a mais prolongada exposição dele à fama de Madonna — o que tinha efeito esmagador quando testemunhado pela primeira vez. A experiência também foi inédita para a cantora. Ela nunca tinha feito uma turnê com marido e filhos. Tê-los por perto lhe dava forças, mas também aumentava e complicava a carga de trabalho. "Não há um segundo do dia em que eu não esteja cuidando da minha família ou pensando no show", disse Madonna à *People*.[77] Quando havia conflitos, as necessidades da família superavam as da turnê.

King comentou: "Estávamos no meio de um ensaio [...], digamos, no meio de 'Holiday', e Lourdes chegava. Madonna interrompia tudo para perguntar como havia sido o dia dela na escola."[78] O coreógrafo Alex Magno disse que as prioridades tinham mudado desde a última turnê. Durante The Girlie Show, ela gerenciou cada detalhe e conhecia todos os envolvidos, "até mesmo o cara que limpava o chão". Agora, o trabalho era cuidar do marido e da família.[79]

Em julho, a turnê chegou a Nova York para seis noites no Madison Square Garden. Aquelas apresentações davam a sensação de lar. Durante um deles, Lourdes ficou com as amiguinhas em uma sala cheia de brinquedos ao lado do camarim da mãe. Leon cuidou delas enquanto Madonna se apresentava. Na plateia, havia fileiras de amigos. Essa demonstração de apoio deu uma injeção de ânimo, mas não foi o bastante. Sofrendo de exaustão e laringite, a cantora cancelou um concerto em Nova Jersey.

Recuperando-se, partiu para Boston e então para a Flórida em agosto, onde Ritchie a surpreendeu no palco com um bolo de aniversário. Circularam rumores de que Drowned World seria sua última turnê — afinal, ela estava com 43 anos.[80] Se fosse, ela se despediria no auge. Mais de 700 mil pessoas haviam comprado ingressos para vê-la. Com base na receita bruta de quase 77 milhões de dólares, foi a turnê mais bem-sucedida de uma cantora solo naquele ano. Madonna provou que, a despeito de ter chegado a uma idade na qual o mundo da música passa a ignorar as mulheres, ela não era *uma* força, mas *a* força.[81]

Chegando a Los Angeles em setembro, a cantora planejou encerrar a turnê com quatro apresentações. Entretanto, no dia 11, quatro aviões comerciais controlados por homens com estiletes chocaram-se contra símbolos econômicos dos Estados Unidos, até então considerados intocáveis. Nunca, desde o bombardeio japonês a Pearl Harbor, em 1941, o país tinha sido atacado de modo tão letal no próprio território. Aquele momento mudaria tudo em quase todo o mundo. Era a catástrofe do milênio que alguns haviam antecipado.

Madonna deveria se apresentar naquele dia, mas adiou. Concertos no país e no mundo foram cancelados. Tudo ficou fechado, enquanto as pessoas tentavam entender o que tinha acontecido e se preparavam para o que poderia vir em seguida.[82] A poeira ainda não havia assentado quando o estarrecido mundo despertou para as necessidades das vítimas. Equipes de resgate e organizações filantrópicas foram aos locais. Artistas organizaram shows beneficentes. Madonna retornou ao palco em Los Angeles em 13 de setembro e doou a receita das últimas apresentações, cerca de 1 milhão de dólares, às vítimas e as respectivas famílias.[83]

Parte do elenco estava hesitante. A atmosfera de medo após os ataques se espalhava por toda parte, especialmente em grandes espaços, que poderiam ser alvos. "Estávamos com medo", comentou De Lory.

> Mas o empresário dela disse: "Madonna vai continuar, e entende se você não quiser ir, mas gostaria muito que fosse, em solidariedade a ela." Enquanto isso, os cães farejavam a arena em busca de bombas. Foi assustador. Mas, quando ficamos em pé na frente da plateia e todo mundo estava segurando fotografias das torres em Nova York, [...] comecei a chorar. É claro que ficarmos juntos foi o certo a se fazer.[84]

Madonna diminuiu um pouco a violência do show após o 11 de Setembro — deixou de assassinar seus inimigos no palco e passou a abraçá-los. Também saiu do roteiro.[85] Joe Henry disse que, no meio da apresentação, "ela dispensou dançarinos, acrobatas, banda e backing vocals e foi para a frente do palco somente com o guitarrista, Monte [...]. Eu me lembro daquele momento como o mais visceral e humano do show". Eles cantaram "Don't Tell Me" antes que o restante do elenco voltasse para continuar a performance.[86]

Em 14 de setembro, Madonna dedicou cinco minutos para falar sobre os ataques. "Todo mundo aqui está zangado e triste. Todo mundo quer saber por que isso aconteceu e o que podemos fazer para ajudar." Ela disse às pessoas na plateia para se olharem no espelho e considerarem o comportamento delas, pensar se aterrorizavam alguém em suas vidas, se eram preconceituosas. "Não se trata somente de [Osama] bin Laden."[87]

Então, pediu um momento de silêncio para orar pelas vítimas, pelas pessoas que tentavam ajudá-las e "por todo mundo que acha que é certo matar em nome de Deus". O repórter do *Los Angeles Times* Greg Braxton disse que o Staples Center ficou imóvel. "O momento terminou quando a plateia irrompeu em vivas. Pegando uma guitarra, Madonna disse: 'Se você quer mudar o mundo, mude a si mesmo.'"[88]

Em 15 de setembro, a última noite da turnê, a cantora tinha mais coisas a dizer. Quando as notícias sobre os ataques deram lugar às notícias sobre a possível retaliação norte-americana, a cantora interrompeu o concerto e exortou a Casa Branca a agir com moderação, dizendo à multidão: "Violência gera violência [...]. O que aconteceu foi horrível, mas gosto de pensar nisso como uma espécie de despertar. Existe terrorismo todos os dias, em todo o mundo." Os fãs começaram a gritar: "USA, USA" [sigla para se referir aos Estados Unidos, em inglês]. Madonna respondeu:

> Ok, USA. Mas comecem a olhar para o mundo, mudem de atitude [...]. Não estamos fazendo este show porque queremos esquecer, mas porque queremos que as pessoas se lembrem de como a vida é preciosa.[89]

Capítulo 44

Malta, Los Angeles, Londres, 2001-2002

> Acho que a vida é trágica e que, como artista hoje, não posso evitar a tragédia. Não é necessariamente algo político, somente um problema de desespero.[1]
>
> — *Mirwais Ahmadzaï*

Em 20 de setembro, nove dias depois de trezentas pessoas serem mortas e mais de 6 mil ficarem feridas durante os ataques terroristas de 11 de Setembro, o então presidente norte-americano, George W. Bush, se pronunciou durante uma sessão conjunta do Congresso e declarou uma "guerra ao terror" sem fronteiras e sem fim previsto. Dezessete dias depois, os Estados Unidos invadiram o Afeganistão para caçar Osama bin Laden e a liderança da Al-Qaeda por trás dos ataques, além de punir o governo talibã por tê-los abrigado.

Assim como haviam feito após o episódio de Pearl Harbor, os jovens marcharam até os escritórios de recrutamento militar e se voluntariaram para lutar, e a vasta maioria dos norte-americanos se uniu em torno da bandeira. E a bandeira estava por toda parte: em alpendres, quintais, janelas; em lojas e postes das ruas principais; em picapes nas rodovias; em lapelas. Qualquer político que não usasse uma bandeira na lapela era não somente antipatriótico, mas também antiamericano.[2]

Por um tempo, a raiva e as tensões sociais que haviam caracterizado a década de 1990 e a eleição de George W. Bush desapareceram em face de circunstâncias muito maiores. Como disse a autora Naomi Klein, norte-americanos deram ao governo uma "pilha de cheques em branco", permitindo que ele rescindisse direitos, declarasse guerra e gastasse o dinheiro dos impostos para criar um Estado de vigilância. Dissenção — e, às vezes, discussão — equivalia a deslealdade.[3] A pergunta sobre afiliação política já não era "Você é democrata ou republicano?". Após o 11 de Setembro, ela se tornou "Você está conosco ou contra nós?".[4]

Não demorou muito para que as pessoas com certa agenda social distorcessem os fatos da crise para usá-los contra os próprios inimigos. O cruzado cristão Jerry Falwell disse, falando a respeito do 11 de Setembro: "Os abortistas, as feministas, os gays, as lésbicas e a União Americana pelas Liberdades Civis causaram isso." Na opinião dele, esses grupos haviam enfraquecido o caráter norte-americano, e os pecados que cometeram haviam provocado a ira de Deus. E esse foi somente o começo da virulenta busca por um bode expiatório.[5]

Talvez o Mediterrâneo parecesse uma boa fuga. Duas semanas após a turnê, a despeito de um músculo abdominal distendido e de uma fadiga tão severa que quase a levou a um colapso físico, Madonna partiu para Malta e a Sardenha a fim de trabalhar com Ritchie. Eles haviam decidido refilmar o clássico italiano de Lina Wertmüller, *Destino insólito*, de 1974. As filmagens começariam em 1º de outubro de 2001.

A ideia veio do amigo do casal, o ator Steven Weber. Após assistir ao comercial da BMW, Weber disse que Madonna e Ritchie deveriam fazer um filme juntos, e sugeriu *Destino insólito*.[6] O filme falava de gêneros, preconceitos de classe e o que acontece quando dois estranhos são libertados das amarras sociais em uma ilha deserta.

Não surpreende que Weber tenha pensado nesse filme ao assistir ao anúncio da BMW dirigido por Ritchie. O filme de Wertmüller também fala em deixar uma megera arrogante de joelhos. O marido de Madonna não era fã de filmes "pedantes" e nunca tinha ouvido falar de *Destino insólito*, mas a cantora assistiu à produção no colégio e quis ver o longa novamente com ele. Ele "adorou o filme após os primeiros vinte minutos", comentou a artista. "Assim que os dois chegaram à ilha, como adora a Grécia e a Itália, e adora pescar, [...] ele foi fisgado." O casal decidiu fazer o filme, com algumas mudanças.[7]

O filme original era sexualmente explícito. Essa era a linguagem dos dois náufragos, já que eles tinham muito pouco em comum. Sob a direção de Ritchie, a ênfase mudou do físico para o emocional, de acordo com Madonna. Ele não gostava muito de cenas de sexo e ela não queria rolar nua com outro homem na frente do marido.[8]

Ritchie também eliminou a trama secundária, política, do original. No filme de Wertmüller, a protagonista era uma preconceituosa de direita, o que aumentava a tensão do relacionamento com o amante, um marinheiro de uma classe mais baixa. A personagem de Madonna no roteiro do marido está mais incomodada com a privação de coisas materiais e reduzida ao que Steven Daly, da *Vanity Fair*, chamou de "reclamações por causa da falta de conforto".[9] O efeito da decisão de Ritchie foi similar ao que aconteceu no clipe de "What It Feels Like for a Girl", quando ele omitiu a letra: o diretor negou tanto ao filme quanto ao clipe a oportunidade de fazer uma declaração política ou social.

As cinco semanas de filmagem permitiram que Madonna, Ritchie e as crianças ficassem juntos por um longo período. Ela chamou isso de "benefício, um grande benefício". Quanto ao filme, a cantora disse a um entrevistador que foi uma "obra de amor entre mim e meu marido".[10]

Conversando com outro jornalista, no entanto, chamou-o de grande teste e disse que merecia “uma medalha” por ter sobrevivido.[11]

O trabalho foi difícil. As filmagens eram ao ar livre, grande parte delas na água, durante o inverno maltês. Madonna se lembrou de ficar enjoada.[12] As poucas cenas de sexo que permaneceram foram desconfortáveis para todo mundo, incluindo Adriano Giannini, que atuou como o marinheiro interpretado pelo pai dele, Giancarlo Giannini, na versão original. “Deixamos a parte física para o fim”, contou Madonna. “E acho que todo mundo, inclusive eu, esperava que bombas explodissem. Toda a equipe estava esperando que a cabeça de Guy voasse para longe do corpo.”[13]

O mais desafiador, no entanto, foi ser dirigida pelo marido, o qual a cantora não achava que podia questionar da maneira como faria com qualquer outra pessoa. “Ele tem a última palavra”, disse Madonna. “Tive que aceitar isso, e ponto final.”[14] Ela disse ter aprendido “milhares” de lições de vida durante o filme, dentro e fora do set. Aprendeu a não falar de trabalho nos “momentos do casal” e a não levar problemas pessoais para o set. “Aprendi a ter autocontrole e paciência, em vez de simplesmente fazer as coisas do meu jeito e dizer o que queria quando queria, que é o tipo de coisa que eu faço.”[15]

Quinze anos antes, Madonna tinha feito um filme com o primeiro marido. Na época, comentou ter se esforçado para mostrar a ele que era uma boa atriz. Em 2001, sentia-se da mesma maneira em relação ao segundo marido e ao filme dos dois.[16] Embora tivesse menos experiência cinematográfica que Madonna, Ritchie não parecia sentir que tinha algo a provar para a esposa. “Eu sou confiante. E isso é tudo que você pode ser”, afirmou ele.[17]

Ritchie e Madonna foram embora de Malta acreditando que haviam feito algo bom, ou, ao menos, dizendo isso um ao outro.[18]

Por muitas razões, entre elas o 11 de Setembro, retornar aos Estados Unidos estava fora de questão. Em novembro, Madonna concordou com Ritchie que eles deviam morar na Inglaterra. “Basicamente Guy ameaçou me deixar, e eu disse ok”, recordou-se ela sobre a decisão, com um tom não muito de brincadeira. Eles realocaram o que o diretor chamou de “grande equipe” — oito ou nove pessoas, incluindo duas babás e as assistentes de Madonna — para Londres.[19]

Madonna encontrou uma casa georgiana com terraço perto do Marble Arch, em uma extremidade do Hyde Park. O local tinha cinco salas de recepção, biblioteca, oito quartos, pé-direito de 4,5 metros de altura e uma grande sala íntima. Também era segura, porque os pontos de entrada eram limitados: a casa estava encostada de ambos os lados a outras residências, e a rua agitada deixava pouco espaço para os curiosos.[20] Ritchie previu uma “vida bastante normal” na casa.[21]

Durante o primeiro ano de casamento, concessões foram feitas de ambos os lados, mas a cantora esperava ceder mais e parecia preparada para isso. Ela disse a um repórter que se vestia mais modestamente do que antes porque o marido não queria que usasse roupas reveladoras. Não ficava tanto em Nova York porque ele "surtava" quando estava na cidade. E, embora fosse vegetariana havia muito tempo, ela aprendeu a caçar pássaros a fim de acompanhar o marido na renomada propriedade de campo que o casal havia comprado no interior britânico.[22]

A casa de Wiltshire era a fantasia de Ritchie, pois ele achava que a infância passada na propriedade do padrasto tinha sido a melhor época da vida dele. Madonna admitiu ter levado um tempo, mas aprendeu a gostar do lugar.[23] Como outras mulheres casadas, a cantora, como Sra. Ritchie, se diminuiu a fim de se tornar a mulher que o marido queria que fosse. Foi um ato de amor. Ela já tinha tentado isso antes, mas não funcionou. A Madonna real ainda estava presente e precisava se expressar.

Em 9 de dezembro, ela usou a participação no televisionado prêmio Turner, na Tate Britain, para isso. Todos os anos, o mais alto reconhecimento britânico para um artista visual é oferecido a alguém importante por uma pessoa importante. Madonna foi convidada a entregar o prêmio daquele ano. Desde o início, os organizadores da cerimônia a irritaram. Queriam ler o discurso que ela faria e, quando ela respondeu que não, tentaram convencê-la a ao menos revelar o conteúdo. "Aí me senti insultada", afirmou a cantora.[24]

Em seguida, perguntaram como ela queria ser apresentada. "Eu respondi 'Sra. Ritchie'. E eles falaram: 'Não, não podemos fazer isso pois todo mundo a conhece como Madonna.' Fala sério, não podemos brincar um pouco? Foi ridículo."[25] Os organizadores não haviam feito o dever de casa, porque imploraram para que ela não dissesse palavrões durante a apresentação. Madonna comentou que pedir a ela que não fizesse isso foi um "convite" para que o fizesse.[26]

Na noite da apresentação, quando subiu ao palco, ela estava visivelmente irritada, exibindo somente um sorriso forçado. Aproveitou a oportunidade para apresentar o novo álbum de sucessos, *GHV2*, que incluía músicas de quatro discos anteriores, e aclamar Stella McCartney, que desenhou as roupas que usava naquela noite. Em seguida, fez uma persuasiva declaração sobre a falta de sentido do prêmio.[27]

"É meio estranho entregar um prêmio ao 'melhor artista', porque não existe 'melhor' em nada; só existem opiniões." Ela disse que prêmios nunca tornavam um artista melhor e que, embora o dinheiro — naquele caso, 20 mil libras — viesse bem a calhar, o valor não mudaria a vida do artista por muito tempo. E continuou:

O que eu sei é que a arte sempre é melhor quando não há dinheiro envolvido, porque arte não tem nada a ver com dinheiro e tudo a ver com amor. E, como o amor, ela pode ser inspiradora, inexplicável, provocativa e, às vezes, enfurecedora. Mesmo assim, não podemos viver sem ela, e é por isso que estou aqui. Não porque eu ache um artista melhor que outro, mas porque quero apoiar qualquer artista que não somente tenha algo a dizer, mas que também tenha colhões para isso. Em uma época na qual o politicamente correto é mais valorizado que a sinceridade, eu gostaria de dizer: "Escutem aqui, seus filhos da puta. Todo mundo, *todo mundo* é um vencedor."[28]

Madonna anunciou o vencedor daquela noite, o artista de instalações Martin Creed, e lembrou à plateia que a mulher apresentando o prêmio era a "Sra. Ritchie, por gentileza".[29]

O canal 4 britânico exibiu a cerimônia ao vivo, e os censores não foram rápidos o bastante para censurar o palavrão.[30]

Em 2002, longe de se acomodar à vida de casada, Madonna passou a trabalhar a todo o vapor. Começou participando da mais icônica produção cinematográfica britânica. A artista concordou em escrever e cantar a música-tema do novo filme de James Bond, *007 — Um novo dia para morrer*, e fazer uma ponta como a espadachim Verity. Ela disse ter interpretado "uma mulher que não está interessada nele [Bond] no filme. Gostei disso".[31]

Nos filmes de Bond, mais que em quase qualquer outra franquia não musical, as canções são parte crucial da produção e do sucesso nos cinemas. Lançadas antes do longa, elas dão o tom e aguçam o apetite das plateias, que se perguntam o que 007 — em 2002, o ator Pierce Brosnan — vai fazer em seguida. Shirley Bassey foi a responsável pelo tema de *007 contra Goldfinger*, em 1964, e daquele momento em diante a música, assim como carros, martínis e mulheres, tornou-se parte integral da mística Bond.[32]

007 – Um novo dia para morrer seria o 22º filme Bond, mas desde 1985 e "A View to a Kill", de Duran, não havia uma canção da sequência que chegasse ao topo das paradas de sucesso. Os produtores achavam que Madonna poderia produzir uma. Ela se juntou a Ahmadzaï em fevereiro para trabalhar em uma música que falava da destruição do ego. Faria referências indiretas a Sigmund Freud e à cabala.[33] O compositor francês Michel Colombier se uniu aos dois para dirigir uma seção de cordas que forneceria a ponte entre a música eletrônica de Madonna-Ahmadzaï e o tradicional som de orquestra, típico da franquia Bond.[34]

A canção também apareceria no novo álbum da artista, que estava sendo escrito desde os ataques de 11 de Setembro. O Congresso dos Estados Unidos estava prestes a expandir a guerra ao terror até o Iraque, e o primeiro-

-ministro britânico, Tony Blair, prometeu apoiar Washington. "Eu estava muito agitada com o que acontecia no mundo", comentou Madonna.[35] "Ahmadzaï também é muito politizado, extremamente cerebral e intelectual. Tudo o que fazíamos era conversar sobre política."[36]

No álbum *American Life*, Madonna não confrontava a guerra de maneira direta. Ela escreveu sobre o que conhecia melhor: fama e celebridade — dois mundos de fantasia para os quais muitas pessoas haviam fugido, amedrontadas. Com a realidade se mostrando tão sombria, os reality shows forneciam um refúgio que dispensavam o pensar. Programas como *Survivor* e *Big Brother* transformaram em astros pessoas dispostas a comer vermes ou agir como crianças mimadas.[37]

Além disso, o álbum pedia aos ouvintes que pensassem nas prioridades que tinham em uma época de imensa mudança social. Após o 11 de Setembro, alguns membros da direita haviam pleiteado um "vasto reaprendizado", o que significava fazer emendas ou eliminar as proteções aos direitos civis, a fim de impulsionar um novo Estado de segurança e proteger o ambiente doméstico por meio do retorno à ênfase aos papéis do homem como protetor e da mulher como esposa e mãe. Wall Street, por sua vez, respondeu ao trauma acelerando o capitalismo de rapina, nascido nos anos 1980.[38]

Mudanças nessa escala ocorriam com pouquíssimos comentários dos cidadãos, porque a atenção estava em outro lugar. A fama — o sonho de conquistá-la e a obsessão com a vida das pessoas que a tinham — consumia as pessoas.[39] Madonna dizia querer "gritar dos telhados que [...] precisamos acordar para a realidade".[40]

> Afirmo que a fama é uma besteira. Quem sabe disso melhor que eu? [...] Nos Estados Unidos, mais que em qualquer outro lugar, você tem a liberdade de ser o que quiser. Isso é ótimo, mas somente se tiver um sistema de valores, e parecemos já não ter um. As pessoas parecem fazer qualquer coisa para chegar ao topo.[41]

Quatro músicas do novo álbum — "American Life", "Hollywood", "I'm So Stupid" e "Nobody Knows Me" — tratavam do tema. Elas seriam as mais controversas do disco (em especial "American Life", em parte porque Madonna cantava um rap que expressava a relativa falta de sentido das coisas que a fama lhe deu).[42]

O rap foi ideia de Ahmadzaï para cobrir uma porção instrumental no fim da música. "Ele me disse para fazer um fluxo de consciência, o que quer que eu estivesse pensando [...]. Foi improviso total. Obviamente ficou ruim no começo, mas expressei todos os meus pensamentos, anotei tudo [...] e então aperfeiçoei o timing."[43]

"Hollywood", que começa com um humilde solo de guitarra, era um ato de autossabotagem, um dedo do meio mostrado para as indústrias do cinema e da música, especialmente a última. Como uma mulher de meia-idade, Madonna já tinha problemas para ser tocada nas estações de rádio dos conglomerados, os quais favoreciam jovens fabricadas. Na música, a cantora diz aos fãs para "mudarem de estação, trocarem de canal". Revoltarem-se.[44]

Canções confessionais são parte da música popular há tanto tempo quanto canções de amor. É para onde os artistas vão quando o amor azeda. "I'm So Stupid" era um novo tipo de canção confessional. Nela, Madonna descrevia a própria estupidez enquanto perseguia um sonho vazio de fama. A voz dela era dura, ao passo que a melodia de Ahmadzaï lançava mão de uma bateria eletrônica primitiva. Era uma música de beco, de desafio, de "vou dar o fora daqui"

"Nobody Knows Me" descrevia a aura de mistério que continuava a cercá-la, a despeito de anos sob os holofotes. Desafiando as próprias mídias que deveria cortejar — as revistas e a televisão —, a cantora caracterizava como "doença social" as histórias vendidas por esses meios. No *staccato*, marca registrada do trabalho de Ahmadzaï, Madonna prometia se afastar desses veículos de imprensa e afirmava que dormiria muito melhor por causa disso.

A artista via essas canções sobre a fama como "remover o que não é importante. Quando você faz uma limpa, consegue ver as coisas que importam".[45] Esse processo abriu caminho para uma música chamada "Mother and Father", na qual admitia a raiva que ela ainda sentia por causa da morte da mãe e do abandono do pai. Madonna tentou se convencer de que devia superar a mágoa a fim de encontrar o amor.

Esse amor era tema de três canções: "Love Profusion", "Nothing Fails" e "Intervention". Todas elas tinham guitarra acústica: pesada, tradicional e íntima. Qualquer uma, especialmente "Nothing Fails", poderia ter sido o principal single do álbum, se Madonna estivesse interessada em sucesso, em vez de fazer uma declaração.

Essas músicas, como aquelas sobre a fama, eram gritos de alerta. O amor verdadeiro, de acordo com a cantora, era algo que exigia trabalho.[46] "X-Static Process" descrevia o esforço necessário para fazer o amor funcionar e não se perder, através dos compromissos que surgiam no processo. Escrita com Stuart Price, o diretor musical da turnê Drowned World, a canção era uma sequência de "What It Feels Like for a Girl". A voz era a mesma, assim como a confusão, mas cantada por uma mulher adulta, com o dilema solucionado. Ela se encontra e descobre o próprio valor.

É a música mais bonita do álbum, tão pura quanto a execução e tão poderosa quanto a mensagem chocantemente sincera. Para aqueles que observavam com desconforto enquanto Madonna tentava se transformar em uma pessoa chamada Sra. Ritchie, foi uma revelação: ela não estava tão confortável nesse papel quanto parecia. "X-Static Process" se tornou uma das canções mais importantes daquele período.

A última faixa do álbum, "Easy Ride", que Madonna escreveu com Monte Pittman, retornou à fama, à carreira dela e ao fato de que suas realizações não eram fruto da magia, mas do trabalho, da coragem e do comprometimento.[47] A recompensa, de acordo com a canção, eram os prazeres simples. Para ela, isso significava arte, filhos, lar. Madonna começou o álbum denunciando a máquina da indústria de entretenimento e terminou oferecendo uma alternativa àquelas doces fantasias: a vida simples.

"Não entrei no negócio da música porque achava ter uma voz espetacular. Entrei porque tinha algo a dizer", comentou Madonna. "Nunca escrevi uma canção e pensei 'Isso é arriscado demais' ou 'Isso é pop demais'. Apenas pensava 'É isso que quero dizer? Eu amo esse som? É onde me encontro nesse exato momento?'"[48] Com as canções de *American Life*, ela podia responder sim a todas essas perguntas, já que o considerava o primeiro álbum político maduro que lançara.[49]

O trabalho musical de Madonna foi interrompido pelo retorno ao teatro. Ela leu a peça do dramaturgo australiano David Williamson *Up for Grabs* [À venda], sobre a corrida do ouro no mercado de arte durante a década de 1990. Basicamente, a peça apresentava a ideia de que a arte é valorizada pelo custo, e não pelo mistério, porque muitas pessoas envolvidas na criação e na venda só estão interessadas na busca pelos males gêmeos da fama e do dinheiro. O conceito era caro a Madonna. Havia sido o tema do próprio discurso no prêmio Tate e abordado em seu álbum mais recente.

David Williamson era o principal dramaturgo da Austrália, mas, fora desse país, era mais conhecido como roteirista dos filmes *Gallipoli* e *O ano que vivemos em perigo*. Ele não era fã de Madonna, mas entendeu o que estava em jogo quando seu agente em Londres telefonou para dizer que a cantora queria interpretar a protagonista. "Eu queria ter ao menos uma peça esgotada no West End em minha carreira", disse ele. Madonna era o ingresso para isso. Williamson viajou a Londres para se encontrar com a artista porque, antes de concordar em trabalhar na peça, ela queria mudanças importantes no roteiro.[50]

O enredo original envolve uma negociante de arte que tenta fazer seu nome vendendo uma pintura por uma fortuna. Para isso, usa os próprios bens como garantia e embarca em um jogo arriscado colocando cinco pessoas — dois casais e um consultor de arte corporativo — umas contra as outras, a fim de aumentar o preço. No processo, ela se degrada ao literalmente colocar o próprio corpo em jogo em um esquema de enganos e sedução. Na versão original, dá certo. A personagem convence o comprador corporativo a aceitar um preço inflado e, consequentemente, garante o lugar na galáxia dos negociantes de arte.

Entre as mudanças que Madonna buscava estava o nome da protagonista. Ela queria que fosse Loren, não Simone. Também queria que a ação se passasse em Nova York, não em Sydney, e que a pintura fosse de Jackson Pollock, não do artista australiano Brett Whiteley. Além disso, o preço deveria ser 20 milhões de dólares, não 2 milhões. "Dois milhões por uma pintura não é nada em Nova York", explicou a Williamson. Ah, e ela não gostava do final.[51]

Na peça, Loren/Simone dorme com uma mulher, usa um falo de borracha durante a relação com um homem, mente e trapaceia — tudo para tentar efetivar a venda — e se sai bem. Madonna perguntou a Williamson: "Que tipo de plateia gosta disso?" O dramaturgo respondeu que as plateias australianas haviam gostado. "Eles gostam de trapaceiras amorais?", perguntou Madonna, acrescentando: "Nos Estados Unidos, se fizer algo ruim, você paga. Retribuição e depois redenção."[52]

À primeira vista, esse comentário, vindo de Madonna, parecia indicar que ela aceitava a narrativa de que mulheres más (ou homens maus) merecem punição. Mas também pode ser interpretado como Madonna seguindo *sua* narrativa favorita: a jornada da escuridão para a luz. De todo modo, a cantora não queria que a personagem fosse recompensada por malfeitos e disse a Williamson que queria que ela falisse, perdesse a casa e o marido e então "reconstruísse a própria vida". O poder dela e a avidez dele eram tão grandes que ele concordou.[53]

Os assistentes de Madonna anunciaram a participação dela na peça em fevereiro.[54] Toda a temporada de dez semanas com oitocentas cadeiras do Wyndham's Theatre foi vendida em dez dias. As reverberações foram sentidas do West End à Broadway. Os teatros haviam sido gravemente atingidos pelos medos pós-11 de Setembro. As plateias relutavam em se congregar em locais públicos, onde poderiam se tornar alvo para outro ataque. Vendas robustas e a participação de uma estrela do calibre de Madonna deram o impulso do qual a indústria desesperadamente precisava.

Os ensaios começaram em abril. Laurence Boswell, um veterano de peças do West End que incluíam astros do cinema, foi escolhido para a direção. Ele disse a Dominic Cavendish, do *Daily Telegraph* britânico, que nada poderia tê-lo preparado para o que viveu com Madonna.

> Foi profundamente estressante. Assim que começamos, minha vida desapareceu. Ela tem assessores em Londres. Ela tem assessores em Nova York. Ela tem assessores em Los Angeles [...]. No minuto em que assinei o contrato, passei a responder a perguntas 24 horas por dia, sete dias por semana [...]. Então, para usar os termos mais simples, você é levado à terra de Madonna, que é [...] extremamente intensa.[55]

Se Madonna tornou a vida de Boswell difícil, é porque estava nervosa. Ela não fazia teatro desde 1988, quando trabalhou na peça *Speed-the-Plow*, de David Mamet. Mais uma vez, a cantora escolheu desafiar a si mesma sob os holofotes mais brilhantes e severos e, no caso de Londres, expor-se à ridicularização de críticos em cujas veias corriam teatro. Se ela não servia para as telas dos cinemas, não pertenceria a um palco londrino. Mesmo sabendo disso, ela se pôs à prova.

Em *Up for Grabs*, ela era uma de sete atores no elenco, e os outros seis eram veteranos do teatro. Como presente para a noite de abertura, ela encomendou letreiros para a porta dos camarins dos colegas. Sian Thomas era "Fiona Fucking Shaw". Michael Lerner era "Laurence Fucking Olivier". "Foi uma brincadeira", disse Madonna,

> porque Sian Thomas é uma grande dama do teatro [...], e nós a provocávamos muito sobre isso, e Michael Lerner estava sempre falando e interrompendo os ensaios [...]. Eu perguntava: "Quem você acha que é? Laurence Fucking Olivier?" Era uma piada, uma brincadeira, e começamos a nos chamar por outros nomes [...], todo mundo recebeu um *alter ego*.[56]

O *alter ego* de Madonna era "Judi Fucking Dench". Ela foi identificada no material promocional da peça como outra personagem: "Madonna Ritchie."[57]

As prévias deveriam começar em 9 de maio, mas foram postergadas por vários dias devido a dificuldades técnicas. As matinês também foram canceladas para que Madonna pudesse trabalhar em seu álbum.[58] Então, quando a peça foi aberta ao público, em 14 de maio, a expectativa era imensa. Centenas de fãs fizeram fila na frente do Wyndham's, na Charing Cross Road, durante oito horas, debaixo de chuva, tentando comprar ingressos dos cambistas.[59]

Os membros da plateia afortunados o bastante para conseguirem um lugar na noite de estreia saudaram a entrada de Madonna com aplausos frenéticos. Williamson, autor da peça, disse que a cantora "ficou surpresa por um momento. Após um ou dois minutos, todo mundo se acalmou, e ela fez a primeira fala".[60] Praticamente não havia um único minuto, na peça que durava noventa, em que a atriz não estivesse em cena. E, embora quase todo mundo concordasse — dos fãs aos críticos — que parecia nervosa e a voz não se projetasse, ela foi recompensada, no fim da noite, com aplausos de pé.[61]

Sem dúvida, isso foi menos reflexo da peça que daquilo que um crítico do *Guardian* chamou de "algum conceito vazio de celebridade".[62] Fãs que só haviam visto Madonna a uma grande distância no Wembley Stadium ficaram exultantes por vê-la em um contexto íntimo. Um exército de amigos — entre eles Donatella Versace, Sting, Trudie Styler, Elton John e

Stella McCartney — também a apoiou na noite de abertura.[63] Guy Ritchie estava presente, mas, em vez de acalmá-la, deixou-a ainda mais nervosa, já que ela queria impressioná-lo.[64]

Williamson chamou a noite de estreia de "bizarra. Pense numa celebridade e ela estava lá. Ouvi Sting sendo entrevistado no final, e ele disse que a peça era muito espirituosa. Precisamos acreditar no Sting".[65] Os críticos, porém, não estavam convencidos. Um deles comentou: "Madonna debutou no West End na noite passada, e, para ser franco, foi como cair de barriga na água. Ela se esforçou, mas é expressiva como um peixe."[66] Um crítico do *Guardian* escreveu: "Madonna não é extremamente ruim, apenas tecnicamente desajeitada."[67]

O crítico do *Sunday Telegraph* foi um dos poucos gentis: "O aspecto mais impactante de sua atuação é a amabilidade, e até mesmo a doçura, que ela projeta. Se for falsa, ela é uma atriz brilhante. Se não for, é apenas competente. Mas, nessas circunstâncias, já é bom o bastante."[68]

Os fãs não se importavam com os críticos. Conforme a peça continuava a ser encenada e as críticas aumentavam, eles se tornaram ainda mais frenéticos. Na última semana da temporada, em julho, a multidão em frente ao teatro era tão grande que a polícia erigiu barricadas e patrulhou a área com helicópteros. Naqueles dias de segurança intensificada, a presença de Madonna significava uma ameaça adicional. "Eles estavam no limite!", afirmou Laurence Boswell. "Era como um levante."[69]

A peça foi encerrada em 13 de julho. Em palavras que ecoavam sua reação a *Speed-the-Plow* 13 anos antes, Madonna comentou: "Todas as noites, eu sentia dor de cabeça de tanto chorar [...]. Às vezes, chegava lá feliz e pensava: 'Não quero ficar triste, não quero ir aonde minha personagem tem que ir, mas não consigo fingir.' Essa parte foi exaustiva."[70] Houve algumas conversas sobre levar a peça para a Broadway, mas Madonna não quis. Ela precisava de uma pausa. Precisava de restauração criativa e espiritual.[71] A família Ritchie fez as malas e voltou para Los Angeles.

Naquela cidade profundamente desprovida de espiritualidade, Madonna encontrou sustento na cabala. A cantora estudava o assunto desde 1996, e em 2002 isso se tornou parte integral da vida, da vida da família e do trabalho dela. Certa vez, ela disse, falando de seu eu pré-cabala: "O que eu estava pensando? [...] Não sinto falta de ser aquela idiota."[72]

A Madonna que escreveu *American Life*, que tinha declarações políticas e sociais a divulgar, fez isso através das lentes da cabala, a qual ensinava que "a única coisa importante na vida são seus relacionamentos com as pessoas [...]. A filosofia é, em essência [...], ame seu próximo como a si mesmo". Também ensinava que "nada é o que parece e que nem tudo que reluz é ouro"[73]

Madonna tentou estruturar a própria vida em torno desses ensinamentos. Se uma mudança nas atitudes nem sempre era evidente, os acessórios que externalizavam sua crença estavam em exibição. A cantora usava uma fita vermelha no pulso para afastar o mal. Bebia a caríssima água de cabala. "Ela vem do Canadá, e as preces de pessoas iluminadas afetam a estrutura molecular da água", afirmou ao jornalista Steven Daly.[74] Madonna se associou a cabalistas e tentou persuadir os amigos a também frequentarem as aulas.[75]

Embora a cantora ainda se considerasse estudante, para alguns observadores parecia que a liderança do Kabbalah Centre em Los Angeles a usava como troféu, colocando-a no centro das atividades sociais. "Após o serviço na sexta-feira, havia um jantar e, é claro, à mesa do rabino estavam Madonna e Guy", disse Christopher. "Muitas pessoas na sala estudavam ali havia anos e jamais tinham se sentado com o rabino. Então o que eles ensinavam estava em total contradição com o que faziam."[76]

Outro aspecto preocupante dos estudos da cabala envolviam o ego. O controle do ego é um princípio fundamental. Apoiar uma comunidade ou trabalhar para o bem maior só pode ser feito se as pessoas suprimirem desejos pessoais. No contexto do casamento, no entanto, isso suscita questões preocupantes. A supressão do ego da mulher é parte tradicional do contrato de casamento e há muito é sancionada pelas principais religiões do mundo. Naqueles delicados primeiros anos de matrimônio, durante os quais Madonna queria, como frequentemente declarava, agradar a Ritchie, a cabala validava a autonegação como uma forma de fazer isso.

Após as restrições da peça e do conservadorismo da cena teatral de Londres e em meio a uma vida doméstica mergulhada em uma tradição marital que ela aceitava de bom grado, mas contra a qual, por instinto, se rebelava, Madonna reagiu com dois projetos em agosto daquele ano. Ambos tinham a ver com cumprimento de obrigações aparentemente convencionais: uma sessão de fotos para uma revista de moda e o clipe de "Die Another Day". Ambos poderiam ter sido realizados com rapidez e facilidade, em troca de recompensas financeiras generosas e aprovação da crítica. Em ambos os casos, Madonna escolheu seguir o caminho mais difícil, independentemente do dinheiro e da aprovação alheia.

O primeiro projeto era para a revista *W*. Um spin-off da *Women's Wear Daily*, o pilar da indústria da moda, a *W* era onde fotógrafos que faziam declarações, não fotografias, mostravam o trabalho deles e onde estilistas de roupas associadas aos ultradescolados da moda, do cinema e da arte esperavam vê-las. O fato de Madonna nunca ter aparecido na revista era um mistério.

Já em 1989, a lendária editora Anna Wintour escolheu a cantora para ser a primeira celebridade a aparecer na capa da *Vogue*. Desde então, ela foi capa de revistas em todo o mundo. Em 2002, ela *era* a moda. Tudo que a artista usava se tornava tendência; todo estilista com quem trabalhava se tornava um astro; todo desfile que frequentava se tornava um evento midiático.[77]

Steven Klein, de 37 anos, era um fotógrafo de moda que não se interessava por moda. Uma imagem de Klein falava da visão dele e do tema. Se roupas estivessem envolvidas, só estavam presentes para ilustrar e destacar os dois primeiros pontos.[78] "É o meu mundo e o mundo abaixo da superfície", comentou ele. Tons de cinza eram a paleta natural; o subterrâneo era a locação favorita; o desespero, a violência e a sujeira eram as principais temáticas. A sexualidade no mundo de Klein tendia ao sadomasoquismo e ao que o curador Neville Wakefield chamou de "surrealismo sexual".[79]

Inspirado por Picasso e Francis Bacon, Klein estudou pintura na Escola de Design de Rhode Island. Não tinha interesse em se tornar fotógrafo, mas a fotografia fazia parte de sua vida desde a infância.[80] Em 1985, após se formar, ele concluiu que não era um bom pintor e, precisando de dinheiro, pegou uma câmera para fotografar uma campanha de Christian Dior em Paris. Um ano depois, mudou-se para Nova York e montou um estúdio.[81]

Klein era magnético, o que um escritor chamou de "sedutor de uma forma desconcertante". Sobre os temas que explorava, o fotógrafo afirmou que "gosto deles e os temo, eu os temo *para valor* [...] mas, ao mesmo tempo, os desejo" — embora não do ponto de vista sexual. "Eu me mantenho fora da equação."[82]

Ele não era um fotógrafo para qualquer revista de moda, mas, para as que não tinham medo de provocar — entre elas a *W* —, era *o* jovem mestre. Havia feito sessões de fotos com Brad Pitt, David Beckham e Justin Timberlake, mostrando-os sob uma luz pouco lisonjeira — e que os transformava em figuras mais interessantes no processo. Ele também queria fotografar Madonna.[83]

Durante vários meses de 2002, os dois trocaram e-mails. A atitude de Klein em relação ao trabalho combinava com a dela em quase todos os níveis. Se ele era um fotógrafo desinteressado por moda, também era um fotógrafo anticelebridades. Simon Dumenco, da *New York*, escreveu que Klein estava "vendendo uma versão mais sombria da fama em um momento particularmente idiota e frívolo da cultura pop".[84] Era o mesmo lado sombrio de que Madonna falaria em *American Life*.

O fotógrafo conversou com a revista *W* sobre a possibilidade de fazer uma sessão de fotos com a cantora, e esta havia dito expressamente que queria que não tivesse a ver com moda. "Se não sinto que estou criando algo com significado", comentou ela, "não quero fazer". Com isso em mente, Klein e Madonna começaram a conversar sobre uma performance documentada em fotos.[85]

Durante um dia de agosto, por um período de dez horas, usando 15 câmeras e cenários dignos de um filme, Klein a fotografou. Nas fotos, ela usa roupas de alguns dos maiores estilistas do mundo: Rive Gauche de Yves

Saint Laurent, Dolce & Gabbana, Prada, Christian Lacroix. Mas não era isso que chamava a atenção do leitor. Era Madonna como contorcionista em cima de uma mesa; sentada em um colchão imundo, como uma mulher em um asilo; em um pesado vestido cerimonial e véu de contas, paralisada pelo peso do traje; um vestido de casamento em chamas enquanto Madonna, de máscara de contas, alongava-se como uma pantera e o observava queimar.[86]

De acordo com o escritor Vince Aletti, a sessão de fotos, que seria publicada em 44 páginas da *W*, levaria Klein ao panteão dos fotógrafos de moda "autorais".[87] Após esse episódio, ele também se tornaria parte da corte de Madonna. Seria um dos amigos mais próximos e fotógrafo favorito dela para revistas, capas de álbuns, turnês e um curta. Klein seria para Madonna na década de 2000 o que Herb Ritts fora na década de 1980 e Steven Meisel e Mario Testino na década de 1990. Ele contou ter se "conectado" com Madonna porque ela estava disposta a ir aonde quer que as fotografias levassem, e isso era muito, muito longe.[88]

Não muito depois de trabalhar com Klein, Madonna e uma equipe de artistas do coletivo sueco Traktor começaram o segundo grande projeto comercial dela: o clipe para o single de James Bond. Um dos membros do Traktor, Ole Sanders, estava em Praga trabalhando em um clipe da Prodigy quando recebeu uma carta e uma música não finalizada de Madonna. "No início, pensamos que era brincadeira, porque a carta era longa e escrita a mão", contou Sanders. "Mas a música soava como ela." Sanders tomou um drinque para acalmar os nervos e foi a Londres ver trechos do filme e se encontrar com Madonna.[89]

O encontro terminou com todas as partes se mostrando interessadas. Por e-mail, Sanders e os colegas Mats Lindberg e Pontus Löwenhielm ofereceram ideias às quais Madonna respondeu com comentários "concisos, inequívocos e ocasionalmente divertidos".[90] Depois dessas trocas, as mensagens do clipe ficaram simples e claras. Uma delas, de acordo com Madonna, era "não se meta comigo". A outra era a de que "a dor é uma ilusão e a morte é somente uma passagem".[91]

Os três diretores de Traktor, juntamente com o cinegrafista regular de Madonna, Harris Savides, filmaram o clipe em Hollywood em seis dias. Ele incorpora referências ao filme (vilões norte-coreanos; a personagem de Madonna, Verity; e acessórios icônicos de Bond) e ao sentido da canção da artista do pop. Os cenários representam dois campos de batalha: uma sala de interrogatório na qual a cantora luta contra um inimigo externo e um espaço no interior da cabeça de Madonna, no qual ela duela contra si mesma.[92]

Madonna foi atirada de um lado para outro durante as filmagens. Ela é jogada contra uma parede; o torso é prensado sobre uma mesa; a cabeça é mergulhada em água gelada; o corpo é arrastado de maneira rude por dois homens. No instante seguinte, ela dança com pura e furiosa rebeldia sexual. Coberta de suor e sujeira, espancada e machucada, presa em uma situação aparentemente desesperada, a cantora pula sobre uma mesa, pendura-se em uma corrente e rola no chão coberto de cacos de vidro.

No clipe (e na realidade), Madonna dança em uma sala cheia de homens, mas parece a mais durona de todos. Durante as filmagens, quando o diretor gritou "Corta" ao fim de uma tomada do interrogatório, houve silêncio seguido por um arquejo de espanto pela força e audácia da cantora — e então aplausos.[93]

Na parte do duelo, a "Madonna iluminada" vence a "Madonna ego", ao matá-la. Na parte do interrogatório, Madonna também vence, mas, para isso, precisa morrer. No início da história, os agressores riem dela enquanto a espancam. Depois de superar o medo, ela ri deles.[94] O clipe mostra que ela foi eletrocutada, mas, em vez do corpo, os torturadores encontram na cadeira elétrica as letras hebraicas que ela tatuou no braço: "lamed, aleph, vav".

Michael Berg, um dos conselheiros de cabala de Madonna em Los Angeles, explicou que as letras formam um dos 72 nomes de Deus, e estão associadas à contenção do poder do ego. As tiras de tefilin (símbolo religioso representado por tiras de couro de animal *kosher* com a inscrição de quatro trechos da Torá) que ela enrola no braço quando se prepara para morrer na tela representam o fim do egoísmo e o desejo de compartilhar. O uso das letras hebraicas e do tefilin causou um pequeno tumulto porque, para os judeus ortodoxos, o nome de Deus jamais deveria ter sido usado em uma mídia tão mundana quanto um clipe musical, e uma mulher não judia usando as tiras de couro cruzava a linha do sacrilégio.[95]

Madonna já tinha ofendido católicos, a comunidade cristã como um todo, hindus e agora judeus. Partes daquela comunidade, que já estavam indignadas com a versão "fast-food" de cabala oferecida pela família Berg na nave-mãe em Los Angeles, ficaram ainda mais exasperadas com a exibição. Entretanto, outros eruditos religiosos não tinham tanta certeza de que a performance seria inteiramente ruim para o judaísmo.[96]

"Ela vibra com devoção e blasfêmia, uma grande combinação", comentou Rodger Kamenetz, professor de religião aposentado e especialista em judaísmo moderno. "Há um senso de violação e, ao mesmo tempo, de homenagem, e isso é complexo." Outros esperavam que ela pudesse inspirar judeus relapsos. "Se os maiores rabinos dos Estados Unidos disserem que é preciso se manter *kosher*, ninguém prestará atenção", afirmou o rabino Ephraim Buchwald, diretor do National Jewish Outreach Program de Manhattan "Mas Madonna..." Ele não precisou terminar a sentença.[97]

* * *

Destino insólito foi lançado nos Estados Unidos em 11 de outubro, recebendo críticas horrendas. O comentário do *Washington Post* foi: "É tão horroroso quanto você ouviu dizer e tão ruim quanto imaginou." A *Rolling Stone* declarou: "O filme é o verdadeiro náufrago."[98] A produção permaneceu nos cinemas por três semanas e desapareceu depois de render apenas 600 mil dólares nas bilheterias norte-americanas — tendo custado 10 milhões.[99] O filme deveria ser lançado no Reino Unido, mas a Columbia TriStar cancelou os planos. Os críticos de lá decretaram antes mesmo do lançamento que a obra era um desastre.[100]

A enxurrada de matérias negativas ainda não tinha diminuído quando a música para o filme de James Bond, "Die Another Day", foi lançada como single em 22 de outubro. Era como se os críticos musicais se sentissem obrigados a detestá-la tanto quanto os críticos de cinema haviam detestado *Destino insólito*. Madonna foi contratada com o propósito de atualizar a marca Bond para o novo século e os críticos a ridicularizaram por isso, dizendo que ela e Ahmadzaï haviam se afastado demais da sagrada tradição de Bond.[101]

Apesar disso, como sempre, os fãs demonstraram o real valor da canção. Nos Estados Unidos, "Die Another Day" chegou ao primeiro lugar da lista Billboard Hot Singles e ao oitavo lugar da lista Billboard Hot 100. Aquela foi a 35ª música de Madonna a chegar às dez mais da lista, o que a fez ultrapassar os Beatles e ficar uma música atrás de Elvis. Ela também ultrapassou Aretha Franklin, conterrânea de Detroit, tornando-se a artista mulher com mais canções entre as quarenta mais tocadas de todos os tempos. Finalmente, "Die Another Day" fez o que os produtores do filme queriam: foi a mais tocada da franquia Bond desde 1985.[102]

Em novembro, o filme foi exibido no Royal Albert Hall, em Londres, e, ao menos uma vez, Madonna não foi a atração principal: a rainha Elizabeth estava presente. A cantora estava visivelmente eufórica ao ser apresentada à realeza, mesmo depois que Sua Majestade admitiu não saber quem ela era.[103] Madonna não ficou ofendida: todos os outros sabiam. Naquele outono, a *Vanity Fair* a chamou de "mais importante estrela estrangeira que Londres já viu desde Wallis Simpson". Simpson era uma norte-americana por quem um rei britânico abdicou do trono.[104]

007 – Um novo dia para morrer faturaria mais de 400 milhões de dólares. Financeiramente, seria o filme mais bem-sucedido de que Madonna já participara. Com isso, a carreira dela como atriz de longas-metragens chegava ao fim, mas não o amor pelo cinema. Alguns anos depois, ela estaria na direção das produções e dirigiria um filme sobre outra norte-americana: a Sra. Simpson.

Nos anos após o diagnóstico de aids de Herb Ritts, ele trabalhou como um condenado, tentando vencer o relógio. Fez fotografias de moda e retratos dos amigos famosos e foi para a África, onde encontrou um tema grandioso o bastante para satisfazê-lo. A saúde dele, porém, não parava de se deteriorar. Ritts não se queixava, mas os amigos viam o que estava acontecendo. Ele estava mais magro dentro dos ternos Prada, com um curativo quase constante no rosto para cobrir o sarcoma de Kaposi.[105]

Em dezembro de 2002, Ritts foi contratado pela *Vanity Fair* para fotografar Ben Affleck pilotando uma motocicleta em um lago seco em El Mirage, Califórnia. A moto sendo conduzida em círculos agitava uma poeira espessa, que assentava como uma nuvem. Os pulmões de todos a sentiram, e alguns membros da equipe ficaram doentes, inclusive Ritts. Dias depois, ele estava no Centro Médico da Universidade da Califórnia com pneumonia, internado sob o nome Mike Scooter. Dois dias depois, respirava com a ajuda de aparelhos.

Tantas pessoas foram ao hospital, que a equipe médica tentou limitar as visitas. Madonna só conseguiu entrar quando o parceiro de Ritts, Erik Hyman, resgatou-a do inferno da sala de espera e a levou ao quarto dele.[106] A despeito dos rosários de Maria Shriver, das contas budistas de k. d. lang e dos braceletes de cabala de Madonna (aos quais todos se agarraram, durante as vigílias à beira do leito), o fotógrafo entrou em coma no dia 25 de dezembro e morreu no dia seguinte.[107]

Trezentas pessoas se reuniram no Paramount Theatre de Los Angeles para homenageá-lo. Madonna fez um discurso fúnebre rememorando os vinte anos durante os quais conhecera e amara Ritts, o trabalho que haviam feito juntos e, ainda mais importante, quanto haviam se divertido. Ficou com a voz embargada enquanto o descrevia e tentava convencer a si mesma e à multidão de que o amigo não havia partido. “Só porque não podemos vê-lo, não significa que ele não esteja aqui. Só porque ele está fora da nossa vista, não significa que tenha deixado de existir.”[108] Ritts apenas atravessou a porta da morte antes deles.

O curador de arte Malcolm Rogers disse: “Herb imortalizou um mundo imensamente criativo. Um mundo sem barreiras de classe, raça ou sexualidade [...]. Ele celebrou este mundo — e acho que celebrar é a palavra certa, porque a obra dele é essencialmente alegre.” Ritts e sua obra haviam existido no que ele chamava de hora dourada, que era a luz sob a qual gostava de fotografar. Isso sem contar a luz que o artista deu aos amigos, e por isso era tão amado. Em um mundo sombrio, a memória dele era algo a que se agarrar.[109]

Capítulo 45

Los Angeles, Londres, Nova York, 2003

Eu gostaria de mudar o mundo, não de conquistá-lo.[1]

— *Madonna*

ALGUÉM DISSE CERTA vez que a pioneira feminista Margaret Fuller tinha mais camadas que uma cebola. Isso era verdade também sobre Madonna havia muito tempo, mas, mesmo assim, as pessoas continuavam perplexas. Quem era ela? Em 2003, essa pergunta se tornou ainda mais difícil de responder. Em vários momentos da vida, a cantora coabitou duas personas diametralmente opostas. No ensino médio, os amigos haviam ficado chocados com a dicotomia extrovertida-introvertida que ela exibia. Enquanto tentava conquistar a Hollywood heterossexual, um esforço que culminou em *Dick Tracy*, desafiou o esconde-esconde no armário com os maiores tributos artísticos à homossexualidade: "Vogue", a turnê Blond Ambition e *Na cama com Madonna*. Durante o período de aventuras sexuais mais ultrajantes, ela participou do filme *Uma equipe muito especial*, cuja classificação era apenas PG (orientação parental recomendada).

Em 2003, Madonna projetaria uma combinação ainda mais complexa. Por um lado, era mãe e esposa amorosa, símbolo de um grupo religioso baseado em antigos textos místicos judaicos e a dama de uma propriedade rural inglesa. Por outro, adotou a icônica imagem de Che Guevara de boina para a persona musical, desafiando o governo dos Estados Unidos (sobre a guerra) e a sociedade do país (sobre a obsessão pela fama).

As duas Madonnas confundiam as plateias. Aquele ano — o vigésimo aniversário do início profissional da cantora — seria um dos menos compreendidos e mais criticados. O incômodo dos críticos em relação a Madonna era sempre o mesmo: ela não era uma coisa nem outra. Ela ousava ser tudo.

Em todo o mundo do entretenimento após o 11 de Setembro, concertos beneficentes arrecadaram milhões de dólares para as vítimas e artistas escreveram canções e versos patrióticos que registraram, e até mesmo romantizaram, aquele dia trágico. Os altos funcionários da Casa Branca encorajaram os executivos de Hollywood a promover "patriotismo e lealdade" nas telonas.[2] Poucos questionaram em voz alta *por que* o ataque tinha acontecido. Bruce Springsteen fez isso no álbum *The Rising*, mas foi perdoado ao fazer uma demonstração muito publica de apoio às famílias das vítimas e por ser historicamente um patriota. Além disso, àquela altura ele era quase um símbolo da música folclórica, gênero que sancionava esse tipo de reflexão.[3] Contudo, no mundo do entretenimento em geral, esperava-se que os artistas não se expusessem politicamente. Uma pesquisa realizada em 2002 descobriu que a maioria dos norte-americanos desaprovava atores que injetavam política nas respectivas obras.[4]

Tradicionalmente, para figuras da cultura pop era mais aceitável ser patife do que ter opiniões políticas. Frank Sinatra tinha ligações com a máfia, mas isso era aceitável para um jovem de Nova Jersey. Não era aceitável, porém, ele ser conhecido como defensor dos direitos civis. O ativismo dele foi considerado mais potencialmente danoso para a própria carreira do que a associação com criminosos. Essa regra não escrita era ainda mais ferrenha no caso das mulheres. Cantoras folclóricas como Joan Baez podiam cantar em quantas manifestações quisessem, mas uma artista pop tinha que existir em uma terra da fantasia chamada neutralidade.

Madonna sempre foi uma anomalia nesse sentido. Ela dizia o que queria sobre o assunto que queria, por mais insensato que fosse, e desafiava os processos legais que tentavam impedi-la. Acontece que ela não fazia isso havia quase uma década, desde o livro *Sex*. Após o 11 de Setembro, no entanto, com a administração Bush querendo estender a guerra até o Iraque, ela já não podia ficar em silêncio.[5]

Madonna decidiu fazer uma declaração contrária ao conflito. A inspiração foi o cineasta Michael Moore. Ela viu o amigo e compatriota de Michigan durante uma performance em Londres em novembro, e na ocasião ele havia criticado a "classe confortável" que, mesmo em face das atrocidades — fossem os massacres em escolas, fosse a insensata pressa de iniciar uma guerra —, nada fazia. "Ninguém quer sujar as mãos [...]. Ninguém quer se machucar. Nós desistimos", comentou ele.[6] Tempos depois, Madonna disse: "Eu senti que estava pronta para iniciar uma revolução. Foi inspirador."[7] Ela convocou Jonas Åkerlund para ajudá-la.

Em fevereiro de 2003, na cidade de Los Angeles, eles começaram a filmar o clipe de "American Life". Àquela altura, a guerra no Iraque era inevitável. O secretário de Estado na época, Colin Powell, tinha acabado de proferir um discurso nas Nações Unidas por meio do qual justificava a invasão com base na crença — a qual ele chamou de "evidência" — de que o governo de Saddam Hussein possuía armas de destruição em massa.[8] Sobre isso, Madonna comentou:

> Senti a ameaça da guerra pairando sobre nós e [...] quis fazer um clipe para despertar as pessoas e falar: "Ei, parem de se distrair com todos esses entretenimentos, TV, desfiles de moda, toda essa vida superficial. Há uma guerra real em curso, ou prestes a começar, e precisamos fazer todo o possível para evitá-la."[9]

E não apenas no Iraque. "Neste momento, há ao menos trinta guerras ocorrendo no mundo, e sou contra todas elas."[10] Madonna e Åkerlund criaram um relato visual sobre a guerra e sobre a cultura de egocêntrica ignorância que permitia que ela ocorresse. O material foi lançado em 31 de março de 2003. O momento não poderia ser pior.

Após ameaçar invadir o Iraque durante quase um ano, em 20 de março a administração Bush enfim fez isso. Não havia apoio da comunidade internacional. Muitos norte-americanos tampouco entendiam a necessidade da guerra. No entanto, em uma época de "ou você está conosco ou está contra nós", dar voz a tais preocupações era perigoso.[11] Para um artista, poderia significar o fim da carreira.

No fim de 2002, Sean Penn assumiu uma atitude pública totalmente contrária ao conflito, comprando uma página inteira do *Washington Post* na qual acusava o presidente Bush de ter "uma visão simplista e inflamatória do bem e do mal" e pedia que ele salvasse o país de "um legado de vergonha e horror". Outros atores de esquerda haviam assumido posições similares, mas Penn cruzou a linha quando foi ao Iraque a fim de ver por si mesmo o que estava acontecendo.[12] Ele retornou ainda mais contrário à invasão. Como resultado, disse ter sido retirado de um filme porque não prometeu interromper a campanha contra a guerra.[13]

Então, no início de março, um grupo de Dallas que era formado por três mulheres e já tinha recebido um Grammy, o trio Dixie Chicks, fez uma declaração contrária ao conflito durante um concerto em Londres. A cantora Natalie Maines afirmou: "Não queremos essa guerra, essa violência, e estamos envergonhadas pelo fato de o presidente dos Estados Unidos ser texano." Esse uso da liberdade de expressão custou a elas vários patrocinadores corporativos e o boicote das músicas do trio nas rádios e dos discos nas lojas. O comentarista da Fox Bill O'Reilly as chamou de "mulheres imaturas e tolas, que merecem uns tapas".[14] Depois disso, os artistas passaram a ter medo de receber o mesmo tratamento se falassem demais. Os que eram contrários à guerra passaram a agir como os atores gays em Hollywood: ficavam escondidos e somente os amigos sabiam como pensavam.[15]

A declaração antiguerra de Madonna foi maior e mais inflamatória que a de Penn ou a de Maines.[16] O website Drudge Report disse que ela fez um dos "mais chocantes discursos do show business contra a guerra e contra Bush".[17]

No clipe, modelos vestidas de "comando chic" (que, aliás, tinha sido a sensação das passarelas naquele ano) desfilam diante de uma plateia aprovadora e endinheirada enquanto imagens de guerra são mostradas em telões. Enquanto isso, em um banheiro público, Madonna e um grupo de agitadoras se preparam para a batalha. Após rabiscar "Proteja-me" na cabine do banheiro, Madonna se junta às dançarinas, e elas saem para cumprir a missão.[18]

De volta ao desfile, crianças vagueiam pela passarela, mas são afastadas por modelos-soldados, para diversão da multidão. A essa altura, Madonna e suas guerreiras invadem a cena em um Mini Cooper adaptado e miram um canhão de água no público, que fica encantado. Soldados gravemente feridos rastejam pela passarela, e mesmo assim a multidão se diverte. Nada penetra o escudo de privilégio que ela ostenta.[19]

Os ferimentos na passarela se tornam ainda mais horríveis: uma jovem corre com as roupas em chamas; corpos de homens vestidos como soldados norte--americanos são lançados ao ar. Enquanto isso, em um vídeo atrás deles, crianças desfiguradas caminham por ruas bombardeadas e mães enlutadas abraçam bebês mortos. Os bisonhos fashionistas aplaudem de pé. *Bravo! Bravo!* Nesse momento, Madonna atira uma granada de mão em um homem na primeira fila que se parece com o presidente Bush. Isso finalmente chama a atenção da multidão, e todo mundo prende a respiração, esperando que ela exploda. Nada acontece. A granada é um isqueiro, que "Bush" usa para acender o charuto.[20]

O clipe foi feito enquanto a invasão ainda estava em debate. Quando foi lançado, a guerra já tinha começado.[21] Madonna o suspendeu no dia seguinte, declarando: "Devido ao estado volátil do mundo e por respeito às Forças Armadas, que têm meu apoio e minhas preces, não quero correr o risco de ofender aqueles que podem interpretar erroneamente o significado do clipe."[22]

A decisão coincidiu com o dramático desfecho de um dos episódios mais tensos do início da guerra. Uma soldada de West Virginia, chamada Jessica Lynch, de 19 anos, foi capturada pelas forças iraquianas durante uma emboscada no fim de março. No dia em que Madonna suspendeu o clipe, as Forças Especiais dos Estados Unidos resgataram Lynch durante um ataque que recebeu cobertura integral da mídia. Àquela altura, a jovem tinha se tornado filha de todos. Lançar um clipe antiguerra naquele momento seria imperdoável.

A Madonna de 1989, de 1993 ou mesmo de 1996 provavelmente teria feito isso. Mas a Madonna que era esposa e mãe não podia fazer. O destino dela já não lhe pertencia. Naquela primavera, ela disse a um entrevistador que não queria "comprometer" a família.[23] E a outro afirmou: "Fiz isso porque não queria que as pessoas atirassem pedras em meus filhos no caminho para a escola. Fiz isso por eles, não por mim."[24] Mesmo assim, a decisão chocou os fãs e o mundo da música.

Cinco anos depois, o jornalista Sal Cinquemani escreveu: "A reação negativa que Madonna provavelmente receberia [...] teria feito com que as chicotadas que precisou aguentar após *Sex* parecessem uma brincadeira inofensiva."[25] No entanto, gostaria que ela não tivesse removido o clipe, o qual transformou a música "em um alarmante relato sobre a obscenidade da guerra e do materialismo — um relato que, olhando para trás, indubitavelmente seria visto como corajoso".[26]

Em 16 de abril, ela lançou uma segunda versão, também dirigida por Åkerlund, na qual cantava em frente às bandeiras de várias nações.[27] O álbum *American Life* foi lançado logo depois. A capa mostrava Madonna como um amálgama de Patty Hearst e Che Guevara — com uma boina na cabeça e uma cicatriz de navalha acima da sobrancelha. Ele chegou ao topo das paradas em 14 países, mas não manteve o interesse inicial que havia despertado, tornando-se o álbum de estúdio da cantora com as piores vendas.[28]

Os críticos atacaram as músicas. Madonna e Ahmadzaï haviam tentado mantê-las sem artifícios, chegando até mesmo a um ponto de discordância. "Há muita música eletrônica, por questões de modismo, e ela está excessivamente popularizada", comentou o produtor.[29] Mas a maioria dos críticos não fez a conexão entre a mensagem das letras sobre os perigos do culto às celebridades e o som intencionalmente impuro do álbum.

As lições de Madonna sobre o vazio da fama também foram ignoradas. Os comentários de David Segal no *Washington Post* foram típicos: "A ideia de estrelato como fardo mortal está entre os clichês mais insípidos e é especialmente absurda vinda de Madonna."[30]

Até a sincera posição da cantora contra a guerra foi recebida com ceticismo. Jessica Winter, do *Village Voice*, escreveu uma resenha cáustica, na qual disse acreditar que Madonna não estava protestando contra a guerra, mas lucrando com ela, como uma "norte-americana feia, ruidosa e ignorante, protegida pela fortuna".[31]

A artista promoveu o próprio álbum em dezenas de entrevistas e programas de televisão nos Estados Unidos e na Europa, além de lojas de discos — como na HMV, na Oxford Street de Londres, onde quinhentas pessoas se espremeram para ouvi-la; e na Tower Records, na Quarta Avenida de Nova York, perante uma pequena multidão. Ela também o promoveu em um restaurante parisiense para os amigos célebres e para pessoas comuns que haviam participado do sorteio de uma estação de rádio.[32]

A cantora tentava atravessar o pântano da controvérsia e do mal-entendido, mas isso era exaustivo. Em certa ocasião, comentou com um entrevistador sueco: "Já espero que as pessoas não vão entender o que tento dizer, então, quando entendem, é uma agradável surpresa."[33]

Dois projetos extremamente diferentes a ajudaram a sobreviver àquele momento. Em 24 de abril, a semana em que o álbum foi lançado, ela participou do programa simpatizante à causa gay *Will & Grace*. Em janeiro, ela concordou em aparecer por lá e começou a gravar em meados de março. Se o timing do clipe de "American Life" foi terrível, o da participação em *Will & Grace* foi excepcional, embora tenha sido um acidente.

Naquele mesmo mês, o *New York Times* publicou o primeiro anúncio de casamento entre pessoas do mesmo sexo, quando o dramaturgo Tony Kushner se casou com o editor Mark Harris. O casamento não ocorreu em termos jurídicos e legais, mas foi uma declaração política enquanto a Suprema Corte analisava uma questão que afetaria fundamentalmente a vida gay: se sodomia era crime. Se a Corte decidisse que não, os gays não seriam criminosos e poderiam viver de maneira livre e aberta.[34]

Os direitos gays, como os direitos civis e os direitos das mulheres, progrediam aos trancos e barrancos. A batalha por igualdade, que dirá por segurança, estava longe de ser vencida. Naquele momento crítico, Madonna apoiou a comunidade participando de um programa no horário nobre que retratava um gay de uma perspectiva positiva.

Vários dias depois, a cantora retornou à segurança das próprias raízes na galeria de Jeffrey Deitch no SoHo, a Deitch Projects, onde foi tema de uma provocativa instalação de fotografia, vídeo e som.[35] Deitch já tinha trabalhado com Steven Klein em uma exposição fotográfica. "Ele disse 'Tive outra ideia'", recordou-se Deitch. Klein falou que queria fazer uma apresentação baseada na sessão de fotos feita com Madonna para a revista *W*, no verão anterior. Deitch o desafiou: "'Temos que pensar em algo maior. Se for fazer esse projeto com Madonna, não serão somente fotos dela.' Ele concordou."[36]

A ideia se tornou uma instalação chamada *X-STaTIC PRo=CeSS*, uma referência à canção de Madonna em *American Life* e ao fato de que ela achava o processo de criação, durante o qual a obra está repleta de possibilidades e ainda pertence ao artista, mais gratificante que o resultado final. A empresa arquitetônica LOT-EK transformou a galeria em uma série de pequenos teatros a fim de abrigar cinco obras da sessão de fotos. Klein ampliou as imagens e as transformou em mais que fotografias. Elas haviam se tornado imagens móveis graças ao uso de um software.[37]

Deitch comentou:

> Achei interessante o nível de engajamento de Madonna, não como os artistas normais com quem trabalho, que chegam e só ficam por ali. Ela se envolveu de maneira pessoal em todos os aspectos da exposição: o layout, o visual, o som, os gráficos, o texto. Nunca vivenciei isso com nenhum artista nas centenas de exposições que fiz. Ela editou o comunicado de imprensa palavra por palavra, linha por linha, alterando a pontuação, as vírgulas. Estava muito focada.[38]

O título, *X-STaTIC PRo=CeSS*, também foi decisão da cantora. "Isso é tudo, 100% Madonna", afirmou Deitch.

> Até mesmo a escolha dos funcionários da galeria teve que ser aprovada, a fim de que tudo fosse uma declaração artística unificada. É isso que ela faz com seus concertos, seus livros. Não tenho certeza de que exista outro artista que chegue a esse ponto para unificar todos os aspectos [...]. Foi uma obra de arte completa.[39]

A peça central da exposição era uma versão em CGI de uma fotografia de Madonna usando máscara de contas e ajoelhada em um espaço industrial, com um coiote usando coleira perto de um vestido de noiva queimando como se fosse uma chama eterna. A imagem estava abrigada em um "galpão" especialmente fabricado, o que produzia o efeito de uma aparente atividade em outra sala ou outra dimensão. A voz de Madonna era ouvida recitando passagens do Apocalipse.

A cantora considerava Klein um artista, mas ele disse: "Nunca considerei o que faço como arte." Isso se devia ao fato de não ver hierarquia entre as atividades — fotografia de moda *versus* fotografia de arte. Klein simplesmente criava.[40] Era um posicionamento que Deitch entendia. "Vi que havia um novo grupo, em especial de jovens, que não diferenciava o estímulo estético na arte, na música, na moda, na escrita. Era tudo igual." Isso parecia familiar.[41]

Deitch, assim como Madonna, surgiu da cena do centro no fim da década de 1970 e início da década de 1980, o glorioso "período de convergência", durante o qual a arte atravessou todas as fronteiras e os artistas se uniam para criar revoluções. Ele queria restaurar aquele senso de fascínio. "Fiquei maravilhado com a reação", afirmou o fotógrafo sobre a exposição. "Ela atraiu toda uma nova plateia, que adorava tudo aquilo."[42]

A crítica de arte Roberta Smith, do *New York Times*, no entanto, chamou as imagens de "vulgares, [...] cafonas e exageradas. Elas não são arte; na melhor das hipóteses, são imagens de clipes musicais incomumente ofensivos".[43] Em outras resenhas, Deitch foi criticado pelo establishment artístico. "Disseram que eu estava me vendendo, que não era sério", lembrou ele. "Mas não, sempre vi Madonna como alguém que ampliou o que um artista pode ser. Porque há uma atitude visual, conceitual em tudo que ela fez, e a estética dela é muito forte." O curador acrescentou: "Ela é uma artista performática que teve a genialidade de levar isso para o mainstream."[44]

Madonna faria 45 anos em 2003, e os rumores sobre ter passado da data de validade eram tão dominantes quanto cruéis.

Em março, Lynette Holloway, do *New York Times*, declarou no início de um artigo que Madonna "pode estar contemplando os estágios finais de uma longa carreira". Aparentemente ignorando o fato de que, um ano antes, a cantora tinha ultrapassado o marco dos Beatles como artista com o maior número de singles entre os dez mais tocados da história, Holloway afirmou: "Faz tanto tempo que Madonna não produz um sucesso, que as estações de rádio estão se perguntando se os ouvintes querem ouvir o novo material dela." A jornalista citou o executivo de uma publicação da indústria radiofônica, o qual disse que não estava claro se Madonna ainda era relevante ou se atraía aquela crucial faixa etária de consumidores, os "jovens". Mas, acrescentou ele magnanimamente, a artista merecia "o benefício da dúvida". Foi o equivalente a: "Ei, deem uma chance à velhota."[45]

Quando Matt Lauer, da NBC, pediu uma resposta ao texto, Madonna comentou:

> Não entendo o objetivo de escrever esse tipo de artigo. No fim das contas, qual é a relevância de Aretha Franklin? Qual é a relevância de Frank Sinatra? Qual é a relevância de todos os artistas? Temos que nos adequar a um grupo etário e atrair uma audiência específica para ter relevância? Isso é absurdo. É desrespeitoso e absurdo.[46]

Madonna não estava, de modo algum, nos "estágios finais" da carreira. Em maio, começou a falar sobre outra turnê. Era cedo demais para desistir de *American Life*.[47]

Em 23 de junho, ela lançou o clipe do segundo single do álbum, "Hollywood". A música chegou ao topo das listas de dance nos Estados Unidos após o lançamento no fim de maio e se saiu bem na Europa, mas não entrou na Billboard Hot 100. Em vinte anos, era o primeiro single da cantora a não entrar na lista. Ela esperava que o clipe desse novo impulso à música.

Filmado no início de junho em Los Angeles com a equipe de "Open Your Heart" e "Justify My Love", Jean-Baptiste Mondino e Pascal Lebègue, o clipe ilustra a visão de Madonna sobre Hollywood, que ela chamou de "cidade dos sonhos, da destruição, da superficialidade. É um lugar ao qual as pessoas vão para se distrair do que é importante na vida [...]. Você pode perder tudo. Pode perder a si mesmo".[48]

Mondino achava "artifício" uma categoria ampla demais, então eles decidiram destacar o que a cidade tinha de "belo, assustador, sexy e solitário", além do humor.[49] Em parte, fizeram isso como homenagem ao falecido fotógrafo francês Guy Bourdin, que também foi inspiração para algumas imagens do livro *Sex*.

O clipe começa em um motel cafona, um lugar ao qual os sonhadores de Hollywood chegam e de onde alguns jamais partem. Parecendo uma ingênua mocinha de espartilho da década de 1930, Madonna está sentada sobre uma televisão. Entre as pernas da cantora, a tela mostra a própria pedindo carona, tentando chegar à glória. O clipe então passa para cenas dela como vários ícones da "antiga Hollywood": falando ao telefone como uma Rita Moreno lasciva; dançando de cetim pink em um camarim pink, como Rita Hayworth; hospedada em um hotel luxuoso como Jean Harlow ou Mae West. Ela ainda é mostrada levando injeções de botox e brincando com uma grande bola de ioga azul, como se fosse uma boneca dopada.[50]

O tour em Technicolor® pelos espaços desesperados de Hollywood é um pouco como o tour de Mondino por um hotel de Paris em "Justify My

Love", exceto que todos os cenários de "Hollywood" mostram Madonna de alguma forma. No primeiro clipe, ela busca prazer. No último, busca fama. Em "Justify My Love", encontra satisfação. Em "Hollywood", encontra clareza. A Madonna sentada sobre a televisão finalmente tem o bom senso de desligar o aparelho da tomada. A calma que invade o quarto e o espectador mostra Hollywood e seus cenários pelo que são: uma ilusão espalhafatosa.[51]

Tendo terminado o clipe, a cantora tinha mais duas vitrines para mostrar a própria música. Em 30 de julho, "Hollywood" foi tocada em um anúncio da Gap, feito com a estrela do hip-hop Missy Elliott. Era uma parceria estranha — não Madonna e Elliott, mas Madonna e a Gap. Uma marca associada a jeans e camisetas sendo promovida por uma estrela associada à alta-costura? Uma marca de shopping center vendida por uma mulher que acabara de lançar seu mais controverso álbum em dez anos?

Ao contrário da medrosa Pepsi de 1989, a Gap achava que propagandas provocantes para suas roupas não provocantes eram uma boa jogada. A empresa já usou figuras da contracultura antes, com grande sucesso: de imagens do escritor beat Jack Kerouac a anúncios com o rei do LSD, Timothy Leary. Em 2003, a maior varejista de roupas do mundo precisava de um empurrão de Madonna, a maior estrela do mundo.[52] A Gap seguia o mercado e vendia "roupas da moda focadas em adolescentes", mas esse mercado estava saturado e as vendas vinham caindo havia dois anos. O que a marca buscava era algo para tornar-se descolada de novo.[53]

Madonna era capaz de fazer isso. Ela era uma fonte de luz ambulante — só o fato de assinar contrato com a cantora deu à Gap uma inestimável cobertura da mídia. Além disso, a artista ressoaria entre o público-alvo da marca, pessoas na faixa de 30 a 40 anos que precisavam de roupas para si mesmas *e* para os filhos. A BabyGap e a GapKids se beneficiariam da presença de uma das mães mais conhecidas do mundo. A edição de setembro da *Harper's Bazaar*, que chegou às bancas no início de agosto, apresentava Madonna resplandecente em roupas da marca, além de diamantes e de uma insinuação de meia arrastão. A mensagem: mães que usavam Gap eram excitantes.[54]

A cantora também sairia ganhando com a propaganda. Ela teria recebido 10 milhões de dólares pelos trabalhos, bem como uma vitrine para a própria música, que seria um mix entre "Hollywood", "Into the Groove" e um rap de Missy Elliott.[55] A campanha da Gap incluía oito semanas de televisão e anúncios impressos a partir do fim de julho, mais uma segunda campanha no início de setembro.

O comercial começa com Madonna de regata, jeans, salto alto e o que um executivo da Gap chamou de "20 milhões de dólares em gelo", caminhando pelas instalações de um estúdio e cantando "Hollywood".[56] Missy Elliott, de tênis, aparece cantando e também usando roupas da Gap — jaqueta, camiseta, jeans. As duas se esbarram musical e fisicamente ao abrirem caminho até um palco de som, o que resulta em uma competição de dança entre elas e as respectivas equipes.

A imagem é toda geracional: as duas mulheres se movem de maneiras diferentes e cantam de maneiras diferentes, mas se unem no fim. Para os propósitos do anúncio, o que as une é a roupa da Gap, só que a mensagem mais ampla é a de que ambas são mulheres fortes: uma branca de meia-idade, a outra negra e jovem, expressando-se em uma atmosfera de respeito mútuo. Segundo Missy Elliott,

> Sempre sonhei em trabalhar com Madonna, porque sempre senti que, se fosse ter qualquer tipo de conexão com uma artista, seria com ela. O que ela faz no campo dela é audacioso, não tem medo de correr riscos, e isso é praticamente o mesmo que faço no hip-hop e no rap.[57]

Em 28 de agosto, um mês depois do lançamento do anúncio da Gap, Madonna e Missy Elliott apareceram juntas no VMA. Madonna cantou "Hollywood". No dia seguinte, ela e a música estavam nos jornais do mundo todo.

A cantora tentava ignorar os comentários sobre a idade e sobre a possibilidade de os novos talentos pop eclipsarem as vendas dos discos dela, mas isso não funcionou. Ela usou o VMA para assumir o controle da narrativa e abençoar a geração mais jovem, a fim de poder seguir em frente. Madonna deveria apresentar o número de abertura com Elliott, de 32 anos, e duas princesas pop: Britney Spears e Christina Aguilera, com 21 e 22 anos, respectivamente.

O "sugar pop" que lançou Spears e Aguilera na década de 1990 estava morto. Quatro anos antes, Spears tinha vendido 25 milhões de discos. O álbum mais recente dela antes do VMA, lançado em 2001, vendeu menos da metade. Aguilera também estava na zona de perigo. A transição de fofinha para mais "vulgar" quase acabou com a carreira dela. Era um momento delicado para ambas.[58] Kristin Lieb, professora do Emerson College especializada em marketing musical, comentou que a indústria considerava as estrelas do pop "marcas de curto prazo", tão dispensáveis quanto o sugerido pela expressão.[59]

A apresentação no VMA seria construída em torno de um casamento. Spears e Aguilera seriam noivas de branco cantando "Like a Virgin", como Madonna havia feito em 1984, quando as duas ainda usavam fraldas. Madonna seria o noivo, vestida de preto e cantando "Hollywood" para alertar as jovens sobre o risco de serem engolidas e destruídas pelo jogo da fama.

O segmento não tinha muito valor em termos de produção, mas estava cheio de referências. Uma figura estava em cima do bolo, como Madonna já fizera, com o rosto coberto por um véu. Quando o véu foi erguido em 2003, revelou Spears. Aguilera contornou o bolo e deu à música um som mais completo antes de ambas descerem e rolarem pelo chão, recriando a infame exibição de Madonna. A Marcha Nupcial interrompeu a folia das duas, assinalando o surgimento de Madonna no topo do bolo.[60]

O conceito incorporava o passado esperançoso de Madonna com "Like a Virgin" e o atrevido presente com "Hollywood", além de assinalar a posição dela na hierarquia do entretenimento: ela era "o cara". Mas todas essas ideias boas e potencialmente comoventes se perderam em um beijo, ou um par de beijos. Madonna seguiu um conselho ruim e arruinou a mensagem.

A sugestão veio do coreógrafo Jamie King. "Eu queria que ela beijasse no prêmio da MTV — beijasse Britney, beijasse Christina — e ela perguntou: 'Por quê?' Eu disse: 'É um casamento, e no fim das cerimônias há um beijo.'"[61] Madonna topou, assim como as duas jovens. Seria um selinho, dado em ambas pelo "noivo", que coincidentemente era a mãe musical delas. Durante a performance, no entanto, Spears abriu a boca.[62]

Madonna disse que foi pega desprevenida, mas "vivo de espetáculo faz um tempo [...]. Aprendemos a dançar conforme a música [...]. Se alguém se aproxima com os lábios entreabertos, você precisa beijar". Quando Oprah Winfrey perguntou se ela estava fazendo uma declaração sexual, Madonna respondeu: "Fiz essa declaração dez anos atrás."[63]

Ambos os beijos poderiam ter passado despercebidos se não fossem os fotógrafos e a MTV, que usou câmeras para capturar a reação da plateia — por causa dos ensaios, os envolvidos na produção sabiam que haveria *um* beijo, mas não *aquele* beijo. As câmeras focaram o ex-namorado de Spears, Justin Timberlake, cuja expressão era enigmática, mas foi descrita pela imprensa como de desaprovação. Guy Ritchie *não* aprovou, de acordo com Madonna, mas as câmeras não capturaram a reação dele.[64]

Imediatamente após o beijo, a terceira cria musical de Madonna, Missy Elliott, uniu-se ao trio. Nesse momento, o palco ganhou vida, e a imagem se tornou a de mulheres no poder e no comando dos próprios destinos, mesmo que Spears e Aguilera parecessem meio perdidas. O segmento terminou com as quatro dando as mãos e cantando a linha de "Hollywood" que fustigava as estações de rádio.[65]

Infelizmente, ninguém se lembrou dessa parte. O beijo entre Britney e Madonna entrou para a história. Sem fôlego, o apresentador do *Entertainment Tonight*, que narrava o show, ignorou os vencedores da noite e disse: "Vocês acreditam que Britney deu um beijo de língua em Madonna? A sala explodiu!" Não era a primeira vez que duas celebridades do sexo feminino se beijavam em frente às câmeras. Mas o beijo do VMA pareceu maior que Jennifer Aniston e Winona Ryder trocando um selinho na série *Friends*. Parecia um ponto de virada cultural.[66]

Foi um episódio muito infeliz. O problema não era o ato em si — para algumas mulheres, sem dúvida foi tão excitante ver aquela cena quanto foi para alguns homens ver o beijo de Gabriel e Salim em *Na cama com Madonna*. O problema era o ambiente. O beijo alimentou uma fantasia "lésbica" entre duas loiras que não excluíam os homens; era como se aquela cena fosse feita *para* os homens. Madonna, que jamais defendeu a sexualidade de uma mulher "para" ninguém que não ela mesma e arriscava a própria carreira para defender essa liberdade, naquela noite pareceu dar seu selo de aprovação à posição oposta.[67]

No livro de 2008 *The Porning of America* [A pornografização dos Estados Unidos], Carmine Sarracino e Kevin M. Scott escreveram que Madonna "provavelmente foi a figura mais influente das três últimas décadas a clamar que as mulheres assumissem o controle da própria vida sexual e profissional", mas também "fez parte da sexualização da cultura norte-americana em geral e das mulheres jovens em particular".[68] Em 2003, na cultura pop uma jovem "empoderada" significava uma coisa: ela era "gostosa". Você pode transmitir uma mensagem, mas não pode controlar como ela será recebida ou usada. O beijo daquela noite se transformou em um desses momentos confusos.

Na montanha-russa que era a vida de Madonna, a próxima parada foi Londres, para o lançamento de seu primeiro livro infantil — e até *isso* gerou controvérsia, com os críticos questionando se era possível confiar a ela a imaginação de uma criança.

A cantora teve a ideia de escrever livros infantis porque os que lia para os filhos não tinham "mensagens morais". Ela também estava cansada da passividade ensinada às meninas.[69] As lições feministas que Madonna personificava haviam sido cooptadas com facilidade. Talvez, se ela buscasse uma plateia mais jovem, as ideias tivessem mais chance de fincar raízes.

A artista contou suas histórias usando a cabala como guia.[70] *As rosas inglesas*, ilustrado por Jeffrey Fulvimari, era sobre cinco garotas de 11 anos e se baseava ligeiramente em Lourdes e suas colegas britânicas na escola. As lições ensinadas abordavam ciúme e inveja. O lucro com a publicação do livro foi para a Spirituality for Kids, programa do Kabbalah Centre que tentava fornecer às crianças as ferramentas espirituais das quais precisariam na vida.[71]

Mais de 1 milhão de exemplares foi impresso em trinta idiomas, para publicação em cem países. Somente nos Estados Unidos, a obra foi comercializada em 50 mil lugares diferentes. Sem nenhuma surpresa, imediatamente se tornou o livro infantil mais vendido em quase todo o mundo. No Reino Unido, onde Madonna, de óculos e vestido floral, ofereceu um chá de lançamento, as vendas só ficaram atrás do quinto livro da série Harry

Potter, escrito por J. K. Rowling, publicado na mesma época. Em um mês, *As rosas inglesas* o superou, entrando na lista de best-sellers de ficção do Reino Unido.[72]

A divulgação do livro levou Madonna à terra dos programas de TV e das revistas domésticas para mulheres. Durante essas entrevistas, convidou os leitores a entrar na casa dela. A cantora contou que a vida de Ritchie e a dela girava em torno dos filhos. "Acordamos juntos pela manhã. Apronto minha filha para a escola. Passo o tempo com meu filho antes de ele ir para a creche. Eu ou Guy sempre jantamos com os dois, e passamos a noite juntos."[73]

Madonna contou que o marido a chamava de "mulher", "patroa" e mesmo "mãe". E que ela se distanciava dos antigos amigos dos clubes porque "estou em uma passagem espiritual e eles não".[74] Também contou que queria ter outro filho. "Mas, por causa dos exercícios e de uma coisa ou outra, baguncei meu ciclo um pouco e agora preciso ir ao médico para ver se estou bem o bastante para engravidar."[75]

No *Oprah Winfrey Show*, outro lado da Madonna maternal foi revelado. No início daquele ano, a cantora tinha feito amizade com uma canadense de 17 anos chamada Kerri Yascheshyn, que estava morrendo de câncer no fígado. As duas haviam se conhecido por intermédio da Make-A-Wish Foundation, mas a artista manteve a amizade, telefonando para Yascheshyn todos os dias. A jovem acabou morrendo em 9 de fevereiro, e logo em seguida uma das amigas escreveu para Oprah e descreveu o relacionamento entre Yascheshyn e Madonna. "Madonna era o anjo de Kerri. Ela era a razão para Kerri se levantar todas as manhãs", contou a amiga.[76]

Mas nem essas comoventes revelações nem as confissões sobre a vida doméstica e a espiritualidade convenceram alguns comentaristas de que Madonna poderia ser autora de livros infantis. Uma das mais poderosas personalidades da TV norte-americana na época, Diane Sawyer, encarou--a durante uma entrevista e perguntou: "Que direito moral você tem de escrever um livro infantil, após *Sex*?" Surpresa, Madonna respondeu:

> Não entendi a pergunta. Eu tenho o direito de escrever o livro que quiser, sobre o assunto que eu quiser. Os livros que escrevo são um reflexo de quem eu sou e do que valorizo no mundo, e, quando publiquei *Sex*, aquele era o tema que estava interessada em explorar.[77]

Destemida, Madonna lançou o segundo livro da série, *As maçãs do Sr. Peabody*. O lançamento em novembro foi ainda maior, e a permanência da obra na lista de best-sellers do *New York Times*, ainda mais longa. Os críticos consideraram o material fraco.

Capítulo 46

Los Angeles, Nova York, Dublin, Londres, 2004

> Não quero mais que as pessoas se vistam como eu [...]. Quero que elas pensem como eu.[1]
>
> — *Madonna*

No fim de 2003, quatro singles de *American Life* haviam sido lançados, entre eles "Nothing Fails" e "Love Profusion". A recepção foi mista, mas não nas pistas de dança. *American Life* se tornou o primeiro álbum a ter sete músicas entre as dez mais tocadas da Billboard Hot Dance Music. Madonna iria encontrar seus fãs, e, ao contrário da Drowned World, essa turnê daria a eles o que queriam.

Supostamente, ela pensou em chamar a turnê de Whore of Babylon, mas, considerando-se a guerra no Iraque, onde Babilônia está localizada, e a certeza de que a palavra "whore" [puta] geraria controvérsia, Madonna escolheu o nome Re-Invention. Era um termo que odiava, por ser usado para desmerecer sua evolução artística, mas que se adequava ao que a cantora tinha em mente. Ela decidiu reinventar algumas de suas antigas canções. Era uma ideia duplamente vencedora: havia muito tempo que os fãs esperavam ouvi-la cantar as canções favoritas deles, e ao fazê-lo manteve as coisas interessantes para si mesma.[2]

Apenas dois anos tinham se passado desde Drowned World, mas Madonna estava pronta para a terapia que a turnê fornecia. Re-Invention seria mais longa e incluiria mais apresentações que as duas anteriores.[3]

Também havia outra razão para viajar. O futuro tinha chegado: o download. A Warner Bros. Records foi a primeira grande gravadora a entrar no esquema iTunes de Steve Jobs, que cobrava dos ouvintes apenas 99 centavos de dólar por música. O custo para o artista era enorme. Em cada download, a Apple ficava com 22 centavos, o que deixava meros 77 centavos a serem divididos entre a gravadora, a distribuidora e o artista.[4] As turnês estavam se tornando a melhor maneira de chegar ao maior número de ouvintes e ganhar o máximo de dinheiro.

Em meio a essas mudanças na indústria, Madonna começou a negociar sua saída da Maverick Records no verão de 2003. Reunindo-se com o presidente da Time Warner, Richard Parsons, ela disse que queria 60 milhões de dólares por seus 30% na empresa. Parsons recusou, afirmando que a gravadora só valia metade disso. A disputa continuou, com ações judiciais de ambos os lados até junho de 2004, quando a Warner comprou a parte de Madonna por 17 milhões de dólares. Guy Oseary se tornou CEO.[5]

A saída da cantora a livrou de um fardo que um dia tinha sido uma alegria. "É difícil ter filhos, um relacionamento, duas carreiras, dirigir minha gravadora e tentar ter vida social."[6]

Depois da Maverick, Madonna criou uma operação menor, composta por sua empresária, Caresse Henry, pela assistente, Angela Becker, e pela assessora de imprensa, Liz Rosenberg[7] — chamadas por ela de garotas Semtex —, que definiu como "uma mulher dinâmica, que detona, que não conhece horário comercial, que é persistente e que não aceita 'não' como resposta [...]. Eu dependo delas tanto quanto elas dependem de mim. Não poderia fazer o que faço sem elas [...]. Somos uma equipe". E acrescentou: "Homens também podem ser garotas Semtex."[8]

Quando começou a planejar a turnê, Madonna estava conversando com Henry e King. A cantora queria "revisitar" canções antigas, incorporar elementos da cabala e expressar sua desaprovação com relação à guerra. Em resumo, "iluminar e entreter a plateia [...]. Um de meus objetivos era que toda pessoa na plateia fosse embora sabendo que podia fazer diferença no mundo". Ela também queria expressar a apreciação pelos fãs, por se manterem leais ao longo de vinte anos. "Acho que esse show é meu agradecimento pessoal a eles."[9]

A procura por dançarinos "fortes e versáteis" começou em fevereiro. "A coreografia será imprevisível, [...] vale tudo!", dizia o anúncio.[10] Em Nova York, os testes foram realizados naquele mês; na cidade de Los Angeles, ocorreram em março. "Chegaram dançarinos inacreditáveis, os melhores", afirmou Madonna. "Mas também malucos que gostavam de se vestir como eu me vestia. Pessoas que se achavam parecidas comigo. Pessoas que tinham acabado de receber alta do hospício."[11]

Ela buscava indivíduos que fossem atores e artistas performáticos, além de dançarinos. "Sempre damos números para eles executarem, mas, em seguida, deixo que dancem como quiserem e me mostrem o que sabem fazer. Sou atraída por pessoas que têm algo *muito* especial, algo que nunca vi, mesmo que não combine com o que estou fazendo, e termino construindo o show em torno disso. É incrível."[12] Entre os milhares de pessoas que fizeram testes, 12 dançarinos e um skatista foram escolhidos.[13]

Ela foi auxiliada na seleção por King, que seria diretor e principal coreógrafo da nova turnê, e por uma jovem chamada Stefanie Roos, que trabalhou em alguns dos clipes mais importantes da cantora, começando com "Human Nature", além de servir como sósia sempre que a artista queria ver uma performance do ponto de vista da plateia. A cada projeto, as responsabilidades de Roos aumentavam. Na turnê Re-Invention, ela foi assistente de direção e de coreografia.[14]

Além de King e Roos, Madonna recrutou de volta Stuart Price como diretor musical, Monte Pittman como guitarrista e Arianne Phillips como figurinista, com trajes de Jean Paul Gaultier, Christian Lacroix, Stella McCartney e Karl Lagerfeld na Chanel.[15] Donna De Lory foi chamada como vocalista de apoio.

De Lory tivera uma filha, Sofia, no ano anterior. Outra artista poderia não convidar para uma turnê internacional uma mãe solo, a filha dela de 1 ano, uma babá e a incerteza inerente a essa situação. Entretanto, Madonna também estava nessa fase da vida. De Lory disse que, quando contou sobre a gravidez, a cantora a apoiou 100%.

> Ela disse: "É um milagre, uma bênção. É onde você deveria estar." [...] Lá no início, eu costumava ir ao quarto dela a fim de pegar emprestado creme para espinhas, e agora peço conselhos sobre maternidade. É bonita a história dessa evolução, é bonito tê-la como irmã mais velha.[16]

De Lory se uniu à turnê. "Amei o trabalho, mas foi muito estressante, claro [...]. Eu literalmente saía correndo do palco, pegava o carro, ia para casa e colocava minha filha para dormir [...]. Dava banho nela ainda suada, de maquiagem e figurino, e então a colocava na cama." Madonna escrevia bilhetes nos quais dizia: "'Sei como isso é desafiador.' Ela sempre demonstrou compaixão."[17]

Niki Haris também tinha uma filha, chamada Jordan Ann. As três mães na estrada teriam dado um sentido novo ao poder feminino, mas Haris não participou da turnê Re-Invention. Do ponto de vista profissional, depois da mudança durante a turnê Drowned World, quando o papel das backing vocals foi diminuído sob a direção de King, um crescente abismo se impôs entre Haris e Madonna.[18]

Haris disse que, com a fama e sob a influência da cabala e de Guy Ritchie, a cantora tinha se tornado pessoalmente distante.

> Conforme a atmosfera "superstar" envolvia o ambiente, a linha entre abastados e não abastados aumentava, e a deixava fora de alcance para *mim*. Ela estava inacessível. A situação passou de amigas muito próximas assistindo a filmes na cama para não conseguir vê-la. Hoje sei que senti falta da minha amiga e entendo que fomos o que agora chamamos de *canceladas*. Eu não entendia isso na época.[19]

Madonna e Ritchie haviam comprado uma nova casa em Sunset Boulevard, com sete quartos, 12 banheiros, cinema, piscina com vestiário, quadra de tênis e academia, numa propriedade de 4 mil metros quadrados em Beverly Hills.[20] Lá, a vida social de Madonna, refletindo cada vez mais a vida espiritual dela, estava imbuída de cabala assim como as casas da mãe e da avó da cantora tinham sido repletas de catolicismo.[21] Em 2004, ela já estudava havia sete anos, mas só recentemente a cabala passou a "informar" sua vida.

> Levei muito tempo para ir da garota sentada no fundo da sala, maravilhada com todas as informações e tomando notas, para alguém que pensa: "Estou em um ponto da minha vida no qual sei por que há caos, sofrimento e dor no mundo, e há algo que posso fazer."[22]

Madonna adotou o nome hebraico Esther em homenagem à "cortesã que se tornou rainha" e salvou o povo judeu da aniquilação. Não era um nome que ela usava, mas o adotou pela mesma razão que um católico, na crisma, escolhe um nome com base na Bíblia e nos santos: para identificar seu eu "metafísico".[23]

Os estudos nos centros de cabala em Los Angeles e Londres eram tão intensos e desgastantes quanto as rotinas de exercícios físicos haviam sido na década de 1980, quando ela descobriu que podia transformar o próprio corpo.[24] O objetivo nos estudos espirituais era, entre outras coisas, "tornar-me mais liberada de meu ego, menos preocupada com o que as pessoas pensam a meu respeito". Ela faria isso ser mais fácil cercando-se, pessoal e profissionalmente, de indivíduos que pensavam da mesma maneira.

Madonna teria se distanciado de algumas pessoas que não estudavam cabala e tentado converter outras.[25] "Quando ela morava na Roxbury, estava começando a estudar esses preceitos religiosos", contou Christopher. "Aí se mudou para a Sunset e tentou converter todo mundo."[26]

O irmão comentou que ela o "chantageou" para isso. "Uso esse termo no sentido artístico. Talvez outra palavra fosse melhor." Ele estava prestes a terminar a decoração da casa na Sunset. Temendo que o uso de drogas tivesse se tornado mais que recreativo, Madonna se recusou a pagá-lo até Christopher ir ao centro de cabala. Os dois resolveram a disputa financeira e assistiram juntos a algumas aulas.[27]

"Ela achava que seria útil e, de muitas maneiras, foi. Aprendi coisas úteis para mim, mas não posso fazer parte da instituição." Ele afirmou que o ambiente cultivado pelos Berg parecia contrário aos ensinamentos da cabala. "Tudo tinha a ver com celebridades." Os estudos se resumiam a "destruir seu ego em uma sala cheia de egocêntricos".[28]

Christopher disse suspeitar de que um dos motivos de Madonna sentir tanta identificação com King estivesse no fato de ele ser muito solícito. Em 2003, o irmão notou que a cantora queria perto dela somente pessoas que respondessem "sim". "Ela estava meio que cansada de pessoas que discordavam, e eu era uma delas. 'Por que ha uma foto sua em tamanho natural na cozinha?' Eu estava próximo demais."[29] Alguns velhos amigos, como Haris, também já não cabiam naquela nova vida.

Naquele ano, Debi Mazar e Madonna organizaram um chá de bebê para Haris, mas a cantora telefonou e disse que estava "realmente fora de si" e tão ocupada, que não poderia comparecer. Então telefonemas e e-mails deixaram de ser respondidos. "Tudo terminou de forma abrupta. Eu pensei: 'Nossa, achei que éramos irmãs. Achei que estávamos além do vínculo meramente comercial'", lembrou a backing vocal.[30]

Ecoando afirmações parecidas com as de Christopher, Haris mencionou ter reconhecido que as novas pessoas ao redor de Madonna estavam focadas em agradá-la e não em desafiá-la. "Percebi a corte mudando, como se diz", declarou a então amiga da cantora.

> Notei todos os discípulos em volta dela se modificando. Todas as sinalizações de virtude. Lembro de todo mundo usando fitas vermelhas no braço. Pensei: "Nenhum de vocês estuda cabala, [...] mas eu entendo, isso faz com que se sintam mais próximos de César." [...]
>
> A parte mais profunda de mim só sente gratidão. Sou uma mulher negra, vinda de uma cultura extremamente oprimida em Michigan, nos Estados Unidos, onde eu nem sequer sabia que podia sonhar com esse tipo de palco [...]. Mas acho que eu e ela sabíamos que, se não nos separássemos, seria um estouro enorme. Foi melhor assim. Paramos com tudo.[31]

Segundo De Lory,

> da última vez em que nós três nos apresentamos juntas foi em Drowned World. Foi no 11 de Setembro. Eu sabia que estava sendo mais difícil para Niki. Tinha os problemas com o tornozelo, questões físicas [...]. Acho que foi natural. Niki vem de uma formação no jazz. Somos ambas artistas. Ela estava participando de festivais de jazz com o pai e produzindo singles de dance, e simplesmente achou que seria mais sustentável para ela.
>
> Da maneira como as coisas evoluíram com Madonna, elas eram colegas, amigas. Nós [eu e Madonna] permanecemos profissionais. Convivíamos, mas sempre de modo profissional. Mas Niki tinha um relacionamento de amizade com ela, e isso mudou.[32]

Para De Lory, não ter Haris na turnê "foi muito difícil. Senti muita falta dela. Senti falta sobretudo do que tínhamos no palco. Niki sentiu o mesmo, ao perceber que não estaríamos todas juntas de novo. Mas eu estava feliz por ela ter uma vida mais tranquila".[33]

Siedah Garrett foi escolhida como substituta. Ela era uma cantora e compositora nascida em Los Angeles que escreveu com Michael Jackson o sucesso "Man in the Mirror", além de ter gravado e feito turnês com ele.[34]

A última peça do quebra-cabeça era encontrar um diretor disposto a documentar a sequência de shows antes que os ensaios começassem para valer. Doze anos depois de *Na cama com Madonna*, de Alek Keshishian, a cantora queria criar um "diário visual" semelhante, que a descrevesse como esposa, mãe e artista mais madura.[35] Ela convidou Keshishian, mas ele recusou. Agora que Madonna tinha família, o diretor sentia que não teria a mesma liberdade para filmar.[36] Então, ela chamou Michael Moore, que queria, mas estava filmando *Fahrenheit 11 de Setembro*. Ele pediu que ela postergasse a turnê, o que era impossível.[37] Madonna então convidou Jonas Åkerlund, que aceitou.

Com isso, a cantora e a equipe estavam prontos para trabalhar, e essa era a parte favorita dela no processo. "Quando você está montando um show", afirmou, "é como se vivesse em tempos de guerra. Todo mundo tem que prestar atenção. Ninguém pode vacilar". Ela desejava viver "com essa atitude mental o tempo todo. Eu adoro. Adoro a energia. E adoro a ideia de que estamos criando algo juntos, de que somos uma unidade".[38]

Como sempre, o concerto seria dividido em "atos", começando com um segmento Versalhes, que convenientemente, abriria com "Vogue". Madonna não usava figurinos daquela época desde a apresentação no VMA, após a turnê Blond Ambition. O show então passava para o segmento militar, que era uma reencenação do clipe cancelado de "American Life". Em 2004, a oposição à guerra no Iraque era disseminada, e declarações como aquela podiam ser feitas sem medo de retaliação. A seção militar era seguida por um tema circense e pelo que ela chamou de segmento tribal escocês, com ela e o elenco usando kilts.

A conexão entre os vários atos era a noção de um único mundo, de que todos os povos eram capazes de compartilhar amor, mas se viam impedidos de fazer isso: internamente, por feridas emocionais ou barreiras autoconstruídas; externamente, por forças que alimentavam o medo. A mensagem era: pense grande agindo pequeno. Ajude o mundo ao ajudar a si mesmo. Ajude a si mesmo amando as pessoas que o cercam.[39]

O show mais global e espiritual de Madonna até então ocorreria em uma época de grande polarização religiosa, quando facções na Ásia, no Oriente Médio e na América do Norte haviam recuado para seus territórios, preparando-se para o confronto. Nos Estados Unidos, uma mensagem fundamentalista cristã ganhou força após o 11 de Setembro e se disseminava rapidamente conforme os evangélicos se tornavam mais presentes na cultura pop.

Em 2003, a música cristã contemporânea era o segmento que mais crescia na indústria. A revista *Seventeen* criou uma seção de fé e a editora Harlequin lançou uma nova série de romances cristãos.[40] A série de ficção apocalíptica *Deixados para Trás*, escrita pelo reverendo Tim LaHaye, cofundador do poderoso grupo cristão de direita Council for National Policy, e pelo escritor evangélico Jerry B. Jenkins, vendeu 62 milhões de exemplares e deu origem a uma série infantil e dois filmes.[41] O filme de 2004 de Mel Gibson, *A paixão de Cristo*, teve bilheteria global de mais de 600 milhões de dólares.[42]

O que esses livros e filmes tinham em comum era uma narrativa antagônica baseada no cristianismo e três meios aparentes de protegê-lo: vingança, violência e opressão. A turnê de Madonna ofereceria uma contranarrativa espiritual de tolerância, coexistência pacífica e amor — três coisas difíceis de encontrar no mundo em geral e, às vezes, também na vida da cantora.

A turnê Re-Invention começou na Forum, de Inglewood, Califórnia, em 24 de maio de 2004, e foi programada para terminar quatro meses depois, em Lisboa. Os mais de 1 milhão de fãs que compraram ingressos encontraram a Madonna que conheciam e amavam. Embora o concerto tivesse momentos politicamente difíceis, ela exalava o acolhimento e a abertura que não estiveram presentes em Drowned World. Ela se engajou com o elenco no palco e as vastas plateias. Ela abriu o coração e os fãs retribuíram.

O show começou de um jeito agourento, com cinco minutos das fotos *X-STaTIC PRo=CeSS*, de Steven Klein, em telões do tamanho de outdoors e a voz de Madonna lendo o livro do Apocalipse. Quando o peso dessas imagens e palavras se tornava opressivo, a cantora oferecia uma alternativa. A melodia de "Vogue" se fez ouvir. Aquele hino de liberdade ofereceu alívio durante os dias mais sombrios da aids e voltava a fazer o mesmo diante das cruzadas religiosas organizadas contra qualquer um que fosse identificado como "outro", nos Estados Unidos e além.[43]

Madonna se elevou do palco sentada em uma plataforma, usando um espartilho estilo século XVIII e botas na altura das coxas. Uma das representações visuais mais deslumbrantes da carreira dela foi criada durante essa abertura. Ainda na plataforma, ela faz uma difícil posição de ioga, com as pernas silhuetadas contra o branco brilhante da tela.[44]

Desde o início, ficou claro que Re-Invention não incluiria os cenários elaborados das turnês anteriores. Na verdade, havia menos cenários do que na minimalista Drowned World. O que tornava o concerto único era o próprio palco.

No centro, havia uma plataforma giratória de 13 metros de largura e 3 metros de altura. A frente do palco era entrecruzada por passarelas móveis. E, 18 metros acima, havia uma grade a qual permitia que dançarinos caíssem do céu, que Madonna e a trupe dançassem 6 metros acima da plateia em uma passarela suspensa e que o show parecesse se mover em quatro dimensões.[45] A dimensão adicional vinha do uso que King fazia dos telões — ele acrescentou cinco, com o maior pesando 7 toneladas, todos feitos sob medida.[46]

Os telões se tornariam quadros em frente aos quais Madonna e os dançarinos se apresentariam, obras de arte que se transformavam diante dos olhos da plateia, símbolos religiosos, cenas de batalha, palavras ou gigantescos globos de discoteca. Era visualmente incrível, embora a teatralidade da performance fosse diminuída — exceto quando Madonna e os dançarinos apresentaram "American Life".[47]

Foi o segmento mais complexo do show. Trechos do clipe censurado apareciam nos telões enquanto os dançarinos lutavam no palco e reencenavam o desfile no clipe, dessa vez usando trajes religiosos, que era o novo campo de batalha.[48]

Cantar "American Life" no Madison Square Garden após o 11 de Setembro foi tão comovente e avassalador quanto cantar "Live to Tell" na mesma arena durante a pior fase da crise da aids. A plateia em Nova York segurava bandeirinhas dos Estados Unidos. Era mais um ato de rememoração que de patriotismo.[49]

O mundo passou a acreditar que Washington tinha entrado em guerra sabendo que o Iraque não possuía armas de destruição em massa, e, como resultado disso, os cidadãos de países que haviam apoiado a invasão sofreram bastante. Em março de 2004, dez bombas foram plantadas em trens de Madri, matando 191 pessoas. O ataque foi planejado pela Al-Qaeda no Iraque, em retaliação ao apoio espanhol à guerra. No mês seguinte, a dor de todos os lados do conflito se transformou em fúria.

Desde o início da chamada "guerra contra o terror", houve críticas à prisão e tortura de suspeitos em sedes secretas da CIA em todo o mundo. A detenção extrajudicial se tornou uma política *de facto* quando a prisão da baía de Guantánamo, em Cuba, começou a abrigar suspeitos em 2002. No entanto, nem mesmo esse prelúdio preparou o mundo para as imagens de uma prisão a oeste de Bagdá, divulgadas pela CBS News em abril de 2004.

Elas mostravam militares norte-americanos agredindo física, psicológica e sexualmente presos iraquianos. As fotografias eram aterrorizantes, tamanha a desumanidade. As ações daqueles homens e daquelas mulheres de farda alimentaram o sentimento antiamericano em todo o planeta. Qualquer que fosse o patamar moral alcançado pelos Estados Unidos após o 11 de Setembro, o que quer que as bandeirinhas no show em Nova York representassem, tudo foi perdido nas celas de Abu Ghraib.

Apresentando-se de uniforme militar, Madonna cantou no show consideravelmente mais devagar do que no álbum, a fim de que cada palavra fosse ouvida. Quando entoou "this type of modern life is not for me" [esse tipo de vida moderna não é para mim], ela já não queria dizer somente dinheiro, fama e obsessão com celebridades — falava também da guerra e da degradação que a acompanhava.[50]

Durante uma das seis apresentações em Nova York, Michael Moore estava na plateia. A cantora interrompeu a performance para saudá-lo. Na época, ele estava sendo trucidado pelo filme *Fahrenheit 11 de Setembro*, no qual questionava a história oficial do atentado, a justificativa para a invasão do Iraque e o apoio da comunidade empresarial à guerra. A produção tinha acabado de ganhar a Palma de Ouro em Cannes, o que só intensificou os ataques ao diretor, porque ele parecia endossar as críticas europeias à política externa dos Estados Unidos. Do palco, Madonna agradeceu ao amigo por "se arriscar, ir contra o establishment, nos dar esperança". E acrescentou: "O mundo precisa de mais gente como você."[51]

Entrevistado após o show, Moore disse ter ficado "chocado" com o que a artista falou: "Tudo começou a rodar em câmera lenta em minha cabeça [...]. Acho que muitas pessoas hoje à noite ficaram comovidas com o que ela disse, as canções que cantou, os vídeos nos telões." Ele citou a imagem de meninos israelenses e palestinos andando de braços dados, que foi projetada atrás de Madonna enquanto a cantora fazia um cover de "Imagine", de John Lennon. "Todo mundo estava com lágrimas nos olhos, pois todos querem viver naquele mundo", afirmou Moore. "Todo mundo está enojado e cansado das coisas como estão agora." Nem todo mundo. Alguns vaiaram os comentários de Madonna sobre a guerra. Um homem declarou: "Eu achei que estava em um show de música, não em uma convenção política democrata."[52]

Ritchie e as crianças seguiram a rota da turnê. Após os concertos, enquanto a cantora se trocava, o marido recebia convidados especiais nos bastidores. Em Chicago, foram o pai e Joan, a madrasta de Madonna. Nesse dia, quando cantou "Mother and Father", de *American Life*, ela o fez cercada pelos telões que mostravam as imagens católicas com as quais cresceu. A artista cantou para o pai, Tony Ciccone, que após a apresentação afirmou se tratar "provavelmente do show mais positivo" dela.[53]

Durante *Na cama com Madonna*, Ciccone se sentia um acessório de palco. Nas cenas que Åkerlund filmou durante a turnê Re-Invention, o pai da cantora era uma pessoa. Isso, porque Madonna finalmente o entendeu. A artista disse a um entrevistador naquele ano que, após ter os próprios filhos, o que ele passou como pai solo "caiu sobre minha cabeça como um tijolo: todos os sacrifícios que meu pai fez por minha enorme família. Eu me senti muito mal por todos os problemas que causei".[54] Ciccone, por sua vez, disse entender os períodos mais controversos *dela* como parte do crescimento da filha. A relação entre os dois era nova e mais tranquila. Contudo, ela ainda não era a cantora favorita dele e contou que o pai preferia Celine Dion, que se parecia com uma prima de Madonna, Loretta.[55]

Como a tribo de Madonna tornou-se britânica — ou escocesa, em função do casamento —, um tocador de gaita de foles que morava em Edimburgo, chamado Lorne Cousin, foi recrutado para o show. Cousin era advogado, mas tirou alguns meses de licença para viajar pelo mundo com a artista. A participação mais importante dele no concerto acontecia durante "Into the Groove", quando ele não somente tocava gaita de foles enquanto Madonna cantava, como também dançava com ela.[56] Missy Elliott também fazia uma ponta na canção, projetada nos telões cantando o rap que fizera para o anúncio da Gap.

Na Irlanda, a parte tribal do show foi um grande sucesso. Era a primeira vez que Madonna se apresentava no país, e quase 70 mil pessoas compraram ingressos para ficar em pé em um campo perto do castelo Slane, a fim de ouvi-la.[57] Quando o elenco e a equipe chegaram para ensaiar, o palco estava molhado e o clima, frio. Madonna tentou convencer as pesadas nuvens a cooperar, primeiro cantando "Aquarius/Let the Sunshine In", do grupo The 5th Dimension, e depois pedindo que Deus adiasse a chuva até as 23h30. Nem a canção nem a oração funcionaram, embora a lua cheia estivesse visível entre as nuvens.[58]

Madonna estava morrendo de medo por si mesma e pelos dançarinos, mas não havia a menor possibilidade de cancelar o show. "Eu senti tanto amor e tanta alegria na plateia", disse ela. "Não conseguia acreditar que as pessoas [...] tomaram chuva durante seis horas" antes da apresentação.[59] Iggy Pop, conterrâneo de Detroit, fazia o ato de abertura. Parecendo não sentir qualquer dor ou desconforto, o cantor se apresentou sem camisa. Então chegou a vez de Madonna.

Quando cantou "Nothing Fails", ela saiu da parte coberta do palco e ficou na chuva. Os dançarinos tampouco se deixaram perturbar pela intempérie. Estavam estupefatos com o tamanho da multidão e o deslumbrante pano de fundo formado pelo castelo. "A adrenalina do perigo envolvido e os 80 mil fãs fizeram daquele o nosso show mais incrível", afirmou o dançarino Mihran Kirakosian.[60]

O concerto terminou com duas canções: "Music", para a qual todo o elencou vestiu kilts, e "Holiday". Vinte anos antes, comentou Curtis Hudson, ele escreveu a canção em resposta a um mundo que tinha enlouquecido. Em 2004, tal mundo mais uma vez não estava lúcido. Enquanto se apresentava diante das bandeiras de todas as nações e uma chuva de confete caía sobre a multidão, Madonna retomou a mensagem de união. Um mundo, um povo. Esperança.

* * *

De modo geral, as resenhas do concerto foram positivas.[61] David Segal, jornalista do *Washington Post* que se mostrou tão crítico em relação a *American Life*, escreveu:

> Madonna apresentou uma nova performance híbrida, que mistura elementos da Broadway, do Cirque du Soleil, de comícios, instalações de arte, esportes radicais, sermões religiosos, discotecas e exercícios militares [...]. Eis a parte estranha: não é uma confusão. Na verdade, é incrível [...]. É difícil sair dessa *extravaganza* épica sem se sentir maravilhado.[62]

Com base nas estatísticas da Billboard, Re-Invention foi a turnê de maior faturamento de 2004, com uma receita de 125 milhões de dólares e ingressos esgotados em todas as 56 apresentações, com exceção de uma.[63] Jovens artistas do sexo feminino, que temiam o fim das carreiras quando chegassem aos 30 anos, sentiram-se inspiradas. Beyoncé, Jennifer Lopez, Lil' Kim e Kylie Minogue, entre muitas outras, haviam seguido as dicas de Madonna no início da carreira. Com Re-Invention, tinham um modelo para os anos seguintes.[64] Heidi Range, do Sugababes, afirmou: "Ela é o modelo definitivo para uma mulher na indústria musical." Pink resumiu bem: "Ela é minha deusa."[65]

As jovens inspiradas por Madonna, agora adultas, também se sentiram inspiradas. Quando Re-Invention chegou a Londres, Barbara Ellen escreveu no *Observer* que, por vinte anos, a cantora

> tem sido um totem inspiracional global para as mulheres que cresceram com ela. Parece que, com o passar dos anos, ela se torna cada vez mais importante para essas fãs [...]. Para muitas, há uma estranha mistura de reconforto e empolgação em saber que Madonna ainda está na ativa, fazendo suas coisas, gravando grandes discos, amando os filhos, apaixonada pelo marido, praticando números de dança [...]. Ao contrário da maioria dos homens, que passaram os últimos vinte anos debatendo se Madonna era vadia demais (ou não era vadia o bastante), para nós sempre foi mais uma questão de amizade que de sexo [...].
>
> Acrescente a isso a música, o estilo, o humor e a sanidade (veja Prince e Michael Jackson para entender o que poderia ter acontecido), e, não pela primeira vez, em 2004 Madonna começa a parecer positivamente indispensável.[66]

Os fãs gays também celebraram o retorno da Madonna deles. Após se sentirem alienados pela escuridão de Drowned World e aquela áspera heterossexualidade da turnê, eles conseguiam ver a Madonna de Re-Invention como uma delas. A artista estava cantando as canções que eles amavam, e as respectivas vidas seguiam lado a lado novamente.

Em junho de 2003, a Suprema Corte dos Estados Unidos decidiu que sodomia não era crime, o que abriu as portas para a possibilidade de casamento entre pessoas do mesmo sexo. No dia 14 de fevereiro de 2004, quando se celebra o Dia dos Namorados nos Estados Unidos, o prefeito de São Francisco, Gavin Newsom, celebrou a união de duas mulheres. A cerimônia e, pouco antes, no mesmo mês, a ordem por ele emitida (a fim de que o formulário de licença para matrimônio em São Francisco eliminasse referências a gênero) mudaram a história. Somente em fevereiro, mais de 4 mil casais do mesmo sexo se casaram na cidade. Esse não foi o fim da luta, mas representou uma grande vitória.[67] A trajetória de vida de Madonna a levara para um caminho que muitos de seus fãs esperavam trilhar. Eles, assim como ela, queriam estabilidade em um relacionamento duradouro e legal, algo que já lhes parecia fora de alcance.

Madonna levou muitos anos para se sentir em casa e se considerar aceita na Inglaterra.[68] Em 2004, ela conseguiu. Em novembro, foi incluída no Hall da Fama Musical do Reino Unido. O Hall da Fama do Rock & Roll, nos Estados Unidos, não admitia artistas antes do 25º aniversário do primeiro disco. Isso significava que a cantora ainda teria que esperar mais quatro anos. Os britânicos não tinham tal requerimento. Ela recebeu a honra de ser a única mulher incluída na inauguração do hall, ao lado dos Beatles e de Bob Marley, Elvis, U2, Cliff Richard, Rolling Stones, Queen, Michael Jackson e Robbie Williams.

A artista visual britânica Tracey Emin lhe entregou o prêmio, ao passo que Gwyneth Paltrow, usando um espartilho dourado de Blond Ambition, e Stella McCartney, com um vestido pink de "Material Girl", contribuíram para a cerimônia com um tributo gravado.[69] As três mulheres se reuniriam com Madonna em dezembro, a fim de celebrar o quarto aniversário de casamento dela na casa de campo do casal, Ashcombe.

Durante a turnê, a cantora confessou à câmera de Jonas Åkerlund: "Eu me casei pelas razões erradas. Quando meu marido mostrou não ser tudo que eu imaginava, quis acabar com tudo."[70] Essas frases foram usadas por repórteres que procuravam evidências de que o segundo casamento de Madonna estava à beira do colapso. Infelizmente para essa narrativa, a citação continuava, no sentido oposto.

> Não é fácil ter um bom casamento. Mas não quero algo fácil. Fácil não faz você crescer. Fácil não faz você pensar. Eu agradeço a Deus todos os dias por ser casada com um homem que me faz pensar. Essa é minha definição de amor verdadeiro.[71]

Madonna estava decidida a fazer o casamento dela funcionar, e a propriedade em Wiltshire era parte disso. Lá, Ritchie podia brincar de cavalheiro do campo e ela, de dama do campo com tendências boêmias. Ashcombe era o lugar perfeito para isso. O dono anterior, o fotógrafo Cecil Beaton, chamou a propriedade de, "essencialmente, a morada de um artista", pois fora onde ele recebera H. G. Wells, Salvador Dalí e Diana Vreeland, entre muitos outros notáveis. "Brincamos, rimos muito e nos apaixonamos", escreveu Beaton sobre o santuário.[72]

Madonna e o marido adoravam a propriedade do século XVIII, com mais de 400 hectares de colinas e não muito longe de Stonehenge. A casa original não existia mais havia muito tempo, mas parte de um estábulo e da antiga lavanderia permaneciam. O casal restaurou os cômodos e, tendo transformado a lavanderia em residência, passou a chamar Ashcombe de lar. "Eu faço muitas caminhadas, ando de bicicleta", disse Madonna.

> É um lugar muito físico, um lugar para aventuras. Você pode ir até lá para trabalhar sem distrações, de modo muito contemplativo, ou pode ir até lá e se perder no local. Eu sempre me sinto bem tristonha quando preciso sair dali. Você se sente protegida [...]. É uma espécie de camada de isolamento contra o mundo.[73]

Madonna interpretaria o papel de aristocrata rural de maneira tão completa e convincente, que em agosto o orgulho de Pontiac, no estado de Michigan, ficaria em segundo lugar na competição "o rosto da Inglaterra rural" do festival Town & Country.[74] Também ficaria no décimo lugar da lista Power 100 of the Countryside, da revista *Country Life*.

Para a festa de aniversário de casamento em Ashcombe, Madonna convidou os amigos a dar um show. Ela encontrou uma peça chamada *The Town Wench, or Chastity Rewarded* [A mocinha da cidade, ou Castidade recompensada], que um produtor britânico criou para uma das festas de Beaton em 1937. Uma cena da peça, que a cantora chamou de "divertida e muito indecente", foi a contribuição do casal.[75] "Gwyneth, Stella e Chris compuseram uma música brilhante, uma paródia de 'American Life' que eles chamaram de 'American Wife'. Gwyneth cantou um rap fantástico, Stella fez o vocal de apoio e Chris, bom, ele ficou ao piano", contou Madonna.[76]

O Chris ao piano era o vocalista do Coldplay, Chris Martin. Paltrow se tornou britânica honorária após os dois terem se casado no ano anterior e tido o primeiro filho. Desde então, o triunvirato criativo Madonna, Paltrow e McCartney ficou ainda mais próximo. Elas eram mulheres formidáveis caminhando na corda bamba da maternidade (McCartney estava grávida), do casamento e da carreira e se ajudando mutuamente para manter o equilíbrio.

Madonna precisava muito de apoio. Ela havia despedido a amiga e empresária Caresse Henry após 15 anos trabalhando juntas. Na época, foi falado que o motivo era a cabala. Houve boatos de que Madonna estava envolvida demais com esses preceitos religiosos, o que desagradaria à empresária; outros comentavam que Henry tinha violado os ensinamentos cabalísticos de lealdade ao ter um caso com um segurança enquanto ambos tinham outros parceiros.[77] Qualquer que tenha sido o motivo, foi uma despedida triste.

Madonna disse a um entrevistador naquele outono: "Preciso prosseguir com mais calma. Não tenho mais empresária, agora sou eu que faço tudo." Isso, juntamente com os deveres domésticos, a deixava exausta. "Esse é o problema", continuou. "Já não tenho tempo para ser criativa."[78] Foi nisso que as amigas ajudaram, e por isso as brincadeiras que faziam juntas foram tão importantes.

A história daquele fim de semana era uma história antiga: uma esposa cansada e um casamento feliz. Por volta da mesma época no ano seguinte, já não seria o caso.

Capítulo 47

Londres, Tóquio, 2005

> Foda-se tudo, vamos dançar.[1]
>
> — *Madonna*

De volta à Grã-Bretanha, Guy Ritchie retornara à terra firme da criatividade, produzindo um novo filme de gângster chamado *Revólver*, com o colega Jason Statham.[2] Madonna precisava de uma pausa, mas a Warner queria outro álbum, que ela era obrigada, por contrato, a entregar. Então a cantora disse à gravadora: "Estou sem ideias, exaurida." Como os apelos foram ignorados, foi ao apartamento de Stuart Price para tentar criar algo, sem nenhum direcionamento específico em mente. O single que se tornaria "Hung Up" foi o resultado. Ela disse que o single "reverberava tão monstruosamente" que ela decidiu fazer um álbum dance.[3]

> Eu não queria pensar demais [...]. Fiz muitas declarações políticas em meu show e em meu filme, [...] então passei para outra área e pensei: "Nossa, na real eu só quero dançar." [...] Não se trata somente de uma reação ao que eu estava fazendo profissionalmente, mas também uma reação ao que acontecia no mundo. Eu buscava algum alívio.[4]

Ela disse a Price: "Vamos continuar nessa direção e ver o que acontece."[5] Quando o produtor ouvia uma música, sabia onde outra poderia ser incluída para dar uma nova camada à primeira. Em "Hung Up", ele queria usar um trecho do clássico do ABBA "Gimme! Gimme! Gimme! (A Man After Midnight)",[6] mas não sabia se Björn Ulvaeus e Benny Andersson, integrantes do grupo, permitiriam que ele e Madonna sampleassem a canção. "Tive que enviar um emissário a Estocolmo com uma carta e uma gravação, implorando e dizendo como eu adorava a música deles", contou Madonna. Eles demoraram, mas autorizaram.[7]

A música deu o tom do álbum. *Confessions on a Dance Floor* seria o álbum disco de Madonna, moldado pelo passado — Giorgio Moroder, Marc Cerrone, Chic, Bee Gees e, sim, ABBA — e recriado para se adequar aos novos tempos. Não haveria baladas. Não haveria pausas entre as canções. O objetivo era manter os corpos em movimento.[8]

O ato de dançar foi uma das baixas que ocorreram no pós-11 de Setembro. O governo britânico até baniu as raves legalizadas, porque poderiam ser alvo para terroristas.[9] No entanto, o mundo precisava dançar em 2005 da mesma maneira que precisou em períodos anteriores de inquietação social, voltando ao momento de fundação da discoteca, durante a Segunda Guerra Mundial. "Eu queria animar a mim mesma e aos outros com esse álbum", disse Madonna.[10]

Price vivia no bairro londrino Maida Vale, em um apartamento de dois quartos com um sótão de teto baixo, que foi transformado em estúdio, ao qual se chegava por uma escada. Foi lá que ele e Madonna escreveram o álbum. Cercada por pilhas de discos e equipamentos antigos, ela gravou os vocais sentada em uma cadeira quebrada.[11] "Eu não poderia ter criado esse disco em outro lugar", afirmou a cantora.[12] "Foi muito libertador [...]. Queria estar em um lugar pequeno, sem mobília. Queria manter as coisas [...] da maneira como eram quando comecei, sentada no chão, rabiscando num caderno."[13]

A música que emanava daquele sótão em breve seria ouvida em todo o mundo, mas naquele momento era um segredo compartilhado entre os dois. "Meu vizinho perguntou: 'Era a Madonna na sua casa ontem?'", lembrou Price. "Eu disse que era só uma amiga. Aí ele comentou: 'Ela tem um belo carro.' Eu só respondi: 'Ela se deu bem na vida.'"[14]

Embora ele fosse quase vinte anos mais novo que ela e, em termos culturais e sociais, viesse praticamente de outro planeta, Price e Madonna tinham uma amizade calorosa, confortável e genuína. Àquela altura, já trabalhavam juntos fazia cinco anos e haviam colaborado em duas turnês, numerosas apresentações especiais, remixes e uma canção para *American Life*, "X-Static Process". Madonna o considerava um "irmão". Ela se lembrou de ter chegado à casa de Stuart depois de ele ter trabalhado a noite toda.

> Ele estava de meias quando abriu a porta [...]. Eu entreguei a ele uma xícara de café e disse: "Stuart, sua casa está uma bagunça e não há comida na despensa." Então telefonei e pedi que alguém lá de casa levasse comida para ele. Depois, trabalhamos o dia inteiro.[15] Normalmente trabalho com as pessoas no estúdio, e temos um relacionamento um pouco mais formal. Com Stuart não é assim.[16]

Price disse que, durante as cinco ou seis semanas que eles passaram trabalhando no álbum, eles se comportaram

> como duas crianças [...]. As pessoas sempre dizem que um álbum reflete o clima do período em que se trabalhou nele. Eu sei que [com *Confessions*] foi um período superprodutivo, mas também muito divertido e natural. Acho que dá para perceber isso no som.[17]

Criar um disco, disse ele, é "95% de erros [...]. Você fica esperando pelos 5% em que a mágica aparece. Quanto mais confortável alguém estiver, maior a chance de isso acontecer". Foi o que ele fez com Madonna: criou um espaço seguro para que pudessem se entregar à magia.[18] "Ela ligava o microfone, abria a boca e deixava sair todas aquelas melodias, e eu pensava: 'Nossa! Então é assim que você faz!'"[19]

O relacionamento entre os dois reservava um espaço para a discordância porque ocorria em uma atmosfera de confiança. Madonna disse que escrever canções é "muito íntimo, [...] especialmente quando você escreve a letra e canta para alguém pela primeira vez [...]. Para mim, cantar é quase como chorar, e você precisa realmente conhecer uma pessoa antes de começar a chorar na frente dela".[20]

O que eles fizeram juntos no estúdio foi simples, direto e real de uma maneira quase risível quando comparado às camadas de produção e análise de mercado envolvidas em quase todo grande álbum da época. No início da década dos anos 2000, um serviço de avaliação de músicas chamado HitPredictor (comprado pela gigante das rádios Clear Channel) podia prever o sucesso de uma canção testando remixes de dois minutos. Outro serviço, o Hit Song Science, usava um programa de computador para sobrepor o CD inteiro a "clusters" de hits já lançados, a fim de determinar se "as canções se conformam ao padrão matemático de sucessos anteriores".[21]

Enquanto isso, as gravadoras encontravam, cultivavam e treinavam os talentos que cantavam as canções. Na Coreia do Sul, foi desenvolvida uma "tecnologia cultural" que ditava até mesmo a cor de sombra que uma estrela pop podia usar a fim de se tornar mais atraente para uma plateia em particular.[22] Esse era o mundo que existia do lado de fora do santuário de Stuart Price.

"Hung Up" seria o principal single do álbum. Ele declara, com intensidade maníaca, que Madonna e Price estão tornando o ouvinte refém do que produziram, não apenas enquanto ouve o álbum, e sim até depois, quando os coros e as batidas enfáticas grudarem na cabeça dele da mesma maneira que os dançarinos caminhando pelas ruas ainda ouvem e sentem os graves pulsantes de um clube.

A letra quase se perde na força da música, mas, como quase todas as letras desse álbum, conta a história de um relacionamento que não vai bem. Em "Hung Up", há a frustração de esperar por um telefonema que nunca chega e a declaração de que é tarde demais para o amante ausente consertar as coisas. Não há lamentação. Madonna não ficará esperando porque não há tempo a perder.

Um alarme de despertador introduz a canção seguinte, "Get Together". A amante impaciente de "Hung Up" conhece alguém. É amor à primeira vista? É real? Talvez não. Mas causa uma sensação tão boa quanto uma canção açucarada. Parece quase impossível que a faixa seguinte a "Hung Up" seja tão boa, mas é. "Get Together" descreve o romance desromantizado e, ainda assim, digno de ser procurado na pista de dança.[23]

"Sorry" começa com pedidos de desculpa em cinco idiomas, mas não é a cantora quem lamenta. Como em "Hung Up", há um sujeito imprestável no contexto, tentando se desculpar por ter agido mal. A cantora não aceita. Os elementos de "Sorry" são clássicos. O vocal de apoio fica por conta de Neil Tennant, do Pet Shop Boys.

Uma anomalia do álbum é a canção de Madonna e Price intitulada "I Love New York". É uma canção bobinha, mas era um recado aos fãs de que, por mais que vagueasse pelo interior britânico, ela ainda considerava aquela cidade seu lar. "É mais um estado de espírito que um lugar", explicou ela.[24] "Nova York é minha cidade favorita porque foi onde aprendi a respirar."[25] "Quando ando pelas ruas de qualquer lugar, as pessoas dizem: 'Ei, aquela é a Madonna." Em Nova York, os policiais dizem: 'Ei, você voltou.'"[26]

Em "Jump", Madonna e Price se reúnem ao cunhado dela, Joe Henry, que teve a ideia original.[27] Como a canção anterior de Henry, "Don't Tell Me", "Jump" fala de liberdade. Em versos simples, ela descreve a carreira de Madonna, a pressa dela para enfrentar novos desafios, a ausência de medo diante do abismo e a necessidade de seguir adiante após ter aprendido tudo que pôde com uma pessoa ou um lugar, porque, novamente, o tempo está passando.

A canção "How High" vem logo em seguida — de acordo com Madonna, só para não perder a piada feita entre os títulos. Nela, a cantora retorna à questão da fama. "Não sou uma estrela pop relutante", disse ela a Simon Garfield, do *Guardian*, naquele ano. "Sou muito grata e feliz por tudo que tenho e pelo fato de as coisas irem tão bem." Contudo,

> quando estiver diante da entrada do paraíso, tenho certeza que Deus não dará a mínima para quantos discos vendi ou quantos hits fiz. Ele só se importará com a maneira como me comportei, como tratei as pessoas. A conclusão a que cheguei é que preciso entender isso e continuar dando o melhor que posso ao criar meus discos.[28]

Confessions não seria um álbum de Madonna se não gerasse controvérsia. Os rabinos a criticaram pela canção "Isaac", que disseram ser sobre o cabalista do século XVI Yitzchak Luria, ou Isaac Luria.[29] Ela achou um absurdo que homens que nunca haviam escutado o disco a acusassem de blasfêmia. "É interessante ver como funciona a mente desses rabinos encrenqueiros", disse ela.[30]

Na verdade, a canção foi nomeada em homenagem ao amigo Yitzhak [Isaac] Sinwani, um cantor judeu do Iêmen que dava aulas em centros de cabala em Los Angeles e Londres. Madonna o ouviu cantar e ficou comovida a ponto de chorar. Ela e Price o convidaram a ir ao estúdio, sem saber o que fariam com o resultado ou o que *ele* faria. Usando um dialeto hebraico do Iêmen, Sinwani cantou "Im Nin'alu", uma popular canção iemenita que diz que, mesmo que as portas da terra se fechem, os portões do céu permanecem abertos. Madonna declarou que a performance dele foi "impecável" e disse a Price que eles poderiam usar trechos para criar uma música própria.[31]

Madonna escreveu "Push" em parte para Guy Ritchie. Trata-se não de uma canção romântica, mas de uma apreciação da tensão que ele trouxera para a vida dela, que a fez questionar quem era e o que fazia. Curiosamente, ela presta tributo à antiga banda de Sting, The Police, porque foi por meio dela que conheceu o marido.[32] De modo geral, no conceito e na execução, "Push" é uma canção estranha do começo ao fim, durante a qual Madonna e Price transformam uma melodia direta em uma onda celta, com chamados, respostas e ecos. Essa parte da canção soa como uma racionalização de que a tensão que Ritchie representava era uma coisa boa.

Madonna terminou o álbum com "Like It or Not". É um fim perfeito para um álbum quase perfeito. Ela passa a mensagem como uma atrevida Peggy Lee: ela é quem é e, fundamentalmente, não tem a menor intenção de mudar. O pareamento com "Push" fornecia uma interessante previsão para o futuro do relacionamento pessoal dela.

Enquanto trabalhava com Price no álbum, Madonna editou o filme da turnê Re-Invention, *I'm Going to Tell You a Secret*, com Jonas Åkerlund. Ela se lembrou de Michael Moore lhe dizendo antes do início das filmagens: "'Lembre-se de uma coisa: você escreve o roteiro na sala de edição. Não perca a calma e grave o máximo que puder.' Foi isso que fizemos." Por isso, editar se tornou uma tarefa imensa. Trabalhando em Estocolmo, eles tinham cerca de 350 horas de gravações para rever e reduzir a duas horas. "Descobrir o que eu queria dizer com o filme, quais histórias seguir e quais cortar foi muito difícil", lembrou Madonna. "Editar é a pior parte."[33]

Madonna se sentiu mais envolvida na criação desse filme do que em qualquer outra obra visual da carreira até então. "Adorei tudo, todos os aspectos: pré-produção, filmagem, películas, câmeras, edição, pós-produção."[34] O objetivo era fazer um filme divertido que também fosse político, provocativo e espiritualizado, porque "ser espiritualizado é ser subversivo!".[35] Além disso, precisava revelar a vida de Madonna como artista, esposa que trabalha fora e mãe, porque isso também era subversivo.

Na década dos anos 2000, mulheres que haviam escolhido os caminhos profissionais abertos pela segunda onda do feminismo enfrentavam difíceis decisões do tipo agora ou nunca quando chegavam aos 30 anos. As opções se resumiam a: 1) carreira, mas sem filhos; 2) filhos, mas sem carreira; ou 3) carreira *e* filhos, com a perspectiva de não fazer um bom trabalho em nenhum deles.[36]

As mulheres da classe operária equilibravam essas tarefas havia séculos, mas a mídia voltada para mulheres de alta renda e os ideólogos políticos que queriam influenciá-las criavam padrões impossíveis para a figura chamada "mãe" atingir. Ela devia ser acolhedora, paciente, sábia, excelente cozinheira, CEO e gestora de crises domésticas, atraente e sexualmente disponível para o marido, anfitriã para os amigos dele e profissional espetacular.[37] Exemplos de supermães célebres enchiam as páginas das revistas: Angelina Jolie, Demi Moore, Julia Roberts, Michelle Pfeiffer. Todas eram bonitas. Todas expressavam se sentir realizadas. Todas faziam parecer fácil. Madonna estava lá para dizer que não era.

Em uma entrevista ao *Ladies' Home Journal* publicada no verão de 2005, ela disse que os dias eram longos e a agenda, atribulada; ela não dormia muito e tinha desistido da vida social. "Quando se tem marido, dois filhos e muito trabalho, não se sai muito." Para se divertir, ela dançava com os filhos "como lunáticos" antes de eles irem para a cama.[38] De modo muito pouco característico, ela contou que, para fazer o casamento dar certo, tinha aprendido a "segurar a língua [...]. É disso que se trata o dar e receber do casamento [...]. De repente, você precisa pensar em outra pessoa antes de tomar decisões, antes de falar".[39]

Ela listou as prioridades como "casamento, filhos e vida espiritual", assim como o que chamou de "retrato mais amplo", o que significava encontrar respostas para as perguntas que atormentam a humanidade: por que existem guerra, fome, doenças? Por que as pessoas vivem despreocupadamente, de entretenimento em entretenimento, imersas no materialismo?[40]

No início da carreira, contou, ela tentou encorajar as pessoas a serem autoconfiantes e a seguirem seus sonhos, mas essa mensagem não ficou tão nítida quando combinada à sexualidade escancarada.

> Em um minuto, eu dizia "Acredite em si mesmo" e, no seguinte, "Seja provocante apenas por ser". Isso era confuso [...]. Então, não ajudei as pessoas ao me exibir. Acho que também me prejudiquei, porque terminei desvalorizando a mensagem original, a de que qualquer um pode fazer qualquer coisa — o que vale é o que está no interior.[41]

Em 2005, Madonna tinha amadurecido. Disse não se considerar "uma santa" ou "alma virtuosa", mas, tendo experimentado o melhor e o pior, estava em posição de "ajudar as pessoas, de compartilhar o que sei. Em relação a tudo que faço, eu me pergunto: 'Como isso afetará as pessoas? [...]

Sou parte do problema ou da solução?'".[42] Foi por isso que, quando Bob Geldof a chamou, ela não pôde recusar.[43]

O ano começou com pedidos desesperados de ajuda. O tsunami mais fatal da história tinha atingido a Ásia em 26 de dezembro de 2004, matando 230 mil pessoas nas primeiras horas depois do impacto e devastando comunidades no Sri Lanka, na Tailândia, na Indonésia, nas Maldivas e na Índia. A destruição era um lembrete aos residentes do planeta Terra de que eles só existiam graças a uma força muito maior que eles mesmos: a natureza.

Ao mesmo tempo, a África sofria um tipo de tsunami mais prolongado e persistente, que combinava aids, pobreza e dívidas. Embora a geração pós-colonial de líderes, mais ligada à corrupção, tivesse sido substituída na maioria dos cargos, os novos chefes de Estado africanos, mais tecnocratas, não podiam caminhar na direção da autossuficiência, quem dirá da prosperidade, por causa das dívidas paralisantes dos governos anteriores e de uma epidemia fora de controle.

Os líderes das nações industrializadas, o Grupo dos 8 (G8), participariam de uma cúpula anual na Escócia em julho de 2005. Em 2004, parcialmente antecipando esse evento, Bono, do U2, e o roteirista Richard Curtis começaram a trabalhar em uma campanha chamada Make Poverty History. Eles temiam que somente um cataclismo conseguisse chamar a atenção do G8. Então ocorreu o tsunami na Ásia. George Clooney organizou uma maratona televisiva com celebridades para levantar fundos para as vítimas. Madonna participou. Segundo o *Guardian*, quando o foco na Ásia amenizou, a campanha Make Poverty History, de Bono e Curtis, decolou.[44]

A reunião do G8 coincidiria com o vigésimo aniversário do primeiro concerto Live Aid, e Bono e Curtis queriam que o organizador, Bob Geldof, ajudasse a produzir um segundo megaconcerto. Após muita insistência, Geldof aceitou. Ele seria chamado Live 8, uma referência explícita à reunião entre os líderes do grupo. Geldof e Bono pegaram os telefones e começaram a reunir talentos. A Geldof coube recrutar Madonna, que foi "identificada como essencial".[45] Madonna recordou a abordagem dele:

> Quando Bob Geldof começou a me escrever, pensei: "Ah, não, acabei de terminar a gravação e o filme. Prometi às crianças que iríamos para o interior." Elas estavam de férias e muito zangadas comigo. Bob disse [gritando]: "A África é mais importante que seus filhos!" [...] Eu respondi: "Ok, deixe-me pensar a respeito." Então vi em um jornal que eu participaria e eu nem tinha dado a resposta ainda [...]. Mas não me arrependo de ter participado, foi incrível.[46]

Os organizadores do evento queriam que os líderes do G8 concordassem em fornecer 50 bilhões de dólares adicionais em ajuda externa (metade para a África e metade para outros países em desenvolvimento), cancelassem a dívida das nações pobres e reestruturassem as condições impostas aos receptores de auxílio. Em uma carta aberta a esses líderes, Geldof disse: "Não nos desapontem. Não criem uma geração de cínicos."[47] Para maximizar a pressão, o evento foi programado para quatro dias antes da reunião do G8.

O Live 8 começou em 2 de julho em Tóquio e Johannesburgo e se moveu com o sol pela Europa — Moscou, Paris, Berlim, Roma, Londres, Cornualha e Edimburgo — antes de ser encerrado, mais tarde no mesmo dia, em Barrie, cidade de Ontário, no Canadá, e na Filadélfia, nos Estados Unidos. Milhões de pessoas assistiram presencialmente e bilhões — a maior plateia global de todos os tempos — assistiram pela TV.[48] Price contou que, durante os ensaios no Hyde Park de Londres no dia anterior, "tudo dava errado. Todo mundo estava com medo por causa disso, mas, quando foi para valer, foi um dos momentos mais mágicos que já vivi".[49]

Madonna estava escalada para subir ao palco com a estudante etíope de 24 anos Birhan Woldu. Foi a imagem de Woldu como uma criança faminta da Etiópia, em 1985, que tinha inspirado o primeiro Live Aid. Ela cresceu e se transformou em uma jovem radiante. Quando Geldof perguntou com quem gostaria de aparecer no Live 8, ela respondeu "Madonna", porque essa era a única celebridade que reconhecia na lista.[50]

Com o London Community Gospel Choir, Donna De Lory e a nova vocalista de apoio, Lisa Fischer, Madonna cantou "Like a Prayer" segurando a mão de Woldu. A jovem pareceu assustada diante da multidão, e foi discretamente conduzida para fora do palco. Madonna continuou sem ela durante "Like a Prayer" e "Ray of Light". Ela encerrou com "Music" enquanto 200 mil pessoas, incluindo os paparazzi, batiam palmas.[51]

O Live 8 foi criticado por alguns como monumento ao liberalismo otimista erigido pelos países do Norte Global.[52] Embora parte das críticas fosse merecida, o concerto atingiu alguns objetivos. Trouxe a questão da pobreza à atenção do mundo e aumentou a pressão sobre os líderes do G8. Eles responderam cancelando a dívida externa de 18 das nações mais pobres e se comprometendo a aumentar o incentivo ao desenvolvimento em 50 bilhões de dólares nos cinco anos seguintes. Não era tanto quanto algumas pessoas desejavam, mas os organizadores da campanha celebraram isso como um bom começo.[53] A experiência também produziu outro resultado. Ela transformou alguns artistas em ativistas comprometidos, incluindo Madonna.

Após o concerto, Madonna partiu com a família para o interior. Cinco dias depois, em 7 de julho, ataques terroristas no centro de Londres fecharam a cidade da mesma maneira que o 11 de Setembro havia paralisado Nova York.

Os ataques também aconteceram durante o horário de rush, mas os alvos não foram símbolos de poder, e, sim, partes do sistema de transporte coletivo: o metrô londrino e um ônibus lotado de "pessoas comuns" que estavam indo trabalhar. Ao todo, 56 pessoas morreram, incluindo os quatro terroristas, e quase oitocentas ficaram feridas. Foi o ataque mais letal à cidade desde a Segunda Guerra Mundial.[54]

Todos os terroristas do 7 de Julho eram cidadãos britânicos, três deles descendentes de paquistaneses e um quarto descendente de jamaicanos. Os quatro eram muçulmanos. Na busca por motivos, a religião era citada, mas, para além dela, havia confusão até mesmo no relatório da Câmara dos Comuns publicado no ano seguinte, após uma longa investigação.[55] Raramente, na busca oficial por um motivo, a raiva é mencionada como impulsionadora de atos terríveis: raiva porque as comunidades foram esquecidas pelo poder público, por causa da falta de oportunidade, da discriminação que sofriam como cidadãos britânicos de segunda classe e da suspeita que suscitavam apenas por serem muçulmanos e terem a pele mais escura.

Em 21 de julho, aconteceu novamente. Outro grupo de quatro terroristas atacou o metrô de Londres e um ônibus, embora as bombas não tenham sido detonadas. O que ficou nítido foi que o oceano de raiva e desafeto era muito mais profundo do que as autoridades — não somente na Grã-Bretanha, mas em todo o mundo — conseguiam compreender. Globalmente, em 2005, quase quarenta ataques terroristas mataram centenas de pessoas. Os perpetradores quase sempre eram homens jovens. Os mortos quase sempre eram civis. Algumas comunidades passaram a temer os jovens que anteriormente ignoravam. Madonna faria o oposto. Ela criaria um papel na nova obra para os jovens de comunidades desamparadas que se expressavam através da arte e não da violência.

Naquele ano, Madonna começou a ter aulas de equitação em um estábulo em Richmond Park, no sudoeste de Londres. Ela gostou tanto que alugou todo o equipamento necessário e pediu permissão para levar dois cavalos do estábulo para Ashcombe. Daquele momento em diante, as cavalgadas fariam parte da vida da cantora. Era um dos exercícios favoritos dela e a atividade em Ashcombe que a fazia se sentir mais viva e mais como ela mesma. Cavalgar também a conectava à mãe. Ela disse certa vez que a posse mais preciosa que tinha era uma fotografia da mãe rindo enquanto cavalgava. Ela havia roubado a foto do pai e a levou para Nova York quando partiu de Michigan.[56]

Como surpresa para o 47º aniversário de Madonna, Ritchie pediu que amigos levassem quatro cavalos para a propriedade, a fim de que os convidados pudessem cavalgar em grupo. Steven Klein fotografou a cantora para a capa do álbum *Confessions on a Dance Floor*, cuja mixagem, com Price, foi finalizada. Ela estava pronta para relaxar.[57] "Tudo estava perfeito, o sol estava brilhando, [...] o céu estava azul", lembrou-se a cantora. Um dos cavalos era treinado para o campo de polo, um puro-sangue inglês. "Minha amiga disse: 'Você tem que montar esse cavalo. Ele corre como um cervo.' Eu perguntei: 'Mesmo?' [...] E ela: 'Sim, sim, pode ir em frente.' Eu respondi: 'Não sei montar um cavalo de polo.' 'Não se preocupe, ele é muito manso, é um amorzinho.'"[58]

Madonna montou. "Fiquei montada literalmente um minuto, aí ele me derrubou."[59] "Ele enlouqueceu e eu caí. Pensei: 'Eu sou graciosa, sou uma dançarina, vou tocar o chão e rolar, e tudo ficará bem.'"[60] Contudo, a superfície abaixo dela era como concreto. Madonna caiu e ficou "imóvel". Temendo que ela estivesse inconsciente, os amigos correram para afastar o cavalo. "Acho que eles só entenderam o que tinha acontecido quando a viram no chão", disse uma fonte não identificada ao *Daily Mirror*.[61]

Madonna disse que tentou se levantar, mas que "desmoronou. Desmaiei".[62] Era muito raro o corpo de Madonna desobedecer às ordens dela. No caso da queda, foi o que aconteceu. Ela estava gravemente ferida.

Levada às pressas para o Salisbury District Hospital, ela entrou na emergência usando roupa de montaria, tremendo e sentindo dor, mas lúcida. Ritchie chegou dez minutos depois.[63] Madonna disse ter quebrado a clavícula, a escápula em dois lugares, quatro costelas e um dedo da mão esquerda. "Chorei muito, [...] a dor era imensa porque não dava para imobilizar todas aquelas fraturas." Madonna disse que o marido estava no quarto, mas ela gritou tanto — pedindo morfina — que ele foi embora.[64]

Naquela noite, ela recebeu alta e voltou a Londres de helicóptero, com a mão engessada, o braço em uma tipoia, uma sacola cheia de analgésicos e instruções para não dançar nem se exercitar por três meses. "Se o cavalo tivesse pisado em Madonna, teria sido muito pior", contou uma fonte a um jornal britânico na época. "Embora sinta dores excruciantes, ela teve muita sorte." Quanto a Ritchie, ele ficou "mortificado [...]. Era para ser uma surpresa feliz que acabou dando muito errado".[65]

"Acho que foi um sinal do universo para eu desacelerar um pouco", concluiu Madonna.[66] "Foi a coisa mais dolorosa que já me aconteceu e também um grande aprendizado."[67] As lições mais imediatas? Ela não era biônica e não podia usar certos analgésicos porque eles a transformavam em um monstro.[68]

Em um primeiro momento, longe de dar ouvidos ao universo e aos médicos, Madonna não tinha a intenção de desacelerar. O repouso durou algumas horas. No dia seguinte, ela voou até Paris para outra festa de aniversário.[69] Contudo, por mais que quisesse ignorar os ferimentos não conseguiu. Madonna interrompeu tudo o que estava fazendo e deixou que o corpo se curasse.

Durante a recuperação, ela barganhou com Deus.

> "Nunca mais ficarei deprimida sem motivo [...]. Nunca mais serei ingrata [...]." Eu senti uma gratidão renovada pelo fato de poder fazer o que faço e ter a força que tenho. O acidente aumentou minha energia e meu desejo de dançar, de me conectar com as pessoas e permanecer em um estado de espírito positivo — e levar os outros comigo![70]

Mas não podia fazer isso sem um corpo forte. Ela se concentrou na recuperação.[71] "Fiz muito pilates para recuperar a articulação do ombro e os movimentos do braço", disse ela. "Minha instrutora era dançarina, então meus exercícios foram muito orientados pelo balé." No passado, contou Madonna, "adquirir força física, sentir-me forte e poderosa foi minha saída da cultura da classe média do Meio-Oeste. Então associo força e movimento à liberdade". Esse, mais uma vez, tornou-se o objetivo.[72]

Houve relatos de Ritchie não ter sido empático o suficiente nessa época. "Guy não estava presente", contou uma pessoa próxima a Madonna à revista *People*. "O comportamento frio dele foi devastador. Foi aí que ela começou a entender que ele não é um parceiro, no sentido mais amplo do termo." De sua parte, Ritchie ficou surpreso com a "carência" dela, disse um amigo do casal. "Ela estava acostumada a fazer o impossível. Mas não tinha poderes super-humanos para se curar, nem tampouco Guy, e ambos sofreram com isso."[73]

Uma doença ou um ferimento sério quase sempre causam impacto em relacionamentos, no mínimo alterando vidas e planos de maneira inesperada. De qualquer modo, não havia evidências de tensão no relacionamento em meados de setembro. Madonna deu uma festa de aniversário para o marido em um restaurante marroquino em Mayfair durante a qual os repórteres relataram que o casal teve uma "tórrida sessão de amassos".[74] Pouco tempo depois, no entanto, o clima pesou quando *Revólver,* o filme do retorno de Ritchie aos cinemas após o desastroso *Destino insólito,* foi lançado na Grã-Bretanha, em 22 de setembro.

Leicester Square estava lotada de fãs, apinhados ao longo do tapete vermelho esperando pelo casal. Duas coisas aconteceram quando eles chegaram. Embora aquele fosse o momento de Ritchie, a atenção da imprensa se voltou para Madonna. Era o nome dela que os fotógrafos gritavam. Além disso, quando o casal não parou para tirar fotos nem dar autógrafos, as vaias começaram. Alguns fãs estavam esperando desde o início da manhã e ficaram desapontados por serem "esnobados".[75]

As críticas ao filme foram equivalentes a mais vaias. O *New York Times* ofereceu a resenha mais positiva: "O Sr. Ritchie merece crédito pela audácia."[76] Outros críticos, entretanto, foram menos generosos. "*Revólver* é um filme sem graça, pesado e desastroso [...] com uma perturbadora crença na própria importância."[77] O crítico do *Guardian* escreveu: "Após *Revólver*, *Destino insólito* parece *Cidadão Kane*."[78]

A biógrafa de Madonna, Lucy O'Brien, citou uma amiga: "No fundo, ele a culpa pela derrocada da própria carreira."[79]

A fase promocional do novo álbum de Madonna foi atrapalhada pelo acidente, com a primeira baixa sendo o single principal, "Hung Up". Em certo momento, ela e o diretor Johan Renck, com quem já tinha trabalhado no clipe de "Nothing Really Matters", acharam que precisariam cortar todos os conceitos físicos que tinham em mente.[80] Mas ela não deixaria isso acontecer. "Quando gravei o clipe, nenhuma das fraturas estava curada", contou ela. "Medicamentos e determinação me permitiram seguir em frente."[81]

O clipe encapsula o conceito de Madonna para o álbum: fornecer "algum tipo de alívio a toda insanidade no mundo".[82] Coreografado por Jamie King e Stefanie Roos, o clipe homenageia *Os embalos de sábado à noite*, com Madonna interpretando tanto John Travolta em seu famoso passeio pela 86th Street, no Brooklyn, quanto a parceira de dança dele, Karen Lynn Gorney, preparando-se para uma competição. Essas referências, entretanto, são o fim da nostalgia. Filmado em Los Angeles e Londres, o clipe reflete a época indo a bairros associados à violência para encontrar artistas fazendo o melhor que podem para fugir dela.[83]

Renck e Madonna incorporaram uma dança que era popular nos subúrbios de Paris e contrataram um de seus maiores representantes, Sébastien Foucan, para exibi-la. O parkour começou como treinamento militar francês no qual uma pessoa — um *traceur* — usa somente a determinação e o próprio corpo para superar obstáculos, escalar paredes e saltar de lugares altos. Nos guetos de imigrantes da Paris suburbana, os *traceurs* desafiavam os muros que os cercavam e a opressão que sofriam ao voar — em alguns casos, literalmente. Em inglês, o parkour ficou conhecido como *freerunning*.[84]

O companheiro desses movimentos nasceu a meio mundo de distância, no South Central. O krumping tinha começado em 1992, o ano dos protestos decorrentes ao ataque a Rodney King por policiais, como uma forma de lidar com a agressividade sem recorrer à violência, envolvendo dançarinos em falsos confrontos. Se o parkour falava de libertar-se, o krumping falava de manter-se firme e defender uma posição. Madonna pediu que a famosa krumper Marquisa Gardner — Miss Prissy — dançasse no clipe.[85]

Tanto o parkour quanto o krumping já haviam aparecido no cinema: o primeiro em dois filmes nos quais Luc Besson participou, *Yamakasi* (2001) e *B13 – 13º distrito* (2004), e o segundo no filme *Rize* (2005), de David LaChapelle. Embora aclamados pela crítica, não haviam alcançado as massas. "Hung Up" exibia para o mundo essas culturas underground e os caminhos não reconhecidos que os jovens trilhavam para evitar conflitos, relaxar, se expressar e se divertir — todas as coisas que Madonna também queria fazer.

Enquanto isso, o Warner Music Group observava e esperava. Na primavera daquele ano, Madonna telefonou para o então CEO da empresa, Edgar Bronfman Jr., e avisou: "Vou até aí mostrar meu disco." Não era assim que Bronfman gostava de fazer as coisas. Ouvir um álbum pela primeira vez com o artista na sala era potencialmente desastroso. Apesar disso, após ouvir *Confessions on a Dance Floor*, ele ficou maravilhado. "Ela nos deu um grande disco", comentou, um disco que o grupo usaria para vender música de uma nova maneira.[86]

O *bundling*, ou agrupamento de produtos, que disponibilizava músicas em plataformas não tradicionais, vinha sendo testado desde o lançamento do iTunes, em 2003. Mas, em 2005, ainda não tinha gerado receita significativa. A Warner esperava que o álbum de Madonna indicasse o caminho a ser seguido.[87] Reconhecendo as mudanças na indústria e a competição cada vez mais acirrada, ela não hesitou. "Você precisa unir forças com outras marcas e corporações", disse ela. "É idiotice não fazer isso."[88]

No mundo dos downloads, os singles eram fundamentais, como haviam sido nas décadas de 1950 e 1960, durante o auge dos discos de 45 rotações. "Hung Up" era um single explosivo, e a Warner apostou que ele funcionaria em várias plataformas. O plano foi posto em ação. Madonna faria parceria com a MTV em busca de "oportunidades de agrupamento". Ela permitiria que a canção fosse tocada em episódios de *CSI: Miami* e *CSI: NY* e em um comercial dos celulares Motorola. A marca foi a primeira a oferecer o iTunes nos telefones, e "Hung Up" era a primeira canção de Madonna disponível na loja digital da Apple. Ela também licenciaria o uso do single como toque de chamada para celulares nos Estados Unidos e na Europa.[89]

A fórmula seria tão bem-sucedida que, em um ano, o Warner Music Group, usando o modelo de *Confessions*, dominaria o mercado de agrupamentos premium. O simples toque de chamada se tornou uma grande fonte de receita, com as vendas mundiais em 2005 chegando a 2,5 bilhões de dólares. O futuro da indústria fonográfica já não parecia tão sombrio.[90] Com essa grande entrada em um admirável mundo novo, Madonna deu início a semanas de viagens, entrevistas e apresentações a fim de preparar terreno até o lançamento do clipe de "Hung Up", em 27 de outubro.

Até aquele momento, a canção tinha sido elogiada como celebração da música disco. O clipe mostrou que a tradição da dança como expressão, libertação, sobrevivência e afirmação política estava viva e bem, além de ser inesquecível.[91] Ele começa com Madonna se aquecendo em um estúdio e atletas de parkour fazendo o mesmo em um telhado. Pessoas que esperam a condução em um ponto de ônibus de Los Angeles começam a dançar krumping após a chegada de uma caixa de som tocando a canção. A cena se repete em vários locais do mundo: no metrô de Londres, em um restaurante de noodles em Xangai e em um fliperama em Tóquio. O poder pertence a quem tiver os melhores movimentos. Finalmente, todos os personagens convergem para uma rua escura e molhada de Londres, na qual Madonna surge como Travolta e dá início à festa.

O clipe seria uma vitrine duradoura para "Hung Up", mas o maior acontecimento para a canção e o corpo curado de Madonna seria a premiação televisionada MTV Europe Music Awards, realizada em Lisboa em 3 de novembro. Somente três meses após o acidente, ela seria a atração principal. Estava tão nervosa que ensaiou trinta vezes. Neil Strauss, da *Rolling Stone*, escreveu: "Ela não somente roubou o espetáculo, como, perto dos cinquenta [...] ainda conseguiu ser a mulher mais bonita do palco naquela noite."[92]

Usando jaqueta de couro roxa, botas e collant púrpura, meia arrastão e óculos de lentes coloridas, Madonna emergiu com os dançarinos de um gigantesco globo de espelhos. "Eu não sabia se conseguiria dançar novamente", disse ela à *Harper's Bazaar*. "Me senti muito inspirada e feliz por ter meu corpo de volta e por me sentir forte de novo."[93]

Ela era toda pernas e atitude quando deixou os dançarinos — alguns haviam participado do clipe — controlarem a pista enquanto cantava. Também participou de um dos movimentos mais sensuais que já fez no palco desde The Girlie Show. Sacha Baron Cohen, àquela altura um astro internacional e coapresentador da noite, comentou secamente a performance, quando disse ser "muito corajoso abrir o show com uma travesti".[94]

Madonna se sentia ótima, mas como os leitores dos tabloides saberiam disso? A maior parte das matérias abordava como ia o casamento dela, descrevendo as constantes brigas do casal. Os relatos diziam que eles mal se falavam, que ele estava "farto" do "comportamento de diva" dela.[95] Ritchie não teria gostado do novo álbum, algo que ela confirmou ao *Guardian*, com as seguintes palavras: "Ele achou uma merda."[96] (Não passou despercebido que ele foi deixado de fora dos agradecimentos.) Também houve relatos de que ela e Price eram mais que parceiros criativos.[97]

Esse rumor a magoou, porque indicava que as pessoas não tinham dado ouvidos ao que ela vinha dizendo nem entendido o que havia se tornado. De acordo com o autor J. Randy Taraborrelli, Madonna teria dito, enquanto dava um autógrafo no *Ellen DeGeneres Show*:

> É como se tudo que eu já disse sobre ser justa, decente e honrada — todas as minhas crenças espirituais — não significasse nada. Como alguém pode acreditar que sou o tipo de pessoa que faria isso com o marido e a família? Para mim, *isso*, sim, é chocante.[98]

A indústria de tabloides da década de 1980, que perseguiu Madonna durante o casamento com Sean Penn, parecia ingênua quando comparada à indústria de tabloides da década dos anos 2000. A internet tinha se tornado uma gigantesca loja de fofocas sobre celebridades e a digitalização das imagens significava que qualquer um, em qualquer lugar, podia tirar uma foto e postá-la em minutos.

Sites não censurados haviam se tornado os novos tabloides — Perez Hilton foi lançado em 2005. O TMZ surgiu no mesmo ano, como blog interativo de fofocas sobre celebridades. Também foi o ano de lançamento do YouTube. Momentos constrangedores ou comprometedores flagrados por fotógrafos, que anteriormente desapareciam após alguns meses, tornaram-se vídeos do YouTube que jamais seriam apagados.[99] Os veículos impressos se tornaram mais agressivos para competir com a internet. Naquele ano, o *News of the World*, de Rupert Murdoch, foi acusado de colocar uma escuta no serviço de mensagens do príncipe William. Foi o primeiro de muitos escândalos dessa natureza.

A participação de Madonna no programa de uma lenda britânica, Michael Parkinson, ajudou a acalmar um pouco os ânimos no que se referia a ela e Ritchie. Falando francamente, ela reconheceu que casamento não era algo fácil, que tinha aprendido a dizer "sinto muito" mesmo que achasse não ter agido errado e que Ritchie era "desinteressado" — no sentido de pouco impressionado — em relação à carreira da esposa.[100] Contudo, "quando se é muito famosa, é preciso ter algum tipo de lembrete de que isso não é real".[101]

Em 9 de novembro, no dia em que gravou a entrevista com Parkinson, *Confessions on a Dance Floor* foi lançado. A *Rolling Stone* o chamou de "puro *groove*".[102] Joan Morgan, no *Village Voice*, escreveu "Chamem todos. Madge está no auge" e chamou o álbum de "disco de dance do ano, fácil".[103] Houve quem não concordasse, é lógico, e os conglomerados de rádio nos Estados Unidos não tocaram *Confessions* porque a música não era "mainstream". Os fãs de Madonna notaram e assinaram uma petição chamada "Pelo fim do boicote a Madonna nas rádios norte-americanas".[104]

A jornalista musical Caroline Sullivan comentou que, alguns anos depois, o mercado norte-americano redescobriria "a música dance (e a rebatizaria de EDM, do inglês electronic dance music), mas seria muito tempo depois de *Confessions*".[105] Felizmente, o destino do álbum não dependia das rádios norte-americanas. Ficando no topo das paradas em quarenta países, foi reconhecido pelo *Guinness World Records* como álbum com mais canções nas listas de mais tocadas em todo o mundo.[106] Madonna celebrou abrindo uma garrafa de champanhe e chorando de alegria.[107]

Parte desse resultado se deveu a muita dedicação. Ela embarcou em uma miniturnê promocional em locais mais adequados a uma recém-chegada do que à maior artista do planeta. Fez uma participação no popular, mas profundamente bizarro, programa alemão *Wetten, dass [...]?* [Quer apostar (...)?], e depois no programa de talentos francês *Star Academy*.[108] Após algumas apresentações em pequenos clubes londrinos, viajou para o Japão, apresentando-se no clube intimista Studio Coast, em Tóquio, e participando, três noites depois, do programa de variedade *SMAP×SMAP* durante o segmento Bistrô, no qual cinco chefs — alguns vestidos de Madonna — foram entrevistados sobre comida.[109]

Retornando a Londres a tempo da première do filme sobre a turnê Re-Invention, ela foi aplaudida de pé antes e depois da exibição.[110] Embora os críticos tivessem problemas com os elementos de cabala e a maioria concordasse que *Na cama com Madonna* era muito melhor, pareceram gostar. Rupert Smith, do *Guardian*, começou a resenha com duas frases: "Eu amo Madonna. Não posso evitar, deve ser genético."[111]

Madonna não recebia tanta cobertura positiva desde *Ray of Light*. Até mesmo os comentários desdenhosos sobre a idade da cantora desapareceram por algum tempo. Talvez vê-la superar ferimentos sérios tenha silenciado os críticos. Talvez o álbum fosse realmente muito bom. Madonna achava que sim. Guy Ritchie a conhecia bem o bastante para saber o que isso significava. "Ele me perguntou outro dia: 'Vou perder você por mais seis meses?'"[112] Ela respondeu que sim. Queria iniciar uma turnê, mesmo sabendo que os filhos ainda estavam cansados da viagem anterior e que seria muito difícil para Ritchie, e disse à *Rolling Stone* naquele outono:

> É difícil para um cara viajar pelo mundo atrás de uma mulher. Ninguém quer ser o esquenta-trailer de ninguém [...]. Você tem que ser um homem muito evoluído para encarar a estrada comigo e, nem por um momento, ter um vislumbre de si mesmo como alguém que perdeu a identidade.[113]

Ainda assim, ela estava se preparando para fazer isso novamente.

Capítulo 48

Los Angeles, Londres, Lilongué, Roma, Moscou, Tóquio, 2006

> Enquanto outros ídolos do sexo feminino se desvanecem, se recolhem ou se fossilizam, para o melhor ou para o pior, Madonna parece determinada a fazer algo perturbador e novo: girar, até o fim, no centro da pista de dança.[1]
>
> — *Emily Nussbaum*

No sentido figurado, Madonna estava sozinha quando deu início à cerimônia do Grammy Awards em fevereiro de 2006. Uma versão animada da cantora dividiu o palco com a banda de CGI Gorillaz antes de ela de fato se unir aos dançarinos e à própria banda para performar "Hung Up". Como fenômeno, ela estava sozinha porque não havia rivais em comparação às realizações, à obra transformadora da cultura e a uma vida inteira marcada pela desobediência às normas, tornando o caminho mais fácil para os artistas que a seguiram.

Essa geração mais jovem estava no Staples Center naquela noite, vendo uma mulher que tinha idade para ser a mãe de muitos deles se apresentar com vitalidade, urgência e alegria. O que eles não viram foi o custo. Além de dançar com os ossos ainda quebrados, Madonna aprendeu a esconder a angústia que cercava sua vida pessoal. Conversando com o designer de moda Isaac Mizrahi, ela disse:

> É difícil equilibrar carreira e filhos [...]. Sempre acho que sou uma péssima mãe. Quero ir para casa e colocar meus filhos para dormir. Então, às vezes, passo muito tempo com eles e tudo que desejo é ser uma artista. É difícil [...]. Acho que sempre sinto que tenho muito a fazer, a aprender, a saber.[2]

Mulheres artistas que vieram antes dela ao longo de séculos haviam experimentado o mesmo triste despertar diante da dificuldade de ter uma vida criativa e cuidar da família, dando-se conta de que, no fim, seriam forçadas a escolher. Madonna se recusava a fazer isso. Este era o novo desafio para ela: provar que era possível, que uma mulher podia ser esposa, mãe e artista e fazer as três coisas *bem*. Ao se apresentar naquela noite em Los Angeles, ela estava no auge da última batalha, uma batalha que travava sozinha.

Guy Ritchie estava em Londres. Madonna explicou a ausência dele em um episódio especial do *Ellen DeGeneres Show*, com tema era o Grammy: "Nós dois trabalhamos, nem sempre conseguimos coordenar nossas agendas profissionais." Quando lhe perguntaram sobre os rumores de que eles haviam se separado, ela respondeu indiretamente: "Ele ainda me liga a cada cinco minutos."[3]

Enquanto Madonna fugia de perguntas desse tipo em Los Angeles, os amigos de Ritchie pareciam felizes em falar sobre o que descreveram como um marido deixado de lado diante das ambições da esposa. "É como se ela só se interessasse pelo trabalho", comentou um deles. "Guy passa muito tempo sozinho em casa."[4] O ator Vinnie Jones disse que a fama de Madonna "abalou" Ritchie. "Ele não sabia no que estava se metendo."[5] Para "desestressar", contou outro amigo, Guy "chega ao centro de artes marciais, depois da aula mais difícil, somente para lutar".[6]

Uma assessora de Madonna não perdeu tempo com o assunto: "Pode-se dizer que o relacionamento deles está sob certa tensão por causa da carga excessiva de trabalho que Madonna tem enfrentado nos últimos tempos. Ela se dedicou 100% na promoção do álbum e tem pouco tempo livre. Ele vai superar."[7] Parecia que não.

Madonna retornou a Londres após o Grammy — e depois de passar por uma cirurgia de correção de hérnia — a tempo de comparecer ao BRIT Awards, onde foi indicada em duas categorias: Melhor Álbum Internacional e Melhor Cantora Internacional.[8] "Sorry", o segundo single do álbum, havia sido lançado na semana anterior e se tornou o 12º single dela a ficar no primeiro lugar da lista de mais tocados no Reino Unido. A cerimônia de premiação seria uma celebração do domínio dela em terras britânicas. Ritchie não queria ir. O *Daily Mirror* citou uma fonte que teria afirmado:

> Ela quer que vejam que eles estão juntos. Mas Guy pensa de outra forma. Como todos os relacionamentos, o deles está passando por uma fase difícil, mas ele não entende por que precisa fingir que está tudo bem somente para deixá-la feliz [...]. Esse é um jogo que ele não está disposto a jogar.[9]

Dias antes do BRIT, que ocorreu em 14 de fevereiro, Madonna recusou uma mesa na cerimônia porque não sabia se Ritchie compareceria.[10] Ele cedeu, mas Madonna disse aos organizadores que eles não poderiam ficar. "Eles se sentariam em seus lugares, ela apresentaria o prêmio de melhor álbum, receberia o próprio prêmio [Melhor Cantora Internacional] e eles iriam embora", disse uma fonte do BRIT Awards ao *Daily Mirror.* Eles permaneceram na cerimônia por trinta minutos, durante os quais Ritchie foi descrito como "sentindo-se péssimo".[11]

Em janeiro, Madonna reuniu os dançarinos e os coreógrafos do clipe de "Hung Up" para filmar o de "Sorry". Dirigido por Jamie King, Madonna guia as dançarinas em um passeio pela cidade, no estilo de "Music", e termina em uma pista de patinação como o antigo Roxy de Nova York. Os dançarinos são tão ecléticos quanto havia sido a clientela do famoso clube. Representando uma mistura de gêneros, idades, raças, etnias e religiões, eles parecem se divertir. Madonna desenvolveu um relacionamento com eles que não tinha com as equipes de dança desde Blond Ambition. Foi natural chamar alguns para participar da turnê.

Os preparativos levaram a família para Los Angeles e a protegeram do escrutínio dos tabloides britânicos. O pai de Ritchie disse a um jornal que eles estavam comprometidos em dar uma nova chance ao casamento, pelo bem de Rocco e Lourdes. Após algumas semanas em Los Angeles, a mudança de cenário deu sinais de estar funcionando. "Eles parecem ter superado as dificuldades", disse John Ritchie. "Conseguem ficar juntos em casa à noite."[12]

Durante os ensaios, a vida de Madonna se estabiliza o máximo possível. Ao longo de vários meses, ela fica (mais ou menos) presa a uma região, trabalhando por horas, em horários (mais ou menos) fixos, e muito feliz.[13] "Eu gosto do processo de criação de tudo, de poder usar minhas roupas de ensaio, transpirar e não me preocupar com a aparência, de só me dedicar ao que estou tentando transmitir."[14]

Madonna queria que cada show fosse uma experiência tão imersiva quanto uma noite em uma discoteca. Ela queria que a plateia se sentisse participando do show, "no interior de um globo de espelhos", disse ela, não apenas assistindo. "Queremos um sistema de som surround, porque o sistema-padrão em uma arena esportiva é ruim para quem assiste e ruim para quem está no palco."[15]

Encontrar a equipe para ajudá-la a realizar esse sonho foi mais fácil que o habitual. Ela reuniu novamente o grupo principal da turnê Re-Invention. Àquela altura, eles eram muito unidos e sabiam que a única coisa que Madonna esperava era perfeição — e que isso significava trabalho. Os ensaios iam das 9 horas às 21 horas, de segunda a sábado

Cinco dos 14 dançarinos e praticantes de parkour que viajariam com Madonna em 2006 haviam participado do elenco de Re-Invention: Jason Young, Daniel "Cloud" Campos, Mihran Kirakosian, Reshma Gajjar e Tamara Levinson, que estava na terceira turnê — ela começou a trabalhar com Madonna em Drowned World. Eles formariam a espinha dorsal da performance. Os nove dançarinos novos representariam a mudança de ênfase:

da guerra e das tensões religiosas para a dança como forma de expressão pessoal, social e política.

A turnê Confessions seria alegre, e não uma negação dos problemas do mundo. Ela forneceria um descanso e mostraria — por meio do movimento e das histórias de vida de alguns dançarinos — como as pessoas sobreviviam. Comparando as últimas duas turnês, Gajjar disse: "Re-Invention foi como respirar fundo e Confessions seria soltar todo o ar."[16]

Entre os recém-chegados, estava a cria de Compton Charmaine Jordan (posteriormente conhecida como Charm La'Donna). Quando foi recrutada para a turnê, a jovem de 17 anos era conhecida no colégio pelos movimentos de street dance. "Eu nunca havia saído dos Estados Unidos", disse ela. "Então, do nada, fiquei fora por oito meses com Madonna."[17]

A argelina de 23 anos Sofia Boutella cresceu em Paris e estudou balé antes de recalcular a rota e encontrar o break. A turnê Confessions seria a próxima escola.[18] "Quando comecei a dançar com Madonna, eu era uma criança", afirmou.

> Eu fiz balé e depois hip-hop porque queria quebrar todas as regras [...]. Então, comecei a dançar com Madonna, e ela me deu meu primeiro par de sapatos de salto alto [...]. Ela me ensinou muita coisa [...]. Ela se importa tanto com o que faz, com a maneira como faz [...]. Em todos os números que fizemos juntas, ela sempre perguntava: "Você está bem dançando assim? Como está se sentindo?" Ela fazia coisas como se ajoelhar e arrumar meus sapatos.[19]

Sébastien Foucan, parisiense filho de família guadalupense que participou do clipe de "Hung Up", também se uniu à turnê. Em 2006, ele era o grande mestre do parkour. Naquele ano, interpretaria o papel que o revelaria, desafiando Daniel Craig em uma perseguição no filme de James Bond *Cassino Royale.*[20]

Para a turnê Confessions, os dançarinos seriam encorajados a demonstrar criatividade, como acontecera com a equipe de Blond Ambition. Ela diria às plateias os nomes e as histórias deles e deixaria que mostrassem passos de dança próprios. "Madonna sabe bem o que cada dançarino traz para a performance", disse Mihran Kirakosian. Isso porque confiava neles, de artista para artista.[21]

Donna De Lory concordou em participar da turnê com a filha, na época com 3 anos. "Foi mais desafiador", contou ela. "Eu estava mais velha, então a demanda era maior. Minha filha precisava de mais." Madonna acomodou essas necessidades. "Pedi um carro para que minha filha e a babá pudessem ficar comigo. Acho que algumas pessoas não gostaram disso, mas consegui o que precisava para fazer meu trabalho [...]. Havia um entendimento [de uma mãe para outra]. Não era algo verbalizado."[22]

Quem cantaria com Donna seria a atriz e artista Nicki Richards. Quando Stuart Price telefonou para perguntar se estaria interessada em fazer turnê com Madonna, ela respondeu: "Sim!!!"[23] Ela via a jovem dançarina La'Donna como irmã mais nova e De Lory como "um anjinho na Terra". Madonna era o alto padrão que ela tentava atingir. "Minha disciplina muscular melhorou muito! [...] Acho que nunca me dediquei tanto na vida. Eu me senti respeitada, encorajada e desafiada."[24]

Pela primeira vez desde Blond Ambition, Jean Paul Gaultier seria o único designer do show. Em 2006, ele já não era o *enfant terrible* da cena parisiense da moda, mas, sim, o principal *couturier*, tendo herdado o cobiçado lugar de Yves Saint Laurent no encerramento da Paris Fashion Week.[25] Também se tornou o principal designer da Hermès — e, coincidentemente, naquela temporada exibia mulheres com capacetes, chicotes de montaria, usando couro e renda.[26] Isso funcionaria para a abertura do show, que seguiria o tema equestre.

A despeito do acidente, os cavalos ainda faziam parte da vida de Madonna. Ela passou a ter aulas com um campeão olímpico de equitação, o britânico William Fox-Pitt, no pequeno cavalo galês do atleta, Tom.[27] Mais cedo naquele mesmo ano, fez uma sessão de fotos para a *W* com o também adorador de cavalos Steven Klein, com a participação de seis garanhões. Na sessão, Madonna, no estilo de Catarina, a Grande, os homenageava.[28] King decidiu transformar o acidente e a recuperação em parte do concerto, e para isso usou as fotografias de Klein, raios X de ferimentos como os da cantora, os designs de Gaultier e a própria coreografia.[29]

Madonna parecia concentrada nos ensaios, mas só parecia. Um tempo antes, tinha recebido um telefonema que mudaria sua vida. Uma empresária do Maláui chamada Victoria Keelan ouviu falar do programa Spirituality for Kids, que foi da mera conscientização ao auxílio de crianças necessitadas em todo o mundo. Keelan disse: "Se quer ajudar, temos mais de 1 milhão de órfãos no Maláui. É um problema gigantesco."[30]

Keelan soou exausta ao descrever a situação: não havia orfanatos suficientes e as crianças dormiam "debaixo de pontes, escondidas em prédios abandonados, sendo sequestradas e estupradas".[31] "É uma emergência. Elas precisam de ajuda."[32]

Alguns meses antes, durante uma entrevista após o Live 8, haviam perguntado a Madonna se ela já tinha ido à África. Ela respondeu de duas maneiras. Disse que não, "porque é difícil. Eu iria, se o momento fosse certo e eu pudesse ir até lá e promover mudanças reais". A resposta seguinte foi reveladora. "Em certa medida, sei o que acontece lá por meio de amigos, como Bill Clinton e Christiane Amanpour. Contudo, é óbvio que não se compara a realmente ir até lá e ver com os próprios olhos."[33]

O incrível da resposta foi a franqueza sobre a bolha de celebridade a qual ela habitava e o fato de não tentar esconder a própria ignorância. Você não aprende se finge saber das coisas. Ela fez o mesmo com Keelan. Madonna admitiu que não sabia nada sobre o país: "Nem sei onde fica." Keelan disse a ela para procurar no mapa e desligou.[34] Madonna o fez e começou a estudar o país.[35]

O minúsculo país no sudeste da África quase desaparecia, espremido, entre os gigantes Tanzânia, Moçambique e Zâmbia. Dentro das fronteiras, porém, existia uma diversidade geográfica — montanhas, terras altas, florestas, platôs e pântanos — e espécies representativas de um continente inteiro. Durante os movimentos da década de 1960 pelo fim do colonialismo na região, tornou-se independente do Reino Unido e adotou o nome Maláui (era chamado de Niassalândia até então).[36]

O país era predominantemente cristão, tendo o catolicismo como corrente dominante. Os dez principais grupos étnicos falavam línguas distintas, mas a maioria dos malauianos falava as línguas oficiais: nianja e inglês.[37] A economia era rural e agrícola: mais de 80% das terras eram ocupadas por lavradores de subsistência. A pesca era outra ocupação importante. Madonna aprendeu que o lago Maláui, o nono maior do mundo, continha oitocentas espécies de peixe.[38]

Embora as terras e o lago fossem ricos, as pessoas eram pobres. De acordo com vários indicadores financeiros internacionais, o país ficava quase no fim da lista, mesmo quando comparado aos demais do continente africano, além de ter uma das maiores taxas de mortalidade infantil e materna do mundo. Tudo isso — a pobreza e a mortalidade — era atribuído à aids.[39]

O novo epicentro da doença era a África subsaariana. A Organização Mundial da Saúde (OMS) relatou que, em 2005, 64% das pessoas infectadas pelo HIV no mundo viviam na região e 59% eram mulheres.[40] Os efeitos dessas trágicas circunstâncias eram sentidos pelas crianças. Doze milhões de crianças haviam perdido um ou ambos os pais para a doença e milhões nasceram infectados com o vírus. A ONU relatou que 90% das crianças infectadas pelo HIV no mundo viviam na África subsaariana, e somente uma em cada dez recebia tratamento médico básico.[41]

Por menor que fosse, Maláui em 2005 tinha a distinção de ser o nono país mais impactado pela aids no mundo. A cada 12 pessoas, uma era soropositivo e quase 1 milhão já havia morrido devido à aids. A maioria dos infectados e mortos era composta de mulheres.[42] Como resultado, Maláui se tornou um país de crianças (43% da população tinha menos de 14 anos) e órfãos (estimava-se que o número de crianças sem pais ficasse entre 500 mil e 1 milhão).[43]

A tragédia seria esmagadora, se não fosse pelo povo. Em nível material, eles não tinham praticamente nada, mas eram gentis. Estavam morrendo de uma doença levada até eles por estrangeiros, e, em 2003, após ser preterido por doadores estrangeiros por causa de conflitos políticos, o país mergulhou na fome. Marcus Westberg escreveu:

> Como fotojornalista e escritor, desconfio de clichês e generalizações. Contudo, poucos países possuem um slogan mais apropriado que Maláui, conhecido como "coração caloroso da África" [...]. Se alguém me perguntasse em que lugar do mundo eu me sentiria mais confortável abordando um estranho — qualquer estranho — para iniciar uma conversa, minha resposta [...] seria, sem dúvida, lá.[44]

Após receber o telefonema de Keelan e mergulhar na história do país, Madonna criou uma fundação chamada Raising Malawi, à qual doou milhões de dólares, com o objetivo principal de apoiar os órfãos e as crianças vulneráveis. Em abril, ela foi até lá com Keelan para ver a situação por si mesma.[45]

E encontrou um nível de pobreza e urgência que nunca tinha visto.[46] Visitou pessoas vivendo com aids e recebendo a medicação errada. Viu órfãos desassistidos nas ruas. Viu crianças deitadas no chão, sobre a própria urina, porque não havia funcionários suficientes nos orfanatos. Pegou no colo bebês de 1 ano que mal chegavam a 1,5 quilo. "Você pensa: 'Como posso salvá-las ou melhorar essas vidas? Que futuro elas terão?'"[47] Ela se lembrou de Nova York no início da década de 1980. As mortes devido àquela mesma doença estavam por toda parte; o que faltava era entendimento e ação. "Foi como se a história estivesse se repetindo."[48]

Em meio a todo aquele pesar, Madonna ficou espantada, e até chocada, por encontrar o "coração caloroso da África" descrito por Westberg. "Você fica muito confusa ao chegar ali", disse ela.

> Há tanto amor, alegria e senso de comunidade — e, mesmo assim, as pessoas estão morrendo como moscas. Nós aqui [no Ocidente] temos acesso a todo tipo de medicação e infraestrutura, as pessoas são educadas e todo mundo se sente miserável. Pensei: "Espere um minuto. Quem é mesmo que precisamos salvar?" [...] É uma questão de consciência, de onde está sua cabeça. E, no caso da maioria das pessoas, a cabeça está enfiada no próprio rabo [49]

Sem dúvida, Madonna foi vista por aqueles que conheceu como outra celebridade *mzungu* — uma pessoa branca que chegaria e iria embora; que talvez doasse dinheiro, mas não tempo e muito menos coração. Entretanto, Maláui foi feito para Madonna. Como foi uma criança que perdeu a mãe, ela era incapaz de dar as costas a órfãos. Como jovem que perdeu pessoas que amava para a aids, não podia ignorar as vítimas mais jovens da doença. Como mãe, não podia abandonar um país de crianças inocentes e tão necessitadas.[50]

Quando retornou aos Estados Unidos, conversou com o especialista em saúde pública de Harvard, Dr. Jim Yong Kim, que havia trabalhado ativamente na África. Também se reuniu com o Dr. Paul Farmer, um ativista da teologia da libertação que tentava levar cuidados médicos aos países mais pobres. Conversou com Bill Clinton sobre maneiras de enviar medicamentos ao país e conheceu o economista Jeffrey Sachs, que naquele ano lançaria com a ONU o Millennium Villages Project para melhorar as condições de vida em certos vilarejos da África subsaariana. Madonna concordou em enviar fundos para um vilarejo em Maláui. Também convidou um grupo de oito professores locais para ir a Los Angeles e pagou pelo treinamento de todos, a fim de que pudessem ajudar crianças dentro e fora das salas de aula quando retornassem ao país.[51]

Quando soube desse interesse, a imprensa o saudou com cinismo e zombou. "'Ah, meu Deus, ela é tão horrível, está pensando no próximo! Maldita!' [...] Não entendo isso", disse ela a Matthew Todd, da revista *Attitude*. "Algumas pessoas acham que caí do cavalo para conseguir publicidade. Se você é uma celebridade, tudo que faz é percebido como maneira de chamar atenção [...]. Se está em posição [...] de ajudar as pessoas, por que não fazer isso?"[52]

A turnê refletiria o que Madonna viveu de duas maneiras. "Na África, todo mundo dança e ouve música", contou ela. "Quando as pessoas estão ocupadas dançando e tocando, elas não têm tempo para sentir ódio e brigar."[53] A aids faria novamente parte da mensagem. Ela usaria "Live to Tell" para descrever uma ameaça que não tinha desaparecido — muito pelo contrário, estava matando e infectando milhões de pessoas, sem receber atenção ou mesmo reconhecimento global.

A sétima turnê de Madonna visitaria três continentes. Seriam sessenta shows, vistos por mais de 1 milhão de pessoas. Era a maior e mais longa turnê até então. Os ensaios em Los Angeles eram realizados em um lugar chamado carinhosamente de "bunker", e os crachás de entrada tinham código de cores e mudavam diariamente.[54]

Madonna chegava por volta das 13 horas, tendo passado a manhã com os filhos e ao telefone cuidando de negócios. Então a empresária dela, Angela Becker, a saudava com uma lista de perguntas que precisavam de resposta e problemas que precisavam de solução. Por maior que a turnê tivesse se tornado, Madonna participava de todas as decisões criativas.[55]

Consumindo latas de Red Bull enquanto trabalhava, ela ensaiava mais que todo mundo, assumindo riscos de uma novata ousada e, ao mesmo tempo, demonstrando o total controle de uma veterana. "Há três coreógrafos, mas ela nunca olha para eles", contou Gaultier. "Ela é melhor que eles, e quase tudo no show vem dela."[56]

Com exceção da música. Madonna confiava tanto em Stuart Price que essencialmente deu a ele carta branca durante a turnê. Ela queria eliminar o espaço entre a performance e a plateia para criar uma "boate". A ideia de Price era similar. Ele teria uma banda no palco, mas manipularia o som como se estivesse em uma cabine de DJ. "Era a imposição da dinâmica do DJ à música ao vivo", disse ele. A música seria tão imprevisível quanto durante uma noite na pista de dança.[57]

Todos os dançarinos eram peritos em alguma área, mas, durante os ensaios, foram desafiados a aprender algo novo. Victor Lopez, entre outros, descobriu o parkour, que introduziria em Los Angeles e praticaria pelo resto da vida.[58] *Todo* o elenco — dançarinos, cantoras e banda — teve que aprender a se mover pelo gigantesco palco.

O palco principal era duas vezes maior do que o de Re-Invention, e havia uma passarela de 18 metros que ia até a plateia e palcos-satélites flutuando entre a multidão. Sobre o palco, fora de vista, os mecanismos para controlar as muitas partes do show eram tão complexos que um jornalista ao escrever sobre o design disse, com certo exagero, que seria necessário "um controlador de tráfego aéreo" para monitorá-los.[59]

Se tudo corresse como planejado, o concerto duraria duas horas e teria quatro cenários: equestre, beduíno, rock e disco. Não haveria bis.[60]

Assim como Re-Invention, Confessions começou com fotos de Madonna feitas por Steven Klein, dessa vez da sessão com cavalos feita no início daquele ano. Exibidas como tríptico, as imagens capturavam o musculoso poder dos animais.[61] No palco, os dançarinos reencenavam o relacionamento humanos-cavalos de dominação e submissão enquanto Madonna "eclodia", de traje equestre completo, de um globo de espelhos de 1,5 tonelada coberta com 2 milhões de dólares em cristais Swarovski. Enquanto cantava "Future Lovers", que incluía um sample de "I Feel Love", de Donna Summer, ela os domou, por meio de uma gentil encenação sadomasoquista.[62]

Então, sozinha no palco — com a banda, De Lory e Richards um pouco atrás —, começou "Get Together". Essa música seria uma saudação à plateia, cantada enquanto Madonna caminhava pela passarela até o meio da multidão. "Do you think we can change the future? Do you believe I can make you feel better?" [Acham que podemos mudar o futuro? Acreditam que posso fazê-los se sentirem melhor?] Essa era a essência do show. Ela desafiaria os fãs a abrir as mentes e os deixaria se sentindo esperançosos.[63]

Havia material novo na maior parte do show, mas Madonna retrabalhou "Like a Virgin" mais uma vez. Raios X de ossos quebrados, cascos de cavalos e acidentes de montaria apareceram nos telões enquanto ela cantava sentada sobre uma sela em um palco-satélite. A performance, lá no alto, deu novo significado à canção que as plateias conheciam tão bem. No início da década de 1980, ela era uma virgem transformada pelo amor; na década de 2000, uma mulher fortalecida pela adversidade.[64]

O segmento por si só já seria memorável, mas Price acelerou o ritmo e Madonna acompanhou na sela. Não era tão explícito quanto ela deitada em lençóis vermelhos na infame sequência de masturbação de Blond Ambition, mas era excitante de uma maneira única, por ser bastante perigoso e belo. Madonna na sela, com a perna estendida no ar, parecia uma escultura móvel.[65]

The Girlie Show foi um cabaré da era de Weimar. De certa maneira, Confessions era outro — não tanto sob o aspecto visual, mas emocional. O objetivo era fazer a plateia se sentir como se fosse parte de uma sociedade clandestina, protegida de um mundo deficiente em compreensão, amor e humor. Sentada em uma plataforma na frente de Price, Madonna canalizou a introdução de Joel Grey, "Mesdames et messieurs", em *Cabaret* quando disse: "Senhoras e senhores, bem-vindos a nosso espetáculo. A noite é uma criança e o show está apenas começando."[66]

A música seguinte era "Jump". Foucan, Lopez, Cloud, com Levi Meeuwenberg, iniciaram os movimentos de parkour que representavam fuga. As imagens nos telões mostravam do que estavam fugindo: guetos parecidos com campos de prisioneiros nos subúrbios franceses, ruas desoladas em Los Angeles, prédios em Nova York, uma Tóquio mercantil, grafites, vida moderna. A mensagem do número era "Corra". No fim, Madonna desaparecia no chão enquanto os dançarinos se lançavam no ar como se as leis da gravidade não existissem.[67]

Assim, terminava o segmento equestre e começava o beduíno. Nele, seria abordado o empoderamento, com o cenário mais controverso do show: começava com três dançarinos contando suas histórias de sobrevivência.[68]

Campos descreveu um menino golpeado tão violentamente pelo pai que voou pela sala. "Todos caímos em algum momento. O que importa é como nos levantamos. Esse é o verdadeiro desafio", disse, enquanto encenava as próprias palavras em movimentos de parkour.[69]

Sofia Boutella veio em seguida, atirando-se de um lado para outro no palco enquanto, nos telões, gotas de sangue apareciam sobre a carne. Ela contou:

> Houve uma época em que eu sofria tanto que queria sair de mim. Eu cortava os braços. Não para me matar. Eu não queria morrer. Sei que tenho sorte por estar aqui. Fazia isso para que a dor física acalmasse a dor que me corroía por dentro [...]. Fui abençoada por Deus e hoje posso dizer a mim mesma que sofri tanto para me tornar quem sou hoje.[70]

Leroy Barnes Jr. disse: "Nunca quis matar ninguém, especialmente quando tomei a decisão de entrar para uma gangue. Eu só queria me encaixar. Mas um dia fui forçado a viver algo que abriu meus olhos." Barnes descreveu a pressão que sentiu para vingar o assassinato de um colega. "Fomos para um canto. Uma arma enorme foi posta na minha mão. Disseram: 'Você sabe o que fazer. Está na hora de mostrar quem é.' Eu não queria matar ninguém."[71]

Madonna escolheu dançarinos que tivessem histórias, que não somente dançavam nas ruas — qualquer que fosse a rua, qualquer que fosse o país —, ignoradas pela sociedade. Essas pessoas contradiziam a alegria e a beleza da própria arte. Aqueles três dançarinos haviam "lived to tell" [sobrevivido para contar a história, em tradução livre]. Então, Madonna surgiu no palco para cantar "Live to Tell"

Uma música instrumental começou a tocar e uma gigantesca cruz espelhada surgiu do palco, com Madonna "crucificada" nela, usando blusa de chiffon vermelha transparente, calça de veludo da mesma cor e uma coroa de espinhos com duas contas que representavam sangue. Ela cantou enquanto um display de LED no alto do palco, como um relógio do Apocalipse, exibia o número de crianças africanas órfãs em decorrência da aids, até chegar a 12 milhões.[72] Ela terminou a canção prostrada no chão, enquanto dois endereços eletrônicos apareciam nos telões: o site da Raising Malawi e o da Clinton Foundation.[73]

Com as canções seguintes, Madonna permaneceu no mundo dos problemas aparentemente insolúveis. Durante a performance de "Forbidden Love", dois dançarinos sem camisa, um tatuado com a estrela de Davi e o outro com a estrela e a lua crescente do Islã, engajaram-se em conflitos "armados" antes de se abraçarem.[74] O cantor Yitzhak Sinwani soprou o shofar para introduzir a canção seguinte, "Isaac", que cantou em dueto com Madonna.

Enquanto eles cantavam, Boutella dançou em uma gaiola, usando uma longa capa azul para representar o traje tradicional das mulheres islâmicas, enquanto um falcão abria as asas nos telões. A porta da gaiola se abriu e a dançarina ficou livre.[75] Na canção seguinte, foi a vez de Madonna ficar atrás das grades. Defendendo a posição e rebatendo as desculpas que os homens dão para o próprio mau comportamento, ela cantou "Sorry". Um grupo de mulheres entrou na gaiola para lutar ao lado dela, vagueando pelo espaço como panteras. Quatro dançarinos se reuniram a elas para um enfrentamento. O resultado: Mulheres 1 x Homens 0.[76]

Os dançarinos da turnê ficaram no palco durante o interlúdio entre as seções beduína e de rock. O parkour dominou a primeira metade do show. Era a chegada a vez do krumping. Apresentando-se ao som de um remix de "Sorry", La'Donna e Barnes dobraram os corpos em agressão rítmica enquanto imagens de líderes políticos, religiosos e militares surgiam nos telões. Entre esses rostos, havia fotografias de crianças moribundas, forçadas a trabalhar, crianças-soldados, calotas de gelo derretendo, incêndios descontrolados, decadência urbana e guerra.[77]

A turnê Confessions não estaria completa sem a canção de encerramento, "Hung Up", que havia inspirado o álbum e levado Madonna de volta às raízes disco. Ela começou a canção e desapareceu, deixando a banda tocando, luzes de discoteca girando na arena e dançarinos fazendo parkour na passarela, nos palcos secundários e em meio à plateia. Enquanto isso, ela vestia o traje "Hung Up": collant púrpura, jaqueta curta e óculos com lentes coloridas.[78]

Com todo o elenco de volta ao palco principal, a dança se tornou um *tableau vivant* de corpos entrelaçados, uma pintura abstrata viva em tons de laranja, púrpura, azul e vermelho.

Confessions foi a turnê mais complexa do ponto de vista temático desde Blond Ambition e The Girlie Show, e também em termos técnicos. Havia tantas partes móveis e tantas pessoas engajadas em atos que desafiavam a morte que tudo tinha que ser perfeito. As pessoas desapareciam no palco, subiam por andaimes ou zuniam pela passarela de patins, saltando umas sobre as outras e fingindo lutar. Houve poucos momentos de calma na performance de duas horas.[79]

Após 12 semanas de ensaio, a turnê estava pronta.[80] Os 27 membros do elenco e os 106 membros da equipe prepararam tudo e foram para a estrada.[81]

A turnê começou em 21 de maio na Forum de Inglewood, na Califórnia. Ao contrário de Re-Invention, Confessions não se demorou em nenhuma cidade, permanecendo por somente duas noites. Madonna se apresentava quatro ou cinco noites por semana.[82]

No Madison Square Garden, ela disse a um operador de câmera que Ritchie mal podia esperar "pelo fim da turnê [...]. Não posso culpá-lo. É difícil para ele e as crianças. Sempre digo que não farei novamente, mas, após cada turnê, sinto-me pronta para outra".[83] Em julho, ela estava disposta a atender aos desejos de Ritchie. Ela anunciou que abreviaria a turnê, eliminando as últimas apresentações, agendadas para setembro na Austrália. O estresse na vida pessoal estava altíssimo.

A turnê chegou à Inglaterra para oito noites, a tempo para o aniversário de 48 anos de Madonna, em 16 de agosto.[84] Após o concerto em Londres, ela e Ritchie foram a uma festa no clube Loungelover, em Shoreditch, onde ela chocou os amigos com um tributo emocionado ao marido. "Eu me importo muito com Guy. Ele é o amor da minha vida. Tudo mudou para melhor desde que o conheci. Só posso agradecer por todo o apoio que ele me dá." Um convidado comentou: "Foi incrível ouvi-la se abrir e deixar as pessoas saberem de sentimentos tão pessoais [...]. Guy sorria e ficou nítido que eles estão muito apaixonados."[85]

O ator Mark Strong, que trabalhou com Guy no filme *Revólver*, disse: "O fato de que ele permaneceu são e um cara tão adorável é um milagre. Eu li as babaquices escritas sobre os dois, e elas não têm vínculo algum com a realidade. Ele é atencioso, gentil e engraçado, mas a maneira como é retratado é inacreditável."[86]

Antes de a turnê chegar à Europa continental, a maioria das críticas havia sido laudatória. Isso mudou após a apresentação em Roma, em 6 de agosto. Os líderes católicos, judeus e muçulmanos da cidade se uniram em condenação pública ao segmento de crucificação de "Live to Tell". Um porta-voz do Vaticano o chamou de profano.[87] Em Düsseldorf, no dia 20 de agosto, promotores ameaçaram prender Madonna por blasfêmia, e um bispo luterano pediu que o show fosse boicotado.[88] Em Moscou, a apresentação realizada em setembro foi condenada pela Federação de Comunidades Judaicas da Rússia e pela Igreja Ortodoxa Russa. A primeira pediu boicote e a segunda, banimento.[89]

Era a primeira apresentação de Madonna na Rússia. A equipe dela podia sentir a sede da população local por uma mensagem de liberdade. Nas cidades europeias em que Madonna já tinha se apresentado muitas vezes, os fãs eram barulhentos, tanto na plateia quanto na rua. Richards disse que, em Moscou, os fãs não sabiam se podiam abordar o elenco. "Eu saí do hotel e eles só observaram em silêncio, até que eu disse: 'Oi.' [...] Então o entusiasmo jorrou [...]. Eu abracei e chorei com mais pessoas em Moscou do que em qualquer outro lugar."[90] Durante o concerto, cujo local foi cercado por 10 mil soldados e a polícia de choque, Madonna acrescentou "Give Peace a Chance" à setlist. "Ela falava do fundo do coração, todos falávamos", disse Richards.[91] A turnê terminou na cidade de Tóquio, em 21 de setembro. Eles estavam na estrada desde maio, mas Madonna pediu que alguns dançarinos ficassem um pouco mais. Jonas Åkerlund planejava filmar o clipe de "Jump" no Japão e queria cenas de parkour. Os dançarinos estavam exaustos em função do voo, da turnê e de darem tudo de si enquanto percorriam o globo. Além disso, a filmagem seria ao ar livre, e estava chovendo.[92]

Os quatro dançarinos usaram as últimas reservas de energia e participaram do clipe, saltando de telhados e escadarias, pendurando-se em postes de luz e de telefone, dançando em ruas sujas durante o dia e em cenários surreais iluminados por neon durante a noite. As fantásticas imagens foram uma conclusão adequada para a turnê — testemunhos do poder do indivíduo para superar todos os obstáculos e do poder da arte para revelar beleza nos lugares mais improváveis.

Finalmente, chegou a hora de o elenco se despedir. Confessions seria a última turnê de De Lory com Madonna. Ela queria ter outro filho e se dedicar à própria música, além de, infelizmente, já não se sentir mais necessária. Segundo De Lory, "eu estava no degrau atrás do tecladista. Eu poderia beber champanhe lá atrás, e ninguém ficaria sabendo. Sentia muita falta de estar lá na frente e fazer parte do show". Estava na hora de seguir em frente. "Seis turnês — eu me senti muito bem quando pensei nisso."[93]

Confessions foi um grande sucesso. Ela faturou quase 200 milhões de dólares — até então, a turnê com o maior faturamento para uma artista mulher e perdendo apenas para a turnê dos Rolling Stones no mesmo ano.[94] Profissionalmente, ninguém podia tocar Madonna. Pessoalmente, a história era outra.

Capítulo 49

Lilongué, Londres, 2006-2007

> Se você não está disposto a lutar pelo que acredita, nem entre no ringue.[1]
>
> *Madonna*

Em outubro, Madonna foi pela segunda vez ao Maláui, viajando com um grupo que incluía Guy Ritchie e a pediatra Sonia Sachs, casada com Jeffrey Sachs, fundador do Millennium Villages Project, além de uma equipe de filmagem. Madonna queria fazer um documentário para ajudar a conscientizar o restante do mundo sobre o sofrimento no país. A fundação Raising Malawi assumiu o compromisso inicial de fornecer fundos para alimentar, abrigar e educar até 4 mil crianças.[2] Aquele era o segundo empreendimento filantrópico de Madonna, juntamente com a Spirituality for Kids, e também estava ligado ao Kabbalah Centre. Para as pessoas que queriam uma desculpa para condenar a filantropia de Madonna, essa associação forneceu uma.

Em 2006, o Kabbalah Centre estava sob intenso escrutínio pela aparente desconexão entre as crenças que pregava e o que, de fato, praticava. Os críticos o viam como uma galinha dos ovos de ouro parecida com a dos evangélicos de canais de TV que pregavam devoção religiosa enquanto viviam luxuosamente com o dinheiro das doações. Dizia-se que Madonna tinha doado cerca de 5 milhões de dólares ao centro. Entretanto, o nome dela era mais valioso que o dinheiro que doava. A muito real e muito pública dedicação da cantora à cabala tornava os ensinamentos atraentes para outras celebridades que tentavam dar sentido às próprias vidas.[3]

Sem dúvida, tais ensinamentos inspiraram e melhoraram a vida de muitas pessoas, inclusive a de Madonna. O que atraía críticas era o fato de que, ao longo do tempo, a ênfase do Kabbalah Centre, dirigido por Philip e Karen Berg e os dois filhos, Yehuda e Michael, parecia ter mudado notoriamente. Conforme o dinheiro entrava, alguns se perguntaram quem se beneficiava dele. Os críticos que conheciam as três casas em Beverly Hills dos Berg e a vida que a família levava acreditavam ter encontrado uma resposta parcial.[4]

Michael Berg acompanhou Madonna e Ritchie à visita ao Maláui como cofundador da fundação Raising Malawi. A presença dele recebeu mais atenção da imprensa que a de Sonia Sachs e foi usada para minar a legitimidade da viagem, especialmente na imprensa britânica.

Os jornalistas investigaram o Kabbalah Centre de Londres e reportaram os itens vendidos na loja do centro: creme facial "abençoado e restaurador" (78 libras); garrafas de 1,5 litro de água cabalística, com "séculos de sabedoria em cada gota" (4 libras); e o Livro da Sabedoria, o Zohar (289 libras). Um rabino da Sinagoga Central de Londres, Barry Marcus, disse: "Não existe uma única autoridade rabínica no planeta que endosse o que eles estão fazendo. A condenação é universal." Ele também comentou que o Zohar podia ser comprado em qualquer livraria religiosa (por 35 libras).[5]

A cobertura negativa deixou Madonna furiosa. Ela comentou a hipocrisia da cobertura dada ao Kabbalah Centre quando comparada à dos excessos documentados e, em alguns casos, legalmente criminosos dos evangélicos e dos escândalos de abuso sexual que envolviam a Igreja Católica.[6] O argumento dela, apesar de fazer sentido, não persuadiu a imprensa a alterar o tom das matérias.

A ligação entre a cabala e a visita ao Maláui seria *a* história, ofuscando as necessidades que Madonna esperava expor e o trabalho social já realizado até ali. Pelo menos, foi assim até a imprensa focar em outra história: uma adoção. Madonna tentou ser discreta, mas, em 4 de outubro, uma porta-voz do governo do Maláui anunciou que ela pretendia adotar um menino.[7] "Não me dei conta de que a adoção estava causando controvérsia", disse Madonna, "até que voltei e encontrei milhares de câmeras no aeroporto e repórteres acampados em frente à minha casa".[8]

Madonna há muito queria outro filho, e a adoção sempre foi uma possibilidade. Tendo decidido seguir essa rota, ela se inscreveu em uma agência internacional de adoção e entrou na fila de espera.[9] Enquanto isso, com auxílio da Raising Malawi, ela entrou em contato com a profunda carência dos órfãos do Maláui e acreditava poder reconhecê-los por meio das imagens enviadas por Nathan Rissman, o diretor do documentário que a acompanhou na visita ao país africano.[10]

Ele foi uma escolha improvável para dirigir um filme na África: Rissman havia trabalhado como jardineiro de Madonna. "É um cara brilhante e adorável [...]. Ele fazia de tudo e era humilde. Todos passaram a adorá-lo", disse ela. Ele costumava fazer curtas de Lourdes e Rocco para alegrar a cantora quando ela estava ausente. "Então, um dia, eu disse: 'Preciso de alguém para documentar [a viagem] e acho que essa pessoa é você!'"[11]

Rissman foi à África dez vezes em dois anos, dormia no chão das choupanas "e acordava com galinhas sobre a cabeça", contou Madonna. "As pessoas abriam o coração para ele."[12] Essa compaixão ficou visível nas imagens do filme que seria chamado *Eu sou porque nós somos*, baseado na filosofia africana do ubuntu: "Um ser humano e humano por meio de outros seres humanos."[13]

Madonna assistiu aos vídeos de Rissman várias vezes, até se sentir "conectada" às crianças retratadas.[14] David Banda foi uma dessas crianças. Madonna contou que o viu pela primeira vez sendo carregado por uma menina de 8 anos. "Fiquei paralisada quando o vi." Ela própria tinha sido uma menina que cuidava de um bebê após a morte da mãe, e também foi um bebê, aparentemente, sozinho no mundo. Madonna perguntou quem ele era.[15]

Depois, ela o conheceu no orfanato Home of Hope, onde quinhentos órfãos eram cuidados pelo reverendo Thomson John Chipeta, que Madonna chamou de "santo" que "não consegue dizer não a ninguém". Segundo ela, o lugar não tinha alimentos nem medicamentos suficientes, e, quando perguntou sobre a lavanderia, ouviu que cada criança só tinha um traje, "então as roupas não eram lavadas".[16]

David era um dos órfãos mais jovens do orfanato. Com 13 meses, tinha sobrevivido à malária e à tuberculose. Quando Madonna o conheceu, ele estava com pneumonia. Como as outras crianças, não usava fraldas e "faz as necessidades nas calças". No dia seguinte, ela voltou com um caminhão de fraldas Pampers e o desejo de adotar David.[17] "A expressão de pura alegria no rosto dela estava além das palavras, parecida com quando os filhos nasceram", disse uma testemunha à revista *People*.[18]

David nasceu em uma família que perdeu dois dos três filhos para a malária. A mãe dele, Marita, morreu seis dias após o parto. O pai, Yohane Banda, ficou desesperado e colocou o filho de cinco semanas no orfanato, onde esperava que sobrevivesse. "Eu estava sozinho e sem dinheiro", contou Banda. "Não queria que ele morresse como os outros."[19]

Embora Banda dissesse que visitava o filho duas vezes por semana, às vezes na companhia da avó, Madonna foi informada de que, durante o primeiro ano de vida, o menino não foi visitado por nenhum membro da família. "Se alguém tivesse me dito 'O pai dele vem aqui toda semana' ou 'A avó vem regularmente e ele está recebendo cuidados', eu não teria pensado nisso [na adoção]", comentou ela. "O que me deixou perturbada foi o fato de que, no intervalo entre ele ser filmado [...] e eu conhecê-lo pessoalmente, a saúde dele tinha piorado demais." "Ele mal conseguia respirar."[20]

Madonna recebeu permissão para levá-lo a uma clínica, onde os médicos receitaram um broncodilatador e antibióticos. O passo seguinte era determinar se a adoção seria permitida.[21] O ministro do Maláui responsável disse que seria possível, se ela conseguisse a aprovação por escrito do pai da criança.[22]

Madonna e Ritchie encontraram Yohane Banda, um lavrador de 32 anos, no Superior Tribunal de Justiça na capital do Maláui, Lilongué. No prédio baixo de tijolos, que não tinha eletricidade, Madonna, por meio de um comunicado lido por meio de um intérprete, prometeu dar uma boa vida a David e levá-lo de volta ao Maláui para ver a família.[23]

> Ele olhou nos meus olhos e disse que se sentia muito grato por eu dar uma chance ao filho dele e que, se o tivesse mantido consigo no vilarejo, já o teria enterrado [...]. Eu não precisei [...] de nenhuma outra confirmação de que estava fazendo a coisa certa e que tinha a bênção dele.[24]

A *People* citou a avó de David, que disse: "Deus ouviu nossas preces. Que Ele abençoe abundantemente essa mulher de bom coração."[25]

Os cidadãos norte-americanos começaram a adotar crianças internacionalmente após a Segunda Guerra Mundial. Tratava-se de cidadãos comuns, motivados pela compaixão em face da devastação gerada pelo conflito, e as crianças adotadas geralmente eram europeias — brancas, assim como os pais adotivos. Durante a guerra norte-americana seguinte, na Coreia, foi necessária uma lei do Congresso para que um casal evangélico do Oregon adotasse oito órfãos coreanos e os levasse para os Estados Unidos, abrindo a porta para as adoções transnacionais e transculturais.[26] Em meados dos anos 2000, mais de 45 mil crianças de nações em desenvolvimento foram adotadas, a maioria por cidadãos norte-americanos.[27] Nem todo país em desenvolvimento, porém, permitia a adoção internacional ou tinha a estrutura legal necessária para acomodá-la. Maláui era um deles.

Normalmente, quem quisesse adotar uma criança tinha de se tornar "malauiano" morando no país por 18 meses. Isso não era possível para Madonna. Em 12 de outubro, ela e Ritchie tiveram permissão para assumir a custódia temporária de David. Eles poderiam tirá-lo do país como guardiões temporários até que o processo de adoção estivesse concluído. Uma assistente social visitaria o menino periodicamente na casa da família em Londres, antes que a adoção definitiva fosse concedida. O ponto mais importante para Madonna era que David estaria seguro e ela poderia cuidar dele.[28]

O contraste entre a exultação privada de Madonna e a estridente e venenosa resposta pública foi inédita para a cantora, mesmo após vinte anos de ataques pessoais e profissionais.

Ativistas dos direitos humanos no Maláui protestaram, com a alegação de que o casal havia contornado uma lei criada para proteger as crianças do tráfico de pessoas. Eles queriam que o tribunal os chamasse de volta. Em poucos dias, 67 grupos de direitos humanos na África e no exterior apresentaram petições para bloquear a adoção.[29]

Alguns grupos pressionaram Yohane Banda a rescindir a aprovação concedida, dizendo que ele não sabia o que havia feito. Ele discordou. "Como pai de David, não tenho problemas com isso. Então, com o que eles estão preocupados?", perguntou. "Quero que meu filho tenha uma boa vida e uma boa educação."[30] Sobre as pessoas subitamente preocupadas com o bem-estar de David, ele perguntou: "Onde elas estavam antes de isso tudo acontecer? [...] Meu filho está com uma mulher de bom coração, mas eles o querem de volta ao orfanato."[31]

Os desejos de Banda foram ignorados, e o ultraje dos bem-intencionados continuou, assim como a pressão sobre ele quando ativistas e a mídia internacional o cercaram, dizendo que nunca mais veria o filho e que Madonna não era a boa mulher que parecia ser. As pessoas contrárias à adoção logo conseguiram o que queriam: Banda cedeu e disse não ter entendido os documentos que havia assinado.[32]

O ministro do Maláui discordou. "Explicamos todos os detalhes, e Madonna explicou as intenções que tinha. No tribunal, várias vezes perguntaram a ele se entendia o que estava acontecendo, e ele respondeu que sim."[33] Madonna não culpou Banda, mas a imprensa internacional, que "só trouxe caos para minha vida. Acho que a reação verdadeira dele foi a inicial: 'Obrigado por dar uma chance a meu filho'".[34]

A própria Madonna foi atacada em matérias que revelavam menos sobre a adoção e mais sobre o racismo subjacente nas sociedades norte-americana e britânica. A imprensa estava obcecada pela cor da pele de David — e não escondia isso. A ABC News publicou uma matéria chamada "Bebês negros: o acessório da moda em Hollywood?".[35] Em Londres, um apresentador de TV perguntou: "O que você dá a uma mulher que já tem tudo? Aparentemente, um bebezinho negro."[36]

Enquanto isso, os ativistas acusavam Madonna e Ritchie de terem tratamento preferencial enquanto outras famílias precisavam esperar muito tempo por um filho.[37] Alguns a acusaram de perpetuar o imperialismo como mulher branca e rica indo até a África para salvar uma criança negra e pobre.[38] Imagens de mercados de escravos foram invocadas. Perdidos em meio à discussão frenética, estavam os fatos: um garotinho teve a oportunidade de ganhar um lar e uma família que o amava.

Quando David chegou a Londres em um avião particular, acompanhado pela babá de Lourdes, Shavawn Gordon, e o marido, Nathan Rissman, eles foram cercados por paparazzi que se comportaram como abutres, sem cuidado algum com a segurança ou o bem-estar do bebê, que supostamente estavam no âmago de tantas preocupações. O fato de Madonna não viajar até Londres com a criança gerou outra onda de ira virtuosa.[39] Ela comentou sobre aquela reação: "Aquilo acabou comigo. Foi uma das maiores decepções de minha vida."[40]

O alvoroço talvez não fosse tão grande se a notícia sobre a adoção não tivesse sido publicada naquela ocasião. Uma campanha publicitária, iniciada pela modelo Iman, para ajudar a organização Keep a Child Alive, de combate à aids, começou a ser veiculada. Nela, vários artistas, a maioria brancos, se pintaram com grafismos de povos originários e se declararam africanos. Na teoria, a ideia era mostrar que, no fundo, todo mundo possui DNA africano. Na prática, foi vista como artistas privilegiados dizendo a africanos à beira da morte: "Eu sinto sua dor."[41]

O continente africano se tornou tão "na moda" que celebridades geralmente apolíticas, como Jessica Simpson e Paris Hilton, já tinham ido até lá ou pensavam em ir.[42] No mundo das relações públicas, apoiar uma causa africana era tão essencial para a carreira quanto lançar um perfume no início da década. A adoção de uma criança foi vista, cinicamente, como parte disso, muito embora a "marca" dela não precisasse de nenhum impulso adicional.

Quando Madonna não era criticada por adotar David como jogada profissional, era acusada de fazê-lo para copiar a "mamãe gostosa" Angelina Jolie, que tinha adotado o primeiro filho, Maddox, no Camboja em 2002, enquanto trabalhava como embaixadora da boa vontade do Alto-Comissariado para Refugiados da ONU.[43] A decisão foi transformadora: Jolie passou de jovem selvagem a mãe calma. Em 2005, a atriz adotou uma segunda criança, Zahara, na Etiópia. Também teve uma filha com Brad Pitt, nascida na Namíbia na primavera de 2006. Os líderes mundiais a elogiavam. A *Esquire* a chamou de "melhor mulher do mundo".[44] Já Madonna foi retratada como vilã.[45]

A revista *Gala* transformou a saga Angelina-Madonna numa briga de mulheres, com a publicação de uma entrevista de Jolie na qual ela parecia criticar Madonna. A atriz disse que o artigo foi editado para omitir o apoio à cantora. "Fiquei horrorizada com os ataques que ela sofreu", disse Jolie em uma declaração. "Tudo que importa é a felicidade do pequeno David."[46]

Madonna também publicou uma declaração. "Espero ser criticada por muitas coisas que faço. Sei que provoco e tento me preparar, mas não esperava que a mídia, o governo ou qualquer organização de direitos humanos assumisse uma posição contra minha intenção de salvar a vida de uma criança."[47] Ritchie respondeu a uma crítica com as seguintes palavras: "Como alguém ousa questionar os motivos dela? [...] É absurdo que alguém a critique por querer compartilhar amor e riqueza."[48]

No fim de outubro, Madonna agendou várias entrevistas para "elucidar as coisas".[49] Durante as primeiras entrevistas televisivas sobre a saga da adoção — com Kirsty Wark, da BBC2, e Oprah Winfrey nos Estados Unidos —, o sofrimento e a dificuldade dela para se controlar eram perceptíveis. Minimizando muito as coisas, chamou o período de "pior momento da minha vida".[50]

Algum bem resultou da controvérsia. A cobertura da adoção colocou Maláui no mapa. Subitamente, o pequeno país e a gigantesca crise de aids que o assolava passaram a ser reconhecidos até por pessoas que limitavam suas leituras a revistas de entretenimento e tabloides. Madonna queria apontar um holofote no país e conseguiu. Também iniciou um diálogo sobre família, tanto a que divide a casa conosco quanto a que todos fazemos parte — com quem dividimos um planeta. No início de novembro, Caitlin Moran escreveu no *Times* de Londres:

> Em um único ato de altruísmo, ela conseguiu iniciar um debate que inclui imigração, África, mães que trabalham fora, parentalidade moderna, legislação internacional de adoção, grupo étnico, dinheiro e fama.[51]

A ex-parlamentar do Partido Trabalhista Oona King, que adotou uma criança no exterior e, como oficial de governo, visitou orfanatos africanos e conhecia as condições em que funcionavam, também defendeu a cantora. "Nem estaríamos pensando nos incontáveis órfãos africanos sem a intervenção de Madonna."[52]

Madonna era feroz defendendo as próprias ações e ainda mais feroz defendendo as pessoas que amava. Após ficar inicialmente chocada com a tempestade de críticas, ela conseguiu se recuperar em dezembro. Ela e a saga da adoção eram os tópicos favoritos dos comediantes, mas, mesmo assim, ela ousou comparecer ao British Comedy Awards e entregar um prêmio a Sacha Baron Cohen por *Borat*. Após apresentá-la, o anfitrião da noite, Jonathan Ross, disse: "Parabéns por seu adorável bebê negro, David. [A plateia ri. (...) Quando fui para a África, só voltei com uma carteira." Madonna rosnou: "Bem, hoje você pode voltar para casa com um olho roxo."[53]

Durante o Natal e o ano-novo, Madonna e Ritchie reuniram os filhos e fugiram de Londres e da mídia, em raras férias familiares em uma ilha do oceano Índico. Eles tiveram que ir longe para ter a paz e o silêncio de que necessitavam e assim aproveitar a companhia uns dos outros. David fez parte desse momento. Madonna disse que a família o chamava de "rei David".[54]

Durante alguns encontros com a imprensa, a cantora mencionou uma garotinha chamada Mercy, apenas alguns meses mais nova que David. Ela os conheceu na mesma ocasião e também queria adotá-la. Embora a mãe de 14 anos de Mercy tivesse morrido e o pai de 18 anos estivesse desaparecido, a avó não permitiu a adoção.[55] Madonna tinha brigado por David e se recusava a abandonar Mercy, sem importar quanto tempo levasse. Quando conheceu as crianças, "segurei cada uma delas nos braços e sussurrei que cuidaria delas". Ela estava determinada a manter a promessa.[56]

As férias de Madonna no oceano Índico foram "adoráveis", mas a mente dela estava em Nova York. Ela queria morar lá e que Lourdes estivesse mais próxima do pai, Carlos Leon.[57] As férias tampouco ajudaram o casamento com Ritchie. "É como se ele achasse que tem o dever de colocá-la no devido lugar de tempos em tempos", disse uma suposta fonte. "Ela está cansada disso e gostaria que ele fosse mais gentil."[58] Ritchie, por sua vez, queria uma vida mais normal, o que chamava de "vida de marido e mulher".[59] Mas isso não aconteceria. Madonna se acomodou em Londres quando eles retornaram, não como dona de casa e, certamente, não como a metade submissa do casamento. Ela decidiu dirigir um filme e criar mais um álbum.

E isso o magoou: dirigir era a carreira de Guy — que, após os triunfos iniciais com *Jogos, trapaças e dois canos fumegantes* e *Snatch – Porcos e diamantes*, passava por dificuldades. Após o desastre de *Destino insólito* e a péssima recepção de *Revólver*, ele queria fazer um filme "tipo *Snatch*". A entrada de Madonna no mundo dele naquele momento podia minar tais planos, porque, boa ou ruim, a atenção estaria, indubitavelmente, voltada para ela.

O trabalho de Madonna com Nathan Rissman no documentário sobre o Maláui reacendeu o interesse dela pela direção. Ela escreveu o filme e foi a força criativa por trás do projeto. Como produtora, conseguiu entrevistas com o ex-presidente Bill Clinton, com o arcebispo Desmond Tutu, com Jeffrey Sachs e com o Dr. Paul Farmer. Rissman dirigiu e Madonna decidiu o que iria para a tela. O filme terminado, assim como os shows, os clipes e os álbuns, resultava de uma colaboração, mas a essência surgia dela.[60]

Madonna trabalhava com diretores havia mais de duas décadas, mais recentemente com Jonas Åkerlund em 2005, no filme de turnê *I'm Going to Tell You a Secret*, e teve a primeira experiência como diretora em 1990, com David Fincher, no clipe de "Oh Father". Em 2007, ela estava pronta para tentar de novo. Entretanto, dizer isso em voz alta exigia coragem. Em Hollywood, somente 9% dos diretores de longas-metragens eram mulheres. "Eu tinha medo de admitir: 'Quero ser diretora'", lembrou ela. "Mas um dia disse a mim mesma: 'Ok, pare de sonhar e comece a fazer.'"[61]

Ela começou com um comercial, dirigindo um anúncio para uma linha de roupas que desenvolveu com a varejista sueca H&M. Com cerca de noventa segundos, tinha 13 personagens (sendo Madonna um deles), era rápido e comportado como o clipe de "Human Nature" e quase igualmente divertido.[62]

Madonna se sentia pronta para tentar algo maior. Seria um longa-metragem chamado *Sujos e sábios*, considerado por ela uma "escola de cinema".[63] Chegou com ideias, a maioria baseada na noção cabalística de que bem e mal não existem, e tudo é bom porque o "mau" ajuda a aprender e, consequentemente, a crescer. Ela manteve esse conceito, mas adaptou o roteiro após conhecer um cigano punk ucraniano chamado Eugene Hütz.[64]

Nascido Yevgen Oleksandrovych Nikolaev-Symonov, ele emigrou da Ucrânia para Vermont com o sonho de ser músico. Chegando em Nova York, formou uma banda underground, a Gogol Bordello. "Ouvi que ela [...] gostava da banda havia algum tempo", disse ele. "Então, um dia, meu telefone tocou, eu atendi, e era ela!" Duas semanas depois, eles estavam trabalhando juntos.[65]

Madonna e Hütz trataram do filme da maneira que poderiam ter feito se estivessem em um estúdio musical: trocando ideias. "Ela chega com as energias criativas fluindo e é muito espontânea. Talvez seja a pessoa mais poderosamente espontânea que já conheci Então, logo montamos o roteiro e começamos a trabalhar."[66]

Hütz interpretou um músico que tenta se estabelecer fazendo bicos como dominatrix cross-dresser. Ele divide apartamento com duas mulheres: uma bailarina (Holly Weston) que faz bicos como dançarina de pole dance e uma farmacêutica (Vicky McClure) que, enquanto fornece medicamentos a clientes abastados, é obcecada pelos necessitados na África. Uma quarta figura, um poeta cego chamado professor Flynn, interpretado por Richard E. Grant, foi baseado no mentor de Madonna, Christopher Flynn, que perdeu a visão como desdobramento da aids.[67]

Todos os personagens possuem objetivos elevados (a arte, a salvação da humanidade, ou ambos) e são engajados em uma luta desesperada pela sobrevivência e na busca por calor humano. "Em essência, trata-se da luta que é ser artista", disse Madonna. "Sinto que os três personagens principais são, basicamente, eu mesma."[68] O filme de oitenta minutos foi gravado em Londres durante duas semanas de maio. Hütz precisava voltar para fazer uma turnê com a banda, e Madonna tinha um disco para gravar.

Em vez da vanguarda musical da Europa, o álbum seguinte de Madonna, o último na Warner Bros., traria a nata do mainstream norte-americano. Em fevereiro, Tim Mosley — Timbaland — anunciou estar colaborando com Madonna. Um dos maiores produtores da indústria, ele já tinha trabalhado com Missy Elliott, poliu a própria reputação com Justin Timberlake e expandiu o repertório com Chris Martin (então marido de Gwyneth Paltrow), do Coldplay, e Björk. Pelo caminho, criou um som elaborado que misturava hip-hop e R&B.

Por pura coincidência, Timbaland quis trabalhar com Madonna no mesmo momento que a cantora decidiu trabalhar com ele.[69] Ela começou o novo álbum com Pharrell Williams e estava atrás de mais canções e mais ritmo. Timbaland foi a escolha natural. Então, Guy Oseary sugeriu que Timberlake se unisse à equipe. Isso também fazia sentido. Era o som que os dois haviam criado no álbum de 2006 de Timberlake, *Future Sex/Love Sounds*, que Madonna buscava. Com *Ray of Light*, ela quis tornar a música eletrônica calorosa. Timberlake e Timbaland a transformaram em algo sexy.

Timberlake comentou: "Eu achava que, em essência, ela podia fazer o disco inteiro com Pharrell [...] e perguntei a Tim: 'Como nos encaixamos nisso?'"[70] Eles decidiram fazer o que tinha funcionado no álbum de Timberlake, "coproduzindo" e "incluindo Madonna na mistura".[71] *Incluir Madonna no álbum que era dela?* Ela não era uma artista convidada; era *a* artista. Sem perceber, Timberlake previu o que seria o maior problema do álbum.

Pat Leonard disse certa vez que Madonna transformava toda canção em que trabalha em uma "música da Madonna". Não foi o que se tornaria *Hard Candy*. O 11º álbum de estúdio da cantora não foi isso. Os créditos contavam a história, como ingredientes em rótulos de alimentos processados: atordoantes em complexidade e muito distantes da fonte. Madonna ficou perdida na produção excessiva de um som tão mainstream que era quase música de elevador.

Os amigos colaboradores dela só eram conhecidos no mundo da música underground. Entretanto, a equipe com a qual ela escolheu trabalhar no novo álbum era desconhecida *somente* no underground. Em 2003, Pharrell Williams e Chad Hugo — The Neptunes — haviam sido responsáveis por quase metade das canções nas rádios norte-americanas.[72] No que ela estava pensando? Em uma entrevista, ela disse que estava cumprindo a obrigação "de produzir um álbum a cada dois anos" para a Warner.[73] Em outra, admitiu que não sabia.

> Eu não fazia ideia do tipo de música que queria fazer. Sabia que queria colaborar com Pharrell e Justin. Eu precisava de inspiração e pensei: "Bem, quem está criando os discos de que eu gosto? Esses caras aqui." Não nos demos bem de cara [...]. Tivemos altos e baixos antes de ficarmos confortáveis.[74]

O desenvolvimento do álbum foi o oposto da experiência com Stuart Price em *Confessions*. A intimidade daquele projeto foi substituída por estúdios frios e equipes com egos que faziam música *para* artistas, mas não necessariamente *com* eles. "É mais como escrever um programa de TV que compor uma canção", contou John Seabrook em *The Song Machine* [A máquina de canções]. "O produtor é o rei inconteste do processo de escrita." A palavra importante nessa frase é "rei". Menos de 5% dos produtores musicais eram mulheres.[75]

"Nesse álbum, havia um monte de homens obstinados no estúdio", disse Madonna. "Eles tinham ideias de como eu devia soar, como devia cantar. Algumas vezes, tive que lembrar a eles que ninguém me diz como cantar."[76] Em determinado momento, ela ficou tão zangada com Williams que chorou. "Eu estava sensível", explicou.

> Eu estava no estúdio e não entendia o ritmo que ele queria. Ele estava me pressionando, e fiquei espantada com a maneira como falou comigo, então [...] disse: "Precisamos conversar." [...] Fomos para o andar de cima e falei "Você não pode falar comigo dessa maneira!" e comecei a chorar. Ele retrucou:

"Meu Deus, Madonna tem coração!" Isso me chocou, e comecei a chorar ainda mais. Agora eu o adoro, [...] acho que tivemos que passar por aquilo.[77]

Williams contou que, após o episódio, ele e Madonna se tornaram "seriamente próximos. Ela é a melhor pessoa com a qual já colaborei".[78]

A canção "Candy Shop", de Madonna-Williams, abria o álbum e estabelecia o tom para as outras. A história de comparar sexo a guloseima começou a ser contada em 1983, no clássico de R&B de James Mtume, "Juicy Fruit". Só que "Candy Shop" não era "Juicy Fruit". A composição não era inteligente o bastante para apoiar o humor nem sexy o suficiente para apoiar a malícia. Infelizmente, a maior parte de *Hard Candy* permaneceu em um nível fácil demais, doce demais. Apesar disso, houve exceções.

A segunda faixa, que seria o primeiro single do álbum, era uma delas: "4 Minutes". Madonna e Timberlake escreveram a letra depois que Timbaland lhes mostrou um ritmo. "Ele nos apresentou um trecho e começamos a escrever a letra. Escolhemos uma melodia e ele foi fazendo mais músicas", comentou ela. "Foi assim que criamos todas as canções, aos pedaços."[79] Quanto ao tema, ela explicou que se tratava de um aviso de que os seres humanos estavam ficando sem tempo para salvar o planeta.[80] Ela escreveu a faixa seguinte, "Give It 2 Me", "para me divertir cantando em um estádio".[81]

"Heartbeat" era uma música de Madonna no tema e no som. A abertura dissonante, durante a qual a voz dela ousava sair do tom e oscilar como em "Bad Girl", anunciava que não haveria nada estereotipado. Essa foi uma das raras canções do álbum nas quais Madonna teve o espaço de que precisava para ser ela mesma.

"Miles Away" talvez tenha sido outra. A letra era forte o bastante para superar a batida pesada, mas surpreendentemente vazia. Com outro tratamento musical, teria sido uma das melhores e mais comoventes canções de Madonna, mas a frieza do som quase a matou. Talvez a frieza fosse brilhantemente intencional. Madonna disse que a canção foi "inspirada em Guy", mas escrita para qualquer um que estivesse lidando com o vazio de um relacionamento a distância. "Você tem que trabalhar duro para funcionar."[82]

"She's Not Me" e "Incredible" seguiam nesse território, no qual os fãs buscavam pistas sobre a vida pessoal da cantora. As canções contam a história de uma mulher oscilando entre a raiva e a mágoa enquanto tenta entender um relacionamento fracassado. A música, contudo, não indicava nenhum tipo de angústia. Os jovens com os quais Madonna trabalhava parearam as letras com músicas que poderiam ter sido escritas para uma cantora pop genérica, e, inexplicavelmente, ela aceitou.

"Beat Goes On", que traz vocais de Kanye West, surge em um momento crítico para interromper a monotonia da primeira metade do álbum. A participação dele foi fortuita. Madonna trabalhava em um estúdio em Los

Angeles e West gravava no fim do corredor. Oseary sugeriu que ela o convidasse para cantar, ela o fez.[83] O resultado foi o que poderíamos chamar de uma bela bagunça. Madonna disse que a canção fora composta com um senso de urgência. "Kanye só tinha quatro horas. Eu tinha que terminar antes que ele entrasse no avião", explicou. "Mas, atualmente, vivo como se todo dia fosse o último. Então, há certa urgência em tudo que faço."[84]

No fim do álbum, os fãs só podiam fantasiar sobre o que ele poderia ter sido com outros colaboradores. O maior elemento ausente de *Hard Candy*, no entanto, era Madonna. Talvez ela estivesse tentando descobrir quem era, musicalmente falando, após uma década testando os limites com William Orbit, Mirwais Ahmadzaï e Price. Talvez, preocupada com o casamento, os filhos, os filmes e o Maláui, a atenção dela estivesse em outro lugar. Qualquer que tenha sido a razão, pela primeira vez na carreira, Madonna parecia ausente do próprio disco.

Madonna e Ritchie eram visitados a cada seis semanas por assistentes sociais que analisavam o desenvolvimento de David, então com 2 anos. Eles responderam "a todo tipo de pergunta invasiva", tiveram as digitais recolhidas várias vezes e passaram por avaliações psicológicas. "Todo mundo no processo de adoção passa por isso, então não estou sozinha", contou Madonna. "E faria tudo novamente. Porque David é incrível."[85]

Em abril, ela fez uma pausa nos projetos e retornou ao Maláui com David e Lourdes. Antes, foi criticada por levar uma equipe de filmagem. Dessa vez, foi criticada por organizar uma viagem privada, "cercada de segredo". Parte da viagem envolvia reunir David e o pai, algo que ela queria fazer longe dos olhos da imprensa. Outra razão para a visita envolvia o esforço para adotar a garotinha que havia conhecido no ano anterior, Mercy James.[86]

Madonna reconheceu que, desde a primeira ida ao Maláui, as coisas haviam mudado e o progresso, embora lento, era visível.[87] Durante várias semanas, visitou as organizações que queria ajudar e conheceu pessoas que precisavam de ajuda, enquanto Lourdes, com 10 anos, trabalhava como voluntária em orfanatos com crianças infectadas pelo vírus da aids. "Foi iniciativa dela", comentou Madonna à editora da *Interview*, Ingrid Sischy. "Ela foi muito responsável e trabalhou incansavelmente durante oito horas, todos os dias. Eu pensei: 'Por que estou tão preocupada? Ela é capaz de muito mais.' [...] Depois de conhecer a África, você desiste de todas as tolices."[88]

Um dos projetos mais ambiciosos de Madonna envolvia garotas da idade de Lourdes. Ela comprou um terreno e contratou um arquiteto para projetar uma escola.[89] Oprah Winfrey mostrou o caminho naquele ano, ao construir uma escola na África do Sul para fornecer alojamento e ensino gratuitos a garotas africanas. Um artigo da *Newsweek* alfinetou que "40 milhões de dólares em uma escola para garotas destituídas na África parece um pouco extravagante".[90] O problema era a escola ficar na África? Ou ser para garotas? No projeto de Oprah, que foi chamado de "vaidoso", 90% das formandas frequentariam universidades internacionais, incluindo Oxford e Stanford.[91]

Madonna queria finalizar o álbum em setembro, mas, na primeira metade do mês, ela e Ritchie foram a Tel-Aviv para celebrar o ano-novo judaico, Rosh Hashaná. Não era a primeira viagem dessa natureza que faziam. Eles foram lá em 2004, em um evento do Kabbalah Centre, e visitaram lugares sagrados para o judaísmo.[92] Durante a primeira viagem, ficaram juntos o tempo todo, com exceção das cerimônias religiosas, durante as quais homens e mulheres eram separados. Na segunda, a imprensa notou que Madonna participou de cerimônias religiosas e eventos da cabala, enquanto Ritchie ia à praia.[93]

Rumores de divórcio começaram a surgir ainda no início do ano. Todavia, poucos sabiam que um processo de separação estava acontecendo em outro relacionamento da cantora: com a gravadora. Ela estava com a Warner havia 25 anos, desde que Seymour Stein assinou o contrato no leito de um hospital, em 1982. Ela gerou bilhões de dólares para a empresa e, em troca, recebeu a liberdade de se desenvolver como achasse necessário, por mais arriscados que fossem os projetos. Só que os tempos estavam mudando.

Quando se tratava de relacionamentos, fossem eles criativos, fossem eles pessoais, Madonna os encerrava assim que sentia necessidade de mudar de direção. Foi o que fez com a Warner. A indústria fonográfica que ela conhecia já não existia mais. A internet e os conglomerados de rádio a mataram. A experiência com *Confessions* foi a gota d'água. A Warner não mexeu um dedo para colocar os singles do álbum nas rádios, a despeito dos resultados recordes da turnê e do sucesso das canções na Europa. Madonna tinha que se adaptar.[94]

Tendo concluído que "você não pode baixar uma apresentação ao vivo", em outubro ela anunciou ter fechado contrato com a promotora de concertos Live Nation e encerrado com a Warner. A notícia reverberou pelo mundo da música e do entretenimento. Tendo sido divulgada no mesmo dia em que o Radiohead anunciou o lançamento do álbum *In Rainbows* como download digital e permitiria que os usuários decidissem quanto queriam pagar, pareceu um chamado para uma revolução já em curso.[95]

Havia sinais. O primeiro foi o Napster, seguido pelo iTunes. As músicas tocadas pelas rádios concentradas em conglomerados eram outras. A programação da MTV praticamente trocou os clipes por reality shows. As lojas de discos haviam se tornado obsoletas por causa dos downloads e da Amazon. Em 2006, a maioria das grandes cadeias de lojas foi à falência. No entanto, até o acordo de Madonna com a Live Nation, as gravadoras retinham um ativo que as mantinha vivas: o talento. Para onde os artistas iriam? Madonna indicou o caminho.[96]

Ela assinou um contrato inédito na indústria: um acordo de dez anos que incluía gravações, turnês, merchandising, projetos de cinema e TV relacionados a música, licenciamento e financiamento. Em troca, recebeu um bônus de 17,5 milhões no momento da assinatura e 120 milhões em dinheiro e ações. Ela seria a "artista fundadora" da nova divisão da Live Nation, a Artist Nation.[97]

Algumas fontes da indústria de entretenimento argumentaram que a Live Nation poderia não ter retorno de tal investimento. Já outros reconheceram o valor de ter uma artista criadora de tendências como Madonna endossando um modelo de negócios. Além disso, havia a receita que a Live Nation obteria com a marca Madonna, mesmo quando ela não estivesse em turnê. A linha de roupas na H&M, desenvolvida naquele ano, já tinha faturado 20 milhões de dólares em capas de chuva, roupas casuais e vestidos leves. Acordos futuros da mesma natureza beneficiariam a Live Nation. A empresa não estava investindo em uma artista, mas em uma "plataforma de entretenimento de capitalização cruzada".[98]

Com o acordo, Madonna também fez uma aposta de longo prazo, mas que não seria um salto no escuro. O presidente da divisão de música da Live Nation, que também era presidente da divisão global de turnês da empresa, era um velho amigo. Arthur Fogel tinha produzido as três turnês anteriores de Madonna: Drowned World, Re-Invention e Confessions. Ela o chamou de "gênio das turnês".[99]

Em cinco anos, a Live Nation dominaria o multibilionário nicho em que estava inserida, não somente organizando turnês, mas também comprando e construindo locais para apresentação e se associando a parceiros importantes, como Ticketmaster.[100] Madonna ajudou a colocar a empresa nessa posição, mas com a associação — apesar de financeiramente benéfica — tornou a vida para ela muito complicada. As turnês seriam mais longas e as obrigações, mais extensas. O teste seria no verão seguinte, quando ela embarcaria para a primeira turnê com a Live Nation no momento que estava prestes a se tornar mãe solo.

Capítulo 50

Des Moines, Nova York, Berlim, Cannes, Londres, Cardiff, Buenos Aires, 2008

> As pessoas sempre falam sobre como a fama transforma você, mas nunca falam sobre como ela pode transformar as pessoas que você conhece [1]
>
> — *Madonna*

O IMPENSÁVEL ACONTECEU em janeiro de 2008. Um homem negro venceu o *caucus* presidencial no estado de Iowa, derrotando a principal rival, uma mulher. O homem era Barack Obama. A mulher era Hillary Clinton. A disputa tinha tudo para fazer história. Para os liberais e aqueles que não concordavam com a direção seguida pelos Estados Unidos após o 11 de Setembro, o fato de um homem negro e uma mulher serem considerados possíveis candidatos à Casa Branca era mais que estimulante.

Naquela temporada cheia de esperança, era impossível não participar da história. As apostas eram altas demais. Madonna fez campanha por Hillary. Embora gostasse de Obama e o admirasse, ela se solidarizava com outra mulher — ainda mais uma mulher com espírito de sobrevivente.[2] Segundo a escritora Dina Honour, ambas tinham "sobrevivido às chamas, em vez de sucumbir a elas".[3]

Até os eventos mais frívolos pareciam importantes naquele ano. O grande momento da New York Fashion Week não foi sobre excessos de materiais nem o ultraje usual com novos designs, e sim a decisão da Gucci de não oferecer uma festa na inauguração da loja na Fifth Avenue. Em vez disso, a marca se uniu a Madonna em um evento beneficente para a Raising Malawi e o fundo para crianças da ONU, o UNICEF. Em uma declaração pública, a Gucci disse que queria "dar algo em troca". A jornalista de moda mais famosa do mundo, Suzy Menkes, escreveu no *New York Times* que o evento "pode marcar uma nova fase no reluzente e glamouroso mundo do luxo".[4]

No passado, Madonna havia apoiado iniciativas de outras pessoas: AIDS Project Los Angeles, ACT UP, amfAR, Live Aid, Live 8 e Live Earth (uma série de concertos em combate às mudanças climáticas), assim como incontáveis eventos de caridade e campanhas políticas. O evento da ONU foi o primeiro que ela própria organizou, em nome da causa que considerava mais importante: as crianças do Maláui.

O evento de 6 de fevereiro foi realizado em uma tenda transparente de 4 mil metros quadrados no gramado norte da sede da ONU em Manhattan. Como entretenimento, Madonna chamou Alicia Keys, Rihanna, Timbaland e o Coro Infantil Africano. Chris Rock concordou em organizar o leilão de celebridades. Como prêmios, os amigos da cantora ofereceram os próprios talentos: rebatidas com o astro do New York Yankees Alex Rodriguez, uma hora de futebol com David Beckham e aulas de aeróbica com Gwyneth Paltrow, entre outros.[5]

A realeza internacional dos negócios, do entretenimento, da filantropia e dos esportes pagou 2.500 dólares por pessoa para comparecer.[6] O evento foi uma oportunidade para que Madonna apresentasse amigos poderosos a amigos desempoderados: 1 milhão de crianças necessitadas no Maláui. Para ela, a noite serviu tanto para educar quanto para levantar fundos.[7]

> Quanto mais você sabe, mais se dá conta de que não sabe, [...] mais se vê impossibilitado de dar as costas [...]. Suponho que é por isso que as pessoas não querem saber, porque, no fundo da alma, entendem que, quanto mais souberem, mais terão que fazer.[8]

O evento arrecadou mais de 5 milhões de dólares e chegou às manchetes em todo o mundo: nas páginas de entretenimento, por causa dos participantes, e nas páginas de notícias, por causa da última “controvérsia” de Madonna. Ela foi acusada de mau uso das instalações da ONU, porque a Gucci financiou o evento e porque parte dos fundos arrecadados foi para a Raising Malawi, que estava associada ao Kabbalah Centre. A ONU respondeu ter certeza de que o dinheiro seria usado com sabedoria e declarou não estar incomodada com a presença da Gucci.[9]

Madonna e a Gucci trabalharam juntas novamente, por uma causa menos virtuosa, quando muitas das mesmas pessoas voltaram a se reunir em Los Angeles naquele mês. A greve dos roteiristas em Hollywood tinha causado o cancelamento da festa anual da *Vanity Fair* após a cerimônia do Oscar. Madonna, Guy Oseary e Demi Moore foram algumas das celebridades que decidiram organizar a própria festa. A casa de Oseary foi o local do evento somente para convidados, sem a presença de jornalistas. A Gucci forneceu as bolsas de brindes. A cantora escolheu o tema.[10]

Aquele era um espaço seguro. Tom Cruise e Katie Holmes, Ellen DeGeneres e Portia de Rossi, Cameron Diaz, Owen Wilson, Elton John e David Furnish, Leonardo DiCaprio, Jack Nicholson, Sean Penn — em resumo, celebridades que protegiam zelosamente suas vidas pessoais — compareceram para beber o absinto que jorrava das fontes. O convite para o evento pós-Oscar Madonna-Oseary se tornaria muito cobiçado na década seguinte.[11]

Não foi a Madonna de Hollywood que apareceu em Berlim naquele mês, mas Madonna, a diretora novata. A decisão de lançar *Sujos e sábios* no Festival Internacional de Cinema de Berlim foi tão audaciosa quanto a de se apresentar com uma guitarra em rede nacional um mês depois de aprender a tocar. Em ambas as ocasiões, ela correu o risco de parecer tola em público porque amava a arte.

James Christopher, no *Times* de Londres, escreveu que o filme mostrava que "Madonna tem potencial como diretora".[12] No entanto, praticamente nenhum outro crítico disse algo bom. Segundo o *Guardian*,

> Madonna foi uma atriz horrível em muitos, muitos filmes, e agora [...] passou a ser uma diretora horrível. Ela fez um filme tão incrivelmente ruim que os participantes do festival de Berlim ficaram vagueando a esmo, em estado de choque clínico.[13]

Sem dúvida, Madonna estava preparada para o ataque na imprensa. Ela até pensou em lançar o filme diretamente na internet.[14] Sabia que a habilidade vinha da prática e da dedicação, e tinha consciência de que precisaria se dedicar ao cinema da mesma maneira que se dedicou à música.

Aquele ano, 2008, foi o 25º aniversário de seu primeiro álbum, o que significava que ela podia ser nomeada no Hall da Fama do Rock & Roll, mas não havia certeza de que seria. Nos círculos puristas do rock, ela era considerada uma estrela pop. O Hall também era um "Clube do Bolinha". Dos 156 indivíduos ou grupos incluídos desde 1986, somente 16 eram mulheres. Dessas, nove eram indicações por legado, reconhecendo mulheres das décadas de 1950 e 1960 que já não cantavam. Entretanto, o lugar de Madonna na história da música era inegável, e ela não podia ser ignorada.[15]

Em 10 de março, em Nova York, Madonna, Leonard Cohen, John Mellencamp, Dave Clark Five e The Ventures foram incluídos no Hall da Fama do Rock & Roll. Os incluídos podiam selecionar as pessoas que os apresentariam durante a cerimônia e, se não fossem cantar, artistas para representar o trabalho deles no palco. As escolhas de Madonna refletiram seu passado e seu presente musical. Ela escolheu Iggy Pop para cantar "Burning Up" e "Ray of Light". Para apresentá-la, escolheu Justin Timberlake.

Timberlake estava nervoso durante a apresentação, lembrando à plateia que Madonna era "o maior nome do planeta", uma pessoa que chegou ao sucesso "da maneira antiga: ela o conquistou". Junto com os elogios, ele aparentemente achou necessário incluir piadas cheias de insinuações, que deixaram a plateia praticamente indiferente. Quando Madonna apareceu no palco, o alívio foi quase palpável.[16]

O visual escolhido por ela naquela noite foi discreto. Não havia nada que sugerisse uma estrela do rock, muito menos uma mulher que, nas palavras de Timberlake, "mudou o som de nosso mundo, [...] a aparência de nosso mundo". Naquela noite, Madonna parecia uma mulher de meia-idade vestida para um compromisso noturno — o que significava que as mulheres de 40 e poucos anos podiam se ver nas conquistas dela.

A cantora agradeceu a todos que a ajudaram, desde Christopher Flynn até os irmãos Gilroy. Agradeceu às pessoas que a criticaram, "as que disseram que eu não tinha talento, que era gorda, que não sabia cantar, que só teria um único sucesso. Elas também me ajudaram. Elas me ajudaram porque fizeram com que eu me questionasse repetidamente e me forçaram a ser melhor". Agradeceu às pessoas que ainda estavam com ela, como Liz Rosenberg, às que já não faziam parte do *entourage*, como Freddy DeMann, e Oseary, que se tornou empresário da cantora depois que Angela Becker deixou o cargo para ter um filho com Stuart Price.[17]

Madonna disse ao público que a carreira dela resultava da colaboração. "Não cheguei aqui sozinha", afirmou, parecendo muito solitária ao fazê-lo. Guy Ritchie não compareceu à cerimônia. Na verdade, esteve ausente de todos os eventos de Madonna naquele ano.[18] Ela disse a uma revista alemã: "Já não temos uma expectativa idealista de relacionamento. Eu desisti do sonho de que ele pudesse ser o marido perfeito e ele desistiu da expectativa de que eu seria a esposa ideal." Em vez disso, eles sentiam "profunda afeição um pelo outro".[19]

Hard Candy foi lançado logo após a cerimônia no Hall da Fama e confirmou, para qualquer um que tivesse dúvidas, o status de Madonna no mundo da música. O primeiro single do álbum a ser lançado, "4 Minutes", subiu nas listas de sucesso. Quando chegou às dez primeiras, Madonna destronou Elvis como artista da era do rock com mais sucessos nas listas das dez mais tocadas: a cantora tinha 37.[20]

O clipe da música ajudou. Filmado em janeiro em Londres, foi criado por uma equipe francesa de 20 e poucos anos conhecida como Jonas & François — Jonas Euvremer e François Rousselet.[21] "4 Minutes" foi o quarto clipe que produziram.[22]

Eles criaram um conceito de vazio, ou o que Madonna chamou de "linha gráfica amorfa devorando lentamente o mundo".[23] O clipe começa com Timbaland tocando a introdução e Madonna e Timberlake vistos separadamente por trás — ela usando um espartilho cor pêssego e ele, jaqueta de couro e jeans. Esse é o fim da realidade como a conhecemos.

As imagens alternam para Madonna empurrando um carro e caminhando rapidamente sobre mesas, fugindo enquanto uma tela preta, representando o frágil tecido da existência, desaparece atrás dela. Entremeadas à ação, estão imagens de pessoas que surgem como os balões de diálogo nos quadrinhos:

comendo, tomando banho, beijando. Algumas delas derretem até se transformarem em camadas anatômicas mais profundas de si mesmas. Tudo no clipe é fugaz, e não há ninguém consciente do perigo, com exceção de Madonna e Timberlake.[24]

O cenário envolve uma das performances mais exigentes da carreira da cantora. Ela e Timberlake participam de uma corrida de obstáculos com carros, pulando através de janelas e sobre os tetos, presumivelmente fugindo do apocalipse.[25] Eles não usaram dublês, e ela terminou o clipe com machucados e queimaduras. Contudo, isso lhe deu a chance de exibir o corpo em perfeita forma, o que se tornou parte importante da promoção de *Hard Candy*.[26]

O álbum chegou às lojas com uma capa fotografada por Steven Klein, e mostra Madonna como boxeadora, usando body preto, botas de cadarço, uma soqueira com a palavra M-DOLLA (o apelido dado a ela por Pharrell Williams) e um cinturão de campeonato de pesos pesados com a inicial "M". "É uma postura durona", disse ela.[27] Nas dezenas de entrevistas que deu para promover o álbum, ela parecia tudo, menos durona.

Quando concedia uma entrevista ao lado de um colaborador, ela costumava dominar a discussão. Os parceiros artísticos ficavam em silêncio. Entretanto, enquanto promovia *Hard Candy*, Madonna ficou silenciosa ao mesmo tempo que Timberlake ou Williams opinavam sobre o projeto ou Timbaland embarcava em entrevistas promocionais próprias. O resultado a distanciou ainda mais do disco, e talvez isso tenha sido intencional. Talvez ela quisesse evitar as inevitáveis perguntas sobre sua vida pessoal.

Também havia a questão da idade. Conforme o relógio tiquetaqueava na direção dos 50 anos, a imprensa se mostrava cada vez mais obcecada. Todos os artigos e a maioria das aparições na TV começavam com o jornalista ou comentarista fazendo uma observação de como ela estava com boa aparência, mantendo implícita a expressão "para a idade". Madonna nunca encontrou tanta condescendência. Muitas pessoas insinuavam, pelas costas, que ela não parecia estar tão bem — que tinha feito plástica no rosto e as mãos mostravam as marcas dos anos. Uma delas ousou perguntar se a "urgência" na canção "4 Minutes" tinha relação com a idade. Madonna respondeu: "Acho que o estado do mundo tem relação com meu senso de urgência."[28]

Hard Candy alcançou o primeiro lugar das paradas em 37 países, mas esse entusiasmo não durou muito. As vendas mundiais, de 4 milhões de cópias, tornaram-no o álbum menos vendido da carreira de Madonna até aquele ponto. Só que ela não estava se preocupando com isso, e sim com o Maláui. Ela foi resgatada do mundo superficial das promoções e vendas pelo filme que fez sobre o país. Estava pronta para mostrá-lo ao mundo.

* * *

Eu sou porque nós somos foi lançado no Festival de Tribeca em 24 de abril. O projeto e a noite eram sobre família. A música foi composta por Leonard, e Madonna compareceu ao evento com o diretor do documentário, Nathan Rissman, e a equipe dela nova-iorquina, liderada por Rosie O'Donnell. Madonna disse que o filme "está mais próximo do meu coração do que qualquer outra coisa que já fiz [...] porque fala sobre crianças necessitadas e porque, enquanto produzia esse filme, conheci meu filho".[29]

No mês seguinte, em 21 de maio, Madonna levou sua mensagem e o filme para o festival de cinema de Cannes, onde ele foi exibido sem concorrer. Era a primeira vez, desde *Na cama com Madonna*, que ela ia ao festival promover o próprio filme. Ritchie não compareceu ao evento na ONU, à première de *Sujos e sábios* nem à cerimônia do Hall da Fama, mas estava presente em Cannes, parecendo chateado enquanto a esposa era saudada pelos organizadores do festival no tapete vermelho.[30] Do lado de dentro, os membros da elite global da indústria cinematográfica adoraram o filme, algumas vezes arquejando ao ver as imagens angustiantes, em outras chorando ou celebrando o heroísmo de alguns personagens.[31]

"É impossível tirar os olhos da tela", escreveu Rosamund Witcher no londrino *Sunday Times*. "Se Madonna queria que a víssemos como mais que rainha do pop obcecada por ginástica, ela conseguiu, e muito."[32] Mark Brown comentou no *Guardian*: "Ontem, a Madonna produtora de documentários veio, viu e conquistou o maior festival de cinema do mundo com uma poderosa polêmica sobre os efeitos da doença e da pobreza no Maláui."[33]

Fora de Cannes, a resposta da comunidade humanitária e ativista foi mista. Alguns acharam que o documentário reforçava a narrativa de "resgate" do mundo branco em relação ao Sul Global e perpetuava a ideia de que a África era um continente em ruínas. Outros, porém, encontraram razões para elogiar a ênfase nos esforços locais com o propósito de solucionar os problemas do país e pela insistência de que somente o empoderamento da população — de crianças a líderes — asseguraria um futuro melhor.[34]

Sete dias após o evento em Cannes, Madonna e Ritchie souberam que o Supremo Tribunal de Justiça do Maláui finalmente tinha aprovado a adoção de David. Os assistentes sociais que o monitoravam o descreveram como "animado, feliz e em bom desenvolvimento" e a família como "calorosa e amorosa".[35] Madonna comparou o longo processo emocional a um parto.

> Foi doloroso, difícil e incompreensível. Mas, no fim, racionalizei que, quando uma mulher tem um filho de parto natural, ela sofre muito [...]. Então, passei por minhas dores do parto, lidando com a imprensa à minha porta, acusando-me de sequestro ou coisa pior.[36]

O casamento de Madonna e Ritchie ia de mal a pior fazia anos, mas eles permaneceram juntos em parte por causa de David. Durante os 18 meses do processo de adoção, fizeram o máximo possível para manter em segredo a extensão dos problemas. Na verdade, trabalharam para salvar o casamento, não como amantes, mas como amigos. No início daquele ano, Madonna comprou o pub de Mayfair que Ritchie frequentava, o Punchbowl.[37]

Entretanto, quando David se tornou legalmente parte da família, a fachada pôde ser abandonada. "Fontes", "insiders" e "amigos" começaram a vazar detalhes sobre os problemas. Se acreditarmos nos relatos da imprensa, tudo se resumia a dinheiro, carreira e respeito.[38]

Madonna era dez vezes mais rica que Ritchie, mas sentia que, em um casamento entre iguais, devia haver divisão das responsabilidades financeiras. Ritchie também acreditava nisso, declarando várias vezes não estar interessado no dinheiro dela. No entanto, surgiram questões sobre a contribuição dele para as despesas com Rocco: mensalidades escolares e babá. Havia a questão dos 2 milhões de dólares dados por Madonna para que ele pudesse produzir um filme sobre cabala. Quando soube que o projeto tinha sido suspenso, ela quis o dinheiro de volta.[39]

Em uma entrevista ao *Daily Mirror*, uma fonte defendeu Ritchie quanto aos pagamentos que ele não tinha feito: "Guy estava muito envolvido no trabalho e pode ter marcado bobeira, em vez de intencionalmente não pagar." Sobre o adiantamento para o filme, afirmou: "Grande parte do dinheiro dele estava inacessível, e, em função do patrimônio de Madonna, ela podia sacar a quantia mais rapidamente [...]. Guy achou que a maneira como ela se comportou em relação ao empréstimo não era a de uma esposa amorosa."[40]

Na maioria das vezes, Ritchie foi descrito como cansado da fama da esposa, do foco dela na carreira e da presença dos assessores da cantora, que, segundo ele, "a veneram". Também estava cansado das causas que ela defendia. "Inicialmente, apoiei aquela besteira de 'curar o mundo'", teria dito ele. "Um cara faz qualquer coisa para manter a mulher contente. Mas quando ela ficava arrogante a respeito eu tirava sarro. Houve uma época em que ela mostrava ter senso de humor em relação a si mesma. Nos últimos anos, só ficava furiosa."[41]

Algumas mulheres identificaram na ladainha de Ritchie uma história familiar. As pessoas haviam reconhecido o "teto de vidro" profissional que as mulheres não podiam ultrapassar. Mas, no início da década dos anos 2000, um novo impedimento foi identificado: o "muro materno". A pressão era não somente externa (as empresas criavam "caminhos maternos" que impediam o avanço de mulheres com filhos), mas também interna, manifestada na forma de culpa. Esperava-se que mulheres com carreira e família reduzissem responsabilidades profissionais pelo bem da família. Era a coisa "natural" e "normal" a fazer.[42]

Madonna amava os filhos e queria continuar casada, mas achava que não precisava sacrificar quem era e o que fazia para provar isso. A jornalista britânica Fiona Phillips, tentando equilibrar a cobertura sem criticar as queixas maritais de Ritchie, escreveu: "Madonna está sendo culpada pelo colapso do casamento porque ainda gosta de se sentir viva com a própria carreira." Phillips acrescentou que, se Ritchie queria "uma coisa equilibrada entre marido e mulher [...] talvez Madonna não fosse a primeira da lista, não é?".[43]

A imprensa relatou que a cantora havia consultado uma advogada de divórcio, Fiona Shackleton. Ela havia representado o príncipe Charles durante o divórcio com Diana e Paul McCartney durante a turbulenta separação de Heather Mills. Então, em junho, Madonna disse a Ritchie: "Sinto muito, eu quero o divórcio." Ele concordou. Um amigo contou: "Foi indolor, mas muito triste."[44]

Em 2008, Madonna acreditava ter feito tudo que era possível para salvar o casamento, mas concluiu que não teria solução. "Eu não queria permanecer infeliz e miserável."[45] Ritchie viveu com Madonna por mais de oito anos e ainda não a entendia — em parte porque ela tentou ser quem ele queria que fosse.[46] A Madonna real foi obscurecida pelo papel de esposa, que ela tentou interpretar auxiliada pelos ensinamentos da cabala, que lhe dizia que o ego e os desejos pessoais dela eram obstáculos para a felicidade dela própria.

A pessoa que Ritchie acreditava ser o obstáculo da felicidade *dele* era Madonna, a artista, a provocadora.[47] Por mais que ela quisesse agradá-lo, não havia a menor possibilidade de se tornar a pessoa da qual ele precisava, que parasse de trabalhar e criar "É inexplicável. É como respirar, é impossível para mim", disse ela.

> Essa era uma das discussões que eu tinha [com Ritchie]. "Mas por que você precisa fazer isso de novo? Por que precisa gravar outro disco? Por que precisa sair em turnê? Por que tem que dirigir um filme?" Eu respondia: "Por que eu preciso me explicar?"
>
> Acho isso muito sexista [...]. Alguém pergunta a Steven Spielberg por que ele ainda está dirigindo? Ele já não fez sucesso suficiente? Já não ganhou dinheiro suficiente? [...] Alguém chegou para Pablo Picasso e disse: "Ok, você tem 80 anos. Será que já não pintou o suficiente?" Não. Estou cansada disso. Não entendo essa questão. Vou parar de fazer o que faço quando não quiser mais fazer. Vou parar quando ficar sem ideias. Vou parar quando me matarem, porra. Que tal?[48]

Madonna comentou que, às vezes, sentia-se "encarcerada" no casamento. "Eu não tinha permissão para ser eu mesma [...]. Não significa que o casamento seja uma coisa ruim, [...] mas, se você é artista, precisa encontrar alguém que aceite quem você é, que esteja confortável com isso."[49]

* * *

No início de julho, Christopher Ciccone recebeu um e-mail da irmã que não parecia escrito por ela: as palavras estavam grafadas de maneira errada, a estrutura estava incorreta e até mesmo a fonte era diferente. O e-mail terminava com uma ameaça, dizendo que ele "se arrependeria". A fúria tinha sido causada pelo livro escrito por ele, que estava prestes a ser publicado. Após anos pensando a respeito, Christopher finalmente contou a história de vida ao lado de Madonna. Ele queria chamar o livro de *The Queen and I* [A rainha e eu], mas a Simon and Schuster escolheu o mais modesto *Life with My Sister Madonna* [*A vida com minha irmã Madonna*].[50]

Lendo o estranho e-mail, Christopher pensou:

> Quer saber? Há muito mais coisas acontecendo no mundo dela além desse livro. Isso a deixou apavorada. Temi por ela, então enviei um e-mail uma semana antes de o livro ser lançado. Eu disse: "Eu amo você. Jamais faria algo intencionalmente para te ferir [...]. Espero que você esteja bem. Se precisar, chego aí em um segundo."[51]

Os e-mails de Madonna pararam. Foram substituídos por telefonemas de advogados que tentavam impedir a publicação do livro. O que mais magoou Christopher foi que ele esteve ao lado dela por mais de quarenta anos — metade deles profissionalmente — e ela ainda não confiava nele, achava que o irmão estava mal-intencionado, que queria revelar os mais profundos segredos dela. "O que mais a assusta é o que a torna humana", disse ele. "Não a estou derrubando do pedestal. Eu a estou ajudando, gentilmente, a voltar para a Terra. Bem-vinda à raça humana, ok?"[52]

Christopher pensou em escrever o livro ao longo de seis anos, desde que Madonna escolheu não incluí-lo na turnê Drowned World. "Eu estava com muita raiva, então escrevi a versão zangada." Após finalizar um capítulo, ele percebeu que aquela não era a história que queria contar. Em 2006, estava pronto para tentar novamente. Àquela altura, o relacionamento com a irmã havia se deteriorado tanto que "praticamente não nos falávamos".[53]

Ingrid Casares voltou a fazer parte da vida de Madonna. Christopher disse que ela pareceu querer acolhê-lo, talvez incluí-lo novamente no grupo. Ele tinha um grande trabalho de design em Miami e, em novembro de 2006, Casares se ofereceu para organizar a festa de aniversário dele.[54]

Os aniversários de Christopher na década de 1990, quando Madonna morava em Miami, foram grandes eventos sociais. Prestes a completar 46 anos, Casares organizou uma pequena festa em um hotel de Miami Beach. "Cheguei com alguns amigos", contou ele, "e ela não tinha preparado nada. Ela arranjou uma vodca barata, e fui meio babaca. Na verdade, fui um completo babaca. Perguntei: 'Que merda é essa? Eu não bebo essa vodca de merda.' Mas eu era o merda. Fui embora dizendo: 'Foda-se, estamos indo.'" Então, Christopher foi para casa e teve o que chamou de epifania.[55]

"Eu estava furioso naquela época. Era algo borbulhando dentro de mim, que irrompia de vez em quando. Eu usava muitas drogas para lidar com a dor." Naquela noite, ele reconheceu que "algo estava errado e precisava ser consertado". Enquanto isso, Casares contou a Madonna o que tinha acontecido. A cantora telefonou, indicou um psiquiatra e disse que ele precisava se tratar, porque era um viciado. Christopher não tinha certeza disso, mas sabia que precisava de ajuda. Ele parou de usar drogas e concordou em fazer terapia.[56]

Madonna já tinha ajudado em algumas intervenções, inclusive com Casares. A última ajudada tinha sido Donatella Versace. A indústria da moda, assim como a indústria da música — e todas as outras — havia se consolidado, e casas individuais como a Versace não tinham chance contra os conglomerados. Em 2004, a marca estava soterrada por dívidas e Donatella, com problemas. Com as dificuldades da empresa, o vício aumentou, e, naquele ano, ela passou a misturar cocaína e sedativos pesados. Quando as pessoas iam aos desfiles, elas o faziam em parte para ver se ela sobreviveria.[57]

Com a intervenção da família e de Elton John, ela iniciou o processo de reabilitação em junho de 2004. No segundo semestre, estava bem e forte o bastante para organizar um desfile que voltou a associar o nome Versace a elegância. Entretanto, um único desfile não podia restaurar a posição da empresa. Foi aí que Madonna entrou. Donatella pediu que ela fosse o rosto da crítica coleção 2005. No feriado de Ação de Graças, dez anos depois de sua primeira sessão de fotos, Madonna e Mario Testino se reuniram em Londres para fotografar os figurinos da marca. As fotos mostravam Madonna como executiva, chique e séria, como a nova Donatella, que permaneceria sóbria pelo resto da vida.[58]

Christopher tinha começado a usar drogas no círculo de amigos de Donatella em Miami, e Madonna também o queria sóbrio. Ele deu ao médico permissão para discutir com Madonna sobre o tratamento a que se submeteria. Mas, quando o psiquiatra e os exames de sangue concluíram que ele não era viciado, ela se recusou a acreditar. "Ela o acusou de ser uma fraude e um charlatão", contou Christopher. Ele começou a se consultar com outro terapeuta, a pedido dela. O novo terapeuta concordou que Christopher não era instável nem viciado em drogas. Madonna "discordou". Quando ela exigiu que ele procurasse outra pessoa, Christopher desligou na cara dela. "Foi quando percebi que, se eu não concordasse com ela...", contou, sem completar a frase.[59]

Christopher continuou na terapia, e a raiva que sentia diminuiu. "Foi nesse momento que percebi que precisava escrever. Precisava contar minha história", disse ele. "Porque sentia que, para o mundo, eu seria irmão dela por toda a vida. Eu tinha que criar uma mudança em minha vida. A maneira como eu vivia estava me transformando em uma pessoa horrível, para mim mesmo e para os outros."[60]

Nessa época, Christopher conheceu uma escritora britânica chamada Wendy Leigh, que concordou em ajudá-lo. "Eu estabeleci as regras. Não seria um livro do tipo 'Eu odeio Madonna'. Não é assim que me sinto." Não seria nem mesmo um livro sobre Madonna: seria sobre Christopher. "Eu sabia que podia relatar nosso relacionamento e minha posição no mundo dela e *no* mundo de forma positiva. Eu jamais a arrastaria na lama."[61]

Christopher e Leigh escreveram secretamente durante sete meses, com o temor de que Madonna tentasse impedir o projeto se soubesse a respeito. Ele ia ao apartamento de Leigh em Key Biscayne usando um nome falso: Sr. Blake. Assim, conseguiu manter o segredo até pouco antes da publicação, em 2008, quando Madonna descobriu.[62]

Ela teria se oposto de todas as maneiras. Contudo, durante um ano no qual esteve em uma montanha-russa emocional por causa da adoção de David, do casamento e da carreira, não suportou mais uma fonte de estresse.[63] Ela enviou um e-mail a Christopher com duas palavras: "Me ligue." Ele não ligou e se recusou a atender às chamadas dela. "Infelizmente, ela envolveu meu pai e começou a escrever para ele", porque o pai tinha dado a Christopher fotografias para usar no livro.[64]

Madonna, no entanto, não conseguiu impedir a publicação. *A vida com minha irmã Madonna* chegou às lojas em 14 de julho e se tornou um best-seller nos Estados Unidos e na Inglaterra. Havia pouco nele que ela não teria revelado se alguém perguntasse. O livro, todavia, descrevia as anteriormente misteriosas figuras de Christopher Ciccone e Madonna da perspectiva de um membro da família e associado próximo.

Poucas pessoas do círculo de amigos íntimos de Madonna falavam com a imprensa sem aprovação dela. Assim como outras celebridades, ela pedia que os associados assinassem contratos de confidencialidade. O livro de Christopher foi, consequentemente, o primeiro vislumbre espontâneo desse mundo. Ele foi escrito com humor e afeto, e a única pessoa retratada de maneira negativa foi Ritchie. Christopher não o poupou.

Os relatos anteriores à publicação insinuavam que o livro traria detalhes lascivos sobre uso de drogas e sexo selvagem. Não traria, mas isso não importava. Com base nesses rumores, a cantora se preparou para a "traição final" de Christopher.[65] Rosenberg publicou uma declaração no qual dizia que Madonna não tinha lido o livro, mas o achou tão "perturbador" que impediria qualquer futuro relacionamento entre os dois.[66] Ritchie o chamou de ato desesperado, negou as insinuações de que seria homofóbico e disse ao *Observer* "Seria difícil ser homofóbico e me casar com Madonna."[67]

Quando finalmente teve o livro de Christopher nas mãos, Madonna o jogou "contra a parede, de tanta raiva que senti. Então pensei: 'Ok, não estou furiosa com o livro, estou furiosa com outras coisas, e o maldito livro é a única coisa que posso atirar na parede'".[68]

A vida com minha irmã Madonna também foi publicado na semana em que os jornais trombeteavam manchetes sobre a amizade da cantora com um dos mais controversos astros norte-americanos do esporte, o jogador de beisebol do New York Yankees, Alex Rodriguez. A mulher dele pediu o divórcio e citou, entre outras supostas transgressões, um relacionamento com Madonna. Os rumores circulavam nos tabloides há semanas, mas se transformaram em notícia por causa da separação.[69]

Madonna publicou uma declaração em que negava o caso (ela dizia que jamais sairia com um homem casado), e os documentos de divórcio de Rodriguez não mencionavam nenhum *affair*, mas a história sobre Madonna era o pedaço mais suculento da matéria e foi para as manchetes.[70]

Madonna fugiu da repercussão do livro de Christopher e dos ataques mais recentes dos tabloides indo para a casa de Gwyneth Paltrow nos Hamptons. Depois de ter machucado o joelho durante os ensaios, ela recebeu um diagnóstico de anemia. Precisava restaurar a mente e relaxar o corpo,[71] já que voltaria para a estrada. A turnê estava programada para o mês seguinte e exigiria que ela se apresentasse 85 vezes, durante duas horas, no fim daquele ano e no ano de 2009.

A turnê, chamada Sticky & Sweet, era uma corporação ambulante, com uma equipe de 250 pessoas. Em função do envolvimento da Live Nation, havia muito mais pessoas em posições decisórias, principalmente quando se tratava de dinheiro. Com o ingresso a 375 dólares para os melhores lugares, o show de Madonna foi o mais caro daquele ano. (O segundo lugar foi ocupado por Elton John.)[72] Mesmo assim, a equipe se sentiu trapaceada em função das acomodações desconfortáveis e dos voos de baixo custo. Na segunda parada, Nice, alguns membros ameaçaram pedir demissão.[73]

Em 23 de agosto, em Cardiff, País de Gales — a noite de abertura —, também houve resmungos no estádio. A plateia esperou por noventa minutos, e as brincadeiras iniciais se transformaram em vaias. Quando Madonna apareceu, a escala e a intensidade da performance apagaram as preocupações com o preço dos ingressos, as babás esperando em casa e a necessidade de acordar cedo no dia seguinte. A produção era extraordinária.[74]

Pessoas procurando rostos familiares teriam encontrado poucos. Jamie King era o diretor da turnê, mas Kevin Antunes substituiu Price como diretor musical. Ele era da equipe de Justin Timberlake e havia trabalhado com o cantor durante nove anos, inclusive como diretor musical da bem-sucedida turnê de 2007 FutureSex/LoveShow.[75]

O único membro da antiga banda era Monte Pittman. Nicki Richards voltou aos vocais de apoio, mas Donna De Lory foi substituída por Kiley

Dean, que participou da turnê de Britney Spears e assinou a capa de um disco de Timbaland. Também ausente estava Gaultier. Arianne Phillips reuniu um grupo de designers e *maisons* para ser a cara da turnê: Riccardo Tisci, da Givenchy; Tom Ford; Miu Miu; Stella McCartney; Moschino; Yves Saint Laurent; Roberto Cavalli; e Jeremy Scott.[76]

A equipe de dança também trazia novidades. Stefanie Roos retornou como coreógrafa, mas tinha 24 outros profissionais trabalhando com ela para desenvolver movimentos especializados. No palco, cinco dançarinos das turnês Re-Invention e Confessions estavam de volta, mas 12 outros eram novos.[77]

Tudo sobre a turnê parecia maior, mais profissional e mais complexo. O desafio para Madonna era fazer um show gigantesco e, mesmo assim, conectar-se com a plateia — ou seja, infundir em uma vasta produção a intimidade que os fãs esperavam.

Como o concerto era uma produção de King, os vídeos eram fundamentais. Sticky & Sweet tinha 17 telões. Os três maiores, que mediam 6 metros quadrados, podiam ser unidos para formar uma imagem gigantesca. Também havia três imensos telões circulares que desciam acima do palco. Jason Harvey, que gerenciava a produção com uma equipe própria, disse que havia somente cinco minutos do show sem vídeo, "quando Madonna está conversando com a plateia".[78]

Os telões, que eram usados como pano de fundo para criar a ilusão de espaço ou expressar mensagens, acabaram se tornando dispositivos para os colaboradores que não conseguiram participar da turnê. Também foram usados tanto atrás quanto na frente dos artistas, a fim de cercá-los de recursos visuais.

O primeiro ato, chamado *pimp*, começou com breves notas de "4 Minutes" e luzes e imagens inebriantes, até que o palco girou e Madonna surgiu sentada em um trono (parecendo muito com Prince), cantando "Candy Shop" e dando nova vida à canção.[79] Na verdade, um dos aspectos mais excitantes do concerto foram as canções de *Hard Candy*. A monotonia que caracterizava o álbum desapareceu. Novos arranjos e a performance dela as transformaram em "músicas de Madonna". "Beat Goes On", a segunda música do setlist, tornou-se um convite para dançar. Pharrell Williams se uniu a Madonna, por vídeo, na apresentação. Era um pouco estranho vê-lo flutuando sobre todos como um fantasma, mas, depois que a plateia viu aparições similares na forma de Kanye West durante a mesma canção, começou a parecer menos sobrenatural.[80]

Após apresentar duas músicas do novo álbum, Madonna pegou uma guitarra e cantou "Human Nature", com imagens de Britney Spears presa em um elevador projetadas nos telões. A decisão de mostrá-la durante o famoso número de "não pedirei desculpas" foi uma referência aos problemas enfrentados pela jovem cantora pop. Ela passou por uma série de crises, entre elas a perda da custódia dos filhos em uma batalha legal e escândalos que envolveram álcool e drogas. Na época em que foi mostrada no vídeo, ela estava tentando se restabelecer. Despenteada, mas sorrindo enquanto o elevador representava os altos e baixos da vida que levava, ela estava abalada, mas disposta a sobreviver.[81]

A seção seguinte, da velha guarda, começou com imagens no estilo de Keith Haring e Madonna pulando corda e cantando "Into the Groove", a canção escrita com Steve Bray tantos anos antes. A cena no palco recriava o Roxy, onde jovens vestidos com roupas de academia dançavam, e muito, na pista de dança.[82] A canção "Heartbeat", de *Hard Candy*, veio em seguida. Ela falava de se sentir viva na pista e lembrava os clubes nova-iorquinos nos quais "Madonna" como o mundo a conhecia tinha nascido.[83]

Permanecendo naquela era, Madonna apresentou uma versão rock de "Borderline" que transformou a canção de amor infantil no hino de uma mulher furiosa. "She's Not Me", mostrando uma Madonna muito atrevida denunciando uma rival — ou recém-chegadas à música pop tentando substituí-la — veio em seguida. Durante a música, quatro dançarinas interpretaram personagens icônicos de "Material Girl", "Open Your Heart", "Like a Virgin" e "Express Yourself". Ela as revelava como impostoras. Incapaz de seduzi-las ou destruí-las, fez um escândalo coreografado no palco.[84]

Uma dupla de dançarinas japonesas que Madonna havia descoberto no YouTube, Riki "Rickiccho" Onodera e Yuki "Da-Yoshi" Yoshida, distraiu a plateia durante um interlúdio com fusão de "Rain" e "Here Comes the Rain Again", do Eurythmics. Madonna retornou com uma balada, "Devil Wouldn't Recognize You", cantada em cima de um piano. Mais uma vez, uma canção de *Hard Candy* se tornou musicalmente mais complexa, e a apresentação cheia de nuances deu à letra, sobre o fim de um relacionamento, o peso que ela merecia.[85]

Essa música introduziu o segmento "cigano" do concerto. Ele poderia ter sido chamado de segmento mundial, porque Madonna percorreu culturalmente o globo, começando com "Spanish Lessons" e continuando com "Miles Away". Com ela no palco, havia um trio de músicos romanis que ela conheceu na última festa de aniversário, por intermédio de um amigo, o músico e ator Eugene Hütz. Alexander Kolpakov, o mais famoso guitarrista romani da Rússia; o sobrinho guitarrista dele, Vadim Kolpakov; e o violinista Arkady Gips a acompanharam em "You Must Love Me" e em uma versão romani de "La Isla Bonita".[86]

Entre o segmento cigano e a parte final do concerto, o segmento rave, a plateia ouviu um mashup gravado de "4 Minutes", "Give It 2 Me", "Voices" e "Beat Goes On", enquanto nos telões era exibido um clipe filmado por Steven Klein para uma canção chamada "Get Stupid". Enquanto o clipe criticava o vício da sociedade ocidental em combustíveis fósseis, bens de consumo baratos e dinheiro rápido, a voz de Madonna chamava à ação política repetindo "It's time" [está na hora], "Let's go" [vamos lá], "Use your mind" [use a cabeça], "Before it's too late" [antes que seja tarde]. Havia bons motivos para a urgência. Em 2008, houve tremores nos mercados financeiros dos Estados Unidos, e alguns economistas previam um terremoto.

O clipe foi a única parte controversa do concerto. Ele opôs mocinhos e bandidos, posicionando o candidato presidencial norte-americano John McCain na galeria que incluía Adolf Hitler, Robert Mugabe, do Zimbábue, e o aiatolá Ali Khamenei, do Irã, cujas fotos eram intercaladas com cenas de guerra, conflitos civis e fome. O conjunto subsequente de imagens mostrava os pacificadores: Madre Teresa, Gandhi, Nelson Mandela e Barack Obama, cuja imagem, repetida em vários telões, encerrava o clipe.

Hillary Clinton desistiu de seguir com a campanha presidencial em junho. Obama era um oponente formidável e uma figura singular na história norte-americana, mas Clinton teria perdido mesmo para um oponente mais fraco. Os Estados Unidos não estavam prontos para uma líder mulher.[87] Na ausência dela, Madonna se tornou fervorosa apoiadora de Obama e, embora ele sem dúvida apreciasse isso, não aprovou o vídeo exposto no concerto. A campanha dele criticou oficialmente a maneira como o rival político, McCain, foi retratado.[88]

Então, foi feita uma transição para "4 Minutes", que mostrava Timbaland e Timberlake nos telões. Madonna e os dançarinos, trajados com *shoulder pads* de futebol americano, dançaram com eles. Então, tendo trocado os *shoulder pads* por um peitoral metálico, Madonna ressurgia como uma Joana d'Arc futurista para cantar "Like a Prayer" enquanto mensagens inspiradoras em várias línguas piscavam atrás dela. O encerramento do concerto, com "Give It 2 Me", foi eletrizante. Enquanto Madonna dançava no palco, ninguém duvidou quando ela declarou, na canção, que não podia ser impedida.[89]

A apresentação durou duas horas. Não houve travessuras aéreas nem passagens elevadas, e somente uma passarela levava até o centro da plateia. Com exceção dos telões, o show apresentou músicas e danças da velha guarda, e foi extraordinário. Ela escolheu canções do último — e talvez pior — disco e as recriou. Apresentou-se em arenas imensas e palcos com dúzias de pessoas e, mesmo assim, fez um show íntimo. Conectou-se com a multidão de uma maneira que não fazia desde The Girlie Show — conversou com os fãs, aceitou pedidos e cantou com eles. Durante aquele período, ela precisava desse amor.

O filme de Ritchie, *RocknRolla: A grande roubada*, foi lançado em 1º de setembro na Inglaterra, com indicações da Warner Bros. de que não seria lançado em todas as salas dos Estados Unidos e a promoção seria limitada.[90]

Madonna tinha dois dias livres entre os shows e voou de Zurique para Londres a fim de estar com ele no tapete vermelho. Ela chegou uma hora atrasada, enquanto ele esperava na frente do Odeon em Leicester Square, fazendo piadas sobre a ausência da esposa. Na festa após a première, ela permaneceu por um breve momento, porque partiria para Amsterdã no dia seguinte, a fim de continuar a turnê, mas a imprensa retratou a partida como descaso em relação a Ritchie.[91]

Um mês antes, ele havia organizado a festa de 50 anos dela em um clube londrino chamado Volstead. Descrito como uma reunião íntima para noventa pessoas, a festa incluía os três filhos de Madonna e parecia uma última tentativa de reconciliação. Ritchie não poupou despesas: 100 mil libras pela festa, 250 mil libras por um conjunto de colar e bracelete da Bulgari, 450 mil libras por um retrato de Madonna feito por Banksy. Até mandou escavar um jardim em Ashcombe a fim de que ela pudesse cultivar vegetais orgânicos. Fazendo um brinde, ele disse: "Estou muito orgulhoso. Eu a amo muito."[92] O sentimento por trás do gesto era um mistério para os observadores. Na verdade, o relacionamento tinha chegado ao fim. Não existia mais Sra. Ritchie.

Após 17 apresentações na Europa, a turnê Sticky & Sweet chegou aos Estados Unidos em outubro. Logo depois, enquanto Madonna se apresentava em Boston, Rosenberg tornou oficial o que a imprensa britânica já noticiava: Madonna e Ritchie haviam concordado em se divorciar.[93] Eles planejavam postergar o anúncio até o fim da turnê, mas os amigos do diretor disseram à imprensa que ele queria que tudo terminasse logo.[94]

Antes de se casarem, quando a questão do acordo pré-nupcial foi mencionada, Ritchie declarou: "Não quero um único centavo se o casamento acabar." Ele até se ofereceu para sustentá-la se eles se separassem. Essas observações haviam sido feitas durante o auge.[95] Os tempos haviam mudado. Segundo um amigo de Madonna, "Guy se sente no direito de exigir muito dinheiro dela. Sente que eles romperam uma sociedade e, quando isso acontece, as coisas são divididas". A questão se resumiria ao direito inglês, que poderia conceder a Ritchie metade da fortuna de Madonna, estimada em 380 milhões de libras (600 milhões de dólares).[96]

Naquele momento das negociações, contudo, o dinheiro era menos importante que os filhos. Madonna tinha a custódia integral de Lourdes, seguindo o acordo feito com Carlos Leon, mas dividia a custódia de Rocco e David com o diretor.[97] Consciente de que a notícia sobre o divórcio era global, uma semana após o anúncio ela enviou dois representantes ao Maláui para conversar com Yohane Banda, explicar a situação e garantir que o bem-estar de David não seria afetado.[98]

Ritchie, por sua vez, começou a filmar *Sherlock Holmes* na Inglaterra, "aliviado", disse um amigo, "por não precisar fingir". Os tabloides acolheram o camarada magoado e retrataram Madonna como uma velha controladora e carente. O único crime de Ritchie nessa narrativa era passar tempo demais no pub.[99] Felizmente para Madonna, ela foi poupada disso. Estava em Nova York com os filhos, que ajudaram a mantê-la equilibrada. Assim como a turnê. "Ela me disse na noite passada que esquece todos os problemas quando sobe ao palco. Fora do palco, volta à realidade", contou uma fonte à revista *People* nessa época.[100]

Sticky & Sweet levou Madonna a San Diego em 4 de novembro, o dia em que os Estados Unidos se viram prestes a fazer história, com a possibilidade de eleger o primeiro presidente afrodescendente do país. A esperança que Obama inspirava em uma época de tumulto social e financeiro era palpável. Naquele outono, a catástrofe que alguns economistas temiam ocorreu: o gigante bancário Lehman Brothers entrou em colapso, causando a pior crise financeira global desde a Grande Depressão da década de 1930.[101]

Em outubro, nos Estados Unidos, o sistema financeiro colapsou, bancos faliram, empresas quebraram, 10 milhões de pessoas perderam suas casas e 9 milhões, o emprego. Na Europa ocidental, países foram afetados, causando crises que durariam anos. O sacrifício e o sofrimento couberam a pessoas que não tinham relação alguma com as causas do problema. Os Estados Unidos e o mundo estavam desesperados à procura de uma recuperação — e os apoiadores de Obama acreditavam que ele poderia ser o que buscavam. Quando as redes de TV noticiaram a derrota de John McCain, todos no país e no mundo ficaram felizes.

Madonna soube da vitória pouco antes de entrar no palco. "Eu disse: 'Parece que estou vivendo um sonho.' Então me ajoelhei e beijei o chão."[102] Ela entrou saltitante no palco, gritando para a multidão "Estou feliz pra caralho! Uau!", mas não disse por quê. Depois de 45 minutos, perguntou: "Vocês estão tão felizes quanto eu? [...] Um viva para Obama! Este é o melhor dia da minha vida." Em homenagem ao novo presidente, ela acrescentou "Express Yourself" à lista de músicas daquela noite. A multidão cantou com ela.[103]

Ao fim do concerto, três imensas imagens de Obama apareceram nos telões atrás do palco, juntamente com as palavras VENCEMOS. Madonna encerrou o show com as seguintes palavras: "Obrigada, obrigada, obrigada por tornarem isso possível." Na Califórnia de tendências mais liberais, os pronunciamentos dela foram saudados com gritos e ovações. Uma jovem mãe disse a um repórter local: "Esse é um momento crucial na minha vida, ouvi Madonna dizer que Barack será o próximo presidente [...]. Não tem como ser melhor: meu passado (Madonna) apresentando meu futuro (Obama)."[104]

A turnê de Madonna continuou pelos Estados Unidos, com energia renovada. A amarga sombra do divórcio foi substituída por uma vitória muito maior. Madonna respondia à luz, que era representada por Obama.

Ela se preparou para voltar a morar nos Estados Unidos, que voltava a ser um país do qual podia se orgulhar.

Cobrindo o show de 26 de novembro para o *Miami New Times*, Jose Duran escreveu:

> Estou quase convencido de que o show de Madonna é o mais surpreendente que já vi. Não de maneira musical, [...] mas por causa dela própria [...]. Madonna entrou no palco dançando hoje à noite e só parou depois que as regras comuns da biologia teriam derrubado qualquer artista em sã consciência.[105]

Após todas as apresentações, Madonna ficava imersa em uma banheira cheia de gelo por dez minutos. "Sou uma profissional", disse ela. "Meus tornozelos são enfaixados antes dos shows e faço tratamentos e fisioterapia. Isso vem de anos e anos dançando de salto alto, o que não é bom para os joelhos. Todos os dançarinos têm sequelas, e aprendemos a lidar com elas."[106]

A turnê passou para o México e depois a América do Sul, onde Madonna se apresentou na Argentina, no Chile e no Brasil, para multidões tão grandes que shows extras foram acrescentados ao cronograma. Ela não ia à Argentina havia quase 13 anos, desde as filmagens de *Evita*. Nesse ínterim, o país tinha eleito uma presidente, Cristina Fernández de Kirchner. Ela convidou Madonna para uma visita ao palácio presidencial, a fim de se reunir com ela e a ex-candidata à presidência da Colômbia Ingrid Betancourt, libertada havia pouco tempo após seis anos como refém do grupo guerrilheiro Farc.[107]

As manchetes da imprensa argentina que relataram o encontro diziam TRES MUJERES — três mulheres. Betancourt comentou: "Quem já não dançou ouvindo Madonna? [...] Foi um belo momento, porque, quando a vi, pensei: 'Que curioso. Estou no palácio onde Evita viveu, e foi ela quem a interpretou num filme.'"[108]

Mais tarde, no estádio do River Plate, diante de quase 70 mil pessoas, Madonna lembrou em canções os momentos que passou como Eva Perón. Quando cantou "You Must Love Me", do filme, a resposta em Buenos Aires foi um silêncio durante os primeiros segundos, enquanto a multidão processava o que estava ouvindo. Então, em vez de celebrar, a plateia berrou, e muitos choraram. A canção terminou com coros de "Amamos você, amamos você".[109]

Para essa plateia, Madonna interpretou uma canção extra: "Don't Cry for Me Argentina". Mais um silêncio, dessa vez seguido por um rugido. Não era Eva Perón cantando para seu povo; era Madonna cantando para seus fãs. William Langley, no *Daily Telegraph* daquele agosto, descreveu a cantora como tendo "mudado a história social do mundo, feito mais coisas, com diferentes personas, que qualquer outra pessoa provavelmente fará".[110]

Capítulo 51

Londres, Lilongué, Marselha, Bucareste, Rio de Janeiro, 2009

> Mostre-me o maldito muro que terei que atravessar para chegar aonde quero estar e eu o derrubarei com unhas e dentes, se precisar.[1]
>
> — *Harry Crews*

Em janeiro, com o divórcio finalizado, Madonna começou a recolher os cacos da vida pessoal. Ela ainda tinha o apartamento em Nova York, comprado durante o casamento com Sean Penn, a casa em Beverly Hills e a casa em Londres. Guy Ritchie ficou com Ashcombe, em Wiltshire, uma casa em Londres e o pub Punchbowl. Liz Rosenberg disse que, incluindo essas propriedades, ele saiu do casamento com 60 milhões de libras — cerca de 92 milhões de dólares. Foi a maior quantia que um homem já recebeu de uma mulher em um acordo de divórcio.[2]

Dias depois da divulgação desse valor, o lado de Ritchie protestou que a quantia estava "errada". Em seguida, Madonna e Ritchie publicaram uma declaração conjunta na qual diziam que os números publicados eram "inexatos" e os detalhes financeiros permaneceriam em sigilo.[3] Entretanto, para quem conhecia a cantora, a declaração conjunta e as negativas pareceram vazias.

Rosenberg era relações-públicas de Madonna havia duas décadas. Ela não teria publicado detalhes inexatos em uma matéria daquela magnitude. Também não o teria feito sem permissão de Madonna.[4] Uma fonte disse ao *Guardian* que os números foram divulgados porque "todo mundo, no Reino Unido e fora daqui, achava que Guy não tinha pedido dinheiro".[5] Brincando sobre o acordo anos depois, Madonna comentou: "Quando penso nisso, nem que seja por cinco segundos, é mais do que consigo suportar. Ele merecia 100 milhões de dólares por me aguentar? Porra, se eu soubesse que ele exigiria tudo isso, teria sido *muito pior* com ele. *Muito pior!*"[6]

Um aspecto do divórcio que não foi disputado foram as crianças. Ambos concordaram em partilhar a custódia de Rocco e David, que se dividiriam entre a Grã-Bretanha e os Estados Unidos. A custódia não compartilhada de Lourdes não estava em questão.[7]

Não havia dúvida de que o divórcio foi angustiante. Ele representava a morte do amor entre dois adultos. Significava a morte de uma família para as crianças envolvidas. Significava um fracasso, tanto pessoal quanto espiritual. O rompimento era inevitável, mas os dois — a despeito das diferenças — ainda sentiam afeto um pelo outro, o que tornou tudo ainda mais devastador.[8]

Perto do fim do casamento, Madonna tinha começado a escrever um roteiro para o filme que esperava fazer sobre uma divorciada norte-americana que, em 1936, fez um rei inglês desistir do trono. Ela ficou um pouco obcecada com a história de Wallis Simpson e do rei Edward VIII desde que pusera os pés em Londres. "Na Inglaterra, as pessoas ainda falam dela", contou Madonna.[9] Quando ela mencionava o duque e a duquesa de Windsor em jantares, era como "jogar um coquetel-molotov na mesa. Subitamente, todo mundo começava a discutir sobre eles".[10] "Decidi pesquisar e aprender sobre a família real."[11]

Após se demorar no tema e ler todos os livros que pôde encontrar sobre os Windsor, Madonna concluiu que a história geralmente aceita sobre a abdicação de Edward era distorcida. Ela acreditava que Simpson fora reduzida ao clichê de sedutora má e Edward a algo menos que humano, porque, como membro da realeza, era considerado algo mais.[12] Ela também ficou impressionada com o romance. "Os homens querem poder e matam para consegui-lo. Quantas guerras foram iniciadas por um trono? E eis aqui um homem que se afastou dele por amor. A romântica que há em mim gostaria de ser tão amada assim."[13]

De certa forma, ela sentia uma enorme simpatia por Simpson, que, quando foi escolhida por Edward em detrimento do dever para com o país, tornou-se "a mulher mais odiada do mundo".[14] A maioria das descrições do relacionamento Wallis-Edward focava no que *ele* sacrificou. Madonna reconheceu o que Wallis, como amante da liberdade, perdeu ao ficar com o rei caído. Ela seria para sempre "aquela mulher". Jamais seria ela mesma.[15]

Para recontar a história, Madonna usou emprestado um recurso narrativo da autora A. S. Byatt. Em seu premiado livro de 1990, *Possessão*, Byatt conta a história de um romance entre dois poetas fictícios do século XIX, vistos pelos olhos de dois eruditos modernos que pesquisam as obras de ambos. Ao longo do livro, a vida dos quatro personagens se entrecruzam conforme o passado influencia o presente. Madonna faria o mesmo. Os espectadores descobririam Wallis e Edward através dos olhos de uma nova-iorquina do fim do século XX, presa a um casamento infeliz, que (como Madonna) fica obcecada com Simpson e pesquisa a vida da outra mulher a fim de encontrar forças para sobreviver à própria realidade.

Madonna não queria fazer um "filme de mulher", assim como não quis fazer declarações feministas em suas músicas. No entanto, em ambos os casos, foi o que aconteceu. "Acredito que, algumas vezes, não estamos sempre no comando de tudo que fazemos criativamente", disse ela. "Nós nos submetemos a certas coisas conforme prosseguimos em nossa jornada. Wally [a personagem moderna do filme] estava aprendendo sobre si mesma, assim como eu — com minha jornada e a jornada de todas as mulheres. Não consigo trabalhar de outra maneira."[16]

Após o divórcio, Madonna começou a trabalhar intensamente no projeto e escrevia durante o dia para poder ficar com os filhos à noite.[17]

Em março, um juiz de Nova York aprovou o acordo de custódia que Madonna e Ritchie haviam feito na Grã-Bretanha. Isso significava que ela podia levar para casa a criança na qual já pensava como filha: Chifundo (Mercy) James, de 3 anos. A avó e o tio de Mercy, Lucy Chekechiwa e Peter Baneti, haviam concordado com a adoção.[18]

Madonna disse que "vestiu a armadura" e se preparou para lutar contra as mesmas forças que tentaram impedi-la de adotar David.[19] Em um e-mail enviado ao ator Ben Fellows enquanto ela viajava para o Maláui a fim de fazer a solicitação formal de adoção, Madonna escreveu: "Que a tempestade comece."[20] E não demorou muito.

Organizações de caridade voltaram a se pronunciar contra uma suposta infração ao sistema legal do Maláui.[21] A imprensa norte-americana e a britânica publicaram novas diatribes contra ela. A colunista Sue Carroll, que escrevia para o *Daily Mirror* de Londres, destacou-se por ser tão estridente.

> Essa mulher cada vez mais desesperada é incapaz de fazer alguma coisa — quem dirá adotar outra pobre criança — com um mínimo de decoro [...]. Aqui [na Inglaterra], uma mãe solo com três filhos de pais diferentes e uma autoestima gigantesca teria tantas chances de adotar quanto o Estripador de Yorkshire — e talvez isso seja uma boa coisa.[22]

Ignorando esse tipo de matéria, Madonna e os filhos chegaram a Lilongué em 30 de março, para uma audiência com a juíza Esme Chombo, do Supremo Tribunal de Justiça do Maláui. Após declarar suas intenções, Madonna foi informada de que saberia a posição do tribunal naquela mesma semana.[23]

O governo malauiano apoiou a solicitação da cantora, dizendo que ela havia ajudado mais de 25 mil órfãos por meio de doações e provado ser uma boa mãe para David.[24] O clima político do país, porém, tinha mudado em meio a escândalos de corrupção e supostas tentativas de golpe. Além disso, as consequências da adoção de David ainda se faziam sentir. Os residentes urbanos e educados do país ainda suspeitavam dos motivos dela, que tinha se tornado uma mãe solo divorciada. No predominantemente cristão Maláui, isso complicaria a adoção.[25]

O jornalista Jacques Peretti foi até lá a fim de produzir um documentário sobre a adoção de Mercy para o Channel 4 britânico. Ele visitou os lugares e as pessoas que se beneficiavam com os projetos mantidos e organizados pela cantora, e descobriu que, na área rural, as pessoas a reverenciavam. Ela era conhecida como "'Ma Donor', a Doadora", "praticamente uma figura sagrada". Peretti disse que muitas pessoas que acompanhavam a adoção de Mercy a imaginavam como "a próxima Barack Obama".[26]

Madonna não pensava em si mesma como uma salvadora. Ela admitiu que, ao chegar em 2006, pensou: "'Preciso ajudar, preciso salvar essas pessoas. Ei, espere aí. Acho que é o contrário. Elas podem acabar me salvando.'" Ela pensava em si mesma como suplicante e estudante querendo compartilhar o que tinha, não somente para atender a uma necessidade, mas também para expressar gratidão.[27]

Cinco dias depois da audiência com a juíza Chombo, os advogados de Madonna foram convocados ao Supremo Tribunal de Justiça enquanto ela permanecia no Kumbali Lodge, perto da capital, com Mercy, David, Rocco e Lourdes, preparando-se para a celebração.[28] A juíza, contudo, precisou recusar a solicitação.[29] Citando o requerimento de que a mãe adotiva morasse no país por 18 meses, ela disse que isso era necessário para proteger as crianças do tráfico infantil, e ignorar tal requerimento nesse caso específico poderia abrir caminho para "indivíduos inescrupulosos".[30] A juíza também comentou que Madonna era mãe solo.[31]

Chombo reconheceu que a família de Mercy e outras "pessoas bem-intencionadas" estavam ávidas para que a criança experimentasse as "oportunidades ilimitadas" resultantes de uma adoção como aquela. Ao decidir pela permanência da criança no Maláui, ela rezava para que Mercy estivesse entre aqueles que se beneficiariam da generosidade de Madonna no país.[32]

Os defensores dos direitos humanos celebraram a decisão, mas os malauianos reunidos em frente ao tribunal, não. "Madonna daria a essa criança a chance de uma vida", disse um deles. "Agora ela pode abandonar nosso país."[33] Um dos advogados de Madonna, Alan Chinula, correu até Kumbali Lodge para informá-la. Quando soube, ela gritou de pesar e descrença, segurando a cabeça entre as mãos e perguntando "O quê?!". "Ela torceu as mãos e escondeu o rosto", disse uma fonte. "Estava em choque." Ela também não sabia como dar a notícia aos filhos, que já tratavam Mercy como irmã.[34]

É revelador o fato de, nas lembranças de Madonna sobre a decisão da juíza, ela ter ficado mais indignada com o comentário sobre o status marital dela, que supostamente a impedia de ser uma boa mãe. Vários anos depois, ela ainda não tinha se conformado. Ao se recordar daquele momento, disse: "Ela me informou que, como mulher divorciada, eu não estava apta a criar filhos, e Mercy James estaria melhor crescendo em um orfanato."[35]

Madonna decidiu apelar na mesma hora. "Se você não me der uma razão lógica para a palavra 'não', eu não a aceitarei." Após fazer arranjos para que Mercy permanecesse no Kumbali Lodge com uma enfermeira e uma babá e contratar advogados para representá-la no Tribunal de Apelações do Maláui, a cantora deixou o país.[36]

Forças de segurança bloquearam os jornalistas no aeroporto do Maláui enquanto o *entourage* dela passava por áreas em que se viam caixões nas laterais da estrada com corpos de adultos. Os órfãos do país eram enterrados em valas comunitárias.[37] Essas imagens assombraram Madonna enquanto voava para casa sem Mercy.

"A última semana foi uma das mais difíceis da vida de Madonna", comentou uma amiga quando a cantora chegou a Londres.[38] Ela não podia discutir publicamente a apelação, mas, mesmo assim, escreveu uma carta ao jornal malauiano *The Nation* expondo seus argumentos.

> Quero fornecer a Mercy um lar, um ambiente familiar amoroso e a melhor educação e a melhor assistência médica possíveis [...]. Tenho a esperança de que ela, assim como David, um dia retorne ao Maláui para ajudar as pessoas do país em que nasceu.[39]

A apelação seria analisada por três juízes em Blantire, em 4 de maio. Madonna argumentou que as leis de adoção da década de 1940, as quais exigiam residência prolongada, eram "arcaicas". Sobre ser mãe solo, disse que, ao longo dos séculos, mulheres criavam filhos sozinhas, e citou a si mesma — mãe solo de três crianças — como exemplo. Os advogados também argumentaram que o comprometimento da cantora com o país e o apoio que ela dava às crianças malauianas significavam que devia ser tratada como residente.[40]

Então, dois dias antes de os juízes se pronunciarem sobre a apelação, o pai de Mercy reapareceu e quis a custódia da filha. James Kambewa havia desaparecido três anos antes, depois que a namorada e colega de escola dele, Mwandida Maunde, de 14 anos, morreu dias após o parto de Mercy. Os moradores de Zaone arrecadaram dinheiro para enviar Maunde à escola, na esperança de que retornasse como médica. Em vez disso, ela engravidou e morreu, e eles acusaram Kambewa, de 18 anos, de "enfeitiçá-la". Temendo ser morto, ele fugiu. Disse não saber que Mercy estava viva até ser encontrado pelo repórter de um tabloide britânico. Os juízes que analisavam o recurso de Madonna postergaram a sentença por um mês, a fim de considerar a petição do pai. No fim, Kambewa decidiu não solicitar a custódia.[41]

Finalmente, em 11 de junho, o Supremo Tribunal de Apelações decidiu a favor de Madonna. Ao anular a decisão da instância anterior, o juiz Lovemore Munlo afirmou: "Consideramos Madonna uma pessoa compassiva, inteligente e articulada. A adoção de Mercy James não é um ato egoísta. Nenhuma família malauiana expressou intenção de adotá-la." No fim das contas, a decisão se resumiu ao futuro de Mercy: "Permanecer no orfanato, sem o amor de uma família e com a possibilidade de destituição, ou ficar com Madonna, com a qual receberá amor. Toda criança tem direito a amor."[42]

Madonna recebeu a notícia de madrugada, em Nova York, quando o advogado Alan Chinula telefonou do Maláui. Ela gritou de alegria. "Eu lutei por Mercy e venci."[43] "Apanhei como uma condenada, mas não sofri tanto." E acrescentou: "Não lamento nem um momento da luta."[44] O tio de Mercy, Peter Baneti, disse que a família também estava feliz e esperava que "Mercy se una a Madonna em breve".[45]

Madonna e os filhos viajaram para o Maláui a fim de buscar Mercy e oferecer uma festa de agradecimento para quem possibilitou que a adoção fosse possível, além de ajudar a organização filantrópica Raising Malawi. Em 20 de junho, de volta a Londres, uma fonte próxima à cantora a citou da seguinte maneira: "Minha família finalmente está completa. Estamos todos juntos." Para que ela tivesse tempo com Mercy, Ritchie levou os meninos para o campo no fim de semana, e as três mulheres Ciccone ficaram na cidade.[46]

Madonna descreveu sua casa como

> um anúncio da Benetton. Tenho babás francesas, seguranças israelenses, assistentes argentinos e porto-riquenhos, um assistente e um chef japoneses e outro chef italiano. É maravilhoso, eu adoro. Não faria nada diferente. Minha vida é uma cacofonia de diferentes idiomas e sons.[47]

Essa cacofonia ocorria na casa de Londres e na casa comprada no começo daquele ano no Upper East Side, em Manhattan. A propriedade tinha 13 quartos, um grande jardim e elevador.[48] "Ela a vê como um novo capítulo em sua história", confidenciou um amigo. "Ela está com todos os filhos e superou o divórcio. A nova casa significa um novo início para a família [...]. Um excelente lugar para criar novas memórias."[49]

Ainda em Londres, Madonna começou a se preparar para o segundo estágio da turnê quando soube da morte de Michael Jackson. Quando era criança em Michigan, ela foi inspirada e se sentia desafiada por ele. Já adulta na Califórnia, eles se tornaram amigos em um momento de vulnerabilidade dele, que corria o risco de ser esmagado pelo peso do próprio talento e de se perder na irrealidade da fama.

Desde 1969, ao cantar "I Want You Back" no *Ed Sullivan Show* com os irmãos, Michael, então com 11 anos, se tornou um fenômeno. Segundo Madonna, "a música dele tinha uma camada extra e inexplicável de magia, que fazia com que você não somente quisesse dançar, mas também acreditasse que podia voar, sonhar, ser qualquer coisa que quisesse".[50] A voz, os movimentos e o espírito dele exalavam alegria e otimismo após uma década de protestos, assassinatos, tumultos e guerra. A criança havia indicado o caminho. Outras crianças no mundo o ouviram, viram-se nele e ganharam coragem, entre elas Madonna.

O jovem Michael Jackson continuou a criar obras-primas do pop que transformavam vidas, mas, em meados da década de 1990, era impossível separar a arte dele dos escândalos. Foi durante essa década que surgiram rumores de abuso sexual de crianças nos tabloides. Em 2003, ele foi preso. Frank Rich, do *New York Times*, descreveu a orgia midiática que cercou a prisão como "conto moral vulgar e sem heróis". A imprensa estava *ultrajada* com a suposta depravação dele e, apesar disso, não parava de falar dela, com a inclusão de detalhes lascivos. Quando Jackson foi inocentado, em 2005, as acusações já haviam se transformado em legado. Michael Jackson, o artista genial, era um parente distante de Michael Jackson, o suposto pedófilo.[51]

Em 2009, após anos de relativa reclusão pessoal e criativa, Jackson decidiu reaparecer em grande estilo, com uma turnê global. A pressão era enorme, porque as expectativas eram muito altas. Aos 50 anos, ele estava exausto, mas não conseguia dormir e tomava um coquetel de sedativos, juntamente com o poderoso anestésico propofol. Em 25 de junho, essa combinação o matou. A causa oficial da morte foi ataque cardíaco causado pelos medicamentos. O médico que os prescreveu foi condenado por homicídio culposo.[52]

Poucos amigos do mundo do entretenimento se mostraram dispostos a defendê-lo durante as acusações. Elizabeth Taylor e Madonna foram duas. Ao saber da morte dele, ela não parou de chorar.[53] "A primeira coisa em que pensei foi na palavra 'abandono'", disse ela. "Senti que o abandonamos, que o colocamos em uma caixa e o rotulamos como uma pessoa estranha."[54] Os filhos de Madonna, jovens demais para entender o escândalo, eram "obcecados por Michael Jackson". Sobre Jackson, Madonna disse: "Vida longa ao rei."[55]

A turnê Sticky & Sweet foi retomada na Europa em 4 de julho. Querendo manter a família por perto, ela arrumou as malas das crianças e foi para a estrada.[56] Seria a introdução da pequena Mercy ao mundo da mãe, viajando por Inglaterra, Itália e França; rumavam para leste, até Romênia, Hungria, Estônia e Sérvia; e depois para o norte, até Finlândia, Suécia e São Petersburgo, na Rússia. Um milhão de ingressos, que chegavam ao valor de 100 milhões de dólares, foram vendidos em poucos dias.[57]

Era quase inevitável um show desse tamanho, viajando por tantos meses, encontrar problemas. Às vezes, era os telões. Em outras, o som. Em 16 de julho, em Marselha, ocorreu uma tragédia. Enquanto o palco era construído no estádio Velodrome, parte do teto desabou e um guindaste tombou, matando o francês Charles Criscenzo, de 52 anos, e o inglês Charles Prow, de 23 anos. Oito pessoas ficaram gravemente feridas e mais de trinta tiveram ferimentos leves.[58]

Quando soube, Madonna estava em Udine, na Itália, preparando-se para a apresentação daquela noite. No palco, ela interrompeu o concerto e disse, mal contendo as lágrimas: "Eu quero prestar tributo a duas pessoas que perderam a vida hoje [...]. Fico devastada frente ao sofrimento de qualquer pessoa. Vamos orar por Charles Criscenzo e Charles Prow."[59]

O concerto em Marselha foi cancelado. Em vez de se apresentar, Madonna se reuniu com a família de Criscenzo e visitou os membros da equipe que recebiam tratamento em dois hospitais da cidade. Ela entrou e saiu de todos esses lugares sem fazer um comentário para a imprensa e sem escolta oficial, com exceção de um guarda-costas.[60] Posteriormente, encontrou-se com Faith Prow, mãe do jovem britânico que também morreu no acidente, em Marselha. "Não foi uma jogada publicitária", contou Chris Prow, pai do jovem. "O encontro foi discreto, só entre as duas."[61]

Madonna estava muito abalada. No passado, ela controlava os shows. Em 2009, a turnê se tornara tão grande que era impossível saber quem o responsável, a quem devia agradecer e, às vezes, por que estava em turnê. Contudo, os fãs a lembraram. Em Munique, ela viu um pai com a filha nos ombros. "Ela estava em êxtase", disse Madonna. Em outro concerto, viu dois homens sem camisa, cobertos de tatuagens de Madonna.[62]

Também havia um propósito maior: a responsabilidade que vinha com a fama. Na Romênia, lar de uma das maiores populações romani da Europa, ela foi vaiada e ridicularizada quando denunciou a discriminação contra eles.[63] A hostilidade da resposta em Bucareste chocou o trio musical romani que estava ao lado dela. "Lá no palco, experimentando aquilo", contou o guitarrista Vadim Kolpakov, "ficamos muito gratos a Madonna por tocar no assunto. Ela sempre tenta fazer a coisa certa, e eu a amo por isso".[64]

Então, para encerrar a mais longa e difícil turnê, durante a qual emoções ricochetearam do desespero trazido pelo divórcio e pela alegria com a adoção de Mercy e a eleição de Obama, ela passou duas noites no palco em Tel-Aviv sem controvérsia ou crítica. Simplesmente cantou e dançou.[65]

Sticky & Sweet foi um sucesso comercial, com um faturamento de 408 milhões de dólares, o maior em turnê de qualquer artista solo até então e, até 2022, de qualquer artista mulher em todas as épocas.

Na segunda metade do ano de 2009, Madonna cimentou seu lugar artístico no mundo da música ao lançar o último álbum pela Warner Bros. Records. A coleção de 36 faixas, *Celebration*, incluía uma grande variedade de obras da cantora, das primeiras às últimas. Ao ser lançada, ficou entre as dez mais tocadas de todo o mundo. Os elogios ao álbum foram quase unânimes.

Ela compartilhou as dádivas musicais com os fãs que ajudaram a levá-la ao topo. Em outubro, foi divulgada a notícia de que a cantora havia cedido os direitos do próprio catálogo musical à revolucionária série de TV *gay-friendly*, *Glee*. O produtor e cocriador da série, Ryan Murphy, perguntou se poderia incluir o trabalho dela em um episódio de uma hora. Ela concordou e lhe deu tudo.[66]

Madonna sorria novamente, e não por causa dos sucessos profissionais. Em fevereiro de 2009, o mundo teve um vislumbre de como poderia ser a vida amorosa da cantora após o divórcio. Enquanto estivera em turnê pelo Brasil em dezembro, Steven Klein se uniu a ela em uma sessão de fotos de dois dias para a revista *W*. A matéria, intitulada "A culpa é do Rio", mostrava a cantora em espetaculares e sensuais 52 anos, cercada por belíssimos jovens. Era uma cômica inversão da narrativa usual: a do homem rico de meia-idade em um quarto de hotel, cercado de mulheres jovens. No fim do ensaio, Madonna selecionou um amigo para um interlúdio íntimo. Tratava-se do modelo brasileiro de 22 anos Jesus Luz.[67]

Se um médico pudesse prescrever algo para melhorar o ânimo de Madonna, ativar o metabolismo e reavivar a vida sexual após a suposta "seca" com Ritchie, seria Jesus Luz. Musculoso, de cabelo cacheado e penetrantes olhos azuis, ele era charmoso, doce e oferecia diversão fácil (no sentido de descomplicada) e, consequentemente, livre — um estado de espírito que Madonna só experimentava no palco. Também estudava cabala há dois anos, era aspirante a DJ e muito discreto.[68]

Tabloides e blogueiros ficaram deliciados em escrever sobre a vida amorosa de Madonna. Já fazia algum tempo que ela não era tão *Madonna*. Já tinha até um novo campo de batalha: a discriminação por idade. "Quando se chega a uma idade, você não tem permissão para ser aventureira nem sexual. Existe uma regra?", perguntou ela. "Você deve simplesmente morrer?"[69]

Madonna fez fotos de moda ao longo dos anos, mas, em 2009 e 2010, tornou-se o rosto de quatro coleções criadas por duas das maiores marcas do mundo. Em fotos de Steven Meisel para a Louis Vuitton e de Steven Klein para a Dolce & Gabbana, ela mostrou como ser uma mulher de 50 e poucos anos em um café parisiense, comendo macarrão com as mãos em uma cozinha italiana e até mesmo lavando a louça.[70]

Ela personificava a beleza, a sensualidade e a ludicidade, mas, acima de tudo, a autoconfiança. Com isso, deve ter deixado apavorados todos aqueles comentaristas que tentavam diminuí-la chamando-a de "desesperada", "velha", "patética". Madonna, muito convincentemente, não era nada daquilo. O que só tornava mais assustador, em termos históricos, que outras mulheres pudessem enxergar tais possibilidades também em si mesmas.

PARTE VI

Lisboa

2010-2020

Capítulo 52

Nova York, Londres, Paris, Chinkhota, Veneza, 2010-2011

> Muitas pessoas têm problemas com Madonna. Na verdade, praticamente toda a história dela tem sido a história das pessoas tendo vários problemas com ela![1]
>
> —*Jude Ellison S. Doyle*

No início do século XXI, uma peça britânica de época não deveria gerar controvérsia, certo? Mas o que se tornaria *W.E – O romance do século* gerou, porque era um filme de Madonna, porque ela era uma norte-americana apresentando sua versão de um momento controverso da história britânica e porque o filme falava, essencialmente, da complexidade feminina. No estudo *Shot/Countershot: Film Tradition and Women's Cinema* [Planos/contraplanos: tradição cinematográfica e cinema feminino], sobre mulheres e filmes, a autora Lucy Fischer comenta que a arte feita por mulheres é, por natureza própria, subversiva, já que representa uma alternativa às visões de mundo e narrativas masculinas dominantes.[2] O filme era uma dessas alternativas, porque apresentava a história do ponto de vista de uma mulher e pelo filtro da imaginação de uma mulher.[3]

Há quem argumente que há mulheres em todos os filmes. A coprotagonista de Madonna em *Uma equipe muito especial*, Geena Davis, fundou o Geena Davis Institute on Gender in Media, o qual, entre outras coisas, financia pesquisas sobre entretenimento popular. Em 2008, esse instituto publicou um estudo que considerou filmes lançados entre 1990 e 2006. O resultado: 73% dos papéis com falas era de homens; e as personagens femininas pertenciam a dois grupos: tradicionais (esposas, mães) e "hipersexuais". A última categoria era a única em que as mulheres superavam os homens nas telas — em 500% —, mesmo em animações para crianças.[4]

Se as mulheres não tinham voz nos filmes, outro estudo do instituto descobriu a razão: elas representavam somente 7% dos diretores, 13% dos roteiristas e 20% dos produtores de longas-metragens. Os homens criavam e pagavam pelo mundo visto nas telas.[5] Madonna decidiu desafiar esse *statu quo* ao dirigir um filme.

Ela não estava sozinha. Sofia Coppola estava dirigindo o quarto filme, sendo que dois deles tinham sido aclamados pela crítica. Jane Campion foi a primeira mulher a receber a Palma de Ouro em Cannes por *O piano*, de 1993. O comovente *Meninos não choram*, de 1999, da diretora Kimberly Peirce, recebeu prêmios e quebrou paradigmas. Kathryn Bigelow se tornou a primeira mulher a ganhar o Oscar de Melhor Direção e Melhor Filme, por *Guerra ao terror* (sobre homens), de 2008. Mas eram raras exceções.[6] Madonna faria o que fizera com outros fenômenos underground: ao entrar nesse mundo e atrair tanta atenção — boa e ruim, mas nunca indiferente —, ajudaria a normalizar a ideia de uma mulher no leme de um filme.

Em 2010, após trabalhar no roteiro por anos, Madonna percebeu que a história do casal era muito mais vasta do que imaginava.[7] Retratá-los como seres humanos em vez de clichês tornou os dois infinitamente mais complexos, e o mundo que habitavam — social, política e geograficamente —, muito mais amplo. Para fazer justiça a isso, a diretora precisaria filmar em toda a Europa e na própria cidade de Nova York, onde vivia a fictícia Wally Winthrop.

Madonna concluiu que precisava de ajuda e chamou Alek Keshishian. "Criativamente falando, fazer as coisas sozinha é não somente solitário, mas também arrogante", afirmou. "Acho que algumas pessoas são brilhantes o bastante para serem brilhantes juntas, jamais duvidarem de nada e criarem coisas fabulosas." No caso dela, segundo a própria, era benéfico ter que se justificar e explicar as próprias decisões durante o processo criativo, ter uma "caixa de ressonância". Madonna contou que tinha, àquela altura, um "relacionamento de irmão e irmã" com Keshishian, o que tornava fácil e divertido o trabalho conjunto.[8] Keshishian disse: "Foi como voltar a usar uma jaqueta antiga, que serve muito bem."[9]

Às vezes, os dois escreviam no mesmo cômodo, dividindo um laptop. Às vezes, trabalhavam sozinhos e enviavam o texto por e-mail ou o discutiam por telefone. Se as crianças estivessem fora e Madonna tivesse um período de "mulher solteira em casa durante uma semana milagrosa", ela escrevia "em diferentes horários. Quero dizer, já escrevemos até as velas acabarem. Já trabalhamos a noite toda. Já fizemos isso de todas as maneiras. Mas, de modo geral, agendávamos horários para trabalharmos juntos".[10]

Madonna não tentou criar um documentário nem mesmo um filme "histórico". Ela pesquisou e poderia ter seguido esse caminho, só que estava mais interessada em contar uma história. Consequentemente, *W.E. – O romance do século* seria uma descrição do que a "comoveu e inspirou" na vida de Simpson e das questões mais amplas que esta representava: a natureza distorcida da fama, a cegueira da paixão, a fragilidade do amor, o valor da liberdade. O fato de que o filme alterna duas histórias — uma dualidade — o transforma em um filme de Madonna.[11]

A personagem criada por Madonna, Wally Winthrop, é uma especialista em arte de 20 e poucos anos que vive em uma gaiola dourada na Nova York de 1998 e não tem um emprego porque o marido, um abastado psiquiatra, deseja ter filhos.[12] Depois que o casamento termina, Winthrop abandona aquela vida "perfeita" para buscar algo melhor. Mas, primeiro, precisa se encontrar.

Batizada em homenagem a Wallis Simpson, a personagem tem uma visão idealizada da própria vida. Durante um leilão da Sotheby's, ela percorre uma coleção de artefatos pertencentes ao duque e à duquesa de Windsor, procurando entender melhor a própria vida e a de Simpson.

Por meio das reflexões dessa personagem, os espectadores conhecem a Wallis histórica, primeiro em um relacionamento abusivo como esposa de um soldado e depois em um segundo casamento, com o decente e tedioso Ernest Simpson. Ela, então, começa a socializar e se mostra extremamente habilidosa nessa tarefa.[13] As festas oferecidas por ela são versões atualizadas dos lendários salões parisienses do século XIX, nos quais homens e mulheres notáveis trocavam ideias enquanto se divertiam com drogas, álcool e casos românticos.[14]

O homem que seria a alma gêmea de Simpson, o futuro rei Edward VIII, é o primeiro membro da família real a ser reconhecido como defensor do povo e a expressar as próprias opiniões independentemente da monarquia, o que o tornava o primeiro rei moderno.[15] Mas a família dele e o governo britânico não aceitam seu desejo de se casar com uma divorciada norte-americana que, na verdade, ainda nem havia se separado de fato. Dizendo ao reino que não pode viver sem a amada, Edward renuncia ao trono em favor do irmão mais novo.

Enquanto vagueia pela Sotheby's, Winthrop conhece um pianista ucraniano chamado Evgeni, que trabalha lá como segurança. Madonna descreveu os personagens como "almas perdidas".[16] Simpson e Edward também se tornaram almas perdidas. A abdicação dele define a história dos dois.[17]

Após o leilão, Winthrop viaja para Paris a fim de se encontrar com Mohamed Al-Fayed, dono da rede de lojas Harrods, e assim ter acesso a cartas escritas por Simpson. (Na vida real, ele possuía algumas e permitiu que Madonna as lesse, o que deu à diretora uma perspectiva única.)[18] O conteúdo daquele material revela a Winthrop que o romance do século não foi perfeito e que Simpson era atormentada por dúvidas e se sentia aprisionada, mas tinha suprimido esses sentimentos.

Winthrop retorna a Nova York e, já divorciada do marido, descobre estar grávida de Evgeni. Ela está feliz? Parece que sim. Tão feliz quanto

Simpson. Ambas as mulheres descobrem que o amor é ao mesmo tempo menos e mais do que imaginavam. O que Winthrop encontra, mas Simpson não, é a liberdade.

A personagem que não aparece no filme, Madonna, está por toda parte. Ela é Winthrop, a norte-americana que se torna a mulher mais infame da Grã-Bretanha. Ela é Simpson, por quem ficou obcecada.[19] Ela é ambas, quando enfrentam lancinantes decisões envolvendo filhos, divórcio, casamento, carreira e as expetativas da sociedade *versus* as necessidades de uma mulher. É por isso que o filme se mostra tão verdadeiro e comovente.

Uma das primeiras pessoas que Madonna contatou sobre o filme foi o cinegrafista alemão Hagen Bogdanski, cujo trabalho ela vira em *A vida dos outros*, filme vencedor do Oscar de Melhor Filme Estrangeiro em 2006, e em *A jovem rainha Vitória*, de 2009. O primeiro fala sobre voyerismo e o segundo, exibicionismo. Um é íntimo, o outro majestoso. Um é relativamente contemporâneo, o outro de época. *W.E. – O romance do século* incorporaria todos esses elementos, e Bogdanski demonstrou que podia filmá-los de modo brilhante. Em fevereiro, ele recebeu um telefonema de alguém que perguntou: "Você teria tempo para se encontrar com uma mulher muito conhecida?" O cinegrafista leu o roteiro e, no dia seguinte, encontrou-se com Madonna.[20]

Os dois conversaram por duas horas, durante as quais a diretora descreveu o projeto e mostrou livros e objetos relacionados ao histórico casal. O encontro também serviu para eles se avaliarem e descobrirem se tinham química suficiente para sustentar o projeto. Bogdanski disse que o relacionamento era colaborativo, pois podia contar suas ideias a Madonna e ter a certeza de que ela as ouviria.[21]

Para decidir o aspecto visual que queriam para o filme, eles analisaram livros, fotografias e objetos de arte, além de terem assistido a outros filmes, da Nouvelle Vague ao filme biográfico de Edith Piaf, *Piaf – Um hino ao amor*, de 2007.[22]

Madonna consultou Guy Ritchie, apesar das diferenças entre eles, sobre questões técnicas relacionadas a câmeras e filmes.[23] Ela queria usar uma 16 mm para as cenas íntimas e uma Super-8 para criar uma sensação de "vídeos caseiros" nas cenas de flashback.[24]

A música era tão importante quanto o visual. Madonna queria que as canções fossem integradas ao filme como parte da atmosfera que envolvia os personagens.[25] Por isso, contratou o compositor polonês Abel Korzeniowski — cujo trabalho em *Direito de amar*, de 2009, chamou sua atenção — para criar uma trilha sonora "melancólica, abrangente, emocional".[26]

Sobre o elenco, seria quase impossível encontrar uma atriz para interpretar Simpson, porque o modo de falar e os maneirismos desta eram singulares e sutis e porque seria necessário retratá-la dos 28 aos 70 anos. "Quando Andrea Riseborough entrou na sala, eu soube que seria ela", afirmou Madonna. Com 28 anos, a atriz era jovem, mas seu rosto evocava muitas idades e emoções, parecendo frágil *e* feroz.[27]

Riseborough, que em 2008 interpretara a primeira-ministra britânica Margaret Thatcher em uma série de TV, leu o roteiro de Madonna e o achou "único e corajoso".[28] "Em uma indústria fortemente dominada por homens, fazer parte de uma iniciativa criativa encabeçada por uma mulher forte, de um filme sobre mulheres fortes, foi importante."[29]

O ator James D'Arcy não era a primeira escolha para interpretar o rei Edward VIII, e ele sabia disso. "Muitos amigos se candidataram", comentou ele. Originalmente, o ator britânico queria fazer o teste apenas para conhecer Madonna, mas, após ler o roteiro, se interessou de verdade pelo papel.[30] Ele participou de séries televisivas e grandes filmes, mas nunca como protagonista. Quando Madonna lhe deu o papel, já o via como rei e o chamava de "Vossa Majestade", fazendo mesuras quando o encontrava.[31]

A atriz australiana Abbie Cornish interpretaria Winthrop porque grande parte do filme ocorre no interior da mente da personagem, e o rosto dela era tão expressivo que já contava uma história.[32]

Originalmente, Madonna planejava escalar o ator e cantor Eugene Hütz como par romântico de Winthrop e, por isso, modificou o personagem para que fosse ucraniano. Só que Hütz acabou saindo em turnê. Então, Oscar Isaac, que trabalhou com Cornish no filme *Sucker Punch – Mundo surreal*, foi escalado para o papel.[33]

Madonna entendia bem as origens de Isaac. Nascido na Guatemala, ele foi criado na cidade de Miami, em um lar estritamente cristão. Tocou em uma banda punk, e seus primeiros papéis no palco foram ousados, com posicionamento político.[34] "Fui convocado para a 'toca' de Madonna, a casa dela em Nova York, e conversamos por algumas horas", contou o ator. "Trocamos ideias e, no fim, ela me deu o papel."[35]

Antes do começo das filmagens, o elenco precisou estudar. Madonna queria que eles conhecessem os personagens tanto quanto ela.[36] "Ela estava mais preparada que qualquer diretor com o qual já trabalhei, talvez com exceção de Peter Weir", comentou D'Arcy.[37] "Eu recebia e-mails às 2 horas da madrugada, outro às 6 horas [...]. Não sei como ela faz isso, parece que não dorme."[38]

Isaac, que nunca havia tocado piano, passou um mês e meio tendo aulas particulares para aprender a tocar três músicas complexas. Riseborough se concentrou no francês, na dança e na voz de Simpson. D'Arcy aprendeu a atirar, a montar, a dançar e a tocar gaita de foles. Um professor lhe disse: "Você não vai aprender em seis semanas... Seria preciso no mínimo um ano. Só posso ensiná-lo a agir como se estivesse tocando" Ao saber disso, Madonna enviou um bilhete ao ator: "Alguém falar que você não consegue fazer algo não significa que deva acreditar nisso."[39]

Coube a Arianne Phillips vestir os personagens. Na época, Simpson havia sido um desfile ambulante — não muito diferente da própria Madonna. Ela vestia criações de Schiaparelli, Valentino, Dior, Vionnet e Balenciaga. (Edward era elegante na mesma medida. A Dunhill forneceu ternos para o filme.)[40] Phillips e Madonna visitaram os arquivos do Victoria and Albert Museum, que concordou em recriar quatro vestidos para a produção, incluindo um de chiffon bordado à mão e outro de lamê prateado e dourado.[41]

As joias eram tão importantes que quase equivaliam a um personagem do filme. Simpson criava tendências, preferindo peças grandes, coloridas e caras.[42] Algumas das joias foram recriadas para o filme pela Cartier e pela Van Cleef & Arpels, mas outras eram originais e haviam pertencido à duquesa. Quando Riseborough as usava, seis seguranças a acompanhavam.[43]

Com a pré-produção agendada, Madonna fez uma pausa e viajou com os filhos até o vilarejo de Chinkhota, a 16 quilômetros de Lilongué, a capital do Maláui, com a finalidade de assentar o primeiro tijolo da escola para meninas que ela planejava construir, além de plantar também três moringas — conhecida como "árvore milagrosa", são valorizadas pela habilidade de nutrir o corpo. O plano era a Academia para Meninas Raising Malawi, que ficaria à sombra da árvore, nutrir quinhentas mentes jovens a partir de 2011.[44]

O envolvimento da artista com o país havia se aprofundado, apesar da controversa adoção de Mercy. A Raising Malawi financiava seis orfanatos e quase todo o orçamento operacional do orfanato Home of Hope [Casa da Esperança], onde David tinha morado. Com Jeffrey Sachs, Madonna ajudou a desenvolver dois vilarejos seguindo o Projeto Aldeias do Millennium no país, com o objetivo de torná-los autossustentáveis. Ela também financiava centros comunitários onde órfãos criados por familiares nos vilarejos pudessem ter acesso a alimentos e assistência médica. Algumas organizações de auxílio promoviam essa alternativa à adoção como uma maneira de manter a coesão comunitária.[45]

Tais projetos causavam polêmica. A escola em Chinkhota foi criticada por mover duzentos moradores locais de suas terras. Eles receberam uma indenização de 500 mil dólares da Raising Malawi e, em abril 2010, quando a cantora chegou ao país, o terreno estava pronto para o início da construção.[46]

Com Mercy e Lourdes, Madonna assentou um tijolo com a frase "Ouse sonhar". Ela esperava que as garotas que estudassem ali se tornassem médicas, advogadas e líderes. "Tendo visto a determinação nos olhos delas", afirmou a artista, "sei que têm a força necessária para salvar esse país. Elas só precisam de oportunidades".[47] O objetivo era fornecer às estudantes "uma educação competitiva a nível internacional, incorporando valores locais".[48]

Ela era conhecida por alguns locais como "Santa Madonna de Maláui".[49] Em maio de 2010, porém, irritou oficiais do governo ao criticar publicamente a decisão de um tribunal malauiano de condenar dois homens a 14 anos de prisão por violarem leis que proibiam a homossexualidade. Madonna conclamou "os homens e as mulheres progressistas de Maláui — e de todo o mundo — a desafiarem essa sentença, em nome da dignidade humana".[50] Pouco depois, foram suscitadas questões sobre a falta de avanço no local onde seria a escola. Havia três árvores e um tijolo, mas nenhuma construção.[51]

Quando Madonna retornou a Londres e a seu filme, a palavra que mais encontrou foi *não*. "Quando você faz um filme", contou, "parece que não há nada além de resistência". O orçamento era de 20 milhões de dólares, mas o projeto exigiria o dobro. Ela precisaria ser criativa.[52]

Para os cenários internos em Londres, "assaltei minha própria casa. Muitas pinturas e cortinas vieram dela. Todos os dias, íamos lá para escolher novos móveis". Ela usou a relação que tinha com os ateliês para conseguir um bom preço por itens de alta-costura, persuadindo as marcas a criarem alguns figurinos e emprestarem outros. Stella McCartney também ajudou. Além disso, quando joias adicionais foram necessárias, Madonna usou as da própria coleção.[53] Finalmente, um número suficiente de pessoas disse *sim*, permitindo que em julho a diretora desse início aos quatro meses de filmagem.

W.E. – O romance do século foi gravado em dezenas de locações: Londres, a área rural inglesa, Gales, Manhattan, Brooklyn, Antibes (França), Portofino (Itália). Mohamed Al-Fayed permitiu que ela filmasse na propriedade dele, no Bois de Boulogne, em Paris, onde Simpson e Edward moraram por décadas. Madonna disse que, ao escrever o roteiro, não tinha pensado em como seria difícil filmar em todos esses locais.

> Escrevi guiada pela inspiração. "Ah, eles estão no sul da França, depois em Paris e agora no interior da Inglaterra." Jamais pensei que isso significaria ir a todos esses lugares [...] e criar todas essas locações [...]. Fui ingênua.[54]

Bogdanski disse que as filmagens correram bem na Inglaterra porque a maioria das cenas era interna. Quando chegaram à França, no entanto, a situação se tornou quase insustentável. As ruas ficaram lotadas de curiosos e paparazzi. "Tivemos que interromper [as gravações] duas vezes em Nice. De repente, havia mil pessoas no set e precisamos fugir dali", comentou ele. "Madonna está acostumada. Não consegue ir a lugar algum sem que as pessoas façam um escândalo."[55] Em certo momento, ela usou esse caos no filme. "Quando Wallis desce do navio na França e acena para as pessoas", contou Bogdanski, "realmente havia paparazzi e outras centenas de pessoas no local. Foi absurdo".[56]

As câmeras do cinegrafista refletem essa loucura. Elas parecem sempre em movimento, algo condizente com a história e com uma parte crucial do mundo de Madonna: a dança.[57] Há muito disso no filme. Riseborough dança em ritmo Charleston modificado, ao som de "Pretty Vacant", do Sex Pistols. Em Nova York, ela e Isaac dançam entre os preciosos pertences de Simpson na Sotheby's. A última dança do filme talvez seja a mais comovente. D'Arcy, interpretando Edward no leito de morte, pede que Riseborough, àquela altura ligeiramente encurvada e rígida, dance para ele. O ano é 1972. Ela põe para tocar um disco de Chubby Checker e dança um twist.

Madonna encerrou as filmagens na Europa no fim de julho e se preparou para retomá-las na cidade de Nova York em setembro. Enquanto isso, no início de agosto, ela lançou com Lourdes (então com 13 anos) uma linha de roupas chamada Material Girl, na Macy's da Herald Square — o mesmo local onde, em 1985, Andy Warhol presidiu uma competição de sósias da cantora. Uma nova geração de garotas fez fila para comprar roupas desenhadas por Lourdes e inspiradas na década de 1980: vestidos curtos, minissaias, tops, braceletes e meias-calças rasgadas. O estilo era Madonna vintage, da era *Procura-se Susan desesperadamente*. Mais atrevidas e duronas do que sexualizadas, as criações de Lourdes reafirmavam a mensagem original da mãe sobre empoderamento feminino.[58]

Foi Stella McCartney que apresentou Lourdes ao design de moda quando a menina tinha 8 anos.[59] Cinco anos depois, a filha de Madonna estava trabalhando nas criações de Material Girl com uma equipe de design na Iconix Brand Group, empresa de gestão de marcas, e comparecendo a reuniões com os executivos da Macy's. "Eu não fiz nada", comentou Madonna. "Mal posso dizer que foi uma colaboração. Foi 90% Lola. Respeito o estilo dela. É um estilo que representa quem ela é."[60]

A publicidade em torno das roupas da linha Material Girl forneceu um raro vislumbre do relacionamento entre Madonna e a filha. Isso incluiu entrevistas televisionadas e até um vídeo promocional que mostrava as duas interagindo. Madonna se revelou uma mãe orgulhosa, mas nada leniente. Seguindo o exemplo do estilo parental adotado pelo próprio pai, a cantora monitorava o que a filha vestia para ir à escola. "Sempre digo a ela que escola não é boate."[61]

Às vezes mais sábia e ponderada do que se poderia esperar de alguém com tal idade, Lourdes também tinha poder de veto sobre as roupas da mãe. Antes de um evento em Nova York, a menina comentou que o traje que Madonna planejava usar — espartilho e meia arrastão em vez de calça — não combinava. A cantora cedeu, mas disse a um entrevistador: "Não deixarei que [a maternidade] me censure. Sempre digo a meus filhos que sou uma artista, é isso que faço e sempre fiz. Eles precisam aprender a separar as coisas."[62]

Embora desse exemplo aos filhos, Madonna, a mãe, o fazia a partir de sua experiência como artista. A Rocco, ela aconselhou: "Você precisa se lembrar de algumas coisas. A primeira delas é ter boas maneiras [...]. Se quiser, pode se tornar até um revolucionário, não importa, mas tenha boas maneiras, por favor."[63] Ela usava o mesmo argumento para a escola.

> Eu digo: "Você quer mudar o mundo? Quer ser alguém? [...] Ir à escola é uma grande parte de ser rebelde." E ter disciplina, começar um projeto e ir com ele até o fim, é essencial para fazer algo na vida.[64]

Madonna acreditava que policiar o desenvolvimento dos filhos era a tarefa mais difícil de ser mãe. Para uma mãe solo que trabalhava fora, era quase impossível, sempre exaustivo e gerava culpa — especialmente se ela *gostasse* de trabalhar. Durante uma participação em um programa de David Letterman no ano anterior, o apresentador perguntou a ela se ser mãe era seu trabalho mais importante. Ela respondeu sem convicção: "Hum, sim. Essa é a resposta politicamente correta."[65]

A honestidade dela repercutiu entre as mulheres. Na época, a autora feminista Jude Ellison S. Doyle escreveu para o bitchmedia:

> É revigorante ouvir uma celebridade dizer isso, em especial num ambiente no qual se casar e engravidar [...] é tão rigoroso [...], [um ambiente] no qual mulheres que não têm e talvez jamais tenham um marido e um bebê são retratadas como almas perdidas e patéticas [...].[66]
>
> O fato de Madonna acreditar que seria um sucesso na vida com ou sem filhos me deixa absurdamente feliz.[67]

Madonna esperava inaugurar a escola no Maláui em 2011, mas no segundo semestre de 2010, apesar dos quase 4 milhões de dólares investidos para pagar impostos e mão de obra, a construção ainda não tinha começado. Ela confiou a supervisão da obra à organização Raising Malawi, na época dirigida pelo diretor de desenvolvimento do Kabbalah Centre, Philippe van den Bossche.[68]

Em meio a críticas sobre a forma como lidou com o projeto, Van den Bossche deixou o cargo sem se manifestar publicamente, devido a um acordo de confidencialidade. Madonna contratou o Global Philanthropy Group (GPG) para avaliar a organização. Trevor Neilson, diretor do GPG e especialista no nicho das organizações filantrópicas de celebridades, concluiu: "Madonna foi enganada por muitas pessoas sobre o que estava acontecendo."[69]

A empresa de Neilson entregou à artista um relatório que alegava uma "espantosa falta de transparência por parte das equipes de gestão, tanto no

Maláui quanto nos Estados Unidos". Os investigadores teriam descoberto que somente 850 mil dólares dos 3,8 milhões doados haviam chegado de fato ao país e que grande parte do dinheiro fora destinada a arquitetos, designers e funcionários.[70]

Em fevereiro de 2011, o conselho diretor da Raising Malawi, que incluía Michael Berg, do Kabbalah Centre, foi substituído por três pessoas: Madonna, Guy Oseary e o contador da artista, Richard Feldstein. Também havia planos de a sede da organização sair do Kabbalah Centre, onde funcionava. Foram tantas mudanças que, em março daquele mesmo ano, Madonna anunciou que não construiria mais a escola. Em vez disso, usaria os 18 milhões de dólares arrecadados (dos quais 11 milhões eram dela) para construir não uma, mas várias escolas.[71]

"Há uma grande crise de educação no Maláui", disse a cantora. "Cerca de 67% das meninas não chegam ao ensino médio, e isso é inaceitável."[72] "Minha visão original se transformou em algo muito maior [...]. Quero fazer mais e melhor."[73] Iniciando uma parceria com a organização filantrópica americana buildOn, que já havia construído mais de cinquenta escolas no país, Madonna esperava financiar dez novas escolas e, assim, educar mil meninos e meninas por ano.[74]

Enquanto isso, os problemas do Kabbalah Centre nos Estados Unidos se agravaram. O *Los Angeles Times* relatou que as operações da família Berg eram alvos de uma investigação federal conduzida tanto pelo fisco quanto pelo gabinete da promotoria do Distrito Sul de Nova York. Os investigadores buscavam saber se os Berg haviam "enriquecido com as doações realizadas pelos membros da organização".[75]

A Raising Malawi também foi investigada. O novo conselho diretor cooperou com os oficiais federais,[76] mas as supostas irregularidades financeiras logo depois de Madonna abandonar os planos da escola de meninas minaram a confiança construída ao longo de três anos em Lilongué. As manchetes não ajudavam. Algumas sugeriram, erroneamente, que a própria cantora era alvo da investigação norte-americana. Uma delas dizia: FBI INVESTIGA ORGANIZAÇÃO DE MADONNA NO MALÁUI.[77]

Tendo essa crise como cenário, Madonna conseguiu finalizar *W.E. – O romance do século* trabalhando com o editor britânico Danny Tull. Àquela altura, Tull já era o editor "da casa". A colaboração entre os dois tinha ocorrido pela primeira vez em 2006, no DVD da turnê Confessions, e desde então ele editou as principais obras visuais da cantora, incluindo o filme sobre o Maláui, *Eu sou porque nós somos*.

Ela também estava de volta ao estúdio, acompanhada de outra pessoa em quem confiava, William Orbit, porque Oseary a persuadiu a escrever uma canção para *W.E. – O romance do século*. Apesar de relutante, ela o fez. "Masterpiece" seria tocada durante os créditos finais, quase como um pós-escrito.[78]

Escrever com Orbit pela primeira vez após uma década e trabalhar em um disco depois de quatro anos a lembrou de como sentia falta daquilo que chamava de seu "emprego principal": fazer música. "Sentar, tocar meu violão e cantar... Quase chorei", afirmou.[79] Ela decidiu voltar a trabalhar com Orbit no que seria o 12º álbum de estúdio dela.

Após deixar a Warner Bros. Records em 2007, Madonna estava sem gravadora. O acordo com a Live Nation não incluía discos. Isso mudou em dezembro de 2010, quando a Interscope Records lhe ofereceu um acordo para três álbuns no valor de 40 milhões de dólares. Na mesma hora, Madonna postou no próprio perfil do Facebook: "É oficial [...]. Preciso me mexer. Preciso suar a camisa. Preciso criar músicas novas! Músicas que me façam dançar. Estou procurando as pessoas mais loucas, maravilhosas e fodonas com as quais possa colaborar."[80]

Orbit preenchia o quesito "pessoas mais loucas". A carreira dele como artista, compositor e produtor cresceu após o álbum *Ray of Light*, mas a vida pessoal havia saído de controle. "O sucesso acabou comigo, para ser franco."[81] Após se envolver com aquele mundo e produzir e remixar canções com alguns dos maiores nomes da indústria, Orbit conseguiu retornar a um tipo de sanidade criando uma obra de arte para si mesmo. Ele compôs uma peça sinfônica de nove movimentos e setenta minutos de duração, *Orchestral Suite*, que foi interpretada pela BBC Philharmonic.[82]

Quanto a Madonna, *Hard Candy* foi tão comercialmente decepcionante, soou tão diferente dela e teve colaboradores tão inadequados que ela precisava estar no estúdio com alguém que a entendesse. Orbit era essa pessoa. Ele trabalharia em seis faixas.[83] Talvez também como reação a *Hard Candy*, no qual lidou com artistas "conhecidos", ela retornou à tradição de trazer relativos desconhecidos para seu mundo. Além de Orbit, três europeus seriam cruciais para o novo álbum: o DJ italiano Benny Benassi; Alessandro "Alle" Benassi, primo de Benassi e produtor; e o produtor francês Martin Solveig.

Em 2008, Benassi ganhou o Grammy de Melhor Gravação Remixada pela canção "Bring the Noise", do Public Enemy, e tocou na abertura da apresentação da turnê Sticky & Sweet, em Roma.[84] No ano anterior, Madonna pediu a ele para remixar o single "Celebration" e o chamou para trabalhar em três faixas do álbum de estúdio. Benassi disse ao jornal italiano *La Stampa*:

> Madonna explicou que esse disco deve ser uma declaração de amor ao mundo do disco, no qual ela nasceu. Um álbum que reúne todos os estilos e atmosferas que caracterizaram a vida noturna internacional da última década. Para ela, representamos a música dance italiana, [...] "feita em Reggio Emilia", na qual a melodia é o elemento vital.[85]

Solveig estava na cena francesa desde o fim da década de 1990, misturando vários gêneros: house, pop, R&B. Ele se dizia "100% club [...] e 100% pop".[86] "Boys and Girls", a música que criou para um desfile de Jean Paul Gaultier, chamou a atenção de Madonna. Os dois concordaram em trabalhar em uma faixa, mas acabaram fazendo três e se divertiram tanto no processo que ela o convidou para coproduzir o álbum. Ele deixou de lado tudo que estava fazendo e aceitou, "tremendo em meus sapatos brilhantes".[87]

Solveig era um pouco como Stuart Price: autodepreciativo, confiante e tão nerd que se tornava descolado. Além disso, tinha o mesmo senso de humor de Madonna.

> Trabalhamos juntos durante três meses, em Londres e Nova York, e trocamos textos e ideias.[88] Criamos seis ou sete faixas e, pelos padrões atuais, nossa colaboração no estúdio pode ser considerada da velha guarda. Hoje em dia, pessoas que nunca se viram enviam por e-mail [...] faixas uma para a outra. Comparando com isso, [o que fizemos] foi orgânico.[89]

A canção "Give Me All Your Luvin'" seria o primeiro single do álbum. Era tão dançante quanto "Hung Up", só que muito mais leve. No dia em que se conheceram, Solveig tocou uma demo para Madonna. "Ela disse: 'Eu gosto, mas, se formos fazer isso juntos, também refaremos juntos.' Tiramos da demo tudo de que ela não gostava, como a caixa e o vocal, e a partir desse esqueleto construímos uma nova música."[90] Em seguida, "eu e o empresário dela pensamos em incluir M.I.A., e Madonna pensou em Nicki Minaj", acrescentou.[91] As duas rappers seriam o elemento "fodão" na equação criativa da diva do pop.

Onika Maraj, de 28 anos, nascida em Trinidad e criada no Queens, também conhecida como Nicki Minaj, apareceria em duas faixas. Em 2011, ela era considerada a rapper mais bem-sucedida dos Estados Unidos e uma das artistas cujo estilo e ímpeto melhor espelhavam os de Madonna. Minaj era uma feminista convicta, atrevida, engraçada e sexy à própria maneira. Ao contrário das mulheres pop que viviam em um mundo falocêntrico, vivia em um mundo próprio e o governava. "Sou artista até no menor sentido da palavra", afirmou.[92]

Minaj estava prestes a produzir o próprio álbum e disse se sentir como Madonna deveria ter se sentido no início da década de 1980. "Ela estava mentalmente onde estou agora, achando que, se me deixassem em paz, as pessoas veriam as coisas incríveis que tenho a oferecer." A fim de se preparar, a rapper assistiu ao filme *Na cama com Madonna* e se sentiu conectada à diva do pop mesmo antes de chegar ao estúdio.[93]

A artista britânico-cingalesa Mathangi "Maya" Arulpragasam, que se apresentava como M.I.A., também foi chamada para colaborar.[94]

Nicki Minaj cantava sobre as ruas, sobre ser mulher nas ruas e sobre ser artista em um mundo governado por homens. M.I.A. acrescentou política radical a essa mistura.[95] Quando chegou ao estúdio para trabalhar com Madonna, a artista tinha seguidores em todo o mundo e colecionava indicações e prêmios: BRIT, Turner, MTV Music, Grammy e até uma indicação ao Oscar de Melhor Canção Original pelo filme *Quem quer ser um milionário?*, de 2008. Mas, em 2010, ela fez o mesmo que Madonna: arriscou tudo produzindo um clipe de nove minutos para uma canção chamada "Born Free".[96]

Criado com o diretor francês Romain Gavras, o clipe era uma descrição impiedosa da violência sofrida por minorias étnicas e raciais. O "outro", no caso do clipe, era representado por pessoas ruivas capturadas em Los Angeles por grupos paramilitares — alguns usando bandeiras norte-americanas nos uniformes —, levadas ao deserto, espancadas, torturadas e mortas. Durante todo o clipe, havia referências a grupos de resistência e conflitos reais. A produção politicamente intensa de M.I.A. seria banida de quase todos os espaços, entre eles o YouTube. A cantora aceitou o banimento com serenidade. "Para ser sincera, acho o novo clipe de Justin Bieber [...] muito mais agressivo do que o clipe que eu fiz."[97]

Madonna queria chamar o álbum de *L.U.V.*, mas M.I.A. apresentou a alternativa *MDNA*, uma abreviatura do nome de Madonna e também uma referência jocosa ao ecstasy.[98] Em 4 de julho de 2011, a diva do pop começou a gravar.[99]

Críticos e fãs veriam nele o álbum de divórcio que *Hard Candy* não foi. Ele falava de superar obstáculos, decepções, desesperos e derrotas — às vezes em silêncio, às vezes com fúria. Madonna disse que, entre o divórcio, as complicações no Maláui e as exigências do filme, ela se sentia "enjaulada como um animal".[100]

"Girl Gone Wild" fala de sair dessa jaula. A cantora trabalhou nessa música com Benassi e Alle. O som é o alegre eletropop italiano. "Gang Bang", produzida por Orbit, vai na direção oposta. É seguro dizer que ninguém a dançaria. É a canção mais raivosa de Madonna.

Rosnando como a vingativa Marianne Faithfull, gritando como a banshee Patti Smith e carregando uma arma como Cher em "Bang Bang (My Baby Shot Me Down)", de 1966, em "Gang Bang" Madonna usa a própria arma contra um ex-amante que roubou o dinheiro dela e tentou enterrá-la viva. A distância não é suficiente para obliterar a lembrança dele. Na música, ela enfia uma bala na cabeça do sujeito e não se arrepende, mesmo que isso signifique ir para o inferno (onde diz ter muitos amigos).

Madonna afirma que improvisou os vocais. "Senti que eu precisava gritar, que precisava me deixar ser possuída por um personagem de Russ Meyer, de Quentin Tarantino. Era tudo ironia, mas segui em frente mesmo assim [...], obviamente eu tinha algumas coisas a dizer."[101]

Nas primeiras três faixas, a cantora introduz os ouvintes ao som italiano e britânico. Na quarta, "Turn Up the Radio", eles encontram a exuberância francesa de Solveig. Os Benassi mantêm o público na pista de dança. Solveig manda cada pessoa para seus respectivos carros e fala para todos dirigirem. A canção é um tributo à música como verdadeiro ópio do povo: o bálsamo reconfortante, o remédio restaurador, o portal através do qual as pessoas podem fugir das próprias aflições, mesmo que somente por três minutos e meio.

"I Don't Give A" deve ser a primeira canção pop a descrever a amarga realidade de uma mãe solo divorciada: as batalhas pela custódia e as difíceis disputas por dinheiro. Ao contrário de "Gang Bang", "I Don't Give A" não é furiosa, mas contidamente triunfante. Isso se deve à produção de Solveig e ao rap desafiador de Nicki Minaj. A mensagem: a rapper está cuidando de Madonna.

"Madonna foi a única artista gigantesca com a qual trabalhei que realmente se sentou comigo no estúdio", contou Minaj.

> [Ela estava] cem mil por cento envolvida. Não saiu do estúdio até acabarmos. Os filhos dela iam para lá depois da escola, inclusive. Ela é o epítome de quem quero ser. Se eu conseguir equilibrar família e carreira, então terei vencido.[102]

Orbit disse que, durante a composição e a gravação de *MDNA*, Madonna "estava melhor que nunca [...]. Tínhamos canções de tirar o fôlego".[103] O álbum e a alegria que a cantora sentiu compondo serviriam de blindagem nos meses seguintes, enquanto ela se preparava para mostrar seu filme ao mundo.

Em junho, foi organizada uma exibição de teste para *W.E. – O romance do século* no AMC Loews Lincoln Square, em Nova York. A pequena plateia não recebeu nenhum material antecipado, ou seja, ninguém sabia que Madonna estava envolvida. Após a exibição, o grupo respondeu a um questionário de duas páginas: Gostaram do filme? Se houvesse falhas, quais eram? E quanto às interpretações? Madonna e Harvey Weinstein, cuja empresa distribuiria o longa nos Estados Unidos, sentaram-se no fundo da sala e ouviram alguns membros do grupo discutirem as respostas. *W.E. – O romance do século* foi favoravelmente comparado tanto a filmes de época como *A duquesa*, *O discurso do rei* e *Maria Antonieta* quanto a filmes contemporâneos sobre relacionamentos, como *Babel* e *Foi apenas um sonho*.[104]

Tudo corria bem até que um integrante do grupo disse que tinha gostado do filme por causa da direção. Perguntaram quem era. Quando o primeiro integrante falou em Madonna, o clima na sala se tornou instantaneamente negativo. A artista foi embora. Weinstein ficou para ouvir o que o grupo, então semi-hostil, tinha a comentar. O resultado do teste: o filme era bom; Madonna seria um problema.[105]

Tendo perdido o prazo para Cannes, a produção foi lançada no Festival Internacional de Cinema de Veneza em 1º de setembro de 2011. Madonna chegou à ilha de Lido em uma lancha, e a roupa para a ocasião foi assinada por uma das estilistas favoritas de Wallis Simpson, Vionnet. Em um vestido cinza com borboletas vermelhas, a cantora era a personificação da elegância de meados do século XX: cabelo loiro esvoaçante, óculos escuros e sapatos plataforma vermelhos.[106] Centenas de fotógrafos a cercaram enquanto ela conversava com os atores do filme. Centenas de fãs gritaram o nome dela.[107] Aquela seria uma chance de finalmente ser reconhecida pela contribuição para o mundo do cinema, que tanto amava.

Madonna e a plateia entraram no Palazzo del Cinema para assistir ao filme.[108] Era quase impossível imaginar que a mulher que o dirigiu era a mesma diretora de *Sujos e sábios* somente alguns anos antes. O novo filme tinha uma fotografia belíssima, uma edição rigorosa e momentos de interpretação brilhantes. A trilha musical era magnífica. Madonna tinha razões para se orgulhar, por isso a resposta foi tão chocante. As críticas em Veneza foram *venenosas*. O *Daily Telegraph* disse que o filme foi acolhido, no festival, "tão calorosamente quanto um aumento de 2 metros no nível dos oceanos".[109]

Parte disso podia ser atribuída à inevitável comparação com o vencedor do Oscar de 2010, *O discurso do rei*, que fala da monarquia após a abdicação de Edward. A produção dirigida por Madonna não era nem pretendia ser igual à outra, mas foi julgada inferior por não ser. De toda forma, algumas críticas pareceram pessoais.

> *Los Angeles Times*: "Trata-se de um drama histórico exagerado" com uma trama "excessivamente simplista e quase ofensiva".[110]
>
> *The Guardian*: "Que filme extraordinariamente tolo, vaidoso e mal conduzido. [...] A direção [de Madonna] é tão confusa que mal se qualifica como direção."[111]
>
> *Daily Telegraph*: "*W.E. – O romance do século* é um [...] filme entorpecedoramente insípido, enfeitado com momentos de pura idiotia estética."[112]

Em vez de ser aplaudida por expandir aquela história real para além da narrativa aceita e com base em pesquisas e nas cartas da socialite, Madonna foi criticada e ridicularizada sob a alegação de inexatidão histórica. O que importava, aparentemente, não era o que Simpson dissera, mas o que a história disse *sobre* ela.

Anne Sebba, que também leu as cartas de Simpson para seu livro, *That Woman* [Aquela mulher], de 2011, concordou com a visão de Madonna.

"Durante muito tempo, Wallis foi maltratada pela história", comentou a autora. "Por isso, foi agradável ver essa interpretação [...]. Madonna capturou a parte crítica da narrativa [...]. Era o que Wallis, referindo-se a si mesma, chamava de natureza dualística: de um lado, o medo; de outro, a grande ambição."[113]

A autora feminista Naomi Wolf também defendeu Madonna, escrevendo uma mordaz coluna de opinião no *Guardian* para comentar a recepção ao filme. "O fiel tema 'odiamos Madonna' adotado pela mídia sempre que essa artista sai da linha 'bonitinha da música pop' é tão consistente que por si só merece uma análise minuciosa."[114] Quanto ao filme, Wolf afirma:

> *W.E. – O romance do século* não se desculpa pela centralidade feminina, como muitas obras de arte femininas sentem que precisam fazer: a produção coloca as jornadas das duas personagens no centro da narrativa. Os homens são imagens periféricas e às vezes bidimensionais (O Abusador, O Grande Amor), mas isso funciona na história, da mesma maneira que Musas ou Vadias de Bom Coração funcionam em filmes sobre autorrealização masculina.[115]

Diego Semerene, escrevendo na revista *Slant*, foi um dos pouquíssimos críticos a apreciar a obra. Ele disse que, se deixassem de lado as "ansiedades heterossexistas", os demais críticos veriam que *W.E. – O romance do século* "zomba do 'cinema masculino'":

> Madonna conduz esse filme como uma mestre da estética. A trilha sonora fascinante une tudo, junto com os close-ups granulados que tendem a seguir cada cena importante.[116]

Mas Wolf e Semerene foram vozes isoladas. O consenso girava em torno da péssima qualidade do filme. Como sempre, Madonna persistiu. "Estou bem ciente de que tudo que digo e faço é julgado com uma régua diferente da usada para a maioria das pessoas. Estou sob uma lupa [...] mas também posso usar isso a meu favor. Posso influenciar pessoas."[117]

Em outubro, o filme foi exibido em Leicester Square, durante o Festival de Cinema de Londres do British Film Institute. Madonna foi vaiada por fãs que se sentiram esnobados no tapete vermelho e criticada pelos espectadores no interior do cinema. Um escritor do *Guardian* que assistiu ao filme na ocasião o chamou de "ridículo" e um "quebra-cabeças mal montado de clichês cinematográficos, [...] [além de] banal, equivocado", embora "não tão ruim quanto eu esperava".[118]

Após cada exibição, Madonna voltava ao longa — que chamava de "obra em andamento" — e o aprimorava.[119] Em dezembro, ele estava terminado. Essa foi a versão exibida no Museu de Arte Moderna de Nova York.

A maioria dos 450 presentes ao evento organizado pela Cinema Society e pela marca suíça de joias Piaget eram pessoas notáveis no mundo da arte, do entretenimento e da moda. Apesar de serem pessoas conhecidas pela artista, ela estava nervosa. "Acho que ficar nervosa significa que você se importa com algo e quer que o resultado seja bom", afirmou. "Eu abordo o cinema com grande humildade. Eu o respeito como forma de arte e sei que tenho muito a aprender."[120]

Subindo ao palco, Harvey Weinstein defendeu Madonna das críticas negativas, declarando que, se ela fosse "Joe Smith", seria considerada uma grande cineasta. "Obrigada, Harvey", disse a cantora após receber o microfone, "mas eu jamais desejaria ser Joe Smith".[121]

Duas horas depois, quando as luzes se acenderam, Patti Smith aplaudiu de pé. (Ela já tinha assistido ao filme no festival de Veneza e havia gostado da mostra.) Durante o coquetel, outros membros da plateia cobriram Madonna de congratulações.[122] Thomas Wolfe disse certa vez que era impossível voltar para casa. No caso de uma artista de Nova York, às vezes esse é o único lugar para onde você *pode* voltar.

Capítulo 53

Indianápolis, Nova York, 2012

A arte possibilita realidades alternativas, e isso é extremamente útil quando temos uma crise e múltiplas falhas de imaginação política.[1]

— *Nadya Tolokonnikova*

ENQUANTO MADONNA ESTAVA sendo vaiada na exibição de *W.E. – O romance do século* em Londres, Sean Lennon e Rufus Wainwright lideravam manifestantes em Manhattan, em uma interpretação de "Material Girl" dedicada ao presidente do Federal Reserve (órgão equivalente ao banco central dos Estados Unidos), Ben Bernanke. Os protestos que ficaram conhecidos como Occupy Wall Street eram a expressão da raiva e da frustração sentidas pelos jovens após a crise financeira de 2008-2009, que expôs desigualdades que governavam o sistema e cujos responsáveis não foram punidos. Madonna disse que ficou "empolgada" com os protestos, e não somente porque incluíam sua música.[2]

A revolução estava no ar. Na verdade, o Occupy Wall Street foi uma resposta tardia aos protestos antiausteridade que haviam sacudido a Europa após o colapso financeiro norte-americano e, ainda mais importante, era também uma resposta à Primavera Árabe. O levante no Oriente Médio começou em dezembro de 2010, quando um vendedor de rua tunisiano de 26 anos ateou fogo em si mesmo, em protesto contra ações da polícia que tentavam impedi-lo de trabalhar. A imolação viralizou e gerou fúria em toda a Tunísia contra a corrupção, o custo de vida e o governo autocrático — basicamente, um futuro sem esperança para as pessoas que não nasceram privilegiadas. Menos de um mês após a morte do rapaz, que se chamava Mohamed Bouazizi, o reinado de 23 anos do presidente do país chegou ao fim. Pela primeira vez na história, um líder árabe foi forçado a desistir do cargo porque a população dizia "basta".

As ruas do mundo árabe — no Egito, no Barein, no Marrocos, na Jordânia, em territórios palestinos, na Líbia, na Síria, no Sudão e no Iêmen — explodiram em protestos que se disseminaram pelas redes sociais. Em alguns lugares, ditaduras que já duravam décadas chegaram ao fim. A democracia e a liberdade individual — ideais que Barack Obama defendeu em um discurso extraordinário feito a estudantes do Cairo em junho de 2009 — subitamente pareciam alcançáveis.

Jovens de todo o mundo viram semelhantes árabes arriscarem a vida por um mundo melhor. E, embora somente uma dessas revoltas fosse dar origem a uma democracia funcional (apesar de hesitante — no lugar onde tudo começou, a Tunísia), elas despertaram uma geração inteira para a realidade de que a mudança era possível através da união e da coragem.

Em meados de outubro de 2011, o movimento nova-iorquino produziu manifestações em outras oitenta cidades e países, além de um Dia da Raiva global, durante o qual milhões de pessoas foram para as ruas. Como os protestos da Primavera Árabe, o movimento Occupy não conseguiu atingir os objetivos, mas as sementes foram plantadas. O diálogo havia começado.

Madonna queria fazer parte disso. Em 2012, usando a poderosa plataforma de uma turnê mundial, ela viajaria de cidade em cidade, manifestando-se sobre várias questões e desafiando as autoridades a impedi-la. A cantora escolheu começar a turnê naquela primavera, na região onde os protestos aconteciam, o Oriente Médio. Antes disso, no entanto, concordou em se apresentar no dia mais sagrado da cultura norte-americana, em seu maior evento esportivo: o Super Bowl.

Historicamente, o intervalo do Super Bowl traz grandes nomes que parecem sumir devido à escala da performance. Isso também aconteceu com Madonna. A cantora tinha apenas algumas semanas para criar um espetáculo grandioso sob condições muito restritas. "Tenho oito minutos para montar o palco, 12 minutos para apresentar o maior show da Terra e [...] sete minutos para desmontar tudo [...]. Como fazer isso?"[3] Madonna fez o que sempre fazia: contratou as melhores pessoas e ensaiou — por 320 horas.[4]

A designer de moda sueca Bea Åkerlund, que era casada com Jonas Åkerlund, tinha a assustadora tarefa de vestir 100 percussionistas, 150 gladiadores e 200 membros de um coro, além dos artistas convidados, que incluíam a dupla de electronic dance music LMFAO (Stefan Kendal Gordy e Skyler Austen Gordy), Nicki Minaj, M.I.A. e CeeLo Green, um rapper de Atlanta.[5]

A última vez em que uma mulher liderou o show de intervalo do Super Bowl foi em 1996, com Diana Ross.[6] A última vez em que o show de intervalo chegou às notícias foi em 2004, quando, durante uma apresentação conjunta de Janet Jackson e Justin Timberlake, uma minúscula porção do seio de Jackson foi exposta por alguns segundos. A "controvérsia" gerou "ultraje" nos Estados Unidos. Uma apresentação de Madonna, a rainha da controvérsia, prometia um escândalo ainda mais delicioso, digno de um ultraje ainda mais falso. Mas o país ficaria decepcionado A Madonna do Super Bowl foi certinha. Ela disse à imprensa que planejou dedicar a apresentação ao pai, já que, "de todas as coisas que já fiz na vida, essa será a que o deixará mais animado".[7]

O Super Bowl se tornaria parte do coreografado lançamento do novo álbum de Madonna, *MDNA*. O primeiro single, "Give Me All Your Luvin'", foi lançado dois dias antes do jogo. Clear Channel, o gigante das rádios que ignorava as canções de Madonna, fez uma parceria com ela para lançar o "single do Super Bowl" em cem estações. O clipe, por sua vez, foi exibido em 1.600 outdoors digitais em todo o mundo, bem como no YouTube, no qual obteve 3 milhões de visualizações no primeiro dia e mais de 12 milhões na primeira semana. Sem surpresa, "Give Me All Your Luvin'" entrou para as listas das dez mais tocadas em 22 países.[8]

O clipe, que incluía Nicki Minaj e M.I.A., mistura ousadia feminina e futebol americano, além de oferecer uma prévia do que os espectadores podiam esperar em 5 de fevereiro, em Indianápolis. Aquele seria o dia no qual o New York Giants enfrentaria o New England Patriots, e Madonna lideraria um exército no palco.

A apresentação consistiu em uma mistura de material antigo e novo com duração de 12 minutos. Abrindo com "Vogue", a música em seu repertório mais associada à cultura gay e trans, ela fez uma conexão histórica entre os jogadores de futebol americano e os gladiadores da antiga Roma. "Music" se seguiu enquanto o Império Romano no palco se transformava em uma imensa jukebox de LED.[9]

Com Minaj, M.I.A. e um grupo de dançarinas vestidas de animadoras de torcida, Madonna cantou "Give Me All Your Luvin'". Minaj e M.I.A. estavam ao lado da diva do pop e cantaram seus respectivos versos na canção. Essa parte terminou com outro elemento canônico do futebol americano, a fanfarra, que foi conduzida por CeeLo Green e esteve presente até algumas linhas de "Open Your Heart" e "Express Yourself".[10]

Com a canção seguinte, Madonna reconheceu o lugar sagrado do esporte na cultura norte-americana. Ela, Green e o coral vestido de preto cantaram "Like a Prayer". O estádio às escuras foi iluminado pelo que pareciam milhares de velas, além de ter ecoado com vozes que soavam celestiais. A música e a cena tinham a intenção de transportar a plateia de maneira espiritual, e sem dúvida fizeram isso. No campo, iluminado por luzes douradas, surgiram as palavras "Paz mundial".[11]

O Super Bowl XLVI tinha sido o jogo mais assistido da história da televisão norte-americana até então, e ainda mais pessoas — 114 milhões — ligaram os aparelhos de TV para assistir ao show de Madonna, no intervalo.[12] Ela tinha ficado tão nervosa antes e durante a apresentação que desabou no banheiro quando terminou.[13] "Eu me deitei no chão e chorei [...], porque tinha conseguido e sabia que não tinha rolado nenhum incidente."[14] Não exatamente. Madonna não sabia, mas M.I.A. tinha mostrado o dedo do meio enquanto cantava a parte de "Give Me All Your Luvin'" que dizia: "I don't give a shit" ["Eu não dou a mínima"].[15]

Alguns olhos de águia viram o gesto. Das dezenas de milhões de pessoas que assistiram ao show, 222 reclamaram do dedo de M.I.A. à Comissão Federal de Comunicações. A NFL respondeu processando a rapper e pedindo indenizações de quase 17 milhões de dólares por ela supostamente violar os "valores" da liga. Surpreendentemente, Madonna não a defendeu. Em uma entrevista na manhã seguinte, ela chamou o gesto de "punk rock", mas disse que foi "uma coisa adolescente, irrelevante [...]. Qual era o objetivo? Foi algo fora de contexto".[16]

M.I.A. não se desculpou. Em vez disso, publicamente acusou a NFL de hipocrisia. Nos 12 meses anteriores a seu "crime", vinte jogadores da NFL foram denunciados, acusados ou condenados por agressão, violência doméstica, assédio sexual ou posse de drogas. E, enquanto a ação da NFL contra M.I.A. se arrastava pelo sistema legal, um quarterback que mostrou o dedo do meio durante um jogo foi multado em 12 mil dólares.[17] "Em termos de racismo e sexismo", comentou M.I.A., anos depois, "aquele momento da minha vida revelou as falhas em todo mundo que eu conhecia".[18]

A controvérsia a perseguiu por dois anos, até que ambos os lados fizeram um acordo cujo valor não foi revelado. Isso não prejudicou Madonna. As pré-vendas de *MDNA* foram tão grandes que o disco se tornou o mais vendido em mais de quarenta países. Até as músicas anteriores receberam um impulso do Super Bowl. A *Billboard* relatou que algumas faixas digitais tiveram aumentos de venda "de mais de 1.700%".[19]

O segundo single, "Girl Gone Wild", foi lançado em 2 de março e, três semanas depois, foi a vez do clipe. *Isso* sim prejudicou Madonna. Desde "American Life", em 2003, um clipe dela não causava tanta agitação. Desde "Justify My Love", em 1990, não havia controvérsia sobre conteúdo sexual. O YouTube, novo lar dos vídeos, só permitiu acesso a maiores de 18 anos, dizendo que era algo "obsceno" demais para ser exibido abertamente.[20]

A direção ficou nas mãos dos fotógrafos de moda Mert Alas e Marcus Piggott, que também haviam fotografado a capa do álbum *MDNA*.[21] "Girl Gone Wild" zombava do conceito de Girls Gone Wild, a franquia de humilhação na qual jovens embriagadas eram encorajadas a mostrar os seios e participar de cenas sexuais "lésbicas" para benefício de homens lascivos. Ao contrário do clipe de Madonna, os infomerciais de meia hora de Girls Gone Wild não eram restritos — eles eram exibidos na E!, BET, Fox Sports Net e Comedy Central, entre outros canais. As vendas chegavam à casa dos milhões.[22]

O clipe apresenta Kazaky, a boy band ucraniana de synth-pop e dança que desafiava estereótipos de gênero. Pense em uma versão do leste europeu para os New York Dolls. Filmado em preto e branco, o clipe faz referência a "Justify My Love", "Vogue" e "Express Yourself". Também exibe o tipo de imagem religiosa que já tinha causado problemas a Madonna: um de seus homens sem camisa usa uma coroa de espinhos. Mas não há dúvida de que aquilo que tirou o sono dos censores do YouTube foi o homoerotismo do clipe e o prazer de Madonna com ele.

A controvérsia foi parecida com a de M.I.A. no Super Bowl. No caso da rapper, o alvo havia sido a hipocrisia da NFL; no caso de Madonna, foi a hipocrisia da indústria de entretenimento. Também era uma franca acolhida aos fãs gays que se sentiram abandonados por Madonna, a dama britânica rural, durante o período com Guy Ritchie. Em uma entrevista a Ari Karpel, da *The Advocate*, antes do lançamento do clipe, ela disse: "Não temam, [...] eu voltei."[23]

MDNA foi lançado em 26 de março e vendeu mais de 350 mil cópias na primeira semana, sendo o melhor sucesso de Madonna desde *Music* e seu oitavo álbum no primeiro lugar das paradas. Mas na segunda semana as vendas despencaram. A especulação foi que o impulso inicial veio do agrupamento de produtos: o álbum foi incluído no preço do ingresso para o show. Sem dúvida, as vendas antecipadas também foram responsáveis pela disparada inicial. Qualquer que tenha sido a razão, os números não melhoraram. No fim do ano, *MDNA* vendeu somente 2 milhões de cópias e estava em uma posição ainda pior que *Hard Candy*.[24]

William Orbit sentiu que o álbum não tinha sido promovido adequadamente. Madonna estava sem tempo, por causa dos compromissos com o filme, a linha de roupas da filha, uma linha de perfumes, uma linha de calçados, uma franquia internacional de academias de ginástica e vários DVDs de exercícios.[25] O músico e produtor também acreditava que o etarismo teve um impacto extremamente negativo nas vendas.[26] Escrevendo na *Village Voice*, Maura Johnston — que não gostou do álbum — concordou. Ela comentou que a *Forbes* o chamou de "poderoso retorno pós-menopausa".[27] Mas, acima de tudo, Orbit atribuía a má recepção ao álbum à maneira como ele foi criado.[28]

Os números contam a história. *Ray of Light* teve 26 pessoas na produção musical. *MDNA*, 92. Se, como afirmaram alguns críticos, o álbum não possuía unidade, essa era parcialmente a razão. Orbit quis remixar o álbum sozinho ou somente com Madonna. Ele pretendia retirar algumas faixas e acrescentar "mais profundidade" a outras.[29] Mas não conseguiu fazer nada disso. "Eu me deitaria na lama se ela não quisesse sujar os sapatos", afirmou o produtor, "mas é difícil ser um cavalheiro quando se está de mãos atadas".[30]

Madonna raramente expressava pesar pelo desempenho de um disco e quase nunca desistia de um projeto, mesmo que a resposta inicial fosse pura crítica. Ela apenas o apresentava de outra maneira. E foi isso que fez com *MDNA*. Ela o levou para a estrada. Seria sua nona turnê, diferente de todas as outras.

Não é que o show fosse assim tão diferente, mas Madonna e os tempos haviam mudado. Ela usou a turnê para revelar queixas sociais e políticas em muitos dos países visitados, sem se preocupar com as consequências. Alguns diriam que era um comportamento irresponsável, que ela considerava necessário. MDNA seria a turnê mais política de sua carreira.

Ela estava consciente das repercussões negativas e das demandas que enfrentava: oito meses na estrada e 88 shows no Oriente Médio, na Europa, nos Estados Unidos e na América do Sul. Centenas de pessoas no elenco e na equipe que estariam contando com ela. Milhões de dólares investidos e centenas de milhões de dólares a serem ganhos, tudo isso dependia do desempenho dela. Mais importantes que todas essas questões, porém, eram seus filhos. O bem-estar deles era fundamental, e isso era mais uma questão a ser considerada.

O fato de ela fazer a turnê podia ser atribuído à determinação, ao comprometimento e à necessidade de criar, assim como a um batalhão de assistentes de confiança, entre eles o novo homem em sua vida. Brahim Zaibat era de um subúrbio de Lyon, na França, e fez parte de um grupo de dançarinos de break e artistas de hip-hop que se apresentavam pelo mundo. Ele e Madonna haviam se conhecido em setembro de 2010, quando ele foi escolhido para trabalhar na festa de lançamento da linha Material Girl.[31] Quando Madonna tornou público o relacionamento com o dançarino de 24 anos, ele recebeu "mais de mil telefonemas" em um dia.[32]

A mídia e os comediantes de fim de noite adoraram a oportunidade de fazer mais piadas sobre diferença de idade. Mas, de acordo com Madonna, não havia nada incomum no relacionamento. Eles se conheceram. Gostaram um do outro. Começaram a namorar. Quanto ao desejo de ter um homem em sua vida, era simples.

> Meus filhos me realizam e me inspiram de muitas maneiras, mas preciso de um parceiro de vida. Nunca gostei mesmo da vida convencional, então seria bastante tolo, para mim ou qualquer outra pessoa, achar que agora eu começaria a fazer escolhas convencionais.[33]

Zaibat se tornou uma presença constante na vida da artista. Ele dançou no show do Super Bowl, participou dos clipes dela e estaria na turnê. Também ajudava com as crianças. A cantora queria que os meninos, principalmente, tivessem um modelo masculino para além do pai. Zaibat, um jovem muçulmano de ascendência argelina, era essa pessoa. Assim como estudou a história britânica ao se envolver com Guy Ritchie, Madonna começou a entender o mundo de Zaibat estudando o Corão com um erudito islâmico, porque acreditava ser "importante estudar todos os livros sagrados. É o que meu amigo Yaman sempre me diz: um bom muçulmano é um bom judeu, e um bom judeu é um bom cristão [...]. Eu concordo totalmente".[34]

A produção do Super Bowl havia sido tão bem-sucedida que Madonna convidou muitos membros da equipe para participar da turnê. A Moment Factory, que usou luzes de LED e animações para transformar um campo de futebol americano em uma tela, faria o mesmo no palco.[35] Michel Laprise, um veterano do Cirque du Soleil que ajudou a guiar quase quatrocentas pessoas no palco durante 12 minutos de um modo que pareceu fácil, seria o diretor da turnê MDNA.[36]

Os recém-chegados seriam auxiliados pelos pilares das turnês anteriores. Jamie King repetiria seu papel como diretor de criação, Kevin Antunes retornaria como diretor musical, Monte Pittman estaria na guitarra e Jason Young e Alison Faulk, que estavam com ela desde a turnê Confessions, seriam os principais coreógrafos. Arianne Phillips mais uma vez supervisionaria os figurinos. "Estamos levando setecentos sapatos para a estrada", comentou ela. "Madonna muda de roupa sete ou oito vezes e os dançarinos, entre dez e quinze."[37]

Phillips desenhou algumas peças, incluindo um traje de Joana d'Arc e outro de *majorette* (uma espécie de líder de torcida de algumas bandas), baseado em uma fotografia da década de 1940 que tinha encontrado.[38] Mas Jean Paul Gaultier foi chamado para ajudar. "Eu a amo. Ela é a única mulher que já pedi em casamento. E recusou, claro. Mas, quando pediu que eu montasse um figurino para a turnê, não pude recusar."[39]

As décadas de design de Gaultier para Madonna representavam uma cronologia não somente das duas carreiras, mas também da história das mulheres. Ao cantar "Vogue" durante a turnê MDNA, a cantora usaria o último modelo de espartilho Gaultier sobre camisa branca e gravata preta. A peça ilustrava que, embora as mulheres tivessem avançado no mundo patriarcal, ainda eram restritas pela tradição. "Brincamos com a ideia de terno com espartilho", disse Gaultier. "Mas agora o espartilho é como uma jaula."[40]

Pela primeira vez, o guarda-roupa da turnê também incluiria designs de Madonna: suas lingeries, vendidas sob o nome Truth or Dare (título original de *Na cama com Madonna*, de 1991), e sapatos da futura linha de calçados de mesmo nome. Também contribuíram para os figurinos Jeremy Scott e Alexander Wang. Para os trajes da banda, Dolce & Gabbana. Fausto Puglisi desenhou coletes de operações táticas e máscaras para todos os dançarinos, enquanto a Prada fez botas de salto alto que seriam usadas pelos dançarinos durante "Vogue".[41]

A cada turnê, o número de dançarinos aumentava. Em Blond Ambition, foram 7; em Confessions, 14; em MDNA, seriam 22 dançarinos e 2 slackliners, que ajudariam os outros membros do elenco a caminhar sobre uma fibra trançada de 5 centímetros tão perigosa quanto uma corda bamba, mas tão elástica quanto um trampolim. “Em turnês dessa escala, os dançarinos contratados costumam ser veteranos”, comentou Faulk. “Madonna não gosta disso. Ela gosta de chamar alguns veteranos e então escolher pessoas que *nunca* estiveram nessa situação, retirá-las de seus mundos, nos quais são as melhores, colocá-las no mundo dela e dizer ‘Ok, vamos lá!’.”[42]

Os ensaios foram realizados entre março e maio, em Nova York. “Todos os dias, há um cronograma de três ensaios completos”, explicou James “Winky” Fairorth, CEO da TAIT Towers, que forneceu todos os acessórios de palco do show. “A setlist é criada [...] e, quando ela [Madonna] chega ao primeiro show, sabe onde dará cada passo de todos os outros 93 shows da turnê. Ela está pronta para o combate.’”[43]

Mesmo com esse cronograma e foco, o trabalho de Madonna girava em torno da vida dos filhos. “A única vez em que ela ergueu a voz durante um ensaio”, contou Michel Laprise, “foi quando o cronograma não permitiu que visse os filhos”.[44] Para manter os mais velhos por perto, a cantora colocou Lourdes no departamento de figurinos e Rocco no palco com ela. David e Mercy, ambos com 6 anos no início da turnê, tinham salas de brinquedos organizadas para eles sempre que a artista trabalhava, além de babás para cuidar deles quando viajavam com ela.[45]

O show, que consistia em cerca de vinte músicas por apresentação e quatro interlúdios com vídeos, foi projetado em torno de quatro atos: transgressão, profecia, masculino/feminino e redenção.[46] A partir de fevereiro, a Moment Factory dedicou vinte pessoas para trabalhar “sem interrupção” com Madonna e Laprise a fim de ajudar a contar essa história. O palco, por sua vez, era construído em Nova York, na Bélgica e na China.[47]

Em cada local, a equipe trabalhava em turnos, como em uma obra, construindo uma pequena cidade que existiria somente por uma noite antes de ser desmontada e montada de novo em outro local. A precisão do trabalho era crucial porque, conforme a trágica demonstração em Marselha durante a turnê Sticky & Sweet, vidas dependiam disso.[48]

O aspecto mais desafiador da construção do palco de MDNA era montar uma matriz de elevadores multicoloridos de LED, essencialmente 36 cubos que se moviam 2,5 metros para cima e para baixo a fim de criar superfícies planas, plataformas elevadas, degraus ou escadas. Se um dos cubos tivesse qualquer problema mecânico (se não retornasse ao lugar ou não subisse completamente), o palco se tornava uma zona de extremo perigo.[49]

A área abaixo do palco — o “submundo” — era igualmente complicada e potencialmente perigosa. Além das áreas técnicas, camarins e sistemas hidráulicos, havia dois "carrinhos de mineração" que corriam sobre trilhos em áreas baixas demais para caminhar e que eram empurrados para ganhar impulso e atravessar o submundo. Madonna fez com que exemplares minúsculos do *Zohar*, um dos livros cabalistas, fossem colados aos mecanismos. "Sou muito supersticiosa e não confio em palcos."[50]

O espetáculo começava com sinos de igreja, monges encapuzados, uma cruz cristã, um gigantesco incensário dourado e três homens de manto entoando solenemente "Maa-doo-naa". Ela respondia com o início da oração que os católicos recitam durante a confissão, só que a religião não podia contê-la. Ao som de vidros quebrados, ela emergia em um traje de couro preto cantando "Girl Gone Wild".[51]

O número de abertura era o mais gay desde a turnê Blond Ambition. Os monges, despidos dos mantos, dançavam sem camisa, com calças justas e botas de salto alto cobertas de lantejoulas, deliciando-se no pecado ao lado de Madonna. Se essa música falava do pecado da sexualidade, os dois números seguintes falariam do pecado da violência.[52]

Em vez do futuro distópico de Drowned World, a violência de MDNA ocorria no mundo real. Isso começava com "Revolver" e com Madonna armada com uma réplica de um rifle de assalto, cercada por dançarinas "duronas" e também armadas. O tema continuava durante "Gang Bang". A cantora se descreveu nessa sequência como "megera decidida a se vingar". Essa parte se passava em um quarto do Paradise Motel.[53]

Ela derrubava os intrusos com prazer e interpretava um convincente combate desarmado antes de matar um deles com uma bala na cabeça. *Bang. Bang.* "Ele mereceu!", gritava ela em meio aos lamentos das sirenes, com o vídeo de uma perseguição de carros no telão.[54] A jornalista especializada em música Carol Cooper chamou essa parte de "Madonna vintage".

> Ao contrário de estrelas pop menores que também acham que sua composição é forte o bastante para sustentar uma encenação artística e cheia de atitude, somente Madonna sustenta a força palpável da personagem suficientemente bem para equiparar os visuais sangrentos da série *Dexter* a uma canção homicida sobre seu ex-marido e, de alguma forma, conseguir transformar isso em uma alegre catarse coletiva.[55]

Como se antecipasse a ferrenha crítica que essa parte provocaria, "Papa Don't Preach" vinha em seguida. Homens-feras surgiam no palco para acorrentá-la e empurrá-la de um lado para o outro. Enquanto faziam isso, ela cantava um pot-pourri: "Hung Up", "Girl Gone Wild" e "Sorry". Era durante essa parte do show que Madonna andava em um slackline. "Toda vez que faço um show, aprendo uma nova habilidade", comentou, acrescentando: "O slackline [...] era um pesadelo."[56] Michel Laprise contou que, durante as primeiras semanas de ensaio, Madonna "machucou o tornozelo e quebrou o dedinho. Eu pedi que reduzisse o ritmo e ela respondeu: 'Não, Michel. Esse é meu trabalho.'"[57]

O pot-pourri, cantado enquanto a artista era acorrentada (uma metáfora para o casamento), fazia referência a um inferno na terra. A canção seguinte falava do que vinha depois: o divórcio. Madonna cantava com uma das backing vocals e com um trio de percussão autodenominado Kalakan, do País Basco francês. A diva do pop os conheceu no verão anterior, enquanto estava hospedada na casa de amigos para celebrar o próprio aniversário. Como presente, na ocasião o Kalakan interpretou o Bolero, de Ravel, e foi convidado para se unir à turnê.[58]

Tocando guitarra com o apoio dos músicos bascos, Madonna cantava "I Don't Give A". Era uma boa canção no álbum, mas infinitamente melhor ao vivo. Ela não cantava os versos; ela os cuspia. Não era a sobrevivente de um relacionamento ruim. Sentia-se triunfante por ter — como insinua a canção — se livrado de um homem que a fazia infeliz. Nicki Minaj participava em um vídeo reproduzido no telão. Sentada em um trono enquanto cantava o próprio rap, ela se solidarizava com a situação de Madonna de entregar cheques a homens que não prestavam.[59]

O primeiro ato do show terminava com uma espantosa imagem de Madonna sendo elevada em uma plataforma, de frente a uma cruz iluminada. Deitada no chão como em um sacrifício humano, ela erguia o punho. Estava ferida, mas ainda respirava.[60]

Enquanto a artista saía do palco para trocar de roupa, os dançarinos apresentavam um novo movimento — bone breaking ou flexing —, que envolvia torcer as articulações do corpo até a contorção completa. Tendo se originado na cena reggae na Jamaica, a dança tinha migrado para os clubes do Brooklyn antes de chegar ao palco de Madonna. Ainda não era uma febre, mas se tornaria em breve. Ao som de "Heartbeat" e "Best Friend", eles se contorciam antes de se unirem (ligados por membros retorcidos) para criar uma escultura viva. Imagens de um cemitério surgiram no telão atrás deles. O casamento que exigira que Madonna se tornasse uma contorcionista havia chegado ao fim. Assim como aquela parte do show.[61]

O segundo ato, profecia, olhava para o futuro. Ele começava com uma breve lição de história: Madonna vestida como uma *majorette* da década de 1940, torcendo seu bastão e cantando "Express Yourself" com um grupo de dançarinas vestidas do mesmo modo. Por trás delas, piscavam animações que traçavam o curso das mulheres, partindo das melindrosas moças da década de 1920, passando pela Rosie, a rebitadeira (sem mostrar apenas os músculos do braço, mas sim o dedo do meio), da década de 1940 e chegando às universitárias da década de 1970.[62]

Madonna também dava uma aula de música pop ao atrevidamente inserir o sucesso de Lady Gaga "Born This Way" em "Express Yourself". A melodia de Gaga era tão parecida que eram necessários alguns segundos para perceber a troca. Tendo provado seu argumento, a rainha do pop fazia a transição para "She's Not Me".[63]

As pessoas que ansiavam por uma competição entre Madonna e Lady Gaga viram o pot-pourri como um estopim. Liz Rosenberg disse: "Não sei se é uma homenagem, um tapa na cara ou só um gesto divertido [...]. As pessoas podem decidir o que significa. Madonna não costuma se explicar." O mais provável é que estivesse apenas brincando. Durante a parada da turnê em Atlantic City, ela diria à multidão que adorava Gaga.[64]

Tendo despachado a "competição", Madonna e as animadoras de torcida cantavam "Give Me All Your Luvin'". Ela merecia. Enquanto clipes clássicos se alternavam nos telões, o som de um rádio vintage provocava os ouvintes tocando um ou dois segundos de alguns dos maiores sucessos de Madonna: "Holiday", "Into the Groove", "Like a Virgin" e "Music", entre outros. A artista reaparecia para cantar "Turn Up the Radio".[65]

Novamente com o Kalakan, a diva do pop apresentava "Open Your Heart" como uma cena de rua francesa. Rocco, de 11 anos, a acompanhava no palco, dando um salto mortal e fazendo alguns passos de break enquanto o elenco dançava. Não era uma canção rebelde, mas se tornava uma quando colocada com a canção basca "Sagarra jo!" [Golpeie a maçã]. Usando boinas pretas, Madonna e os dançarinos se tornavam foras da lei cujos crimes poderiam se resumir a serem parte de uma minoria.[66]

Nesse ponto do show, Madonna saudava a plateia e inseria uma mensagem política ou social, que mudava de acordo com o local, mantendo o argumento e referindo-se à santidade do indivíduo e ao direito de ser quem se é sem censura, de dizer sem medo o que se sente. Cada pessoa era uma obra-prima — e "Masterpiece" era a canção seguinte. Escrita para *W.E. – O romance do século*, essa música rendeu um Globo de Ouro a Madonna, mas se perdeu no dilúvio de críticas ao filme. No show, criava um momento comovente.[67]

O vídeo do interlúdio entre essa seção e a seguinte, masculino/feminino, retratava o retorno dos bandidos que a haviam perseguido durante "Girl Gone Wild". Eles faziam uma mímica de um clipe de Madonna (como Lana Turner) cantando um remix de "Justify My Love", feito por Orbit. A artista retornava ao palco para cantar "Vogue".[68]

Ao longo dos anos, as apresentações da música haviam se afastado muito do glamouroso clipe em preto e branco. Durante a turnê MDNA, a sensibilidade original foi voltando. Madonna e companhia posavam no palco no que só podia ser descrito como retrospectiva Gaultier.[69] Na canção seguinte, a diva do pop permanecia na terra do belo e do sexy.

No álbum *Hard Candy*, "Candy Shop" era uma das músicas menos memoráveis. No concerto, apimentada com algumas linhas de "Erotica", tornou-se instigante. Madonna fazia um sensual *pas de deux* com o namorado dançarino, Brahim Zaibat, no ambiente de um bordel parisiense. Exibindo para o mundo — ou ao menos para a plateia — a química sexual entre uma mulher mais velha e seu namorado muito mais jovem, ela respondia aos críticos que estremeciam perante a ideia de tal casal. Madonna mostrava que isso era natural, belo e muito real.[70]

Fazia sentido que a canção seguinte fosse a nada pesarosa "Human Nature", durante a qual a artista insinuava um strip-tease enquanto, no telão atrás de si, um homem de terno fazia um furo na parede para vê-la melhor. Madonna contou que um homem lhe perguntou: "Por que você precisa mostrar a bunda no palco?" Ela respondeu: "Por que alguém faz isso? Para vocês prestarem atenção." Tendo obtido a atenção da plateia ao se despir, ela revelava declarações políticas escritas nas costas.[71]

O momento era seguido por "Like a Virgin", que Madonna cantava apoiada em um piano tocado por Ric'key Pageot, com a melodia de "Evgeni's Waltz", composta por Abel Korzeniowski para *W.E. – O romance do século*. Aquela canção virou a lânguida história de uma mulher encontrando o amor quando a experiência lhe dizia que isso já não era possível. A transformação da canção era notável e um dos pontos altos do show.[72]

"Love Spent", sobre um amante que a valorizava por causa do dinheiro dela, vinha em seguida na turnê pelos Estados Unidos. O dançarino Marvin Gofin apertava as fitas do espartilho dela. Cansada demais para lutar, ela permitia que ele assumisse o controle. Madonna descreveu a parte final do show como um "estranho casamento entre artes marciais e Joana d'Arc". Ela retornaria, lutando e vitoriosa.[73]

O vídeo entre as seções preparava a plateia. Durante um remix de "Nobody Knows Me", slackliners vestindo um macacão alaranjado que remetia à prisão estavam se apresentando, quando cinco "guardas" começavam a espancá-los. Enquanto isso, no telão, era exibido um vídeo de rostos sobrepostos ao de Madonna: ela era o papa, o ex-líder norte-coreano Kim Jong-il, a política francesa Marine Le Pen e o ditador da República Democrática do Congo Mobutu Sese Seko.[74]

De ambos os lados dos três rostos, havia imagens do caos causado por líderes mal-intencionados, bem como retratos das vítimas dos respectivos governos. As fotografias mais comoventes faziam referência a Trayvon Martin, um jovem negro inocente morto a tiros na Flórida naquele ano, e a sete crianças e adolescentes gays que haviam se matado após sofrerem bullying. Com permissão dos pais, Madonna mostrava as fotos deles, informava seus nomes e listava suas datas de nascimento e de trágica morte. Todas as crianças, incluindo Trayvon, haviam morrido por ser quem eram, não por algo que haviam feito.[75]

O interlúdio "Nobody Knows Me" terminava com uma mensagem de esperança. Ao fim da canção, os dançarinos aprisionados e os guardas faziam as pazes. Todos ficavam sobre slacklines, em frente a uma magnífica foto da Terra vista do espaço. Eles estavam suspensos e tinham uma escolha a fazer: atolar no pântano ou tentar alcançar as estrelas. A imagem introduzia o segmento final: redenção.[76]

Madonna aparecia em um vestido de batalha em estilo medieval para cantar "I'm Addicted" e "I'm a Sinner". Durante essa última, ela e os dançarinos ficavam sobre cubos na frente de uma gravação de uma ferrovia na Índia, criando a ilusão de que estavam sobre os trens. Os dançarinos saltavam e se atiravam uns nos outros entre os cubos, em uma performance que parecia desafiar a morte. Em reconhecimento à tradição hindu, eles então se lavavam ritualmente diante da imagem do que parecia ser o Ganges e terminavam a apresentação como homens e mulheres sagrados.[77]

Todas as turnês de Madonna têm um *grand finale*. Em MDNA, era "Celebration". Tendo retirado o traje medieval, a cantora aparecia em um cubo elevado, usando calça preta e tênis, convidando a plateia a "se unir à festa". Era um final tumultuado. Rocco fazia parte da trupe. "Ele ficava desconcertantemente confortável no palco", comentou Madonna. "Eu ficava maravilhada ao vê-lo todas as noites. Aquilo me energizava."[78]

Ela praticamente não parava durante as quase duas horas do show. A energia e a paixão de Madonna eram visíveis. Ela *adorava* se apresentar. Era quase impossível imaginar algo fora do palco que lhe causasse tanta empolgação ou prazer.

O gerente de projeto de MDNA, James Erwin, disse que tantas pessoas haviam investido no show e transformado muitas ideias impossíveis em realidade, que o resultado era um milagre. Quando chegou a hora de apresentá-lo ao público, não eram os aplausos que informavam que eles haviam conseguido; eram os raros momentos de silêncio. Aquilo significava que a plateia estava extasiada com o que Madonna e a equipe haviam feito.[79]

Capítulo 54

Tel-Aviv, Istambul, Paris, Moscou, São Petersburgo, Denver, Medellín, 2012

> Você acha que nossa civilização está avançando [...]. Desculpe, meu amigo, mas não está.[1]
>
> — *Madonna*

A TURNÊ MDNA começou em 31 de maio, na cidade de Tel-Aviv. Antes de partir dos Estados Unidos, a equipe se perguntou se a turnê não seria cancelada, pois havia o temor de que Israel bombardeasse as instalações nucleares do Irã, o que poderia levar a uma guerra regional. Madonna se recusou. "Eu disse que iríamos, então nós vamos [...]. A ameaça de guerra não vai me manter longe de um país. Na verdade, é um convite." A artista tinha fãs e amigos em Israel e no Irã, e achava que todos eles eram vítimas das disputas entre os dois governos.[2]

Ao chegar a Israel, ela começou com o obrigatório gesto de paz, reunindo-se com ativistas israelenses e palestinos. A iniciativa chegou aos jornais, mas não foi considerada notável. Quando ela disse à multidão, durante o show, que iniciou a turnê em Israel para promover a paz, suas palavras foram recebidas com certa indiferença. "Todos fazem esse discurso quando vêm aqui", comentou um blogueiro israelense.[3]

Esse poderia ter sido o fim da conversa, não fossem as réplicas de rifles de assalto no palco. Madonna deu lições de paz enquanto segurava uma arma. (Um repórter do *Jerusalem Post* a chamou de "Madonna Jihad".) A mensagem dicotômica de paz e guerra, de não violência e violência, de um mundo que poderia ser e o mundo que de fato era chamou a atenção da plateia e da mídia. Amando-a ou odiando-a, respeitando-a ou desprezando-a, Tel-Aviv só falava de Madonna.[4]

A primeira apresentação da artista em um país islâmico ocorreu em Abu Dhabi três dias depois e criou ainda mais agitação. Ela se atrasou mais de uma hora e meia, deixando 45 mil fãs no calor de quase 38 graus. Ela também sentiu esse calor e gritou do palco: "Está quente pra caramba, mas vamos nos divertir mesmo assim."[5]

Muitas pessoas na multidão faziam parte da ampla comunidade de expatriados de Abu Dhabi e não ficaram chocadas com a linguagem de Madonna, as roupas dos dançarinos nem a sexualidade expressa no palco. Outras, no entanto, ficaram ao mesmo tempo escandalizadas com a evidente insensibilidade cultural e deliciadas com aquela ousadia.[6] Uma blogueira escreveu:

> A Material Girl não deu a mínima para o fato de estar se apresentando no Oriente Médio. A performance continha gestos sexuais, referências a aspectos religiosos e até um strip-tease! Acho que ela merece aplausos pela coragem. Afinal, estamos no Oriente Médio, onde você é penalizado por praticamente qualquer coisa![7]

A cada parada, parecia que as provocações de Madonna se tornavam mais focadas. Em Istambul, ela testou o apoio do governo turco à independência das mulheres. Em maio, a Turquia se tornou a primeira signatária da Convenção de Istambul, um tratado que pretendia evitar a violência contra as mulheres e penalizar os envolvidos. O primeiro-ministro turco, Recep Tayyip Erdoğan, aparentava ser um novo tipo de líder muçulmano moderno: era devoto e talvez fosse tolerante e preparado para ser inclusivo. Madonna decidiu verificar isso por conta própria.[8]

Durante todos os concertos, enquanto cantava "Human Nature", ela se despia parcialmente enquanto caminhava pela passarela até o meio da plateia. Em Istambul, foi mais longe, ao expor um seio como se fosse a coisa mais natural do mundo. O espanto da multidão foi seguido por gritos de aprovação. Dando as costas para a plateia, ela mostrou uma mensagem escrita nas costas — SEM MEDO — dirigida às mulheres turcas, cujas roupas e ações já não eram ditadas pelo governo.[9]

Os vários segundos de exposição do seio chegaram às manchetes de todo o mundo, mas não na Turquia, onde o assunto não era discutido abertamente. Mesmo assim, a notícia se espalhou. Emrah Güler, escrevendo uma crítica para o maior jornal turco, o *Hürriyet*, chamou MDNA de "o melhor show que alguém poderia assistir".[10]

Da Turquia, Madonna retornou a territórios conhecidos da Europa ocidental. Na maioria dos lugares, os shows começavam com fãs furiosos com o atraso. A cada turnê, ela tomava mais liberdades com o horário. Recusava-se a aparecer no palco antes de estar pronta, porque precisava estar no auge de suas condições físicas e mentais. Queria que o show "fosse perfeito". "Meus fãs merecem e, falando muito francamente, eu mereço."[11] Os DJs chamados para acalmar as multidões muitas vezes eram vaiados.

Martin Solveig abriu o show em Paris quando Madonna se apresentou, no Dia da Bastilha, para 62 mil pessoas no Stade de France. Os franceses estavam entre seus fãs mais entusiasmados, então a expectativa era imensa. Mas a chegada dela à França deu início a um confronto com Marine Le Pen, líder do maior e mais poderoso partido de extrema direita do país. A plateia esperava ansiosamente a jogada seguinte.

Le Pen aumentou a aceitação da Frente Nacional, fundada pelo próprio pai, ao rejeitar em público as visões antissemitas e racistas dele. Na campanha presidencial daquele ano, ficou em terceiro lugar. Os críticos a acusavam de apenas suavizar a fachada do partido, sem modificar a essência fascista deste. Ela negava a acusação. Madonna estava entre aqueles que não acreditavam em Le Pen. Na hora de "Nobody Knows Me", o telão exibia uma imagem da líder conservadora com uma suástica na testa. Na França após a Segunda Guerra Mundial, aquele era um sinal de que uma mulher havia colaborado com nazistas.

Le Pen soube do vídeo, ameaçou acionar medidas legais se Madonna não removesse a suástica quando chegasse à França e provocou ao dizer: "Entendemos que cantoras idosas precisam fazer as pessoas falarem sobre elas e cheguem a tais extremos."[12] Madonna permaneceu impassível. O vídeo exibido no Stade de France manteve Le Pen e a suástica. No dia seguinte, o porta-voz da Frente Nacional disse que a líder do partido planejava processar a cantora pelo equivalente francês da difamação.[13]

O SOS Racisme, grupo francês antirracista, apoiava o esforço de Madonna em identificar políticos que disseminavam ódio, em especial no país, onde ataques contra judeus e imigrantes haviam aumentado de forma significativa naquele ano. Durante a disputada corrida presidencial, até alguns políticos de centro acharam necessário bajular a direita xenofóbica.[14]

Madonna deixou essa controvérsia na França e viajou para o norte, até o Reino Unido e a Irlanda. No show em Londres, Guy Ritchie estava na plateia para ver o filho, Rocco. Em setembro, ele teve um filho com a nova esposa, uma modelo de 30 anos chamada Jacqui Ainsley, que era descrita na imprensa britânica como "uma versão mais jovem, mais firme, mais sexy, menos desbocada e muito mais obediente que a ex-mulher dele".[15] Madonna enviou um "grande buquê" e um bilhete de parabéns aos novos pais.[16]

Madonna nunca tinha se apresentado na Escócia, então os fãs aguardavam freneticamente a apresentação em Edimburgo. A polícia pediu de antemão que ela respeitasse as leis locais e não usasse réplicas de armas no show. As rígidas leis antiarmas do Reino Unido haviam sido aprovadas no ano de 1996, após um tiroteio em massa em uma escola de Dunblane, na Escócia, que matou 16 crianças de 5 e 6 anos e a professora delas. Com o pedido ainda sem resposta e um dia antes do show, a meio mundo de distância, um atirador abriu fogo em um cinema de Aurora, no Colorado, matando 12 pessoas e ferindo 58. A polícia escocesa novamente aconselhou a artista a não usar armas no show. Ela se recusou a alterar o programa.[17]

Um membro da equipe disse: "Madonna prefere cancelar o show a ser censurada. Durante toda a carreira, ela lutou contra pessoas que tentavam dizer o que podia ou não fazer. Ela não vai começar a obedecer agora." O grupo britânico antiarmas Mothers Against Guns a denunciou. Um membro escocês do Parlamento chamou a decisão de "rude e insensível". O *Daily Record*, jornal local, relatando a controvérsia, resumiu a turnê: "Controversa como sempre. Tediosa, jamais."[18]

Enquanto Madonna estava em Londres, o organizador da turnê anunciou que uma performance especial seria acrescentada ao cronograma. A cantora retornaria a Paris em 26 de julho para um show de 45 minutos no teatro Olympia, onde artistas do calibre de Edith Piaf e Billie Holiday haviam se apresentado.

O Olympia garantia um show muito mais íntimo que qualquer outra parada da turnê. No Stade de France, por exemplo, a plateia foi de 60 mil pessoas, ao passo que o Olympia abrigava menos de 2 mil. Ela usaria o local histórico para falar da controvérsia envolvendo Marine Le Pen.

Madonna falou sobre liberdade de expressão e sobre o histórico da França em apoiar artistas. Disse que o país abriu as portas para artistas negros que fugiam da repressão racial nos Estados Unidos.[19] Em seguida, declarou:

> Estamos entrando em um período muito assustador [...]. Pessoas em todo o mundo estão sofrendo e sentem medo. O que acontece quando as pessoas sentem medo? [...] Elas se tornam intolerantes. Começam a apontar o dedo para outras pessoas [...].
>
> Sei que deixei uma tal de Marine Le Pen muito zangada. Não é minha intenção fazer inimigos [...]. Minha intenção é promover a tolerância.[20]

Segundo ela, as pessoas que falavam em tornar um país grandioso usando outras pessoas como bodes expiatórios, através da repressão ou da exclusão, evocavam assustadoras lembranças de um passado que não deveria ser repetido. "Assim, da próxima vez que quiser apontar para alguém e culpá-lo por um problema em sua própria vida, aponte o dedo para si mesmo e o resolva."[21]

A apresentação no Olympia foi criada rapidamente, o que significava que alguns problemas não tinham sido resolvidos. Sob os intensos holofotes, o calor no palco era extremo. Os dançarinos estavam cobertos de suor. Em certo momento, Madonna voltou de uma troca de roupa e, um minuto depois, estava com a camisa encharcada. Durante "Candy Shop" e "Human Nature", tanto os dançarinos quanto a cantora usaram as mãos para limpar o suor do corpo.[22]

A despeito do calor, da lotação bem acima da capacidade e do fato de terem ficado na fila durante dois dias para comprar ingressos, os fãs estavam com ela, os braços esticados ao longo da passarela e sendo agitados no ar enquanto ela cantava "Beautiful Killer", seu tributo ao ator francês Alain Delon.[23] Madonna os surpreendeu ao cantar "Je T'aime... Moi Non Plus", de Serge Gainsbourg, em um "dueto" com Marvin Gofin, que fez a sincronia labial da parte de Gainsbourg.

A canção falava de um relacionamento esgotado que não terminava, porque a atração permanecia. Na reencenação de Madonna, o problema era resolvido. Ela amarrava o amante a uma cadeira e lhe dava um tiro na boca. As palavras "je t'aime" em seguida apareciam na tela, com um coração. Diante desse clímax confuso ainda sendo digerido, Madonna largou a arma e saiu do palco.[24]

O show terminou, mas a plateia não percebeu. Celebrando, cantando e aplaudindo, a multidão esperava o próximo ato ainda em pé. Quando ficou claro que o show só teria 45 minutos, houve confusão, decepção e raiva. Algumas pessoas disseram que os organizadores não haviam explicado que o "show especial" seria mais curto que aqueles em estádios. Alguns começaram a vaiar. Garrafas de plástico foram jogadas no palco. O coro dizendo "*Rembourser!*" [Reembolso!] se misturava a gritos de "*Salope!*" [Vadia!].[25]

Um grupo de agitadores, cujo protesto não parecia espontâneo, fazia muito barulho. Eles tinham cartazes impressos, que erguiam — juntamente com os dedos do meio — ao puxarem palavras de ordem que eram repetidas por todo o teatro.[26] Madonna mais tarde disse que skinheads foram "enviados até lá por Marine Le Pen [...] e estavam gritando '*Heil Hitler*'" no fundo do salão.[27]

Os ânimos aflorados na França pareceram inspirar mais ataques à cantora quando ela viajou para o Leste Europeu, onde as divisões políticas eram ainda mais profundas. Em Kiev, a artista soube do esforço da Ucrânia para romper laços com a Rússia e se integrar ao Ocidente. Líderes de oposição ucranianos eram envenenados e presos, eleições eram fraudadas, direitos eram violados e a corrupção corria solta, a fim de manter a oligarquia ucraniana no bolso de Moscou. Madonna postou um vídeo no YouTube clamando que os ucranianos lutassem, a despeito das consequências. "Vocês são valentes? Têm coragem? Estão dispostos a lutar pelo que é certo?"[28]

Na parada seguinte, na Rússia, a artista se submeteu a esse teste.

Em fevereiro, cinco mulheres jovens usando vestidos curtos, meias-calças e balaclavas coloridas entraram no santuário da Catedral Ortodoxa Russa de Cristo, o Salvador, sacudindo a cabeça e as pernas, e tocando guitarras imaginárias enquanto cantavam "A Punk Prayer", pedindo que a Virgem Maria livrasse a Rússia de Vladimir Putin. A oração durou exatos quarenta segundos. Os seguranças as levaram embora, enquanto freiras e paroquianos, na maior parte idosas com véu cobrindo a cabeça, observavam a cena, todos assustados e confusos.[29]

As cinco faziam parte de um grupo de 11 mulheres que tocavam música punk e realizavam pequenas intervenções em defesa dos direitos das mulheres e dos gays — resumidamente, em defesa da liberdade. Em um mundo movido por marcas, o nome que escolheram para si mesmas, Pussy Riot, era um primor. Elas eram feministas zangadas da terceira onda, mas tinham um lado divertido. "Sorrir é um ato de resistência", escreveu Nadya Tolokonnikova, uma das integrantes da banda. "Sorria e diga foda-se ao mesmo tempo."[30]

As participantes foram acusadas de "vandalismo premeditado e inspirado por ódio religioso". Três foram presas: Tolokonnikova, de 22 anos; Maria "Masha" Alyokhina, 23 anos; e Yekaterina Samutsevich, 29 anos. Se condenadas, poderiam pegar sete anos de prisão. Samutsevich foi liberada, mas Alyokhina e Tolokonnikova, que tinham filhos pequenos, precisariam permanecer sob custódia até o julgamento. Elas iniciaram uma greve de fome, exigindo liberdade para cuidarem dos filhos. O Estado negou.[31]

O julgamento começou em 20 de julho. As audiências eram novas oportunidades para demonstrar o desprezo que sentiam pela Rússia de Putin. Todas riram durante o que chamaram de procedimentos legais falsos. "Alguns diriam que deveríamos rearranjar nossas vidas [e sermos boas garotas], e tudo ficaria bem", escreveu Tolokonnikova. "Eu digo que é como arrumar a cama na cabine quando o *Titanic* já está debaixo d'água."[32]

De modo geral, a mídia internacional só começou a prestar atenção ao caso em 2 de agosto, quando um grupo de músicos britânicos liderado por Pete Townshend, do The Who, e Neil Tennant, do Pet Shop Boys, escreveu uma carta aberta no *Times* de Londres, enquanto Putin estava na cidade em visita oficial. Outros artistas abraçaram a causa, incluindo Patti Smith, Yoko Ono e os Red Hot Chili Peppers.[33]

Ao chegar a Moscou, disse Madonna, ela tentou decidir como proceder — se devia ou não ir ao tribunal a fim de chamar atenção para o caso.

> Essas três garotas foram colocadas em uma jaula e submetidas a esse falso julgamento por cantarem, durante alguns segundos, uma canção que basicamente dizia que Putin estava oprimindo artistas e mulheres. Ele é um hipócrita e está se alinhando à Igreja mesmo sem ser um homem de Deus [...]. Eu me perguntei· "Como posso ajudar, o que posso fazer?"[34]

Embora a embaixada dos Estados Unidos tivesse alertado sobre ameaças de violência contra ela durante a apresentação de 7 de agosto, Madonna decidiu usar a ocasião para fazer uma declaração em favor das mulheres julgadas.[35] Interrompendo o show, a cantora disse: "Eu gostaria de dizer algumas palavras sobre a Pussy Riot." A multidão irrompeu em frenéticos aplausos e vivas.

> Sei que há muitos lados em toda história e não pretendo desrespeitar nem a Igreja, nem o governo, mas acho que essas três garotas — Masha, Katya, Nadya [vivas frenéticos] — [...] fizeram algo corajoso. Acho que elas estão pagando o preço por esse ato e rezo pela libertação delas [vivas, aplausos]. [...] Sei que todos os meus fãs nesse auditório sentem que elas têm o direito de ser livres [gritos, vivas].[36]

Durante "Human Nature", Madonna se despiu e mostrou as palavras Pussy Riot escritas nas costas. A multidão voltou a apoiá-la enquanto ela permaneceu parada por um minuto inteiro, a fim de que eles lessem a mensagem e, ainda mais importante, registrassem o conteúdo com os celulares para disseminá-lo pelas redes sociais na Rússia e em todo o mundo. Então, vestindo uma balaclava preta em solidariedade ao grupo, com as costas ainda visíveis, cantou uma versão lenta e angustiada de "Like a Virgin".[37]

Após a apresentação, a mídia ocidental ficou obcecada por Pussy Riot. Não que a repressão governamental na Rússia fosse novidade, mas as pessoas protestando contra isso eram jovens atraentes com um nome travesso. Os comentaristas não conseguiam resistir à tentação de dizê-lo em voz alta. Os sorrisinhos que davam contavam a história. Mas o governo russo não achou engraçado. Em um tuíte, o então vice-primeiro-ministro do país, Dmitry Rogozin, chamou Madonna de vadia ou prostituta — dependendo da tradução —, como se ela não pudesse dar lições de moral à Rússia.[38]

Duas noites depois, Madonna deveria se apresentar em São Petersburgo, onde planejava fazer uma declaração sobre os direitos gays. Um padre ortodoxo russo encorajou seguidores a denunciarem ameaças de bomba enquanto ela se apresentava. A cantora também recebeu ameaças de morte e ouviu da polícia local que seria preso qualquer um (o que incluía ela mesma e seu elenco) carregando bandeiras ou vestindo cores do orgulho gay, ou exibindo slogans a favor da causa.[39]

Naquele ano, tinha sido aprovada uma lei que proibia a promoção de relações sexuais "não tradicionais", numa tentativa de minar ideias ocidentais liberais, incluindo os direitos gays, que ganharam popularidade após o colapso da União Soviética. Normas similares foram aprovadas em outras cidades russas, e a Duma (equivalente a um comitê ou assembleia do poder legislativo do país) considerava transformar tal repressão em lei federal.[40]

Assim como o direito de expressão da Pussy Riot, a questão dos direitos gays havia sido feita sob medida para Madonna. Ela lutava por essas causas desde o início da carreira. Em 29 estados dos Estados Unidos, ainda era possível demitir ou se recusar a contratar pessoas em razão de orientação sexual, e oito estados proibiam a "promoção da homossexualidade nas escolas", o que significava que a questão não podia ser discutida nas aulas de educação sexual. Não era surpresa que jovens gays fossem alvo de bullying ou que representassem 30% de todos os suicídios entre adolescentes.[41]

Com Rocco a seu lado no palco de São Petersburgo, Madonna e o elenco da MDNA ergueram os punhos fechados enquanto ela defendia os direitos gays e chamava a legislação antigay russa de absurda. "É um período muito estranho do mundo", disse a cantora à plateia.[42]

> Estou viajando [...] e sentindo o clima. Vejo que as pessoas estão com cada vez mais medo de quem é diferente. Elas estão se tornando mais moralistas e intolerantes [...]. Podemos mudar isso. Temos esse poder. E não precisamos fazer essa transformação com violência. Podemos fazer com amor [...]. Se vocês estiverem comigo, quero ver suas braçadeiras cor-de-rosa. Ergam os braços.[43]

Madonna foi a primeira, seguida pelo elenco e por Rocco, que apontou para a própria braçadeira a fim de transmitir a mensagem a pessoas que não falavam inglês bem o bastante para entendê-la.[44] Enquanto isso, cartazes com arco-íris que haviam sido distribuídos na plateia (desafiando a lei) surgiram em todo o estádio, erguidos por pessoas em pé. Em um lado do cartaz, havia as palavras SEM MEDO. A plateia ficou extasiada. Muitos gravaram o ato rebelde de solidariedade para disseminar a mensagem nas redes sociais.[45]

Do lado de fora, as autoridades estavam preparadas. Madonna soube que 87 pessoas foram presas.[46] Ela não foi, mas três grupos ativistas russos a processaram em mais de 10 milhões de dólares por "prejudicar a moral" ao violar a lei antigay de São Petersburgo e causar "estresse psicológico e choque emocional" para muito além do local do concerto.[47]

Seis noites depois, a cantora estava na liberal Oslo. A Noruega estava em estado de alerta, aguardando o veredito do julgamento de um extremista de direita acusado do pior massacre no país desde a Segunda Guerra Mundial. No verão anterior, Anders Behring Breivik assassinou 75 pessoas, a maioria adolescentes, em um acampamento de liderança política para jovens.[48]

Breivik era uma celebridade na extrema direita. Seu manifesto de 1.500 páginas, publicado no dia dos ataques, se tornou leitura obrigatória entre os extremistas ocidentais. Ele incluiu Madonna em uma lista de alvos porque a artista "propagava e glorificava a mistura de raças".[49] O concerto MDNA teria horrorizado Breivik e seus seguidores. Durante "Like a Virgin", Madonna virou as costas nuas para a plateia. Novamente, a mensagem era SEM MEDO.

Entre Oslo e a parada seguinte, Zurique, a cantora descobriu que as três mulheres da Pussy Riot foram condenadas a dois anos em uma colônia penal por um protesto de quarenta segundos. Ela se uniu à lista de celebridades, grupos de direitos e governos ocidentais denunciando a sentença, mas o esforço parecia em vão. Após ouvir o veredito, Pyotr Verzilov, marido de Nadya Tolokonnikova, disse: "O que Putin quer, Putin consegue."[50]

A última apresentação de Madonna na Europa a levaria de volta à França, onde se apresentaria em 21 de agosto. A área em torno de Nice era uma fortaleza da extrema direita. Os conselheiros da artista decidiram que não era prudente entrar no enclave da Frente Nacional e rotular a líder deles de simpatizante nazista. Os cartazes do show pela cidade foram destruídos. Em resposta a isso e pela primeira vez desde que desistiu de manter no ar o clipe sobre a guerra do Iraque em 2003, Madonna publicamente censurou a si mesma. Ela trocou a imagem de Le Pen com a suástica na testa por uma menos incendiária, com pontos de interrogação. Os apoiadores de Le Pen alegaram vitória. O processo contra Madonna não foi apresentado.[51]

Abalada, Madonna deixou a Europa.

> Eu estava indo de cidade em cidade, dizendo: "Ok, o mundo está mudando muito rapidamente, e talvez sempre tenha sido assim, mas é como se tempo, espaço e movimento estivessem se acelerando."
>
> Então eu sentia não somente que estava sendo oprimida ou censurada como artista, mas também como ser humano. O mesmo acontecia com outros seres humanos, era perceptível [...] — quer fossem gays, quer fossem muçulmanos ou outra coisa —, e eu não conseguia não perceber isso.[52]

Antes da primeira apresentação da turnê nos Estados Unidos, na Filadélfia, Madonna escreveu uma declaração em verso que a imprensa chamou de "manifesto". Algumas das reações negativas que ela encontrou na turnê se deviam ao fato de as pessoas não entenderem o que ela tentava dizer no show. Ela achou que, se explicasse, a mensagem seria vista como esforço "para transformar o mundo em um lugar melhor".[53]

Talvez também fosse uma ação estratégica, porque as feridas causadas pelo massacre no teatro de Aurora, no Colorado, ainda eram recentes. Na verdade, entre o massacre do dia 20 de julho e o concerto de 28 de agosto na Filadélfia houve outros três tiroteios em massa nos Estados Unidos. Um deles envolveu um neonazista que matou seis pessoas em um templo Sikh, no Wisconsin. Nesse contexto, a presença de armas no show seria criticada.

Na declaração, Madonna descreveu a apresentação como jornada "da escuridão para a luz/ da raiva para o amor/ do caos para a ordem". Ela disse que as réplicas eram usadas para ilustrar que armas não concediam verdadeiro poder; que a violência não resolvia problemas, mas criava novos; e que a mudança não podia ser imposta aos outros, precisando vir de dentro. Finalmente, falou a cantora, a questão não era ferir, mas curar. E isso exigia amor.[54]

Com uma real sensação de urgência, ela encontrou um novo obstáculo durante o show na Filadélfia: a complacência. Em três meses, os Estados Unidos elegeriam um novo presidente: Obama ou seu adversário republicano, Mitt Romney. Olhando para a plateia, ela não sentiu comprometimento com o voto nem o reconhecimento da responsabilidade que os indivíduos têm de exercer seus direitos como cidadãos de uma democracia.[55]

"Então havia uma nova luta", disse Madonna, mais tarde. As pessoas que havia conhecido no exterior levavam o direito ao voto a sério porque se tratava de uma questão "de vida ou morte. Se você pode ser jogado na prisão por segurar a mão de um cara, você presta atenção aos direitos gays. Se não pode votar em quem quiser, passa a se importar com a democracia".[56] A cantora achava que os norte-americanos não se importavam com a questão, então a enfatizou a cada apresentação.

Enquanto fazia isso, um violento ato na Ásia Meridional mostrou o valor da liberdade. No Paquistão, em 9 de outubro de 2012, uma jovem de 15 anos foi ferida na cabeça e no pescoço com tiros disparados pelo Talibã, por defender abertamente a educação feminina. A covardia dos atiradores e a bravura da adolescente que os enfrentou cristalizaram a luta global pelos direitos das mulheres.

Enquanto Malala Yousafzai lutava pela vida no hospital, alguns ativistas, líderes governamentais e celebridades — incluindo Madonna — reconheceram a jovem e a causa pela qual ela lutava.[57] Durante os concertos em Los Angeles, a palavra escrita no corpo de Madonna era MALALA, e ela conversou com a multidão sobre o ataque. "Vocês se dão conta do quanto isso é doentio? [...] Apoiem a educação! Apoiem as mulheres!"[58] A multidão celebrou, mas praticamente toda a imprensa criticou a artista por ser "cega" às sensibilidades religiosas no Paquistão e usar um "strip-tease" para chamar atenção para o caso. Basicamente ela estava sendo acusada de ofender o Talibã.[59]

Os relatos da imprensa diziam que tal performance tinha sido usada pelo grupo para justificar o ataque, já que aquilo "provava" que a adolescente era uma defensora de valores ocidentais corruptos. Entre outros problemas com tais relatos, estava o fato de que as tentativas de difamar Malala associando-a ao Ocidente começaram *antes* do show de Madonna. O Talibã também listou Barack Obama, Angelina Jolie e o presidente afegão Hamid Karzai como inimigos do Islã, mas quem leria uma matéria sobre o Talibã criticando Obama? Além disso, não era delicioso sugerir que a franqueza de Madonna só havia piorado as coisas? Em defesa dos direitos das mulheres, *pelo amor de Deus, silenciem-na!*[60] Madonna ignorou as críticas e continuou a falar. "O ataque a Malala foi [...] realmente muito, muito sério para mim", afirmou.[61]

Na segunda noite do show com ingressos esgotados no Staples Center, em Los Angeles, Sean Penn estava na primeira fileira. Enquanto Madonna era atacada por causa das declarações políticas, Penn estava lá para apoiá--la. Os dois ainda eram os "Poison Penn", não mais porque a imprensa os achasse mimados, mas porque usavam a fama para defender causas maiores que eles mesmos. Eram retratados como diletantes ingênuos, interessados na autopromoção, turistas da ajuda externa. O comprometimento de ambos, porém, não podia ser questionado.

Penn foi ao Iraque, ao Irã, a Cuba e à Venezuela, escrevendo sobre a guerra, a pobreza e a possibilidade de diálogo entre culturas. Em 2005, foi para Nova Orleans após o furacão Katrina, pilotando uma lancha pelas ruas alagadas e resgatando pessoas. Após o terremoto de janeiro de 2010 que matou 300 mil pessoas no Haiti, ele ficou morando em um local criado para abrigar 50 mil habitantes que perderam suas casas.[62]

Os fãs de Madonna fantasiavam sobre uma reunião entre os dois. Um fã presente ao concerto MDNA em Los Angeles disse à *Us Weekly*: "Madonna parecia estar se apresentando para Sean. E ele dizia coisas como 'Incrível' e 'Ela é tão sexy!'"[63] O casamento de 14 anos do ator com Robin Wright chegou ao fim em 2010, mas não havia planos de retomar o relacionamento com a cantora. Eles eram amigos próximos que expressavam publicamente quanto se gostavam, conversavam e se apoiavam em épocas de necessidade e momentos cruciais da vida.[64]

No filme *Milk – A voz da igualdade* (2008), de Gus Van Sant, o roteiro — sobre o líder político gay Harvey Milk, assassinado em São Francisco — exigia que Penn beijasse o ator James Franco. Este disse que, imediatamente após o beijo, "Sean enviou uma mensagem de texto a Madonna dizendo: 'Acabei de dar meu primeiro beijo em um cara. Pensei em você. Não sei por quê.'" Ela respondeu com uma palavra: "Parabéns." (Penn recebeu o segundo Oscar de Melhor Ator da carreira pelo papel.)[65] Em janeiro de 2010, Madonna e o ex-marido se reuniram durante um jantar de três horas. Ele estava a caminho do Haiti, e ela estava prestes a iniciar as filmagens de *W.E. – O romance do século*. "Conversei com Sean sobre o filme", contou ela. "Ele me apoiou, como sempre."[66] Era de apoio que a cantora mais precisava durante a muito controversa turnê.

Madonna deixou Los Angeles em 12 de outubro para duas noites na cidade de Las Vegas e depois foi para Phoenix, onde, após se despir, revelou o nome AMANDA nas costas. Era uma referência a uma canadense homossexual de 15 anos que se matou após sofrer bullying.[67] A próxima parada seria Denver, na qual a polêmica sobre o uso de armas falsas começou bem antes da chegada do show. Apelos foram feitos para que a cantora não as usasse na apresentação no Colorado, não somente por causa de Aurora, mas por respeito às famílias e às vítimas do massacre de Columbine, de 1999 Novamente, a artista se recusou.[68]

A plateia do concerto com ingressos esgotados em Denver sabia o que estava por vir, e mesmo assim muitas pessoas se espantaram. "Ficamos lá parados", comentou um espectador. "Todo mundo à minha volta tinha expressões de choque no rosto." Um anunciante local disse que viu pessoas pegarem as coisas e irem embora.[69] Outros apreciaram Madonna por fazer o que sempre fizera: enfrentar questões difíceis sem hesitação. "Não podemos deixar as ações de um maluco determinarem como os artistas podem se apresentar", afirmou um presente ao *Denver Post*.[70]

O clima melhorou em Pittsburgh. Era noite da eleição, 6 de novembro. Quando pareceu provável que Obama iria vencer, Madonna disse à multidão que estava tão feliz que talvez não se lembrasse do restante do show. No último número, "Celebration", ela teve certeza. Cantando "Madonna--Obama", a artista deu pulos pelo palco.[71]

A parada seguinte seria a América do Sul. Madonna iniciou essa parte da turnê em Medellín, na Colômbia. Antes dela, nenhum grande artista internacional tinha se apresentado lá.[72] A cidade havia muito era conhecida como o coração do comércio de drogas no país, a linha de frente de uma insurgência rebelde com décadas de duração e a capital mundial de assassinatos e sequestros. Um jornalista a chamou de "cidade mais perigosa do mundo".[73]

Em 2012, os rebeldes das Farc estavam negociando com o governo e haviam desistido dos sequestros (embora não da violência). Os maiores traficantes foram assassinados ou extraditados para julgamento nos Estados Unidos. A cidade estava se recuperando. O prefeito Aníbal Gaviria disse que, com o show, Madonna e Medellín fariam história. O interesse era tão grande que uma segunda apresentação foi feita, com 180 mil ingressos vendidos.[74]

O evento foi um sucesso. Outros se seguiram. No ano seguinte, Beyoncé se apresentou na mesma cidade, que passou a ser chamada de "cidade mais inovadora do mundo".[75]

Perto do fim da turnê, em dezembro, Madonna tinha duas apresentações marcadas em Buenos Aires, com um raro dia de folga entre elas. Steven Klein e a equipe dele estavam lá para filmar um anúncio para a linha de lingeries e sapatos desenvolvida pela cantora. No último minuto, o anúncio foi cancelado porque a empresa norte-americana que distribuiria os produtos achou que eles eram "provocantes" demais. "Fiquei ultrajada [...]. Eu tinha um fogo dentro de mim, por causa de tudo que havia testemunhado, então decidi: 'Vamos filmar mesmo assim.'"[76]

Madonna e Klein decidiram gravar um curta com alguns dançarinos da turnê em um cenário que lembrava salas de interrogatório. O filme seria sobre a asfixia da expressão artística por razões religiosas, políticas ou comerciais.[77]

O projeto foi inspirado em uma das produções preferidas de Madonna: o clássico de 1974 da diretora italiana Liliana Cavani, *O porteiro da noite*. Ele fala de um guarda nazista e uma sobrevivente de um campo de concentração que se encontram por acaso 13 anos após o fim da guerra e, juntos, revivem aquela época, da qual não conseguem escapar. Era revelador que, naquele momento, a artista escolhesse citar um filme que era dirigido por uma mulher e retratava as ambivalências do amor e a clareza do ódio.[78]

O filme foi chamado de *secretprojectrevolution*. Seria mais que uma declaração de liberdade artística. Seria a declaração de uma artista sobre a criação em um mundo fora de controle.[79]

No dia em que a cantora filmava com a equipe em Buenos Aires, desdobrava-se nos Estados Unidos uma tragédia que faria os tumultos enfrentados durante a turnê parecerem triviais. Um jovem de 20 anos havia matado a mãe e seguido de carro até a Sandy Hook Elementary School, em Newtown, Connecticut, onde matou seis adultos e vinte crianças entre 6 e 7 anos, antes de se suicidar. Até os proponentes do direito ao porte de armas ficaram chocados, ao menos temporariamente, com a depravação dos assassinatos. O clichê "epidemia da violência armada" passou a ter vinte rostinhos inocentes. Algo precisava mudar.

A turnê de Madonna retratava uma jornada da escuridão para a luz, mas, quando terminou (em 22 dezembro, na Argentina), essa luz não era apenas tênue: estava quase extinta, em especial após Malala e Newtown. Madonna viu insinuações de mudança ao longo do caminho. "A intensidade aumentou em todos os lugares", disse. "As apostas eram mais altas [...]. Havia mais passes, tags e postos de verificação."[80]

> Às vezes parecia que eu não tinha forças para seguir em frente, cantar, dançar e fingir que coisas insanas não estavam acontecendo no mundo, mas [...] o mundo precisava de inspiração. Assim, se havia merda acontecendo, era meu trabalho, era trabalho de todos nós sensibilizar as pessoas.[81]

Quando um fã perguntou, durante uma entrevista coletiva, o que Madonna planejava fazer após a turnê, ela respondeu: "Iniciar uma revolução de amor, querido!"[82]

Capítulo 55

Nova York, Menton, Los Angeles, 2013-2014

> O trabalho do artista não é somente refletir o mundo onde vive, mas [...] modelá-lo.[1]
>
> — *Madonna*

MDNA FOI A turnê de maior faturamento do ano, rendendo mais de 300 milhões de dólares.[2] Nas duas primeiras turnês com a Live Nation, Madonna provou que quem questionava o investimento da empresa em uma mulher de 50 e poucos anos estava errado. A cantora também calou críticos que sugeriam que a "vovó" voltasse para casa por não ser mais relevante. Manter-se no auge durante tanto tempo, contudo, cobrou um preço. Madonna disse que MDNA foi a turnê mais difícil de sua vida.[3]

Ela desabou quando finalmente parou em casa. Durante duas semanas de recuperação, ela tentou entender o medo encontrado durante as viagens e a alegria estampada no rosto dos fãs, a despeito dos tumultos sociais em que eles estavam imersos. A arte, que tinha servido como fuga da dor e da saudade sentidas durante a infância da artista, também poderia ajudar os outros em escala mais ampla — historicamente, os artistas existiam para auxiliar as pessoas a encontrarem o próprio caminho. A cantora sempre fizera isso, com maior ou menor intenção. Em 2013, essa missão se tornou o propósito declarado da obra dela.[4]

"Quero dar voz às pessoas. Quero dar voz a *todas* as pessoas oprimidas e perseguidas", explicou. "Quero lutar pelos direitos delas." Consciente de que podia soar simultaneamente ingênua e grandiloquente, ela defendeu a declaração, pois falava sério. Quando Eddy Moretti, da *VICE*, perguntou até onde ela estava disposta a ir, "Tão longe quanto necessário" foi a resposta. Essa batalha e "a educação e a subsistência de meus filhos" eram as coisas mais importantes da vida para Madonna.[5]

O primeiro projeto em que a cantora embarcou com esse novo senso de propósito foi o curta filmado em Buenos Aires com Steven Klein. Em Nova York, ela e o editor Danny Tull criaram uma versão preliminar para que ela pudesse colocar palavras nas imagens. Madonna decidiu que o filme não estava terminado e voltou ao trabalho com Klein.[6]

* * *

Enquanto ela criava esse filme, a Gay and Lesbian Alliance Against Defamation (GLAAD, sigla em inglês para Aliança Gay e Lésbica contra a Difamação) pediu que a cantora entregasse o prêmio Vito Russo ao jornalista da CNN Anderson Cooper, o mais importante jornalista gay da televisão, por ter se assumido homossexual no ano anterior.[7] Ele era visto em todo o mundo, mesmo nos lugares onde a orientação sexual poderia se equivaler a uma sentença de morte. Por isso, a franqueza e o orgulho dele de ser quem era podiam mudar paradigmas.

Sem dúvida, Madonna teria entregado o prêmio a Cooper mesmo que não tivesse acabado de iniciar a própria revolução, mas o ato pareceu ainda mais apropriado naquele momento e em memória de Vito Russo, que 25 anos antes recusara-se a aceitar a posição de vítima ao ser diagnosticado com aids. Em vez disso, durante um discurso em Albany, ele fez uma das mais poderosas declarações da era inicial da doença.

> Quero falar hoje na condição de alguém diagnosticado com aids que não está morrendo [...]. Se estou morrendo de algo, é de homofobia. Se estou morrendo de algo, é de preconceito. Se estou morrendo de algo, é de indiferença e burocracia [...]. Se estou morrendo de algo, é do sensacionalismo de jornais, revistas e programas de televisão, que me querem como matéria de interesse humano — mas somente se eu estiver disposto a ser uma vítima impotente, não se estiver lutando por minha vida.[8]

Suas palavras abalaram a comunidade e se tornaram um grito de união para os ativistas dos direitos gays, incluindo Cooper e Madonna.

A modificação da realidade para as pessoas fora da "norma" heterossexual nos anos desde que Russo lançou aquele desafio era de tirar o fôlego, ainda mais ao considerarmos a oposição conservadora que a comunidade enfrentou durante muitos deles. Uma nova linguagem foi desenvolvida para descrever gênero e orientação sexual.[9] Na década de 2010, alguns adolescentes já acreditavam não precisar se definir pelo gênero. Eles podiam ser algo realmente notável: eles mesmos.[10]

Mas, embora o vocabulário LGBTQ tivesse mudado e algumas pessoas se sentissem mais confortáveis, a aceitação estava longe de ser universal.[11] Os National Coalition of Anti-Violence Programs, que tinham alcance em todos os Estados Unidos e registravam os crimes de ódio relacionados a gênero, descobriram que no ano de 2013 os ataques violentos a pessoas LGBTQ haviam aumentado tanto em gravidade quanto em número, e que pessoas não brancas e mulheres transgênero eram os alvos mais frequentes.[12] Isso no caso dos adultos. Conforme constatado por Madonna, crianças e adolescentes LGBTQ sofriam ataques físicos e episódios de bullying que geravam várias consequências, da expulsão de casa e exploração nas ruas até o suicídio.

Madonna discursou antes de entregar o prêmio a Anderson Cooper e falou sobre intolerância. Ela usava um uniforme de escoteiro para enfatizar que a maior organização de meninos dos Estados Unidos — cujo juramento enfatizava gentileza, caridade, confiança e ética — bania quem era homossexual. A questão se tornava cada vez mais polêmica, e os escoteiros planejavam usar a reunião anual no Texas, em maio daquele ano, para decidir se a proibição seria anulada.[13]

Madonna expressou a opinião de que era a falta de familiaridade com o tema que gerava desdém e desconfiança, afirmando que a internet tinha piorado a situação. Após recitar uma litania de abusos — do racismo e sexismo à homofobia —, declarou: "Não sei quanto a vocês, mas não aguento mais essa merda [...]. Estamos em 2013, gente, e vivemos nos Estados Unidos. Aqui não é a terra das pessoas livres, lar dos bravos? Isso é uma pergunta, não uma afirmação." Então, ela elogiou Cooper por "dar voz à comunidade LGBTQ" e o chamou de "filho da mãe muito foda [...]. O mundo precisa de mais gente como você."[14]

Durante a reunião naquela primavera, os escoteiros anularam o banimento de meninos homossexuais. Talvez houvesse esperança.[15]

Madonna dizia que, se não fosse artista, seria professora. Ela via o déficit educacional global como um dos fatores que contribuíam para a agitação social e política. "Até aprender a ler e escrever, você não consegue pensar por si mesmo", comentou.[16] O foco do trabalho filantrópico que ela realizava era a educação, a começar pelo Malâui. Em abril, ela viajou para lá com os filhos a fim de verificar o progresso das escolas que ajudou a reequipar, expandir ou construir e que ofereciam salas de aula para 4 mil crianças.[17]

Em 2013, Madonna havia doado mais dinheiro ao Malâui do que qualquer outro benfeitor e esteve no país muitas vezes, para supervisionar as obras, reunir-se com oficiais e permitir que os filhos malauianos visitassem as respectivas famílias biológicas. Após as sagas envolvendo as adoções, as viagens causavam pouca comoção e quase não chamavam a atenção da imprensa. No início de 2014, no entanto, uma declaração publicada pelo gabinete de Joyce Banda, a nova presidente do país, colocou Madonna novamente no centro dos holofotes, e a cantora foi retratada como vilã.[18]

Banda se tornou presidente no ano anterior, após a morte de Bingu wa Mutharika. Como ex-educadora, ativista dos direitos das mulheres e segunda chefe de Estado eleita da África, esperava-se que ela e a cantora tivessem um relacionamento produtivo. Mas complicações surgiram quase que de imediato.[19] A presidente disse, logo após assumir, "Eu tenho um problema" com as adoções de David e Mercy e com a decisão de Madonna de não construir a escola para meninas "e então voltar para construir escolas comunitárias".[20]

Após a visita de Madonna em abril de 2013, o gabinete de Banda publicou uma extraordinária declaração acusando a artista de mentir sobre o trabalho no país e exigir tratamento VIP enquanto estava lá. A declaração a descrevia como "artista que pensa desesperadamente que precisa ganhar reconhecimento atormentando oficiais de Estado, em vez de tocar música decente no palco". Em resposta, Madonna disse ter ficado surpresa e entristecida com "as mentiras sobre o que realizei, minhas intenções, meus modos e comportamentos durante as visitas ao Maláui, além de outras inverdades".[21]

Como cenário dessa interação estava o fato de a irmã de Banda, Anjimile Mtila-Oponyo, ter sido diretora da Raising Malawi Academy for Girls e dispensada durante os problemas sobre o uso de fundos. Ela não fora envolvida em nenhum ato errôneo, mas foi associada à controvérsia e até processou a Raising Malawi. Oponyo também trabalhava no Ministério da Educação, supervisionando a educação primária. Na teoria, essa posição a colocava no controle dos projetos de Madonna, senão em oposição a eles.[22]

A controvérsia deu outra guinada um dia após a condenatória declaração do gabinete de Banda. A presidente estava "vermelha de raiva" porque não foi informada da declaração e não a tinha aprovado. Mas não se desculpou, pois ainda tinha dúvidas sobre as organizações filantrópicas de Madonna.[23] A cantora continuou a trabalhar no Maláui e até expandiu seu alcance para muito além das fronteiras do país.

Através da Ray of Light Foundation, dirigida por Melanie, irmã de Madonna, a cantora começou a financiar escolas para meninas no Paquistão e no Afeganistão. Para ajudar a cobrir os custos, ela vendeu uma pintura de 1921, *Trois femmes à la table rouge* [Três mulheres à mesa vermelha], do artista francês Fernand Léger, por mais de 7 milhões de dólares. Comprada em 1990, a obra era uma das peças mais importantes da coleção da cantora, que falou sobre a venda: "Quero trocar algo valioso por algo inestimável."[24]

Madonna levou essa mensagem para Londres em junho, comparecendo a um show chamado Sound of Change Live, em prol da organização filantrópica global Chime for Change. Gucci, com Beyoncé e Salma Hayek, decidiu que a iniciativa daquele ano seria melhorar o acesso das mulheres à educação e à assistência médica e fazer lobby pelos direitos femininos. O elenco do evento era diferente da maioria das *extravaganzas* filantrópicas porque contava primariamente com mulheres, com destaque para Beyoncé, Mary J. Blige, Rita Ora e Jennifer Lopez. Madonna não participou. Em vez disso, como Gloria Steinem — que também subiu ao palco —, falou sobre as virtudes da educação.

"O que acontece quando educamos garotas?", perguntou a artista à multidão de 50 mil pessoas no Twickenham Stadium. "Nós as empoderamos. Elas têm empregos, oportunidades. Conhecem os próprios direitos. Têm a habilidade de se defenderem, sustentarem a família, cuidarem da saúde."

Madonna disse que, embora esses direitos fossem considerados cotidianos em algumas partes do mundo, em outras as mulheres "levam tiros por escreverem blogs. Ácido é jogado no rosto delas se quiserem ir à escola. Elas são assassinadas por serem professoras".[25]

A artista apresentou uma jovem paquistanesa chamada Humaira Bachal, que só recebeu educação em virtude dos sacrifícios da mãe, que apanhou do marido por permitir que a filha fosse à escola. Aos 16 anos, Bachal começou a dar aulas em um prédio dilapidado no subúrbio de Carachi. Em oito anos, teve 2 mil alunos em três salas de aula.[26]

"Vocês não acham que Humaira precisa de uma escola maior?", perguntou Madonna à plateia londrina. Ela desafiou os participantes a doarem o suficiente para construir o primeiro andar, dizendo que financiaria o restante. Também falou que dobraria as doações ao Afghan Institute of Learning, um projeto de 18 anos dirigido por mulheres afegãs para promover a educação e a saúde das meninas do país. No ano seguinte, foi inaugurada a Dream Model Street School de Bachal, uma escola de última geração.[27] A fundação de Madonna continuou a financiar ambas as organizações.

Em 2013, a *Forbes* listou a cantora como a mais bem-paga do mundo. (Lady Gaga ficou em segundo lugar, só que bem atrás.) Madonna também foi a quinta na lista de cem celebridades mais poderosas da *Forbes*. (Oprah Winfrey foi a primeira.)[28] Contudo, ainda havia cantos do mundo onde ela não era conhecida. A Igreja de St. Patrick em Monkstown, um subúrbio ao sul de Dublin, era um deles. Quando Madonna foi até lá para um funeral, uma freira perguntou se ela era da família. "Não", respondeu, "sou Madonna". A freira sorriu e disse: "Que ótimo, Donna, você gostaria de entrar e conhecer a mãe de David?"[29]

O David em questão era David Collins. Madonna soube em julho que o amigo que fizera parte dos melhores momentos da vida dela em Miami e Nova York e dos piores em Londres tinha morrido três semanas depois de ser diagnosticado com câncer de pele.[30] Como muitas das pessoas importantes da vida de Madonna, Collins viveu na órbita dela e de alguma maneira escapou do escrutínio até dos jornalistas mais persistentes. O nome dele raramente aparecia em matérias sobre a cantora, ainda que a partir da década de 1990 ele fosse um de seus amigos mais próximos.

Collins era como Christopher Flynn, pelo fato de ser um irlandês culto e gay com um ácido senso de humor. Era como Martin Burgoyne e Herb Ritts, pelo fato de ser amado por todos. Era como o irmão de Madonna, Christopher, por ter bom gosto, ser leal e manter a cantora com os pés no chão. E era como ela.

Crescendo na condição autodescrita de "criança precoce", Collins passava horas olhando fotos da era dourada de Hollywood e sonhando com uma vida longe de Dublin, uma vida na qual pudesse ser alguém. Ele escolheu Londres e o design, assim como Madonna escolheu Nova York e a música.[31] Tal qual a carreira de Madonna, a de Collins decolou em 1985. Conforme a Grã-Bretanha das salsichas com purê de batata se transformava em um sofisticado destino culinário internacional, ele projetou muitos dos mais famosos restaurantes locais. Um escritor disse que o amigo da cantora era "o designer perfeito para a 'Cool Britannia'", transformando "o próprio 'visual'" de Londres.[32]

Madonna o conheceu em Miami em 1995, mas os dois só se aproximaram quando ela chegou a Londres para filmar *Evita*. Então, depois que a cantora se afastou do irmão, Collins se tornou o designer de interiores favorito dela, e ela, por sua vez, se tornou a cliente superespecial dele. O amigo tinha uma fotografia de 1,8 x 2,5 metros dela do lado de fora da sala de reuniões do estúdio que possuía em Mayfair.[33]

Quando Collins morreu, um amigo descreveu Madonna como "fora de si, de tanto pesar".[34] Ela raramente comparecia aos funerais das pessoas que amava. Não foi aos de Burgoyne, Flynn nem de sua amada avó Elsie Fortin. A cantora sabia que transformaria qualquer memorial em um circo da mídia. Mas foi ao de David Collins, chegando à igreja a tempo dos hinos finais e seguindo o grupo até o local do almoço, onde falou do amigo e da falta que sentiria dele. "O que farei agora?", perguntou a artista àquele grupo de pessoas que lhe eram estranhas, em sua maioria.[35]

Naquele ano, Madonna completou 55 anos e passou o aniversário em uma vila em Menton, no sul da França, com os filhos, Brahim Zaibat e um jardim cheio de convidados. O tema da festa foi Revolução Francesa. Ela usou peruca de Maria Antonieta, tapa-olho preto, capas prateadas sobre os dentes e um bustiê púrpura — *sans culottes*, como cabia a uma radical política. Ela e Klein trabalhavam no filme *secretprojectrevolution* havia meses e iriam exibi-lo naquela noite, durante a festa.[36]

O curta preto e branco de 17 minutos incorpora narração, trechos de discursos de Madonna feitos durante concertos e música do compositor de *W.E. – O romance do século*, Abel Korzeniowski. A produção começa com uma imagem da cantora atrás das grades e uma narração de um dos shows que diz que o medo leva à intolerância, à atribuição de culpa e à discriminação. Com uma arma, Madonna mostra o estágio seguinte desse processo — a violência — ao atirar nos dançarinos, um por um.[37]

A segunda cena mostra a artista em uma escura capa de chuva, sendo arrastada por um corredor por quatro policiais e deixada de rosto para baixo no chão de uma cela. Na narração, diz que as pessoas não levam a sério o chamado dela à revolução porque é uma cantora (que não deveria ter opiniões políticas) loira (alguém que a sociedade foi condicionada a não temer).[38]

Ela expressa opiniões mesmo assim, descrevendo as maneiras pelas quais "as marcas corporativas" e as "tendências" destroem a beleza, o talento e a criatividade, e fala do medo de que a própria democracia esteja morta. "Está na hora de acordar, antes que seja tarde demais. Vivemos uma época assustadora. Ou talvez eu devesse dizer que não estamos vivendo, não de verdade."[39]

Ao som de "Evgeni's Waltz", ela descreve sua revolução como "pensarmos por nós mesmos, termos nossas próprias opiniões e não darmos a mínima para o que as outras pessoas dizem". Seria uma revolução sem inveja, pois as pessoas estariam felizes por serem quem são. Enquanto o dançarino Chaz Buzan descreve essa sociedade idílica através de movimentos de balé, imagens da polícia são sobrepostas a ele. O que ele descreve ainda é um sonho.[40]

Na cena final, fica evidente que as grades da cela em que a artista está presa foram criadas pela mente dela mesma, representando preconceitos e medos da própria. Ao se livrar disso, a porta da cela se abre. As pessoas que ela matou retornam à vida. "Quero iniciar uma revolução. Vocês estão comigo?", pergunta. Não há a ilusão de que será fácil. A última cena a mostra no chão de um elevador de carga cercada pela polícia. A porta se fecha. Ouve-se um tiro. O destino dela e de sua revolução é incerto.[41]

O curta-metragem de Madonna é sombrio. Seria de se esperar que ela jogasse uma isca de esperança para os espectadores no último minuto, mas isso não acontece. O objetivo não é acalmá-las, e sim sacudi-las a fim de que saiam da letargia. Pode-se imaginar o silêncio com que o filme foi recebido em Menton, onde os convidados, vestidos em trajes revolucionários do século XVIII, provaram essa declaração política extremamente realista junto com champanhe.

Do jardim para o mundo. Ignorando cinemas, museus e críticos, Madonna levou o filme diretamente às ruas. A partir de 23 de setembro, em um ato que só pode ser descrito como cinema de guerrilha, ela projetou o curta por paredes e muros de 13 cidades: Chicago, Toronto, Paris, Nova York, Los Angeles, São Francisco, Londres, Berlim, Roma, Tel-Aviv, Jericó, Rio de Janeiro e Vigo, na Espanha.

Vãs alugadas lotadas de equipamentos de som e projeção chegaram a distritos comerciais e artísticos e a bairros pobres e ricos — qualquer área de alto tráfego com um muro grande e claro. Como havia acontecido nas raves clandestinas e nos protestos da Primavera Árabe, o horário e o local eram postados nas redes sociais com pouquíssima antecedência. Algumas pessoas compareciam de propósito, mas muitas encontravam a projeção por acaso e ficavam abismadas com as ideias raramente expressadas em público e com aquelas estranhas imagens.

Em Jericó, um palestino assistindo ao filme disse que aquele era o primeiro do gênero a ser exibido por lá. No Rio, ele foi projetado nas temidas favelas. Nas cidades de Paris e Roma, pessoas em carros, motocicletas e a pé pararam para assistir. (Policiais perto do Centro Pompidou e do Vaticano interromperam as exibições.) Na mercantil Chicago, os espectadores se sentaram no meio-fio enquanto o chamado à revolução de Madonna era projetado na parede lateral de um banco.[42]

As palavras dela ecoaram pela escuridão: perturbadoras, agourentas e estranhamente belas. Quando a cantora perguntava "Vocês estão comigo?", a resposta nas ruas eram lágrimas, aplausos e, às vezes, gritos de *love, amour, amore, Liebe* — amor. Um homem, energizado pelo que viu em Londres, disse: "Eu acredito que todo mundo tem que entrar em ação agora." Outro perguntou: "O que virá em seguida, um movimento?"[43] Dezenas de milhares de pessoas assistiram ao filme pessoalmente. Em três semanas, mais de 1 milhão o baixou de graça usando o BitTorrent.[44]

Enquanto a produção era projetada em todo o mundo, a estreia oficial de Nova York foi na Gagosian Gallery, em Chelsea. Também foi (em alguma medida) um ato de guerrilha. Não havia poltronas, somente o chão de concreto para a plateia ilustre se sentar. Os convidados podem ter ficado ainda mais desconcertados com a apresentação. Os garçons usavam máscaras de gás enquanto serviam as bebidas. O objetivo era que as pessoas não se sentissem bem. Madonna queria que ficassem desconfortáveis e perguntando-se por quê.

Em uma longa introdução antes da exibição, a cantora anunciou um novo projeto chamado Art for Freedom. Criado em parceira com a *VICE Media*, daria espaço a escritores, pintores, fotógrafos e cineastas que não tinham agenciamento ou reconhecimento. Para enviar trabalhos, os artistas precisavam redigir uma declaração descrevendo a noção que tinham de liberdade. Os selecionados escolheriam uma organização sem fins lucrativos para receber uma doação de 10 mil dólares.[45]

Tratava-se da definição de liberdade de Madonna ou, ao menos, expressão das preocupações que a acometiam sobre o assunto. Ela disse ao grupo na Gagosian que, durante as viagens que fez, descobriu que as pessoas se encaixavam em duas categorias. Elas "não têm liberdade e lutam por isso, ou a têm e não a valorizam. Ambas as situações me deixam extremamente incomodada. Foi por isso que fiz o filme". Citando a perseguição à Pussy Riot na Rússia e à Ai Weiwei na China, ela disse que tais repressões eram um crime contra Deus.[46]

A cantora avisou às centenas de pessoas na galeria que elas estavam testemunhando o início do "colapso da civilização como a conhecemos. Sei que soa dramático, mas está acontecendo [...]. Realmente está acontecendo".[47]

Quando o filme terminou, a artista foi arrastada, algemada, até uma parte do chão da galeria que foi designado como palco. Então, cantou um cover da melancólica canção do falecido Elliott Smith, "Between the Bars".

Enquanto permanecia ajoelhada no chão, um dançarino de balaclava preta rodopiava atrás. Ele se ajoelhou, abriu as algemas e a ajudou a se levantar. Quando os dois ficaram em pé, lado a lado, ele removeu a balaclava. Era Rocco. O filho a tinha libertado.[48]

Pelo restante da noite, Madonna se misturou à multidão. Sean Penn estava lá, atraindo mais atenção da mídia do que o filme de Madonna ou o que ela disse a respeito da produção. Os paparazzi que os atormentavam na década de 1980 foram substituídos por pessoas com celulares que capturaram o braço de Penn em torno dos ombros de Madonna e a calorosa conversa que tiveram. Naquela noite ou logo depois, o ator perguntou se Madonna gostaria de visitá-lo no Haiti. Ela disse que sim e, em novembro, ela e Rocco voaram até Porto Príncipe e foram de carro até Pétionville, a comunidade da qual Penn se tornou prefeito não oficial.[49]

Com exceção do tempo passado em outros países filmando e fazendo lobby para mais auxílio às vítimas do terremoto, Penn estava no Haiti desde janeiro de 2010. Quando chegou, a palavra "nada" era pouco para descrever o que havia lá. Cadáveres jaziam nas ruas ou soterrados sob pilhas de detritos. O fedor de decomposição era tão forte e a miséria e o desespero tão intensos, que o ator sabia que tinha chegado ao inferno. Mas não se assustou. Seis meses depois, uma organização da ONU o nomeou gerente de campo, encarregado de dezenas de milhares de pessoas.[50]

Em 2013, quando Madonna e Rocco chegaram, Penn já não vivia mais em uma tenda. Ele e sua organização, a J/P Haitian Relief Organization, haviam realocado 40 mil pessoas (de 50 mil) que estavam morando em tendas para um novo campo. Casas haviam reparadas e construídas, além de duas clínicas, uma escola e uma subestação de polícia. A organização também financiava uma padaria.[51]

A partir de uma antiga escola, trabalhando com uma frota de caminhões, equipamento pesado e trezentos funcionários, Penn se tornou um dos maiores empregadores da área.[52] Ele tinha esperança de que Madonna abraçasse aquela causa,[53] e ela não o decepcionou: chamou atenção para as necessidades do povo haitiano através da imprensa que a seguia e de seus posts no Instagram. Também prometeu fundos da Ray of Light Foundation para ajudar a construir uma grande e colorida escola com vários andares em Pétionville.[54]

Ela reservou os meses após a turnê MDNA para tratar de algumas questões, mas o Haiti foi só o início. Quanto mais procurava, mais ela encontrava. Em maio, vendeu o apartamento no Central Park West e, em outubro, a casa de Beverly Hills. Cada imóvel foi vendido por pouco menos de 20 milhões de dólares.[55]

Ela não precisava de tantas coisas. Uma das ideias mais errôneas a seu respeito, de acordo com as pessoas que mais a conhecem, é a imagem de materialista. Ela nunca se interessou em possuir coisas. "Acho que ela entendeu que há muitas pessoas sofrendo no mundo. Não há motivo para glorificar coisas quando se tem consciência da disparidade que está nos matando", comentou Niki Haris. "Ela sempre *gostou* de coisas boas, mas não me lembro de ela sentir que *precisava* delas."[56] Fazia dois anos que tais posses passaram a significar ainda menos.

Em fevereiro de 2014, Madonna subiu ao palco do Barclays Center, no Brooklyn, ao lado das duas recém-libertadas participantes da Pussy Riot, Maria Alyokhina e Nadya Tolokonnikova, durante um show organizado pela Anistia Internacional. Tolokonnikova contou que elas foram soltas um mês antes de completarem a sentença de dois anos, porque Vladimir Putin queria desencarcerar os prisioneiros de alta visibilidade antes do início das Olimpíadas de Inverno, que seriam em Sochi. Embora pudessem caminhar pelas ruas, as duas manifestantes ainda estavam sob estrita vigilância. Também eram perseguidas e agredidas pela polícia.[57] "Isso nos fez perceber que as condições que aguentamos na prisão não são tão diferentes do que enfrentamos agora que estamos livres", disse ela ao *Guardian*.[58]

Mas elas podiam sair do país, e era por isso que estavam em Nova York.[59] O evento da Anistia Internacional, chamado Bringing Human Rights Home, foi realizado na véspera das Olimpíadas de Sochi. A tarefa de Madonna era apresentá-las. Usando uma touca preta e caminhando com uma bengala por causa de um ferimento de dança, a cantora fez a seguinte pergunta: "Não é estranho que a expressão 'direitos humanos' esteja em nosso léxico? Porque não é algo pelo que deveríamos precisar lutar."[60]

Ela disse pensar em si mesma como combatente da liberdade desde o início da década de 1980, quando percebeu que as pessoas a ouviam.

> O que percebi na Rússia [...] foi como sou afortunada por ser quem sou e viver em um país no qual posso dizer o que penso [...]. Posso criticar o governo. Posso falar contra os fundamentalistas religiosos [...] sem medo de ser jogada na prisão. Ao menos por enquanto.[61]

Ela cumprimentou as duas russas, já que elas não contavam com esses direitos em sua terra natal e ainda assim ousaram falar. "Está na hora de o restante do mundo ser tão corajoso quanto a Pussy Riot."[62] Uma vez apresentadas, as duas jovens se alternaram falando em russo, que foi traduzido para o inglês. Com orgulho e sem medo, expressaram desdém por um governo que silenciava e às vezes matava vozes dissidentes. Também leram dez declarações de prisioneiros políticos que logo seriam sentenciados por protestarem contra Putin e a fraude nas eleições russas. Quando terminaram, entoaram palavras de ordem anti-Putin: "A Rússia será livre. A Rússia será livre. A Rússia será livre."[63]

Para a plateia de Nova York, ver e ouvir Alyokhina e Tolokonnikova foi um espetáculo e um momento de emoção. Mas algumas pessoas do coletivo Pussy Riot na Rússia as criticaram por participarem de um evento com Madonna.[64] Tolokonnikova ignorou as críticas. "Eu acho positiva a maneira como Madonna nos ajuda." No palco do Brooklyn, disse que, após a prisão, "ficamos muito felizes quando soubemos que ela tinha se manifestado em nossa defesa". Ambas sabiam que a chave para a mudança política era a comunicação e que a voz da cantora ressoava em todo o mundo.[65]

As jovens foram celebradas nos Estados Unidos e poderiam ter permanecido no circuito de palestras como queridinhas da esquerda ocidental. Em vez disso, retornaram à Rússia logo depois e participaram de uma manifestação da Pussy Riot em Sochi, contra a corrupção no financiamento das Olimpíadas. Os manifestantes foram recebidos com chicotadas e espancamentos. Alyokhina e Tolokonnikova continuaram como vozes da oposição. "Suponho que não temos mais nada a perder", declarou esta última.[66]

Madonna tinha um contrato de três álbuns com a Interscope, mas só tinha produzido um. Após todo o tumulto visto na turnê e no ano que passou se concentrando no filme e no ativismo, ela estava pronta para retornar ao estúdio. Todos os elementos que a consumiam, como o comprometimento com os direitos humanos e a liberdade artística, fariam parte do novo disco. "Houve um tempo no qual a arte refletia o que acontecia na sociedade", disse a cantora na época. "Artistas como Marvin Gaye, Stevie Wonder, Richard Pryor ou Jean-Luc Godard fizeram declarações políticas através da arte que produziam."[67]

Com o 13º álbum de estúdio, *Rebel Heart*, Madonna criticaria a mercantilização da arte, descreveria o perigoso estado do mundo e, acima de tudo, expressaria a raiva feminina que sentia surgir.

A cantora começou o álbum pensando na maneira de compor à moda antiga. Era "parte de meu pensamento apocalíptico naquele momento", declarou. Se ela se visse sozinha após o apocalipse, queria ser capaz de reproduzir as músicas, só com voz e um piano ou violão.[68] Para conseguir essa simplicidade, precisaria de equipes de DJs, produtores, compositores e engenheiros. Era assim que as coisas eram feitas.

O método nascido no Cheiron Studios, em Estocolmo, no início da década de 1990, envolvia compositores pop trabalhando em laboratórios musicais para criar sons contagiantes, migrou para Los Angeles e, em 2014, tornou-se o padrão da indústria. Uma geração de artistas cresceu sem conhecer outro modo de criar uma canção que não fosse por comitê, durante o que chamavam de "acampamentos de composição". Esses encontros de uma semana eram organizados pelas gravadoras do mesmo jeito que as agências publicitárias reuniam equipes para criar campanhas de marketing. Grupos competiam entre si para ver quem escrevia melhor em menos tempo. Os resultados eram músicas sem alma e fáceis de serem esquecidas.[69]

Assim como Jamie King havia dominado o negócio de turnês musicais, os DJs-produtores de pop, hip-hop e electronic dance controlavam esses gêneros. Os rostos e nomes dos astros mudavam, mas a lista de produtores, não.

"Tudo estava genérico e homogêneo", definiu Madonna. "Se a maioria dos artistas segue uma fórmula, quem testa os limites? [...] Quem pensa de modo revolucionário?"[70] De toda forma, assim como fizera em *Hard Candy* e nas turnês com Jamie King, ela escolheu vários produtores. A cantora acreditava que essa visão era forte o bastante para superar a da maioria. Em *Rebel Heart*, ela conseguiu. Conforme escreveu Joe Levy na *Billboard*, "*Rebel Heart* tem 14 produtores trabalhando com sete equipes e, mesmo assim, soa como um álbum da Madonna deve soar".[71]

O primeiro produtor do grupo era Tim Bergling, de 24 anos, conhecido profissionalmente como Avicii. Guy Oseary sugeriu esse músico. Avicii começou a mixar faixas ainda criança, dentro do próprio quarto em Estocolmo. Ao completar 22 anos, ele compôs o single "Levels", que chegou ao topo da lista de mais tocados, e tinha a reputação internacional de DJ do circuito de electronic dance.[72]

Madonna e Avicii tinham trabalhado juntos no Ultra Music Festival, em Miami, quando ele remixou "Girl Gone Wild" e também durante a turnê MDNA, quando abriu os shows da cantora em Los Angeles. Avicii estava sempre na estrada, em um ritmo frenético que não combinava com seu temperamento introvertido e etéreo. Ele amava música, mas pensava em si mesmo mais como compositor do que como DJ. Foi a esse lado que Madonna apelou quando pediu que a ajudasse a criar o novo álbum.

Avicii supervisionava dois grupos de composição: um que trabalhava em canções animadas e o outro, em canções introspectivas. Madonna transitava entre ambos, acrescentando palavras e ideias.[73] Embora fosse conhecido pela electronic dance, Avicii amava a melodia. Ele inseria influências de folk, country, soul e funk nas próprias produções.[74] Por sinal, esses sons estavam bem presentes no trabalho que desenvolveu com Madonna. "Tudo era muito simples: vocais e piano, vocais e violão", comentou ela.[75]

> Escrevi muitas canções boas com o grupo de Avicii [...], várias músicas pessoais e bem emotivas. Chamo essa galera de meu harém viking — todos são pessoas maravilhosas, inteligentes e expressivas. E fizeram com que eu me sentisse confortável de verdade. Eu me sentia segura o bastante para escrever esse tipo de canção, o que me surpreendeu.[76]

Eles faziam progressos, mas, enquanto trabalhavam, a saúde de Avicii se deteriorava. Madonna não sabia que a mente e o corpo dele estavam em conflito.

O jovem produtor sofria de pancreatite aguda em razão do consumo excessivo de bebida alcoólica e opioides. Ele conseguiu se livrar das pílulas por um tempo em 2014, quando começou a trabalhar com Madonna, mas em março foi levado às pressas ao hospital, com apendicite. Após a remoção do apêndice e da vesícula, Avicii recebeu opioides para a dor, o que iniciou uma nova recaída. Ele não participou do Ultra Music Festival daquele ano e reduziu a carga de trabalho, e o corte se estendeu até o álbum de Madonna.[77]

"Tive que procurar outros produtores para trabalhar em muitas das músicas que compus com ele", comenta a cantora. "Foi quando Diplo chegou."[78] Nascido Thomas Wesley Pentz em Tupelo (no Mississippi), Diplo, de 35 anos, era um príncipe do mundo da electrodance. Em 2012, a *Billboard* o chamou de uma das três "mais poderosas e revolucionárias figuras da cultura pop em muitos anos".[79]

Diplo era DJ, produtor e curador que descobria novas músicas e as levava para sua gravadora, a Mad Decent. Nela, afirmou ele, era possível encontrar "as coisas mais estranhas da periferia da internet". Ele também era autor, cineasta e fotógrafo. Morava em Las Vegas durante a semana, apresentava-se centenas de vezes ao ano em clubes, festivais e festas, e trabalhava com todo mundo.[80] Mas Madonna não queria *aquele* Diplo, mas sim um som novo, que fosse além de tudo que ele já tinha feito.[81] "Você não consegue permanecer relevante a menos que se force a caminhar regularmente na corda bamba que é a vida", disse ela.[82]

O que empolgava Diplo era a disposição de Madonna de caminhar em uma nova direção — na verdade, a exigência de que os colaboradores dela fizessem isso. Ele contou que levava uma semana para checar se tinha química com um artista. Com Madonna, soube na hora em que a conheceu.[83]

> Ela é a rainha da produção musical [...]. Sempre a adorei por ser uma fera do pensamento de vanguarda. Ela foi a primeira pessoa a incluir sons diferentes e cooptar coisas para o próprio som, e sempre gostei dela por isso.[84]

E, ainda mais importante para o projeto imediato, sentia que "ela estava disposta a tudo. [...] Realmente forçamos os limites com algumas coisas que fizemos".[85]

Infelizmente, os muitos compromissos do produtor indicavam que ele não conseguiria acompanhá-la o tempo todo, como William Orbit, Mirwais Ahmadzaï e Stuart Price haviam feito. A cantora só o encontrava às vezes e tinha que criar com ele na hora.[86]

Como Nicki Minaj disse certa vez, Madonna "educava" os colaboradores. O que ela ensinou a Diplo e à equipe dele foi foco. "Eu nunca saio da sala", comentou a diva do pop. "Às vezes, acho que eles ficam irritados, se perguntando se não preciso ir ao banheiro." A resposta era sempre não. Era o nome dela no disco, uma obra de arte cujas etapas de criação ela supervisionaria.[87]

Madonna compôs faixas com Avicii, Diplo e as respectivas equipes, mas outras canções ainda precisavam de produtores. Esses dois vinham da electronic dance. Ela queria acrescentar hip-hop à mistura, mas não estava interessada em "um produtor convencional do gênero". Então, descobriu o DJ Dahi, que trabalhou em um disco de Kendrick Lamar que ela ouviu e gostou. Dahi trouxe consigo pessoas do mundo do hip-hop.[88]

A cantora disse que aquela "porta giratória de criatividade" tornou difícil manter o disco unificado e no rumo certo.[89]

> Todo o processo era como um trem em alta velocidade. Eu continuava parando e buscando pessoas na estação. Algumas ficavam no trem por mais tempo que outras [...]. Vivemos em uma era na qual DJs e produtores trabalham com muitos artistas [...], então eu pensava: *Não posso ter você por uma semana inteira? Por que apenas dois dias?* Era uma batalha constante [...]. Isso me deixava maluca.[90]

Também era uma batalha conseguir a atenção dos produtores no estúdio. Alguns levavam consigo o que parecia ser "a família inteira ou vinte amigos próximos", comentou Madonna. "Eles precisam estar cercados por um grupo, precisam dessa loucura em torno de si."[91]

Uma das pessoas que ficou no trem foi Toby Gad. Nativo de Munique, ele cresceu ouvindo os pais músicos tocarem jazz americano. Após fazer sucesso na Europa, foi para Nova York em 2000, para onde enviou os próprios equipamentos de estúdio por navio. Ele chegou à cidade pronto para um desafio, que não veio. Por seis meses, Gad viveu à base de miojo e um bagel por dia, tão desesperado que colou nos semáforos cartazes perguntando: "Você é músico? Quer trabalhar comigo?" O contato que tinha na Sony lhe enviou um e-mail, da Europa: "Você nunca fará sucesso nos Estados Unidos e voltará para casa chorando."[92]

Mas um editor musical de Los Angeles tinha ouvido falar dele e lhe deu uma chance. "Ele me apresentou a Fergie, e juntos compomos 'Big Girls Don't Cry', em 2001", contou Gad. "Provavelmente, foi a pessoa mais importante que conheci." A canção só foi lançada em 2007, mas recebeu seis discos de platina. As portas se abriram. Beyoncé entrou por uma delas. Ela gravou "If I Were a Boy", que, em 2008, ganhou dois discos de platina. Todo mundo queria trabalhar com ele.[93] Gad conheceu Madonna através de um executivo da Interscope.[94]

O compositor alemão era alguém com quem Madonna se sentia confortável. A artista o descreveu como sendo "muito generoso, [...] extremamente musical, sem inibições".[95] Ambos compartilhavam de uma ética de trabalho arrebatadora. Madonna disse que, de todos os artistas com os quais firmou parceria ao longo dos anos, Gad foi o que mais a "forçou ao limite" como compositora.[96] Durante cinco semanas no estúdio, eles criaram 13 canções, das quais sete foram para o álbum, incluindo "Illuminati", "Joan of Arc" e "Living for Love".[97]

Kanye West também estava de volta, entrando e saindo das reuniões como compositor, produtor e "bela confusão" de modo geral, de acordo com Madonna. "Ele é um gênio louco. Não consegue evitar [...]. Nem sempre concordo com o que ele diz ou faz — e nem sempre gosto de suas músicas — mas eu o amo."[98]

Madonna comparou o processo de composição "àquela brincadeira no qual você fica em pé com os olhos fechados e cai para trás, confiando que alguém impedirá sua queda".[99] "É quase como escrever no diário com alguém lendo em voz alta."[100] "Com algumas pessoas, há uma conexão imediata, e elas entendem meu senso de humor. Entro em sintonia com a frequência delas. Outras são estranhamente tensas, e mal posso esperar para que o trabalho acabe." Mas Mozella, que trabalhou em 11 faixas de *Rebel Heart*, era "de Michigan. Entrei em sintonia [com ela] imediatamente".[101]

No início da década de 2000, a artista de Detroit Maureen McDonald, conhecida como Mozella, de 33 anos, tinha lançado pela Maverick dois álbuns emotivos, leves e focados nas letras, no mesmo momento que Madonna se desligava da gravadora. Em 2013, ela escreveu o maior sucesso de Miley Cyrus, "Wrecking Ball".[102] Esse deveria ter sido o ponto de virada, mas, mesmo dois anos depois, homens compositores-produtores ainda eram dez vezes mais numerosos que mulheres nessas profissões.[103] Quando McDonald começou a trabalhar com Madonna, os dois dias combinados no estúdio se transformaram em um mês. "Senti que estar perto de uma mulher tão forte fez com que eu mesma me sentisse mais forte [...]. Meio que mudou minha vida."[104]

Além das legiões de escritores e produtores trabalhando em *Rebel Heart*, Madonna chamou artistas convidados. Nicki Minaj retornou com um rap. O veterano Nas (Nasir bin Olu Dara Jones) e o astro em ascensão Chance the Rapper (Chancellor Jonathan Bennett) contribuíram, assim como Mike Tyson, que era amigo de Madonna.

A cantora tinha acabado de assistir ao documentário *Mike Tyson — A verdade nua e crua*, no qual o ex-boxeador falava sobre a própria vida de uma maneira detalhada, reflexiva, humilde e genuinamente divertida, e comentou: "Eu queria que ele estivesse na canção 'Iconic' porque acredito que ele é icônico [...]. Ele sobreviveu a muita coisa [...], esteve no inferno [...]. Não há ninguém como ele."[105]

Quando a cantora telefonou para Tyson em Las Vegas e o convidou para ir até o estúdio, ele aceitou.[106]

> Quando Madonna telefona e lhe diz para ir a algum lugar, você vai [...]. Eu não sabia para que estava indo até lá [...]. Não sabia se ela queria que eu cantasse. Fui até lá e comecei a falar. Falei sobre minha vida e sobre as coisas pelas quais passei.[107]

Esses personagens, e dezenas de outros, a ajudariam a criar *Rebel Heart*. Munique, Estocolmo, Chicago, Detroit, Nova York, Los Angeles, Tupelo, Las Vegas; mulheres e homens; negros e brancos; jovens e não tão jovens — todos tiveram um papel. Por mais maluca que fosse a situação, deu certo. Quando o álbum finalmente chegou aos críticos, eles disseram que o disco era o melhor de Madonna em uma década.

Capítulo 56

Nova York, Los Angeles, Londres, 2014-2015

> Ao se recusar a ser trágica, ela quebrou a regra cardinal para uma celebridade do sexo feminino.[1]
>
> — *Ellen Willis*

EM UM ÁLBUM de Madonna, espera-se por certos temas: amor, perda, vulnerabilidade, ironia, raiva, resiliência. E dança. Eventualmente, uma voz cantando. É irresistível. *Rebel Heart* contém todos esses elementos e conta com a sobrevivência como tema principal: do fim de um relacionamento ao apocalipse. De certa maneira, trata-se de uma versão atualizada das músicas que Madonna escreveu durante a crise da aids na década de 1980, quando os dias eram sombrios, com muitas pessoas sem futuro à vista. Na época, ela cantou para inspirar. Afinal, é uma romântica otimista, e isso está presente em *Rebel Heart*. O mundo é uma confusão, e esse fato é mais uma razão para celebrar a alegria e a beleza onde quer que sejam encontradas.

Madonna descreveu sua "base" como "música pop e Igreja Católica". As duas coisas haviam sido suas inspirações na infância, e ainda eram, assim como o sexo. Só que, nesse álbum, "sexo" se tornou uma piada travessa.[2] Outro aspecto que continuava o mesmo era o comprometimento. "Ela tem orgulho do que faz", comentou Diplo. "Ela já vendeu bilhões de discos, mas trata cada álbum como se fosse o primeiro."[3]

A primeira faixa do álbum e primeiro single é um exemplo. "Living for Love" teve dez versões, de acordo com a cantora. Vinte, de acordo com Diplo. Os dois concordaram que queriam um disco dançante e atemporal.[4] As letras, disse Madonna, falavam sobre "ter o coração partido e, em vez de se tornar amarga, aprender algo com isso e superar. Reconhecer que você merece mais".[5]

A canção pode ser comparada a "Like a Prayer", e não somente por incluir um coro. "Living for Love" transforma o amor e a perda em uma experiência religiosa e a expressa como hino. É mais debochada que "Like a Prayer", mas não é raivosa, pregando que temos que aceitar a realidade. Além disso, cresce com os sons da sobrevivência, sendo um tributo à habilidade da própria Madonna de perseverar. Também pode ser considerado o hino de sua "revolução do amor".

Em todos os álbuns, a visão dos colaboradores a ajudou a encontrar a direção musical. Em *Rebel Heart*, a contribuição de Diplo forneceu esse caminho. Antes dele, a cantora não tinha certeza de para onde estava indo. Então "ele começou a acrescentar aquelas batidas monstruosas, um baixo que era como um soco no estômago e um 808 [o famoso grave da bateria eletrônica TR-808, da marca Roland] que eu nunca tinha ouvido antes, e isso me indicou a direção".[6]

A batida de "Unapologetic Bitch" não pretende fazer com que você mova os pés. A intenção é abalar o ouvinte com os tambores do reggae jamaicano inicial ou com as máquinas originais de 808 do hip-hop do início da década de 1980. Com a letra, Madonna dá o golpe final. Segundo ela, a canção fala de "um cara que me ferrou".[7] "Você acha que vai destruir minha vida e que está tudo acabado pra mim, mas quer saber? Não acabou. A vida continua."[8]

Os fãs viram no rompimento entre Madonna e Brahim Zaibat a inspiração para a canção. A razão oficial para a separação foi a pesada carga de trabalho de ambos, que os mantinha separados, mas os boatos eram que ela se sentia "usada", pois Zaibat estaria interessado em avançar na carreira. O rompimento foi amargo.[9] Ela também disse que a canção foi inspirada em parte pela crise das fotos das *Playboy-Penthouse* em meados da década de 1980[10] e por um "baixo muito louco".[11] Como "Living for Love", "Unapologetic Bitch" tem como tema a sobrevivência, mas a mulher trocou a igreja por uma boate.

A raiva de "Unapologetic Bitch" se dissipa em "Hold Tight". Composta por Diplo, Mozella e Toby Gad, entre outros (mas produzida somente por Madonna), a canção é arrebatadora e acolhedora. Ela passa pela grandiosidade orquestrada e tem paradas e batidas de tambores que soam como as do coração. É a canção de devoção de uma mãe descrevendo que o amor é incondicional e protetor e uma das mais ternas e cativantes produções de Madonna.

"Veni Vidi Vici" faz uma retrospectiva musical da carreira da cantora, da mesma maneira que os vídeos nos shows exibem antigas fotografias. Madonna disse que aquela era "a hora certa" para pensar no passado — nas pessoas que conheceu e amou, com quem trabalhou e quem perdeu, como Jean-Michel Basquiat, Michael Jackson e Tupac. "Eu sobrevivi, e eles não. Refletir sobre isso é saudosista, mas um tanto amargo [...]. É um tipo de culpa de sobrevivente."[12]

A cantora queria um artista convidado e pensou em Nas. Na indústria, era considerado um dos melhores rappers de todos os tempos.[13] "Ele apareceu um dia sozinho", contou Madonna, "sem guarda-costas, sem assistentes, e ouviu a faixa antes de dizer: 'Sim, estou dentro. Vou participar'". Os dois descobriram ter uma formação musical em comum, o que os aproximou. "Ele também surgiu na época em que o rap estava no auge", comentou

Madonna, "quando a maioria dos rappers ainda falava sobre a própria realidade de vida e refletia sobre o que acontecia na sociedade".[14]

De todas as canções do álbum, essa é a mais criticada, por ser uma autorreferência — traça o caminho de Madonna, das ruas de Nova York ao estrelato — e porque a cantora (igual a artistas do sexo masculino que não são criticados) cita o nome de suas músicas mais populares. Ela também foi alvo de zombarias por cantar rap, como aconteceu em *American Life*. O comentário era preconceituoso, sexista e gratuito, especialmente considerando algumas músicas idiotas desse gênero em específico que os críticos louvavam. Como canção, "Veni Vidi Vici" não é a melhor do álbum, mas é uma obra de arte engenhosa.

Com Madonna usando uma voz profunda de rap para as ruas e uma voz leve e juvenil para descrever as próprias aspirações, "Veni Vidi Vici" forma uma colagem de sons e palavras. Enquanto isso, Nas conta a própria e difícil história em meio à dela. O resultado é um retrato de dois artistas com as respectivas histórias de sobrevivência, que não são muito diferentes.

Diplo e a cantora compuseram juntos sete ou oito canções. Na última noite no estúdio, estavam relaxando e bebendo vinho rosé.[15] Segundo ele, Madonna disse: "Ei, diga a coisa mais maluca em que consegue pensar agora." "Daí, literalmente compusemos uma canção naquela noite."[16] A música era "Bitch I'm Madonna" e inclui um rap de Nicki Minaj, irmã da diva do pop quando o assunto é insubordinação.[17]

Se o álbum fosse dividido em "rebeldia" e "coração", as canções compostas com Diplo ficariam na primeira seção, ao passo que as compostas com Avicii e a equipe dele (majoritariamente europeia) pertenceriam à segunda. Um exemplo desta última é a música-título do disco, "Rebel Heart". Se alguma vez Madonna estivesse em um restaurante de beira de estrada e começasse a dedilhar um violão, "Rebel Heart" seria a música que ela cantaria, por ser sua mais convincente composição country.

O violão também é forte em "Devil Pray". Segundo Madonna, a música fala de pegar um atalho para tentar atingir um estado mais elevado de consciência. "Não estou julgando as pessoas que usam drogas, mas, no fim, você estará perdido."[18] Do ponto de vista musical, "Devil Pray" representa o que Madonna pretendia com o álbum. Se quisesse, poderia apresentá-la somente com voz e violão.[19]

"HeartBreakCity" troca o violão por piano e tem um ritmo mais lento para retomar a história do rompimento contada em "Unapologetic Bitch" Nela, as feridas ainda são recentes. A letra é afiada e direta, assim como a interpretação de Madonna e os interlúdios musicais entre os refrões. Esse tipo de simplicidade não é fácil. A canção exigiu dez compositores — sendo o músico e produtor sueco-iraniano Ash Pournouri o principal deles —, além de seis produtores.

* * *

O segundo single de *Rebel Heart*, "Ghosttown", foi composto durante três dias com três californianos: Evan Bogart, Sean Douglas e Jason Evigan. Madonna chamou a faixa que eles produziram juntos de "canção de amor pós-apocalíptica".[20] "Entramos em uma sala, todos juntos. O trio começou a tocar algumas notas, e a partir disso colocamos a cabeça para funcionar", contou. Eles procuravam uma maneira de contar uma história sobre o apocalipse e das poucas pessoas que sobreviveriam a ele. "Meio dramático", admitiu ela, "mas não impossível àquela altura do campeonato".[21]

Madonna permaneceu no estúdio com Bogart, Douglas e Evigan para escrever "Inside Out", faixa produzida com Mike Dean, compositor e produtor de hip-hop de Houston. As raízes dele no gênero eram profundas, e Dean colaborava muito com Kanye West. Após *Rebel Heart*, ele se tornaria um membro de confiança da família criativa de Madonna.

Sonoramente, "Inside Out" é uma das melhores do álbum, em que a voz de Madonna parece um instrumento, indo do pop ao jazz e ao ska, e deixa o ouvinte sem fôlego por um momento e no seguinte dispara seu coração.

Depois dessa faixa, há duas canções tolas sobre sedução. "Holy Water" traz a necessária mistura de imagens religiosas e sexualidade. "Sempre que escrevo sobre sexo, faço isso de forma irônica", comentou Madonna. Essa canção "obviamente foi escrita para ser divertida".[22] Assim como "Body Shop". "Gostei da ideia: um carro é uma espécie de metáfora sexual [...], muitas insinuações, muita diversão."[23]

"S.E.X." é um comentário mais sério sobre o que ela chama de "falta de intimidade" nos encontros.[24] A descrição que ela faz de uma relação sexual parece uma cena de filme: calor fingido, paixão superficial. É literalmente uma lista de compra de brinquedos sexuais, de cordas a sabonetes líquidos e calcinhas de látex, descrevendo a natureza comercializada do sexo em uma cultura influenciada pela pornografia.

Gad disse que Madonna às vezes estimulava o fluxo criativo de uma equipe de composição encorajando os integrantes a exporem ideias controversas, usarem palavrões, ousarem dizer algo estúpido. Era em parte exercício mental, em parte terapia. Foi assim que eles começaram a trabalhar em "Living for Love" e em "Illuminati".[25]

Madonna escreveu a canção porque estava irritada com o fato de usarem a palavra *illuminati* para descrever teorias da conspiração envolvendo um grupo imaginário de pessoas ricas e poderosas determinadas a exercer domínio cultural, quando, na verdade, o termo se refere a qualquer grupo esclarecido de cientistas, artistas e filósofos, especialmente aqueles que floresceram na Europa durante os séculos XV a XVII. "Eles eram pessoas iluminadas", disse. "Não tinha nada a ver com dinheiro e poder."[26]

O século XV continuou presente com outra canção de Gad e Mozella, "Joan of Arc". Madonna se sentia atraída pela força da história da Donzela de Orléans. "Mesmo diante da morte, ela não recuou", explicou. Na música, ela se compara à santa — em seu próprio desfavor. "Não estou pronta para ser queimada na fogueira", afirmou, brincando apenas em partes.[27]

Em maio, Madonna fez uma pausa na gravação do álbum e viajou com os filhos até Michigan, a fim de comemorar o aniversário do pai dela e ir à Universidade do Michigan, em Ann Arbor. Lourdes planejava estudar dança e teatro. (A própria jovem pagou as mensalidades do curso, bem como hospedagem e alimentação.)[28] Madonna comentou que ela e a filha tiveram muitas discussões sobre "ser artista, ser criativa, onde investir energia [...]. Ela [Lourdes] é uma cantora e dançarina incrível". A verdade era que todos os filhos têm aptidão para a música. Rocco dança e compõe. David toca violão, canta e dança. Mercy toca piano "muito bem [...]. Essa é uma casa muito musical".[29]

Madonna tinha orgulho dos filhos, a quem ela amava, educava, protegia e aconselhava. "Às vezes cometo erros", admitiu. "Às vezes, as coisas não saem como planejei e peço conselhos à minha irmã [Melanie], porque ela foi criada pela minha avó e é uma boa mãe."[30]

Para conseguir, "tendo a fazer pausas, conversar com meus filhos e voltar ao trabalho".[31] Quando ficaram mais velhas, as crianças passaram a participar do trabalho.

Havia momentos em que os filhos a inspiravam. Madonna contou a um amigo, o ilusionista e artista performático David Blaine, que um deles tinha ido ao estúdio "e disse que não queria ir pra casa. Respondi: 'Nada disso, você tem que ir, está na hora de dormir.' E ele respondeu: 'Mãe, eu me sinto longe do seu coração.' Eu pensei: 'Nossa, essa é uma boa frase, vou usá-la.'"[32]

Havia momentos em que eles a influenciavam ao comentarem as músicas que estavam ouvindo. Às vezes, criticavam as dela. A canção favorita de Lourdes e Rocco no novo álbum era "Bitch I'm Madonna". A de David era "Devil Pray".[33] Madonna disse que David era seu maior fã e Lola, a maior crítica.[34] Rocco não se importava muito, porque só queria "que eu cozinhasse para ele".[35]

Em casa, a cantora batia na tecla sobre as tarefas domésticas e exigia que limpassem o próprio quarto. À noite, todos assistiam à TV. *Game of Thrones* era um dos programas favoritos.[36] Assim como o filme *Whiplash: em busca da perfeição*, sobre uma escola de música e a determinação de um jovem baterista,[37] que reiterava a mensagem de Madonna: nada que valha a pena é fácil. Pela manhã, ela e os filhos rezavam juntos, dirigindo-se não a um deus de uma religião específica, mas ao espírito de todas as religiões.

Madonna disse ter tentado transmitir o que chamou de:

> meu coração rebelde. [...] Eles veem uma mulher que luta por direitos da comunidade LGBTQ, por crianças que ficaram órfãs por causa da aids, pelo direito das mulheres muçulmanas receberem educação. Jamais me veem recuando sobre quem sou e sobre aquilo em que acredito [...]. É óbvio que sabem das críticas. Leem os insultos dirigidos contra mim nas redes sociais e ficam tristes, mas também entendem como é importante que as pessoas sigam o próprio caminho.[38]

A cantora exigia muito dos filhos, e vice-versa. No verão daquele ano, por exemplo, eles fizeram a mãe surfar e, no inverno, esquiar. "Pensei: 'Por que não? Sei que me darei muito mal, e tudo certo.' Não me importo com isso [...]. O fracasso é um desafio, é um convite."[39]

Aquele verão foi um ponto de virada, já que Lourdes começaria a faculdade. Assim como a morte da mãe, o nascimento da filha havia transformado quem Madonna era. Ela e Lola tinham passado por aventuras e desafios durante quase 18 anos. Amigos e colegas chegaram e partiram. Homens chegaram e partiram. Lola ainda estava lá.

Antes de a filha viajar para Michigan, a cantora comemorou o próprio aniversário, de 56 anos, com uma imensa festa cujo tema era a década de 1920, em uma vila perto de Cannes. Em seguida, viajou para Ibiza com os filhos e alguns amigos. Ela e Lourdes passaram uma noite dançando em uma boate.[40]

> Quando ela se mudou, foi o dia mais difícil da minha vida [...]. Nem mesmo quando meus relacionamentos mais longos terminaram, senti a dor que senti naquele momento. Quase arrancou meu coração do peito [...]. Sinto falta dela todos os dias.[41]

Quando a dor abrandou um pouco, Madonna chamou o momento de "lição sobre aceitação. Já não posso dar ordens a ela. Lola pode fazer o que quiser, e isso me ajudou a ser menos controladora".[42]

No início de novembro, Madonna voltou ao estúdio de Nova York com Diplo para mixar algumas canções e logo depois foi para o Maláui.[43] O país tinha um novo presidente, Peter Mutharika, com quem Madonna tinha um bom relacionamento. A viagem teria sido agradável, não fosse pelo fato de, dois dias antes do Feriado de Ação de Graças, ela descobrir que quarenta segundos de uma ou duas demos de *Rebel Heart* foram vazados.[44]

No início, a cantora não se preocupou muito, porque aquilo já tinha acontecido com quase todos os álbuns dela desde o fim da década de 1990. A internet facilitava muito o roubo de propriedade intelectual. O vazamento de *Rebel Heart* parecia pequeno. Guy Oseary escreveu um tuíte pedindo que os fãs ajudassem a achar o culpado, e ficou por isso mesmo.[45] Então, em 16 de dezembro, houve outro vazamento. Treze canções não finalizadas de *Rebel Heart*, assim como a arte de capa, começaram a circular pela internet.

Ao lançar um álbum, Madonna planejava com a precisão de uma campanha militar. Até podia acontecer de as canções serem ajustadas de última hora, mas o cronograma geral era cumprido com rigor.[46] Um single e um clipe eram lançados e promovidos durante cuidadosas entrevistas na TV, na mídia impressa e na web; havia uma festa de lançamento; outro single era lançado e, então, outro clipe. "Tudo ocorre na hora certa", afirmou. "É assim que eu sou."[47] O primeiro single de *Rebel Heart*, "Living for Love", só deveria ser lançado no Dia dos Namorados nos Estados Unidos, ou seja, em fevereiro de 2015.[48] As canções vazadas arruinaram todo o plano.

Madonna contou ter ficado devastada. Para ilustrar isso, postou a foto de um iPod destruído no Instagram e o chamou de "símbolo do meu coração partido! [...] #quemerda".[49] Na internet, as pessoas julgavam versões de canções como se estivessem finalizadas. Sendo os comentários bons ou ruins, Madonna não queria ouvi-los. Ela começou a "questionar tudo".[50]

Oseary disse que a equipe tentou "contornar os danos o máximo possível". Pouco tempo depois, "a coisa ficou incontrolável [...]. Já não era possível conter o vazamento".[51] Na manhã de 17 de dezembro, o vice-presidente da Interscope estava ao telefone com Madonna e Oseary. "Ela estava zangada, irritada, emotiva", relatou Steve Berman. "Ela me disse: 'Steve, eu me importo com minha música. Minhas canções não podem ser ouvidas da maneira errada.'"[52] O que a deixava ainda mais nervosa era não saber quem foi o responsável. "Eu tinha medo de que fosse um assistente dos engenheiros de som, ou alguém com acesso a tudo", comentou.[53]

Oseary entrou em contato com um investigador particular israelense chamado Asher Wizman, cuja empresa cuidava de casos internacionais. Ironicamente, o especialista enviado a Nova York para examinar os computadores de Madonna descobriu que a invasão tinha se originado em Israel.[54] Acreditava-se que o suspeito, que foi colocado sob vigilância, tinha acesso ao computador e ao telefone de Madonna "havia mais de uma década". A investigação revelou evidências de que fotos particulares também haviam sido roubadas.[55]

O foco estava no álbum. Madonna queria que o máximo de material finalizado fosse lançado o mais rápido possível. "Parecia não fazer sentido", disse Oseary, "mas ela estava inflexível e não queria que as pessoas achassem que aquelas faixas eram as finalizadas".[56] Berman achava que poderia pressionar a Apple a lançar o material que Madonna julgasse estar pronto. Mas os servidores da marca seriam desligados entre 19 de dezembro e 5 de janeiro. Isso deu aos executivos da Interscope, Universal Music Group e Apple dois dias para chegarem a um acordo sobre um lançamento prematuro e fazê-lo acontecer. "Havia chance de que fosse impossível tecnicamente, por ser tão em cima da hora", contou Oseary.[57]

Enquanto a Apple trabalhava para disponibilizar as canções, Madonna não tinha certeza de que as seis faixas escolhidas para lançamento — "Living for Love", "Ghosttown", "Devil Pray", "Illuminati", "Unapologetic Bitch" e "Bitch I'm Madonna"— estavam terminadas. Os produtores estavam ocupados com outros projetos pelo mundo e não podiam ser chamados de volta a Nova York em tão pouco tempo. A cantora foi para o estúdio sozinha, a fim de masterizar e mixar as faixas.

Ela descreveu a "sobrecarga" durante as noites sem dormir nem ver os filhos. "Foi pandemônio, confusão, paranoia e histeria."[58] O feriado de Natal se aproximava, e para os Ciccone isso envolvia árvore, decoração e presentes. Aquele ano seria diferente. Madonna chamou o período de "inferno na terra".[59]

Nesse meio-tempo, surgiu um novo problema: Robert Kondrk, o executivo da Apple que precisava assinar o contrato, já estava de férias com a família no México. Ele encontrou uma forma de sacramentar o acordo: às 20h30 de 19 de dezembro, horas antes do lançamento programado, Madonna recebeu um telefonema: "Vamos em frente."[60] Isso significava que, à meia-noite, as pessoas que haviam aproveitado a pré-venda do álbum *Rebel Heart* no iTunes poderiam fazer o download daquelas seis faixas.[61]

No dia seguinte, o disco foi o primeiro das paradas de sucesso do iTunes em 49 países, e as seis canções ficaram no topo de várias listas em todo o mundo. Madonna chamou isso de "milagre". Se ela separou um tempo para celebrar, não durou muito. Outras 14 demos foram vazadas em 24 de dezembro.[62]

Madonna sempre transformava adversidades em lições. Proibiu o uso da internet quando ela e a equipe estivessem trabalhando em uma canção nos computadores. Os hard drives com os arquivos eram entregues pessoalmente. "Isso é um saco, mas o mundo é assim agora."[63]

No fim de janeiro de 2015, o FBI e a polícia israelense anunciaram a prisão, em Tel-Aviv, do hacker responsável pelos vazamentos. Tratava-se de um aspirante a cantor chamado Adi Lederman, de 39 anos. Uma busca nos computadores dele revelou que ele hackeou as contas na nuvem de três membros da equipe da cantora, assim como o e-mail comercial de Oseary e outras 15 pessoas. A investigação também apontou que Lederman teve acesso, em 2012, a uma versão inicial de "Give Me All Your Luvin'", do álbum *MDNA*, e que talvez Madonna não fosse o único alvo. A polícia suspeitava de que o autor dos crimes tinha tentado vender o material. Em fevereiro, Lederman foi indiciado por quatro acusações e acabou confessando os atos, como parte de um acordo. Ele foi sentenciado a 14 meses de prisão.[64]

Quando o responsável foi preso, Madonna disse: "É estranho, mas não fiquei animada. Estou feliz, mas ele conseguiu hackear meu servidor e os servidores de pessoas próximas a mim por mais de uma década. Essa é uma violação perturbadora e é só o começo."[65]

A prisão de Lederman pôs fim a um dos obstáculos de lançamento do álbum. Mas haveria outros, que foram tão prejudiciais que às vezes o lançamento parecia amaldiçoado.

Como Madonna não promoveu *MDNA*, ele não obteve um bom resultado nas vendas — o que significava que as pessoas não ouviram as músicas. Ela não cometeria o mesmo erro com *Rebel Heart:* deu início a uma campanha muito intensa, comparecendo a todo e qualquer programa de TV que quisesse recebê-la, apresentando-se em palcos grandes e pequenos e dando várias entrevistas para a mídia impressa. Além disso, levou a campanha para o mundo digital.

Essa estratégia ora funcionava, ora não. As redes sociais são um espaço inclemente, no qual as decisões tomadas nos segundos necessários para apertar "Enviar" podem se transformar em crise. Isso aconteceu com os memes baseados na capa do álbum. *Rebel Heart* exibia uma imagem impressionante do rosto de Madonna amarrado com uma corda preta. Aquilo remetia a tradições cristãs e judaicas, mas a cantora disse que a mensagem era secular: as restrições impostas aos artistas. A imagem se disseminou pelas redes sociais quando os fãs começaram a reproduzir vários rostos enrolados em cordas. Madonna repostou algumas, mas a publicação de imagens de Nelson Mandela, Martin Luther King Jr. e Bob Marley com os rostos amarrados deu início a um violento rebuliço.[66]

A ideia era dizer que esses indivíduos tinham um coração rebelde, mas esse argumento era muito sutil. A cantora foi chamada de desrespeitosa por usar imagens de personalidades reverenciadas, como King e Mandela, para se autopromover, de arrogante (por aparentemente se comparar a eles) e de racista (por mostrar homens negros amarrados). A enxurrada de críticas começou nas redes sociais e se disseminou pela mídia, que estava ávida por um bom e velho gesto ultrajante de Madonna.[67]

Embora não estivesse interessada em se defender de controvérsias fabricadas, ela o fez nesse caso porque os conflitos ameaçavam destruir o álbum ainda no início da campanha, porque jamais faria algo para desrespeitar aquelas figuras e porque seus filhos poderiam ser afetados. No ano anterior, Madonna teve que se desculpar por uma hashtag em uma foto no Instagram que mostrava Rocco lutando boxe. Ela usou "a palavra com N" [*nigger*, considerada tão ofensiva, que não deve nem sequer ser escrita]. A cantora a usou de brincadeira, explicou, como um "apelido carinhoso para o filho, que é muito branco", mas entendeu a perturbação causada pelo gesto. "Não sou racista", escreveu. "Não há como defender o uso desse termo." Então, para evitar novas acusações de racismo, Madonna postou outro pedido de desculpa, dizendo que a intenção era homenagear aqueles ícones culturais.[68]

Alguns argumentaram que a cantora faria um favor a si mesma ficando longe das redes sociais. Em vez disso, ela mergulhou de cabeça. Em 5 de fevereiro, publicou o primeiro clipe do álbum no Snap Channel, uma nova plataforma do Snapchat. "Living for Love" ficou no ar por 24 horas, para ser compartilhado entre fãs e pessoas que de outro modo não assistiriam a um de seus clipes. Madonna foi a primeira grande artista a usar a plataforma para lançar um clipe.[69]

As diretoras francesas Julien Choquart e Camille Hirigoyen foram contratadas para ajudá-la a criá-lo. Tendo ficado conhecidas ao filmar comerciais ousados, em 2014 as duas criaram um clipe impactante para a canção "Saint Claude", do cantor e compositor francês Christine and the Queens. Contra um fundo de cádmio vermelho em um palco vermelho, Chris (Héloïse Adélaïde Letissier)* dançava e cantava sozinho. Havia poucos artifícios técnicos na performance, com exceção da ocasional distorção da câmera que alongava seu corpo, e da ilusão no final, quando ele ficava suspenso bem acima do palco.[70]

O clipe de "Living for Love" recriava o saturado fundo vermelho e o palco vermelho, além de alguns movimentos de Chris, só que com um cenário muito mais elaborado: uma arena de tourada na qual Madonna, como toureira, dominava um rebanho de homens-touros. Depois de "Take a Bow", de 1994, ela retomava o tema das touradas. "Living for Love" era a versão mais estilizada, filmada e editada até se tornar uma abstração — que era a essência do clipe. Madonna via isso como "uma pintura que ganhou vida".[71]

Do mesmo jeito que cada um dos melhores álbuns da artista havia refletido a influência dos produtores, cada uma de suas campanhas e turnês refletia uma imagem visual particular. O clipe de "Living for Love" se tornou o tema da promoção de *Rebel Heart*. Três dias após o lançamento, elas ganharam vida no Grammy. Madonna cantou a música vestida de toureira e cercada por 22 dançarinos usando chifres de touro e máscaras adornadas com pedras preciosas, com a companhia de um coral de 28 membros.

---

* Christine and the Queens era o então nome artístico ligado ao nome de registro Héloïse Adélaïde Letissier. Em 2022, o músico declarou-se um homem trans que atende pelos pronomes masculinos e por um novo nome artístico: Redcar. Embora já considere a atualização dos pronomes do cantor para o masculino (nos casos em que o inglês faz essa demarcação explícita de gênero), o original menciona tanto o nome de registro (que, sabemos, pode ser uma questão sensível para algumas pessoas trans) quanto nome artístico, razão pela qual esta tradução também os reproduziu, sempre respeitando, porém, a identidade declarada pelo artista. Pelo menos até a data de fechamento desta edição, ainda era possível encontrar sua página oficial no Instagram como Christine and the Queens, o que sugere que a alteração do nome artístico tem sido gradual. *[N. da E.]*

* * *

Quando subiu ao palco naquela noite no Staples Center, ela não o fez como mero ícone. Em 2015, Madonna era um arquétipo. Conforme T. Cole Rachel escreveria em *Pitchfork* naquele ano,

> Ela basicamente pavimentou o caminho para todos os outros — Britney, Beyoncé, Nicki, Gaga, Sky, Rihanna, Katy, Ariana e até Kanye. Criou o arquétipo de estrelato pop como o conhecemos e entendemos hoje. E, com exceção de Michael Jackson, [...] o duradouro impacto de Madonna na cultura popular permanece inigualável.[72]

A performance daquela noite seria um lembrete do porquê. Ela culminou com Madonna pendurada em um arnês pela cintura, sua silhueta contra o pano de fundo vermelho transmitido pelo telão atrás do palco.[73] Foi visualmente inesquecível. Era a exibição de uma mulher que não sentia medo.

A artista esperava que a mensagem sobre coragem e ousadia ressoasse na plateia, porque aquela era a diferença entre comércio e arte, e o ambiente de então promovia o primeiro em detrimento da segunda. "Se você for uma estrela pop e quiser que seus discos sejam tocados para as massas, é necessário escolher o caminho mais seguro", declarou. "Manter sua marca funcionando e não sacudir o barco — essa é a abordagem recomendada."[74]

Algumas das maiores estrelas do pop haviam começado a se posicionar. Em 2014, Beyoncé ficou no palco do VMA em frente a uma tela com a palavra FEMINISTA. Lady Gaga tomou como central em sua obra os direitos da comunidade LGBTQ. Mas de modo geral, até que uma artista tivesse vários anos de carreira e um saldo bancário tão alto quanto o do próprio banco, política era um terreno arriscado. Ainda mais arriscada era a raiva, especialmente voltada para as mulheres.[75]

Àquela altura, a fórmula para o sucesso de uma estrela do pop estava bem estabelecida. De acordo com Kristin Lieb, especialista em indústria musical do Emerson College, estrelas devem cantar e dançar, ser simpáticas e atraentes, abraçar a diversidade, ter passado por conflitos e aparentar vulnerabilidade. "Se não for capaz de posar quase nua na capa de uma revista e ser bem-recebida, isso será um obstáculo na carreira", comentou Lieb.[76] O objetivo da indústria não era apoiar uma estrela pop como artista, mas transformar a "marca" dela em um conglomerado. Na indústria do entretenimento, isso era chamado de "efeito Madonna", mas o pacote completo era uma antítese do que a própria cantora representava.[77]

No Grammy daquela noite, Madonna encontrou Nile Rodgers. "Dei um abraço apertado e demorado nele", disse. "Sinto que sobrevivi a tanta coisa, passei por tanta coisa! E, às vezes, tenho saudades da inocência daquela época. A vida era diferente. Nova York era diferente. A indústria musical era diferente. Tenho saudades daquela simplicidade, da ingenuidade de cada pessoa à minha volta."[78]

Em meio a todo aquele "individualismo" controlado pela mídia, a cantora não conseguiu resistir a uma travessura. Quando chegou ao tapete vermelho do Grammy naquele ano, ergueu a saia de sua fantasia de toureira (assinada pela Givenchy) e permitiu que dessem uma olhada em seu traseiro quase nu. A declaração era um nada sutil "vá se danar, vá à merda" para aqueles que diziam que a "marca" dela tinha expirado, que ela era velha demais para se apresentar, para ser sexual, atraente, ouvida. "Essa sou eu. Essa é quem eu quero ser. Posso fazer o que eu quiser, entendeu?"[79]

Germaine Greer escreveu no livro *The Change* [A mudança, em tradução livre] que a sociedade ocidental tem "um medo e um ódio irracionais" de mulheres mais velhas, as quais após a menopausa já não são consideradas úteis. A despeito da visão hegemônica, a autora as via não como *menos*, mas como *mais* poderosas, dotadas de "experiência, força, poder de permanência, caráter e autoconhecimento sexual". Greer desafiou esse grupo a embarcar na "grande aventura espiritual" da meia-idade.[80]

Madonna havia iniciado a sua, e, assim como na juventude, a dela tinha a ver com rebelião. "Não sigo regras. Nunca segui, e não é agora que vou começar. Essa é a aparência de uma bunda de 56 anos, seus filhos da puta."[81] Um entrevistador sugeriu que o traseiro torneado da cantora não era comum para mulheres da idade dela. Madonna retrucou:

> Quer saber? Pode ser que esse *seja* o padrão algum dia [...]. Então, se eu tiver que ser a pessoa que abre caminho para as mulheres acreditarem, entenderem e adotarem a ideia de que podem ser sexuais, ter boa aparência e continuar relevantes aos 50 ou 60 anos, vou fazer isso.[82]

A atrevida exibição viralizou e foi noticiada pela imprensa em todo o mundo.[83] Quer tivesse causado ultraje ou diversão, as pessoas reagiram de alguma maneira. Elas viram e ouviram e, ainda mais importante, pensaram a respeito do ocorrido.

Com o mundo do entretenimento ainda preocupado com a performance de Madonna dentro e fora do palco do Grammy, ela lançou mais três músicas, "Joan of Arc", "Iconic" e "Hold Tight". Além disso, as promoveu em lugares poucos convencionais, incluindo o aplicativo de namoro gay Grindr, onde realizou uma competição pedindo que os participantes recriassem a capa de seu álbum — a despeito da controvérsia que tais memes já haviam causado. O prêmio para os cinco ganhadores seria um bate-papo com Madonna. Ela também anunciou no Instagram que participaria do BRIT Awards daquele ano.[84]

Por incrível que pareça, apesar da ligação que tinha com a Grã-Bretanha, da imensa base de fãs da artista na região e da importância do Reino Unido no mercado musical — ficando atrás somente dos Estados Unidos —, Madonna só se apresentou uma vez no equivalente britânico do Grammy, vinte anos antes, quando cantou "Bedtime Story". O BRIT 2015 seria realizado na O2 Arena, que tinha capacidade para 20 mil pessoas. Outras 5 milhões deveriam assistir à premiação pela TV.

Os ensaios — um para backing vocals e outro para os dançarinos — foram até tarde da noite na véspera da apresentação.[85] A cantora seria novamente uma toureira, mas Armani havia criado uma capa preta de cetim, com capuz. A ideia era que Madonna caminhasse até o palco por uma passarela que começava no meio da plateia, como uma presença misteriosa com o rosto escondido sob o capuz e dois dançarinos segurando a longa cauda do traje. A capa, fechada por ímãs, era tão pesada que precisava de algo mais para ficar presa no pescoço. Madonna sugeriu um cordão de seda preso frouxamente em um laço e passou a ensaiar com essa mudança de guarda-roupa. "Ensaiamos 20 mil vezes", contou ela. Deu certo em todas. O show estava pronto.[86]

No dia seguinte, somente horas antes da apresentação, a artista soube que não poderia chegar ao palco como planejou. A adaptação dos planos fez com que ela tivesse que caminhar mais, aumentando o risco de que o laço da pesada capa se desfizesse. Madonna e sua estilista, Bea Åkerlund, apertaram um pouco mais o nó e deram um puxão nele, para ter certeza de que não se soltaria com facilidade.[87]

A apresentação seria a última da noite. E começou como no Grammy: a plateia ouvindo uma narração que descrevia a revolução do amor. A artista marchou pela passarela com saltos de dez centímetros, e os dançarinos que seguravam a capa dela pareciam estar cinco metros atrás. Madonna subiu os três degraus até o palco e mais outros quatro, até o lugar onde se apresentaria.[88]

No topo da plataforma, Madonna abaixou o capuz, e os dançarinos se ajoelharam diante dela. Enquanto cantava, ela puxou o laço para soltar a capa. Não deu certo. Na frase "I let down my guard" ["Eu baixei a guarda"], as duas mulheres que carregavam a capa responderam ao sinal da letra e, como ensaiado, puxaram-na com força, para que ela escorregasse. Em vez disso, a cantora caiu para trás, pelos quatro degraus.[89] "Eu tinha duas opções: ser estrangulada ou cair, então escolhi cair."[90] Ela bateu a cabeça, "mas a adrenalina estava tão alta naquele momento [...], que só pensei em continuar. Então continuei".[91] Ironicamente, o verso que ela voltou cantando era "Love's gonna lift me up" ["O amor vai me erguer"].[92]

A plateia, que suspirou de susto ao ver Madonna cair, suspirou novamente quando, segundos depois, a artista já estava de pé, cantando e dançando, como se nada tivesse acontecido. Ela continuou pelos cinco minutos de apresentação. "Essa é uma coisa que aprendemos e que meu professor de dança sempre me disse: quando cometer um erro, nunca o demonstre para o público [...]. Eles acreditarão na narrativa que você escolher contar."[93] Ao fim da canção, a plateia aplaudiu de pé.

As redes sociais, nesse meio-tempo, estavam tomadas pelos comentários. Havia piadas, e algumas pessoas (que não acreditavam na veracidade ou na sinceridade de nada que Madonna dissesse) chamavam a queda de golpe publicitário, por ter sido tão perfeitamente sincronizada com a letra da música.[94] Mas na maioria dos casos havia admiração. Uma manchete dizia: Madonna caiu da escada, mas continuou se apresentando porque é uma profissional![95] Cher tuitou: "Isso é algo que todas tememos. Madge, você é uma campeã por terminar a canção."[96] Ben Beaumont-Thomas escreveu no *Guardian*:

> Como seria esperado de Madge, que ressurgiu como uma fênix mais vezes do que conseguimos lembrar, ela se comportou como um bom soldado e terminou a canção [...]. Muitos artistas menores teriam perdido um verso inteiro em uma queda tão feia. Parabéns![97]

Para amigos e colegas, no entanto, foi doloroso. "Se fôssemos nós sete, teríamos feito algo, reagido", disse Salim Gauwloos, dançarino de Blond Ambition. "Eu não a deixaria lá, caída de costas."[98]

Pelo fato de Madonna ter batido a cabeça, o médico temeu que ela tivesse com uma concussão. A cantora foi monitorada durante várias horas. "Eu poderia ter me machucado muito", comentou a artista.[99]

A queda monopolizou as dezenas de entrevistas agendadas para promover o álbum. Repetidamente, Madonna precisou explicar o acontecido. Riu inúmeras vezes das piadas ruins sobre aquela noite. O mais notável sobre o incidente não era mencionado. Ao longo de trinta anos, em centenas de apresentações que exigiam perigosos movimentos no palco, um acidente como aquele nunca tinha acontecido. "Eu me mato de ensaiar e nunca faço ao vivo algo que não tenha ensaiado", afirmou. "Quebrei essa regra uma vez e aprendi a lição. Jamais farei isso novamente."[100]

Após os vazamentos, a controvérsia dos memes sobre a capa do álbum, o BRIT e Madonna chegando às manchetes por todo tipo de assunto, *menos* música, *Rebel Heart* finalmente foi lançado em março. Como cabia a um álbum com um preâmbulo tão explosivo, ela não lançou somente um disco, e sim vários. Havia duas edições comuns, cinco edições de luxo (uma francesa e uma japonesa), uma edição de superluxo, uma edição especial alemã e uma edição de turnê japonesa. As faixas fizeram os ouvintes dançarem, pensarem, desmaiarem, rirem, sentirem-se tristes, sedutores e desafiadores. Madonna aprendeu a usar tanto a música cheia de produção quanto a tecnologia que tornava tudo possível para assim casá-las a letras e melodias que eram essencialmente suas.[101]

A cantora estava promovendo *Rebel Heart* desde o começo do ano, só que, por mais extensa que tivesse sido a campanha, nada ajudou. Pela primeira vez na carreira de Madonna, os críticos amaram o álbum, mas não os fãs — ao menos não em número suficiente. Além disso, os não fãs também não o ouviram. Na Grã-Bretanha, a BBC Radio 1, uma das mais influentes estações pop do mundo, não tocou "Living for Love". O comitê de playlists da estação achava que a artista não atraía a plateia-alvo deles: pessoas entre 18 e 30 anos.[102]

O etarismo foi somente outro fator para o declínio das vendas. Em escala global, a indústria fonográfica perdeu 10 bilhões de dólares entre 2002 e 2015, por causa dos serviços de streaming. As pessoas ouviam mais música que nunca, mas não necessariamente pagavam por ela.[103] *Rebel Heart* se tornou o álbum da cantora menos vendido durante o lançamento: somente 250 mil cópias nos Estados Unidos (menos que *MDNA*), além de 67 mil no Reino Unido e 50 mil na França.[104]

Madonna sabia que o álbum era bom, então insistiu. Em março, passou uma semana inteira no *Ellen DeGeneres Show*, fez uma parada inédita no programa de rádio de Howard Stern e compareceu aos programas *Today* e *The Tonight Show Starring Jimmy Fallon*. No exterior, ela foi ao *Jonathan Ross Show* (Reino Unido), *Che tempo che fa* (Itália), *Le Grand Journal* (França) e *Today* (Austrália), entre outros.[105]

A cantora também marcou presença em eventos em que se uniu a diversos artistas no palco. Em 29 de março, foi ao Shrine Auditorium, em Los Angeles, para uma apresentação não anunciada com Taylor Swift no iHeartRadio Music Awards. Madonna cantou "Ghosttown" acompanhada por Swift ao violão. Em abril, durante o Coachella, foi convidada de Drake. O álbum dele naquele ano incluía um mix chamado "Madonna", durante o qual o cantor prometia tornar uma garota "tão grande quanto Madonna". A artista pop brincou que o "maior desejo da vida" dela era beijá-lo.[106] No Coachella, ela fez isso.

Usando um boné com a palavra AMEAÇA e uma camiseta com os dizeres TÃO GRANDE QUANTO MADONNA, ela cantou "Human Nature" e "Hung Up". A saída de som estava terrível, e a multidão acabou perdendo o interesse enquanto Madonna valentemente cantava e dançava no palco. Quando Drake se uniu a ela, sentando-se em uma cadeira no que, óbvio, era um gesto ensaiado, Madonna se inclinou sobre o cantor para "descolar" um beijo. Talvez ele esperasse um selinho. Mas não era isso que estava sendo oferecido. Após quase sugar a alma dele pela boca, a artista parou, afastou-se e disse "Bitch, I'm Madonna" ["Vadia, eu sou Madonna"]. Drake pareceu chocado. Ele se inclinou para a frente e limpou a boca. Mais tarde, disse que o que causou a careta não foi o beijo, e sim o batom de Madonna.[107]

Dessa vez, a bolha das redes sociais brilhou de indignação diante da maneira como a artista maltratou o rapaz e do significado daquele episódio. Será que ela era mesmo tão sexualmente agressiva? Ou tudo tinha sido coreografado porque ela já estava cansada de falar sobre a queda? Se esse foi o caso, funcionou. "O beijo" se tornou o novo tópico abordado durante o circuito de entrevistas que ela fazia.

Em meio a todo aquele burburinho sem sentido, Madonna e Jonas Åkerlund trabalharam em dois clipes que refletiam a rebeldia e o coração da obra dela. Os dois não filmavam juntos desde a turnê Confessions, em 2006. Ela telefonou de repente, perguntando se ele estaria interessado em dirigir um clipe para o novo álbum. "Eu estava muito empolgado com 'Ghosttown'", comentou Åkerlund. "Eu me conectei criativamente." Os dois trabalharam juntos na parte visual. "Confiamos um no outro", disse ele. "Toda vez que fazemos um clipe, queremos mudar o mundo. Muitos artistas não trabalham assim."[108]

O clipe começa com imagens de detonações nucleares e alertas sobre o fim do mundo, exibidas em um aparelho de TV vintage. Três sobreviventes — Madonna, o ator Terrence Howard e uma criança asiática — procuram comida em trajes eduardianos, em meio à degradação urbana de prédios bombardeados. A introdução não envolve palavras, e sim dança. No fim, os três vão embora juntos.[109]

O diretor disse que ambos gostaram de voltar a trabalhar juntos, então a cantora pediu que ele dirigisse outro clipe. Dessa vez, era para algo muito mais leve: "Bitch I'm Madonna". Seria um clímax catártico do problemático lançamento de *Rebel Heart*. "Pensamos: 'Vamos reunir alguns amigos e membros da família e enlouquecer!'"[110]

No hotel Standard High Line em Nova York, Åkerlund filmou uma festa que parecia espontânea, mas foi rigidamente coreografada. "Todo mundo sabia o que tinha que fazer e todo mundo estava pronto", afirmou.[111] A câmera seguia Madonna de quarto em quarto, enquanto celebridades da cultura pop — Chris Rock, Katy Perry, Kanye West, Miley Cyrus, Nicki Minaj, Diplo, Rita Ora, Beyoncé, Alexander Wang e muitos outros — celebravam com ela. Também participaram dois dos filhos da cantora: David, que fez um número de dança solo, e Rocco. "Quando saímos de lá", contou o diretor, "pensamos: 'Se o clipe for tão bom quanto foi divertido de gravar, ele será um sucesso.'"[112] Aquela foi uma festa de Ano-Novo em junho, marcando o fim de uma empreitada artística e anunciando o início de outra. Madonna anunciou sua décima turnê.

Capítulo 57

Paris, Nova York, Montreal, Estocolmo, Londres, Melbourne, 2015-2016

Je suis *Charlie*.[1]

— *Madonna*

A AMEAÇA DE violência que Madonna sentiu fervilhando logo abaixo da superfície durante a turnê MDNA entrou em erupção nos três anos seguintes. Mulheres. Liberdade política. Liberdade de expressão. Tudo isso estava sob ataque. No norte da Nigéria, o grupo militante islâmico Boko Haram sequestrou 275 alunas. A revolução e a contrarrevolução na Ucrânia foram seguidas pela invasão russa à Crimeia e pela ameaça de uma grande guerra na Europa. Na Ásia, manifestantes pró-democracia ocuparam as ruas da normalmente pacífica Hong Kong quando ficou claro que a China planejava restringir e então eliminar as preciosas liberdades políticas da cidade.

No Oriente Médio, a promessa da Primavera Árabe foi reduzida a cinzas, durante as guerras civis da Síria e da Líbia, e em outros lugares apanhou até sucumbir, especialmente no Egito, governado por um novo militar mão de ferro. No Iraque, a rede terrorista Estado Islâmico, que surgiu do caos e da carnificina da guerra, inspirava seguidores em todo o mundo, enquanto perpetuava horrores no estilo medieval a fim de estabelecer o califado que imaginava existir.

Um grupo desses seguidores atacou o escritório do jornal satírico *Charlie Hebdo* e um supermercado judaico em Paris, no mês de janeiro de 2015, matando 17 pessoas. O jornal virou alvo ao publicar uma charge do profeta Maomé. Sobre os assassinatos, Madonna disse: "Os artistas que geram discussão através da provocação são os que correm maior risco no momento."[2]

Durante o governo Obama, em resposta à eleição do primeiro presidente negro, o grupo de homens brancos indignados surgidos na década de 1990 se tornou mais combativo. O Departamento de Segurança Interna dos Estados Unidos relatou um crescimento de 50% dos grupos de ódio — de neonazistas e membros da Ku Klux Klan a milicianos e separatistas brancos. Os perfis eram semelhantes entre si: majoritariamente homens brancos de 20 e poucos anos que não viam futuro para si mesmos, então acabavam projetando isso para uma ausência de futuro ao "próprio povo". O cânone dessa extrema direita estava contido em 14 palavras: "Precisamos garantir a existência do nosso povo e um futuro para as crianças brancas." Enquanto a mídia focava na ameaça dos militantes islamistas, a crescente ameaça doméstica vinha de homens brancos furiosos.[3]

Ao mesmo tempo, os maus-tratos sistemáticos sofridos por negros nas mãos da polícia geravam grandes protestos, de ponta a ponta do país. Duas mulheres iniciaram o movimento Black Lives Matter em 2013, após a absolvição de um homem da Flórida acusado de matar Trayvon Martin, de 17 anos. O movimento cresceu à medida que mortes extrajudiciais ceifavam uma vida negra após a outra.[4] Somente em 2015, mais de 12 homens e mulheres negros foram mortos pela polícia.

Desde a década de 1960, tensões raciais não eram expressas muito abertamente nas ruas e na mídia. Em 2015, a internet era um catalisador, disseminando discursos de ódio e inspirando atos de violência tão extrema, que fizeram com que uma nação endurecida pelos assassinatos fosse paralisada pelo horror. Em 17 de junho de 2015, um supremacista branco de 21 anos casualmente sacou uma Glock durante um grupo de estudos bíblicos na Igreja Episcopal Metodista Africana Emanuel, em Charleston, na Carolina do Sul, e matou nove fiéis negros.

Dez dias depois, uma mulher negra chamada Bree Newsome subiu no mastro do capitólio estadual da Carolina do Sul e removeu a bandeira da racista Confederação. Newsome foi presa, e a bandeira foi recolocada no topo do mastro, mas não por muito tempo. Após o tiroteio em Charleston, flâmulas dessa organização começaram a desaparecer em todo o sul. Os líderes confederados também começaram a cair.[5] Quando o presidente Obama visitou o local do massacre em junho, cantando "Amazing Grace" sozinho e à capela do fundo de seu coração enlutado, pareceu que o país tinha chegado a um ponto de virada. Mas só pareceu.

Os eventos daquele ano influenciaram Madonna de forma profunda, porque grande parte da violência foi cometida em nome da religião. Em 2015, a imersão dela nas três principais religiões do mundo — judaísmo, cristianismo e islamismo — estava completa. Ela não se via como integrante desses grupos, mas como alguém que adotava aspectos de todos eles.[6] A mensagem da tríade era amor ao próximo, mas os extremistas (de todas as religiões) cometiam atos de violência em nome de Deus. Madonna declarou:

> Não consigo aguentar todas as coisas que aconteceram aqui nos Estados Unidos, em Paris e em todo o mundo, incluindo o Boko Haram [...]. Sinto-me ferida e acho que minha tarefa, como ser humano, artista, mãe e mulher, é lutar por todas essas pessoas.[7]

Enquanto a cantora estava na França promovendo *Rebel Heart* no programa *Le Grand Journal*, o apresentador, Antoine de Caunes, colocou à prova a disposição dela de confrontar os problemas sociais. Caunes perguntou se ela estava tentada a seguir carreira política. Madonna respondeu: "Eu estou *na* política. Você só está olhando."[8]

O entrevistador comentou que a artista foi uma das primeiras a publicamente declarar solidariedade à equipe do *Charlie Hebdo*. Nesse momento, ela foi apresentada a Rénald Luzier, um cartunista que sobreviveu ao ataque e que, uma semana após a carnificina, fez outra charge do profeta Maomé na capa do jornal. Nela, o profeta declarava JE SUIS CHARLIE e dizia: "Tudo está perdoado." A primeira edição do jornal após o ataque — "a edição dos sobreviventes" — também trazia uma coluna descrevendo as coisas boas que haviam acontecido desde então, inclusive o apoio da artista. Em contrapartida, nos Estados Unidos e no Reino Unido ela foi ridicularizada por um post de Instagram no qual declarava: "Je suis *Charlie*."[9]

Madonna e Luzier trocaram um abraço apertado e conversaram em voz baixa. Quando se sentaram à mesa para conversar com Caunes, Madonna enxugou as lágrimas. Em nome dos colegas, Luzier agradeceu o apoio da cantora. Ela agradeceu ao cartunista o fato de ser "um combatente da liberdade", ao que ele respondeu, exaustivamente: "Nós tentamos." Madonna disse que as pessoas não haviam morrido em vão. "Elas caminham sobre as pegadas de gigantes [...]. Bravo." E acrescentou: "Arte pela liberdade."[10] Essa seria a mensagem levada pela nova turnê.

A turnê Rebel Heart incluiria 82 shows na América do Norte, Europa, Ásia e Oceania. Madonna retornaria ao Japão após quase dez anos e à Austrália após 23 anos. Além disso, ela se apresentaria pela primeira vez nas Filipinas, na China, em Hong Kong, em Macau, em Singapura, em Taiwan, na Tailândia e na Nova Zelândia.[11]

No ano anterior, a cantora havia reunido ideias "da arte, da moda, da música, de tudo". Outras fontes de inspiração foram performances mais curtas e participações no palco de outros artistas. Mas o clipe de "Living for Love" foi decisivo. Ele "se tornou o catalisador do que fiz no Grammy, o catalisador do que fiz no BRIT. As coisas começaram a acontecer a partir dele".[12]

Os temas do show percorreriam um terreno já conhecido: quatro segmentos, indo da introspecção à celebração. Madonna descreveu o primeiro ato como "empoderamento". "Busco algo parecido com uma deusa guerreira medieval."[13] "Vamos usar 'Iconic' na abertura. Essa canção fala sobre ser uma guerreira e lutar pelo que você acredita." O show também explorava "temas de sexo e religião, porque em nossa sociedade essas duas coisas sempre estão separadas. Para mim, sexo é um presente sagrado que recebemos". O show seria uma expressão de amor. A cantora disse que queria que as pessoas saíssem do concerto inspiradas, "como se tivessem visto algo inédito, sentido algo que nunca sentiram antes".[14]

Madonna faria isso musicalmente ao apresentar uma retrospectiva de seus trinta anos de carreira. Afirmou que preferia "canções mais abstratas, menos comerciais", mas sabia que a plateia queria cantar junto. "Então preciso equilibrar isso e não fazer um show apenas criativo para meu próprio prazer."[15] A fórmula que encontrou para satisfazer o maior número de pessoas — incluindo a si mesma — era muito simples. No passado, quando apresentava músicas clássicas, a artista sempre as retrabalhava. Durante Rebel Heart, as canções — "True Blue", "La Isla Bonita" e "Who's That Girl", entre outras — soavam como as originais.

Madonna reuniu a equipe para fazer isso acontecer. Havia alguns rostinhos familiares: Jamie King na direção da turnê, Kevin Antunes na direção musical, Monte Pittman na guitarra, Ric'key Pageot no teclado, e Nicki Richards e Kiley Dean nos vocais de apoio. A equipe de dança tinha 37 membros e 18 "coreógrafos adicionais". Alguns deles estavam retornando: Jason Young, Valeree Young, Chaz Buzan, Sébastien Ramirez e Marvin Gofin. Mas a vasta maioria era novata. Cinco mil pessoas em Paris, Nova York e Los Angeles haviam feito testes para vinte vagas no show.[16]

A equipe de gestão incluía colegas de confiança, Guy Oseary e Sara Zambreno. Mas Liz Rosenberg dividia as tarefas de publicidade com um recém-chegado, Brian Bumbery. A razão para isso estava no fato de, após trinta anos, Rosenberg ter decidido deixar de trabalhar com Madonna. "Acho que dois séculos é tempo suficiente", brincou ela ao fazer o anúncio no fim de junho, na página seis do *New York Post* (destinada às notícias dos famosos).[17]

Rosenberg era a última integrante da família profissional original de Madonna. Com exceção de um breve período após o 11 de Setembro — quando, após aquele dia horrível, sentiu necessidade de reavaliar a própria vida —, a assessora de comunicação esteve ao lado da cantora durante todos os altos e baixos. Nos pontos mais baixos, foram suas hábeis manobras as responsáveis por salvar Madonna de ataques ainda piores. Isso acontecia porque, embora muitas vezes não fosse com a cara de Madonna, a imprensa adorava Rosenberg. Os repórteres sabiam que ela inventava histórias para beneficiar a artista, mas fazia isso de maneira tão convincente e com tanto humor, que as pessoas deixavam Madonna em paz por pelo menos alguns ciclos de notícias.[18] Com a partida de Rosenberg, a cantora perdeu uma das pessoas de quem mais dependia. Rebel Heart seria a primeira turnê sem esse porto seguro.

* * *

O planejamento da turnê começou em novembro, mas os ensaios em Nova York só tiveram início no meio do ano seguinte.[19] "Seis dias por semana, 120 pessoas sendo guiadas por Madonna", disse o diretor de turnê da Live Nation, Tres Thomas.[20] Madonna chamou de "círculo vicioso de trabalhar até tarde e então dormir até tarde". Para garantir que permaneceria saudável, era seguida por uma mulher que a cantora chamava de "fiscal da comida. 'Você está comendo? Bebendo bastante água?'".[21]

Na maioria dos dias, os ensaios começavam às 9 ou 10 horas e às vezes iam até as 2 horas da madrugada. Para os recém-chegados, o rigor foi um choque, assim como a participação ativa de Madonna. Ela era a chefe, mas também fazia parte do elenco, ao lado dos dançarinos, a despeito de ter o dobro da idade da maioria. "Quer dizer, é inegável: ela está muito em forma", afirmou Honji Wang, coreógrafo francês de hip-hop. O salário (não relevado) e os benefícios (massagistas e comida preparada por chef) tornavam o processo menos doloroso. Segundo Wang, "estávamos em uma gaiola dourada".[22]

Enquanto isso, o design do palco passou de conceito em janeiro e maquetes no primeiro semestre do ano, para um personagem vivo, móvel e respirando drama. Era baseado em um esboço de Madonna que incorporava ideias da capa do álbum *Rebel Heart*: uma flecha, uma cruz e um coração.

Com trinta metros de comprimento, o palco permitia que Madonna e os dançarinos interagissem de perto com um número maior de membros da plateia.[23] Cerca de oitenta pessoas, além de cem locais contratados em cada cidade, construíam o palco e instalavam as sessenta toneladas de equipamentos pendurados no teto.[24] Quanto à parte de estar vivo e respirando, isso era uma questão de luz e magia cinematográfica.

A Moment Factory mais uma vez foi responsável pela produção dos vídeos exibidos nos telões. A cada show, eles se integravam mais à performance. Tudo começou com o telão no palco em Drowned World. Em Rebel Heart, o clipe *se tornou* o palco. O deck de vídeo de 8,5 metros de comprimento e quase 5 metros de altura, com 25 toneladas, servia como piso, plataforma elevada e parede inclinada que os dançarinos podiam usar para seus saltos mortais e cambalhotas.[25]

Foi somente após os ensaios, depois que as danças haviam sido coreografadas, as histórias estabelecidas e as dimensões do palco entendidas, que o foco da turnê se voltou para os figurinos.[26] Arianne Phillips voltou a ser a mestre de estilo, contribuindo com as próprias criações e ajustando para o palco os designs de Prada, Gucci, Fausto Puglisi, Moschino, Nicolas Jebran e Alexander Wang. Esse ajuste significava reforçar o interior dos trajes para que suportassem o rigor da performance.[27]

Rebel Heart exigiu novecentos trajes. Madonna trocava o dela a cada dez minutos, auxiliada pelo seu assessor de longa data, Tony Villanueva

Ele também supervisionava o departamento de guarda-roupa da turnê, incluindo as costureiras que reparavam os trajes e as lavadeiras.[28]

No fim do verão, a turnê Rebel Heart estava pronta para a estrada. Seriam necessários 24 caminhões e três Boeing 747 para transportá-la.[29] O palco ocupava oito caminhões; a iluminação, outros oito.[30] Um caminhão inteiro e metade de outro eram destinados ao "camarim" da cantora: mobília, pinturas, fotografias e uma academia.[31] O homem encarregado de montá-lo de cidade em cidade era o diretor de ambiente Jaime Laurita. Ele era o responsável por criar "uma casa longe de casa para Madonna. Existe um fluxo perfeito de energia que a leva do carro para o camarim e do camarim para o palco".[32]

Embora os ingressos fossem os mais caros do que qualquer turnê naquele ano — o preço médio era superior a 450 dólares —, os fãs os compraram avidamente.[33] Na Itália, os ingressos de Turim se esgotaram em três minutos. Em Paris, em cinco. Em Taiwan, em 15. Em Hong Kong, os fãs fizeram história, comprando tudo em meia hora.[34] Todos os ingressos, de todos os shows agendados foram vendidos, o que significava que mais de 1 milhão de pessoas veriam o espetáculo ao vivo. O começo da turnê seria em agosto na cidade de Miami, mas as cinco primeiras apresentações foram reagendadas, para a tristeza dos fãs. Em vez disso, a turnê teve início em Montreal, no dia 9 de setembro.

O primeiro vislumbre que a plateia teve de Madonna foi em vídeo, dentro de uma jaula, com o traje que usou anos antes, ao cantar "Sooner or Later", de *Dick Tracy*, no Oscar. Era uma homenagem a Jean Harlow, a Marilyn Monroe, ou seja, mulheres que agraciaram as telonas, mas foram apreciadas por seus corpos.[35]

A imagem no vídeo foi substituída pela de Mike Tyson (outro corpo supostamente sem cérebro), que recitou a fala dele em "Iconic", até a própria Madonna surgir no palco, descendo do teto em uma jaula, não como estrela de Hollywood, mas como guerreira samurai. Ela continuou cantando "Iconic" de onde Tyson parou.[36]

Após declarar a intenção de iniciar uma revolução, a canção seguinte foi "Bitch I'm Madonna". A cena era ameaçadora e saturada de vermelho, mas o tom era de brincadeira. A artista estava praticando travessuras, não artes marciais — a despeito de todos os guerreiros em volta. Chance the Rapper apareceu no telão durante "Iconic". Em "Bitch I'm Madonna", foi a vez da participação em vídeo de Nicki Minaj, com uma peruca pink.[37]

Madonna trocou a samurai de *Rebel Heart* pela roqueira da década de 1980. Caminhando pela passarela com meias pretas até as coxas, ela pegou a guitarra Gibson Flying V preta e presenteou a plateia com uma interpretação fiel de uma de suas primeiras canções, "Burning Up". Então se tornou a irmã Madonna.[38]

Quatro dançarinas de calcinhas brancas com babados e sutiãs pretos de couro e os topos dos hábitos de freiras subiram ao palco, recatadas, com as mãos em posição de oração. Enquanto Madonna cantava "Holy Water", as dançarinas faziam pole dance em quatro traves fixadas pelo palco, que tinham cruzes nas pontas. Então, ao fim da música, Madonna subiu em uma das traves e uma das dançarinas também, ficando abaixo dela e "deitada". A cantora, então, pisou nela como se fosse uma prancha de surfe, enquanto a trave girava no próprio eixo. "Vogue" começou a tocar e "Holy Water" voltou, e a ação retornava ao palco principal, para uma última ceia transformada em orgia, com cálices, aréolas, coroas de espinhos e muita carne desnuda. A cena era digna de Pasolini. No fim, Madonna ficou sozinha à mesa, deitada de costas, com mãos e braços amarrados com uma corda vermelha.[39]

Desde Blond Ambition, todos os concertos de Madonna tinham um ato de contrição. Em Blond Ambition, ele ocorria após a infame cena de masturbação ao som de "Like a Virgin" Durante Rebel Heart, depois de profanar a última ceia. A ode a uma consciência mais elevada foi feita durante "Devil Pray", como apelo por misericórdia feito a um dançarino vestido de padre, enquanto outros três usavam trajes religiosos judaicos, muçulmanos e hindus.[40]

O primeiro ato do show terminou com um interlúdio similarmente religioso e com "Messiah", composta com Avicii. Madonna apareceu em um vídeo enquanto um californiano de 21 anos chamado Ahlamalik Williams dançava sozinho com um pedaço de tecido que parecia uma chama. Ele era novato na turnê, mas já tinha trabalhado com King e Antunes no show *Michael Jackson ONE*, apresentado pelo Cirque du Soleil em 2013. Gofin, que estava com a artista desde a turnê MDNA, subiu ao palco depois de Williams, e o tecido (que representava o fogo da inspiração) cresceu, até se transformar nas chamas do inferno. As chamas no vídeo engolfavam Gofin e o consumiam.[41]

O segundo ato começou com uma deliciosa nostalgia em uma nova canção. Primeiro surgiu a referência visual à cena industrial no clipe de "Express Yourself" e ao ato de abertura de Blond Ambition, mas em Rebel Heart os pistões e motores não eram parte de uma fábrica, e sim de uma oficina mecânica, uma "Body Shop".[42]

Fazia sentido que "True Blue" viesse em seguida. Ela também era nostálgica. Madonna cantou e tocou ukulele com Monte Pittman. Como canção de amor, era sua música mais simples e talvez a mais pura. O elenco dançou em pares e as pessoas na plateia fizeram o mesmo, em todos os shows da turnê.[43]

O amor podia ser silencioso e estridente. A canção seguinte, "Deeper and Deeper", celebrava o último tipo, e Madonna reuniu os dançarinos para um número completo de canto e dança. As raízes da música no ritmo club a tornaram irresistível. Então, ouviu-se um tiro quando a artista colocou um dedo na têmpora e atirou em si mesma. A escuridão desceu sobre a pista de dança. A alegria do apaixonar-se foi destruída. Essa era a própria experiência da cantora. Os romances não duravam.[44]

Madonna ficou ainda mais sombria em "HeartBreakCity". Do alto de uma escada em espiral, ela cantou, furiosa, para o dançarino Marvin Gofin, que, seguindo o combinado, subiu a escada somente para ser rejeitado. No fim do número, a cantora fez o gesto definitivo, empurrando-o da escada e observando-o enquanto ele caía de uma altura de cinco metros. Remorso? Não. Madonna gritou: "Ninguém brinca com a rainha." Logo em seguida, "Like a Virgin" começou.[45]

A música foi apresentada como tinha sido gravada originalmente. Madonna a cantou sozinha, com milhares de vozes a acompanharam. Enquanto dançava pela passarela, a cantora parecia tão alegre quanto estava durante a turnê Virgin. Ela também se transformou na travessa persona de Blond Ambition, fingindo se masturbar por alguns segundos, sem a ajuda dos eunucos. Estava curtindo bastante enquanto rasgava a blusa para se refrescar, colocava o dedão na boca e girava o quadril no ritmo que todos da plateia conheciam tão bem.[46]

Então, ela desapareceu. O interlúdio entre os atos mostrava Madonna no telão como Dita Parlo, sussurrando trechos de "Justify My Love" antes que os dançarinos formassem pares sobre quatro camas (nem todos os casais eram heterossexuais) e iniciassem um intercurso teatral (e ligeiramente robótico) ao som da crítica à cultura do sexo casual, "S.E.X.".[47]

O terceiro ato começou com Madonna se arriscando ao recriar a performance do BRIT Awards. Tendo caminhado pela passarela de 30 metros com a capa carregada por dois dançarinos, ela subiu três degraus, depois mais quatro, abaixou o capuz e cantou as palavras que deram a deixa para que os dançarinos puxassem a capa. Não havia dúvida de que a plateia observava a cena com receio e, quando a cantora completou o momento com sucesso — nessa apresentação e durante toda a turnê —, todos experimentaram com ainda mais intensidade a alegria da canção "Living for Love".[48]

Madonna permaneceu nesse humor exuberante durante "La Isla Bonita" Era a quinta turnê na qual ela a apresentava. A canção a seguiu por todas as personas e foi acompanhada por vários artistas. Em Rebel Heart, não havia convidados cantando: o elemento tradicional surgia na forma de dança. Madonna e os dançarinos apresentaram um flamenco.[49]

Com capas de franjas, saias, chapéus pretos com flores —, ela iniciou um pot-pourri de "Dress You Up", "Into the Groove" e "Lucky Star".

Substâncias psicodélicas piscaram no telão atrás da cantora e das dançarinas, que exalavam o *flower power* da década de 1960, símbolo hippie da ideologia da não violência. Uma das artistas estava até mesmo vestida de flor. O visual era caótico. Madonna acrescentou um jogo à festa, desafiando as dançarinas a virarem copinhos de tequila. Durante a promoção de *Rebel Heart*, ela desafiou jornalistas que faziam perguntas tolas ou óbvias demais a fazerem o mesmo.[50]

Foi nesse ponto, depois de passada mais da metade do show, que ela conversou com a plateia. Sentada em uma cadeira ao fim da longa passarela, falou sobre a vida e a difícil jornada pessoal e profissional que enfrentou. Essa interação direta continuou na canção seguinte, "Rebel Heart", um conto sobre amores complicados, ostracismo social e descoberta da força interior.[51]

O interlúdio entre o terceiro ato e o segmento final do show apresentou a canção "Illuminati" e foi o mais deslumbrante da noite. No telão, cenas históricas de trabalhadores e capitalistas, guerra e paz, protestos e repressão eram o pano de fundo para os dançarinos — vestidos de barões ladrões, com casacas e cartolas. Eles marcharam pela passarela enquanto cinco dançarinos em postes flexíveis de 6 metros de altura mostravam que o terreno sólido sobre o qual os capitalistas caminhavam estava longe de ser estável.[52]

As contorções que faziam sobre a plateia desafiavam a morte e foram inspiradas no Cirque du Soleil, causando arquejos, gritos e aplausos entre a multidão. Em certo momento, os dançarinos rebeldes no topo dos postes se inclinaram e alçaram uma dançarina de casaca que estava fora do palco. No fim, os barões ladrões venceram, usando as bengalas para derrubar os dançarinos dos postes. Ainda assim, havia a sensação de que a vitória era temporária.[53]

Antes do conflito, houve a festa. Madonna e as dançarinas reapareceram vestidas com a elegância das melindrosas da década de 1920 para "Music". O cenário era europeu, vagamente parisiense — talvez um café no Montmartre de Josephine Baker — ou berlinense, como na peça e no filme musical *Cabaret*, de Sally Bowles. Mas a ação era o puro burlesco de Hollywood, com dançarinos de cartola, gângsters de chapéu fedora, além de Madonna e Louise Brooks como estrelas. "E agora, algo especial", disse a cantora. "Vou tocar meu instrumento favorito." Ric'key Pageot pressionou teclas individuais do piano enquanto a artista "tocava" a própria região pélvica. Aquilo foi genuinamente divertido.[54]

Permanecendo no terreno da indecência, ela iniciou "Candy Shop", com as menções sexuais escancaradas e típicas da música, e interpretou uma interesseira em "Material Girl". Pela primeira vez desde o clipe de Mary Lambert, de 1985, Madonna interpretou a canção com homens de smoking, enquanto tirava dinheiro dos bolsos deles, assim como tinha feito antes. Como na apresentação anterior, nenhum dos homens a agradava, e ela ficou sozinha, usando um véu de casamento e segurando um buquê, perguntando-se em voz alta onde estava o marido número 3. A cantora tinha alguns critérios: ele precisava ser solteiro, não podia ser um criminoso e tinha que ter talento.[55]

Após jogar o buquê para a plateia, Madonna cantou "La Vie en Rose" em francês e tocou ukulele de novo. Ela afirmou se tratar da maior música de amor já escrita e disse que a mulher que a tornou famosa, Edith Piaf, era uma de suas cantoras favoritas. A diva do pop terminou o tributo com uma referência a outra predecessora. Ela cantou o verso "Diamonds are a girl's best friend" [Diamantes são os melhores amigos de uma mulher], mas somente para expor um argumento.[56] Afinal, não era Marilyn Monroe. Era uma "Unapologetic Bitch" [Megera que não se desculpava por ser daquele jeito], que foi a canção seguinte.[57]

Perto do fim do concerto, Madonna convidava uma celebridade na plateia para subir ao palco e cantar, dançar ou participar de uma cena cômica. Durante a turnê, essas celebridades incluíram Anderson Cooper, Jean Paul Gaultier, Stella McCartney, Adele, Jessica Chastain, Amy Schumer, Idris Elba e Ariana Grande. David e Mercy, os filhos de 10 anos que acompanhavam a cantora, também fizeram aparições ocasionais.[58]

Durante as outras turnês, Madonna evitou voltar para o bis. Em Rebel Heart, ela retornou com "Holiday", segurando a bandeira do país onde estivesse. Embora isso ocorresse quase duas horas após o início do show, a dança era a mais vigorosa da noite. Era o tipo de encerramento que os fãs esperavam, conduzido pela Madonna que amavam.[59] Um crítico disse que o concerto parecia "projetado para deslumbrar".[60]

A turnê Rebel Heart era surpreendente por ser da velha guarda, e não somente nas escolhas musicais. Havia muitos vídeos, mas eles não dominavam o espetáculo. Era como se a artista tivesse tomado a decisão consciente de se afastar do mundo que ocupava nas turnês desde 2001. O segredo do sucesso de Rebel Heart era parecer real. Ela e o elenco se expressavam sem a intervenção excessiva da tecnologia.

O show também parecia retrô, como um teatro de revista da Broadway ou uma performance da década de 1980. Na verdade, a turnê Who's That Girl havia sido a última na qual Madonna se limitou a cantar e dançar. Durante Rebel Heart, ela não voou, não praticou ioga radical nem participou de coreografias complicadas ou perigosas. Isso pode ter acontecido por necessidade. Embora permanecesse em pé durante quase todo o show, seus movimentos pareciam restritos. Eram os dançarinos, em vez da estrela do show, que participavam de atos audazes e, mesmo assim, era impossível tirar os olhos dela.

* * *

Cada show Rebel Heart era ligeiramente diferente. Nas turnês anteriores, cada aspecto tinha sido o mais imutável possível, humanamente falando. Mas em Rebel Heart a setlist mudava, assim como os trajes e as pessoas com quem e com o que Madonna se apresentava. Para abrir o show de Nova York, ela abriu mão dos DJs usuais e escolheu uma comediante. Amy Schumer fez carreira expondo qualidades "femininas", como afabilidade, modéstia e timidez, pelo que eram: restrições que impediam meninas e mulheres de se tornarem seres humanos completos. Madonna a adorava.[61]

Schumer tivera um ano incrível, escrevendo e estrelando o primeiro filme da carreira, *Descompensada*, e ganhou um prêmio Emmy e um prêmio Peabody pela série de TV *Inside Amy Schumer.* No segundo trimestre do ano, as coisas melhoraram ainda mais. "Foi uma loucura", lembrou a humorista. "Chris Rock telefonou e [...] disse: 'Madonna quer seu número de telefone.' Pensei: 'Não acredito nem que *você* tem meu número de telefone.'" Então Madonna ligou. À pergunta sobre se gostaria de ser o ato de abertura, Schumer respondeu: "*É claro!* [...] Nada me faria mais feliz." A comediante desligou, telefonou para amigas e contou a notícia.[62]

A plateia em Nova York estava cheia de astros, a maioria amigos de Madonna. Sentado perto do palco na segunda noite do show, estava um astro muito especial: Sean Penn, com a filha de 24 anos, Dylan. Algumas das canções que a artista cantou naquela data foram escritas durante o casamento com ele e refletiam tanto amor quanto perda. Após a performance, o ator levou Dylan aos bastidores para conhecer a mulher a quem ele costuma se referir não pelo nome, mas pela alcunha de sua primeira esposa. "Madonna e Sean permaneceram amigos ao longo dos anos", comentou uma fonte, "então é claro que ela recebeu Dylan".[63]

A cantora partiu rumo a outras 16 paradas na América do Norte. Após todas essas cidades, só havia percorrido um terço da turnê. Segundo ela, era como ir à guerra todas as noites. Algumas vezes, o local era um problema; em outras, ela estava com problemas pessoais; em outras, um dançarino se machucava. "Quando você faz shows ao vivo, nunca sabe o que pode acontecer", afirmou, "então é necessário ter a mentalidade de um guerreiro a caminho da batalha".[64]

Todas as noites, após o show, a diva do pop passava vinte minutos no hotel, retornando à realidade. Ela fazia "resfriamentos" vocais, bebia chá para acalmar a garganta e esperava que os ouvidos parassem de zunir. "Então eu voltava ao planeta Terra." Fazia massagem ou acupuntura, e jantava com amigos. Mas a socialização nunca envolvia festas ou boates. As exigências da turnê eram grandes demais. "Eu assisto a filmes, para não pensar nem me preocupar [...]. Levo algumas horas para conseguir relaxar."[65]

Entre as questões mais difíceis, uma era pessoal e envolvia Rocco. Estar em turnê ainda era novidade para Mercy e David. Para Rocco, nem tanto.[66] Como qualquer adolescente, ele parecia mais interessado em testar os limites da própria independência, que não eram muito amplos com Madonna. Desde o início da turnê, os repórteres descreviam os conflitos entre os dois.[67]

A turnê chegou à Europa no início de novembro. Começando com Colônia, Praga e Berlim, seriam 16 cidades, 25 shows, seis semanas. Foi na chegada à quarta cidade, Estocolmo, em 13 de novembro, que ela ouviu notícias de Paris.

Tudo começou às 21h30 de sexta-feira, no Stade de France, onde as seleções francesa e alemã disputavam uma partida de futebol. O então presidente francês, François Hollande, estava na arquibancada, quando um homem usando um cinto com explosivos explodiu a si mesmo no portão de segurança e matou uma pessoa. Minutos depois, um segundo homem detonou outro cinto suicida, em outro portão de segurança. A multidão invadiu o gramado. As pessoas temiam que o estádio estivesse sob ataque.[68]

Do lado de fora, cinco minutos depois da primeira explosão, uma série de atentados foi iniciada por atiradores em um carro, que dispararam centenas de balas contra cinco bares, restaurantes e cafés. Os números eram terríveis: 39 pessoas foram mortas e 32 ficaram gravemente feridas. Quatro minutos após esses ataques, três homens usando coletes suicidas e carregando fuzis Kalashnikov invadiram o teatro Bataclan, de 1.500 lugares, durante um show da banda norte-americana Eagles of Death Metal.[69]

As pessoas no interior do teatro não faziam ideia de que a cidade estava sob ataque. Elas ouviram o barulho e acharam se tratar de fogos de artifício. Quando os gritos começaram e homens com fuzis de assalto passaram a se mover entre a multidão, a realidade ficou aterrorizantemente clara.[70] A situação durou duas horas e quarenta minutos. Nesse terceiro momento, 89 pessoas morreram, e 99 ficaram em condição crítica.[71]

O governo francês declarou estado de emergência e reforçou a segurança nas fronteiras. Alguns dos criminosos estavam mortos, mas não os homens no carro. Uma operação daquele alcance era obra de uma célula maior. Quase imediatamente, os oficiais culparam o grupo terrorista Estado Islâmico. Foram os ataques foram os mais letais na Europa Ocidental desde as explosões nos trens de Madri, em 2004, e os mais letais contra civis desde Mumbai, em 2008, quando vinte moradores locais foram atingidos por militantes islâmicos que mataram 175 pessoas.[72]

Após aquela noite em Paris, os eventos na Europa foram cancelados porque ninguém sabia se a célula atacaria outros locais. Madonna subiu ao palco em Estocolmo mesmo assim.

Com a voz tremendo e lágrimas pelo rosto, ela disse à plateia:

> Eu ia cancelar o show dessa noite, mas pensei: "Por que dar esse prazer a eles? [...] Por que permitir que me impeçam, que nos impeçam de gozar de nossa liberdade?"[73]

Após um momento de silêncio pelas vítimas e suas famílias, Madonna falou: "É isso que sei fazer [...]. Espero que vocês se unam a mim e que possamos cantar juntos essa prece." Com Monte Pittman na guitarra, ela liderou a plateia durante "Like a Prayer". Milhares de celulares com a tela iluminada ou o flash aceso foram levantados. Milhares de vozes se uniram à canção.[74]

Madonna continuou a turnê, que se tornou emocionalmente difícil por causa dos ataques em Paris e pessoalmente difícil também por causa de Rocco. Quando chegaram a Londres em 1° de dezembro, ele não quis continuar acompanhando a mãe, que o proibira de usar o celular por não fazer os deveres de casa. "Sinto necessidade de proteger meus filhos e de fazer com que eles mantenham o foco em relacionamentos com humanos, não com dispositivos e tecnologia", afirmou. Ela também temia que a exposição à pornografia on-line e se arrependia de ter autorizado o uso de celulares a partir dos 13 anos. Desde então, estabeleceu que as refeições seriam "áreas sem telefone".[75]

Rocco a acusou de ser controladora demais e disse que queria morar com o pai. Ritchie e [Jacqui] Ainsley, que tinham três filhos pequenos, haviam se casado naquele verão. No interior dessa estrutura tradicional, Ritchie podia dar espaço para o filho ser um adolescente de 15 anos. No impasse, o pai tomou partido do garoto. Assim, Rocco ficou em Londres, e Madonna partiu com a turnê. A primeira parada foi Amsterdã; a segunda, Paris.[76]

A cidade francesa estava praticamente fechada desde os ataques de 13 de novembro. Os únicos grandes artistas a se apresentarem lá seriam os integrantes do U2 e, mesmo assim, só em 7 de dezembro.[77] Rebel Heart estava programada para duas noites depois, dia 9. Não havia qualquer possibilidade de Madonna cancelar. Com os suspeitos do Bataclan ainda à solta, os dois shows dela na AccorHotels Arena tiveram presença intensa de seguranças. Mas, após a primeira apresentação, Madonna abandonou a bolha protetora.

Acompanhada por Pittman, pelo filho David e por dois seguranças vestidos a paisana, ela foi ao coração da cidade, a Place de la République, que se tornou um memorial para os mortos em 13 de novembro. Flores, velas, brinquedos, cartões, cartazes escritos à mão e bandeiras francesas cobriam a base da icônica estátua de Marianne, a mãe da França revolucionária, a qual segurava um ramo de oliveira em uma das mãos e a Declaração dos Direitos do Homem e do Cidadão na outra. Madonna se uniu aos presentes sob a chuva, para lembrar e lamentar.

O pequeno grupo, com cerca de vinte pessoas, pôde ouvi-la cantar de improviso. Na verdade, era mais uma demonstração de respeito do que um show de última hora. Cantando sem microfone, ela começou com a pós-apocalíptica "Ghosttown". "Imagine", de John Lennon, veio em seguida — fazia 35 anos do assassinato dele, em Nova York. Madonna terminou com "Like a Prayer". A essa altura, a multidão já havia crescido, assim como o número de vozes cantando.[78]

No fim de dezembro, Madonna estava pronta para as duas semanas de férias que havia programado. A coisa que mais tomava conta de sua mente era o relacionamento com Rocco e o bem-estar dele. Ela queria a custódia. Após revisar o caso, o juiz ficou do lado de Madonna e ordenou que o jovem retornasse a Nova York. "Se ele quer permanecer com o pai, deve retornar para a mãe." Mas o advogado de Ritchie interveio.[79] O mais importante era que Rocco não queria ficar com a mãe. Ele desafiou a ordem judicial e permaneceu em Londres. Madonna passou o Natal sem o filho.[80]

Havia uma razão para Penn ter estado na plateia do show de Madonna em Nova York. Ele precisava da ajuda dela. No dia anterior, foi publicado no *Hollywood Reporter* um artigo que revivia antigas alegações de que ele a agredira.[81] Os rumores relacionados ao acontecido em dezembro de 1988 permaneceram como rumores. Penn queria esclarecer as coisas. O historiador Douglas Brinkley, amigo do ator, disse que, quando se envolveu em causas filantrópicas e políticas, o artista passou a pensar no próprio legado e não queria "entrar para a história como o cara que bateu em Madonna".[82]

O plano era processar o diretor Lee Daniels, que disse ao *Hollywood Reporter* que Penn tinha histórico de violência doméstica. O ator pediu à cantora que o ajudasse a encerrar o caso. Para isso, Madonna precisaria publicar uma declaração que negasse qualquer agressão.[83] Ela o fez. "Sean jamais me atacou, amarrou ou agrediu fisicamente, e qualquer relato em contrário é ultrajante, malicioso, irresponsável e falso." Cinco meses depois, a ação legal terminou em acordo. Daniels se desculpou e fez uma doação para a organização filantrópica de Penn no Haiti.[84]

Bem antes da resolução do caso, no entanto, o ator se viu em meio a problemas legais muito mais sérios. De novo, ele se voltou para a ex-esposa.

Em outubro de 2015, o artista escrevia um artigo para a *Rolling Stone* sobre a cara e inefetiva "guerra às drogas" e viajou ao México para entrevistar um "barão dos entorpecentes" que estava entre os homens mais procurados do mundo. Quando Joaquín "El Chapo" Guzmán foi capturado no país três meses depois, o governo mexicano afirmou que o encontro com Penn tinha sido "essencial" para a captura. Embora aquilo não fosse verdade e não tivesse relação direta, o ator temia que o cartel de Sinaloa o considerasse um traidor e ameaçasse sua família. O governo mexicano, enquanto isso, considerou iniciar uma investigação criminal sobre a associação do artista com o fugitivo.[85]

Um dia depois da prisão de Guzmán e na véspera da publicação do artigo na *Rolling Stone*, Penn deveria presidir um evento de arrecadação de fundos em Beverly Hills, para a organização Help Haiti Home. Ele pediu que Madonna comparecesse e, se quisesse, cantasse. A artista estava em turnê na cidade do México, mas tinha três dias de intervalo até a apresentação em San Antonio. Ela confirmou a presença.[86] Após os eventos com El Chapo, o papel da diva do pop passou a ser ainda mais importante. Estando lá, distrairia a atenção pública, tarefa fácil para ela, e faria algo que raramente fazia: voltar as coisas ao seu estado normal.

A cantora se lembrou da observação de Christopher Flynn, feita após a queda dela no BRIT, de que a plateia acreditaria no que quer que os artistas a fizessem acreditar. Naquela noite no hotel Montage Beverly Hills, Madonna queria que a plateia pensasse que tudo estava bem. O foco era o Haiti e a ajuda às pessoas necessitadas. Não o México e a prisão do maior traficante de drogas das Américas, tampouco o suposto papel de Penn nessa prisão, nem a decepção do ator com o fato de que o artigo escrito por ele, a razão pela qual arriscou a própria vida, tinha se perdido. Penn queria reiniciar o debate sobre a guerra às drogas. Ninguém estava interessado. O ator acreditava ter falhado.[87]

Madonna decidiu destacar as realizações do ex-marido. Durante um breve discurso, descreveu o trabalho e a vasta e efetiva organização criada por ele. "Estou tão orgulhosa de você", afirmou a cantora, "tão orgulhosa de conhecer você [...]. Eu amo você, Sean. Eu o amei desde a primeira vez em que o vi, e ainda o amo da mesma maneira. Só queria que você não fumasse tanto." Então, cantou "La Vie en Rose", desculpando-se antecipadamente por não lembrar algumas partes da letra. "Estou com um monte de coisa na cabeça", explicou.[88]

A canção falava sobre um romance de vida inteira, que era como ela via o relacionamento com Penn. Ambos se envolveram e voltariam a se envolver com outras pessoas. Mas ele era da família, e isso se manteve. Durante a apresentação, Madonna tocou um ukulele e, depois, o ofereceu em leilão. Ele foi comprado por 300 mil dólares. Penn arrecadou 7 milhões naquela noite.[89] Quanto ao caso El Chapo, para alívio do ator não houve perseguição pelo cartel nem prisão pelo governo mexicano.

Entre as 12 apresentações na América do Norte no início de 2016 e o começo de um pesado cronograma na Ásia e na Oceania, Madonna foi até Londres para conversar com o filho. Ela não conseguiu persuadi-lo a mudar de ideia e voltar a morar com ela em Nova York. Desolada, a cantora partiu para Taiwan. Enquanto estava lá, foi publicada uma foto do filho fumando o que era um cigarro enrolado à mão ou um baseado.[90]

Desde que fora morar com o pai, Rocco tinha raspado a cabeça e quebrado o punho, e os rumores era de que Madonna temia que ele não estivesse frequentando a escola. Ela achava que Ritchie era brando demais. Segundo os relatos da imprensa, o pai do jovem, por outro lado, achava que os métodos de Madonna eram "antiquados" e prejudicavam a "autoestima" do filho. Uma fonte próxima à cantora disse: "Isso não é uma batalha pela custódia. É uma mãe desesperada para proteger o filho." Mas a turnê era um grande obstáculo. "Até estar de fato em casa, é difícil dizer 'Volte para Nova York' quando ela mesma não está lá", contou à revista *People* uma amiga da artista.[91]

Juízes de ambos os lados do Atlântico clamavam para que Madonna e Ritchie pusessem fim à "infeliz e lamentável" disputa. Até que isso ocorresse, um juiz de Nova York estabeleceu que Rocco permaneceria com o pai.[92] Com exceção das canções, era raro que a cantora discutisse problemas pessoais no palco. Mas, após a decisão, ela se expôs pelo mundo.

Durante um show na Nova Zelândia, no início de março, Madonna dedicou "La Vie en Rose" a Rocco, dizendo: "Não há amor maior que o de uma mãe por seu filho [...]. Eu espero que ele ouça isso e saiba quanto sinto falta dele." O jovem postou no Instagram que permaneceria em Londres e teria bloqueado Madonna na rede social.[93]

Cinco noites depois, em Melbourne, ela devotou um show inteiro ao próprio coração magoado. Chamado Tears of a Clown, o evento especial apresentava Madonna vestida de palhaço, apresentando-se sem backing vocals e com somente alguns membros da banda.

O espetáculo deveria começar às 22 horas. Às 23 horas, ela ainda estava ensaiando. O show começou à 00h50. Alguns fãs foram embora bem antes disso, mas os que permaneceram para a apresentação de duas horas viram uma Madonna emotiva e sem filtros. "Se alguém veio até aqui para ver um show perfeito, a porta é ali. Isso é totalmente novo", declarou, acrescentando um aviso: "Eu nunca disse que seria um show alegre."[94]

A performance era tão diferente das outras, que algumas pessoas acharam que Madonna estava bêbada. (Uma manchete pós-concerto dizia: MADONNA FALA QUE ESTAVA INTERPRETANDO E NEGA QUE ESTIVESSE BÊBADA EM SHOW NA AUSTRÁLIA.)[95] Ela andou de triciclo, começou e interrompeu várias canções como se estivesse ensaiando, brincou com a plateia e descreveu as questões envolvendo o filho adolescente. Dessa vez, dedicou a música "Intervention" a Rocco, afirmando:

> Cometi infinitos erros. Enfim, todo mundo conhece a saga entre mim e meu filho Rocco. Não é uma história divertida de contar ou pensar. Eu teria me divertido mais na turnê se ele não tivesse desaparecido do nada e eu soubesse quando o verei de novo.[96]

Enquanto Madonna cantava, fotografias do rapaz eram projetadas atrás dela.[97] Os fãs não sabiam o que pensar. Jon Lisi escreveu no *PopMatters*: "Será esse show o mais íntimo da longa carreira de Madonna, um frágil pedido de ajuda e compreensão, ou ela está brincando conosco?"[98] Cameron Adams, que cobriu o evento para a News Corp Australia, declarou:

> Foi o tipo de coisa que jamais esperamos de uma superestrela [...]. E foi isso que tornou o show fascinante — e difícil — de assistir [...]. Ela refletindo publicamente sobre o que estava acontecendo em [...] sua vida pessoal, em um show que a tirava da zona de conforto e era incomumente improvisado [...]. Se você não for um fã absoluto de Madonna, então desperdiçou [...] um ingresso que outros caminhariam sobre vidro quebrado para conseguir.[99]

A cantora tinha mais seis apresentações na Austrália antes que a turnê — de sete meses, 82 shows e 24 países — terminasse. Na cidade de Brisbane, em 15 e 16 de março, os fãs ficaram furiosos, porque o início, previsto para 21 horas, só ocorreu às 23h30, meia hora antes de o transporte público ser interrompido. Centenas de pessoas foram embora exigindo reembolso. Quando a cantora surgiu no palco, alguns membros da plateia ficaram irados, porque ela fez piadas sobre a inconveniência sofrida por eles. "Ela está sendo rude, dizendo palavrões... essa não é a Madonna que conheço", comentou um dos fãs.[100] O crítico do *Brisbane Times* a chamou de "inacreditavelmente arrogante".[101]

Madonna estava perdendo o controle, mas conseguiu fazer uma última apresentação na Austrália. Ela queria documentar a turnê, então pediu que o editor Danny Tull e o diretor Nathan Rissman a filmassem. Os dois decidiram gravar o último show, realizado no dia 20 de março, em Sydney.

Madonna começou tarde, mas compensou a plateia com um espetáculo de duas horas e meia. Não houve evidência de fadiga, referências a Rocco nem conversas mordazes com a plateia. Ela estava se apresentando para a posteridade e sentia alívio por ver uma luz no fim do longo túnel de Rebel Heart.

Os lugares na primeira fila foram vendidos por quase 2 mil dólares. A despeito das críticas ruins na imprensa, não havia assentos vazios.[102] O que a plateia testemunharia naquela noite seria provavelmente a última apresentação de Madonna em uma grande arena, sua última aparição no megapalco que ela havia ajudado a criar e que se tornara o padrão para quase toda estrela pop depois disso. Mas a cantora não estava abandonando as apresentações ao vivo, porque, após Rebel Heart, elas seriam apenas diferentes. Uma artista é um reflexo do próprio tempo, e os tempos, como disse o sr. Dylan, estavam mudando.

* * *

Madonna faturou quase 170 milhões de dólares com essa turnê, levando o total arrecadado com turnês (desde Blond Ambition, na década de 1990) a quase 1,31 bilhão de dólares e tornando-a a artista solo que mais rendeu na história até então e colocou Rebel Heart em terceiro lugar do maior faturamento geral de todos os tempos, atrás apenas dos Rolling Stones e do U2.[103] Tendo vendido 335 milhões de álbuns, Madonna também foi nomeada pelo *Guinness World Records* a primeira artista do sexo feminino a atingir o recorde.[104]

Esses eram os seus feitos quando o assunto era música, porém, sua marca se estendia por um vasto cenário. A cantora tinha uma linha de produtos dermatológicos; uma linha de fragrâncias; livros infantis; uma produtora; uma linha de roupas com a H&M; uma linha de roupas com a Macy's; óculos de sol com Dolce & Gabbana; uma linha de produtos, chamada Na Cama com Madonna, que incluía lingeries, sapatos e bolsas; academias e DVDs da Hard Candy Fitness; e participação no Tidal, serviço de streaming musical de Jay-Z, e na divisão Artist Nation da Live Nation, entre outras.[105] A *Forbes* estimava que seu patrimônio líquido fosse de 520 milhões de dólares. Madonna disse a Howard Stern que não era bilionária porque "tenho gastos muito grandes e divido meu dinheiro com as pessoas. Eu cuido de países inteiros".[106]

O trabalho, realizado em ritmo frenético para qualquer padrão, lhe permitia fazer coisas boas — e essa era uma das principais razões pelas quais ela trabalhava tanto. O preço disso, contudo, era alto. Os compatriotas mortos na indústria musical que o digam.

Em 21 de abril, Prince morreu em casa (e também um complexo criativo, em Minnesota), de overdose acidental por uma substância chamada fentanil. Quase quarenta anos de dança — na maior parte das vezes de salto alto — haviam destruído o corpo naturalmente frágil do artista. Nos anos antes de morrer, ele dependia de medicação para a dor e acabou desenvolvendo um vício em opioides. Prince chegou até a cogitar uma turnê pela Europa, mas a ideia foi abandonada após os ataques no Bataclan.[107]

Em vez disso, o cantor embarcou em uma turnê mais modesta chamada Piano & a Microphone, a qual lhe permitia se apresentar sem esforço físico excessivo e em locais menores. Dan Piepenbring, que na época o ajudava a escrever uma autobiografia, descreveu o show como "somente ele, um piano e um cenário intimista", só que até isso foi demais. O artista abandonou a turnê devido ao que seus assessores chamaram de gripe e retornou para casa, em Paisley Park, onde pouco depois foi encontrado morto.[108] Madonna era agora a última da turma de 1958.

A indústria musical era brutal, até para alguém como Prince, que construiu um casulo protetor para si. Para cada momento de alegria no estúdio ou no palco, havia horas de sofrimento. O trabalho era árduo, a atenção inclemente, a vida perturbadora. As pessoas perdiam a si mesmas e aqueles que elas amavam. Se os artistas tinham problemas para aguentar os rigores desse estilo de vida, quem estava em torno — e na maioria dos casos — achava isso intolerável.

A crise entre Madonna e Rocco era um exemplo. Por um lado, ele era um típico adolescente rebelando-se contra um adulto responsável. Por outro, era um filho rebelando-se contra a vida de popstar da mãe. No fim de março, logo após o fim da turnê, um juiz na Grã-Bretanha voltou a ordenar que Madonna e Ritchie encerrassem a batalha pela custódia.[109] Não seria fácil. O relacionamento dos dois foi descrito como "tóxico", por uma fonte próxima à cantora.[110]

Carlos Leon foi para Madonna uma força estabilizadora durante a crise. Em 2013, ele se casou com a modelo e designer de moda dinamarquesa Betina Holte, e, em fevereiro de 2015, os dois tiveram um filho. Leon aconselhou Madonna a deixar de lado a raiva que sentia do ex, e ela fez isso e telefonou para resolver as coisas.[111]

No fim de abril de 2016, Madonna estava em sua casa de Londres, quando os paparazzi flagraram Ritchie indo para lá duas vezes na mesma semana. As visitas eram breves, mas presumia-se que os dois estavam conversando. Rocco e Madonna também estavam. Mãe e filho visitaram uma exposição de fotografias no Barbican Centre, com alguns amigos do jovem. O gelo estava derretendo, mas somente em setembro haveria um acordo final em relação à custódia, e ele teria um sabor levemente amargo. Rocco moraria em Londres com o pai, mas faria visitas regulares a Nova York para ver a mãe.[112]

Capítulo 58

Washington, Havana, Miami, Nova York, 2016

> Ainda não há maneira "certa" de ser uma mulher no poder público sem ser considerada uma você-sabe-o-quê.[1]
>
> — *Gloria Steinem*

Em maio de 2016, ainda não era oficial, mas estava óbvio quem seriam os dois candidatos na disputa eleitoral para substituir Barack Obama como presidente dos Estados Unidos: a democrata Hillary Clinton e o republicano Donald Trump. Era difícil imaginar duas figuras mais polarizadoras. Era difícil imaginar duas figuras que personificassem mais nitidamente as divisões políticas, sociais e de gênero nos Estados Unidos, ou que tivessem visões mais divergentes sobre o futuro do país. Como desculpa para não votar, os norte-americanos dizem que todos os políticos são iguais e, por isso, não faria diferença. Na eleição de 2016, esse definitivamente não era o caso.

A visão política de Clinton havia nascido com os movimentos radicais da década de 1960, a segunda onda do feminismo e os movimentos de justiça social. Desde o momento que declarou — em Pequim, em 1995 — que "os direitos humanos são direitos das mulheres e os direitos das mulheres são direitos humanos" (surpreende o fato de algo tão óbvio ser visto como notável), ela se tornou uma figura de liderança. Dedicou-se e aceitou os sacrifícios. Poucas figuras políticas norte-americanas modernas haviam sido tão desprezadas, não por causa de algum feito, mas por ser quem era: uma mulher poderosa que, a despeito das inúmeras derrotas e até humilhações, não se renderia. A poeta feminista Katha Pollitt disse que a direita tinha uma "obsessão quase pornográfica" por ela.[2]

Após a vergonha decorrente do processo de impeachment de Bill Clinton (que deveria ter sido somente dele), ela conseguiu uma cadeira no Senado dos Estados Unidos representando Nova York. Após ser derrotada por Barack Obama na corrida primária do partido Democrata em 2008, aceitou a oferta dele para ser secretária de Estado. Quando entrou na campanha presidencial em 2015, nem todo mundo no partido gostava dela ou concordava com ela, mas poucos contestavam sua qualificação para o cargo.

Trump, em contraste, era um novato no campo da política e um dinossauro social, relíquia de um passado patriarcal em que o valor de um homem era mensurado pela riqueza e pela habilidade de dominar. Não era o serviço público que o motivava, mas um orgulho que fazia com que os egos notoriamente inchados de Washington parecessem modestos em comparação. Trump era um incorporador imobiliário que, graças a um reality show, tornara-se um semideus da cultura pop. Como político, era um chefe no estilo paizão que faria com que o relógio andasse para trás, de volta a uma época na qual as pessoas brancas não precisavam se desculpar por serem racistas, as mulheres sabiam o lugar que ocupavam, e gays e lésbicas se escondiam no fundo do armário. Toda corrida presidencial tem um candidato excêntrico. Inicialmente, parecia que Trump seria o excêntrico de 2016.[3]

Vinte e duas pessoas se apresentaram como candidatas presidenciais republicanas: 21 homens e uma mulher. Desde o início, Trump, o showman, comandou o palco. Enquanto os candidatos tradicionais falavam sobre política, ele falava sobre si mesmo, sobre a aparência de seus oponentes e sobre a própria visão de mundo apocalíptica. As declarações que fazia eram ultrajantes e inverídicas. Mesmo quando o que ele dizia era uma mentira escancarada, a imprensa o deixava seguir em frente sem questioná-lo. O fenômeno ficou conhecido como "deixe Trump ser Trump". Os índices de audiência dispararam. O holofote do empresário ficou mais brilhante, as multidões nos comícios maiores. Ele tornou a política *divertida*. A honesta oponente democrata não era divertida e, quando tentava ser, o tiro saía pela culatra.

Hillary Clinton não tinha permissão para ser Hillary Clinton. Poucas mulheres nos Estados Unidos haviam chegado a posições de poder sendo elas mesmas. Elas se tornavam criaturas agradáveis e atraentes que não demonstravam raiva, irritação, fadiga nem doença. Uma mulher poderosa podia ser uma defensora, mas não uma agressora, e seus discursos precisavam ser conciliatórios e inclusivos, jamais expressões de pura força. No calor de uma corrida presidencial, uma mulher que tentasse se tornar a versão "esposa perfeita" de uma líder pareceria indubitavelmente falsa. Clinton fez isso e as pessoas a odiavam. "Eu não confio nela" era uma frase repetida muitas vezes.

Para Madonna, não havia dúvidas sobre quem apoiar. Desde 2005, ela falava publicamente sobre "a presidente Hillary Clinton". Ela também conhecia Donald Trump como os nova-iorquinos o conheciam: um playboy, frequentador de boates, fanfarrão, parte do grupo de investidores imobiliários da década de 1980 que comprou e deslocou os moradores de Manhattan.[4] Madonna se tornou uma defensora precoce e fervorosa de Clinton.

A eleição presidencial roubava toda a atenção. Pouquíssimas notícias desviavam da intensa cobertura política, e as que o faziam não eram boas. Em junho, um atirador que alegava ter jurado lealdade ao Estado Islâmico invadiu sozinho o Pulse, uma boate gay em Orlando, na Flórida, durante o mês do Orgulho Gay e varreu a pista de dança com um fuzil de assalto e uma pistola semiautomática. Durante as mais de três horas em que ele permaneceu na boate, 49 pessoas foram mortas e 53 ficaram feridas. Na época, foi o tiroteio em massa mais letal da história norte-americana moderna e o ataque mais letal de todos os tempos contra a comunidade LGBTQ do país.[5]

A resposta ao tiroteio foi horror e apoio às vítimas, às famílias e à parcela afetada da população. No ano anterior, em 26 de junho de 2015, a Suprema Corte havia transformado em lei a igualdade de direitos matrimoniais. Àquela altura, as pesquisas mostravam que a maioria dos cidadãos estava pronta para que gays e lésbicas se tornassem parte do cenário familiar norte-americano. Após o ataque, vigílias públicas foram realizadas em todo o país e no mundo. Em Nova York, o One World Trade Center foi iluminado com as cores do arco-íris. O mesmo aconteceu com a Torre Eiffel em Paris.[6]

Após o atentado, Madonna se associou à National LGBTQ Task Force e ajudou a financiar um programa de prevenção à violência, especialmente em benefício das mulheres transgênero não brancas.[7] Menos de um mês depois, ela viajou com os quatro filhos. Durante o restante do verão, fez o possível para fugir do caos.

A primeira parada foi o Malául, no início de julho. Em 2016, fazia dez anos que os projetos financiados por ela, desde salas de aula e escolas que educavam milhares de alunos a orfanatos e programas comunitários para crianças em situação de vulnerabilidade social, haviam se iniciado. Mas, embora houvesse alguns progressos notáveis, a assistência médica para o público infantil ainda era deficiente. Por exemplo, poucos médicos dos hospitais distritais tinham treinamento cirúrgico, mas realizavam cirurgias mesmo assim.

Madonna conheceu um cirurgião pediátrico malauiano chamado Eric Borgstein, que atendia no Queen Elizabeth Central Hospital, em Blantire, e tentava mudar essa situação indo até as áreas rurais para suplementar e organizar o atendimento cirúrgico. Madonna o descreveu como "um anjo" que dedicava a vida às crianças. Após vê-lo trabalhar sem espaço ou equipamentos adequados, ela decidiu construir uma nova ala no Queen Elizabeth e contratar cirurgiões para ajudá-lo.[8]

A cantora planejou uma arrecadação de fundos durante o Art Basel Miami Beach, em dezembro, na esperança de conseguir 7,5 milhões de dólares para o projeto. Ela apresentaria uma versão muito menos perturbadora do show Tears of a Clown e amigos contribuiriam com peças e objetos para um leilão: um jogo de pôquer com Edward Norton e Jonah Hill, uma semana na casa de Leonardo DiCaprio em Palm Springs, uma apresentação privada do ilusionista David Blaine e obras de Cindy Sherman, Marilyn Minter e Ai Weiwei, entre outros.[9] O filho David colocaria a importância do evento em perspectiva ao contar a própria história de vida e Sean Penn se uniria a ela no palco para contar piadas e fazer brincadeiras, com o intuito de animar o leilão.[10]

Só que antes, em agosto, ela foi a Cuba para comemorar, pois faria 58 anos, com todos os filhos e membros da família que criou para si, incluindo Debi Mazar, Rosie O'Donnell, Jonas e Bea Åkerlund, Arianne Phillips e Steven Klein.[11] Foi uma viagem de lazer do início ao fim. Madonna desembarcou, saiu do aeroporto com uma caravana de conversíveis antigos e dançou sobre uma mesa no restaurante La Vitrola, em Havana.[12] Esse evento foi seu último momento de calmaria antes de um segundo semestre tumultuado, até calamitoso.

Enquanto Madonna viajava, a corrida presidencial se aproximava do fim. Foi diferente de todas as outras da história dos Estados Unidos, disputada na terra selvagem e sem lei das redes sociais. A verdade era o que você quisesse que fosse. Comícios políticos desagradáveis e às vezes violentos invadiam o espaço on-line e se tornavam fóruns cheios de ódio nos quais floresciam ridículas teorias da conspiração. Enquanto isso, alegações de corrupção, mentira, agressão sexual, manobras financeiras ilícitas e influência estrangeira potencialmente ilegal perseguiam ambas as campanhas. (No caso do sexo, as traições de Bill Clinton retornaram para assombrar a candidata democrata.)

Após as duas convenções partidárias daquele verão, a candidatura de Clinton ainda estava intacta e ela era vista como a competidora favorita. Mas, nos Estados Unidos, o metafórico teto de vidro era feito de aço endurecido.[13] O sexismo impregnado ficou explícito ao longo da campanha. De fato, a misoginia naquela temporada eleitoral era tão espessa que ficou sufocante.

Em 7 de outubro, o *Washington Post* tornou pública a gravação de uma conversa ocorrida em 2005 entre Donald Trump e o apresentador de *Access Hollywood*, Billy Bush, na qual aquele disse que podia "fazer qualquer coisa" com as mulheres, até "agarrá-las pela buceta" ["grab'em by the pussy", no original].[14] Ao menos 24 mulheres o acusaram por comportamentos dessa natureza ao longo das três décadas anteriores. Ele negou tudo.[15]

Então, duas noites após da divulgação dessa fita, Clinton e Trump se encontraram para um debate presidencial. Enquanto Hillary falava, Trump caminhava atrás dela de forma agressiva, aproximando-se, invadindo espaço. Mas tarde, ela descreveu o que sentiu naquele momento. Segundo ela, havia duas opções: "permanecer calma, sorrindo" ou se virar e "dizer em alto e bom som: 'Recue, seu tarado, afaste-se de mim'". Ela escolheu a primeira opção. Uma vida de treinamento havia lhe ensinado a permanecer calma, segurar a língua e sorrir.[16]

Aquele era o momento para ela mostrar força como uma líder, mas hesitou. Clinton não pôde expressar a raiva por Trump, mesmo enquanto ele a ameaçava fisicamente. Ela teve a chance de defender e empoderar todas as mulheres submetidas a assédio e abuso sexual, que, por terem medo de perder o emprego ou a vida, não tinham o poder nem a coragem de dizer não. Ela teve a chance de convencer jovens céticas de que era alguém que poderia liderá-las. Contudo, escolheu a rota feminina da polidez. Foi doloroso de assistir. Um simples "Vá se foder" poderia ter mudado a história Certamente teria mudado a vida das mulheres.

Após o debate final, as probabilidades ainda a favoreciam. Só que as mulheres já estavam acostumadas a conquistar algo e perder em seguida Nada era garantido.

Madonna apoiou Clinton de todas as formas possíveis.[17] Em 7 de novembro, ela e outros artistas, de Bruce Springsteen a Lady Gaga, usaram a música para fazer pedidos de última hora em nome da candidata democrata. Shows foram marcados. A apresentação solo de Madonna foi uma surpresa.[18]

A multidão no Washington Square Park, em Greenwich Village, sabia que aquele era um evento a favor de Clinton. O nível de segurança parecia indicar a presença de alguém notável. Às 19h30, Madonna apareceu com um violão, o filho David, com 11 anos, e Monte Pittman.[19] Uma mulher disse: "Parece que meu coração vai explodir."[20]

Usando um gorro com a estampa da bandeira dos Estados Unidos e com um grande sorriso no rosto, Madonna disse que o concerto se tratava de "*manter* o país grandioso, não *torná-lo* grandioso" ao eleger uma presidente que não discriminava mulheres, a comunidade LGBTQ nem minorias etnorraciais.[21]

Madonna reconheceu que havia um "oponente. Mas, na vida, sempre há um oponente e temos que combatê-lo [...]. Vamos nos contentar com o segundo lugar?". Essa foi a introdução para "Express Yourself".[22]

A setlist do concerto de meia hora incluiu clássicos favoritos, entre eles "Don't Tell Me" e "Like a Prayer", e todo mundo cantou junto enquanto Pittman e David tocavam guitarra e Madonna cantava, tocava guitarra e dançava ao redor da fonte. Poucas noites de outono em Nova York foram tão calorosas. Por alguns momentos, tudo pareceu possível. Talvez Hillary vencesse. Talvez as pessoas da comunidade LGBTQ na multidão não tivessem nada a temer. Talvez as mulheres pudessem vislumbrar um futuro livre de assédio sexual e talvez pessoas de outras etnias pudessem viver livres do medo.

Madonna estava ciente dos sonhos da plateia, porque eram também os sonhos dela. Ela incluiu "Imagine", de John Lennon, e disse que os compatriotas tinham o hábito de matar os próprios sábios e anjos, incluindo Lennon. Um homem na multidão gritou: "E quanto a nós?" Madonna respondeu: "Estamos aqui para manter o fogo aceso, para manter a chama acesa."[23]

Entre as canções, Madonna discursou, lembrando à multidão de que aquele não era um simples concerto. Ela tinha um propósito. Falou do chauvinismo que ainda dominava o país, do racismo e do que a vitória de Trump poderia significar[24] e encerrou o show com "If I Had a Hammer" e "Rebel Heart".

A primeira era um protesto de décadas atrás e a segunda, a história de protesto dela mesma desde 2015. A mensagem, porém, era a mesma: usar a própria voz para falar e apoiar outras vozes, seguir o coração e ser fiel a si mesmo. Com lágrimas nos olhos, Madonna encerrou pedindo à multidão para votar "com coração, mente, espírito, alma. Salvem este país, por favor. Votem em Hillary Rodham Clinton".[25]

Noite de votação: 8 de novembro de 2016. O agente de Madonna recebia atualizações de um conhecido na campanha de Clinton. "Em certo momento, essa pessoa disse: 'Não parece bom.' Foi como assistir a um filme de terror", contou Madonna. "Fizemos de tudo: acendemos velas, meditamos, rezamos, oferecemos nossas vidas a Deus em troca da vitória."[26]

Ela foi dormir sem saber do resultado. Clinton teve a maioria dos votos populares, mas Trump venceu no colégio eleitoral: ele seria o próximo presidente dos Estados Unidos.[27] "Desde aquela noite, eu acordo todas as manhãs e me sinto como se tivesse terminado um relacionamento com alguém que partiu meu coração", comentou a cantora.

> Eu acordo e me lembro: "Ah, a pessoa que eu amo mais que tudo partiu meu coração e estou devastada. Estou perdida." É assim que me sinto todas as manhãs. Eu acordo e penso: "Espere um pouco. Donald Trump é o presidente." [...] É como ser rejeitada por um amor e também como estar presa em um pesadelo.[28]

Quando emergiram detalhes da votação, o resultado se tornou ainda mais deprimente. As mulheres representavam 55% do eleitorado e poderiam ter dado a vitória a Clinton. As mulheres negras e hispânicas haviam votado em números recordes a favor dela, mas a maior parte das mulheres brancas, que representavam a vasta maioria, tinha votado em Trump.[29] "Eu me sinto traída pelas mulheres", disse Madonna. A pequena taxa de comparecimento — abaixo de 55% — também era frustrante. A cantora disse, ao se referir às pessoas que não haviam votado: "Elas tiraram as mãos do volante e então o carro bateu [...]. Estamos fodidos."[30]

Madonna disse a um entrevistador, semanas após a eleição, que estava pensando em como reagir a Trump.[31] "Como Hillary perdeu a eleição, é muito importante para mim me posicionar e dizer o que penso em relação à importância das mulheres, de elas se empoderarem, acreditarem em si mesmas e compreenderem o valor que têm."[32] Ela decidiu se tornar "muito mais vocal e menos misteriosa".[33]

Em 9 de dezembro, começou, ao usar a própria vida como alegoria para descrever a jornada de uma mulher em um mundo sexista que era ainda mais pernicioso por ser supostamente pós-sexista. Nesse ambiente, as mulheres relutavam em apontar a misoginia, mesmo entre si mesmas, por medo de parecerem fracas, rígidas ou *criadoras de problemas*. Com isso, ela decidiu iniciar a conversa que as mulheres precisavam ter ao fazer uma descrição do que viveu até chegar ao topo. Foi, sem dúvida, o discurso mais memorável e comovente da carreira dela, realizado na época em que as mulheres mais precisavam ouvi-lo.

Madonna foi nomeada Mulher do Ano da Billboard. Desde 2007, o prêmio homenageava mulheres que haviam feito contribuições significativas para o mundo da música. Se o Hall da Fama do Rock & Roll pendia em direção aos homens, o prêmio Mulher do Ano da Billboard favorecia as jovens artistas. Reba McEntire foi a primeira a receber o prêmio, mas, nos anos seguintes, as homenageadas por suas realizações representavam a ala jovem da indústria: Beyoncé, Fergie, Taylor Swift (duas vezes), Katy Perry, Pink e Lady Gaga, entre outras. Em 2016, foi a vez de Madonna.

Apresentada por Anderson Cooper, ela subiu ao palco em Nova York e disse o que ninguém jamais a ouviu dizer. O que sempre separou Madonna das outras estrelas foi a invulnerabilidade. Sim, ela cantava sobre corações partidos e mágoas insuperáveis, mas fazia isso como mulher tão durona que quase nada — após 34 anos sob um holofote implacável — a afetava, muito menos derrubava. Mas, ainda assim, ela *havia sofrido* e estava ali para descrever esse sofrimento a fim de ajudar outras mulheres a lidarem com a dor, sentirem-se livres para falar sobre isso e enfrentarem as forças que a causou.

Madonna discursou para a plateia constituída majoritariamente de mulheres, algumas suas críticas mais duras, questionando os motivos, o talento e a inteligência da cantora mesmo enquanto ela lutava de forma brutal para expor o sexismo e a discriminação. Ela chegou às jovens ¾ que tanto apoiava quando percebia que estavam sendo abusadas pela indústria — por meio da música. Ela falou, e nunca uma plateia ouviu com tamanha atenção.

"Estou aqui, diante de vocês, como capacho. Quero dizer, como artista do sexo feminino", disse a mais bem-sucedida artista feminina de todos os tempos. "Obrigada por reconhecerem minha habilidade de seguir em frente com a minha carreira [...] em face da misoginia evidente, do sexismo, do bullying constante e do abuso incessante."[34]

Madonna descreveu seus primeiros anos em Nova York: sendo roubada e estuprada, perdendo quase todos os amigos para a epidemia do HIV/aids, as drogas ou a violência. No início, contou, ela não pensava em si mesma como mulher, mas como artista, e que, embora admirasse outras mulheres, como Debbie Harry, Chrissie Hynde e Aretha Franklin, sua real inspiração era David Bowie.[35]

Ele personificava a liberdade criativa, mas Madonna logo percebeu que esse tipo de liberdade pertencia somente aos homens. As mulheres tinham que "jogar o jogo", ser boas, parecer sexies, agir como se fossem estúpidas, permanecer jovens e não soar ameaçadoras umas para as outras.[36]

Ela descreveu o período após o lançamento do álbum *Erotica* e do livro *Sex* como devastador. Seus olhos se encheram de lágrimas, e a voz vacilou quando descreveu a paralisia que sentiu com a reação negativa.[37] Durante aqueles momentos de extrema vulnerabilidade, ela tinha desejado ter uma mulher que a apoiasse, mas se sentiu abandonada. Muitas a repreenderam e a isolaram por supostamente prejudicar o feminismo. Madonna se lembrou de pensar: "Foda-se. Sou um tipo diferente de feminista. Sou uma *má* feminista."

> O que quero dizer é: as mulheres são oprimidas há tanto tempo que acreditam no que os homens têm a dizer a respeito delas, e acreditam que precisam apoiar um homem para conseguir o que querem. E há muitos homens que merecem esse apoio [...] não porque são homens, mas porque são dignos.
>
> Enquanto mulheres, precisamos começar a apreciar nosso trabalho e o trabalho umas das outras. Procurem mulheres fortes para serem amigas, aliadas, professoras, fontes de inspiração. Procurem mulheres fortes com as quais colaborar, às quais apoiar, com as quais obter sabedoria.[38]

Por vezes incapaz de falar devido à emoção e com lágrimas nos olhos, Madonna agradeceu às pessoas que continuaram ao lado dela ao longo dos anos, mas também àquelas que haviam "dito que eu não podia, não conseguia, não devia". Afirmou que a postura de resistência a tornara quem era — uma mulher formidável. "Então, muito obrigada."[39] Foi aplaudida de pé.

Aquele discurso foi reproduzido em jornais impressos, online e durante noticiários televisivos em todo o mundo. Foi considerado intenso, sincero, cáustico, engraçado, franco, brutalmente honesto, poderoso, inspirador, um "manifesto emocional" e uma importante declaração feminista. O que Madonna ofereceu foi o que sempre oferecia: ela própria. Com aquele exemplo, ela deu às mulheres licença para expressarem vulnerabilidade sem o medo de que isso as tornasse "bobinhas". Patrick Healy, do *New York Times*, chamou Madonna e Hillary Clinton de "irmãs em armas [...]. Eu consigo imaginar a Sra. Clinton ouvindo o discurso e dizendo 'Isso!' várias e várias vezes".[40]

Quase todos os rostos na plateia durante a entrega do prêmio — alguns banhados por lágrimas, outros sorrindo — deram sinais de reconhecimento. Madonna discursou para uma plateia que sabia exatamente do que ela estava falando. Em 1976, somente 10% dos artistas com canções nas listas das dez melhores eram mulheres. Quatro décadas depois, esse número ainda era de apenas 27%. O que aquelas mulheres haviam suportado para chegar ao status de minoria em uma indústria construída em torno do *ideal* de mulher era uma história que qualquer pessoa na plateia podia contar, indo do simples sexismo ao estupro. Uma pesquisa revelou que 72% das artistas na indústria musical haviam sofrido discriminação de gênero e 67%, assédio sexual.[41]

"Acho que as mulheres precisam acolher umas às outras", disse Madonna.

> Nossa sociedade sempre quer colocar uma mulher contra a outra. Uma mulher forte e poderosa não pode se sentir confortável em um mesmo recinto com outra mulher forte e poderosa; elas precisam ser megeras que brigam e competem entre si. Acho que precisamos nos livrar desses estereótipos [...] e oferecer um apoio mais intenso umas às outras. Ficar felizes pelo sucesso de outras mulheres.[42]

Durante a década de 1970, quando as mulheres escaparam do isolamento das casas e começaram a conversar entre si sobre o desespero silencioso que sentiam, encontraram força e conforto. Em 2016, a vitória de Donald Trump, e a consequente derrota de Hillary Clinton, deixou nítida a ainda frágil condição da sororidade e mostrou que estava na hora de retomar aquele diálogo. Estava na hora de compartilhar a dor, a alegria, a força e o conhecimento. Escritoras, pintoras, músicas e compositoras transmitiam esse conhecimento nas próprias obras. As mulheres nas ruas, em casa, no trabalho, nas salas de aula, em navios ou cabines de aviões também precisavam ser ouvidas. Havia lições de força e sobrevivência a serem aprendidas com todas elas.

Trump bizarramente congratulou a si mesmo por ter destruído o teto de vidro.[43] Mas o que ele realmente fez foi reacender a chama do feminismo.

Capítulo 59

Washington, Nova York, Blantire, Charlottesville, Lisboa, 2017-2018

> Aos homens que estão confusos: a raiva que vocês veem agora, a raiva que derruba homens antes indestrutíveis, é só a ponta do iceberg. Vocês acham que talvez estejamos furiosas? Vocês não têm ideia da nossa fúria.[1]
>
> — *Ijeoma Oluo*

UM DIA ANTES da posse de Trump, Madonna subiu ao palco do Brooklyn Museum com a artista Marilyn Minter e a poeta Elizabeth Alexander. Vestida de preto, como uma viúva, ela usava uma camiseta com a palavra FEMINISTA.[2] Como era o feminismo naquele dia e como seria seis meses depois, ninguém sabia. Quem poderia ter previsto os seis meses anteriores?

Madonna estava rabugenta. A pioneira da segunda onda do feminismo Andrea Dworkin, certa vez, disse sobre si mesma: "Sou uma feminista radical. Não do tipo divertido."[3] Madonna estava assim naquela noite. Não estava rindo. Ainda irritada com as mulheres brancas que ajudaram a eleger Trump, ela temia por todas. "Em muitos aspectos, ainda estamos na Idade Média."[4]

Fazia parte da natureza dela encontrar luz na escuridão e uma saída para superar a dor e a decepção. Nas semanas seguintes à eleição, ela encontrou o caminho, embora isso não a deixasse menos zangada. Ela disse à plateia no Brooklyn que transformaria a revolução em "hábito". "Comecem onde estão [...]. Todos os dias, digam: 'Vou fazer algo [...] que vai fazer uma pequena ou grande diferença. Vou pensar fora da caixinha. Vou agir de outra forma.'"[5]

Ela disse acreditar que a eleição de Trump era uma oportunidade para rejeitar a letargia política e buscar união. Só havia dois caminhos: "Destruição ou criação [...]. Vou seguir o caminho da criação e vocês são bem-vindos para se unirem a mim."[6]

Trump tomou posse como 45º presidente dos Estados Unidos no dia seguinte, em 20 de janeiro de 2017. Ele fez um discurso de 16 minutos que era tão ameaçador quanto nuvens pesadas pairando no céu. Em seguida, o ex-presidente George W. Bush, um republicano, foi ouvido dizendo: "Essa merda foi esquisita."[7] Seria apenas o início

Em novembro, enquanto o resultado da eleição era assimilado, uma mulher havaiana aposentada chamada Teresa Shook escreveu no Facebook que as mulheres precisavam responder à vitória de Trump com uma boa e velha marcha de protesto. Milhares de outras concordaram. Quando organizadoras veteranas viram os números crescendo, decidiram tornar a marcha oficial e marcaram uma data: 21 de janeiro, a data da posse. O evento principal seria em Washington, mas marchas foram encorajadas em todo o país.[8]

A Marcha das Mulheres representava as preocupações de todas as pessoas que temiam que direitos fossem limitados pela nova administração. A ideia era construir pontes, não muros. Mas os direitos das mulheres — o direito ao próprio corpo, o direito de determinar o próprio futuro sem assédio, discriminação ou interferência legislativa — eram a questão central.[9]

Enquanto isso, um projeto secundário evoluiu paralelamente ao planejamento da marcha. As organizadoras queriam criar um "mar cor-de-rosa": lenços, faixas, cartazes e chapéus com orelhinhas de gato [*pussyhats*, no original], todos cor-de-rosa. O Pussyhat Project, organizado por Krista Suh e Jayna Zweiman em Los Angeles, casou a cor associada à feminilidade com artesanato tradicional feminino e criou uma declaração feminista radical. "Ele faz referência a Donald Trump e aquele comentário", disse Zweiman sobre a infame declaração de Trump ao *Access Hollywood*, "mas se trata de muito mais. É sobre a reapropriação da palavra *pussy* ["gatinha", mas também "vagina", no inglês] de maneira positiva"[10]

No fim de dezembro, as organizadoras da marcha haviam recebido 60 mil chapéus feitos à mão a partir de um único modelo, que seriam doados em todo o país.[11] Elas não sabiam se haveria cabeças suficientes para vesti-los. Mas na manhã da marcha ficou óbvio que a resposta seria vigorosa.

Mais de 4 milhões de pessoas participaram de 650 marchas em todos os Estados Unidos, em cidades pequenas e grandes e mesmo nas áreas em que Trump vencera. Alguns chamaram esse movimento de maior protesto de um único dia da história norte-americana. Globalmente, estima-se que 300 mil pessoas também foram para as ruas em trinta países, da Antártica à Noruega, da Coreia do Sul à Arábia Saudita, em solidariedade. Até mesmo os 88 habitantes da ilha de Eigg, na Escócia, usaram cor-de-rosa naquele dia.[12]

O epicentro, no entanto, era Washington. Lá, a Marcha das Mulheres atraiu 500 mil pessoas cantando e carregando cartazes até a avenida Mall. Muitos diziam ELE NÃO É MEU PRESIDENTE. Um listava os sete estágios do luto, com o sétimo, a aceitação, substituído por RESISTÊNCIA. Um novo século dera origem a um novo movimento feminista. As mulheres reivindicavam poder político por meio da linguagem do poder sexual. Finalmente, os dois eram o mesmo.

A marcha em Washington estava repleta de figuras notáveis. Algumas subiram no palanque para falar durante a reunião de três horas. Tinham nomes que eram sinônimo de resistência. Havia figuras políticas; algumas, celebridades; outras, como as Mães do Movimento, cujos filhos haviam sido mortos pela polícia, estavam unidas pelo pesar. Madonna não estava na lista, mas fez uma aparição-surpresa para encerrar a marcha. Usando um chapéu de gatinho preto, uma camiseta que dizia FEMINISMO: A RADICAL NOÇÃO DE QUE MULHERES SÃO PESSOAS e calça alaranjada como os uniformes de Guantánamo, ela perguntou à multidão: "Vocês estão prontas para abalar o mundo?"

Falando devagar e nitidamente para a vasta plateia, Madonna disse que os norte-americanos haviam erroneamente acreditado que a justiça e a bondade prevaleceriam.

> O bem não venceu essa eleição, mas vencerá no fim [...]. A revolução começa aqui [...]. Há poder na união, [...] nenhuma força opositora tem qualquer chance diante da verdadeira solidariedade [...]. Então, minha pergunta é: vocês estão prontas?[13]

A multidão gritou que sim, repetidas vezes. Madonna continuou:

> Sim, estou furiosa. Sim, estou ultrajada. Sim, pensei muito sobre explodir a Casa Branca, mas sei que isso não mudaria nada. Não podemos nos entregar ao desespero.[14]

Com a banda do evento e Monte Pittman, Madonna gritou: "Vamos lá, garotas, vocês acreditam no amor?" Essa era a introdução para "Express Yourself". A acústica era terrível, era impossível ouvir a banda e o sistema de som era errático, mas a multidão dançou. Milhares de chapéus cor-de-rosa se moveram para cima e para baixo e milhares de corpos foram embalados pelo som da música. Madonna deu seguimento com "Human Nature", que dedicou a Trump. Houve aplausos quando ela cantou "*I'm not your bitch, don't hang your shit on me*" [Não sou sua cachorra, então não venha com essa merda pra cima de mim, em tradução livre]. A plateia repetiu o verso várias vezes. Em certo momento, ela inseriu a frase "Donald Trump chupa pau". Não fazia muito sentido, mas, aparentemente, ela não conseguia evitar.[15]

Na manhã seguinte, Kellyanne Conway, a estrategista de campanha que ajudou a colocar Trump no caminho da vitória, usou os comentários de Madonna para depreciar a marcha como um todo. Ela criticou os "insultos profanos" e o comentário sobre "explodir a Casa Branca" Os veículos de imprensa que estavam desconfortáveis com o fenômeno de milhões de mulheres zangadas seguiram o exemplo de Conway.

O comentarista republicano e ex-presidente da Câmara Newt Gingrich disse que Madonna devia ser presa. A Casa Branca pensou em pedir que o Serviço Secreto investigasse a ameaça. Até Trump se manifestou, empregando a palavra que usava para descrever mulheres: *nojenta*. A jornalista feminista Rebecca Traister escreveu: "Era como se tivesse havido uma maciça erupção política de mulheres e a imprensa dominada por homens *não tivesse visto*."[16]

As mulheres, porém, não se sentiram desencorajadas. A revolução estava no ar. Na eleição seguinte, mulheres concorreriam a cargos e venceriam. Nas ruas, elas lideraram mais protestos e, em seguida, a campanha pelos direitos das mulheres se tornou extremamente pessoal.

Em 2006, uma ativista chamada Tarana Burke se deu conta de que as mulheres podiam ajudar umas às outras a sobreviverem à violência sexual ao compartilhar histórias pessoais de abuso. Não parecia um passo revolucionário, mas era. Parte do poder que os homens tinham sobre jovens e mulheres se devia ao fato de elas permanecerem em silêncio. Burke formou um grupo nas redes sociais para acabar com esse silêncio. Ela o chamou de Me Too.[17] Dez anos depois, a expressão, adicionada a uma hashtag, tornou-se manchete de primeira página.

Fissuras haviam começado a surgir no muro das prerrogativas masculinas já em 2011, quando uma imigrante da África Ocidental chamada Nafissatou Diallo, de 32 anos, que trabalhava como camareira em um hotel de Nova York, acusou o ex-presidente do Fundo Monetário Internacional (FMI) e principal candidato da corrida presidencial francesa de agressão sexual e tentativa de estupro. As acusações foram abandonadas (embora um acordo civil tenha sido feito), mas os eventos deram fim à carreira política de Dominique Strauss-Kahn.[18]

Em 2015, "o paizão dos Estados Unidos", Bill Cosby, foi acusado de agressão indecente qualificada. Em agosto de 2016, um grupo de jovens ginastas, incluindo integrantes da equipe norte-americana de ginástica, expôs as décadas de abuso sexual do médico Larry Nassar.[19] No mesmo verão, funcionárias da Fox News forçaram o pedido de demissão do CEO da empresa, Roger Ailes, com várias acusações de assédio sexual. Seis meses depois, o principal apresentador da Fox, Bill O'Reilly, foi afastado (ele negou as alegações). Então, em 5 de outubro de 2017, o *New York Times* publicou a manchete DURANTE DÉCADAS, HARVEY WEINSTEIN PAGOU PELO SILÊNCIO DE VÍTIMAS DE ASSÉDIO SEXUAL.[20]

As mulheres saíram das sombras para acusar alguns dos homens mais poderosos de Hollywood e, ao fazerem isso, os detalhes se tornaram cada vez mais obscenos e as acusações, cada vez mais sérias. Não se tratava apenas de assédio, mas de estupro. As peças de dominó começaram a cair. Mais de duzentos homens proeminentes perderam o emprego no primeiro ano após a manchete sobre Weinstein. Alguns enfrentaram ações criminais e civis. Alguns, incluindo Weinstein, foram condenados.[21]

Pela primeira vez na história dos Estados Unidos, homens estremeceram perante o poder das mulheres, fazendo brincadeiras nervosas sobre não saberem como se comportar a fim de evitar a ira feminina. E com razão. O movimento se disseminou pelo país e pelo mundo,[22] e uma nova geração de jovens líderes do sexo feminino começou a emergir.

Muitas haviam chegado à maioridade após 11 de setembro de 2001, durante um período definido por calamidades: guerra e terrorismo; desastres naturais exacerbados por mudanças climáticas; intensificação do populismo, do nacionalismo e da autocracia. As jovens reconheceram o próprio poder, que estava em seus cérebros, suas vozes, seus corações e espíritos, sua força física e seu exemplo.

Malala Yousafzai no Paquistão, Greta Thunberg na Suécia, Rahaf Mohammed na Arábia Saudita, Vanessa Nakate em Uganda e Jamie Margolin nos Estados Unidos. Em Nova York, uma garçonete de 28 anos chamada Alexandria Ocasio-Cortez decidiu levar seu ativismo a Washington concorrendo a uma cadeira no Congresso. Na Califórnia, a jogadora de futebol de 30 anos Megan Rapinoe enfrentou de maneira destemida as reações negativas ao seu posicionamento muito público contra a lesbofobia, a discriminação sexual e o racismo, no campo e fora dele.

Essas meninas e jovens mulheres estavam em minoria, mas foram ganhando as manchetes falando com eloquência e intensidade, e permitiram que outras jovens também se vissem como líderes. A feminista egípcia Mona Eltahawy escreveu: "Precisamos ensinar [as meninas] a serem tão vocais, visíveis, incômodas, desobedientes e furiosas quanto quiserem, a fim de que o mundo saiba que não deve ignorá-las."[23] Em outras palavras, ensiná-las a serem como Madonna.

As primeiras duas décadas da rainha do pop sob os holofotes foram passadas empoderando as mulheres com a música. Desde 2005, ela empregava tempo e dinheiro para ajudar mulheres em lugares onde a necessidade era muito maior do que a música podia suprir. Lá, o foco dela era saúde e educação, as melhores áreas nas quais auxiliá-las a entenderem o próprio valor e mudar o mundo. Em 2017, ela expandiu seus projetos para Gaza, Cabul, Carachi, Manila, Nairóbi, República Democrática do Congo, Mali, Nigéria e Haiti.[24]

O trabalho no Maláui não diminuíra. Ela se associou à organização buildOn e ao Ministério da Educação do país para construir 16 escolas primárias e uma escola secundária que atendiam 10 mil crianças, metade composta de meninas, e continuou a apoiar as crianças órfãs do país.[25]

Embora o número de órfãos tivesse diminuído desde 2006, conforme tratamentos para aids foram se tornando mais disponíveis, jovens mulheres e meninas permaneciam em risco. Por questões de sobrevivência financeira, elas se casavam com homens mais velhos sem saber que eles estavam infectados. Como o Maláui era um país religioso e conservador, elas não tinham acesso a camisinhas para se proteger ou contraceptivos para evitar a gravidez. "É um círculo vicioso", disse a dra. Linda A. Nyondo, uma especialista em sistemas de saúde do país. "Envolve educação e pobreza."[26]

Foi após uma visita ao orfanato Home of Hope no verão de 2016 que Madonna decidiu ajudar duas outras crianças a fugir dessa realidade. Ela conheceu as meninas em 2014 e as reencontrou dois anos depois, durante uma visita de verão com a família. Em casa, ela sentia que estava faltando algo. O lugar estava silencioso demais. David e Mercy ainda moravam com ela, mas Lourdes, de 24 anos, morava sozinha em Nova York e Rocco, de 16 anos, morava com o pai em Londres. Ela pensou: "Por que minha cozinha não está cheia de crianças dançando? Tantas crianças precisam de um lar." Em seguida, pensou "Por que esperar?" e "Faça isso".[27]

Madonna descreveu a decisão de embarcar em outro processo de adoção como "inexplicável", mas ela havia se apaixonado pelas meninas.[28] Psicanalistas podiam ver outra razão. A mãe de Madonna teve seis filhos. Madonna também teria seis.

As irmãs Stella e Estere Mwale tinham 4 anos. Elas haviam sido entregues ao orfanato ainda bebês pelos avós, após a morte da mãe e o novo casamento do pai. Madonna queria dar a elas um lar permanente, mas precisava da permissão dos próprios filhos, da família das gêmeas e do tribunal.[29]

Ela começou dentro da própria casa, perguntando o que achavam de expandir a família. "Mercy e David ficaram animados", contou Madonna. Os dois mais velhos "podem ter pensado que teriam que me dividir com mais pessoas — não com ciúmes, mas só um ajuste". Mas "todo mundo concordou. Lola disse: 'Mãe, se é isso que você quer e vai te fazer feliz, vamos em frente.'"[30]

Madonna chegou ao Maláui cinco dias após a Marcha das Mulheres em Washington. O pai das gêmeas, identificado como A.M., deu a permissão e disse ter feito isso sem receber quaisquer "incentivos". A aprovação do tribunal foi mais difícil de conseguir. Além dos impedimentos passados, a juíza comentou que, aos 58 anos, ela estava "acima da idade normalmente considerada parental". Ela exigiu que Madonna fornecesse provas médicas de que era saudável e designasse uma pessoa para cuidar das crianças, caso algo acontecesse com ela.[31]

Madonna recebeu um "atestado de saúde" e sua irmã Melanie e o marido Joe Henry garantiram ao tribunal que se tornariam os guardiões das meninas em caso de emergência.[32] Depois disso, a decisão judicial foi rápida. Madonna estava na sala de audiências com o advogado e o pai das gêmeas quando a juíza do Supremo Tribunal, Fiona Mwale, a chamou de "boa amiga do país" e decidiu que ela poderia adotar as gêmeas. Um guardião nomeado pelo governo viajaria com elas para observá-las na casa da cantora. Se tudo corresse bem, a adoção seria finalizada em um ano.[33]

No dia seguinte, Madonna fez um anúncio público. "Estou incrivelmente feliz por elas serem parte de nossa família", escreveu em um post do Instagram que a mostrava caminhando em uma estrada de terra com as duas meninas.[34] Outro post mostrava Madonna e os quatro filhos adotados, as duas mais novas usavam camisetas com o slogan O FUTURO É FEMININO.[35]

Madonna retornou ao Maláui em julho. As instalações médicas que ela há muito sonhava construir para que o dr. Eric Borgstein pudesse trabalhar e atender às crianças estavam prontas.[36] A ideia não era simplesmente construir um edifício, mas também educar e treinar malauianos para serem médicos e enfermeiros.[37] "Não existe número suficiente da população originária", disse a dra. Nyondo. "A maioria dos médicos que temos nas instalações públicas trabalha na direção ou na administração. Eles contam com assistentes, que são a espinha dorsal do sistema de saúde do país."[38]

No hospital financiado e construído por Madonna, os estudantes de medicina receberiam treinamento em pediatria a fim de poder ampliar as fileiras de profissionais de saúde do país. "Foi um grande avanço", disse a dra. Nyondo três anos após a inauguração. Em relação ao hospital, ela disse: "As crianças vêm de todo o país."[39]

Madonna deu ao hospital o nome de uma de suas filhas malauianas — Mercy.[40] O Mercy James Institute for Pediatric Surgery and Intensive Care ficava no Queen Elizabeth Central Hospital, em Blantire. Era o primeiro do tipo no país. O hospital, com sessenta leitos e equipamentos de última geração, tinha três salas de cirurgia, o que significa que crianças muito doentes, muitas com lesões cerebrais, já não precisavam ser enviadas para fora do país a fim de receberem tratamento. Como agradecimento, o presidente Peter Mutharika disse a Madonna: "Você adotou crianças malauianas, e agora adotamos você como filha da nação."[41]

A dra. Nyondo disse que Madonna superou "o estágio de celebridade no Maláui [...]. Para mim, ela é a mãe cujos filhos vieram daqui". A médica comentou que a decisão de Madonna de dar o nome de Mercy ao instituto mudou

> minha percepção em relação a ela [...]. Ela poderia ter escolhido dar o nome de Hospital Madonna ou algo do tipo. Chamá-lo de Mercy James mostra

> que ela ainda valoriza os elos que essas crianças possuem [...]. Ela manteve os nomes dos filhos e ampliou os horizontes deles sem transformá-los nem separá-los de suas raízes. Eu acho isso incrível.[42]

Na cerimônia de inauguração, Mercy, de 11 anos, subiu ao pódio, segura, confiante e sorridente. "É uma grande honra saber que esse hospital leva meu nome, e o mais importante é que ele curará muitas crianças e salvará muitas vidas. Quero agradecer àqueles que iniciaram essa incrível jornada conosco e continuam a ajudar a Raising Malawi." Ela agradeceu ao dr Borgstein, às "mãos" que haviam construído o hospital, aos artistas (incluindo Rocco) que haviam pintado murais, aos médicos e às enfermeiras, ao presidente do Maláui, que apoiara a iniciativa, e a Madonna. "Obrigada, mãe. Você é o máximo." Mercy encerrou o discurso com um floreio inesperado: um dab de hip-hop. Sua inocência e suas palavras foram saudadas com aplausos e vivas.[43]

Ser filho de Madonna significa uma vida de riqueza. Além disso, ela tentava dar a cada um deles o que chamava de "conhecimento do mundo" por meio de experiências vastas e variadas.[44] O lado negativo de ser uma das crianças de Madonna era que tudo que ele ou ela fizesse seria minuciosamente avaliado e comparado ao imenso sucesso da mãe.

Lourdes, que abandonou a faculdade, não se encontrou na dança, mas na vida de modelo. Ela decidiu fazer uma declaração sobre imagem corporal e diversidade e ajudar a afastar a profissão do hábito de usar modelos como "cabides silenciosos", vendo-as como "personalidades e artistas".[45] Ela debutou em 2016 em um anúncio de Stella McCartney e apareceu pela primeira vez nas passarelas durante a Fashion Week de Nova York. "Muitas pessoas julgam cada passo que dou", disse ela. "É importante não deixá-los governar minha vida."[46]

Madonna disse à filha: "Lembre que essa merda não é real. Não se trata de dinheiro, do rosto ou da aparência. Trata-se do que você está trazendo para o mundo e do que vai deixar como legado." Segundo Lourdes, "isso sempre me faz despertar quando estou mergulhada demais em tudo".[47]

Lourdes disse ter herdado os "problemas com controle" da mãe, mas não a ética de trabalho.[48] De todos os filhos, Madonna via essa qualidade refletida com mais intensidade em David. "O que ele tem mais que tudo é foco e determinação", contou ela.[49] Mas David e os três menores sofriam com uma dificuldade adicional que as outras crianças não experienciaram: o racismo. Nas palavras de Madonna,

> Por exemplo, se meus filhos mais novos vão até um lugar se matricular para aulas de dança ou ginástica e estão com a babá, que é da África Ocidental,

> a resposta que recebem é que todas as turmas estão completas. Então, eu apareço e pergunto: "Não há vagas?" E respondem: "É lógico que sim." [...] Se as pessoas não sabem que eles são meus filhos, eles são tratados de forma diferente.[50]

Madonna queria comprar essa briga. "Minha família é tudo", disse ela a um entrevistador naquele ano. "Estou lutando por meus filhos e minhas filhas. Quero que eles tenham um bom futuro. Criei uma família não convencional."[51] Mas começava a parecer que essa família não tinha lugar nos Estados Unidos de Donald Trump.

Em agosto, manifestantes brancos alinhados com a ultradireita niilista, com a KKK e com os neonazistas — todos empoderados pela Casa Branca de Trump — invadiram Charlottesville, na Virgínia, disseminando antissemitismo e ódio racial.[52] Um opositor foi morto, mas Trump se recusou a culpar os supremacistas brancos pela violência.[53]

Em setembro, Madonna se mudou com a família para Portugal. "Esse não é o melhor momento dos Estados Unidos", explicou. "Sinto que precisamos de uma mudança e quero sair do país por um tempo."[54]

Capítulo 60

Lisboa, Londres, Nova York, Las Vegas, 2018-2019

Acho que estávamos possuídos pelo Espírito Santo da criatividade.[1]

— *Madonna*

A DECISÃO DE se mudar para Portugal também foi tomada por causa de David, que faria 12 anos e sonhava em ser jogador profissional de futebol. O nível do futebol nos Estados Unidos não era tão alto como na Europa, então Madonna procurou uma cidade de que todos pudessem gostar e que também tivesse uma escola de futebol. Ela reduziu as opções a Barcelona, Turim e Lisboa, que ofereciam algo para todos.[2]

A família se mudou para uma casa de quatro andares do século XVIII em estilo neoárabe, em Sintra, perto de Lisboa, em uma propriedade com lago e extensos jardins.[3] As crianças aprenderiam português, e David se matriculou na escolinha de futebol do Benfica.[4] Madonna também se preparou para explorar as possibilidades. "Gosto de ir a lugares estranhos e tentar sobreviver", comentou certa vez. "Gosto de saber que poderia viver em qualquer lugar."[5]

Entre suas primeiras descobertas estavam lugares para cavalgar. O favorito era a praia, "sentindo-me unida ao cavalo, sentindo o sal do oceano em meu rosto, sentindo-me ser inundada por ele", disse. Isso e "brincar com meus filhos e ouvi-los rir; a alegria que isso me traz é a felicidade para mim".[6]

A convivência com pessoas da mesma idade que ela, no entanto, foi difícil nos primeiros meses. Prejudicada pelo idioma, ela se viu "indo à escola e a partidas de futebol. Eu não conhecia ninguém. Fiquei meio deprimida".[7] Ela brincou que, sentada em um bloco de concreto usando moletom com capuz e tênis, parecia ter se tornado "oficialmente uma 'mãe do futebol'",[8] o que não funcionaria por muito tempo. "Comecei a perguntar: 'Cadê a música?' Então, fui convidada para algo" com pessoas em uma sala de estar, bebendo vinho e tocando música.[9] "Eu cheguei e [...] vi uma performance muito íntima, na qual as pessoas tocavam, cantavam, recitavam poesia."[10] Segundo Madonna, "não tinha nada a ver com dinheiro, fama ou seguidores do Instagram. Era pura paixão pela música e pela arte".[11]

O cantor, compositor e pioneiro do afroeletrônico Dino D'Santiago, nascido em Cabo Verde, a apresentou e lhe mostrou a Lisboa que conhecia, que era o que ela queria. Madonna se sentiu como se tivesse retornado a Nova York do início da década de 1980. "As pessoas não me tratavam diferente. Não agiam como se eu fosse famosa [...]. Eu me sentia igual a todo mundo."[12]

Quase imediatamente, ela começou a pensar em como a própria música poderia refletir aquela realidade nova e as inspirações que surgiriam. Contou em uma entrevista que queria trabalhar com novos gêneros e artistas de uma ampla variedade de tradições musicais. "Está na hora de assumir uma abordagem diferente e retornar à beleza e à simplicidade da música, das letras e da intimidade."[13]

Madonna manteve a casa em Sintra, mas, no início de 2018, mudou-se para mais perto da ação, no bairro da Lapa, em Lisboa, onde ocupou o antigo palácio Ramalhete.[14] A área tinha o peso da história. Até as árvores mais antigas que forneciam a muito necessária sombra tinham "casos" para contar. Também havia uma animada cena de cafés e restaurantes. A vida solitária de Madonna havia terminado. Na época, ela disse em uma entrevista:

> Em qualquer noite, posso receber um telefonema dizendo que tais músicos vão se apresentar em tal casa, por volta das 23 horas — tudo acontece tarde em Lisboa. Às vezes, há comida; em outras, somente vinho do porto. Normalmente, todas as portas estão abertas e, dependendo de onde estou, posso ver o rio Tagus e o oceano Atlântico. Às vezes, há dança flamenca.[15]

Madonna adorava o trabalho da lendária cantora caboverdiana Cesária Évora e o gênero poético e melódico chamado morna. Com a ajuda do artista de Guiné-Bissau Kimi Djabaté, ela descobriu o rítmico gumbé, levado da Jamaica à África Ocidental no século XIX por pessoas que foram escravizadas. Por meio de D'Santiago, ela ouviu o funaná de Cabo Verde, que incluía acordeão e letras que enviavam mensagens pessoais e políticas em uma linguagem codificada. Nos bares, ela ouvia fado, a música portuguesa que descrevia anseios e perdas por meio de vozes e cordas: guitarras de 12 cordas, baixos e violas. "Há algo de diferente no fado e na morna. Um tipo de melancolia e de tristeza que forma uma paleta perfeita para minhas pinturas, digamos assim."[16]

O antídoto para toda essa melancolia era o kuduro, que ela também ouvia em bares e clubes. A música afroeletrônica, nascida na guerra civil de Angola, tinha por objetivo animar as pessoas. Tão rápida, quente e dançante quanto a música das discotecas e clubes das décadas de 1970 e 1980 em Nova York, ela é, nas palavras do músico Coréon Dú, "uma celebração da vida".[17]

Para Madonna, todos esses sons eram fascinantes e estimulantes, e Dino superou todas as expectativas. Ele telefonou e disse que tinha algo especial para mostrar, mas se recusou a dizer o quê. Madonna foi ao bar indicado por ele: um lugar malcuidado que parecia não ser usado havia tempos, mas que estava cheio.[18]

Um DJ tocou kuduro, uma mulher cantou, as pessoas dançaram e então a música parou. A atenção passou para um grupo de mulheres sentadas em semicírculo. Elas começaram a tocar tambores que tinham no colo e a cantar. Em seguida, o ritmo se tornou dança quando — uma por uma — elas começaram a dançar.[19]

> Fiquei maravilhada com a diversidade de idade: de adolescentes a mulheres que poderiam ser avós. Foi uma experiência maravilhosa, imersiva, musical, familiar e matriarcal.[20]

As mulheres compunham a Orquestra Batukadeiras. Madonna não conseguiu tirar a música da cabeça. Foi vê-las uma segunda vez e pediu que D'Santiago as contatasse e perguntasse a respeito de uma parceria com ela.[21] Na verdade, ela queria trabalhar com *todo mundo* que havia conhecido e levar aquela musica para o mundo.

> Foi mais ou menos igual a quando vi pessoas dançando o vogue pela primeira vez e pensei: "Uau, isso é insano."[22] Eu queria pegar a música tradicional que estava ouvindo e lhe dar uma roupagem mais moderna, algo com que as pessoas pudessem dançar [...]. Primeiro foi uma inspiração, e depois um desafio.[23]

Madonna voltou à escola. Aprendeu a cantar fado e um pouco de crioulo e português, além de tocar guitarra de 12 cordas. "Também aprendi e entendi como sou limitada", disse ela, "e quanto ainda preciso me dedicar como musicista e cantora".[24] Em seguida, ela contatou o colaborador que acreditava ser quem apreciaria como o som de Lisboa podia ser aplicado àqueles tempos conturbados.

Madonna e Mirwais Ahmadzaï não trabalhavam juntos havia dez anos, mas ela enviou gravações de sessões ao vivo. "Amostras de música em português, principalmente morna e fado. Perguntei: 'Isso inspira você? Podemos criar *algo* a partir disso?' E ele criou, em uma semana."[25] Ela disse a Danny Eccleston o que fora criado por Ahmadzaï a deixou animada.

> Ele vem de uma escola de criar um álbum inteiro com um artista, uma obra completa, não somente uma faixa. Não tem nenhuma regra sobre como a música deve soar [...]. Ele também é muito filosófico, intelectual,

> existencial, adora argumentar e debater, o que gera grandes ideias para canções. Superpolítico.[26] Ouso dizer que nós dois juntos somos um manifesto combustível, político, musical.[27]

Assim que eles começaram, segundo Ahmadzaï, a "conexão musical" foi restaurada. "Fiquei surpreso, foi como se nunca tivéssemos parado."[28] O relacionamento pessoal entre eles também retornou a território familiar. "Ela acha que sou louco, então posso dizer que a vejo como uma irmã um pouco maluca."[29] "Lembro de uma conversa no WhatsApp em que invoquei Spinoza e Freud para ter a última palavra."[30]

Eles começaram a partir de como a música iria *soar*, não necessariamente com o que a canção iria dizer. "Concordamos sobre as influências portuguesas e latinas que queríamos explorar", confirmou ele. Também estava implícito que quebrariam regras.[31]

> Vivemos em um sufocante mundo mainstream onde as estrelas pop apresentam a mesma canção a cada três meses [...]. Elas mudam um acorde, modificam um pouquinho a letra e então o departamento de marketing se encarrega de anunciar como a nova canção é maravilhosa, quão inovadora, revolucionária etc. [...]. Quando, na verdade, [...] trata-se mais ou menos da mesma e inofensiva canção banal [...]. Madonna queria se afastar do formato "pop" tradicional tanto nas letras quanto na forma.[32]

Musicalmente, o álbum seria sobre os novos sons a que fora exposta. Liricamente, seria menos sobre ela que qualquer álbum anterior. O ponto de vista estaria voltado para fora. Ela cantaria sobre o que viu.[33]

A primeira faixa composta com Ahmadzaï para o que seria o 14º álbum de estúdio de Madonna era um exemplo disso. Ela defendeu que "Killers Who Are Partying" falava sobre a "união" das pessoas marginalizadas que a sociedade tentava separar a fim de privá-las de direitos com mais facilidade. Também falava sobre a disposição de se colocar "na linha de frente" dessa batalha.[34] "Senti que era importante refletir minha raiva, minha sensação de traição", contou à jornalista Charlotte Gunn, e afirmou na letra que iria "carregar os fardos de todas as pessoas marginalizadas".[35]

Alguns críticos questionariam como "uma mulher branca e privilegiada" podia saber como era ser palestino, africano ou uma pessoa indígena. Madonna respondeu:

> Eu sou um ser humano e eles são seres humanos. Sempre lutei pelos direitos das pessoas marginalizadas, então não é como se eu tivesse acordado um dia e decidido que seria a voz de uma minoria [...]. Estou dizendo que "estamos juntos nessa". É uma canção sobre unificar a alma de todos os seres humanos. Tenho o direito de dizer que quero fazer isso.[36]

A canção foi inspirada na morna e no fado — com muitas cordas, é lenta e carregada, mas esperançosa. Madonna cantou parte dela em português, mas somente o pouco que D'Santiago lhe ensinou. Para se comunicar com músicos que não falavam inglês, ele agia como intérprete. Madonna também enviou a ele algumas faixas inspiradas nas músicas portuguesa e africana para saber o que ele achava. "A aprovação dele era muito importante para mim", afirmou ela.[37]

"Come Alive" era uma delas. Era baseada na gnawa e usava "instrumentos de percussão, os garagabs",[38] inventados por pessoas que foram escravizadas, a partir das correntes de ferro que as prendiam. "Quando se libertaram, eles transformaram o que os escravizava em música [...]. Eu queria reinserir aquele instrumento na história."[39] A letra que ela escreveu para "Come Alive" falava de rejeitar limitações, recusar-se a ser sufocado por palavras ou ações. A faixa incluía o coral infantil Tiffin, transformando a música em uma poderosa combinação de hino entoado por vozes angelicais e a canção de trabalho das pessoas escravizadas.

"Ciao Bella" contava com Djabaté. Segundo Madonna, quando criança, ele queria ser músico, mas a família e as pessoas do vilarejo o desencorajaram. Ele continuou a tocar mesmo assim e se mudou para Lisboa.[40] Quando o ouviu, ela ficou tão entusiasmada que "Ciao Bella" se tornou a canção dele. Ela a cedeu para a voz de Djabaté e se tornou quase uma artista convidada.

Por mais incríveis que fossem essas colaborações, o trabalho de Madonna com a Orquestra Batukadeiras seria inesquecível. Ela, o filho David e Ahmadzaï escreveram o que ela chamou de "batuka", porque "esse é o estilo da música [...]. Criada por mulheres, tocada por mulheres". Era uma expressão de alegria, solidariedade e liberdade.[41]

A letra descrevia a luta por direitos em face do que parecia uma tempestade. Um verso, sobre colocar "um velho" na cadeia, parecia uma referência a Trump. Mas Madonna disse que não se limitava a ele. "Nossa, pode escolher um chefe de Estado qualquer, acho que há vários que se encaixam."[42]

As Batukadeiras aprovaram porque, historicamente, a música que elas tocavam havia nascido da rebelião. Madonna disse que a tradição do batuque surgiu em comunidades de mulheres escravizadas que criavam os ritmos enquanto lavavam roupa nos rios, improvisando, assim, um tambor. O "instrumento" evoluiu: as mulheres cobriram as roupas enroladas com couro. Quando "autoridades e donos de escravizados" os retiravam delas, as mulheres marcavam o ritmo nas próprias pernas. "Eu amo essa história", comentou Madonna. "Essa música é uma prova de que o espírito humano não pode ser subjugado."[43]

Ela descreveu trabalhar no estúdio com aquelas mulheres como "uma experiência religiosa [...]. Até meus filhos cantaram com elas. Foi uma celebração total da vida [...]. Era possível sentir o poder matriarcal delas; era possível sentir a história".[44]

Os três álbuns anteriores de Madonna foram saturados de jovens produtores compartilhando talentos com qualquer artista disposto a pagar. Em contraste, as pessoas com quem ela trabalhou naquele álbum, dos músicos que conheceu nos bares e nas salas de estar de Lisboa às mulheres de Cabo Verde, pertenciam a outro mundo e outra época: um mundo precioso e uma época preciosa. Mas havia artistas de fora desse mundo que ela queria incluir no projeto para melhor unir os sons tradicionais que ouvira em Lisboa à vida contemporânea.[45]

Madonna deixou de lado uma das primeiras músicas que compôs para o álbum ao se envolver com os artistas de Lisboa. Quando voltou a ela, sabia que precisava de um colaborador do sexo masculino para ajudá-la a contar uma história sobre desejo. Ela pensou em Swae Lee (Khalif Malik Ibn Shaman Brown), um artista de hip-hop de 24 anos do Mississippi. Com apenas três anos de carreira, ele já tinha sido indicado ao Grammy e trabalhado com Diplo, Nicki Minaj, Beyoncé, entre outros. Madonna gostou "do tom de voz dele" e o considerava "um excelente compositor e cantor".[46]

"Foi o máximo ouvir que ela gostava da *minha* música", lembrou Swae Lee. "Eu toparia qualquer coisa proposta por ela."[47] O tema era luxúria e desejo. Não havia nada terrivelmente sexual, mas a interpretação era erótica porque homem e mulher soavam como molas retesadas. Chamada "Crave", conseguiu combinar o fado e o hip-hop de Atlanta de maneira fácil e convincente, tornando-se uma das canções mais hipnóticas do álbum.[48]

Mike Dean, do tempo de *Rebel Heart*, trabalhou em "Crave" e foi crucial para o novo álbum. Ele ajudou a compôr e produzir cinco músicas. Diplo também trabalhou em uma faixa. Foi em parte por meio dele que Madonna conheceu a rapper Starrah (Brittany Hazzard), que a ajudou a compor cinco canções. Starrah vivia de música havia cerca de três anos, quando parou de vender roupas na Urban Outfitters para compor com e para alguns dos maiores nomes da música: Diplo, Camila Cabello, Rihanna, Drake e, em 2018, Madonna.[49]

Muitas das novas canções de Madonna apresentavam uma poderosa noção de paixão contida, e esse som era característico na música e na vida de Starrah. Em um mundo de entretenimento no qual as pessoas imploravam para serem vistas, ela fazia tudo que podia para permanecer nas sombras, obscurecendo o rosto em fotos e revelando pouquíssimo detalhes a respeito de si mesma. A fama não a interessava. Quando a Ascap a nomeou Compositora Pop do Ano em 2018 — a primeira mulher a ganhar o prêmio em 16 anos —, ela usou uma máscara durante a cerimônia.[50] Segundo afirmou em uma entrevista, protegia sua privacidade porque "adoro meu cotidiano".[51]

Madonna começou a trabalhar com Starrah em janeiro de 2018 em Londres, analisando trechos de canções e melodias até selecionar cinco que podiam desenvolver juntas.[52] Uma delas era uma oração chamada "Looking for Mercy". Simples e grandiosa, começava como a oração noturna de Madonna e se transformava em uma rapsódia orquestral que era um apelo pela humanidade. Outra era "Crazy", que elas compuseram com Jason Evigan (de "Ghosttown") e Dean, e que se misturava perfeitamente com a tradição musical da funaná de Cabo Verde, a cena de Lisboa que Madonna adorava e os Estados Unidos do século XXI. Qualquer um podia se conectar à história sobre reconhecer o próprio valor após um relacionamento ruim.

Por melhor que fosse a canção, ela parecia familiar porque cobria temas que Madonna havia abordado em *Rebel Heart*, mas foi um momento raro de nostalgia. As declarações mais poderosas do novo álbum falavam de maneira intensa do momento presente e foram criadas em resposta a eventos mundiais.

No dia de são Valentim, o Valentine's Day — 14 de fevereiro — de 2018, um garoto de 19 anos desceu de um Uber na frente da escola secundária Marjory Stoneman Douglas, em Parkland, na Flórida, usando uma camiseta com o logo da instituição e carregando uma mochila. Nela, havia um fuzil de assalto semiautomático AR-15 e munição. Seis minutos depois, 17 pessoas estavam mortas e outras 17 feridas. Foi o pior tiroteio em escolas da história norte-americana.[53]

Desde o massacre das crianças na escola primária Sandy Hook, em 2012, centenas morreram em tiroteios em massa nos Estados Unidos. Em outubro de 2017, um atirador tinha se posicionado na janela de um hotel em Las Vegas e disparado mil tiros contra a multidão que assistia a um concerto ao ar livre, matando sessenta pessoas e ferindo mais de quatrocentas. Em novembro do mesmo ano em Sutherland Springs, no Texas, um homem com um fuzil semiautomático disparou setecentos tiros durante uma missa, matando 26 pessoas e ferindo 22.

A resposta a tal violência envolvia um discurso sem sentido sendo repetido e a inação oficial. Desde a proibição federal de fuzis de assalto em 1994 (que o Congresso permitiu que caísse em 2004) e uma lei relativamente branda de verificação de antecedentes em 2007, os políticos norte-americanos não tinham coragem de se opôr à violência armada. Com o atirador de Parkland indo a uma lanchonete para matar a fome após cometer assassinato em massa, a mensagem era que o direito de portar armas era, essencialmente, muito mais sagrado que a própria vida.[54] Os adolescentes que sobreviveram ao massacre de Marjory Stoneman Douglas não pensavam assim.

A geração deles jamais viveu sem medo de violência nas escolas; igrejas, sinagogas, templos e mesquitas; em shows e cinemas — e isso não acontecia somente nos Estados Unidos. Em maio de 2017, em Manchester, na Inglaterra, enquanto Ariana Grande terminava a última canção durante um show, um jovem detonou um colete suicida, matando 22 pessoas e ferindo mais de cem. A vítima mais jovem foi uma garotinha de 8 anos.

Os alunos de Parkland gritaram em agonia por todas as vítimas e exigiram resposta. Cem estudantes embarcaram em um ônibus até o capitólio estatal da Flórida a fim de forçar os legisladores a lhes dar uma explicação pelo motivo de se oporem ao controle de armas. A estudante Emma González falou com lágrimas de ódio durante o evento.

> Eles dizem que um cara bom com uma arma pode impedir um cara mau com uma arma. Isso é uma mentira descarada. Eles dizem que armas são ferramentas, como facas, e tão perigosas quanto carros. Isso é uma mentira descarada. Eles dizem que nenhuma lei poderia ter impedido as centenas de tragédias sem sentido que ocorreram até agora. Isso é uma mentira descarada. Eles dizem que somos jovens demais para saber do que estamos falando e entender como o governo funciona, e isso é uma mentira descarada.[55]

Usando as redes sociais, os estudantes de Parkland organizaram em tempo recorde um evento nacional contra a violência armada em 24 de março. Oitocentas cidades em todo o mundo realizaram marchas no que foi chamado de March for Our Lives. Em Washington, centenas de milhares de pessoas exigiram ação. Mesmo assim, os estudantes de Parkland não pararam. Eles organizaram uma turnê por cinquenta cidades para manter o tema em alta. No fim, tinham um exército de 10 mil novos eleitores.[56] A paixão dos jovens abalou políticos, mesmo que apenas momentaneamente, da maneira como os homens foram abalados após o #MeToo. Nos Estados Unidos, 25 estados aprovaram algum tipo de legislação de controle de armas, incluindo a Flórida.[57]

Incitada pelo discurso de González, Madonna sampleou parte dele em uma canção chamada "I Rise". "Vejo Emma como porta-voz e pioneira de sua geração", disse ela.[58] Ela queria que a canção fosse um hino LGBTQ, mas, após o ocorrido em Parkland, a mensagem se tornou mais ampla. Ela queria trazer "esperança e coragem" às pessoas que sofriam e acreditavam não ter voz.[59] Em outra canção, ela abordou de frente a questão do controle das armas.

Ahmadzaï chamou "God Control" de talvez a primeira "canção disco de protesto".[60] É a principal declaração política do álbum e uma das duas faixas mais experimentais. Acompanhada pelo coral infantil Tiffin, Madonna canta de dentes cerrados sobre a vida cotidiana em um mundo que perdeu o rumo. "Eu queria cantar como se alguém tivesse costurado minhas mandíbulas, para eu ficar quieta, mas eu não conseguisse e estivesse com muita raiva [...]. Nenhum lugar é seguro [...]. Nenhuma reunião pública é segura." Os defensores do direito às armas argumentavam que elas não matavam pessoas; pessoas matavam pessoas. Madonna retrucava: tudo bem, então controlem *as pessoas*. "As pessoas se sentem deuses com uma arma na mão." Controlem *ele*. A canção de Madonna incluía uma provocação a Trump e sua obsessão em construir um muro para "proteger" a população quando a verdade era que os assassinos já estavam do lado "de dentro da fronteira" e tinham acesso a todas as armas que pudessem desejar.[61]

A canção poderia ter atolado no proselitismo, mas Ahmadzaï e Madonna não permitiram. Após cantar-declamar a reprovação, ouve-se um tiro e então Madonna, como animada apresentadora de notícias, convoca os ouvintes a "acordarem"; recita um versinho infantil, embora insensato; e surge como ancião sussurrando "Everybody knows the damn truth" [Todo mundo sabe a verdade], até que a música finalmente chega ao clímax e se transforma em uma canção disco da década de 1970. "It's a hustle/ It's a con" [É uma fraude/ É uma trapaça.][62]

A genialidade está na discordância entre letra e música. A letra é suja, mas a música é revigorante e cinética, o que refletia a vida do século XXI, ao menos nos Estados Unidos. As pessoas ouviam os avisos, viam os sinais, mas, na maior parte, ignoravam tudo e buscavam fugas na forma de comida, bebida, drogas, coisas e, sim, música. O crítico Sal Cinquemani chamou "God Control" de "miscelânia eufórica e cheia de camadas de samba, disco e gospel [...]. A doideira mais estimulante que ela fez em anos".[63]

A principal declaração *artística* do álbum era uma canção composta por Madonna e Ahmadzaï, chamada "Dark Ballet". "Mirwais tocou no piano e comecei a pensar em Joana d'Arc queimando na fogueira", disse Madonna. "Não sei por que [...] é assim que inspiramos um ao outro."[64] O magnífico resultado era diferente de tudo que já havia sido feito por ela. Segundo Cinquemani: "Uma composição em várias partes que muda abruptamente do eletropop para o balé clássico e aí volta, 'Dark Ballet' é um tratado kafkiano sobre a fé e sobre a cruzada de uma vida inteira contra as forças patriarcais da religião, do gênero e da fama."[65]

Parte do que torna essa música tão atual é o fato de encapsular com sucesso mais de um século de música em somente quatro minutos.[66] Madonna e Ahmadzaï usam "Dança das flautas de junco" de *O Quebra-nozes*, de Tchaikovsky, da mesma maneira que Stanley Kubrick usa música clássica na história do apocalipse social *Laranja mecânica* (um dos filmes favoritos de Madonna).[67] "Então, eu conto uma história que é como um conto de fadas dos irmãos Grimm [...]. É mais ou menos como alguém contaria uma história em um programa de rádio." Madonna disse que não estava cantando, e sim interpretando.[68]

Em maio, ela cantou parte de "Dark Ballet" no sétimo Met Gala, o glamouroso evento anual de arrecadação de fundos do Instituto de Figurinos do Metropolitan Museum of Arts. Naquele ano, o título da exibição era *Corpos celestiais: moda e imaginação católica*, o mesmo tema do baile de gala. A artista que personificava esse tema foi convidada a se apresentar: Madonna. O designer que ela escolheu para criar o traje que usaria foi seu sumo sacerdote, Jean Paul Gaultier.

Eles não trabalhavam juntos em uma performance desde a turnê MDNA, seis anos antes. Em 2018, o estilista de 66 anos que a imprensa ainda chamava de "bad boy" da moda estava desacelerando. Ele não tinha se cansado, mas denunciava uma indústria que exigia que os designers criassem mais produtos do que as pessoas podiam usar. Ele estava pronto para analisar a obra de sua vida. Naquele ano, na Folies Bergère, em Paris, Gaultier criou um show de cabaré que contava sua colorida história de vida, que chamou de *Fashion Freak Show*.[69]

Para o Met Gala, Gaultier criou dois trajes para Madonna. O primeiro era um vestido para uma rainha viúva — ou o que o estilista de Madonna, Eyob Yohannes, chamou de "imaculada rainha gótica" — um corpete ajustado, um recorte em forma de cruz indo verticalmente do pescoço ao umbigo e horizontalmente de um seio a outro e uma saia rodada até o chão. O segundo era um vestido branco, virginal e diáfano, cujo espartilho era uma releitura menos exagerada dos clássicos cones para os seios e uma armadura medieval cobrindo o ombro e o braço esquerdos — algo que Joana d'Arc poderia ter vestido.

Madonna, a artista performática, se "apresentaria" em um museu. No topo da grande escadaria do Metropolitan Museum com o capuz marrom de um monge, cercada por mais de vinte figuras vestidas de forma igual, ela cantou "Like a Prayer". Como Joana d'Arc, deu seguimento com uma canção que ninguém tinha ouvido ainda, "Dark Ballet", antes de terminar com o comovente hino do falecido Leonard Cohen, "Hallelujah".[70]

A mistura de influências antigas e novas continuou durante a festa de Donatella Versace no hotel Mark. Madonna estava lá para relaxar e ouvir o grupo Migos, composto por três músicos de hip-hop da Geórgia. Ela conheceu o líder de 27 anos do trio, Quavo, em março, durante a festa anual que dava após o Oscar, e os dois concordaram em trabalhar juntos.[71] Ela participaria do primeiro álbum solo dele, e ele seria artista convidado do álbum dela.

Ela achava que os fãs jovens dele poderiam ouvir uma lição sobre o mundo. Diplo e os Picard Brothers foram contratados para produzir "Future", a canção da qual Quavo participava. Isso significava combinar hip-hop sulista, trap, reggae e eletropop francês. Quando perguntaram se Madonna era tranquila no estúdio, Quavo respondeu: "Na verdade, ela pega fogo."[72]

"Ghosttown", de *Rebel Heart*, falava de pessoas que haviam sobrevivido ao apocalipse. "Future" avisava que, a menos que os indivíduos mudassem a si mesmos e o mundo, muitos *não* sobreviveriam. Isso ficou dolorosamente evidente quando Avicii, um dos colaboradores de Madonna em *Rebel Heart*, cometeu suicídio. O jovem de 28 anos foi encontrado morto em um hotel em Muscat, em Omã. A família disse: "Ele não conseguia mais continuar. Queria encontrar paz. Tim não foi feito para a máquina comercial na qual se viu inserido."[73]

Madonna fez 60 anos em 16 de agosto de 2018. Os veículos midiáticos tinham, enfim, uma razão legítima para publicar matérias sobre sua idade. Houve perfis, matérias sobre décadas de influência e comentários sobre todos os aspectos da vida pessoal e da carreira. Foi notável a maior parte da cobertura ser positiva. Por um momento, os comentaristas que a chamavam de desesperada (por aparecer ao lado dos artistas jovens que ela apoiava) e inapropriada (por namorar homens mais jovens) e reduziam a necessidade artística dela de criar ao mero vício pelos holofotes foram menos agressivos.

A resiliência e rebeldia dela aos 60 anos eram tão inspiradoras quanto a coragem demonstrada aos 26 anos. O ativista britânico Matthew Hodson disse que apreciava o fato de Madonna abraçar "cada aspecto de si mesma" e não criar desculpas para nenhum deles.

> Sou um gay que vive com HIV e aprendi que, em vez de esconder certas partes de mim que podem deixar outras pessoas desconfortáveis, eu empodero a mim mesmo e a outras pessoas sendo compreensivo, não sentindo vergonha e até sendo insolente a respeito disso [...]. Não estou dizendo que Madonna me deu isso, mas eu olho para o que ela faz e é a mesma coisa, particularmente agora, sobre sexualidade e envelhecimento.[74]

Madonna celebrou seu aniversário em Marrakech, em uma festa no deserto. Antes de viajar, iniciou uma campanha para arrecadar 60 mil dólares em fundos para o Maláui.[75] Os convidados da comemoração — todos usando trajes tradicionais marroquinos — incluíam os filhos, velhos amigos e colegas de trabalho. A única coisa proibida, enquanto a música se estendia até a manhã, foi música da própria Madonna. Ela queria se afastar por um momento daquela parte de si mesma.[76]

Enquanto Madonna estava no Marrocos — na verdade, no dia exato do aniversário dela —, Aretha Franklin, de 76 anos, morreu em decorrência de câncer no pâncreas, em sua casa, em Detroit, a cidade onde iniciou carreira na igreja do pai. Ela desacelerou o ritmo nos dois anos anteriores, mas não muito. Aretha lançou um álbum em 2017 e se apresentou no evento "Elton John pela aids". Enquanto tributos eram feitos em todos os lugares do mundo, não parecia real que a mulher que encantou gerações e impulsionou o movimento pelos direitos civis em um momento crítico tivesse desaparecido, que sua incomparável voz tivesse sido substituída pelo silêncio.

Em 20 de agosto, logo depois de Madonna voltar aos Estados Unidos, a moratória da mídia chegou ao fim. Ela anunciaria o Clipe do Ano no VMA em Nova York. Os organizadores perguntaram, no último minuto, se ela poderia mencionar Franklin no discurso e descrever o efeito causado pela cantora em sua própria carreira.

Ela subiu ao palco usando os acessórios, as joias e o cafetã dos berberes da África do Norte, os *imazighen*, conhecidos também como povo livre. A roupa não era apenas um lembrete do Marrocos, mas também uma representação de quem ela e Aretha eram. "Uma bela mulher *amazigh* é feroz, forte e poderosa e trabalha muito", disse Cynthia Becker, uma especialista em arte norte-africana da Universidade de Boston. Os colares de moedas que as mulheres *imazighen* usavam eram musicais: criavam música quando elas se moviam, permitindo-as se tornarem os instrumentos.[77] A imprensa ressuscitou o velho argumento da apropriação cultural e acusou Madonna de desrespeitar Aretha durante o discurso de dois minutos por ter falado sobre o impacto dela em sua carreira (como os organizadores haviam pedido).

Inquestionavelmente, ela falou mais que o necessário sobre o próprio "nascimento" criativo, mas o ultraje não foi proporcional ao crime. A mesma coisa aconteceu quando Madonna se apresentou durante um tributo a Prince no Billboard Music Awards de 2016. As interpretações que fez das músicas dele (uma delas com Stevie Wonder) supostamente mancharam a memória do Purple One. Madonna fazia *alguma coisa* sem receber críticas? Não com muita frequência. Mas, de certa maneira, ser um para-raios de polêmicas era uma confirmação do poder dela. Os críticos diziam que a cantora sempre transformava a si mesma em tema de qualquer evento. Mas, ao transformá-la em manchete, eles faziam o mesmo.[78] "A pressão para ficar em silêncio vem e vai", comentou Madonna. "Vamos ver o que acontecerá quando meu álbum for lançado."[79]

David permaneceu na escola em Portugal enquanto Madonna e as três filhas mais novas moravam em Londres durante a semana e viajavam nos fins de semana para vê-lo. Madonna estivera no estúdio trabalhando de 12 a 18 horas por dia e "vivendo em um estado permanente de culpa" em relação aos filhos.[80] "No fundo, eu sempre pensava: *O que meu filho está fazendo agora? O que minha filha está fazendo agora? Ainda não falei com David. Preciso estar com eles* [...]. Minha cabeça é um turbilhão."[81]

Finalmente, após 18 meses de trabalho dividido entre Lisboa, Londres, Nova York e Los Angeles, ela, Ahmadzaï e Dean estavam finalizando as mixagens. O projeto ainda estava "envolto em segredo". Graças a vazamentos, *Rebel Heart* quase não surpreendeu no lançamento oficial. No novo álbum, em contraste, nada seria revelado, a menos que Madonna quisesse. Não era somente uma questão de negócios; era uma questão de ser coerente com o tema do álbum.[82]

Lisboa era uma cidade de segredos e espiões. Durante a Segunda Guerra Mundial, foi chamada de capital da espionagem, porque todos os lados do conflito escondiam espiões nos corpos diplomáticos e porque escritores especializados em suspenses de espionagem moravam lá. Madonna se tornou um desses personagens. Em abril, ela anunciou o título do novo álbum, *Madame X*. Essa pessoa era muitas coisas: professora, dançarina, amazona, prisioneira, "agente secreta viajando pelo mundo e trocando de identidades enquanto luta pela liberdade". A lista era extensa e terminava com "uma espiã na casa do amor". Ah, e ela usava um tapa-olho.[83]

Por volta da mesma época em que revelou o nome do novo projeto, ela também anunciou sua colaboração com o superastro colombiano de 25 anos Maluma (Juan Luis Londoño Arias). Ele era um *reggaetonero*, um artista que combinava hip-hop, rap e EDM com sons latino-americanos e caribenhos.[84] Eles se conheceram no VMA, onde Madonna foi criticada pelos comentários a respeito de Aretha Franklin. Maluma pode não ter prestado atenção à polêmica porque estava para fazer história como primeiro artista solo latino a se apresentar inteiramente em espanhol. Antes de ele subir ao palco, o empresário do cantor o apresentou a Madonna. Eles conversaram e Maluma a beijou, segurou sua mão e agradeceu por fazer "história na música". Então se encaminhou para o palco.[85]

As performances no VMA eram tão coreografadas que pareciam shows de Las Vegas ou projetadas para serem tão "chocantes" que garantiam os artistas nas manchetes no dia seguinte. O que Maluma fez não foi nada disso. Foi algo mais da velha guarda, sexy e íntimo. Quando ele foi até a plateia dançar com Camila Cabello e convidou a mãe dela para se juntar a eles, ele transportou a plateia para um bar em Medellín. Madonna disse que ele estava "pronto para alcançar o próximo nível".[86]

Pouco depois do VMA, os dois estavam em Londres: ela, no estúdio; ele, no palco. "Ela me enviou uma mensagem [...] e disse que queria fazer uma canção chamada 'Medellín' comigo [...]. Quase tive um infarto." Medellín era a cidade natal dele.[87] Eles foram imediatamente para o estúdio e começaram a trabalhar. Maluma propôs iniciar a parte rap em um estilo másculo e agressivo. "Mas ela disse 'não. Esse não é você. Você é sensualidade. Tente fazer isso como se estivesse diante da mulher dos seus sonhos'."[88]

Maluma e Madonna tiveram várias sessões de estúdio, algumas em Los Angeles, outras em Londres, começando à noite e indo até as 4 horas da madrugada. Eles criaram duas canções: "Medellín" e uma faixa brincalhona chamada "Bitch I'm Loca". Para ambas, com a ajuda de Maluma, Madonna aprendeu a cantar parte da letra em espanhol. Ela também gravou vocais para o single de Maluma, "Soltera", que estaria no próximo álbum dele, *11:11.*[89] "Tivemos uma conexão muito bonita", contou Maluma.[90]

A parceria dos dois era tão rica que Madonna pediu que ele participasse do clipe de "Medellín" e na apresentação do Billboard Music Awards em maio. Ele aceitou ambos os convites com entusiasmo. "Acho isso muito importante para a indústria latino-americana", disse ele. "Quero que o mundo todo saiba o passo que estou dando — não somente como artista, mas em um nível cultural."[91]

Em março, Madonna deixou o palácio alugado em Lisboa. A promoção do álbum significava que, pelos meses seguintes, "casa" significaria "aviões". A campanha publicitária de *Madame X* tinha toda a precisão que faltou a *Rebel Heart*. Após um fluxo de teasers pontuais no Instagram, ela foi iniciada oficialmente em 14 de abril, com um vídeo de noventa segundos.

Criado pelo diretor português Nuno Xico com imagens de Steven Klein, ele apresentava a multifacetada personagem Madame X. Três dias depois, Madonna lançou "Medellín" como primeiro single. Segundo Ahmadzaï,

> nos Estados Unidos de Trump, onde latinos são insultados todos os dias e as minorias provocadas o tempo todo, o fato de uma estrela branca e norte-americana escolher como principal single um dueto em inglês e espanhol com um colombiano é um posicionamento político muito forte.[92]

Assinada por Madonna, Ahmadzaï, Maluma e pelo compositor e produtor mexicano Edge (Edgar Barrera), "Medellín" combina pop latino e house com o ritmo clássico do chá-chá-chá cubano.

Após o lançamento, alguns críticos ficaram surpresos e outros deliciados. Charlotte Gunn, escrevendo na *NME*, disse: "Madonna está de volta, vadias [...]. A faixa é tudo que queremos dela, um som fresh (provavelmente seu melhor trabalho em anos), que dá o tom para a próxima era."[93] Madonna argumentaria que não se tratava de uma *nova* era: ela apenas "tinha voltado ao início". Ela era a pessoa que foi no início da carreira, criando em um ambiente de pura inspiração.[94]

"Medellín" ficou entre as dez mais tocadas em 11 países e aumentou o domínio de Madonna na lista da Billboard Dance Club Songs ao levá-la ao primeiro lugar pela 47ª vez.[95] O clipe de "Medellín" ajudou esse marco. Os diretores baseados em Barcelona, Diana Kunst e Mau Morgó, eram novos no mundo de Madonna. Ela viu o trabalho de Kunst e ficou impressionada com o estilo pictórico, a paleta de cores e o fato de ela se inspirar em pintoras surrealistas. "Eu queria que o clipe parecesse uma pintura", disse Madonna. "Nós nos interessamos pela mesma coisa."[96]

Kunst e Morgó filmaram no palácio Quinta Nova da Assunção, perto da casa da cantora em Sintra. "Trabalhamos 18 horas por dia em um frio congelante", contou ela, "e tive que cavalgar às 6 horas com um olho [coberto pelo tapa-olho]. Eu me diverti horrores".[97]

O enredo mostra uma mulher desapontada com a vida e com o amor, que foi sequestrada, abusada, ferida e humilhada. Essa informação é fornecida pela silhueta de Madonna, rezando ajoelhada, antes de declarar que precisa retomar o controle da própria vida. "From now on I am Madame X/ And Madame X loves to dance because you can't hit a moving target" [De agora em diante, sou Madame X/ e a Madame X adora dançar porque é quase impossível atingir um alvo móvel], anuncia. Ela era, em outras palavras, Madonna. Que comece o espetáculo.[98]

Usando peruca com corte bob preta, tapa-olho de couro vermelho, camisa branca, gravata preta e uma saia preta mídi com uma grande fenda, Madonna conta as batidas do chá-chá-chá sozinha, em um salão coberto de ladrilhos e espelhos em um palácio do século XVIII. Mas não fica sozinha por muito tempo. Maluma e uma dúzia de dançarinos se unem a ela. A sedução na pista de dança de Madonna e Maluma termina com os dois na cama para champanhe e travessuras, que logo levam a um banquete de casamento dionisíaco repleto de personagens com máscaras com pedraria, tatuagens faciais e uma grande variedade de trajes coloridos representando diversas culturas.[99] É uma cena sobrenatural digna de Hieronymus Bosch, James Ensor ou Peter Greenaway — se aqueles pintores e esse diretor tivessem trabalhado com as cores saturadas da Renascença.

Enquanto isso, usando um vestido de casamento, um chapéu de caubói branco e um tapa-olho prateado, Madonna dança sobre uma longa mesa repleta de libações. Ao alvorecer, a noiva e o noivo — ela, vestida de noiva sobre um cavalo preto; ele, de paletó vermelho de veludo sobre um cavalo branco — cavalgam juntos, presumivelmente em direção ao final feliz.[100]

Vários momentos memoráveis do clipe geraram surpresas, incluindo a decisão de Madonna de lamber o dedão de Maluma durante a cena no quarto. Ela disse que não foi planejado e que o achava "um homem bonito da cabeça aos pés".[101] O segmento final com os cavalos também foi ideia dela. Ela temia que Maluma nunca tivesse montado, porque, quando apontou para um garanhão árabe e lhe disse para montar, ele hesitou. Ele tinha cavalos, mas não garanhões. "Foda-se", disse ele para si mesmo. "Vamos lá." Após uma noite de magia, o que havia a temer? Ele saiu galopando.[102]

A química entre Madonna e Maluma era tão forte que, notavelmente, a vasta maioria dos críticos não mencionou a diferença de idade entre noivo e noiva. O clipe era tão bom — ou, ao menos, tão extraordinário visualmente falando — que eles se esqueceram dos próprios preconceitos etários.[103]

Uma semana após o lançamento do clipe, os dois se apresentaram juntos no Billboard Music Awards. Não havia somente uma Madonna no palco. Quatro hologramas representando as várias personas de *Madame X* dançaram com ela. Artistas brincavam com o conceito de holograma havia anos. Em 2007, Celine Dion cantou um dueto com um holograma de Elvis; em 2012, um Tupac Shakur em tamanho natural se apresentou com Snoop Dogg e Dr. Dre; e, em 2014, o falecido Michael Jackson dançou no palco do Billboard Music Awards. Mas ninguém antes de Madonna se apresentou com vários hologramas — representando a si mesma.[104]

Os ensaios para a performance haviam começado meses antes em Londres.[105] O primeiro desafio era escanear e reproduzir Madonna em três dimensões interpretando quatro personagens: uma noiva, uma agente secreta, uma instrutora de dança e uma musicista de funaná. O passo seguinte era fazer com que os hologramas conseguissem performar ao lado de Madonna, Maluma e 12 dançarinos.[106] Quando Maluma foi inserido no processo, mudanças ainda estavam sendo realizadas. Ele disse que, após os ensaios, chegava em casa às 2 horas da madrugada. "Nunca ensaiei desse jeito em toda minha vida", contou.[107]

Alguns dias antes da apresentação, realizada na MGM Grand Garden Arena, em Las Vegas, as expectativas chegaram a alturas quase insustentáveis. O segmento de cinco minutos de Madonna, que custou 5 milhões de dólares, foi considerado "uma das mais ambiciosas performances já tentadas ao vivo na TV". Vazaram detalhes sobre as preocupações. "Muita coisa poderia dar errado", disse uma fonte.[108] No fim, foi impecável.

Começou com Madonna acordando em um Jardim do Éden de CGI. Enquanto ela cantava, o primeiro "*self* holográfico" apareceu — a agente secreta —, seguida pela musicista, a noiva e a instrutora de dança. Maluma entrou por outra parte do palco, cantando e dançando com os hologramas de Madonna em um cenário representando uma rua em Lisboa. Só ficou evidente que nenhuma das Madonnas no palco era humana quando ela surgiu cantando do prédio atrás de Maluma.[109]

A essa altura, Madonna e Maluma estavam tão confortáveis juntos que pareciam as históricas duplas de dança das décadas de 1940 e 1950. Maluma saiu do holofote central por um momento enquanto Madonna dançava com seus hologramas. O cenário se transformou no interior de um bar em Lisboa, com uma dúzia de dançarinos reais e Maluma cantando sozinho. Quando Madonna chegou ao bar, as performances convergiram.[110]

A dupla liderou o elenco, incluindo os músicos e até a plateia em uma linha de conga, com o braço de Madonna sobre o ombro de Maluma enquanto eles cantavam.[111] No fim do número, Madonna e Maluma estavam sozinhos no palco, abraçados. "Maluma, baby, obrigada", disse Madonna. "Madonna, baby", respondeu Maluma, sorrindo.[112]

Por causa da natureza da tecnologia, os telespectadores tiveram a experiência holográfica total. As pessoas na arena, no entanto, só a viram nas telas acima do palco. No palco em si não havia hologramas, somente pessoas fazendo uma rotina de canto e dança e, às vezes, gesticulando estranhamente para o vazio.[113] Essa era uma área na qual a tecnologia roubava certa mágica das apresentações ao vivo. O uso de celulares era outra.

As pessoas perto do palco estavam de pé, dançando. Mas, em outras áreas do salão, milhares de pessoas estavam paradas, filmando o evento com celulares e trocando a intensidade da apresentação ao vivo pela capacidade de revivê-la, absurdamente miniaturizada, outro dia.

As críticas foram mistas e postadas principalmente nas redes sociais. Cada vez mais, a mídia digital superava a cobertura da imprensa mainstream. Alguns veículos de entretenimento abandonaram a posição do crítico e a entregaram ao coro grego dos posts no Twitter e no Instagram — quanto mais extremos, melhor. Em vez de artigos sobre o nível artístico de uma performance, a cobertura ficou reduzida a: "eu amei", "eu odiei", "ela é velha demais para isso".

A revista *Forbes*, entretanto, identificou que aquela apresentação era um sinal de duas importantes tendências culturais: reconhecia a emergência de um mercado musical global e mostrava que a tecnologia podia criar uma "realidade mista" livre de óculos desajeitados e fones de ouvido. Isso expandia o repertório do artista, dizia o artigo, mas as implicações sociais eram ameaçadoras, porque minava a confiabilidade da vida real.[114]

A performance encerrou a primeira parte da campanha de pré-lançamento de *Madame X*. Estava na hora de revelar outro single. Em 3 de maio, foi a vez de "I Rise".[115] Ahmadzaï disse que a decisão de lançar "Medellín" primeiro podia ser vista como resposta à histeria anti-imigração que dominava os Estados Unidos. Lançar "I Rise" como segundo single foi uma resposta à violenta retórica antigays no país.

O lançamento também estava ligado a um evento que ocorreria no dia seguinte. A Glaad (sigla da ONG Gay & Lesbian Alliance Against Defamation) selecionou Madonna para receber o prêmio Defensora da Mudança. Ela era a segunda pessoa a recebê-lo; a primeira foi o ex-presidente Bill Clinton, em 2013. Ao anunciar o prêmio de 2019, a presidente da ONG, Sarah Kate Ellis, disse: "Madonna sempre foi e sempre será a maior aliada da comunidade LGBTQ."[116]

Cada geração tinha um "ícone gay" feminino, de Mae West a Elizabeth Taylor e de Judy Garland a Bette Midler. Para muitas — talvez a maioria — das pessoas LGBTQ nascidas entre 1960 e 1980, *o ícone* feminino era Madonna. O autor britânico Matt Cain disse:

> Eu e um amigo sempre brincamos que, se você colocar mais de dois homens gays de certa idade — com mais de 42, 43 anos — em uma sala, a conversa se voltará para Madonna em meia hora, às vezes em dez minutos, em todas as vezes. É impossível exagerar a respeito de quanto ela significou para nós enquanto crescíamos, em um nível fundamental, primário, existencial.[117]

O evento de trigésimo aniversário da Glaad foi realizado no Hilton Midtown de Nova York. Madonna recebeu o prêmio de três pessoas: Anderson Cooper, o astro queer do hip-hop Mykki Blanco e Rosie O'Donnell. Madonna e Cooper apresentavam um ao outro durante premiações. Naquela noite, a apresentação dele foi pessoal, descrevendo décadas de trabalho de Madonna em benefício da comunidade gay e a importância da cantora na vida dele próprio, como adolescente gay, confuso, e lutando para definir a identidade. Cooper disse: "Nenhuma aliada foi uma amiga melhor ou teve maior impacto para a aceitação da comunidade LGBTQ que Madonna. É simples assim." Blanco falou em seguida.[118]

Como Madonna, Blanco, que usa pronomes neutros para se referir a si mesme, morava em Lisboa para fugir do "reino de terror de Trump".[119] Certo dia, Madonna telefonou para conversarem sobre o clipe de "Dark Ballet". Ela queria que elu interpretasse Joana d'Arc *e* Mykki Blanco.[120] Ao propor a ideia, ela disse: "Se você tivesse vivido na época dela, também teria morrido na fogueira."[121] Em algumas culturas, Blanco ainda seria assassinade por ser quem era.

Nascide Michael Quattlebaum Jr., elu havia fugido da Carolina do Norte, aos 16 anos, rumo a Nova York. Blanco estava pronte para as ruas. "Quando você é chamade de viado todos os dias, desde os 6 anos, chega um ponto em que você para de chorar e endurece." Blanco se tornou ume rapper muito singular — uma pessoa negra de mais de 1,80 metro e ainda montada — e criou um gênero chamado queer rap.[122]

Apesar da corajosa honestidade, Blanco estava sendo devorade vive por um segredo. Em 2011, assim que começou a fazer sucesso como rapper, elu foi diagnosticade como soropositive. Em 2015, decidiu que não podia mais suportar tamanho peso. Considerando o que poderia ser o fim de uma carreira, fez um anúncio sobre o assunto. Em vez de ser isolade, o apoio que recebeu "me surpreendeu pra caralho".[123]

Então, alguns anos depois, Madonna telefonou e Blanco concordou em participar do clipe. "O fato de ela ter estendido a mão e me alçado criativamente ao nível dela [...] significa muito para mim. Esse projeto me expôs a uma plateia que provavelmente estaria fora do meu alcance."[124]

Na premiação da Glaad, Blanco se recusou a divulgar o projeto secreto, mas descreveu a excitação de ser dirigide por Madonna. Também descreveu a maneira como ela havia aberto portas para artistas queer por ser um exemplo, com tenacidade e amizade. Após Blanco, estava na hora de uma das amigas mais antigas de Madonna falar sobre ela.[125]

Rosie O'Donnell e Madonna haviam ocupado um lugar central na vida uma da outra desde que se conheceram, em 1990. O'Donnell lembrou aqueles dias de relativa inocência, antes das redes sociais, quando "Trump era só um babaca que vivia em um apartamento dourado". Ela afirmou ter visto Madonna crescer de "filha sem mãe" a mãe de seis filhos, de estrela pop a "filantropa global", sem mudar quem era: uma pessoa que fazia o que achava certo, mesmo que todo mundo achasse que ela estava errada.

> Quero agradecer a você, Madonna, a irmã mais velha que nunca tive [...], por me ajudar a viver de maneira mais autêntica e significativa [...]. Madonna, MoMo, eu te amo mais do que consigo colocar em palavras.[126]

Madonna se aproximou do pódio enquanto "I Rise" tocava. Era a vez de contar sua própria história, que, é seguro dizer, quase todo mundo na plateia conhecia de cor. Detroit. Christopher Flynn. A primeira boate gay e a alegria daquele lugar. A animação de uma antiga Nova York e a maneira como a aids pôs fim a essa excitação.

> Eu queria gritar do topo do Empire State: "Que merda é essa? Por que estamos perdendo todas essas pessoas belas?" [...] Decidi pegar o megafone e lutar [...]. Eu tinha que vencer aquela corrida, a qualquer preço.[127]

Ela ligou o trabalho no Maláui diretamente às experiências durante os primeiros dias da crise da aids e descreveu o ativismo naquele país como extensão natural delas. Também reconheceu a ironia de ter conhecido quatro de seus "belos filhos" em meio àquela miséria. "A morte e a perda me trouxeram uma nova vida, me trouxeram vida, me trouxeram amor."[128]

Quando terminou, a multidão, emocionada, a aplaudiu de pé. Madonna também chorava. O discurso foi coerente com o discurso durante a premiação Mulher do Ano da Billboard, realizado no ano anterior. No primeiro, ela falou sobre as dificuldades de ser mulher. Na premiação da Glaad, ela expressou alegria por ser artista e estar viva.

No dia da premiação, Madonna anunciou um plano de levar *Madame X* para a estrada. Durante anos, ela falou sobre uma turnê íntima em locais menores, onde poderia interagir com a plateia no ambiente de uma boate, misturando música, humor e dança. Ela não estava sozinha em pensar pequeno. A turnê de Prince em 2016, Piano & a Microphone, foi realizada em teatros. Bruce Springsteen apresentou um show vencedor do Tony na Broadway em 2017. Madonna contou ter sido persuadida a finalmente fazer uma turnê assim por *Fashion Freak Show* de Gaultier, no qual ele tinha combinado todos os elementos que os dois amavam com uma saudável dose de loucura.[129]

Capítulo 61

Tel-Aviv, Nova York, 2019

> Já não se trata mais de quantos discos ela vende, e sim de continuar fazendo o que sempre fez melhor que qualquer um: nos obrigar a pensar. Nos inspirar à ação.[1]
>
> — *Donatella Versace*

SURPREENDENTEMENTE, O LANÇAMENTO de *Madame X* não causou polêmica. Madonna resolveu se apresentar na noite de encerramento do Eurovision Song Contest. Um israelense tinha vencido em 2018, o que significava que Israel abrigaria o evento de 2019 em Tel-Aviv, e ativistas pró-Palestina propuseram um boicote. A European Broadcasting Union, que organizava o evento, manteve a decisão, dizendo que era direito do país. Nenhum concorrente retirou sua candidatura.[2] Quando começava a esmorecer, o esforço pelo boicote ganhou novo fôlego com a notícia de que Madonna poderia se apresentar. Os grupos pró-Palestina imploraram para ela não fazer aquilo.[3]

O relacionamento de Madonna com Israel era longo e profundo — por meio da cabala, de suas muitas visitas ao país e de sua associação com líderes, do membro da oposição Tzipi Livni ao primeiro-ministro Benjamin Netanyahu. O envolvimento dela com os palestinos era menos reconhecido. A Light Foundation financiava projetos na Cisjordânia e na Faixa de Gaza e pagou os salários de professores nas escolas fundadas pela ONU na Faixa de Gaza quando a Casa Branca de Trump interrompeu o financiamento. Na verdade, quando seu trabalho em prol dos palestinos alcançou notoriedade, ela ganhou a inimizade de alguns israelenses, que se uniram ao coro de críticos dizendo a ela para ficar em casa.[4]

Ela ignorou todos eles, dizendo: "Eu nunca deixei de me apresentar para seguir a agenda política de alguém, e jamais deixarei de falar contra as violações dos direitos humanos, onde quer que ocorram."[5] Chegando a Tel-Aviv com Quavo, 25 dançarinos, 40 cantores de apoio e 30 toneladas de equipamento, ela irritou os organizadores do evento ao não permitir que pré-aprovassem o conteúdo da apresentação.[6] Madame X não divulgava segredos, e ela só fazia o que queria.

* * *

O desafio daquela performance não foi diferente do intervalo do Super Bowl. A equipe tinha apenas alguns minutos, no meio de uma produção em andamento, para montar e desmontar um elaborado cenário; nesse caso, um que recriava a grande escadaria do Metropolitan Museum of Art, de Nova York, com uma combinação de adereços, luzes e vídeos. A abertura do segmento seguiu o roteiro escrito para o Met Gala. Dançarinos vestidos de monges ladearam os degraus enquanto uma Madonna de capuz surgia no topo, cantando "Like a Prayer".[7]

Enquanto ela descia os degraus até o primeiro patamar, cinco monges se separaram do grupo e, como haviam feito em Nova York, retiraram a vestimenta marrom e surpreenderam com vestidos brancos, coroas de flores e máscaras de gás. Eles a ajudaram a retirar a capa com capuz, revelando uma armadura no estilo de Joana d'Arc, e, como era Madame X, usava um tapa-olho. Sozinha com os dançarinos virginais usando máscaras de gás, ela disse palavras ominosas de "Dark Ballet", usando a voz dos contos dos irmãos Grimm.[8]

No telão atrás dela, eram projetadas cenas de homens vestidos em trajes cerimoniais das maiores religiões do mundo. Enquanto Madonna entoava a palavra *uivo*, uma imensa rajada de vento derrubou todo mundo no palco e o telão mostrou incêndios violentos. Era o início de "Future", com o telão mostrando cidades destruídas pela guerra. Quavo assumiu a canção enquanto Madonna dançava com os dançarinos virginais e outros seis dançarinos (também usando máscaras de gás) ao ritmo de reggae que parecia, após "Dark Ballet", uma oportunidade para o renascimento.[9]

As cenas de devastação nos telões se tornaram um céu estrelado. Os dançarinos tiraram as máscaras de gás, uma vez que a paz e a reconciliação estavam no ar, e subiram a escadaria aos pares, apoiando-se um no outro enquanto uma fotografia da Terra vista do espaço era mostrada no telão. Finalmente, um homem e uma mulher subiram os degraus de braços dados, de costas para a plateia. Um deles exibia uma bandeira palestina, o outro uma bandeira israelense. As silhuetas de uma mesquita, uma sinagoga e uma igreja apareceram, seguidas pela palavra ACORDEM. Madonna e Quavo desapareceram.[10]

Duncan Laurence, dos Países Baixos, venceu o Eurovision Song Contest naquela noite, mas tamanho triunfo foi soterrado por queixas globais contra a performance de Madonna: o que ela vestiu (inapropriado) e como cantou (mal). O mais ofensivo, no entanto, foi o que ela disse. *Ela parecia ter uma opinião sobre o estado do mundo, uma opinião que ousava expressar!* Grande parte dessas críticas veio de pessoas que não conheciam a carreira dela, que não faziam ideia do envolvimento dela naquela região e que não sabiam que símbolos palestinos e israelenses eram exibidos em seus shows havia pelo menos 15 anos. A admoestação para "acordar" não foi aleatória: veio da canção "God Control". Naquelas circunstâncias, não parecia um conselho ruim.

* * *

Madame X seria um dos álbuns mais visuais de Madonna em anos. Para *Rebel Heart*, ela fez apenas três clipes. Para *Madame X*, lançaria seis clipes e dois filmes promocionais.

O clipe número 2, "Crave", foi lançado no fim de maio, obra do diretor português Nuno Xico, que seria responsável por muitos materiais visuais do álbum. Uma versão não finalizada vazou antes da apresentação do Eurovision, mas nem foi notada. Quando foi oficialmente lançado, o clipe causou agitação por ser tão ousado quanto a canção.

Nele, Madonna está novamente em um telhado em Nova York, a cena de seu estupro quando jovem. Agora, muitos anos depois, ela se coloca naquele lugar como mulher adulta, poderosa e inteira, que sabe o que quer. Essa é uma parte da mensagem da canção, descrita nas notas que ela envia, no clipe, por pombos-correios. A primeira e a última mensagens têm o título do romance de 1940 de Carson McCullers, *The Heart Is a Lonely Hunter* [O coração é um caçador solitário]. Quem recebe as mensagens é Swae Lee. A participação dele no clipe conta o outro lado da história e devolve a canção a suas raízes: pura luxúria.

O contratempo romântico entre Madonna e Maluma em "Medellín" está no campo da travessura. Ela entra em território mais perigoso com Swae Lee e "Crave". Não é que eles interajam sexualmente. Na verdade, mal interagem, só se aproximando no último quadro, para tocar os dedos indicadores. Mas o visual projeta uma mulher branca e um homem negro com metade da idade dela. Esse tipo de pareamento ocorre rotineiramente em clipes de artistas homens. Na verdade, seria uma grande declaração se esses homens se envolvessem com uma mulher da *idade deles* na tela. No caso de Madonna, reverter a equação nos dois primeiros clipes do álbum foi excepcional.

Havia mais um evento no calendário de pré-lançamento de *Madame X*, e ele permaneceria pioneiro. O clipe de "Dark Ballet", lançado em 6 de junho, era um lembrete visual de como o mainstream estava distante do álbum. Entre outras coisas, Madonna fazia somente uma breve aparição no clipe. Ela cedia o papel principal, de Joana d'Arc, a Mykki Blanco.

A direção ficou nas mãos de um cineasta ganense-holandês de 30 anos chamado Emmanuel Adjei, com Madonna, segundo Mykki, agindo como "codiretora e coreógrafa".[11] Ele começava com uma citação atribuída a Joana d'Arc.

> Só temos uma vida e nós a vivemos da maneira que acreditamos ser correta. Sacrificar quem somos e viver sem acreditar é um destino mais terrível que a própria morte [12]

Esse era o tema do clipe. A primeira cena mostra que viver de acordo com as próprias crenças não é fácil, mesmo para alguém disposto a aceitar o martírio. Mykki — na fogueira, prestes a ser queimade — começa a soluçar. Há um flashback dos eventos que levaram àquele ponto. Usando uma túnica simples, sozinhe em uma cela, tendo somente uma cruz e sentindo medo, elu precisa enfrentar um tribunal religioso formado por homens em elaborados trajes clericais.[13]

Em uma variação das palavras de Cristo na cruz, elu pede: "Deus, me ajude." O clipe então se torna a própria e vívida imaginação de Mykki, que dança e apresenta sua defesa a figuras religiosas que zombam delu e rejeitam tudo o que veem. Mykki/Joana é sentenciade à morte. Enquanto elu queima, um grupo de freiras observa, em silêncio. Só que Joana d'Arc/Mykki Blanco/Madonna — como todos os artistas, guias espirituais e figuras políticas com a coragem de defender as próprias convicções — não morre, porque vive nas pessoas que inspirou. A citação final é de Mykki:

> Eu caminhei pela terra sendo negre, queer e tendo o vírus da aids, mas nenhuma transgressão contra mim foi mais poderosa que minha esperança.[14]

Em 14 de junho, a espera acabou. *Madame X* foi lançado. Seria o primeiro álbum verdadeiramente internacional de Madonna, cantado em inglês, espanhol e português, com influências africanas, portuguesas, espanholas, brasileiras, caribenhas, francesas e norte-americanas. Ahmadzaï o chamou de "álbum futurista global" — "global" porque falava de compartilhar culturas e repudiar o nacionalismo cultural favorecido por autocratas e populistas, e "futurista" porque anunciava o novo rumo para o qual se encaminhava a indústria musical.[15]

Madame X foi um marco na carreira de Madonna, tão importante quanto *Like a Prayer* e *Ray of Light*.[16] Assim como estes, ele seguiu uma direção lírica e musical inteiramente nova. Na verdade, mostrava Madonna correndo pela estrada chamada "risco artístico". Rob Sheffield escreveu na *Rolling Stone*: "*Madame X* é tão admiravelmente bizarro que tudo que podemos fazer é abrir caminho e observar essa mulher seguir em frente."[17]

O álbum chegou ao primeiro lugar da lista Billboard 200 nos Estados Unidos, sendo o nono álbum de estúdio de Madonna a atingir a marca. Também alcançou o primeiro ou segundo lugares em dez outros países. Erica Russell, da MTV, viu o continuado sucesso de Madonna como razão de celebração para todas as artistas, especialmente as mais jovens. "Ela permanece relevante porque, sejamos francos, ainda está aqui; ainda íntegra e se reinventando, ainda desdenhando de uma cultura que tenta excluí-la. E ainda explorando novos terrenos para as artistas que vierem depois dela."[18]

Madonna disse: "Vou tornar as coisas mais fáceis para todas que vieram depois de mim quando chegarem aos 60 anos. Espero que elas valorizem."[19]

Cinco dias após o lançamento do álbum, foi a vez do clipe de "I Rise". "Dark Ballet" descreve uma antiga batalha. "I Rise" mostra uma montagem de horrores modernos, do tiroteio na escola de Parkland à crise de água contaminada em Flint, no Michigan; da prisão da jornalista filipina Maria Ressa às dores da guerra; de incêndios e enchentes resultantes das mudanças climáticas ao deslocamento de milhões de pessoas pelo mundo.[20]

Também mostra momentos de coragem: Emma González desafiando o governo com "Isso é uma mentira descarada"; a Marcha das Mulheres, os protestos do Black Lives Matter, os comícios pró-imigração; o triunfo do casamento gay e as marchas pelos direitos da comunidade LGBTQ; e o corajoso depoimento da ginasta olímpica Aly Raisman contra Larry Nassar.[21] Madonna, que não aparece no clipe, disse que queria empoderar as pessoas ao mostrar que a honestidade consigo mesmo e a união com os outros abrem as portas para a mudança, e até para a revolução.

O lançamento dos clipes de "Dark Ballet" e "I Rise" era um presente para a comunidade gay, que se preparava para celebrar o quinquagésimo aniversário do *big bang* LGBTQ, a Revolta de Stonewall. Naquele ano, o festival internacional WorldPride seria realizado em Nova York para homenagear a rebelião de 1969.

O evento era planejado havia dez anos. Madonna foi nomeada embaixadora de Stonewall e deu início às celebrações de 2019 com uma apresentação-surpresa no Stonewall Inn na véspera de ano-novo. A essa altura, o bar já tinha se tornado um monumento nacional por ordem do presidente Obama. Madonna e o filho David cantaram "Like a Prayer" e fizeram um cover do sucesso de Elvis em 1961, "Can't Help Falling in Love". Depois da apresentação, exposições de arte e de história, performances e leituras com temas voltados ao público gay foram realizadas todos os meses. Em junho, esse gotejar cultural se tornou uma cascata.

Políticos, artistas e meios de comunicação se atropelaram para fazer parte do WorldPride. O comissário de polícia de Nova York, James O'Neill, publicou um pedido tardio de desculpas pelas ações policiais em 1969 que acarretaram a revolta.[22] Essa oferta de paz estabeleceu o tom das festividades. Durante aquele mês, as multidões expressaram todo o desgosto que sentiam e relação ao governo Trump e aos legisladores republicanos por tentarem restringir os direitos gays e trans, mas, de modo geral, o sentimento era de irrestrita alegria. Em 28 de junho, o aniversário da insurreição, 5 milhões de pessoas convergiram para Manhattan a fim de celebrar. Foi o maior evento LGBTQ da história.[23]

Para marcar a data, Madonna lançou um dos clipes mais poderosos e controversos da carreira: "God Control". Dirigido por Jonas Åkerlund, ele começa com um aviso de violência gráfica. Mas, continua o texto, a violência reflete a vida real, "e isso precisa parar". Seguem-se sons de sirenes policiais. São 3 horas da madrugada. Foi quando terminou o ataque de junho de 2016 à boate Pulse em Orlando, na Flórida, e é quando começa a narrativa fictícia de Madonna e Åkerlund.[24]

A história se divide em quatro partes. O espectador vê a pista de dança da boate e frequentadores com trajes da década de 1990 dançando ao som de Madonna. Ela dança entre eles, com uma peruca loira, enquanto um atirador abre fogo à curta distância. Os corpos caem, uns sobre os outros. A segunda narrativa começa seis horas antes, enquanto Madonna se prepara para uma noite de diversão. Isso não é possível em um mundo inundado de armas. Ela é conduzida até a boate depois de sofrer um assalto e estar na mira de uma delas.[25]

A terceira e a quarta partes do clipe se passam fora do contexto da boate. Uma delas mostra Madonna, de peruca preta, sentada em uma sala, em frente a uma máquina de escrever, cercada por fotografias de Frida Kahlo, Simone de Beauvoir, Angela Davis e Martha Graham, primeiro segurando a cabeça em um gesto de desespero e, em seguida, datilografando a letra de "God Control". A seguinte mostra cenas de protestos após o tiroteio de Parkland e manifestações antiarmas após *todos* os tiroteios em massa. Os cartazes dizem NÃO SOMOS ALVOS DE TREINAMENTO; PROÍBAM OS FUZIS DE ASSALTO; SEREI O PRÓXIMO?[26]

Perto do fim do clipe, Madonna, ainda sentada em frente à máquina de escrever, olha diretamente para a câmera enquanto uma lágrima escorre por seu rosto. A tela escurece. Duas palavras aparecem: WAKE UP [ACORDEM]. O fim do clipe é marcado por uma frase de Angela Davis: "Já não aceito as coisas que não posso mudar. Estou mudando as coisas que não posso aceitar." A citação é seguida por estatísticas: nos Estados Unidos, a cada ano, 36 mil pessoas são mortas e aproximadamente 100 mil são feridas pela violência armada. Na tela, surgem as palavras "Ninguém está seguro. Controle de armas. Agora."[27]

O clipe foi lançado em 26 de junho, uma quarta-feira. Na manhã seguinte, 1 milhão de pessoas já haviam assistido.[28] Madonna foi imediatamente condenada pela aparente insensibilidade em relação às famílias das 49 vítimas da Pulse e às muitas pessoas feridas no ataque.[29] A sobrevivente de Parkland e ativista pelo controle de armas Emma González a criticou, classificando o clipe como "doentio" e "horrível". "Essa não é a maneira de falar sobre o assunto", disse ela. "Se deseja apoiar o movimento de prevenção à violência armada, faça doações para as organizações que precisam de recursos."[30]

Na verdade, com o clipe, Madonna postou uma lista das organizações de controle de armas e combate à violência armada que apoiava e encorajou outros a fazerem o mesmo. Contudo, isso se perdeu em meio ao furor nas redes sociais. Parte das críticas refletia um ódio instintivo, mas a maioria era sincera. Não fazia diferença.

Na batalha contra a violência sexual, Andrea Dworkin certa vez disse que, a fim de atrair e manter a atenção de um público endurecido pela misoginia da vida moderna, ela teria que "escrever uma prosa mais aterrorizante que o estupro, mais abjeta que a tortura, mais insistente e desestabilizante que o espancamento, mais desolada que a prostituição, mais invasiva que o incesto, mais ameaçadora e agressiva que a pornografia". Ela disse que precisaria ser "mais esperta, profunda e fria".[31] Foi o que Madonna fez com o clipe de "God Control".

Assim como Dworkin, Madonna não temia chocar nem mesmo ofender a serviço de um bem maior, e nunca foi dada a sutilezas. Se tivesse algo a dizer, ela dizia da forma mais ousada e estrondosa possível. E tinha algo a dizer sobre a violência armada, que chamou de "maior problema nos Estados Unidos hoje". Os pedidos por leis razoáveis não haviam funcionado. Os protestos não haviam funcionado. Madonna apostou que mostrar o horror, em vez de meramente falar sobre ele, poderia funcionar. "Eu não aguento mais", disse ela a respeito da violência armada.

> Mando meus filhos para a escola com o mesmo medo de todas as mães [...]. É assustador que espaços outrora seguros, onde nos reunimos, louvamos e aprendemos, agora sejam alvos. Ninguém está seguro. Então é óbvio que, como mãe, estou extremamente preocupada.[32]

Madonna foi ao ato de encerramento das celebrações daquele mês em Nova York. O local foi o Píer 97, anteriormente um notório ponto de encontro gay em Hell's Kitchen. A multidão estava em êxtase, mas Madonna pediu cautela. O papel dela no WorldPride não era diferente do de Larry Kramer em 1983, no início da crise da aids, quando escreveu: "Se esse artigo não deixar vocês mortos de medo, estaremos com sérios problemas." Assim como naquela época, as pessoas precisavam acordar para uma realidade que prefeririam ignorar. Morte em decorrência da aids. Morte por armas. Morte por ser trans. A American Medical Association chamou a violência contra mulheres transgênero de "epidemia".[33]

"Embora tenhamos muito o que celebrar", disse Madonna à multidão, "ainda temos muito trabalho a fazer".[34] A comunidade lutou para conquistar o direito à cidadania integral. Isso não significava que seus direitos estivessem escritos em pedra.

Ela abriu a apresentação de quase meia hora com um vídeo projetado no telão que fazia parte de um documentário de 22 minutos filmado por Nuno Xico em Portugal, chamado *O mundo de Madame X*. Ao longo dos anos, para além dos documentários sobre as turnês, cenas de bastidores sobre a criação de alguns clipes e álbuns foram gravadas. Mas *O mundo de Madame X* era o primeiro a descrever a inspiração para a criação de um álbum. As influências culturais e musicais representadas nele eram tão novas que ela queria apresentá-las aos ouvintes e descrever a empolgação que sentiu ao descobri-las.

A educação era somente parte da razão pela qual Madonna estava em Nova York. Ela estava lá para uma festa. Seu tributo cinematográfico à cena musical de Lisboa terminou com uma narração que perguntava, jocosamente, "Para o que vocês estão olhando?", seguida pelos primeiros acordes de "Vogue".[35] Uma figura de peruca loira, óculos escuros e capa de chuva apareceu no palco e se sentou em frente a uma máquina de escrever. Mais "Madonnas" apareceram, vestidas de modo parecido. Eram dez dançarinos (na maioria homens) usando salto alto e capa de chuva. Finalmente, surgiu Madonna, cantando e dançando "Vogue".[36]

Após muita dança no estilo das Rockettes, o número seguinte foi uma estranha escolha: "American Life". Ela raramente apresentava a canção, que foi duramente criticada após o lançamento. Os tempos haviam mudado.[37] Após se livrar da capa de chuva, Madonna retornou em um uniforme militar modificado. Em vez de uma cartucheira, ela carregava atravessadas no peito as cores da nação queer. Os dançarinos formaram um assustador exército em uniformes pretos de couro e forneceram a percussão da música batendo as botas no chão. Atrás deles, o controverso clipe da música era exibido, terminando com a imagem de uma mão usando uma luva branca e com o dedo do meio levantado, enquanto ela repetia "foda-se".[38] Em seguida, houve uma pausa para conversar com *sua* plateia.

> Cinquenta anos, minha gente [...]. Cinquenta anos de revolução. Cinquenta anos de luta pela liberdade. Cinquenta anos aguentando discriminação, ódio e indiferença. Cinquenta anos de sangue, suor e lágrimas. Cinquenta anos de não se submeter ao medo [...]. Cinquenta anos, caralho. É insano [...]. Vocês estão felizes? Estão orgulhosos?[39]

Após cada pergunta, a plateia gritava "Sim!". "Eu também", disse Madonna. "É como se eu tivesse esperado a vida inteira por esse momento."[40]

Como a parte seguinte do show seria mais exigente em um nível físico, Madonna tirou o salto alto e calçou botas de combate feitas especialmente para a ocasião por Donatella Versace. A cantora riu da troca, mas essa foi uma das primeiras indicações de que ela estava com problemas nas pernas.

Mais de duas décadas dançando de salto alto estavam cobrando seu preço.[41] Convidando a plateia a participar, ela gritou: "Deus do disco, nos ajude." Essa foi a deixa para "God Control".[42]

Madonna não exibiu o clipe inteiro de "God Control" enquanto ela e os dançarinos, vestidos como soldados e policiais, se apresentavam. Em vez disso, fez com que as imagens piscassem no telão — símbolos religiosos, protestos, caixões, o coral infantil Tiffin —, entremeadas a cenas de boates de música dance. Havia pouca carnificina, mas todo mundo sabia o que ela não estava mostrando.[43] Madonna e os dançarinos saíram do palco. Quando retornaram, uma parte do discurso "Isso é uma mentira descarada", de Emma González, explodiu no sistema de som. Era a deixa para "I Rise".[44]

Madonna escreveu a canção com a comunidade LGBTQ em mente e, naquele momento, estava cantando para ela. O número terminou com ela e o elenco lado a lado, com os punhos levantados e a palavra RESISTAM no telão enquanto saíam do palco dançando ao som de "I Don't Search I Find", uma bandeira do Orgulho Gay flutuou na tela e fogos de artifício explodiram no céu.[45]

A plateia do show, cujos ingressos haviam esgotado em março, estava repleta de antigos fãs. Um observador disse que a multidão de quase 7 mil pessoas parecia composta quase totalmente de homens de certa idade, ricos, gays e sem camisa. Mas também havia jovens, alguns dos quais nunca haviam assistido a uma apresentação ao vivo de Madonna. A escritora Rose Dommu era um deles e não ficou desapontada. Ela escreveu na revista *Out*: "Fui tomada pela certeza de que Madonna não é uma aliada. Ela é uma de nós [...]. Para citar um amigo, 'Madame X é uma bichona'."[46]

Haviam se passado sete longos meses desde que Madonna tinha deixado o conforto do estúdio e dos músicos de Lisboa. Em 19 de julho, o lançamento do clipe de "Batuka" os reviveu de maneira incrível. Madonna disse que o objetivo foi recriar o primeiro encontro com as mulheres da Orquestra Batukadeiras e a jornada que elas haviam percorrido juntas.[47]

Madonna e Emmanuel Adjei, responsável pela direção de "Dark Ballet", escolheram filmar em uma casa abandonada em uma praia varrida pelo vento perto de Sintra a fim de replicar a costa de Cabo Verde, da qual os navios negreiros outrora partiam.[48] O clipe apresentava essa dolorosa história em texto e cenas históricas em preto e branco, antes de explodir nas cores das Batukadeiras modernas e da canção de Madonna.[49]

A cena, assim como a canção, começa com expressões de rebeldia e termina com o silêncio absoluto da oração. No clipe, enquanto mulheres de mãos dadas olham para o mar, na direção de navios fantasmas rumando para um futuro incerto, a música e seus rostos se cobrem de pesar. Um falcão voa de um poste. Elas só experimentam tal liberdade com a música.[50]

Madonna não estava pronta para abrir mão disso. Ela convidou as mulheres da Orquestra para participarem da turnê Madame X porque queria que as plateias as vissem e fossem inspiradas por elas. Muitas Batukadeiras não podiam viajar por causa de questões familiares ou profissionais. De todas, 14 poderiam e concordaram em fazer parte do show.[51]

Os ensaios começaram para valer em julho, em um estúdio no bairro Greenpoint, no Brooklyn. Madonna manteve os fãs informados sobre como estavam indo através do Instagram. A animação dela era notória. Pela primeira vez desde Blond Ambition, ela era a criadora e diretora da turnê. Jamie King estava de volta como produtor e Kevin Antunes como diretor musical, mas o show representava a amplitude da visão artística de Madonna de uma maneira que nenhuma outra turnê fizera em três décadas.

A performance seria composta por partes iguais de música, dança, pintura, vídeo, filme e palavra escrita. Os locais dos shows seriam pequenos. Ela disse que queria "intimidade, [...] aquilo ao qual nos tornamos alérgicos graças às redes sociais".[52] No palco, Madonna celebraria a diversidade humana, como sempre, mas, pela primeira vez, também celebraria a idade. Unindo-se a ela no palco estariam pessoas com seis décadas de vida. O objetivo era fazer declarações políticas e artísticas sérias enquanto exibia seu amor por um humor mais grosseiro.

Normalmente, ao fim dos ensaios para a turnê, as pessoas envolvidas se sentiam parte de uma família. No caso de Madame X, o elenco e a equipe eram próximos desde o início. Madonna e companhia já vinham fazendo parcerias o ano todo em apresentações especiais e clipes que se tornaram a base da turnê. Agora precisavam apenas costurar essas peças, acrescentar visuais extraordinários e coreografia de ponta para ter o show.

O resultado não seria só um show. Seria algo novo, que era o que Madonna sempre fazia quando tinha liberdade. A *Rolling Stone* chamou Madame X de "prova de que há genialidade em sua loucura [...]. Madonna nunca será o tipo de superestrela que repete sucessos, atém-se a pontos fortes ou opta por um caminho mais seguro. Pelo contrário, ela está ficando cada vez mais estranha com a idade. Obrigado a todos os anjos e santos por isso."[53]

Madonna pediu que dois velhos amigos — Monte Pittman e Ric'key Pageot — participassem da turnê, mas a maioria dos músicos que convidou eram conhecidos de Portugal. Além das Batukadeiras, os que concordaram em ajudá-la a recriar a cena musical de Lisboa no palco incluíam seu guia cultural, D'Santiago, a trompetista Jéssica Pina e o guitarrista de 15 anos Gaspar Varela.[54]

Todos os dançarinos haviam trabalhado com ela em turnês e apresentações anteriores ou em documentários e clipes. A adição mais recente foi um napolitano de 26 anos chamado Daniele Sibilli, que havia dançado na festa de 59 anos de Madonna em Puglia. Ao completar 60 anos, ela o chamou novamente para dançar em Marrakech. O telefonema seguinte foi o convite para participar da turnê.[55]

Um dos coreógrafos do show também era recém-chegado. Madonna pediu que o extraordinário artista belga-francês Damien Jalet criasse quatro segmentos de dança para o show. O trabalho dele, assim como o dela, incorporava filme, teatro, música e moda, com inspirações multiculturais e espirituais. Quanto à sexualidade, o gênero para ele era "um estado mental". "O tradicional *pas de deux* entre homens e mulheres não me interessa nem um pouco."[56] As contribuições de Jalet ajudariam a levar o show ao nível de uma verdadeira performance artística.[57]

Jalet disse que descobriu Madonna aos 13 anos. "Ela teve enorme influência na pessoa que me tornei."[58] Trinta anos depois, ele ficou surpreso ao receber um telefonema perguntando se gostaria de colaborar com ela. A marca que ele imprimiria no show seria evidente desde o primeiro momento. Ele coreografaria a dramática e marcante abertura de Madame X.[59]

O show começava com o som de datilografia e imagens de uma silhueta feminina debruçada em uma mesa e um jovem negro usando terno e gravata pretos, camisa branca e óculos. As palavras sendo datilografadas haviam sido escritas por James Baldwin — "A arte está aqui para provar que toda segurança é uma ilusão" — e apareciam em branco sobre uma tela preta. O som das teclas se misturava ao som de tiros. Um tiro atingia o alvo; o dançarino caía morto. Mas as palavras de Baldwin sobreviviam. A arte, ao contrário dos corpos, era imune às balas. Esse era o tema do show: a arte não podia ser silenciada.

Após a abertura, Madonna aparecia no palco com um chapéu de três pontas e um uniforme naval da Guerra Revolucionária, em frente a uma esfarrapada bandeira dos Estados Unidos, cantando o hino antiguerra "God Control". Ela era recebida pela polícia de choque. O clipe da música passava no telão atrás dela e, quando a canção entrava na sangrenta seção do clube, os dançarinos se uniam a ela no palco pela primeira vez. Também era esse o momento no qual a plateia via o cenário criado pela produtora britânica Stufish.

A inspiração viera das construções impossíveis do artista holandês M.C. Escher, nas quais as estruturas para cima e para baixo são indistinguíveis, o pano de fundo é o primeiro plano e aquilo que parecemos ver se torna algo completamente diferente em uma inspeção minuciosa. O cenário era simples e direto como o de uma peça off-Broadway: um par de escadarias

Mas ambas podiam ser movidas e reconfiguradas para criar um muro, uma estrutura multinível, um clube de fado com balcões ou um labirinto.[60]

Elas também se transformavam em uma tela na qual palavras e imagens — vídeos, fotografias, padrões de azulejos, pinturas — eram projetadas. Ao fim de "God Control", Madonna ficava no topo da escadaria, cercada pelos vídeos, aparentemente perdida entre manifestantes. O efeito era incrível, tumultuoso: uma colagem de imagens filmadas e pessoas reais, já que as Batukadeiras a ladeavam de ambos os lados dos degraus. A cena terminava abruptamente com a palavra ACORDEM. As luzes do palco se apagavam.

Após uma releitura da performance "Dark Ballet" do concurso Eurovision, Madonna era capturada e arrastada por dois homens usando máscaras de gás, enquanto gritava: "Traidores! [...] Eu lutei por vocês! [...] Morte ao patriarcado!" Essa era a introdução de "Human Nature".

A cena fazia referência ao clipe de Jean-Baptiste Mondino para a canção, mas, em vez de ser confinada a uma caixa, Madonna estava no interior de um círculo de luz azul, cercada por mãos gigantescas apontando dedos acusatórios e reprobatórios. Enquanto isso, bem acima, silhuetas femininas dançavam, desafiando o julgamento dos dedos. As mãos eram substituídas pela mensagem grafitada FODA-SE, escrita dezenas de vezes, em letras grandes e pequenas, em todo o palco.

Quando a canção se aproximava do fim, Madonna chamava todas as mulheres do elenco para se unirem a ela no palco, incluindo suas filhas Estere, Stella e Mercy.[61] Enquanto o grupo dançava "Human Nature", suas sombras também dançavam, cortesia de um holofote amarelo que criava uma lua cheia e fazia a dança parecer um ritual pagão. Elas eram perigosas por serem livres. "Será que nossa mensagem ficou clara?", perguntou Madonna. "Ninguém é a vadiazinha de ninguém. Não consigo ser mais explícita que isso." [62] Ela terminou o segmento cantando "Express Yourself" à capela.

Em seguida, vinha "Vogue". Era a performance do WorldPride, na qual ela e os dançarinos usavam perucas loiras e capas de chuva enquanto flashes das imagens de estrelas de Hollywood surgiam no telão. A canção seguinte, "I Don't Search I Find", descrevia como ela fora de criança que sonhava com a vida daquelas estrelas para a própria vida de estrela.

A imagem projetada no palco era a linha do horizonte de Nova York, a cidade natal e criativa de Madonna. Dois homens usando capas de chuva e chapéus Fedora apareciam, representando as forças que tentariam impedir a carreira dela. Eles eram figuras de autoridade que a algemavam e interrogavam após encontrar uma folha de palavras proibidas em um bolso: as palavras dela. A missão deles era silenciá-la, mas não conseguiam.

Madonna deu seguimento a esse tema de autoridade patriarcal com "Papa Don't Preach", dando um exemplo das camadas de sentido que ela sempre inseria em suas obras. Na turnê Madame X, ela apresentou a canção contra um pano de fundo de pinturas da brilhante, porém negligenciada artista italiana do século XVII Artemisia Gentileschi.

Susanna e os anciões, de Gentileschi, uma das obras que Madonna usou, é o primeiro retrato conhecido de estupro feito por uma pintora. Ao contrário das cenas de violação tradicionalmente pintadas por homens, a imagem não é sobre luxúria e poder, mas sobre coerção e medo. Gentileschi tinha 17 anos quando a pintou. No ano seguinte, seria estuprada por um amigo do pai. Um julgamento público; o casamento forçado e malsucedido com o estuprador; o casamento com outro homem, que significou ainda mais submissão — nada disso destruiu a pintora. Ela disse certa vez: "Você encontrará o espírito de César na alma de uma mulher."[63]

A adolescente da canção de Madonna também estava determinada a tomar as próprias decisões. Na versão de "Papa Don't Preach" de Madame X, todavia, ela decidia *não* ter o bebê. Durante a turnê, Madonna usaria a canção para discutir o direito ao aborto, que estava em risco porque a administração Trump havia indicado juízes conservadores para a Suprema Corte. "É isso mesmo, eu já decidi! Vocês não se importam se eu decidir o que fazer com meu próprio corpo, certo?", perguntou ela à plateia.[64]

"American Life" vinha em seguida e, em certo sentido, concluía a jornada criativa americana de Madonna. Contra uma imagem da bandeira dos Estados Unidos e com o clipe de "American Life" sendo projetado no telão, ela cantava e tocava guitarra com Monte Pittman enquanto dançarinos se apresentavam em uniformes camuflados. À direita, uniformes caíam de uma das vigas do teto e formavam uma pilha, simbolizando os mortos em guerras. Novos recrutas usando camisetas os vestiam. Um por um, também morriam. Um caixão coberto por uma bandeira era carregado pelo palco.

Com isso, Madonna desaparecia e a porção lisboeta do show começava, com a imagem de um mapa de tráfico de pessoas escravizadas do século XVI. O clipe da canção "Batuka" substituía o mapa e, quando as imagens enchiam o palco, as mulheres da Orquestra Batukadeiras caminhavam pela plateia e assumiam seus lugares em um semicírculo. Madonna disse que estar com elas todas as noites "foi uma experiência de êxtase [...]. Eu sentia que elas estavam lá para difundir uma mensagem de amor, união e empoderamento feminino".[65]

Enquanto cantavam, o palco atrás da cortina se transformava em um bar azulejado de Lisboa, com um piano e mesinhas de café. Músicos estavam sentados nas cadeiras, prontos para uma sessão. Madonna, tocando guitarra e sentada sobre o piano, unia-se a D'Santiago para cantar "Sodade", ou saudade, a representante do gênero morna que ficou famosa por conta de Cesária Évora. Todos na banda se uniam à canção. Era o tributo de Madonna a Lisboa e aos andarilhos de todos os lugares — incluindo ela mesma — que chegavam lá. O fim da canção era eufórico. Todas aquelas culturas, canções e vozes haviam se unido e funcionado. "Sodade" seria um dos pontos altos do show.

Madonna perguntava "Para onde devemos ir em seguida?" e D'Santiago respondia "Colômbia". Estava na hora de "Medellín". Madonna se sentava em frente à máquina de escrever e dava o ritmo. Maluma participava da turnê em um vídeo gravado projetado no telão enquanto Madonna e o restante do elenco dançavam.

Os três extraordinários números seguintes poderiam ser chamados de suíte Damien Jalet. Cada um deles era único, no contexto tanto do show quanto da obra de Madonna. Em conjunto, eles descreviam a vida dela desde 1996 e o nascimento da filha, Lourdes.

O primeiro, "Extreme Occident", sobre a jornada de Madonna de Michigan até a fama, mostrava a cantora perdida em um labirinto. Jalet fez as escadarias do cenário ganharem vida ao fazer com que os dançarinos movessem suas partes, como se fossem peças gigantescas de Lego, para formar novos ângulos e caminhos enquanto Madonna cantava sobre sua tentativa de se encontrar. Finalmente, ela descobria uma abertura e fugia pela passagem mais estreita em direção ao futuro.

Essa fuga era o início do próximo segmento Jalet. Chamado "Rescue Me/Breathwork", ele começava com o dançarino Sibilli sozinho no palco, em frente a uma tela preta, usando uma camisa branca aberta e calça escura, respirando fundo. O ritmo da respiração dele ditava os movimentos e representava o instrumento de percussão mais importante que ele tinha: o coração. A ele se uniam oito dançarinos vestidos de maneira parecida, alinhados em fila, respirando do mesmo modo.

Os corpos respondiam aos trancos e solavancos enquanto eles eram jogados no chão em um momento e puxados para cima no seguinte. Um tambor ocasional era a única música que soava. O único outro som era a voz de Madonna enquanto ela recitava a letra de "Rescue Me", que começava com uma batida de coração e o ruído da respiração. Essa canção celebrava o poder salvador do amor. O que a resgatara de uma década de confusão fora o nascimento da filha mais velha, em 1996.

Quando "Rescue Me" terminava, ouviam-se os primeiros acordes de "Frozen". Esse também era o início do último segmento de Jalet, talvez o mais comovente, belo e memorável do show.

Com os dançarinos de "Rescue Me/Breathwork" ainda no palco, uma imagem em preto e branco se assomava sobre eles no telão. Era uma mulher descalça, vestindo camiseta e legging pretos, sentada com as pernas separadas, a cabeça curvada e o rosto escondido pelo cabelo. O reflexo dos braços dela no chão criava a letra "M". Ela movia as pernas para criar a letra "X". Nos dedos de uma das mãos, estava tatuada a palavra MÃE e, nos dedos da outra, PAI. As mãos se separavam para revelar uma figura minúscula: Madonna. A dançarina mostrada no telão afastava o cabelo para revelar quem era: Lourdes, de 23 anos.

A dança era um dueto entre a imensa Lourdes no telão e Madonna no palco. Mesmo assim, mãe e filha estavam conectadas. Por trás de uma cortina transparente, Madonna parecia envolvida por Lourdes. Esse aspecto da performance era quase mágico. Por méritos próprios, a dança de Lourdes também era. Era uma dança de braços, pernas e cabelo; de sombras, luz e reflexos. Quando Lourdes se deitou de costas e olhou para a câmera, seu reflexo no chão criou um segundo rosto, como Jano, desconcertantemente mais real que aquele ligado a seu corpo. Estendendo os braços para cima em forma de "X", ela se tornou um totem. O vídeo então se dividiu em duas Lourdes dançando.

A cena seguinte era icônica. Madonna cantava sob a imagem da filha, que estava com a bochecha no chão, o ombro nu e a mão saindo da escuridão. Então, recém-despertadas, uma, duas, três Lourdes dançavam e giravam em torno de Madonna. Lourdes se tornava um caleidoscópio, como Madonna o fez no clipe de "Frozen". Gradualmente, a figura de Lourdes, molhada — ou descongelada —, parava de se mover. A canção acabava.

Era uma obra de arte de tirar o fôlego e uma janela para a família de Madonna. Ela já trabalhara com a filha em projetos de moda, eventos filantrópicos e até turnês, mas a performance "Frozen" foi a primeira vez em que filha e mãe colaboraram como iguais.

Lourdes disse a Debi Mazar alguns anos depois:

> Minha experiência com a música da minha mãe mudou muito quando fiquei mais velha, porque agora sou cada vez mais capaz de reconhecer quão influente e incrível ela é, como empoderava outras mulheres e como estava à frente de seu tempo. Só compreendi isso integralmente quando percebi a importância do empoderamento e o que significa ser mulher.[66]

Com o fim da viagem pelo mundo de Madonna através da coreografia de Damien Jalet, o segmento seguinte evocava o norte da África. O palco se enchia de pessoas vestindo cafetãs coloridos enquanto a tela exibia imagens de azulejos também coloridos e em constante movimento. Madonna aparecia usando um lenço de cabeça e um manto incrustado de cristais para cantar "Come Alive". Os instrumentos no palco eram tradicionais, assim como a dança. A sensação geral era tradicional e espiritual e, quando a Orquestra Batukadeiras e os músicos se uniam a Madonna no palco para repetir a frase "Come alive, come alive" [Ganhe vida, ganhe vida] por um minuto inteiro, a performance se tornava um processo de renascimento.

O tom mudava drasticamente para a canção seguinte, "Future". Pela primeira vez em um show, Madonna tocava piano. A já ominosa canção soava ainda mais sombria quando ela cantava o verso "Oh no, oh no" [Ah não, ah não] enquanto nuvens de tempestade e chamas surgiam no telão. Dançarinos usando máscaras de gás pretas com recortes vermelhos para os olhos a ameaçavam. A esperança era suficiente para repeli-los, pelo menos temporariamente.

Contra um pano de fundo de prédios bombardeados, as figuras mascaradas retornavam, subindo no piano e se inclinando sobre Madonna enquanto ela tocava. Ela continuava, imperturbável. Eles não conseguiam abalá-la. Os edifícios destruídos eram substituídos pela imagem de um conjunto habitacional em Nova York que os fãs reconheceriam do clipe de "Crave", a canção seguinte. A versão apresentada era uma remixagem criada pela DJ Tracy Young, amiga de Madonna em Miami, e um convite para dançar.

O palco se tornava uma discoteca do fim da década de 1970. Um globo de espelhos dourado produzia centenas de pontos de luz e o chão se movia. Boás de penas pretas e jaquetas com gola de pele; homens gays sem camisa e de shorts apertados ou calças sem bolso e camisas justíssimas de poliéster; mulheres cobertas de seda e lantejoulas. Madonna ainda usava o vestido de "Come Alive", acrescido de um chapéu de couro. Saudando duas dançarinas, ela dizia: "Ei, damas, como vão as coisas?" As filhas Stella e Estere se uniam a ela na frente do grupo, para formar uma linha de dança.

Enquanto o grupo da discoteca se aglomerava no palco, um coral começava a cantar "Like a Prayer" Nos velhos tempos em Nova York, as discotecas de sábado à noite fechavam quando as igrejas abriam no domingo de manhã. Os festeiros que se arrastavam para casa encontravam os virtuosos. O mesmo acontecia no palco. Enquanto os dançarinos se dirigiam aos bastidores, as Batukadeiras assumiam as escadarias, que foram arranjadas em forma de "X" no fundo do palco.

Durante essa transição, Madonna vestia o manto de um monge, coberto de cruzes com pedraria. As imagens no telão atrás dela eram do clipe original de "Like a Prayer", exibindo sua versão de trinta anos antes. Ela se unia às Batukadeiras no "X", subindo os degraus para assumir a posição central no patamar. Quando chegava nele, o "X" ficava vermelho. Esse seria um bom final para o show, só que Madonna tinha mais uma canção, igualmente comovente e mais adequada ao momento.

Um trecho da citação de James Baldwin que abriu o show aparecia novamente no telão, introduzindo o final. Os próximos sons eram a batida de um coração, um piano e um fragmento do discurso de Emma González. Madonna aparecia em uma jaqueta de estilo militar da Versace com o nome de soldado bordado: MADAME X. A canção era "I Rise".

Atrás dela e dos dançarinos, que usavam camisas brancas, gravatas e calças pretas, o clipe da música era exibido, sendo substituído aos poucos pela bandeira nas cores do arco-íris do Orgulho Gay. Era para isso que

Madonna havia escrito a canção. Ela e os dançarinos erguiam os punhos. *I will rise* [Eu me erguerei].

A turnê deveria começar com 17 apresentações na Howard Gilman Opera House, da Academia de Música do Brooklyn. Então seguiria de cidade em cidade, permanecendo entre três e 11 dias em cada uma.[67] Mas, no fim de agosto, ficou óbvio que o show não estava pronto para começar em 12 de setembro. Madonna cancelou três datas e acrescentou duas em Nova York, para compensar.[68]

O novo cronograma foi a primeira indicação de que havia algo errado. Madonna — a dançarina que nunca decepcionava, a trabalhadora que nunca se cansava — estava com problemas físicos. Ela começou a turnê de seis meses por 11 cidades rezando para ser capaz de terminá-la.

Capítulo 62

Nova York, Las Vegas, Los Angeles, Lisboa, Londres, 2019-2020

> Nenhum conjunto de circunstâncias completa você. Talvez nada jamais faça isso. Então você cuida da sua vida, trabalha em sua obra e tenta viver todo dia como se fosse o último.[1]
>
> — *Madonna*

Em 17 de setembro, a turnê Madame X teve início no Brooklyn. Na porta, as pessoas tinham que fazer uma escolha “radical”: colocar celulares e smartwatches em envelopes selados ou desistir de entrar. Para muitos, foi um momento de crise extrema, similar a pedir que sacrificassem um braço — ou parte do cérebro.[2] Madonna tinha motivos. Ela queria que a plateia estivesse lá com ela, vivenciando o show, não gravando para a posteridade. Conforme a turnê progredisse, os resmungos seriam substituídos por elogios de espectadores que haviam gostado da experiência de um salão livre de luzes e uma plateia envolvida em uma experiência em comum. Na *Rolling Stone*, Rob Sheffield escreveu: “Honestamente, todos os shows deveriam ser assim.”[3]

Em Nova York, os 2 mil lugares do teatro de ópera estavam tomados por amigos — incluindo Rosie O’Donnell, Debi Mazar, Anderson Cooper e Spike Lee — e fãs de longa data.[4] Madonna podia dizer e fazer o que quisesse no Brooklyn.[5] A multidão a amava. De modo geral, os críticos também amaram a turnê. Rhian Daly, no *NME*, chamou o show de “confusão teatral alucinante e poderosas mensagens políticas”.[6]

Madame X teve um início espetacular. E então a vida aconteceu. Abrindo o show de 19 de setembro com duas horas e meia de atraso, Madonna fez uma piada: “Não gosto de fazer vocês esperarem, mas estou machucada. Tenho seis filhos. E MUITAS perucas.”[7] Em 7 de outubro, ela adiou o show por causa de uma dor no joelho.[8]

O concerto não exigia uma quantidade extraordinária de movimentos difíceis, com exceção de uma parada de mão, mas Madonna tinha que subir e descer escadas. Na verdade, o cenário parecia projetado para piorar qualquer problema físico que ela tivesse.

Tendo concluído a longa temporada em Nova York em 12 de outubro, Madonna só teria dois dias antes de iniciar a sequência de seis dias em Chicago. Ela precisava de mais tempo. Quer a razão fosse a oficialmente publicada, "envolvendo elementos especializados da produção", ou a saúde da artista, a data de estreia foi adiada em um dia e ganhou um dia a mais no fim. Isso, por sua vez, afetou o início da parada seguinte, São Francisco.[9]

Lá, Madonna disse à plateia que estava resfriada, e que tinha um ligamento rompido. Era nítido que ela estava bem dura. Quando se levantou da posição ajoelhada, ela fez isso lentamente. Quando fez uma dança de "borboleta" sobre o piano, suas pernas fizeram somente uma referência ao bater de asas. Madonna estava rabugenta e tinha motivos para isso.[10]

Ela expressou irritação pela coroa iluminada de um fã no teatro escuro, pelo abrir e fechar de uma porta usada para acessar os banheiros e pela conversa da plateia. "Não conversem enquanto estou falando", gritou ela, repetindo o pedido em seguida. De acordo com Aidin Vaziri, que cobriu o show para o *San Francisco Chronicle*, ela também acusou a plateia de ser preguiçosa — o que ela podia fazer em São Francisco. Como Nova York, aquele era seu território. Ela seria perdoada. Vaziri chamou o show de "espetacular".[11]

Las Vegas, próxima parada do show, não fazia parte desse território Na noite de abertura, no Colosseum do Caesars Palace, ela subiu ao palco à meia-noite e meia. A plateia estava furiosa, e os mais barulhentos foram retirados pelos seguranças. Entre os que ficaram, muitos se queixaram do calor, porque Madonna mandou desligar o ar-condicionado. Não demorou para metade da plateia começar a vaiar. Eles não queriam ouvi-la falar — certamente não sobre questões políticas e sociais. Ali era *Vegas*. Eles queriam um *show*.[12]

Josh Bell, que escreveu sobre a performance para a *Las Vegas Weekly*, disse que Madonna "não pareceu se importar com o fato de que o grupo de bêbados inquietos que queriam ouvir 'Material Girl'" a interrompiam várias vezes. Ela perseverou, em certo momento dizendo à plateia: "Eu amo vocês, mesmo com essa hostilidade." Ela venceu pelo cansaço. No fim do show, nas primeiras horas de 8 de novembro, muitos lugares caros perto do palco estavam vazios. Fãs desceram das galerias para ocupá-los. Foi então que o show se tornou verdadeiramente íntimo. Bell o chamou de "catártico". Mas a guerra iniciada nas redes sociais continuou: "Total desperdício de dinheiro." "Pior show de todos os tempos." "Madonna devia ter vergonha."[13]

Madonna aguentou mais duas noites em Las Vegas. Ela precisaria estar em Los Angeles para 11 shows em 12 de novembro, mas a Live Nation publicou uma declaração dizendo que o primeiro dessa sequência seria cancelado. Quando a temporada no teatro Wiltern finalmente começou, ela pôde contar com o pessoal da indústria musical, fashionistas e jovens artistas que queriam ser como ela — assim como com sua vasta base de fãs gays — para apoiá-la, embora seu corpo estivesse falhando.

Em 1976, o guitarrista da Band, Robbie Robertson, olhou para a câmera durante a filmagem do documentário de Martin Scorsese, *O último concerto de rock*, e disse: "A estrada vai matar você." Ele tinha 33 anos. Para artistas com o dobro dessa idade, os rigores de uma turnê eram literalmente fatais. Em 2017, Tom Petty, de 66 anos, teve uma overdose de fentanil após sofrer agonizantes 53 dias de turnê com uma lesão no quadril. Era a mesma droga que tinha matado Prince, que também a tomava para combater a dor.[14]

No entanto, os artistas seguiam em frente. A despeito dos ferimentos, eles iam para a estrada. Para alguns era uma questão de dinheiro. Para a maioria, era o fato de viverem para expressar sua arte e interagir com as plateias. Nesses casos, a dor física se tornava angústia mental quando eles não podiam oferecer sua melhor performance — e era esse o problema de Madonna. Ela era perfeccionista e, naquele momento, o corpo não seguia os comandos desejados. Ela insistia. Banhos de banheira cheia de gelo às 3 horas da madrugada haviam se tornado parte da rotina. Seus figurinos incluíam apoios para os joelhos.[15]

Na última noite em Los Angeles, Swae Lee se uniu a ela no palco para "Crave". Sorrindo abertamente e abraçada a ele, Madonna disse: "O pássaro retornou." Usando boás pretos, eles dançaram a versão disco da canção. Madonna parecia genuinamente feliz. A alegria aliviou a dor de forma temporária. Dois dias depois, ela cancelou os três shows que faria em Boston. Em um anúncio, disse: "Por favor, desculpem esse imprevisto. Apresentar meu show todas as noites me enche de alegria, e cancelar é o pior tipo de punição para mim. Mas a dor que sinto é esmagadora." Ela afirmou que precisava descansar para sobreviver ao restante da turnê,[16] que estava somente na metade.

Madonna se apresentou por quatro noites na Filadélfia antes de chegar a Miami, a última cidade da perna norte-americana da turnê. Ela deveria tocar durante sete noites no Fillmore, em South Beach. Antes de sua chegada, um morador de Miami iniciou uma ação contra a Live Nation, alegando que, embora o horário de início do show tivesse mudado, a organizadora da turnê não devolveria o dinheiro do ingresso.

O caso recebeu muita publicidade e irritou alguns fãs, que se mostraram aborrecidos em 14 de dezembro. Eles ficaram ainda mais insatisfeitos quando Madonna iniciou o show com três horas de atraso. Outros estavam furiosos com a política de ar-condicionado desligado.[17] O calor no Fillmore era insuportável. Quando a multidão começou a gritar "Ar! Ar! Ar!", Madonna respondeu: "Vão se foder, estou com frio. Tirem a roupa." Mas, ao contrário de Las Vegas, a conversa em Miami era mais familiar. A multidão amava Madonna, e ela os amava — até 22 de dezembro.[18]

Os fãs chegaram de avião, de carro e a pé para ver o último show de Madonna no Fillmore e, menos de duas horas antes do início, foram informados do cancelamento. Eles ficaram furiosos. Sem nenhuma explicação, rumores começaram a circular nas redes sociais.[19] A fúria aumentou com as fotos de Madonna e o namorado se agarrando em uma varanda em Miami e os posts dela nas redes sociais mostrando fotos dos dois. O homem em questão era o dançarino Ahlamalik Williams, de 25 anos.

O romance era digno de manchetes: ele era o novo "brinquedinho" de Madonna. Não era um relacionamento casual. Williams havia trabalhado com Madonna durante a turnê Rebel Heart e em quase todas as apresentações dela desde então. Durante esse tempo, o relacionamento evoluiu. Mas não foi essa história que chegou às manchetes. A matéria era sobre os 36 anos que os separavam e, após o cancelamento em Miami, sobre a sensação de traição dos fãs que viram Madonna se divertindo após tê-los abandonado.[20]

Madonna deixou que dias cruciais se passassem sem oferecer uma explicação. Finalmente, em um post do Instagram, ela detalhou uma dor "indescritível". Na noite anterior ao show cancelado, enquanto subia a escadaria para cantar "Batuka", a dor era tão forte que ela começou a chorar. Todas as noites, ela rezava pedindo forças para se apresentar, e passou dois dias com os médicos: "Exames, ultrassons, raios X. Cutucões e apertões e mais lágrimas." A prescrição imediata foi repouso. Madonna concordou. Ela agradeceu aos fãs pela paciência, mas alguns já haviam chegado ao limite. Mais ações legais foram iniciadas.[21]

Havia uma pausa de três semanas antes do início da turnê pela Europa. No ano-novo, Madonna levou a família, Williams e a equipe para as Maldivas, a fim de fazer "terapia aquática". Ela queria descanso, calor e diversão. De acordo com a série de posts que publicou no Instagram, encontrou as três coisas.[22] Estava tão revigorada que, em 12 de janeiro, se sentia pronta para voltar ao palco em Lisboa, para oito shows no teatro Coliseu dos Recreios. Ela parecia ser uma versão nova e melhorada de si mesma. Embora Lisboa fosse uma cidade na qual um início à meia-noite não surpreenderia ninguém. ela começou logo antes das 22 horas.[23]

A conversa com a plateia na cidade que chamava de "segundo lar" foı fácil e parecia auxiliada pelo vinho do porto que ela bebeu durante o show. Madonna brincou sobre seus "25 problemas de saúde" e aconselhou a plateia a "não prestar atenção em nada da cintura para baixo". Mancando, ela se moveu mais cautelosamente que nos shows anteriores.[24]

Havia um afeto na apresentação que não esteve presente em alguns dos shows nos Estados Unidos. Os fãs estavam felizes por ela estar se apresentando, porque a possibilidade de que o restante da turnê fosse cancelado era bastante real. Na terceira noite, ela garantiu à multidão que seguiria em frente, declarando: "Só vou parar quando cair morta."[25]

A primeira indicação de que a dor paralisante tinha voltado ocorreu na quarta noite em Lisboa. O início foi atrasado sem explicações, e, no dia seguinte, 45 minutos antes de ela se apresentar, os fãs receberam um e-mail avisando sobre o cancelamento. Ao contrário dos fãs de Miami, que se enfureceram, a plateia portuguesa em frente ao teatro histórico demonstrou empatia e preocupação. Uma estrela do calibre de Madonna não cancelaria oito shows de uma turnê se não estivesse seriamente machucada.[26] Antes de partir de Lisboa, ela seria forçada a cancelar mais um.[27]

A meio mundo de distância, em Los Angeles, a premiação do Grammy foi realizada no período entre os shows em Lisboa e o compromisso seguinte dela, em Londres. Houve uma época na qual ela teria pegado um avião e comparecido à cerimônia. Mas o "Clube do Bolinha" que distribuía os gramofones de ouro só indicou *Madame X*, que muitos críticos chamavam de melhor álbum de Madonna em duas décadas, em uma categoria: Melhor Gravação Remixada, pela remixagem de "I Rise" feita pela DJ e produtora Tracy Young. Por mais que Madonna admirasse e apoiasse Young, não foi à premiação. Foi um bom ano para faltar.

Dez dias antes da cerimônia de premiação, Deborah Dugan, a recém--contratada CEO da Recording Academy, que supervisiona o Grammy, foi demitida. Dugan, uma associada filantrópica de Bono, havia delatado a academia ao governo federal, alegando corrupção, más práticas e sexismo e racismo sistêmicos.[28]

Na época, os indicados ao Grammy eram selecionados por um corpo de 13 mil membros que era "esmagadoramente" branco e masculino. Um relatório publicado em 2018 revelou que, entre 2013 e 2018, somente 9% dos indicados nas categorias mais prestigiados haviam sido mulheres. Após esse relatório danoso, o Grammy de 2018 foi anunciado como "ano da mulher". A maioria dos principais prêmios foi para as mãos de artistas femininas, como se para provar que o relatório estava errado. Dugan, entretanto, disse que a cultura não havia mudado. A academia se defendeu a chamando de "problemática" e "bully".[29]

Madonna sempre disse não se importar com prêmios. Ela os achava arbitrários. Como uma obra de arte podia ser "a melhor"? Quem pintava céus melhores: Van Gogh ou o romântico inglês J.M.W. Turner? Fora assim desde o início de sua carreira — e que bom que foi assim. As vezes em que foi esnobada durante premiações do cinema estavam bem documentadas. Menos conhecidos eram os pouquíssimos Grammys que recebeu. Durante quase quatro décadas de carreira, ela ganhou sete, e somente três por sua música.

Ela era ignorada mesmo sendo uma das artistas com mais discos vendidos e a artista musical solo com maior faturamento de todos os tempos.[30] Ainda mais importante que a habilidade de vender música, no entanto, era o papel que ocupava na história da música. Madonna era ignorada pela academia mesmo depois de ter modificado fundamentalmente a música e a cultura pop *em todo o mundo*. Talvez fosse por isso que era ignorada. Ela era poderosa demais para aqueles caras.

Todas as mulheres que subiram ao palco do Grammy naquele ano — e muitos dos homens — deviam à influência de Madonna a maneira como haviam construído suas carreiras, criado sua arte e escolhido se apresentar. Também deviam a ela as causas que ousavam defender. "Ela era a autora do livro de regras que eles seguiam", disse Kristin Lieb, do Emerson College. "Uma coisa frustrante é olhar para a música pop hoje e ver artistas usando esse livro sem nem saber que estão fazendo isso. Madonna não recebe o crédito que merece, e alguns se mostram muito desdenhosos em relação a ela."[31]

A premiação de Tracy Young pela remixagem de "I Rise" era doce por ser histórica. Young era a primeira mulher a ser indicada nessa categoria, quem dirá vencê-la. Como lésbica, ela agradeceu o apoio da comunidade LGBTQ e a Madonna. Em entrevistas ao longo dos anos, Young diria que não estaria onde estava se não fosse pela cantora. "Ela permitiu que eu tivesse essa carreira."[32]

Enquanto o Grammy a ignorava, Madonna conseguiu outro feito inédito. Uma remixagem da canção "I Don't Search I Find" a levou ao topo da lista Billboard Dance Club Songs pela 50ª vez. Nenhum outro artista chegava perto (Rihanna vinha em seguida, com 33 vezes). Madonna também se tornou a única artista — solo ou membro de um grupo — a ter cinquenta singles no topo das paradas em qualquer categoria. Seu rival mais próximo era George Strait, que chegou ao topo 44 vezes.[33] A posição de Madonna na música era inegável e, ainda assim, havia pessoas que tentavam negá-la.

O clima quando Madonna partiu para Londres, onde tinha 15 shows agendados, era apreensivo. Fãs de todo o mundo foram para a Inglaterra sabendo que, àquela altura, ter um ingresso não significava vê-la. Dois dias antes da abertura, marcada para 27 de janeiro, ela cancelou o show.[34] Ela só se apresentaria em Londres em 29 de janeiro.

O teatro escolhido, o London Palladium, no Soho, era conhecido como um dos melhores palcos de variedades de Londres. Não era uma escolha natural para um show tão de vanguarda. Logo antes da chegada dela, *Joseph and the Amazing Technicolor Dreamcoati*, de Andrew Lloyd Webber e Tim Rice, fizera uma apresentação para celebrar cinquenta anos no teatro. O Palladium tinha mais de cem anos de história. Lendas haviam se apresentado lá: Houdini, Louis Armstrong, Frank Sinatra, Diana Ross, Beatles.[35]

Foi no Palladium, em 1951, que Judy Garland conquistou a plateia e reviveu sua carreira com um tombo no palco que se tornou uma metáfora para as adversidades da vida. Madonna precisava que a plateia tivesse o mesmo entendimento, o que não era, de modo algum, garantido. Quando ela subiu ao palco naquela noite de abertura, sabia que, se a performance fosse menos que perfeita, a imprensa britânica tentaria destruí-la com manchetes repletas de etarismo.

Isso não aconteceu. As críticas do show foram de boas a excelentes. Somente o *Financial Times* encontrou razões para reclamar, e foi sobre o conteúdo, não sobre a artista.

O primeiro show em Londres não foi perfeito, mas, assim como a queda de Judy Garland, essa imperfeição o tornou mais íntimo e "vivo". As luzes não funcionaram direito. Madonna precisou de ajuda para subir a escadaria e para subir e descer do piano. Às vezes, as conversas dela com a plateia pareceram desanimadas, porque as pessoas com as quais ela falava eram tímidas demais para responder.[36]

O correspondente de arte da BBC Will Gompertz, que estava presente, disse que as falhas do show o haviam transformado em arte. "Foi perfeitamente imperfeito, como um daqueles cenários esboçados por Cézanne, nos quais conseguimos ver os esboços anteriores e as linhas erradas, tornando-os muito mais belos e reais [...]. A verdade é o objetivo da arte, não a perfeição." Gompertz concluiu que era um show incrível. "Digno de cinco estrelas [...] uma aventurosa peça de teatro contemporâneo à altura de qualquer show vencedor do Tony e do Olivier sendo apresentados no West End e na Broadway."[37]

No *Daily Telegraph*, Neil McCormick concordou com Gompertz na maioria dos pontos. "A natureza ligeiramente anárquica só aumenta a diversão. É como uma mistura entre teatro experimental e *extravaganza* do show business." Mas o que o encantou e fez com que ele desse cinco estrelas ao show foi o prazer de Madonna ao apresentá-lo. "Eu a assisto ao vivo há quatro décadas, e essa pode não ter sido sua performance mais elegante ou espetacular, só que a desvairada alegria tornou essa Madonna a mais interessante até hoje."[38]

Alexis Petridis, do *Guardian*, embora mais comedido no entusiasmo (ele deu quatro estrelas), escreveu: "É difícil imaginar outra estrela da estatura dela pensando em tentar algo tão nitidamente experimental."[39] Mas foi El Hunt, no *NME*, que chegou ao âmago do poder do show.

> O show é sobre a própria Madonna. No fim, parece que a conhecemos muito melhor [...]. Por mais desorientador que seja, a tensão de ver uma lenda intocável baixando a guarda torna o show incrivelmente especial. Também parece uma iniciativa corajosa por parte de uma artista que poderia

fazer qualquer coisa. Mas, pensando bem, correr riscos e se reinventar é o que a torna um ícone.[40]

O fato de Madonna *conseguir* se apresentar se devia a seis horas diárias de fisioterapia: três antes, três depois do show. Os médicos estavam preocupados com a possibilidade de dano permanente e a aconselharam a não trabalhar duas noites consecutivas. Isso significaria cancelar metade dos shows em Londres. Ela se negou a fazer isso, e eles chegaram a um acordo: ela se apresentaria duas noites e descansaria na terceira. Anunciando a mudança no cronograma, Madonna disse aos fãs: "É um milagre que eu tenha chegado até aqui. Estou determinada a ir até o fim e vou conseguir, se diminuir o ritmo. Se Deus quiser."[41]

Em Londres, os shows começaram quase no horário, não por escolha, mas por causa do estrito toque de recolher às 23 horas. Se uma performance continuasse depois desse horário, as cortinas caíam e o show era declarado encerrado. Em 5 de fevereiro, Madonna descobriu que os oficiais não descuidavam do relógio. Quando deu o horário, enquanto ela se apresentava, as luzes se acenderam e as cortinas foram fechadas. Ela ainda não tinha cantado a última música. A multidão começou a gritar o nome dela. Madonna e o elenco apareceram por detrás das cortinas, cantando e dançando "I Rise". A dança era livre, rebelde, selvagem. A lei municipal criou um inesquecível teatro de guerrilha. Um fã chamou isso de "momento glorioso. Ela terminou o show à capela, na frente das cortinas, e foi impecável!".[42]

A controvérsia do toque de recolher, que Madonna equiparou a censura, a revigorou. Quando subiu ao palco na noite seguinte, ela o fez impulsionada pela indignação e inflamou os fãs.

A idade média da plateia era de 40 anos. Eles eram crianças quando descobriram Madonna no início da adolescência e cresceram com ela, chocados e extasiados com sua temeridade, usando suas palavras, sua obra e sua vida como guias. Eram os adultos que haviam ido até Brixton vinte anos antes para vê-la destruir o mito de que uma mulher não podia ser ao mesmo tempo mãe, artista, membro funcional da sociedade e gloriosamente sexual. Com ela se aproximando do que a sociedade chamava de velhice, eles estavam lá para vê-la detonar outro conjunto de preconceitos e aplaudi-la por isso.

Os outrora tesos corpos da plateia masculina e gay se suavizaram, com as cinturas se expandindo. A calvície era um fato da vida, não uma declaração de moda. Algumas mulheres, nostalgicamente, usavam no cabelo grisalho tiras de tecido da era de *Procurando Susan desesperadamente*. Havia homens vestidos de monges e pessoas de todos os gêneros vestidas de freiras. Havia penas, meias arrastão, espartilhos mal ajustados e muitas jaquetas, blusas e até ponchos feitos à mão no estilo Madame X. Um homem, vestido como personagem de *O porteiro da noite*, vagava pelo salão usando um chapéu nazista e com o rosto empoado.

Sem telefones que os distraíssem, os fãs se misturavam e conversavam. Os momentos antes do show pareciam uma volta ao lar, mas, para a maioria, a única coisa que os conectava era a admiração pela mulher por quem esperavam. Havia uma sensação de que eles poderiam não vê-la novamente no palco.

Três músicos de fado aqueciam a multidão, guiando-os em "Like a Virgin" como se fosse o hino de guerra antes de um jogo escolar. Então Madonna aparecia, e a plateia pulava das cadeiras e permanecia de pé durante toda a apresentação, esperando ser transportada, esperando dançar, mesmo que aquele não fosse um show dançante e ela insistisse para que todos se sentassem. Não importava. Com Madonna era preciso estar pronto, porque nunca se sabia o que ela faria.

Quando, perto do fim do show, ela cantava "Like a Prayer", a multidão se unia a ela em uma celebração do passado compartilhado e da improvável e extraordinária jornada que eles haviam percorrido e continuariam a percorrer — como disse Madonna, se Deus quisesse. E, quando ela cantava "I Rise", a multidão também se unia a ela, em celebração e em desafio Celebração porque todos eles haviam se erguido. Desafio porque a bandeira do Orgulho Gay projetada por Madonna ainda precisava ser protegida. Torturada pela dor enquanto abria caminho entre a multidão, encostando o punho fechado nos deles, a determinação dela era tão explícita como sua mensagem. Continuem lutando.

Epílogo

Madonna sobreviveu aos shows em Londres e tinha mais uma cidade para visitar com a turnê — Paris —, onde havia 14 apresentações agendadas. Quase imediatamente, ela cancelou o show de abertura. E, sem a ameaça do toque de recolher, entrava tarde nos palcos. Na terceira noite, foram três horas de atraso. "Eu sentia mais dor do que já senti em toda minha vida", explicou.[1]

Ela começou a usar uma bengala preta com um crânio prateado no cabo. Disse que a bengala escondia uma espada — talvez para afastar os reclamões. Muitas pessoas, a maioria nas redes sociais, reclamavam dos cancelamentos e atrasos. Paris era um dos territórios de Madonna, lar de alguns de seus fãs mais ardorosos e de seus amados colaboradores franceses: Jean-Baptiste Mondino, Mirwais Ahmadzaï e Jean Paul Gaultier.

Gaultier compareceu ao segundo show de Madonna em Paris.

— O que você está fazendo aqui? — perguntou ao se sentar ao lado dele durante uma de suas incursões na plateia.

— Vim vê-la — respondeu ele, timidamente e com doçura.

— Você gostou do show?

— Eu *amei.*

Madonna confessou que o show foi parcialmente inspirado nele, assim como aconteceu durante toda a carreira dela.[2] Esse seria o ponto alto de Paris.

Madonna cancelou o show seguinte, mas o repouso que ela tentava incluir no cronograma nunca era suficiente. Então, em 27 de fevereiro, ela se machucou novamente. Todas as noites, perto do fim de "Vogue", um dançarino puxava uma cadeira para Madonna se sentar em frente à famosa máquina de escrever. Naquela noite, a cadeira estava muito afastada. Madonna caiu e feriu o cóccix.

A dor estava evidente em seu rosto. A cantora não conseguiu se levantar sozinha. Um fã contou que, em certo momento, ela começou a chorar e não conseguiu parar. Madonna não interrompeu o show e até dançou, mas chegou ao limite. Em um post, disse: "Aqui estou, em carne e sangue. Ah, se meus joelhos não tivessem sido torcidos, a cartilagem não tivesse se rompido, nada doesse e lágrimas não brotassem de meus olhos." Ela se descreveu como "uma boneca quebrada mantida inteira por fita adesiva e cola".[3]

Ela apresentou mais dois shows antes de cancelar abruptamente a noite de 7 de março. Então, de forma igualmente abrupta, a agonia de Madame X chegou ao fim.

Um novo vírus identificado na China se espalhava rapidamente pelo mundo. As autoridades de saúde não sabiam como era transmitido. Só sabiam que era extremamente contagioso e letal. Os governos começaram a isolar regiões nas quais casos de covid-19 haviam sido detectados. A França proibiu qualquer reunião com mais de mil pessoas. Seguindo uma orientação da polícia, em 9 de março a Live Nation anunciou o cancelamento dos últimos dois shows da turnê de Madonna.[4]

Quando foi embora de Paris, Madonna percebeu que ela e muitos membros da turnê estavam contaminados pelo vírus. "Achávamos que tínhamos pegado uma gripe forte", comentou ela.[5] Teria sido quase impossível não se expor ao vírus. Enquanto ela estava no Palladium, aparentemente sem o conhecimento dos especialistas de saúde britânicos, a doença já estava descontrolada em Londres. O pequeno e fechado espaço para concertos se tornou uma incubadora. O mesmo aconteceu em Paris.

Para pessoas como Madonna, que tinham vivido os primeiros dias da aids, havia certo *déjà vu* na nova crise. A intimidade, que matou tão efetivamente na década de 1980, voltava a cobrar um alto preço, mas, dessa vez, não exigia comportamento de risco. Até a resposta à crise era assombrosamente familiar: algumas das mesmas faces nas mesmas agências governamentais expressando impotente confusão enquanto as pessoas morriam. Madonna voltou ao ponto em que tinha começado doando dinheiro para ajudar a controlar uma praga. No começo de 2020, ela enviou 1 milhão de dólares para a Fundação Bill & Melinda Gates, a fim de apoiar a pesquisa de uma vacina contra a covid.

Enquanto isso, fez as malas e voltou para casa, a fim de restaurar o corpo com tratamentos regenerativos no joelho e uma cirurgia no quadril. Ela também queria pensar sobre onde estivera, o que fizera e o estado geral do mundo.[6]

Com grande parte do planeta em lockdown e as mortes aumentando, os Estados Unidos estavam no meio de uma campanha presidencial que poderia levar Donald Trump à reeleição. As tensões políticas entre as forças a favor e contrárias ao então presidente ameaçavam destruir o país, exacerbadas pelas tensões sociais por causa das restrições da covid. As apostas pareciam terrivelmente altas e o futuro era, no melhor dos casos, incerto.

Certa vez, haviam perguntado a Madonna o que ela diria a seu eu de 6 anos. Ela respondeu: "As coisas vão melhorar [...]. Tudo ficará bem, [...] não se desespere."[7] Esse otimismo era grande parte do apelo. Os fãs, como seu eu de 6 anos, queriam ouvi-la dizer "As coisas vão melhorar". Especialmente em 2020, quando isso era muito difícil de imaginar.

Eles precisavam de uma história para dormir, de um conto do tipo "era uma vez" que os levasse de volta ao início. Madonna faria isso.

Em setembro, ela anunciou o projeto seguinte. Decidiu voltar à cadeira de diretora e fazer um filme. O tema seria inspiracional, porque era disso que o mundo precisava. O filme seria sobre ela. Então, em 2023, ela fez outro anúncio: voltaria à estrada. A nova turnê seria um olhar pelo retrovisor de sua vida, chamada simplesmente de Celebration

Direitos autorais e permissões

Material impresso

Permissão concedida pelos proprietários dos direitos autorais.

Savas Abadsidis: Retirado de "Remembering Madonna's 'Facts About AIDS'". *HIV Plus Magazine* (16 de agosto de 2018).

Vince Aletti: Retirado de "Madonna with Vince Aletti". *Aperture* (verão de 1999).

Attitude: Retirado dos artigos "Madonna's Blond Ambition Dancer Carlton: 'I Hid My HIV Status from Everyone on Tour'" e "Madonna's Blond Ambition Dancer Kevin: 'I Didn't Accept I Was Gay Until I Saw the Documentary'" (14 de abril de 2020); e "Madonna's In-Depth 2005 Interview", de Matthew Todd (novembro de 2005).

Don Baird: Retirado de "Beat This: The Madonna". *San Francisco Bay Times* (janeiro de 1991).

Johnny Black: Retirado de "Eyewitness Dateline 14 October 1996-3 March 1998". *Q* (agosto de 2002), e "Dancing Queen". *Q Special Edition, Madonna 20th Anniversary Collector's Edition* (2003).

Norris Burroughs: Retirado do livro de Norris M. Burroughs, *My Madonna: My Intimate Friendship with the Blue Eyed Girl on Her Arrival in New York*. Nova York: Whimsey Literary Agency, LLC., 2012. Copyright © Norris M. Burroughs 2012.

Christopher Ciccone: Retirado de *A vida com minha irmã Madonna*. São Paulo: Planeta, 2008. Copyright © Christopher Ciccone and Cabochon Diamond Productions, LLC.

Sal Cinquemani: Retirado de "Review: Madonna's Madame X Is a Fearless, Eccentric Musical Memoir", *Slant* (12 de junho de 2019).

Rich Cohen: Retirado de "Madonnarama!", *Vanity Fair* (março de 2008).

Condé Nast: Retirado do artigo de George Wayne, "O Brother, Who Art Thou?", *Vanity Fair* (31 de julho de 2008); de Hamis Bowles, "Like a Duchess", *Vogue* (agosto de 2005); de Jonathan Van Meter, "The Godfather", *Vogue* (maio de 2009); e de Emily Stokes, "A Boy Like That", *The New Yorker* (6 de janeiro de 2020). All copyright © Conde Nast.

Steven Daly: Retirado de "Madonna Marlene", *Vanity Fair* (outubro de 2002).

Tom Doyle: Retirado de Dancing on the Edge", *Mojo* (março de 2015), e "The Greatest Show on Earth", *Q Special Edition, Madonna 20th Anniversary Collector's Edition* (2003).

Danny Eccleston: Retirado de "Madonna: 'Nowhere Is Safe'", *Mojo* (1° de agosto de 2019); e "Sexy Mother", *Q* (março de 1998).

Faber & Faber Ltd.: Retirado do livro de Richard T. Kelly, *Sean Penn: His Life and Times*. Londres: Faber & Faber, 2005. Copyright © Richard T. Kelly 2004.

Laura Fissinger: Retirado de "Maybe She's Good: 10 Theories on How Madonna Got 'It'", *Record* (março de 1985).

Salim Gauwloos: Sobre suas falas em *Strike a Pose*, filme de Ester Gould e Reijer Zwann, 2016. Retirado de "'Madonna Put Our Talent Out There': Dancing on the Blond Ambition Tour", *The Guardian* (16 de junho de 2017); e "Madonna's Blond Ambition Dancer Slam: 'I Still Get Letters About My Gay Kiss in the Film'", *Attitude* (12 de abril de 2020).

Roxane Gay: Retirado de "Madonna's Spring Awakening", *Harper's Bazaar* (10 de janeiro de 2017).

Grand Central Publishing, um selo de Hachette Book Group, Inc., e Little, Brown Book Group Limited através de PLSclear: Retirado do livro de Rupert Everett, *Red Carpets and Other Banana Skins*, Londres: Little, Brown Group Limited, 2007. Copyright © Rupert Everett 2006.

Charlotte Gunn: Retirado de "The Big Read — Madonna: 'People pick on me. That's just the way it is'", *NME* (14 de junho de 2019).

Guardian News & Media Limited: Retirado de artigo de Peter Bradshaw, "Filth and Wisdom", *The Guardian* (14 de fevereiro de 2008); de Kathryn Bromwich, "Dancer Carlton Wilborn on Madonna: 'Rehearsal truly was like boot camp'", *The Guardian* (15 de julho de 2018); de Barbara Ellen, "Meet Mid-Life Madonna", *The Observer* (1º agosto de 2004); de Simon Garfield, "Looks Good on the Dancefloor", *The Guardian* (20 de novembro de 2005); de Craig McLean, "It's a Guy Thing", *The Observer* (24 de agosto de 2008); de Lucy O'Brien, "'We Argued a Lot'. Inside the Making of Madonna's 'Divorce Album'", *The Guardian* (30 de março de 2019); de Candice Pires, "'Madonna Put Our Talent Out There': Dancing on the Blond Ambition Tour", *The Guardian* (16 de junho de 2017); de Jason Solomons, "In the Director's Chair: David Fincher", *The Guardian* (4 de fevereiro de 2009); de Naomi Wolf, "Madonna Acts Just Like a Serious Male Artist Would — and People Hate Her for It", *The Guardian* (6 de fevereiro de 2012); de Gaby Wood, "Rebel with a Corset", *The Observer* (28 de fevereiro de 2005). Todos os direitos reservados © Guardian News & Media Ltd 2022.

HarperCollins Publishers: Retirado do livro de Alan Parker, *The Making of Evita*. Copyright © 1996 by Cinergi Pictures Entertainment, Inc., and Cinergi Productions N.V Usado com permissão de HarperCollins

Publishers. Citações retiradas do livro de Lucy O'Brien, *Madonna: Like an Icon*. Copyright © 2007 by Lucy O'Brien. Usado com permissão de HarperCollins Publishers.

Hearst Magazine Media, Inc.: Retirado do artigo de Norman Mailer, "Like a Lady", *Esquire* (1º de agosto de 1994).

Heliotrope Books: Retirado do livro de Whit Hill, *Not About Madonna: My Little Pre-Icon Roommate and Other Memoirs*. Nova York: Heliotrope Books, 2011. Copyright © Whit Hill 2011.

Independent Digital News & Media Ltd.: Retirado do artigo de Lucy O'Brien, "Madonna: For the First Time, Her Friends and Lovers Speak Out", *Independent on Sunday* (2 de setembro de 2007). Copyright © Lucy O'Brien/The Independent.

Journal of Popular Culture: Retirado do artigo de Steve Allen, "Madonna", *Journal of Popular Culture* 27, 1 (verão de 1993).

Soniah Kamal: Retirado de "Into the Wilderness", em *Madonna & Me: Women Writers on the Queen of Pop*, editado por Laura Barcella. Berkeley, CA Soft Skull Press, um selo de Counterpoint, 2012.

Mary Lambert: Retirado do livro de Rob Tannenbaum e Craig Mark, *I Want My MTV: The Uncensored Story of the Music Video Revolution*. Nova York: Plume, 2012.

Jordan Levin: Retirado do artigo de Jordan Levin, "I Knew the Material Girl Before She Created Her Material World", *Miami Herald* (12 de agosto de 2001).

Little, Brown Book Group Limited through PLSclear: Retirado do livro de Nile Rodgers, *Le Freak: An Upside Down Story of Family, Disco and Destiny*. Londres: Little, Brown Book Group, 2011. Copyright © Nile Rodgers 2011.

Courtney E. Martin: Retirado de "Before Beyonce, Tween Thongs, and Baby Tiaras", em *Madonna & Me: Women Writers on the Queen of Pop*, editado por Laura Barcella. Berkeley, CA.: Soft Skull Press, um selo de Counterpoint, 2012.

Joyce Millman: Retirado de "Primadonna", *Boston Phoenix* (29 de julho de 1986).

Mirrorpix: Retirado de artigos publicados no *Daily Mirror/Sunday Mirror*: Graham Brough e Tom Bryant, "Life Is Painful, the Laughter Had Long Gone — Exclusive Mirror reveals final throes of troubled superstar marriage; How Guy's happiness changed into misery" (16 de outubro de 2008); Tom Bryant, "Material Girl — Exclusive Row Over Madge's pounds; 1.5 million gift to Guy for movie he did not make led to marriage split" (18 de outubro de 2008); Sue Carroll, "Baby-Buying Madonna Is a Sickening Spectacle" (31 de março de 2009); Fiona Cummins, "Madonna: I'm a CR*P Mother — Exclusive Madge admits career hits home life" (9 maio de 2006); Gavin Martin, "Music: The Gypsy King — Gogol

Bordello's Eugene Hutz Reveals How He Came to Work with Madonna Interview" (26 de outubro de 2007); Laura Martin, "Welcome to Your New Home, Mercy… Now let's get ready to go on tour" (22 de junho de 2009); Fiona Phillips, "It's a Bit Ritch to Blame Madonna" (18 de outubro de 2008); Pete Samson, "No Time for Guy — Number One for Showbiz Exclusives Madonna's Marriage IS Under Huge Strain, Says Her Close Aide" (4 de fevereiro de 2006); Eva Simpson, "Shy Guy — Exclusive Madge's fed-up husband says no to Brits Party" (11 de fevereiro de 2006); Eva Simpson e Caroline Hedley, "He'll Always Be My Guy — Exclusive Madonna Shocks Birthday Guests and Denies Marriage is on Rocks" (18 de agosto de 2006); Eva Simpson e Caroline Hedley, "Mad Dash — Exclusive Madonna Does Brit Flit and Stays Just 30 Minutes (But at Least Guy Came)" (16 de fevereiro de 2006); Richard Smith e Pete Samson, "They Feared She Was Dead — Friends' horror as Madonna lay KO'd" (18 de agosto de 2005).

Emily Nussbaum: Retirado de "Justify My Love", *New York* (24 de julho de 2009).

Michael O'Mara Books Limited: Retirado do livro de Andrew Morton, *Madonna*. Rio Grande do Sul: Editorial Estampa, 2023. Copyright © Andrew Morton 2001.

Lucy O'Brien: Retirado de "American Life", *Q Special Edition, Madonna 20th Anniversary Collector's Edition*, 2003.

William Orbit: Retirado de "Madonna's 'MDNA' Failure: William Orbit Reveals How He Wishes Album Would Have Fared", *Huffington Post* (18 de maio de 2012); e Marcopantella, "William Orbit/Interview", *Hunger TV* (22 de junho de 2014).

Pan Macmillan: Retirado do livro de J. Randy Taraborrelli, *Madonna: An Intimate Biography of an Icon at Sixty*. Publicado por Sidgwick & Jackson, 2018. Copyright © J. Randy Taraborrelli, 2018.

Vincent Paterson: Retirado do artigo de Michael Louis, "The Making of Blond Ambition and Vogue: Choreographer Vincent Paterson Talks About Madonna", *U Magazine* (junho de 1990).

Playboy Enterprises International: Retirado do artigo de David Rensin, "Playboy Interview: Sean Penn", *Playboy* (novembro de 1991). Material de arquivo da revista Playboy. Copyright © 1991 by Playboy. Usado com permissão. Todos os direitos reservados.

Q. Digital, Inc.: Retirado do artigo de Heath Daniels, "Madonna's Blond Ambition Dancers and Backup Singer Share Memories of Life on the Road During the Historic Tour", *Queerty* (13 de julho de 2015); e de Jeremy Kinser, "Madonna's Truth or Dare Changed a Generation of Gay People: The Director Takes Us Behind the Scenes", *Queerty* (11 de julho de 2015).

The Random House Group Limited: Retirado do livro de Lucy O'Brien, *Madonna: 60 anos*. Rio de Janeiro: Agir, 3ª edição, 2018. Copyright © Lucy O'Brien, 2007, 2018.

Matthew Rettenmund: Retirado de *Encyclopedia Madonnica 20: Madonna from A to Z*. Nova York: Boy Culture LLC, 2016. Copyright © Matthew Rettenmund 2016; e de *Encyclopedia Madonnica 40: Madonna from A to Z*. Nova York: Boy Culture, 2022. Copyright © Matthew Rettenmund 2022.

Joshunda Sanders: Retirado de "The Black Madonna", em *Madonna & Me: Women Writers on the Queen of Pop*, editado por Laura Barcella. Berkeley, CA: Soft Skull Press, um selo de Counterpoint, 2012.

Kevin Sessums: Retirado de "White Heat", *Vanity Fair* (abril de 1990).

Don Shewey: Retirado de "Madonna: The Ex-Rated Interview", *The Advocate* (maio de 1991).

Spin: Retirado do artigo de Kristine McKenna, "Madonna: Goodbye Norma Jean, The Material Girl Is Growing Up Just Fine", *Spin* (fevereiro de 1988); de Scott Cohen, "Confession of a Madonna", *Spin* (maio de 1985); e de Bob Guccione Jr., "Live to Tell", *Spin* (janeiro de 1996).

St. Martin's Press: Retirado do livro de Seymour Stein, *Siren Song: My Life in Music*. Reimpresso com permissão de St. Martin's Press. Todos os direitos reservados. Copyright © Seymour Stein 2018.

StreetMedia: Retirado do artigo de James Baldwin, "James Baldwin on Being Gay in America", *Village Voice* (22 de junho de 2018); e de Barry Walters, "The Virgin and the Dynamo", *Village Voice* (16 de junho de 1985.)

Phil Sutcliffe: Retirado de "Lucky Star", *Q Special Edition, Madonna 20th Anniversary Collector's Edition* (2003).

Telegraph Media Group Limited (TMG): Retirado do artigo de Neil McCormick, "Madonna — Madame X Review, London Palladium: Anarchic and experimental — her best show ever?", *The Telegraph* (30 de janeiro de 2020).

Vox Media LLC: Retirado do artigo de Matthew Jacobs, "The Oral History of Madonna's 'Truth or Dare'", *Vulture* (6 de maio de 2021).

Frank Walker em nome de Vicki Woods: Retirado do artigo de Andre Leon Talley, "Madonna Holds Court", *Vogue* (maio de 1989).

Barry Walters: Retirado de "The Virgin and the Dynamo", *Village Voice* (16 de junho de 1985); "Madonna: 'The Ray of Light' Cover Story, 'Madonna Chooses Dare'", *Spin* (abril de 1998); e "Madonna's 'Ray of Li ght.': 6 Things You Didn't Know", *Rolling Stone* (22 de fevereiro de 2018).

WastedTalent: Retirado do artigo de Jeffrey Ferry, "Madonna: The Glamourous Life", *The Face* (fevereiro de 1985); de Sheryl Garratt, "Je ne regrette rien…", *The Face* (outubro de 1994); de Mıranda Sawyer, "The Future Sound of London", *The Face* (agosto de 2000); e de Gavin Herlihy, "Driving Miss Ravey", *MixMag* (dezembro de 2005).

The Wylie Agency: Retirado do artigo de Ingrid Sischy, "Madonna and Child", *Vanity Fair* (março de 1998). Copyright © Ingrid Sischy 1998, usado com permissão de The Wylie Agency (Reino Unido) Limited; retirado de artigo não publicado de Norman Mailer, "Like A Lady". Norman Mailer Papers, Universidade do Texas. Copyright © Norman Mailer, usado com permissão de The Wylie Agency LLC.

Declarações

Permissão concedida pelos proprietários dos direitos autorais.

Declaração de Jean-Michel Basquiat, por ADAGP Paris/IVARO Dublin: Reprodução da obra *A Panel of Experts*, 1982. Montreal Museum of Fine Arts.

Declaração de John Gruen, representado por Julia Gruen: Retirado do livro de John Gruen, *Keith Haring: The Authorized Biography*. Nova York: Prentice Hall Press, 1991. John Gruen, "Madonna Interview", *The John Gruen Papers*, fita 26. Keith Haring Foundation, cidade de Nova York, Nova York.

Declaração de Edwin Miller, representado por Eric Edwin Miller: Retirado de "Interview with Madonna", 10 de outubro de 1984. Edwin Miller Papers, Entrevistas para a revista *Seventeen*, MSSCol 22968, caixa 24, F 10, Arquivos e Manuscritos, Biblioteca Pública de Nova York.

Declaração de Tseng Kwong Chi, representado por Muna Tseng: Fotografias de Madonna durante show no Paradise Garage, 1984, e Keith Haring desenhando no metrô de Nova York, por Tseng Kwong Chi, 1983. Copyright © Muna Tseng Dance Projects, Inc.

Filmes / Mídia / Sites

Permissão concedida pelos proprietários dos direitos autorais.

ABCNEWS VideoSource: Madonna no programa *Nightline*, da ABC, entrevistada por Forrest Sawyer (gravado em 3 de dezembro de 1990).

BackPages Limited: Falas da entrevista de Steven Daly, "Madonna", Rock's Backpages (2002).

Luis Camacho: Falas no documentário *Strike a Pose*, de Ester Gould e Reijer Zwann, 2016; e "Let Your Body Go with the Flow", MadonnaTribe Meets Luis Camacho

CBS News Archives: Retirado de "Madonna at 40". Entrevista de Madonna por Charlie Rose para o programa *60 Minutes II* (transmitido em 17 de março de 1999).

Copyright Agency Rights Portal: Retirado do artigo de Cameron Adams, "Review: Madonna Is Late, Loose, and Ultra Personal at Her Fans Only Tears of a Clown Show in Melbourne", news.com.au. (11 de maio de 2016).

Oliver Crumes: Falas no documentário *Strike a Pose*, de Ester Gould e Reijer Zwann, 2016.

CTM Docs and The Other Room in co-production with Serendipity Films and SWR: Falas no documentário *Strike a Pose*, de Ester Gould e Reijer Zwann, 2016.

Guy Guido: Falas do documentário *Madonna and the Breakfast Club*. The Orchard (2019).

Nine Entertainment: Falas de "Unlike a Virgin". Entrevista de Madonna por Richard Carleton para o programa *60 Minutes Australia*, 1992.

Paolo Olivi e Mario John: Retirado de entrevistas em MadonnaTribe, "MadonnaTribe Meets Stephen Bray and the Breakfast Club" (23 de abril de 2016); "'Starlight, Star Bright', MadonnaTribe meets Nicki Richards" (2006); e "Let Your Body Go with the Flow, MadonnaTribe meets Luis Camacho" (2005–2008).

Kimberly van Pinxteren: Retirado de entrevista com Donna De Lory. Madonnaunderground, 2017.

Helen Terry: Falas retiradas do documentário *Madonna: Naked Ambition*. Dirigido por Angus Cameron, produzido por Helen Terry. Diverse Productions, 2000.

Sue Trupin: Falas no documentário *Strike a Pose*, de Ester Gould e Reijer Zwann, 2016.

Fundações

Andy Warhol Foundation: Sean Penn e Madonna no festival Live Aid, na Filadélfia, 1985. (Acetado de Andy Warhol); Obra sem título de Andy Warhol e Keith Haring, 1985; e fotografia de Madonna e Jellybean Benitez, 1984. Copyright © The Andy Warhol Foundation for the Visual Arts, Inc. / Licenciada pela Artists Rights Society (ARS), Nova York.

Keith Haring Foundation: Keith Haring, data no diário 7 de julho de 1986. Copyright © Keith Haring Foundation. Fotografia de Sean Penn e Madonna no festival Live Aid, Filadélfia, 1985. Copyright da fotografia © Keith Haring Foundation. Obra sem título de Andy Warhol e Keith Haring, 1985. Copyright de arte © Keith Haring Foundation. Fotografia de Keith Haring pintando no metrô de Nova York, 1983, por Tseng Kwong Chi, copyright © Keith Haring Foundation.

A autora fez o possível para contatar os proprietários. Se alguma permissão não foi concedida, os devidos créditos serão dados na primeira oportunidade.

Agradecimentos

Todo livro envolve um elenco de personagens que não é citado diretamente nas páginas, mas que foram essenciais para sua criação. Trata-se de pessoas brilhantes e generosas, que participam de entrevistas, são pacientes e respondem a perguntas, oferecem conselhos e orientações e ajudam a garantir a boa fluência do texto. Várias vezes sinto que o nome do autor deve ser seguido por um link que direciona os leitores para uma lista de colaboradores sem os quais o livro não existiria. Aqui estão algumas das pessoas que, em um mundo ideal, apareceriam na lista após meu nome em *Madonna: Uma vida rebelde*.

Durante várias entrevistas, Christopher Ciccone compartilhou a própria história e a perspectiva sobre sua irmã, e no processo me ajudou a entender melhor as primeiras quatro décadas da vida de Madonna. Através de palavras e imagens, Whit Hill, Linda Alaniz, Peter Sparling e Peter Kentes ofereceram informações sobre os anos de Madonna na faculdade. Hill e Alaniz também forneceram detalhes sobre o início da vida da cantora em Nova York, assim como o encantador pai de Hill, Ed Setrakian. Catherine Underhill, Lawrence Monoson e o falecido Marcus Leatherdale me deram a outra ponta dessa época, descrevendo a alegria e a tragédia de um período em que a aids mudou suas vidas. Entre as pessoas com quem conversei que trabalharam com Madonna estavam Donna De Lory, Niki Haris, Kevin Stea e Carlton Wilborn. Todos tinham histórias pessoais e profissionais incríveis. Sue Trupin não trabalhou com Madonna, mas compartilhou as memórias de seu filho, Gabriel Trupin.

Algumas pessoas fora do círculo de Madonna me ajudaram a entendê-la de uma perspectiva mais ampla. Mike McGuinness me deu um curso intensivo sobre história social do sul de Michigan e respondeu às perguntas que surgiram ao longo deste projeto. Jeffrey Deitch pintou um retrato inesquecível dos acontecimentos culturais que surgiram na parte baixa de Manhattan no final dos anos 1970 e início dos anos 1980. Brian Antoni, Tom Austin e Louis Canales me ajudaram a recriar a cena que inspirou a cantora em Miami Beach na década de 1990. A Dra. Linda A. Nyondo me ajudou a compreender as complexidades da vida no Maláui. A partir de suas próprias histórias, Matt Cain e Matthew Hodson explicaram o impacto que Madonna teve na comunidade LGBTQ. Kristin Lieb forneceu informações sobre o funcionamento dos bastidores da indústria do entretenimento e a vida precária das mulheres que vivem nela. Marilyn Minter e Betty Tompkins descreveu as alegrias e as dificuldades de ser uma artista mulher que ousa se expressar.

A lista de pessoas que compartilharam seu trabalho comigo é muito longa para esta seção e pode ser encontrada na seção de direitos autorais e nas referências bibliográficas, mas quero citar algumas porque seus livros, artigos e filmes foram inestimáveis para contar a história de Madonna, além da bondade que demonstraram comigo. Entre eles estão: Vince Aletti, Danny Eccleston, Ester Gould, Julia Gruen, Guy Guido, Charlotte Gunn, Eric Edwin Miller, Lucy O'Brien, Matthew Rettenmund, Don Shewey, Helen Terry, Kimberly van Pinxteren e Jonathan Van Meter. Algumas pessoas em organizações e fundações também foram extremamente generosas: Barney Hoskyns e Mark Pringle no Rock's Backpages, Emily King e Annelise Ream na Keith Haring Foundation, e Matt Gray e Patrick Seymour no Andy Warhol Museu. Gostaria também de agradecer a Cari Taplin por passar dias nos arquivos da Universidade do Texas, onde encontrou os diários de Norman Mailer e Liz Smith.

Tive o privilégio, mais uma vez, de ter meu livro publicado pela Hachette Book Group e Little Brown. Com cada um dos meus últimos três livros, temo ter testado os limites da resistência da equipe editorial e a disposição do editor em me dar o tempo e o espaço que preciso para contar a história que desejo contar. A cada vez, não recebi nada além de apoio.

Como editora principal deste projeto, Asya Muchnick me acompanhou em cada passo ao longo da jornada de mais de seis décadas através do mundo cultural, histórico e social que é a vida de Madonna. Como sempre, as sugestões dela foram maravilhosas. Tive a sorte de trabalhar com alguém em quem confio completamente. Liese Mayer foi chamada para ajudar a moldar o livro, e coube a Betsy Uhrig e sua equipe verificar os fatos. Não posso agradecer o suficiente a Betsy, Ben Allen, Alison Kerr Miller, Jeffrey Gantz e Barbara Clark pela cuidadosa atenção — especialmente Barbara, que suportou o fardo de grande parte do trabalho e o fez com sabedoria e paciência. Eu também gostaria de agradecer a Mario Pulice, o diretor criativo da Hachette Book Group. Ele não só fez o livro ficar lindo, como ajudou a tornar o processo divertido. Finalmente, Lena Little, Bryan Christian, Mariah Dwyer e Maya Guthrie, que tinham a gigantesca tarefa de levar e apresentar este livro ao mundo. De alguma forma, apesar dessa pesada responsabilidade, eles fizeram parecer fácil.

Não existiria um livro sem o apoio e incentivo de Brettne Bloom, do The Book Group. Agradeço também ao DJ Kim, da TBG, que aparentemente não encontrou problema a ser resolvido.

Agradeço a Nick Keane pela ajuda em manter os computadores ligados e a Vincent Knight, que, por anos, empilhou pacientemente livros e diários em meu portão.

Por fim, gostaria de agradecer à minha família. Escrever um livro deste tamanho requer um compromisso de anos, sete dias por semana, seis a nove horas por dia. Fui abençoada com uma família que entende toda essa dedicação. Para John, que criou belas pinturas e escreveu notáveis livros enquanto eu estava sentada trabalhando no meu computador; agradeço pelo seu apoio, sua compreensão e seu amor. Para minha mãe, Rosemary, peço desculpas por ser uma filha ausente e obrigada por nunca me fazer sentir culpada por isso. Para meu padastro, Ken, agradeço pela paciência quando vou visitar e me apodero da mesa da cozinha, dos telefones e da internet. Para Gemma, Russ, Kai, Zoe, Teagan e Quinn, vamos começar a criar nossas próprias histórias juntos novamente.

Este livro foi composto na tipografia [illegible], em corpo 11/12,8, e impresso em papel off-white no sistema Cameron da Divisão Gráfica da Distribuidora Record.

Este livro foi composto na tipografia Bembo Std,
em corpo 11/12,9, e impresso em
papel off-white no Sistema Cameron da
Divisão Gráfica da Distribuidora Record.